图书在版编目（CIP）数据

中国中铁年鉴. 2022 /《中国中铁年鉴》编委会编
. -- 北京：中国经济出版社，2022.11
ISBN 978-7-5136-7155-2

Ⅰ. ①中… Ⅱ. ①中… Ⅲ. ①铁路企业 - 企业集团 -
中国 - 2022 - 年鉴 Ⅳ. ① F532.6-54

中国版本图书馆 CIP 数据核字（2022）第 209049 号

组稿编辑 崔姜薇
责任编辑 郭书芳
责任印制 马小宾
封面设计 任燕飞装帧设计工作室

出版发行 中国经济出版社
印 刷 者 北京富泰印刷有限责任公司
经 销 者 各地新华书店
开　　本 880mm×1230mm 1/16
插页印张 3
印　　张 36.25
字　　数 1332 千字
版　　次 2022 年 11 月第 1 版
印　　次 2022 年 11 月第 1 次
定　　价 460.00 元
广告经营许可证 京西工商广字第 8179 号

中国经济出版社 网址 www. economyph. com 社址 北京市东城区安定门外大街 58 号 邮编 100011
本版图书如存在印装质量问题，请与本社销售中心联系调换（联系电话：010-57512564）

2022 CHINA RAILWAY ENGINEERING CORPORATION YEARBOOK

中国中铁年鉴 2022

《中国中铁年鉴》编委会◎编

中国经济出版社
CHINA ECONOMIC PUBLISHING HOUSE
·北京·

《中国中铁年鉴（2022）》编委会

特约组稿和审稿人员（按姓氏笔画为序排列）

编辑说明

一、《中国中铁年鉴》是一部概览中国中铁系统各方面情况的综合性、资料性工具书，2003 年创刊，逐年出版，本卷年鉴是第 20 卷。全书主要记载了中国中铁总部及所属企业在 2021 年 1 月 1 日至 12 月 31 日生产经营、改革发展、科技创新、党的建设等方面所取得的新成果、新经验以及重要活动信息。

二、本年鉴采用分类编辑法，按类目、分目、条目的结构组成内容体系，以不同字体、字号区别不同层次，条目标题均加【 】表示。为方便读者查阅，书中配备三重检索系统，即正文前有详细目录、内文中有页眉检索、正文后有主题索引。

三、本年鉴设特稿、专文、大事记、概述、基建建设、勘察设计与咨询服务、工程设备与零（部）件制造、海外业务、实业投资及金融物贸、科技创新、股份公司总部工作、人物、所属单位、统计资料、附录和索引共 16 个篇目、107 个分目、1160 个条目、4 篇文章、92 个图表（含示意图）。

四、本年鉴注重图片资料的收录，以彩页压题和补白的形式编录，全文刊载图片 320 幅，在内文前刊载专题彩色图片 123 幅，力求全书图文并茂地反映企业的发展历程。

五、本年鉴稿件由中国中铁总部各部门及所属各单位提供，所有稿件均经各部门和单位领导审核。年鉴文章、条目、图表中统计数据，由不同业务部门提供，如因统计口径不同而出现不一致之处，请以规划发展部、财务与金融管理部和经营开发中心提供的数据为准。

六、本年鉴的版式编排执行国家标准，计量单位一律采用国际单位制，依据《中华人民共和国国家通用语言文字法》和《出版物汉字使用管理规定》，遵循《通用规范汉字表》使用标准及原则，使用规范汉字。专业术语采用有关国家标准和行业标准的约定，标点符号和数字书写按出版部门有关出版物的规定执行。如有疏漏之处，欢迎提出意见。

七、本年鉴根据行文实际需要，对单位名称采用全称和简称并用的办法。本年鉴中出现的中国中铁所属各单位名称的全称和简称对照参看中国中铁所属单位全称及简称对照表。

八、本年鉴的编辑出版，得到了中国出版协会年鉴工作委员会、中国经济出版社的指导和帮助，得到了中国中铁各级领导、部门的关怀和重视，得到了各编辑工作者的密切配合，谨在此向所有关心、支持和直接参与编纂工作的人员表示谢意和敬意。同时，欢迎社会各界提出宝贵意见，以便提高编纂质量。

中国中铁及所属单位全称和简称对照表

编者注：鉴于篇幅限制及使用的便利性，对于集团公司所属单位的分公司或子公司名称，本年鉴内文中一般按惯例使用简称，特殊语境下使用全称。在此，不再一一对照列举，内文也不再逐一加注说明。

中国铁路工程集团有限公司——集团公司、中国中铁
中国中铁股份有限公司——中国中铁、股份公司、公司
中铁一局集团有限公司——中铁一局
中铁二局集团有限公司——中铁二局
中铁三局集团有限公司——中铁三局
中铁四局集团有限公司——中铁四局
中铁五局集团有限公司——中铁五局
中铁六局集团有限公司——中铁六局
中铁七局集团有限公司——中铁七局
中铁八局集团有限公司——中铁八局
中铁九局集团有限公司——中铁九局
中铁十局集团有限公司——中铁十局
中铁大桥局集团有限公司——中铁大桥局
中铁隧道局集团有限公司——中铁隧道局
中铁电气化局集团有限公司——中铁电气化局
中铁武汉电气化局集团有限公司——中铁武汉电气化局
中铁建工集团有限公司——中铁建工
中铁广州工程局集团有限公司——中铁广州局
中铁北京工程局集团有限公司——中铁北京局
中铁上海工程局集团有限公司——中铁上海局
中铁投资集团有限公司（中国中铁京津冀区域总部）——中铁投资（京津冀区域总部）
中铁南方投资集团有限公司（中国中铁华南区域总部）——中铁南方（华南区域总部）
中铁交通投资集团有限公司（中国中铁中南区域总部）——中铁交通（中南区域总部）
中铁开发投资集团有限公司（中国中铁西南区域总部）——中铁开投（西南区域总部）
中铁城市投资发展集团有限公司（中国中铁西部区域总部）——中铁城投（西部区域总部）
中铁（上海）投资集团有限公司（中国中铁华东区域总部）——中铁上投（华东区域总部）
中铁发展投资有限公司（中国中铁晋鲁豫区域总部）——中铁发展（晋鲁豫区域总部）
中铁北方投资有限公司（中国中铁北方区域总部）——中铁北方（北方区域总部）
中国铁工投资建设集团有限公司——中国铁工投资
中铁世德铁路投资有限公司——中铁世德
中铁站城融合发展投资有限公司——中铁站城
中铁（广州）投资发展有限公司——中铁广投
中铁二院工程集团有限责任公司——中铁二院
中铁第六勘察设计院集团有限公司——中铁六院
中铁工程设计咨询集团有限公司——中铁设计
中铁大桥勘测设计院集团有限公司——中铁大桥院
中铁科学研究院有限公司——中铁科研院
中铁华铁工程设计集团有限公司——中铁华铁
中铁长江交通设计集团有限公司——中铁长江设计
中铁水利水电规划设计集团有限公司——中铁水利设计
中铁国际集团有限公司——中铁国际
中国海外工程有限责任公司——中海外
中铁东方国际集团有限公司——东方国际
中国中铁股份有限公司国际工程分公司——国际工程分公司
中铁高新工业股份有限公司——中铁工业
中铁装配式建筑股份有限公司——中铁装配
中铁置业集团有限公司——中铁置业
中铁文化旅游投资集团有限公司——中铁文旅
中铁资源集团有限公司——中铁资源
中铁信托有限责任公司——中铁信托
中铁财务有限责任公司——中铁财务
中铁资本有限公司——中铁资本
中铁物贸集团有限公司——中铁物贸
中铁云网信息科技有限公司——中铁信科
中铁国资资产管理有限公司——中铁国资
中国铁路工程集团有限公司党校——集团公司党校

领导风采

❶ 2021 年 5 月 10 日，中国中铁党委书记、董事长陈云主持中国智造品牌论坛

❷ 2021 年 1 月 26 日，中国中铁总裁、党委副书记陈文健出席中国中铁三届二次职工代表大会暨 2021 年工作会

❶ 2021 年 7 月 13 日，中国中铁党委副书记、工会主席、执行董事王士奇到中铁二局为成都地区单位讲授党史学习教育专题党课，图为王士奇视察中铁二局陈列馆

❷ 2021 年 5 月 21 日，中国中铁党委常委、总会计师孙璀调研中铁装备

❸ 2021年5月23日，中国中铁党委常委、纪委书记张建强到中铁城投开展安全隐患排查整治工作

❹ 2021 年 5 月 18 日，中国中铁党委常委、副总裁、总法律顾问于腾群到中铁科工调研空轨产业

❺ 2021 年 7 月 29 日，中国中铁党委常委、副总裁刘宝龙到中国铁工投资调研

❻ 2021 年 5 月 13 日，中国中铁党委常委、副总裁任鸿鹏到中国铁工投资调研

❶ 2021年8月26日，中国中铁党委常委、副总裁、总工程师孔遁到中铁开投、中铁站城开展安全生产专项检查及成本与采购管理专项调研

❷ 2021年6月17日，中国中铁党委常委、副总裁、总经济师马江黔深入党建联系点——中铁六局北京公司新建城际铁路联络线项目开展调研并讲授党史学习教育专题党课

❸ 2021年7月12日，中国中铁党委常委、副总裁李新生到南京龙袍新城四新建设项目检查调研

❹ 2021 年 5 月 24 日，中国中铁董事会秘书、考核分配部部长何文调研中铁装备

❺ 2021 年 9 月 6 日，中国中铁监事会主席贾惠平到四川天府机场高速公路有限公司调研天府机场高速公路项目投资、建设、运营工作

❻ 2021 年 2 月 5 日，中国中铁安全生产总监李凤超慰问中铁华铁职工

践行“三个转变”

❶ 2021 年 5 月 10 日，中国中铁党委书记、董事长陈云，总裁陈文健陪同国务院国资委党委书记、主任郝鹏参观中央企业高端装备制造创新成就展

❷ 2021 年 5 月 10 日，中国智造品牌论坛暨中央企业高端装备制造创新成就展在中国中铁举行

❸ 2021年5月10日，中铁工业1010深井矿用硬岩TBM“平宝号”正式下线

❹ 2021年6月17日，国产首台高原高寒大直径硬岩掘进机（直径10.33米）在中铁工业下线

❺ 世界上单体最大的智能化盾构装备产业园——中国中铁智能化高端装备产业园

❻ 中铁工业研制的温州市域铁路60-12号可动心轨单开道岔产品获中国城市轨道交通协会科技进步奖

❼ 2021年12月14日，国内首条磁浮空轨车辆“兴国号”在中铁工业江夏基地下线，用于江西兴国永磁磁浮技术工程示范线

2
太子城站

5

3

筑梦冬奥

中国中铁

❶ 中铁设计设计的 2022 年北京冬奥会重点配套交通设施——京张高铁官厅水库特大桥

❷ 中铁设计设计、中铁六局承建的京张高铁太子城站

❸ 中铁建工承建的“三场一村”工程——国家跳台滑雪中心（雪如意）

❹ 中铁设计设计、中铁建工承建的京张高铁清河站

❺ 中铁建工承建的“冰玉环”项目

❻ 中铁建工承建的“三场一村”工程——冬奥村

❼ 中铁建工承建的“三场一村”工程——国家冬季两项中心

❽ 中铁建工冬奥会“三场一村”运维保障人员誓师出征

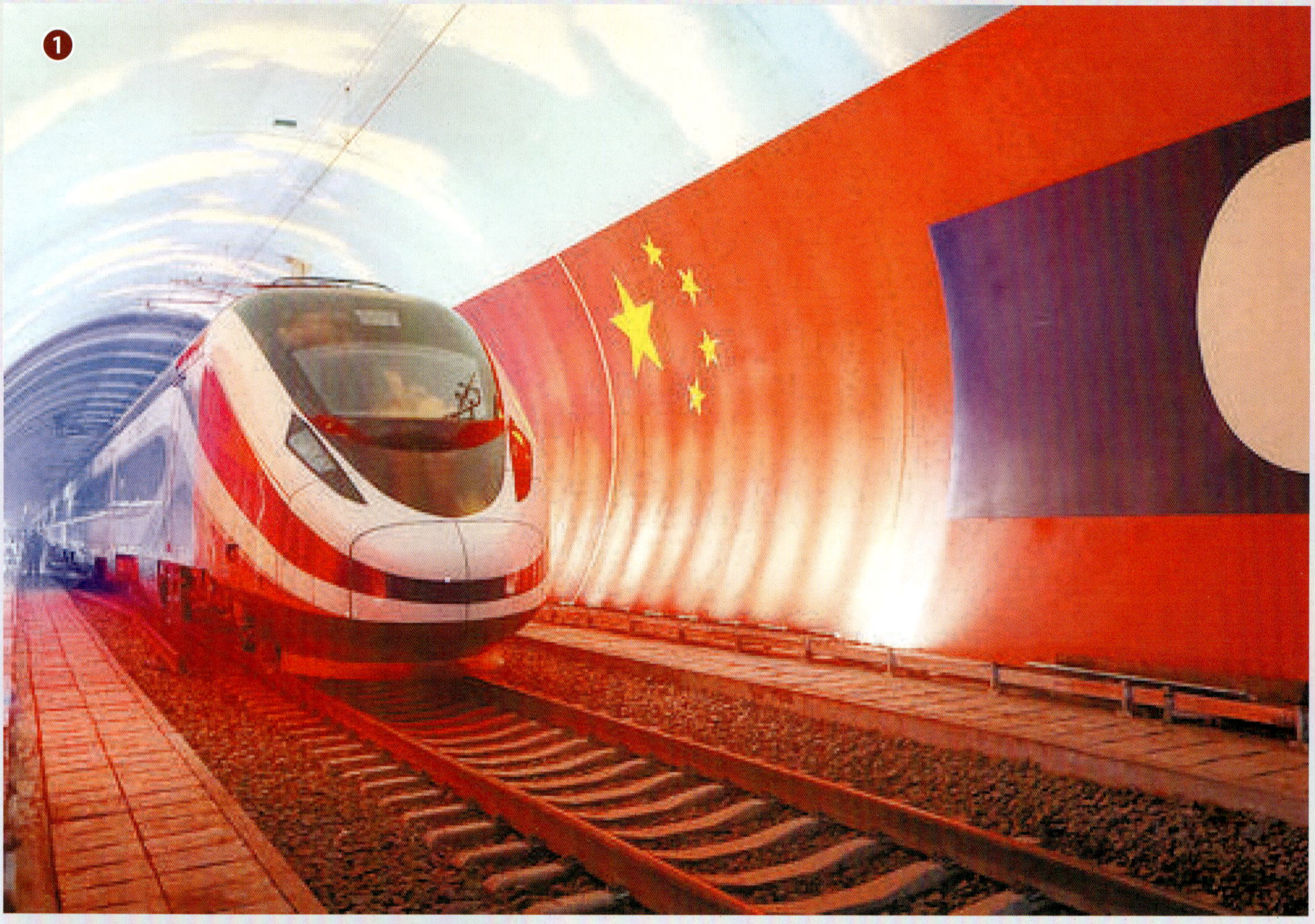

CREC

DAPEST - BELGRÁ

中国中铁
勇于跨越 追求卓越
STRIVE TO CHALLENGE LIMITS AND PURSUE EXCELLENCE

THÔNG VẬN TẢI
UBND TH
LỄ BÀN GIAO
DỰ ÁN ĐƯỜNG SẮT ĐÔ THỊ HÀ NỘI, TUYẾN CÁT LINH
Hà Nội, ngày 06 tháng 11 năm 2021

共建『一带一路』

❶ 2021 年 12 月 3 日，中国中铁建设的中老铁路全线通车运营。中国中铁近 20 家单位负责全线勘察设计、全线电气化施工、全线铺轨以及关键性工程建设任务

❷ 2021 年 11 月 25 日，中国中铁印尼雅万高铁箱梁架设顺利通过全线唯一钢桁梁桥

❸ 2021 年 10 月 18 日，匈塞铁路项目举行奠基仪式

❹ 2021 年 4 月 10 日，中国中铁印度尼西亚区域总部举行揭牌仪式

❺ 2021 年 11 月 6 日，中铁六局以 EPC 总承包模式承建的越南首条城市轻轨项目移交仪式在项目始发站吉灵站举行

❻ 中国中铁建设的孟加拉国帕德玛大桥铁路连接线项目

❼ 2021 年 7 月 29 日，中铁工业参建的克罗地亚佩列沙茨大桥实现全桥合龙

合作共赢

❶ 2021 年 11 月 4 日，中国中铁与中国宝武签署战略合作协议

❷ 2021 年 10 月 26 日，中国中铁与中国移动签署战略合作协议

❸ 2021 年 6 月 18 日，中国中铁与宜昌市人民政府签署深化战略合作框架协议

❹ 2021 年 5 月 22 日，中国中铁总裁、党委副书记陈文健受邀出席长沙投资环境北京推介会

❷

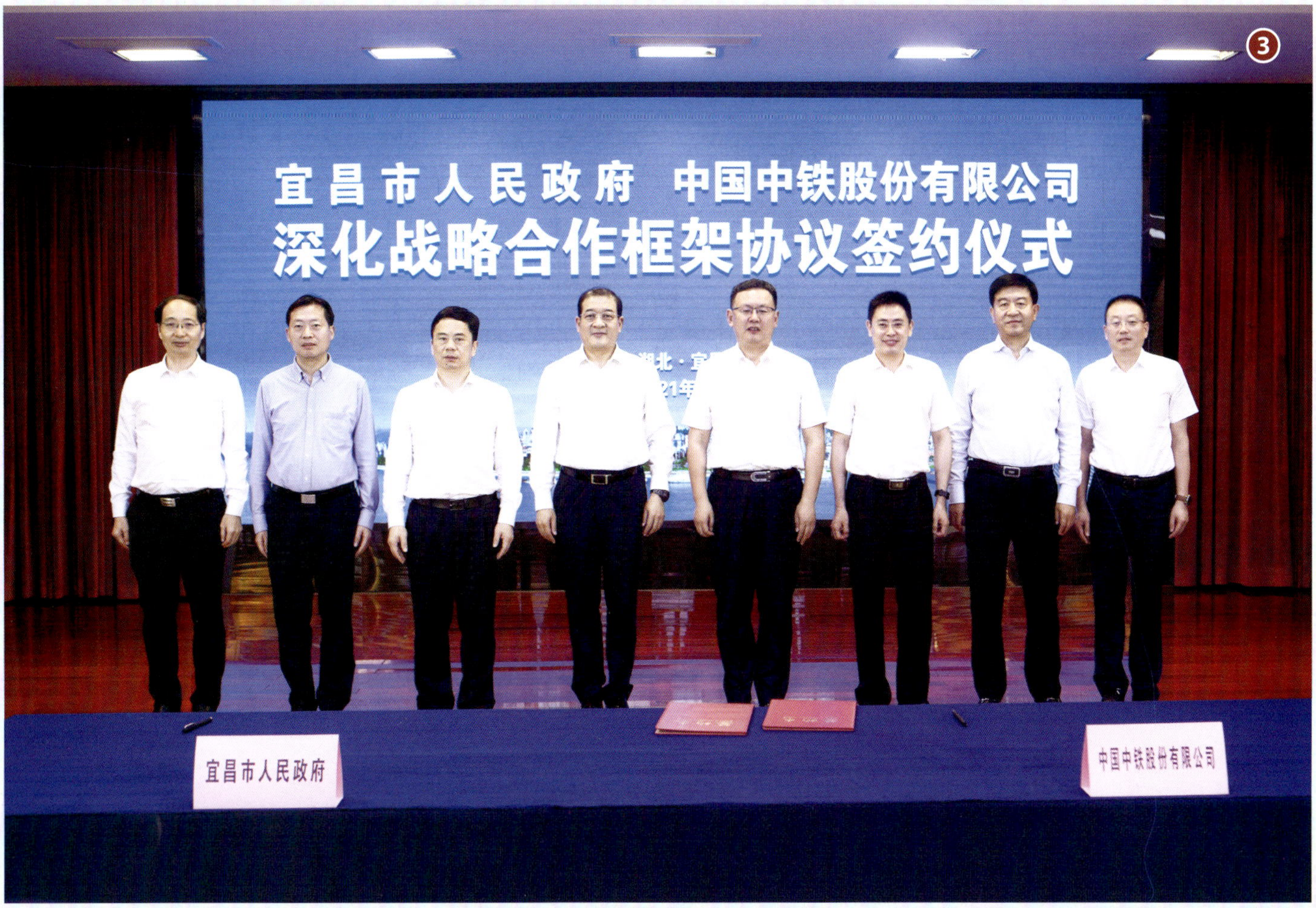
③
宜昌市人民政府 中国中铁股份有限公司
深化战略合作框架协议签约仪式
宜昌市人民政府
中国中铁股份有限公司

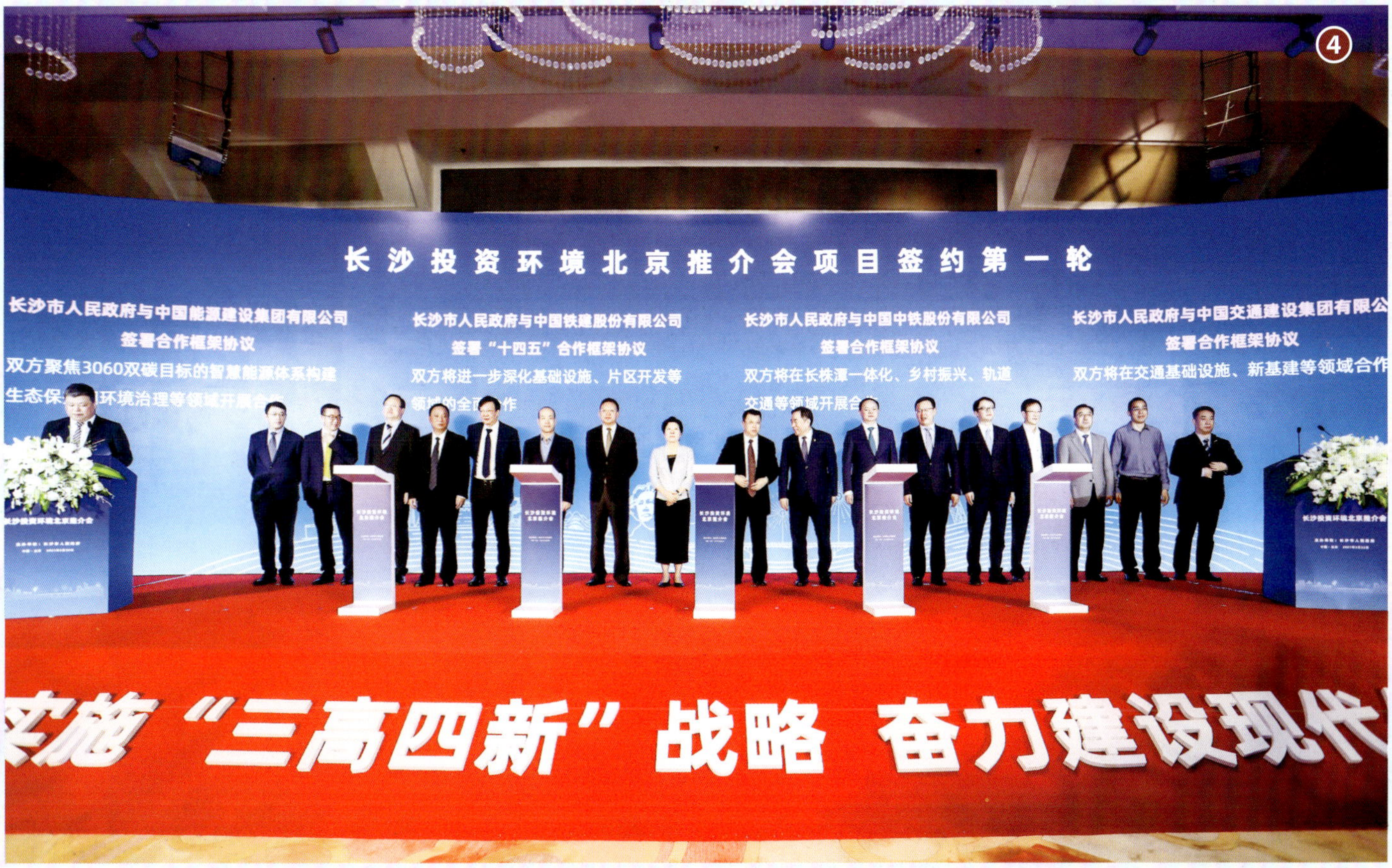
④
长沙投资环境北京推介会项目签约第一轮
长沙市人民政府与中国能源建设集团有限公司
签署合作框架协议
双方聚焦3060双碳目标的智慧能源体系构建
长沙市人民政府与中国铁建股份有限公司
签署“十四五”合作框架协议
双方将进一步深化基础设施、片区开发等
长沙市人民政府与中国中铁股份有限公司
签署合作框架协议
双方将在长株潭一体化、乡村振兴、轨道
签署合作框架协议
“三高四新”战略

科技创新

钢桥梁智能生产示范线

①

中国新型轨道交通创新发展大会

②

进出入记录表
人员统计
车辆统计
今日通过
121人
内部人员 100人
访客人员 21人
今日人流曲线
内部人员
访客人员
6
门禁设备总数
运行设备 4
维修设备 1
停止设备 1

③

❶ 钢桥梁行业首个“5G 智能工厂”——中铁工业钢桥梁智能生产示范线

❷ 2021 年 6 月 25 日，由中铁工业承办的中国新型轨道交通创新发展大会在合肥开幕

❸ 中国铁工投资旗下中铁水务集团银川中铁水务数智升级工程——智慧安防

❹ 2021 年 12 月 15 日，中铁科研院机器人创新研究中心揭牌投运

❺ 中国中铁参展第十三届中国—东北亚博览会开幕式暨第十一届东北亚合作高层论坛

❻ 2021 年 10 月 24 日，中铁南方参与的“跨地铁运营隧道地下空间利用成套技术研究与实践”项目获第十二届中国岩石力学与工程学会科学技术进步奖特等奖

获奖工程

中国中铁

❶ 中铁大桥院设计、中铁大桥局承建的沪苏通长江公铁大桥获国际桥梁大会乔治·理查德森奖

❷ 中国中铁承建的吉林双辽至洮南高速公路建设项目获中国建设工程鲁班奖

❸ 中铁建工承建的甘肃敦煌机场扩建工程航站区工程获中国建设工程鲁班奖

❹ 中国中铁投资建设的成都地铁 7 号线工程获中国建设工程鲁班奖

❺ 中铁一局承建、中铁七局参建的邕江综合整治和开发利用景观及亮化工程获中国建设工程鲁班奖

❻ 中铁大桥院设计、中铁大桥局承建的世界最大跨度双层公路悬索桥——武汉杨泗港长江大桥获中国建设工程鲁班奖

❶ 中铁设计设计、中铁五局承建的新八达岭隧道及长城站工程获中国建设工程鲁班奖

❷ 中铁上海局、中铁十局承建的环湖南路古城段景观及道路提升改造工程获中国建设工程鲁班奖

❸ 中铁电气化局承建的宁安铁路芜湖站工程获中国建设工程鲁班奖

❹ 中铁大桥院、中铁二院设计，中铁大桥局承建的重庆寸滩长江大桥获国家优质工程奖

铁路工程

❶ 2021 年 6 月 25 日，中国中铁参建的西藏首条电气化铁路——拉萨至林芝铁路开通运营

❷ 2021 年 12 月 10 日，中国中铁参建的京港高铁赣州至深圳段（赣深高铁）开通运营

❸ 2021 年 6 月 28 日，中铁广州局参建的川南城际铁路建成通车

❹ 2021 年 6 月 28 日，中国中铁投资建设的杭（州）海（宁）城际铁路开通运营

❺ 2021 年 12 月 24 日，中铁七局参建的敦化至白河高速铁路通车

①
②

公路及轨道交通工程

③

④
厦门火车站方向
To Xiamen Railway Station
3号线
Line 3
蔡厝方向
To Caicuo
火炬园

❶ 2021 年 8 月 21 日，中铁城投融资建设，中铁一局、二局、三局、九局和十局施工的 G6 京藏高速公路那曲至羊八井段通车试运行

❷ 2021 年 7 月 9 日，中国中铁承建的国内最高标准地下道路——深圳前海地下道路一期工程建成开通

❸ 2021 年 11 月 3 日，中国中铁参建的国内首个全自动跨座式单轨芜湖轨道交通 1 号线通车运营

❹ 2021 年 6 月 25 日，中国中铁参建的厦门地铁 3 号线开通运营

❺ 2021 年 12 月 31 日，中国中铁投资建设的宜彝高速、宜威高速（珙县至高县段）建成通车

❻ 2021 年 7 月 1 日，中国中铁投资、建设管理的遵余高速公路通车

❼ 2021 年 12 月 31 日，中国中铁投资建设的贵州江口至都格高速公路瓮安至开阳段建成通车

市政工程

❶ 中铁三局承建的悦容公园中苑实景

❷ 2021 年 10 月 26 日，中铁广州局承建的勤河两岸综合整治项目——竹林路绿化景观升级改造工程完工

❸ 2021 年 8 月 12 日，中铁十局、中铁北京局承建的青岛胶东国际机场投运

❹ 2021 年 6 月 26 日，中铁南方参建的深圳市香蜜湖路交通综合改善工程主桥建成通车

❺ 2021 年 10 月 28 日，中铁七局承建的桂庙路快速化改造一期工程完工

❻ 2021 年 10 月 1 日，中铁七局承建的管城区老旧改造项目——郑州首个非遗文创街区平等街正式开放

桥隧工程

❶ 2021年6月30日，中铁大桥院设计、中铁大桥局承建的中国首座公铁两用悬索桥——五峰山长江大桥通车

❷ 2021年6月28日，中铁大桥局承建的国内首座以中国文化和地方文化为设计理念的桥梁——调顺跨海大桥通车

❸ 2021年4月30日，中铁大桥院设计、中铁大桥局承建的世界上跨度最大的全漂浮体系斜拉桥——武汉青山长江大桥通车运营

❹ 2021 年 7 月 15 日，中国最大水下盾构隧道——深圳市妈湾跨海通道“妈湾号”盾构机始发

❺ 2021 年 9 月 25 日，中铁大桥院设计、中铁大桥局承建的世界最大跨钢混组合梁斜拉桥——赤壁长江公路大桥通车

❻ 2021 年 6 月 17 日，中国中铁参建的厦门海沧隧道建成通车

❼ 2021 年 9 月 10 日，世界最大直径 TBM“高加索号”在格鲁吉亚成功始发

房建工程及房地产开发

❶ 中铁置业贵阳诺德阅山湖云湾项目

❷ 中铁 · 青岛世界博览城正式成为 UFI 认证展览场馆

❸ 中铁八局承建的张吉怀高铁凤凰古城站

❹ 中铁建工承建的林芝站

❺ 中铁国际生态城项目

❻ 中铁建工承建的北京丰台站

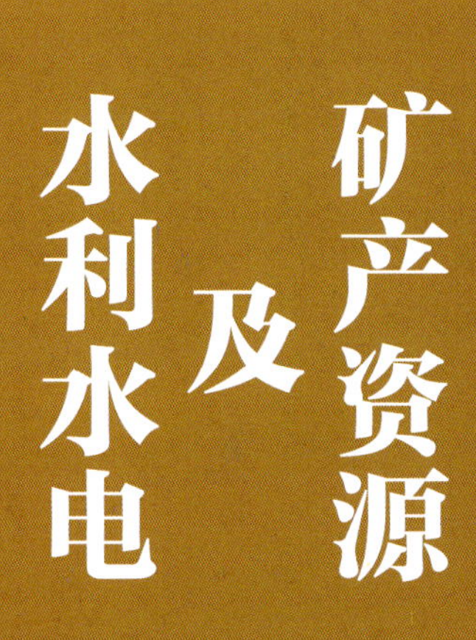

❶ 2021 年 9 月 29 日，由中铁长江设计完成的长江上游首个万吨级港口——重庆忠县新生港开港运营

❷ 刚果（金）Kamoa 选矿厂一期及二期磨矿车间、浮选车间、浓密车间全貌

❸ 2021 年 9 月 20 日，中铁广州局承建的广东石化原油码头钢引桥贯通

❹ 中国铁工投资建设的山东省首批山水林田湖草沙生态修复治理试点工程——泰城水生态环境治理工程 PPP 项目

❺ 2021 年 6 月 30 日，刚果（金）项目部参加华刚矿业铜钴矿项目二期工程首批阴极铜出铜仪式

❻ 2021 年 4 月 8 日，由中国自主研制的世界引调水工程最大直径 TBM“云岭号”掘进突破 1000 米大关。“云岭号”由中铁装备、中铁隧道局联合研制，应用于中铁隧道局承建的滇中引水工程大理段 3 标

❼ 中铁水利设计参建的江西省鄱阳湖综合治理工程

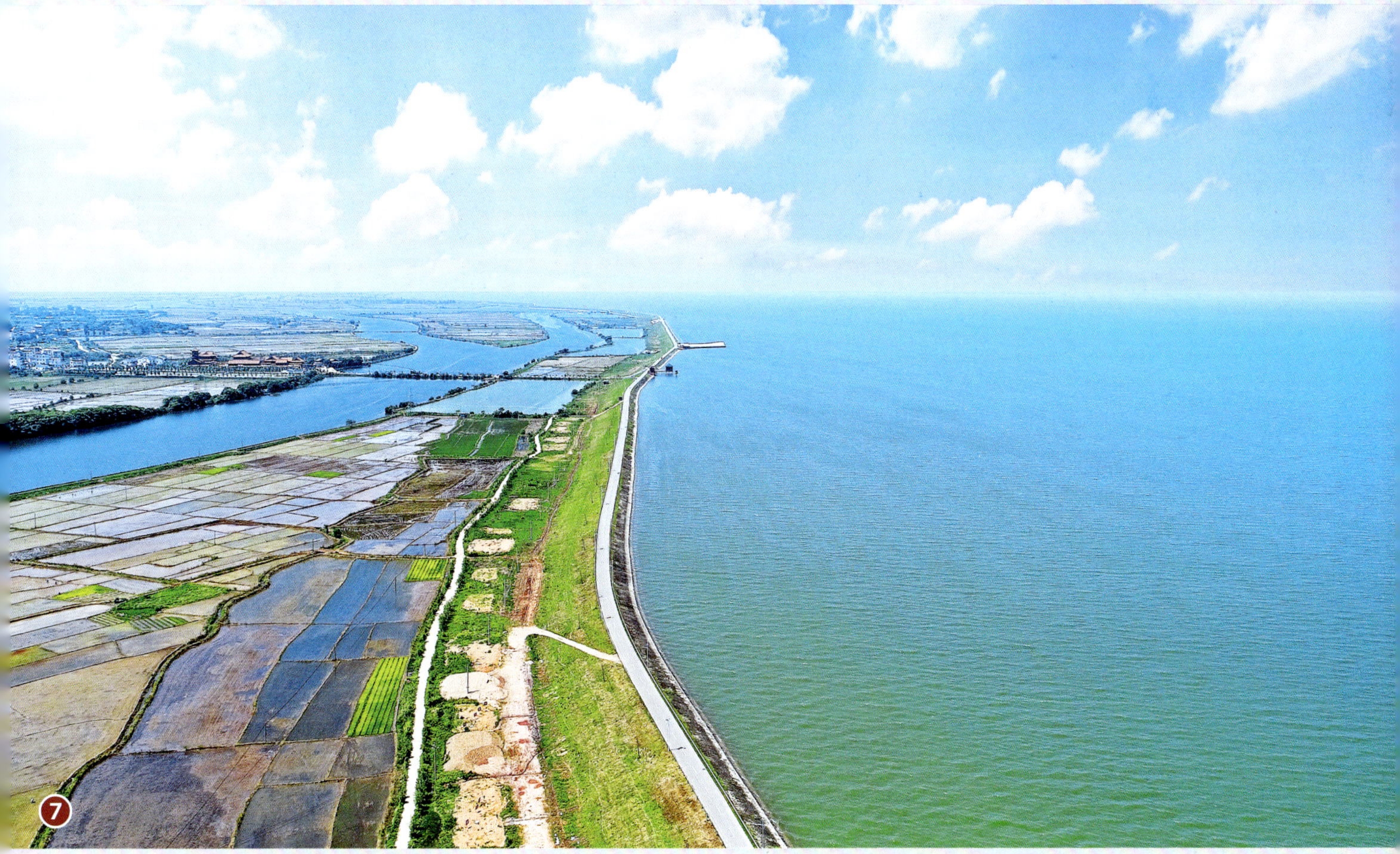

7

党建工作

①
王尽美

中国中铁
中国中铁八局
②

③

④
中国中铁党委庆祝建党100周年暨"七一"表彰大会
中国中铁党委庆祝建党100周年
暨"七一"表彰大会

❶ 2021 年 6 月 8 日，中国中铁党委在中铁山桥开展了党史学习教育实地践学暨专题读书班活动

❷ 中铁八局开展庆祝建党 100 周年系列活动

❸ 2021 年 7 月 17 日，中国中铁启动“开路先锋杯”劳动竞赛暨党建主题实践活动

❹ 2021 年 6 月 28 日，中国中铁党委召开庆祝建党 100 周年暨“七一”表彰大会

❺ 国道 109 高速公路项目开展“学党史 强党建 促发展”党建主题活动

❻ 2021 年 10 月 10 日，国资委党委在中国中铁总部召开习近平总书记全国国有企业党的建设工作会议重要讲话发表五周年学习座谈会

❼ 2021年3月19日，中国铁工投资“启航筑基 · 同心同行”主题职工会演在京举行

❶ 2021年10月20日，中铁高铁电气装备股份有限公司（股票代码：688285，股票简称“高铁电气”）在上海证券交易所首次公开发行股票，并在科创板正式挂牌交易

❷ 2021年9月22日，中国中铁召开深化改革三年行动工作推进视频会议

❸ 中铁建工全面推行经理层成员任期制和契约化管理

❹ 2021年10月30日，中国中铁召开项目管理现场提升会

❺ 2021年10月12日，中国中铁2021年度青年干部培训班（青马班）开班

❻ 2021年6月18日，中铁信托召开以“建设信托文化、加快转型升级”为主题的中国信托业高质量发展论坛

❼ 2021年4月18日，中铁建工与长沙市规划设计院成功重组

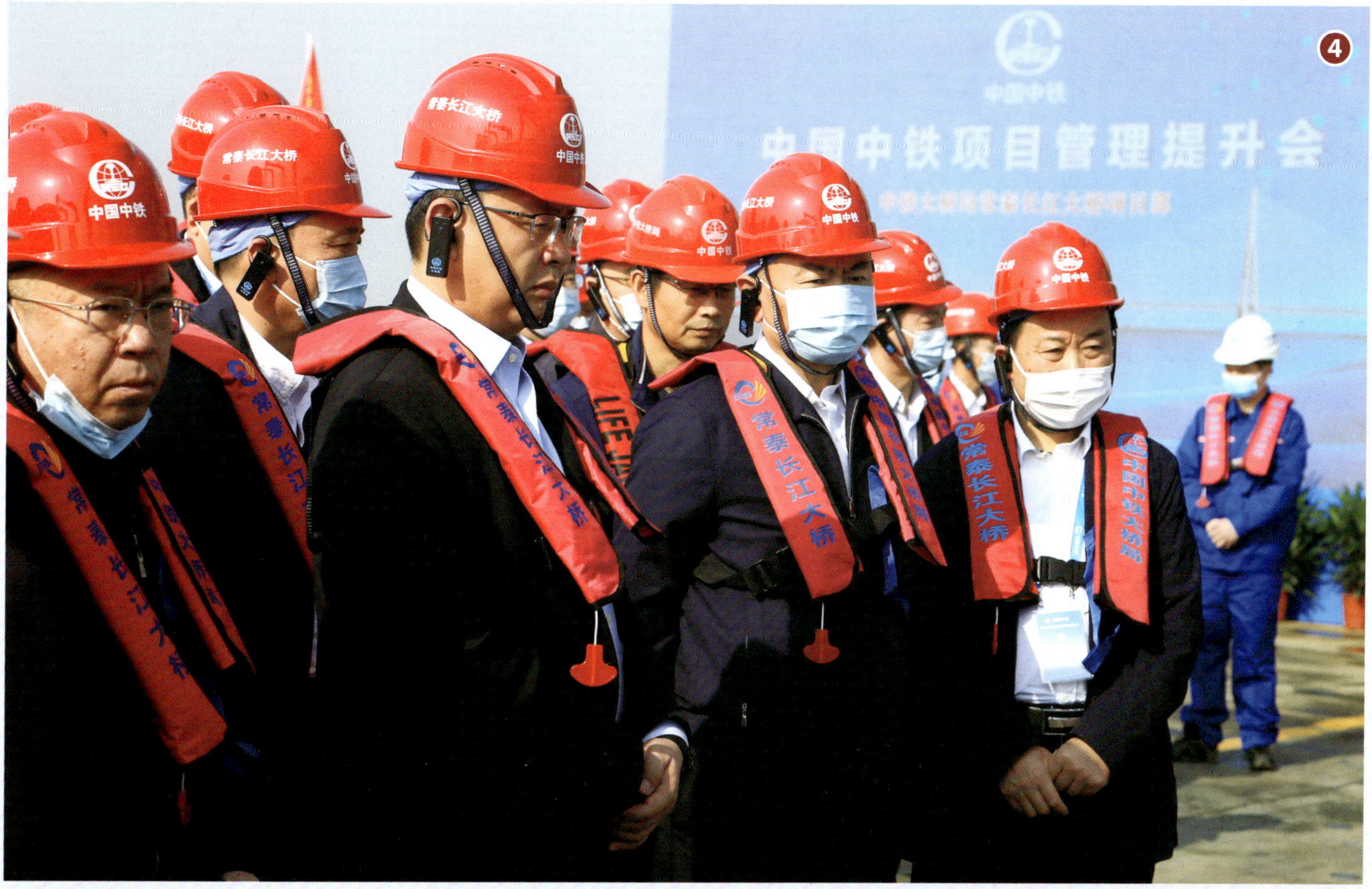

中国中铁2021年度青年干部培训班（青马班）
⑤
中国中铁
中国中铁2021年度
青年干部培训班
（青马班）

⑥
圆桌论坛
中国信托业高质量发展论坛

⑦
中国中铁
热烈祝贺
长沙市规划设计院加入中铁建工集团
新时代 新起点 新使命 新未来

『开路先锋』企业文化系统

中国中铁
開路先鋒
文化理念系统

❶ 2021年5月7日，中国中铁"开路先锋"文化展览馆暨"开路先锋"精神教育基地揭牌

❷ 中国中铁党委书记、董事长陈云在中央广播电视总台《信物百年》——《闪亮的"开路先锋"旗帜》节目中讲述新中国第一条铁路——成渝铁路建设背后的故事

❸ 2021年1月26日，中国中铁"开路先锋"文化理念系统正式发布

❹ 中铁置业召开“开路先锋”企业文化宣贯培训会

❺ 中铁北京局组织参观“开路先锋”文化展览馆

❻ 中铁电气化局在川南城际项目开展“开路先锋”文化宣贯

❼ 2021 年 10 月 26 日，中铁八局开展以“承红色基因，筑强局梦想，当开路先锋”为主题的第二届企业文化节

社会责任

❶ 中国中铁火速援建石家庄市黄庄公寓隔离场所

❷ 中铁三局刘小营荣获“全国脱贫攻坚先进个人”称号

❸ 中铁七局积极参与河南特大暴雨抗洪抢险工作

❹ 2021 年 7 月 15 日，中铁电气化局参与京唐铁路津山上行线抢险救灾工作

❺ “建设工地小候鸟驿站”爱心暑托班

❻ 2021 年 10 月 7 日，中铁三局紧急驰援山西南同蒲线祁县至东观间昌源河大桥桥台抢险

❼ 中铁八局海外公司“春苗行动”

❽ 中铁建工第 18 次出征南极建设

2021年青岛市牵手关爱 七彩假期
“建设工地小候鸟驿站”爱心暑托班
⑤

⑥

⑦

⑧
中铁建工集团
中国中铁
中铁建工集团坚定不移做好南极科考事业的服务和支持工作

目录 CONTENTS

特稿

专文

2021 年大事记

概述

企业基本情况

职工队伍

资产和技术设备

创新发展

生产经营发展

中国中铁“开路先锋”文化理念系统

践行“三个转变”重要指示

巩固拓展脱贫攻坚成果有效衔接乡村振兴

高质量共建“一带一路”

建设“北京冬奥会”工程项目

基建建设

基建建设经营开发

基建建设生产管理

二次经营

安全质量监督管理

勘察设计与咨询服务

勘察设计生产经营

技术咨询与服务

优秀工程勘察设计奖

优秀工程咨询成果奖

工程设备与零（部）件制造

工业企业生产经营

主要产品

生产工艺和技术创新

海外业务

实业投资及金融物贸

实业投资

金融信托

物资贸易

科技创新

股份公司总部工作

董事会办公室

办公室（党委办公室、信访办公室、保密办公室）

规划发展部（全面深化改革领导小组办公室、企业管理实验室）

财务与金融管理部（北京财务共享服务中心）

人力资源部（党委干部部）

考核分配部

科技创新与数字化部（技术中心、专家办公室、网信办）

国际部

党建工作部（党委组织部、党委宣传部、企业文化部、统战部、跨文化融合办、团委、融媒体中心）

经营开发中心

投资管理中心

生产监管中心
（采购管理中心、战备办公室）

法律合规部

审计部（监事会办公室）

安全质量环保监督部（应急管理办公室、安全质量稽查总队）

党委巡视工作领导小组办公室（巡视组）

纪委

工会

总部事务管理中心（基建办公室、离退休人员管理部、保卫部、机关党委、机关纪委、机关工会）

信息化中心

人　物

新闻人物

科技人物

模范人物

所属单位

中铁一局集团有限公司

中铁二局集团有限公司

中铁三局集团有限公司

中铁四局集团有限公司

中铁五局集团有限公司

中铁六局集团有限公司

中铁七局集团有限公司

中铁八局集团有限公司

中铁九局集团有限公司

中铁十局集团有限公司

中铁大桥局集团有限公司

中铁隧道局集团有限公司

中铁电气化局集团有限公司

中铁武汉电气化局集团有限公司

中铁建工集团有限公司

中铁广州工程局集团有限公司

中铁北京工程局集团有限公司

中铁上海工程局集团有限公司

中铁投资集团有限公司（中国中铁京津冀区域总部）

中铁南方投资集团有限公司（中国中铁华南区域总部）

中铁交通投资集团有限公司（中国中铁中南区域总部）

中铁开发投资集团有限公司（中国中铁西南区域总部）

中铁城市发展投资集团有限公司（中国中铁西部区域总部）

中铁（上海）投资集团有限公司（中国中铁华东区域总部）

中铁发展投资有限公司（中国中铁晋鲁豫区域总部）

中铁北方投资有限公司（中国中铁北方区域总部）

中国铁工投资建设集团有限公司

中铁世德铁路投资有限公司

中铁站城融合发展投资有限公司

中铁（广州）投资发展有限公司

中铁二院工程集团有限责任公司

中铁第六勘察设计院集团有限公司

中铁工程设计咨询集团有限公司

中铁大桥勘测设计院集团有限公司

中铁科学研究院有限公司

中铁华铁工程设计集团有限公司

中铁长江交通设计集团有限公司

中铁水利水电规划设计集团有限公司

中铁国际集团有限公司

中铁东方国际集团有限公司

中国海外工程有限责任公司

中国中铁股份有限公司国际工程分公司

中铁高新工业股份有限公司

中铁装配式建筑股份有限公司

中铁置业集团有限公司

中铁文化旅游投资集团有限公司

中铁资源集团有限公司

中铁信托有限责任公司

中铁财务有限责任公司

中铁资本有限公司

中铁物贸集团有限公司

中铁云网信息科技有限公司

中国中铁雄安新区投资建设总指挥部

中国中铁股份有限公司孟加拉国帕德玛大桥铁路连接线项目经理部

中国中铁股份有限公司印尼雅万高铁项目经理部

中国中铁股份有限公司匈塞铁路项目经理部

中铁国资资产管理有限公司

中国铁路工程集团有限公司党校

统计资料

附　录

文件辑要

中国中铁总部部门职能

企业名录

索　引

CHAPTER 1

特 稿

唯实惟先 笃行不息
奋力推进中国中铁高质量发展取得新成效

——中国中铁党委书记、董事长陈云在公司2022年工作会议暨三届三次职代会上的讲话

（摘要）

（2022年1月19日）

一、"十四五"实现良好开局，推动高质量发展初见成效

2021年是党和国家历史上具有里程碑意义的一年，也是中国中铁奋进"十四五"、推动高质量发展的元年。一年来，面对百年变局和世纪疫情交织叠加、经济下行和市场竞争日趋加剧等诸多挑战，全公司以习近平新时代中国特色社会主义思想为指导，深入落实党中央重大决策部署及国资委工作要求，立足新发展阶段、贯彻新发展理念、构建新发展格局，高举"开路先锋"大旗，守正创新、破局突围，推动改革发展和党的建设在大庆之年、开局之年、进军之年取得了新的进展和显著成效。一是企业规模迈上新台阶，全年完成营业收入超过1.04万亿元，同比增长7.39%，首次突破万亿元大关，世界500强排名跃升至第35位，再塑新的发展里程碑。二是发展质量实现新提升，实现利润总额378亿元、净利润301亿元；营业收入利润率较上年升高0.17个百分点、全员劳动生产率同比增加1.14万元/人，均创历史最高水平，公司连续8年获国资委业绩考核A级，获2020年度党建考核A级。三是科技创新取得新成果，获国家科学技术奖7项，获中国土木工程詹天佑奖12项，居建筑类中央企业榜首；新增"一院士、两大师"，实现历史性突破。四是深化改革再获新成效，改革三年行动完成率超过70%，体制机制活力进一步释放，中国特色现代企业制度更加形神兼备、成熟定型。五是服务国家战略彰显新作为，世纪工程川藏铁路勇担重任，中老铁路、北京冬奥会设施等重点工程顺利完工，海外业务逆势上扬，为维护经济社会稳定发展作出重要贡献。特别是习近平总书记4次点赞中国中铁，鞭策勉励我们争取更大作为。这些成绩来之不易，令人欣慰、催人奋进。

一年来，公司党委充分发挥"把方向、管大局、促落实"作用，董事会认真履行"定战略、作决策、防风险"职责，重点抓了以下六个方面工作。

（一）牢牢把握时代主题，立起了坚定高质量发展的导向航标。

系统研判宏观大势，结合自身发展实际，制定出台公司"十四五"发展规划，确立了"十四五"战略目标和"123456"工作策略，明确了聚焦高质量发展、努力推动发展方式"两个转化"的具体措施，以系统思维、宏观视野、突出发展质量的战略考量，深刻回答了新时代建设什么样的中国中铁、怎样建设新时代的中国中铁等重大问题，为当前和今后一个时期企业各项工作提供根本遵循和行动纲领。围绕国资委"两利四率"考核指标，强化过程管控，通过提升经营规模质量、重塑业绩考核体系、完善制度业务流程、加强风险合规管理、实施经济运行预警等一系列措施，把高质量发展的总要求贯穿在生产经营、改革发展、提质增效全过程的各个环节。

▲图1-1 由中铁建工承建、中铁北京局参建的济青高铁获国家优质工程奖

（二）纵深推进企业改革，搭建了稳固高质量发展的四梁八柱。

深度融入国家区域发展重大战略，与各省市签订战略合作协议70多项，战略性转移新设三级公司19家，资源要素进一步向经济发展潜力巨大的“富油区块”集中；重构海外业务版图，新设境外区域总部23个，助推海外业绩逆势上扬；统筹“战略+运营管控型”“监管+服务型”总部建设，构建了职能管理、生产经营管理、监督保障三大系统，精简、高效的总部中枢逐步形成。以中铁交通为主体重组全系统高速公路运营业务，打造高速公路“投建营一体化”专业平台，投资公司实体化改革迈出坚定步伐。修订“三重一大”决策实施办法，制定重大事项决策清单，进一步厘清了各治理主体权责边界；完善母子公司治理制度体系，进一步加强子公司董事会建设，治理机制实现上下协同，公司董事会获中央企业董事会评价A级。扎实推进三项制度改革，全面推行经理层成员任期制和契约化管理，构建股权激励、超额利润分享等中长期激励“1+N”制度体系，充分激发体制机制活力。

（三）深入实施创新驱动，打造了助推高质量发展的硬核实力。

深入践行习近平总书记“三个转变”重要指示，把科技创新作为贯彻落实创新驱动发展的核心抓手，全年研发投入强度保持在2.24%，三大专项任务攻关取得世界领先成果，1项创新理论研究获全国企业管理现代化创新成果一等奖，连续2年摘得中国专利金奖，获中国建设工程鲁班奖17项，获国家优质工程奖55项，企业科研攻坚能力进一步提高。高铁电气破冰登陆科创板，公司深度融入多层次资本市场的产业架构初步形成；盾构机、电气化铁路接触网等5个产品通过工信部“制造业单项冠军”认定；完成时速600千米以上高温超导磁悬浮工程化系统实验测试，“赤沙号”建筑构件装配机器人填补中国装配式建筑施工装备领域空白，行业领军地位进一步稳固。“信息贯通工程”实现主线贯通，“数智升级工程”场景化应用纵深推进，智能化高端装备产业园一期顺利投产，数字工地、智能建造、智慧工厂、智慧运维走在前列。

（四）不断夯实短板弱项，补强了支撑高质量发展的管理根基。

聚焦强基固本，在补短板强弱项方面，稳扎稳打、持续用力，大力实施“2030”专项审计，扎实推动“四工”“四超额”“四违规”问题专项治理，加强劳务分包和设备采购管理，整饬项目现场管理乱象；召开项目管理“常州会议”，宣贯大商务管理理念方法，系统部署了项目管理效益提升三年行动，出台了各层级项目管理责任制指引；制定对标世界一流管理提升行动方案，组织18家工程局对标学习中铁四局等龙头企业，中铁四局、中铁上海局、中铁大桥局入选国资委管理提升标杆企业，工程项目现金流自平衡管理入选国资委管理提升标杆项目；加大治亏工作力度，压降“两金”、处置“两非”“两资”，坚持“瘦身健体、提质增效”，一企一策压减法人企业64户；进一步深化“处僵治困”工作成效，超额完成年度亏损额和亏损面“双下降”50%以上的治理目标。

（五）持续深化风险防控，形成了倒逼高质量发展的管控机制。

严守债务风险底线，全面排查参股基金和参股企业潜在风险，全面核查子公司风险资产规模，成功化解“大马城”合同风险，追回前期1.85亿美元投入，主动“排雷”、精准“拆弹”，有效防控了风险爆发。严守党风廉政建设底线，一体推进“三不腐”，高质量完成了对10家子企业巡视工作，开展重大项目专项监督，持续整治“靠企吃企”问题，出台加强“一把手”和领导班子监督制度，构建了党风廉政建设和反腐败监督工作体系；全年给予党纪、政纪处分1389人次，组织处理1210人次，对52件违规违纪典型通报曝光，提升了惩治震慑、制度约束、提高觉悟一体发力的综合效能。严守安全质量环保底线，深刻吸取相关事故惨痛教训，深入开展安全质量隐患“大反思、大排查、大整治、大提升”专项行动，强化新时期“2468”管理要点宣贯落实力度，出台“铁腕治安全硬十条”，对事故单位和责任人进行严肃问责。

（六）全面加强党的建设，发挥了保障高质量发展的政治优势。

围绕“学史明理、学史增信、学史崇德、学史力行”扎实开展党史学习教育和庆祝建党百年活动，广泛开展“理想信念情怀、爱党爱国爱企”主题活动，高质量承办国企党建会五周年系列活动，凝聚了“中央企业永远跟党走、中国中铁始终走前列”的强大精神力量，得到了中央及国资委指导组高度评价。深入推进“党建创新拓展年”，制定深入学习贯彻落实习近平总书记重要指示批示精神工作办法和工作台账，健全完善“第一议题”制度；持续强化“三基”建设和党支部“晋位升级”，推动党建业务深度融合，把党建优势转化为企业的发展优势。不断加强干部人才队伍建设，常态化、制度化、规范化开展子公司领导班子日常履职情况考察，统筹运用考察结果强化班子整体合力和干部履职能力；实施“5100”人才工程，推进“六支人才队伍”建设，构建“老中青”人才雁阵。大力加强宣传思想文化建设，成立融媒体中心，构建“九位一体”宣传矩阵；传承伟大建党精神，淬炼“开路先锋”企业文化理念系统，高标准建成“开路先锋”文化展馆，树起了“永远的开路先锋”精神旗帜。

在充分肯定成绩的同时，也要清醒认识到企业当前存在的突出问题，主要表现在四个方面。

第一，市场经营动能减弱。从原因来看，各子公司市场主体作用发挥不够充分，“狼性文化”还需努力增强，市场嗅觉、触觉有所减退；经营理念没有跟随市场与业主需求与时俱进，商业思维尚不成熟，工程思维依旧牢固；投资公司尚未走出依靠母公司“输血”的“巨婴”

▲图 1-2　2021 年 3 月 3 日，中国中铁党委召开党史学习教育动员部署大会

阶段，个别工程局存在“等靠要”的“躺平”心理；经营城市、经营客户业主、经营公共关系能力较弱，高质量经营任重道远。其表现在结果上就是：模式创新引领能力和专业化解决方案供给能力不足，高端经营资源储备不多，传统优势领域市场份额被逐步蚕食，华东、华南等重点区域，新基建和清洁能源等新兴领域，城市更新等综合型项目开拓效果还不明显。

第二，各项耗损蚕食效益。主要表现有三。一是资本耗损。投资业务资本金回收和利润形成机制导致资金循环不畅，部分项目交易结构复杂加重融资成本，投资公司一方面面临资本性投入入不敷出的困境，另一方面因施工期利润高企造成税负较大，而施工企业却因资金紧张导致收益变窄甚至亏损；投资项目内部管理关系、经济关系盘根错节，三角债现象严重。二是结构性及交易性耗损。区域内各层级组织架构错综复杂，股份公司区域总部作用没有得到有效发挥，集团公司区域经营机构“内卷”程度严重。三是管理耗损。“盈利光荣、亏损可耻”的文化生态远未形成，管理策划有名无实，施工组织形同虚设，分包转包、劳务队伍管理乱象丛生，“跑冒滴漏”现象比比皆是，管理粗放、效率低下依然严重制约项目盈利能力，项目亏损面和亏损额持续扩大。

第三，资产质量亟待改善。一方面，子企业不平衡不充分矛盾突出，部分子企业风险资产规模持续扩大，各类欠款诉讼纠纷不断，已呈现积重难返的态势；股份公司经营性现金流常年净流出，陷入“报表有利润、手中无现金”的“失血”窘境。另一方面，债务驱动发展的势头还未得到有效遏制，资源配置与投入产出效率匹配度不高，低效无效资产存量较大，资产流动性趋弱，财务资源瓶颈凸显，融资能力已近上限，货币资金存量大幅减少，负债率管控压力巨大，企业实现高质量发展的条件、环境、动能持续减弱。

第四，各类风险隐患加剧。廉政风险、债务风险、安全质量环保风险等各种隐患如影随形、屡屡发生，教训极其深刻。主要表现有三。一是少数干部作风不实，对于矛盾问题麻木不仁、视而不见，形式主义、官僚主义仍然突出，特别是 2021 年发生的几起腐败案件给我们敲响警钟，党风廉政建设形势依然严峻复杂。二是随着经济下行压力加大，地产、基金、信托、地方平台等领域的潜藏风险开始浮出水面，原有投资逻辑发生根本性转变，使得系统内部地产、金融类风险事件频发，损失巨大、影响恶劣。三是安全质量、环保也是险情不断，几起安全事故和环保事件已对涉事企业造成严重影响，企业发展面临严峻挑战。

二、精准识变应变求变，明确高质量发展面临的形势任务

2022 年，将召开党的二十大，这是党和国家政治生活中的一件大事，保持平稳健康的经济环境、国泰民安的社会环境、风清气正的政治环境极为重要，做好企业自身改革发展和党的建设各项工作意义重大。2021 年召开的中央经济工作会议科学研判了国际国内经济形势，提出了“三重压力、四个必须、五种问题、七大政策”，实事求是，思想深刻，对做好 2022 年以及今后一个时期的经济工作都具有非常强的指导意义。总体上看，中国经济韧性强，长期向好的基本面不会改变，中央企业高质量发展稳中向好的态势不会改变，但整体经济形势更加严峻，风险挑战明显增多，易变性、不确定性、复杂性、模糊性（VUCA）的时代特征更加明显。对于中国中铁而言，必须准确研判形势、洞察时局变化、争取战略主动，统筹把握好市场变幻的四“冷”四“暖”。

第一，宏观经济遭遇“三重压力”之“冷”与稳增长政策托底之“暖”。需求收缩主要表现在支撑经济发展的消费和投资增长疲弱，出口近期也开始下滑；供给冲击主要表现在生产要素结构性短缺，缺煤缺电、上游涨价冲击生产，CPI 和 PPI“剪刀差”不断扩大，经济滞胀风险加大；预期减弱主要表现在地方政府、企业、居民三大部门对经济发展前景担忧，对于经济下行存在“沉锚效应”。为了有效应对“三重压力”，党中央作出 2022 年经济工作“稳字当头、稳中求进”的战略抉择，统筹部署宏观、微观、结构、科技、改革、区域、社会七大方面政策协调发力，明确适度超前开展基础设施投资，预计 2022 年财政政策和货币政策将在上半年集中发力，地方专项债总量预计达到 4.5 万亿元，1.46 万亿元已经提前下达，结构性降息降准可期，全面利好基建领域。中国中铁要抢抓稳经济窗口期，下手要快、出手要准、动手

要狠，提前布局、努力抓住国内重大基础设施建设和全球互联互通“交通先行”新机遇，既要多拿项目、拿大项目，又要“腾笼换鸟”，积极清收地方欠款。同时，随着宏观经济稳增长的各项措施陆续推出，2022年大宗物资材料和地材价格上涨是大概率事件，要提前谋划应对之策，果断下先手，有效对冲通胀压力和生产端的成本上升。各工程局要适当增加大宗材料库存，特别是在地材保供保价方面多动脑筋、多想办法。

第二，经济增速中枢下移之“冷”与科技创新赋能经济增长之“暖”。在新发展阶段，中国生产函数正在发生变化，经济发展的要素条件、组合方式、配置效率已经改变，中国经济已由高速增长转向高质量发展阶段。一方面表现在增速换挡，根据国家统计局数据和专家预测，“十四五”时期，中国经济将围绕增速5.5%这一中枢运行，这将导致全社会资本回报率总体下降，特别是部分基建领域因投资饱和，边际回报率降低且逐年递减，这一点，在投资业务中感受尤为明显；经济增速下行也使原本隐藏的各类风险水落石出，局部风险引发系统性风险的概率加大，2021年房地产企业的集中债务违约就是典型案例。另一方面表现在国家加速推动经济转型，高质量发展和科技创新成为多重约束下的最优解。以云计算、大数据、物联网、移动互联、人工智能为代表的新一轮技术革命正在重塑全球竞争格局和经济版图，正势不可当地系统性重构各行各业的产业链、创新链、供应链、价值链。因此要通过嫁接数字科技，实现产业数字化升级，进一步激发发展潜力和发展动能。

第三，地方政府财政收支困局之“冷”与新发展格局加速释放动能之“暖”。在国家坚定“房住不炒”定位调控房地产市场的大背景下，地方政府土地财政难以为继，收支不平衡愈演愈烈。有关数据显示，能够实现全年财政收支平衡的仅为上海、浙江等极少数省市，地方财政一般公共预算自给率已下降至50%以下，超过80%的地级市财政自给率逐年下降，首个“财政重整”城市出现，多数城市PPP项目总量已逼近10%的红线。由此可见，政府履约能力和发展潜力已经成为判断项目优劣的先决条件，特别是“后PPP时代”，非标准化的投资业务将考验中国中铁策划、运作项目的能力。因此，必须完整、准确、全面贯彻新发展理念，深刻把握国家加速构建新发展格局的深刻内涵，不断调整生产力和生产要素等资源配置向发达区域、潜力区域转移，深度融入国家战略，融入城市群都市圈这一新的经济增长极，不断提升商业模式创新能力，将区域发展势能转化为企业发展动能。

第四，传统基建低速增长之“冷”与“双碳”经济绿色基建蓬勃兴起之“暖”。自2017年基建投资增速跌破10%以来，近几年一直处于低位徘徊，相信各单位已明显感觉到公路、市政、房建等传统基建市场竞争之惨烈、中标之不易，因此必须加快转移过剩产能、迭代完善产业短板，抢抓绿色低碳发展的新机遇，发力攻坚清洁能源和绿色基础设施等新兴领域，打开公司持续发展的市场空间。根据市场研究预测，要实现“碳达峰”目标，全社会每年需要新增投资4万亿元以上，新增电力投资1.5万亿元以上，清洁能源占比要超过90%，风电、光电装机量将是现有规模的8倍以上，抽水蓄能电站装机规模要扩大3倍以上，跨区域电力交换功率总容量要增长5倍以上，水电开发率要超过80%，这将是新型城镇化建设后最大的基建增量市场，股份公司将统筹做好顶层设计，指导各单位实现单点突破、规模进军。

综合研判形势，做好2022年工作总的要求是：以习近平新时代中国特色社会主义思想为指导，深入贯彻党的十九大、十九届历次全会和中央经济工作会议精神，落实中央企业负责人会议各项部署，坚持稳中求进工作总基调，完整、准确、全面贯彻新发展理念，服务构建新发展格局，聚焦高质量发展主题，坚定“十四五”战略不动摇，咬定“123456”工作策略不放松，笃定增长方式“两个转化”不松懈，纵深推进深化改革、强化科技创新驱动、着力夯实基础管理、防范化解重大风险、强化党建引领保障，不断增强企业竞争力、创新力、控制力、影响力、抗风险能力，推动中国中铁向更高质量、更有效率、更具活力、更可持续、更为安全的发展迈进，以优异成绩迎接党的二十大胜利召开！

根据国资委“两利四率”考核指标，2022年公司要努力实现“四增两控四提高”目标。“四增”，即确保完成新签合同额2.93万亿元，确保实现营业收入1.12万亿元，确保实现利润总额412亿元、净利润330亿元，同比均实现正向增长。“两控”，即资产负债率控制在75%以内；控制“两金”规模，“两金”占营业收入的比重要控制在45%以内。“四提高”，即营业收入利润率提高0.1个百分点以上，全员劳动生产率提高5%以上，项目平均利润率提高0.5个百分点以上，研发经费投入进一步加大。确定上述指标，主要考虑是既要坚持高目标导向，也要坚持问题导向。一是中国中铁是基础设施建设的国家队，要始终胸怀“两个大局”、心系“国之大者”，贯彻落实好中央对2022年经济工作要“稳字当头、稳中求进”的总要求，“稳字当头”就是要努力实现企业自身稳定发展，“稳中求进”就是要努力为国民经济增长多做贡献，展现新时代“开路先锋”的担当作为。二是充分考虑企业自身发展阶段和发展条件，锚定“十四五”规划发展目标，坚持高目标导向和问题导向协同引领，坚持稳增长与追求高质量同向发力，“四增”是目的、“两控”是前提、“四提高”是保障。三是设定“两金”规模指标要下决心把资产质量夯实。要采取坚决有力的措施化解企业长期快速发展中积累的一定数量的资产风险。要通过深化改革、管理变革来提质增效，使实现高目标的成色更足、发展的含金量更高。

三、笃定战略规划目标，聚焦高质量发展主题砥砺奋进

实现2022年奋斗目标，关键是把握六项基本原则和三条发展路径。六项基本原则，即要坚持系统观念和辩证思维，统筹安全与发展任务，不管市场如何风云变幻、行业竞争如何剑拔弩张，必须始终坚定高质量发展这一根本要求；要坚持一张蓝图绘到底，遵照“十四五”规划和国企改革三年行动要求，进一步释放体制机制活力，努力实现发展模式的“两个转化”，推动实现各项规划目标；要坚持强化企业创新主体地位，推动实现科技创新驱动发展，努力提高全要素生产率；要坚持发力攻坚重点区域和新兴领域，系统谋划部署、精心布局，开辟增长“第二曲线”；要坚持效益提升和价值创造，全方位提高项目建管能力和盈利能力；要坚持党的全面领导，为企业发展构筑坚强政治保障。三条发展路径，即要消除发展隐患，规避化解发展中可能存在的系统性风险；要填平发展鸿沟，解决子企业不平衡不充分问题，着力打造可持续的发展动力和空间；要突破发展瓶颈，推动“两个转化”，着力构建新的增长方式。

（一）深嵌国家战略需求，强化工程局市场竞争主体意识。

企业发展融入国家战略，既是彰显大国重器的责任担当，又能厚植自身发展壮大的沃土，提升经营质量和能级。做好2022年经营工作，关键在于各工程局要努力担当、勇挑重担；要持续深化经营体制机制市场化改革，强化工程局市场竞争主体意识。一要推动市场布局更优。2021年，18家工程局份额最大省份首位度为18.6%，份额前五省集中度为56.6%，距离20%、60%的目标还有一些差距。2022年要重点围绕京津冀协同发展、长三角一体化发展、粤港澳大湾区、长江经济带、黄河流域生态保护等国内经济增长极和“一带一路”倡议沿线国家，推动经营布局优化调整，加密“富油区块”布局落子，加快填补经济发达地区市场主体空白，加大境外区域总部实质运转力度，着力提高市场集中度和首位度。对于份额占比过低、资源要素缺乏、经营质效较差、业主诚信不佳的区域，也要敢于放弃，战略性退出，以便集中有限的经营要素投放“富油区块”，实现集约化经营。要进一步激发三级公司根据地经营、滚动经营作用，扩大“核心产区”数量，继续加大对战略性搬迁或新设三级企业支持力度，鼓励将更多位于欠发达地区或扎堆集中一地的三级实体工程公司努力向发达地区转移。二要推动产业结构更好。2021年，18家工程局房建、市政、铁路、城轨、公路五大行业集中度接近90%，毛利率较低的房建占比最高，毛利率较高的公路占比最低，仅为6%。新兴行业占比过低，产业结构性问题凸显。2022年要重点围绕“双碳”经济、交通强国、美丽中国、“两新一重”等国家战略，围绕国家交通网、国家水网、国家管网、国家电网等网络基础设施建设，以市场为导向，调整产业结构、优化资源配置，巩固传统优势基本盘，做大新兴业务发展盘。各单位要根据自身资源禀赋将人力、资本、技术等要素向“第二曲线”集聚，大力拓展水利工程、清洁能源、城市更新等新领域新市场，用增量市场助推产业转型。三要推动经营能力更强。2021年，绝大多数工程局完成了自主经营指标，20亿元以上订单占比达到了33%，美中不足的是50亿元以上项目占比较低，仅为9%。按照之前的形势分析，2022年基建稳增长力度加大，各单位要切实扛起市场主体责任，努力把经营节奏往前移，抢抓一季度，努力实现开门红，奋战二季度，力争上半年完成全年经营任务的60%以上。要把握国家区域重大战略的重点要点，围绕各地“十四五”发展规划，深入研究区域和城市的经济主攻方向和产业结构，扩大产业和行业覆盖面，提高项目信息颗粒度。要努力锻造敢啃硬骨头的“攻坚性”经营能力和培育永不放弃、不达目的不罢休的“狼性文化”，强化“全员经营、精准经营、系统经营、创新经营”理念，进一步加强经营要素建设，优化“中标奖励、丢标追责”的市场化经营机制，优选配强各类经营人才。要努力提升在重点区域、重点领域的集中度，坚定华东、华南“双5000亿”目标不动摇，努力夺回城轨市场份额第一，加快进军清洁能源市场，奋力开拓“第二曲线”增长新局面。要不断加强产业链协同，提高一站式解决方案供给能力，以商业模式创新引领经营量质双升。

（二）决胜改革三年行动，推动企业治理体系治理能力现代化。

改革是释放企业高质量发展动能的第一抓手。2022年是国企改革三年行动的收官之年，要对照“三个明显成效”要求，深化内部改革，致力推动更符合现代化要求的治理体系，努力形成一批有影响力的重大标志性实践成果、制度成果、理论成果。一是改革三年行动要重“实”，在取得实效上下功夫。全面梳理改革任务清单，逐项销号清零，对于推进缓慢、改革受阻的事项抓紧协同攻关、统筹推进，对于已经完成的改革措施，开展“回头看”巩固成果，确保三年行动任务在党的二十大召开之前基本完成，2022年底前全面完成。按照国资委关于加快建设世界一流企业的指导意见，对照具有全球竞争力世界一流企业“三个领军”“三个领先”“三个典范”的标准，对标首批示范企业，查找自身短板不足，努力争取进入第二批示范企业。围绕“能进能出、能增能减、能上能下”推动三项制度改革落地，用好考核“指挥棒”作用，科学评估经理层任期制和契约化管理的实际效果，持续完善中长期激励“1+N”制度体系；改革工资总额分配机制，突出发展质量、

适当兼顾公平，通过收入分配调节促进精兵简政、提高效益。要更加注重改革的系统性、整体性、协同性，迭代升级改革思路、方法、路径，注重把改革成功经验固化上升为制度，将改革重点要求纳入公司章程和企业制度体系，推动管理体系制度更加成熟、更加定型。二是优化治理体系要重“效”，在神似上下功夫。坚持“两个一以贯之”，深化中国特色现代企业制度，全面落实在完善公司治理中加强党的领导的各项要求，推动新版“三重一大”决策制度、议事规则、授权放权事项规范执行，加强成效评估及经验总结。按照“专业尽责、规范高效”原则着力提升二级单位董事会建设质量，持续加强外派董监事队伍专业能力建设，确保“落权”事项“放得下、接得住、管得好”，推动子企业治理能力实现新提高。三是发展各业务板块要重“本”，在优化生产力布局和调整生产关系上下功夫。2022年要在投资公司实体化改革上迈出更大步伐，推动投资公司专业化运作、集约化经营、差异化发展，锻造市场深耕能力、项目建管能力和资产经营能力，实现自主经营、自负盈亏、自我积累、自力更生的滚动发展模式。从2022年开始将对投资公司超过注册资本以外的权益性资金支持逐渐“断奶”，自己挣钱自己花，没钱自己想办法，努力建设资产质量实、专业能力强、运营效益佳、盈利回报高的高水平“投建营一体化”平台，打造基建投资市场的领军企业；推行工程局重点扶持政策，在财务资源、区域布局、产业培育、激励机制、授权放权等方面给予一定政策倾斜，真正扶优扶强，努力打造行业标杆型龙头企业，力争在“十四五”末，培育形成3~5家3000亿元以上年新签合同额、1500亿元以上营业收入、40亿元以上利润的王牌工程局。鼓励设计咨询、装备制造板块企业按照“十四五”规划目标优质发展，努力提升行业影响力和盈利能力，以核心技术占领行业高地。特色地产、资源利用、金融服务板块企业要加强资本运作能力，充分对接多层次资本市场，在确保风险可控的前提下，创造更多效益。

（三）坚持科技自立自强，提升创新驱动发展引领力度。

深入践行习近平总书记“三个转变”重要指示，争当原创技术策源地和现代产业链链长，更好发挥科技创新支撑引领作用。一是牢牢把握科技创新方向任务。努力攻坚产业发展的关键技术，努力打好产品创新的关键基础，重点做好前沿引领技术、产业高新技术、关键共性技术和实用新型技术“四个布局”，以高铁电气为标杆持续培育“专精特新”单项冠军企业，提升科技创新对高质量发展的引领力贡献度。充分把握新一轮科技革命和产业变革新机遇，以“信息贯通工程”为基础，推动企业数字化转型，加强数据资源整合和数据要素应用，突出数据流和业务流相协同，以数据流为依据，实现流程再造、模式重构和产业升级。二是扎实开展科技创新重大行动。厚植科技创新基础、增强科研攻坚能力，抓好创新体系深层次变革、协同作战大格局创新、成果转化高质量推进、知识产权战略性保护、技术标准国际化融合“五项重大行动”。在产业数字化升级和智能化转型上下功夫，打赢“关键核心”技术、“数智中铁”建设、“绿色建造”技术“三大攻坚战”，每年新增布局3个“数智升级工程”应用场景，带动生产标准化、机械化、少人化，提高效率、降低成本，确保公司始终处于行业技术前沿。三是着力做实科技创新保障体系。落实第六届科技创新大会工作部署，强化企业创新主体地位，深化产学研结合，加大科研资金投入，紧密加强与高等院校等机构合作，更好发挥3家国家级实验室作用，努力培养院士大师等科技领军人才，大力培养青年科技骨干人才，完善以质量、贡献、绩效为核心的科研评价体系，营造好大众创业、万众创新的良好生态。

（四）争创管理一流，筑牢效益提升、价值创造的根基。

2022年以及今后一段时期，公司将全面聚焦“效益提升、价值创造”，致力于有效提升基础管理、项目管理水平，以更优的管理、更严的要求、更实的举措，开创高质量发展新局面。一是开展项目管理效益提升三年行动。从2022年开始，中国中铁以工程局为主体开展项目管理效益提升三年行动，主要目的是通过切实有效的措施治理当前普遍存在的项目管理粗放、效益低下的顽瘴痼疾，主要目标是力争实现项目平均利润率每年提高0.5个百分点以上。其他板块也要聚焦“效益提升、价值创造”开展形式多样的专项行动。这是一项涉及全方位的、复杂的系统工程，绝不单单是项目管理部门的职责，只有坚持系统思维、统筹推进、综合发力才可能取得实效。各单位要切实履行好项目建管之责，坚持“一切工作到项目”的工作理念，抓基层、打基础、苦练基本功，弘扬大商务管理理念，增强以效益为核心的项目成本意识、工经意识、履约意识、责任意识，构建一把手负责、人人参与的大商务管理格局，让实现项目有效管理成为一场管理变革，让项目“效益之花”铺满中国中铁高质量发展之路。要注重不断总结经验，把好的做法和最佳实践及时形成制度与流程固化下来，把企业管理的基本单元和经济命脉打牢夯实。要高度重视川藏铁路、滇中引水等重大项目建设，确保安全、质量、工期、效益、环保、荣誉一并落实，名利双收。二是切实谋好降本增效之策。要坚持向产业链协同要效益、向经营源头要效益、向管理提升要效益、向商业模式创新要效益、向资金成本要效益，综合施策提高盈利能力。要贯彻“全面节约”要求，坚持过紧日子，严格遵守“以收定支”原则，从严从紧编制各项费用预算，实行最严的刚性预算约束，不留弹性。2022年各项非生产性费用支出要在2021年的基础上刚性下降

10%；投资预算大体保持 2021 年规模，不再增加；已批准未拿地的办公楼、综合楼项目一律叫停，同时也不再受理新批此类项目。要坚持深化改革，促进降本增效。优化经营体制机制，节约结构性成本和交易性成本；优化管理体制，稳步推行二级企业总部大部制改革，非独立上市公司一律实行三办合一、大部制的管理体制，进一步精简机构、压缩编制、裁减冗员、提高效率，节约制度性成本和管理成本；优化项目人员激励约束机制，要在普遍推行承包经营的基础上积极试行模拟股权等其他有效激励方式。要开展“已竣（工）未结（算）”项目清零行动，原则上对“已竣未结”3 年以上的路外项目用 3 年左右的时间基本清零；对路内项目也要力争消减 50% 以上；对暂未能销号的项目也要实行统一集中管理。要继续深入推进“处僵治困”工作，下决心处置长期亏损的三级公司，“挤脓包、止失血”，确保“处僵治困”清零与三年效益提升行动同步完成。三是切实提升“三资转化”之能。要全方位提升资产运营和资本运作能力，综合采取专业化运营、市场化出售、资本市场盘活等手段，千方百计提高资产周转率、收益水平、变现能力和增值空间，努力实现资金、资产、资本的“循环转化”。要系统盘点企业各项资产，建立土地、物业、参股公司、出资基金台账，严防资产沉睡和资产流失，不留管理空白。要系统评估企业未来投资能力，科学设定每年投资指标，研究改善投资公司利润形成和资金回收机制，拓宽用于直接投资的权益性资金来源，确保投资业务可持续发展。要科学配置财务资源，向投入产出效率高、成长性好和战略扶持业务倾斜，着力提升资金效率，放大资本价值。

（五）顺应绿色低碳发展，加快布局开辟转型升级新赛道。

“双碳”经济已经成为时代主题，将是今后一段时期中国经济发展的重要驱动力，也将系统改变所有行业的格局和发展趋势。据统计，与业务相关的钢铁、水泥、建筑、交通运输等行业共占全国碳排放的近 30%，由此带来的产业链重构、产品技术升级、生产方式转变将对企业产生深远影响，必须做到未雨绸缪、提前布局。一是做好绿色发展顶层设计。坚决贯彻落实国家《2030 年前碳达峰行动方案》，认真落实国资委《关于推进中央企业高质量发展做好碳达峰碳中和工作的指导意见》，加强“双碳”经济和绿色基础设施系统性研究，积极参与国内外行业标准制定，科学检测、记录企业碳排放数据，前瞻性探索碳汇交易制度和绿色溢价，明确公司各板块产业的“降碳”路径和技术路线，明确公司融入“双碳”经济的产业布局和发展目标。二是真抓实干加快转型升级。做好市场研判，盘点既有资源，研究商业模式，明确主攻方向，加快布局绿色建筑、绿色交通和环保产业，加速突破清洁能源基础设施行业壁垒，先人一步拓展新兴市场。推进现有业务向绿色低碳转型，开展低碳零碳负碳新材料、新技术、新装备攻关，加快实施节能减排改造升级，争取国家绿色金融政策支持，快人一筹建立成本优势。三是推进资源集约循环利用。要广泛形成绿色发展、可连续发展的统一认知，树立低碳节约理念，推进资源节约、集约、循环利用，节水、节电、节油，降低单位产品能耗物耗。生产系统要借助信息化手段，搭建企业内部闲置设备和周转材料的租购平台，将闲置资源与内外部需求对接，提高材料和设备的周转效率与循环次数，在降低成本的同时助力绿色发展。

（六）强化重大风险管控，构建企业发展本质安全环境。

按照“稳定大局、闭环监控、分类施策、精准排雷”的方针，构建大合规体系，构筑大监督格局，重点防范和化解潜在系统性风险，统筹好发展与安全。一是精准防控债务风险。继续完善经济运行预警机制，强化资产负债率约束，有序压减永续债规模；从严控制子公司有息负债和保理、ABS 等表外负债规模，开展金融风险专项整治活动。组织开展“5501”专项审计行动，摸清项目真实资金情况，推动实现项目现金流自平衡，将“清收清欠”和投资项目回款纳入预算管理，努力提高营收现金比，真正形成“有现金流支撑的利润”。坚持问题导向，“谁的孩子谁抱”，谁出的问题谁来承担责任、解决问题。二是排查化解金融投资风险。系统评估参股项目、基金投资项目运行状况，维护好股东权益和我方利益。严肃投资项目评审纪律，严控资金峰值投入过高和征拆占比过高的项目投资，严控非主业、高溢价公司并购，严禁接盘高风险项目，对违规开展经营投资造成重大损失的要严肃问责。房地产业务要在“特色”上下功夫、做文章，严格控制纯商业地产开发的规模；加大去库存力度，2022 年要达到去化 20% 以上，相对而言，流动性较好的商业地产、写字楼、公寓、酒店等物业也要尽量盘活变现，最大限度回笼货币资金。继续深化各类基金清理，对违规开展基金投资和信托投资的行为严肃追责问责。三是坚决防范安全质量环保风险。刚性落实新时期安全生产“2468”管理要点和“铁腕治安全硬十条”，深刻吸取内外部重大安全事故、生态环保事件等风险教训，坚决遏制事故频发不利态势，牢牢守住安全环保红线。四是健全完善风险防控工作机制。坚持“防治结合、以防为主”原则，推动党委巡视、纪委监督、审计监督、法律合规贯通协同，构筑全面覆盖、权威高效的“四位一体”大监督格局。完善重大风险应急处置联动机制，构建全面风险管理体系，围绕企业战略和业务流程，将风险管理嵌入企业生产经营各个环节，着力把经营风险关口由事后向事前延伸、由表内向表外延伸、由集团向基层延伸、由内部向外部延伸，有效清理表外风险、隐性债务。严格落实请示报告制度，各级领导班子尤其是“一把手”要树牢风险意识、坚

守底线思维，决不能急功近利、急于求成，遇到重大风险隐患要及时向上级党委报告。

四、强化党建引领作用，厚植高质量发展坚强政治保障

党的十九届六中全会全面总结党的百年奋斗重大成就和历史经验，为深入推动新时代党的领导、党的建设指明了前进方向。中国中铁要坚持以史为鉴、开创未来，弘扬伟大建党精神，自觉用党的百年奋斗历史经验指导党建工作，深入贯彻新时代党的建设总要求和全国国企党建会精神，以高质量党建引领保障企业高质量发展。

（一）持续深化党的政治建设。

深入贯彻习近平总书记和党中央对国企改革发展党建的重要指示要求，坚定不移把企业做强做优做大、实现高质量发展是中国中铁首要政治任务。要不断增强政治判断力、政治领悟力、政治执行力，不断巩固拓展党史学习教育成果，持续深化“理想信念情怀、爱党爱国爱企”主题活动，以高度政治责任感做好迎接和宣传党的二十大工作，从思想上政治上行动上忠诚拥护“两个确立”，坚决做到“两个维护”。要严格落实“第一议题”制度，用习近平新时代中国特色社会主义思想武装头脑，确保习近平总书记关于国企改革发展重要讲话和重要指示批示精神在企业落地生根。要坚决贯彻落实党中央重大决策部署，在服务国家改革发展大局中勇于担当作为，把履职尽责体现到为党分忧、为国尽责、为民奉献的实际行动上。

（二）持续管好干部人才队伍。

按照国企领导人员好干部标准，突出政治素质要求，强化重实干、重实绩、重担当的用人导向，严格干部选拔任用程序，大力选拔任用业绩突出、作风优良、群众公认、组织放心的企业领导人员；常态化开展领导班子履职考察，对党委管理干部进行画像透视。要加强领导班子建设，充分发挥各年龄段干部作用，大胆提拔使用优秀年轻干部，努力搭建年龄结构梯次配备、履职经历全面丰富、知识结构相容互补、个性特点兼容并包的领导班子架构；各级领导班子要胸怀大局、增进团结，贯彻落实现代企业制度，党委、董事会、经理层，按照职能定位、制度规定履职行权，既不能缺位更不能越位，要不断提升整体功能。充分发挥企业党校作用，弘扬企业家精神，分级分类抓好领导干部政治理论、业务知识培训；各级领导干部要加强学习，完善知识结构，不断提高领导企业高质量发展的专业能力。要深入推进人才强企战略，打造“六支人才队伍”，实施优秀企业家、优秀年轻干部、高端专家人才、职业项目经理等专项人才培养工程，为企业高质量发展注入更多源头活水。

（三）持续夯实党建工作基础。

紧紧扭住“三基”建设，奋力打造推动高质量发展的坚强战斗堡垒。结合实际科学设置基层党组织，坚决整顿基层软弱涣散的党组织，持续深化党支部“晋位升级”管理，选优配强基层支部书记，提高境外项目关键岗位党员比例，确保基层党组织全面过硬。围绕川藏铁路等重大项目全面推行党员责任区、示范岗，广泛开展“党员先锋工程”等实践活动，建立党员志愿服务长效机制，引导广大党员立足岗位创先争优，发挥先锋模范作用。推动党建考核与经营业绩考核更加有效联动，考核结果与领导人员薪酬、奖惩更加有效挂钩，进一步激发强党建促发展的内在动力。要精心做好党的二十大代表选举，认真筹备、确保开好中国中铁第五次党代会。

（四）持续强化党风廉政建设。

要聚焦效益流失，紧盯内外勾结、以权谋私、利益交换、靠企吃企、靠项目吃项目，以及职工群众身边的“微腐败”和形形色色的不正之风，重拳出击、绝不手软，以雷霆之势把党风廉政建设引向纵深，倒逼企业高质量发展。要加强“一把手”和领导班子监督，规范权力运行；坚持有形覆盖和有效覆盖相统一，提升巡视巡察质量；狠抓“四风”问题整治，力戒形式主义、官僚主义，对反复出现、屡禁不止的歪风陋习严查快办；加大监督执纪问责力度，充分运用“四种形态”处理违纪违规行为，对涉嫌严重违纪违法的行为要坚决适用“第四种形态”，持续巩固深化“三不腐”。要加强纪检组织规范化、法治化、正规化建设，纪检干部要知责于心、担责于身、履责于行，自觉做遵纪守法的模范标杆。

（五）持续开创宣传文化新局。

充分发挥宣传思想文化工作为改革“鸣锣开道”，为生产“鼓劲加油”，为员工“释疑解惑”，为企业“扬名立万”的作用，汇聚发展正能量。要坚持党内学习制度，加强意识形态工作领导，突出抓好党员职工思想政治工作，推动党的理论成果在基层落地生根。要策划重大主题活动宣传，高起点策划“三重一外”及改革发展党建重要成果系列宣传活动，强化互联网思维，发挥融媒体中心作用，讲好中铁故事，传递好企业声音。要深化“开路先锋”文化建设，广泛开展“企业文化推进年”活动，让“开路先锋”文化凝聚起广大职工的磅礴伟力，激荡起干事创业的清风正气。

（六）持续发挥群团组织作用。

各级党组织要坚持党建带工建、带团建，准确把握群众工作的新形势、新情况、新特点，引导群团组织不断增强政治性、先进性、群众性。要紧紧依靠职工办企业，切实加强职工民主监督。工会组织要深化联建联创劳动竞赛活动，广泛开展川藏铁路劳动竞赛活动，为广大职工群众搭建建功立业平台；持续组织开展“我为群众办实事”活动，做实“四季送”活动品牌。共青团组织要发挥青年优势，动员广大团员青年立足岗位多做贡献，积极投身企业中心工作，认真开展好“青马工程”“导师带徒”“青安岗”“十大杰出青年”评选等活动，努力培养造就更多青年人才。

聚焦提质增效　深化改革创新
奋力推进中国中铁高质量发展迈上新台阶

——中国中铁总裁、党委副书记陈文健在公司 2022 年工作会议暨三届三次职代会上的报告

（摘要）

（2022 年 1 月 19 日）

一、关于 2021 年的主要工作

2021 年是中国中铁发展史上具有特殊意义的一年。公司立足“两个一百年”历史交汇点，隆重庆祝建党 100 周年，全面开启“十四五”新征程。一年来，面对新冠肺炎疫情波折反复、经济下行压力加大、诸多风险挑战交织的复杂局面，全公司认真贯彻落实党中央、国务院决策部署和国资委工作要求，深入实施“123456”工作策略，埋头苦干，锐意进取，圆满完成各项年度目标，在大庆之年、开局之年向党和国家交出了一份亮丽的成绩单。

据统计，全年主要指标再创历史新高，完成新签合同额 27293.2 亿元，同比增长 4.7%；实现营业收入 10468 亿元，同比增长 7.4%，首次突破万亿元大关，30 万中铁人一朝圆梦；实现利润总额 378 亿元、净利润 301 亿元，同比分别增长 13.2% 和 10.5%。世界 500 强排名由第 50 位大幅跃升至第 35 位。在中央企业年度业绩考核中实现“8 连 A”。

2021 年，习近平总书记乘坐京张高铁考察了中国中铁承建的太子城站、国家跳台滑雪中心、国家冬季两项中心；考察川藏铁路拉林段时，检阅了中国中铁自主设计制造的国产首台高原高寒大直径硬岩掘进机“雪域先锋号”模型，勉励我们要“迎难而上、敢为人先，建设好这一实现第二个百年奋斗目标进程中的标志性工程”；视频连线出席中老铁路通车仪式，点赞中国中铁“逢山开路、遇水搭桥，高水平、高质量完成建设任务”；在全国“两优一先”表彰大会上，习近平总书记亲切接见了全国优秀共产党员、中铁工业王中美同志；在首届全国应急管理系统先进模范和消防忠诚卫士表彰大会上，习近平总书记亲切接见了全国应急救援先进个人、中铁二局李影平同志。习近平总书记

▲图 1-3　中国中铁建设的中老铁路湄公河特大桥

的深切关怀和殷切嘱托，令我们倍感振奋、备受鼓舞，这是对中国中铁的最大肯定、最大鼓励和最大褒奖。

（一）主动融入国家战略，服务构建新发展格局。

在践行交通强国战略中勇当先锋。围绕国家综合立体交通网建设主动发力，建成一大批重点项目。西藏首条电气化铁路——拉林铁路建成通车，武汉青山长江大桥、赤壁长江公路大桥两座世界级大桥通车运营，京哈高铁、赣深高铁、张吉怀高铁、青岛胶东国际机场、青岛地铁1号线、芜湖地铁1号线、那拉高速、遵余高速等重大交通工程建成投运，奋战十四载的大瑞铁路秀岭隧道、大坡岭隧道顺利贯通，世纪工程川藏铁路建设优质高效推进。

在促进区域协调发展中勇打头阵。全面对接国家区域协调发展战略，持续深化央地合作，在京津冀中标1881亿元，在长江经济带中标10825亿元，在粤港澳大湾区中标2482亿元，在长三角区域中标4068亿元，在川渝经济圈中标2218亿元。高水平建成北京冬奥会“三场一村”；中俄东线南段长江盾构穿越工程、北京丰台站、深中通道等带动区域发展的标志性工程取得积极进展。承揽雄安新区项目165.6亿元，京雄高速、雄安地铁R1线、雄安容东片区安置房项目顺利推进。

在履行社会责任中勇于担当。在河北、陕西抗疫，在河南、山西抗洪，在云南、青海抗震救灾，以及在东南沿海台风抢险救灾等重大考验面前挺身而出、奋勇作为，国家隧道应急救援中铁二局昆明队被授予“全国应急管理系统先进集体”。强化定点帮扶，助力乡村振兴，投入6000万元援建3个教育帮扶项目，中铁一局工会获得“全国脱贫攻坚先进集体”，中铁三局刘小营获得“全国脱贫攻坚先进个人”，充分展现央企担当。

（二）坚持经营龙头地位，市场竞争能力不断提升。

业务板块结构不断优化。全年承揽百亿元以上项目19个，总额达3578亿元。铁路市场保持领先，新签合同额4335.7亿元，同比增长22%，在铁路大中型市场占比46.6%；房建市场高歌猛进，完成新签合同额7924.2亿元，同比增长29.8%；市政、公路、城轨市场迎难而上，分别完成新签合同额4162.0亿元、2952.6亿元和1492.7亿元；新兴领域积极拓展，港口与航道市场同比增长76.9%，机场工程市场同比增长54.6%。

市场经营效能持续提升。加强高端对接，考核经营自揽，推动工程局和投资公司协同发力。西部、华东区域总部全年新签合同额超4000亿元；晋鲁豫区域总部新签合同额3955.2亿元，超额完成41.3%；西南、中南、北方、京津冀区域总部圆满完成目标任务。中铁四局、中铁建工、中铁一局新签合同额突破2000亿元。在川藏铁路累计中标866亿元，占已招标总额的39.3%，承担的设计和施工任务量最多；中标渝昆高铁、重庆地铁15号线、广州白云机场三期T3枢纽、河南5G新基建通信工程等一批重大项目。

投资质量效益稳步提升。审慎优选项目、合理控制投资规模，全年完成投资额2544亿元，完成投资回款886亿元。通过投资储备施工任务3800亿元，带动金融、设计、装备制造任务678亿元，中标天津地铁Z2线、沧州中心城区城市更新、长春博览城、山东龙山国际创新城等投资项目。房地产业务克服重重困难，实现销售额692亿元；矿产资源业务实现净利润39.5亿元，同比增长52.9%。强化运营业务管控，整

合中国中铁高速公路运营业务，推进投资业务专业化发展迈出关键一步。

（三）聚焦源头强本固基，运行管控成效日益显现。

推进生产体系高效运转。狠抓项目履约管理，召开项目管理提升会，专题研究效益提升工作，探索推行大商务管理，加快健全项目导向型的管理体制机制。全力做好疫情防控，扎实推动施工生产，有效应对大宗材料涨价，全年两级物资集采3628亿元，较好保障了供应链稳定；加强资金集中与内部调剂，全年资金集中度81%，有力降低了财务费用；强化现金流支撑，18家工程局超2000个项目开始推行项目骨干人员业绩与薪酬考核挂钩机制，超3000个项目实施了现金流自平衡管理。中铁四局、中铁一局营收超千亿元，中铁建工营收930亿元，中铁二局、中铁三局、中铁五局营收超600亿元；中铁城投、中铁资源、中铁开投、中铁四局净利润超20亿元，中铁工业、中铁一局、电气化局、发展投资、中铁三局、中铁七局净利润超10亿元。

强化薄弱环节监督管理。深刻吸取安全生产事故教训，不断加大安全监管力度，开展“大反思、大排查、大整治、大提升”专项行动，发布《中国中铁铁腕治安全硬十条》。不断加强成本管理，开展“四违规”“四超额”整治专项行动、项目成本管理调研检查、亏损项目违规违纪与履职不力问题专项治理、“2030”专项审计等一系列针对项目效益流失问题的专项工作，有力促进降本增效。

持续深化治亏解困工作。纵深推进治亏工作，全年有103户企业实现扭亏减亏、77个项目扭亏为盈，分别减亏70.1亿元和50.6亿元，圆满完成目标。加大“两非”“两资”清理力度，完成国资委下达的年度剥离处置4户“两非”企业任务；压减企业64户，得到国资委充分肯定。针对铁路建设项目亏损问题，推动铁路工程造价体系调整，促进综合工费单价调整方案落地。

（四）推进改革三年行动，市场化改革迈出坚实步伐。

推进改革重点任务落地见效。168项年度重点任务全部完成，完成全部任务的76%。稳步推进混合所有制改革，高铁电气成功登陆科创板，中国中铁成为唯一跨沪港主板、创业板、科创板四个上市平台的建筑类中央企业。深入开展对标世界一流管理提升行动，中铁四局、中铁上海局、中铁大桥局入选国资委管理提升标杆企业，工程项目现金流自平衡管理入选标杆项目。完成总部机构改革和职能优化调整，构建职能管理、生产经营管理、监督保障三大系统。推进战略性重组，中铁装配并入中铁建工，培育发展新优势。

推动市场化改革破冰破局。召开三项制度改革推进会，部署“1235”工作要求。紧抓经理层任期制和契约化管理，构建“三法两书”框架体系，实现二级、三级企业推行全覆盖。强化业绩导向和刚性奖惩，全年退出管理人员819名；健全市场化用工机制，员工市场化退出6008名；重塑考核分配体系，强化以业绩贡献决定薪酬水平的导向，进一步拉大二级企业主要负责人薪酬差距。首次启动限制性股权激励计划，覆盖732名核心骨干人员；13家科技型企业实施岗位分红激励，市场化改革成效初显。

（五）大力推进科技创新，企业发展动能明显增强。

创新活力得到有效激发。与国资委联合举办中国智造品牌论坛暨中央企业高端装备制造创新成就展。召开第六届科技创新大会，全面部署“十四五”科技创新工作。开展首届实用技术创新大赛，加强实用技术成果推广。推进三个国家级实验室优化整合，首次以“揭榜挂帅”方式确定年度课题承担单位，进一步激发科研人员创新创造潜能。高端技术人才培养取得重大突破，高宗余当选中国工程院院士，喻渝、张海波获评全国工程勘察设计大师。

科技攻关取得重要进展。大力实施央企攻坚工程，启动了时速400千米高铁建造技术、高寒高海拔地区铁路建造技术等关键核心技术攻关。锻造了国之重器，“雪域先锋号”“畅通号”“大湾区号”“妈湾号”等盾构机下线始发，世界首套时速600千米的高速磁浮交通系统成功下线，国内首台建筑构件装配机器人“赤沙号”研制成功。深入实施“信息贯通工程”，完成95项贯通任务，初步实现主干网贯通。推进“数智升级工程”，数字化转型持续加快。

创新成果斩获多项大奖。荣获“国家科学技术奖”7项，获奖数量连续4年位列建筑类中央企业第一。获第十八届“中国土木工程詹天佑奖”12项，位居建筑类中央企业之首。在中国专利奖评选中，荣获“1金、1银、7优秀”的历史最好成绩。在国资委央企专利质量评价中首次达到A类。全断面隧道掘进机、桥梁用钢结构、道岔、电气化铁路接触网产品、架桥机五项产品荣获制造业单项冠军。

企业品牌影响力不断攀升。参建的沪苏通长江公铁大桥、平罗高速公路平塘大桥、武十铁路崔家营汉江大桥包揽中国桥梁在国际桥梁大会（IBC）所获的三项大奖；大连地铁5号线大直径盾构隧道工程、深圳地铁超大规模盾构隧道渣土低碳资源化应用项目获“国际隧协（ITA）大奖”；成贵高铁获得菲迪克年度工程项目“杰出奖”；参建的中老铁路、拉林铁路、京新高速入选2021年度央企十大超级工程；15项工程获中国公路建设最高质量奖“李春奖”，占获奖项目总数的近一半；中铁五局云南省牛栏江—滇池补水工程获中国水利工程领域最高奖“大禹奖”；中铁装备荣获中国质量领域最高奖“中国质量奖”；全年获“中国建设工程鲁班奖”17项、“国家优质工程奖”55项，擦亮了“中国桥梁”“中国隧道”“中国高铁”“中国装备”等国家名片。

（六）投身“一带一路”建设，海外发展实现逆势上扬。

海外经营规模逆势增长。克服新冠肺炎疫情蔓延、安全局势动荡

等多重不利因素，实现海外新签合同额 260 亿美元，同比增长 31.3%，增速位居建筑类中央企业之首。中铁国际、中铁十局、中海外、中铁四局、中铁资源海外新签合同额均突破 20 亿美元，位列前五。大马城项目妥善化解投资风险，正式启动新合作模式谈判；中铁国际牵头中标菲律宾南线铁路 28.4 亿美元，中海外牵头中标所罗门金岭金矿项目 5.28 亿美元，中铁四局、中铁十局在矿业带动的采剥、基建和贸易方面表现突出，新签合同额分别为 12 亿美元和 9 亿美元。

海外项目建设成果丰硕。海外生产势头良好，全年实现海外营业额 84 亿美元，同比增长 21.95%。其中，中铁资源、中铁十局、中铁七局分别完成营业额 22.85 亿美元、9.89 亿美元、6.65 亿美元，位列前三。"一带一路"重点项目建设取得重大进展，中老铁路全线通车运营，雅万高铁控制性工程基本完工，匈塞铁路匈牙利段奠基开工，孟加拉国帕德玛大桥公路桥面贯通，越南河内轻轨通车移交，以色列特拉维夫红线地铁进入全面调试阶段。

工业产品出口再创新高。中国高速道岔制造技术首次实现系统集成化出口；中国标准"简统化"接触网装备首次走出国门。盾构机和掘进设备出口新增 5 个国别市场，覆盖全球 30 个国家和地区，连续 4 年实现全球销量第一，有力彰显了企业实力。

（七）全面加强党的建设，党建引领作用有效发挥。

全面贯彻新时代党的建设总要求和新时代党的组织路线，严格落实"第一议题"制度，扎实开展党史学习教育，隆重庆祝中国共产党成立 100 周年，广泛开展"理想信念情怀　爱党爱国爱企"主题活动和"我为群众办实事"实践活动。纵深推进全面从严治党，深入整治"靠企吃企"，开展民企挂靠国资问题综合整治专项行动，加强党风廉政建设和反腐败工作。发布"开路先锋"文化理念系统，建成"开路先锋"文化展览馆暨"开路先锋"精神教育基地，陈云书记应邀参加《信物百年》栏目，讲述"开路先锋"故事，五集纪录片《开路先锋》在《国家记忆》栏目开播。

在肯定成绩的同时，我们也要清醒地看到面临的困难和问题。一是企业运行基础不稳定。安全生产形势严峻，特别是"7·15"重大事故教训深刻；个别项目履约问题突出，环保事件时有发生；违规经营仍然存在，几起典型腐败案件影响恶劣。二是市场竞争优势不明显。全产业链优势体现不充分，协同创新能力有待提高；产业升级步伐需要加快；内部关系不顺、效率不高，公司在某些传统优势领域市场领先地位岌岌可危。三是资产质量不够高。企业资产质量不实，"两金"居高不下，存在较大减值风险；项目管理粗放，创效能力不足，效益流失严重，与高质量发展要求背道而驰。四是发展活力仍不足。体制机制缺少活力，有效激励与约束不够，主动改革意识不够强烈，"放管服"不够到位，广大干部职工的积极性和创造性未能充分激发，各层级尤其是项目一线活力仍未有效释放，市场化进程任重道远。同时，企业内部"四风"顽疾尚未根除，"文山会海"屡禁不绝，各级机关作风有待转变，服务意识有待增强。

二、关于 2022 年的重点任务

按照股份公司党委工作总体要求，2022 年公司提出"四增两控四提高"的奋斗目标。"四增"，即确保完成新签合同额 2.93 万亿元，确保实现营业收入 1.12 万亿元，确保实现利润总额 412 亿元、净利润 330 亿元，同比均实现正向增长。"两控"，即资产负债率控制在 75% 以内；控制"两金"规模，"两金"占营业收入的比重要控制在 45% 以内。"四提高"，即营业收入利润率提高 0.1 个百分点以上，全员劳动生产率提高 5% 以上，项目平均利润率提高 0.5 个百分点以上，研发经费投入进一步提高。

（一）全力抢抓市场机遇，当好稳增长的主力军。

充分认识市场为先、经营为大的深刻要义，抓好全年经营工作，

▲图 1-4　2021 年 8 月 27 日，孟加拉国"梦想之桥"——帕德玛大桥公路桥面贯通

既要有信心，更要有压力，既要落实“稳”的要求，更要体现“进”的贡献，还要全力做到开局快、开门红，打好主动仗、下好先手棋，全力以赴抓经营、稳增长。要积极服务国家重大战略。前不久召开的国务院常务会议，部署加快推进“十四五”规划纲要确定的102项重大工程项目和专项规划重点项目实施，推动地方政府专项债券资金落到具体项目，力争在第一季度形成更多实物工作量。各单位要紧盯专项债投放领域和项目，积极对接有关部委、地方政府，围绕交通强国建设，城市群、都市圈等国家战略区域和重点市场，瞄准交通强国建设“富油矿区”，确保获得更多经营成果，将服务国家战略落到实处。要巩固优势区域及企业。紧盯市场优化资源配置，引导专业特色明显的企业集中精力提升专业市场占有率，着力解决好在大直径盾构、大跨度桥梁等传统优势业务领域市场竞争主体不足的问题；引导各工程局根据自身特点打造以驻地市场、重点区域、重要客户为核心的优势区域。2022年在华东、华南区域仍然要奔着5000亿元的新签目标继续奋斗。要着力加强高端经营。加强国家政策研究与行业市场分析，主动对接、争取参与相关部委及央企行业政策和技术标准的制定，提前感知区域市场走势，及早介入城市规划设计。科学定位股份公司层面的高端对接范畴，积极培育高端经营资源，建立健全层级对接机制，使各层级对接效应最大化。要持续发力“第二曲线”市场。加快补足“第二曲线”资质、业绩等经营要素短板，出台“第二曲线”考核政策；发挥投资公司、设计院、工程局既有优势，力争在城市更新、水利水电、水务环保、清洁能源、港口航道码头、机场建设等新领域新市场取得更大突破。要切实坚持经营自揽。经营自揽是公司直面市场、提升竞争力的关键举措。要进一步推动各工程局与投资公司直面市场经营，加强经营协同，形成经营合力，实现“1+1>2”的放大效应。推动全面提升三级公司滚动经营能力，进一步巩固自揽成效；强化揽干结合，把市场经营与项目履约更加紧密地结合起来，让市场经营成为大商务管理落地见效的“第一棒”。要坚持定期亮晒机制。坚持经营成效月度“对标亮晒”，让先进带动后进。2022年，各单位经营工作要抓紧抓早、节奏前移，力争第一季度完成年度任务的25%、上半年完成年度任务的60%以上。股份公司将对滞后于节点目标的单位进行约谈。

（二）优质高效组织生产，不断提高项目履约能力。

项目履约能力是企业市场竞争力的充分体现，按期履约也是重大责任。要确保完成全年营收目标。截至2021年底，全公司有近6000个国内在建项目，项目业态丰富、管理难度大。各单位要抓住施工生产的关键环节，从年初就认真谋划，配齐配足人力、设备、物资等各类资源，快速有序推进施工生产，确保营收稳中有升，为稳增长作出应有贡献，尤其要高度关注重点难点工程履约，高起点高标准高质量推进川藏铁路建设，在全线建设中争当“排头兵”；确保郑万铁路、京雄高速、北京地铁12号线等如期开通；加快推进西昆铁路、大瑞铁路、国道109新线、滇中引水等重大工程；加强广州地铁11号线、深圳春风隧道等工期滞后项目过程督导，确保按期履约。要重点抓好履约能力建设。二级、三级公司是企业最核心的合同履约主体，要切实强化履约意识，设置好项目组织模式和管理机构，做好各类资源配备，压实履约责任，形成从二级、三级公司到项目部的穿透式联动履约格局。提升履约能力的关键在三级公司，要落实项目管理责任制的要求，重点提升三级公司生产组织能力和对项目的管控能力。2022年上半年，要重新出台三级工程公司20强评选规定，研究制定三级公司业绩考核与薪酬分配指引，持续加强三级公司建设，不断夯实发展之基。要真正强化现金流管理。当前公司各级企业、项目部现金流整体比较紧张。2021年，从年初工作会到年中经济运行分析会，股份公司多次强调现金流管理的重要性。各单位要真正树立“现金为王”的理念，扎实推行项目现金流自平衡管理，从项目一开始就强化全周期资金谋划意识，把住源头、抓住根本，从现金流维度厘清履约责权利关系。要提升低成本财务资源获取能力，适时合理地为项目提供资金支持；同时更要倒逼三级公司和项目积极主动地向业主及相关方及时回收资金，“常专结合”开展清收清欠，促进正向净现金流常态化，保障现场生产，坚决防止没有利润的营业收入、没有现金流的利润。2022年上半年，股份公司将就项目现金流自平衡管理落实情况进行专项督导。要高度重视并加强分包管理。分包单位以及产业工人队伍是推动施工生产、保障履约的关键支撑。但我们存在依靠过度、受制于人、管控不力等问题，一线项目技术和管理人员过于年轻化、产业工人普遍老龄化等问题突出，这些问题不解决，将严重制约生产效率和履约能力提高。要将构建合作共赢的分包关系以及新时代建筑产业工人队伍建设作为重大课题，下功夫研究提升。将分包单位统一纳入企业管理体系，培育一批长期合作、荣辱与共的优秀分包队伍。搭建孵化平台，完善培训体系，建设一支专业性强、稳定度高、能够满足现场需求的产业工人队伍，把控生产关键环节，切实提升履约能力。需要强调的是，从2022年开始，所有新开工项目严禁“提点大包”模式，要把项目主导权牢牢掌握在自己的手中。

（三）深化价值创造理念，提升企业盈利创效能力。

企业高质量发展的一个重要标志是创造价值、提升效益。各单位要落实价值创造全环节责任，将一切工作聚焦到为企业创效上。要积极构建大商务管理体系。各二级企业要充分认清在中国中铁推行大商

务管理并非易事，它更加突出市场竞争、价值创造、目标责任、风险防控，涉及观念变革、体系再造、人员配置等多方面内容，是一项复杂的系统工程。股份公司即将出台《大商务管理体系建设指导意见》，各二级企业要组织专门研究，配套出台本单位大商务管理实施方案，形成有中铁特色的大商务管理体系。要抓住关键环节，推行大商务管理关键在二级企业，落脚点在三级企业和项目部，各二级企业必须将其作为“一把手工程”强力推进，2022年6月底前，确保商务管理分管领导配备到位、商务部门组建到位，并编制出台《商务管理指导手册》，按层级传递压力，建立上下贯通的商务管理体系。各单位要以管用有效为原则，不做表面文章，切实将大商务管理作为市场竞争和效益提升的利器加以推进。要开展项目管理效益提升三年行动。以大商务管理为抓手，股份公司即将出台《中国中铁项目管理效益提升三年行动方案》，主要目标是未来三年项目平均利润率每年提高0.5个百分点以上。结合三年行动方案，股份公司将开展低效无效资产处置三年专项行动，加快处理高风险“两金”、长期积压房地产存货，夯实资产质量；开展已竣未结项目清零行动，原则上对三年以上已竣未结路外项目，用三年时间基本清零，对路内项目三年内力争销号50%以上，不断夯实利润质量；开展内部三角债清理专项行动，加大项目内部结算争议处理力度。各二级企业要根据股份公司要求，细化出台本单位项目管理效益提升三年行动方案，持续抓好效益提升工作。要落实好全面节约战略。坚持勤俭节约办企业，严禁铺张浪费，坚持预算从严从紧、执行从严从紧，2022年全公司各项非生产性费用支出要再压降10%。

（四）抓实改革三年行动，有效释放企业发展活力。

2022年是决胜国企改革三年行动的收官之年。要坚持目标导向，向最难处攻坚和关键处挺进，对标行动方案，逐项销号清零，确保三年行动任务在党的二十大召开之前基本完成，2022年年底前全面完成。要集中攻坚三项制度改革。真正做实经理层任期制和契约化管理，构建科学合理且富有挑战性的考核指标，强化经营业绩考核结果对领导人员薪酬兑现及退出的刚性执行。全面推行用工市场化，建立健全与企业绩效紧密关联的市场化用工总量决定机制，完善以岗位管理为基础、以合同管理为核心的市场化用工制度，强化全员业绩考核，建立常态化退出机制，杜绝员工“零”退出的企业。完善市场化分配机制，构建以业绩贡献为导向的工资总额分配机制，用工资总额增减倒逼企业管理提升、降本增效；实施灵活多样的激励方式，推进科技型企业开展股权和分红激励，有序开展超额利润分享、跟投、限制性股票激励等工作。要加快理顺企业内部关系。理顺内部关系的核心是建立既有分工也有协同的内部“准市场关系”，提升各单位在各自领域独立自主的市场地位。投资公司要围绕投资领域，看清行业大势、找准项目、提升质量，确保投得出、收得回，发展成专业化投资公司；工程局要突出工程建造底色，提升总承包能力，打通制约发展的“断点”“堵点”，轻装上阵，展现行业地位及影响力；工业、物贸企业是工程局和投资公司发展的有力支撑，要立足提供内部高品质服务、提升外部市场竞争力的要求，加快打造自主、安全、可控的现代供应链体系，加强产业链协同，优化集中采购体系，做好大宗材料价格波动应对，提升降本创效能力。要大力推进“放管服”改革。股份公司总部要增强效率意识，以优化决策事项清单和议事规则为抓手，加大简政放权力度，减少审批事项、优化管理流程，分层分类推进差异化授权放权，放宽优秀企业发展自主权，收紧管理落后企业经营权限，并建立健全与之相匹配的、责权利对等的监督管理体系和考核分配体系，加强对各二级单位履职行权效果的监督评估，确保“放得下、接得住、管得好”。要深入推进世界一流企业建设。抓好国资委“一个文件”“三个行动”贯彻落实，即落实好加快建设世界一流企业的指导意见、对标世界一流管理提升行动、创建示范行动和价值创造行动，研究制定具体方案，加快建设产品卓越、品牌卓著、创新领先、治理现代的世界一流企业。

（五）强化科技创新支撑，不断激发企业发展动能。

科技兴则企业兴。激发强劲动能、实现更高质量发展，根本在于科技创新，重点在于推进“十四五”科技创新规划落地。要增强自主创新能力。关键核心技术要不来、买不来、讨不来，必须坚持企业创新主体地位，打好关键核心技术攻坚战，加速推进关键核心产品、核心技术国产化替代和迭代升级，主动承接国家新的重大创新项目，对企业可能遭遇的“卡脖子”技术再梳理、再攻关。重点突破以高速铁路、智慧交通、极端装备研发等为代表的行业前沿技术，力争打造1~2个原创技术策源地。中铁大桥局、中铁隧道局、中铁电气化局、中铁工业等企业，要心怀“国之大者”，在各自领域练好独门绝技，不仅要做中国第一，更要做世界一流，真正成为国家战略科技力量的重要支撑。要完善创新体制机制。积极落实科技体制改革三年行动要求，优化完善“三级四层”创新体系，科学定位各个层级科技工作职责，系统建设以国家级实验室为引领的研发平台体系。制定实施“可计量、可考核、可检验”的创新贡献度评价标准，实行“揭榜挂帅”“赛马”“责任制”“军令状”等制度，推行总工程师负责制、经费包干制、信用承诺制，赋予院士、大师等科研专家更大技术路线决定权、经费支配权、资源调度权，充分激发创新主体的积极性。完善知识产权管理体系，强化知识产权全链条保护。要推动科技成果产业化。加快技术含量高、应用价值大、基层需求强的实用技术成果推广应用。优化重组三个国家级实验室，提升关键技术研发支撑能力。加强与政府、高校、科研院所、相关企业的科技合作，做实各类研发机构。探索“科技+产业+金融”科研成果转化新模式，打通产学研用技术创新链和创新产业链。要推进数智中铁建设。统筹推进“信息贯通”和“数智升级”两大工程，加快构建数字化、智能化、工厂化、装配化生产方式，通过数智升级重塑企业价值链，升级产品模式和服务能力，重点围绕BIM技术推动设计、施工协同、智慧工厂提高制造水平、智慧工地提升生产效率、智慧运维提升服务保障能力，加快构筑智慧城市、智慧交通、智慧水务、智慧环保等领域技术优势，加快推进数字产业化和产业数字化转型，释放数字化发展放大效应，抢占新一轮发展制高点。

（六）坚定实施“双优战略”，推动海外事业稳健发展。

“走出去”发展是建设世界一流企业的必然选择。面对纷繁复杂的国际环境，既要强化海外风险防控，又要坚定海外发展信心，更要稳扎稳打开展工作。要抢抓共建“一带一路”重大机遇。深入落实习近平总书记关于“一带一路”的重要讲话精神，以及在第二届联合国全球可持续交通大会、中非合作论坛上的重要讲话精神，将基础设施“硬联通”作为重要方向，将规则标准“软联通”作为重要支撑，将共建国家人民“心联通”作为重要基础，紧盯互联互通布局项目，提前做好相关基础工作，加强同有关国家和国际组织的对接互动，努力获取一批重大合作成果。要推动海外体制机制改革落地结果。加强海外规划、设计等产业链前端能力培育，扩大三方或多方市场合作，加强与外经、金融等机构合作，推动国际工程分公司实体化运作，不断提升海外市场竞争力。要努力抓好海外重大项目推进实施。重点做好巴基斯坦ML1铁路、中缅铁路等重要项目推进工作，着力推进大马城项目新合作模式谈判，高质量推进匈塞铁路、印尼雅万高铁、孟加拉国帕德玛大桥、以色列特拉维夫红线地铁等标志性项目施工建设，做到“干一个项目、交一国朋友、树一座丰碑、拓一方市场”。要健全完善海外全面风险管控体系。做好国别分析评估，坚持危地不往、乱地不去，严控高安全风险国家投资。依法合规开展国际化经营，落实海外合规管理要求，推动向境外单位直派财务主管人员落实见效。开展境外员工安全保障整改提升专项工作，建设与境外单位规模、风险相适应的安保体系，落实境外疫情防控“两稳两争两保”要求，按计划做好境外人员接返工作，全力保障海外人员安全健康和生产经营活动正常开展。

（七）提升专业发展能力，加快投资业务转型升级。

近年来，公司投资业务快速发展，目前全公司境内总投资规模达3万亿元，为企业规模、效益、品牌提升作出重大贡献。当前，面对需求收缩、供给冲击、预期转弱三重压力，如何准确分析投资市场环境，加快投资业务转型升级是企业必须认真思考的重大课题。要提升投资项目质量。全面提升优选投资项目的能力，切实用投资商思维、长期主义思维开展投资工作，严禁超越财务承受能力的投资行为，严格落实投资项目负面清单，严防投资项目先天不足，决不能将可行性报告演绎成可批性报告。各投资公司要根据自身实际和资源禀赋，积极稳妥推动商业模式创新，寻找新的投资“蓝海”。要切实抓好投资项目回款。截至2021年底，全公司有72个基础设施投资项目出现回款逾期，122亿元未按期收回；不少投资项目不能按时回款，存在的风险不容小觑。2022年要将投资项目回款作为专项任务，积极推进回款清收，把投资项目回款与新增投资项目结合起来，形成投资回款的良性循环。要提升投资专业运营能力。加快补齐运营业务短板，建立科学运营管控体系，培育专业运营能力。督导中铁交通及有关单位于上半年完成高速公路投资运营业务整合；加强对轨道交通、水务环保、产业新城等不同业态的运营研究与管理，提高运营效益。注重资产质量提升，强化项目股权管理和资产控制，运用市场化手段为资产赋能，把投资资产盘活作为推动投资业务持续健康发展的关键举措，积极为进入资本市场打好基础。要实现房地产业务稳健发展。密切关注房地产市场政策变化，参与房地产项目的二级单位，主要领导必须实地调研、一线指挥，亲自主持项目可行性研究论证，以项目决策条件和可研节点为基本遵循，提前做好风险应对，加强过程管控，不断加强全过程风险预警及处置。积极发展特色地产，建立完善配套管理制度，打造有中国中铁特色的房地产运行模式；深耕优势区域，锤炼开发本领，缩短开发周期，打造特色地产系列品牌。要加强投资项目管理。投资公司要提升当好“甲方”的能力，强化投资项目全生命周期管理，严格落实可研和决策批复，合理控制投资额度；对投资条件出现重大变化的，要按要求履行报告程序。投资管理中心要加强过程督导，分专业开展重点项目投资协议履行情况以及投资项目建设情况检查。

（八）加强人才队伍建设，构筑行业人才集聚高地。

人才是第一资源，企业竞争说到底是人才竞争。各单位要深入实施人才强企战略，认真落实中国中铁“十四五”人才发展规划，着力打造一支高素质人才队伍。要提升人才引进质量。严把选聘入口关，明确引才标准，完善以高校毕业生招聘与成熟人才市场化选聘相结合的引进机制。坚持精准引才，提高重点高校毕业生引进比例，加大项目管理、商务工经、水务环保、信息技术等紧缺人才市场化引进力度，推动人才引进质量持续提升。要强化人才培养机制。突出需求导向，坚持内部培养与外部引进相结合，为“高精尖缺”人才提供发展

舞台、搭建成长平台，加快造就一批科技顶尖人才、行业领军人才、高技能人才、青年科技人才，构筑中国中铁人才高地。研究构建上下贯通、互相衔接的立体人才培养体系，采取专家挂职、校企合作、项目共建等方式，优化整合教育培训基地，推动人才专项工程迈出更大步伐。要激发各类人才效能。认真落实股份公司人才工作安排，以市场化、专业化、职业化发展为导向，畅通各类人才的职业发展通道。将收入向关键岗位、高层次人才、业务骨干和贡献突出人员倾斜。加大优秀人才和先进典型的选树宣传力度，大力营造尊重人才、爱惜人才、用好人才、争当人才的浓厚氛围。

（九）持续夯实管理基础，防范化解各类重大风险。

要不折不扣把防风险贯穿到企业发展各领域和全过程，按照稳定大局、统筹协调、分类施策、精准拆弹的方针，重点防范和化解可能影响全局的风险隐患。要坚守安全生产底线。2022年伊始，公司召开的全年第一个专题会议是安全质量环保工作会议，发布的“一号文件”是《关于加强分包企业安全生产管理工作的指导意见》，对全年安全生产工作作出了全面部署，体现了公司对安全生产的极度重视，尤其是2022年国家大事要事多，公司上下务必提高政治站位，坚持安全为本、人民至上、生命至上，强化安全生产严管态势，确保不发生较大及以上事故。要严格落实安全生产主体责任，特别是加大重点难点项目、地质复杂地区、规模快速扩张企业、困难企业监管力度。对安全生产中出现问题的单位，将从严从快问责。严格落实质量终身负责制，强化施工标准化管理，认真开展质量通病反思排查整治活动，凡因质量问题受到业主约谈、来函的，立即组织严查，做到彻查彻改。严格落实生态环境保护责任，从制度体系、人才储备、风险识别等方面加快构建环保管理体系；落实碳达峰、碳中和重大战略决策，不断调整建设能耗行为和建造模式，加快生产方式变革。要严控合规风险。以国资委“合规管理强化年”活动为契机，确保合规管理覆盖企业经营管理各环节。针对案件多、增幅快的现状，专项推进诉讼案件压减工作。扎实开展“名股实债”等问题专项整治，巩固民企挂靠国资问题专项整治成果。坚决杜绝融资性贸易。要严控债务风险。落实跨周期调节有关要求，切实做好债务结构、期限及比重的匹配，及时开展债务风险监测及排查，防范发生债务违约风险。强化资产负债率刚性约束，精准管控高负债、高风险企业和业务，推动高负债子企业尽快回归合理水平。要加快构建大监督体系。构建党委巡视、纪委监督、审计监督、法律合规“四位一体”的大监督体系。不断强化审计监督，2022年要聚焦项目管理效益提升，组织好“5501”专项审计行动，针对久竣未结项目开展专项审计调查，为高质量发展保驾护航。

全面加强党的领导和党的建设，是中国中铁高质量开展各项工作的根本保障。要始终将政治建设摆在首位，进一步增强“四个意识”，坚定“四个自信”，做到“两个维护”，深化全面从严治党，纵深推进党风廉政建设和反腐败工作，为企业改革发展提供坚强政治保证。要驰而不息纠治“四风”，重点整治“文山会海”，少开会、开短会、开视频会、套开会，切实减少会议数量、提升会议质量，进一步减少发文数量，把更多精力用在解决实际问题上。要充分发挥工团组织桥梁纽带作用，弘扬劳模精神、劳动精神、工匠精神，抓好事关职工群众利益的重点工作，落实企业发展与职工收入同步增长机制，不断增强发展凝聚力和向心力。要保持和谐稳定的发展大局，充分认清2022年稳定工作的特殊性，从讲政治的高度，树牢底线思维，持续抓好疫情防控，按时足额保障农民工工资支付，加强清理拖欠中小企业账款工作，妥善处理信访案件，做好冬奥会服务保障，毫不放松抓好春节前各类安全稳定工作，为企业发展创造良好环境。

▲图1-5　中国中铁建设的呼和浩特市城市轨道交通1号线一期工程获国家优质工程奖

天佑奖 50 项
跨越百年
京张铁路
中铁三局黄黄项目蕲春轨枕厂

CHAPTER 2

专 文

党建引领建设世界一流企业

中国铁路工程集团有限公司党委书记、董事长　陈云

（2021 年 6 月 30 日）

习近平总书记强调，坚持党的领导、加强党的建设，是国有企业的“根”和“魂”。中国特色现代国有企业制度，“特”就特在把党的领导融入公司治理各环节，把企业党组织内嵌到公司治理结构中，明确和落实党组织在公司法人治理结构中的法定地位。自党的十八大以来，中国铁路工程集团有限公司（以下简称“中国中铁”）坚定不移坚持党的领导、加强党的建设，管干部育人才，建班子带队伍，抓基层打基础，以高质量党建引领建设世界一流企业。2020 年，中国中铁连续 7 年获评国务院国资委业绩考核 A 级，连续 15 年进入世界企业 500 强、2020 年排名第 50。

提高政治建设质量，为建设世界一流企业定向领航

党的政治建设是党的根本性建设，决定党的建设方向和效果。提高政治建设质量，就要全面学习贯彻习近平新时代中国特色社会主义思想，不断提升政治判断力、政治领悟力、政治执行力，增强“四个意识”，坚定“四个自信”，做到“两个维护”。中国中铁是我们党早期领导工人运动的重要发祥地之一。1922 年，党的一大代表王尽美就在中铁山桥建立了冀东地区第一个党组织，并成功组织发动了轰轰烈烈的京奉铁路工人大罢工，中国中铁的红色基因、红色血脉赓续传承至今。近年来，中国中铁党委建立了“第一议题”机制，把学习习近平总书记重要讲话和重要指示批示精神列为党委会第一议题；建立了落实习近平总书记重要指示批示台账机制，确保做到个个有方案、层层有督导、件件有落实。成立“三个转变”研究院，与国务院国资委联合举办中央企业高端装备制造创新成就展，蓄力打造“三个转变”的先锋阵地。

提高思想建设质量，为建设世界一流企业凝心聚力

抓好思想建设就要准确把握其作为连接各方面建设的一条红线、融入党的建设各环节的先导性要素的定位和作用，为党的建设奠定思想基础，提供理论指导和精神动力。中国中铁党委扎实开展党内集中教育，坚持寓教于行、问教于效，引导广大党员干部在学懂弄通做实上下功夫，始终以干事创业的成效、企业发展的成绩检验学习效果，努力防止党建与生产经营“两张皮”。紧跟形势任务变化，创新思想政治工作，持续推动党的理论创新达基层、下工地、进班组、入头脑。加强正面宣传和舆论引导，积极构建融媒体宣传大格局，全方位展示企业改革发展和党建工作成效，筑牢干部职工思想基础。传承百年红色基因，弘扬“开路先锋”精神，深入开展“理想信念情怀　爱党爱国爱企”主题教育，着力提升企业文化软实力。大力弘扬劳模精神、劳动精神、工匠精神，选树宣传“全国知识型产业工人”窦铁成、“全国农民工楷模”巨晓林等重大先进典型，营造尊重劳动、尊重知识、尊重人才、尊重创造的浓郁氛围。

提高制度建设质量，为建设世界一流企业赋权明责

中国中铁党委认真贯彻“两个一以贯之”，落实党建工作要求进章程、党委书记和董事长“一肩挑”、党组织研究讨论作为企业决策重大问题前置程序等一系列具体要求，牢牢把握党的领导这个根本原则，坚持“四同步”，推进“四对接”，明确党委在公司决策、执行、监督各环节的权责和工作方式，推动党的领导和公司治理有机融合，确保党组织发挥作用组织化、制度化、具体化。特别是聚焦提高治理效能这个重要目标，坚持决策质量和效率相统一，进一步厘清党委和董事会、经理层等其他治理主体权责边界，党委把方向、管大局、促落实，董事会定战略、作决策、防风险，经理层谋经营、抓落实、强管理，各治理主体不缺位、不越位、不互相代替、不各自为政，形成了权责法定、权责透明、协调运转、有效制衡的公司治理机制。

提高队伍建设质量，为建设世界一流企业聚才集智

国有企业领导人员是党在经济领域的执政骨干，是治国理政复合

型人才的重要来源。坚持党管干部、党管人才原则，培养忠诚干净担当的高素质专业化干部和人才队伍，是提高企业党建工作质量的关键所在。中国中铁党委紧紧围绕建设世界一流企业的战略目标，探索建立企业领导人员素质培养、知事识人、选拔任用、从严管理和正向激励“五个体系”，为更多优秀干部脱颖而出、干事创业提供体制机制保证。在选人、用人上严格政治标准，把政治立场坚定、政治素养过硬、政治态度鲜明，作为选用干部、使用人才的首要标准；确立担当尽责、尽责有为、有为有位的鲜明导向，把干部的德、能、勤、绩、廉作为选拔干部的重要标尺，为那些敢于担当、踏实做事、不谋私利的干部撑腰鼓劲。

提高基层党建质量，为建设世界一流企业强基固本

中国中铁党委以提升组织力为重点，突出政治功能，抓实“三基”建设。召开基层党建工作现场会，推动基层党组织应建尽建，做到党的基层组织和工作全覆盖，确保施工战线延伸到哪里，党的组织就建立到哪里，活动就开展到哪里，党组织和党员的作用就发挥到哪里。进一步完善基层党组织制度体系，开展项目党建标准化建设，选优配强基层党组织书记和党务工作人员，分级分层推进基层党组织书记集中轮训和实地践学，打通基层党建“最后一公里”。积极推动基层党建工作创新，探索形成项目党建、区域党建、农民工党建、境外党建、机关党建、网络党建、廉洁党建、党群共建的基层党建工作格局。

提高纪律建设质量，为建设世界一流企业保驾护航

加强纪律建设是全面从严治党的治本之策。落实全面从严治党主体责任首先就要把党的纪律和规矩挺在前面，持之以恒地抓好企业党风廉政建设和反腐败工作，持之以恒地推动全面从严治党向纵深发展、向基层延伸，一体推进不敢腐、不能腐、不想腐，持续营造风清气正的良好氛围。中国中铁党委始终坚持把全面从严治党贯穿企业改革发展和党建工作的全过程，坚持“严”字当头、一抓到底。坚定不移深化政治巡视工作，设立党委巡视工作领导小组办公室，以高度的政治责任感持续深化国资委巡视反馈问题一体整改，高质量推进对所属二级企业的巡视、基层单位的巡察工作，强化政治监督和纪律震慑，有效整治一批顽瘴痼疾。坚决贯彻执行中央八项规定精神，驰而不息纠治“四风”。2020年在全公司开展作风建设年活动，不断巩固拓展作风建设成效。全面深化纪检监察体制改革，不断健全权力运行制约和监督机制，强化重点领域、关键岗位和关键人员监督，突出“一把手”监督，严格执纪问责，始终保持反腐败高压态势，为推进高质量发展、建设世界一流企业提供坚强保障。

（发表于2021年6月30日《学习日报》）

▲图2-1　珠海市金港路横琴北段（横琴二桥）工程

当好高水平科技自立自强的国家队

中国铁路工程集团有限公司党委副书记、总经理　陈文健

（2021 年 11 月 10 日）

我国已经开启全面建设社会主义现代化国家新征程，科技创新在党和国家发展全局中具有十分重要的地位及作用。加快实现高水平科技自立自强，是我们进入新发展阶段的迫切要求，中央企业要为之发挥关键性作用。中国铁路工程集团有限公司（以下简称“中国中铁”）作为全国首批创新型企业，认真贯彻习近平总书记关于科技创新的重要论述，确定了以技术创新为核心的全面创新、全链创新、全球创新发展思路，努力在实现高水平科技自立自强中发挥好国家队的引领作用。

深刻认识高水平科技自立自强的极端重要性

党的十九大确立了到 2035 年跻身创新型国家前列的战略目标，党的十九届五中全会提出了坚持创新在我国现代化建设全局中的核心地位，把科技自立自强作为国家发展的战略支撑。

高水平科技自立自强是实现中华民族伟大复兴的时代要求。实现中华民族伟大复兴宏伟目标时不我待，要有志气和骨气加快增强自主创新能力与实力，努力实现关键核心技术自主可控，把创新发展主动权牢牢掌握在自己手中。当今世界百年未有之大变局加速演进，新一轮科技革命和产业变革正在重构全球创新版图、重塑全球经济结构和产业链供应链。中国经济发展环境和发展要求都发生了深刻变化，科技创新的重要性全面凸显。在这种情况下，我们比历史上任何时期都更需要强调自主创新，只有加快实现高水平科技自立自强，才能把握大势、抢占先机，牢牢把握战略主动权，紧紧抓住发展机遇。

高水平科技自立自强是构建新发展格局的必然选择。构建新发展格局最本质的特征是实现高水平的自立自强。推动国内大循环，必须坚持供给侧结构性改革这一主线，提高供给体系质量和水平，以新供给创造新需求，科技创新是关键。畅通国内国际双循环，也需要科技实力，保障产业链供应链安全稳定。强化自主创新，有利于提高创新链和产业链的一体化程度，推动科技创新和经济社会发展深度融合，使创新成为经济发展的强大引擎；有利于以数字化、智能化为杠杆培育新动能，构建产业体系新支柱，以产业技术变革推动产业模式和企业形态的根本性转变；有利于优化配置资源，推动产业链再造和价值链提升，实现供需匹配和动态均衡发展，推动经济实现高质量发展。

高水平科技自立自强是建设世界一流企业的根本途径。培育具有全球竞争力的世界一流企业，是以习近平同志为核心的党中央对新时代国有企业改革发展作出的重大战略部署。世界一流企业应当具有一流的科技创新能力。自党的十九大以来，国有企业科技创新成果丰硕，高铁等核心技术已达到国际领先水平，但依然存在短板弱项。只有紧紧扭住技术创新这个战略基点，掌握更多关键核心技术，才能生产出具有核心竞争力的产品，才能抢占行业发展制高点，才能迈向全球价值链中高端，提升整体国际竞争力。

切实肩负起高水平科技自立自强的国家队使命

国有企业是中国特色社会主义的重要物质基础和政治基础，是我们党执政兴国的重要支柱和依靠力量。我们必须肩负起加快建设世界科技强国的历史使命，坚定不移走中国特色自主创新道路。

成为核心技术自主创新的重要主体。企业是创新的主体，是推动创新创造的生力军。核心技术是国之重器。国有企业要不断加强自主创新能力，努力成为技术创新决策、研发投入、科研组织和成果转化的主体，成为核心技术能力突出、集成创新能力强的创新型领军企业。我们必须聚焦国家战略需求，打造更多大国重器，为国家安全、产业基础和现代产业体系建设提供科技支撑；坚持市场和需求导向，在关键共性技术、前沿引领技术、现代工程技术、颠覆性技术等方面实现突破；加快创新成果转化应用，实现技术突破、产品制造、市场模式、产业发展的“一条龙”转化。“十三五”期间，中国中铁坚持企业创新主体地位，依托所拥有的 3 个

国家级实验室和19个国家企业技术中心，取得了一大批具有自主知识产权的核心技术，荣获国家科技进步奖和技术发明奖17项，中国专利奖16项。

成为创新人才队伍培养的重要基地。中国要实现高水平科技自立自强，归根结底要靠高水平创新人才。国有企业要注重创新人才的自主培养，重视使用优秀青年人才，努力造就一批具有世界影响力的顶尖科技人才，打造一批创新团队，培养更多高素质技术人才、大国工匠。"十三五"期间，中国中铁坚持党管人才，不断完善各类创新人才管理办法和激励机制，设立一批创新工作室，加强院士、全国工程勘察设计大师、科技领军人才的选拔培养，定期评选科技标兵、特级技师、工匠技师，为科技人员和技术工人提供平台，形成了以院士、全国工程勘察设计大师为引领，3万多名高级专业技术人才为骨干，10万多名一线技术工匠为基础的创新人才队伍体系。

成为提升产业链现代化水平的重要力量。要提升产业链供应链现代化水平，大力推动科技创新，加快关键核心技术攻关，打造未来发展新优势。作为国有企业，我们要着眼于深化产业链与创新链的融合，努力成为产业发展方向的引领者、产业基础能力提升的支撑者、产业协同合作的组织者，不断增强中国产业链安全性、稳定性和竞争力。"十三五"期间，中国中铁以技术创新带动了基础设施建设领域的重大变革。中国中铁全面系统掌握了具有自主知识产权、适用于不同气候环境条件、不同轨道结构类型的高速铁路勘察设计施工及关键装备制造等成套技术，铸就了"中国高铁"金色品牌。在高端装备制造领域，自主研制各类型号架桥机、跨海大桥成套施工设备、智能焊接机器人、各类异形盾构等施工机械装备，使建筑施工方式产生了重大创新，特别是攻克盾构主轴承等"卡脖子"技术，为民族盾构装上中国"芯"。

充分发挥科技创新对现代产业发展的引领作用

2014年5月，习近平总书记视察中铁工程装备集团有限公司时，作出"推动中国制造向中国创造转变、中国速度向中国质量转变、中国产品向中国品牌转变"重要指示。中国中铁始终牢记嘱托，坚定不移地走以科技创新为核心的全面创新、全链创新、全球创新之路。

科技创新，打造原创技术策源地。要加强原创性、引领性技术攻关，坚决打赢关键核心技术攻坚战。国有企业要不断强化科技创新策源功能，努力实现科学新发现、技术新发明、产业新方向、发展新理念从无到有的跨越，成为科学规律的第一发现者、技术发明的第一创造者、创新产业的第一开拓者、创新理念的第一实践者，形成一批原创性成果，突破一批"卡脖子"的关键核心技术。中国中铁将坚持"三个聚焦"，即聚焦国家重大需求及关键技术开发、聚焦创新能力与体系平台建设、聚焦成果转化和知识产权建设，积极布局前沿引领技术、产业高新技术、关键共性技术、变革性技术创新和应用，进一步巩固优势领域的领先地位，激发企业发展、产业调整的新动力。

全链创新，当好现代产业链链长。要围绕产业链部署创新链、围绕创新链布局产业链，推动经济高质量发展迈出更大步伐。在新征程上，国有企业必须肩负起打造现代产业链链长的重任。中国中铁将依托国家重大工程建设，充分发挥建筑业全产业链优势，打通从基础理论研究、关键技术研发到新产品研制、成果推广应用的技术创新链。加快产业链数字化、智能化、绿色化改造，有效发挥工业互联网平台协同机制作用，努力构建上中下游衔接、各类资源聚集、共商共建共享的创新格局。

全球创新，构建开放创新生态。要统筹发展和安全，以全球视野谋划和推动创新，积极融入全球创新网络。自主创新是开放环境下的创新，绝不能关起门来搞，而要聚四海之气、借八方之力。中国中铁将认真贯彻落实习近平总书记"将'一带一路'建成创新之路"的重要指示，在互联互通建设中广泛开展国际合作，推进中国铁路、中国高铁、中国桥梁、中国隧道、中国装备等技术标准的国际化，进一步完善面向全球的生产服务和技术创新网络，积极探索与国际商业伙伴、世界知名院校的联合科技开发，在合作共赢中提升中国相关产业的国际竞争力，为全球科技治理贡献中国智慧。

（发表于2021年11月10日《学习时报》）

▲图2-2 碧海金桥

中铁四局

CHAPTER 3

2021 年大事记

CHINA RAILWAY ENGINEERING CORPORATION YEARBOOK

1月

1月7日至8日，中国中铁总裁、党委副书记陈文健赴四川成都调研中铁二局、中铁二院、中铁城投、中铁八局、川藏指挥部等在蓉二级单位。

1月10日，由中铁北方投资建设管理，中铁大桥院勘察，中铁一局承建的国际首例岩溶地层大盾构海底隧道、国内最长距离硬岩地层大盾构隧道、国内最大直径地铁海底隧道——大连地铁5号线火车站站至梭鱼湾南站区间海底隧道实现安全贯通。

1月11日，中国中铁深化改革三年行动工作推进部署视频会议在股份公司总部召开。

1月13日，中国中铁参与的中国自主研发设计、自主制造的世界首台高温超导高速磁浮工程化样车及试验线在成都下线启用，标志着高温超导高速磁浮工程化研究实现从无到有的突破。

1月14日，中国中铁党委书记、董事长陈云现场检查了中铁建工北京铁路枢纽丰台站改建工程（站房）项目新冠肺炎疫情防控、复工复产和安全生产情况。

1月15日，中国中铁印度尼西亚雅万高铁项目“云开放日”暨《中国中铁印度尼西亚社会责任报告》发布会在中国中铁总部召开。该活动以“跑出雅万高铁新速度”为主题，通过视频形式，带领观众“云游”中国中铁印度尼西亚雅万高铁项目建设现场，多角度、全方位、立体化展示中国中铁投身印度尼西亚雅万高铁建设、助力抗击新冠肺炎疫情、充分履行社会责任的奋斗历程。

1月19日，习近平总书记考察中国中铁承建的冬奥会场馆项目及配套工程。

1月21日，国资委党委印发《关于同意调整中国铁路工程集团有限公司职工董事的函》（国资党委干二〔2021〕16号），同意王士奇同志为中国铁路工程集团有限公司职工董事人选；刘建媛同志（女）不再担任中国铁路工程集团有限公司职工董事职务。

1月22日，根据国务院国资委党委通知（国资党委干二〔2021〕16号），王士奇为中国铁路工程集团有限公司工会主席人选，为中国中铁股份有限公司工会主席人选；刘建媛不再担任中国铁路工程集团有限公司工会主席、中国中铁股份有限公司工会主席、中国中铁股份有限公司职工监事职务，退休。

1月22日，中铁三局、中铁四局、中铁六局、中铁隧道局、中铁电气化局、中铁建工等单位参建的北京至哈尔滨高速铁路北京至承德段正式开通运营。从北京出发，最快2小时44分可到达沈阳，4小时52分可到达哈尔滨。

1月25日，中国中铁党委在京召开四届五次全委（扩大）会议暨2021年党的建设工作会议，总结2020年及“十三五”工作，分析企业面临的形势，研究“十四五”发展思路，部署2021年党的建设工作。中国中铁党委书记、董事长陈云主持会议并代表公司党委作了题为《坚持党的领导　加强党的建设　以一流党建引领企业实现高质量发展》的工作报告，总裁、党委副书记陈文健向大会作了题为《强基固本　改革创新　全力开创企业高质量发展新局面》的工作报告（征求意见稿），党委常委、纪委书记张建强作了题为《强化政治监督　深化标本兼治　为推动企业高质量发展提供坚强保障》的工作报告。

1月26日，国资委党委印发《关于同意中国中铁股份有限公司第五届董事会组成人选的函》（国资党委干二〔2021〕17号），同意提名陈云为中国中铁股份有限公司第五届董事会董事长人选，陈文健、王士奇为执行董事人选，文利民为非执行董事人选，张诚、钟瑞明、修龙为独立非执行董事人选；同意郭培章、闻宝满、郑清智不再担任中国中铁股份有限公司独立非执行董事职务。

1月26日，国资委党委印发《关于同意调整中国中铁股份有限公司监事会主席的函》（国资党委干二〔2021〕18号），同意提名贾惠平为中国中铁股份有限公司监事会主席人选；同意张回家不再担任中国中铁股份有限公司监事会主席职务。

1月26日，中国中铁三届二次职工代表大会暨2021年工作会议在京召开。会议以习近平新时代中国特色社会主义思想为指导，围绕高质量发展主题，总结了企业2020年和“十三五”的工作，分析了面临的新形势，规划了未来五年发展的路线，确立了“123456”工作策略，明确了2021年工作的思路、奋斗目标和措施，动员全系统广大干部职工砥砺初心使命，奋力谱写新时代“开路先锋”精神新篇章，为加快建设世界一流企业继续努力奋斗，以更加优异的成绩庆祝建党100周年。

1月26日，中国中铁“开路先锋”文化理念系统正式发布，开启了中国中铁新时代企业文化建设的新篇章。

1月27日，中铁建工雄安站项目部总工程师吴亚东获得2020年“最美铁路人”称号。

1月，中国中铁党建工作在国资委2020年度党建考核中获评A级。

2月

2月1日，中国中铁与中国铝业正式签署战略合作协议。

2月3日，中铁发展联合体中标长治经济技术开发区高端产业及综合配套项目（一期），中标金额80.76亿元。

2月3日，中国中铁党委召开党风廉政建设和反腐败工作会议暨警示教育（视频）大会。

2月4日，国务院国资委党委书记、主任郝鹏到北京延庆、河北张家口，深入调研中央企业承担的北京2022年冬奥会和冬残奥会体育场馆、训练基地、道路交通、枢纽场站等工程项目建设维护与运营服务保障情况，向奋战在一线的企业干

部职工致以崇高的敬意和新春的美好祝福。中国中铁总裁、党委副书记陈文健，总工程师孔遁参加调研。

2月7日，中国国家铁路集团有限公司董事长、党组书记陆东福，总经理、党组副书记杨宇栋等一行到中铁建工北京丰台站项目调研，并慰问一线建设者。中国中铁党委书记、董事长陈云参加调研。

2月8日，中国中铁股份有限公司董事会收到段永传的书面辞职报告，经研究，自2021年2月8日起，段永传不再担任中国中铁股份有限公司副总裁职务。

2月9日，国务院国资委党委委员、副主任袁野等一行到中国中铁就企业改革发展、资产负债管控、农民工工资和民营企业账款管理等工作进行调研。

2月20日，由中国中铁与中铁一局、中铁二局、中铁隧道局、中铁广州局等5家单位联合体中标的重庆轨道交通15号线一期工程（K53+633.739~K72+824）施工总承包项目，中标额60.59亿元。

2月25日，中国铁路工会中铁一局集团有限公司委员会获得"全国脱贫攻坚先进集体"；山西省忻州市保德县韩家川乡猫窝村驻村第一书记，中国铁路工程集团有限公司中铁三局集团第六工程有限公司团委书记、经营开发部副部长刘小营获得"全国脱贫攻坚先进个人"称号。

2月26日，国资委党委印发《关于刘宝龙、任鸿鹏同志任职的通知》（国资党任字〔2021〕7号），刘宝龙、任鸿鹏同志任中国铁路工程集团有限公司党委常委。

2月26日，由中铁工业、中铁二局联合研制的国内最大直径土压–泥水双模盾构机"紫瑞号"在中铁二院设计、中铁二局承建的成都铁路枢纽紫瑞隧道顺利完成始发。

2月，河北省石家庄市新冠肺炎疫情暴发，中国中铁在冀单位挺身而出、逆行而上，承担了黄庄公寓集中隔离场所3个区总计1500余套集成房建设任务，彰显出中国中铁人敢打硬仗的优良作风和铁肩担当的为民情怀。

3月

3月1日，陈云不再兼任中国中铁股份有限公司川藏铁路工程指挥部指挥长，陈文健兼任中国中铁股份有限公司川藏铁路工程指挥部指挥长。

3月3日，中国中铁党委以视频会议形式召开党史学习教育动员部署大会，深入学习贯彻习近平总书记在党史学习教育动员大会上的重要讲话精神和党中央决策部署，贯彻落实国务院国资委暨中央企业党史学习教育动员部署会精神和有关工作要求，对全公司开展党史学习教育进行动员部署。

3月4日，中国中铁党委书记、董事长陈云在北京与国家体育总局局长、党组书记苟仲文举行会谈。

3月8日，中国中铁党委书记、董事长陈云在股份公司总部与吉林省委常委、长春市委书记王凯举行会谈。

3月10日，国资委党委印发《关于同意刘宝龙、任鸿鹏同志任职的函》（国资党委干二〔2021〕42号），同意提名刘宝龙、任鸿鹏同志为中国中铁股份有限公司党委常委人选。

3月10日，中国中铁工会三届十五次全委（扩大）会议在武汉召开。

3月12日，中国中铁2021年第一次临时股东大会在股份公司总部召开。

3月12日，中国中铁选举产生新一届法人治理结构，公司第五届董事会、监事会组建完成。公司第五届董事会由7名董事组成，包括党委书记、董事长、执行董事陈云，总裁、执行董事、党委副书记陈文健，执行董事、党委副书记、工会主席王士奇，非执行董事文利民，独立非执行董事钟瑞明、张诚、修龙；公司第五届监事会由4名监事组成，包括股东代表监事、监事会主席贾惠平，职工代表监事苑宝印、李晓声、王新华。

3月18日至19日，中央纪委常委、国家监委委员，中央纪委国家监委驻国资委纪检监察组组长，国资委党委委员陈超英等一行到中国中铁承建的冬奥会场馆项目及京张高铁等配套交通工程，调研工程建设和运营保障情况。中国中铁纪委书记张建强参加调研。

3月20日，中国中铁党委书记、董事长陈云应邀出席保定市主城区首期城中村改造安置区建设集中开工仪式。

3月24日，中国中铁党委书记、

▲图3–1　2021年2月4日，国资委党委书记、主任郝鹏调研中国中铁承建的冬奥会场馆项目及配套工程，中国中铁总裁陈文健陪同调研

董事长陈云在长沙与湖南省委书记、省人大常委会主任许达哲会谈。

3月25日，中国中铁党委书记、董事长陈云，总裁、党委副书记陈文健与辽宁省委书记张国清、省长刘宁举行会谈，并出席中国中铁与辽宁省战略合作框架协议签约仪式。

3月28日，中国中铁承建，中铁一局、中铁二局、中铁七局、中铁隧道局等单位参建的洛阳市轨道交通1号线一期工程正式开通运营，标志着千年古都洛阳进入“地铁时代”，成为中国中西部非省会城市中第一个开通地铁的城市。

3月29日，中国中铁在京召开2021年经营工作（视频）会议。

3月29日，中国中铁发布2020年度社会责任报告暨ESG报告。

3月31日，中铁城投与四川省铁路产业投资集团有限责任公司、四川公路桥梁建设集团有限公司联合体中标S48线资中至乐山、资中至铜梁（四川境）高速公路项目，中标金额187.49亿元。

3月31日，中国中铁召开2020年度业绩说明会。

4月

4月2日，国家铁路局党组成员、副局长郑宏波等一行到中国中铁总部就加强铁路工程质量安全管理、高质量推进川藏铁路建设等工作进行调研指导。中国中铁党委书记、董事长陈云，总裁、党委副书记陈文健，党委常委、副总裁刘宝龙参加调研座谈。

4月6日，中国中铁股份有限公司获“新财富最佳IR港股公司”奖。

4月7日，中国中铁党委书记、董事长陈云在上海与中国宝武钢铁集团有限公司总经理胡望明举行会谈。

4月8日至9日，中国中铁召开对标世界一流管理提升行动推进会暨施工企业对标现场会。

4月9日，中国中铁党委书记、董事长陈云与安徽省委书记李锦斌、省长王清宪举行会谈。

4月14日，中国中铁党委书记、董事长陈云与中国诚通控股集团有限公司党委书记、董事长朱碧新举行会谈。

4月16日，中国中铁党委书记、董事长陈云与吉林省省长韩俊举行会谈。

4月18日，中铁建工集团与长沙市规划设计院重组大会在长沙召开。

4月21日，中国中铁总裁、党委副书记陈文健与中国工程院院士韩英铎、清华海峡研究院常务副院长郭樑举行会谈。

4月21日，中国中铁与南水北调集团有限公司签署战略合作框架协议。

4月23日，中国中铁党委书记、董事长陈云在沈阳与辽宁省委常委、沈阳市委书记张雷，沈阳市市长王新伟举行会谈。中国中铁与沈阳市政府正式签署战略合作框架协议。

4月25日，中国中铁党委书记、董事长陈云应邀出席“共同谱写全面建设社会主义现代化国家福建篇章”福建省与中央企业项目合作座谈会，现场见证福建省与中国中铁所属单位签署项目合作协议。

4月25日，国资委党委印发《关于同意孔遁等3名同志任职的函》（国资党委干二〔2021〕59号），同意提名孔遁、马江黔、李新生同志为中国中铁股份有限公司党委常委、副总裁人选。

4月26日，中国中铁举行庆祝建党100周年劳模事迹报告会暨卓越讲坛。

4月28日，中国中铁党委党史学习教育专题党课报告会在京召开，中国中铁党委书记、董事长陈云以《学好百年党史　汲取奋进力量》为题作专题党课报告，中国中铁总裁、党委副书记陈文健主持会议。

4月29日，中国中铁在京召开“深化改革三年行动”领导小组会议暨改革三年行动“军令状”签订仪式，总结回顾2020年至2021年，深化改革三年行动取得的成绩，安排部署2021年及今后一段时间的改革工作，为中国中铁的深化改革锚定方向，为全力打造具有全球竞争力的世界一流企业奠定坚实基础。

4月30日，国资委党委在京组织召开中央企业党建带团建工作会暨“五四”表彰大会，国资委党委书记、主任郝鹏，团中央第一书记贺军科出席会议并讲话。中国中铁党委书记、董事长陈云在主会场参会。

4月30日，根据国务院国资委党委通知（国资党委干二〔2021〕59号），经中国中铁股份有限公司第五届董事会第五次会议研究，聘任孔遁为中国中铁股份有限公司副总裁、总工程师，聘任马江黔为中国

▲图3-2　2021年4月8日，中国中铁召开对标世界一流管理提升行动推进会暨施工企业对标现场会

▲图 3–3　2021 年 4 月 16 日，中国中铁与长春城市发展集团合作开发的长春东北亚国际博览中心项目盛大开工

中铁股份有限公司副总裁、总经济师，聘任李新生为中国中铁股份有限公司副总裁，任期自董事会通过之日起生效。

4 月，中铁大桥院勘察设计、中铁大桥局承建、中铁工业参建的沪苏通长江公铁大桥获“乔治·理查德森奖”；中铁大桥局承建、中铁工业参建的平塘大桥获“古斯塔夫·林登少奖”；中铁工业参建的武汉至十堰铁路崔家营汉江大桥获 2021 年国际桥梁大会铁路桥奖章。

5 月

5 月 3 日，共青团中央发布“五四”表彰通知，中国中铁 2 个集体、1 名个人获第 25 届“中国青年五四奖章”；2 名团干部获评“全国优秀共青团干部”，4 名团员获评“全国优秀共青团员”称号。

5 月 7 日，中国中铁党委书记、董事长陈云与吉林市市长王路举行会谈。中国中铁与吉林市政府签署战略合作框架协议。

5 月 7 日，中国中铁“开路先锋”文化展览馆暨“开路先锋”精神教育基地揭牌仪式在公司总部举行。

5 月 7 日，成立中国中铁股份有限公司考核分配部。

5 月 7 日，中国中铁党委召开巡视巡察工作会议暨 2021 年第一批巡视工作动员部署会。

5 月 8 日，中国中铁党委书记、董事长陈云与江苏省委常委、苏州市委书记许昆林举行会谈。

5 月 10 日，2021 年中国品牌日活动在上海举行。国家发展改革委主任何立峰出席活动并致辞。中国中铁总裁、党委副书记陈文健应邀出席开幕式。

5 月 10 日，由国务院国资委指导，国资委宣传工作局、中国铁路工程集团有限公司主办，国资委新闻中心、中国中铁股份有限公司承办的中国智造品牌论坛在京成功举办。论坛配套举办中央企业高端装备制造创新成就展，以“中国智造与高质量发展”为主题，中国中铁等 22 家行业龙头领军企业参展，展示了中央企业在高端装备制造领域取得的一系列突破性、标志性重大成果。与此同时，在上海举办的中国品牌日活动中，中国中铁积极参展，彰显了企业在高端制造领域的品牌和实力。

5 月 11 日，中国中铁党委书记、董事长陈云应邀出席《信物百年》开播暨上线仪式。

5 月 13 日，中国中铁党委书记、董事长陈云出席辽宁省城市更新暨第九届中国（沈阳）国际现代建筑产业博览会，党委常委、副总裁、总经济师马江黔参加活动。

5 月 14 日，中国中铁党委书记、董事长陈云与广西壮族自治区党委书记、自治区人大常委会主任鹿心社在南宁举行会谈。

5 月 14 日，中国中铁总裁、党委副书记陈文健到中铁广州局广州珠江人行桥项目调研。中国中铁党委常委、副总裁李新生参加调研。

5 月 14 日，中国中铁获“天马奖—主板最佳董事会奖”，董事会秘书何文荣获“天马奖——主板最佳董秘奖”。

5 月 17 日，国资委党委书记、主任郝鹏到中国中铁调研，参观由中国中铁联合国资委举办的中央企业高端装备制造创新成就展，以及中国中铁“开路先锋”文化展览馆，详细了解装备制造业研发攻关、市场应用等情况，强调要深入学习贯彻习近平总书记关于建设制造强国、壮大实体经济的重要论述精神，坚持创新驱动发展，加大科研攻关力度，努力打造装备制造原创技术“策源地”和现代产业链“链长”，坚定不移加快实现高水平科技自立自强，为推动装备制造业高质量发展、建设制造强国作出新的更大贡献。

5 月 17 日，中央纪委常委、国家监委委员，中央纪委国家监委驻国资委纪检监察组组长，国资委党委委员陈超英等一行来到中国中铁调研，参观由中国中铁联合国资委举办的中央企业高端装备制造创新成就展，以及中国中铁“开路先锋”文化展览馆。

5 月 17 日，中铁水利水电规划设计集团有限公司揭牌仪式在南昌举行。

5 月 18 日，中国中铁第一家区域财会学会——中铁武汉财会学会成立大会暨揭牌仪式在中铁大桥局举行。

5 月 18 日，中铁隧道局“畅通号”盾构机在中俄东线天然气管道（永清—上海）长江穿越工程正式开始掘进。

5 月 19 日，中国中铁总裁、党委副书记陈文健带队在京雄高速公路项目开展安全风险隐患排查，召开中国中铁北京地区风险隐患排查整治工作专题会议。

5 月 19 日，由中铁工业旗下中铁装备制造的世界首台大断面矩形硬岩顶管机“天妃 1 号”在厦门下线交付，将应用于莆田火车站涉铁预埋工程项目。

5 月 20 日至 23 日，中国中铁党委书记、董事长陈云受邀出席第三届中国西部国际投资贸易洽谈会，并分别与重庆市副市长陆克华、郑向东举行会谈。

5 月 22 日，中国中铁总裁、党委副书记陈文健应邀出席长沙投资环境北京推介会。

5 月 24 日，中国中铁党委书记、董事长陈云与陕西省委书记刘国中、省长赵一德举行会谈。

5 月 26 日，中国中铁总裁、党委副书记陈文健与重庆交通开投集团党委书记、董事长李方宇举行会谈。中国中铁西南区域总部与重庆交通开投集团签署框架合作协议。

5 月 27 日，中央企业党的建设工作座谈会在京召开。中共中央政治局委员、中组部部长陈希出席会议并讲话，国务委员王勇主持座谈会。中国中铁党委书记、董事长陈云应邀参加座谈会，中铁四局党委在会上作了书面发言。

5 月 28 日，中国中铁党委书记、董事长陈云与四川省委书记彭清华举行会谈。

5 月 28 日，中国中铁党委书记、董事长陈云到中铁文旅黑龙滩项目调研，中国中铁党委常委、副总裁刘宝龙参加调研。

5 月 29 日，中国中铁党委书记、董事长陈云应邀出席“2021 中外知名企业四川行投资推介会暨项目合作协议签署仪式”。

5 月 29 日，中央电视台播出《信物百年》第十四集《闪亮的“开路先锋”旗帜》，中国中铁党委书记、董事长陈云代表公司党委讲述新中国第一条铁路——成渝铁路建设背后的故事。

5 月，中国中铁 6 个先进集体荣获“火车头奖杯”，36 名先进个人获得“火车头奖章”。

5 月 21 日至 22 日，云南省大理州漾濞县、青海省果洛藏族自治州玛多县先后发生 6.4 级地震和 7.4 级地震。地震发生后，中国中铁所属相关单位迅速启动应急预案，积极开展防震救灾工作。

▲图 3–4　2021 年 5 月 18 日，国资委党委书记、主任郝鹏调研中央企业高端装备制造创新发展情况，并参观中国中铁“开路先锋”文化展览馆，中国中铁党委书记、董事长陈云，总裁陈文健陪同参观

6 月

6 月 1 日，中国中铁在全公司启动 2021 年“安全生产月”活动。

6 月 2 日，中国中铁党委书记、董事长陈云与黑龙江省委副书记、省长胡昌升在哈尔滨举行会谈。

6 月 2 日，中国中铁总裁、党委副书记陈文健深入党建联系点——国道 109 新线高速公路项目讲授专题党课，并开展工作调研和安全生产检查。

6 月 4 日，中铁装备制造的世界首台大直径（9.53 米）超小转弯 TBM“抚宁号”在天津成功下线。该设备设计最小转弯半径 90 米，最大设计纵坡 9.02%，是目前世界大直径 TBM 中转弯半径最小且纵坡最大的设备。

6 月 7 日，中国中铁与北京国家会计学院在股份公司总部签署战略合作协议。

6 月 8 日，中国中铁党委在中铁山桥开展党史学习教育实地践学暨专题读书班活动，深入贯彻习近平总书记在党史学习教育动员大会上的重要讲话精神和贯彻落实国务院国资委暨中央企业党史学习教育动员部署会精神。

6 月 9 日，中国中铁总裁、党委副书记陈文健与石家庄市市长马宇骏举行会谈。中国中铁与石家庄市人民政府签署战略合作框架协议。

6 月 10 日，中国中铁党委书记、董事长陈云，总裁、党委副书记陈文健拜会水利部部长李国英。

6 月 10 日，中国中铁总裁、党委副书记陈文健与中国民生银行行长郑万春在股份公司总部举行会谈。

6 月 11 日，中央企业党史学习教育第六指导组进驻中国中铁。

6 月 13 日，湖北省十堰市张湾区艳湖社区集贸市场发生燃气爆炸，中铁大桥局紧急驰援现场。

6 月 16 日，中国中铁党委书记、董事长陈云与福建省委常委、厦门市委书记赵龙在厦门举行会谈。

6 月 16 日，中国中铁总裁、党委副书记陈文健与河南省省长王凯在郑州举行会谈。

6 月 17 日，国产首台高原高寒大直径硬岩掘进机“雪域先锋号”（直径 10.33 米）在中铁装备集团国家 TBM 产业化中心正式下线。

6 月 18 日，中国中铁城市开发研究院暨中铁（上海）城市规划咨询有限公司在沪揭牌，这是国内首家由基建企业设立，覆盖基础设施项目投建运全产业链、全周期方案策划的专业化咨询公司。

6月19日，中央宣传部新命名111个全国爱国主义教育示范基地，中铁装备郑州盾构总装车间成功入选。

6月21日，中共中央宣传部举行“央企楷模　责任担当”中外记者见面会，全国人大代表、全国劳动模范、首届央企楷模、全国质量工匠、中铁一局五公司测量高级技师白芝勇与中外记者见面交流。

6月22日，2021年中国中铁党委中心组第四次学习会议暨党史学习教育专题读书班在股份公司总部召开，深入学习党史、新中国史、改革开放史、社会主义发展史。中央企业党史学习教育第六指导组组长郭建新、副组长闵玉清列席指导。

6月25日，中国中铁党委书记、董事长陈云与中金公司投资银行业务委员会副主席、董事总经理白英姿在股份公司总部举行会谈。

6月25日，中国中铁召开庆祝建党100周年老领导、老同志座谈会。

6月25日，国家知识产权局发布第二十二届中国专利奖获奖通知，中铁山桥“一种桥梁用Q345qDNH耐候钢的焊接方法”（ZL201210367974.4）获得中国专利金奖，中铁装备“一种用于大马蹄形断面隧道的可现浇支护的盾构机”（ZL201510453835.7）获得中国专利银奖，中铁二局、中铁三局、中铁上海局、中铁大桥局、中铁大桥院、中铁工业等单位的7件专利获得中国专利优秀奖。

6月25日，由中铁二院负责全线勘察设计，中铁电气化局负责全线电气化施工，中铁一局、中铁二局、中铁五局、中铁八局、中铁九局、中铁十局、中铁建工、中铁广州局、中铁科研院、中铁工业、中铁物贸等单位共同参建的拉萨至林芝铁路正式开通运营，复兴号高原内电双源动车组同步投入运营，标志着西藏由此进入电气化铁路时代。

6月26日，大型文献专题片《敢教日月换新天》第十三集《科学发展》在中央电视台综合频道和纪录频道黄金时段播出。影片讲述中国经济体制改革时，以中国中铁通过改制在市场大潮中紧抓机遇、放手搏击，迅速跻身世界500强企业作为生动案例，彰显了科学发展观对中国经济发展起到的重要指导作用。

6月27日，由中国中铁参与设计施工的成都天府国际机场正式投运。

6月28日，全国“两优一先”表彰大会在北京人民大会堂举行。中铁工业中铁九桥中心实验室电焊工王中美荣获“全国优秀共产党员”称号，在人民大会堂受到习近平总书记亲切会见，现场接受大会表彰。

6月28日，中铁上投与中铁四局、中安振兴组成联合体中标马鞍山博望产城融合发展示范区（一期）项目，中标金额243亿元。

6月28日，中国中铁投资建设的杭海城际铁路工程正式开通试运营，标志着海宁融入杭州“一小时通勤圈”，将进一步发挥杭州都市圈的同城效应，有助于加快推进长三角区域经济一体化发展，中铁一局、中铁三局、中铁四局、中铁八局、中铁十局、中铁上海局、中铁大桥局、中铁隧道局等单位参建。

6月28日，中国中铁党委召开庆祝中国共产党成立100周年暨“七一”表彰大会。大会表彰了全公司141名“开路先锋”卓越人物、100个先进基层党组织、100名优秀共产党员标兵、100名优秀党务工作者标兵、77个红旗项目部、66个示范党支部。

6月28日，中国中铁党委召开思想政治工作会议、基层党建推进会议。

6月28日，中国中铁与中铁广投、中铁隧道局、中铁一局4家单位联合体中标白云机场T3交通枢纽轨道交通预留工程总承包项目，中标价62.14亿元。

6月29日，国资委命名首批100个中央企业爱国主义教育基地，中铁装备郑州盾构总装车间、中铁大桥局桥梁博物馆入选中央企业爱国主义教育基地。

6月29日，“永远的开路先锋——红色故事会”宣讲活动在北京市门头沟区中国中铁国道109高速公路项目现场举行。国务院国资委新闻中心副主任张义豪、文化和旅游部资源开发司红色旅游指导处处长黄海亮、北京市门头沟区政协副主席高连发等出席活动。中国中铁党委副书记、工会主席、执行董事王士奇致欢迎词。

6月30日，《学习时报》发表陈云署名文章：《党建引领建设世界一流企业》。

7月

7月1日，中国中铁组织全体党员、干部职工集中收看收听庆祝中国共产党成立100周年大会盛况，认真聆听习近平总书记重要讲话。

7月1日，由中国中铁投资建设管理的贵州遵义至余庆高速公路开通运营。

7月2日，中国中铁总裁、党委副书记陈文健出席上海区域发展研讨会。会议围绕把握上海自贸区临港新片区建设机遇，进一步融入上海区域发展等议题进行了充分研讨。

7月2日，中国中铁党委书记、董事长陈云，党委副书记、工会主席、执行董事王士奇，党委常委、纪委书记张建强，与参加庆祝建党100周年活动的全国先进典型王中美、白芝勇进行座谈。

7月5日，由中铁一局、中铁二局、中铁三局、中铁四局、中铁大桥局、中铁隧道局、中铁电气化局、中铁武汉电气化局、中铁建工参建的杭绍城际铁路开通运营。

7月8日，中国中铁党委书记、董事长陈云赴乌鲁木齐拜会中央政治局委员、新疆维吾尔自治区党委书记、新疆生产建设兵团第一政委

▲图 3-5　中铁电气化局承建的拉林铁路接触网工程

陈全国，新疆维吾尔自治区党委副书记、区政府主席、党组书记雪克来提·扎克尔，自治区人大常委会党组书记、主任肖开提·依明等自治区领导，介绍中国中铁积极参与新疆经济建设的有关情况。

7 月 9 日，国务院国资委党委决定授予 338 名共产党员“中央企业优秀共产党员”称号（含追授 2 名），授予 205 名党务工作者“中央企业优秀党务工作者”称号，授予 449 个基层党组织“中央企业先进基层党组织”称号。其中，中国中铁获“中央企业优秀共产党员”“优秀党务工作者”“先进基层党组织”等荣誉 20 项。

7 月 9 日，在国资委党委首次对委管企业党组织巡视巡察年度考核中，中国中铁党委获评 A 级。

7 月 9 日，由中铁二局、中铁四局、中铁上海局承建的国内最高标准地下道路——深圳前海地下道路一期工程建成开通。

7 月 10 日至 11 日，中铁七局紧急驰援山西太焦铁路线抢险救援工作。

7 月 12 日，中铁物贸成功入选首批全国供应链创新与应用示范企业。

7 月 13 日，中国中铁连续 8 年获评国资委经营业绩考核 A 级。

7 月 13 日至 17 日，中央企业党史学习教育第六指导组到中国中铁四川地区单位调研指导工作，并出席中国中铁“开路先锋杯”劳动竞赛暨党建主题实践活动启动仪式。

7 月 14 日，中国中铁党委书记、董事长陈云与山东省委常委、济南市委书记孙立成举行会谈，共同见证中铁发展与济南市章丘区政府签署战略合作框架协议。

7 月 15 日，中国中铁与国家体育总局签署战略合作协议。

7 月 15 日，中铁四局、中铁电气化局参与的京唐铁路津山上行线抢险救援工作取得阶段性胜利。

7 月 17 日，中国中铁启动“开路先锋杯”劳动竞赛暨党建主题实践活动。

7 月 19 日，2021 年全国行业职业技能竞赛——中国中铁第四届职业技能竞赛暨第二十届青年职业技能竞赛工程测量员项目决赛在贵阳举行。

7 月 20 日，具有完全自主知识产权的中国时速 600 千米高速磁浮交通系统在青岛成功下线，中国中铁作为参与该项目的企业之一，成功研制了时速 600 千米高速磁浮专用牵引变压器以及时速 600 千米高速磁浮道岔，为此次下线提供了坚强的技术支撑。

7 月 18 日至 20 日，河南遭遇极端强降雨，郑州等城市发生严重内涝。中国中铁在豫单位主动扛起社会责任，积极投入人员、机械、物资参与抗洪抢险，广大中铁员工栉风沐雨、通宵达旦，筑堤坝、通道路、排险情、助群众、捐物资。在抗洪抢险一线画出最亮丽的“中铁蓝”。中国中铁向中国志愿服务基金会捐赠人民币 1000 万元，用于河南地区防汛救灾和灾后重建。

7 月 20 日，中铁一局郑州控制性工程 11 标项目劳务工袁格兵在郑州遭遇暴雨侵袭时，连续施救 16 个小时，救起 50 多名被困民众。

7 月 20 日，2021 年《财富》中国 500 强排行榜揭晓，中国中铁位居第五。

7 月 22 日，正在西藏考察调研的习近平总书记来到林芝火车站，了解中国中铁参建的川藏铁路总体规划及拉萨至林芝段建设运营情况，察看了中国中铁设计制造的“雪域先锋号”盾构机，藏木雅鲁藏布江特大桥模型以及钻孔采集的地质岩心标本，对推进川藏铁路建设作出重要指示。

7 月 22 日，中共中央宣传部举行“传递榜样力量　争取新的光荣”中外记者见面会，党的十九大代表、全国劳动模范、中铁九桥电焊工王中美作为全国“两优一先”代表与中外记者见面交流。

7 月 24 日，中国中铁召开学习贯彻习近平总书记“七一”重要讲话精神会议暨经济运行分析会。

7 月 24 日，中国中铁召开警示教育大会。

7 月 29 日，中铁八局负责施工的中缅国际大通道的重要组成部分——大理至瑞丽铁路大坡岭隧道全隧贯通。

7 月 30 日，由中铁大桥院勘测设计、中铁桥隧技术公司健康监测、中铁九桥参建的伍家岗长江大桥正式通车。

7 月，中国中铁总部 11 名老党员获颁“光荣在党 50 年”纪念章。

8 月

8 月 2 日，中国中铁党委召开学习贯彻习近平总书记“七一”重要

讲话精神专题宣讲报告会，邀请原中央文献研究室副主任、党史学习教育中央宣讲团成员陈晋作宣讲报告。中央企业党史学习教育第六指导组成员王刚、刁萃到会指导。中国中铁党委书记、董事长陈云主持并讲话。

8月2日，2021年《财富》世界500强排行榜揭晓，中国中铁排第35位，较2020年上升15位，持续刷新历史最好成绩，这是中国中铁自2006年以来连续16年跻身世界500强。

8月2日，中国中铁与北京市房山区人民政府签署战略合作协议。

8月2日，国内首台建筑构件装配机器人“赤沙号”在中铁科工江苏南通制造基地下线，填补了中国装配式建筑施工装备领域的一项空白。

8月3日，中铁九局、中铁电气化局、中铁上海局等单位参建的辽宁朝阳至凌海南高速铁路正式开通运营。

8月3日，中国中铁与中铁一局、中铁二局、中铁三局、中铁四局、中铁五局、中铁六局、中铁七局、中铁八局、中铁电气化局、中铁建工、中铁广州局、中铁北京局、中铁上海局、中铁资本（产业基金）15家单位联合体中标天津市轨道交通Z2线一期工程（滨海机场站—北塘站）PPP项目，中标价167.47亿元。

8月3日，中国中铁联合体中标天津市轨道交通Z2线一期工程（滨海机场站—北塘站）PPP项目，中标金额167.47亿元。

8月5日，中国中铁总裁、党委副书记陈文健与青岛市委副书记、市长赵豪志举行会谈，共同出席中铁发展与青岛地铁集团战略合作签约仪式。

8月5日，中国中铁召开新冠肺炎疫情防控工作视频会议。

8月9日，中国中铁党委书记、董事长陈云与江西省委副书记、省长易炼红举行会谈。

8月11日，中央党史学习教育第十八指导组组长赵惠令调研中国中铁承建的京张高铁八达岭长城站。中国中铁党委副书记、工会主席、执行董事王士奇等人陪同调研。

8月11日，国务院国资委公布了《国有重点企业管理标杆创建行动标杆企业、标杆项目和标杆模式名单》，中铁四局、中铁大桥局、中铁上海局3家二级企业入选“标杆企业”，“工程项目现金流自平衡管理”入选“标杆项目”。

8月11日，上海证券交易所通报公司2020—2021年度信息披露工作评价结果为A，公司连续8年获得上交所A类评价结果。

8月11日，中国出口欧洲超大直径（12.2米）土压平衡盾构机“中铁977号”在中铁装备天津公司顺利通过在线验收，该设备将用于意大利那不勒斯—巴里高速铁路项目建设。

8月12日，由中国中铁参建的山东省首座4F机场——青岛胶东国际机场正式实施转场运营，相关配套工程同步投运。

8月13日，中国中铁党委书记、董事长陈云，总裁、党委副书记陈文健与北京市房山区委书记陈清，区委副书记、区长郭延红在股份公司总部举行会谈，中国中铁与北京市房山区人民政府签署战略合作框架协议。

8月16日，中铁七局、中铁设计等单位组织专业队伍和设备为受特大水害影响中断36天的太焦铁路快速抢通贡献力量。

8月17日，中铁隧道局承建的“一带一路”上的“总统一号工程”——乌兹别克斯坦安帕铁路卡姆奇克隧道入选“100天讲述中国共产党对外交往100个故事”。

8月21日，中铁城投融资建设，中铁一局、中铁二局、中铁三局、中铁九局、中铁十局具体施工的世界海拔最高的高速公路——那拉高速公路全线通车。

8月23日，中国中铁总裁、党委副书记陈文健出席中国—上海合作组织数字经济产业论坛并开展商务活动。

8月23日，云南省红河县哈达东1号隧道冒顶塌方，中铁二局昆明队按照应急管理部和地方政府协调，积极响应，采用竖井战法，经77小时救援，被困5人全部获救。

8月24日至25日，中国中铁召开“三项制度”改革推进会议。

8月25日，由中铁装备、中铁隧道局联合研制的“深江2号（大湾区号）”超大直径泥水平衡盾构机在广东顺德正式下线。该设备开挖直径达13.32米，总长133米，总重

▲图3-6　2021年8月11日，中国出口欧洲超大直径土压平衡盾构机正式下线

约3900吨，整机设计压力达12bar，将应用于中国最深水下隧道——新建深圳至江门铁路珠江口隧道工程建设。

8月26日，中国中铁党委召开中心组学习会议暨全国国企党建工作会议精神贯彻落实情况“回头看”工作汇报会，学习重温习近平总书记关于国有企业改革发展和党的建设的重要论述，传达学习国资委党委书记、主任郝鹏在中央企业负责人学习贯彻习近平总书记“七一”重要讲话精神研讨班暨提高政治能力专题培训班上的讲话精神。

8月27日，中国上市公司协会发布《上市公司ESG优秀实践案例》，《中国中铁ESG实践与探索——积极践行社会责任 促进可持续高质量发展》作为优秀案例入选其中。

8月，ENR全球承包商250强发布，中国中铁位居第二。

9月

9月1日，中国中铁党委书记、董事长陈云与湖北省委副书记、省长王忠林在武汉举行会谈，中国中铁党委常委、副总裁、总法律顾问于腾群与湖北省签署深化合作协议。

9月2日，中国中铁总裁、党委副书记陈文健出席2021年中国国际服务贸易交易会全球服务贸易峰会。

9月9日，“99公益日”，中国中铁团委与中国志愿服务基金会携手，通过腾讯公益平台启动圆梦资金募集，推动“五彩梦想”接力计划提质升级，吸引32500多人参与，共募集善款87.4万余元。

9月10日，中央企业援疆工作会议暨国资央企助力新疆高质量发展会议在乌鲁木齐召开。中央政治局委员、新疆维吾尔自治区党委书记陈全国，国务院国资委党委书记、主任郝鹏出席会议并讲话。新疆维吾尔自治区党委副书记、自治区主席雪克来提·扎克尔，自治区党委副书记、兵团政委王君正出席会议。国务院国资委副主任任洪斌主持会议。中国中铁党委书记、董事长陈云应邀出席会议，代表中国中铁与新疆维吾尔自治区签署战略合作协议。

9月11日，2021中国品牌节第十五届年会发布了《2021中国品牌500强》榜单，中国中铁排第79位。

9月14日，中国中铁党委书记、董事长陈云与贵州省委副书记、省长李炳军在贵阳举行会谈，中国中铁党委常委、副总裁、总法律顾问于腾群与贵州省副省长李睿代表双方签署《贵州省人民政府 中国中铁股份有限公司“十四五”全面深化战略合作协议》。

9月14日，中铁二院、中铁大桥院共同申报的“成都至贵阳高速铁路”获菲迪克年度工程项目“杰出奖”。

9月15日，中国中铁联合体中标南京至马鞍山城际铁路（马鞍山段）PPP项目，中标金额97.79亿元。

9月16日，中国中铁党委书记、董事长陈云出席中央企业援藏工作会议暨国资央企助力西藏高质量发展会议。

9月16日，在第四届中国质量大会上，中铁装备“同心圆”质量管理模式荣获“第四届中国质量奖”。

9月18日，国务院国资委主办的“责任创造价值，责任引领未来——中央企业社会责任报告集中发布活动（2021）”在京召开，活动发布了2021年度中央企业控股上市公司ESG评级，中国中铁达到优秀者水平，入选“央企ESG·先锋50指数”。

9月24日，中国中铁党委书记、董事长陈云，总裁、党委副书记陈文健拜会国铁集团董事长、党组书记陆东福。双方就加强合作、推动铁路项目建设进行了座谈交流。

9月24日至25日，2021中国500强企业高峰论坛发布了2021中国企业500强榜单，中国中铁排第10位，较2020年提升2位。

9月25日，由中铁大桥院设计、中铁大桥局施工的世界最大跨钢混组合梁斜拉桥——赤壁长江公路大桥正式通车。

9月26日，中国中铁与中国电信在京签署战略合作协议。

9月27日，中国中铁承建的12项工程荣获“第十八届中国土木工程詹天佑奖”。

9月27日，中国中铁工会第四次会员代表大会在京召开。

9月28日，中国中铁党委书记、董事长陈云与山西省委书记林武，省委副书记、省长蓝佛安举行会谈，并共同见证中国中铁与山西省政府签署战略合作协议。

9月30日，中国中铁与黄山市人民政府签署战略合作协议。

10月

10月9日，中铁上投与中铁六局、中铁九局、中铁六院、中铁资本组成联合体中标台州市仙居县高铁新城市民中心区块城市有机更新项目，中标金额72.53亿元。

10月10日，国资委党委召开的“习近平总书记全国国有企业党的建设工作会议重要讲话发表五周年学习座谈会”在中国中铁总部召开。中国中铁党委书记、董事长陈云参会。

10月10日，由中铁城投和中铁九局建设的内江师范学院新校区正式投入使用。

10月11日，中铁隧道局和洛阳规划建筑设计院联合体中标洛阳市孟津区城镇一体化综合开发项目，中标金额146亿元。

10月12日，中国中铁党委书记、董事长陈云与河南省委副书记、省长王凯在股份公司总部举行会谈，共同见证中国中铁与河南省政府签署战略合作协议。

10月12日，中国中铁2021年度青年干部培训班（青马班）开班。

10月13日，中国中铁与阳江市人民政府签署战略合作协议。

10月14日，中国中铁总裁、党委副书记陈文健出席第二届联合国全球可持续交通大会开幕式，现场

▲图 3-7　中铁建工承建的北京城市副中心图书馆施工现场

聆听习近平主席重要讲话。其间，陈文健接受中央电视台采访。

10月17日，中国社科院国有经济研究智库主办的“习近平总书记全国国有企业党的建设工作会议重要讲话发表五周年理论研讨会”在中国中铁总部召开。国资委党委委员、副主任、智库理事长翁杰明出席会议并讲话，国资委党委委员、秘书长、智库学术委员会主任彭华岗主持会议。中国中铁党委书记、董事长陈云参会并交流发言。

10月19日，中国中铁党委召开中心组学习（扩大）会议，重温了习近平总书记全国国有企业党的建设工作会议重要讲话，传达国资委党委书记郝鹏在“习近平总书记全国国有企业党的建设工作会议重要讲话发表五周年学习座谈会”上的讲话精神，进一步深刻领悟习近平总书记重要讲话的真理力量和实践伟力，全面提高新时代企业党的建设质量水平，以高质量党建引领保障企业高质量发展。

10月20日，高铁电气在上海证券交易所科创板上市交易，股票代码688285，发行价7.18元/股，发行数量9410万股。

10月22日，中央企业党史学习教育第六指导组到中国中铁开展党史学习教育谈心谈话。中国中铁党委书记、董事长陈云代表公司党委汇报有关情况并参与谈心谈话。

10月22日至23日，中国中铁总裁、党委副书记陈文健在广东开展系列商务活动。

10月25日，中国中铁总裁、党委副书记陈文健到山西省保德县调研考察，了解巩固脱贫攻坚成果及乡村振兴工作情况，举行重点援建项目签约及开工仪式，走访慰问建档立卡贫困户，与县委、县政府召开巩固脱贫攻坚成果及乡村振兴工作座谈会。

10月25日，中铁北方与中铁城规院、中铁二局、中铁六局、中铁九局组成联合体中标吉林市南部新城区域城市更新项目，中标金额153.61亿元。

10月26日，共青团中央公布了2021年“全国向上向善好青年”名单，中铁隧道局郭璐被授予“全国向上向善好青年”荣誉称号。

10月26日，中国中铁与中国移动签署战略合作协议。

10月30日，中国中铁召开项目管理提升会。

10月，山西省出现最强秋汛，多地遭遇时间久、范围广、强度大的降雨天气，导致省内37条河流发生洪水，引发洪涝地质灾害，高速公路、国省干线、铁路运行受到一定影响，中国中铁驻晋单位闻“汛”而动、主动出击，积极投身防汛救灾和抗洪抢险工作中，用实际行动彰显央企人的责任担当。

11月

11月1日，在国家相关部委的大力支持和统筹协调下，经股份公司与各方共同努力，成功解救了7月17日在马里遭武装分子劫持的中海外3名中方员工。

11月2日，中国中铁党委书记、董事长陈云与中国国际技术智力合作集团有限公司党委书记、董事长卜玉龙，党委副书记、董事、总经理王晓梅举行会谈。

11月3日，中国中铁参与完成的6项成果获国家科技进步奖二等奖，1项成果获国家技术发明奖二等奖。

11月3日，中国中铁投资建设的芜湖市轨道交通1号线工程正式开通试运营，标志着芜湖正式跨入轨道交通新时代，为全国首条无人驾驶轻型连续刚构跨座式单轨，中铁三局、中铁四局、中铁八局、中铁十局、中铁大桥局、中铁上海局等单位参建。

11月4日，中国中铁与中国宝武钢铁在上海签署战略合作协议。

11月4日，中铁二局昆明队获得首届“全国应急管理系统先进集体”。

11月6日，由中铁六局以EPC总承包模式承建的越南首条城市轻轨项目——越南河内“吉灵—河东”轻轨正式移交。

11月8日，中铁发展等单位与济南城建集团有限公司、济南四建（集团）有限责任公司、山东爱普电气设备有限公司、山东德才建设有限公司联合体中标济南市轨道交通6号线项目，中标金额291.38亿元。

11月10日，中国中铁党委书记、董事长陈云与中国大唐党组书记、董事长邹磊在京举行会谈。

11月12日，中国中铁党委召开专题会议，传达学习党的十九届六中全会精神。

11月14日，中国公路建设行业协会颁布了《关于公布2020—2021年度（第二批）公路交通优质工程奖评选结果的通知》，由中国中铁所属单位承建（设计）的16项工程荣获“李春奖”。

11月14日，中铁一局负责施工的大理至临沧铁路小湾东站正式开通运营。这是全国首个针对乡村振兴特别设立的火车站，30多万群众生产、生活因此受益。

11月16日，中国中铁参建的15项工程获“中国公路交通优质工程奖”。

11月17日至19日，中国中铁总裁、党委副书记陈文健赴安徽合肥出席2021世界制造业大会开幕式、安徽省与中央企业合作发展座谈会，参观访问科大讯飞股份有限公司，调研中铁四局以及中铁合肥新型轨道交通产业园。

11月18日，中国工程院公布2021年院士增选结果，中铁大桥院总工程师高宗余当选中国工程院院士。

11月18日，中铁七局联合体中标桂林至钦州港公路（永福三皇至柳州段）PPP项目，中标金额125.01亿元。

11月22日，中国中铁获得32项全国焊接大奖。

11月22日，中国中铁第六届科技创新大会在京召开。总结了股份公司“十三五”科技工作，分析面临的新形势，部署“十四五”期间科技工作。

11月24日，中铁南方等单位与深圳市地铁集团有限公司等单位联合体中标粤港澳大湾区深圳都市圈城际铁路深圳机场至大亚湾城际深圳机场至坪山段工程2标，中标金额191.49亿元。

11月29日，CCTV-4《国家记忆》栏目播出五集纪录片《开路先锋》，影片用鲜活的实例，拉开历史帷幕，讲述在党的领导下，中国中铁在革命战争、国家建设、科技攻关、装备研发等方面的历史贡献和红色记忆。

11月，中国中铁在桂东县投入帮扶资金2000万元，捐建寨前镇希望学校二期项目，进一步改善办学条件；在汝城县投入帮扶资金2000万元，捐建汝城职中体艺馆项目，有效解决学生体育活动场所较少、活动面积不足的情况；在保德县投入帮扶资金2000万元，捐建保德县第十一小学宿舍楼项目，解决偏远乡镇村儿童入校住宿问题。

12月

12月3日，中共中央总书记、国家主席习近平在北京同老挝人民革命党中央总书记、国家主席通伦通过视频连线共同出席中老铁路通车仪式。习近平总书记指出，开工5年来，中老双方齐心协力、紧密配合，逢山开路、遇水搭桥，高水平、高质量完成建设任务，以实际行动诠释了中老命运共同体精神的深刻内涵，展现了两国社会主义制度集中力量办大事的特殊优势。中老铁路是高质量共建“一带一路”的标志性工程。近年来，中方以高标准、可持续、惠民生为目标，不断提升共建“一带一路”水平，实现了共建国家的互利共赢，为世界经济发展开辟了新空间。中铁一局、中铁二局、中铁三局、中铁四局、中铁五局、中铁六局、中铁八局、中铁十局、中铁隧道局、中铁电气化局、中铁武汉电气化局、中铁建工、中铁广州局、中铁上海局、中铁国际、中铁二院、中铁设计、中铁科研院、中铁工业等近20家单位负责全线勘察设计、全线电气化施工、全线铺轨以及关键性工程建设任务。

12月6日，由中铁四局、中铁五局、中铁八局、中铁大桥局、中铁隧道局、中铁武汉电气化局、中铁上海局等单位参建的张吉怀高铁开通运营。

12月6日，中国中铁参建的沈阳至佳木斯高铁牡丹江至佳木斯段（牡佳高铁）开通运营。

12月6日，中国中铁联合体中标菲律宾南线铁路项目，合同额28.4亿美元。

12月7日，中国中铁党委在总部召开学习贯彻党的十九届六中全会精神专题党课报告会，中国中铁党委书记、董事长陈云以“百年奋斗启新程　坚决当好新赶考路上的‘开路先锋’”为题讲授专题党课，总裁、党委副书记陈文健主持报告会。

12月7日，中国中铁55项工程获“国家优质工程奖”。

12月9日，中国中铁党委书记、董事长陈云与四川省委常委、成都市委书记施小琳，市委副书记、市长王凤朝在成都举行会谈，并共同见证中国中铁与成都市签署“十四五”战略合作协议。

12月9日，国资委印发《关于中国中铁股份有限公司实施限制性股票激励计划的批复》（国资考分〔2021〕597号），原则同意中国中铁股份有限公司实施限制性股票激励计划。

12月10日，中国中铁参建的赣

深高铁开通运营。

12月13日至14日，中国中铁总裁、党委副书记陈文健出席川藏铁路全线建设现场推进会。

12月14日，中国中铁建设的17项工程获“2021年度中国建设工程鲁班奖（国家优质工程）”。

12月14日，国内首辆磁浮空轨车辆“兴国号”在中铁科工下线，未来将用于江西兴国县878米永磁磁浮技术工程示范线。

12月16日，中国中铁参建的南宁轨道交通5号线一期工程正式开通试运营。

12月17日，国铁集团董事长、党组书记陆东福，总经理、党组副书记杨宇栋等一行到中铁建工承建的北京丰台站项目调研。中国中铁党委书记、董事长陈云陪同调研。

12月17日，中国中铁股份有限公司获评“金紫荆——‘十四五’最具投资价值上市公司”“金紫荆——最佳ESG实践上市公司”。

12月20日，中国中铁股份有限公司获“2020年度金牛最具投资价值奖”“2020年度金牛社会责任奖”。

12月22日，国务院国资委第六届“央企楷模”第二批发布暨2021年“央企楷模”年度总发布仪式在京举行。活动现场发布了2021年第二批“央企楷模”名单，中国工程院院士、全国工程勘察设计大师、中国中铁大桥院总工程师高宗余获“央企楷模”称号。

12月23日，由中国中铁与中铁三局、中铁四局、中铁四局电气化公司、中铁五局电务公司、中铁七局、中铁十局、中铁上海局、中铁广州局、中铁隧道局、中铁电气化局11家单位联合体中标的南京至马鞍山市域（郊）铁路（南京段）工程施工总承包D.S02.X-TA01标，中标价58.37亿元。

12月24日，中铁资本与中国人寿保险股份有限公司共同发起设立国寿铁工基础设施专项投资基金，基金投资人合计认缴基金份额300亿元。

12月25日，由中铁交通投资建设管理的陕西旬凤高速公路剩余段（良舍至柳林段、赤道至太峪段）正式开通运营。

12月26日，中铁一局、中铁二局、中铁三局、中铁四局、中铁十局、中铁电气化局等单位参建的日兰高铁曲庄段正式开通运营。

12月26日，中国中铁参建的南昌轨道交通4号线一期工程正式开通试运营。

12月26日，由中国中铁参与建设的武汉轨道交通5号线、6号线二期、16号线（汉南线）开通初期运营，武汉地铁运营里程达到435千米，同时实现了轨道交通在武汉市各区的全覆盖。

12月26日，由中铁一局、中铁二局、中铁三局、中铁四局、中铁七局、中铁九局、中铁隧道局、中铁电气化局、中铁上海局等单位参建的合肥轨道交通4号线正式开通运营。

12月26日，由中铁一局、中铁二局、中铁四局、中铁六局、中铁隧道局、中铁电气化局等单位参建的洛阳轨道交通2号线一期工程开通初期运营，洛阳由此进入“地铁换乘时代”。

12月27日，中铁交通等单位与创辉达设计股份有限公司联合体中标广西梧州—玉林—钦州高速公路（玉林至浦北段）PPP项目，中标金额178.57亿元。

12月29日，中国中铁总裁、党委副书记陈文健到中铁物贸开展工作调研。

12月29日，中铁发展与中铁二局、中铁三局、中铁五局、中铁七局、中铁十局、中铁建工、中铁隧道局、中铁北京局、中铁上海局、中铁二院、中铁六院组成联合体中标山东龙山国际创新城项目，中标金额510亿元。

12月29日，中央企业青年精神素养提升试点工作启动会在中铁电气化局召开，拉开了青年精神素养提升试点工作的帷幕。

12月30日，由中铁三局、中铁十局、中铁电气化局、中铁武汉电气化局、中铁建工等单位参建的青岛地铁1号线南段正式开通运营。

12月30日，由中铁上海局承建、中铁工业参建、中铁大桥院施工监控的世界跨径最大、体量最大跨江风雨桥——广西柳州市凤凰岭大桥正式通车。

12月30日，中国中铁参建的京港高铁安庆至九江段（以下简称“京港高铁安九段”）开通运营。合肥至南昌间实现高铁直通，最快2小时22分钟可达。

12月31日，中铁二院张海波、喻渝当选全国工程勘察设计大师。

12月31日，中铁投资与中铁一局、中铁五局、中铁七局、中铁上海局、中铁城规院、中铁设计组成联合体中标沧州中心城区城市更新项目二标段运河区城中村改造（城西片区），中标金额223.18亿元。

12月31日，中国中铁投资建设的宜宾至彝良高速公路（四川境）PPP项目和宜威高速（高县至珙县）正式开通试运营，结束宜宾市高县、筠连县、珙县不通高速公路的历史，对推动成渝双城经济圈建设具有重要意义，中铁二局、中铁三局、中铁四局、中铁六局、中铁七局、中铁八局、中铁广州局等单位参建。

12月31日，中国中铁投资建设的贵州省江口至都格高速公路瓮安至开阳段正式开通试运营，对于构建黔中经济区和助力沿线乡村振兴具有重要意义，中铁四局、中铁五局、中铁六局、中铁广州局等单位参建。

12月，由中国中铁投资、中铁北方建设、中铁一局承建的“大连地铁5号线火车站站至梭鱼湾南站区间海域岩溶地层大直径盾构隧道工程”获得国际隧道与地下空间协会（ITA）“年度工程奖”。

由中铁南方等单位联合申报、中铁工业等单位参与的“深圳地铁超大规模盾构隧道渣土低碳资源化应用”项目获得国际隧道与地下空间协会（ITA）大奖“超越工程奖”。

中国中铁
中铁

CHAPTER 4

概　述

CHINA RAILWAY ENGINEERING CORPORATION YEARBOOK

企业基本情况

【简况】中国铁路工程集团有限公司是集勘察设计、施工安装、房地产开发、工业制造、科研咨询、工程监理、资本经营、金融信托、资源开发和外经外贸于一体的多功能、特大型企业集团，总部设在北京。

中国铁路工程集团有限公司的前身是1950年3月成立的铁道部工程总局和设计总局，及1952年9月成立的基建总局，后经分合，于1958年3月合并为基本建设总局。1979年5月，基本建设总局对外称“中国铁路工程总公司”。1989年7月，铁道部撤销基本建设总局，正式组建中国铁路工程总公司。2000年9月，经国务院批准，铁道部与中国铁路工程总公司实行政企分开，中国铁路工程总公司整体移交中央企业工委管理。2003年，国务院国有资产监督管理委员会（以下简称“国务院国资委”或“国资委”）成立后，中国铁路工程总公司隶属国务院国资委管理。2006年11月，国务院国资委在中国铁路工程总公司总部开展了董事会试点。2007年9月12日，中国铁路工程总公司独家发起设立中国中铁股份有限公司（以下简称“中国中铁”），并于2007年12月3日和12月7日，分别在上海证券交易所和香港联合交易所挂牌上市。作为中国中铁的控股股东，中国铁路工程总公司于2017年12月28日完成公司制改制，更名为“中国铁路工程集团有限公司”。

中国中铁是中国铁路工程集团有限公司经营业务的运营主体，拥有50余家子公司、分公司，主要分布在中国除台湾地区以外的各省、自治区、直辖市、特别行政区，并在90多个国家和地区设有办事处、代表处和项目部等境外机构。主要有中铁一局等18家工程建造企业；中铁二院等8家设计咨询科研企业；中铁工业1家装备制造企业；中铁投资等12家资产经营企业；中铁国际等13家国际业务、金融物贸、特色地产、资源利用、信息化公司。中铁国资资产管理有限公司负责管理中国铁路工程集团有限公司有关学校、医院、主辅分离资产等未进入上市范围的机构和资产，集团公司党校为中国铁路工程集团有限公司直属单位。

中国中铁具有住房和城乡建设部批准的铁路工程施工总承包特级资质、公路工程施工总承包特级资质、市政公用工程施工总承包壹级资质以及桥梁工程、隧道工程、公路路面工程、公路路基工程专业承包壹级资质。作为全球最大建筑工程承包商之一，自2006年起，中国中铁连续16年进入世界企业500强，2021年位列第35，在中国企业500强中位列第10，在2021年ENR全球最大承包商250强中排名第2，连续8年入选中央企业业绩考核A类企业。

中国中铁业务范围涵盖基本建设各个领域，能够提供建筑业“纵向一体化”的“一揽子”交钥匙服务。先后参建了京九铁路、青藏铁路、京沪高铁、京张高铁、港珠澳大桥、中老铁路、雅万高铁等一大批举世瞩目的重大工程，参与建设的铁路占中国铁路总里程的2/3以上；建成的电气化铁路占中国电气化铁路的90%；参与建设的高速公路约占中国高速公路总里程的1/8；建设了中国3/5的城市轨道工程。

作为科技部、国资委和中华全国总工会授予的全国首批“创新型企业”，中国中铁拥有“高速铁路建造技术国家工程实验室”“盾构及掘进技术国家重点实验室”“桥梁结构健康与安全国家重点实验室”3个国家实验室及10个博士后工作站，1个国家地方联合研究中心（数字轨道交通技术研究与应用国家地方联合工程研究中心），44个省部级研发中心（实验室），19个国家认定的技术中心和120个省部认定的技术中心，先后组建了20个专业研发中心，并参股建设川藏铁路国家技术创新中心。截至2021年底，中国中铁共获国家科学技术奖127项，其中特等奖5项，一等奖16项；公司承建的项目累计获得国家优质工程奖479项，中国建设工程鲁班奖217项，中国土木工程詹天佑大奖167项，全国优秀工程勘察设计奖154项，全国优秀工程咨询成果奖101项，国际工程咨询（FIDIC）和工程设计大奖34项。获省部级（含国家认可的社会力量设奖）科学技术奖4253项；国家级工法166项，省部级工法5267项；通过省部级科技鉴定的科技成果2498项；拥有有效专利授权24973件，其中发明专利5157件，海外专利157项。公司有中国工程院院士2名、全国工程勘察设计大师10名、“百千万人才工程”国家级人选11名、享受国务院政府特殊津贴专家136人、全国杰出专业技术人才2名、中国中铁特级专家14人、中国中铁专家103人。

（王　琳）

【中国铁路工程集团有限公司法人治理结构】中国铁路工程集团有限公司不设股东会。2021年，公司治理结构人员有所调整，截至年末，董事会由3名董事组成，分别为董事长、党委书记陈云，董事、党委副书记陈文健，职工董事、党委副书记、工会主席王士奇；董事会不设专门委员会。经理层由1人组成，为总经理陈文健。党组织组成人员情况详见中国铁路工程集团有限公司领导人员名单。（梁　韵）

【中国中铁股份有限公司法人治理结构】中国中铁股份有限公司设有包括股东大会、董事会、经理层、监事会、党组织在内的完善的法人治理结构。2021年，公司法人治理结构组成人员有所调整。截至2021年末，董事会成员由7名董事组成，分别为董事长、执行董事、党委书记陈云，执行董事、总裁、党委副书记陈文健，执行董事、党委副书记、工会主席王士奇，非执行董事文利民，独立非执行董事钟瑞明、张诚、修龙。董事会下设战略、审计与风险管理、薪酬与考核、提名、

▲图 4–1　2021 年 6 月 23 日，中国中铁 2020 年年度股东大会以现场会议加视频连线的方式在公司总部召开

安全健康环保 5 个专门委员会，其中提名委员会和安全健康环保委员会委员中外部董事占多数，审计与风险管理委员会和薪酬与考核委员会委员全部由外部董事担任。经理层由 9 人组成，分别为总裁陈文健，总会计师孙璀，副总裁、总法律顾问于腾群，副总裁刘宝龙、任鸿鹏，副总裁、总工程师孔遁，副总裁、总经济师马江黔，副总裁李新生，安全生产总监李凤超。公司设董事会秘书 1 名，由何文担任。公司经理层成员和董事会秘书均为公司高级管理人员。监事会由 5 名监事组成，其中股东代表监事贾惠平任监事会主席，另有 4 名职工代表监事，分别为苑宝印、李晓声、王新华、万明。党组织组成人员情况详见中国中铁股份有限公司领导及高管名单。（梁　韵）

【中国中铁股东情况】2021 年末，公司总股本 245.71 亿股，其中 A 股 203.64 亿股，占总股本的 82.88%；H 股 42.07 亿股，占总股本的 17.12%，全年股份总数未发生变动。公司股东总数 545307 户，其中中国铁路工程集团有限公司持有中国中铁 11598764390 股（含 H 股 164394000 股），持股比例为 47.21%，为中国中铁控股股东。（张　凡）

【中国中铁股价及市值变动情况】2021 年，中国中铁 A 股股价与建筑板块走势基本一致，整体高于上证指数，年度最低为 7 月 21 日收 4.96 元，最高为 9 月 13 日收 6.56 元，全年上涨 13.78%。公司 H 股股价呈现“先低后高，年末调整”的走势，上半年跟随大市向上，下半年显著跑赢大市，年内股价最低为 2021 年首个交易日收 3.192 港元，最高股价为 9 月 13 日收 4.58 港元，全年上涨 27.61%。截至 2021 年 12 月 31 日收盘，中国中铁总市值为 1320.78 亿元，较 2020 年末上涨 10.59%。（李　伟）

【中国中铁资本市场评级情况】2021 年，中国中铁 A 股获 60 篇评级，其中买入 22 家、增持 18 家、审慎增持 5 家、谨慎增持 1 家、推荐 8 家、强烈推荐 3 家、优于大市 3 家；H 股获“买入”或“跑赢大市”评级 48 篇。（张　凡）

【主要经济技术指标完成情况】2021 年，中国铁路工程集团有限公司新签合同额 27293.2 亿元，同比增长 4.7%。其中，海外业务新签合同额 1517.1 亿元，占新签合同总额的 5.6%。基建建设板块新签合同额 24166.8 亿元，占新签合同总额的 88.5%，同比增长 10.7%。其中，铁路工程新签合同额 4335.7 亿元，占基建建设板块的 17.9%，同比增长 22.0%；公路工程新签合同额 2952.6 亿元，占基建建设板块的 12.2%，同比减少 27.9%；市政工程新签合同额 4162.0 亿元，占基建建设板块的 17.2%，同比减少 6.7%；房建工程新签合同额 7924.2 亿元，占基建建设板块的 32.8%，同比增长 29.8%；城市轨道工程新签合同额 1492.7 亿元，占基建建设板块的 6.2%，同比减少 10.1%；水利水电工程新签合同额 309.4 亿元，占基建建设板块的 1.3%，同比增长 4.4%；港口与航道工程新签合同额 102.1 亿元，占基建建设板块的 0.4%，同比增长 76.9%；机场工程新签合同额 270.7 亿元，占基建建设板块的 1.1%，同比增长 54.6%。非基建建设板块新签合同额 3126.4 亿元，占新签合同总额的 11.5%，同比减少 26.0%。其中，勘察设计咨询新签合同额 205.5 亿元，同比减少 20.5%；工业制造新签合同额 612.8 亿元，同比增长 12.9%；房地产开发新签合同额 580.3 亿元，同比减少 15.4%；物贸新签合同额 543.9 亿元，同比减少 45.3%；矿产资源新签合同额 299.8 亿元，同比增长 143.1%；金融新签合同额 70.1 亿元，同比增长 45.4%；其他新签合同额 814.0 亿元，同比减少 48.3%。所属二级单位中，中铁四局、中铁建工、中铁一局新签合同额超过 3000 亿元。

2021 年，中国铁路工程集团有限公司完成企业营业额 12310.1 亿元，其中，国内完成 11772.5 亿元，占总产值的 95.6%；海外完成 537.6 亿元，占总产值的 4.4%。在企业营业额中，基建建设 10701.4 亿元，占 86.9%；勘察设计咨询 192.1 亿元，占 1.6%；工业制造 204.3 亿元，占 1.7%；房地产开发 517.0 亿元，占 4.2%；基础设施投资 33.2 亿元，占 0.3%；矿产资源 190.8 亿元，

概述

占 1.5%；物资贸易 234.3 亿元，占 1.9%；金融 55.2 亿元，占 0.4%；其他 181.8 亿元，占 1.5%。

在公司基建建设营业额中，铁路 2371.5 亿元，占 22.2%；公路 1884.4 亿元，占 17.6%；市政 2025.8 亿元，占 18.9%；房建 2285.3 亿元，占 21.4%；城轨 1648.1 亿元，占 15.4%；水利水电 215.3 亿元，占 2.0%；港口与航道 32.9 亿元，占 0.3%；机场 24.6 亿元，占 0.2%；其他工程 213.5 亿元，占 2.0%。

中国铁路工程集团有限公司总产值排前五位的所属二级单位：中铁四局 1356.2 亿元，中铁一局 1126.1 亿元，中铁建工 1008.0 亿元，中铁五局 801.8 亿元，中铁二局 800.5 亿元。（翟　磊）

【生产经营】2021 年，中国中铁统筹推进工程建设生产，全年完成施工产值 10701.4 亿元，建成桥梁 1862.2 千米、隧道 1219.2 千米。

基建建设板块实现新签合同额 24166.8 亿元，同比增长 10.7%。承包经营新签合同额达到 19414.8 亿元，同比增长 10.7%。

（翟　磊）

【党的建设】围绕“学史明理、学史增信、学史崇德、学史力行”扎实开展党史学习教育和庆祝建党百年活动，广泛开展“理想信念情怀、爱党爱国爱企”主题活动，高质量承办国企党建会五周年系列活动，凝聚了“中央企业永远跟党走、中国中铁始终走前列”的强大精神力量，得到了中央及国资委指导组高度评价。深入推进“党建创新拓展年”，制定深入学习贯彻落实习近平总书记重要指示批示精神工作办法和工作台账，健全完善“第一议题”制度；持续强化“三基”建设和党支部“晋位升级”，推动党建业务深度融合，把党建优势转化为企业的发展优势。不断加强干部人才队伍建设，常态化、制度化、规范化，开展子公司领导班子日常履职情况考察，统筹运用考察结果强化班子整体合力和干部履职能力；实施“5100”人才工程，推进“六支人才队伍”建设，构建“老中青”人才雁阵。大力加强宣传思想文化建设，成立融媒体中心，构建“九位一体”宣传矩阵；传承伟大建党精神，淬炼“开路先锋”精神和企业文化理念体系，高标准建成“开路先锋”文化展馆，树起了“永远的开路先锋”精神旗帜。（王　琳）

【企业资质】中国中铁股份有限公司拥有施工资质包括：铁路工程施工总承包特级、公路工程施工总承包特级、市政公用工程施工总承包壹级、桥梁工程专业承包壹级、隧道工程专业承包壹级、公路路面工程专业承包壹级、公路路基工程专业承包壹级等资质，同时拥有公路行业工程设计甲级资质。

2021 年，中国中铁系统通过自主申报方式取得各类资质 159 项，包括施工资质 151 项，其他类资质 8 项。壹级及以上施工类资质中，施工总承包特级 4 项、壹级 1 项，专业承包壹级 28 项。

截至 2021 年 12 月 31 日，全系统具备资质的各类企业 322 家，具有各类别资质共计 2443 项。施工资质 2049 项，其中总承包特级 79 项，总承包壹级 285 项，总承包贰级、叁级 472 项，专业承包壹级 738 项，专业承包贰级、叁级 475 项。拥有勘察资质 61 项，其中综合甲级 7 项，专业甲级 16 项，专业乙级 35 项，劳务资质 3 项。拥有设计资质 264 项，其中综合甲级 4 项，行业甲级 86 项，行业乙级 6 项，专业甲级 57 项，专业乙级 60 项，专业丙级 17 项，专项甲级 17 项，专项乙级 17 项。拥有监理资质 69 项，其中综合资质 2 项，专业甲级 44 项，专业乙级 23 项。中铁一局、中铁三局、中铁电气化局分别拥有《铁路运输许可证》。（邓小英）

【信息化建设】坚持“需通尽通、能改尽改、可废尽废”的总要求，秉持“先通主干、后通支干”的工作方法，明确“业务贯通、数据贯通、技术贯通”的总目标，按照“1358”总体规划，统筹推进“1+3+5”总体方案部署落地。梳理问题 491 项，下达信息贯通工程任务清单 84 项，督办任务清单 72 项，全面启动 22 个重点项目。初步建设形成“一湖 N 库”模式，实现 114 套系统 25 亿数据颗粒归仓，覆盖人力、财务、营销、投资、生产、科技创新、采购等 13 大类，统一机构人员、工程项目、供应商、物资目录等 8 类数据标准，打通数据共享，推动决策支撑。中铁 e 通超过 28 万人安装激活，5781 个项目部和基层机关共计 21.9 万人次参与“闪耀中铁”活动，平均日活达到 15 万人，推广应用效

▲图 4-2　2021 年 12 月 23 日，中国中铁召开信息贯通工程阶段总结汇报会

果显著。启动股份公司数智升级工程第一批示范项目，共涉及10家投资公司25个示范项目，24个示范应用点。开发中国中铁数智资源共享平台、BIM综合云服务平台、在线教育平台，筹划开展建筑工业互联网平台建设工作。依托京雄高速项目，基于数字化、信息化、智能化等技术手段，研究提出适合中国中铁特点的高速公路数字化运维框架体系，建设高速公路数字化运维管理平台，形成具有自主知识产权、自主可控的高速公路资产的数字化运营管理新模式，破解高速公路分布广、管养里程短等难题，降低企业综合运营成本，增加企业效益。通过与集团公司党校、中国铁工投资、中铁世德及中铁国际、中铁工业所属的子分公司合作，依托顺义总部基地信息化集成建设项目，孵化出具有1个中心（共享数据中心），3个平台（统一云计算平台、统一智能运维平台、统一安全管理平台），5个支撑（智慧教学系统、物联网系统、智能网络系统、智慧安防系统、大数据系统）的智慧园区总体规划，打造中国中铁集教育、科技、研发和新兴产业于一体的高品质园区。依托中铁开投总部大厦项目，通过打造1个集成管控平台、3个应用模块、22个集成子系统、5项先进综合应用程序，构建了绿色、共享、智能、安全的新一代智慧化楼宇。通过在天津地铁Z2线、天津地铁4号线项目探索智慧城轨建设，行之有效地推动工程建设质量创优和安全风险分析、管理及控制，开展智能化、数字化轨道交通大系统集成技术、轨道交通综合业务一体化监控管理平台技术研发应用，推进基于BIM的全生命期工程管理和大数据服务，拓展行业在数字化方面的场景应用广度和深度，在提高生产效率、优化资源配置、节能减排等方面赋能赋智。

（谢学文）

【社会责任】中国中铁发布了《中国中铁2021年度环境、社会与管治报告暨社会责任报告》。公司获《证券时报》“A股公司ESG百强”，入选国务院国资委“央企ESG·先锋50指数”，入选中国上市公司协会“上市公司ESG优秀实践案例”。坚持绿水青山就是金山银山理念，落实“3060”“双碳”目标，制定了“十四五”节能环保规划，万元营业收入综合能耗（可比价）同期下降4.3%，二氧化碳排放同期下降13.6%，竣工项目环评通过率达100%。把促进就业作为履行企业社会责任的一项关键内容，引进高校毕业生18225人，含西藏、青海、新疆籍学生190人，并持续为稳定农民工就业创收提供机遇。积极响应属地政府防控政策，调动精干队伍和设备，参与石家庄、广州、郑州、南京、阿拉善、西安、上海、吉林等地新冠肺炎疫情防控工作，积极承担方舱实验室、集中隔离点等基础设施建设，受到各地政府高度评价。开启乡村振兴新篇章，新选派挂职干部6名，直接投入帮扶资金6490.0万元，引进帮扶资金327.2万元，培训基层干部184人次，培训乡村振兴带头人42人次，培训专业技术人员719人次，购买农产品911.41万元，帮助销售农产品60.4万元，超额完成年度工作计划各项任务。积极投身各类自然灾害综合应急救援，中铁二局昆明队荣获首届“全国应急管理系统先进集体”荣誉称号，受到习近平总书记亲切会见。

（李　巍）

职工队伍

【干部构成】截至2021年12月31日，中国中铁拥有干部总数219199人，其中女干部39305人，约占17.93%；少数民族干部8284人，约占3.78%；党员干部84952人，约占38.76%。学历结构：研究生及以上学历12747人，约占5.82%；本科学历146574人，约占66.87%；专科学历47381人，约占21.62%；中专及以下学历12497人，约占5.70%。（林震远）

【工人构成】截至2021年12月31日，中国中铁工人总数76243人，其中女职工7622人；技术工人57072人，其中工匠技师20人、特级技师489人、高级技师5643人、技师11308人、高级工24409人、中级工10919人、初级工4284人。高级工及以上的高技能人才41869人，占工人总数的54.9%，占有职业资格证书的技术工人数量的73.4%。工人队伍文化结构：高中、技校、中专共占80.6%，大专及以上占19.4%。工人队伍年龄结构：35岁及以下占16.1%，36~49岁占47.3%，50岁及以上占36.6%。（林震远）

▲图4-3　中国中铁援建保德县第十一小学校1#宿舍楼奠基仪式

中国铁路工程集团有限公司领导名单

党委书记、董事长	陈　云
党委副书记、董事、总经理	陈文健
党委常委、党委副书记、工会主席、职工董事	王士奇（1月任工会主席、职工董事）
党委常委	孙　璀
党委常委、纪委书记	张建强
党委常委	于腾群
党委常委	刘宝龙（3月任）
党委常委	任鸿鹏（3月任）
工会主席、职工董事	刘建媛（1月免，退休）

（任玉超）

中国中铁股份有限公司领导及高管名单

党委书记、董事长	陈　云
党委副书记、执行董事、总裁	陈文健
党委副书记、工会主席、执行董事	王士奇（1月任工会主席）
党委常委、总会计师（财务总监）	孙　璀
党委常委、纪委书记	张建强
党委常委、副总裁、总法律顾问	于腾群
党委常委、副总裁	刘宝龙（3月任党委常委）
党委常委、副总裁	任鸿鹏（3月任党委常委）
副总裁	段永传（2月辞职）
党委常委、副总裁、总工程师	孔　遁（4月任党委常委、副总裁）
党委常委、副总裁、总经济师	马江黔（4月任党委常委、副总裁）
党委常委、副总裁	李新生（4月任）
工会主席、职工监事	刘建媛（1月免，退休）
监事会主席	张回家（1月免，退休）
监事会主席	贾惠平（3月任）
董事会秘书	何　文
安全生产总监	李凤超

（任玉超）

中国中铁股份有限公司首席设计大师、高级专家名单

首席设计大师	朱　颖
高级专家	郑　机
	李建斌（8月任）

（张晓明）

中国中铁股份有限公司外派专职董事监事名单

外派专职董事监事

张河川	裴清宁	朱定法	姜洪友
王宗怀	汪建刚	李　平	范经华
梁永兴	方　锐	闫国铭	陈文鑫
丁荣富	薛　林	曹艳春	杨马庄
梁　勇	周振国	李开言	汪保华
王喜军	林承朝	谭厚斌	邓元发
魏云祥	杨　峰	张亚君	赵德义
郭凤芝	沈尧兴	汪国明	黄晓波
周志宇	蔡红生	郭民龙	安庆军
唐　忠	邓文华	毛锁明	李　辉
郑　勇	王随新	龙援青	房晓军
黄江刚	王云波		

（朱成亮）

中国铁路工程集团有限公司总部部门负责人名单

办公室（党委办公室、保密办公室）

主任　　丁荣昌（5月任）

副主任　　李聚民（5月任）

付晋德（5月任）

甘　军（11月任）

财务部

副部长　　杨　涛（6月任）

党委干部部

部长　　张贺华

副部长　　张春全

王文吉（8月任）

审计部

副部长　　叶智勇（10月任）

党建工作部（党委组织部、党委宣传部、团委）

部长　　陈宝华（5月任）

副部长　　刘传刚（5月任）

副部长、团委书记　　杨　飞（5月任）

纪委

副书记　　苑宝印

曹　兴

纪委综合室

主任　　吕月胜

副主任　　吕立良

纪委执纪审查一室

主任　　韩凤岩（4月任）

纪委执纪审查二室

主任	朱高明

纪委执纪监督室

主任	魏心柏
副主任	张书泽（11 月任）

工会

副主席	李晓声
	曹　彬（8 月任）

工会综合部

部长	郑　黎
副部长	赵家兴

工会权益保障女工部

部长	李海明（10 月任）
副部长	章　静

外事办公室

主任	张永康（5 月任）
副主任	李建平（5 月任）
	王建军（5 月任）

（张晓明）

中国中铁股份有限公司总部部门负责人名单

董事会办公室

主任	段银华
副主任	杨晓东

办公室（党委办公室、信访办公室、保密办公室）

主任	丁荣昌（5 月任）
副主任	李聚民（5 月任）
	付晋德（5 月任）
	甘　军（11 月任）

规划发展部（改革办、企业管理实验室）

规划发展部部长、企业管理实验室主任	耿树标（5 月任）
改革办主任、规划发展部副部长、企业管理实验室副主任	景　象（按部门正职管理）
规划发展部副部长、企业管理实验室副主任	萧新桥（5 月任）
规划发展部副部长、企业管理实验室副主任	王德志（11 月任）

财务与金融管理部（北京财务共享服务中心）

部长（主任）	马永红（5 月任）
副部长（副主任）	于来新（5 月任）
	闫　刚（11 月任）
	刘小勇（11 月任）

人力资源部（党委干部部）

部长	张贺华

副部长	张春全
	王文吉（8 月任）

考核分配部

部长	何　文（5 月任，兼职）
副部长	李　敏（5 月任）

科技创新部（技术中心、专家办公室）

部长（主任）	伍　军

国际部

总经理	张永康（5 月任）
副总经理	李建平（5 月任）
	王建军（5 月任）

党建工作部（党委组织部、党委宣传部、企业文化部、统战部、跨文化融合办、团委、融媒体中心）

部长（主任）	陈宝华（5 月任）
副部长（副主任）	刘传刚（5 月任）
副部长（副主任），团委书记	杨　飞（5 月任）
融媒体中心副主任	谭风华（11 月任）

经营开发中心

总经理	赵　斌（5 月任）
副总经理	史　洁（5 月任）
	杨文博（5 月任）
	段德荣（5 月任）

投资管理中心

总经理	张学军（5 月任）
副总经理	郭　华（5 月任）
	王永胜（5 月任）
	汪小庆（5 月任）
	汪先俊（11 月任）

生产监管中心（采购管理中心、战备办公室）

总经理（主任）	肖于太（5 月任）
工经专家、副总经理（副主任）	李夏初（按部门正职管理，5 月任）
副总经理（副主任）	杨启兵（5 月任）
	孟祥红（5 月任）
	范增国（5 月任）

法律合规部

部长	万　明（5 月任）
副部长	李永超

审计部（监事会办公室）

部长（主任）	王新华
副部长（副主任）	吴　青（10 月退休）
	叶智勇（10 月任）

安全质量环保监督部（应急管理办公室、安全质量稽查总队）

部长（主任）	李凤超（兼）
副部长（副主任）	何荣康
	樊玉智
	李为强（5月任）

党委巡视工作领导小组办公室（巡视组）

主任	常玉伟
副主任	秦伟朋（8月任）
巡视一组组长	李　辉（5月任）
巡视二组组长	张　瀚（5月任）
巡视三组组长	王夙君（8月任）

纪委

副书记	苑宝印
	曹　兴

纪委综合室

主任	吕月胜
副主任	吕立良

纪委执纪审查一室

主任	韩凤岩（4月任）

纪委执纪审查二室

主任	朱高明

纪委执纪监督室

主任	魏心柏
副主任	张书泽（11月任）

工会

副主席	李晓声
	曹　彬（8月任）

工会综合部

部长	郑　黎
副部长	赵家兴

工会权益保障女工部

部长	李海明（10月任）
副部长	章　静

总部事务管理中心（基建办公室、离退休人员管理部、保卫部、机关党委、机关纪委、机关工会）

总经理（主任、部长），机关党委书记	韩　东
副总经理（副主任、副部长），机关纪委书记、机关工会主席	刘建锁
副总经理（副主任、副部长）	谢洋斌

信息化中心

主任	于兴义
副主任	高　峰

（张晓明）

资产和技术设备

【资产及财务状况】中国铁路工程集团有限公司总资产 13715.03 亿元，其中，流动资产 8029.73 亿元，主要构成为货币资金 1794.67 亿元，应收账款 1221.28 亿元，其他应收款 326.23 亿元，预付账款 477.67 亿元，存货 2034.49 亿元；非流动资产 5685.29 亿元，主要构成为债权投资 229.60 亿元，长期应收款 146.83 亿元，长期股权投资 998.52 亿元，其他权益工具投资 126.66 亿元，固定资产净值 686.02 亿元，无形资产 1258.60 亿元，递延资产 104.67 亿元，其他非流动资产 1754.45 亿元。总负债 10034.23 亿元，其中，流动负债 7875.94 亿元，主要构成为短期借款 528.43 亿元，应付票据 849.17 亿元，应付账款 3206.45 亿元，其他应付款 932.90 亿元，合同负债 1441.92 亿元，应付职工薪酬 41.18 亿元；非流动负债 2158.29 亿元，主要构成为长期借款 1615.79 亿元，应付债券 335.63 亿元，长期应付款 137.06 亿元。净资产 3680.80 亿元，其中，国家资本 122.73 亿元，资本公积 271.50 亿元，未分配利润 726.02 亿元。（樊　伟）

【主要财务指标完成情况】2021 年，中国铁路工程集团有限公司实现营业总收入 10736.70 亿元，同比增长 10.06%。基础设施建设实现营业收入 9234.36 亿元，同比增长 9.40%；勘察设计与咨询服务实现营业收入 176.04 亿元，同比增长 8.75%；工程设备与零部件制造业务营业收入 238.31 亿元，同比增长 3.28%；房地产开发业务实现营业收入 502.49 亿元，同比增长 1.92%；其他业务方面实现营业收入合计 581.53 亿元，同比增长 38.22%；全年在境外地区实现收入 547.87 亿元，同比增长 16.36%。实现利税 653.11 亿元，同比增长 12.84%。实现利润总额 375.10 亿元，同比增长 12.42%；实现净利润 304.10 亿元，同比增长 11.76%。资产总额 13715.03 亿元，同比增长 13.42%。负债总额 10034.23 亿元，同比增长 13.18%。所有者权益 3680.80 亿元，同比增长 14.09%，其中归属于母公司股东权益 1221.82 亿元，同比增长 9.11%。资产负债率为 73.16%，较 2020 年末的 73.32% 下降 0.16 个百分点。（樊　伟）

表 4-1　2021 年中国铁路工程集团有限公司主要财务指标完成情况

项目	2020 年	2021 年	增长率 /%
资产总额 / 亿元	12091.85	13715.03	13.42
所有者权益 / 亿元	3226.35	3680.80	14.09
负债总额 / 亿元	8865.50	10034.23	13.18
营业总收入 / 亿元	9755.49	10736.70	10.06
利润总额 / 亿元	333.67	375.10	12.42
净利润 / 亿元	272.09	304.10	11.76
归属于母公司所有者的净利润 / 亿元	113.08	119.54	5.71
技术开发投入 / 亿元	218.38	247.56	13.36
利税总额 / 亿元	578.77	653.11	12.84
经济增加值 / 亿元	215.93	233.20	8.00
已交税金总额 / 亿元	302.98	349.01	15.19
全员劳动生产率 /［万元 /（人・年）］	38.40	42.13	9.70
研发费投入强度 /%	2.27	2.34	增加 0.07 个百分点
营业收入利润率 /%	3.44	3.60	增加 0.16 个百分点
净资产收益率 /%	9.45	8.81	减少 0.64 个百分点
总资产报酬率 /%	3.50	3.48	减少 0.02 个百分点
国有资本保值增值率 /%	111.52	111.14	减少 0.38 个百分点
资产负债率 /%	73.32	73.16	减少 0.16 个百分点

制表：樊　伟

【子企业财务指标完成情况】2021 年中国铁路工程集团有限公司子企业财务指标完成情况见表 4–2。

表 4–2　2021 年中国铁路工程集团有限公司子企业财务指标完成情况

单位名称	收入			净利润		
	本年完成 / 亿元	年度预算 / 亿元	完成度 /%	本年完成 / 亿元	年度预算 / 亿元	完成度 /%
中铁一局	901.52	955.00	94.40	13.13	18.11	72.50
中铁二局	702.78	785.00	89.53	–19.78	4.19	–472.08
中铁三局	648.48	698.00	92.91	9.14	13.97	65.43
中铁四局	1130.68	1033.00	109.46	21.85	21.05	103.80
中铁五局	625.16	623.00	100.35	4.37	5.85	74.70
中铁六局	315.60	380.00	83.05	0.51	2.00	25.50
中铁七局	531.86	542.00	98.13	10.60	11.04	96.01
中铁八局	400.01	391.00	102.30	6.97	8.81	79.11
中铁九局	200.44	219.00	91.53	0.45	0.45	100.00
中铁十局	565.16	542.00	104.27	5.22	10.04	51.99
中铁大桥局	450.59	443.00	101.71	6.36	6.33	100.47
中铁隧道局	542.29	542.00	100.05	2.69	4.66	57.73
中铁电气化局	468.52	486.00	96.40	14.52	13.57	107.00
中铁武汉电气化局	105.14	117.00	89.86	2.51	2.07	121.26
中铁建工	930.70	754.00	123.44	8.12	10.50	77.33
中铁广州局	299.32	253.00	118.31	1.21	1.59	76.10
中铁北京局	301.26	298.00	101.09	0.94	0.15	626.67
中铁上海局	472.57	431.00	109.65	2.09	6.00	34.83
中铁国际	43.57	40.00	108.93	1.24	1.24	100.00
中海外	10.69	20.20	52.92	–0.51	0.50	–102.00
东方国际	17.66	19.80	89.19	–4.56	0.49	–930.61
中铁二院	102.87	99.40	103.49	1.84	0.92	200.00
中铁六院	33.47	31.40	106.59	2.14	2.01	106.47
中铁设计	62.75	59.50	105.46	6.82	6.79	100.44
中铁大桥院	19.12	18.10	105.64	2.15	1.82	118.13
中铁科研院	17.42	17.10	101.87	0.37	0.35	105.71
中铁华铁	11.65	11.60	100.43	0.21	0.80	26.25
中铁水利设计	9.50	8.60	110.47	0.34	0.26	130.77
中铁长江设计	9.35	9.00	103.89	0.37	0.30	123.33
中铁工业	271.57	267.00	101.71	18.59	20.70	89.81
中铁装配	4.22	15.50	27.23	–3.61	0.80	–451.5

续表

单位名称	收入			净利润		
	本年完成 / 亿元	年度预算 / 亿元	完成度 /%	本年完成 / 亿元	年度预算 / 亿元	完成度 /%
中铁置业	227.39	220.00	103.36	1.25	1.15	108.70
中铁文旅	81.81	113.00	72.40	11.53	13.43	85.85
中铁交通	142.62	139.00	102.60	9.20	5.72	160.84
中铁南方	282.49	234.00	120.72	6.93	5.71	121.37
中铁投资	109.10	100.50	108.56	7.16	4.50	159.11
中铁开投	402.28	396.00	101.59	29.69	23.04	128.86
中铁城投	334.01	373.00	89.55	45.88	33.28	137.86
中铁上投	52.68	117.00	45.03	1.07	2.09	51.20
中铁发展	209.83	146.00	143.72	15.96	8.76	182.19
中铁北方	111.20	99.80	111.42	8.12	5.13	158.28
中国铁工投资	146.23	160.00	91.39	5.55	4.92	112.80
中铁站城	—	—	—	0	—	—
中铁广投	119.19	150.00	79.46	0.14	0.38	36.84
中铁信托	23.31	17.00	137.12	8.39	10.27	81.69
中铁财务	18.95	16.70	113.47	7.85	6.90	113.77
中铁资本	12.86	10.30	124.85	2.91	2.03	143.35
铁工香港财资	1.87	—	—	0.03	—	—
中铁资源	194.59	134.00	145.22	34.22	22.75	150.42
中铁物贸	433.65	331.00	131.01	6.46	5.07	127.42
中铁信科	2.13	2.10	101.43	0.07	0.02	350.00
中铁人才	0.02	—	—	0.00	—	—

制表：樊　伟

【资产比重变动】2021 年中国铁路工程集团有限公司资产比重变动情况见表 4–3。

表 4–3　2021 年中国铁路工程集团有限公司资产比重变动情况

项目	年末数 / 亿元	年初数 / 亿元	增长额 / 亿元	增幅 /%	占总资产比重 /%
货币资金	1794.67	1757.40	37.27	2.12	13.09
应收票据	49.50	55.38	–5.88	–10.62	0.36
应收账款	1221.28	1085.73	135.55	12.48	8.90
预付款项	477.67	302.96	174.71	57.67	3.48
其他应收款	326.23	318.13	8.10	2.55	2.38
存货	2034.49	1926.65	107.84	5.60	14.83
合同资产	1491.42	1456.11	35.31	2.42	10.87

续表

项目	年末数 / 亿元	年初数 / 亿元	增长额 / 亿元	增幅 /%	占总资产比重 /%
一年内到期的非流动资产	98.31	73.43	24.88	33.88	0.72
其他流动资产	457.88	405.01	52.87	13.05	3.34
债权投资	229.60	187.73	41.87	22.30	1.67
长期应收款	146.83	136.52	10.31	7.55	1.07
长期股权投资	998.52	817.50	181.02	22.14	7.28
其他权益工具投资	126.66	101.70	24.96	24.54	0.92
其他非流动金融资产	122.94	105.64	17.30	16.38	0.90
投资性房地产	142.04	146.76	–4.72	–3.22	1.04
固定资产	686.02	663.74	22.28	3.36	5.00
在建工程	68.86	60.82	8.04	13.22	0.50
使用权资产	16.68	18.91	–2.23	–11.79	0.12
无形资产	1258.60	777.92	480.68	61.79	9.18
商誉	15.68	14.12	1.56	11.05	0.11
长期待摊费用	11.72	12.26	–0.54	–4.40	0.09
递延所得税资产	104.67	94.00	10.67	11.35	0.76
其他非流动资产	1754.45	1515.24	239.21	15.79	12.79

制表：樊　伟

【主要技术动力装备】截至 2021 年底，中国中铁拥有机械动力设备 123248 台（套），设备原值 678.19 亿元，机械设备总功率 1137 万千瓦，技术装备率 9.94 万元 / 人，动力装备率 43.17 千瓦 / 人，主要施工机械设备新度系数 0.39。主要设备：盾构机（含 TBM）436 台（套），T 梁、箱梁搬提运架设备 596 台（套），铺轨焊轨 139 台（套），铁路机车、轨道车 685 台（套），电气化作业车、放线车、轨道吊 550 台（套），大型机械化整道设备 91 台（套），隧道凿岩台车、湿喷机械手 501 台（套）、船舶 31 艘。主要施工设备实力继续提高，尤其是大直径盾构机、隧道凿岩台车等大型核心设备保有量稳步提升，提高了股份公司的市场竞争力，在工程投标和完成施工任务中发挥了重要作用。

（姚道雄）

创新发展

【改革发展】深度融入国家区域发展重大战略，与各省市签订战略合作协议 70 多项，战略性转移新设三级公司 19 家，资源要素进一步向经济发展潜力巨大的“富油区块”集中；重构海外业务版图，新设境外区域总部23个，助推海外业绩逆势上扬；统筹“战略 + 运营管控型”“监管 + 服务型”总部建设，构建了职能管理、生产经营管理、监督保障三大系统，精简高效的总部中枢逐步形成。以中铁交通为主体重组全系统高速公路运营业务，打造高速公路投建营一体化专业平台，投资公司实体化改革迈出坚定步伐。修订“三重一大”决策实施办法，制定重大事项决策清单，进一步厘清了各治理主体权责边界；完善母子公司治理制度体系，进一步加强子公司董事会建设，治理机制实现上下协同，公司董事会获中央企业董事会评价 A 级。扎实推进三项制度改革，全面推行经理层成员任期制和契约化管理，构建股权激励、超额利润分享等中长期激励“1+N”制度体系，充分激发体制机制活力。

（郭鑫荣）

【管理创新】坚持实践检验标准，激发创新主动性，组织开展 2021 年度企业管理现代化创新成果评审工作，108 项成果评定为 2021 年度中国中铁企业管理现代化创新优秀成果，其中一等奖 30 项、二等奖 35 项、三等奖 43 项。中国中铁 10 项成果获 2021 年度全国企业管理创新优秀成果，其中一等奖 1 项、二等奖 9 项。（郭鑫荣）

【科技创新】中国中铁牢牢把握科技兴企战略目标，把科技创新与赋能主业深入结合，统筹科技创新顶

层设计，持续完善科技创新体制机制，加快推动创新创效赋能企业发展，强化原创性、实用性技术攻关，取得了一大批具有自主知识产权的科技成果，在传统领域保持技术引领，在新兴领域实现技术突破，在关键核心技术领域进一步实现自主可控。

2021年，中国中铁获国家科技进步奖6项、国家技术发明奖1项、中国土木工程詹天佑奖15项、省部级科学技术奖436项，中国中铁新增授权专利7170项，其中发明专利1176项，PCT等海外专利110项。"一种桥梁用Q345qDNH耐候钢的焊接方法"获第二十二届中国专利奖金奖，"一种用于大马蹄形断面隧道的可现浇护的盾构机"获第二十二届中国专利奖银奖，"桥梁缆索的检测系统"等7项专利获中国专利优秀奖，获得省部级工法835项。（黄佳强　李永全）

【成立中国中铁石家庄黄庄公寓隔离用房建设指挥部】2021年1月18日，为积极响应国家抗疫号召，全力支援河北省新冠肺炎疫情防控工作，决定成立中国中铁石家庄黄庄公寓隔离用房建设指挥部，统筹指挥、调度、协调抗疫和紧急建设工作，指挥部下设前方指挥部，统筹中国中铁石家庄黄庄公寓隔离用房建设前方现场指挥、调度、协调相关工作。（郭鑫荣）

【中国中铁向中铁建工转让中铁装配股份】经中国中铁第五届十二次董事会议审议通过，中国中铁向下属子公司中铁建工转让中铁装配26.51%股份的方案。2021年12月22日，中国中铁与中铁建工签署《股份转让协议》，以12元/股的价格向中铁建工转让公司所持中铁装配65184992股股份，本次交易对价7.82亿元。按照《上市公司管理规定》公司于2021年12月23日对外发布了中铁装配权益变动报告书。（翟　磊）

【中铁建工收购长沙市规划设计院有限责任公司】2021年3月30日，经中国中铁五届二次董事会议审议通过，同意中铁建工出资41549.13万元，收购长沙市规划设计院（以下简称"长规院"）74.998%股权。2021年4月9日，中铁建工与长规院股东正式签署《股权转让协议》，完成了对长规院74.998%股权的收购。4月21日，长规院完成工商登记变更，中铁建工取得长规院控制权。（翟　磊）

【中铁上海局控股收购天津滨海建投项目管理有限公司】2021年8月26日，经中国中铁第29次总裁办公会批准，中铁上海局按照国资监管要求，于9月29日，在天津产权交易中心以2765.84万元按照"股权转让+增资扩股"方式收购天津滨海新区建设投资集团有限公司所持项目管理公司65%股权。11月25日，天津滨海建投项目管理公司完成股权及工商登记变更，注册资本金3428万元，中铁上海局、滨海建投集团分别持股65%、35%。截至2021年末，项目管理公司已全面纳入中铁上海局所属控股法人子公司实施内控管理。（翟　磊）

【中铁一局控股收购宁波弘源建设有限公司】2021年12月23日，经中国中铁第50次总裁办公会批准，同意中铁一局通过"股权收购"的方式控股收购宁波弘源建设有限公司55%股权。收购后，中铁一局、宁波弘源建设有限公司分别持股55%、45%。（翟　磊）

【中铁一局收购广东福盛建设有限公司】2021年12月23日，经中国中铁第50次总裁办公会批准，同意中铁一局集团有限公司通过"股权收购"的方式全资收购广东福盛建设有限公司100%股权。此次收购林敏和陈文广共同持有广东福盛公司100%股权，广东福盛净资产为100.13万元，即最终的收购价格为100.13万元；收购后，中铁一局持股100%。此次收购不涉及法人治理结构。收购后，广东福盛并入中铁一局集团广州建设公司，在完成资质转移后注销广东福盛公司。（翟　磊）

【中铁科研院所属西南院收购中铁成都轨道交通健康管理技术有限公司股权】2021年12月23日，经中国中铁第50次总裁办公会批准，2021年12月，中铁科研院所属中铁西南院以866.52万元现金收购所属控股企业中铁成都轨道交通健康管理技术有限公司（以下简称"康管公司"）两家民营股东合计35%的股份。收购前，康管公司由中铁西南院实际控制和具体运营。董事会设董事长1名、董事2名，其中，中铁西南院委派董事长兼法定代表人和1名董事，其中一家民营股东委派1名董事。收购后，中铁西南院持股比例92%，公司员工持股8%。公司不设董事会，设执行董事1名，由中铁西南院委派。截至2021年末，该公司运营状况良好，不涉及整合事项。（翟　磊）

【总部部门职能和机构编制改革】为深入贯彻国务院国资委国企改革三年行动部署，进一步深化"总部机关化"问题专项整改工作，围绕"战略+运营管控型"的总部定位，着力提升总部"监管、服务"功能，提高总部运行效能，经股份公司第五届董事会第四次会议审议通过，股份公司于2021年5月7日对总部机构与职能进行了优化调整。机构数由25个调整为22个（合署办公机构按1个计算，下同），减少3个，减少比例达12%；其中，行政部门减少2个，党群部门减少3个，职能中心（含事业部）增加2个，内设处室减少7个。总部总定员由464人（含集团公司1人）调整到377人（含集团公司1人），减少87人，减少比例达18.8%，其中，部门正职减少4人，副职减少4人，处长减少7人，职员减少72人。职能部门总定员由295人（含集团公司1

概述

人）调整到259人（含集团公司1人），减少36人，包括部门正职减少6人，副职减少7人，处长减少7人，职员减少16人。职能中心（含事业部）定员由147人调整为98人，减少49人，包括部门正职增加1人，副职增加3人，处长未变，职员减少53人。单列岗位定员由22人调整到20人，职员减少2人。（郭鑫荣）

【机构设立审批】2021年2月2日，股份公司同意中铁七局成立中铁七局集团南京工程有限公司，注册资本2亿元人民币，与中铁七局路桥公司按照“一个机构、两块牌子”模式运作，不增加人员编制，2~3年过渡期满后采取吸收合并方式注销中铁七局路桥公司。

2月2日，股份公司同意中铁九局成立中铁九局集团有限公司秘鲁分公司，注册资本1万美元。

2月2日，股份公司同意中铁十局成立中铁十局集团有限公司哥伦比亚分公司，注册资本4000万哥伦比亚比索（约10450美元）。

2月2日，股份公司同意中铁大桥局成立中铁大桥局集团有限公司孟加拉国分公司。

2月3日，股份公司同意中铁二局成立中铁二局第四工程（长春）有限公司，注册资本1亿元人民币，与中铁二局四公司长春项目部按照“一个机构、两块牌子”模式运作，不增加人员编制。

2月3日，股份公司同意中铁四局、中铁开投按照60%：40%的股比合资成立云南中铁工程材料科技有限公司，注册资本1000万元人民币。

2月3日，股份公司同意中铁五局成立中铁五局集团华南工程有限责任公司，注册资本1亿元人民币，与中铁五局四公司按照“一个机构、两块牌子”模式运作，不增加人员编制，2~3年过渡期满后采取吸收合并方式注销中铁五局四公司。

2月3日，股份公司同意中铁八局成立中铁八局集团有限公司北京分公司，与中铁八局华北指挥部按照“一个机构、两块牌子”模式运作，不增加人员编制。

2月3日，股份公司同意中铁隧道局成立中铁隧道局集团青岛市政工程有限公司，注册资本9800万元人民币，与中铁隧道局二处按照“一个机构、两块牌子”模式运作，不增加人员编制。

2月3日，股份公司同意中铁隧道局成立中铁隧道局集团有限公司培训分公司，日常管理由中铁隧道局人力资源部负责，不独立对外开展经营性业务。

2月3日，股份公司同意中铁建工成立中铁建工集团河北有限公司，注册资本1亿元人民币，成立初期与中铁建工北京分公司按照“一套人马、两个机构”模式运作，待具备条件后独立运作。

2月3日，股份公司同意中铁建工成立中铁建工集团江苏工程有限公司，注册资本1亿元人民币，成立初期与中铁建工上海分公司按照“一套人马、两个机构”模式运作，待具备条件后独立运作。

2月3日，股份公司同意中铁建工成立中铁建工集团智慧科技有限公司，注册资本5000万元人民币，与中铁建工建筑工程研究院按照“一套人马、两个机构”模式运作，不增加人员编制。

2月3日，股份公司同意中铁上海局成立中铁上海工程局集团（苏州）轨道交通科技研究院有限公司，注册资本1000万元人民币，为“中国中铁城市轨道工程技术研发中心”申报省级科技创新平台的载体。

2月3日，股份公司同意中铁六院成立中铁第六勘察设计院集团有限公司通信信号分公司、中铁第六勘察设计院集团有限公司西安分公司、中铁第六勘察设计院集团有限公司合肥分公司，分别与中铁通号院、中铁西安院、中铁合肥院合署办公，均按照“一个机构、两块牌子”模式运行，不增加人员编制。

2月3日，股份公司同意中铁大桥院成立中铁大桥勘测设计院集团有限公司华南分公司。

2月3日，股份公司同意中铁大桥院成立中铁大桥勘测设计院集团有限公司昆明分公司。

2月3日，股份公司同意中铁南方成立中铁（揭阳）投资有限公司，注册资本1亿元人民币，与中铁南方（东莞）投资有限公司按照“一个机构、两块牌子”模式运作，不增加人员编制。

2月3日，股份公司同意中铁南方成立中铁（三亚）投资有限公司，注册资本1亿元人民币，与中铁南方海南项目集群指挥部按照“一个机构、两块牌子”模式运作，不增加人员编制。

2月3日，股份公司同意中铁信托成立宝盈基金管理有限公司北京分公司，专项负责中铁信托及宝盈基金管理有限公司在京员工社保、医保缴纳，不实体化运作。

2月3日，股份公司同意中铁三局成立中铁三局集团有限公司乌干达分公司。

2月3日，股份公司同意中铁六局成立中铁六局集团几内亚有限公司，注册资本20万美元，注销中铁六局集团有限公司几内亚办事处。

2月3日，股份公司同意中铁大桥院成立中铁大桥勘测设计院集团有限公司澳门分公司，注册资本25000澳门元。

2月3日，股份公司同意将股份公司菲律宾分公司代管机构由中铁三局变更为中铁国际，将股份公司巴拿马分公司代管机构由中铁四局变更为中铁国际，将股份公司俄罗斯分公司代管机构由股份公司国际事业部变更为中铁国际。

4月6日，股份公司同意中铁一局成立中铁一局集团有限公司澳门分公司，注册资本25000澳门元。

4月6日，股份公司同意中铁一局成立中铁一局集团有限公司基里巴斯分公司，注册资本50000澳元。

4月6日，股份公司同意中铁五局成立中铁五局集团有限公司几内亚分公司。

4月6日，股份公司同意中铁十局成立山东铁工科技服务有限公司，注册资本2000万元人民币。

4月6日，股份公司同意中铁隧道局成立中铁隧道局集团有限公司河北雄安分公司，与中铁隧道局二处按照“一个机构、两块牌子”模式运行，不增加人员编制。

4月6日，股份公司同意中铁工业所属中铁重工、吉林交通实业发展有限公司、中铁北方吉林投资公司分别按照45%∶35%∶20%股比合资成立中铁工业北方有限公司，注册资本1亿元人民币。

4月7日，股份公司同意中铁置业成立中铁城市运营有限公司，注册资本1亿元人民币。

4月7日，股份公司同意中铁置业成立北京中铁慧生活科技服务有限公司，注册资本5000万元人民币。

4月7日，股份公司同意中铁置业成立中铁置业集团会展有限公司，注册资本5000万元人民币。

4月8日，股份公司同意中铁四局成立中铁四局集团南京工程有限公司，注册资本1亿元人民币，与中铁四局南京分公司按照“一个机构、两块牌子”模式进行管理，不增加人员编制。

4月8日，股份公司同意中铁四局成立中铁四局集团有限公司克罗地亚分公司。

4月8日，股份公司同意中铁六局成立中铁六局集团有限公司刚果（金）分公司。

4月8日，股份公司同意中铁八局成立中铁八局集团有限公司埃塞俄比亚分公司，注册资本10万美元。

4月8日，股份公司同意中铁六院成立中铁第六勘察设计院集团有限公司香港分公司、中铁第六勘察设计院集团有限公司以色列分公司。

4月15日，股份公司同意按照股份公司持股51%、中铁开投持股49%控股中铁湖北建设投资有限公司，注册资本30亿元人民币，委托中铁开投代为管理，与中铁开投按照“一个机构、两块牌子”模式运行。

4月18日，股份公司同意中铁上投、中铁大桥院、中铁四局、中国铁工投资、中铁六院分别按照35%∶25%∶15%∶15%∶10%的股比合资成立中铁城市开发研究院有限公司，注册资本5000万元人民币。

6月3日，股份公司同意中铁二局成立中铁二局集团西安工程有限公司，注册资本1亿元人民币。

6月3日，股份公司同意中铁隧道局成立中铁隧道局集团新型基础设施建设工程有限公司，注册资本4000万元人民币，与中铁隧道局集团建设有限公司合署办公，按照“一个机构、两块牌子”模式运行，不增加人员编制。

6月3日，股份公司同意中铁投资与天津市北辰区建设开发有限公司按照50%∶50%股比合资成立天津中铁城乡建设发展有限公司，注册资本1亿元人民币。

6月3日，股份公司同意中铁南方成立中铁（佛山）投资有限公司，注册资本1亿元人民币，与中铁南方珠三角项目集群指挥部按照“一个机构、两块牌子”模式运作，不增加人员编制。

6月3日，股份公司同意中铁水利设计成立中铁水利水电规划设计集团有限公司北京分公司。

6月3日，股份公司同意中铁文旅所属成投公司与四川康和鼎盛大健康产业集团有限公司按照65%∶35%股比合资成立中铁文旅春台悦健康管理有限公司，注册资本2000万元人民币。

6月3日，股份公司同意中铁文旅所属成投公司与杭州和睿养老产业发展有限公司按照66%∶34%股比合资成立中铁文旅成都春台悦康养产业有限公司，注册资本600万元人民币。

6月3日，股份公司同意中铁三局成立中铁三局集团有限公司印度尼西亚代表处、伊拉克代表处。

6月3日，股份公司同意中铁工业成立克瑞格技术日本株式会社，注册资本1.5亿日元。

7月6日，股份公司批准成立中国中铁股份有限公司英国分公司，委托中铁国际代为管理。

7月6日，股份公司批准成立中国中铁股份有限公司贵州毕节生态环保工程分公司，委托中铁文旅代为管理，与中铁文旅按照“一个机构、两块牌子”模式运行。

7月21日，股份公司同意中铁五局成立中铁五局集团有限公司苏州分公司，由中铁五局华东区域指挥部直接管理，不增加人员编制。

7月21日，股份公司同意中铁九局成立中铁九局集团第一建设有限公司，注册资本1亿元人民币，与中铁九局六公司采取“一个机构、两块牌子”的管理模式，并行经营，不增加人员编制，3年内采取吸收合并方式注销中铁九局六公司。

7月21日，股份公司同意中铁九局成立中铁九局集团第三建设有限公司，注册资本1亿元人民币，与中铁九局路桥公司采取“一个机构、两块牌子”的管理模式，并行经营，不增加人员编制，3年内采取吸收合并方式注销中铁九局路桥公司。

7月21日，股份公司同意中铁装配成立中铁装配顺义建设发展有限公司，注册资本1亿元人民币，为经营性公司。

7月21日，股份公司同意中铁水利设计成立中铁水利水电规划设计集团有限公司华南分公司。

7月21日，股份公司同意中铁南方成立中铁（珠海）投资有限公司，注册资本1亿元人民币，与中铁南方珠三角项目集群指挥部按照“一个机构、两块牌子”模式运作，不增加人员编制。

7月21日，股份公司同意中铁国际成立中铁国际集团有限公司柬埔寨分公司。

8月26日，股份公司同意中铁电气化局成立中铁电气检测有限公司，注册资本2000万元人民币。

8月26日，股份公司同意中铁大桥院成立中铁大桥院武汉检测技术有限公司，注册资本300万元人民币。

8月26日，股份公司同意中铁交通成立中铁高速公路运营管理有

概述

限公司，注册资本1亿元人民币。

8月26日，股份公司同意中铁投资、天津滨海新区建设投资集团有限公司按50%∶50%的股比合资成立中铁滨海投资有限公司，注册资本1亿元人民币。

8月26日，股份公司同意中铁七局成立中铁七局集团有限公司卡塔尔分公司。

8月26日，股份公司同意中铁十局成立中铁十局集团科特迪瓦有限公司，注册资本500万西非法郎（约合6万元人民币）。

8月26日，股份公司同意中海外成立中国海外工程有限责任公司南美北公司，注册资本10000美元。

8月26日，股份公司同意中海外、中铁上海局按照51%∶49%股比合资成立中海外－中铁上海局所罗门联营体公司，注册资本100000美元。

9月9日，集团公司批准成立集团公司投资管理中心，与股份公司投资管理中心合署办公。

9月10日，股份公司批准成立中国中铁股份有限公司云南分公司，委托中铁开投代为管理，与中铁开投按照“一个机构、两块牌子”模式运行。

10月20日，股份公司同意中铁六局所属天津铁路建设有限公司与天津天保建设发展有限公司按照55%∶45%的股比合资成立天津滨海建设科技工程有限公司，注册资本5000万元人民币。

10月20日，股份公司同意中铁六院成立中铁第六勘察设计院集团有限公司海南分公司，定位为经营性平台公司，与中铁六院南部片区指挥部合署办公，按照“一个机构、两块牌子”模式运行，不增加人员编制。

10月20日，股份公司同意中铁工业所属中铁装备与南昌轨道交通集团产业投资管理有限公司按照60%∶40%的股比合资成立江西中铁工程装备有限公司，注册资本5000万元人民币。

10月20日，股份公司同意中铁开投与中铁站城、昆明轨道交通集团按照15%∶45%∶40%的股比合资成立昆明中铁轨道城市发展有限责任公司，注册资本5000万元人民币。

10月20日，股份公司同意中铁一局成立中铁一局集团有限公司哥伦比亚分公司。

11月3日，股份公司同意中铁资本成立烟台鹏盛城市发展有限公司，注册资本1000万美元。

11月4日，股份公司同意按照股份公司持股51%、中铁南方持股49%控股中铁（厦门）投资有限公司，注册资本10亿元人民币，并更名为“中铁东南投资有限公司”，继续由中铁南方管理。

11月4日，同意中铁东南投资有限公司加挂中国中铁东南区域总部牌子，由中国中铁华南区域总部管理，与中国中铁华南区域总部按照“一个机构、两块牌子”模式运行。

11月4日，股份公司批准成立中国中铁股份有限公司孟加拉国分公司，委托股份公司国际工程分公司履行孟加拉国分公司管理责任，经费由股份公司国际工程分公司承担。

11月4日，股份公司同意中铁国际登记为南非外部公司。

11月4日，股份公司同意中铁国际、川铁国际经济技术合作有限公司按照99%∶1%的股比合资成立中铁国际集团墨西哥有限责任公司（暂定名），注册资本80000墨西哥比索（约4000美元）。

11月8日，成立股份公司雄安新区区域总部，与股份公司雄安总指挥部按“一个机构、两块牌子”模式运作。

12月24日，股份公司同意中铁八局成立中铁八局集团长春工程有限公司，注册资本1000万元人民币，为经营性平台公司，与中铁八局东北指挥部按照“一个机构、两块牌子”模式运行，不增加人员编制。

12月24日，股份公司同意中铁十局成立中铁十局集团有限公司矿业工程分公司。

12月24日，股份公司同意中铁科研院所属中铁西北院成立中铁西北工程检测有限公司，注册资本5000万元人民币。

12月24日，股份公司同意中铁上投成立中铁淮海投资发展有限公司，注册资本1亿元人民币，为经营性平台公司，与中铁上投淮海区域指挥部合署办公，按照“一个机构、两块牌子”模式运行，不增加人员编制。

12月24日，股份公司同意中国铁工投资与长江生态环保集团有限公司按照51%∶49%的股比合资成立安徽中铁智慧环境运营有限公司，注册资本4000万元人民币。

12月24日，股份公司同意中铁一局成立中铁一局集团有限公司几内亚分公司。

12月24日，股份公司同意中铁四局成立中铁四局集团有限公司几内亚分公司。

12月24日，股份公司同意中铁六局成立中铁六局集团有限公司伊拉克分公司。

12月24日，股份公司同意中铁十局成立中铁十局集团有限公司几内亚分公司。

12月24日，股份公司同意中铁隧道局成立中铁隧道局集团试验检测有限公司几内亚分公司。

12月24日，股份公司同意中铁电气化局成立中铁电气化集团（马来西亚）有限公司，注册资本100万马币。

12月24日，股份公司同意中铁武汉电气化局登记为香港外部公司。

12月24日，股份公司同意中铁工业所属中铁装备成立克瑞格韩国分公司、克瑞格意大利分公司。

12月24日，股份公司同意中铁资本所属中国中铁香港投资有限公司成立济宁港荣投资建设有限公司，注册资本3000万美元。

12月29日，成立股份公司融媒体中心，与股份公司党建工作部按“一个机构、两块牌子”模式运作。

12月29日，成立股份公司工程经济研究院，与股份公司生产监管中心按“一个机构、两块牌子”合署办公。（郭鑫荣　王　剑）

【注销机构】1月5日，股份公司批准撤销中国中铁股份有限公司濮新高速公路宁沈段工程指挥部，施工总承包任务由中铁发展成立机构继续承担。

1月8日，中国铁工投资建设集团有限公司注销银川西部供水有限公司。

1月20日，中铁物贸集团有限公司注销中铁物贸矿产有限公司。

1月28日，中国铁工投资建设集团有限公司注销银川市自来水技协服务有限公司。

2月3日，中铁装配式建筑股份有限公司注销吐鲁番盛隆投资有限公司。

2月9日，中铁大桥勘察设计院有限公司注销中铁武汉勘察设计研究院有限公司。

3月4日，中铁建工集团有限公司注销天津诺德房地产有限公司。

3月24日，中铁十局集团有限公司注销中铁十局西北工程（西藏）有限公司。

4月9日，中铁装配式建筑股份有限公司注销山东恒通赛木建筑材料有限责任公司。

4月24日，中铁文化旅游投资集团有限公司破产清算重庆合景实业集团有限公司。

4月28日，中铁资源集团有限公司注销赤峰巨源矿业投资有限公司。

4月28日，中铁资源集团有限公司注销克什克腾旗汇丰矿业有限责任公司。

4月28日，中铁资源集团有限公司注销内蒙古额济纳旗盛源矿业有限责任公司。

6月1日，中铁四局集团有限公司注销中铁四局集团北京建设工程有限公司。

6月11日，中铁电气化局集团有限公司注销保定市翔达工贸有限公司。

6月28日，中国铁工投资建设集团有限公司注销银川昊城水源市政工程设计院有限公司。

7月16日，中铁建工集团有限公司注销中铁建工集团（赣州）工程有限公司。

7月26日，中铁隧道局集团有限公司注销中铁隧道集团西藏建设工程有限公司。

7月27日，中铁装配式建筑股份有限公司注销宿迁鑫诚昌隆进出口贸易有限公司。

7月27日，中铁高新工业股份有限公司注销中铁山桥集团钢结构建筑安装有限公司。

7月28日，中铁电气化局集团有限公司注销宝鸡西铁电气化构件公司。

8月16日，股份公司批准撤销中国中铁股份有限公司丹通高速公路路基工程第十一合同段项目经理部。

8月23日，中铁华铁工程设计集团有限公司注销北京燕丰饭店有限公司。

9月4日，中铁七局集团有限公司注销陕西鑫洋工程检测有限公司。

9月8日，中铁资源集团有限公司注销 GREAT METAL GROUP LIMITED（以下简称“宏大金属”）。

9月9日，中铁北京工程局集团有限公司转让陕西蒲城中铁馨佳置业有限公司。

9月24日，中铁资源集团有限公司注销中铁资源集团商贸有限公司。

9月28日，中铁建工集团有限公司注销中铁建融（北京）投资管理有限公司。

10月13日，中铁四局集团有限公司转让南京市城投建设工程有限公司。

10月20日，中国铁工投资建设集团有限公司注销银川中铁水务集团二次供水有限公司。

10月27日，中铁十局集团有限公司注销山东中铁昕诺吉新能源科技有限公司。

11月8日，中铁广州工程局集团有限公司注销中铁广州工程局集团西北投资开发有限公司。

11月12日，中铁一局集团有限公司注销中铁（泉州）投资建设有限公司。

11月14日，中铁城市发展投资集团有限公司注销西藏中铁公路工程有限公司。

11月15日，中铁五局集团有限公司注销贵州黔达建筑劳务有限责任公司。

11月15日，中铁九局集团有限公司注销中铁九局集团西藏工程有限公司。

11月26日，中国铁工投资建设集团有限公司注销银川中铁水务集团市政工程有限公司。

11月27日，中铁南方投资集团有限公司注销中铁南方遵义投资有限公司。

11月29日，中铁高新工业股份有限公司注销中铁山桥集团科技开发有限公司。

12月1日，中铁二局集团有限公司注销三亚润德置业投资有限公司。

12月1日，中国海外工程有限责任公司注销中国海外工程苏丹有限责任公司。

12月2日，中铁置业集团有限公司注销西安中铁长丰置业有限公司。

12月6日，中铁二局集团有限公司注销成都中铁二局建筑装饰设计有限公司。

12月9日，中铁八局集团有限公司注销中铁八局集团（成都）物业管理有限公司。

12月9日，中铁八局集团有限公司注销中铁八局集团第四工程有限公司。

12月9日，中铁八局集团有限公司注销成都市温江区泰基地产有限责任公司。

12月13日，中铁二局集团有限公司注销福州中铁润海置业有限公司。

12月13日，中铁二局集团有限公司注销福州中铁城置业有限公司。

12月14日，中铁一局集团有限公司注销北京恒达中建网络科技有限公司。

12月15日，中铁广州工程局集

团有限公司注销中铁广州工程局集团黔铁工程有限公司。

12 月 15 日，中铁置业集团有限公司注销中铁置业集团北京大通房地产开发有限公司。

12 月 17 日，中铁二院工程集团有限责任公司注销四川睿铁科技有限责任公司。

12 月 17 日，中铁二院工程集团有限责任公司注销四川铁创科技有限公司。

12 月 17 日，中铁八局集团有限公司注销石家庄赞青建筑构件有限公司。

12 月 17 日，中铁十局集团有限公司注销中铁十局集团（赣州）工程有限公司。

12 月 17 日，中铁五局集团有限公司注销中铁五局西藏工程有限公司。

12 月 20 日，中铁置业集团有限公司注销厦门市中铁源昌置业有限公司。

12 月 23 日，中铁南方投资集团有限公司转让佛山市顺德桂碧公路工程项目有限公司。

12 月 23 日，中铁南方投资集团有限公司转让佛山市顺德高红公路工程项目有限公司。

12 月 23 日，中铁三局集团有限公司注销山西三江工程检测有限公司。

12 月 24 日，中铁高新工业股份有限公司注销中铁宝桥宝鸡科技有限公司。

12 月 27 日，中铁电气化局集团有限公司注销石家庄中铁曙光电气化器材有限公司。

12 月 27 日，中铁国际集团有限公司注销川铁国际肯尼亚工程有限公司。

12 月 29 日，中铁九局集团有限公司注销中铁九局集团（沈阳）北站广场改扩建工程有限公司。

12 月 29 日，中铁六局集团有限公司注销中铁置业集团乌海泊林置业有限公司。

12 月 31 日，中铁五局集团有限公司注销中铁贵阳投资发展有限公司。（郭鑫荣　王　剑）

【直属指挥部、区域经营机构设立、变更】1 月 5 日，股份公司成立中国中铁股份有限公司廊坊临空家园二期工程建设指挥部，由中铁投资负责组建和管理。

同日，股份公司成立中国中铁股份有限公司沿江通道浦东段（越江段—五洲大道）工程高速公路主线施工 3 标项目经理部，由中铁四局负责组建和管理。

1 月 13 日，股份公司成立中国中铁股份有限公司昆明市轨道交通 1 号线西北延工程项目经理部四分部、五分部、六分部、七分部。

1 月 14 日，股份公司成立中国中铁股份有限公司京雄高速公路（北京段）工程建设指挥部，由中铁投资负责组建和管理。

1 月 18 日，股份公司成立中国中铁石家庄黄庄公寓隔离用房建设指挥部及前方指挥部。

2 月 1 日，股份公司成立中国中铁股份有限公司望海路快速化改造工程设计施工总承包（EPC）联合体项目经理部，由中铁南方负责组建和管理。

2 月 1 日，股份公司成立川藏铁路工程指挥部林芝分指挥部。

3 月 24 日，股份公司成立中国中铁股份有限公司重庆轨道交通 15 号线一期土建工程联合体总承包部，由中铁开投负责组建和管理。

4 月 19 日，股份公司成立中国中铁股份有限公司雄安新区至北京大兴国际机场快线三标段工程指挥部及项目分部，指挥部由中铁一局负责组建和管理。

8 月 5 日，股份公司成立中国中铁股份有限公司广州市白云机场 T3 交通枢纽轨道交通预留工程施工总承包项目经理部，由中铁广投负责组建和管理。与广州铁路投资建设集团有限公司项目一体化监管指挥部实行“一套人马、两块牌子”模式运作。

8 月 12 日，股份公司成立中国中铁·中铁五局联合体长沙市轨道交通 2 号线西延二期土建二标项目经理部，由中铁五局负责组建和管理。

9 月 19 日，股份公司成立中国中铁股份有限公司天津市轨道交通 Z2 线一期工程 PPP 项目总承包部，由中铁投资负责组建和管理。

12 月 3 日，股份公司成立中国中铁股份有限公司宁马城际铁路（马鞍山段）总承包项目经理部，由中铁上投负责组建和管理。

12 月 8 日，股份公司成立中国中铁股份有限公司重庆轨道交通 27 号线工程联合体总承包部，由中铁开投负责组建和管理。（郭鑫荣）

生产经营发展

【国内工程】围绕国家综合立体交通网建设主动发力，建成一大批重点项目。西藏首条电气化铁路拉林铁路建成通车，武汉青山长江大桥、赤壁长江公路大桥两座世界级大桥通车运营，京哈高铁、赣深高铁、张吉怀高铁、青岛胶东国际机场、青岛地铁 1 号线、芜湖地铁 1 号线、那拉高速、遵余高速等重大交通工程建成投运，奋战十四载的大瑞铁路秀岭隧道、大坡岭隧道顺利贯通，世纪工程川藏铁路建设优质高效推进。2021 年有 17 项工程获中国建设工程鲁班奖；55 项工程获国家优质工程奖；参建的沪苏通长江公铁大桥、平罗高速公路平塘大桥、武十铁路崔家营汉江大桥包揽中国桥梁在国际桥梁大会（IBC）所获的三项大奖；大连地铁 5 号线大直径盾构隧道工程、深圳地铁超大规模盾构隧道渣土低碳资源化应用项目获国际隧协（ITA）大奖；成贵高铁获菲迪克年度工程项目“杰出奖”。参建的中老铁路、拉林铁路、京新高速入选 2021 年度央企十大超级工程；15 项工程获中国公路建设最高质量奖“李春奖”，占获奖项目总数的近一半；中铁五局云南省牛栏江—滇池补水工程获中国水利工程领域最高奖“大禹奖”；中铁装备荣获中国质量领域最高奖“中国质量奖”。

（王　琳）

▲图 4-4　2021 年 9 月 16 日，中铁工业旗下中铁装备“同心圆”质量管理模式获第四届中国质量奖

概述

【海外业务】中国中铁全力克服境外新冠肺炎疫情蔓延、国际安全形势动荡等多重不利因素，持续深化海外体制机制改革，不断优化业务结构，加快创新商业模式，坚持属地化发展，全年实现海外新签合同额 233.46 亿美元，同比增长 17.96%。海外业务营业额 84.00 亿美元，同比增长 21.95%。2021 年中标菲律宾南线铁路、所罗门群岛金矿项目、纳米比亚 1 万套住房、尼日利亚防洪治水项目等重大项目。积极参与高质量共建“一带一路”：中老铁路在两国领导人见证下全线通车运营，雅万高铁控制性工程基本完工，匈塞铁路匈牙利段奠基开工，孟加拉国帕德玛大桥公路桥面贯通，越南河内轻轨通车移交，以色列特拉维夫红线地铁进入全面调试阶段。工业产品出口再创新高：中国中铁高速道岔制造技术首次实现系统集成化出口，中国标准“简统化”接触网装备首次走出国门，盾构机和掘进设备出口新增 5 个国别市场，覆盖全球 30 个国家和地区，连续 4 年实现全球销量第一，彰显了中国中铁在高端设备制造领域的强大实力。

（余　翔）

【勘察设计】中国中铁勘察设计与咨询服务业务涵盖研究、规划、咨询、造价、勘察设计、监理、工程总承包、产品产业化等基本建设全过程服务，主要涉及铁路、城市轨道交通、公路、市政、房建等行业，且通过并购中铁长江设计和中铁水利设计，合理布局生产要素，开拓了水利水电、水运勘察设计新板块，和既有的业务形成了有效的补充，同时不断向新型轨道交通、智能交通、民用机场、港口码头、电力、节能环保等新行业新领域拓展。作为中国勘察设计和咨询服务行业的骨干企业，中国中铁坚持发展扩大业务板块、强化技术核心引领、加大设计咨询业务科研投入、努力提高人才队伍建设质量、大力拓展海外设计咨询市场、全面提高产业链创效能力，夯实设计咨询业务的高质量发展基础，致力成为世界一流的设计咨询服务商，在工程建设领域发挥重要的引领和先导作用。在 2021 年 ENR 全球 150 家最大设计企业和 225 家最大国际设计企业排名中，公司分别居第 15 位和第 84 位。2021 年，勘察设计企业完成营业额 267.54 亿元，同比增长 14.02%。

（雷思遥）

【工业制造】中国中铁工业板块主要生产厂家包括中铁工业、高铁电气、中铁装配等企业。中铁工业（股票代码 600528.SH）是中国铁路基建装备领域产品最全、A 股市场上主营轨道交通及地下掘进高端装备的两家工业企业之一；高铁电气（股票代码 873023）是国内电气化接触网零部件及城市轨道交通供电装备重要的研发、生产和系统集成供应商；中铁装配（股票代码 300374.SZ）是国内房屋装配式建筑部品部件行业中产品结构丰富并具备装配式建筑集成服务能力的供应商，可提供装配式建筑全套解决方案。工业企业生产的主要产品有：道岔、隧道施工设备、工程施工机械、铁路和城市轨道交通电气化器材、装配式建筑和钢结构制造及安装等。2021 年，中铁工业新签合同额 468.05 亿元，同比增长 11.87%，其中国内新签合同额完成 446.91 亿元，同比增长 13.50%；海外新签合同额完成 21.14 亿元，同比减少 14.18%。通过加快市场布局，寻求重点突破，围绕钢结构智能制造、道岔技术进步、工程施工机械和隧道掘进装备关键零部件国产化替代等方向解决制约公司产业发展的技术瓶颈，加强国内市场开拓和覆盖，钢结构制造及安装新签合同额同比增长 25.37%，工程施工机械及相关服务业务新签合同额同比增长 68.11%。中国中铁中标 38.54 亿元的常泰长江大桥项目，创公司单体钢结构制造合同额之最。

（贤　慧）

【房地产开发】2021 年，面对复杂多变的市场环境，房地产投资业务系统全面贯彻党中央、国务院各项决策部署，认真落实国务院国资委和股份公司总体工作要求，完整准确全面贯彻新发展理念，坚持“稳中求进”工作总基调，坚持把风险防控摆在首位，坚持问题导向和目标导向，积极打造特色地产，探索新发展方式，不断加强房地产项目投资全过程监管，充分发挥了房地产投资带动作用，顺利实现了各项目标指标。根据业务统计数据，房地产新签合同额、销售额及营业收入等主要经济指标实现增长。

（陈　翔）

中国中铁“开路先锋”文化理念系统

【正式发布中国中铁“开路先锋”文化理念系统】2021 年 1 月 26 日，中国中铁“开路先锋”文化理念系统正式发布，中国中铁在新时代开启了企业文化建设的新篇章。2020 年 8 月，中国中铁启动企业文化体系提升工作，通过对总部和 46 家二级、三级单位约 1030 人的面对面访谈调研，面向全公司 27.7 万名员工进行线上问卷调研，组织公司领导层和各方面人员充分研讨论证，最终提炼形成以“四大核心价值理念”“八项具体工作理念”为“四梁八柱”，以“忠诚担当、爱国奉献、创新创造、勇争一流”为内涵，以“开路先锋”精神为核心统领的中国中铁“开路先锋”文化理念体系，为新时期持续深化企业文化建设，引领企业高质量发展，打下坚实基础。

企业文化总称

中国中铁“开路先锋”文化

企业核心价值理念

企业使命：中国建造　铁肩担当

企业愿景：具有全球竞争力的世界一流综合型建筑产业集团

企业核心价值观：守正创新　行稳致远　向上向善　勇争一流

企业精神：勇于跨越　追求卓越

企业品牌宣传语：中国中铁　永远的开路先锋

八项具体工作理念

经营理念：诚信为本　合和共赢

管理理念：协同高效　效益优先

安全理念：生命至上　安全第一

质量理念：匠心品质　精心建造

环保理念：勤俭节约　绿色发展

人才理念：以人为本　奋斗圆梦

廉洁理念：风清气正　业兴人和

品牌理念：创造价值　基业长青

（王　琳）

【“开路先锋”文化展览馆落成】2021 年 5 月 7 日，中国中铁“开

▲图 4-5　中国中铁“开路先锋”文化展览馆

▲图 4–6 中国中铁党委书记、董事长陈云讲述中国中铁高举“开路先锋”大旗创造建设奇迹的辉煌历史

路先锋”文化展览馆暨精神教育基地正式落成开馆。展馆由序厅和正厅组成，设“百年源流”“创新发展”“展望未来”三个展区，通过实物陈列以及沉浸式声光电运用，全面立体展现了中国中铁悠久历史、卓越贡献、辉煌成就以及新时代的宏伟愿景。“开路先锋”文化展览馆浓缩了中国中铁百年历史与荣耀，沉淀一脉相传的精神和文化，它呈现了“开路先锋”的初心使命，“基建狂魔”的力量源泉，“国之大者”的铁建担当。（王 琳）

【百年信物 · 闪亮的开路先锋旗帜】在中国共产党成立100周年之际，国务院国资委联合中央广播电视总台共同推出百集微型纪录片《信物百年》，以“红色信物”为切入点，由中国中铁党委书记、董事长陈云等100家国有企业党委（党组）负责人介绍企业的传家宝，以小见大，以物证史，揭开企业澎湃发展历程背后鲜为人知的动人故事，见人、见物、见精神，发扬红色传统、传承红色基因。中国中铁的信物是1950年邓小平同志、贺龙元帅授予当时中铁二局成渝铁路筑路大军的“开路先锋”大旗。中国中铁党委书记、董事长陈云从“开路先锋”四字的由来、筑路人高举先锋大旗的老照片、开路先锋精神的传承等方面，深情讲述了中国中铁70余年来不忘初心、高举“开路先锋”大旗，逢山开路、遇水架桥，不断创造建设奇迹的辉煌历史。（王 琳）

【国家记忆 · 开路先锋】2021年11月29日至12月3日，由中国中铁联合央视拍摄制作的五集纪录片《开路先锋》在CCTV–4《国家记忆》栏目晚间黄金时段连续热播。该片以中国中铁在革命战争年代的突出贡献以及新中国经济建设时期的多项首次突破为切入点，围绕中共一大代表王尽美领导工人运动，解放战争期间铁路运输，新中国自主建造的第一条铁路、第一座长江大桥、第一条高原铁路、第一台国产盾构机等方面，讲述了山海关造桥厂蓬勃开展的工人运动、解放战争时期铁路工人的英雄壮举、新中国成立初期成渝铁路建设对国民经济恢复的贡献、中国大跨度桥梁建设的历史性跨越、青藏铁路高原冻土科学研究取得的重大成就、新老成昆铁路建设者的精神传承以及城市轨道交通地下掘进装备实现自主国产化等重要事件。（王 琳）

【永远的开路先锋——红色故事会】2021年6月29日，中国中铁“永远的开路先锋——红色故事会”宣讲活动，在北京市门头沟区中国中铁国道109高速公路项目现场举行。该活动由来自中国中铁的多名一线工作人员、浙江嘉兴南湖风景名胜区和湖南韶山毛泽东同志纪念馆等单位的分享者分别讲述了10个不同历史时期的红色故事，激励观众传承弘扬革命先烈和企业先辈不畏艰难困苦、顽强拼搏奋斗的红色精神，凝聚争当新时代开路先锋的蓬勃动力。

践行“三个转变”重要指示

【中国智造品牌论坛暨中央企业高端装备制造创新成就展】2021年5月10日，中国中铁与国务院国资委在北京共同举办了中国智造品牌论坛暨中央企业高端装备制造创新成就展，科技部、工信部、中央网信办、国资委有关领导以及部分中央企业

▲图 4–7　2021 年 9 月 14 日，国内首台应用于高原高寒铁路的大直径 TBM“雪域先锋号”首次实现地面远程操控始发

相关人员参加论坛。该论坛配套举办的中央企业高端装备制造创新成就展围绕“中国智造与高质量发展”主题，共有中国中铁等 22 家中央企业参展，展示了中央企业在高端装备制造领域取得的一系列突破性、标志性重大成果。参展展品包括中国自主设计建造的最大直径盾构机模型等 30 余台（套）。现场还有中交集团 VR 展台、中国中铁盾构驾驶模拟体验仓等展品，为观展者提供了身临其境的参展体验。

（王　琳）

【中国中铁智能化高端装备产业园项目启用】2021 年 5 月 10 日，世界单体最大智能化盾构装备产业园——中国中铁智能化高端装备产业园正式启用。该产业园分四期建设，此次投运的是产业园一期工程，主要包括盾构关键零部件生产车间、智能化仓储中心、综合站房等设施，可实现原材料焊接加工、零部件存储、总装工序全闭环管控、企业资源计划（ERP）统一管控、制造执行系统（MES）精细化车间管控和制造全过程数字仿真等功能，形成智能仓储物流、智能焊接管控、智能设备管控以及智能柔性装配四大中心。该产业园综合运用自动化加工中心、焊接和搬运机器人，以及自动化控制、网络信息等多种技术手段，大幅提升盾构智能化制造水平，将推动中国高端装备研发、智能化制造、绿色循环经济等产业快速发展，全面提升中国重大地下工程装备、轨道交通装备产业和地下空间开发水平。近年来，中国中铁践行习近平总书记“三个转变”重要指示精神，推进工业板块智能化转型升级。中国中铁智能化高端装备产业园是完善产业集群以及产业布局的重要战略举措，主要布局盾构 /TBM 智能化设计与制造，超大直径盾构 /TBM、隧道成套化设备、地下空间装备等的研发、设计与制造，掘进机前沿理论研究等重点产业。该产业园全部建成投运后将以智能化设计、智能化制造、智能化服务、智能化仓储为核心，结合掘进机大数据库和云计算，成为全球最先进的掘进机产业平台。

（王　琳）

【全面创新发展】中国中铁制定《关于进一步贯彻落实习近平总书记“三个转变”重要指示精神推动企业创新发展的意见》，以科技创新为突破，以管理创新为保障，以质量提升为根本，以品牌塑造为目标，全力推动质量变革、效率变革、动力变革，努力打造世界一流的中国创造、中国质量、中国品牌。组建了中国中铁“三个转变”研究院，开展推动“三个转变”的路径和方法的理论研究与实践探索，加快企业在产业转型、技术创新、质量提升、品牌建设等方面的突破。2021 年，中国中铁积极开展管理创新成果评选，共产生优秀成果 108 项，其中 10 项被评为第二十八届全国企业管理现代化创新成果。同时，公司作为主要起草者之一，与中国企业改革发展研究会、国家发展和改革委员会经济体制与管理研究所、中国

标准化研究院等共同起草的《企业高质量发展评价指标》团体标准，填补了中国企业高质量发展标准领域的空白。（王 琳）

【发布《企业高质量发展评价指标》团体标准】2021年9月10日，中国中铁“三个转变”研究院参与起草的《企业高质量发展评价指标》团体标准正式实施。《企业高质量发展评价指标》团体标准的编制紧密契合党的十九大、中央经济工作会议等重要会议精神，适用于企业的高质量发展水平评价。中国企业改革发展研究会、国家发展和改革委员会经济体制与管理研究所、中国标准化研究院、中国中铁“三个转变”研究院等多家单位作为该标准的主要起草单位，结合中国企业发展实践，经多次调研、座谈、广泛征求意见，特别邀请了国务院国资委、国家发展改革委、国家市场总局、中国标准化研究院、中国质量认证中心、中央企业、地方国企、民营企业等有关代表共同参与研讨，以期建立科学、完整、均衡的评价指标体系，确保该标准适合中国企业高质量发展现状和需求。《企业高质量发展评价指标》团体标准构建了具有科学性和可测量性的企业高质量发展评价三级指标体系，分别从效益发展、创新发展、市场发展、绿色发展、社会责任五个方面给出了测量企业高质量发展水平的具体指标及其含义和分值，为企业高质量发展评价提供了指南。该标准是推动企业迈向高质量发展的重要参照和导向，有助于促进企业产业协同，激发高质量发展强劲动力；有助于深化企业创新改革，启动高质量发展强大引擎；有助于抓好企业开放合作，拓宽高质量发展空间，不断提升企业市场竞争力和可持续发展能力，肩负起建设社会主义现代化强国重任，引领带动中国经济转变发展方式、转换增长动力，是中国企业高质量发展史上一个重要的里程碑。

（王 琳）

巩固拓展脱贫攻坚成果有效衔接乡村振兴

【精准帮扶规划】2021年，中国中铁深入学习贯彻习近平总书记关于巩固拓展脱贫攻坚成果同乡村振兴有效衔接的重要指示批示精神，按照党中央、国务院和国资委有关部署要求，充分发挥企业自身优势，推动实现巩固拓展脱贫攻坚成果同乡村振兴有效衔接，努力为乡村振兴战略落地开花贡献中铁力量。中国中铁成立了由公司主要领导任组长，专职副书记、总会计师、纪委书记任副组长，人力资源部等13个部门负责人为成员的定点帮扶工作领导小组。4月12日和8月31日，定点帮扶工作领导小组先后召开两次专题会议，股份公司党委书记、董事长陈云，总裁、党委副书记陈文健出席会议，对定点帮扶工作亲自安排、亲自部署，学习传达了中央关于定点帮扶工作最新精神，研究部署了干部选派、帮扶计划、重点帮扶项目实施等事宜，确保定点帮扶工作更具针对性、科学性和实效性。该会议审议通过了《中国中铁脱贫攻坚总结表彰实施方案》，评选表彰了10名脱贫攻坚先进个人和5家脱贫攻坚先进单位。经中国中铁定点帮扶工作领导小组研究，审议通过了《中国中铁2021年定点帮扶工作计划》，明确了年度帮扶计划任务，把巩固拓展脱贫攻坚成果、防止出现规模性返贫作为首要任务。10月25日至26日，股份公司总裁、党委副书记陈文健带队到山西保德县调研考察，了解巩固脱贫攻坚成果及乡村振兴工作情况，调研组在保德县举行了重点援建项目签约仪式，走访慰问了建档立卡贫困户，与县委、县政府召开了巩固脱贫攻坚成果及乡村振兴工作座谈会，传达了党中央、国务院及国资委的新精神、新要求，并就做好巩固脱贫攻坚成果、有效衔接乡村振兴与当地政府进行了深入交流，提出了针对性的意见和建议。11月10日至12日，股份公司党委副书记、工会主席、执行董事王士奇带队到湖南汝城县、桂东县调研考察，了解巩固脱贫攻坚成果及乡村振兴工作情况，针对就业难、产业发展相对单一等问题，提出切实解决方案。（张晓明）

【精准帮扶举措及成效】中国中铁坚持将“造血式”的教育帮扶作为长久稳定的重要抓手，融入阻断贫困代际传递发展之路。2021年，在桂东县投入帮扶资金2000万元，捐建寨前镇希望学校二期项目，进一步改善办学条件；在汝城县投入帮扶资金2000万元，捐建汝城职中体艺馆项目，有效解决学生体育活动场所较少、活动面积不足的情况；在保德县投入帮扶资金2000万元，捐建保德县第十一小学宿舍楼项目，解决偏远乡镇（村）儿童入校住宿问题。在汝城县职中，持续投入资金改善办学设施的同时，充分发挥企业自身优势，先后邀请系统内技能人才代表，党的十九大代表、全国劳模、央企楷模白芝勇担任汝城县职中客座高级讲师，全国青年岗位能手、技能大师张慧到校授课，深入交流，提高师资水平，汝城职中成为湖南省最好中职院校之一。就业帮扶“增收入”，打造乡村振兴特色品牌。中国中铁在桂东县投入2250万元捐建的桂东工业园区大塘片区三栋标准厂房正式投入使用，截至2021年末，已有6家企业入驻，解决了300余名易地搬迁群众就业问题。所属单位在汝城项目部用汝城人建设新汝城，聘用当地劳务人员100余人。继续开展“人人有技能”培养工程，2021年中国中铁直接投入35万元，实施湘菜特色厨师培训、科技特派员实用技术培训10期，共计培训605人。开展“1+X”技能培训试点，全面提升基层干部、农技人员和致富带头人专业技能。汝城县“人人有技能”培养工程被评为全国“终身教育学习品牌项目”。在保德县累计投入320余万元（2021年投入20.08万元），采取奖补学费的方式，持续打造“保德好司机”就业培训。产业帮扶“活源头”，打造乡村振兴多重引擎。在桂东县，根据民宿产业发展的良好态势，联合县旅游民宿协会开办民宿业务培训班，助力桂东县民宿产业做强做优做大；投入20万元物资材料与沤江镇光明村共同建设山间林道，助力该村楠竹产业发展和老百姓增收致富；帮助当地打造桂东茶叶品牌，推广桂东手工茶非遗文化，投入35万元在茶叶重镇清泉镇建设了一座占地240平方米的“非遗茶史馆”。在保德县，引入所属中铁第一太平物业公司，与保德县政府合作打造“保德好物业”劳务品牌，为脱贫户开出转业“良方”，找到致富“新路”，解决易地搬迁户转业就业难题。消费帮扶“促致富”，打造乡村振兴长效机制。积极动员所属各单位及广大干部职工加大购买及消费力度。在中国中铁内部电商平台开设专区长期展示销售定点帮扶县农产品。中秋和元旦，在全系统下发了关于加大消费帮扶工作力度专项通知，鼓励各级工会发挥自身优势，有力推动定点帮扶县农产品销售。同时，挂职干部积极开展销售，采取认购等模式，带动当地农产品销售。组织汝城农业企业多次到中国中铁所属企业推介推广，上线央企帮扶网、中铁慧园、中铁鲁班网、汝味真湘微信小程序等购物平台，切实让老百姓信心立起来、腰包鼓起来。2021年，全公司共购买定点帮扶县农产品911.41万元，其他贫困县农产品574.34万元，合计1485.75万元。文化帮扶“塑新风”，打造乡村振兴美丽画卷。在保德县推动开展农村人居环境“六乱”整治行动，立足当地村容村貌、户容户貌实际，集中力量整治村内道路、农户庭院、田间地头等重点区域，解决了乱搭乱建、乱堆乱放、乱扔乱倒等现象，美容美化了村庄整体形象，人居环境得到明显改观。丰富村民精神文化生活需求，邀请保德县文化馆文艺小分队走进猫窝村开展“我们的中国梦”文化进万家惠民演出，传承和弘扬中华优秀传统文化，倡导乡风文明，助力乡村振兴。在汝城县开展美化人居环境行动，设置竹篱笆围挡，增设绿化带，实行分片家禽集中圈养；所属中铁广州局带人带机械帮扶拆除危旧房6处、旱厕3间，清理建渣500多立方米，平整拓宽进组路800多米，为打造干净、整洁、有序的美丽乡村奠定了扎实基础。2021年，新选派挂职干部6名，直接投入帮扶资金6490万元，引进帮扶资金327.2万元，培训基层干部184人次，培训乡村振兴带头人42人次，培训专业技术人员719人次，购买农产品911.41万元，帮助销售农产品60.4万元，超额完成年度工作计划各项任务。

（张晓明）

高质量共建“一带一路”

【深化国际合作】2021年，公司主动服务国家对外合作大局，扎实开展国际交流合作，积极参加第二届联合国全球可持续交通大会、第12届国际基础设施投资与建设高峰论坛、中国国际服务贸易交易会、第四届中国国际进口博览会、第二届中非经贸博览会、世界经济论坛全球企业家特别对话会、香港第六届“一带一路”高峰论坛、2021年“一带一路”贸易投资论坛、2021年金砖国家基础设施工作组理事会议、B20意大利金融与基础设施组系列会议等活动，与相关各方形成合力，达成多项共识。（王　琳）

【属地化经营】持续推进海外体制机制改革，规划在全球设立23个境外区域总部。遵循“整体规划、分批设立、试点先行”的原则，2021年先后完成匈牙利区域总部、孟加拉国区域总部、南亚区域总部等22个境外区域总部的设立。（王　琳）

建设“北京冬奥会”工程项目

【京张高铁建设】京张高速铁路是北京2022年冬奥会的重要交通保障设施，是中国第一条采用自主研发的北斗卫星导航系统、设计速度350千米/小时的智能化高速铁路，也是世界上第一条最高设计速度350千米/小时的高寒、大风沙高速铁路。京张高速铁路主线由北京北站至张家口站，正线全长174千米，设10个车站，在八达岭西所引出延庆支线至延庆站，在下花园北站引出崇礼铁路至太子城站，主线于2019年12月30日开通运营。中国中铁承建京张高铁和崇礼支线土建、站后工程及前期三电迁改工程共16个标段，中铁设计负责全线设计，参建单位有中铁三局、中铁四局、中铁五局、中铁六局、中铁七局、中铁大桥局、中铁隧道局、中铁电气化局、中铁建工、中铁工业等单位，承建总合同额160.92亿元，土建施工长度108.04千米（其中京张高铁85.22千米，崇礼支线22.82千米），承建清河站建筑面积13.47万平方米，昌平站及配套房建1.39万平方米。经过4年艰苦施工，中国中铁建成了由八达岭长城站、清河站、太子城站等精品工程构成的智能京张高铁，服务于北京冬奥会。（王　琳）

【冬奥会“三场一村”工程项目建设】中铁建工承建的“三场一村”工程分为国家跳台滑雪中心、国家冬季两项中心、国家越野滑雪中心和奥运村4个建设群落，占地面积337.76公顷。国家跳台滑雪中心是中国首个跳台滑雪场地，也是全球首个在顶部出发区设置大型建筑物的跳台滑雪场地。该项目由主体建筑、训练跳台以及综合区组成，占地约62公顷。其主体建筑灵感来自中国传统饰物“如意”，因此又被称为“雪如意”。北京冬奥会期间，承办北欧两项和跳台滑雪比赛，共计产生8枚金牌。国家冬季两项中心位于张家口奥林匹克体育公园东北侧山谷，距张家口奥运村4千米，占地面积约为139公顷，场馆核心区自北向南依次布置靶场、赛道与起终点区、场馆技术楼。国家冬季两项中心承担北京冬奥会、冬残奥会冬季两项的比赛。国家越野滑雪中心距张家口奥运村4千米，占地面积106.55公顷。国家越野滑雪中心居中位置布置体育场、起终点区；体育场各功能区位于体育场东西两侧，由西向东依次为场馆运营综合区、运动员综合区、场馆技术楼、场馆媒体中心和转播综合区。张家口冬奥村位于太子城冰雪小镇，赛时占地约21.9公顷，地上建筑面积约16.5万平方米，地下约8.5万平方米，地上建筑3至5层，地下1层。赛后地上总建筑面积约25万平方米，地下约12.0万平方米。北京冬奥会期间，奥运村成为各国家和地区奥委会代表团总部与代表团团长会议的驻地，是举办代表团欢迎仪式和各类文化活动的场所，同时还是奥运会安保、交通、餐饮、礼宾接待、宗教服务、医疗服务、中国文化展示等项目运行的主要场所。（王　琳）

【“冰玉环”项目建设】中铁建工承建的“冰玉环”项目为步行平台，称为“漫步大道”，连接国家跳台滑雪中心、国家冬季两项中心、国家越野滑雪中心、山地转播中心与技术官员酒店。赛时，漫步大道可以连接各个场馆，便于观众来往于场馆间；赛后，可以对漫步大道进行改造，用于娱乐、餐饮、演艺、休息、展览等功能。（王　琳）

【二七厂冰雪项目训练基地】中铁华铁设计的二七厂冰雪项目训练基地总占地面积20万平方米，集冰雪训练、体育研究多项顶级科技于一身，是世界顶级冰雪训练基地，创造多项第一：亚洲第一个采用二氧化碳制冰的场馆、全国第一个标准室内轮滑馆、全国第一个体育综合风洞实验室、北京第一个大道速滑室内训练馆。该基地的建成使用能够满足北京2022年冬奥会国家冰雪运动训练科研工作需要，其中速滑馆仅用一年时间就完成了建设任务，为冰雪项目国家集训队尽早展开训练，备战冬奥创造了条件。

【延崇高速公路】中铁四局、中铁六局、中铁十局、中铁大桥局、中铁隧道局、中铁电气化局、中铁工业等单位承建的延崇高速公路是一条从北京延庆到张家口崇礼的高速公路，全长约116千米，是北京2022年冬奥会延庆赛场与张家口崇礼赛场的直达高速通道。延崇高速公路在设计上充分展现了中国传统文化、地域特色和冬奥元素，如以滑雪板和古烽火台等造型打造的收费站和服务区，以“冰雪五环”为主题建设的太子城大桥。（王　琳）

【北京地铁11号线西段（冬奥支线）】中铁二局、中铁武汉电气化局、中铁六院等单位参建的北京地铁11号线西段（冬奥支线）是北京2022年冬奥会配套建设项目之一，全长约4.2千米，共设新首钢站、北辛安站、金安桥站、模式口站4座车站，其中金安桥站可与地铁6号线、S1号线实现换乘。建成通车后，有力加强了中心城区与冬奥组委办公区、冬奥比赛场馆及训练场馆的联系，提升了冬奥会公共服务水平，促进了新首钢高端产业综合服务区建设和区域经济社会转型发展。（王　琳）

概述

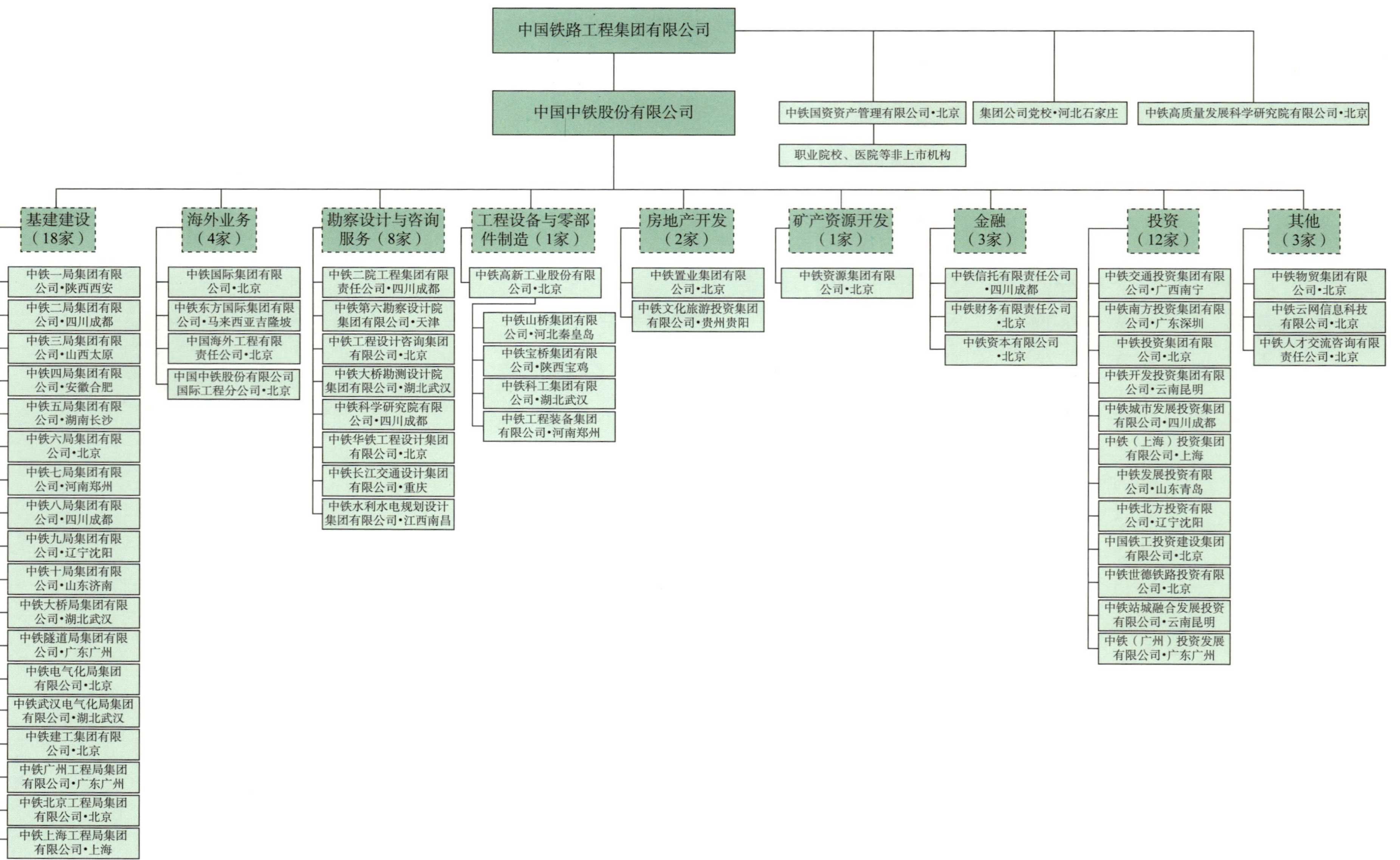

▲图 4-8　中国铁路工程集团有限公司组织机构

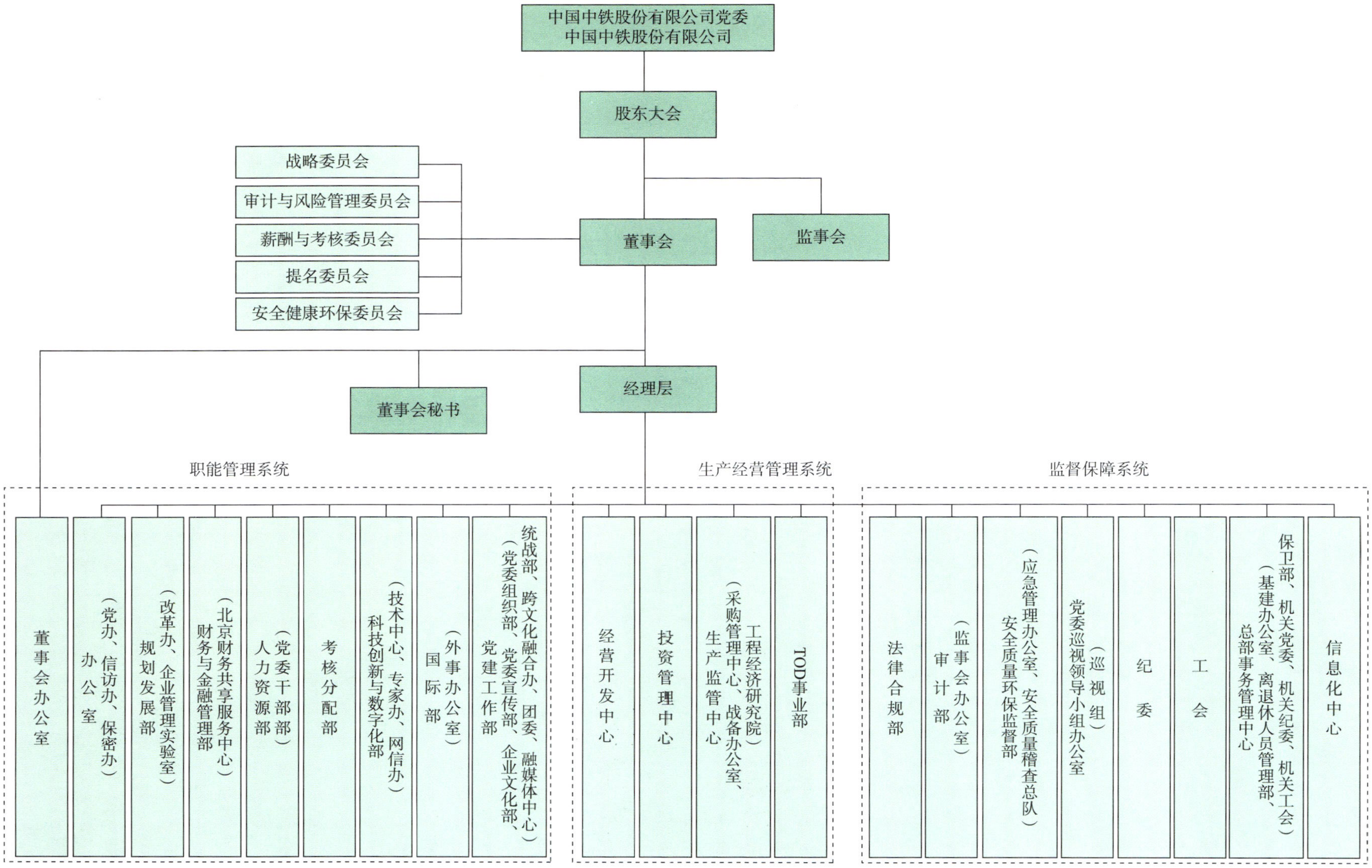

中国中铁股份有限公司党委
中国中铁股份有限公司

股东大会

董事会

监事会

战略委员会
审计与风险管理委员会
薪酬与考核委员会
提名委员会
安全健康环保委员会

董事会秘书

经理层

职能管理系统
- 董事会办公室
- 办公室（党办、信访办、保密办）
- 规划发展部（改革办、企业管理实验室）
- 财务与金融管理部（北京财务共享服务中心）
- 人力资源部（党委干部部）
- 考核分配部
- 科技创新与数字化部（技术中心、专家办、网信办）
- 国际部（外事办公室）
- 党建工作部（党委组织部、党委宣传部、企业文化部、统战部、跨文化融合办、团委、融媒体中心）

生产经营管理系统
- 经营开发中心
- 投资管理中心
- 生产监管中心（采购管理中心、战备办公室、工程经济研究院）
- TOD事业部

监督保障系统
- 法律合规部
- 审计部（监事会办公室）
- 安全质量环保监督部（应急管理办公室、安全质量稽查总队）
- 党委巡视领导小组办公室（巡视组）
- 纪委
- 工会
- 总部事务管理中心（基建办公室、离退休人员管理部、保卫部、机关党委、机关纪委、机关工会）
- 信息化中心

▲图 4-9　中国中铁股份有限公司总部组织机构

概述

就干一流 建就建精品

CHAPTER 5

基建建设

基建建设经营开发

【基建建设板块新签合同额】2021年，中国中铁全系统基建建设板块完成新签合同额24166.8亿元，同比增长10.7%。其中，总承包业务新签合同额为19414.8亿元，同比增长10.7%；投资业务新签合同额4752.0亿元，同比增长10.6%。

（徐林尧）

【各工程局基建建设板块新签合同额情况】2021年，各工程局基建建设板块新签合同额19370.7亿元，同比降低1.7%。其中，铁路市场新签合同额3736.1亿元，同比增长18.3%；非铁路市场新签合同额15634.6亿元，同比降低5.5%。在非铁路市场新签合同额中，公路工程新签合同额1952.4亿元（同比降低43.7%），市政工程新签合同额3283.3亿元（同比降低18.4%），房建工程新签合同额7677.4亿元（同比增长21.3%），城轨工程新签合同额1046.7亿元（同比降低35.2%），水利电力工程新签合同额293.1亿元（同比增长70.3%），港口与航道工程新签合同额90.5亿元（同比增长59.5%），机场工程新签合同额270.7亿元（同比增长54.6%）。（注：2021年新签合同额统计规则发生调整，工程局承揽新签合同额只统计自揽项目，从股份公司分劈项目不计入新签合同统计。）（徐林尧）

【铁路市场经营开发概况】2021年，中国中铁基建建设铁路工程板块新签合同额4335.7亿元，占基建建设板块新签合同总额的17.9%，同比增长22.0%。其中，铁路大中型市场中国中铁中标114个标段2455.9亿元，占市场份额的46.6%，持续领跑铁路市场，特别是在世纪工程川藏铁路竞标中，中国中铁成为承揽合同额最大、标段数量最多、标志性工程最多、施工难度最大的建筑类中央企业。（徐林尧）

▲图5-1　中国中铁参建的西安地铁4号线工程获国家优质工程奖

▲图5-2　中铁四局承建的京沈铁路干柏河特大桥

【非铁路市场经营开发概况】2021年，中国中铁基建建设非铁路板块新签合同额19831.1亿元，占基建建设板块新签合同总额的82.1%，同比增长8.5%。公路工程新签合同额2952.6亿元，同比降低27.9%；市政工程新签合同额4162.0亿元，同比降低6.7%；房建工程新签合同额7924.2亿元，同比增长29.8%；城市轨道工程新签合同额1492.7亿元，同比降低10.1%；水利水电工程新签合同额309.4亿元，同比增长4.4%；港口与航道工程新签合同额102.1亿元，同比增长76.9%；机场工程新签合同额270.7亿元，同比增长54.6%。（徐林尧）

表 5-1 2021 年以股份公司名义中标的总承包项目汇总

序号	工程项目名称	总包合同签订单位	建设单位名称	合同金额/万元	合同工期/日历天
1	重庆轨道交通 15 号线一期工程（K53+633.739~K72+824）	中国中铁（牵头）、中铁一局、中铁二局、中铁隧道局、中铁广州局	重庆市铁路（集团）有限公司	605924	1218
2	雄安新区至北京大兴国际机场快线项目设计施工总承包三标段	中国中铁（牵头）、中铁一局、中铁三局、中铁四局、中铁十局、中铁二院	河北雄安轨道快线有限责任公司	323195	1014
3	西安市地铁 6 号线一期西安南站站及其相邻区间土建、设备安装及装修施工总承包项目	中国中铁（牵头）、中铁三局、中铁建工	西安市轨道交通集团有限公司	63322	915
4	长沙市轨道交通 2 号线西延二期工程土建二标施工项目	中国中铁（牵头）、中铁五局	长沙市轨道交通集团有限公司	209972	1050
5	白云机场 T3 交通枢纽轨道交通预留工程	中国中铁（牵头）、中铁广投、中铁一局、中铁隧道局	广州铁路投资建设集团有限公司	621417	1096
6	重庆轨道交通 27 号线工程（YCK21+961.9~YCK40+524.3）施工总承包	中国中铁（牵头）、中铁一局、中铁二局、中铁八局	重庆市铁路（集团）有限公司	571105	1369
7	青岛市地铁 5 号线工程土建施工二标段项目	中国中铁（牵头）、中铁发展、中铁一局、中铁二局、中铁三局、中铁四局、中铁五局、中铁十局、中铁隧道局、中铁上海局	青岛地铁集团有限公司	677220	2647
8	青岛市地铁 7 号线二期工程［沧口站站前折返线—兴国路站（不含）］施工总承包	中国中铁（牵头）、中铁三局、中铁八局	青岛地铁集团有限公司	113381	1826
9	厦门市轨道交通 3 号线南延段工程土建施工总承包	中国中铁	厦门轨道交通集团有限公司	286889	1370
10	南京至马鞍山市域（郊）铁路（南京段）工程施工总承包 D.S02.X-TA01 标	中国中铁（牵头）、中铁四局、中铁上海局、中铁三局、中铁七局、中铁隧道局、中铁广州局、中铁十局、中铁四局电气化公司、中铁五局电务公司、中铁电气化局	南京地铁建设有限责任公司	583710	1176
11	杭州至德清市域铁路工程土建施工 I 标段	中国中铁（牵头）、中铁一局、中铁八局、中铁隧道局	德清县轨道交通集团有限公司	292856	1826

制表：谷兰玉

【重庆轨道交通 15 号线一期工程（K53+633.739~K72+824）施工总承包】2021 年 2 月 20 日，中国中铁、中铁一局、中铁二局、中铁隧道局、中铁广州局联合体中标重庆轨道交通 15 号线一期工程（K53+633.739~K72+824）施工总承包项目。建设单位：重庆市铁路（集团）有限公司。公开招标方式：中标。中标价：605924 万元。工期：1218 日历天。2021 年 2 月 28 日开工建设，计划 2024 年 6 月 29 日竣工。本项目起于九曲河东站，经重光站、龙安路站、金童路站、果塘路站、西南政法大学站、宝圣湖站、绣湖路站，至 T3 航站楼站及车站至桥隧相接分界区间，线路长 19.19 千米，均为地下线，设车站 9 座。施工内容包括：土建工程（不含九曲河停车场）。市政配套工程：含道路、围墙（含挡墙基础）、排水沟、室外给水、消防水、污水、雨水、管沟等全部内容，以及为完成上述工程所需的临时设施工程、临时施工用地占用及恢复、施工用水用电申请及安装、管网迁改及保护、绿化移植及恢复、市政设施拆除占用及恢复、交通组织（含交通设施拆除及恢复等）、专项检测、施工范围内（包括本工程涉及的实施范围和可能影响的保护范围）的建构筑物监控、保护及拆除，施工期间控制保护区的管理、BIM 应用（土建施工过程的 BIM 建模及应用、提供 BIM 资料及文件、服从项目业主及其委托的 BIM 总体单位管理等）、智慧工

地等。（徐林尧）

【雄安新区至北京大兴国际机场快线项目设计施工总承包三标段】2021年3月8日，中国中铁、中铁一局、中铁三局、中铁四局、中铁十局、中铁二院联合体中标雄安新区至北京大兴国际机场快线项目设计施工总承包三标段。建设单位：河北雄安轨道快线有限责任公司。公开招标方式：中标。中标价：323195万元。工期：1014日历天。2021年3月20日开工建设，计划2023年12月28日竣工。本标段起于霸州经济开发区站（不含），终于永清站（含），线路长约22.42千米；工程总承包施工内容包括标段内的勘察设计、车站工程、高架桥梁、区间工程、出入段线、全线正线及车辆基地的铺轨、道床工程、变电所、人防工程及预留预埋等工程的施工、联调联试配合、竣工验收等全部内容。（徐林尧）

【西安市地铁6号线一期西安南站站及其相邻区间土建、设备安装及装修施工总承包项目】2021年6月10日，中国中铁、中铁三局、中铁建工联合体中标西安市地铁6号线一期西安南站站及其相邻区间土建、设备安装及装修施工总承包项目。建设单位：西安市轨道交通集团有限公司。公开招标方式：中标。中标价：63322万元。工期：915日历天。2021年6月30日开工，计划2023年12月31日竣工。本项目线路总长约2.546千米，含1站2区间，其中，西安南站与12号线T型换乘，与S7号线平行换乘，6号线南边侧墙预留将来打开条件。本次6号线本体工程与12号线换乘节点同步实施。车站主体全长384.3米，标准段宽22.7米，车站结构标准段为地下两层三跨箱型框架结构，换乘节点段为地下三层四跨箱型框架结构。西安南站站后配线，明挖区间长175米，设置1个风井。西安南站—西电科大南校区·未来之瞳站区间，右线区间总长度1986.49米（明挖盾构井长65.8米+单洞双线暗挖342.963米+盾构区间1577.723米）。工程范围包括：西安南站站、西安南站站后配线及西安南站—未来之瞳站区间土建、设备安装及装修施工总承包等内容。其中，土建工程：包含西安南站站以及西安南站相邻区间的前期工程（含设计）、主体、附属、预留远期线换乘节点的土建工程；设备安装及装修工程：包含西安南站站及西安南站站相邻区间的通风空调与采暖、给排水及消防、气体灭火管网、低压配电与照明、火灾自动报警与气灭控制、环境与设备监控、门禁等系统的设备安装工程；车站公共区与设备区建筑装修和车站安装装修工程，含车站周边地面恢复（含绿化）及市政接驳工程；工程范围内灯具、广告灯箱、导向标识、配电箱（柜）、应急照明及疏散系统、消防电源监控等设备及其他材料的采购及安装；配合综合联调、项目工程验收、试运行、竣工验收、政府各项专项验收、初期运营前安全评估等工作。（徐林尧）

【长沙市轨道交通2号线西延二期工程土建二标施工项目】2021年6月22日，中国中铁、中铁五局联合体中标长沙市轨道交通2号线西延二期工程土建二标施工项目。建设单位：长沙市轨道交通集团有限公司。公开招标方式：中标。中标价：209972万元。工期：1050日历天。2021年7月1日开工建设，计划2024年6月1日竣工。本标段共包含5站7区间，线路起于雷锋西站，经枫林西路站、看云路站、樱花路站、百合路站、省图书新馆站（不含）、映日路站（不含），止于西延二期终点梅溪湖西站（不含），线路长8019.335米。其中，车站总建筑面积约84181.66平方米，盾构区间双延米长6276.888米。总承包施工内容包括：雷锋西站（含）至梅溪湖西站正线5站7区间（不含省图书新馆站、映日路站、梅溪湖西站）的主体及附属土建工程、省图书新馆站二次结构、映日路站二次结构、轨道工程（含省图书新馆站、映日路站）采购和安装、人防门采购和安装，还包括对应工程范围内的前期准备工程、建（构）筑物保护、交通疏解及道路恢复、管线迁改、绿化移植和恢复、沿线地铁安保区界桩界碑、市政接驳（含消能井、水表井、通信手井、化粪池等）、综合接地、盾构端头加固及其路面恢复、因主体工程施工引起的路面塌陷恢复等、BIM相关工作。（徐林尧）

【白云机场T3交通枢纽轨道交通预留工程】2021年6月28日，中国中铁、中铁广投、中铁一局、中铁隧道局联合体中标白云机场T3交通枢纽轨道交通预留工程施工总承包项目。建设单位：广州铁路投资建设集团有限公司。公开招标方式：中标。中标价：621417万元。工期：1096日历天。2021年6月30日开工建设，计划2024年6月30日竣工。本工程共1站4区间，包括白云机场T3枢纽站、广河高铁区间、广珠（澳）高铁区间、芳白城际西侧区间、芳白城际东侧区间。车站采用明挖法施工，广河高铁、广珠（澳）高铁盾构区间均为外径13.8米单洞双线盾构隧道，芳白城际东侧、西侧盾构区间均采用外径8.8米单洞单线隧道。车站基坑东西向总长1268米，宽15~164米，深10~30.2米。4个盾构区间为广河高铁区间（1629米）、广珠（澳）高铁区间（1476米）、芳白城际西侧区间（1825米）、芳白城际东侧区间（593米）。（徐林尧）

【重庆轨道交通27号线工程（YCK21+961.9~YCK40+524.3）施工总承包】2021年10月27日，中国中铁、中铁一局、中铁二局、中铁八局联合体中标重庆轨道交通27号线工程（YCK21+961.9~YCK40+524.3）施工总承包项目。建设单位：重庆市铁路（集团）有限公司。公开招标方

式：中标。中标价：571105 万元。工期：1369 日历天。2021 年 11 月 1 日开工建设，计划 2025 年 7 月 31 日竣工。本标段起于磁器口站，经沙坪坝站、石桥铺站、大坪西站、重庆站、后堡站，至南坪站，线路长度为 18.56 千米，均为地下线，设车站 4 座。总承包施工内容包括：土建工程（不含磁器口站、重庆站、南坪站），市政配套工程［含道路、围墙（含挡墙基础）、排水沟、室外给水、消防水、污水、雨水、管沟、燃气等全部内容］，以及为完成上述工程所需的临时设施工程、临时施工用地占用及恢复、施工用水用电申请及安装、管网迁改及保护、绿化移植及恢复、市政设施拆除占用及恢复、交通组织（含交通设施拆除及恢复等）、专项检测、施工范围内（包括本工程涉及的实施范围和可能影响的保护范围）的建（构）筑物监控、保护及拆除、施工期间控制保护区的管理（含标识、标牌的采购及安装）、BIM 管理（土建施工过程的 BIM 建模及应用、提供 BIM 资料及文件、服从项目业主及 BIM 总体单位管理等）、智慧工地等。（徐林尧）

【青岛市地铁 5 号线工程土建施工二标段项目】2021 年 11 月 24 日，中国中铁、中铁发展、中铁一局、中铁二局、中铁三局、中铁四局、中铁五局、中铁十局、中铁隧道局、中铁上海局、青岛市政空间开发联合体中标青岛市地铁 5 号线工程土建施工二标段项目。建设单位：青岛地铁集团有限公司。公开招标方式：中标；中标价。677220 万元。合同工期：2647 日历天。2021 年 12 月 31 日开工建设，计划 2028 年 3 月 31 日竣工。二标段起于澳柯玛桥站，经镇江路站、延安二路站、昌乐路站、镇平路站、胜利桥站、重庆路站、地铁大厦站、滁州路站、合肥路站、劲松七路站、国信体育馆站、青医东院站、石老人浴场站、云岭路站，至云岭路站站后折返线，线路长度为 17.56 千米，均为地下线，设车站 15 座。总承包施工内容：包括承包范围内（含该范围内与 5 号线同期实施的预留工程、换乘改造等）所有土建工程，包括但不限于车站及区间主体、人防结构、附属工程的土建工程、土建施工图纸及文件中要求的预留预埋等；外电源项目主变电所土建工程；临时用地、征拆范围内建构筑物拆除及垃圾清运、三通一平、周边环境核查（含入户调查）、建构筑物及设施保护及加固、施工便道、TBM 及盾构大电引入；管线迁改、绿化迁移、交通调流、道路恢复、市政配套等工程（甲方实施的除外）。（徐林尧）

【青岛市地铁 7 号线二期工程［沧口站站前折返线—兴国路站（不含）］施工总承包】2021 年 12 月 1 日，中国中铁、中铁三局、中铁八局、青岛市政联合体中标青岛市地铁 7 号线二期土建施工一标段［沧口站站前折返线—兴国路站（不含）］施工总承包项目。建设单位：青岛地铁集团有限公司；公开招标方式：中标；中标价：113381 万元；工期：1826 日历天；开工日期：2021 年 12 月 31 日，计划 2026 年 12 月 31 日竣工。本工程起于起点—沧口站区间、沧口站、沧口站—振华路站区间、振华路站、振华路站—文安路站区间、文安路站，至文安路站—兴国路站区间，线路全长约 3.78 千米，均为地下线，共 3 站 4 区间。总承包施工内容：包括所有土建工程，包含但不限于车站及区间主体、人防结构、附属工程的土建工程、土建施工图纸及文件中所要求的预埋、预留等；外电源项目主变电所土建工程；建筑工程其他费中所有临时用地、三通一平、建构筑物调查、施工便道、TBM 及盾构大电引入、建（构）筑物及设施保护与加固、市政配套管网等施工；管线迁改（包括但不限于雨污水管线、通信管线、电力管线、热力管线、燃气管线、自来水管线、交通调流及道路恢复等）；招标人指定的绿化迁移等前期工程（发包人负责实施的除外）。（徐林尧）

【厦门市轨道交通 3 号线南延段工程土建施工总承包】2021 年 12 月 13 日，中国中铁中标厦门市轨道交通 3 号线南延段工程土建施工总承包项目。建设单位：厦门轨道交通集团有限公司。公开招标方式：中标。中标价：286889 万元。工期：1370 日历天。2021 年 12 月 28 日开工建设，计划 2025 年 9 月 27 日竣工。本工程起于 3 号线终点厦门火车站，向南延伸下穿万石山风景区，沿龙虎山路敷设，后转入环岛南路，下穿演武大桥后沿大学路向西，终点位于沙坡尾站并设置站后折返区间。线路全长 8.5 千米，全地下敷设，设 5 座地下站。总承包内容：包括地下车站围护结构、地下车站主体结构及出入口、风亭等附属结构、围堰的施工及拆除、避风坞既有边坡的破坏及还建、接地及杂散电流防护、土石方开挖及外运、前期准备工作（包括但不限于管线综合、管线迁改、临时保护、交通疏解及辅助设施工程等）、盾构法区间、明挖法区间、矿山法区间及其联络通道、废水泵房、工作井等附属建筑、路面恢复、绿化迁移恢复、交通疏解及管线迁改工程（含部分污水）、人防工程等及上述工程关联工程。（徐林尧）

【南京至马鞍山市域（郊）铁路（南京段）工程施工总承包 D.S02.X-TA01 标】2021 年 12 月 24 日，中国中铁、中铁四局、中铁上海局、中铁三局、中铁七局、中铁隧道局、中铁广州局、中铁十局、中铁四局电气化公司、中铁五局电务公司、中铁电气化局联合体中标南京至马鞍山市域（郊）铁路（南京段）工程施工总承包 D.S02.X-TA01 标。建设单位：南京地铁建设有限责任公司。公开招标方式：中标。中标价：583710 万元。工期：1176 日历天。2022 年 1 月 10 日开工建设，计划 2025 年 3 月 31 日竣工。施工范围包括：车站（含与 7 号线

基建建设

西善桥站接口改造工程）、区间土建工程，声屏障及装饰工程（不含车站艺术品），含站台绝缘层上的石材铺设，含渣土运输处置，含槽道套筒预埋，含部分出入段线（桩号RCK0+084.618~RCK1+045.804）；车站、区间安装工程，包括动力照明、接地系统、通风空调、给水排水与消防（不含气体灭火）；车站附属设施（绿化工程、标志导向及路引系统、站前广场、环卫设施、防火封堵、冷却塔等）；人防工程（含所有人防封堵）；临时占地，构筑物补偿、树木及绿化补偿、道路恢复、道路破复、管线迁改、交通疏解、施工便道及其他等，不含征地拆迁；场地准备，研究试验，咨询费，安全生产保障，配合费及其他等，不含涉铁占地费。（徐林尧）

▲图 5-3 2021 年 4 月 18 日，中铁电气化局参建的中国首条民营资本控股的高速铁路——杭州经绍兴至台州高速铁路首条接触网导线成功架设

【杭州至德清市域铁路工程土建施工Ⅰ标段】 2021 年 12 月 27 日，中国中铁、中铁一局、中铁八局、中铁隧道局联合体中标杭州至德清市域铁路工程土建施工Ⅰ标段（施工总承包）项目。建设单位：德清县轨道交通集团有限公司。公开招标方式：中标。中标价：292856 万元。工期：1826 日历天。2021 年 12 月 20 日开工建设，计划 2026 年 12 月 20 日竣工。施工范围包括：长度约 13.4 千米，其中体育中心站基坑埋深约 16.8 米。6 站 7 区间［地信小镇站（不含）—莫干山高新区站—千秋广场体育中心站—区间风井—浙工大站—德清高铁站—泄压井］的地下车站及盾构区间的所有土建工程，包括（不仅限于）：主体结构、盾构始发井、风亭、出入口、拆复建工程、管线迁改、交通导改及相关临时工程等土建施工；轨道工程，主要包括一般整体道床施工、减振垫浮置板道床施工、钢弹簧浮置板道床施工，相关附属设备的安装工作以及后期的调试、测试等工作；施工影响范围内的雨污水管线迁改、临时道路迁改、桥梁拆复建等施工。（徐林尧）

表 5-2 2021 年度签署的承包类重大合同（基建建设业务）

序号	签订单位	合同名称	合同签署日期	合同金额/万元	合同工期
铁路					
1	中铁四局、中铁隧道局、中铁大桥局、中铁十局、中铁三局、中铁二局、中铁八局、中铁一局	新建川藏铁路雅安至林芝段中间段站前工程 CZXZZQ-6、CZXZZQ-9、CZXZZQ-10、CZXZZQ-12、CZXZZQ-13、CZSCZQ-11 标段	2021 年 11—12 月	5766824	131 个月
2	中铁五局、中铁大桥局、中铁二局、中铁九局、中铁上海局、中铁三局、中铁八局	新建重庆至昆明高速铁路 YKYGZQ-2、YKYGZQ-3、YKYGZQ-7、YKCYZQ-6、YKCYZQ-7 标段施工单价承包	2021 年 9 月	2248182	72 个月
3	中铁二局、中铁上海局、中铁大桥局、中铁九局、中铁三局	新建沈阳至白河高速铁路工程 SBJL-TJ-2、SBJL-TJ-5、SBJL-TJ-7、SBLN-TJ-3、SBLN-TJ-5 标段	2021 年 7 月	1437208	1553 日历天
4	中铁三局、中铁五局、中铁二局、中铁八局、中铁六局	新建西安至延安铁路铜川新建西安段站前工程施总价承包 XYZQ-6、XYZQ-7、XYZQ-9、XYZQ-10、XYZQ-11 标段	2021 年 5 月	1116792	1644 日历天

续表

序号	签订单位	合同名称	合同签署日期	合同金额/万元	合同工期
5	中铁五局、中铁广州局、中铁二局	新建川藏铁路雅安至林芝段两区段站前工程 CZXZZQ-3、CZXZZQ-4 标段施工	2021 年 3 月	1102771	115 个月
		公路			
1	中铁大桥局、中铁一局	南昌市绕城高速公路西二环（厚田至乐化段）新建工程设计采购施工总承包 TJ3、TJ4 标段	2021 年 12 月中标，2022 年 3 月签订合同	412189	36 个月
2	中铁交通、中铁设计、中铁七局、中铁九局、中铁上海局	南昌市绕城高速公路西二环（厚田至乐化段）及其连接线（经开至永修段）工程	2021 年 11 月	322215	730 日历天
3	中铁一局、中铁四局	沈阳至海口国家高速公路汕尾陆丰至深圳龙岗段改扩建工程（K0+000~K71+288.003 段）土建工程施招标 TJ6、TJ11 标段	2021 年 3 月	265802	30 个月
4	中铁一局	东阿至郓城公路梁山至郓城段项目（议标）	2021 年 4 月	203321	1080 日历天
5	中铁隧道局	云南大关至永善高速公路第 2 标段重新招标（第二次）	2021 年 5 月	171538	36 个月
6	中铁五局、中铁十局	G0611 张掖至汶川国家高速公路青海省同仁至赛尔龙（青甘界）段 TESPC-2 标段设计施工总承包	2021 年 4 月	153948	1460 日历天
		市政及其他			
1	中铁建工、中铁华铁	深圳市龙岗区坂田街道光雅园村城市更新单元 EPC 项目工程总承包	2021 年 6 月	1300000	1825 日历天
2	中铁南方、中铁一局、中铁二局、中铁三局、中铁四局	深圳市城市轨道交通 8 号线三期工程施工总承包	2021 年 9 月	807794	1793 日历天
3	中国中铁、中铁发展、中铁一局、中铁二局、中铁三局、中铁四局、中铁五局、中铁十局、中铁隧道局、中铁上海局	青岛市地铁 5 号线工程土建施工二标段—不分标段	2021 年 12 月中标 2022 年 1 月签订合同	677221	75 个月
4	中国中铁、中铁广投、中铁一局、中铁隧道局	白云机场 T3 交通枢纽轨道交通预留工程施工总承包项目	2021 年 8 月	621417	3 年
5	中国中铁、中铁一局、中铁二局、中铁隧道局、中铁广州局	重庆轨道交通 15 号线一期工程（K53+633.739~K72+824）施工总承包—不分标段	2021 年 3 月	605924	1218 日历天
6	中国中铁、中铁三局、中铁四局、中铁五局、中铁七局、中铁十局、中铁隧道局、中铁电气化局、中铁上海局、中铁广州局	南京至马鞍山市域（郊）铁路（南京段）工程施工总承包 D.S02.X-TA01 标	2021 年 12 月中标 2022 年 1 月签订合同	583711	2022 年 1 月至 2025 年 3 月
7	中国中铁、中铁一局、中铁二局、中铁八局	重庆轨道交通 27 号线工程（YCK21+961.9~YCK40+524.3）施工总承包—不分标段	2021 年 12 月	571105	1369 日历天

制表：徐林尧

基建建设生产管理

【施工产值完成情况】2021年，中国中铁所属18家施工企业施工产值完成10087.65亿元，占比年度产值计划9245亿元的109%，同比增长193%。各施工企业中，中铁四局完成1277.44亿元，中铁一局完成1096.39亿元，中铁二局完成757.18亿元，中铁建工完成752.26亿元，中铁五局完成745.85亿元，中铁三局完成736.64亿元，中铁十局完成625.84亿元，中铁隧道局完成544.32亿元，中铁七局完成498亿元，中铁上海局完成472.03亿元，中铁大桥局完成420.58亿元，中铁六局完成399.48亿元，中铁电气化局完成395.97亿元，中铁八局完成373.76亿元，中铁广州局完成330.37亿元，中铁北京局完成321.94亿元，中铁九局完成227.66亿元，中铁武汉电气化局完成111.96亿元。各投资集团企业中，中铁开投完成427.8亿元，中铁城投完成381.03亿元，中铁南方完成284.89亿元，中铁发展完成213.37亿元，中国铁工投资完成146.62亿元，中铁投资完成144.68亿元，中铁交通完成140.59亿元，中铁广投完成138.3亿元，中铁北方完成102亿元，中铁上投完成66.63亿元。

（杨　斌）

【新开工重点项目】·川藏铁路雅林段工程·　川藏铁路雅林段正线长度1018千米，项目总投资3198亿元，川藏铁路雅林段土建及配套工程分三阶段进行招标，“两区段”中的“两隧一桥”于2020年10月完成招标，“两区段”的其他项目、中间段分别于2021年3月、2021年11月完成招标。中国中铁承建川藏铁路雅林段在施项目共有14个，合同总额781.506亿元，2021年共完成产值500482万元，占年度计划479512万元的104%。其中，中铁大桥局承建的大渡河特大桥，开累完成产值40059万元，占合同额的14.9%；中铁隧道承建的色季拉山隧道，开累完成产值62468万元，占合同额的14.4%；中铁五局承建的拉月隧道、鲁朗隧道等项目，开累完成产值41703万元，占合同额的9.1%；中铁广州局承建的东久曲特大桥、鲁朗车站等项目，开累完成产值12511万元，占合同额的11.5%；中铁二局承建的易贡隧道、通麦隧道等项目，开累完成产值48254万元，占合同额的9.0%；配套工程的施工道路标（2个）、施工供电标（2个）施工产值完成比率均超90%，项目进入收尾阶段；中间段的各标段正处于筹划、准备和临建工程施工阶段。

·粤港澳大湾区深圳都市圈城际铁路深圳机场至大亚湾城际深圳机场至坪山段2标（五和—聚龙）·　采用“股权投资＋施工总承包”建设模式，项目总投资约506.47亿元，其中，资本金占比50%，约253.23亿元，剩余为债务资金，由合资公司负责融资。项目资本金中，深铁集团出资160.93亿元，各出资人共需出资92.3亿元。其中，本标段（2标）出资人需出资53.54亿元、其他标段（1标）出资人需出资38.76亿元。总承包金额为1914882万元，合同工期为2021年11月20日至2026年11月10日。项目位于广东省深圳市，线路长37.376千米，起讫里程为DK32+473.670~DK70+041.008，共设地下车站4座，其中，五和站、白泥坑站为枢纽站，大运站、聚龙站为换乘站。四段盾构区间，其中，包含7个工作井，工程具有地层复杂多变，穿越城市建成区，车站较常规地铁车站深，基坑横向宽，规模大，车站周边环境复杂，邻近众多风险点，长大区间较多，区间所处地层复杂，穿越众多建（构）筑物及既有线等主要特点。项目于2021年12月进场。本标段（2标）由中铁南方（主）、中铁一局、中铁三局、中铁四局、中铁五局、中铁六局、中铁七局、中铁八局、中铁隧道局、中铁广州局、中铁上海局、中铁电气化局联合体中标。施工单位有中铁一局至中铁八局、中铁隧道局、中铁广州局、中铁上海局、中铁电气化局。

·深圳市城市轨道交通8号线三期工程·　工程采用施工总承包建设模式，合同额807793.69万元，合同工期：2021年9月30日至2026年8月28日。项目位于广东省深圳市，正线线路长3.690千米（双线），出入段线长度2.394千米（双线），试车线长度1.36千米（单线），全部为地下线，设明挖车站和车辆基地各1座，其中车辆基地包括上盖物业平台及上盖平台内外14个单体建筑，总建筑面积24.44平方米。项目于2021年9月30日开工。项目由中铁南方（牵头）、中铁一局、中铁二局电务公司、中铁三局、中铁四局联合体资质中标，施工单位有中铁一局、中铁二局电务公司、中铁三局、中铁四局。

·云南省勐醒至江城至绿春高速公路PPP项目·　工程采用PPP投资建设模式，由省级政府出资代表、州（市）政府出资代表及社会资本三方出资。股权结构：省级政府出资代表占比10%，州（市）政府出资代表占比5%，社会资本占比85%（中国中铁占比12.75%）。2020年9月进场，线路全长210.432千米，起点为藤篾山互通接小磨高速，终点为绿春县，与元绿高速公路相接，按双向四车道高速公路标准建设。全线共设桥梁220座，其中，特大桥7座、大桥183座、中桥30座；隧道54座（特长隧道6座、长隧道18座、中隧道11座、短隧道19座）；设匝道站收费站10处，服务区3座，停车区3座，管理中心3处，养护工区3处，隧道管理所3处。设计速度为80千米/小时。项目投资额为3681095万元，其中建安费总额3000493万元（中国中铁承担施工建安费总额2400394万元）。项目合作期33年，其中建设期3年（受投资模式变化影响，具体开工日期暂未确定）。施工单位：中国中铁方为中铁一局至中铁九局、中铁武汉电气化局、中铁北京局、中铁上

海局、中铁隧道局、中铁建工；交投方为云南交投集团公路建设有限公司、云南交投集团云岭建设有限公司、云南省交通科学研究院有限公司、云南云岭高速公路交通科技有限公司、云南交投市政园林工程有限公司。

·重庆轨道交通15号线一期土建工程· 工程采用施工总承包模式建设，由中国中铁股份有限公司牵头联合体中标。2021年2月28日开工，线路全长19.19千米，包含9站9区间，其中，暗挖站7座，明挖站2座，TBM区间7条，矿山法区间2条。合同金额605925万元。合同工期为2021年2月28日至2024年6月29日，共1218日历天。联合体施工单位成员有中铁一局、中铁二局、中铁隧道局、中铁广州局。

·武汉市轨道交通12号线工程PPP项目· 工程采用PPP投资建设模式，中国中铁与武汉市地铁集团、中国铁建、平安基金、南京地铁五方共同组建"武汉轨道交通12号线建设运营有限公司"。股权结构：政府方出资代表占比30%，社会资本占比70%（其中中国中铁方占比23.33%）。先期公开招标段于2020年3月1日开工，联合体中标段落于2021年7月1日开工，全线线路长度约59.9千米，均为地下线路，共设车站37座，其中，换乘站26座，与线网中其他18条线路实现换乘，平均站间距约为1.62千米。全线分两期开通，武昌段为一期（前期已招标），江北段为二期。武昌段工程范围包括科普公园站（不含）—青菱站（含），含板桥停车场及出入线，线路全长约22千米，共设车站14座，线路起于科普公园站（不含），经由园林路、团结大道、沙湖大道、东安路、武昌火车站、平安路、白沙三路，终于青菱站（含）。江北段工程范围包括青菱站（不含）—科普公园站（含），线路起于青菱站（不含），经由白沙三路、四新南路、芳草路、赫山路、琴台大道、汉西路、常青一路、后湖大道、兴业路、园林路，终于科普公园站（含），线路长度约37.9千米，设站23座，其中换乘站17座，汉口火车站与国铁衔接。线路于凌吴村站—国博中心南站、丹水池站—科普公园站两次穿越长江，于汉钢站—太平洋站穿越汉江。项目投资额为298.78亿元，其中建安费总额218.05万元。建设期为2020年11月底至2025年12月底。施工单位为中铁一局、中铁二局、中铁三局、中铁四局、中铁五局、中铁七局、中铁大桥局、中铁隧道局。

·G7611线昭通（川滇界）至西昌段高速公路PPP项目· 总投资314.17亿元，建设期5年。项目位于四川省西南部凉山彝族自治州境内，是G7611四川段的一段。经金阳县、马鞍山、昭觉、乐西高速、昭觉、贡觉高山、西昌城市规划北外围，路线止点设小庙枢纽立交与西攀高速相接。线路全长166.147千米，设桥梁46304米/102.5座，隧道74264米/23座，桥隧比例72.6%。2019年11月，以中国中铁股份有限公司和中铁城投公司联合体中标，中铁城投组建川西南分公司负责总承包管理，主要负责人：刘喜英、胡志斌。中铁一局、中铁二局、中铁三局、中铁四局、中铁五局、中铁六局、中铁八局、中铁十局、中铁隧道局、中铁广州局承建。项目2021年6月控制性工程开工，当年完成投资21.22亿元，开累完成投资21.22亿元，占总投资的6.8%；桥梁工程完成949折合米，开累完成949折合米，占总量的2.0%；隧道工程完成4478折合米，开累完成4478折合米，占总量的6.0%。

·伊犁G577精伊线、G577特昭线经营性公路PPP项目· 项目含G577精伊线、G577特昭线两个项目，2020年10月，中铁城投联合新疆交通建设投资控股有限公司、中铁一局、中铁二局、中铁三局、中铁九局、中铁建工、中铁设计、中铁六院、新疆路桥建设集团有限公司、新疆公路建设（集团）有限责任公司、新疆交通规划勘察设计研究院中标该项目，总投资130.87亿元。其中，精（河）至伊（宁）线投资111.28亿元，全长82.828千米；特（克斯）至昭（苏）线投资19.59亿元，全长68.169千米。中国中铁方负责精伊线的建设，国道G577线精河至伊宁县段公路工程起点位于新疆博尔塔拉蒙古自治州精河县沙山子西南侧，设置互通与G30连霍高速相衔接，路线向南穿越戈壁滩，经龙口进入阿恰勒河谷，设置北天山特长隧道11.896千米，之后沿蒙马拉林场向西南方向延伸，跨越精伊霍铁路，沿铁路西侧到达套苏。一级公路总长82.828千米，设桥梁23.402千米/58座，隧道17.791千米/5座，主线桥隧比49.74%，互通式立交3处，建设期5年。中铁城投组建新疆分公司负责总承包管理，主要负责人：杨建伟、刘镇。中铁一局、中铁二局、中铁三局、中铁九局、中铁建工。2021年8月，项目控制性工程开工，当年完成投资9.37亿元，开累完成9.37亿元，占总投资的8.4%；桥梁工程完成1041折合米，开累完成1041折合米，占总量的4.4%；隧道工程完成1512折合米，开累完成1512折合米，占总量的7.7%。

（杨　斌）

【在建重点工程进展情况】·大瑞铁路保瑞段工程· 大瑞铁路大保段主体工程已基本完成，工程进入竣工收尾阶段。保瑞段计划竣工日期为2025年11月，中国中铁所属的中铁三局、中铁五局、中铁隧道局参与工程建设，中标总额66.5亿元。目前，国内在建的第一特长单线铁路隧道——高黎贡山隧道，全长34.538千米（隧道局承建29.307千米），全隧采用"贯通平导+1座斜井+2座竖井"的辅助坑道设置方案，隧道地质环境特殊，工程建设规模宏大，施工技术要求高，为大瑞铁路的关键控制性工程。中铁隧道局开累完成产值181356万元，占合同额的50%；中铁三局承建三台山隧道等项目，开累完成176893万元，占合同总额的88.8%；中铁五局承担的保山隧道等项目，开累完成90313万元，占合同总额的80%。

·新建渝昆高速铁路工程· 渝昆高速铁路全长698千米，项目总投资1416亿元，合同工期为2020年12月至2025年6月，中国中铁所属的中铁二局、中铁三局、中铁四局、中铁五局、中铁八局、中铁九局、中铁大桥局、中铁隧道局、中铁上海局、中铁电气化局10家施工企业参与建设，中标合同总额289.5亿元。中铁二局承建大山隧道、云雾山隧道等项目，开累完成121626万元，占合同额的39.86%；中铁三局承建的黄沙河特大桥、沙坪镇特大桥、龙家榜特大桥等项目，开累完成133333万元，占合同额的51%；中铁四局承建泸州沱江特大桥等项目，开累完成112312万元，占合同额的44%；中铁隧道局承建昭通隧道等项目，开累完成产值58833万元，占合同额的34%；中铁五局、中铁八局、中铁九局、中铁大桥局、中铁电气化局、中铁上海局正处于准备和临建施工阶段，正式工程未完成产值。

·陕西旬邑至凤翔高速公路工程· 项目概算总投资143.17亿元（其中建安费总额114.76亿元）。合同工期2017年12月27日至2021年12月25日。项目采取PPP模式（BOT+政府补助），社会资本100%股权。股权结构：中铁股份公司3%、中铁交通3%（负责项目投资建设及运营管理）、中铁一局4.5%、中铁二局3%、中铁十局3.5%、中铁上海局3%、嘉兴铁交80%。项目位于陕西省咸阳市、宝鸡市，全长124.242千米。其中，新建线路117.07千米，改扩建（与既有福银高速公路共线段）7.172千米。主要施工内容为路基、桥梁、隧道、房建、绿化、交安、机电及服务区。主要实物工程量：路基土石方4186.59万立方米（挖方2403.15万立方米、填方1783.44万立方米），桥梁22724.2米/131座，涵洞102道，隧道22493.5米/17座，互通式立交11处，分离式立交21处，天桥12处，通道62处。全线设管理中心1处，服务区2处，停车区2处，养护工区1处，设西凤、良舍、麟游、崔木、旬邑西5个收费站。中铁交通成立陕西旬凤韩黄高速公路有限公司及陕西旬凤韩黄高速公路工程指挥部，按照“一套人马、两块牌子”模式开展建设管理工作。项目负责人：陈杰。由中国中铁所属中铁十局、中铁二局、中铁上海局、中铁北京局承担所有施工任务。截至2021年底，项目已完成全部投资任务。其中，太峪至良舍段53.4千米于2020年建成通车，剩余70.8千米于2021年11月完成交工验收，2021年12月25日全线开通运营。

▲图5-4 2021年12月25日，由中铁交通投资建设管理的陕西旬凤高速公路实现全线通车运营

·陕西韩城至黄龙高速公路工程· 项目概算总投资103.1亿元，其中建安费79.76亿元。原合同工期2018年6月至2022年6月（由于地方政府原因，通车时间暂无法确定）。该项目与陕西旬凤高速公路项目同属一个PPP项目包。韩黄高速公路全长75.182千米，双向四车道，设计速度每小时80千米。全线设桥梁25384米/66座（全幅，下同），占路线总长度的33.80%，特大桥12207米/5座，大桥15044米/44座，中桥1138米/17座；设隧道16921米/9座（双洞，下同），占路线总长度的22.53%。其中，特长隧道11585米/2座，长隧道4064米/3座，中短隧道1272米/4座。全线桥隧比例为56.33%。全线设西庄枢纽、党家村、韩城西、白马滩、马场（预留）、沙曲河枢纽6处互通式立交，设服务区1处，河西坡停车区1处，设匝道收费站3处，设置管理中心1处，设养护工区1处。养护工区、桥隧管理站合建。中铁交通在项目公司成立韩黄管理处，并成立中铁交通韩黄指挥部，实行“一套班子、两块牌子”模式运作，人员由中铁交通和中铁一局共同派遣组成。项目负责人：陈杰。项目由中铁一局和中铁七局承担所有施工任务。

截至2021年底，由于地方政府征迁资金严重不到位，无法办理后续用地手续，为控制项目投资风险，项目已全面停工。韩黄项目已累计完成投资13.36亿元，占总投资103.10亿元的13%；累计完成建安9.29亿元，占总建安79.76亿元的11.6%。项目累计完成路基土石方36万立方米，完成设计的2%，累计完成桥梁桩基402根、墩柱165个；累计完成隧道开挖7951米，完成设计的23%。

·深圳地铁14号线· 为中国中铁施工总承包项目，起自深圳福田中心区岗厦北枢纽，经罗湖区、龙岗区，止于坪山区沙田站，预留延伸至惠州，线路全长50.34千米。

项目合同额235.07亿元，合同工期：2018年1月10日至2022年8月10日。主要施工内容：车站18座（枢纽站4座，换乘站10座，标准站4座，平均站间距3.1千米），全地下敷设；车辆基地按1段1场布置（福新停车场、昂鹅车辆段）；主变电所共4座（新建2座、利用既有1座、预留1座）；盾构区间21个，盾构区间单线总长88.86千米。重点工程及特点：建设标准高，深圳地铁14号线设计最大时速为120千米，具备地铁快线功能，采用自动化无人驾驶模式；征（拆）迁改量大，全线征拆量约41.1万平方米；盾构资源投入强度大，盾构区间长大区间多，平均站间距3.1千米，投入50台盾构机，其中6台双模盾构机施工在深圳轨道建设尚为首次应用；地质复杂，岩溶地质施工风险高。深圳地铁14号线岩溶主要分布于2站3区间，合计约4.7千米，约占线路总长度的9.4%；沿线枢纽多（新建黄木岗枢纽、大运枢纽、穿越岗厦北枢纽）枢纽体量大、施工难度高。指挥机构：中国中铁深圳地铁14号线联合体项目经理部，由中铁南方牵头、联合体成员单位联合组建。项目负责人：刘恒。参建单位：中铁隧道局、中铁六局、中铁五局、中铁九局、中铁广州局、中铁三局、中铁电气化局。

▲图5-5　2021年12月12日，深圳地铁14号线实现双线“长轨通”

2021年度完成产值731593万元，占年度产值计划637146万元的115%；开累完成产值1987830万元，占合同额2350666万元的85%。项目累计完成：全线15座车站已全部封顶，主体结构完成100%；全线正线盾构区间21个已全部贯通；附属工程共计146座，开工144座，完成80座；联络通道共计66座，全部完成。站后工程装饰装修累计完成60%；常规设备安装累计完成65%；轨道工程全部完成；系统设备工程累计完成40%。停车场装饰装修累计完成80%；常规设备安装累计完成45%；轨道工程全部完成。车辆段主体结构全部完成；综合楼主体结构全部完成；库区装修累计完成80%；常规设备安装累计完成80%；轨道工程全部完成。大运枢纽主体结构砼累计完成总量的100%；钢结构改造完成53%。

2021年，深圳地铁14号线获国际隧道协会（ITA）2021年度“超越工程奖”，盾构渣土高效资源化利用智能化装备系统开发与应用研究获2021年度中国铁路工程集团有限公司科学技术一等奖，盾构区间渣土无害化处理及二次利用获中国施工企业管理协会首届工程建造微创新技术大赛二等成果，螺旋输送机出渣式双模盾构模式转换施工技术获广东省建筑业协会科学技术进步奖，轨道交通工程整体道床装配式轨道铺设施工技术获广东省建筑业协会科学技术进步奖。

·深圳市春风隧道工程·　为中国中铁EPC项目，合同额38.7456亿元。合同工期：2017年2月23日至2023年5月17日。项目位于深圳市罗湖区、福田区，线路西起滨河大道上步立交东侧与滨河大道相接，自西向东布线，自滨河路上步立交与红岭立交之间进入地下，先后穿越红岭立交、地铁9号线A出入口通道、宝安南路立交、布吉河、船步桥、春风路高架；绕行深港共管区域、港逸豪庭、渔景大厦，穿越深圳海关宿舍区及大滩大厦、广珅大酒店、广深铁路股道及深圳站、地铁1号线罗湖站；下穿边检宿舍区、文锦渡口岸；线路位于北斗路东侧归入沿河南路，新秀立交以南穿出地面，在新秀立交西侧与东部过境高速公路市政连接线配套工程相接，线路全长5.078千米，其中隧道长4.82千米。指挥机构：中铁南方春风隧道工程指挥部。项目负责人：倪家祥。参建单位：中铁隧道局。

2021年累计完成产值36822万元，占年度计划63791万元的58%。开累完成产值211698万元，占合同额387456万元的55%。项目累计完成：西明挖主体结构已全部完成；东明挖土方4.1万立方米，占总量的20%；盾构掘进1502.64米，占总量的42%。

·福州滨海快线（F1线）施工总承包1标项目·　项目合同额68.28亿元，建安投资额60.07亿元。合同工期：2019年12月31日至2024年6月30日。项目起自福州火车站，经晋安区、鼓楼区、台江区、仓山区，止于盖帝区间明挖段，与高架段接壤，线路全长13.3千米。主要施工内容：车站6座（换乘站4座，标准站2座，平均站间距2.2千米）6区间，全地下敷设；停车场1座。重点工程及特点：建设标准高，设计最大时速为140千米；专业多、环境复杂、协调量大、施工组织复杂；盾构资源投入强度大，计划投入9台盾构机，其中2台土压泥水双模盾构机及2台土压TBM双模盾构机施工在福州地铁建设尚为首次应用；地质情况复杂，砂层、淤泥地质施工风险高。指挥机构：中国中铁福州滨海快线联合体项目经理部，由中铁南方牵头、联合体成员单位联合组建。项目负责人：陈思明。参建单位：中铁上海局、中铁七局、中铁八局、中铁四局、中铁六局、中铁二局。

2021年度完成产值110379万元，占年度产值计划114956万元的96%；开累完成产值138407万元，占建安投资额600746万元的23%。项目共有15个工点，已开工10个。累计完成：地连墙896幅，占总量的93%；咬合桩958根，占总量的84%；土方44.8万立方米，占总量的11%；主体结构板59块，占总量的28%，已有2个车站封顶，占总量的33%；盾构掘进396米，占总量的2%。

·北京市国道109（新线）高速公路工程PPP项目· 项目线路总长65.5千米，总投资220.9239亿元（其中建安费总额159.3774亿元）。合同工期：2020年4月1日至2023年12月31日。工程采用PPP投资建设模式，由中国中铁、政府及其他社会资本三方出资。股权结构：首发集团40%，中国中铁42%、中铁二局3%，北京市政路桥、北京建工、北京住总共计15%。中国中铁施工任务占比份额63.33%，建安投资100.93亿元，工程位于北京市门头沟区，施工里程为A1K13+527.894~A1K51+543.5，全长38.016千米。主要施工内容为路基、桥梁、隧道、房建及服务区。主要实物工程量：路基土石方262.49万立方米（填方180.8万立方米、挖方81.69万立方米），桥梁32775米/13座，隧道44403米/10座，涵洞26座，路面铺设1031593平方米，房建1539平方米，互通式立交3处，服务区1处等。项目公司为中铁京西（北京）高速公路发展有限公司。中国中铁承建8个标段施工任务。总承包部：中国中铁股份有限公司国道109高速公路工程总承包部。主要负责人：宋凯。施工单位：中铁一局、中铁上海局、中铁三局、中铁六局、中铁二局、中铁北京局、中铁十局、中铁广州局。

项目2021年度完成投资519955万元，开累完成投资908944万元，占合同额2209239万元的41%。年度完成产值313930万元，占年度计划310000万元的101%；开累完成产值438052万元，占建安费总额1009337万元的43%。

截至2021年末，全线桥梁共计15座，其中，军庄互通立交匝道桥、陈家庄大桥、谷山村大桥、下苇甸大桥、安家庄特大桥、雁翅立交匝道桥、黄岩沟桥、清水河大桥、服务区桥、军响特大桥、斋堂互通立交大桥、东胡林特大桥12座桥正在进行施工。全线隧道共计10座均已进洞施工，其中西胡林隧道右线已贯通。路基土石方年累完成141.7万立方米，开累完成141.7万立方米，完成设计145.53万立方米的97%；桥梁工程年累完成15207.43延长米，开累完成15539.43延长米，完成设计总量32775延长米的47%；重点工程安家庄特大桥桩基年累完成379根，开累完成401根；承台年累完成38个，开累完成38个；墩柱年累完成3个，开累完成3个；隧道工程洞身开挖年累完成19906米，开累完成20979米，完成设计总量44435米的47%。二衬浇筑年累完成14225米，开累完成14225米，完成设计总量44435米的32%；重点工程下苇甸隧道开挖年累完成3375.8米，开累完成3794.8米，完成设计长度6880米的55%；二衬浇筑年累完成2997米，开累完成2997米，完成设计长度6880米的44%。黄台隧道开挖年累完成3238米，开累完成3242米，完成设计长度8004米的41%；二衬浇筑年累完成1858米，开累完成1858米，完成设计长度7995米的23%。

·京雄高速公路（北京段）政府和社会资本合作（PPP）项目· 项目线路总长27.043千米。总投资：122.1190亿元（其中建安费总额82.3143亿元）。合同工期：2020年12月25日至2022年12月31日。工程采用PPP投资建设模式，由中国中铁、政府资本双方出资。股权结构：首发集团49%，中国中铁35%、中铁一局4%，中铁五局4%，中铁六局4%，中铁北京局4%。全线设置特大桥1座（永定河特大桥）、高架桥5段、互通式立交5座，主线桥梁总长度24.243千米，匝道桥总长度14.487千米。全线共有涵洞78座，设置主线收费站1处，进京检查站1处，主线收费管理中心1处，匝道收费站3处，停车区1处，养护工区1处，全线占地面积约2195913.3平方米。主要实物工程量：路基土石方93万立方米，桥梁24242米，涵洞78座，路面铺设147151平方米。项目公司：中铁京雄（北京）高速公路发展有限公司。主要负责人：何峰。指挥部：中国中铁股份有限公司京雄高速公路（北京段）工程建设指挥部。主要负责人：汪德志。项目共划分8个标段均由中国中铁承建，施工单位：中铁上海局、中铁二局、中铁三局、中铁六局、中铁广州局、中铁一局、中铁五局、中铁北京局。

项目2021年度完成投资756954万元，开累完成投资767114万元，占总投资1221190万元的63%。年累完成产值441000万元，占年度计划350000万元的126%；开累完成产值451160万元，占建安费总额823143万元的55%。全线8个工区已实现开工，其中，1工区进行桩基、承台、墩柱施工，2工区至5工区进行桩基、承台、墩柱、盖梁、现浇梁施工，6工区、7工区、8工区进行桩基、承台、墩柱、盖梁、预制梁架设施工及桥面附属施工，路面及机电工程已开始。

截至2021年末，路基土石方开累完成1040万立方米，完成总量1612万立方米的65%。桥梁工程年累完成13772米，开累完成13932米，完成设计总量24407米的57%。京深路至市界段桥梁下部结构已全部完成，防撞护栏综合完成89%，

桥面铺装综合完成93%。路面已开始摊铺。重点工程永定河特大桥主桥桩基开累完成110根，完成设计量110根的100%。东引桥桩基开累完成133根，完成设计量170根的78%；西引桥桩基开累完成120根，完成设计量132根的91%；西引桥承台开累完成9个，完成设计量12个的75%；临时栈桥开累完成209.2米，完成设计量2184.5米的9.6%。

·天津地铁4号线PPP项目·

项目合同额165.5336亿元，建安费总额114.9363亿元。建设期：2020年7月24日至2025年7月23日。项目北起北辰区小街，南至红桥区河北大街。沿线经过北辰区、河北区、红桥区，正线全长约22千米，设17座车站，设小街停车场和1座主变电所，控制中心接入天津轨道交通指挥中心（华苑综合控制中心）。项目公司：中铁（天津）轨道交通投资建设有限公司。主要负责人：王振飞。总承包部：中国中铁股份有限公司天津地铁4号线PPP项目北段工程总承包部。主要负责人：王志刚。施工单位：中铁一局、中铁二局、中铁三局、中铁四局、中铁六局、中铁七局、中铁十局、中铁北京局、中铁上海局、中铁隧道局、中铁电气化局。

项目2021年度完成投资263789万元，开累完成投资417289万元，占合同额1655336万元的25%。2021年度完成产值239120万元，占年度计划234300万元的102%；开累完成产值370041万元，占项目建安费总额1149363万元的32%。

全线土建8个标段16座车站及小街停车场已全部开工，其中，4座车站（白庙站、北洋桥站、西沽公园站、河北大街站）正在进行围护结构及管线切改施工，2座车站（双街站、柳滩站）正在进行土方开挖，4座车站（双街站、延吉道站、果园南道站、天穆站）正在进行主体结构施工，4座车站（郎园站、西赵庄站、南仓站、西于庄站）主体结构施工完成，3座车站（小街站、柴楼站、北仓站）一期主体结构施工完成，1条区间（西于庄站—西站站区间）双线贯通，3条区间（郎园站—柴楼站区间、双街站—西赵庄站区间、南仓站—天穆站区间）正在盾构掘进；小街停车场正在进行水泥搅拌桩及管桩施工。车站土方开挖年累完成151万立方米，开累完成161万立方米，完成总量的69%；车站砼年累完成26.28万立方米，开累完成26.48万立方米，完成总量的49%；盾构区间年累完成3485米，累计完成3485米，完成总量的11%；管片生产累计完成8500环。

·云南省滇中引水工程大理Ⅰ段至楚雄段引入社会资本建设项目·

项目总体线路沿金沙江右岸由北向南经丽江至大理转向东。项目起点位于石鼓渠首，终点为禄丰县罗茨坝子观音山倒虹吸末端，起止里程为DL Ⅰ 63+342~CX106+081.771，线路全长142.816千米，项目建设模式为“股权投资＋施工总承包”。主要施工内容：全线的隧洞（含支洞）、渡槽、倒虹吸、暗涵等。施工线路总长162.848千米，包括31座输水建筑物：隧洞153.557千米/18座（共布置30座施工支洞），其中，芹河隧道20.940千米，大转弯隧洞22.698千米，凤凰山隧洞24.991千米；渡槽0.989千米/4座，倒虹吸6.886千米/5座；暗涵1.419千米/4座。

项目负责人为谭立伟，下设工程部（工程管理部、信息化中心）、合同部、安质部（安全管理部、质量管理部、督导考核中心、应急救援保障中心）、物机部、财务部、办公室和涉铁保通部7个部门。项目由中铁开投实施，中铁隧道局、中铁一局、中铁二局、中铁三局、中铁五局、中铁七局、中铁八局、中铁十局承担施工任务。项目合同额165.4070亿元。合同工期：2019年12月1日至2026年7月16日。年度完成产值283732万元，占年度产值计划274469万元的103%；开累完成产值523587万元，占合同额1654070万元的32%。

隧洞主洞开挖支护完成62539米，占设计长度153517米的41%；倒虹吸完成结构施工2259米，占设计长度6886米的33%；暗涵完成510米，占设计长度1419米的36%，支洞已全部贯通，另有退水洞2个、交通洞1个、主洞1个已贯通。

项目重点工程为香炉山隧洞，全长20802米，采用TBM掘进，具有“一快两长一超级，三多三高两活跃”的特点。其中，一快：围岩地质变化快。两长：长距离独头施工，长距离连续浅埋暗挖。一超级：TBM超级长距离独头通风。三多：不良地质多，工艺工法多，技术难题多。三高：高地应力，高外水压力，高地震烈度；两活跃：活跃的地下水环境，活跃的大断裂。截至2021年末，累计掘进3186米。

▲图5-6 滇中引水工程质量安全誓师大会

基建建设

结合滇中引水工程“三高两活跃”（高地应力、高外水压力、高地震烈度、活跃的地下水环境、活动的断裂带）的地质特点，稳步推进“滇中引水工程建造关键技术研究”各子课题科研工作，开展机械设备配套作业的专题研究、隧洞施工工装设备的改进改装、工艺工法的优化总结、新材料应用、大直径压力钢管制作安装、斜井快速施工工装设备改进及工艺工法配套等关键技术研究活动，为快速推进施工、确保安全质量提供技术保障。2021年度，共发表论文11篇，申请专利15项（其中，发明专利11项、实用型专利4项），申请软件著作权1项。

·云南省滇中引水工程楚雄至红河段引入社会资本建设项目· 项目位于云南省楚雄彝族自治州、昆明、玉溪、红河境内，主要由楚雄2个标段、昆明3个标段、玉溪2个标段，以及红河2个标段组成，总长245.31千米，主要工程量包括：隧洞207.838千米/33座、隧洞占比85%，倒虹吸33.969千米/16座，渡槽1.67千米/8座，暗涵0.64千米/5座，消能建筑物3座，施工供电35千伏架空线路203.45千米，10千伏架空线路234千米。昆明6标公招标位于昆明市经开区和呈贡区境内，标段全长17.246千米，为昆呈隧洞。

项目负责人：刘万林。指挥部设立工程管理部、安全环保部、质量管理部、合同管理部、机电物资部、财务部、涉铁保通部、综合办公室、信息化管理中心、应急救援保障中心、督导考核中心等职能部门。项目由中铁开投实施，中铁一局、中铁二局、中铁三局、中铁五局、中铁七局、中铁八局、中铁十局、中铁隧道局承担施工任务。项目合同额1199505万元。合同工期：2019年12月1日至2026年7月1日。2021年度完成产值231774万元，占年度产值计划229441万元的101%；开累完成产值441643万元，占合同额1199505万元的36.8%。

隧洞主洞开挖支护完成105014米，占设计长度207838米的51%，支洞开挖支护完成26329米，占设计长度26595米的99%；倒虹吸暗挖隧洞完成1075米，占设计长度2572米的42%；盾构掘进完成3664米，占设计长度5071.7米的72%；倒虹吸镇支墩完成464个，占设计数量1541个的30%；压力钢管制作完成18883吨，占设计数量98045吨的19%，压力钢管安装完成12712吨，占设计数量98045吨的13%。

项目重点难点主要为特长隧洞及盾构施工。主要有昆呈隧洞穿越多处断层破碎带，龙泉倒虹吸下穿昆明地铁2号线和盘龙江桥盾构施工，小扑隧洞白云岩砂化施工，小路南隧洞可溶岩、富水等不良地质施工，大坡子隧洞断层、岩爆、富水等不良地质施工等。具体形象进度完成情况如下：①龙泉倒虹吸盾构掘进完成1075米，占设计长度2572米的42%。②昆呈隧洞进口、昆呈隧洞出口、昆呈隧洞9个支洞均已进入主洞，开累完成11927.4米，占设计35610.4米的33.5%。③小扑隧洞出口、小扑隧洞7个支洞均已进入主洞，小扑8号支洞下游与小扑隧洞出口已贯通。开累完成14823.4米，占设计32100.6米的46.2%。④小路南1号隧洞进口、小路南2号隧洞进口、小路南2号隧洞出口及小路南隧洞3座支洞均已进入主洞，开累完成2916.8米，占设计2926米的99.7%。⑤大坡子隧洞进口、大坡子隧洞出口、大坡子隧洞4座支洞均已进入主洞，开累完成7082米，占设计19523.5米的36.3%。

·云南玉溪至楚雄高速公路PPP项目· 项目起于玉溪市研和镇多依树村，与昆明至磨憨国家高速公路交叉并顺接在建的弥勒至玉溪高速公路；止于楚雄市大坝村，与杭州至瑞丽国家高速公路交叉并顺接在建的楚雄至大姚高速公路，线路全长190.597千米。主要工程量包括：路基土石方7862万立方米，隧道107219米/45座、桥梁119393.17米/297座。其中，特大桥15单幅座，特长隧道8单幅座。设置15处互通式立交，同步建设7条互通式立交连接线共计约18.161千米。共设服务区4处、停车区2处、养护工区3处（与收费站合建），设管理分中心1处、隧道管理救援站3处（2处与收费站合建）、匝道收费站12处。

项目负责人：邓平。指挥部内设工程部、安质部、财务部、工经部、物机部、综合部、前期部，共7个部门。项目由中铁开投实施，中铁一局至中铁十局、中铁建工、中铁北京局、中铁隧道局、中铁大桥局、中国铁工投资承担施工任务。项目总投资：318.98亿元。合同工期：2019年1月8日至2023年1月7日。2021年度完成投资1039095万元，占年度投资计划1039095万元的100%；开累完成投资3082216万元，占总投资3189780万元的97%。

土石方开挖5096万立方米，完成99.8%；填方2747万立方米，完成99.8%；附属圬工198.3万立方米，完成98.5%。桥梁桩基12183根，完成99.8%；承台3161个，完成99.8%；墩柱7531个，完成99.8%；制梁22572片，完成99.6%；架梁21972片，完成97.1%。隧道开挖103909米，完成97.8%；仰拱103820米，完成97.1%；二衬103574米，完成96.6%。路面工程完成47%，房建工程完成68%，机电工程完成53%，交安工程完成57%。

项目重点工程主要包括三桥、四隧、一互通等8个工程，水尾特大桥、凤凰特大桥连续刚构已完成，绿汁江特大桥钢梁累计吊装完成6片，剩余56片。芭蕉箐隧道已完成，里士隧道双幅已贯通；大栗树隧道左幅开挖完成1788米，完成85%，右幅开挖完成1391米，完成65%。双柏隧道左幅开挖完成3127.5米，完成89%，右幅开挖完成3051.4米，完成87%。楚雄枢纽T梁预制全部完成，T梁架设完成1380片，完成95%，转体已浇筑完成，主线桥右幅钢梁已完成。

·贵阳轨道交通3号线一期工程PPP项目· 项目总体线路南北走向，途经花溪、南明、云岩、乌当四个行政区域。起点为花溪环城

高速北侧的桐木岭站，终点为乌当区洛湾站，线路全长 43.03 千米（其中，地下线 41.672 千米，高架线 0.710 千米，过渡段 0.648 千米）。设车站 29 座（均为地下站，其中换乘站 7 座），最大站间距 2.965 千米，最小站间距 0.486 千米，平均站间距 1.522 千米；车辆基地按 1 段 1 场布置（东风镇车辆段、花溪南停车场）；控制中心 1 座，主变电所 3 座；区间 30 个（盾构法区间 20 个，盾构区间单线总长 52 千米，矿山法区间 5 个，明挖法区间 2 个）。

指挥部指挥长：费富华。下设工程部、工经部、安监部、物机部、财务部、综合部、前期部、运营部 8 个部门。本项目设置 15 个土建标段项目部、14 个站后标段项目部，分别由中铁一局至中铁十局、中铁隧道局、中铁电气化局、中铁建工、中铁上海局、中铁北京局、中铁广州局 16 家单位承担具体施工任务。项目投资总额为 3130002.31 万元。建设期合同工期：2018 年 12 月 30 日至 2023 年 12 月 29 日。2021 年度完成投资 588673.94 万元；开累完成投资 1643759.28 万元，占总投资 3130002.31 万元的 52.52%。

项目所有工点已全部开工建设，车站主体结构封顶 19 座，单线区间贯通 32 个。累计完成主体桩基 15667 根（附属 4809 根），占总量的 99%（附属 47%）；车站、区间及停车场土石方 705.9 万立方米，占总量的 94%；车站主体结构 1078 段，占总量的 70%；盾构掘进 31886 环，占总量的 92%；暗挖区间开挖支护 10459 米，占总量的 70%，暗挖车站开挖支护 1014.7 米，占总量的 78%。

·宜宾至彝良高速公路项目· 项目包括宜宾城市过境高速公路西段和宜宾至彝良高速公路（四川境段）两个子项目，位于宜宾市翠屏区、叙州区、高县、筠连县境内。2018 年 11 月，股份公司联合中铁城投作为社会资本投资建设该项目，中铁城投组建中铁宜宾投资建设有限公司负责总承包管理。主要负责人：殷郑海、周志勇。项目全长 168.159 千米，共设桥梁 48562 米 /192 座，隧道 28060 米 /23 座，互通立交 16 处，总投资 205.40 亿元，建设期 4 年。由中铁二局、中铁三局、中铁四局、中铁六局、中铁七局、中铁八局、中铁广州局承建。

项目 2019 年 6 月开工，应宜宾市政府要求及经营需要，建设期缩短，西段全长 38.13 千米，2020 年建成通车；宜宾至彝良高速公路各类工程 2021 年全部完工，12 月 31 日通车。2021 年完成投资 85.60 亿元，开累完成投资 205.38 亿元，约占总投资的 100%；土石方完成 318 万立方米，开累完成 4745 万立方米，占总量的 100%。桥梁工程完成 26444 折合米，开累完成 70745 折合米，占总量的 100%。隧道工程完成 7720 折合米，开累完成 52932 折合米，占总量的 100%。路面工程完成 314.918 万平方米，开累完成 329.748 万平方米，占总量的 100%。绿化工程完成 85.156 万平方米，开累完成 136.818 万平方米，占总量的 100%。交安工程完成 125.395 千米，开累完成 128.395 千米，占总量的 100%。机电工程完成 126.395 千米，开累完成 128.395 千米，占总量的 100%。房建工程完成 3.048 万平方米，开累完成 3.800 万平方米，占总量的 100%。2021 年 11 月，控制性工程四方碑沟特大桥合龙。

·西安地铁 8 号线 3 标· 为施工总承包模式，西安地铁 8 号线 3 标全长 23.809 千米，均为地下线，含前期工程（含设计）、土建、轨道、人防工程，共设 17 站 17 区间，车站主要为明挖（局部盖挖）、PBA（三导洞洞桩）法施工，区间主要为暗挖法、盾构法施工。铺轨全长 49.479 千米，合同额 73.77 亿元。合同工期：1523 日历天（2019 年 10 月 30 日至 2023 年 12 月 30 日）。中铁新丝路建设投资管理有限公司负责总承包管理。主要负责人：孙明英、赵德全。中铁一局、中铁三局、中铁五局、中铁七局、中铁十局、中铁电气化局承建。

项目 2020 年 3 月开工，2021 年完成施工产值 14.34 亿元，开累完成 20.84 亿元，占合同额的 28.2%；土石方完成 72 万立方米，开累完成 102 万立方米，占总量的 28.6%；车站主体结构完成 3.81 万平方米，开累完成 5.07 万平方米，占总量的 21.6%；盾构区间完成 1673 米，开累完成 1673 米，占总量的 6.6%；明挖区间完成 128 米，开累完成 128 米，占总量的 59.9%；暗挖区间完成 3405 米，开累完成 3435 米，占总量的 28.6%。2021 年车站主体结构封顶 2 座，开累封顶 2 座；盾构区间洞通 2 个，开累洞通 2 个。

·成都地铁 10 号线三期及 13 号线一期· 为施工总承包模式，合同额 212.49 亿元。合同工期：成都地铁 10 号线三期 1635 日历天（2019 年 10 月 10 日至 2024 年 3 月 31 日），成都地铁 13 号线一期 1767 日历天（2019 年 10 月 10 日至 2024 年 8 月 10 日），项目 2020 年 2 月开工。项目含成都地铁 10 号线三期及 13 号线一期两个项目，成都地铁 10 号线三期线路长 5.80 千米，均为地下线，设 5 站 6 区间，车站主要为明挖、半盖挖法施工，区间主要为盾构法施工。成都地铁 13 号线一期线路长 29.074 千米，均为地下线，设 21 站 23 区间，车站主要为明挖、半盖挖法施工，区间主要为盾构法施工。车辆段 1 座，变电所 2 座，工程内容包括土建、轨道、机电、车辆段及停车场工程。中铁成都轨道交通工程指挥部负责总承包管理，主要负责人：赵养基、张强。中铁二局、中铁三局、中铁四局、中铁五局、中铁六局、中铁七局、中铁八局、中铁十局、中铁北京局、中铁广州局、中铁隧道局、中铁武汉电气化局、中铁建工承建。

2021 年完成施工产值 38.00 亿元，开累完成 56.09 亿元，占合同额的 26.4%。成都地铁 10 号线三期，土石方完成 21 万立方米，开累完成 23 万立方米，占总量的 27.7%。车站主体结构完成 10769 平方米，开累完成 19649 平方米，占总量的 40.8%。车站附属结构完成 2801 平方米，开累完成2801平方米，占总量的26.0%。盾构区间完成1148米，开累完成1148米，占总量的12.9%。暗挖区间完成12米，开累完成12米，占总量的5.6%。成都地铁13号线一期，土石方完成226万立方米，开累完成553万立方米，占总量的62.6%。车站主体结构完成9.40万平方米，开累完成20.95万平方米，占总量的37.5%。车站附属结构完成12622平方米，开累完成12622平方米，占总量的9.2%。车辆段完成5.31万平方米，开累完成6.35万平方米，占总量的23.0%。盾构区间完成5828米，开累完成5828米，占总量的13.5%。明挖区间完成19米，开累完成196米，占总量的13.2%。

·芜湖市轨道交通1号线、2号线一期PPP项目· 项目合同额60.29亿元。项目位于安徽省芜湖市，由芜湖市轨道交通1号线、2号线一期工程组成，线路总长46.247千米，共设车站35座，其中，高架站34座，地下站1座，1号线全长30.46千米，全部为高架车站24座，南端设白马山车辆基地1处，北端设保顺路停车场1处；2号线一期工程全长15.787千米，高架站10座（北京路站为1号线和2号线共用）、地下站1座（芜湖火车站），东端设梦溪路车辆基地1处。工程任务包含：轨道交通1号线、2号线一期工程PPP项目土建工程、机电安装工程（含单机及单系统调试）及部分建设其他工程（不含设备及联调联试）。主要工程数量：1号线桩基6333根，承台1907个，墩柱1498个，PC轨道梁预制2900榀，现浇连续梁186米，路基填筑751658立方米，车站主体建筑面积101072平方米；2号线桩基750根，承台305个，墩柱211个，PC轨道梁预制1994榀，土方开挖472000立方米，车站主体建筑面积16400平方米。

项目由中国中车、中国中铁、芜湖市政府共同成立PPP项目公司。其中，施工总承包由中国中铁与中国中车组建联合体负责，中国中铁作为牵头方。施工单位为中铁三局、中铁四局、中铁八局、中铁十局、中铁上海局、中铁隧道局、中铁大桥局、中铁电气化局、中铁建工。

芜湖轨道交通全线土建、装饰装修、机电安装及调试均已完成。芜湖轨道1号线于2021年11月3日开通试运营，芜湖轨道2号线一期于2021年12月28日开通试运营。

·南京地铁6号线工程施工总承包D6-TA01标· 采用联合体施工总承包模式组织施工，项目合同额55.0429亿元。合同工期：2020年2月1日至2024年1月31日。本标段线路位于江苏省南京市秦淮区和玄武区，由南至北，主要沿岗五路、大明路、御道街、北安门街、板仓街、花园路、恒嘉路、营苑南路、万兴路布置。线路正线长19.1千米，起止里程DK35+898.98~DK54+999.279，土建部分共计包含10座地下车站、12个区间、1座停车场。主要工程数量：地下车站2913.7米/10座，盾构区间20634环/10211米，钻孔桩4179根，地下连续墙457幅，暗挖出入口18米，区间正线暗挖69.1米。

成立中国中铁股份有限公司南京地铁6号线工程施工总承包D6-TA01标项目部，委托中铁上投管理。主要负责人：范喜德。施工单位为中铁一局、中铁三局、中铁四局、中铁五局、中铁八局、中铁十局、中铁隧道局、中铁上海局、中铁北京局、中铁广州局、中铁电气化局，其中中铁一局与本地企业南京大地建设联合体施工。

2021年度完成施工产值120441万元，占年度计划109818万元的110%；开累完成191778万元，占合同额55.0亿元的34.9%。全线10座车站全部开工，钻孔灌注桩累计完成3512根，占总量3816根的92%；地下连续墙累计完成321幅，占总量459幅的70%。6座车站及出入场线明挖段进行基坑开挖，土方开挖累计完成69万立方米，占设计204万立方米的34%。2个区间4台盾构掘进施工，其中，南夹区间右线盾构开累掘进1630环、左线盾构开累掘进936环；营万区间左线盾构开累掘进1025环、右线盾构开累掘进989环。

·大连地铁5号线PPP项目· 项目总投资1827461万元，总承包合同额1226252万元，其中建安费总额1150361万元。合同工期：2017年10月26日至2042年10月25日，其中建设期：2017年10月26日至2023年4月30日；回购期：2023年5月1日至2042年10月25日。大连地铁5号线工程南起虎滩新区站，北至后关村站，线路主要沿滨海路、解放路、友好街、梭鱼湾规划7号及22号路、甘井子路、泉水规划路敷设。线路全长24.484千米，采用地下线敷设，设车站18座，其中近期换乘站6座（分别与1号线、2号线、4号线、6号线、7号线、快轨3号线及金普南延线换乘）；区间19个（含出入线段）；变电所2座及控制中心1座与4号线、7号线共享；后关村车辆段综合维修基地1处。大连地铁建设公司与社会资本方各方签订《出资协议》和《公司章程》共同组建SPV公司（中铁大连地铁五号线有限公司）。SPV公司设股东会、董事会、监事会、经营管理层及13个职能部门。SPV董事长：张立业。SPV董事兼总经理：李世安。大连地铁5号线施工单位由15个标段组成，01标：中铁八局；02标：中铁十局；03标：中铁上海局；04标：中铁一局；05标：中铁九局；06标：中铁九局；07标：中铁七局；08标：中铁隧道局；09标：中铁二局；10标：中铁建工；11标：中铁一局；12标：中铁北京局；13标：中铁北京局；14标：中铁三局；15标：中铁电气化局。

2021年累计完成投资17786万元，开累完成投资1295135万元，开累完成占项目总投资1827461万元的71%。车站土石方开挖269.29万立方米、砼实物量43.305万立方米；区间开挖4480米/（开挖量198912立方米）、衬砌4480米/（开挖量34944立方米）；盾构区

间 36313 米 /（开挖量 1439258 立方米，管片量 324812 立方米），安装大型设备 9049 台 / 套，安装全设备 99807 台 / 套；主线铺轨 51857 米。

·长春市轨道交通 5 号线一期工程建设项目· 为施工总承包模式，项目合同额 93.622 亿元（投资估算总金额），其中建安费总额 91.477 亿元。合同工期：2020 年 8 月 1 日至 2026 年 1 月 30 日。项目呈西南—东北向敷设从西南枢纽站（含）至东大桥站（含），线路全长 19.657 千米，共设置 18 座车站、19 个区间、1 座车辆段、1 出入段线。其中，换乘站 8 座，明挖车站 7 座、盖挖车站 1 座、明盖结合车站 4 座、暗挖车站 4 座、其他 2 座（南湖广场站、硅谷广场站）结构工程由其他项目实施。盾构区间长 15.02 千米（含出入段线盾构段 1.25 千米）、暗挖区间长 2.87 千米，明挖区间长 0.66 千米，出入段线长 1.895 千米（其中盾构段 1.34 千米、明挖区间 253.515 米、U 形槽 260 米、地面线 41.781 米）。车辆段 1 座位于本线起点，占地面积 240240 平方米。项目由中铁北方投资有限公司直接成立项目总经理部实施施工总承包管理，采用 B1 模式总承包由中铁北方直接管理。各参建合作单位组建工区项目经理部，项目总经理：杜江。参建单位：中铁一局、中铁二局、中铁三局、中铁四局、中铁五局、中铁六局、中铁七局、中铁十局、中铁隧道局、中铁电气化局。

2021 年度完成产值 124325 万元，占公司下达年度计划 123043 万元的 101%；开累完成产值 162520 万元，占项目总产值 936222 万元的 17%。

·吉林国高网高速公路 PPP 项目· 项目总投资：333.34 亿元。PPP 项目总包合同额 280.42 亿元，其中建安费总额 227.46 亿元。合同工期：2021 年 3 月 1 日至 2055 年 2 月 28 日。合作期限 34 年，其中建设期为 2021 年 3 月 1 日至 2025 年 2 月 28 日，运营期为 2025 年 3 月 1 日至 2055 年 2 月 28 日。项目位于吉林省敦化市、抚松县、桦甸市、磐石市、长春市、集安市境内，包含蒲烟段（大蒲柴河至烟筒山）、烟长段（烟筒山至长春）、桓集段（桓仁至集安 3 个子项目，总长 341.699 千米，其中蒲烟段路线全长 191.374 千米，连接线 4.887 千米，估算投资 151.90 亿元。全线桥梁总长度 21.46 千米，隧道总长度约 15.497 千米，桥隧比为 19.3%；设特大桥 2184.5 米 /2 座，大桥 16186.95 米 /57 座，中桥 2705.8 米 /41 座，小桥 389.48 米 /18 座；涵洞 632 道，隧道 15497 米 /11 座；通道 78 处；互通式立交 10 座，分离式立交 13 座，天桥 13 处；服务区 4 处，停车区 3 处，隧道管理站 3 处，收费站 8 处，监控分中心 1 处，养护工区 4 处。烟长段全长 92.518 千米，估算投资 63.54 亿元。全线大桥 4222 米 /18 座，中桥 914 米 /17 座，小桥 42 米 /2 座，桥梁占比约 9.49%，涵洞 183 道；设互通式立交 5 处（其中，枢纽兼服务型互通 1 处、服务型互通 4 处），主线上跨分离式立交 5452 米 /14 座，主线下穿分离式立交 196 米 /4 座，通道 30 道，大桥 17 座；设服务区 2 处，停车区 2 处，运营管理分中心 1 处，匝道收费站 5 处，养护工区 2 处。桓集段全长 57.807 千米，估算投资 64.98 亿元。桥梁总长度 7.224 千米，隧道总长度约 15.490 千米，桥隧比例高达 41.3%。全线共设特大桥 1267 米 /1 座、大桥、中桥 7131.7 米 /38 座、涵洞共 78 道、隧道 15490 米 /10 座、互通立交 4 处、分离立交 3 处、通道 12 处、天桥 1 处。路段监控通信站 1 处、隧道变电所 12 处、养护工区 1 处、服务区 1 处、停车区 1 处、收费站 3 处。中铁联合体和吉高集团联合成立吉林中铁高速公路有限公司作为 PPP 项目指挥机构，下设蒲烟、烟长、桓集分部三个分支机构。

吉林中铁高速公路有限公司董事长：杜江。总经理：王福恩。吉林中铁高速公路有限公司蒲烟分部指挥长：李汉军；吉林中铁高速公路有限公司烟长分部指挥长：刘继伟；吉林中铁高速公路有限公司桓集分部指挥长：王拥军。参建单位：中铁一局、中铁二局、中铁三局、中铁四局、中铁五局、中铁六局、中铁七局、中铁九局、中铁广州局、中铁大桥局、中铁上海局、中铁北京局。年累完成投资 59.23 万元，开累完成投资 71.95 万元，开累完成占项目总投资 280.42 亿元的 25.66%。

·郑州市轨道交通 7 号线一期工程土建施工总承包项目· 以施工总承包模式承建，项目合同额建安投资 80.37 亿元。合同工期：2020 年 3 月 31 日至 2023 年 12 月 31 日，共 45 个月。项目位于郑州市境内，郑州市轨道交通 7 号线一期工程北起惠济区东赵北，南止于二七区南部大学南路与规划豫一路路口，全长约 26.81 千米，均为地下线，设车站 20 座（其中 8 座车站已先期招标建设，其余 12 座车站属于本次施工范围），区间 21 个。郑州地铁 7 号线采用“项目经理部→工区项目部”的管理模式。分别为中铁一局（01 工区）、中铁七局（02、03、09 工区）、中铁隧道局（04、08 工区）、中铁四局（05 工区）、中铁上海工程局（06 工区）、中铁十局（07 工区）。

2021 年度完成 205000 万元，约占年度计划 205410 万元的 100%；开累完成 299414 万元，占建安合同额 803681 万元的 37%。全线 12 座车站，其中 8 座车站实现主体结构封顶（东赵站、英才街站、龙门路站、陈砦站、刺绣路站、漓江路站、南环公园站、侯寨站），附属结构刺绣路站 2 号风亭、A 出入口已封顶，其他车站附属结构已逐步展开施工；1 座车站正在进行主体结构基坑开挖施工（农业大学站），2 座车站正在进行主体结构施工（路砦站、王胡砦站），1 座车站受蓝图未下发影响已停工（郑大一附院站）。全线 21 个区间，共始发盾构 22 台次，其中 6 个区间实现双线贯通（黄河迎宾馆站—英才街站、英才街站—龙门路站、龙门路站—张家村站、漓江路站—刺绣路站、南环公园站—侯寨站、南环出入段线），2 个区间实现单线贯通（张家村站—陈砦站左

基建建设

线、王胡砦站—漓江路站左线），东赵站—黄河迎宾馆站双线、张家村站—陈砦站右线、孙八寨站—王胡砦站双线、王胡砦站—漓江路站右线、刺绣路站—南环公园站双线5个区间8台盾构正常掘进。

开累完成：车站土石方开挖完成147万立方米，占设计量的62%；主体结构完成433段板，占设计量的72%。盾构区间管片预制完成28484环，占设计量的97%；盾构掘进完成14008环，占设计量的47%。

重点项目情况：农业大学站地连墙开累完成180幅，占设计量191幅的94%；土方开挖开累完成2.7万立方米，占设计量20.5万立方米的13%；逆做顶板开累完成2段顶板，占设计量24段顶板的8%。路砦站土方开挖开累完成13.5万立方米，占设计量18.6万立方米的73%；主体结构底板开累完成13段底板，占设计量23段底板的57%；中板开累完成13段中板，占设计量23段中板的57%；顶板开累完成13段顶板，占设计量23段顶板的57%。陈砦站—白庙站区间受控制性节点7号线白庙站主体结构尚未施工影响，暂未施工。

·青岛市地铁6号线一期工程土建施工总承包项目· 由中国中铁联合体（联合体牵头人股份公司）以施工总承包模式承建。项目合同建安额61.64亿元。合同工期2019年12月1日至2022年12月1日。正线全长30.476千米，其中地下线30.411千米，过渡段0.065千米，共设地下车站21座（其中暗挖车站6座、明挖车站14座，峨眉山路站已与地铁1号线同步实施），平均站间距1.495千米。其中，中国中铁承建17站19区间，明挖车站7座、装配式车站5座、暗挖车站4座、明暗挖结合车站1座；线路全长约24.97千米，明挖区间隧道左右线合计1.36千米，矿山法段区间隧道左右线合计3.89千米，TBM区间隧道左右线合计14.5千米，盾构区间隧道左右线合计23.8千米。施工内容包含正线土建工程施工，含车站和区间主体工程、附属工程的土建施工。参建单位：中铁上海局（01工区）、中铁二局（02工区）、中铁八局（04工区）、中铁一局（05工区）、中铁隧道局（06工区）、“中铁四局+青岛城建联合体”（07工区）、“中铁三局+青岛第一市政联合体”（08工区）。

2021年度完成250000万元，占年度计划250000万元的100%；开累完成产值335000万元，占建安合同额616367万元的54%。开累：车站土石方开挖完成243万立方米，占设计总量的95%；车站主体结构完成31万立方米，占设计总量的39%；暗挖区间完成1914米，占设计总量的84%；二次衬砌完成770米，占设计总量的34%；TBM/盾构完成7100米，占设计总量的18%。

重点项目情况：可洛石站装配式拼装共64环，底板拼装全部完成，侧墙、顶板拼装完成5环；富春江路站装配式拼装共110环，底板现浇完成24环；河洛埠站装配式拼装共55环，底板现浇完成22环。

·G2003太原绕城高速公路义望至凌井店段（太原西北二环）PPP项目· 由中国中铁联合体（联合体牵头人股份公司）以PPP模式承建。施工图批复预算为254.38亿元，其中建安费199.38亿元，车购税补贴60.8亿元。投资比例：中国中铁持股80%，中铁发展持股10%，中铁一局、中铁三局、中铁六局、中铁八局、中铁九局、中铁隧道局、中铁北京局、中铁广州局、中铁二院共同持股10%。项目于2020年3月开工建设，合同工期48个月。项目全长160.353千米，其中太原西二环（义望至赤泥洼段）路线全长85.696千米，另太古高速联络线全长13.358千米；太原北二环（西凌井至凌井店段）线路全长61.299千米。项目起点位于吕梁市交城县义望村东，路线经清徐县武家坡、古交市邢家社、镇城底、静乐县赤泥洼、阳曲县西凌井乡、大盂镇，终点位于凌井店乡。全线设桥梁30277米/81座、隧道36218米/13座、互通式立体交叉12处、管理中心1处、服务区3处、停车区1处、养护工区2处、收费站5处，全线桥隧比例41.47%。其中控制性工程为三个特长隧道和一个高瓦斯隧道，分别为太徐隧道（8796米）、骆驼山隧道（7185米）、牛金山隧道（6612米）及辛庄上隧道（1947米）。由中铁发展作为施工总承包主体，分为12个综合标段负责实施，公司董事长、党工委书记杨勇，总经理杨海荣。

2021年全年完成投资64.84亿元，其中建安投资52.31亿元，为年度计划的104.6%；开累完成投资103.10亿元，其中建安投资84.06亿元，非建安投资19.04亿元，完成总投资的40.5%。

主要实物量完成情况：路基工程土石方开累完成4321万立方米，占设计总量的71%；采空区钻孔开累完成284万米，占设计总量的100%；采空区注浆开累完成179万立方米，占设计总量的100%；桥梁工程开累完成19093成桥米，占设计总量的49%；涵洞工程开累完成10029延长米，占设计总量的72%；隧道工程开累完成28394成洞米，占设计总量的41%。

重点工程工程进展：太徐隧道开累完成5833成洞米，占设计总量的33%；骆驼山隧道开累完成4803成洞米，占设计总量的33%；牛金山隧道开累完成5434成洞米，占设计总量的41%；辛庄上隧道开累完成1614成洞米，占设计总量的42%。其中辛庄上隧道为项目高瓦斯隧道，瓦斯绝对涌出量为3.7立方米/分钟，穿越复杂多层采空区，是股份公司重点工程（项目）、一级风险管控工程。

·青岛市地铁1号线工程土建施工一标段总承包项目· 中国中铁联合体（联合体牵头人股份公司）以施工总承包模式承建，合同额59.3254亿元，其中建安合同额59.3254亿元。合同工期：2016年1月1日至2019年9月28日，共45个月。全长59.97千米，共40站39区间，其中中国中铁承建34.4千

米，于2016年1月1日开工，项目走向：起点—瓦屋庄站（除井冈山路站及前后物业开发）位于黄岛，沿长江路、滨海大道向北至瓦屋庄站；青岛北站—瑞汽区间大断面位于李沧区及城阳区，自青岛北站穿过金水路高架桥，转入沧安路、兴华路，向东北方向拐入重庆路，沿重庆路向北进入汽车北站（含站后大断面）；正阳路—春阳路站（不含）—东郭庄站及站后出入段线位于城阳区，沿中城路、S209省道敷设，含18站22区间，2个出入段线，1个车辆段。其中明挖车站12座、暗挖车站6座；车站土石方开挖总量213.27万立方米、主体结构总量477209立方米；暗挖区间开挖初支总量10524.1米、二次衬砌总量10524.1米；盾构区间总量16728米。参建单位：中铁五局和青建集团联合体（A1工区）、中铁隧道与中铁隆联合体（A2工区）、中铁隧道局（01工区）、中铁十局（02工区）、中铁八局（03工区）、中铁三局（04工区）、中铁二局（05工区）、中铁四局（06工区）、中铁九局（07工区）、中铁一局（08工区）、中铁三局与青岛城建联合体（A3工区）。

2021年完成施工产值31355万元，开累完成施工产值629872万元，完成合同额593249万元的106%。

·广州市轨道交通11号线·工程采用中国中铁和广州建筑联合体投标模式，合同额177.39亿元。合同工期：2016年12月28日至2023年12月28日。2021年度完成486448万元，占年度计划365297万元的133%；开累完成1365667万元，占合同额177.39亿元的77%。广州市轨道交通11号线为环形线路，穿越广州市主城区，串联天河区、白云区、越秀区、荔湾区和海珠区，全长约44.2千米，全部采用地下敷设方式。全线共设车站32座，代建一座车站（城轨琶洲站），其中换乘站24座（15座既有线换乘），平均站间距1.38千米；设半埋式双层装配化车辆段1座；主变电站3座；32个区间中有6个暗挖区间。主要工程量：车站地连墙3749幅，土石方959万立方米，主体结构158万立方米；区间盾构66千米；车辆段房建30万平方米。工程主要特点：全部位于老城区，施工组织难度大、安全风险高、信访投诉量大、管线迁改量大、渣土外运难、每天作业时长受限；车站工艺工法多样，实施难度大，有洞桩法车站4座、明暗挖结合车站4座、半铺盖法车站14座、逆作法车站1座、装配式车站1座；盾构下穿上跨建（构）筑物多，3过珠江、9穿铁路、2穿湖泊，12次下穿、9次侧穿高架或隧道，与既有地铁线路交叉9处，实施风险高。由股份公司作为联合体牵头单位成立总承包项目经理部。总包部主要负责人：李应战。参建单位：中铁一局、中铁二局、中铁三局、中铁五局、中铁隧道局、中铁广州局、中铁上海局、中铁建工、中铁电气化局。

全线32座车站中1座车站拟取消、2座车站由其他地铁线代建，其余29座全部开工，12座主体结构已封顶；32个区间（1个由其他地铁

▲图5-7　2021年6月28日，由中铁大桥局承建的国内首座以中国文化和地方文化为设计理念的桥梁——调顺跨海大桥正式通车

线代建），24 个已开始施工，23 台盾构机（含广建联合体 7 台）正在掘进，9 个区间已实现双线贯通；赤沙车辆段和出入段线进行土建施工。

开累完成：车站地连墙2774幅，占总量的 74%；车站土石方 758 万立方米，占总量 79%；车站主体结构混凝土 82 万立方米，占总量的 52%；区间盾构掘进 44769 米，占总量的 67%；车辆段地连墙、钻孔桩、土石方全部完成，主体结构底板完成 9.8 万立方米，占总量 66%。

·广州市轨道交通 13 号线二期· 工程采用“1+N”联合体投标模式，合同额 179.85 亿元。合同工期：2018 年 6 月 28 日至 2024 年 12 月 28 日。线路北起朝阳站，东至鱼珠站，经广州市五个主城区，主要沿规划的槎神大道，现状的增槎路、东风路、黄埔大道、中山大道敷设，全长 33.45 千米，均为地下线敷设。全线设置 23 座车站（9 座换乘站）、23 个区间、6 个盾构井、2 个停车场。主要工程量：车站地连墙 2101 幅，钻孔桩 8528 根，土石方 497.98 万立方米，主体结构 119.91 万立方米；区间钻孔桩 1306 根，主体结构 16.26 万立方米，盾构 51319 米；车辆段钻孔桩 6227 根，主体结构 54.85 万立方米。由股份公司成立总承包项目经理部，总包部主要负责人：王江卡。参建单位：中铁一局、中铁二局、中铁三局、中铁四局、中铁五局、中铁六局、中铁七局、中铁八局、中铁十局、中铁隧道局、中铁北京局、中铁上海局、中铁广州局、中铁建工、中铁电气化局。

2021 年完成产值 341219 万元，占年计划 298982 万元的 114%；开累完成产值 751409 万元，占项目投资额 179.85 亿元的 42%。全线 23 座车站（2 座由其他地铁线代建），20 座开工，3 座已封顶（朝阳、庆丰、西洲），1 座（建设六马路）进行前期准备；23 个区间中，15 个区间已开工，18 台盾构机正在掘进，4 个区间已实现双线贯通；凰岗停车场进行土建施工，鱼珠停车场进行站后施工。开累完成：车站地连墙 1742 幅，占总量的 83%；车站钻孔桩完成 4255 根，占总量的 50%；车站土石方完成 201.24 万立方米，占总量的 40%；车站主体结构完成 52.94 万立方米，占总量的 44%；区间钻孔桩完成 1253 根，占总量的 96%；区间主体结构完成 8.54 万立方米，占总量的 53%；区间盾构掘进 28106 米，占总量的 55%；停车场钻孔桩全部完成，主体结构完成 37.41 万立方米，占总量的 68%。

（游利平　雷思遥）

二次经营

【二次经营】2021 年，全系统各单位共完成施工产值 9503.82 亿元，实现变更索赔额 1274.90 亿元，变更索赔率为 13.41%；变更索赔创效额 229.12 亿元，变更索赔创效率 2.41%。（李正山）

安全质量监督管理

【安全质量环保工作综述】围绕贯彻习近平总书记关于安全生产重要论述，按照 2021 年 1 月 23 日、6 月 17 日全国安全生产电视电话会议和应急管理部、国资委等上级部委系列工作要求，统筹新冠肺炎疫情常态化防控和安全生产、统筹企业发展和安全生产，强化企业主体责任落实，推动落实中国中铁新时期安全生产“2468”管理要点，深入推进安全生产专项整治三年行动，持续强化重点领域安全生产管控，全面开展安全风险隐患排查整治，持续加强安全生产教育培训和加强安

▲图 5-8　2021 年 12 月 9 日，中铁十局完成胶济铁路至济青高铁联络线（黄东联络线）改建胶济下行线拨接施工

全专职人员与稽查队伍建设，不断提高全公司安全生产监管工作水平，安全生产状况保持总体稳定，为庆祝建党百年活动创造了良好安全稳定环境。工程质量创优、环保和职业健康工作取得较好成效，全年共有17项工程获得中国建设工程鲁班奖，55项工程获得国家优质工程奖（含国家优质工程金奖4项），27项工程进入全国学习交流的建设工程项目施工安全生产标准化工地名单；中铁装备“同心圆”质量管理模式荣获中国质量领域的最高荣誉——第四届中国质量奖。（胡科敏）

【安全风险隐患排查整治活动】为深入贯彻习近平总书记重要批示精神，按照国资委专题视频会及股份公司党委常委会工作部署，制定《中国中铁股份有限公司全面开展安全风险隐患排查整治工作实施方案》，并经党委常委（扩大）会议研究通过后发布实施，部署自4月1日至6月30日在全公司范围内开展为期三个月的安全风险隐患排查整治活动。5月14日，中国中铁在贵阳召开“中国中铁开展风险隐患排查整治暨贵州省区安全生产工作专题会议”，部署和强化贵州省区安全生产风险防控工作。5月中旬至6月下旬，公司领导及高管带队、相关部门配合对所属企业按照“一企业一项目”的模式进行了督导检查，覆盖了18家施工企业、10家投资公司和中铁资源，共29家二级企业。6月1日，中国中铁党委书记、董事长陈云带队对北京重点项目开展了维护稳定风险排查整治督导；5月19日，中国中铁总裁、党委副书记陈文健带队对北京在建项目检查并召开了北京地区安全生产专题会议，部署维护北京安全稳定工作。各二级单位和项目均按照要求制定了风险排查方案，企业主要负责人带队对重点项目进行了检查，各项目开展了自查自纠。通过督查检查，督促各单位与项目进一步增强了政治责任感和敏感性，实现了“以上率下、车头牵引、齿轮推动”落实工作目的，确保了全公司在庆祝建党100周年系列活动期间安全生产形势平稳。（胡科敏）

【安全生产大检查和央企交叉巡检】结合开展安全生产专项整治三年行动，部署开展了岁末年初和节后复工安全生产大检查，2021年春节前派出4个检查组对33个重点项目进行了岁末年初专项检查；春节后上班第一天，中国中铁党委书记、董事长陈云，总裁、党委副书记陈文健分别带队前往北京地区现场开展复工安全检查，履行企业安全生产第一责任人的安全责任，并形成示范效应，带动和促进各层级开展节后复工安全生产大检查。6月22日至29日，国资委中央建筑施工企业危大工程安全巡检第五组，对中国中铁6个项目开展了安全巡检，检查涵盖铁路、地铁、房建、桥梁等多个专业领域。通过检查，国资委巡检组认为中国中铁高度重视安全生产工作，有效完善安全生产“管”“监”责任体系、积极推进安全生产“2468”管理要点、执行防范惯性事故强化技术及管理交底刚性要求、实施50作业岗位员工安全卡控等方面有创新、有特色、有亮点，安全生产总体受控。按照国资委安排部署，6月17日至24日，国资委中央建筑施工企业危大工程安全巡检第六组，由安全总监李凤超带队，对中国能建5个项目进行了安全巡检。（胡科敏）

【安全生产专项行动】2021年7月26日至9月30日，中国中铁在全公司部署开展了安全生产“大反思、大排查、大整治、大提升”专项行动。8月10日，部分公司领导及高管在广东开展在建项目专项督查并召开“广东省区域安全生产工作专题视频会议”，会议通报了典型问题，开展了警示教育，对在粤企业和项目提出了要求。7月至9月，部分公司领导及高管带队，对2家二级单位、2家三级单位、55个项目部进行了督导检查。各单位积极开展专项行动，在8月底签署提交了承诺书。（胡科敏）

【“铁腕治安全硬十条”】发布《中国中铁铁腕治安全硬十条》，以“铁腕治安全”的主基调，从主体责任落实、现场网格化管理、“六不施工”、设计和施工方案执行落实、分包管控、跟班作业、施工验收和过程检查、严格强标和红线、施工过程责任追究等十个方面提出了“硬要求”。（胡科敏）

【安全质量环保管控】结合股份公司管控工作重点，先后下发《关于切实做好2021年元旦春节期间安全防范工作的通知》《关于贯彻落实全国安全生产电视电话会议和股份公司系列会议精神进一步加强岁末年初安全生产重点工作的通知》《关于严格民用爆炸物品安全管理的通知》《关于切实做好今夏防洪防汛防台等自然灾害事故防范工作的紧急通知》《关于切实做好2021年中秋节、国庆节期间安全生产工作的通知》《关于加强冬期施工质量安全监督检查工作的通知》《关于突发火灾通报及切实加强冬春火灾防控工作的紧急通知》《关于进一步规范和加强施工现场领导带班的通知》等系列文件电报，就做好节假日期间安全生产、突出重点强化民用爆炸物品安全管控措施、做好冬季施工安全质量管理、深入开展安全生产检查和隐患排查治理、规范和加强施工现场领导带班等提出要求，切实做好各类事故防范工作。公司分管副总裁定期组织召开季度视频会议，通报典型问题，部署阶段性重点工作，持续推动安全质量环保管控工作走深走实。（胡科敏）

【工程质量管理】完善质量管理体系，强化质量安全机构及专职人员设置配置，加强质量安全监督检查。2021年初组织中铁科研院对即将开通的玉磨铁路开展质量安全专项检查，对发现问题认真整改、及时销号，确保玉磨铁路高质量开通。年内对四川乐西高速公路、成都高新东区农村公路提升改造工程、郑万

基建建设

铁路、贵阳地铁、广州地铁等45个项目开展质量安全专项检查，对发现问题现场通报、监督整改；在“铁腕治安全硬十条”中对隐蔽工程、重要工序施工项目管理人员跟班作业及领导带班进行刚性管控；持续推进“防范惯性事故强化技术及管理交底”，指导作业现场质量安全管理“有例可鉴、有据可依、有制可循”，逐步实现交底刚性化、管理规范化；坚持质量标杆和样板引路，在贵州、北京、广东分别召开片区会议，观摩学习优秀项目先进质量安全管理措施，分享管理经验；对发生质量事件的项目开展复盘调查，查明事件发生原因，明晰事件涉及各单位的管理责任、部门责任和岗位责任，总结事件教训并系统提出防范措施。（胡科敏）

【工程全生命周期质量管理与质量安全通病预防】中国中铁将工程全生命周期质量管理与质量安全通病预防有机结合，组织修订“工程质量缺陷与通病防治”课件，持续完善各工程类别易发生的质量惯性通病及防范措施。推进工程全生命周期质量管理，督促各施工单位对在建工程施工质量通病进行排查整治；督促各设计、监理、检测单位对作业人员素质、地质勘查工作、变更设计、图纸提供、图纸和变更设计交底、现场配合、现场监控和旁站等进行自查自纠；督促开展地下工程横通道封堵等，确保公司建筑产品质量优质。2021年，国铁集团开展了两次质量安全红线督查，中国中铁所属受检施工项目161个，涉及二级施工单位18家、二级设计单位6家。针对国铁集团两次红线督查，公司及时提供后台支撑，主动沟通督查组，及时向受检单位反馈信息，跟踪落实隐患整改闭合，督查发现的问题共752条均已全部整改销号，铁路建设项目质量红线问题大幅减少。（胡科敏）

【“安全生产月”活动】按照《国务院安委会办公室　应急管理部关于开展2021年全国“安全生产月”活动的通知》和国资委有关要求，下发《关于开展2021年“安全生产月”活动的通知》，部署开展了全公司学习贯彻习近平总书记关于安全生产重要论述、安全质量宣誓、“专项整治集中攻坚战”专题宣传、防范生产安全惯性事故、学习姜春平同志先进事迹、6·16安全宣传咨询日、安全宣传“五进”、应急预案演练等系列活动。6月1日9时，全公司5400多个项目30万名员工同步开展视频宣誓，中国中铁党委书记、董事长陈云作了重要讲话，项目经理代表在主会场发出了安全质量倡议。全公司通过开展安全宣誓、教育培训、隐患排查、问题整改、经验推广、案例警示、监督举报、知识普及、有奖答题等宣传教育活动，提高了全员安全素质。（胡科敏）

【应急救援体系】2021年中国中铁参与地震灾害、洪涝抢险、台风抢险等应急救援共计334次，参与应急抢险总人数共计63611人次、总设备共计4978台。中国中铁三支专业应急救援队伍全年出警8次，救援生还人数7人、搜寻遇难人数1人，其中8月23日云南省红河县哈达东1号隧道冒顶塌方，中铁二局昆明队经77小时救援，被困5人全部获救。全年因救援抢险（演练）收到省部级感谢信5封，其中，中国中铁专业救援队伍收到3封，其他单位收到2封。中铁二局昆明队获得首届“全国应急管理系统先进集体”称号，成为3支获此殊荣的国家安全生产应急救援队伍之一，并于11月5日受到习近平总书记亲切会见。（胡科敏）

▲图5-9　2021年6月1日，中国中铁举行2021年“安全生产月”安全质量宣誓活动

表 5-3　2021 年中国中铁获中国建设工程鲁班奖情况

序号	工程名称	承建单位	参建单位
1	双辽至洮南高速公路建设项目	中国中铁股份有限公司	中铁四局集团路桥工程有限公司 中铁北京工程局集团第六工程有限公司 中铁五局集团有限公司 中铁五局集团机械化工程有限责任公司 中铁七局集团第三工程有限公司 中铁十局集团有限公司 中铁北京工程局集团有限公司 中铁九桥工程有限公司
2	成都地铁 7 号线工程	中国中铁股份有限公司 中铁四局集团有限公司 中铁六局集团有限公司 中铁上海工程局集团有限公司 中铁五局集团有限公司 中铁八局集团有限公司	中铁北京工程局集团有限公司 中铁一局集团有限公司 中铁十局集团有限公司 中铁九局集团有限公司 中铁八局集团电务工程有限公司 中铁二局第二工程有限公司 中铁二局集团电务工程有限公司 中铁武汉电气化局集团有限公司 中铁四局集团机电设备安装有限公司 中铁一局集团建筑安装工程有限公司 中铁建工集团建筑安装有限公司 中铁隧道局集团有限公司 中铁二局集团装饰装修工程有限公司 中铁隧道股份有限公司 中铁三局集团电务工程有限公司 中铁六局集团电务工程有限公司 中铁二局集团有限公司
3	新建南昌至赣州铁路客运专线站房和生产生活用房及配套工程 CGFJ-5 标	中铁建工集团有限公司	
4	宁安铁路芜湖站工程	中铁电气化局集团有限公司	中铁电气化局集团北京建筑工程有限公司
5	邕江综合整治和开发利用景观及亮化工程（北岸清川大桥至五象大桥段）	中铁一局集团有限公司	中铁七局集团有限公司
6	新八达岭隧道及长城站工程	中铁五局集团有限公司	中铁五局集团第四工程有限责任公司 中铁五局集团建筑工程有限责任公司
7	新建蒙华铁路洛河大桥	中铁五局集团有限公司	中铁五局集团机械化工程有限责任公司 中铁五局集团第六工程有限责任公司
8	武汉杨泗港长江大桥（鹦鹉堤—八铺街堤）正桥工程	中铁大桥局集团有限公司	
9	川藏公路（西藏境）通麦至 105 道班段整治改建工程迫龙沟特大桥	中铁大桥局集团有限公司	中铁大桥局集团第六工程有限公司
10	甘肃敦煌机场扩建工程航站区等工程	中铁建工集团有限公司	
11	环湖南路古城段景观及道路提升改造工程	中铁上海工程局集团有限公司 中铁十局集团第五工程有限公司	
12	浙江省台州湾大桥及接线工程		中铁四局集团第二工程有限公司
13	浙江省乐清湾大桥及接线工程		中铁四局集团第二工程有限公司 中铁四局集团第一工程有限公司
14	云南省牛栏江—滇池补水工程		中铁五局集团有限公司
15	新建北京至张家口铁路清华园隧道工程		中铁电气化局集团有限公司
16	新建南阳东站站房及相关工程		中铁电气化局集团有限公司
17	雅康高速泸定大渡河大桥		中铁宝桥集团有限公司

制表：胡科敏

表 5-4　2021 年中国中铁获国家优质工程奖情况

序号	工程名称	获奖等级	获奖单位
1	北京轨道交通新机场线一期工程	国家优质工程金奖	勘察及设计单位： 中铁工程设计咨询集团有限公司 中铁第六勘察设计院集团有限公司 工程监理单位： 中铁华铁工程设计集团有限公司
2	青岛市地铁 2 号线一期工程	国家优质工程金奖	勘察及设计单位： 中铁二院工程集团有限责任公司 中铁电气化勘测设计研究院有限公司 施工总承包单位： 中国中铁股份有限公司 参建单位： 中铁一局集团有限公司 中铁三局集团有限公司 中铁四局集团有限公司 中铁十局集团有限公司 中铁电气化局集团有限公司 中铁隧道局集团有限公司 中铁四局集团电气化工程有限公司
3	成都轨道交通 18 号线工程	国家优质工程金奖	勘察单位： 中铁二院工程集团有限责任公司 设计单位： 中铁二院工程集团有限责任公司 工程监理单位： 中铁二院（成都）咨询监理有限责任公司
4	新建北京至张家口铁路（含崇礼铁路）工程	国家优质工程金奖	勘察及设计单位： 中铁工程设计咨询集团有限公司 工程监理单位： 北京中铁诚业工程建设监理有限公司 施工总承包单位： 中铁五局集团有限公司 中铁三局集团有限公司 中铁四局集团有限公司 中铁六局集团有限公司 中铁七局集团有限公司 中铁大桥局集团有限公司 中铁建工集团有限公司 中铁隧道局集团有限公司 中铁电气化局集团有限公司 参建单位： 中铁五局集团建筑工程有限责任公司 中铁五局集团华南工程有限责任公司 中铁三局集团第二工程有限公司 中铁三局集团第五工程有限公司 中铁三局集团线桥工程有限公司 中铁三局集团桥隧工程有限公司 中铁三局集团建筑安装工程有限公司 中铁四局集团第一工程有限公司 中铁六局集团建筑安装工程有限公司 中铁六局集团北京铁路建设有限公司 中铁六局集团电务工程有限公司 中铁六局集团太原铁路建设有限公司 中铁七局集团西安铁路工程有限公司 中铁大桥局集团第六工程有限公司

续表

序号	工程名称	获奖等级	获奖单位
4	新建北京至张家口铁路（含崇礼铁路）工程	国家优质工程金奖	中铁建工集团有限公司北京分公司 中铁隧道集团二处有限公司 中铁电气化局集团北京电气化工程有限公司 中铁电气化局集团北京建筑工程有限公司 中铁电气工业有限公司 中铁电气化局集团有限公司智慧交通技术分公司
5	丹金溧漕河金坛段航道整治及丹金船闸工程	国家优质工程奖	参建单位： 中铁四局集团第二工程有限公司
6	一汽—大众汽车有限公司新建试验场项目及试验场扩建工程	国家优质工程奖	施工总承包单位： 中铁四局集团有限公司
7	淮南孔李淮河大桥工程	国家优质工程奖	施工总承包单位： 中铁六局集团有限公司
8	安庆经开区“两区共建”和平西路等九路一沟道路排水工程	国家优质工程奖	施工总承包单位： 中铁十局集团有限公司 参建单位： 中铁十局集团第三建设有限公司
9	周口至南阳高速公路	国家优质工程奖	参建单位： 中铁电气化局集团第三工程有限公司
10	河南省三门峡至淅川高速公路卢氏至西坪段工程	国家优质工程奖	参建单位： 中铁五局集团有限公司 中铁四局集团第四工程有限公司
11	黄浦江上游水源地工程	国家优质工程奖	施工总承包单位： 中铁市政环境建设有限公司 中铁上海工程局集团有限公司
12	雄楚大街（楚平路—三环线立交）改造工程	国家优质工程奖	参建单位： 中铁七局集团有限公司 中铁科工集团有限公司
13	杨泗港快速通道青菱段（八坦立交—丁字桥路）工程	国家优质工程奖	工程监理单位： 中铁武汉大桥工程咨询监理有限公司 参建单位： 中铁大桥局第七工程有限公司
14	梧州至柳州高速公路	国家优质工程奖	参建单位： 中铁一局集团有限公司
15	贵港至合浦高速公路	国家优质工程奖	参建单位： 中铁四局集团有限公司
16	雅安至康定高速公路二郎山隧道	国家优质工程奖	施工总承包单位： 中铁隧道股份有限公司 参建单位： 中铁隧道股份有限公司
17	重庆寸滩长江大桥	国家优质工程奖	勘察及设计单位： 中铁大桥勘测设计院集团有限公司 中铁二院工程集团有限责任公司 工程监理单位： 中铁二院（成都）咨询监理有限责任公司 施工总承包单位： 中铁大桥局集团有限公司 参建单位： 中铁大桥局集团第八工程有限公司 中铁山桥集团有限公司

续表

序号	工程名称	获奖等级	获奖单位
18	贵阳市南垭路（1.5 环北段）道路建设工程土建工程第一合同段蛮坡立交桥	国家优质工程奖	施工总承包单位： 中铁五局集团有限公司 参建单位： 中铁五局集团第一工程有限责任公司
19	广东省龙川至怀集公路（连平至怀集段）	国家优质工程奖	参建单位： 中铁隧道局集团有限公司 中铁四局集团有限公司 中铁大桥局集团有限公司 中铁五局集团有限公司
20	吴川市滨江路（省道 S285 线吴川市区段改建工程）片区综合整治项目（K0+000~K2+547）（K2+547~K5+019.014）	国家优质工程奖	勘察及设计单位： 中铁二院工程集团有限责任公司 参建单位： 中铁七局集团有限公司
21	徐州市迎宾大道高架快速路工程 PPP 项目	国家优质工程奖	施工总承包单位： 中铁四局集团有限公司 参建单位： 中铁四局集团第二工程有限公司 中铁四局集团投资运营有限公司 中铁四局集团电气化工程有限公司
22	连云港综合客运枢纽站前南广场及配套、人民路及盐河路下穿工程	国家优质工程奖	施工总承包单位： 中铁建工集团有限公司
23	盐城市新水源地及引水工程	国家优质工程奖	施工总承包单位： 中铁四局集团有限公司
24	苏州城北路（金政街—江宇路）综合管廊工程	国家优质工程奖	参建单位： 中铁上海工程局集团有限公司 中铁四局集团有限公司
25	安康市城东汉江大桥	国家优质工程奖	施工总承包单位： 中铁五局集团有限公司 参建单位： 中铁五局集团路桥工程有限责任公司
26	新建怀化至邵阳至衡阳铁路“四电”系统集成、防灾安全监控、信息及相关工程	国家优质工程奖	工程监理单位： 中铁华铁工程设计集团有限公司 中铁二院（成都）咨询监理有限责任公司
27	长株潭城际铁路综合工程	国家优质工程奖	参建单位： 中铁隧道局集团有限公司
28	新建怀化至邵阳至衡阳铁路岩鹰鞍隧道	国家优质工程奖	工程监理单位： 中铁二院（成都）咨询监理有限责任公司
29	新建怀化至邵阳至衡阳铁路先期开工（隧道工程）HSHZQ-2 标黄岩隧道	国家优质工程奖	工程监理单位： 中铁华铁工程设计集团有限公司
30	新建怀化至邵阳至衡阳铁路南雪峰山隧道	国家优质工程奖	工程监理单位： 中铁华铁工程设计集团有限公司 施工总承包单位： 中铁隧道局集团有限公司 参建单位： 中铁隧道集团三处有限公司

续表

序号	工程名称	获奖等级	获奖单位
31	新建黔江至张家界常德铁路长湾澧水大桥	国家优质工程奖	工程监理单位： 中铁二院（成都）咨询监理有限责任公司
32	新建济南至青岛高速铁路工程淄博北站站房及相关工程施工总价承包 JQGTZFSG-6 标	国家优质工程奖	工程监理单位： 北京中铁诚业工程建设监理有限公司 济青高铁淄博北站监理站 施工总承包单位： 中铁建工集团有限公司
33	新建黄骅南至大家洼铁路黄河特大桥	国家优质工程奖	参建单位： 中铁一局集团有限公司
34	新建济南至青岛高速铁路工程潍坊特大桥	国家优质工程奖	工程监理单位： 中铁华铁工程设计集团有限公司 施工总承包单位： 中铁北京工程局集团有限公司 参建单位： 中铁上海工程局集团有限公司 中铁北京工程局集团第六工程有限公司 中铁上海工程局集团第七工程有限公司
35	新建杭州至黄山铁路综合工程	国家优质工程奖	工程监理单位： 北京中铁诚业工程建设监理有限公司 施工总承包单位： 中铁隧道局集团有限公司 中铁二局集团有限公司 中铁四局集团有限公司
36	新建商丘至合肥至杭州铁路赵桥特大桥	国家优质工程奖	施工总承包单位： 中铁电气化局集团有限公司 参建单位： 中铁电气化局集团有限公司
37	新建商丘至合肥至杭州铁路木兰特大桥工程	国家优质工程奖	工程监理单位： 北京中铁诚业工程建设监理有限公司 施工总承包单位： 中铁一局集团有限公司 参建单位： 中铁一局集团第四工程有限公司 中铁一局集团厦门建设工程有限公司
38	新建北京至沈阳铁路客运专线辽宁段“四电”集成及相关工程	国家优质工程奖	工程监理单位： 中铁二院（成都）咨询监理有限责任公司 施工总承包单位： 中铁电气化局集团有限公司 参建单位： 中铁电气化局集团第一工程有限公司 中铁电气化局集团有限公司沈阳电气化工程分公司
39	天津地铁 1 号线东延至国家会展中心项目土建施工第 6 合同段（双桥河车辆段及铺轨工程）	国家优质工程奖	施工总承包单位： 中铁三局集团有限公司 参建单位： 中铁三局集团电务工程有限公司 中铁三局集团线桥工程有限公司 中铁三局集团天津建设工程有限公司

续表

序号	工程名称	获奖等级	获奖单位
40	新建西安至成都客运专线秦岭天华山隧道	国家优质工程奖	工程监理单位： 北京中铁诚业监理公司西成客专监理站
41	广梅汕铁路龙湖南至汕头段增建第二线桥群工程	国家优质工程奖	勘察及设计单位： 中铁二院成都勘察设计研究院有限责任公司 施工总承包单位： 中铁三局集团有限公司 中铁三局集团广东建设工程有限公司
42	云桂线引入昆明枢纽Ⅰ类变更设计完善客运配套设施及昆明车辆段迁建工程	国家优质工程奖	勘察及设计单位： 中铁二院工程集团有限责任公司
43	新建铁路成都至贵阳线乐山至贵阳段站前工程施工 CGZQSG-9 标段玉京山隧道	国家优质工程奖	勘察及设计单位： 中国中铁二院工程集团有限责任公司 施工总承包单位： 中铁五局集团有限公司 参建单位： 中铁五局集团第四工程有限责任公司
44	苏州市轨道交通 3 号线工程	国家优质工程奖	工程监理单位： 上海华铁工程咨询有限公司 中铁二院（成都）咨询监理有限责任公司 参建单位： 中铁工程设计咨询集团有限公司 中铁二局集团有限公司 中铁四局集团有限公司 中铁四局集团电气化工程有限公司 中铁一局集团有限公司 中铁一局集团电务工程有限公司 中铁七局集团有限公司 中铁上海工程局集团有限公司
45	呼和浩特市城市轨道交通 1 号线一期工程	国家优质工程奖	施工总承包单位： 中国中铁股份有限公司 中铁北方投资有限公司 参建单位： 中铁十局集团有限公司 中铁广州工程局集团有限公司 中铁一局集团有限公司 中铁三局集团有限公司 中铁七局集团有限公司 中铁九局集团有限公司 中铁六局集团有限公司 中国铁工投资建设集团有限公司 中铁上海工程局集团有限公司 中铁北京工程局集团有限公司 中铁武汉电气化局集团有限公司 中铁一局集团第四工程有限公司
46	武汉市轨道交通蔡甸线柏林停车场工程	国家优质工程奖	工程监理单位： 中铁二院（成都）咨询监理有限责任公司 施工总承包单位： 中铁一局集团有限公司 参建单位： 中铁一局集团建筑安装工程有限公司

续表

序号	工程名称	获奖等级	获奖单位
47	武汉市轨道交通 7 号线工程	国家优质工程奖	施工总承包单位： 中铁隧道股份有限公司 中铁三局集团电务工程有限公司 中铁一局集团有限公司 中铁二局集团有限公司 中铁四局集团有限公司 参建单位： 中铁一局集团城市轨道交通工程有限公司 中铁一局集团建筑安装工程有限公司 中铁一局集团电务工程有限公司 中铁四局集团机电设备安装有限公司
48	新建铁路西成客运专线省界至江油段黄家梁隧道	国家优质工程奖	勘察及设计单位： 中铁二院工程集团有限责任公司 施工总承包单位： 中铁五局集团有限公司 参建单位： 中铁五局集团成都工程有限责任公司
49	新建成都至贵阳铁路乐山至贵阳段西溪河大桥	国家优质工程奖	勘察及设计单位： 中铁二院工程集团有限责任公司
50	图书馆（北京工业大学逸夫图书馆改扩建工程）	国家优质工程奖	施工总承包单位： 中铁建工集团有限公司
51	江苏省妇幼保健院住院综合楼	国家优质工程奖	施工总承包单位： 中铁建工集团有限公司
52	中铁隧道集团科技大厦	国家优质工程奖	建设单位： 中铁隧道局投资有限公司 勘察及设计单位： 中铁华铁工程设计集团有限公司 施工总承包单位： 中铁隧道局集团建设有限公司 参建单位： 中铁隧道集团机电工程有限公司
53	昆明市地铁线网控制中心工程	国家优质工程奖	施工总承包单位： 中铁建工集团有限公司
54	新建大同至张家口高速铁路工程智家堡御河特大桥	国家优质工程奖	工程监理单位： 甘肃铁科建设工程咨询有限公司
55	刚果（金）利卡西—科洛维奇公路项目（185 千米）	国家优质工程奖	勘察及设计单位： 中铁七局集团有限公司 施工总承包单位： 中铁七局集团有限公司

制表：胡科敏

表 5-5 2021 年度中国中铁获建设工程项目施工安全生产标准化工地名单

序号	工程名称	获奖单位
1	上海市轨道交通 18 号线一期工程接触网、干线电缆、杂乱电流防护、区间侧向平台施工（2 标段）	中铁四局集团电气化工程有限公司
2	射频集成电路产业化	中铁建工集团有限公司
3	横江大道（纬三路—城南河路段）快速化改造工程总承包一标段	中铁四局集团有限公司
4	苏州市轨道交通 S1 线工程土建施工项目 S1-TS-04 标、S1-TS-02 标	中铁九局集团有限公司
5	肥西人才公寓 EPC 项目	中铁上海工程局集团有限公司
6	晟鸿·郦景	中铁建工集团有限公司
7	算谷产业园（一期 4-A，4-B 楼）	中铁建工集团有限公司
8	黄家湖污水处理厂三期扩建工程	中铁市政环境建设有限公司
9	广州市轨道交通 7 号线二期工程一分部土建工程	中铁广州工程局集团有限公司
10	海口金融中心 A/B 区项目	中铁广州工程局集团有限公司 中铁海南投资建设有限公司
11	中铁阅山湖 D 组团二期一标段［D-11 栋、D-12 栋、D-121 地库（部分）及 D-125 社区商业（部分）］	中铁五局集团建筑工程有限责任公司
12	贵州省委党校（贵州行政学院）改扩建（二期）工程项目	中铁五局集团建筑工程有限责任公司
13	昆明市呈贡区白龙潭片区城市棚户区改造（龙四地块二期）项目	中铁十局集团有限公司
14	西藏自治区医院项目 EPC 总承包项目	中铁建工集团有限公司
15	新建川藏铁路拉萨至林芝段站房及相关工程 LLZF2 标—林芝站	中铁建工集团有限公司
16	银川市第一再生水厂建设项目	中铁上海工程局集团有限公司
17	梧州市长洲岛棚户区改造（一期）工程——安置点 I 及配套道路工程	中铁一局集团有限公司
18	南宁市轨道交通 5 号线一期工程（国凯大道—金桥客运站）施工总承包 02 标土建 8 工区	中铁四局集团有限公司
19	G8012 弥勒至楚雄高速公路玉溪至楚雄段工程 TJ-16 标段	中铁六局集团有限公司
20	武威雷台景区文化旅游综合体项目	中铁七局集团有限公司
21	重庆轨道交通 4 号线二期土建三标	中铁八局集团有限公司
22	滇中引水楚雄 6 标	中铁十局集团有限公司
23	北京东站货场铁路职工住房项目 D 地块、E 地块和 F 地块	中铁北京工程局集团有限公司
24	新建南沿江城际铁路站前工程 4 标	中铁广州工程局集团有限公司
25	济南机场扩建工程—工作区工程—信息楼工程	中铁建工集团有限公司
26	即墨中心城区东部片区改造项目 ABC 安置区工程	中铁建工集团山东有限公司
27	信息与金融产业示范区一（东李商圈改造二期项目 9-2-2 地块）	中铁建工集团有限公司

制表：胡科敏

▲图 5-10　中国中铁参建的海口金融中心（在建）项目获“全国建设工程项目施工安全生产标准化工地”称号

▲图 5-11　中铁国际生态城太阳谷景观

CHAPTER 6

勘察设计与咨询服务

勘察设计生产经营

▲图 6-1　中铁科研院承担监理工作的中老铁路琅勃拉邦车站

【全公司勘察设计工作概况】中国中铁勘察设计与咨询服务业务涵盖研究、规划、咨询、造价、勘察设计、监理、工程总承包、产品产业化等基本建设全过程服务，主要涉及铁路、城市轨道交通、公路、市政、房建、水利水电等行业，并向新型轨道交通、智能交通、民用机场、港口码头、电力、节能环保等非传统领域实现拓展。公司基本经营模式是在境内外通过市场竞争获得勘察设计订单，按照合同约定完成工程项目的勘察设计及相关服务等任务。同时，公司不断创新勘察设计业务经营模式，充分利用开展城市基础交通设施规划的优势，努力获取设计项目和工程总承包项目，促进全产业链发展。作为中国勘察设计和咨询服务行业的骨干企业，公司在工程建设领域发挥了重要的引领和主导作用，尤其是在协助制定建设施工规范和质量验收等方面的铁路行业标准中发挥着重要作用。在勘察设计工作方面，中国中铁作为川藏铁路雅安至林芝段的总体设计单位，负责雅安至昌都段勘察设计，施工图已完成批复，施工单位全面进场；参与设计的西昆高铁重庆至昆明段施工图已完成，现场配合施工工作已开展；成都经达州至万州铁路遂宁至开江段施工图已完成；参与设计的沪渝蓉高铁正在有序推进。（雷思遥）

【勘察设计与咨询生产经营概况】2021 年，勘察设计企业完成营业额 267.54 亿元，占年度计划 254.00 亿元的 105.3%，较 2020 年增加 32.9 亿元，同比增长 14.02%。（雷思遥）

【重点工程勘察设计】2021 年，各咨询企业开展项目 4022 项，其中，勘察设计项目 2433 项、咨询 943 项、监理 408 项、国外项目 77 项，其他项目 161 项。中铁二院作为川藏铁路雅安至林芝段的总体设计单位，负责雅安至昌都段勘察设计，9 月 15 日施工图完成批复，11 月 25 日施工单位全面进场。中铁设计和中铁二院负责成达万铁路的勘察设计工作，9 月完成全线初步设计修编。6 月 25 日，由中铁二院勘察设计的拉萨至林芝铁路开通运营。线路全长 435.48 千米，设计速度 160 千米 / 小时，为国家Ⅰ级单线电气化铁路。其中 90% 以上的线路在海拔 3000 米以上，16 次跨越雅鲁藏布江，沿线山高谷深，相对高差达 2500 米，施工难度极大。拉林铁路的建成通车，结束了藏东南地区不通铁路的历史，补齐了既有交通方式易受高

▲图 6-2　清河站

原气候影响的短板，进一步完善了区域综合交通运输体系。12月3日，由中铁二院勘察设计的中老铁路全线通车。中老铁路由昆玉段、玉磨段、磨万段组成，其中，昆玉段由昆明南站至玉溪站，全长79千米，设计速度200千米/小时；玉磨段由玉溪站至磨憨站，全长507千米，设计速度160千米/小时；磨万段由磨丁站至万象站，全长418千米，设计速度160千米/小时，该项目极大地带动老挝经济社会发展，也为中国西南地区经济发展注入新的动力。由中铁设计勘察设计的芜湖轨道交通1号线和2号线分别于11月3日和12月28日开通试运营。2021年6月30日，由中铁大桥院设计，中铁大桥局施工的中国首座公铁两用悬索桥、世界首座高速铁路悬索桥——五峰山长江大桥公路面通车。2021年9月25日，由中铁大桥院设计，中铁大桥局施工的世界最大跨钢混组合梁斜拉桥——赤壁长江公路大桥正式通车运营。（雷思遥）

【中铁二院勘察设计生产经营】2021年，中铁二院新签合同额165.12亿元，较年度目标160亿元增加5.12亿元，增长3.2%。勘察设计实物工作量5168.86折算千米，较2020年4961.66折算千米增长4.18%；地质钻探287万实钻米，同比减少8%。（王　璐）

【中铁二院勘察设计工作进展情况】2021年，中铁二院共承担国内勘察设计及咨询项目275项，其中，铁路板块103项、城轨板块113项、公路及市政板块47项；承担国内工程总承包12项。铁路板块完成可行性研究12项、初步设计8项、施工图设计13项，确保了拉萨至林芝铁路、川南城际内自泸铁路、瓮安至马坪等8个项目年内开通运行；城市轨道交通板块完成工程可行性研究10项、初步设计9项、施工图设计12项，确保了贵州地铁2号线一期、二期，重庆地铁5号线一期南段等4个项目建成通车；公路及市政板块完成可行性研究3项、初步设计4项、施工图设计5项，确保了遵义至余庆高速公路、成都天府国际机场高速公路等5个项目年内开通。2021年，中铁二院承担的海外勘察设计项目共计81项。项目主要分布于亚洲、非洲、欧洲、南美洲、北美洲和大洋洲共32个国家，其中，非洲28项，亚洲34项，欧洲3项，南美洲13项，北美洲1项，大洋洲2项。执行的工程总承包项目共计77项，其中，在建项目66项，暂停施工项目6项，未开工项目5项。（毛学锋）

【中铁六院勘察设计生产经营】2021年，中铁六院累计完成营业额35.28亿元，为股份公司年度预算目标31.00亿元的113.81%，同比增长10.32%。全年执行生产项目共计4276项。其中，勘察设计2514项，工程总承包（含施工）22项，境外项目13项，技术咨询（含施工图审核、设计咨询、集成服务等）1558项，工程监理151项，产品产业化18项。完成地质钻探22.1万实钻米。全年新增生产项目631项，完工或投运项目626项。从各板块来看，情况如下。

铁路工程方面。承担勘察设计项目608项；承担设计咨询、施工图审核120项；其他类34项。

城市轨道交通工程方面。承担总体总包（设计总承包）项目7项，工点设计项目431项，系统设计项目340项；承担设计咨询、施工图审核项目182项；承担勘察、测绘及第三方监测项目370项。项目主要分布在北京、广州、上海、郑州、天津、深圳、成都、重庆、长沙、武汉、西安、郑州、南京、杭州、南昌、南宁、苏州、福州、沈阳、太原、贵阳、石家庄、青岛、徐州、乌鲁木齐等城市。

公路市政工程方面。承担勘察设计项目460项；承担设计咨询、施工图审核项目286项。项目主要分布在湖南、四川、陕西、广州、深圳、南京、厦门、郑州、长沙、合肥、安庆、成都、汕头等地区。

工程总承包方面。承担工程总承包和施工项目29项，其中，城轨项目2项，铁路项目9项，建筑项目11项，市政项目7项。主要分布在河北、天津、河南、安徽、江苏、陕西、湖北、广西等地区。

建筑工程方面。承担勘察设计项目687项；承担设计咨询、施工图审核项目556项。主要分布在合肥、阜阳、肥东、六安、苏州等地区。

海外工程方面。承担海外工程项目15项。其中，铁路项目2项，城轨项目11项，建筑项目1项，市政项目1项。主要分布在以色列、马来西亚、新加坡、乌兹别克斯坦、巴基斯坦等国家和中国香港地区。

工程监理。共承担工程监理151项，其中，铁路项目监理42项；城轨项目监理105项；市政项目监理4项。

配合经营前期研究和投标项目方面。配合经营前期研究项目201项，其中，海外工程8项；境内工程193项。投标项目220项。

（李红谍）

【中铁六院勘察设计工作进展情况】铁路项目方面。北黑线（龙镇至黑河段）铁路升级改造工程：线路长度302.68千米，2021年度主要开展了施工图设计、配合施工等工作。深圳至茂名铁路越珠江口工程：国内最长的高速铁路水下隧道，隧道长13.74千米，年内主要开展了配合施工等工作。重庆至昆明高速铁路寻甸至会泽段（DK 550+300~DK 604+581.424）勘察设计工程：线路长度52.481千米，年内主要开展了施工图设计、配合施工等工作。京通铁路电气化改造工程：线路全长803.10千米，年内主要开展了配合施工等工作。

城市轨道交通方面。南京至马鞍山城际铁路：线路全长65.15千米，设车站20座，其中，地下站9座；高架站11座，年内主要开展了项目总体设计、初步设计等工作。

天津地铁 2 号线延伸空港经济区工程：线路全长7.7千米，共设站4座，均为地下站，年内主要开展了项目可行性研究、初步设计等工作。重庆轨道交通 4 号线西延伸段：线路全长 11.2 千米，共设站 9 座，均为地下站，年内主要开展了项目初步设计等工作。滨海新区轨道交通 B1 线一期工程（黄港车辆段至于家堡站段）：线路全长约 22.4 千米，均为地下线，共设站 15 座，在黄港欣嘉园东侧设置黄港车辆段，年内主要开展了施工图设计和配合施工等工作。滨海新区 B1 线—期工程（于家堡站至盐田停车场）：线路全长约 8.9 千米，均为地下线，共设站 7 座，设盐田停车场一处，年内主要开展了施工图设计工作和配合施工等工作。北京轨道交通 28 号线（原 CBD 线）：线路全长 6.54 千米，全为地下线，设车站 8 座，停车场 1 座，其中换乘站 4 座。年内主要为初步设计修改、施工图设计等工作。郑州 K2 线工程勘察设计总承包项目：作为联合体成员，主要负责部分土建工程、全线供电系统工程、信号工程设计工作，年内主要开展了初步设计工作。以色列特拉维夫地铁红线系统工程：线路全长 24 千米，中铁六院主要负责供电系统、通信系统、屏蔽门、AFC 和 PSCADA 等系统设计，年内主要开展了施工图设计、配合施工工作。（李红谋）

▲图 6–3 中铁设计设计的崇礼站及枢纽投入运营后与自然和谐共生的“雪山木屋”鸟瞰图

【中铁设计勘察设计生产经营】2021 年，中铁设计完成企业营业额 60.17 亿元，完成中国中铁股份有限公司下达计划企业营业额 60 亿元的 100.3%，同比增长 13%。开展不同阶段的勘测设计、咨询项目共计 465 项，累计完成工程设计（或实物工作量）4954 折算千米；工程测量完成 2270 标准平方千米；工程地质完成 114.92 万实钻米。

（刘 彪 韩 宁）

【中铁设计勘察设计工作进展情况】铁路重点工程：2021 年，中铁设计承担国铁集团项目 16 项（2282 千米），其中，前期工作（预可研、可研）项目 6 项（739 千米），初步设计、施工图设计及配合施工项目 10 项（1543 千米）；承担铁路局及地方铁路项目 110 项，其中，前期工作（预可研、可研）项目 41 项（2110 千米），初步设计、施工图设计及配合施工项目 28 项（534 千米），铁路规划、方案研究项目 41 项。

城市轨道交通重点工程：2021 年，中铁设计承担城市轨道交通主要设计项目 76 项，主要分布在北京等 16 个省（自治区、直辖市）。截至 2021 年末，传统轨道交通项目大部分处于初步设计和施工图设计阶段，新型跨座式轨道交通项目继续开展规划、勘察设计。长春市轻轨 3 号线东延线，芜湖轨道交通 1 号线、2 号线一期于 2021 年底建成通车。

（刘 彪）

【中铁大桥院勘察设计生产经营】2021 年，中铁大桥院全年营业收入 19.12 亿元，完成确保目标的 105.64%，同比增长 4.08%；实现新签合同额 34.03 亿元，完成预算确保目标 30 亿元的 113.43%。成功取得工程设计综合甲级资质，进入国家工程设计最高等级企业行列。年内中标了广东狮子洋通道、海太过江通道、温州市域铁路 S3 线、涪陵高铁片区智慧科技产业城、江汉九桥、江汉十桥、胶州湾第二海底隧道等一大批重大工程项目的勘察设计。青山长江大桥、伍家岗长江大桥、五峰山长江公铁大桥、鳊鱼洲长江大桥、赤壁长江公路大桥、汉江湾桥、道庆洲大桥等一批重要大桥相继建成通车；常泰长江大桥、仙新路长江大桥、龙潭长江大桥、马鞍山公铁两用大桥、瓯江北口大桥等一批重要大桥施工快速推进；广东狮子洋大桥、江阴第三过江通道、甬舟铁路西堠门大桥、李埠长江公铁大桥、安庆海口长江大桥、池州长江公铁大桥、宜昌东艳路长江大桥、白沙洲公铁大桥、通苏嘉甬铁路杭州湾跨海大桥、北沿江高铁越江公铁大桥等一批重要大桥研究设计工作全面展开。南宁牛湾岛大桥及接线工程、武汉市江汉九桥及接线工程、广佛新干线及西延复合通道工程、蚌埠市解放路快速化改造提升工程等项目相关工作稳步推进。乐山至西昌高速公路施工进展顺利，昭通至西昌高速公路、南宁至上横高速公路相继完成施工图设计顺利开建，广安市北部经济干线公路可研稳步推进，公路总体及互通立交、路基路面等专业的设计能力有所增强。继续以铁水联运技术为引领，承担了近百项涉铁规划研究，涵盖铁路网规划、物流规划、多式联运、运输通道、四网融合、战略研究等多个领域，充分利用涉铁项目政策优势与新型转体桥技术优势拓展涉铁项目的规模及范围。澳门轻轨东线、武汉轨道交通项目、南宁地铁机场线、广州市城市轨道交通8号线等项目进展顺利，成功进入了济南轨道交通市场。中标芜湖市国土空间总体规划（2020—2035）、中国（安徽）自由贸易试验区芜湖片区控规和沧州市中心城区城市更新改造项目等，进一步巩固了本土市场优势，并在城市更新业务和规划创新试点方面取得良好进展。中标十余座高铁站房设计，中标率和中标面积均有所增长，在铁路站房领域树立了“中铁时代”品牌；中标皖南医学院产学研创中心等多个公共建筑设计，提升了公共建筑领域的品牌口碑。在保持桥梁水上勘察的传统优势下，开拓了跨江跨海隧道、风电等水域勘察市场；进一步完善业务布局规划，向公路线路勘察、岩土工程设计等业务拓展。完成了一批桥梁、隧道、铁路和公路工程的测绘工作，持续推进常泰长江大桥测量中心、黄茅海跨海通道测控中心等项目，在地理信息系统建设方面取得新突破。在持续巩固桥梁工程监理优势的同时，深中通道岛隧工程、武汉和平大道南延大盾构隧道等工程的监理工作顺利推进，新承接了川藏铁路及深圳和武汉的数个隧道与综合管廊工程监理任务，隧道监理品牌优势进一步彰显。推进旧桥维修加固设计施工总承包，承接了浙江东阳江大桥提升改造EPC项目；依托南通市城市桥梁健康监测项目，成功开发出集基础信息、监测、检测、养护、管理于一体的城市桥梁健康监测系统平台，在桥梁智慧化管理方面取得突破性进展。（刘　慧）

【中铁大桥院勘察设计工作进展情况】

·G3铜陵长江公铁大桥· 主线桥总长11.9千米，主跨998米悬索斜拉协作体系；G3铜陵长江公铁大桥是G3高速公路跨江通道替代工程，也是铜陵市连接长江两岸交通的重要公铁两用通道。由中铁大桥院承担的勘察工作基本完成，2021年末处于施工图设计阶段，完成了公铁合建段施工图修编。

·荆州李埠长江公铁大桥· 拟建的荆州李埠长江公铁大桥为二广高速荆州段改线工程、荆岳城际及市郊铁路工程的共用过江桥梁工程，拟采用“4线铁路+6车道高速公路”的标准建设。铁路桥面布置2线荆岳城际（铁路等级为客运专线，速度目标值350千米/小时）、2线市郊铁路（速度目标值160千米/小时）；公路桥面布置双向6车道高速公路，设计速度100千米/小时，荷载等级公路Ⅰ级。阶段性外业工作结束，完成钻孔工作量为312孔/30470米，占计划工作量的71.2%，正在开展初步设计工作。

·狮子洋通道工程· 位于粤港澳大湾区几何中心，是该区域重要

勘察设计与咨询服务

▲图6-4　中铁大桥院三塔四跨结合梁悬索桥建造关键技术

的战略性通道，总长约35千米。过江段采用双层桥方案，长约12.5千米，跨江主桥为主跨2180米钢桁梁悬索桥。中铁大桥院承担狮子洋通道工程勘察设计及勘察设计咨询A2-2标的工作，主要工作内容为狮子洋大桥、小虎沥水道桥、沙仔沥水道桥初步设计、平行设计工作及主桥标段A2-1标的勘察设计全过程咨询工作。截至2021年末，该项目已进行初步设计工作。

·川藏铁路怒江特大桥· 大桥位于邦达车站至夏里车站之间，桥长1200米，桥高610米，双线铁路桥，线间距为12米。2021年完成初步设计和施工图设计，2021年底项目正式开工。

·甬舟铁路· 线路全长77.006千米，其中新建长度约70.741千米，利用既有线6.265千米，项目总投资约305亿元，静态投资约276亿元。西堠门大桥施工图已完成并提交国铁集团工管中心，2021年末与代建单位沪杭公司对接，进行施工图审查前的准备工作；桃夭门施工图（送审稿）已完成，并提交设计咨询单位。（刘　慧）

【中铁华铁勘察设计生产经营】2021年，中铁华铁实现新签合同额56.15亿元，同比增长34.91%；完成营业收入11.65亿元，同比增长14.08%；完成净利润2061万元。（李　冰）

【中铁华铁勘察设计工作进展情况】

·新疆和田二道桥文化旅游综合体EPC工程总承包项目· 合同额424970万元。

·苏州淀山湖镇湖黄浦江路东侧、南苑路南侧设计项目· 合同额1529万元，项目在建阶段。

·上海市轨道交通23号线一期工程6标设计项目· 合同额1382.71万元，项目在建阶段。

·苏州工业园区百奥福生物产业有限公司生物医药产业园四期（DK20210078地块）设计项目· 合同额1222.72万元，项目在建阶段。

·中铁合肥新型交通产业投资有限公司新型轨道交通生产基地设计项目· 合同额700万元，项目在建阶段。

·大兴区黄村镇狼垡集体租赁住房岩土工程项目· 合同额1978.91万元，项目在建阶段。

·南宁市轨道交通五象车辆段及新村停车场装备制造项目· 合同额3680万元，项目在建阶段。

·新建赣州至深圳铁路（广东段）工程装备制造项目· 合同额3748万元，项目在建阶段。

·南昌轨道交通4号线一期机电总承包02包总项目装备制造项目· 合同额2698万元，项目在建阶段。（李　冰）

【中铁科研院勘察设计生产经营】2021年，中铁科研院勘察设计板块新签合同额16378万元。完成营业额10700万元。（何　宇　伍海艳）

【中铁科研院勘察设计工作进展情况】

·成都轨道交通17号线二期工程车站2标项目· 项目合同额2278.27万元。合同工期为2018年8月至工程完工。主要工作内容：阳公桥站、龙爪堰站（与运营的7号线换乘）、清水河站共3座车站（含车站配线、车站盾构井）土建、装修、风水电设计，主变电所至相邻车站及区间的35千伏电力廊道设计。具体内容为工程设计、报建、工程招标（含设备系统）、施工配合、系统联调和后续服务各阶段所必需的全部设计文件的编制及相关工作。进展情况：已完成三个站的初步设计修编工作。阳公桥站、龙爪堰站围护结构、建筑；主体结构、建筑已出施工图，部分附属及内部结构、建筑已送一签；清水河站已完成初步设计修改专家审查工作，完成修改初步设计修编工作，主体围护结构、建筑已出图。

·青岛市地铁4号线土建工点设计二标项目· 合同额2926万元。合同工期：2015年5月1日至通过政府验收且缺陷责任期结束。主要工作内容：昌乐路站、内蒙古路站、静港路站、沙子口站、九静区间、静沙区间4个车站2个区间。进展情况：机电专业施工图设计工作已全部完成。开展剩余九静区间变更图设计。

·青岛市地铁6号线一期工程土建工点设计四标项目· 合同额2662.82万元。合同工期：2017年2月起至工程竣工验收合格为止。主要工作内容：港头站、黄河路站、淮河西路站、可洛石站、港头站—黄河路站、黄河路站—淮河西路站、淮河西路站—可洛石站、可洛石站—抓马山站的建筑、结构、通风空调、动力照明、给排水等专业初步设计、施工图设计及施工配合工作。进展情况：2021年完成各站、区间主体结构施工图。截至2021年末，开展剩余附属施工图设计。

·广州轨道交通12号线设计14标项目· 合同额2263万元。合同工期：2017年11月起至工程竣工验收合格为止。主要工作内容：仓头站、仓头站—官洲站、官洲站—大学城北站、大学城北站—大学城南站、大学城南停车场出入场线区间共1车站4区间初步设计、施工图设计及施工配合工作。进展情况：2021年仓头站附属建筑、附属结构图出正式施工图；大学城南停车场出入场线盾构区间隧道第四、第六分册施工图设计。

·广州市城市轨道交通第三期建设规划调整线路［8号线东延段（万胜围—莲花）］土建设计二标项目· 合同额3185万元。合同工期：2021年2月起至工程竣工验收合格为止。主要工作内容：包含莲花—龙泽路、龙泽路—仙岭、仙岭—化龙、化龙—沙亭、沙亭—长洲、长洲—新洲、新洲—黄埔古港、黄埔古港—万胜围、化龙出入段线区间的初步设计及修编、招标图设计、施工图设计、施工配合和后续服务各阶段所必需的全部设计文件的编制等工作。进展情况：完成初步设计一签送审。

·成都轨道交通13号线一期工程13CZ8标项目· 合同额暂定价

682.56万元（总包涵件中预估最终价为1259万元）。合同工期：预计为4年。主要工作内容：工程设计、报建、招标、施工配合和后续服务所必需的全部设计文件的编制等合同中约定的相关工作。进展情况：已完成净居寺站和三官堂站主体、附属建筑和主体、附属结构的施工图。（伍海艳 郭 晨）

【中铁长江设计勘察设计生产经营】2021年，中铁长江设计实现新签合同额15.0036亿元，同比增长35%，新签合同额创历年新高，有力促进公司发展质量、规模提升。中铁长江设计坚持巩固属地市场，立足本土资源优势，注重发挥设计龙头作用，本地新签合同额同比增长34%，在激烈的市场竞争中，独立中标重庆高新区至荣昌区改扩建工程初设、沿江南线万州至巴东段工程可行性研究等高速公路项目，充分彰显公司重庆交通市场的龙头地位。充分发挥设计牵引作用，增强与中铁系统内单位的协同配合，牵引系统内单位中标重庆本土渝赤叙、武两、南川西环线等多个重大高速公路项目，有力提升中国中铁在重庆高速公路市场投资份额。加快拓展新兴水运市场，充分发挥水运行业甲级资质优势，牵头中铁广州局成功中标3个重庆内河港口项目，合同金额11亿元，有力助推中国中铁拓展“四水”领域、开启“第二曲线”。加大市外开拓步伐，加快融入中国中铁全国性经营网络，抢滩布局南部、西部区域经营指挥部，与当地投资平台、行业部门、设计机构搭建良好协作平台，成功中标桂林至钦州港、梧州至玉林至钦州、安顺至盘州、龙胜至峒中口岸等项目，市外经营布局取得积极成效。（汪 洋）

【中铁长江设计勘察设计工作进展情况】2021年，中铁长江设计承担重大交通规划、咨询及勘察设计共66项。其中，交通规划7项、高速公路33项、水运工程17项，承担工程总承包9项。2021年，交通规划板块完成《重庆市推动交通强国建设试点实施方案（2021—2025年）》《成渝地区双城经济圈综合立体交通网规划（2021—2035年）》《重庆市综合立体交通网规划纲要（2021—2035年）》《重庆市综合交通运输“十四五”规划（2021—2025年）》《重庆市长江上游航运中心总体规划》等一批重大交通规划；高速公路板块开展可行性研究17项、初步设计10项、施工图设计6项，其中成渝高速公路（重庆段）加宽改造工程可研、渝遂扩能二期（铜梁至潼南段）可研顺利通过交通运输部审查，合璧津高速公路大石至十塘段初步设计、开州至梁平高速公路初步设计、永川至璧山初步设计等项目顺利通过审查，为项目引进投资奠定了良好基础，永川至江津高速公路施工图设计顺利通过审查，确保了项目开工建设时间；水运工程板块开展规划研究2项、工可研究4项、设计项目11项，水运项目涉及港口、航道、枢纽各方面，其中《重庆港总体规划（2035年）》获得交通运输部与重庆市政府联合批文；总承包项目板块执行的工程总承包项目9项，其中，通过交工验收2项、其余在建7项。自加入中国中铁以来，中铁长江设计勘察设计项目逐步走向全国，目前项目分布于广东、广西、贵州等地，且充分发挥了规划设计先导作用，为中国中铁发展助力。（徐浩娟）

【中铁水利设计勘察设计生产经营】2021年，中铁水利设计新签合同额16.18亿元，其中，各类勘察设计项目新签合同额4.6亿元、设计牵头的工程总承包项目新签合同额10.02亿元、智慧水利等其他项目新签合同额1.56亿元。完成营业收入9.5亿元，完成净利润3400万元。（吴伟恒）

【中铁水利设计勘察设计工作进展情况】2021年中铁水利共新增承担勘察设计及咨询项目215项（不含省外分院），其中，勘察设计板块201项、工程总承包板块8项、智慧水利等其他板块6项。项目主要分布在江西省，省内共208项，省外5项，分布在西藏、云南、贵州、浙江、安徽等地，国外2项。2021年，中铁水利设计承揽重大重点勘察设计项目20余项，确保赣江抚河下游尾闾综合整治工程、江西省省直三大灌区（赣抚平原灌区、袁惠渠灌区、潦河灌区）续建配套与节水改造工程等项目顺利开工，大坳灌区等国家150个项目初步设计获得批复，具备开工条件。梅江灌区、康山蓄滞洪区安全建设工程、大岗山水库工程等项目前期工作取得重大进展，获得立项或通过审查。南溪水库、西藏普索水库等项目开展了前期深度策划，进展良好并取得勘察设计订单。（吴伟恒）

技术咨询与服务

【全公司技术咨询和服务情况】2021年，全公司勘察设计板块技术咨询与服务营业额44.24亿元，占比16.53%，同比增长6.24%；新签合同额54.26亿元，占比11.45%，同比下降10.77%。充分发挥股份公司专家委员会作用，广泛开展技术咨询服务，相继组织技术专家研究股份公司投资项目京雄高速公路的永定河大桥和国道109新线的安家庄大桥施工方案，提出了设计优化、施工组织设计优化等多项方案。组织研究确定跨座式单轨项目芜湖轨道交通1号线、2号线建设、联调联试和开通。（雷思遥）

【中铁二院技术咨询和服务情况】2021年，中铁二院咨询公司新签合同额10469万元，同比增长70%，获取了湖州至杭州西至杭黄铁路连接线工程设计咨询、新建广州至湛江高速铁路佛山（不含）至湛江北（含）段施工图审核等项目。中铁二院监理公司新签合同额5.29亿元，同比增长20.23%，获取了轨

▲图 6-5　中铁二院研究的“复杂山区铁路选线理论方法、关键技术及工程应用”技术应用于新建重庆至利川铁路工程地质勘察

道交通资阳线工程土建施工监理、渝昆高铁宜宾至嵩明段施工监理 YKYGJL-7 标段、新建川藏铁路雅安至林芝中间段站前工程施工监理等项目。　　（刘广峰　吴小娟）

【中铁六院技术咨询和服务与监理项目情况】2021 年，中铁六院承揽了新建广州至湛江高速铁路佛山站—西江桥尾、新兴南站—湛江北站施工监理、西安地铁 15 号线一期施工监理、新建潍坊至烟台铁路施工监理等 40 余个监理项目，完成新签合同额 2.76 亿元，占总合同额的 4.72%。咨询业务承揽了莞深城际铁路前海至皇岗口岸段、龙岗至大鹏支线城际铁路全过程投资控制造价咨询、化龙—广州开发区西区过江通道设计咨询（含施工图审查）及造价咨询、西安地铁 14 号线工程经济咨询、黑龙江省智能化城乡通信微管廊项目施工图审查等项目 440 余个，完成新签合同额 4.42 亿元，占总合同额的 7.55%。

（杨华锋）

【中铁设计技术咨询与服务情况】2021 年，中铁设计中标如东经南通苏州至湖州城际铁路（南浔至长兴段）工程设计咨询、佛山市城市轨道交通 2 号线二期工程（含横六路同步实施工程）勘察设计咨询、包神铁路甘泉铁路风沙灾害防治措施研究、南宁市市郊铁路武鸣线工程（安吉客运站至完美世界站）设计咨询、济南市住房和城乡建设局轨道交通设计图审查服务（4 号线、9 号线）等项目。技术咨询完成企业营业额 32321 万元，新签合同额 64922 万元。

2021 年，中标新建川藏铁路雅安至林芝两区段站前工程施工监理 CZXZJL-3 标段、新建沈阳至白河高速铁路工程监理 SBLN-JL-3 标段、深圳市城市轨道交通 16 号线二期工程监理 165102 标、深圳市城市轨道交通 6 号线支线二期工程监理 6531 标、新建西安至十堰高速铁路湖北段工程监理 XSJL-3 标等项目。工程监理完成企业营业额 40907 万元，完成新签合同额 41818 万元。

（韩　宁）

【中铁大桥院重大咨询与监理项目情况】·常泰长江大桥·　常泰长江大桥采用“高速公路＋城际铁路＋普通公路”“三位一体”合并方式过江，跨江采用桥梁方案，其中主航道桥采用 142+490+1176+490+142=2440（米）双层斜拉桥，桥梁上层为高速公路，下层为城际铁路和普通公路；录安洲、天星洲专用航道桥采用 169.5+388+169.5=727（米）钢桁拱桥，录安洲非通航孔桥采用 124+124+124=372（米）连续钢桁梁桥，两岸引桥采用预应力混凝土梁桥。项目普通公路接线工程包含泰兴侧 2.34 千米和常州侧 2.39 千米，采用一级公路标准。该桥建成后将成为世界上首座集高速公路、城际铁路、一级公路于一体的过江通道，最大跨度斜拉桥。中铁大桥院承担常泰长江大桥工程全线（含公铁合建段、普通公路接线）桥梁、路基、涵洞、通道、路面、铁路道砟工程、交通工程相关预留预埋、铁路桥后续工程相关预留预埋、交通安全设施、景观绿化及可能发生的声屏障等环保工程的施工监理和

▲图 6–6　中铁大桥勘测设计院、浙江省交通设计院（联合体）勘察设计的温州瓯江北口大桥

缺陷责任期监理服务。

·深中通道·　深圳至中山跨江通道项目全长约 24 千米，其中跨海长 22.4 千米。工程包括：两座人工岛，东侧岛长 625 米、宽 100 米；西侧岛长 625 米，宽 175 米；沉管特长隧道，长 6720 米，下穿大铲湾水道、机场支航道、矾石水；伶仃洋航道桥，主跨 1620 米、通航净空 76 米；横门西航道桥，主跨 580 米、通航净空 53.5 米。西人工岛岛长为 625 米，呈风筝形，最宽处 456 米，陆域高程为 4.9 米，海域使用面积为 25.3 万平方米。中铁大桥院负责深中通道两座人工岛及沉管隧道部分的施工监理任务。

·温州瓯江北口大桥·　温州瓯江北口大桥位于温州市瓯江出海口，采用宁波至东莞国家高速公路和国道 228 线（南金公路）共线过江的双层桥梁方案，主桥为（215 米 +2×800 米 +275 米）三塔四跨双层钢桁梁悬索桥。该项目首次采用多跨悬索桥刚性中塔，其在瓯江口深厚淤泥层中施工沉井基础施工难度很大。中铁大桥院负责土建中塔（中塔沉井基础、承台、塔柱）、土建北塔、北锚碇、北引桥及上部钢结构制造、安装的施工监理。

·龙潭过江通道工程·　龙潭过江通道路线全长约 5 千米，按双向六车道高速公路标准建设，设计速度 100 千米 / 小时。设置特大桥 4963 米 1 座，龙潭互通立交 1 处和必要的交通工程及沿线设施。北引桥标准段采用 35~53.75 米钢混组合梁，跨江北长江大堤、北锚采用 90 米变高度钢混组合梁。跨江主桥采用主跨 1560 米单跨吊钢箱梁悬索桥 +100 米简支钢箱梁跨江南长江大堤。中铁大桥院主要负责全线路基、桥梁、边坡防护及排水、线外三改工程等质量、安全、环保、水保监理工作内容。

·新建川藏铁路 CZSCJL–13 标·　该监理标段全长 33.585 千米，其中，桥梁工程 4 座，全长共计 1807.13 米；隧道工程 31737 米 /3+0.2 座；站场路基 1 段，全长共计 64.88 米；车站 2 座。中铁大桥院主要负责标段范围内站前及与站后接口工程的质量、进度、造价控制，合同管理、信息管理，安全文明施工监理，环水保监理及组织协调等工作。　（刘　慧）

【中铁华铁重大咨询与监理项目情况】2021 年，中铁华铁技术咨询服务业务持续稳定发展，主要项目如下。

·新建川藏铁路雅安至林芝段中间段站前工程施工监理项目·　合同额 10419.1 万元，项目在建阶段。

·黄岛全过程咨询项目·　合同额约 10100 万元，项目在建阶段。

·北京轨道交通 22 号线（平谷线）工程土建施工监理项目·　合同额 3428 万元，项目在建阶段。

·杭州市萧山区亚太路东伸（蜀山路—通城快速路互通段）及相关涉铁工程监理项目·　合同额 2500 万元，项目在建阶段。

·合肥市轨道交通 7 号线一期、8 号线一期土建施工监理项目·　合同额 2588.6246 万元，项目在建阶段。

·新建西藏普兰机场民航专业工程监理项目· 合同额2630万元，项目在建阶段。

·西藏山南隆子机场工程施工监理项目· 合同额2068万元，项目在建阶段。

·呼和浩特新机场飞行区工程（FXQ-JL-01）标段监理项目· 合同额2002.08万元，项目在建阶段。

（李 冰）

【中铁科研院重大咨询与监理项目情况】2021年，中铁科研院技术咨询服务板块新签合同额总额119160万元，技术咨询服务板块完成营业额96345万元。主要项目如下。

·滇中引水工程隧洞超前地质预报及监控量测项目· 合同额3236.78万元，合同工期约48个月。该标段共有7座隧道，15个工点，其中小路南2号隧洞（14099米）、龙树隧洞（10648米）属长大隧道。合同主要服务内容为临时安全监测工作。包括洞内外观察、周边位移、拱顶下沉、地表下沉（浅埋段）等。截至2021年底，进度完成45%。

·国道216线（西藏境）区界至改则段公路新改建工程检测项目· 合同额2666万元，线路全长746.427千米，铺筑沥青混凝土路面，增设必要的交通安全设施等，项目采用三级公路标准建设，设计速度采用30千米/小时，路基宽度采用7.5米，桥涵设计汽车荷载等级采用公路Ⅱ级。其他技术指标应符合《公路工程技术标准》（JTGB01-2014）中的相关规定。具体检测内容为全线土建、桥梁和交安工程交工质量鉴定检测，桥梁动静载检测及桩基检测等。截至2021年底，进度完成67%。

·成都市武侯区桥梁管养项目· 在2020年至2022年的三年服务期内，对成都市武侯区范围内的144座桥梁、4座下穿隧道进行管养服务工作。工作内容为既有病害整治、桥梁检查、日常管养、专项养护、日常监测等。在三年服务期内，新移交及减少桥隧的相关费用按中标人的投标价进行核算。截至2021年底，进度完成63%。

·马来西亚吉隆坡地铁二期监测项目· 合同额4278.37万林吉特。主要工作内容：完成Titiwangsa车站、Hospital KL车站、1#中央通风井与1#渡线（IVS1 & Crossover 1）和C标段的施工监测，监测项目包含地面沉降、建筑物倾斜及沉降、墙（土）体测斜、轴力、地下水位、水压、自动监测等内容。截至2021年底，进度完成85%。

·成都轨道交通27号线一期工程土建施工监理项目· 合同额6346.81万元，包括27号线一期全部地下车站、高架车站及盾构区间、高架区间、中间风井、明挖法区间、矿山法区间、场段及其出入场线等土建施工监理。包括但不限于：车站主体工程及附属工程，盾构工作井与通风井主体工程及附属工程，高架区间、明挖法区间、矿山法区间、盾构法区间、区间联络通道、竖井、洞门、区间泵站及附属工程、场段及其出入场线主体工程及附属工程，排洪工程等。截至2021年底，进度完成30.2%。

·广州市轨道交通18号线工程监理1标项目· 合同额6510.32万元。工程范围：18号线YDK0+690~YDK14+330（长度为13640米），包含万顷沙车辆段出入线。该标段共有2座车站、2座中间风井、2座盾构井、1条出入线及5段盾构区间（22个联络通道）。截至2021年底，进度完成100%。

·新建贵阳至南宁高速铁路广西段GNJL-2标监理项目· 合同额5132.491万元，站前工程管段里程为DK196+418.95~DK291+757.3，总长度为66.537千米，短链2处共28820.442米，长链1处19.032米，包括路基26段共4061米、隧道10座共48837米（其中特长隧道2座、长隧道3座）、桥梁23座共14650米（其中特大桥8座、大桥11座、中桥4座）、车站2座等。铺轨工程包括正线铺轨562.491千米，站线铺轨20.678千米。截至2021年底，进度完成76.35%。

·广州铁路枢纽新建广州白云站（棠溪站）工程白云站站房及相关工程BYZJL3标项目· 合同额7126.4269万元。项目建筑总规模45.3万平方米。其中，站房工程14.45万平方米；铁路配套地下停车库14.85万平方米；地铁集散、城市换乘通道及配套工程11.7万平方米；其他4.3万平方米。截至2021年底，进度完成29.4%。

·中老铁路磨丁至万象段JL-2标监理项目· 合同额5047.38万元。项目位于老挝乌多姆赛省至琅勃拉邦省之间。包含隧道14座，正洞全长36126延长米，桥梁27座，全长7654.72延长米；车站6座，房屋16301平方米，场站土石方158.4万立方米；路基（含车站）长度10114米，路基土石方119.166万立方米；涵洞35座，总计1883.3横延米。2021年12月3日顺利通车。

·新建成都至自贡高速铁路（不含DK24+055~DK39+406）施工监理1标段· 合同额4296万元。项目位于成都市天府新区，主要工程包括三项。①正线：站前、站后工程42.048千米，其中，桥梁32.682千米/12座，隧道5.757千米/3座，路基2.573千米/14处，涵洞69.94横延米/3座，箱梁制架878孔、T梁制架55孔。②成都南联络线：桥梁（单线）2.068千米/3座；路基0.704千米/1处，含华兴村线路所改造工程。③铺轨：成自线、自宜线全线铺轨、铺砟（有砟道床）、铺岔。截至2021年底，进度完成38%。

（何 宇 伍海艳）

【中铁水利设计技术咨询和服务情况】2021年，中铁水利设计新签技术咨询与服务类合同额9783万元，获取了江西省水网工程规划、江西省鄱湖安澜百姓安居专项工程专项规划、江西省抚河流域防洪规划等省级重大规划项目，江西省鄱阳湖康山蓄滞洪区安全建设可行性研究报告等可行性研究及方案论证项目，赣粤运河运行水量初步调度方案及

万安水库运行调度方案优化、袁河航道开发工程洪水影响评价、水资源论证及水土保持方案等重点工程涉水专题。中铁水利设计下属建洪水利咨询有限公司新签技术咨询与服务类合同额2193万元，获取了江西省河湖管理现场核查服务、江西省水利综合督查、江西省遂川县“十四五”中小河流治理全过程工程咨询等项目。（吴伟恒）

优秀工程勘察设计奖

【优秀工程勘察设计奖】2021年，中国中铁共获得国际工程咨询（FIDIC）奖1项，省部级优秀勘察设计奖225项，其中：优秀工程勘察奖58项，优秀工程设计奖151项，优秀工程标准设计奖3项，优秀工程计算机软件奖13项。

（雷思遥）

表6-1 2021年度中国中铁获国际、国家及省部级优秀工程勘察设计奖

序号	项目名称	奖项名称	获奖单位	评选单位	获奖等级
1	成都至贵阳高速铁路	FIDIC杰出项目奖	中铁二院	FIDIC	杰出奖
2	重庆至贵阳铁路扩能改造工程地质勘察	省部级优秀工程勘察奖	中铁二院	国家铁路局	一等奖
3	新建成都至贵阳铁路乐山至宜宾段浅层天然气工程地质勘察	省部级优秀工程勘察奖	中铁二院	国家铁路局	二等奖
4	重庆至贵阳铁路扩能改造工程精测网建网和竣工复测	省部级优秀工程勘察奖	中铁二院	国家铁路局	二等奖
5	鲁南高铁日照至曲阜段工程测量	省部级优秀工程勘察奖	中铁二院	国家铁路局	三等奖
6	成都至贵阳铁路工程地质勘察	省部级优秀工程勘察奖	中铁二院	四川省勘察设计协会	一等奖
7	广通至大理铁路扩能改造工程工程地质勘察	省部级优秀工程勘察奖	中铁二院	四川省勘察设计协会	一等奖
8	厦门市轨道交通2号线一期工程岩土工程勘察	省部级优秀工程勘察奖	中铁二院	四川省勘察设计协会	一等奖
9	孟加拉国帕德玛大桥铁路连接线项目精密工程控制网测量	省部级优秀工程勘察奖	中铁二院	四川省勘察设计协会	一等奖
10	新建成都至兰州铁路成都至川主寺（黄胜关）段工程测量项目	省部级优秀工程勘察奖	中铁二院	四川省勘察设计协会	一等奖
11	成都地铁3号线二期、三期岩土工程勘察	省部级优秀工程勘察奖	中铁二院	四川省勘察设计协会	二等奖
12	盘州至兴义高速铁路精密控制测量	省部级优秀工程勘察奖	中铁二院	四川省勘察设计协会	二等奖
13	广州市轨道交通21号线控制测量及施工测量检测工程项目	省部级优秀工程勘察奖	中铁六院	天津市勘察设计协会	一等奖
14	西安市地铁4号线TJSG-11标火车站站南竖井及一期暗挖隧道下穿国铁站场施工期间自动化监测项目	省部级优秀工程勘察奖	中铁六院	天津市勘察设计协会	一等奖
15	广州市轨道交通21号线控制测量及施工测量检测工程项目	省部级优秀工程勘察奖	中铁六院	天津市测绘学会	一等奖
16	蒙西至华中铁路中条山隧道工程综合地质勘察	省部级优秀工程勘察奖	中铁六院	天津市勘察设计协会	一等奖
17	广州市轨道交通21号岩土工程勘察（含勘察总体、工可勘察、初勘、详勘以及超前地质预报）	省部级优秀工程勘察奖	中铁六院	广东省工程勘察设计行业协会	一等奖

续表

序号	项目名称	奖项名称	获奖单位	评选单位	获奖等级
18	武汉市轨道交通 7 号线一期工程测量监理及监测项目（第一标段）	省部级优秀工程勘察奖	中铁六院	天津市勘察设计协会	二等奖
19	厦门市轨道交通 1 号线一期工程第三方控制测量	省部级优秀工程勘察奖	中铁六院	天津市勘察设计协会	二等奖
20	广州市轨道交通 21 号线土建工程【监测 2 标】第三方服务项目	省部级优秀工程勘察奖	中铁六院	天津市勘察设计协会	二等奖
21	广州市轨道交通 13 号线一期工程鱼珠—象颈岭段控制测量及施工测量检测工程项目	省部级优秀工程勘察奖	中铁六院	中国测绘学会	二等奖
22	太原市城市轨道交通 2 号线一期工程（人民南路—西涧河）工程测量	省部级优秀工程勘察奖	中铁六院	天津市测绘学会	二等奖
23	厦门市轨道交通 1 号线一期工程第三方控制测量	省部级优秀工程勘察奖	中铁六院	天津市测绘学会	二等奖
24	新建铁路杭州至黄山铁路紫高尖隧道工程综合地质勘察	省部级优秀工程勘察奖	中铁六院	天津市勘察设计协会	二等奖
25	杭州地铁 5 号线工程控制测量及后期现场服务Ⅱ标段（建国路站—香樟路站）	省部级优秀工程勘察奖	中铁六院	天津市勘察设计协会	三等奖
26	徐州市城市轨道交通 1 号线一期工程第三方监测项目	省部级优秀工程勘察奖	中铁六院	天津市勘察设计协会	三等奖
27	南宁市轨道交通 1 号线一期工程运营期结构变形监测项目	省部级优秀工程勘察奖	中铁六院	天津市勘察设计协会	三等奖
28	长春市地铁 2 号线一期工程第三方监测项目二标段	省部级优秀工程勘察奖	中铁六院	天津市测绘学会	三等奖
29	新建云桂铁路红石岩隧道工程综合地质勘察	省部级优秀工程勘察奖	中铁六院	国家铁路局	三等奖
30	新建黔江至常德至张家界铁路武陵山 3 号隧道综合地质勘察项目	省部级优秀工程勘察奖	中铁六院	天津市勘察设计协会	三等奖
31	新建张呼铁路东土村地区工程地质选线勘察	省部级优秀工程勘察奖	中铁设计	国家铁路局	三等奖
32	平煤集团矿区既有铁路航复测	省部级优秀工程勘察奖	中铁设计	国家铁路局	三等奖
33	新建铁路龙口至烟台线地质勘察	省部级优秀工程勘察奖	中铁设计	国家铁路局	三等奖
34	东莞至惠州城际轨道交通项目东江隧道工程地质勘察	省部级优秀工程勘察奖	中铁设计	国家铁路局	二等奖
35	新建湛江东海岛铁路通明湾特大桥勘察	省部级优秀工程勘察奖	中铁设计	国家铁路局	二等奖
36	新建北京至张家口铁路工程新八达岭隧道工程地质勘察	省部级优秀工程勘察奖	中铁设计	北京工程勘察设计协会	一等奖
37	济南市刘长山路下穿京沪高铁济沪联络线，济南南站立交桥工程变形监测	省部级优秀工程勘察奖	中铁设计	山东省勘察设计协会	二等奖
38	济南市轨道交通 R2 线一期工程下穿京沪三四线与京胶联络线、胶济铁路与胶济客专专项监测服务	省部级优秀工程勘察奖	中铁设计	山东省测绘地理信息行业协会	一等奖

续表

序号	项目名称	奖项名称	获奖单位	评选单位	获奖等级
39	新建德州至商河铁路工程测绘	省部级优秀工程勘察奖	中铁设计	山东省测绘地理信息行业协会	二等奖
40	盐城港疏港铁路滨海港支线工程测量	省部级优秀工程勘察奖	中铁设计	山东省测绘地理信息行业协会	三等奖
41	章丘站新建站房及客运设施改造工程第三方监测	省部级优秀工程勘察奖	中铁设计	山东省测绘地理信息行业协会	三等奖
42	大西高铁运营初期线下工程沉降变形普查性监测、精测网复测及线型测量拟合	省部级优秀工程勘察奖	中铁设计	山西省勘察设计协会	一等奖
43	太原煤气化龙泉能源发展有限公司铁路专用线工程地质勘察	省部级优秀工程勘察奖	中铁设计	山西省勘察设计协会	二等奖
44	南同蒲铁路风陵渡至华山段电气化改造工程黄河特大桥工程地质勘察	省部级优秀工程勘察奖	中铁设计	山西省勘察设计协会	二等奖
45	运城市河东西街延长线（凤凰路—圣惠路）建设项目岩土工程勘察	省部级优秀工程勘察奖	中铁设计	山西省勘察设计协会	三等奖
46	中牟县广惠街穿越陇海铁路立交工程勘察	省部级优秀工程勘察奖	中铁设计	河南省勘察设计协会	一等奖
47	郑州市轨道交通 5 号线工程 01 标段勘察	省部级优秀工程勘察奖	中铁设计	河南省勘察设计协会	二等奖
48	马尔代夫跨海大桥（中马友谊大桥）工程地质勘察	省部级优秀工程勘察奖	中铁大桥院	中国公路交通勘察设计协会	二等奖
49	新建铁路连云港至镇江线五峰山长江特大桥勘察	省部级优秀工程勘察奖	中铁大桥院	湖北省勘察设计协会	一等奖
50	厦门市轨道交通 2 号线跨海段勘察	省部级优秀工程勘察奖	中铁大桥院	湖北省勘察设计协会	一等奖
51	武汉市轨道交通 7 号线一期工程详勘	省部级优秀工程勘察奖	中铁大桥院	湖北省勘察设计协会	一等奖
52	武汉市轨道交通 27 号线（纸坊线）第四标段详勘	省部级优秀工程勘察奖	中铁大桥院	湖北省勘察设计协会	二等奖
53	重庆港主城港区佛耳岩作业区二期工程地质详细勘察	省部级优秀工程勘察奖	中铁长江设计	重庆市勘察设计协会	三等奖
54	潼南涪江大桥改造工程地质详细勘察	省部级优秀工程勘察奖	中铁长江设计	重庆市勘察设计协会	三等奖
55	南昌市港口大道	省部级优秀工程勘察奖	中铁水利设计	江西省建设工程勘察设计协会	一等奖
56	兴国县河湖管理范围划界工作实施项目	省部级优秀工程勘察奖	中铁水利设计	江西省测绘地理信息学会	一等奖
57	吉安市白云山水库除险加固工程	省部级优秀工程勘察奖	中铁水利设计	江西省建设工程勘察设计协会	二等奖
58	泰和县河湖管理范围划界服务采购项目	省部级优秀工程勘察奖	中铁水利设计	江西省测绘地理信息学会	二等奖
59	南昌市象湖隧道及管理房	省部级优秀工程勘察奖	中铁水利设计	江西省建设工程勘察设计协会	三等奖

续表

序号	项目名称	奖项名称	获奖单位	评选单位	获奖等级
60	昆明枢纽扩能改造工程昆明东编组站工程设计	省部级优秀工程设计奖	中铁二院	国家铁路局	一等奖
61	重庆至万州铁路DK70～DK248段路基工程设计	省部级优秀工程设计奖	中铁二院	国家铁路局	一等奖
62	重庆至贵阳铁路扩能改造工程新白沙沱长江特大桥设计	省部级优秀工程设计奖	中铁二院	国家铁路局	一等奖
63	新建云桂铁路南盘江特大桥工程设计	省部级优秀工程设计奖	中铁二院	国家铁路局	一等奖
64	新建云桂铁路昆明南至百色（不含）段营盘山隧道巨型岩溶空腔综合处理工程设计	省部级优秀工程设计奖	中铁二院	国家铁路局	一等奖
65	新建长沙至昆明铁路客运专线克地坝陵河特大桥工程设计	省部级优秀工程设计奖	中铁二院	国家铁路局	二等奖
66	重庆至贵阳铁路扩能改造工程新凉风垭隧道设计	省部级优秀工程设计奖	中铁二院	国家铁路局	二等奖
67	重庆至贵阳铁路扩能改造工程重庆西站站房通信信息智能化系统工程设计	省部级优秀工程设计奖	中铁二院	国家铁路局	二等奖
68	重庆至贵阳铁路扩能改造工程重庆西站站房及相关工程设计	省部级优秀工程设计奖	中铁二院	国家铁路局	二等奖
69	新建成都至蒲江铁路总体设计	省部级优秀工程设计奖	中铁二院	国家铁路局	三等奖
70	新建贵阳至广州铁路路基工程设计	省部级优秀工程设计奖	中铁二院	国家铁路局	三等奖
71	新建成都至贵阳铁路乐山至贵阳段菜坝岷江特大桥设计	省部级优秀工程设计奖	中铁二院	国家铁路局	三等奖
72	新建长沙至昆明铁路客运专线壁板坡隧道工程设计	省部级优秀工程设计奖	中铁二院	国家铁路局	三等奖
73	贵阳枢纽林城隧道群工程设计	省部级优秀工程设计奖	中铁二院	国家铁路局	三等奖
74	新建西安至成都铁路西安至江油段（四川省境内）小安隧道设计	省部级优秀工程设计奖	中铁二院	国家铁路局	三等奖
75	重庆至贵阳铁路扩能改造工程信号、通信、信息及灾害监测工程设计	省部级优秀工程设计奖	中铁二院	国家铁路局	三等奖
76	新建铁路广通至大理铁路信号、通信、信息及灾害监测工程设计	省部级优秀工程设计奖	中铁二院	国家铁路局	三等奖
77	新建西安至成都西安至江油段（四川省境内）给排水工程设计	省部级优秀工程设计奖	中铁二院	国家铁路局	三等奖
78	新建长沙至昆明铁路客运专线玉屏至昆明段给排水工程设计	省部级优秀工程设计奖	中铁二院	国家铁路局	三等奖
79	贵阳市轨道交通1号线工程轨道工程设计	省部级优秀工程设计奖	中铁二院	四川省勘察设计协会	一等奖
80	成都至贵阳铁路总体设计	省部级优秀工程设计奖	中铁二院	四川省勘察设计协会	一等奖
81	重庆西特大型客运站工程	省部级优秀工程设计奖	中铁二院	四川省勘察设计协会	一等奖

续表

序号	项目名称	奖项名称	获奖单位	评选单位	获奖等级
82	成昆铁路米易至攀枝花段扩能改造工程冉家湾隧道设计	省部级优秀工程设计奖	中铁二院	四川省勘察设计协会	一等奖
83	西安至成都客运专线黄家梁隧道工程设计	省部级优秀工程设计奖	中铁二院	四川省勘察设计协会	一等奖
84	青岛地铁2号线一期工程	省部级优秀工程设计奖	中铁二院	四川省勘察设计协会	一等奖
85	成都地铁5号线一期、二期高升桥站工程设计	省部级优秀工程设计奖	中铁二院	四川省勘察设计协会	一等奖
86	福州市轨道交通2号线工程鼓山车辆段设计	省部级优秀工程设计奖	中铁二院	四川省勘察设计协会	一等奖
87	新建长沙至昆明铁路客运专线克地坝陵河特大桥	省部级优秀工程设计奖	中铁二院	四川省勘察设计协会	二等奖
88	成都地铁7号线工程轨道工程设计	省部级优秀工程设计奖	中铁二院	四川省勘察设计协会	二等奖
89	鲁南高铁接轨京沪高铁曲阜东站工程设计	省部级优秀工程设计奖	中铁二院	四川省勘察设计协会	二等奖
90	改建铁路广通至大理线扩能改造工程总体设计	省部级优秀工程设计奖	中铁二院	四川省勘察设计协会	二等奖
91	新建织金至毕节铁路毕节东货运中心站工程设计	省部级优秀工程设计奖	中铁二院	四川省勘察设计协会	二等奖
92	成都轨道交通18号线一期区间工程	省部级优秀工程设计奖	中铁二院	四川省勘察设计协会	二等奖
93	广州市中心城区220kV电力隧道土建工程设计	省部级优秀工程设计奖	中铁二院	四川省勘察设计协会	二等奖
94	成都地铁双流西站工程设计	省部级优秀工程设计奖	中铁二院	四川省勘察设计协会	二等奖
95	成都地铁7号线工程区间与车站1标工程设计	省部级优秀工程设计奖	中铁二院	四川省勘察设计协会	二等奖
96	湄洲湾—重庆高速公路福建境三明（莘口）至明溪（城关）段机电工程	省部级优秀工程设计奖	中铁二院	四川省勘察设计协会	二等奖
97	成都轨道交通10号线二期板桥车辆段工程设计	省部级优秀工程设计奖	中铁二院	四川省勘察设计协会	二等奖
98	长昆客专贵州段沙坡高位巨型卸荷危岩体整治工程设计	省部级优秀工程设计奖	中铁二院	四川省勘察设计协会	三等奖
99	成都地铁3号线工程机电设备系统设计	省部级优秀工程设计奖	中铁二院	四川省勘察设计协会	三等奖
100	青岛—海阳城际（蓝色硅谷段）轨道交通工程土建四标段设计	省部级优秀工程设计奖	中铁二院	四川省勘察设计协会	三等奖
101	天府新区“三纵一横”重大基础设施项目—正公路及铁路立交节点工程设计	省部级优秀工程设计奖	中铁二院	四川省勘察设计协会	三等奖
102	天府新区重大建设项目兴隆34路工程设计	省部级优秀工程设计奖	中铁二院	四川省勘察设计协会	三等奖

续表

序号	项目名称	奖项名称	获奖单位	评选单位	获奖等级
103	重庆至贵阳铁路特殊结构声屏障工程设计	省部级优秀工程设计奖	中铁二院	四川省勘察设计协会	三等奖
104	成都至贵阳铁路乐山至贵阳段通信、信号、信息、灾害监测工程设计	省部级优秀工程设计奖	中铁二院	四川省勘察设计协会	一等奖
105	广州市轨道交通 21 号线信号系统设计	省部级优秀工程设计奖	中铁二院	四川省勘察设计协会	二等奖
106	鲁南高铁曲阜至临沂段通信、信号、信息及灾害监测工程设计	省部级优秀工程设计奖	中铁二院	四川省勘察设计协会	二等奖
107	成都地铁 3 号线二期、三期工程弱电系统设计	省部级优秀工程设计奖	中铁二院	四川省勘察设计协会	三等奖
108	雄安新区千年秀林生态恢复暨大地景观营造工程	省部级优秀工程设计奖	中铁二院	四川省勘察设计协会	三等奖
109	衡阳市二环路合江套湘江隧道工程	省部级优秀工程设计奖	中铁六院	天津市勘察设计协会	一等奖
110	青岛市地铁 8 号线过海区间风井深基坑设计	省部级优秀工程设计奖	中铁六院	天津市勘察设计协会	一等奖
111	青岛地铁 2 号线一期工程	省部级优秀工程设计奖	中铁六院	中国施工企业管理协会	一等奖
112	徐州市城市轨道交通 1 号线一期工程土建工点设计 04 合同段	省部级优秀工程设计奖	中铁六院	天津市勘察设计协会	一等奖
113	北京轨道交通新机场线一期及 19 号线一期工程设计 02 合同段	省部级优秀工程设计奖	中铁六院	天津市勘察设计协会	一等奖
114	沈阳盛京—滂江 220kV 电缆线路工程电力隧道 BIM 技术应用	省部级优秀工程设计奖	中铁六院	天津市勘察设计协会	一等奖
115	北京轨道交通新机场线一期工程设计 13 合同段全线供电系统工点设计	省部级优秀工程设计奖	中铁六院	天津市勘察设计协会	一等奖
116	济南轨道交通 R3 线一期工程供电系统、综合监控系统及机电系统	省部级优秀工程设计奖	中铁六院	天津市勘察设计协会	一等奖
117	宁波市轨道交通 3 号线一期工程综合监控系统设计	省部级优秀工程设计奖	中铁六院	天津市勘察设计协会	一等奖
118	济南轨道交通 R1 线工程综合监控系统	省部级优秀工程设计奖	中铁六院	天津市勘察设计协会	一等奖
119	合肥市轨道交通 3 号线工程供电系统及车站设备集成服务	省部级优秀工程设计奖	中铁六院	天津市勘察设计协会	一等奖
120	北京市轨道交通新机场线一期工程	省部级优秀工程设计奖	中铁六院	中国施工企业管理协会	一等奖
121	西昌市北门城中村棚户区改造项目	省部级优秀工程设计奖	中铁六院	安徽省土木建筑学会	一等奖
122	厦门市轨道交通 2 号线一期工程土建工点设计 4 标段	省部级优秀工程设计奖	中铁六院	天津市勘察设计协会	二等奖
123	浩吉铁路中条山隧道	省部级优秀工程设计奖	中铁六院	中国施工企业管理协会	二等奖

续表

序号	项目名称	奖项名称	获奖单位	评选单位	获奖等级
124	佛山东平隧道	省部级优秀工程设计奖	中铁六院	中国施工企业管理协会	二等奖
125	郑州市轨道交通 5 号线工程单项设计 05 合同段	省部级优秀工程设计奖	中铁六院	天津市勘察设计协会	二等奖
126	西安地铁四号线土建设计 D4TJSJ-7 标	省部级优秀工程设计奖	中铁六院	天津市勘察设计协会	二等奖
127	宁波市轨道交通 3 号线一期工程车站设备系统集成服务	省部级优秀工程设计奖	中铁六院	天津市勘察设计协会	二等奖
128	厦门市轨道交通 2 号线工程供电系统设计	省部级优秀工程设计奖	中铁六院	天津市勘察设计协会	二等奖
129	宁波至奉化城际铁路工程综合监控、机电系统设计	省部级优秀工程设计奖	中铁六院	天津市勘察设计协会	二等奖
130	长沙市轨道交通 4 号线一期工程系统设计四标段综合监控系统设计	省部级优秀工程设计奖	中铁六院	天津市勘察设计协会	二等奖
131	巢湖市柘皋镇崊山行政村五爪岗中心村美丽乡村建设规划	省部级优秀工程设计奖	中铁六院	天津市勘察设计协会	二等奖
132	中铁六院总部基地	省部级优秀工程设计奖	中铁六院	安徽省土木建筑学会	二等奖
133	沈阳铁路局通信基础网设施改造工程设计	省部级优秀工程设计奖	中铁六院	国家铁路局	二等奖
134	衡阳市二环路合江套湘江隧道机电设备工程	省部级优秀工程设计奖	中铁六院	天津市勘察设计协会	三等奖
135	新建宝鸡至兰州铁路朱家山隧道	省部级优秀工程设计奖	中铁六院	天津市勘察设计协会	三等奖
136	青岛地铁 2 号线土建工点设计 2 标段机电设计	省部级优秀工程设计奖	中铁六院	天津市勘察设计协会	三等奖
137	青岛市地铁 8 号线青岛北站—沧口站区间风井深基坑设计	省部级优秀工程设计奖	中铁六院	天津市勘察设计协会	三等奖
138	青岛地铁 4 号线错埠岭站 BIM 设计及应用	省部级优秀工程设计奖	中铁六院	天津市勘察设计协会	三等奖
139	沈阳地铁 10 号线工程土建设计第七标段	省部级优秀工程设计奖	中铁六院	天津市勘察设计协会	三等奖
140	保定市乐凯大街南延工程设计	省部级优秀工程设计奖	中铁设计	河北省工程勘察设计咨询协会	一等奖
141	新建湛江东海岛铁路湛江西站建筑设计	省部级优秀工程设计奖	中铁设计	国家铁路局	三等奖
142	京广铁路保定站改造工程设计	省部级优秀工程设计奖	中铁设计	国家铁路局	三等奖
143	淄博至东营铁路扩能改造工程四电集成系统设计	省部级优秀工程设计奖	中铁设计	国家铁路局	三等奖
144	新建张家口至呼和浩特铁路乌兰察布至呼和浩特东段四电系统集成工程设计	省部级优秀工程设计奖	中铁设计	国家铁路局	三等奖
145	南同蒲铁路风陵渡至华山段电气化改造工程黄河特大桥改造加固设计	省部级优秀工程设计奖	中铁设计	国家铁路局	三等奖

续表

序号	项目名称	奖项名称	获奖单位	评选单位	获奖等级
146	新建湛江东海岛铁路总体设计	省部级优秀工程设计奖	中铁设计	国家铁路局	三等奖
147	新建张家口至呼和浩特铁路乌兰察布至呼和浩特东段隧道工程设计	省部级优秀工程设计奖	中铁设计	国家铁路局	二等奖
148	京张高铁路基边坡植物生态防护与景观创新设计	省部级优秀工程设计奖	中铁设计	国家铁路局	二等奖
149	张呼铁路呼和浩特东站站场设计	省部级优秀工程设计奖	中铁设计	国家铁路局	二等奖
150	新建蒙华铁路煤运通道荆门至岳阳段总体设计	省部级优秀工程设计奖	中铁设计	国家铁路局	一等奖
151	新建山西中南部铁路通道总体设计	省部级优秀工程设计奖	中铁设计	国家铁路局	一等奖
152	北京轨道交通大兴国际机场线永兴河—大兴新城站（原磁各庄站）区间地下段	省部级优秀工程设计奖	中铁设计	北京工程勘察设计协会	三等奖
153	乐凯大街南延线保定南站斜拉桥	省部级优秀工程设计奖	中铁设计	北京工程勘察设计协会	一等奖
154	北京轨道交通新机场线高架区间设计	省部级优秀工程设计奖	中铁设计	北京工程勘察设计协会	二等奖
155	新建铁路龙口至烟台线工程设计	省部级优秀工程设计奖	中铁设计	山东省勘察设计协会	一等奖
156	济南市轨道交通 1 号线赵营站（不含）—大杨庄站（不含）工程设计	省部级优秀工程设计奖	中铁设计	山东省勘察设计协会	二等奖
157	滨莱高速公路淄博西至莱芜段改扩建工程跨越胶济（客专）铁路立交桥工程设计	省部级优秀工程设计奖	中铁设计	山东省勘察设计协会	二等奖
158	京沪高铁泰安站出站口及西外环路综合改造工程设计	省部级优秀工程设计奖	中铁设计	山东省勘察设计协会	二等奖
159	淄博至东营铁路扩能改造工程设计	省部级优秀工程设计奖	中铁设计	山东省勘察设计协会	二等奖
160	烟台港西港区专用铁路工程设计	省部级优秀工程设计奖	中铁设计	山东省勘察设计协会	三等奖
161	万华化学集团股份有限公司专用铁路工程设计	省部级优秀工程设计奖	中铁设计	山东省勘察设计协会	三等奖
162	青岛地铁 2 号线一期工程	省部级优秀工程设计奖	中铁设计	中国施工企业管理协会绿色建造工作委员会	一等奖
163	济南市轨道交通 1 号线（原 R1 线）工程	省部级优秀工程设计奖	中铁设计	北京工程勘察设计协会	一等奖
164	商周连接通道建设八一路打通工程	省部级优秀工程设计奖	中铁设计	河南省勘察设计协会	一等奖
165	许昌市瑞贝卡大道与阳光大道连通（下穿京广铁路）工程设计	省部级优秀工程设计奖	中铁设计	河南省勘察设计协会	一等奖
166	黄河南岸高铁综合实训基地	省部级优秀工程设计奖	中铁设计	河南省勘察设计协会	一等奖

续表

序号	项目名称	奖项名称	获奖单位	评选单位	获奖等级
167	中牟县广惠街穿越陇海铁路立交桥工程	省部级优秀工程设计奖	中铁设计	河南省勘察设计协会	二等奖
168	陕西亚华煤炭运销有限公司铁路专用线设计	省部级优秀工程设计奖	中铁设计	河南省勘察设计协会	二等奖
169	长垣县 G327 至留晖大道道路（中环）新建工程跨越新菏铁路立交桥工程设计	省部级优秀工程设计奖	中铁设计	河南省勘察设计协会	二等奖
170	兰考县济阳大道（南环—金牛大道）跨陇海铁路立交工程设计	省部级优秀工程设计奖	中铁设计	河南省勘察设计协会	二等奖
171	巩义车站信号联锁改造	省部级优秀工程设计奖	中铁设计	河南省勘察设计协会	二等奖
172	郑州机务段模拟驾驶实训基地建设	省部级优秀工程设计奖	中铁设计	河南省勘察设计协会	三等奖
173	河南心连心化学工业集团股份有限公司铁路专用线改扩建 EPC（设计、采购、施工）总承包	省部级优秀工程设计奖	中铁设计	河南省勘察设计协会	三等奖
174	改建铁路叶柏寿至赤峰铁路扩能改造工程	省部级优秀工程设计奖	中铁设计	河南省工程勘察设计行业协会	二等奖
175	石家庄市城市轨道交通 3 号线一期首开段（市二中站—石家庄站段）信号工程	省部级优秀工程设计奖	中铁设计	河北省工程勘察设计咨询协会	二等奖
176	石家庄市城市轨道交通 3 号线一期工程首开段（市二中站—石家庄站段）供电工程	省部级优秀工程设计奖	中铁设计	河北省工程勘察设计咨询协会	三等奖
177	南京至安庆高铁安庆长江铁路大桥	省部级优秀工程设计奖	中铁大桥院	国家铁路局	一等奖
178	武汉铁路局安全生产指挥中心系统设计	省部级优秀工程设计奖	中铁大桥院	国家铁路局	二等奖
179	港珠澳大桥主体桥梁工程	省部级优秀工程设计奖	中铁大桥院	中国公路交通勘察设计协会	一等奖
180	昆明轨道交通 4 号线施工监测	省部级优秀工程设计奖	中铁大桥院	湖北省勘察设计协会	三等奖
181	池州长江公路大桥设计	省部级优秀工程设计奖	中铁大桥院	湖北省勘察设计协会	二等奖
182	浩吉铁路荆州长江公铁大桥工程设计	省部级优秀工程设计奖	中铁大桥院	湖北省勘察设计协会	一等奖
183	襄阳庞公大桥工程设计	省部级优秀工程设计奖	中铁大桥院	湖北省勘察设计协会	一等奖
184	怀化鸭嘴岩大桥工程设计	省部级优秀工程设计奖	中铁大桥院	湖北省勘察设计协会	二等奖
185	雄楚大街（梅家山立交—楚平路）改造工程第 1 标段	省部级优秀工程设计奖	中铁大桥院	湖北省勘察设计协会	一等奖
186	江汉四桥拓宽工程设计（琴台大道至京汉大道）	省部级优秀工程设计奖	中铁大桥院	湖北省勘察设计协会	一等奖
187	南京地铁 S3 号线（又称宁和城际、宁和线）搭载南京大胜关大桥过江工程设计	省部级优秀工程设计奖	中铁大桥院	湖北省勘察设计协会	一等奖

勘察设计与咨询服务

续表

序号	项目名称	奖项名称	获奖单位	评选单位	获奖等级
188	南京市纬七路东进二期建设工程设计	省部级优秀工程设计奖	中铁大桥院	湖北省勘察设计协会	三等奖
189	南宁市东西—南北快速路下穿湘桂铁路和规划云桂南凭四线铁路工程设计	省部级优秀工程设计奖	中铁大桥院	湖北省勘察设计协会	二等奖
190	攀枝花机场 13# 滑坡应急抢险治理工程	省部级优秀工程设计奖	中铁科研院	甘肃省勘察设计协会	三等奖
191	年产铁路专用设备 355759 套项目——华铁经纬智能工厂	省部级优秀工程设计奖	中铁华铁	北京工程勘察设计协会	一等奖
192	苏州高新区实验幼儿园御园分园	省部级优秀工程设计奖	中铁华铁	上海市勘察设计行业协会	一等奖
193	苏州科技城西渚实验小学	省部级优秀工程设计奖	中铁华铁	江苏省住房和城乡建设厅	一等奖
194	陕西省合阳县体育活动中心	省部级优秀工程设计奖	中铁华铁	中国建材工程建设协会	一等奖
195	2014-G-34 号地块项目（荷澜庭）	省部级优秀工程设计奖	中铁华铁	北京工程勘察设计协会	二等奖
196	新建太焦城际铁路太原南到晋城段长治东站	省部级优秀工程设计奖	中铁华铁	中国建材工程建设协会	二等奖
197	中国通号长沙产业园（一期）项目	省部级优秀工程设计奖	中铁华铁	北京工程勘察设计协会	三等奖
198	浙江省经济建设投资有限公司“专用设备项目”	省部级优秀工程设计奖	中铁华铁	北京工程勘察设计协会	三等奖
199	苏地 2016-WG-63 号地块（仁恒·运河时代）	省部级优秀工程设计奖	中铁华铁	江苏省住房和城乡建设厅	三等奖
200	树山交通枢纽项目	省部级优秀工程设计奖	中铁华铁	江苏省住房和城乡建设厅	三等奖
201	潼南涪江大桥改造工程	省部级优秀工程设计奖	中铁长江设计	重庆市勘察设计协会	一等奖
202	重庆万州至湖北利川高速公路（重庆段）	省部级优秀工程设计奖	中铁长江设计	重庆市勘察设计协会	一等奖
203	重庆港万州港区新田作业区一期工程	省部级优秀工程设计奖	中铁长江设计	重庆市勘察设计协会	一等奖
204	武隆龙溪乌江大桥	省部级优秀工程设计奖	中铁长江设计	重庆市勘察设计协会	二等奖
205	重庆江顺储运有限公司大吉脑码头改扩建工程	省部级优秀工程设计奖	中铁长江设计	重庆市勘察设计协会	二等奖
206	重庆市地质灾害应急专用码头工程	省部级优秀工程设计奖	中铁长江设计	重庆市勘察设计协会	二等奖
207	重庆市化龙桥应急救援码头工程	省部级优秀工程设计奖	中铁长江设计	重庆市勘察设计协会	三等奖

续表

序号	项目名称	奖项名称	获奖单位	评选单位	获奖等级
208	重庆九龙坡至永川高速公路缙云山隧道	省部级优秀工程设计奖	中铁长江设计	重庆市勘察设计协会	三等奖
209	重庆港万州港区新田作业区一期工程	省部级优秀工程设计奖	中铁长江设计	中国水运建设行业协会	二等奖
210	吉水县城市防洪路堤结合工程	省部级优秀工程设计奖	中铁水利设计	江西省建设工程勘察设计协会	二等奖
211	高速铁路钢筋混凝土框架箱涵通用参考图	省部级优秀工程标准设计奖	中铁二院	国家铁路局	三等奖
212	铁路站场 10kV 及以下电力电缆敷设图（通电〔2018〕0002）	省部级优秀工程标准设计奖	中铁设计	国家铁路局	三等奖
213	时速 350 公里高速铁路无砟轨道预应力混凝土连续梁（悬臂浇筑施工）	省部级优秀工程标准设计奖	中铁设计	国家铁路局	三等奖
214	路基支挡结构极限状态设计与可靠性分析软件 V1.0	省部级优秀工程计算机软件奖	中铁二院	国家铁路局	二等奖
215	基于 MS 平台的三维地质建模系统	省部级优秀工程计算机软件奖	中铁二院	国家铁路局	三等奖
216	接触网系统设计软件	省部级优秀工程计算机软件奖	中铁二院	国家铁路局	三等奖
217	铁路隧道超前地质预报信息系统	省部级优秀工程计算机软件奖	中铁二院	四川省勘察设计协会	一等奖
218	铁路工程施工组织及造价一体化编制系统	省部级优秀工程计算机软件奖	中铁二院	四川省勘察设计协会	二等奖
219	铁路钢筋混凝土刚架桥和连续小刚构计算绘图软件	省部级优秀工程计算机软件奖	中铁二院	四川省勘察设计协会	三等奖
220	“一键”低压开关柜软件 FastAutoPC	省部级优秀工程计算机软件奖	中铁二院	四川省勘察设计协会	三等奖
221	信号码序表辅助设计软件	省部级优秀工程计算机软件奖	中铁二院	四川省勘察设计协会	三等奖
222	铁路轨道工程数量计算软件	省部级优秀工程计算机软件奖	中铁二院	四川省勘察设计协会	三等奖
223	基于实地模型的无线通信（用于 GSM-R）仿真设计系统	省部级优秀工程计算机软件奖	中铁设计	国家铁路局	二等奖
224	城市轨道交通工程测量管理信息系统	省部级优秀工程计算机软件奖	中铁设计	北京工程勘察设计协会	三等奖
225	基于 BIM+ 的峡江水利枢纽工程三维管理系统	省部级优秀工程计算机软件奖	中铁水利设计	江西省建设工程勘察设计协会	一等奖
226	基于大数据 + 物联网 +BIM 的水资源管理系统	省部级优秀工程计算机软件奖	中铁水利设计	江西省建设工程勘察设计协会	二等奖

制表：雷思遥

优秀工程咨询成果奖

【优秀工程咨询成果奖】2021 年，中国中铁获得国家及省部级优秀工程咨询成果奖 35 项（见表 6-2）。（雷思遥）

表 6-2　2021 年度中国中铁获国家及省部级优秀工程咨询成果奖

序号	项目名称	获奖类别	获奖单位	评选单位	获奖等级
1	成都轨道交通 18 号线工程可行性研究报告	全国优秀工程咨询成果奖	中铁二院	中国工程咨询协会	一等奖
2	瑞丽国际陆港新城总体规划	省部级优秀咨询成果奖	中铁二院	四川省工程咨询协会	一等奖
3	西部陆海新通道铁路通道规划研究	省部级优秀咨询成果奖	中铁二院	四川省工程咨询协会	一等奖
4	重庆至昆明高速铁路可行性研究	省部级优秀咨询成果奖	中铁二院	四川省工程咨询协会	一等奖
5	都江堰至四姑娘山山地轨道交通扶贫项目可行性研究报告	省部级优秀咨询成果奖	中铁二院	四川省工程咨询协会	一等奖
6	成都轨道交通 19 号线二期工程可行性研究	省部级优秀咨询成果奖	中铁二院	四川省工程咨询协会	二等奖
7	埃及斋月十日城市郊铁路项目工程可行性研究	省部级优秀咨询成果奖	中铁二院	四川省工程咨询协会	二等奖
8	新建广州至湛江高速铁路可行性研究	省部级优秀咨询成果奖	中铁二院	四川省工程咨询协会	二等奖
9	成都东部新区综合交通体系规划研究报告	省部级优秀咨询成果奖	中铁二院	四川省工程咨询协会	三等奖
10	合肥市轨道交通 2 号线工程供电系统及车站设备集成服务	全国优秀工程咨询成果奖	中铁六院	中国工程咨询协会	二等奖
11	北黑铁路（龙镇至黑河段）升级改造工程可行性研究报告	省部级优秀咨询成果奖	中铁六院	天津市工程咨询协会	一等奖
12	城市轨道交通专用轨回流供电制式重大专题研究	省部级优秀咨询成果奖	中铁六院	天津市工程咨询协会	一等奖
13	新建铁路深圳至茂名铁路深圳至江门段越珠江口隧道工程可行性研究报告	省部级优秀咨询成果奖	中铁六院	天津市工程咨询协会	一等奖
14	长沙市轨道交通 4 号线一期工程供电系统集成管理服务项目	省部级优秀咨询成果奖	中铁六院	天津市工程咨询协会	二等奖
15	内蒙古自治区“公转铁”实施方案研究报告	全国优秀工程咨询成果奖	中铁设计	中国工程咨询协会	一等奖
16	郑州市紫荆山路—长江路组合立交工程可行性研究	省部级优秀咨询成果奖	中铁设计	河南省工程咨询协会	一等奖
17	深湛铁路湛江国际机场支线工程可行性研究	省部级优秀咨询成果奖	中铁设计	河南省工程咨询协会	一等奖
18	中铁・西江国际未来科技城产业大厦项目可行性研究	省部级优秀咨询成果奖	中铁设计	河南省工程咨询协会	二等奖

续表

序号	项目名称	获奖类别	获奖单位	评选单位	获奖等级
19	新建鄂托克前旗至上海庙铁路可行性研究	省部级优秀咨询成果奖	中铁设计	河南省工程咨询协会	二等奖
20	桂林市城市轨道交通线网及建设规划（2019—2022）环境影响报告书	省部级优秀咨询成果奖	中铁设计	河南省工程咨询协会	二等奖
21	郑州12号线一期工程可行性研究咨询评估报告	省部级优秀咨询成果奖	中铁设计	河南省工程咨询协会	三等奖
22	大宁专用铁路扩建工程可行性研究	省部级优秀咨询成果奖	中铁设计	河南省工程咨询协会	三等奖
23	红旗渠经济技术开发区铁路专用线可行性研究	省部级优秀咨询成果奖	中铁设计	河南省工程咨询协会	三等奖
24	朔黄传输设备改造工程可行性研究	省部级优秀咨询成果奖	中铁设计	河南省工程咨询协会	三等奖
25	河南豫中陆路口岸综合物流港铁路专用线可行性研究	省部级优秀咨询成果奖	中铁设计	河南省工程咨询协会	三等奖
26	开封国际陆港铁路专用线可行性研究	省部级优秀咨询成果奖	中铁设计	河南省工程咨询协会	三等奖
27	复兴互通至巡场一级公路连接线工程方案设计	省部级优秀咨询成果奖	中铁设计	河南省工程咨询协会	二等奖
28	衡阳市城市轨道交通线网及近期建设规划（2019—2024）环境影响报告书	省部级优秀咨询成果奖	中铁设计	河南省工程咨询协会	二等奖
29	新建太原至焦作铁路（河南段）竣工环境保护验收调查报告	省部级优秀咨询成果奖	中铁设计	河南省工程咨询协会	三等奖
30	神木市赛丰煤炭经销有限责任公司神木西铁路专用线可行性研究	省部级优秀咨询成果奖	中铁设计	河南省工程咨询协会	三等奖
31	常泰过江通道工程可行性研究报告	省部级优秀咨询成果奖	中铁大桥院	湖北省工程咨询协会	一等奖
32	常泰过江通道工程可行性研究报告	全国优秀工程咨询奖	中铁大桥院	中国工程咨询协会	一等奖
33	攀枝花机场13号滑坡、12号滑坡堆积体应急抢险治理工程可行性研究报告	全国优秀工程咨询成果奖	中铁科研院	中国工程咨询协会	三等奖
34	上海轨道交通机场联络线申昆路停车场地下方案研究项目	省部级优秀咨询成果奖	中铁华铁	北京市工程咨询协会	三等奖
35	重庆港主城港区果园作业区重大件码头工程	省部级优秀咨询成果奖	中铁长江设计	中国水运建设行业协会	二等奖

制表：雷思遥

中国中铁
国产首台高原高寒大直径硬岩掘进机(Ø 10.33m)下线
暨极端工况装备技术发布大会
FAT Ceremony of the Gripper TBM with Large Diameter (Ø10.33m)
and Technology Release Conference of Special Equipment for Extremely High Altitude and Cold Regions
曹文刚
李泽贤
朱红光

CHAPTER 7

工程设备与零（部）件制造

工业企业生产经营

【工业制造概况】中国中铁装备制造业务主要服务于境内外基础设施建设，产品涵盖道岔、隧道施工设备、桥梁建筑钢结构、工程施工机械、装配式建筑品部件以及轨道交通电气化器材等。基本经营模式主要是在境内外通过市场竞争获取订单，根据合同按期、保质保量提供相关产品及服务。在道岔产品方面，中国中铁拥有从设计研发到制造的全产业链核心竞争优势，具备年产各类道岔2万组的能力，产品广泛应用于铁路、地铁及有轨电车等领域。在钢结构制造及安装方面，中国中铁桥梁钢结构制造与安装业务以制造、安装各类大型桥梁钢结构为主，在跨江跨河的桥梁钢结构市场优势明显，生产制造的桥梁钢结构、钢索塔产品已达国际先进水平。在隧道施工设备及服务方面，能够提供涵盖复合盾构机、硬岩隧道掘进机（TBM）等各系列隧道掘进机及配套设备、隧道施工机械的相关产品和配套服务，并已构建了零部件及配套设备设计研发、生产制造及配套服务的全产业链布局。在工程施工机械方面，中国中铁是国内乃至世界领先的专业从事铁路、公路、城市轨道交通等领域专用施工机械的制造与研发的大型科技型企业，产品包括铺轨机、架桥机、运梁车及搬运机等铁路施工专用设备以及起重机械等其他大型工程机械。在铁路和城市轨道交通电气化器材方面，公司轨道交通电气化器材主要产品包括普速铁路、提速铁路、高速铁路接触网成套器材以及城市轨道交通所有供电形式的成套供电器材，其中铁路客运专线、高速铁路接触网器材处于国际先进水平。在装配式建筑方面，中国中铁是国内房屋装配式建筑部品部件行业中产品结构丰富并可提供装配式建筑全套解决方案的供应商，致力于打造高科技创新型装配式建筑业务平台。

公司在铁路、公路、城市轨道交通、地下工程等与交通基建相关的高端装备制造领域处于全国乃至世界领先地位，在科技创新实力、核心技术优势、生产制造水平、品牌知名度等方面竞争力突出。公司是全球销量最大的盾构机/TBM研发制造商，是全球最大的道岔和桥梁钢结构制造商、国内最大的铁路专用施工设备制造商、世界领先的基础设施建设服务型装备制造商。在国内市场，公司在技术要求较高的高速道岔（250千米时速以上）、重载道岔业务市场的占有率均超过50%，普速道岔市场占有率超过45%，城市轨道交通业务领域道岔市场的占有率超过70%，大型钢结构桥梁市场的占有率为60%以上，高速铁路接触网零部件市场的占有率为60%以上，城市轨道交通供电产品市场占有率约50%。中国中铁旗下控股子公司中铁工业（股票代码600528.SH）是中国铁路基建装备领域产品最全、A股主板唯一主营轨道交通及地下掘进高端装备的工业企业；高铁电气（股票代码688285）是国内电气化接触网零部件及城市轨道交通供电装备重要的研发、生产和系统集成供应商；中铁装配（股票代码300374.SZ）是国内房屋装配式建筑部品部件行业中产品结构丰富并具备装配式建筑集成服务能力的供应商，可提供装配式建筑全套解决方案。

作为工程建造高端装备制造龙头企业，中国中铁研发制造的隧道掘进机、隧道机械化专用设备、工程施工机械、道岔、钢桥梁等产品市场需求充盈稳定。2021年，公司工程设备与零部件制造业务新签合同额612.8亿元，同比增长12.9%，其中，国内新签合同额完成591.0亿元，海外新签合同额完成21.8亿元。

（王　琳）

【中铁工业生产经营概况】2021年，

▲图7-1　2021年11月19日，中铁工业研制的国内最大、起重能力最强的100吨爬拱吊机顺利完成1.1倍动载、1.25倍静载型式试验

中铁工业累计完成营业额 275.16 亿元，较 2020 年 263.9 亿元同比增长 4.23%。其中，境外营业额完成 10.5 亿元，同比减少 22.97%。从各业务板块来看，钢结构产业完成营业额 118.8 亿元，同比增长 12.02%；钢结构产品产量达到 130.8 万吨，同比增长 7.2%。隧道施工装备完成营业额 80.2 亿元，同比减少 4.33%。道岔完成营业额 32.6 亿元，同比减少 12.78%；整组道岔 8645 组，同比增加 3%。工程施工机械产业完成营业额 8.4 亿元，同比增加 2.54%。

（邱守慈）

【中铁电气化局工业公司生产经营概况】 2021 年，中铁电气工业有限公司完成新签合同额 61.47 亿元。其中，铁路市场 32.06 亿元，占比 52.16%；城市轨道交通市场 21.65 亿元，占比 35.22%；海外市场 1766 万元，占比 0.29%；轨外市场 7.58 亿元，占比 12.33%。实现营业收入 37.7 亿元，完成工业产值 39.29 亿元，利润总额 1.53 亿元，产品出厂合格率 100%。

（陈　楠）

【中铁装配生产经营概况】 2021 年，中铁装配资产总额为 31.18 亿元，所有者权益为 11.72 亿元，营业收入为 4.22 亿元，利润总额为 -4.70 亿元，净利润为 -3.61 亿元，归属于母公司所有者的净利润为 -3.61 亿元，技术开发投入为 0.09 亿元，利税总额为 -4.37 亿元，应交税金总额为 0.03 亿元，全员劳动生产率为 -53.94 万元，净资产收益率为 -26.68%，总资产报酬率为 -13.26%，国有资本保值增值率为 73.36%。

（郑庆胜）

▲图 7-2　2021 年 8 月 11 日，中铁工业出口欧洲超大直径土压平衡盾构机正式下线

主要产品

· 隧道施工设备 ·

【中铁工业隧道施工设备概况】 2021 年，中铁工业隧道施工设备重点应用于深圳妈湾跨海通道项目的 ф15.53 米超大直径泥水平衡盾构机（中铁 808 号），应用于中俄东线天然气管道工程项目的 ф7.95 米世界最小常压刀盘盾构机（中铁 996 号），应用于杭州之江路项目的 ф14.96 米超大直径泥水平衡盾构机（中铁 858 号），应用于莆田火车站涉铁预埋工程项目的“12.6 米 ×7.65 米”世界首台最大断面矩形硬岩顶管盾构机（中铁 1053 号），应用于川藏铁路项目的 ф10.33 米国产最大直径敞开式 TBM（中铁 1067 号）等。

（邱守慈　孙晓伟）

表 7-1　2021 年中铁工业隧道掘进设备、专用设备及地下空间产品

序号	产品名称	应用领域 / 技术特点
1	土压平衡盾构机	中铁 1006 号土压平衡盾构机应用于韩国仁川地铁延长线。 适用于含有多种岩层的复合地质隧道开挖，主要用于城市地铁隧道建设，目前应用于国内近 40 个城市地铁项目的掘进，形成了盾构族群。 现有产品适用范围为直径 4~17 米

续表

序号	产品名称	应用领域 / 技术特点
2	 泥水平衡盾构机	中铁 808 号泥水平衡盾构机应用于深圳妈湾跨海通道。 适用于含水量大的过江、跨海隧道施工，现主要用于公路、地铁、铁路工程，典型代表为下穿长江隧道工程以及规划中的渤海海峡、琼州海峡、台湾海峡跨海隧道工程。 与土压平衡盾构机外观相似，出渣方式和平衡方式不同。 现有产品适用范围为直径 4~17 米
3	 硬岩掘进机（TBM）	中铁 1067 号硬岩掘进机（TBM）服务于川藏铁路项目。 适用于围岩相对稳定、以Ⅱ、Ⅲ类围岩为主的硬岩地层开挖，采用锚喷支护形式，常用于水利、水电、铁路、公路等山岭隧道建设。 现有产品适用范围为直径 3.5~15 米
4	 矩形顶管机	中铁 1053 号矩形顶管机应用于莆田火车站涉铁预埋工程。 适用于矩形断面隧道开挖，主要用于城市交通下穿隧道建设和地下横通道建设。 现有产品最大断面为 14.82 米 ×9.446 米

续表

序号	产品名称	应用领域 / 技术特点
5	顶管机	中铁 1117 号顶管机应用于龙华管网项目。 适用于浅覆土隧道开挖，主要用于城市地下共同管廊建设和油气输送管道建设。 现有产品适用范围为直径 0.8~4 米。产品类型包括泥水平衡顶管机、土压平衡顶管机
6	隧道凿岩台车	DJ-0125 号隧道凿岩台车应用于高原铁路邦达隧道项目。 隧道凿岩台车广泛应用于铁路、公路、水利等钻爆法隧道施工领域，可用于隧道全断面或微台阶开挖等地下工程爆破孔钻设，还可用于超前地质钻探、超前管棚钻设、超前注浆钻设、径向锚杆钻设、辅助装药及撬毛等多种作业。设备具有信息化智能化程度高、作业效率高、经济性好、作业人员少、劳动强度低、安全性好、断面覆盖范围广、爬坡角度大、转场灵活等特点
7	混凝土湿喷台车	HP-0078 混凝土湿喷台车应用于高原铁路芒康山隧道项目。 HP 系列混凝土湿喷台车是由中铁装备完全自主研发的混凝土喷射支护设备，具有喷射效率高、覆盖范围广、综合回弹率低、操作灵活方便等优点，已广泛应用于隧道、铁路、公路以及水利水电等多个施工领域

续表

序号	产品名称	应用领域 / 技术特点
8	悬臂式隧道掘进机	CTR323 悬臂式隧道掘进机应用于西延铁路新尚家沟隧道。 悬臂式隧道掘进机是一种集截割、装载运输、自行走及喷雾除尘等功能于一体的高效联合作业机械，广泛应用于地铁、市政、公路、水利等隧道施工，具有机械化程度高、围岩损伤扰动少、超欠挖易控制、开挖出碴连续、作业人员少、劳动强度低、安全性高、适应断面灵活等特点。因其履带式的行走机构，便于转弯、爬坡，对复杂地质条件适应性强
9	智能锚注一体台车	MT1G 高原型智能锚注一体台车应用于老罐石 1 号、2 号隧道。 智能锚注一体台车具有完全自主知识产权，集钻孔、注浆、安装锚杆等功能于一体，广泛应用于隧道掘进、地下硐室开挖等各项地下工程领域，具有适应性强、智能化程度高、施工安全可靠、操作人性化等特点，经过针对性设计，可在海拔 3500 米以上的极端环境下高效完成各类型锚杆支护作业

制表：马鹏凛

·道岔·

【中铁工业承揽道岔产品及生产情况】中铁工业全年完成整组道岔 8645 组，高锰钢辙叉 14809 个。道岔产品相继中标了包括新建江苏南沿江城际铁路、津兴铁路、乌将线改造、北京铁路枢纽丰台站改建工程等一批国家重点基建工程；广州地铁 18 号线、佛山地铁 2 号线、上海地铁改造、佛山南海有轨电车 1 号线、长沙地铁西环线等城市轨道交通项目；北黑铁路、太原局重载维修、临沂疏港铁路、淖毛湖至将军庙铁路、安九铁路等地方铁路项目；哈尔滨铁路局、武汉铁路局、西安铁路局、呼和浩特铁路局、兰州铁路局等路局大维修项目。

（邱守慈　李球琛　张　鹏）

▲图 7–3　2021 年 5 月，中铁工业研制的世界首组 600 千米高速磁浮道岔完成现场调试

表 7-2　2021 年中铁工业主要道岔产品

序号	产品名称	应用领域 / 技术特点
1	巴基斯坦 50 千克 / 米钢轨 8.5 号单开道岔	专为巴基斯坦设计的 50 千克 / 米钢轨 8.5 号单开道岔。轨距为 1676 毫米，道岔允许通过直向速度为 100 千米 / 小时，侧向通过速度为 30 千米 / 小时；基本轨采用 50 千克 / 米钢轨，尖轨采用 50AT 钢轨，尖轨采用弹性可弯结构，尖轨为藏尖式，跟端为限位器结构；道岔设置 1∶40 轨底坡。 该道岔于 2021 年 4 月完成试铺，并通过业主验收
2	 巴基斯坦 50 千克 / 米钢轨 8.5 号脱轨器	专为巴基斯坦设计的 50 千克 / 米钢轨 8.5 号直股开通脱轨器。轨距为 1676 毫米，道岔允许通过直向速度为 100 千米 / 小时；基本轨采用 50 千克 / 米钢轨，尖轨采用 50AT 钢轨，尖轨采用弹性可弯结构，尖轨为藏尖式，跟端为限位器结构；道岔设置 1∶40 轨底坡。 该道岔于 2021 年 4 月完成试铺，并通过业主验收
3	 孟加拉国 60E1 钢轨直股开通脱轨器	专为孟加拉国设计的 UIC60 钢轨直股开通脱轨器。轨距为 1676 毫米，道岔允许通过速度为 30 千米 / 小时；基本轨采用 60E1 钢轨，尖轨采用 60E1A5 钢轨，尖轨采用弹性可弯结构，尖轨为藏尖式，跟端为间隔铁结构；道岔设置 1∶20 轨底坡。 该道岔于 2021 年 5 月完成试铺，并通过业主验收

续表

序号	产品名称	应用领域 / 技术特点
4	 中国台湾 60E1 钢轨 17° 菱形道岔	中国台湾菱形道岔根据信义东延线路图进行设计，轨下基础为浮动式道床。该道岔采用整铸高锰钢叉心与翼轨及叉跟尖轨用高强螺栓紧固的拼装辙叉形式。锰钢叉心轮轨作用面进行了爆炸硬化处理，翼轨和叉跟轨采用 60E1 钢轨加工。该道岔主要冲击部位采用高锰钢材质，可充分发挥其安全系数高、裂纹敏感性低的优良特性，深度硬化技术可提高其初始硬度，同时，使用过程中可采用焊补修复，增加辙叉的使用寿命。该道岔采用钢轨与线路连接，可实现道岔内外的任何联结形式
5	 60E1 钢轨 12 号单开道岔	为孟加拉国设计的 60E1 钢轨 12 号宽轨单开道岔。轨距为 1676 毫米，道岔允许通过直向速度为 120 千米 / 小时，侧向通过速度为 50 千米 / 小时；基本轨采用 60E1 钢轨，尖轨采用 60E1A5 钢轨，尖轨采用弹性可弯结构，尖轨为藏尖式；道岔设置 1 ∶ 20 轨底坡；该道岔使用单牵引点。 该系列道岔于 2021 年 8 月完成试铺，并通过业主验收
6	 60 千克 / 米钢轨 12 号可动心轨道岔 5.0 米间距交叉渡线	该渡线为全国首组可动心斜接渡线。在渡线设计过程中，对斜接辙叉进行了线型拟合，利用轨距过渡与轨距块调整补偿了直接和斜接之间的线型偏差后，采用了对称翼轨；对扭转过渡枕也采用了类似方法，拟合确定孔距偏差在可调整范围内后，选择使用既有岔枕。上述设计极大地方便了生产铺设和后续养护维修全过程。 该渡线已通过审查验收并铺设于北京丰台站
7	 60E1 钢轨宽轨 / 套轨伸缩接头	伸缩接头用于无缝线路，伸缩量 ±40 毫米；为基本轨、尖轨、帮轨、护轨通过间隔铁和顶铁组装一体的新型结构，内部不设轨底坡，两端设置顺坡垫板和顺坡岔枕；间隔铁和顶铁舍弃传统铸造方式，采用机加工和焊接成型方式；伸缩尖轨一侧设有桥式大垫板，弥补尖轨切削后的强度减弱；伸缩接头的所有垫板零件组装发运，便于现场铺设。 该道岔已顺利完成试铺验收

续表

序号	产品名称	应用领域 / 技术特点
8	 75 千克 / 米钢轨 12 号翼轨镶嵌式锰合金组合辙叉	为了提高辙叉的强度、寿命和降低辙叉整体重量，充分发挥高锰钢的高韧性、低裂纹敏感性的特征，特别对高锰钢辙叉易伤损部位进行了强化。在高锰钢组合辙叉基础上，将叉心、翼轨分体设计，其中叉心、镶嵌块采用锻造锰合金材质，从而达到增强高锰钢母体性能，降低铸造缺陷，提高辙叉使用寿命的目的
9	 新型客货共线铁路道岔	为解决客货共线铁路 60 千克 / 米钢轨 9 号、12 号道岔不能完全满足当前运输需求的问题，以中国铁道科学研究院主导，中铁工业主要参与，以既有 9 号、12 号主型道岔平面尺寸为基础，设计了新型产品。该系列道岔含 9 号、12 号道岔各 1 种，可与既有同型号道岔实现整组互换，实现最大限度地简化统型。该新型道岔采用“直曲组合型”曲线尖轨、刨切基本轨加厚尖轨技术，预埋铁座分开式扣件系统、辊轮滑床板、新型混凝土岔枕、统型固定型辙叉等结构优化技术
10	 城市轨道交通用系列锻制合金钢心轨组合辙叉 （左图）60-9 号合金钢辙叉　　（右图）60-4.5 号锐角合金钢辙叉	该产品适用于城市轨道交通建设，由合金钢心轨、叉跟轨、翼轨、间隔铁、垫板等组成，通过高强度螺栓连接成一体；心轨采用优化后高性能贝氏体钢制造，辙叉更耐磨；可与线路钢轨焊接，满足无缝线路的使用要求；与既有高锰钢辙叉可互换使用，便于更换

续表

序号	产品名称	应用领域 / 技术特点
11	75-12 号镶嵌翼轨式锻造高锰钢组合辙叉	该产品适用于重载铁路、客货混跑铁路，具有良好的耐磨性和冲击韧性，使用寿命可达4亿吨以上，能够满足用户对固定型辙叉高安全、长寿命、少维修的需求及无缝线路焊连要求。 该产品目前服务于大秦、神朔等重载铁路
12	75-12 号新型高锰钢组合辙叉	该产品适用于重载铁路、客货混跑铁路，锰叉心可实现在线更换，辙叉更换一次锰叉心其使用寿命可达4亿吨以上，能够满足用户对固定型辙叉高安全、长寿命、少维修的需求及无缝线路焊连要求

制表：冯　薇　蒋晓强

·钢结构制造与安装·

【中铁工业承揽重点钢梁钢结构项目情况】2021年，中铁工业钢结构产品产量达到130.8万吨，同比增长7.2%。钢结构产品相继中标加拿大帕特洛桥、常泰长江大桥、深汕大桥、摩洛哥阿尤恩栈桥、龙池互通立交桥、京石城际特大桥、景洪市神秘谷澜沧江大桥、莞佛高速太平大桥、洪奇门特大桥、京雄高速跨永定河大桥、清水坪乌江大桥、佛山市塘西大道三期南延线三水三桥等多个项目。

（邱守慈　李球琛　张　鹏）

【加拿大帕特洛桥】新建的帕特洛桥位于加拿大不列颠哥伦比亚省，在现有帕特洛桥北侧，是连接萨里和新西敏两座城市的重要交通纽带。新桥开通之后，现有桥梁将被拆除。加拿大帕特洛桥项目包括主桥、钢塔、北引桥、南引桥及匝道桥五个部分。主桥为独塔斜拉桥结构，跨度578米，全桥均采用纵、横梁体系结构。全桥合同重量共计约1.27万吨，主要采用HPS485WF、HPS485WT、HPS345WF三种材质，采用加拿大及美国标准进行制造。

（尤元霞）

【深汕大桥】由中铁工业承揽制造的深汕大道扩建提升工程（新园路至圆墩隧道东1.5千米段）深汕大桥，主桥上部采用网状吊杆钢混组合梁拱桥结构，整幅设计，桥宽56米，主拱拱肋中间设置，两侧设置行车道，车行道外侧设置人行道，拱肋之间设置慢行系统。东西侧引桥分幅设计，单幅桥宽16米，上部采用钢板组合梁结构，标准跨径为36米，东西侧引桥跨径组合分别为13×36米和5×36米。该桥杆件主要包括主桥桥面系部分的主纵梁、内外横梁、内外人行道、小纵梁等构件；主桥拱肋部分包括主拱、吊杆锚固、风撑横梁、风撑X联等构件；引桥桥面主要由横纵梁体系构成。全桥重约1.46万吨，主要采用Q420qD、Q345qC钢材。

（杨立群）

【摩洛哥阿尤恩栈桥】该项目位于摩洛哥大西洋沿岸阿尤恩码头南面，该大型栈桥是海上二次防波堤，全长3200米，横向22米布置4个槽型连续梁，总重约2万吨（中铁山桥制造6联，共计8500吨）。摩洛哥阿尤恩栈桥每联长度205.5米（5跨）连续槽型梁，联与联间设置伸缩缝，联内划分的段与段之间采用80毫米厚内法兰连接。单段构件标准长度为44米，箱梁高度2米。边段上口宽度3.2米，中间段上口宽度3.8米。制造执行欧标，材质采用S355J2+N、S355N、S355M，连续梁采用新型法兰栓焊连接，法兰与法兰接触面平整度、支座位置底板平面度、跨间支座距离公差要求严格。

（刘志雄）

▲图 7-4　2021 年 11 月 2 日，中铁工业承建的常泰长江大桥首段梁实施吊装

【洪奇门特大桥】由中铁工业承揽制造的洪奇门特大桥，位于广州市南沙区南部和中山市东北部。项目起于南沙港快速路的新垦互通，路线向西连续跨越洪奇沥水道、三宝沥等水道，跨越沙港东路，至项目终点新隆枢纽互通，与江中高速顺接，并与广澳高速交叉。洪奇门特大桥采用双塔钢箱梁斜拉桥，桥跨布置为 80.5+222.5+520+222.5+80.5=1126（米），由钢箱梁、钢锚梁、牛腿及附属组成，钢材主要由 Q345qD、Q370qD、Q345qC 组成，总重约 28830 吨。（李小松）

【京雄高速跨永定河大桥】京雄高速跨永定河大桥位于北京市房山区、丰台区交界处。主桥上部结构采用中承式系杆拱桥，桥跨 60+50+300+50+60=520（米），宽 48 米。大桥主拱肋采用对称内倾式提篮拱，拱顶设置风撑。主拱肋在 300 年水位以上采用全焊钢结构，水位以下通过钢混结合段与基座连接。主拱跨径 300 米，矢高 75 米，横向倾角 73°。主拱肋拱座横向间距 70 米，拱顶横向间距 28 米。整体为异形变截面扭曲断面，基座附近断面为近似矩形，尺寸约为 9.8 米 × 3.8 米，桥面以上过渡为五边形至拱顶变化为不规则五边形，主拱肋壁板整体为空间扭曲变化。本桥钢结构制造分为钢箱梁桥面板及钢拱肋。其中钢拱肋又分为预埋件、劲性骨架、拱肋横梁、钢拱肋及风撑。大桥主体结构采用 Q345qE 和 Q420qE 钢材，桥梁钢结构重量总计约 10993 吨。（李　峰）

【阳宝山特大桥】阳宝山特大桥全长 1112 米，桥面距沟谷底水面高约 316 米。主桥采用主跨 650 米钢桁梁悬索桥，工程总量约 1.47 万吨。2021 年 3 月 27 日，贵黄高速公路阳宝山特大桥合龙。（张　鹏）

【齐鲁黄河大桥】齐鲁黄河大桥主桥结构形式为下承式网状吊杆组合梁拱桥，主桥长度为 1170 米，主拱采用提篮形拱。中铁工业承担了 280 米北跨、420 米中跨及 280 米南跨三跨，共计 1.4 万吨钢拱肋制造及桥位架设任务。2021 年 4 月 24 日，济南齐鲁黄河大桥南跨 280 米钢拱肋成功合龙。（张　鹏）

【明月峡长江大桥】明月峡长江大桥为中国首座钻石型不对称桥塔钢桁梁斜拉桥，为双层四线钢桁架斜拉桥，全长 877.8 米，钢结构工程总量约 2.56 万吨。2021 年 7 月 26 日，重庆明月峡长江大桥顺利合龙。（张　鹏）

【克罗地亚佩列沙茨大桥】佩列沙茨大桥位于克罗地亚南部，全桥总长 2404 米，共划分为 165 个梁段，中铁工业承制 S7-U14 共计 81 个梁段，1.8 万吨的钢结构生产任务。克罗地亚时间 2021 年 7 月 28 日，克罗地亚佩列沙茨大桥顺利实现全桥合龙。（张　鹏）

【重庆白居寺长江大桥】重庆白居寺长江大桥主桥钢桁梁共划分为 93 个节间，每个标准节间长 15 米、重约 500 吨。中铁宝桥承担了大桥工程 PPP 项目钢桁梁 B 标（N48-N93 节间）的生产任务约 2.26 万吨工程量。

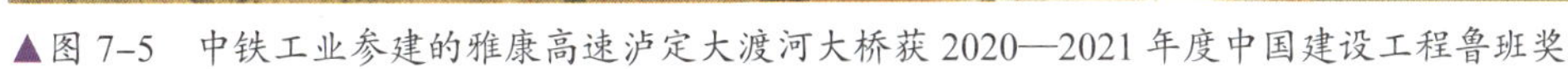
▲图 7-5　中铁工业参建的雅康高速泸定大渡河大桥获 2020—2021 年度中国建设工程鲁班奖

工程设备与零（部）件制造

2021 年 9 月 1 日，重庆白居寺长江大桥正式合龙。（张　鹏）

【赤壁长江公路大桥】赤壁长江公路大桥是构建天门和赤壁公路的过江通道。项目路线总长 11.2 千米，其中长江大桥长 3.35 千米，主桥长 1380 米。中铁工业承担了全桥钢主梁和钢锚梁制作共计约 2.2 万吨。2021 年 9 月 25 日，世界最大跨钢混组合梁斜拉桥——赤壁长江公路大桥正式通车。（张　鹏）

【济南凤凰路黄河大桥】济南凤凰路黄河大桥是济南第十二座跨黄河大桥，主桥为三塔自锚式悬索桥，全长 1332 米，主跨 2×428 米，整幅全宽 61.7 米，为黄河上最宽的大桥，其桥梁跨径及梁宽均居同类型桥梁世界之最。2021 年 11 月 11 日，济南凤凰路黄河大桥主桥钢箱梁顶推顺利合龙。（张　鹏）

【温州瓯江北口大桥】温州瓯江北口大桥是世界首座三塔四跨双层公路钢桁梁悬索桥，系国家“十三五”规划重点工程，是交通运输部首批 8 个绿色公路建设典型示范项目中唯一的桥梁工程。加劲梁采用板桁组合式整体钢桁梁，全桥共计 110 个大节段，采用 Q345qD、Q420qD 钢材。中铁工业承建的 BKGL-04 标段包含南侧 54 个大节段的加工制造任务，总工程量约 4.1 万吨。2021 年 12 月 30 日，温州瓯江北口大桥主桥合龙。（张　鹏）

· 工程机械 ·

【中铁工业工程机械概况】2021 年，中铁工业工程施工机械及相关服务业务完成新签合同额 21.36 亿元，同比增长 68.06%。随着国内铁路、公路桥梁跨度增大、梁型加重，推动了新型桥梁搬提运架铺等设备的研发、制造和使用，公司中标 ZL60 桩梁一体化架桥机、JQLS1000 吨架桥机等项目；此外，中铁工业深耕海洋工程装备研制和系统技术开发提升业务，成功研制了海上风电等工程建设所需的基础施工及起重安装设备、海上救援打捞设备、港口及航道疏浚设备等，在海洋工程装备和港口装备市场领域取得新突破，中标双线 180 型砼搅拌船、650 吨全回转浮吊船等项目。（周　龑）

表 7–3　2021 年中铁工业主要工程机械类产品

序号	产品名称	应用领域 / 技术参数
1	“赤沙号”建筑构件装配机器人	“赤沙号”建筑构件装配机器人填补了中国装配式建筑施工装备领域的一项空白，将用于世界首个半埋装配式双层结构附带高层建筑的地铁车辆段的建设。该设备上安装了 72 个传感器、50 个摄像头，构成了“中枢系统”；由 32 个轮胎组成了 8 条独立活动的腿，可以横向、纵向行走，独立伸缩，爬坡过坎，跨层施工，与塔吊、现浇等施工互不干扰，实现了自动化和智能化
2	“共工号”桩梁一体机	“共工号”桩梁一体机是世界首台桩梁一体架桥机，整机长 92 米，自重 575 吨，有效跨度达到 48 米，悬臂重载作业 16 米，采用双桁架主梁结构，拥有 5 条支腿、3 个天车、1 个打桩装置。与传统工艺相比，“共工号”架桥机颠覆了桥梁基础结构现浇的做法，破解了线下施工必须依赖施工便道或栈桥的局面，实现引孔、打桩、架梁、拼装桥墩全套“空中”作业，不需要铺设便道，不占用地面空间，也无须任何其他吊装设备辅助施工，特别适合在浅水沼湖、沼泽湿地、环保区等普通装备无法施展的区域建造桥梁

续表

序号	产品名称	应用领域 / 技术参数
3	 “陆吾号”千吨级运架装备	“陆吾号”千吨级运架装备由1000吨单主梁架桥机和分体式运梁车组成，适用于时速250千米~350千米铁路客运专线的双线整孔混凝土预制箱梁（1000吨级及以下）的架设。该设备是目前国内首台轮胎驱动过孔走行一次纵移到位的双模式单主梁架桥机，能够快速便捷地实现40米跨度和32米跨度箱梁的架设，工况适应能力强，自动化程度高。该设备采用创新的结构设计，节约了大量钢材使用量，运梁车依靠电机驱动减少了燃油消耗，为达成“双碳”目标作出了积极探索
4	 WD100全回转拱上吊机	WD100全回转拱上吊机是目前国内最大、起重能力最强的爬拱吊机，底盘宽度达35米，吊臂长度达41米，能够在钢桁梁上弦行走，可完成平直梁和拱梁的架设，可独立完成一个节段所有构件的架设。通过底盘预设节段以及多锚点布置，该吊机可满足不同钢桁桥梁的跨度以及节间距架设，具有跨越能力强、施工速度快、承载能力强等特点。WD100全回转拱上吊机采用特制轨排设计，能实现由平弦到爬拱梁段平滑过段，能完成平弦到拱肋阶段全桥钢梁架设，解决了双层钢桁架桥施工的痛点，为中国桥梁建设提供了新的解决方案
5	 隧道内干式除尘车	隧道内干式除尘车是中铁科工新研发的一款隧道环境治理装备，能有效降低隧道内粉尘含量，保障隧道作业人员身心健康。同时，该装备采用无耗材设计理念，核心过滤材料使用高分子复合材料，使用寿命5年以上，全生命周期内运营成本较低

续表

序号	产品名称	应用领域 / 技术参数
6	 钢桥梁智能焊接机器人	钢桥梁智能焊接机器人工作站主要应用于各类钢结构建筑、桥梁、船舶等领域的机器人自动化焊接，工作站满足 H 型钢结构、桥梁板单元、横隔板等各种角焊缝焊接要求，其采取免示教智能编程技术，系统自动识别输入的工件三维模型，从模型中提取焊缝和规划路径，生成焊接程序，并应用 3D 扫描传感器对工件进行一次扫描，完成初定位。在焊接作业过程中，机器人自动应用点激光传感器对焊缝始点、终点进行精准寻位，焊接作业过程中应用电弧跟踪功能实时自动跟踪焊缝路径，保障焊缝质量
7	 600 吨绕桩海工吊机	600 吨绕桩海工吊机起重能力 600 吨 ×30 米，吊高 112 米，采用中心滑环，区别于一般绕桩吊机 ±270° 回转，可以实现无限全回转，海上作业适应性好，施工效率高。该起重机安装在改造后的“蓝鲸鱼”号坐底船上，可以满足中国沿海地区 10 兆瓦风力发电机的运维。目前，在浙江舟山海上风场施工安装海上风力发电机
8	 有砟轨道扣件智能安装车	中铁工业和中铁一局联合研制的有砟轨道扣件智能安装车，为国内首台，填补了中国铁路扣件安装施工装备领域的空白，能够无人驾驶、自动走行，同时集成了智能安装技术、室外视觉定位技术、激光扫描定位技术，实现了不同技术的数据交换、逻辑控制，能够通过机械手像一条流水线一样完成铁路扣件不同零件的组合、安装、紧固等工序，安装扣件速度更快、精度更高

制表人：伍　艺

· 装配式建筑品部件 ·

【中铁装配核心产品】中铁装配核心产品包括：装配式墙体材料、装配式装修材料、装配式结构材料和集成房屋。（杨　征）

【装配式墙体材料】中铁装配研发生产的装配式墙体材料分为两类：无机集料阻燃木塑复合条板和纤维增强水泥挤出成型中空墙板，两种墙体材料均出版了国家图集。

无机集料阻燃木塑复合条板主要应用在3层及以下的低层建筑中，其突出优点在于：墙板重量轻，强度高，工人安装方便，安装时不需要任何机械，效率是传统墙体的3倍；保温性能好，150毫米厚墙板的保温性能相当于500毫米加气混凝土墙体，可大大减小墙体厚度，增加使用空间；墙板尺寸和平整度非常好，可以直接在工厂进行涂装，实现装饰一体化，减少装修的工作量；特别适合于模块化建筑和集成房屋；由于重量轻，施工方便，在运费和人工费上优势明显，因此出口优势明显。

纤维增强水泥挤出成型中空墙板，其燃烧性能为A级，相比无机集料阻燃木塑复合条板，其适用范围大大拓宽，可以应用在100米以下建筑的外墙、隔墙。同时与传统砌筑墙体相比，其施工速度快，现场湿作业少，平整度高。与目前应用广泛的加气混凝土条板相比，其优势在于：强度高，现场基本没有破损率；墙面平整度好，基本不需要抹灰找平，可以直接刮腻子，减少现场的工作量；吸水率低可以直接用于外墙。（杨　征）

【装配式装饰材料】中铁装配研发的装配式装饰材料包括高分子共挤外墙挂板、无机防火装饰板、PSC石塑锁扣地板、纤维水泥外墙挂板等。其中纤维水泥外墙挂板为核心产品，该产品引进日本生产线，同时在此基础上进行集中技术攻关、改进，生产的装饰板可以实现装饰保温一体化，技术达到国际先进水平。该产品广泛应用于别墅、高档办公楼、住宅楼等的外墙装饰。（杨　征）

【装配式结构材料】装配式结构材料主要包括装配式钢结构体系、PC构件。其中PC构件为其核心产品，主要包括预制外墙板、内墙板、叠合楼板、梁柱、阳台板、空调板、PCF板、楼梯等预制混凝土构件。主要应用于装配式建筑的钢结构体系；装配式PC构件广泛应用于大型建筑，商业地产、住宅、工业建筑、公共建筑等领域。（杨　征）

【集成房屋】快速装配式房屋体系是中铁装配核心集成技术，采用轻钢结构承重，以无机集料阻燃木塑复合条板或纤维增强水泥挤出成型中空墙板作为维护结构，无机集料阻燃木塑复合条板为楼面结构，同时采用预制快装基础，最大限度提高装配化水平，缩短施工工期。该体系采用的部品部件90%以上均为中铁装配自主生产，集成优势明显，已在新农村改造建设、别墅、公寓宿舍、办公楼、工业厂房、市政建设等领域大量应用，市场前景广阔。（杨　征）

【中铁装配装配式建筑部品部件及生产情况】2021年，中铁装配全年完成装配式钢结构构件92吨，装配式墙体材料46720平方米，装配式外装饰材料53690平方米，装配式内装饰材料23862平方米，园林景观材料8410平方米，装配式集成房屋87120平方米。各类装配式建筑部品部件主要应用于中铁置业成都青白江PC构件供应项目、中铁建工及山东公司2021—2022年山东地区装配式预制构件集中招标采购项目、中铁五局路桥公司广州南沙2020NJY-18地块项目勘察设计施工总承包项目经理部PC物资采购等PC构件供应、川藏线铁路建设等项目中。（杨　征）

表7-4　2021年中铁装配主要装配式建筑品部件

序号	产品名称	应用领域/技术参数
1	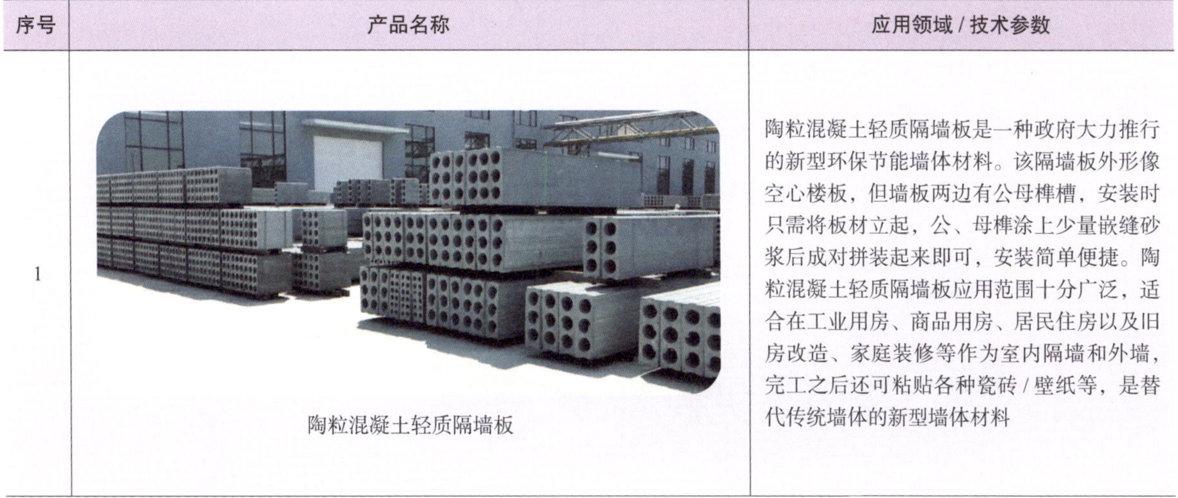 陶粒混凝土轻质隔墙板	陶粒混凝土轻质隔墙板是一种政府大力推行的新型环保节能墙体材料。该隔墙板外形像空心楼板，但墙板两边有公母榫槽，安装时只需将板材立起，公、母榫涂上少量嵌缝砂浆后成对拼装起来即可，安装简单便捷。陶粒混凝土轻质隔墙板应用范围十分广泛，适合在工业用房、商品用房、居民住房以及旧房改造、家庭装修等作为室内隔墙和外墙，完工之后还可粘贴各种瓷砖/壁纸等，是替代传统墙体的新型墙体材料

续表

序号	产品名称	应用领域 / 技术参数
2	参考图片 | 产品编码 | 产品尺寸 QB450P60 | 450毫米 × 60毫米 QB600P75 | 600毫米 × 75毫米 QB450P100 | 450毫米 × 100毫米 QB450B150 | 450毫米 × 150毫米 木塑墙板	木塑墙板广泛应用于木屋、海景房、活动房屋、建筑物隔断墙、围挡等。保温、隔热性能好；施工速度快，实现墙体免装修，简化施工工艺；周转次数多，拆除后可重复利用；性能稳定、防水、防火、防蛀，使用过程中无翘曲变形；绿色环保，无甲醛释放，不产生建筑垃圾
3	SPC石塑地板 SPC 石塑地板	SPC 石塑地板主要应用于家居地饰，绿色环保 0 甲醛、超强耐磨、防火阻燃、防水防潮、免胶易安装、易保养。 产品有木纹系列、石纹系列、地毯纹系列。 产品规格：150 毫米 ×925 毫米 ×4.5 毫米、183 毫米 ×925 毫米 ×4.5 毫米
4	室内无机板 硅酸钙板	硅酸钙板主要应用于酒店、会所等室内家居装饰，绿色环保 0 甲醛、超强耐磨、防火阻燃、防水防潮、免胶易安装、易保养、颜色多样。 产品有木纹系列、石纹系列。 产品规格：600 毫米 ×2400 毫米、1200 毫米 ×2400 毫米，厚度为 8 毫米、9 毫米、10 毫米

续表

序号	产品名称	应用领域 / 技术参数
5	室内装饰板 SPC 墙面板	SPC 墙面板主要应用于酒店、会所等室内家居装饰，绿色环保 0 甲醛、超强耐磨、防火阻燃、防水防潮、易安装、易保养、颜色多样。 产品有木纹系列、石纹系列、实色系列。 产品规格：1200 毫米 ×3000 毫米 ×2.7 毫米，根据客户要求可私人订制
6	 超薄轻型高强度经济型真空水泥墙板	超薄轻型高强度经济型真空水泥墙板主要用于卫生间隔断、厨房隔断及吊装式整体房屋等内墙隔墙，该项技术已投入实际生产并广泛应用于在建项目中，可使原住宅、厨房、卫生间实际使用面积增加 10%
7	 生态外墙挂板	生态外墙挂板主要应用于新旧建筑幕墙、外墙，室内大厅、卫生间、建筑门面和裙楼，地铁、车站、隧道等地下工程及环境要求特别高的场合，如手术室、洁净室、医药和食品无尘无菌生产车间围壁等。通过 3D 打印机能模仿大理石、花岗岩、石纹、木纹等肌理。板材具有自洁功能，板表面的微粒子防护层具有比黏附物更强的亲水性，有效防止煤烟废气等疏水性物质直接黏附在挂板上。板材采用企口结构，安装方便快捷，无湿作业施工不受季节影响，施工周期短。 产品厚度：16 毫米 ~18 毫米； 产品重量：25 千克 / 平方米 ~28 千克 / 平方米； 产品规格：标准板材宽度 455mm× 长度 3030mm，拼接板缝少； 降噪性能：在声频率 250~1000 赫兹范围内，可使噪声降低 30%~70%

制表：杨　征　赵修阳　赵福成　冯永华

·轨道交通电气化器材·

【中铁电气化局砼制品生产】2021年，砼制品生产新签合同额1.27亿元，完成产值1.64亿元，完成产量120738根。主要供货线路：朝凌高铁、集通铁路电气化改造项目、防城港至东兴铁路、中兰高铁、北黑铁路（龙镇至黑河段）、南崇高铁、咸铜铁路等。（陈　楠）

【中铁电气化局钢结构生产】2021年，钢结构生产新签合同额4.28亿元，完成产值4.86亿元，完成产量106798根。主要供货线路：朝凌高铁、川南高铁、赣深高铁、郑济高铁、杭绍台高铁、鲁南西高铁、弥蒙高铁、防城港至东兴铁路、中兰高铁、雅万高铁、成昆铁路峨米段、南崇高铁、湖杭黄高铁、长沙地铁6号线、重庆地铁4号线二期、咸铜铁路等。（陈　楠）

【中铁电气化局接触线及承力索生产】2021年，接触线及承力索新签合同额9.82亿元，完成产值7.83亿元，完成导线承力索10736吨，完成全年计划的108.45%。主要供货线路：集通铁路电气化改造项目、北黑铁路（龙镇至黑河段）、南崇高铁、南通轨交1号线02标、长沙地铁6号线、都江堰M-TR客专、大连地铁5号线、福州地铁4号线、兴泉铁路、秦沈客专、京滨城际铁路、京唐城际铁路、咸铜铁路、深圳地铁14号线、杭州机场线等。（陈　楠）

【中铁电气化局变压器类生产】2021年，变压器类生产新签合同额8.16亿元，完成产量3429台，完成产值5.9亿元，完成全年计划。主要供货线路：金台铁路、连徐高铁、朝凌高铁、以色列红线轻轨、安九高铁、川南高铁、广大铁路扩能改造项目、赣深高铁、郑济高铁、集通铁路电气化改造项目、杭绍台高铁、鲁南西高铁、弥蒙高铁、和邢铁路、中兰高铁、雅万高铁、成昆铁路峨米段、北黑铁路（龙镇至黑河段）、南崇高铁、湖杭黄高铁、常益长高铁、长沙地铁6号线、张吉怀高铁、磨万铁路等。（陈　楠）

【中铁电气化局接触网零部件生产】2021年，接触网零部件生产完成新签合同额20.54亿元，完成工业产值14.6亿元，完成接触网零件1815.81万套，完成全年计划的100.88%。铁路接触网产品通过工信部“制造业单项冠军”认定。主要供货线路：金台铁路、连徐高铁、朝凌高铁、以色列红线轻轨、安九高铁、川南高铁、赣深高铁、郑济高铁、集通铁路电气化改造项目、杭绍台高铁、鲁南西高铁、和邢铁路、中兰高铁、雅万高铁、南崇高铁、湖杭黄高铁、芜湖1号线、重庆环线一期、柳州公共轨道交通、南通轨交1号线02标、杭绍城际、长沙地铁6号线、都江堰M-RT客专、重庆地铁4号线二期、杭州机场线、福州4号线、银西铁路、焦柳铁路、京通线17局、潍莱高铁、张吉怀高铁、磨万铁路、敦白高铁、弥蒙高铁、新港江北铁路、包神铁路、大瑞铁路、重庆铁路枢纽、秦沈客专、咸铜铁路、广州地铁4号线、杭州地铁3号线、

▲图7-6　2021年4月19日，中铁电气化局研发的贯通式同相供电装置系统在工业公司保定轨道交通产业园生产车间内顺利下线

上海地铁3号线、上海地铁5号线、郑州地铁10号线、深圳地铁14号线等。（陈　楠）

【中铁电气化局声屏障类生产】 2021年，声屏障类生产新签合同额6.9亿元，完成产值3.85亿元，完成声屏障产量111037平方米。主要供货线路：和邢铁路、重庆地铁4号线二期、杭绍台高铁等。（陈　楠）

【中铁电气化局绝缘子类生产】 2021年，绝缘子类生产新签合同额4076万元，完成产值5043万元，完成绝缘子产量36626只。主要供货线路：集通铁路电气化改造项目、杭绍台高铁、鲁南西高铁、南崇高铁、咸铜高铁等。（陈　楠）

【中铁电气化局服务类产品】 2021年，服务类产品新签合同额2043万元，完成全年计划的102.13%；实现检测营业收入1250.33万元，完成全年计划的125.03%。（陈　楠）

表7–5　2021年中铁电工主要经济技术指标完成情况

主要经济技术指标	单位	中铁电工合计		
		计划	完成	完成率/%
产值				
现行价格	万元	389807.90	392961.32	100.81
销售产值	万元	375200.00	384646.52	102.52
主要产品产量				
接触网零部件	万套	—	1815.81	—
砼制品	根	—	120738	—
钢结构	根	—	106798	—
变压器	台	—	3429	—
声屏障	平方米	—	111037	—
承力索和接触线	吨	—	10736	—
低压开关柜	面	—	1523	—
质量				
混凝土制品一次交验合格率	%	96.00	99.89	104.05
钢结构产品一次交验合格率	%	96.00	98.69	102.80
H型钢柱一次交验合格率	%	96.00	97.74	101.81
绝缘子类产成品一次交验合格率	%	94.00	97.98	104.23
电力变电类产成品一次交验合格率	%	95.00	97.62	102.76
声屏障类产成品一次交验合格率	%	95.00	99.70	104.95
线索类产成品一次交验合格率	%	98.00	99.94	101.98
铁路和城市轨道交通供电产成品一次交验合格率	%	98.00	99.67	101.70
单位工程一次交验合格率	%	100.00	100.00	100.00
劳动生产率				
全员劳动生产率	元/（人·年）	—	2148700.00	—
安全				
千人负伤率	‰	6.00	0.32	—
利润				
利润总额	万元	—	—	—
设备				
机械利用率	%	85.00	85.00	100.00
主要设备完好率	%	90.00	93.00	103.30

制表：陈　楠

生产工艺和技术创新

【中铁工业生产工艺和技术创新】中铁工业围绕桥梁及隧道施工装备、盾构产品及新制式轨道交通等领域，以科研项目为载体，全面展开技术研究，着力推动产业升级与新产业孵化培育，突破行业技术瓶颈，研发出具有国际领先水平的装备设计制造技术，并大力推动成果转化应用，抢占市场先机。

隧道掘进装备技术攻关取得新突破。超大直径 15.53 米泥水平衡盾构机“妈湾号”成功下线，设备应用于深圳首条海底隧道——深圳妈湾跨海通道建设，解决了大埋深、大断面、复杂地层跨海通道施工难题；国产首台高原高寒大直径（直径 10.33 米）硬岩掘进机“雪域先锋号”成功研制，解决了大埋深、高地应力、高岩爆、软岩大变形、高地温等极端地质掘进难题，为色季拉山隧道建设提供了机械化解决方案；自主研制的世界首台大直径（直径 9.53 米）超小转弯 TBM“抚宁号”实现了最小转弯半径 90 米的技术突破，设备在河北抚宁抽水蓄能电站应用，实现了高效破岩、稳定掘进、快速支护，开创大直径超小转弯半径 TBM 研制的先河；超大断面（宽 12.60 米 × 高 7.65 米）矩形硬岩顶管盾构机“天妃 1 号”成功研制，通过创新刀盘布置形式，实现了开挖断面全覆盖，且破岩能力强、掘进效能高，设备将在莆田火车站下穿杭深铁路工程中应用，为项目安全施工提供了技术支撑；世界最小直径（直径 7.95 米）常压刀盘盾构机“畅通号”将应用于中俄东线天然气管道穿越长江工程隧道项目，解决了长距离、高水压、大埋深、大断面油气管网工程管道开挖难题；国内首台（套）低矮型半煤岩快速掘锚成套装备研制成功，并在山西富家凹煤矿应用，实现掘锚平行作业、分段支护、高效除尘、连续运输等功能，填补了国内薄煤层回采、顺槽、掘锚一体化施工装备的空白，完成了高原三臂凿岩台车、高原双臂湿喷台车、高原多功能钻机等 10 种川藏极端工程装备技术开发和样机制造及工地试验，首批高原全电脑三臂凿岩台车和高原湿喷台车已投入高原高海拔铁路隧道施工。

道岔产业技术升级开拓新路径。自主研发了 1435 毫米轨距 54E1 钢轨 9 号单开道岔，形成了混凝土直锚式扣件系统关键技术，产品应用于菲律宾马尼拉轻轨延长线项目建设；攻克了时速 600 千米高速磁浮道岔整套设计、制造关键技术，解决了高速磁浮道岔大刚度、复杂转辙时序等一系列工程难题，成果在中车四方磁浮试验线成功应用；自主研发了枢轴式可动心辙叉，通过增加枢轴和心轨组件，解决了传统固定型辙叉存在有害空间、轮轨噪声大等系列问题，有效地保证了低速轻轴重条件下的结构强度，实现了小号码辙叉轮轨关系优化。

钢桥梁制造安装技术提升实现新高度。突破了 U 肋全熔透焊接关键技术，在武汉江汉七桥、深中通道等项目成功应用，解决了正交异性桥面板疲劳失效问题，提高了钢桥梁使用安全性；持续深化高强度桥梁钢应用技术研究，攻克了 Q690qD 高强度桥梁钢焊接技术难题，形成了桥梁用高强度钢焊接应用技术，在武汉江汉七桥、澳氹四桥钢桥制造中成功应用，推动了行业技术进步；突破了耐候钢锈层稳定化处理关键技术，能够有效促进耐候钢表面迅速形成稳定锈层，极大缩短了锈层生成时间，大幅提升了锈层生成效率；开发了接料对接焊缝单面焊双面成型技术，解决了传统双面对接焊工序复杂、制造效率低等难题，有效推动了产业提质降本增效。

工程机械技术研发应用获得新成绩。自主研制成功世界最大吨位整孔预制箱梁运架装备——1800 吨级公路运架装备“越海号”，突破了 1800 米小曲线架梁技术，进一步提高了中国桥梁架设的速度和质量；自主研制的装配机器人成功应用于广州地铁 11 号线项目，解决了赤沙车辆段施工现场环境复杂、边界限制多等施工难题，设备作业灵活、智能化水平高、作业效率高，为装配式建筑施工提供了技术解决方案；研制的海上风电安装平台 650 吨绕桩海工吊机，作业效率高、抗风能力强，顺利完成首台风力发电机吊装作业；800 吨全回转船用起重机成功下线，实现了吊臂 360° 全回转作业，自重轻、起重能力大、起升高度高，有效解决了海上风电安装难题，促进了中国海工装备领域的技术发展。

2021 年，中铁工业“轨道交通大型工程机械施工安全关键技术及应用”项目获国家科技进步奖二等奖，“铁路轨道用高锰钢抗超高应力疲劳和磨损技术及应用”获国家技术发明二等奖，“一种桥梁用 Q345qDNH 耐候钢的焊接方法”获中国专利金奖，“一种用于大马蹄形断面隧道的可现浇支护的盾构机”获中国专利银奖，“楔形调整新型弹片式扣件及扣压方法”等 3 项专利获中国专利优秀奖，“武汉东湖国家自主创新示范区有轨电车试验线”工程获中国土木工程詹天佑奖。此外，还获得四川省科技进步奖一等奖 1 项，安徽省科学技术奖二等奖 1 项，中国中铁首届实用技术创新大赛二等奖 3 项，中国施工企业管理协会科技进步奖一等奖 4 项、二等奖 6 项，中国钢结构协会科学技术奖特等奖 1 项、一等奖 1 项。

（李瑞雨）

【中铁装配生产工艺和技术创新】新型阔叶纸浆纤维与生产线废料砂光粉在纤维水泥复合生态墙板：2021 年，该技术取得较大突破，主要探究新型阔叶纸浆纤维及砂光粉掺量对纤维水泥板各方面性能的影响，采用新型阔叶纸浆纤维替换原有纤维可增加抗折强度及提高生产效率，通过掺加工业废弃物，优化配方，节约对水泥、硅砂等材料的使用，降低生产成本，减轻对环境的压力。目前，该项技术已经进行试点应用，

相关数据显示，该技术可以使现有产品的各项物理力学性能提升30%以上，配方成本降低20%，使工业废弃物减量化和资源化，而且能就地取材、废物变宝、节约土地和保护环境，提高生产效率及经济效益。

低密度纤维水泥板制备研发新成果：利用回收纸浆、硅藻土等轻型材料部分替代传统石英砂，生产密度低于1.25克/立方厘米，且强度符合要求的轻质高强纤维水泥板。将低密度纤维增强水泥外墙挤出装饰挂板制备技术应用进行推广，实现工业化生产。

高耐候自清洁水性涂料罩光清漆的研制及涂装工艺改进：从高耐候、自清洁的设计理念入手，改进的一种具有高耐候自清洁功能的水性多彩涂料罩光清漆，并深入研究涂膜表面耐沾污、耐冲刷、耐碱等各项性能，使其应用于3D打印、辊涂、淋涂等涂装工艺。

木塑复合材料工艺改进：通过技术升级，提高木塑复合材料的燃烧性能至A级，满足塑化挤出工艺，提高生产稳定性。

"UV涂装+水性油墨"打印室外装饰融合性工艺创新：通过将适用于外墙装饰打印的耐候性墨水与UV涂装工艺相结合，解决UV涂装打印室外装饰板产品耐候性差的问题，逐步让轻质高强的纤维水泥板基材经过表面打印花纹后替代天然石材，提供中高层建筑外墙装配式装修一体化免维护解决方案，强化公司在装配式部品部件外装修领域的设计研发创新地位。

分层装配式集成房屋系统升级：通过理论分析、数值模拟和现场测试相结合的方法，对分层装配式集成房屋结构设计方法进行研究，主要包括结构体系、连接节点、支撑选型、楼板选型等方面。根据实测数据和理论分析，研究分层装配式集成房屋的设备管线、内装体系和维护系统的研发、道路选线与设计等关键工程问题，进而形成分层装配式集成房屋设计施工方案，丰富公司已有集成房屋系统。（杨　征）

【中铁电气化工业生产工艺和技术创新】2021年，中铁电工10个QC成果参加中铁电气化局第20次发布会，获二等奖2项、三等奖2项和优秀奖6项；5个QC成果参加股份公司发布会，共取得一等奖4项和三等奖1项；4项QC成果参加铁道建设协会发布会，均获一等奖；7项QC优秀成果参加北京市质量协会发布会，获一等奖2项、二等奖2项和三等奖3项；1项QC优秀成果参加中国施工企业协会发布会，首次获行业国优三等奖。

接触网装备方面：对北京S1线膨胀接头、下锚处刚性整体吊弦等产品进行结构及工艺优化；高铁铜合金产品采用特殊钝化处理工艺（军工用）防腐处理，批量应用于雅万高铁线路中；线材制造改变原有工艺，隔离铜液和炉料，减少杂质的附着，提高上引炉、水平连铸使用寿命；绝缘子通过改进伞根部角度、伞厚、伞数等参数，解决伞裂问题；完成110千伏及以上电压等级的屏蔽用半导电皱纹纸代替原铝箔纸包扎工艺改进；修订钢管支柱生产工艺，采用机器人精密焊接和手工平整焊接相结合的"双料"焊接工艺，解决传统工艺无法保证精度的问题。

工装模具改进：通过集成改进汇流排钻孔工装，解决需工装翻转问题，提高钻孔效率；开发接触轨专用工具，解决接触轨对接缝和台阶差难以满足设计要求的问题；结晶器处设计并装配了带孔石墨工装，实现过滤功能，解决铜镁合金接触线上引杆夹渣并导致拉制成品报废的问题；绝缘子吸盘上料改进为锥形管叉入泥块上料，自动切割，改善解决了掉泥及加料器堵泥问题。

对原有干变绕线机张力架进行改进，由原放置两线轴为四线轴，减少线轴频繁更换，提高工作效率；制作恒压干燥注油口保护帽，避免微小尘埃和杂物堵塞、损坏油缸，提升设备的使用寿命，减少维修成本。

支柱方面：加装底座防护装置，安装橡皮条，镶嵌防漏浆装置，减少锚具断面破损及修补工作量。

检测试验方面改进：开发便携式数显接触轨轨面平行检测工具，解决接触轨受流面与走形轨轨面平行检测难题；扩充电线电缆抽查试验、绝缘子温度循环实验、雷电冲击等项目的测试方法，提升电缆、绝缘类产品等技术材料测试效率；研制膨胀接头反复开合装置，实现试验自动化；新增8通道局部放电分析仪和耦合电容，提升现场试验检测能力；增加支柱试验自动化装置，实现电动调整，提高试验效率。（陈　楠）

▲图7–7　高铁电气生产车间现代化生产制造设备

CHAPTER 8

海外业务

【海外机构情况】截至2021年底，中国中铁在全球102个国家和地区设立境外机构376个（子公司129个、分公司187个、代表处60个）。境外机构分布如下：亚洲152个，占比40.43%；非洲139个，占比36.97%；美洲45个，占比11.97%；欧洲24个，占比6.38%；大洋洲16个，占比4.26%。中国中铁从事国际业务员工7588人。其中，国内员工2705人，派往境外工作员工4883人；国内外派劳务7756人，雇用当地人员55132人。（张　佳）

【海外工程新签合同额】2021年，国际业务新签合同580个，新签合同额233.46亿美元，完成年度计划的116.73%；同比2020年增加35.55亿美元，增长率为17.96%。（张　佳）

【国际业务营业额】2021年，国际业务完成营业额84亿美元，完成年度计划的116.39%；同比增加15.12亿美元，增长率为21.95%。（张　佳）

【海外业务分类情况】2021年，中国中铁国际业务新签合同额从业务类别来看，铁路、房建、贸易、其他、境外开矿业务新签合同额占比较大，分别为49.65亿美元、47.63亿美元、39.13亿美元、29.34亿美元和26.71亿美元，占新签合同总额的82.44%。从公司参与境外矿业采剥、运输、基建、贸易等方面统计，新签合同额达84.03亿美元，占新签合同总额的35.99%。从项目模式来看，现汇类项目依然是公司境外业务的主要模式，占新签合同额的68.19%；融资类项目次之，占18.87%。从实施模式来看，施工总包、设计采购施工总承包（EPC）和贸易依然是公司境外业务的主要模式，新签合同额占比分别为31.61%、27.93%和17.39%。

2021年，中国中铁国际业务营业额从业务类别来看，贸易、铁路、公路、房建、城轨占营业额比重较大，分别为29.3亿美元、16.1亿美元、12.2亿美元、6.4亿美元和6.3亿美元，占营业额总额的83.85%。从项目模式来看，现汇类项目依然是公司境外业务的主要经营模式，占营业额的63.77%。从实施模式来看，贸易、施工总包、EPC是公司境外业务的主要模式，占营业额比重分别为34.93%、34.29%和11.15%。（张　佳）

【海外在建项目总体情况】截至2021年12月31日，中国中铁境外在建工程承包类项目685个，涉及合同总额456亿美元，分布在全球89个国家和地区（含港澳台）。从地域分布上看，非洲和亚洲的在建项目分别占项目总数的45.94%和33.77%。从承包模式上看，主要包括设计咨询、施工总包、施工分包、设计施工总承包（DB）和EPC等，其中施工总承包项目占项目总数的54.20%。从工程类别上看，主要覆盖轨道交通、公路、桥梁等基础设施类和房屋建筑类、市政工程类等。从项目资金来源上看，主要包括驻在国政府及商业机构出资、业主自筹资金、中国金融机构融资、中国政府援助

▲图8-1　中老铁路那通站双线特大桥

资金、国际金融机构资金及投资资金等。

公司境外在建项目整体履约情况较好，其中履约正常项目占总数的93.87%；28个项目受新冠肺炎疫情影响处于停工或半停工状态，占项目总数的4.09%；14个项目合同终止，占项目总数的2.04%。公司境外在建项目进度整体可控，在考虑业主延期的情况下，进度正常项目占项目总数的84.97%；进度滞后的项目有107个，占项目总数的15.03%。在考虑业主已批复变更及索赔的基础上，65.00%项目盈利，30.70%项目收支基本持平，4.30%项目亏损。

2021年，境外在建项目未发生重大及以上生产安全事故，安全生产状况总体保持稳定。境外在建项目不合规事项1项，境外在建项目存在法律纠纷且尚未解决的项目12个。 （李清良）

【海外项目】·新建磨丁—万象铁路项目（中老铁路或磨万铁路）· 正线全长414.332千米，设计时速160千米，总概算约55.82亿美元（约374亿元人民币，汇率按照1美元兑换6.7元人民币计算；其中40%的资金来源为业主老中铁路公司自筹资本金，60%为中国进出口银行贷款），建设期5年，特许运营期50年。中铁二局、中铁五局、中铁八局、中铁国际、中铁建工、中铁武汉电气化局等单位承建项目18个合同标段，合同总额为150.6亿元人民币。项目于2015年12月21日签署合同，土建标段于2017年1月1日正式开工建设，2021年12月3日全线正式开通运营。2021年累计完成产值20.47亿元人民币，开累完成产值139.14亿元人民币，占合同额150.6亿元人民币的92.4%。

·肖罗克莎尔（含）—克莱比奥（边境）铁路升级采购EPC合同（匈塞铁路项目匈牙利段）· 正线全长约152千米，设计运营时度160千米。合同金额为207863.6973万美元（不含5%不可预见费），其中中方（中国中铁）占50%，约为103937万美元（中国进出口银行融资占85%，业主自筹资金占15%）。中铁九局集团匈牙利有限责任公司、中铁电气化局集团（匈牙利）有限公司、RM international.Zrt联合体于2019年5月24日与业主签订合同，合同工期为5年，项目于2020年7月6日开工建设。2021年累计完成产值2941万美元，开累完成产值4810万美元，占合同额103937万美元的4.63%。

·印度尼西亚雅加达—万隆高铁项目（印度尼西亚雅万高铁）· 正线全长142.3千米，设计时速350千米，总投资为60.71亿美元（25%的资金来源为业主印中高铁公司自筹资本金，75%为中国国家开发银行贷款），合同工期为3年。中国中铁承建的EPC项目标段于2017年4月4日签订合同，2018年6月9日正式开工建设，合同额为13.65亿美元。2021年累计完成产值15903.4万美元，开累完成产值115198.6万美元，占合同额13.65亿美元的84.4%。

▲图8-2 2021年6月16日，中国中铁印尼雅万高铁项目经理部接触网顺利开工

·孟加拉国帕德玛大桥铁路连接线项目· 正线全长168.6千米，设计客运时速120千米，货运时速80千米。2016年8月8日签署合同，合同金额为31.4亿美元（15%的资金来源为孟加拉国政府自筹，85%为中国进出口银行贷款），业主为孟加拉国铁路局，合同工期为4.5年。项目于2018年7月3日正式开工建设。2021年累计完成产值64178.13万美元，开累完成产值147094.86万美元，占合同额31.4亿美元的46.85%。

·亚的斯—吉布提铁路运营维护项目（亚吉铁路运维项目）· 亚吉铁路全长767千米，设计时速为客车120千米，货车80千米，是非洲第一条全线采用中国电气化铁路标准施工的现代电气化铁路。项目合同于2016年7月28日签署，合同金额为3.57亿美元（不含增值税），资金由埃塞俄比亚政府自筹，业主为埃塞俄比亚—吉布提联合铁路公司，运维期限为6年。项目自2018年1月1日正式开始商业运营，中国中铁以EPC模式参与项目设计建设，并承担项目运营维护任务。2021年累计完成产值1786.64万美元，开累完成产值14293.15万美元元，占合同额17866.44万美元的80%。

·孟加拉国阿考拉—拉克萨姆增建套轨二线项目· 线路全长72千米，设计时速120千米。2016年6月15日签署合同，合同总金额4.46亿美元（68.3%由亚洲开发银行贷款，27.6%由欧洲投资银行贷款，剩余4.1%由孟加拉国政府出资），业主为孟加拉国铁路局，承包商为中国中铁与外国企业联合体，批复后的竣工日期为2022年6月11日。项目自2016年11月正式开工建设。2021年累计完成产值1287万美元，开累完成产值9871万美元，占合同额12876万美元（中国中铁部分）的76.7%。

·孟加拉国多哈扎里—考克斯巴扎尔铁路项目第一标段· 线路全长52.4千米，设计时速为100千米。2017年9月16日签署合同，合同金额为3.42亿美元（资金来源为亚洲开发银行贷款），业主为孟加拉国铁路局，承包商为中国中铁与外国企业联合体，合同工期为1092天。暂定新的竣工日为2022年6月22日。项目自2018年7月1日正式开工建设。2021年累计完成产值4569.18万美元，开累完成产值10306.63万美元，占合同额16761.48万美元（中国中铁部分）的61.49%。

·孟加拉国帕德玛多功能大桥项目· 大桥全长约7.7千米，主桥由41孔跨度为150米的钢混结合连续梁组成，桥面下层为单线米轨铁路，上层为双向4车道公路，被誉为孟加拉国人民的“梦想之桥”。项目于2014年6月2日签署合同，合同金额为15.49亿美元（资金来源为孟加拉国政府自筹），业主为孟加拉国交通部桥梁局，承包商为中铁大桥局，索赔合同完工日期为2022年7月30日（待业主批复）。项目自2014年11月26日正式开工建设。2021年累计完成产值16368.08万美元，开累完成产值143818.87万美元，占合同额154959.93万美元的92.81%。

·埃及斋月十日城市郊铁路项目· 线路总长65.63千米，最高运行时速120千米，项目模式为EPC

▲图8-3 以色列特拉维夫红线地铁全线地面段成功送电

（总承包）+F（贷款）+O&M（运营监管及维保，合同另签），变更后EPC合同，合同金额为12.49亿美元（其中12亿美元资金为进出口银行优贷+部分无息贷款，土建及轨道差额部分4900万美元由业主自筹）。2016年1月21日签署合同，业主为埃及国家隧道局，承包商为中国中铁—中航国际联合体，合同工期为24个月。由于部分项目开工前置条款（如业主完成土地移交）未达到，项目开工日期未定。开累完成产值81666万美元，占合同额12.49亿美元的65.39%。

·玻利维亚ESPINO公路项目· 公路全长159.4千米，2015年9月18日签署合同，合同金额为2.53亿美元（15%的资金来源为玻利维亚政府自筹，85%为中国进出口银行贷款），业主为玻利维亚公路管理局，承包商为中国中铁，合同工期为42个月，索赔后竣工日期为2022年3月29日。项目自2017年6月16日正式开工建设。2021年累计完成产值5662.67万美元，开累完成产值19788.16万美元，占合同额2.53亿美元的78.21%。

·以色列特拉维夫轻轨红线系统及轨道设计施工维护项目· 轻轨全长约24千米，2018年3月21日签署合同，合同金额约合6.62亿美元，业主为以色列特拉维夫城市公共交通系统有限公司，单位为中铁隧道局和中铁电气化局联合体。项目于2018年3月22日正式开工，根据联营体与业主签订的补充协议，项目将于2022年8月1日全线达到商业运营条件。2021年，累计完成产值26372.49万美元，开累完成产值58884.77万美元，占合同额82587万美元（调整后合同价格包含补充协议，不含维护期合同）的71.30%。

·香港大埔公路（沙田段）道路扩阔及加建隔音屏障工程项目· 该项目为市政工程项目，项目业主是香港特别行政区土木工程拓展署（CEDD），承包商是由中国中铁、中铁一局和振华工程组成的联营体（合同份额占比为42%：40%：18%），合同工期1614天（54个月）。2018年7月27日开工，业主批准工期延期至2023年4月12日。2021年，累计完成产值3729.13万美元，开累完成产值7674.99万美元，占合同额16444.93万美元（中国中铁部分）的46.67%。

·香港元朗净水设施——第一阶段主体工程项目· 该项目为市政工程项目，项目业主为香港特别行政区渠务署，合同金额51149.13万美元（39.64亿港币，含暂列金），资金全部来源于政府资金。承包商由中国中铁、中铁一局和保华建筑组成联营体，合同份额占比为42%：28%：30%。项目开工日期为2020年11月9日，竣工日期为2026年11月8日。2021年累计完成产值3574.96万美元，开累完成产值3698.6万美元，占合同额（中国中铁部分）的10.33%。

·香港东涌新市镇扩展——东涌谷工地平整及基础设施工程第一期项目· 该项目为市政工程项目，项目业主是香港特别行政区土木工程拓展署，承包商是中国中铁股份有限公司，内部由中国中铁和中铁一局组成联营体（合同份额占比为60%：40%）。项目于2021年5月31日开工，合同工期1338天（44个月），计划2025年1月28日完工。2021年累计完成产值519.56万美元，开累完成产值519.56万美元，占合同额14659.24万美元（中国中铁部分）的3.54%。

·孟加拉国马杜卡利—马古拉经由卡马卡利宽轨铁路项目· 铁路宽轨主线19.9千米，站场线4.9千米。项目业主为孟加拉国铁道部西部铁路局，承包商为中国中铁和卡塞尔建设有限公司联营体，项目总造价为5115万美元（合同份额占比为75%：25%），项目资金全部来源于孟加拉国政府。项目开工日期为2021年5月27日，合同竣工日期为2022年11月18日。2021年累计完成产值580万美元，开累完成产值580万美元，占合同额5115万美元的11.3%。（李清良）

【海外体制机制改革情况】2021年，中国中铁海外体制机制改革持续走深走实。"一体两翼N驱"的国际业务发展新格局和"大区+国别+项目"的国际经营管理新体系搭建完成。国际工程分公司实体化运作整装待发，"一体"统领统筹职能得到加强。中海外顺利完成分离重组，"两翼"商务带飞作用初步显现。"N驱"经营活力持续迸发，头部单位聚集效应尤为凸显。22个区域总部完成挂牌，43项制度先后出台。建设完成国际业务统一管理平台，上线运行合规系统和境外财务共享平台。多重改革举措释放的红利有力支撑了海外"双优"发展工程建设，改革成效初步显现。（张　佳）

【ENR排名】在2021年度《工程新闻纪录（ENR）》"全球承包商250强"榜单中，中国中铁排第2位。在ENR"全球最大250家国际承包商"榜单中，中国中铁排第13位。（张　佳）

CHAPTER 9

实业投资及金融物贸

CHINA RAILWAY ENGINEERING CORPORATION YEARBOOK

实业投资

【全公司实业投资完成情况】截至2021年12月31日，公司基础设施、房地产和矿产资源存量投资项目835个，项目总投资34693亿元，其中，基础设施投资既有项目533个，项目总投资规模21981亿元（其中权属投资规模14938亿元，开累完成权属投资8138亿元，剩余权属投资6800亿元）；境内在开房地产项目总计294个，项目总投资12295亿元，开累完成投资5757亿元；矿产资源投资项目8个，总投资规模417亿元，中国中铁计划投资规模为173亿元，开累完成投资160亿元。

（赵　达）

【战略合作】深化战略合作关系，搭建政企沟通平台，实现合力共赢发展。2021年，中国中铁先后与辽宁省、云南省、沈阳市、昆明市、吉林市、宜昌市、湛江市、珠海市8个省（市）政府签署战略合作协议，为推动重点领域发展、重点项目落地奠定坚实基础。加强与兄弟央企、地方国企和行业龙头间的协作配合，联合运作实施投资项目，年内与兄弟央企中国交建组成联合体共同承揽了甘肃省新建天水至陇南铁路项目、武汉市两湖隧道工程（南湖段）PPP项目，与深圳地铁等行业龙头企业合力运作了粤港澳大湾区深圳都市圈城际铁路深圳机场至大亚湾城际深圳机场至坪山段工程2标（五和—聚龙）投资+施工总承包项目，分别与四川蜀道、重庆高速、河南交发、天津滨海建投、陕西交建、贵州高速等地方国企协同投资了G4218线康定至新都桥段高速公路及S434线康定榆林雅加埂隧道新建工程PPP项目、渝赤（水）叙（永）高速公路（重庆段）项目、安罗高速公路罗山至鄂豫界段项目、天津市轨道交通Z2线一期工程（滨海机场站—北塘站）PPP项目、丹（凤）宁（陕）高速公路丹凤至山阳段工程PPP项目、沪昆国家高速公路安顺至盘州（黔滇界）段扩容工程及相关配套工程PPP项目等。

（张华丞）

▲图9-1　中国中铁与贵州省人民政府签署《"十四五"全面深化战略合作协议》

【中国中铁拓展城市更新市场研讨会】2021年4月25日至26日，中国中铁召开拓展城市更新市场研讨会。会议贯彻落实中央决策部署，进一步落实公司"两会"精神，深入学习国家城市更新领域相关政策，总结企业涉及城市更新相关业务开展情况，研讨城市更新市场发展趋势以及实施路径，研究部署拓展城市更新市场重点工作，加快进军城市更新市场步伐。

（赵　达）

【投资开发及成果】深入贯彻落实打造投建营一体化平台工作要求，紧跟国家重大战略、区域发展规划，把握市场形势，引领投资方向，全面提升投资项目前期策划，着重加强对重大项目筹划协调和指导支持，不断提升投资开发水平，2021年扎实推进S48线资中至乐山、资中至铜梁（四川境）高速公路项目、天津市轨道交通Z2线一期工程（滨海机场站—北塘站）PPP项目、桂林至钦州港公路（永福三皇至柳州段）PPP项目、粤港澳大湾区深圳都市圈城际铁路深圳机场至大亚湾城际深圳机场至坪山段工程2标（五和—聚龙）投资+施工总承包项目、济南市轨道交通6号线项目、广西梧州—玉林—钦州高速公路（玉林至浦北段）PPP项目等百亿元以上的大型项目如期落地。全年新中标项目79个，合同额2832亿元，其中百亿元以上的大型项目6个，合同额1141亿元，规模占比40%。积极打造特色地产，年内新增长春东北亚博览城、贵阳市花溪国际山地运动文化旅游度假区项目、佛山市高明区荷城街道城市更新项目、山东龙山国际创新城项目等城市综合建设类项目14个，投资规模1405亿元。

（张华丞　陈　翔）

【市场布局】积极适应国家政策变化和战略部署，多措并举应对市场变化，持续发力加强投资经营，巩固公路、城轨、市政等传统优势领域，围绕主业大力拓展水务水利、生态环保、固废处理、储备林等新兴领域。传统领域，全年新中标公路项目1245.8亿元，规模占比44.0%；铁路项目466.3亿元，规模占比16.5%；城轨项目464.3亿元，规模占比16.4%；市政项目189.1亿元，规模占比6.7%；管廊项目22.3亿元，规模占比0.8%。新兴领域，全年新中标环保项目183.3亿元，规模占比6.5%；水务项目92.4亿元，规模占比3.3%；其他项目168.9亿元，规模占比6.0%。

（张华丞）

【打造"第二曲线"突破点】落实中国中铁"十四五"规划及"123456"工作策略要求，在筑牢传统业务发展优势的基础上，结合主业和市场

▲图 9–2　2021 年 2 月 24 日，中国中铁总裁、党委副书记陈文健参加廊坊市临空经济区新春项目开工仪式

需求孵化培育新优势业务，培育壮大新业务，推动业务结构优化升级，开启增长“第二曲线”，重点推进水务环保、清洁能源、流域治理、储备林等新业态项目的有序落地，成功投资运作了肇东市城市供水工程特许经营项目、浙能锦江环境垃圾焚烧发电厂项目、汉江流域（天门）水污染治理和水资源保护利用第一期 PPP 项目、湖南省炎陵县国家储备林基地建设项目、山西省长治市经济技术开发区长治产融新城投资运营集团有限公司 16.2078MW 屋顶分布式光伏发电项目，与北控水务、三峡集团等行业龙头企业优势互补，共同推动落地了汉江流域（天门）水污染治理和水资源保护利用第一期 PPP 项目、兴山县香溪河流域生态环境综合治理 PPP 项目等多地流域治理、污水处理项目，助力企业开拓“第二曲线”市场。（张华丞）

【创新商业模式】加强政策研究，创新商业模式，积极拓展城市更新市场，成功获取了台州市仙居县高铁新城市民中心区块城市有机更新项目、泰安市岱岳新区泰肥铁路以北 22.81 平方千米城市更新项目、佛山市高明区荷城街道城市更新项目、苏州市吴江高新区未来时尚城有机更新（一期）项目、沧州市中心城区城市更新项目二标段运河区城中村改造等项目。（陈　翔）

· 基础设施投资 ·

【基础设施投资完成情况】2021 年，中国中铁基础设施投资完成 1735 亿元，为年度计划 1900 亿元的 91%。（张华丞）

【基础设施典型投资项目情况】截至 2021 年 12 月 31 日，中国中铁基础设施投资既有项目 533 个，项目总投资规模 21981 亿元，其中权属投资规模 14938 亿元，开累完成权属投资 8138 亿元，剩余权属投资 6800 亿元。

BT 项目共 212 个，项目总投资规模 5960 亿元，其中权属投资规模 2718 亿元，开累完成权属投资 2003 亿元，剩余权属投资 715 亿元。按实施阶段来看：待建项目 52 个，项目总投资规模 1978 亿元，其中权属投资规模 360 亿元，完成权属投资 28 亿元，剩余权属投资 332 亿元；在建项目 86 个，项目总投资规模 1665 亿元，其中权属投资规模 282 亿元，开累完成权属投资 111 亿元，剩余权属投资 171 亿元；在购项目 58 个，项目总投资规模 1791 亿元，其中权属投资规模 1685 亿元，开累完成权属投资 1554 亿元，剩余权属投资 131 亿元；在建在购项目 16 个，项目总投资规模 526 亿元，其中权属投资规模 391 亿元，开累完成权属投资 310 亿元，剩余权属投资 81 亿元。

BOT 项目共 79 个，项目总投资规模 4817 亿元，其中权属投资规模 3630 亿元，开累完成权属投资 1724 亿元，剩余权属投资 1906 亿元。待建项目 14 个，项目总投资规模 1645 亿元，其中权属投资规模 1264 亿元，开累完成权属投资 2 亿元，剩余权属投资 1262 亿元；在建项目 31 个，项目总投资规模 1910 亿元，其中权属投资规模 1340 亿元，开累完成权属投资 720 亿元，剩余权属投资 620 亿元；待运营项目 2 个，项目总投资规模 127 亿元，其中权属投资规模 76 亿元；在建运营项目 3 个，项目总投资规模 387 亿元，其中权属投资规模 377 亿元，开累完成权属投资 356 亿元，剩余权属投资 21 亿元；运营水务项目 10 个，项目总投资规模 16 亿元，其中权属投资规模 16 亿元，开累完成权属投资 15 亿元，剩余权属投资 1 亿元；运营高速项目 13 个，项目总投资规模 616 亿元，其中权属投资规模 539 亿元；其他运营项目 6 个，项目总投资规模 116 亿元，其中权属投资规模 18 亿元，开累完成权属投资 17 亿元，剩余权属投资 1 亿元。

PPP 项目共 242 个，项目总投资规模 11204 亿元，其中权属投资规模 8590 亿元，开累完成权属投资 4410 亿元，剩余权属投资 4179 亿元。待建项目 36 个，项目总投资规模 1392 亿元，其中权属投资规模 1161 亿元，开累完成权属投资 12 亿元，剩余权属投资 1149 亿元；在建项目 137 个，项目总投资规模 7355 亿元，其中权属投资规模 5425 亿元，开累完成权属投资 2588 亿元，剩余权属投资 2836 亿元；待运营项目 5 个，项目总投资规模 81 亿元，其中权属投资规模 68 亿元，开累完成权属投资 62 亿元，剩余权属投资 6 亿元；在建运营项目 12 个，项目总投资规模 649 亿元，其中权属投资规模 536 亿元，开累完成权属投资 450 亿元，剩余权属投资 86 亿元；建成运营项目 52 个，项目总投资规模 1728 亿元，其中权属投资规模 1400 亿元，开累完成权属投资 1298 亿元，剩余权属投资 102 亿元。（张华丞）

表 9-1　2021 年中国中铁在建及在购基础设施投资项目　　单位：亿元

序号	实施单位	项目投资规模	权属投资规模	2021 年完成权属投资	开累完成权属投资
	基础设施项目合计	21981	14938	1735	8138
1	中铁交通	2061	1785	147	1174
2	中铁南方	1597	1243	56	537
3	中铁投资	869	698	113	292
4	中铁开投	3173	2222	308	1405
5	中铁城投	3357	2869	360	1757
6	中铁上投	461	286	43	126
7	中铁广投	61	52	12	43
8	中铁发展	1787	1041	257	492
9	中铁北方	1101	846	97	450
10	中国铁工投资	638	383	40	205
11	中铁世德	89	20	0	2
12	中铁文旅	395	392	0	0
13	中铁一局	836	464	42	317
14	中铁二局	116	16	3	5
15	中铁三局	496	328	49	217
16	中铁四局	1207	520	49	343
17	中铁五局	681	269	33	79
18	中铁六局	127	64	5	9
19	中铁七局	334	205	13	58
20	中铁八局	91	66	1	31
21	中铁九局	46	11	1	8
22	中铁十局	414	205	23	96
23	中铁大桥局	548	192	8	132
24	中铁隧道局	202	131	13	66
25	中铁电气化局	450	231	13	105
26	中铁武汉电气化局	40	6	0	2
27	中铁建工	136	55	4	19
28	中铁广州局	48	37	5	19
29	中铁北京局	101	86	6	41
30	中铁上海局	227	120	21	67
31	中铁二院	134	45	5	10
32	中铁设计	132	29	0	10
33	中铁国际	22	21	6	19

制表：张华丞

表 9-2　2021 年中国中铁基础设施投资完成及回款情况

项目分类	年度投资计划 / 亿元	年度完成投资 / 亿元	计划完成率 /%
BT	128	80	63
BOT	322	319	99
PPP	1450	1336	92
合计	1900	1735	91

制表：张华丞

【天津市轨道交通 Z2 线一期工程（滨海机场站—北塘站）PPP 项目】项目位于天津市滨海新区，为天津市城市轨道交通二期建设规划的大型新建项目，线路全长 39.16 千米，总投资 255.77 亿元，采用 PPP 模式实施，特许经营期 24 年 9 个月。天津市滨海新区政府授权滨海新区住房和建设委员会和交通运输局为实施机构，通过公开招标引进中国中铁联合体作为社会投资人，与政府出资代表天津市滨海新区建设投资集团有限公司按照 66%∶34% 比例共同出资组建项目公司。项目公司负责项目投融资、建设及项目建成后一定期限内的运营维护管理，在特许经营期内通过票务收入、非客运业务收益和可行性缺口补助收回投资及合理回报。特许经营期满，项目设施无偿移交给政府或其指定机构。

（张华丞）

【S48 线资中至乐山、资中至铜梁（四川境）高速公路项目】项目位于四川省资阳市、内江市、眉山市及乐山市境内，包括资中至乐山、资中至铜梁高速 2 个子项目，全长 198.87 千米，估算总投资 378.26 亿元，采用 BOT 模式实施，特许经营期 33 年。四川省人民政府授权资阳市人民政府（牵头），会同内江市人民政府、眉山市人民政府、乐山市人民政府作为项目实施责任主体，采用 BOT 模式通过公开招标引进中铁城投与四川省铁路产业投资集团有限责任公司（牵头人）、四川公路桥梁建设集团有限公司组成联合体作为社会投资人，由社会投资人出资组建项目公司，其中，中铁城投持股 49.5%。项目公司负责项目投融资、建设及项目建成后一定期限内的运营维护管理，在特许经营期内，通过使用者付费收回投资及合理回报。特许经营期满，项目设施无偿移交给政府或其指定机构。

（张华丞）

【广西梧州—玉林—钦州高速公路（玉林至浦北段）PPP 项目】项目位于广西壮族自治区玉林市、钦州市境内，全长 116.9 千米，双向四车道，估算总投资 178.57 亿元，采用 PPP 模式实施，特许经营期 33 年。广西壮族自治区人民政府授权广西壮族自治区交通运输厅作为实施机构，通过公开招标引进中铁交通联合体作为社会投资人，联合体各成员按股比出资成立项目公司。项目公司负责项目投融资、建设及项目建成后一定期限内的运营维护管理，在特许经营期内通过使用者付费和可行性缺口补助收回投资及合理回报。特许经营期满，项目设施无偿移交给政府或其指定机构。

（张华丞）

【长阳“长江大保护”PPP 项目一期】项目位于湖北省宜昌市境内，包括长阳清江溪流域（枝柘河流域）综合治理、长阳城区清江大道延伸段道路及污水管网市政工程、长阳城乡环境保护智慧体系建设、长阳磨市至城区生态道路工程建设 4 个新建子项目和长阳乡镇生活污水治理工程 1 个存量项目，估算总投资 9.73 亿元，采用 PPP 模式实施，特许经营期 25 年。宜昌市长阳土家族自治县政府授权长阳土家族自治县住建局作为实施机构，通过公开招标引进中铁七局与三峡基地发展有限公司（牵头人）、中国一冶集团有限公司、湖北三峡生态建设有限公司、长江三峡水电工程有限公司组成联合体作为社会投资人，与政府出资代表长阳清江水务投资控股集团有限公司成立项目公司。项目公司负责项目的投融资、建设和项目建成后运营期内的运营及养护，在特许经营期内，通过可用性绩效服务费和运营维护绩效服务费收回投资及合理回报。特许经营期满，项目设施无偿移交给政府指定机构。

（张华丞）

【湖南省炎陵县国家储备林基地建设项目】项目位于湖南省株洲市炎陵县，实施面积共 18000 万平方米，主要建设内容包括人工林栽培、现有林改培、中幼林抚育、支撑体系建设以及林下经济经营等，估算总投资 21.50 亿元。项目采用“林权授权经营”模式实施，合作期 30 年。炎陵县政府通过招商引资引进中铁五局与政府方平台公司成立项目公司，其中中铁五局持股 49%。项目公司负责项目的投融资、建设和项目建成后运营期内的运营及养护，在授权经营期内通过销售林木、林下经济、碳汇交易等收回投资及合理回报。

（张华丞）

【浙能锦江环境垃圾焚烧发电厂项目】项目位于天津、武汉、郑州、杭州、昆明、银川、唐山、景洪、中卫、长春、高碑店、林州国内 12 个城市，主要建设内容包括 14 个垃圾焚烧发电，厨余垃圾治理子

实业投资及金融物贸

项，采用“基金投资+EPC”模式实施，浙能锦江下属负责实施14个子项的12个项目公司通过邀请招标确定中铁一局与设计院组成的联合体为EPC总承包方，中铁一局在中标后认购产业基金有限合伙企业份额。产业基金以增资扩股方式进入项目公司并根据各子项实施进展滚动投入。（张华丞）

【汝州市供排水一体化项目】项目位于河南省汝州市，包含A包、B包两部分。A包主要建设内容为污水厂、自来水厂、调水工程及配套提升泵站和农村用水安全工程，估算总投资16.67亿元，采用特许经营模式，合作期30年。汝州市人民政府授权汝州市住房和城乡建设局作为项目实施机构，通过公开招标的方式引进中国铁工投资联合体作为社会投资人，与政府出资代表共同出资组建项目公司，项目公司负责A包范围内项目设计、投融资、建设及项目建成后一定期限内的运营维护管理等工作，在特许经营期内通过使用者付费和政府可行性缺口补助收回投资及合理回报，特许经营期满后，将资产无偿移交给实施机构或其指定机构。B包主要建设内容为自来水管道、排水管道、房建工程、河道治理及水库扩容，工程费用28.80亿元，采用EPC模式实施，中标后与汝州市住房和城乡建设局签订EPC合同。（张华丞）

【长治经开区屋顶分布式光伏发电及配套工程项目】项目位于山西省长治市，分两期实施，一期主要建设内容为增量配电工程，二期主要建设内容为屋顶分布式光伏发电、增量配电扩容、智慧停车场工程，估算总投资7.53亿元，采用“股权投资+施工总承包”模式实施，一期合作期10年，其中建设期2年，运营期8年；二期合作期11年，其中建设期3年，运营期8年。长治市经开区管委会授权长治产融新城投资运营集团有限公司作为项目实施机构，通过公开招标引进中铁武汉电气化局联合体作为社会投资人，联合体以增资扩股方式进入项目公司后与其签订EPC合同。项目公司负责项目的设计、投融资、建设及项目建成后一定期限内的运营维护管理等工作，在合作期内，通过售电获取运营收入，社会投资人则通过获取股权投资收益和股权转让回收投资及取得合理回报。（张华丞）

·房地产开发投资·

【房地产开发业务概况及经营模式】中国中铁房地产开发业务包括土地一级开发和房地产二级开发。土地一级开发经营模式是地方政府或其授权的部门及平台公司通过竞争方式委托公司按照规划要求，对一定区域的土地依法实施征收、城市基础设施建设和社会公共设施建设，使区域内的土地达到规定的供应条件，政府或其授权部门通过有偿出让该土地获取土地出让收入，并按约定支付公司的投资及收益。房地产二级开发经营模式是在境内外通过市场竞争的方式获得房地产开发授权，将新建成的商品房等进行出售或出租。中国中铁是国资委认定以房地产开发为主业的16家中央企业之一。公司房地产开发业务顺应国家政策导向，坚持新发展理念，面向市场需求，保在建、快去化、降成本、提效益，走多维度融合的“特色地产+”路线，深入向文旅地产、产业地产、TOD地产等领域进军，实现由传统的商业地产开发向多业态、多产业、多功能于一体的综合开发模式转变，打造有中国中铁特色的房地产开发核心竞争力。（陈　翔）

【房地产板块总体情况】根据业务统计数据，2021年全公司房地产板块实现新签合同额2114.36亿元（含物业费、租赁等经营性合同额17.36亿元），为年度计划2110亿元的100.21%，同比增长9.3%，其中房地产二级开发项目销售额708.86亿元，一级及棚改、旧改等类地产项目新签合同额1405.5亿元；完成投资额802.27亿元，为年度预算1075亿元的74.6%，同比增长9.86%，其中新增项目完成投资275亿元，既有项目完成投资527.27亿元；实现回款597.82亿元，为年度计划893亿元的66.97%，同比下降11.87%；实现营业收入540.28亿元，为年度计划559亿元的96.58%，同比增长5.48%。

根据中国指数研究院数据，2021年，中国中铁销售额709亿元，排第54位，比2020年下降1位。（陈　翔）

【房地产项目总体情况】2021年，中国中铁境内在开房地产项目总计294个，其中，房地产二级开发项目242个（包括表内项目214个，表外项目28个）、土地一级开发和棚户区改造及城市综合建设类项目52个。（陈　翔）

【房地产新增项目】全年新增房地产项目38个，新增项目总投资规模2466.5亿元，其中：二级开发项目（含安置房）24个，总投资规模1061亿元；城市更新及片区开发类项目14个，总投资规模1405.5亿元。（陈　翔）

【新增土地储备】全年新增土地储备面积530.15万平方米，新增储备计容建筑面积1088.94万平方米，土地成交总价479.22亿元，挂牌起始价合计442.67亿元，平均溢价率约8.26%，平均楼面价约4401元/平方米，中国中铁方按股权比例需支付土地价款422.41亿元。（陈　翔）

·矿产资源开发投资·

【矿产资源开发投资】矿产资源板块在产矿山5座，分别是黑龙江伊春鹿鸣钼矿，刚果（金）华刚SICOMINES铜钴矿、绿纱铜钴矿、MKM铜钴矿，蒙古国乌兰铅锌矿，主要生产阴极铜金属产品及硫化铜精矿、硫化钼精矿、氢氧化钴精矿、铅精矿、锌精矿矿产品等。

▲图 9-3 2021 年 12 月 31 日，中铁南方参建的海口市委党校项目顺利完工

2021 年，公司矿产资源业务牢牢把握高质量发展核心任务，积极化解矿产品价格大幅波动风险，矿产资源的开发、生产经营总体保持稳定，华刚铜钴矿二期工程建设、布桑加水电站工程建设年内顺利实现“同时建成完工、同时投入使用”的建设目标。全年完成铜金属产量 24.23 万吨，同比增加 14.43%；钴金属产量 3222.93 吨，同比增加 25.57%；钼金属产量 14955.15 吨，同比增加 87.82%；铅金属产量 1.09 万吨，同比减少 23.35%；锌金属产量 2.14 万吨，与 2020 年持平；银金属产量 38.7 吨，同比减少 10.66%。

2021 年矿产资源业务全年共实现营业收入 193.07 亿元，较 2020 年增长 48.89%，完成净利润 34.15 亿元，较 2020 年增长 50.44%，实现归母净利润 28.06 亿元，较 2020 年增长 33.61%。（王圣明）

表 9-3 2021 年中国中铁矿产资源板块项目汇总

序号	项目名称	项目地点	项目状态	中铁持有项目公司股权比例 /%	中铁投资情况				
					预计投资规模 / 万元	截至 2020 年末投资累计 / 万元	2021 年投资 / 万元	截至报告期投资累计 / 万元	后续剩余投资 / 万元
1	伊春鹿鸣钼矿	黑龙江	建成	83.00	601700	602579	—	602579	—
2	刚果（金）MKM 铜钴矿	刚果（金）	建成	80.20	119525	123524	—	123524	—
3	刚果（金）绿纱铜钴矿	刚果（金）	建成	72.00	213780	216134	—	216134	—
4	刚果国际钴盐厂	刚果（金）	停产	51.00	29447	26505	—	26505	—
5	刚果（金）华刚矿业 SICOMINES 铜钴矿	刚果（金）	建成	41.72	458689	275131	53385	328516	130173
6	刚果（金）布桑架水电站	刚果（金）	建成	46.70	86986	64818	17089	81907	5079
7	刚果（金）阳极板加工厂	刚果（金）	建成	60.00	1257	1289	—	1289	—
8	蒙古国乌兰铅锌矿—查夫银多金属矿	蒙古国	建成	100.00	219136	219817	—	219817	—
合计					1730520	1529797	70474	1600271	135252

制表：王圣明

金融信托

【金融业务】中国中铁在开展金融业务过程中，始终严格落实“一委一行两会”监管政策，坚持产融结合整体方针，金融业务坚持以服务内部金融需求为基础、以促进建筑主业发展为中心、以创造价值为导向，坚持金融资源配置效益优先原则，促使金融资源流向高效资产，牢牢守住不发生金融风险的底线。中国中铁目前已持有信托、财务公司、公募基金等金融牌照，获批开展的资产管理、私募基金、保险经纪、融资租赁、商业保理等业务，均属于国资委允许审慎规范开展的金融业务，构建了以中铁信托有限责任公司、中铁财务有限责任公司、中铁资本有限公司为代表的多层次、广覆盖、差异化的“金融、类金融”机构服务体系。3 家金融企业积极探索产融结合新方式，服务内部金融需求，中铁信托有限责任公司通过服务信托、项目股权投资、资产证券化、产融投“三合一”模式等方式，加大服务主业的主动性，建立对交易对手和项目的常态化风险监测预警及快速反应机制，出台《常态化风险排查指引》，最大限度地减少潜在风险，实现“早发现、早预整、早外置”的过程管理；中铁财务有限责任公司加强内部资金集中，建立资金池，控制融资规模，通过利用自身金融资源和人才资源，发挥金融整合的平台优势，在降低融资成本，“降杠杆、控负债”方面发挥了重要作用；中铁资本有限公司开发出产业基金、资产证券化、供应链金融、商业保理、融资租赁、保险经纪、创新创投和国际投融资等多元化业务，持续在获取投资项目权益融资方面发力。

（马飞祥）

▲图 9-4　中铁资源华刚矿业焙烧制酸厂焙烧Ⅰ系列烟气制酸系统成功产出首批浓硫酸

【资本性开支投资完成情况】2021 年，中国中铁资本性开支完成投资 136.46 亿元，为年度预算 212.2 亿元的 64.31%。其中，房屋建筑物完成投资 39.63 亿元，为年度预算 66.58 亿元的 59.52%；机械生产设备完成投资 69.94 亿元，为年度预算 92.44 亿元的 75.66%；其他固定资产完成投资 20.26 亿元，为年度预算 26.98 亿元的 75.09%；无形资产完成投资 6.64 亿元，为年度预算 26.2 亿元的 25.34%。

（梁世琨）

▲图 9-5　中铁资源华刚矿业铜钴矿项目二期工程首批阴极铜出铜仪式

【金融工具投资完成总体情况】2021 年，股份公司金融工具投资预算（不含与主业投资项目匹配的金融投资，下同）总额 298.30 亿元，其中存量投资预算 187.78 亿元，增量投资预算 110.52 亿元，2021 年预算完成数为 246.50 亿元，完成率为 82.63%。

（李　倩）

物资贸易

【物贸企业概况】中国中铁共有二级、三级物贸子企业 19 家，其中二级企业 1 家，为中铁物贸；三级企业 19 家（不含中铁物贸所属子公司），包括中铁一局至中铁十局、中铁大桥局、中铁隧道局、中铁电气化局、中铁武汉电气化局、中铁上海局、中铁北京局、中铁国际、中铁资源所属物资公司。中铁物贸集团是中国中铁唯一专业从事物资贸易和物资集中采购供应的二级成员企业。以围绕中国中铁基建主业开展工程物资集中采购以及电商平台建设与运营维护为主要职能，实现为中国中铁基建主业“降本增效、服务保障”的作用，并承担部分中国铁路总公司、大型地铁项目等的物资供应、代理服务等业务，同时开展对大型央企、上市公司等的市场贸易业务。其他各二级公司所属物贸企业按照股份公司和各二级公司对其功能地位，主要业务以内部集中采购供应为主，部分企业开展了系统外贸易业务。（段永理）

【物资贸易业务】公司引导两级物贸企业发挥专业化优势，立足并服务于股份公司主业开展物资贸易，促进物资贸易业务持续健康发展，物贸企业内部集采供应规模不断扩大，经营状况不断好转，经营利润明显提升。物贸企业累计完成内部集采供应约 986 亿元，外部市场经营约 165 亿元。持续加强物贸业务风险管控，发布《中国中铁 2021 年度物资贸易业务负面清单》，督导各单位严守禁令，严防新增贸易业务风险，本年度各单位未开展融资性贸易等高风险贸易业务，无新增融资性贸易业务风险。（段永理）

【中铁物贸入选首批全国供应链创新与应用示范企业】2021 年 7 月 12 日，商务部、工业和信息化部、生态环境部、农业农村部、人民银行、市场监管总局、银保监会、中国物流与采购联合会 8 单位联合印发通知，公布首批全国供应链创新与应用 10 个示范城市和 94 家示范企业。中铁物贸作为唯一的建筑业供应链集成服务企业成功入选。中铁物贸充分发挥专业优势和规模优势，为中国中铁各工程项目降低采购成本、规范采购行为、保证材料质量和第一时间供应提供了重要保障。通过发展，中铁物贸逐步形成了四大竞争优势：即完善的服务网络布局、专业的人才队伍体系、优势资源渠道体系和“智慧物贸”信息化战略优势；结合企业实际，明确了围绕“两个中心”、实现“四大目标”的总体思路，即以“提升供应链集成服务能力和数字化转型”为中心；实现“为中铁物贸高质量发展谋赋能、为中国中铁全球产业链谋支撑、为央企数字化采购平台谋引领、为建筑行业供应链创新谋驱动”的目标。（李　萌）

▲图 9-6 “供应链创新与应用中国行”走进中铁物贸开展调研座谈会

CHAPTER 10 科技创新

【科技创新概述】持续完善体制机制，有效释放科技创新效能。通过加强科技创新统筹协同，改变以往“自下而上”的科研立项模式，将单一课题创新变为全链条的课题群创新，将创奖指标考核变为创效指标考核，引导设计、施工、工业制造、科研各板块开展更加紧密的协同创新。编制《“十四五”科研立项指南》，首次“自上而下”确定科技攻关方向，并聚集同专业领域力量持续开展研究，最大限度减少了低水平重复研发。2021 年度科研开发课题首次通过“揭榜挂帅”和“赛马”确定课题承担单位，优先选取具备实用技术应用、产业化应用，能够提升市场核心竞争力的项目，倒逼科研资源优化整合，发挥了很好的导向效果。（刘建廷　李永全）

【重大科技创新成果】积极开展技术攻关，攻克了大跨钢箱梁跨中变形大、竖向刚度小及高速行车的舒适性难题，建成了世界上跨度最大、运营速度最高的四线铁路钢箱混合梁斜拉桥——安九铁路鳊鱼洲长江大桥；研发了百米长大直径钢斜桩基础施工技术，顺利建成孟加拉国帕德玛大桥；克服了极高地应力挤压式大变形和大范围软岩破碎带突泥涌水等世界性难题，建成了中老铁路景寨隧道；攻克了大埋深、高地应力、高岩爆、软岩大变形、高地温等极端地质掘进难题，研制了国产首台高原高寒大直径硬岩掘进机“雪域先锋号”，为川藏铁路色季拉山隧道建设提供了机械化解决方案，截至 2021 年末，作业顺利；自主研发了国内首台建筑构件装配机器人，攻克了复杂工程环境下大吨位梁段精准施工、平稳作业关键技术，填补了中国装配式建筑施工装备领域的空白；搭建了智能铁路柔性供电系统应用架构，高铁电气成功登陆科创板。

2021 年科技创新取得新成果，获国家科技进步奖 6 项、技术发明奖 1 项。中铁山桥集团有限公司参与完成的“铁路轨道用高锰钢抗超高应力疲劳和磨损技术及应用”获国家技术发明奖二等奖；天津中铁电气化设计研究院有限公司主持完成的“高速铁路用高强高导接触网导线关键技术及应用”获国家科技进步奖二等奖；盾构及掘进技术国家重点实验室参与完成的“深部复合地层隧（巷）道 TBM 安全高效掘进控制关键技术”获国家科技进步奖二等奖；中铁工程装备集团有限公司参与完成的“轨道交通大型工程机械施工安全关键技术及应用”获国家科技进步奖二等奖；中铁二院工程集团有限公司参与完成的“高速铁路Ⅲ型板式无砟轨道系统技术及应用”获国家科技进步奖二等奖；中铁西北科学研究院有限公司参与完成的“重大工程黄土灾害机理、感知识别及防控关键技术”获国家科技进步奖二等奖；中铁隧道局集团有限公司参与完成的“深水大断面盾构隧道结构 / 功能材料制备与工程应用成套技术”获国家科技进步奖二等奖。（黄佳强　罗静峰）

【第六届科技创新大会】2021 年 11 月 13 日，中国中铁召开第六届科技创新大会。会议系统总结回顾了“十三五”以来企业科技工作取得的辉煌成就，全面分析了科技创新工作面临的新形势、新任务和新要求，明确了全公司“十四五”期间科技创新工作的总体要求和奋斗目标，部署了当前和今后一个时期企业科技创新的重点工作，号召全公司坚持科技创新核心地位，深入实施科技兴企战略，大力推进科技创新对高质量发展的引领力贡献度，真正让科技创新成为贯彻“123456”工作策略，推动企业“两个转化”、实现做强做优做大、争创世界一流的第一动力。会议的胜利召开对全公司提高科技创新能力，推进高质量发展起到了非常大的促进作用。（刘建廷）

【实用技术创新大赛】中国中铁组织开展了首届实用技术创新大赛，经严格评选，共有 47 项优秀成果进入最后的成果评奖环节，32 项成果获奖，包括特等奖 5 项、一等奖 7 项、二等奖 20 项，优秀实用技术成果已在股份公司进行推广应用。

（梁崇双）

【博士后工作站建设情况】2021 年，中国铁路工程集团有限公司博士后科研工作站完成熊浩、王磊、董志强和张茜博士进站工作。截至 2021 年底，中国中铁系统拥有总部、中铁一局、中铁四局、中铁五局、中铁大桥局、中铁二院、中铁大桥院、中铁山桥、中铁装备、中铁时代建

▲图 10-1　2021 年 11 月 22 日，中国中铁召开第六届科技创新大会，股份公司领导及高管参观科技创新展览

筑设计院 10 家博士后工作站。

（刘建廷　李永全）

【科研开发计划课题立项】为落实股份公司科技创新要面向现场，坚持不断赋能企业发展，进一步强化对科研立项的统筹，强化科研立项在主营业务重点方向上布局，聚焦重大专项任务，通过“揭榜挂帅”“赛马”等方式发挥二级单位科技创新主体作用，中国中铁股份有限公司印发《2021 年度科技研究开发计划》。该计划 A 类课题共 81 项，其中重大专项课题 9 项，重大课题 22 项，重点课题 50 项。

（刘建廷　李永全）

【川藏铁路工程课题立项】为推进川藏铁路工程建设的顺利开展，结合川藏铁路建设的实际情况，中国中铁股份有限公司印发《川藏铁路第二批科技研究开发计划》《中国中铁川藏铁路科研开发计划专项指南》《中国中铁股份有限公司“十四五”科技研究开发计划立项指南》。该计划 A 类课题共 16 项，其中重大专项课题 3 项，重大课题 3 项，重点课题 10 项。

（刘建廷　李永全）

【实用技术课题立项】为落实股份公司主要领导对实用技术创新的指示要求，充分发挥实用技术保安全、提质量、降成本、增效益的重要作用，根据“统筹规划、集中管理、需求牵引、工程依托、项目引领、系统推进、分级实施”的原则，紧密结合企业“十三五”科技发展规划确定的攻关领域和关键技术，股份公司研究制定了《2021 年度科技研究开发计划》（实用技术课题）。该计划 A 类课题共 27 项，其中重大课题 7 项，重点课题 20 项。

（刘建廷　李永全）

【2021 年科研课题管理】为深入贯彻落实国家创新驱动发展战略，落实《中国中铁“十四五”铁路科技创新发展规划》确定的四大重点布局（前沿引领技术、产业高新技术、关键共性技术、变革性技术）研发任务，有序开展科研立项工作，股份公司研究印发了《中国中铁股份有限公司“十四五”科技研究开发计划立项指南》。该指南涉及桥梁工程、隧道及地下工程、路基工程、轨道工程、四电工程、房屋建筑与装配式建筑、智能建造、绿色环保 8 个研究领域，共设置45个研发方向，布局 199 项重点研发任务。2021 年，科研立项首次“自上而下”确定科技攻关方向，编制了“十四五”科研立项指南，并优化整合科研资源，聚集同专业领域力量持续开展全链条的课题群研究。从创奖指标考核变为创效指标考核，细化量化，编制“课题目标、预期成果与考核指标表”。2021 年度和川藏铁路第二批科研开发课题优先选取具备实用技术应用、产业化应用，能够提升市场核心竞争力的项目，通过“揭榜挂帅”，确定课题承担单位。

（刘建廷　李永全）

【科研课题验收】2021 年 9 月，股份公司组织专家对 2021 年 7 月 31 日前达到结题验收条件的科研课题进行了结题验收。经评审，共有 210

▲图 10-2　中铁电气化局研制的变电所智能巡检机器人首次在京张高铁应用

项课题完成了合同规定的主要研究内容，达到了预期目标，同意通过结题验收。其中，重大专项课题8项、重大课题20项、重点课题49项，引导课题133项。有2项重点课题未通过结题验收。

（刘建廷　李永全）

【科技成果鉴定与评审】2021年，共有404项科技成果通过了股份公司组织的科技成果评审。“千米级公铁两用斜拉桥建造关键技术”等39项成果达到国际领先水平；“新型钢轨焊接成套设备及工艺研究”等112项成果达到国际先进水平；“BIM+GIS技术在高速公路项目管理中的研究与应用”等253项成果达到国内领先或国内先进水平。

（黄佳强　罗静峰）

【科技创新平台建设】2021年，中国中铁新增省部级企业技术中心13家，分别为中铁一局集团第五工程有限公司技术中心、中铁二局电务工程有限公司技术中心、中铁二局第六工程有限公司技术中心、中铁上海工程局集团第五工程有限公司、中铁广州工程局集团第二工程有限公司、中国铁工投资建设集团有限公司、中铁市政环境建设有限公司、江西武大扬帆科技有限公司技术中心、鲁班（北京）电子商务科技有限公司、中铁大桥局集团第八工程有限公司、北京市运营维护技术中心、江苏中铁山桥重工有限公司、中铁科工集团装备工程有限公司。

新增省部级工程技术研究中心（实验室）8家，分别为江苏省盾构设备再制造与施工工程研究中心、城市轨道交通新材料陕西省高校工程研究中心、广东省复杂大跨桥梁工程技术研究中心、中铁大桥局第九工程有限公司中山市工程技术研究中心、山西省铁路智能养护及自然灾害防治工程研究中心、公路路面施工省技术创新中心、江西省桥梁钢结构技术创新中心、辽宁省轨道交通工程智能建造专业技术创新中心。

截至2021年末，中国中铁共有国家企业技术中心19家，省部级企业技术中心120家，省部级工程技术研究中心（实验室）44家。

（黄佳强　罗静峰）

【专利与工法管理】2021年，中国中铁新增授权专利7170项，其中发明专利1176项，PCT等海外专利110项。“一种桥梁用Q345qDNH耐候钢的焊接方法”获第二十二届中国专利奖金奖，“一种用于大马蹄形断面隧道的可现浇护的盾构机”获第二十二届中国专利奖银奖，“桥梁缆索的检测系统”等7项专利获中国专利优秀奖。全年获省部级工法835项（国家级工法未评选），知识产权和工法的数量与质量得到进一步提升。

（梁崇双）

【科技成果转化】按股份公司科技创新“十四五”规划部署，科技创新与数字化部制定了科技成果转化的两个重要举措。一是充分发挥企业科技成果转化的主体地位。用产业思维推动科技创新，支持企业开展以技术转化为目的的研发活动，支持企业科技成果转移转化的组织和模式创新，以提升研发投入效益。二是鼓励创建产业联盟。建立中国中铁的科技成果转化平台，通过合作、转让、许可、交易、质押融资、作价投资等多种形式实现科技成果市场价值，以较低的风险实现较大范围的资源调配，成为各方优势互补、拓展发展空间、提高产业或行业竞争力、实现超常规发展的重要手段。

（刘建廷　李永全）

表10–1　中国中铁获2021年度国家科学技术进步奖名单

序号	项目名称	获奖等级	完成单位
1	铁路轨道用高锰钢抗超高应力疲劳和磨损技术及应用	国家技术发明奖二等奖	中铁山桥集团有限公司
2	高速铁路用高强高导接触网导线关键技术及应用	国家科技进步奖二等奖	天津中铁电气化设计研究院有限公司 中铁电气化局集团有限公司
3	深部复合地层隧（巷）道TBM安全高效掘进控制关键技术	国家科技进步奖二等奖	盾构及掘进技术国家重点实验室
4	轨道交通大型工程机械施工安全关键技术及应用	国家科技进步奖二等奖	中铁工程装备集团有限公司 中铁一局集团城市轨道交通工程有限公司
5	高速铁路Ⅲ型板式无砟轨道系统技术及应用	国家科技进步奖二等奖	中铁二院工程集团有限公司
6	重大工程黄土灾害机理、感知识别及防控关键技术	国家科技进步奖二等奖	中铁西北科学研究院有限公司
7	深水大断面盾构隧道结构/功能材料制备与工程应用成套技术	国家科技进步奖二等奖	中铁隧道局集团有限公司

制表：黄佳强　罗静峰

表 10-2　中国中铁获第十九届中国土木工程詹天佑奖名单

序号	项目名称	获奖单位
1	青连铁路青岛西站站房及相关工程	中铁十局集团有限公司
2	上海浦东国际机场卫星厅及捷运系统工程	中铁四局集团有限公司
3	太古供热项目（古交兴能电厂至太原供热主管线及中继能源站工程）	中铁六局集团有限公司
4	柳州市官塘大桥工程	中铁上海工程局集团有限公司
5	石家庄至济南铁路客运专线济南黄河公铁两用桥	中铁四局集团有限公司 中铁十局集团有限公司 中铁电气化局集团有限公司
6	新建北京至沈阳铁路客运专线辽宁段	中国电气化局集团有限公司 中铁五局集团有限公司
7	山西中南部铁路通道	中铁工程设计咨询集团有限公司 中铁一局集团有限公司 中铁七局集团有限公司 中铁三局集团有限公司
8	兰渝铁路西秦岭隧道工程	中铁隧道局集团有限公司 中铁二局集团有限公司 四川铁科建设监理有限公司
9	龙洞堡机场地下综合交通枢纽隧道工程	中铁二院工程集团有限责任公司
10	济南东南二环延长线工程	中铁四局集团有限公司 中铁四局集团第七工程有限公司
11	江西省峡江水利枢纽工程	中铁水利水电规划设计集团有限公司
12	西安市地铁 4 号线工程	中铁一局集团有限公司 中铁七局集团有限公司 中铁上海工程局集团有限公司
13	苏州市轨道交通 2 号线及延伸线工程	中铁上海工程局集团有限公司
14	广州市轨道交通 14 号线一期工程	中铁一局集团有限公司 中铁二局集团电务工程有限公司 中铁三局集团有限公司
15	宁波市轨道交通 3 号线一期工程	中铁隧道局集团有限公司 中铁十局集团有限公司

制表：耿治平

科技创新

表 10-3　中国中铁获第二十二届中国专利奖情况

序号	专利名称	专利权人	获奖级别
1	一种桥梁用 Q345qDNH 耐候钢的焊接方法	中铁山桥集团有限公司	金奖
2	一种用于大马蹄形断面隧道的可现浇支护的盾构机	中铁工程装备集团有限公司	银奖
3	楔形调整新型弹片式扣件及扣压方法	中铁宝桥集团有限公司	优秀奖
4	桥梁缆索的检测系统	中铁大桥科学研究院有限公司 中铁大桥局集团有限公司	优秀奖
5	一种强震后高原寒区隧道两侧松散体地层施工方法	中铁二局集团有限公司 中铁二局第四工程有限公司	优秀奖
6	高架站单双线箱梁架设施工方法	中铁三局集团线桥工程有限公司 中铁三局集团有限公司	优秀奖
7	道岔钢轨结构	西南交通大学 中铁宝桥集团有限公司 中铁山桥集团有限公司	优秀奖
8	一种 TBM 在掘岩体状态实时感知系统和方法	中铁工程装备集团有限公司 中铁工程装备集团技术服务有限公司	优秀奖
9	一种伸缩式双向运行横向撤离多功能作业车	中铁上海工程局集团有限公司 中铁上海工程局集团华海工程有限公司	优秀奖

制表人：梁崇双

▲图 10-3“一种桥梁用 Q345qDNH 耐候钢的焊接方法”获第二十二届中国专利金奖

▲图 10-4 “一种用于大马蹄形断面隧道的可现浇支护的盾构机”获第二十二届中国专利银奖

▲图 10-5 中铁一局、中铁二局、中铁三局承建的广州市轨道交通 14 号线一期工程获第十九届中国土木工程詹天佑奖

中国中铁
建好历史性战略工程
创造新的历史伟业
中国中铁
建功高原
中国中铁
铁五局
铁大桥局
中国中铁大桥局
中国中铁大桥局
中国中铁大桥局
中国中铁大桥局
中国中铁大桥局

CHAPTER 11

股份公司总部工作

董事会办公室

【年度工作综述】2021年，董事会办公室紧密围绕国资监管、证券监管重点和股份公司年度工作部署，认真贯彻落实“国企改革三年行动”“进一步提高上市公司质量”“对标世界一流管理提升行动”等重大改革任务要求，认真履行职责，在健全完善中国特色公司治理制度体系、提升母子公司治理协同性、强化专职外部董事监事履职支持、依法合规开展信息披露、提高资本运作能力以及深化投资关系管理等方面作出了积极贡献，按时完成了牵头的国企改革三年行动任务和督查督办任务，获得2项中国中铁2021年度企业管理现代化创新优秀成果奖，公司董事会获中央企业董事会评价“A”级，连续8年获得上海证券交易所信息披露A类评价，获《新财富》“最佳IR港股公司”、“天马奖——中国主板上市公司投资者关系最佳董事会奖”等多个奖项。

（梁　韵）

【顶层设计及政策研究】向全国人大、证监会、上交所就《公司法》修订草案、独董工作规则、股票上市规则等制度提出立法建议。积极参与国资委改革三年行动配套制度文件顶层设计，先后对国资委《关于中央企业加强子企业董事会建设有关事项的通知》《关于中央企业落实子企业董事会职权有关事项的通知》《中央企业公司章程指引》等法律法规、重要制度或规范性文件提出意见建议，为提高制度规范性和可行性建言献策。组织开展《中央企业董事会工作规则（试行）》《中央企业董事会和董事评价办法》以及《上市公司章程指引》等证券监管规则的解读分析。应邀参加证监会资本市场发展改革、股权激励等主题座谈调研并提出建议，应邀参加中国上市公司协会组织的独立董事业务座谈会并提出意见建议。

（梁　韵）

【董事会试点工作】完成《董事会2021年度工作报告》和4名外部董事履职报告，以及外部董事2021年上半年经营综合分析报告的撰写并按时报送国资委，公司董事会获中央企业董事会评价“A”级；配合完成2020年度股份公司高管评价工作和2021年度高管个人绩效合约签署工作。公司董事会注重将治理实践提炼总结并不断推陈出新，从合法性、合规性、实用性三个方面总结董事会提案管理实践经验，在2021年第17期《国有企业改革动态》上刊发，并获得地方国资委和央企好评；《章程》动态管理实践经验入选国资委优秀工作范例；总结公司董事会运作经验，在中央企业董事会建设研讨班上作书面经验交流。全年组织外部董事赴郑州、武汉、云南、四川等地，先后对工程施工、工业制造、勘察设计、基础设施和房地产投资业务发展情况以及这些业务所涉及的部分子公司进行现场调研，实地了解公司有关业务板块和相关子公司的发展情况，先后形成6份调研报告，并在董事会上报告；创立董事会调研报告意见建议落实机制，将外部董事提出的各项工作要求进行分解落实，并纳入公司督办体系，推动相关问题解决和企业管理提升。

（郭　飞）

【制度体系建设】以问题为导向，打通制度堵点，不断健全以公司《章程》为基础，董事会及相关治理主体议事规则为框架，董事会提案、授权、决议执行等制度为支撑的公司治理制度体系。通过制定董事会提案管理办法，对提案进行全链条管控，从源头上促进董事会规范运作，形成了中铁特色提案管理模式；通过制定董事会授权管理办法和授权事项清单，厘清了在重大经营管理事项上党委会、董事会、经理层权责边界，提升决策效率；通过优化决议执行机制，强化董事会对经理层行权履职监督和指导；通过完善“三会”议案审查机制，强化对控股子公司、参股公司管控；结合《中央企业董事会工作规则（试行）》《中央企业公司章程指引（试行）》（征求意见稿）中的要求，拟订了《公司章程》和《董事会议事规则》修订方案。系统完备、务实管用的制度体系为公司治理提供了制度保障。

（郭　飞）

【会议筹备和服务】2021年，集团公司组织召开董事会会议10次，审议通过议案及报告事项14项，对须集团公司履行必要决策程序的重大事项依法合规进行了审议决策。股份公司组织召开董事会会议14次，审议通过议案及报告事项166项，主要包括投资管理33项、管理报告28项、规章制度23项、治理结构调整12项、机构管理12项、定期报告10项、财务管理9项、股权激励6项、对外担保5项、关联交易5项等做到了应审必审。根据监管要求，分别于3月、6月、8月、12月四次组织股份公司独立董事与年审机构的见面沟通，针对年度、中期审计和审阅计划等事项进行沟通，确保公司年度审计和中期审阅如期有效开展。3月12日，股份公司董事长陈云与外部董事举行沟通会，就董事会建设、专门委员会作用发挥等事项进行沟通。

（郭　飞）

【信息披露】中国中铁全年严格遵守境内外上市规则，进一步畅通优化全公司重大事项传递渠道，在持续做好法定信息披露的同时，结合企业发展阶段性成果和市场关注热点进一步加大自愿性信息披露工作，扩大企业正面宣传效果。全年起草并发布公告、通函等310项，其中：A股公告117项，包括临时公告71项（含4项经营数据公告和10项工程中标公告）、定期报告4项、股东大会会议资料等其他披露文件42项；H股公告及通函193项（中英文），包括公告27项、海外监管公告126项、通函21项和其他19项。中国中铁持续加强资本市场舆情的监测与负面舆情的应对解决，为企业赢得了良好的资本市场环境和证券监

管环境，公司在上海证券交易所开展的信息披露年度评价中再次获得A类评价。（李　强）

【定期报告编制与披露】2021年合规编制并披露2020年度报告、2021年第一季度报告、2021年中期报告以及2021年第三季度报告共四期定期报告，完成年度和中期两期《业绩路演模拟问答》、路演推介PPT等推介材料和2020年度业绩宣传片（中英文）的制作。为深入配合每期定期报告的披露工作，组织编写新闻通稿、邀请资深分析师撰写点评文章向主流财经媒体投放，进一步增强中国中铁定期报告披露的效果，积极引导资本市场舆论方向，引导资本市场正面理解公司情况，增加对公司的投资信心。（张　凡）

【投资者关系管理】继续坚持“大投关”“立体投关”理念，全方位多层次提升投资者关系管理工作，根据新冠肺炎疫情防控要求，结合投资者类型特点和关注重点，开展线下线上相结合的方式与投资者积极沟通。2021年召开96场视频电话及现场会议，与2095家机构交流，接听投资者热线电话1228次，回复上交所E互动平台投资者问题189个，处理IR邮箱邮件1327封。在北京、上海等机构投资者集中地区开展路演活动，组织境内股东、投资者、分析师前往中国铁工投资旗下银川水务公司开展“绿色环保水务”主题反向路演，进一步增进了投资者对中国中铁在新兴领域和绿色环保业务开展方面的了解认识与可持续发展的信心。每日编辑发送公司及可比公司股价监测信息，每周分类汇总并发送《中国中铁资本市场监测周报》，年内累计50期，每季度撰写《资本市场观点汇总及管理建议》，及时反馈公司股价波动及资本市场观点。结合中国中铁在ESG工作和投资者关系管理方面做出的努力及成效，总结形成《积极践行社会责任　促进可持续高质量发展》《关于ESG披露监管情况的报告》《中国中铁ESG评级提升经验分享》《中国中铁投关案例——可持续视角下的投关新发展》报送证券监管机构及行业协会，入选《中国上市公司ESG实践案例》《北京上市公司ESG优秀实践案例》《年度业绩说明会优秀实践案例》，协助公司入选《中国上市公司共建“一带一路”优秀实践案例》。（张　凡）

【市值管理】积极推进市值管理研究和维护，深化资本市场情况及政策研究，密切关注公司与可比公司的股价和市值变动情况，撰写年度及半年度市值管理报告，提出关于市值管理和提高公司业务管理的意见建议促进企业高质量发展；完成《沪港两地上市以来市值情况分析及现状研究》，列为企业管理现代化创新成果。针对旗下4家科创板备选企业开展梳理筛查，会同券商和律师与备选企业沟通研究形成初步研究报告。作为牵头部门圆满完成高铁电气分拆至科创板上市工作。配合推进中铁装配股权转让及其业绩亏损相关信息披露及舆情防控工作；积极参与公司2021年限制性股票激励相关内幕信息核查、信息披露、授予、缴费、验资等具体工作和流程对接，助推首次授予顺利完成。（李　伟）

【高铁电气分拆上市】凭借公司领导的高度重视、多方的积极参与、扎实的基础工作、敏锐的政策把握、高效的统筹协调和积极有效的沟通，圆满完成中国中铁所属高铁电气分拆至科创板上市工作。中国中铁分拆高铁电气历时538天，于2021年10月20日以每股7.18元20.3倍市盈率的发行价获得权益性融资6.76亿元、首日最高涨幅80%的市场行情成功登陆科创板。自此，中国中铁拥有沪市主板、港股主板、创业板、科创板4个上市平台，实现了与多层次资本市场的全方位对接。（李　伟）

▲图11-1　2021年10月15日，中国中铁在银川组织开展“绿色环保水务”主题反向路演活动

【规范子公司董事会运作】制定《关于进一步加强二级子公司董事会工作的指导意见》，提出10个方面、50条具体措施，从机制上解决子公司规范意识不强、履职能力不够、角色定位不准、支撑力量不足、运作机制不规范等问题。制定子公司董事会议事规则、授权管理、决议执行等制度模板，确保母子公司制度保持一致性和连贯性。强化对子公司的业务指导，通过组织公司治理专题培训和座谈交流、发布工作提示等方式，促进子公司提高业务水平，按时完成国企改革三年行动涉及公司治理的目标任务。开展参股公司、控股子公司“三会”议案审查，以此为抓手，在一定程度上实现对参股公司、控股子公司的管控。通过列席董事会会议、开展现场调研检查、日常沟通等方式对10余家子公司的董事会运作情况进行指导，促进子公司提升董事会运作规范性和有效性。（梁　韵）

【产权代表履职管理支持】健全产权代表履职管理支持制度体系，制定《中国中铁股份有限公司委派的外部董事监事履职管理与支持服务工作规定》，明确产权代表、总部、子公司的工作职责、流程、模板、具体要求等，建立常态化工作机制。完善信息沟通机制，产权代表参加股份公司年度工作会议、经济运行分析会等重要会议，举办年度产权代表联席会议和培训会议，建立股份公司、任职公司两级工作简报制度，以信息化手段与产权代表建立快速、高效的沟通联系，及时提供行业、股份公司有关宏观、微观政策解读等履职所需信息。细化履职工作台账，定期开展履职情况分析，履职效果评价有理有据，有效提升产权代表履职积极性。加强履职成果运用，将产权代表通过各种途径提出的意见建议进行整理分类，反馈股份公司有关领导、部门和任职公司，以改进和提升管理，有效提高全公司对产权代表工作的重视程度。（周　睿）

【资本市场获奖情况及宣传】重点突出公司2021年发展成就，展示公司为推动社会进步、经济建设以及为资本市场持续健康发展所作出的贡献，为公司申请并赢得多个资本市场奖项。2021年，公司获评《新财富》“最佳IR港股公司”、“天马奖——中国主板上市公司投资者关系最佳董事会奖”、证券时报“A股公司ESG百强”、中国证券报“2020年度金牛最具投资价值奖”、“2020年度最佳社会责任奖”“金紫荆奖——‘十四五’最具投资价值上市公司”“最佳ESG时间上市公司”等多个奖项；公司董事会秘书何文荣获“天马奖——中国主板上市公司最佳董秘奖”。（张　凡）

办公室（党委办公室、信访办公室、保密办公室）

【服务企业落实重点工作】围绕高质量学习贯彻习近平总书记重要指示批示精神，起草印发《深入贯彻落实习近平总书记重要指示批示工作实施办法》，将“第一议题”机制上升为制度，全年督办“第一议题”33项，在全公司组织所属单位开展“第一议题”年度工作“回头看”，形成“回头看”情况的通报。根据党中央和国资委要求，组织修订《“三重一大”决策制度实施办法》《重大事项决策权责清单》《党委常委会议事规则》《总裁工作规则》《总裁办公会议事规则》等制度文件，进一步厘清党委、董事会和经理层的权责边界，实现重大事项决策的清单化管理。推动“深化改革三年行动”任务落地，提前完成了由办公室主责的15项改革任务。（侯　素）

【协助党委履行主体责任】紧跟党风廉政建设和反腐败工作的新形势、新任务、新要求，协助公司党委将全面从严治党引向深入。根据党中央和国资委要求，起草印发《关于加强对“一把手”和领导班子监督的通知》，制定加强对“一把手”和领导班子监督的具体措施。起草印发《关于严格执行作风建设规定落实“勤俭办企业十不准”的通知》《关于解决形式主义突出问题为基层减负工作的通知》，制定勤俭办企业10项具体要求和为基层减负9项具体措施。协助公司党委召开党风廉政建设和反腐败工作会议、警示教育大会。组织向国资委报告全面从严治党及党风廉政建设和反腐败工作、贯彻执行中央八项规定精神情况。配合巡视组和纪委，完成了国资委专项巡视以及股份公司2021年巡视工作，对主责的43项巡视发现问题整改情况进行督办验收。（侯　素）

【国安保密】切实落实“党管保密”原则，推动落实保密责任制，不断提升保密工作水平。根据中央保密委和国资委精神，组织召开公司年度保密工作会议和保密委员会会议，对保密工作进行总结和部署，完成对所属二级单位保密工作年度考核。牵头落实总部保密工作对标整改35项措施，已完成34项。在全公司组织开展庆祝建党100周年保密宣传教育等活动，持续强化总部保密工作日程管理，对总部保密要害部位、涉密岗位和人员进行审核，为重点涉密岗位配备保密设备。（侯　素）

【以文辅政】认真学习研究习近平新时代中国特色社会主义思想，以及关于国资国企改革发展党建的重要论述，坚持读原著、悟原理，切实把习近平总书记重要指示批示精神和中央重大决策部署与指导企业高质量发展全面对接，贯彻办文、办会、办事全过程、各环节，切实履行以文辅政职能，发挥好参谋助手作用。围绕公司重点工作，协助领导组织成立了项目管理效益提升三年行动领导小组，配合起草了管理效益提升行动方案。协助公司领导起草了在公司党委全委会、工作会暨职代会、党风廉政建设和反腐败工作会、学习贯彻习近平总书记“七一”重要讲话精神暨经济运行分

析会、警示教育大会、三项制度改革推进会、疫情防控工作视频会、安全生产紧急视频会、科技创新大会、经营工作会、项目管理会、城市更新会、总部机构职能优化调整会等重要会议上的讲话文稿，完成了向国资委、交通运输部、水利部等部委情况汇报材料，起草了基层党建、"靠企吃企"整治等经验交流材料，以及领导重大活动发言、调研报告、工作总结、工作函件，全年完成各类材料150篇86万字。（王学进）

【督查督办】以总部线上督查督办系统为抓手，不断优化督办平台功能，为总部各部门贯彻落实公司重要决策部署提供了可查、可控、可跟踪的有效手段。围绕全年重点工作任务，完成了对国资委工作要点、公司年初系列会、季度例会、党风廉政建设和反腐败工作领导小组会议、警示教育大会、经济运行分析会等重点部署事项的督办分解，累计分解督办事项292项。围绕深入贯彻落实国务院和国资委有关要求，进一步健全完善国务院"互联网＋督查"平台留言督办流程，所涉及事项均呈公司主要领导批示后印发督办文单，直接转交对口业务部门督办和会签审核，进一步强化了重大事项督办的及时性、合规性和专业性，全年协调督办了10期国务院"互联网＋督查"平台159条留言。（吴晓婧　王　琳）

【信息工作】持续加大信息工作力度，针对中央决策部署在基层贯彻执行中存在的问题提出应对的对策建议，突出向中央和上级反映企业改革发展党建取得的成效和存在的困难。积极在内部挖掘推广企业改革发展党建工作的亮点和经验，推动互动交流、互相借鉴、促进工作。2021年共编发《中国中铁简报》105期，上报国资委信息214篇。被国资委信息采用105篇次，被中办、国办采用21篇次，累计得分1163分，在建筑类中央企业中排第2位，荣获2021年度中央企业信息工作成绩优异单位。《关于在坚持"房住不炒"政策定位背景下部分城市房价上涨的原因分析、下一步风险及对策建议》《我国地铁防灾备灾能力存在的不足及对策建议》《国资委指导有关中央企业迅速开展云南、青海地震应急抢险救灾工作》等5篇信息得到中央领导同志批示，1篇得到国资委领导同志批示。（吴晓婧）

【服务保障】统筹协调各方资源，细化完善各项工作流程，积极稳妥推进各项服务保障工作。在服务企业高端商务对接方面，积极主动适应新形势、新要求，会同经营开发中心编制了《高端经营手册》，进一步完善了高端商务对接的工作程序，保障了企业生产经营工作顺利开展。全力保障领导高质量完成了公司领导拜会省市地方政府领导、高端会晤、业主对接、项目洽谈、签署战略合作协议、出席重点项目开工典礼等各类公务安排和商务洽谈。（甘　军）

【会议管理】2021年实际召开大型会议32个，为年度计划的52%，是2020年同期的34.6%，会议数量大幅下降。组织召开股份公司党委常委会会议22次，集团公司党委常委会会议19次，总裁办公会52次，总经理办公会8次，季度工作例会4次。（曾　蕾　吴晓婧）

【志鉴工作】编辑出版发行《中国中铁年鉴（2021）》。采用四色全彩印刷，编辑成书188万字，刊用图片480幅。增设了抗"疫"担当，践行"三个转变"重要指示，坚决打好精准脱贫攻坚战等分目，全书图文并茂较好地展示了中国中铁及所属企业在2020年生产经营、改革发展、科学技术创新、企业管理、党群工作等方面取得的新成果和新经验。完成了2020年中国中铁大事记编报工作。在编辑《中国中铁年鉴（2021）》的同时，还向《中国国有资产监督管理年鉴》《中国建设年鉴》《中国建筑业年鉴》等提供中国中铁改革发展、重点工程、技术攻关、生产经营情况等资料近5万字。2021年，时逢庆祝中国共产党成立100周年、"开路先锋"文化展览馆建成，有关部门通过借阅《中国铁路工程总公司志》《中国铁路工程总公司年鉴》《中国铁路工程集团有限公司年鉴》《中国铁路志人物志》等史志资料，查找相关单位或部门的历史沿革、人员构成等资料。2021年，向全国40家省市图书馆及高校图书馆捐赠2020卷45册，不断提升《中国中铁年鉴（2020）》的使用利用率和中国中铁的社会美誉度及影响力。（王　琳）

【文书工作】通过建立全流程三重审核、定期反馈通报等工作机制，严格审核各类公文的内容、形式、程序，严控发文数量、范围、时间和篇幅，切实提升了办文效率，实现了发文数量和质量的"一降一升"。2021年，总部正式发文同比下降28%，文件数量压减效果显著；二级单位来文准确率达98.4%。通过建立"全员岗位互通""收文批分三层次沟通"等工作机制，认真落实首办负责制，对滞留节点进行提醒督办并在内网定期通报，不断提高办文时效。严格做好密件"制阅管"，对于涉密文件，在制发核稿过程中，严格定密审查，严格遵守文件密制、密阅、密管的各项要求规范管理。（钟芳林）

【信访维稳】以信访工作责任制为抓手，着力引导基层单位及时解决信访问题，主动排查化解矛盾纠纷，有效减少了信访矛盾的上行，特别是在庆祝建党100周年、党的十九届六中全会等期间，圆满完成信访维稳工作，均实现了敏感时期全公司各级企业"零上访"目标，完成了信访积案化解率70%年度指标。2021年共接待群众来访136批/562人次，其中集体访22批/351人次；转办群众来信231件，督办6件。（高奥璇）

【档案工作】积极采用分协作组学习的方式，组织学习国家档案局下发的《习近平关于档案工作、历史学习与研究、文化遗产保护重要论述摘编》。以“档案话百年”为主题，开展2021年国际档案日活动，在“凝百年之辉，筑兰台之梦”主题微视频征集展播活动中，中国中铁推荐了14家单位报送的32个视频，在全国参选的2100余部作品中，有10部作品分别入选“百部展播作品”和“两百部入围作品”名单。在“档案话百年”主题征文评选活动中，共收到32家单位报送的414篇文章，择优向国家档案局报送407篇。有7篇文章在评比中斩获佳绩，获得多个奖项，中国中铁以投稿数量排名全国第5名的好成绩获得优秀组织奖。在2021年的全国经济科技档案资源开发利用案例评选活动中，股份公司取得5个案例入选的好成绩：中铁隧道局、中铁一局分别获二类案例1个，中铁九局获三类案例1个、中铁大桥局、中铁武汉电气化局分别入围案例1个。

（周　慧）

【支部建设】加强党的创新理论武装，坚持每月集中学习交流，定期检查学习笔记，扎实推进学习教育常态化、制度化，组织全体党员干部通过党员大会、办公室例会、网络课程、自学等方式认真学习领会习近平总书记在庆祝中国共产党成立100周年大会上的重要讲话精神、习近平总书记在党史学习教育动员大会上的重要讲话、习近平总书记的重要指示和党中央指定的学习材料。规范“三会一课”，组织全体党员参观铁军纪念馆、“开路先锋”文化展览馆、“庆祝建党100周年大型摄影书画展——光辉之路”，组织参观由参加机关党委组织的中国共产党党史展览馆活动。党支部书记为支部党员上党史学习教育专题党课，按规定组织召开了支部专题组织生活会，形成了8项整改措施。扎实开展“我为群众办实事”，召开了办公室主任工作座谈会，广泛听取基层对公司办公室工作的意见建议。办公室党支部获评中国中铁党委“先进基层党组织标杆”荣誉。

（高奥璇）

规划发展部（全面深化改革领导小组办公室、企业管理实验室）

【“十四五”规划体系编制】按照《中国中铁“十四五”规划编制工作总体方案》，构建完成1项总体规划、10项业务规划、12项职能规划、49项子规划的中国中铁“十四五”规划体系建设，并统筹各级规划的编制工作。有序推进总体规划编制，在编制过程中召开各类研讨会、汇报会、评审会共计40余次，吸收采纳上位规划、公司领导、外部董事和专家意见共计491条，修改规划文本28稿，规划文本得到了公司领导、外部董事、外部专家一致好评，认为整体质量高于其他央企。全面统筹专项规划编制，充分发挥统筹把关作用，建立沟通协调机制、督导推进机制、上下联动机制、分工协作机制，确保22项专项规划编制工作协调有序。梳理明晰了业务规划和职能规划的评审决策流程，统一专项规划体例，提出与总体规划相衔接的具体要求，明确专项规划初审与专题会议评审依据，制定《专项规划评审标准参考表》，围绕规划的严谨性、贯通性、规范性出具审核意见。牵头设计咨询、工程建造、装备制造三项业务规划编制工作，坚持过程指导和结果把关，对三项牵头业务规划内容全面复盘，反复提炼推敲，确保既对总体规划有效承接，又从业务角度各有侧重，与总体规划形成“宏观视野＋中观视角”协同联动、有机结合、互为补充的战略蓝图，确保业务规划覆盖面全、目标设置合理、举措可行性强。2021年12月24日，《中国中铁“十四五”发展规划》经公司有关决策会议审议通过，正式发布。

（翟　磊）

【战略规划管理工作】全面修订公司《中国中铁股份有限公司战略管理办法》，横向确保各类规划与总体规划有效承接，形成“宏观视野＋中观视角”协同联动、有机结合、互为补充的战略蓝图；纵向着重强化运行管控“齿轮咬合式”闭环管理机制，增设规划宣贯、责任分解、组织实施、动态监控、差异化考评、述职与质询、对外合作等工作机制和举措，克服了原机制“重编制、轻实施”“重内部、轻合作”等弊端，真正实现了公司战略规划全链条、标准化、开放式管理。2021年9月16日，《中国中铁股份有限公司战略规划管理办法》经公司有关决策会议审议通过，正式发布。（翟　磊）

【“深化改革三年行动”】建立落实例会会议、立下“军令状”、教育培训、量化指标报送、信息交流、宣传、督导、考核评价八个方面工作机制。印发《中国中铁深化改革三年行动2021年重点任务》，明确2021年度15个方面的重点任务的具体要求和责任主体。组织各级企业层层立下军令状，确保按期高质量完成改革任务。制定《中国中铁“深化改革三年行动”重点任务配套制度清单》，创新管理机制，实现改革成效的制度化、规范化。运用信息化手段，通过建立线上资料库、开设线上专栏、上线中国中铁在线督办信息平台等方式，广泛传播借鉴优秀改革经验，实现以机制促落实，用机制保落实。组织开展“深化改革三年行动”调研评估及督导，进一步了解二级企业改革工作推进情况和改革任务完成情况，总结好的经验和做法，分析改革工作中存在的问题和困难，促进改革工作走深走实。组织开展“深化改革三年行动”考核预评估，对所有二级企业改革三年行动重点任务完成情况进行查验核实、抽查督导，作为2022年一季度考核“截至2021年底阶段情况”正式评分的重要依据，进一步夯实改革工作成果。

（翟　磊）

【专项改革任务】持续优化公司治理体系。印发《中国中铁加强子企业董事会建设工作实施方案》，全公司121户“应建”企业全部建立董事会，印发《中国中铁落实子企业董事会职权工作实施方案》和《落实子企业董事会职权事项清单》，清晰界定上下级董事会和子企业各治理主体的权责边界，明晰授权、落权事项清单，在确保落权到位的同时加强股份公司对重大事项的管控。建立健全落实董事会职权“1+N”制度体系，为董事会科学、精准行权提供制度依据和操作指引。印发《中国中铁股份有限公司落实子企业董事会职权管理规定》，“一企一策”差异化落实子企业董事会职权，建立动态调整机制，指导二级企业制定具体实施方案。积极推进混合所有制改革。中铁建工完成收购长沙市规划设计院，进一步实现了补齐设计短板、落实华中区域市场布局战略和完善生产要素配置的目标。高铁电气完成科创板上市，充分发挥资本市场作用，进一步扩大了产业布局，增强企业持续盈利能力和整体竞争力。剥离企业办社会职能和解决历史遗留问题主体任务基本完成。全公司“三供一业”分离移交、53家医疗机构改革、11家教育机构整合全面完成。退休人员社会化管理累计移交24.38万名退休职工，完成率99.8%；厂办大集体职工安置率99.33%，按时完成国资委任务目标要求。（翟　磊）

【对标一流管理提升工作】依据《中国中铁对标世界一流管理提升行动实施方案》《中国中铁对标世界一流管理提升行动工作清单》，持续推进对标世界一流管理提升行动，中铁四局、中铁上海局、中铁大桥局3家单位及工程项目现金流自平衡管理项目入选国资委“三个标杆”创建名单，全年完成对标提升工作清单总体任务量的91.32%，超额完成国资委下达的年度目标任务，形成对标成果248项，其中：制度办法146项，工作方案31项，研究报告32项，规划20项，纪要7项，其他12项。在制度优化完善、强化业务管控等方面取得较大突破。（翟　磊）

【三级工程公司建设】立足新发展阶段、贯彻新发展理念、构建新发展格局，对三级工程公司发展现状进行了全面深入系统分析，结合困难企业治理专项调研和标杆企业电话访谈，形成了专题研究报告，并据此制定了《关于进一步加强三级工程公司建设的十六条意见》，提出“抓两头促中间”的整体思路，对三级工程公司建设的相关标准做了进一步规范，明确标杆企业和困难企业的分类治理原则，以及差异化的政策导向，为进一步做强工程施工业务、做优主业资产质量奠定了坚实基础。优化完善“双20强”评选规定，树立更加公正的业绩导向，2021年度11家单位获2020年度“中国中铁三级综合工程公司20强”，18家单位获2020年度“中国中铁三级专业工程公司20强”。（翟　磊）

【重大专项工作】2021年，认真贯彻落实国资委关于民企挂靠国资、未开展境外业务机构清理和驻外办事机构清理“回头看”等重大专项工作部署，按照股份公司领导的批示意见，公司分管领导以目标为引领、以问题为导向，周密部署、靠前指挥，亲自组织十余次专题会议，科学制定工作实施方案，加强过程监督督办，强化整改落实，各重大专项工作有序推进，得到了国资委专项巡视组的高度肯定。截至12月底，已完成民企挂靠国资市场主体清理整顿100户（其中：股权代持2户，虚假合资7户，挂靠经营19户，假冒国企62户，其他情形10户），针对剩余未完成清理整顿的33户，一企一策，限时扎实推进；59户未开展境外业务的机构已全面完成关停，后续注销工作按照国资委要求有序推进；全公司驻外办事机构按照国资委要求全部完成清理整改工作，未发现隐形变异和问题反弹情况。（翟　磊）

【企业压减工作】2021年，为进一步贯彻落实国资委关于中央企业“瘦身健体、提质增效”工作的总体部署，组织召开公司压减工作视频推进会和“一对一”专题推进会议，明确工作整体部署安排，将压减工作与推进高质量发展、加强三级工程公司建设、低效无效资产处置等相关工作相结合，确定压减工作计划，健全完善指导、服务、监督、落实上下沟通联络的治亏与压减工作机制，强化过程动态督导督办，聚焦重点，多措并举，深入推进公司常态化压减工作。截至2021年末，累计完成压减法人企业453户，比例达41.9%，其中2021年度完成压减法人企业64户，压减工作得到了国资委的充分肯定，并以会议发言方式在国资委进行了经验交流。（翟　磊）

【“两非”企业剥离工作】按照《中国中铁“两非”剥离专项治理工作总体方案》，推进所属中铁十局第一工程有限公司石家庄分公司、中铁华铁燕丰饭店有限公司、中铁二局云南丹军、四川宏新和天津京津海岸公司5户“两非”企业的剥离处置工作。2021年完成4户“两非”企业的剥离处置工作，全面完成国资委年度目标任务，清退处置完成率达80%，高于中央企业“两非”工作完成率（77%）3个百分点。（翟　磊）

【亏损企业治理】秉承“效益提升、价值创造”理念，以高质量发展为主题，以供给侧结构性改革为主线，以改革创新为根本动力，以提质增效专项行动为载体，全面推进各项治亏目标落地。全公司147户亏损企业，103户实现了减亏扭亏目标，减亏扭亏完成率70.1%；全年实现减亏70.1亿元，减亏比例62.1%，圆满完成年度亏损额和亏损面双下降50%以上的治理目标。（翟　磊）

【产业发展与产业管理系列研究工作】认真落实公司年度工作会议提出的“实现由债务驱动发展向积累和创新驱动发展转化，实现由传统生产经营向资产经营和资本运营转化”的要求，紧密围绕服务国家战略、落实央企使命谋发展，落实国家重大战略部署，深入研究优化市场布局，持续推进“9+7”产业发展系列研究工作。与国内顶级智库联合开展产业发展与产业管理研究、“两个转化”研究、并购重组企业融合发展研究，以及加快海洋经济、装配式建筑、水利水电、水务环保、新基建、特色地产业务发展等课题研究，指导帮扶水利院、长江院等设计咨询单位发挥产业链引领作用，充分彰显公司政治、经济和社会责任，在国内基础设施建设领域中进一步发挥“顶梁柱”“压舱石”作用。（翟　磊）

【计划统计工作】修订《中国中铁股份有限公司生产经营计划统计管理办法》，指导股份公司所属各单位的计划统计工作，该办法要求各单位建立统计第一管理者责任制，指定计划统计负责人和专职计划统计人员，规定计划的依据和流程，明确各单位计划统计归口管理部门牵头负责对外报送统计资料，对统计指标按部门职责进行分工，确保生产经营统计资料的完整；制定《中国中铁股份有限公司自揽新签合同额统计认定标准》，保证了新签合同额统计的真实性和准确性；编制下达2021年度生产经营计划，新签合同额26366亿元，企业营业额11780亿元；定期对生产经营完成情况进行统计并对外发布统计分析资料，及时为企业提供统计咨询服务；安排所属各单位对《统计法》执行情况进行自查和抽查，有力地促进了数据质量的提高。（翟　磊）

【品牌规划编制工作】为深入贯彻落实习近平总书记“三个转变”重要指示精神，进一步强化公司“三个转变”首倡地、“中国品牌日”发源地的使命担当，围绕《中国中铁“十四五”发展规划》中“五型中铁”的战略定位，规划发展部根据总部机构与职能优化调整方案，经协商于2021年9月初启动策划《中国中铁品牌建设“十四五”规划》（以下简称《品牌规划》）编制工作，明确了“时间表”，制定了“路线图”。规划发展部组建工作专班，先后开展总部部门、二级单位及分管领导访谈工作，形成访谈报告；统计分析45000余份内部调研问卷、5000余份大众调研问卷，形成调研报告；与中国建筑、中国交建、国家电网、中国石化4家央企开展品牌对标交流；撰写形成了《中国中铁品牌调研报告暨品牌诊断报告》。在前期工作基础上，于12月底形成《品牌规划》初稿。（翟　磊）

【QC小组活动】加强全面质量管理，激励开拓创新，组织开展2021年度第四十一届质量管理小组成果评审发布会，促进企业高质量发展，159项成果被评定为2021年度中国中铁优秀质量管理成果，其中，一等奖47项，二等奖64项，三等奖48项。53项成果获得2021年度全国优秀质量管理成果，其中，一等奖2项，二等奖19项，三等奖32项。（翟　磊）

【协会管理】规范股份公司外部协会管理，加强与外部协会的联系，使其成为企业对外交流的重要窗口和获取信息的畅通渠道，2021年股份公司共参加协会46个，缴纳会费186万元。股份公司领导班子成员依法合规履行协会兼职职务，加强对外宣传企业形象、提高企业知名度，维护企业的利益、促进企业发展，提升企业的科技水平和科技创新能力。（翟　磊）

财务与金融管理部（北京财务共享服务中心）

【财务制度建设】2021年，印发《中国中铁股份有限公司工程项目现金流自平衡管理暂行办法》（中国中铁财金〔2021〕52号），进一步强化了经营性现金流管控，将做实三级单位建立在项目良好效益、现金流基础上，进一步促进二级单位、股份公司良性和可持续、高质量发展；印发《中国中铁股份有限公司境外机构派出财务人员管理规定》（中国中铁财金〔2021〕15号）、《中国中铁股份有限公司境外财务资金监管规定》（中国中铁财金〔2021〕16号），强化境外机构派出财务人员管理，加强境外财务、资金监管，防范境外业务风险；制定《开具商业汇票若干规定》，从交易背景、合同条款、支付方式、账务处理、到期兑付等方面加强了商业汇票管理；印发《中国中铁股份有限公司财务共享业务稽核管理规定》（中国中铁财金〔2021〕17号），规范中国中铁股份有限公司财务共享业务稽核管理工作，加强对财务风险和业务质量的防控，促进财务共享业务高质量运营和建设发展，进一步提升股份公司财务管理水平；印发《中国中铁股份有限公司财务共享中心数据管理规定》（中国中铁财金〔2021〕56号），进一步加强和规范中国中铁股份有限公司财务共享服务中心数据管理，降低数据泄露及破坏的风险，提高数据安全保障能力，提升数据挖掘、分析能力，为企业的数字化决策提供支撑；印发《中国中铁财务主数据标准目录》（2021版）、《关于进一步加强中国中铁财务主数据应用规范的通知》，指导全公司开展财务主数据治理，提升数据质量，形成“统筹共建，上下联动”的工作机制；印发《中国中铁股份有限公司业财共享平台系统管理规定》（中国中铁财金〔2021〕178号）、《关于进一步加强业财共享平台系统管理的通知》，为提升共享平台管理水平、提高共享系统应用工作效率、保障系统安全平稳规范运行提供制度保障；印发《中国中铁股份有限公司记账汇率管理细则》（中国中铁财金〔2021〕53号），规范了会计核算记账汇率日

常管理、统一会计政策，确保了会计信息可比；修订《中国中铁股份有限公司总部经费管理规定》（中铁办发财金〔2021〕12号），进一步贯彻落实精打细算、厉行节约、勤俭办企业的管理要求；修订《中国中铁股份有限公司总部业财共享平台业务审核要点（项目层2021版）》《中国中铁股份有限公司总部业财共享平台业务审核要点（公司层2021版）》，有效提升管理的指导性和约束性，促进业务合法、合规、合理运行。（马飞祥）

【全面预算（目标）管理】贯彻国资委2021年度预算目标和稳杠杆工作要求，结合股份公司发展规划，通过对宏观经济和行业形势的分析研判，以2020年度指标预计完成情况为基础，坚持稳中求进总基调，谋划“十四五”良好开局，提出2021年度主要预算指标方案，经公司相关决策程序审议上报国资委。按照预算核定模型，坚持预算目标引领，防范债务风险，兼顾差异化（个性化），以新签订单为基础，考虑业态类型、发展实际、对标先进、压缩非生产性支出等因素，形成二级单位预算目标方案，经公司相关决策程序审议下达各二级单位2021年度预算目标。2021年中期，综合分析各二级单位中期经济运行状况，基于整体宏观经济和行业发展形势稳定，在满足国资委业绩考核目标要求的前提下，相应调整各二级单位经济运行指标的年度预算目标，下达各二级单位。2021年底，根据国资委2022年度预算部署工作要求，组织制定下发公司2022年度预算编制原则，向国资委报送公司2022年度预算预报表；结合国资委预算目标要求、公司“十四五”发展规划，围绕提质增效、风险管控等重点工作，按照“目标引领、追赶先进、债务风险可控、勤俭办企”原则，以合同额预算为基础，科学设定稳增长2022年度预算方案和各二级单位预算分解方案。（梁世琨）

【财务资源配置】坚持顺应市场、效益优先、保证生产、防范风险的四项基本原则，建立以投入产出效率为主、救助性为辅的资源配置体系，聚焦投入产出导向，不断强化全面预算、业绩考核的资源配置和激励约束作用，在满足市场经营对财务资源需要的同时，持续提高资源投入产出效率与效益，提升财务资源贡献价值，促进企业战略目标落地，实现可持续高质量发展。坚持自上而下进行配置财务资源，为项目现金流自平衡机制的健全和有效运转营造氛围，解决财务资源倒逼问题。激发二级公司发展潜力，对年度实现净利润高于平均数或目标值及财务资源收益率高于板块平均水平的，给予更多的资源配置和倾斜政策。优化融资预算配置方式，建立健全融资预算刚性约束机制，严格控制预算外融资。促使资金流向产出效率高、效益好的单位，提升资金使用效能。（梁世琨）

【财务决算】按照会计准则、上交所和联交所规定，开展年度财务决算各项既定工作，保证了决算、审计质量和进度。2020年度决算如期在上交所和香港联交所披露，按时保质地完成2021年第一季度、半年度、三季度决算工作，高质量完成国资委、财政部及其年度报表编报和上报，中国铁路工程集团有限公司2020年度财务决算报告受到财政部的通报表扬。（樊　伟）

【权益性融资】积极推动各种方式的权益性融资，全年完成权益性融资271亿元，较2020年新增权益性融资121亿元。股份公司本部发行永续债券合计119亿元，均为可续期公司债券，加权平均票面利率为3.3%，为公司筹集了长期限、低成本资金；积极组织协调所属中铁四局、中铁上海局、中铁隧道局等单位发行永续类债券合计57亿元；推动中铁十局、中铁广州局、中铁投资开展永续保险债权计划，2021年提取永续保债95亿元。上述合计降低公司资产负债率约2个百分点，为完成国资委资产管控任务作出了积极贡献。（文少兵）

【资金集中管理】加强银行账户审批和授权，深入推进以“财务公司+铁工财资”为平台的境内外资金集中管理机制，优化资金集中模式，不断加大资金集中力度，稳步提升公司整体资金集中管理水平，畅通资金内部循环，提升资金使用效率。完善现金管理系统，通过对接共享G6系统，实现内部多个实体资金池并存、共享服务中心业财资税一体化闭环运行，以此进一步推动资金集中，实现成员单位备付头寸资金的进一步集中。

截至2021年末，中国中铁通过中铁财务集中资金（本外币）1560.82亿元，总体资金集中度约82.85%，全集团日均吸收存款1234.81亿元。通过铁工（香港）财资管理有限公司对境外资金进行资金归集。截至2021年末，香港财资归集境外资金折算人民币26.71亿元，境外资金集中度为26.62%，境外可归集资金集中度为49.05%，其中归集美元资金3.92亿元、港币0.86亿元、人民币0.76亿元和少部分欧元；年内发放贷款5700万美元满足境外单位的融资需求。积极为境外机构提供资金管理服务，成功为中海外和中铁上海局的所罗门群岛联营体在港开立账户，实现境外收款业务；为中铁一局在港的工程分包项目开立账户，满足内部分包项目独立收付款需求；为匈牙利区域机构开立账户，推动境外重点区域资金管理。根据市场化原则不定期调整内部存、贷款利率政策，激发成员单位资金集中的积极性。（文少兵）

【金融资源管理】加强金融投资管理，要求股份公司所属非金融企业法人原则上不得从事与主业无关的金融投资。经股份公司第五届董事会第六次会议审议同意：批准中铁资本认缴分期出资中国诚通发起的中国国有企业结构调整基金二期股份有限公司（以下简称“国调二期基金”）股权人民币40亿元，中铁资本已于2021年实缴10亿元，国调二期基金已于2021年底对中铁七局集团武汉工程有限公司、中铁十局集团第一工程有限公司实施合计10亿元市场化债转股返投。（李　倩）

【担保管理】认真贯彻落实国资委及证券监管机构等有关担保要求，进一步强化对外担保的日常管理，依法合规开展对外担保业务，内部决策程序与信息披露符合证券监管机构和《公司章程》规定。对外担保坚持“同股同权、同股同责”原则，避免公司超股权比例承担担保义务，保证公司担保业务安全。截至2021年末，公司对外担保有效余额为169.24亿元，较2020年末减少20.38亿元，对外担保规模未突破2021年度公司（合并）净资产的50%，公司担保金额得到了有效控制，对外担保风险整体可控。严格管控担保规模，担保预算从严管理，强化担保管控。高度重视差额补足承诺、安慰承诺等隐性担保的管理，加强公司资产证券化和永续债规模管控，防止逾期和违约事项产生，触发担保（差额补足承诺）风险。（文少兵）

【资产经营】积极开展资产证券化出表，指导所属单位积极开展PPP项目资产证券化，2021年完成了中铁一局肇庆PPP项目ABS的发行，积极推动探索中铁十局平顶山PPP项目的资产证券化；推动以中铁信托和中铁资本为代表的集中发行模式，第四季度成功发行资产证券化约200亿元，全年完成资产出表约560亿元，为盘活存量资产，增加经营性现金流做了积极贡献。（文少兵）

【产权管理】中国中铁产权工作围绕优化治理体系、提升治理能力，推进稳增长、促改革、强创新、调结构、严监管、防风险，做优经营链、做精管理链、做强产业链、做实价值链、做大动能链，增强企业竞争力、创新力、控制力、影响力和抗风险能力等企业的中心工作，规范产权行为、完善产权制度、积极推进混改，努力通过产权手段推动将中国中铁建设为具有全球竞争力的世界一流企业的目标。

在制度建设方面，不断完善产权管理制度体系，对2012年后公司发布的产权管理制度进行了修订。对暂行制度中经实际检验不适应公司管理要求、程序等的内容予以修改。结合国资委《企业国有资产交易监督管理办法》（32号令），对公司制度体系的相关内容进行补充、完善。搭建起层级明晰的产权制度体系，形成“1+6+2”的三级管理制度体系。

在提升管理效能方面，强化综合管理围绕企业高质量发展，从资本供给、资产处置、资本投向等方面运用产权手段筹集资本、处置低效无效资产，合理进行资本投入管理，进一步提高资产质量和资本效率；强化产权管理理念，将管理重心由事后反映转为事前管理和过程控制。夯实产权基础，规范中介机构管理和资产评估工作、监督进场交易等，防范国有资产流失。通过建立台管理机制，对境外产权行为不规范、产权管理弱化的状况加强管理；强化股权管理配合建立健全投资项目SPV公司“董监高”选派管理。出台相应公司“股东会、董事会”派出股东代表、董事需提请股东决策事项请示的渠道；配合制定对派出专职“董事、监事”的履职要求、履职待遇等，夯实管理责任。

在产权基础管理方面，不断提升产权登记数据质量，挖掘并发挥产权登记数据价值。2021年度，共完成产权登记1133项，较2020年登记总量增加67.85%，其中新设企业登记205项，较2020年增长42.36%。注销法人资格、协议转让、进场转让登记完成67项，其中：注销法人资格登记39项，较2020年增长62.5%；协议转让登记19项，较2020年降幅38.71%；进场转让登记9项，较2020年增长12.5%。增资、减资登记完成30项，其中：增资登记27项，较2020年下降70.97%；减资登记3项，较2020年下降62.5%。按照国资委要求，对所属企业参与的有限合伙企业61户均进行了登记。2021年，公司资产评估备案项目57项，评估对象账面净资产226.62亿元，净资产评估值302.65亿元，评估增值76.03亿元，增值率33.55%。根据经济行为分类，2021年所实施评估备案项目全部为国务院国资委授权中央企业集团备案的项目，无上报国务院国资委国有备案项目，符合国资监管规定。2021年度公司在产权市场公开挂牌转让项目82项，成交项目30项，挂牌价合计187039.62万元，成交价合计187590.42万元，增值额550.8万元，实现了交易资产的保值增值。

截至2021年末，以非公开协议方式实施的资产转让事项共42项，其中已完成产权登记18项、尚处于系统审核中的项目24项。转让原因主要是开展内部资产重组工作，高效整合企业资源，提高企业市场竞争力。在资源配合方面，产权以“财务中的经营与经营中的财务”为基本理念，积极促进公司“长期与短期、风险与创新、科研与市场、规模与效益、质量与效率、投入与产出”协调、并行不悖地发展；以“顺应外部环境、支持展业和新的商业模式、提高市场占有率和发展质量、提升投入产出效率”为出发点和归宿，提高资本配置对经营的支持率。（曾　晶）

【金融和类金融业务风险防范】按照领导要求，组织落实成立中国中铁股份有限公司防控金融风险领导小组、金融工作协调小组，并召集相关会议，进一步提升股份公司金融风险防控能力、融资能力和资金使用效率，促进股份公司融资和金融业务健康发展。组织对股份公司所属基金管理公司开展财务监察。聘

请第三方独立审计机构，对股份公司所属的基金管理公司进行了全面摸底，对相关公司在日常管理、运营、基金业务管控等方面开展了财务监察，形成相关财务监察审计报告、整改意见，并开展专项挂牌督办整改工作，发布《中国中铁关于开展所属基金管理公司相关业务清理排查工作的通知》《关于进一步推进产业基金业务风险整改工作的通知》等，严控相关业务风险。按照国资委要求组织或配合做好中铁信托整改"回头看"、融资租赁公司风险防范、典当业务风险整改等相关金融企业与金融业务风险防控、整改工作，转发相关通知，提出相关风险排查与整改要求。按照国资委要求组织好信托业务月度跟踪报表、中央企业金融业务季报、金融衍生业务季度统计、基金业务内部统计和基金年度投资计划的相关收集、整理、核对、报送等工作，按要求做好相关风险监控，向国资委报送《中国铁路工程集团有限公司关于基金业务开展有关情况的报告》《中国铁路工程集团有限公司基金业务2020年度报告》，中铁电气化局、中铁交通拟投资南昌轨道交通产业基金等相关报告材料。（李　倩）

【税务管理】组织编制完成《税务管理手册》（含合规、风控和规划分册），并在全公司组织宣贯培训，进一步强化各单位的税务合规管理、风险管控和税务合理规划，全面提升税务管理水平。组织开展税务管理信息化建设，编制完成《中国中铁税务管理信息化建设需求报告》，为下一步信息化建设实施打下良好基础，提升集团综合税务管理水平和信息化建设水平，有效防范和管控税务风险，切实降低企业税负，实现企业价值最大化。按时完成集团公司、股份公司及中铁人才公司2021年增值税、企业所得税、个人所得税等各税种申报纳税以及发票管理等日常相关工作。及时规范完成总部三个主体2021年的印花税申报纳税工作，建立印花税台账。按时组织完成2020年度汇算清缴、国别报告申报等工作，梳理税务管理工作中的问题、风险，总结经验并提出管理建议。组织所属项目进行税务自查，明确自查要点及管理要求，持续做好税务稽查沟通工作，统筹协调税务总局大企业司千户集团风险管理等工作。组织各单位分析税负情况并制定应对措施，落实各类税收优惠备查资料，确保各项优惠在合规的前提下实现应享尽享。为持续提升集团财税团队综合素质，多次组织各单位分管税务工作人员开展了线上和线下的税务专题培训，同时坚持每月将当期税收新政进行解读，按期编辑制作财税政策电子专刊。（魏勇明）

【财务监察】以自查和飞行检查方式，组织开展全级次财务资金专项整治，对发现的问题组织进行整改。开展全级次深化设租寻租问题专项整治，对2021年新发现和以前年度发现的问题完成整改。配合开展挂靠清理，进行财务巡视交底，完善财务管理，督促落实财务相关问题整改。组织开展资金内控关键环节排查，对不相容财务岗位人员设置、网银U盾管理、账户短信通知服务接收、信息系统安全、银企对账工作等关键环节开展专项排查等工作，进一步加强资金内控管理。结合财务资金专项整治、亏损项目治理、廉洁冬奥等工作，对中铁建工冬奥会张家口赛区奥运村及古杨树场馆群建设项目等5个工程项目和中铁大桥局等5家二级单位开展"飞行检查"。对公司党委巡视办公室移交的2021年第一批巡视涉及财务管理的问题督促落实整改并进行整改验收。对国资委内控体系有效性抽查整改工作涉及财务管理的问题督促落实整改并进行整改验收。按照资金内控关键环节排查的整体安排，组织对川藏铁路工程指挥部、孟加拉国帕德玛大桥铁路连接线项目部等9个直属项目开展排查，督促改进财务管理。对国际事业部的资金内控管理进行监察，对公司在建项目进行收尾管理梳理，对哈大指挥部收尾涉及财务工作调研并制订方案。采用月度报表清单管理、约谈等方式，指导督促各单位推进境外财务负责人和财务主管直派工作，按照国资委要求提前一个月完成年度境外直派目标。（尹翔飞）

【共享中心建设】2021年，境外机构、资金中心、中铁二院及新收购的中铁装配、中铁长江设计、中铁水利设计全面上线财务共享平台，中国中铁财务共享中心建设完成境内外、全业态全覆盖的"最后一公里"。截至2021年末，财务共享平台上共有3.4万个核算单元，系统用户数达48.1万人，客商数量118.9万户，全年业务量超1600万笔，"共享—资金系统"联动支付量超2.2万亿元；落实信息贯通工程要求，共享平台率先接入中国中铁一体化工作平台；确定共享平台系统优化方案，提升共享平台建设水平；开发了国际业财离线应用系统，推动链路受限的境外机构全面上线；智能报销、智能审单、智能报表、资金机器人等财务智能化应用试点运行成功，大幅提升用户使用体验，有效释放财务人力资源，召开中国中铁业财共享平台新功能发布及培训视频会，智能化应用进入全面推广阶段，初步构建起"人机协同"的混合智能财务管理能力；建成党费财务管理系统平台并全面投入运营；完成中国中铁表外平台的开发、维护；全面推广应用资金智能化分析平台。截至2021年末，共计41家二级单位（含股份公司本部）完成资金智能化分析平台部署，5.2万个银行账户纳入统一管理，各主要功能模块运行平稳，数据分析及预警监控成果初显；对股份公司本部及各二级单位共享业务开展"日常+专项"抽样稽核，初步形成了"抽样—稽查—通报—整改"的常规稽核业务模式；进一步理顺股份公司总部与所属直属机构、二级单位间经济关系，建立与业务管理关系相匹配的财务共享管理机制。（吴飞飞）

【经济运行预警】为及时发现、掌握二级单位经济运行中的重要问题、隐患和主要矛盾，指导、督促二级单位提高防范和化解重大风险的能力，切实做好“风险降减”整改落实工作，推动企业实现高质量发展，按照《中国中铁二级单位经济运行预警管理办法》，按月对各单位关键指标预算、同比完成情况以及排名、偏离等情况进行多维度分析比较，监测二级单位触警情况，并将触警情况逐一反馈二级单位，督促其做好整改。（樊 伟）

【内部经济秩序】完善内部债权债务清算机制，开展二级单位的清算监察，全年共计清算金额 66.98 亿元，严肃债务清偿纪律，保护和支持债券单位的合法权益，促进内部资金高效运转，避免外部诉讼仲裁行为的发生。组织 3 个调研小组对 10 个投资公司的 10 个项目开展了资金情况专项调研活动，通过现场访谈、翻阅资料、查阅账务、核对数据、工地走访以及书面调研等方式，聚焦投资项目现金流管理，穿透投资项目资金运转全流程，了解投资项目全流程各经济主体——投资方（股份公司、投资公司、金融机构等）、项目公司、指挥部、参建单位（工程局）、供应商等之间经济关系和资金运行机制、业务流程、操作依据、决策执行情况等，厘清资金流向，了解各经济主体的诉求和矛盾焦点，对投资项目资金管理现状及存在问题进行了梳理汇总，并提出相应管理建议，为进一步理顺投资项目内部经济关系奠定了坚实的基础。

（马志强）

【工程项目现金流自平衡管理】印发《中国中铁股份有限公司工程项目现金流自平衡管理办法》，根据国资委申报 2021 年国有重点企业管理提升“标杆项目”要求，撰写了《自平衡管理经验成果介绍》，经国资委专家评审确定中国中铁工程项目现金流自平衡管理为国资委 2021 年国有重点企业管理提升“标杆项目”。根据国资委标杆项目及管理办法要求，制定《中国中铁工程项目现金流自平衡管理实施方案》，并经主要领导同意实施。下发《关于定期上报工程项目现金流自平衡工作进展情况报告的通知》，要求各单位每季度定期上报自平衡工作开展情况总结报告，督导各二级单位深入开展自平衡管理落实落地。召开项目自平衡管理推进视频会，中国中铁党委常委、总会计师孙璀对相关工作进行再强调、再部署。项目管理提升大会主要领导对自平衡管理再次强调，根据要求将自平衡管理重要指标纳入项目管理提升三年行动中，作为一项常态化工作。截至 2021 年末，所属单位已完成相关制度建设并按时间节点开展工作。（陈水平）

【财务工作会】2021 年 11 月 23 日，召开 2021 年财务工作视频会。会议全面总结了 2021 年财务工作，总结分析面临的形势和任务要求，安排部署 2022 年重点财务工作，推动财务管理转型升级。中国中铁党委常委、总会计师孙璀作 2021 年度财务工作报告，财务与金融管理部部长马永红传达了国资委有关会议精神，

▲图 11-2 中国中铁召开学习贯彻习近平总书记“七一”重要讲话精神会议暨经济运行分析会

中铁一局、中铁四局、中铁七局、中铁八局、中铁隧道局、中铁财务公司6家单位作了交流发言。财务与金融管理部副部长杨涛、于来新分别就“预算、‘金’管控”“资产负债率管控、融资管控”等方面的具体工作进行了安排布置。各二级单位总会计师、财务部长、副部长及相关人员，共计606人参加会议。（马飞祥）

【经济运行分析会】为评价公司经营现状、发现薄弱环节、实施管理控制、寻找发展规律，保持企业可持续发展，根据《中国中铁股份有限公司经济运行分析工作规定》，公司于2021年4月6日下发了《关于由下而上逐级开展经济运行分析活动的通知》，要求各二级单位由下而上逐级开展经济运行分析活动。7月24日，召开了学习贯彻习近平总书记“七一”重要讲话精神会议暨经济运行分析会，中国中铁党委常委、总会计师孙璀对公司2020年度和2021年上半年经济运行情况进行了总结，并对经济运行中存在的问题提出了解决措施和工作要求，为公司年度目标的顺利完成奠定了基础。（樊　伟）

【中国中铁首届财税高端人才班】启动首期财税高端人才选拔培养项目，组织对申报人员进行集中笔试和面试，根据笔试和面试成绩，按照择优录取的原则确定培养对象55人。分别于2021年6月和9月在北京国家会计学院举办了首期财税高端人才第一次和第二次集中培训，培训的授课老师包括高校知名教授、财政部会计准则制定专家、大型企业财务高管等，除每次11天的课堂授课外，还组织“学员讲堂”活动，加强了学员间的互动交流和经验分享，同时组织了“数智财税高端论坛”“对话领军”等活动。（魏勇明）

【第二届“天扬杯”全国建筑业财税知识竞赛】2021年，中国中铁在第二届“天扬杯”全国建筑业财税知识竞赛中获得全国20枚团体组金奖中的7枚，收获9枚银奖和11枚铜奖，获奖总数达27枚，金奖数和获奖总数均排名大赛第一。在个人组决赛中，中国中铁34人夺得个人组金奖，78人获得个人组银奖，46人获得个人组铜奖，金奖数和获奖总数同样位列大赛第一名。股份公司获得优秀组织奖，中铁一局、中铁二局、中铁四局、中铁九局、中铁十局、中铁建工等6家二级单位获得先进单位奖。（魏勇明）

【建筑财税论文及案例获奖】中国中铁在2021年度建筑财税优秀论文和典型案例征集评选获优秀论文114篇（其中，特等奖4篇、一等奖33篇、二等奖28篇、三等奖49篇），获奖典型案例39项（其中，最佳案例6项、优秀案例33项）。股份公司获2021年度建筑财税优秀论文、典型案例“优秀组织单位”奖。（魏勇明）

人力资源部（党委干部部）

【“十四五”人才规划】围绕落实国家“十四五”规划和2035年远景目标纲要、中央人才工作会议精神、

▲图11-3　2021年9月24日，中国中铁获第二届“天扬杯”全国建筑业财税知识竞赛团体组7枚金奖、9枚银奖和11枚铜奖，获得金奖数、奖牌数双第一

国资委关于国有企业改革和加强中央企业人才队伍建设等精神，参考和吸收了国资委、外部中介机构对于“十四五”人才发展的思考与做法，对标学习其他建筑类中央企业相关数据指标，通过系统梳理、盘点、诊断“十三五”期间的工作成效和存在问题，根据股份公司业务板块发展和“十四五”整体发展战略需要，遵循战略导向、市场导向和问题导向原则，编制了《中国中铁人才发展“十四五”规划》。

总体目标：到2025年底，培养打造一支数量充足、结构合理、专业突出、富有活力、满足公司战略发展要求的人才队伍，建立健全开放、灵活、高效、创新的人才工作机制，将员工数量优势转化为人才优势，形成具有中国中铁特色、管理科学且不断优化的人才生态系统。

主要目标：人才总量结构更加优化。到2025年底，员工总量保持基本稳定。其中，基建板块员工不超过27万人、国际业务人才占比不低于4%，人才年轻化明显改善。人才质量持续改善。建立“市场招才、伯乐荐才、机构猎才、以才引才”的立体化引智渠道，加大“双一流”高校毕业生、“高精尖缺”成熟人才引进力度。到2025年底，新引进“双一流”高校及部分传统重点高校主专业毕业生占比50%以上；“高精尖缺”成熟人才持续增加，国家级高层次专家人才数量达到110人以上。人才效能明显提升。全员劳动生产率50万元/（人·年）以上，人均营业收入500万元以上，人均利润、人工成本利润率和人事费用率指标达到行业对标企业中上水平。人才市场化全面突破。市场化引进人才占比超过行业平均数，专项人才培养工程全面推进，人才制度改革成果显著，人才市场竞争力持续提升。

专项目标：六支人才队伍建设设置量化目标。主要包括：到2025年末，40岁以下青年党群人才占比超过50%；累计选拔“80后”的二级企业领导班子成员占到25%以上；累计选拔40岁及以下的三级企业领导班子正职占到50%以上；通过培训—考核—认证的项目经理比超过95%；力争培养中国工程院院士2名、全国工程勘察设计大师3~5名、百千万人才工程国家级人选2名；培养200名优秀高技能人才，重点培养50名测量、试验、盾构、电焊等核心工种领域技艺精湛、能够引领本专业技能水平提升的工匠技师和特级技师。

主要举措：重点围绕三项制度改革、人才机制、人才队伍、人力资源共享平台开展工作。①坚持市场导向，深入实施三项制度改革。包括：深化劳动用工制度改革，全面推进市场化用工；推行任期制和契约化管理，加大市场化选用力度；完善收入分配机制，开展多元化中长期激励。②坚持机制创新，提升人才管理水平。包括：创新人才引进机制，改进人才选任机制，优化人才评价机制，完善绩效考核机制。③坚持系统推进，培育造就一流人才队伍。包括：畅通职业通道，健全人才发展路径；完善培养体系，搭建人才培育平台；坚持问题导向，推进人才队伍建设。④坚持赋能发展，打造一体化人力资源共享平台。包括：完善人力资源信息系统，提升人才管理效率；搭建人力资源交流平台，推动人才内外循环；探索人力资源共享模式，聚焦人才战略业务。（张晓明）

【制度建设】围绕深化改革三年行动和三项制度改革工作，突出市场化要求，制定了《中国中铁股份有限公司二级企业三项制度改革评估管理规定（试行）》，通过量化考核明确改革导向和工作重点，为全公司各层级企业深入推行三项制度改革指明方向。稳步推进改革“牛鼻子”工程，出台《中国中铁股份有限公司二级企业经理层成员任期制和契约化管理办法（试行）》，为推进和规范各级企业实施经理层任期制与契约化管理提供基本遵循，形成更加明晰的实施路径。持续规范选人用人制度，印发《关于进一步完善干部选拔任用工作程序的通知》，优化工作程序，更加突出业绩化导向。健全完善领导人员考核工作机制，修订《中国中铁股份有限公司“四好”领导班子考核评比办法》，考核评比组织更加高效、导向更加鲜明。深入贯彻公司治理体系和治理能力现代化建设要求，修订《中国中铁股份有限公司委派的外部董事监事管理办法》《中国中铁股份有限公司二级子公司董事会和董事考核评价办法》，进一步完善所属二级企业法人治理结构和考核评价体系，积极促进董事监事履职尽责。修订《中国中铁专业技术职务任职资格评审管理规定》以及工程、经济、会计、政工四个专业“1+7”职称评审管理制度，健全完善“网络评审+会议评审”职称评审体系，更加突出业绩、能力和实际贡献导向，进一步提升职称评审的公平性。（左文雄）

【深化三项制度改革工作】召开全公司三项制度改革推进会议，针对当前管理实际和主要问题，制定了“抓住一条主线、突出两大重点、夯实三项工作、强化五项保障”的“1235”工作要求，加快推进各项改革更加深入。出台实施《中国中铁股份有限公司二级企业三项制度改革评估管理规定（试行）》，根据评估结果对二级企业进行经营业绩考核得分奖罚，并与领导人员任免和评先评优等相挂钩，激励各层级领导班子积极主动作为，加大改革创新力度。截至2021年底，全公司三项制度改革重点任务均取得较好成效，重点改革指标大多优于中央企业平均水平：经理层任期制和契约化管理推行、公开招聘、全员绩效考核等比例都达到或接近100%；全公司管理人员退出率达到5.28%，员工市场退出率达到2.44%，较2020年分别增长2.5个和1.3个百分点，初步破解了管理人员“难下”、员工“难出”问题。全员劳动生产率、人工成本利润率、人事费用率、收入差距倍数、浮动工资占比等指标较

2020 年明显好转，改革成效进一步显现。（左文雄）

【集团公司及股份公司领导班子建设】配合国资委党委完成对集团公司党委常委和股份公司党委常委、副总裁人选的推荐考察工作，调整补充 2 名领导人员进入集团公司党委领导班子，新增 3 名股份公司党委常委、副总裁。（谢延庆）

【所属单位领导班子建设】2021 年，公司党委坚定执行党的干部工作路线方针政策和国资委党委有关要求，不断健全选拔任用程序，创新管理监督机制，大力推动优秀年轻干部发现培养选拔使用，切实把党中央和国资委党委关于加强中央企业领导人员队伍建设的新规定、新要求，贯穿干部管理工作的全过程，选准、用好领导人员，为推动企业高质量发展提供坚强组织保证。2021 年，公司党委从优化整体结构、加强梯队建设出发，共提拔使用总部和二级单位领导人员 99 人，进一步使用 14 人，轮岗交流 46 人，改任非领导职务 44 人，选任专职董事监事 11 人。

通过健全制度、树立导向、从严管理和持续推动干部队伍年轻化进程，着力打造忠诚干净担当、高素质专业化的领导人员队伍。紧扣国企改革三年行动要求，牢牢抓住经理层成员任期制和契约化“牛鼻子”工程，通过构建完善的制度体系，加大组织推进力度，各级企业经理层成员全部如期纳入任期制和契约化管理。修订完善《“四好”领导班子考核评比办法》，将业绩为先和高质量发展要求贯穿其中；规范开展考核评比工作，授予 12 家二级企业 2020 年度中国中铁“四好”领导班子称号。优化选拔任用工作程序，公示程序由党委常委会后公示调整为会前公示，进一步发挥干部职工的监督作用；同时，在廉洁从业背书的基础上，增加“业绩背书”，树立鲜明导向，确保选拔任用的领导人员，经得起干部职工和历史的检验。（谢延庆）

【领导人员培训】坚持以习近平新时代中国特色社会主义思想为指导，全面贯彻落实党的十九大和十九届六中全会精神，为打造“对党忠诚、勇于创新、治企有方、兴企有为、清正廉洁”的领导人员队伍，按照“补钙、筑基、提能”三维一体领导人员培训体系，持续强化二级企业领导班子成员及总部部门负责人培训力度。先后在中国延安干部学院、中国井冈山干部学院、中国浦东干部学院、中国大连高级经理学院举办四期领导人员培训，共培训公司党委管理领导人员 203 人。举办了学习贯彻习近平总书记“七一”重要讲话精神暨提高政治能力专题线上培训班和学习贯彻党的十九届六中全会精神网络培训班，共培训 9200 余人次。各级领导人员通过培训，强化了理论学习，坚定了理想信念，提升了治企兴企能力素质。根据青年干部特点和人才培养规律，按照“五力模型”培训体系，先后举办了第二期中国中铁中青年干部培训班和第一期青年干部培训班，对 56 名 40 岁以下二级企业中层正职和 49 名 35 岁以下中层副职进行为期两个月的系统培训，进一步坚定年轻干部理论信仰，提升驾驭管理企业的水平，为企业发展储备一批可堪大任的优秀年轻干部。（李巧娟）

【优秀年轻干部队伍建设】深入贯彻习近平新时代中国特色社会主义思想，全面落实党中央《关于适应新时代要求大力发现培养选拔优秀年轻干部的意见》、国资委党委《“十四五”时期国资委党委管理领导班子的中央企业优秀年轻领导人员队伍建设实施意见》精神，立足企业长远发展，加大优秀年轻干部发现培养选拔使用工作力度。结合企业实际，到 43 家二级企业组织开展优秀年轻领导人员集中调研工作，全面了解年轻干部队伍实际情况，按照“备用结合”原则，集中掌握了一批优秀领导人员和年轻干部，为下一步领导人员选拔任用工作奠定了坚实基础。强化重点培养，组织开展两期中青年干部培训班，重点围绕党性理论教育、宏观政策、市场形势、行业趋势和企业发展战略、深化改革、党建工作等方面进行系统培养，有力提升年轻干部的综合能力素质。加大优秀年轻干部选拔任用力度，2021 年全年提拔 45 岁以下二级企业领导人员 43 人，占提拔总人数的 43.43%，其中，40 岁及以下人员共 13 人；加强三级企业领导班子正职年龄结构优化，对拟提拔 40 岁以上三级企业领导班子正职人选实行审批备案；严格执行季度报告制度，形成预警机制，每季度末对三级企业领导人员年龄结构进行盘点分析，让落后者看到差距、直面压力。截至 2021 年底，45 岁及以下二级企业领导人员占比达到 16.54%，40 岁以下三级企业领导班子正职占比达到 12.08%，较往年大幅提升；全公司领导人员队伍年龄结构持续优化，年轻干部规模和质量持续提升，各级企业领导班子活力明显增强。（李　根）

【干部考核监督工作情况】坚持从严从实，持续加强领导人员考核监督的体系化、常态化。将年度综合考核评价、日常履职考察和个人事项报告、专项治理、党委巡视、审计等各类管理、考核和监督手段相结合，使监督体系在相互独立又紧密联系的良性态势中有效运转，作用和效力持续提升。采用“现场＋书面”相结合的方式，向二级企业反馈领导班子和领导人员年度综合考核评价结果，并对 28 名近年来考核结果较差的领导人员进行谈话提醒，将 2 名近年来考核结果排名靠后的领导人员改任为非领导职务，调整交流 6 名领导人员到新岗位任职，着力推动领导人员“能上能下”机制完善。加大对二级企业领导人员日常履职的监督考察，先后对中铁大桥院、中铁三局、中铁五局等 18 家二级企业领导班子日常履职情况进行了考察，听取了职工群众对领导班子在团结协作、选人用人等方面的表现情况，了解了企业当前存在的主要问题和班子成员日常履职表现，提出了工作建议。印发《中国中铁股份有限公司国（境）外机构领导人员述职工作实施细则》，规范述职述廉工作程序和要求，进一步加大国（境）外领导人员监管力度。对存在违规违纪违法问题的领导人员进行问责追究，全年共对19名股份公司党委管理干部予以政纪处分；对新发现的1名“裸官”及时按规定和程序进行了清理。（朱成亮　谢延庆）

【高层次专家人才队伍建设】2021年，中铁大桥勘测设计院集团有限公司高宗余当选中国工程院院士，中铁二院工程集团有限责任公司张海波、喻渝当选全国工程勘察设计大师。中铁高新工业股份有限公司贾连辉入选第六批国家“万人计划”科技创新领军人才，按照《国家高层次人才特殊支持计划管理办法》培养支持。中铁大桥勘测设计院集团有限公司张景钰、中铁二院工程集团有限责任公司周和祥入选“第七届中国科协青年人才托举工程”，按照《中国科协青年人才托举工程管理办法》培养支持。中铁三局集团有限公司张民栓等9人获2020年度茅以升铁道科学奖—建造师奖。中铁一局集团有限公司刘耀强等50人入选中国施工企业管理协会“工程建设科技创新人才万人计划”。中铁隧道局集团有限公司刘龙卫等3人当选中国公路建设行业协会科学技术英才。（缪九龙）

【1人当选中国工程院院士】

高宗余　中铁大桥勘测设计院集团有限公司

【2人当选全国工程勘察设计大师】

张海波　中铁二院工程集团有限责任公司

喻　渝　中铁二院工程集团有限责任公司

【1人获第六批国家万人计划】

贾连辉　中铁高新工业股份有限公司

（缪九龙）

【高技能人才队伍建设】联合中国就业培训技术指导中心，于2021年7月和10月先后在贵阳和哈尔滨组织举办2021年全国行业职业技能竞赛——中国中铁股份有限公司第四届职业技能竞赛工程测量技能大赛和试验技能大赛。两个工种的大赛均为国家级二类大赛，21家单位的160名优秀选手参加决赛，6名优秀选手获得“全国技术能手”称号，有效发挥了“以赛促训、技能交流、人才选拔、表彰激励”的作用。为加强高技能人才队伍建设，弘扬工匠精神，公司举办3期高技能人才培训班，对224名高级技师进行“四新”技能培训，切实提升技能人员的理论和技能水平。持续抓好施工现场专业人员培训考核工作，举办89个班次，7051人培训合格，合格率98.48%，并有序组织施工现场专业人员定期参加继续教育，持续提升施工现场专业人员能力素质和职业道德素养，促进安全生产和工程质量提升。

（仝　婕　李巧娟）

【职称评审管理】优化了职称评审系统功能，进一步提升评审效率和质量。2021年评审通过正高级工程师436人，高级工程师3774人；正高级经济师60人，高级经济师107人；正高级会计师54人，高级会计师231人；高级政工师328人。

（韩明哲）

▲图11-4　中铁大桥院高宗余获选中国工程院院士

【干部档案管理】加大干部人事档案管理力度，组织完成对所属 29 家单位干部人事档案专项审核及档案数字化建设的督导检查工作，通报检查结果，提出年度档案管理专项整改计划和提升行动，确保从严管理干部人事档案要求落实落地。（林震远）

【企业年金管理】截至 2021 年末，股份公司共有 47 家单位建立企业年金计划，基金规模达到 131.62 亿元，其中 29 家单位建立企业年金单一计划，设立投资组合 69 个（其中 2021 年新运作 5 个未纳入本次收益率统计），资产规模合计 125.08 亿元，分别归属 8 个投资管理人进行投资管理，平均收益 5.26%；18 家单位加入集合计划，设立专属投资组合 3 个，资产规模合计 6.54 亿元，归属 1 个投资管理人进行投资管理，收益区间为 5.09%~5.38%；总部年金基金规模 1.23 亿元，投资收益 6.38%，位列全系统 29 个单一计划投资收益第 3 名。持续推进年金工作信息化建设，养老金委托人服务平台顺利上线，各单位员工可通过中国中铁专用微信公众号“筑路建业”直接对接小程序查询年金信息，不断提升服务水平和质量。（段　鹏）

【企业补充医疗保险】结合总部补充医保管理现状及资金存量，修订完善《总部补充医疗保险规定》，加入了商业团体终身重大疾病保险内容，更好地为职工提供健康保障。联合相关部门组成总部团体长期重大疾病补充医疗保险采购工作小组，提出招标要求及初步采购意见，拟定招标文件，发布招标公告，最终经过公开招标确定泰康养老保险股份有限公司北京分公司为第一中标候选人。通过合同谈判，签订了《团体重疾补充医疗保险协议》，参保涵盖重大疾病 125 种重症、25 种中症、50 种轻症及退休后住院医疗保险金等，对全系统各级企业建立在职期间缴费、保障全生命周期的补充医疗保障体系进行了科学的探索。

（段　鹏）

【履行社保代办机构职责】严格履行社保代办机构服务职能，贯彻养老保险收支两条线要求，办理了在京地区二级、三级单位 4878 人次社保增员及 4955 人次社保减员，2021 年累计上缴“三险”社保费 48.71 万人次合计 16.94 亿元；养老和工伤保险基金支付增员 662 人次，减少 2206 人次；办理养老保险转入 332 人次共计 4567.52 万元；养老保险转出 334 人次共计 2739.64 万元；2021 年养老保险支出 6.67 亿元；调整在京单位社保待遇，为在京单位 1.05 万名退休人员月增加养老金 1353.14 万元；工伤职工及工亡供养遗属 237 人，待遇增加 26.07 万元；出具社保缴费证明 92 份，涉及 3000 余人次，满足企业生产经营需要。完成 0.9 万人领取社保待遇人员资格认证，确保养老金及工伤待遇等按时足额发放，保障参保人员权益，维护企业和社会稳定。（段　鹏）

【总部机关人员管理】截至 2021 年底，中国中铁总部共有职能部门 20 个，正式员工 318 人。学历结构：博士研究生 7 人，硕士研究生 55 人，大学本科 253 人，大专 3 人。专业技术职务：正高级技术职务 48 人，高级技术职务 200 人，中级技术职务 51 人，助理及以下 19 人。年龄结构：40 岁及以下 157 人，41~45 岁 63 人，46~50 岁 42 人，51~55 岁 32 人，56 岁及以上 24 人。自 2021 年以来，中国中铁持续规范提升总部员工队伍建设，突出总部员工市场化选用导向。先后组织完成股份公司工程监管中心员工、派驻纪检组干部、总部员工、部门副职、审计中心员工等公开招聘相关工作；严格把关人选条件，规范招聘组织流程，严肃履行决策程序，确保各项公开招聘工作都稳妥、有序、顺利完成。全年累计完成总部及所属机构公开招聘员工 85 人。做好总部干部考察和聘任工作。规范选拔任用程序，深入了解、掌握干部群众意见，确保选好人、用好人。全年共选拔部门正职 2 人，部门副职 16 人，处长 11 人。稳妥合理做好员工配置工作。根据新修订办法，开展了总部员工职级调整就位工作，对申报人员工作履历、基层经历、职称、年度考核等情况进行了查档核实，最终晋升高级经理 6 人、经理 19 人、主办 1 人。总部机构优化调整工作安排，积极沟通对接相关部门，做好员工就位配置的问题咨询和合理建议，稳妥有序地完成了总部 112 名处长和职员的就位工作。认真落实总部员工内部轮岗工作要求。根据新修订员工管理办法，督促开展了总部部门 36 名员工轮岗或调整分工，其中部门副职以上 12 人，职员 24 人加大挂职锻炼工作力度。有序开展总部员工基层挂职锻炼工作，完成 2021 年度首批次 4 名中青年干部到一线项目部挂职考核和鉴定工作，均认定为“优秀”；启动了 2021 年度中青年干部挂职锻炼工作，选派 4 名基层经验不足的员工到所属二级、三级企业本部管理岗位挂职，拓展工作视野，历练能力才干。先后抽调了 50 名基层优秀年轻干部到总部业务部门挂职或帮助工作，增强能力锻炼，提升综合素质。累计选拔推荐 14 名优秀年轻干部到国资委、团中央、冬奥组委等机构进行挂职锻炼，优中选优确保人才质量，展现中国中铁员工队伍良好形象。（张晓明）

考核分配部

【业绩考核评价管理】按照国资委和公司业绩考核管理要求，做好国资委对公司、内部二级单位业绩考核及制度修订工作。结合 2020 年财务决算数据，完成国资委对集团公司业绩考核工作，获得 2020 年度考核 A 级（连续 8 年考核 A 级）。按照《中央企业经营业绩考核办法》规定，结合公司财务快报数据，上报国资委 2021 年度集团公司经营业绩考核目标值，签订年度经营业绩责任书；上报业绩考核中期完成情况报告并取得 A 级预考核结果。认真贯彻落实“两利四率”考核导向，健全、优化以“导向明、指标清、手段活、考核严”为目标，以“价值创造、投入产出”为核心，具有“严肃性、权威性、激励性”的业绩考核体系，最大限度从广度和深度上构建对所属二级单位业绩考核管理体系、考核内容和方法。组织开展二级单位2020年度业绩考核工作，经会议决策后公布考核结果。规范二级单位负责人经营业绩责任书有关要求，推进任期制和契约化管理改革与企业经营业绩考核工作相互配合、相互促进、相辅相成。

（石晓烽）

【市场化改革举措】遵循市场经济运行规律，按照“按劳分配为主体、多种分配方式并存的分配制度”要求，健全市场化薪酬分配管理机制，实施市场化的薪酬确定和调整，实现员工收入“能增能减、能高能低”，提高薪酬资源的配置效率。印发了《中国中铁股份有限公司关于进一步加强市场化薪酬管理的指导意见》《中国中铁股份有限公司关于加强关键人才薪酬分配的指导意见》，指导所属单位健全市场化薪酬分配机制。优化以岗位工资为主的基本工资制度，将岗位价值、承担风险和评价结果作为薪酬的确定依据，做到“一岗一薪，易岗易薪”；强化考核结果在薪酬中的运用，根据考核结果合理拉开收入差距分配，将浮动薪酬占比、收入差距倍数作为“三项制度”改革的重要评价指标，有效发挥绩效薪酬和奖惩兑现的激励约束作用，2020年二级企业负责人副职薪酬差距拉开至少5%。综合运用国有控股上市公司股权激励、国有科技型企业股权和分红激励、国有控股混合所有制企业员工持股、超额利润分享、跟投等激励工具，实施更加多样、更加符合市场规律和企业实际的激励方式，2021年，有序推进了中国中铁股份有限公司2021年限制性股票计划，批复了12家单位科技型企业岗位分红激励方案，使“技术、知识、管理”等生产要素真正参与分配，调动核心骨干人才积极性、主动性、创造性。（石晓烽）

【二级企业负责人薪酬管理】持续巩固和深化负责人薪酬制度改革，始终坚持正向激励导向，不断完善薪酬待遇体系，激发干事创业热情。完善负责人薪酬体系。按照尊重岗位职责，强化业绩考核导向，突出特殊贡献，合理结构比例，坚守依法合规的原则，修订了二级单位负责人薪酬管理办法，匹配了经理层任期制契约化管理的相关要求，健全二级单位领导班子基于业绩的“能高能低、能增能减”薪酬激励分配机制。认真做好2020年度二级企业负责人薪酬兑现工作，二级企业负责人最高最低标准差距倍数（不含海外）为2.42倍；其他负责人薪酬根据考核结果拉开5%以上差距，营造奋发有为、积极向上的氛围。

（石晓烽）

【履职待遇、业务支出】规范企业负责人履职待遇、业务支出，坚决贯彻落实中央八项规定精神，分级分类分档确定企业各管理层次管理人员履职待遇、业务支出预算。严格执行公司党委制定的《关于严格执行作风建设规定落实“勤俭办企业十不准”的通知》，各层级管理人员出差不得安排五星级酒店住宿，业务招待不得提供高档酒水，白酒每500毫升、红酒每750毫升售价不得超过500元，通过强化内部约束，加强同级监督，纳入巡视巡察等方式，做好过程调控。（石晓烽）

【工资总额管理】修订二级企业工资总额管理办法，基于“工资效益联动、效率对标调整和工资水平调控”的总体原则，建立健全与劳动力市场基本适应、与企业经济效益和劳动生产率相挂钩的工资决定和正常增长机制，根据企业功能定位、行业特点、发展阶段及管理能力，实行差异化的工资总额管理方式和决定机制。组织完成公司2020年度工资总额清算和2021年度工资总额预算工作。2020年度清算工资总额达478.68亿元，有效满足各单位清算需求；根据股份公司财务预算，编制并上报了2021年度工资总额预算515.08亿元，增幅7.0%。2020年度，公司职工平均工资15.54万元，较2019年增长8.2%。规范开展二级单位工资总额清算，合理优化配置年度薪酬资源，坚持向贡献大、效率高的企业倾斜，充分发挥工资总额的激励约束作用。加强工资总额预算执行过程管理。每季度根据各单位工资总额和经济效益指标完成情况，对各单位工资总额和经济效益指标同比增幅、预算完成进度等指标进行对比和分析，对工资总额执行过程存在的工资效益增幅不匹配、工资增长过快等问题进行预警、通报或约谈，督促各二级单位采取措施加强管理。（石晓烽）

【关键岗位核心人才激励体系建设】完善中长期激励制度体系，印发了《中长期激励管理办法》《上市公司股权激励管理规定》《超额利润分享管理规定》《实施跟投管理规定》，构建中长期激励“1+N”体系。有序推进上市公司股权激励，通过政策研究、内部摸底、外部对标、聘请专业机构提供咨询等，推进中国中铁股份公司2021年限制性股票激励计划，实现激励对象与企业“风险共担、价值共创、利益共享”。精准实施科技型企业岗位分红，重点锚定技术驱动性强的科技型企业，建立了科技型企业股权和分红激励工作推进双周报制度，加速推进科技型企业股权和分红激励工作。截至2021年末，共有13家科技型企业实施了岗位分红激励，激励对象中技术人员占比超60%，有效实现了员工利益和企业效益紧密捆绑，共担风险，共享成果，激发企业创新创造活力。坚持“一切工作到项目”，制定《中国中铁工程项目经理部业绩考核与薪酬分配操作指引》，以“最大公约数”原则明确必需的考核指标，构建年度与周期相结合的业绩考核规程、指引，确保项目

经理层收入以利润等优异业绩为基础；强调工程项目业绩考核与薪酬分配的基本内容和必需的程序、原则，调动项目经理层的积极性，提升项目创利能力和水平。（石晓烽）

科技创新与数字化部（技术中心、专家办公室、网信办）

【“十四五”科技创新发展规划】为统筹部署股份公司“十四五”期间科技创新工作，充分发挥科技创新的引领作用，实现企业高水平科技自立自强，加快推动股份公司转型升级、提质增效，助推企业高质量发展，并为实现中国中铁“十四五”总体战略目标提供强大的技术支撑，股份公司编制了《中国中铁科技创新“十四五”规划》。规划全文分四个章节，第一章发展基础，第二章总体要求，第三章主要举措，第四章保障措施。主要举措包括重点布局和重大行动两个方面。其中，重点布局主要规划“四大技术”，即前沿引领技术、产业高新技术、关键共性技术、变革性技术。重大行动主要规划“八大行动”，即国家战略深层次融入行动、创新能力全方位提升行动、研发平台立体化建设行动、成果转化多举措推进行动、知识产权高质量发展行动、技术标准多维度强基行动、科技人才分梯队培养行动、群众性经济技术创新行动。（刘建廷　李永全）

【智能建造生态产业化】成立了中国中铁智能建造生态产业化推进工作组，下设技术攻关组、产业落地组、商业开发组、资本运作组4个业务组，制定了智能建造生态产业化推进工作分工，产业园规划设计方案已经基本完成。（梁崇双）

▲图 11-5　2021年4月7日，中国中铁召开“数字施工与智慧建造”双轮驱动工作推进暨专题培训会

【科技创新体系建设】构建“三级四层”科技创新体系。股份公司层面主要负责科技发展的顶层设计、总体规划、体系建设、制度引导及直接管理科研平台工作指导，统筹整合股份公司科技资源，重点解决前瞻性、基础性、产业化等技术的研发；二级企业层面主要负责承接股份公司科技规划、全面承担研发、转化和应用的主体作用及直接管理科研平台工作指导，统筹解决重大工程项目技术方案，让方案能真正决定成本；三级企业层面主要负责对本单位项目建设提供技术方案支持，围绕解决施工难题、降本增效加强实用性技术创新；项目部层面主要负责工艺技术研究，解决小改小革等精益技术以及推广应用实用技术。

中国中铁研发课题以川藏铁路建造技术、高速铁路建造技术、桥梁修建技术、隧道与地下工程修建技术、四电工程技术、施工装备及工业产品制造技术、房屋建筑技术、节能减排及其他新领域技术、智能制造及信息化技术等领域为重点，结合公司生产经营实际的需要，依托川藏铁路大渡河桥，立项“高原峡谷千米级跨度铁路悬索桥关键技术研究”课题；依托中铁隧道局、中铁二院、中铁二局、中铁三局、中铁四局、中铁十局所承建工程，立项“高海拔深埋复杂地质及环境隧道钻爆法修建技术”课题；依托中铁装备、中铁二院、中铁隧道局、川藏指挥部、中铁科研院所承建工程或所制造装备立项“复杂多变地质TBM装备及智能建造技术”课题；以常泰长江大桥、马鞍山长江大桥等，黄茅海跨海通道工程，张皋、狮子洋、海太过江通道，成渝中线高速铁路桥梁、通苏嘉甬铁路杭州湾特大桥，甬舟铁路西堠门公铁两用大桥、琼州海峡跨海通道工程、澳凼第四条跨海大桥和伊朗H-007-02项目等重点难点桥梁工程立项“桥梁勘察设计理论及方法”“桥梁新结构与新材料”“桥梁智能建造技术和装备”专项项目；以挪威E39沿海高速公路等超深海洋桥梁立项“深海新型浮式基础桥梁设计与施工技术研究”；依托武汉鹦鹉洲、阳逻长江大桥，南京、九江、芜湖、沪苏通、京福铁路芜湖公铁长江大桥，杭州湾跨海大桥，丽香铁路金沙江特大桥等立项“桥梁结构运维及灾害防治技术”专项项目；依托川藏铁路、成渝中线超高速铁路、成达万铁路、通苏嘉甬铁路、宜涪铁路、东城际、深惠城际等工程和“彩云号”“龙岩号”TBM，泥水平衡盾构机“春风号”，“雪域先锋号”硬岩掘进机等重大装备立项“运营隧道结构智能监控与维护”和“隧道工程品质提升与智能建造”专项项目；依托郑济高铁、国能集团巴准铁路、京沪高铁、京张等工程立项“四电工程智能建造技术”专项项目。

（刘建廷　李永全）

股份公司总部工作

【“十三五”十大优秀科技成果】为加快推进创新型企业建设，鼓励创造出更多“高大难新”技术成果，在各单位申报的基础上，股份公司组织专家从成果科技创新奖程度、成果专业化认知程度、社会效益和经济效益等方面进行了综合评价。经专家评议、投票表决和公示，决定授予“异形全断面隧道掘进机设计制造关键技术及应用”等10项成果为“中国中铁股份有限公司‘十三五’十大优秀科技成果”称号。（刘建廷　李永全）

表 11–1　中国中铁股份有限公司“十三五”十大优秀科技成果名单

序号	成果名称	主持单位
1	异形全断面隧道掘进机设计制造关键技术及应用	中铁工程装备集团有限公司 中铁隧道局集团有限公司 盾构及掘进技术国家重点实验室 中铁隧道股份有限公司
2	复杂山区铁路选线理论方法、关键技术及工程应用	中铁二院工程集团有限责任公司
3	京张高速铁路新八达岭隧道及长城站施工关键技术研究	中铁五局集团有限公司 中铁工程设计咨询集团有限公司
4	极端复杂地质 TBM 法深埋长大隧道装备与施工关键技术及应用	盾构及掘进技术国家重点实验室 中铁隧道局集团有限公司 中铁工程装备集团有限公司 中铁西南科学研究院有限公司 中铁二院工程集团有限责任公司
5	长大跨桥梁损伤区域精准探测与安全诊断评估关键技术	中铁大桥科学研究院有限公司
6	沪昆客运专线朱砂堡 2 号隧道特大溶洞及暗河处理施工技术研究	中铁三局集团有限公司 中铁三局集团第二工程有限公司
7	铁路大跨度钢箱混合梁斜拉桥关键施工技术	中铁四局集团有限公司 中铁四局集团第二工程有限公司 中铁四局集团钢结构建筑有限公司
8	移动式接触网标准化装备成套技术研究	中铁电气化局集团有限公司 中铁电气化局集团有限公司电气化公司
9	三塔四跨结合梁悬索桥设计技术	中铁大桥勘测设计院集团有限公司
10	高速铁路用高强高导接触网导线关键技术及应用	中铁电气化勘察设计研究院有限公司 中铁电气化局集团有限公司

（刘建廷　李永全）

【科技创新先进企业】为鼓励企业加强科技创新，更好地推动企业自主创新活动，在各单位申报的基础上，综合考虑各单位高端研发平台建设、承担课题、成果鉴定（评审）、成果奖励、授权专利、工法开发、标准编制等业绩，经股份公司评选委员会评选，决定授予中铁一局集团有限公司、中铁三局集团有限公司、中铁四局集团有限公司、中铁大桥局集团有限公司、中铁隧道局集团有限公司、中铁二院工程集团有限责任公司、中铁工程设计咨询集团有限公司、中铁大桥勘测设计院集团有限公司、中铁高新工业股份有限公司、中铁上海局集团有限公司10家单位为“中国中铁股份有限公司‘十三五’科技创新先进企业”称号。（刘建廷　李永全）

【十大科技标兵】

陈克坚　中铁二院工程集团有限责任公司副总工程师、正高级工程师、中国中铁专家

徐升桥　中铁工程设计咨询集团有限公司副总工程师、正高级工程师、全国工程勘察设计大师、中国中铁特级专家

毛伟琦　中铁大桥局集团有限公司总工程师、正高级工程师

林云志　中铁电气化局集团有限公司科技创新部部长、正高级工程师

张俊兵　中铁三局集团有限公司业务经理、正高级工程师、中国中铁专家

黄　新　中铁上海局集团有限公司副总经理、总工程师、正高级工程师、中国中铁专家

贾连辉　中铁工程装备集团有限公

司总工程师、正高级工程师、中国中铁专家

陈　平　中铁四局集团有限公司技术管理部部长、正高级工程师

易伦雄　中铁大桥勘测设计院集团有限公司副总工程师、正高级工程师、全国工程勘察设计大师、中国中铁特级专家

徐　宏　中铁一局集团有限公司科技信息化部部长、正高级工程师、中国中铁专家

（刘建廷　李永全）

【"十三五"先进科技管理工作者】

杨永强　中铁一局集团有限公司

董晓光　中铁一局集团有限公司

刘　泽　中铁二局集团有限公司

李英杰　中铁三局集团有限公司

宁　轲　中铁三局集团有限公司

董燕固　中铁四局集团有限公司

梁崇双　中铁四局集团有限公司

罗武装　中铁五局集团有限公司

刘小辉　中铁六局集团有限公司

般爱国　中铁七局集团有限公司

龚斯昆　中铁八局集团有限公司

夏志华　中铁九局集团有限公司

常春章　中铁十局集团有限公司

叶庆旱　中铁大桥局集团有限公司

郭卫社　中铁隧道局集团有限公司

李凤远　中铁隧道局集团有限公司

王红喜　中铁电气化局集团有限公司

吴荣超　中铁武汉电气化局集团有限公司

吉明军　中铁建工集团有限公司

缪晨辉　中铁广州局集团有限公司

齐旭燕　中铁北京局集团有限公司

郭　乐　中铁上海局集团有限公司

朱淑兰　中铁上海局集团有限公司

刘　洋　中铁二院工程集团有限责任公司

费曼利　中铁六院集团有限公司

许　伟　中铁工程设计咨询集团有限公司

梅大鹏　中铁大桥勘测设计院集团有限公司

刘红卫　中铁华铁工程设计集团有限公司

李　伟　中铁科学研究院集团有限公司

谷　婷　中铁科学研究院集团有限公司

张　冬　中铁水利水电规划设计院集团有限公司

郑永光　中铁高新工业股份有限公司

张　彦　中铁高新工业股份有限公司

李宋江　中铁资源集团有限公司

王明胜　中铁城市发展投资集团有限公司

罗静峰　中国中铁股份有限公司

李永全　中国中铁股份有限公司

（刘建廷　李永全）

【第一届实用技术大赛】组织开展中国中铁首届实用技术创新大赛，经严格评选，共有47项优秀成果进入最后的成果评奖环节，32项成果获奖，包括特等奖5项、一等奖7项、二等奖20项，优秀实用技术成果已在股份公司进行推广应用。

为强化实用技术成果转化应用，解决制约项目的共性、惯性问题，促进工程项目效益提升，股份公司多措并举推动成果应用，制定了《中国中铁关于加强实用技术成果推广应用的通知》，针对不同成果的特点，制定了较为可行的推广方案，从组织宣贯培训、强化成果运用、推动成果转化、加强产权保护、组织现场核查、做好效果总结六个方面提出了明确要求。

科技创新与数字化部组织对47项优秀实用技术成果进行了技术培训，如对特等奖成果《工程建设结构计算云平台》进行了线上及线下培训，近4000人参加了线上培训，对来自股份公司所属各工程局、设计院、投资公司及直属项目的277名学员进行了线下培训及考核，所有6个模块内容均考核通过的人数为235人，占总人数的84.8%，提高了工程技术人员的结构计算能力；组织对桥梁工程、隧道与地下工程、四电工程、综合类等实用技术培训，截至2021年末，已完成首届实用技术创新大赛全部优秀成果的技术培训。

（梁崇双）

【信息贯通工程——"数据贯通"项目】信息贯通工程自2020年5月启动，阶段实现了主线贯通的既定目标，初见成效。总部统建的38套系统已经全部贯通，制定的95项信息贯通任务清单全部完成，围绕"人力、财务、生产"的业务数据共享机制初步形成，中铁e通全面覆盖公司30万名正式员工，日在线人数超过18万人，中铁头条日访问量已突破45万次。（于　波）

【网络安全】完成国家年度"护网"行动工作任务，实现了"保系统、建队伍、提能力"的网络安全工作目标。完成公安部"护网2021"防守工作任务，做好"公司系列工作会""建党百年""国庆节"等重要时期网络安全保障工作，组织开展各单位年度网络安全攻防演练工作，组织开展各单位年度网络安全攻防演练和网络安全宣贯培训等工作。建立长效监测处置机制，监测发现网络攻击（含扫描）1260万余次，封禁攻击IP地址710万余个，处置漏洞4579个，处置非法外联行为28371次，封禁矿池地址12个、恶意域名8个、恶意IP地址20个，提交黑客组织攻击线索13条，上报防守报告和技战法总结61个。

（于　波）

【"全球组网"项目】完成"全球组网"信息化基础设施（一期）建设。通过专网提速优化各二级单位至股份公司总部双链路建设，完成巴黎、约翰内斯堡、里约热内卢三地网络汇聚中心新建及香港数据中心优化改造，实现覆盖亚洲、欧洲、西非、北非、南非、中非、东非、南美洲和中北美洲区域，提供核心业务信息系统海外应用加速服务，实现了海外业务数据安全高效回传，有效保障了海外机构基础办公网络需求。

（于　波）

【“数智升级工程”】启动“数智升级工程”建设。2021年4月7日，中国中铁组织召开“数字施工与智慧建造”双轮驱动工作推进暨专题培训会，全面启动“数智升级工程”建设。中国中铁党委书记、董事长陈云，党委常委、副总裁任鸿鹏，总工程师孔遁，总部相关部门负责人，各二级单位领导班子成员及智慧建造主管部门负责人共150人参加会议。按照“数智升级工程”总体推进计划，启动了“数智升级工程”第一批25个示范项目，紧密结合“十四五”战略规划和数字化转型总体安排，研究制定并发布《中国中铁关于实施数智升级工程的指导意见》。通过打造亮点工程和示范项目，推动设计、施工、运营全过程协同管理，孵化集“投建营”于一体的“智慧公路”“智慧地铁”“智慧园区”“智慧水务”等一系列智慧产品、平台及管理模式，以点带面，逐步促进各领域、各板块向智慧建造模式转型。（于　波）

【学术交流活动】组织召开2021年铁路工程爆破技术研讨会，承办了中国智造品牌论坛、中央企业高端装备制造创新成就展，参与组织中国铁道学会举办的青藏铁路运营十五周年学术研讨会，邀请国内知名专家学者进行交流研讨。编辑出版月刊《铁道工程学报》12期，总共发稿218篇。（耿治平　冯莎莎）

【期刊管理】完成集团公司主办科技期刊《铁道工程学报》的年检、年报工作；督导集团公司主管的《桥梁建设》《世界桥梁》《现代隧道技术》《隧道建设》《路基工程》《铁道标准设计》《铁道勘察》《电气化铁道》《高速铁路技术》9个期刊的主办单位按时完成年检、年报、社会效益评价以及出版、发行工作。（耿治平）

【科技管理信息系统】完成科技管理信息系统向BI分析系统/数据仓库输出报表数据贯通和组织机构人员贯通任务，系统所有数据均已数据归仓。科技管理信息系统入驻一体化工作平台，实现单点登录和数据归仓。（于　波）

【科技情报】编制、发布《科技动态》和《行业动态》简报。编写《世界500强中国建筑最新动态》《世界500强中国铁建最新动态》《世界500强中国交建最新动态》《世界500强法国万喜最新动态》4份对标简报。收集和整理季度《科技情报汇编》《工程建设运营期信息化技术》《区域投资公司技术信息简报》《区域投资公司行业信息简报》等相关开源信息。提供专题情报服务，撰写科技情报专题报告、《中铁内参》4期、《三大对标央企科技创新2020年度报告》《三大对标央企市场开发2020年度报告》《国有企业混改、跟投调研报告》《泵站技术调研报告》《“双碳”目标下东北地区碳经济项目》等专题报告。完成情报咨询和数据资源服务，为《中国中铁“十四五”科技发展规划》《中国中铁轨道交通智能建造现代产业链链长建设思路》等规划提供信息支撑。（于　波）

国际部

【推进海外体制机制改革】按照海外体制机制改革方案和总部机构与职能优化调整等有关要求，国际部、外事办公室和国际工程分公司实行“三个机构、一套人马、合署办公”的管理模式，充分发挥中国中铁品牌、资源、平台、政策等多重优势，积极履行国际业务“一体”的统领统筹职能，成功打造“三位一体”高效协同的工作机制，实现履行总部管理职能与国际工程分公司开展实体化运作的无缝衔接。（张　佳）

【中海外分离重组】中铁国际和中海外于2021年4月20日签署境外重叠区域分离重组移交方案，标志着两家商务平台公司正式走完分离重组“最后一公里”。中铁国际和中海外作为“两翼”，积极发挥商务引领作用，全力开展高端经营，推动菲律宾南线铁路、印尼镍矿项目、所罗门群岛金矿项目、尼泊尔逊科西马林引水隧道、刚果（金）金沙萨现代健康城等项目年内中标。（张　佳）

【境外区域总部设立情况】完成全球23个境外区域市场划分（除北美区域总部设立条件尚不成熟，暂由南美北部区域总部代行区域管理职能以外），22个境外区域总部挂牌成立。境外区域总部主要负责人由平台公司分管领导或中层干部担任，最大限度前移经营指挥权，逐步集中统筹重大项目经营，使得过去浅、小、散、乱的经营状况向深、大、合、治转变，境外区域经营工作相较以往抓得更实、更准、更有效。各境外区域总部积极创新管理模式，各项改革举措逐步落地落实落细，境外立体经营、区域经营、属地经营格局基本形成，系统内经营秩序明显好转，经营积极性和主动性显著提升，改革红利初现。（张　佳）

【国际业务统一管理平台建设】统筹资源，推进国际业务信息化管理、合规管理、财务共享等多项功能于一体的国际业务统一管理平台建设。2021年完成平台技术架构设计，数据报送、分析决策、市场开发、合规管理等子系统已上线运行，开发筹建项目管理、投资管理等子系统。为避免信息孤岛，促进良性协同，实现各信息管理系统一体化，国际业务统一管理平台积极协调与国际业财共享平台进行数据贯通。（张　佳）

【海外经营】坚持以市场为导向，以创新为驱动力，大力实施区域化、属地化、专业化经营，不断拓展新增长极，海外经营开发成效显著。菲律宾南线铁路、几内亚西芒杜矿区铁路、尼日利亚防洪治水项目、纳米比亚住房等重点项目签约落地。东南亚、中非、西非、东非、南太位列区域新签合同额前5。首次进入巴西、墨西哥、柬埔寨和所罗门群岛4个新国别市场，实现了“零”的突破，成功开拓电力、电站、水利、通信、炼油等国际业务新领域。在欧盟市场以匈塞铁路为支点，积极开展属地经营，实现滚动长效发展。参与瑞典地铁投标，与业内头部企业同台竞技并最终凭借专业技术与装备制造的全产业链优势成功中标。矿产采剥、运输、矿建，以及矿产带动的基建和贸易新签合同额创历史新高，形成经营增长“第二曲线”。（余　翔）

▲图 11-6　2021 年 9 月 27 日，中铁北京局成功签约尼日利亚尼日尔河防洪治水项目协议

▲图 11-7　中铁八局承建刚果（布）首家玻璃厂竣工

【海外施工生产】2021年，中国中铁勇当高质量共建“一带一路”的开路先锋，肩负国家重大战略任务，建设了一大批具有重大影响力的标志性精品工程。作为中老两党、两国最高领导人亲自决策和推动的重大战略合作项目、中国“一带一路”倡议与老挝“变陆锁国为陆联国”战略对接项目和中老友谊标志性工程的中老铁路顺利通车。12月3日，中共中央总书记、国家主席习近平在北京同老挝人民革命党中央总书记、国家主席通伦以视频连线形式共同见证中老铁路通车。中国中铁作为中老铁路建设主力军，科学组织、统筹规划，高标准、高质量地推进工程建设。匈塞铁路项目匈牙利段奠基开工仪式顺利举行。印度尼西亚雅万高铁率先完成首个隧道贯通和首片梁架设，成为高铁“走出去”的示范工程。以色列特拉维夫轻轨红线项目成功实现了首次电客车全线热滑，标志着红线项目进入全线调试阶段。孟加拉国帕德玛大桥铁路连接线项目无砟轨道首次混凝土浇筑（首件工程）顺利完成，标志着孟铁项目无砟轨道工程正式进入全面施工阶段。孟加拉国帕德玛大桥公路桥面贯通，铁路连接线先通段控制性工程——阿里可汗大桥建设完成，比计划提前50天。越南河内轻轨项目正式通车并移交业主，该项目的建成运行是中企响应“一带一路”倡议，联合中国技术、中国标准、中国设备、中国经验共同“走出去”的成果，将在“一带一路”建设与越南“两廊一圈”规划的有效对接和不断深化中发挥重要助力作用。（李清良）

【境外疫情防控】坚决贯彻落实党中央、国务院国资委关于境外新冠肺炎疫情防控工作的指示精神，境外疫情防控专班工作小组持续压实各二级单位主体责任，督促强化现场防控，确保在建党百年大庆之际牢牢守住不发生境外聚集性疫情和群体性事件的底线。组织召开境外疫情防控工作视频会议，就境外常态化疫情防控和落实“双稳”工作进行安排部署。下发《关于进一步强化境外疫情防控工作》《关于持续做好境外疫情常态化防控工作》《关于做好严防境外输入工作》等系列通知文件，组织开展境外劳工领域风险专项排查工作，有效化解境外劳工领域风险隐患，以实际行动落实“两稳两争两保”工作目标。在“外防输入、万无一失”的前提下，有序开展“惠民专项工程”，合理安排境外人员轮换工作，组织2架次商业包机接回264名中老铁路建设者，年内通过多种方式总共接回3998名海外员工，用实际行动体现中国中铁关爱员工生命安全和身体健康的责任与担当，更是贯彻落实习近平总书记提出的“人民至上、生命至上”精神的具体表现。（余　翔）

【国际交流合作】牵头组织参加第

六届“一带一路”高峰论坛、第四届中国国际进口博览会、第二届联合国交通大会、中老铁路项目通车仪式等重大活动，拜访并会见以色列、孟加拉国、印度尼西亚等多国驻华大使，借助参加世界经济论坛、服贸会、中非经贸博览会以及东北亚博览会等国际会议与重要活动，不断提升高端经营水平，推动国际业务高质量发展。通过开展海外重点项目合作的机会，与中国宝武等企业签署战略合作协议，共同拓展国际市场，实现合作共赢。（余　翔）

党建工作部（党委组织部、党委宣传部、企业文化部、统战部、跨文化融合办、团委、融媒体中心）

【党建工作部（党委组织部、党委宣传部、企业文化部、统战部、跨文化融合办、团委、融媒体中心）】负责贯彻党中央关于加强党的领导、党的建设的各项部署，落实“两个一以贯之”要求，指导全公司党组织、宣传系统、团组织建设。负责宣传党和国家路线、方针、政策以及公司重大决策部署，抓好全公司思想政治工作、意识形态工作和党委理论学习中心组学习。负责党建工作长期规划、企业文化长期规划、青年发展长期规划等的研究制订。负责召集组织股份公司党的代表大会、党委全委会、团的代表大会、团委全委会等会议；负责检查指导全公司各级党委贯彻执行党代会（党员大会）、团代会（团员大会）、民主生活会、党内生活等制度情况。负责做好所属企业党委、团委换届选举和增补委员的指导、审批工作；负责协调所属单位与地方党组织、团组织建立党的双重领导关系有关工作。负责了解掌握所属企业领导班子政治思想和班子建设情况；组织召开党员领导干部民主生活会，做好领导班子成员报告职责范围内党风廉政建设情况和落实“一岗双责”情况的相关工作。负责指导全公司各级党委贯彻落实党建工作责任制和意识形态工作责任制，组织开展所属单位党建工作考核和党委书记抓党建工作述职评议考核工作。负责公司新闻宣传工作，组织实施重大宣传报道。负责编辑出版《中国中铁党建》杂志、《中国中铁》报。负责舆情管理工作，及时监测、分析、引导及处置有关舆情。负责公司“开路先锋”企业文化建设、精神文明建设。负责组织开展党内集中教育实践活动和专项活动，推进学习教育常态化制度化。负责卓越人物、先进基层党组织、红旗项目部、团的“两红两优”、十佳杰出青年、优秀共产党员、优秀党务工作者、优秀通讯员等先进典型的评选表彰，做好先进典型的选树宣传工作。负责管理和指导全公司党员党籍、团员团籍、组织关系工作；负责公司党委留用党费的收缴、使用和管理，并检查指导所属企业党费、团费的收缴、使用和管理工作；负责直属单位的党内统计、党费收缴、党员发展和党组织关系转接工作。负责提出党群机构编制建议方案，落实党群机构设置和干部编制有关要求。负责共青团工作，代表和维护青年的具体权益，代表青年参与企业的民主管理和有关决策，建立健全为青年办实事的工作机制，开展青年素质工程及主题建功，丰富团员青年的业余文化生活。负责公司统战工作，贯彻落实中央和国资委统战工作的重大决策部署。负责公司社会责任管理工作，编制发布公司社会责任报告。负责跨文化融合办公室日常工作。负责融媒体中心日常工作。定员26人，现员23人，设部长1人，副部长4人，融媒体中心副主任2人。

2021年是中国共产党成立100周年，是中央企业党建创新拓展年，是公司党委推进总部改革设立党建工作部的元年。2021年，在公司党委的正确领导下，党建工作部以习近平新时代中国特色社会主义思想为指导，以构建大党建工作格局为平台，以庆祝建党100周年和党史学习教育为主线，以实现党建引领保障企业高质量发展为目标，深度整合党建资源，党建工作质量得到持续提升。（李　巍）

【学习贯彻习近平新时代中国特色社会主义思想】围绕学习贯彻“七一”重要讲话和党的十九届六中全会精神，第一时间组织全员收听收看，组织党委中心组专题学习4次，专题宣讲报告会2次，贯彻部署会和专题党课各1次，举办覆盖处职以上干部的网络培训班2次。认真贯彻落实习近平总书记系列重要指示批示精神，与国资委联合举办“中国智造品牌论坛暨中央企业高端装备制造创新成就展”。承办国资委党委召开的习近平总书记国企党建会重要讲话五周年学习座谈会、研讨会等9次大型会议和央企党建工作展，公司20多项党建成果集中亮相，得到国资委党委书记郝鹏等领导的高度肯定。扎实开展“回头看”工作，重温习近平总书记关于国企改革发展和党建重要论述，全面对标检视5年来党建工作。（李　巍）

【庆祝建党100周年】深挖企业百年红色资源，在中铁山桥开展党史学习教育实地践学、专题读书班和纪念王尽美同志系列活动。召开庆祝建党100周年暨“七一”表彰大会、思想政治工作会、基层党建推进会、老同志座谈会、先进典型座谈会。开展“永远跟党走”群众性主题教育，举办“光辉之路”摄影书法展和庆祝建党百年文艺演出。评选表彰“一标杆两标兵”，王中美获“全国优秀共产党员”称号，9个集体和11名个人获央企“两优一先”表彰；划拨370多万元党费，慰问老党员、困难党员3169名。（李　巍）

【开展党史学习教育】在2238个会场同时召开动员大会，全公司同步部署、一体推进。先后开展集体学习9次、专题党课2次、实地践学5次、专题读书班2次，进行了4次专家宣讲，近20万人参加学习。承办国资委党史学习教育专题报告会。举办多期专题培训班、党组织书记培训班、青马班。全公司1.1万个党支部组织12.6万名党员高质量召开专题组织生活会。大力开展“我为群众办实事”实践活动，制定重点民生项目上万项，建立定期报告机制，确保100%完成。党史学习教育实现基层一线、境外党员和农民工全覆盖。中央媒体相关报道200余次，在中央和国资委官网、简报刊发信息80余次。中央第十八指导组、央企第六指导组对公司学习教育成效给予充分肯定。（李　巍）

【落实意识形态工作责任制】制定《中国中铁意识形态工作责任制实施规定》《新时代加强和改进思想政治工作的指导意见》，下发进一步严格单位及个人网络社交媒体管理等通知。在全公司深入开展“理想信念情怀　爱党爱国爱企”主题活动，在官微推出特色做法12项。中铁大桥院高宗余当选“央企楷模”，中铁八局孙贻荪获中宣部理论宣讲先进个人，中铁装备郑州总装车间入选全国爱国主义教育示范基地，中铁大桥局桥博馆等2家展馆入选中央企业爱国主义教育基地。（李　巍）

【建设“开路先锋”企业文化】制定《“开路先锋”企业文化建设实施纲要》及“十四五”规划，提炼发布“开路先锋”理念体系，广泛开展文化宣贯。高质量建成“开路先锋”文化展览馆暨“开路先锋”精神教育基地，接待参观150多场次1万余人次。首次评选表彰“开路先锋”卓越人物。在央视播出《信物百年——闪亮的“开路先锋”旗帜》，重磅推出五集“国家记忆”纪录片《开路先锋》，举办“永远的开路先锋——红色故事会”，引起社会各界强烈反响。（李　巍）

【传播中国中铁品牌形象】围绕9大主题宣传，对外报道超33万篇，其中，中央媒体9600余篇，73次登上央视《新闻联播》，10次登上《人民日报》头版。在中宣部等六部委建党百年大型文献专题片《敢教日月换新天》展示了公司改革发展成就。王中美、白芝勇分别作为全国优秀共产党员代表和央企楷模代表参加中宣部中外记者见面会。筹建企业融媒体中心，完成官网、官微升级改造。（李　巍）

【提升党建工作质量】中国中铁党委获国资委年度党建考核A级。修订《中国中铁党建责任制考核评价办法》，完成57家二级单位考评，实现二级单位党委述职全覆盖。以“揭榜挂帅”方式完成国资委重点课题“新时代国有企业党建工作探索创新研究”。《人民日报》刊发公司“用好督查考核指挥棒”党建典型案例，在《学习时报》《经济日报》《光明日报》《国资报告》刊发多篇理论研讨和经验交流文章，30多项党建成果获上级表彰。制定《中国中铁加强境外单位党建工作的实施细则》《中国中铁加强混合所有制企业党建工作的指导意见》。开展党支部建设晋位升级管理，命名66个示范党支部。举办8期基层党组织书记培训班和境外党员回国集中轮训示范班。实行党支部书记持证上岗，任职备案2500余人，将中铁四局基层党建经验在央企党建工作座谈会上作书面交流。（李　巍）

【引导激励团员青年建功立业】编制“十四五”青年发展纲要，制定《中国中铁加强党建带团建工作实施意见》。举办第20届青年职业技能大赛，开展首届“向上向善好青年”评选。2个集体和1名个人获“中国青年五四奖章”，1人获“全国向上向善好青年”表彰，1项成果获中央企业熠星创新创意大赛二等奖。（李　巍）

【精神文明建设】开展第六届全国文明单位申报工作，中铁四局二公司、中铁十局三公司、中铁建工山东公司3家单位获评“全国文明单位”，全公司全国文明单位增至10家。（李　巍）

▲图11-8　2021年6月8日，中国中铁党委在红桥文化广场重温入党誓词

经营开发中心

【“1+N”经营管理体系建设】2021年，中国中铁在经营管理制度体系建设中以问题为导向，聚焦管理中的薄弱和关键环节，加强顶层设计，推动制度先行，规范指导经营管理和开发工作，基本形成“1+N”经营管理体系建设。修（制）订《中国中铁经营开发管理办法》《中国中铁区域经营工作管理规定》《中国中铁经营项目信息管理规定》《中国中铁资质管理规定》《中国中铁经营要素建设管理规定》《中国中铁区域总部经营工作管理规定》6项制度。印

发《中国中铁高端经营活动指导手册》《中国中铁大企业市场合作经营指导意见》2项指导意见。（徐林尧）

【经营工作调研督导体系建设】2021年，中国中铁坚持以问题和效益为导向，积极开展经营工作调研督导，6月下旬至8月上旬分别召开了工程局、区域总部、设计院和其他业态二级单位经营开发工作调研座谈，分析建设领域政策，研判市场形势，盘点投标项目储备，督促推进重点经营工作。7月、10月分别组织对上半年、前三季度承揽订单落后的二级单位现场约谈，进一步传导压力、压实责任，强化举措，督促完成年度目标。召开水利水电领域经营研讨会、非首都功能疏解至雄安新区专项经营工作会、大企业市场合作经营工作推进会等会议，部署并推动专项经营工作。（徐林尧）

【经营开发工作运行机制】推进和实践完善经营开发工作运行机制。研究制定了新签合同额自主承揽认定标准，以指标导向扭转了部分单位在重大项目承揽的“等、靠、要”惯性依赖思想，强化了工程局独立开拓外部市场的“狼性”能力，全年工程局自主经营成效显著提升，较2020年提高16.5%。建立和完善日常工作机制。建立区域总部经营月报机制，加强对重大政策分析、重点项目推进、区域协同以及高端经营活动开展的督导落实；建立工程局月度经营成效亮晒机制，对18家工程局新签合同额人均承揽效率、区域集中度、行业集中度、大额订单占比等数据定期“亮晒”，促进过程管理、对标对表；建立了“国家部委、行业协会、研究机构”信息制式常态更新和联络对接机制。推进专班经营护航重大项目落地。积极履行国内经营开发类重大项目统筹协调职能，采取重大项目专班经营工作机制，发挥头部资源优势和优质专业力量，捍卫铁路、城轨等传统领域旗帜性市场地位。通过专班经营机制护航，中国中铁在川藏铁路雅林段中间段重大项目中独揽近40%份额，在所有参与投标单位中独占鳌头；成功承揽广州白云机场三期T3枢纽、重庆轨道交通15号线一期工程等轨道交通领域重大项目。稳步推进新领域新市场布局。举办中国中铁“四水”骨干经营人员培训班，促进二级单位业务交流以及与相关部委、规划设计单位工作对接；加强水利水电领域信用评级、资质申报及升级、获奖评优等经营要素建设，中铁一局等5家单位新获水利水电二级资质，中铁五局获得全公司首个行业大奖“大禹”奖；推进中铁大桥局海上风电、中铁隧道局地下洞库和油气管网、中铁北京局机场工程、中铁广州局和中铁长江设计水运工程以及中铁铁工投资水务环保和乡村振兴等新兴业务规划与跟进经营等工作。（徐林尧）

【“第二曲线”经营】加大市场开发投入力度，2021年5月组织召开了水利水电领域经营研讨会，落实2021年公司“两会”和经营工作会精神，梳理2021—2022年重点跟踪和督导水利工程项目清单，组织动员经营系统锚定水利水电领域开拓目标，强力推动开启中国中铁增长“第二曲线”。加强高端经营及内部交流，组织拜访水利部、加强对接水利部直属流域机构，组织华东、华南区域总部交流学习，引导各单位奋力抢抓市场机遇。（张　奇）

【高端经营】制定下发《中国中铁高端经营活动指导手册》，该手册明确了相关工作流程和标准，明晰了各主体工作职能和职责，规范了全公司高端经营工作。策划并组织公司主要领导、分管领导外出拜访50余次，对水利部、国家乡村振兴局、国家体育总局等部委，广东省、江苏省、山东省、上海市等地方政府，以及中国华能、三峡集团、南水北调集团等大客户开展拜访交流。（徐林尧）

【战略合作】坚持以践行国家战略统领经营工作，坚持市场导向和目标导向的经营方针，强化与客户的深度合作。全面推进战略合作成果转化，引导各二级单位聚焦重要客户和重大项目，以战略合作方式锁定外部优质资源，建立和扩展良好战略伙伴关系“朋友圈”。先后完成与川藏铁路公司，北京市房山区人民政府、湖北省人民政府、新疆维吾尔自治区人民政府、贵州省人民政府、山西省人民政府等地方政府，以及中铝集团、南水北调、中国电信、中国移动等央企签署战略合作协议，共计15份。（徐林尧）

【水电市场经营要素建设】开展专项培训，深入研究“四水”市场，2021年10月，组织中国中铁水利水电水务水运骨干经营人员培训班，引导各单位深入研究“四水”市场、加快要素建设、完善体系机制，尽快取得经营突破。中铁五局参建的云南省牛栏江滇池补水工程获中国水利工程优质（大禹）奖，实现中国中铁在大禹奖的突破。（张　奇）

【大客户市场经营体系建设】编制出台《中国中铁股份有限公司大企业市场合作经营指导意见》，明确了重点产业领域、各参与主体工作职责、合作方式以及运行方式，为全系统各单位开展大企业市场合作经营提供根本遵循。重新建立中央企业市场经营信息月度报告机制，实现既有合作和项目跟踪按照“一张表”“一本账”实时动态更新，为公司开展高端经营提供信息支撑。（李　刚）

【资质建设】修订《中国中铁资质管理规定》，加强股份公司经营要素建设，提高企业市场竞争力，促进企业转型升级和经营工作高质量发展。2021年，中国中铁通过自主申报方式取得各类资质159项，包括施工资质151项，其中施工总承包特级4项（中铁一局1项、中铁四局1项、中铁隧道局2项）、壹级1项，专业

承包壹级28项，中铁大桥院取得工程设计综合甲级资质。（邓小英）

【营销管理信息化建设】按照股份公司“信息贯通工程”有关要求，抓住营销体系的薄弱点和信息壁垒，积极与贯通工程工作组进行工作对接，通过信息贯通切实解决好经营系统信息共建共享和提升数据治理能力等管理需求。推进营销系统升级重构，提升经营数据资产安全，降低运维成本，强化数据分析决策功能。组织相关单位专题研讨确定开发方案并完成系统的重构开发，系统由分布式改为集中式，新增了项目跟踪、高端拜访、战略协议、经营要素等模块功能，并开通了手机端。（徐林尧）

【经营管理人员业务培训】2021年5月17日至29日，在国家检察官学院（河北分院）举办第十期经营开发高级管理人员培训班，各二级单位经营部门负责人、所属区域指挥部及分支机构负责人、所属子分公司分管经营工作负责人共计134人参训，培训内容主要包括政策形势解读、营销管理基础理论、综合素质能力培养、党史学习教育等。10月11日至15日，在江西南昌举办中国中铁水利水电水务水运骨干经营人员培训班，32家二级单位骨干经营人员共计160人参训，培训内容主要包括“四水”领域国家总体政策解读、行业趋势及市场竞争格局、重点区域重大项目规划及推进情况、基本建设程序、前期经营工作要点、相关经营要素建设路径方法以及实地参观教学等。（张　阳）

投资管理中心

【制度建设】优化顶层设计和管理方式，健全投资管理体系。制定出台《中国中铁股份有限公司矿产资源项目投资管理办法》《中国中铁股份有限公司境内参股投资管理规定》《中国中铁股份有限公司办公用房管理规定》，进一步规范投资行为，提升预期管理能力，防范投资风险，提高投资收益，实现投资闭环管理，促进企业高质量发展。（赵　达）

【持续开展行业政策研究】深入研究国家和有关部委以及地方政府出台的投资业务方面的政策，先后解读城市更新、片区开发、信托基金（REITs）、土地使用权、保障性住房等方面政策30余项；加强了和国务院国资委、财政部、发展改革委等国家有关部委及司局，清华大学、北京大学等高校研究机构，中国指数研究院、中国PPP研究院、中国咨询、金准咨询等行业机构的沟通联络，提高对市场形势研判的前瞻性、针对性和有效性。（赵　达）

【充分发挥投资引擎作用】坚持投资拉动施工主业和各板块协同发展，通过投资促进系统内金融、设计、施工、装备制造等各业务板块形成合力，推动企业整体竞争力不断提升，如长治经开区产业园项目带动了中铁工业钢结构制造与安装，渝赤叙高速、山东徐民高速等项目带动了设计院设计任务，南充市金融大道、滨江大道延长线、梧州城区综合提升项目、常熟古里智能制造产业园、天津地铁Z2线、仙居城市更新、湘潭东二环片区开发等项目进一步拉动了中铁资本基金业务。2021年通过投资业务为各单位储备施工任务超过1200亿元。（赵　达）

【优化管理模式】主动调整了中心业务管理模式，将原横向分段管理方式调整为纵向全周期管理方式，实现了基础设施、房地产、矿产资源、参股股权、生产性（工业）厂房、办公用房、非上市土地房屋资产管理等投资业务，从前期指导到中期过程管控，再到后期运营监管和投资退出的“投、融、建、营、退”一体化无缝衔接。对投资业务所涉及的新签合同额、投资额、回款额、营业收入等关键指标进行了分解，并作为年度计划管控目标指引，定期分门别类开展督导检查。（赵　达）

【强化前期指导】坚持阵线前移，加大了对高风险、大规模、新领域重点难点项目前期策划的参与力度，有针对性地开展了项目现场调研，帮助二级单位做深做透市场研究，提高了项目可研报告科学性，推动了天津地铁Z2线、南京至马鞍山城际铁路、桂林至钦州港公路、深圳都市圈城际铁路、康定至新都桥高速公路、济南轨道交通6号线、贵阳花溪十里河滩等重点跟踪项目如期落地。（赵　达）

【高速公路运营业务专业化集中化改革专项调研】2021年，开展高速公路运营业务专业化集中化改革专项调研工作。7月19日至8月10日，由中国中铁相关部门组成调研组对存量高速公路进行了现场和主责单位调研，了解了高速公路板块的运营现状和存在的问题，以及探究了问题形成的原因，进一步证实了对高速公路运营业务进行整合的必要性，调研组以此为基础，形成了调研报告，提出了业务改革的初步方案。该方案作为战略规划部关于投资公司差异化专业化实体化发展改革方案的一部分经公司党委会、总裁办公会审议通过。中国中铁各单位将所有表内、引入基金出表、让渡控制权出表的高速公路项目的运营业务委托中铁交通实行统一管理，迈出了专业化、集中化改革的第一步。（王小桃）

【完善投资运营体系建设】截至2021年底，中国中铁已运营的表内PPP项目共计28个、BOT项目8个、TOT项目1个，共计确认总资产568亿元，行业范围涉足高速、轨道、管廊、水务、环保、公路、市政及铁路等多个运营领域。逐步完善运营管理体系建设，推进中国中铁建设一流的基础设施投资运营商，为实现中国中铁高质量发展提供强有力支撑。（王小桃）

【基础设施投资项目监督】认真落实总裁办公会和董事会的决议内容，全年共组织评审96份合同或协议。加强PPP项目开工管理，坚持开工报告审批制度，严格落实“五不开工”原则，全年收到开工请示5份，批复同意开工5份。积极落实2021年股份公司工作会议精神，组织开展了对超投资、不能实现决策收益指标等问题的项目梳理排查，对项目问题进行分析，制定应对措施，形成报告并在股份公司党委常委会会议上进行了汇报。（罗元恒）

【加强项目过程管控】持续加强对房地产项目的过程监控，及时指导存在偏差项目制定纠偏措施。对房地产销售额、回款额等关键指标每月按单位按项目开展持续督导。每月按单位按项目梳理全公司房地产存货情况，督促相关单位按照“一项一策”去化方案开展存货去化工作。加大对问题项目督促整改力度，对审计署、国资委、股份公司党委巡视和审计发现的问题、需有关二级单位持续整改的事项进行持续督导；加强运营阶段管理，转变“重建设轻运营”的陈旧思想，认真抓好运营方案筹划、运营品牌培育、标准化管理等方面工作。（陈　翔）

【加强重点项目监管】进一步加强重点项目监管，对列入重点项目过程监管清单的重点房地产项目进行动态管理，并定期对重点项目清单进行更新。要求重点项目管理单位及时上报项目管理月度报告和重大事项变动报告，对照可研报告梳理各项目进度、经济指标、风险管理等方面情况，对发生偏离的事项进行重点分析及时提出纠偏措施。不定期对重点项目重要节点开展专项情况报送，对推进不力的重点项目，约谈相关二级单位主要领导、分管领导和项目公司主要负责人。（陈　翔）

【加大房地产存货去化力度】对房地产存货去化提出明确要求，明确了“以销定产”“质量提升”“分包到户”“拉近准绳”四项去化原则，对加快房地产存货去化有关工作提出了具体要求；细化了房地产存货目标和建立去化台账，按照“一项目一目标”原则，明确每个项目房地产存货的年度目标和月度目标，建立了房地产存货去化台账，定期跟踪去化进度；按照项目不同开发阶段，对项目按在开发项目实施了分类管理，分别提出了去化要求和去化措施；对重点难点项目实施精准去化，对筛选出的17个重点项目每月进行存货去化情况跟踪。（陈　翔）

【夯实基础管理】根据管理职责，细化了中心负责人分工，从分管工作、分管处室、专项工作、联系部门等不同角度进行了全面安排，做到分工明确、协调运转；对中心所有工作进行了细化分类，形成了12类124个工作模块的业务管理矩阵，每项工作与不同业务处室相对应，做到事事有主责、件件有落实。对中心新增的参股股权管理、非开发式办公用房管理、非上市土地房屋资产管理与开发利用等职能，从基础资料、项目台账、管理制度、管控方式、指标要求等方面进行了全面梳理，逐步明确了管理思路和管理构架，基本做到了“底数清”“情况明”，为下一步“方法对”“措施实”打下了基础。（赵　达）

【加强信息管理交流应用】房地产板块信息管理系统加强了与其他有关管理系统数据交互，主动参与信息贯通工程；基本实现了对项目清单式管理，对每一个项目从决策拿地到策划定位、规划设计、前期报建，到工程建设管理、营销管理，再到售后服务，直至清算退出全过程进行实时、动态监管。（陈　翔）

生产监管中心（采购管理中心、战备办公室）

【供应链管理“十四五”规划编制】加强规划引领，编制并发布《中国中铁供应链管理“十四五”规划》。对当前存在的问题和面临的形势进行了分析，提出了“十四五”期间股份公司供应链管理的指导思想、总体原则、发展战略、发展目标、重大举措等，为加快推动股份公司现代化供应链体系建设打下了坚实基础。（段永理）

【采购对标】按照国务院国资委《关于开展2021年采购管理对标评估工作的通知》要求，精准开展对标工作，推动采购管理水平提升。在国资委发布的2021年采购管理提升对标评估排名中，中国中铁位列8家建筑类中央企业第3名。（段永理）

【集中采购】加强采购管理，推动集中采购提质增效。2021年全公司两级物资集中采购供应额（含甲供、甲控，下同）为3628亿元，占物资采购供应总额3753亿元的96.7%。各单位在鲁班商城完成办公用品、计算机软硬件累计采购金额1.71亿元，同比增长10.3%；在商旅平台完成商旅服务集中采购金额总计1.65亿元，同比增长46%。（段永理）

【物资集中采购供应】为理顺物资设备集中采购供应关系，妥善处理好工程局和物贸企业、工程局和工业企业之间的供需关系和经济关系，广泛开展调研并组织召开物资设备管理研讨会议，推动物资设备集中采购实现“四个转变”。2021年股份公司授权中铁物贸开展的战略采购、区域集中采购、大型和直管项目集中采购等累计完成供应金额445亿元，同比增长36.4%，为各单位节约采购成本约18.61亿元。（段永理）

【两级招标采购管理】2021年，全公司累计开展招标采购9476次，其中鲁班平台招标8061次；招标采购成交总金额2186亿元，其中鲁班平台招标2070亿元，公共交易平台招标82亿元，电子招标率达到98.4%。（段永理）

【商旅集中采购管理】截至2021年12月底，已绑定TMC开通支付权限，具备正式运行商旅平台的单位总计1231家（包含独立法人单位及有独立核算要求的指挥部、项目部等），平台注册用户16.7万人，中铁商旅App下载次数20.4万次，年累计采购总金额16466万元。（段永理）

【供应商管理】加强供应商管理，持续优化采购渠道。全年对286家供应商进行限制交易，对35家可能影响其供应保障和服务能力的供应商实施预警处理，为各单位实施采购风险管控提供依据和参考。（段永理）

【物资管理】全公司共采购物资3753亿元，同比增长14.8%；全年共消耗各类物资3745亿元，同比增长14.9%；2021年末物资库存为161.7亿元，与2020年相比增长4.7%。（段永理）

【采购业务监管】组织开展建材采购和使用专项排查整治、采购管理有关问题自查整改工作，协同开展项目成本管理调研检查，共计排查各类采购项目34821个，对检查发现的1419项问题，督导各单位举一反三，制定整改措施及长效机制，全面落实整改，实现了采购和物资设备管理水平不断提升。（段永理）

【物贸业务管理】强化业务督导，推动物贸板块高质量发展。支持和引导物贸企业依托资源优势、服务优势，在"保障服务、降本增效"内部市场基础上，向积极稳妥开拓外部市场实现"增利润、创品牌"转变，做优做强物贸板块。加强物贸业务监管，严禁开展融资性贸易等高风险业务。2021年，中铁物贸及各单位物资公司累计完成内部集采供应985.76亿元，同比增长32.8%（其中，中铁物贸444.66亿元，同比增长36.4%）；年累计完成市场经营165.39亿元，同比增长25.4%（其中，中铁物贸47.42亿元，同比增长181.5%）；合计完成1151.15亿元，同比增长31.7%（其中，中铁物贸完成492.08亿元，同比增长43.6%）。累计应收账款422.99亿元，其中，内部应收账款378.08亿元，外部应收账款44.91亿元。各单位严守禁令，未开展融资性贸易等高风险业务，无新增融资性贸易业务风险。（段永理）

【加强内部产品管控，促进全产业链协同发展】完成川藏铁路内部专用设备的准入评审工作，发布《关于对川藏铁路专用设备进行专项必须采购的通知》；组织完成首次内部必须采购类产品价格磋商工作，精简了内部必采产品目录，发布了内部产品价格体系，减少了内部采购矛盾，为股份公司全产业链高质量发展奠定了基础。（姚道雄）

【闲置施工设备内部调剂】2021年，审批大型设备租赁报告215台（套）、预计合同额23.15亿元，共调剂使用内部单位闲置盾构（含TBM）、搬提运架设备等大型设备共计23台（套），合同额约2.26亿元。通过内部调剂，提高了自有设备利用效率，盘活了企业闲置资产。（姚道雄）

▲图11-9　中国中铁召开项目管理提升会

股份公司总部工作

【机车车辆驾驶人员考试】2021年，协助中铁国资衡水铁路电气化学校取得国家铁路局铁路自轮运转车辆驾驶资格（L3类）实作考点资格，成为全国首家轨道车司机“一站式”培训、考试基地。协助衡水铁路电气化学校举办了2次机车车辆驾驶员理论考试，累计参加考试1585人次；举办了三期自轮运转车辆驾驶员（L3类）驾驶员实作考试，累计参加考试344人次。（姚道雄）

【路用车审批】2021年，共组织各单位申报并获批国铁集团用于铁路施工长钢轨和路料运输、电气化作业等用途路用车超103万车·天，节省项目成本2.28余亿元。

（姚道雄）

【劳务管理】组织开展劳务管理制度梳理工作，推动9家二级公司完善了14项二级公司层面的管理办法。组织开展根治拖欠农民工工资专项行动，按照地域划分进一步完善了37家二级单位与地方劳动监察部门对接的主、辅责责任矩阵，2021年共计督促核查并办理工程施工分包欠款、农民工工资拖欠方面的线索（来函）共计2001条（次）；迎接北京市人社局关于农民工管理专项检查并获得好评；组织对北京市范围4个重点项目开展农民工管理工作监督检查，共查找并督促整改问题33个。（李　根）

【分包采购管理】全公司累计开展分包招采29763次，招采总金额2761.35亿元，其中专业分包971.89亿元，劳务分包1789.46亿元。为整合优秀分包企业资源，杜绝使用不合格分包队伍，组织评审并发布了《2020年度股份公司A级资信分包企业名录》，按季度发布了《不合格分包企业名录》；组织开展了劳务（专业）分包采购管理有关问题的自查整改活动，各二级单位共计查找并整改完成问题404项，追责问责99人次，挽回经济损失475.6万元。

（李　根）

【铁路信用评价】在2021年上半年铁路信用评价中，股份公司所属中铁三局、中铁四局、中铁七局、中铁大桥局、中铁北京局、中铁上海局6家施工企业获A级；在下半年评价中，有中铁一局、中铁三局、中铁四局、中铁七局、中铁大桥局、中铁北京局、中铁上海局7家施工企业获A级，再创历史最好成绩。

（游利平）

【项目管理提升会】2021年10月30日，股份公司在常州召开项目管理提升会，总部机关各部门、所属二级企业主要负责人参会。根据项目管理和盈利能力情况，会议强调要进一步提升对项目管理重要性的认识，通过优化项目管理体系，强化项目责任落实，聚焦价值创造，积极推行大商务管理，促进项目效益管理水平提升，力争在未来三年的项目平均利润率每年提高0.5个百分点以上。（游利平）

【项目管理效益提升三年行动】编制《中国中铁项目管理效益提升三年行动方案》，明确项目平均利润率每年提高0.5个百分点以上的总体目标，制定36项定量指标和13项定性指标，梳理重点解决承包经营、投资经营、项目管理策划、资源要素管控、履约管理、收入组织、财金管理、合规管理、科研应用、考核激励、队伍建设、监督管理、党建工作共13个方面问题，总结重点抓好经营开发底线、三个高端市场、投标工作机制、全生命周期管理、商业模式、项目管理策划、组织机构策划、设计方案优化、临建工程管理、分包管理、采购管理、生产要素配置、责任成本管理、工期履约管控、安质环保管控、收入组织、收尾管理、久竣未结专项行动、现金流管控机制、资产管理、费用管理、合规管理、科技研发、成果转化、激励机制、考核兑现、关键岗位能力建设、人才引进培养、审计监督、民主监督、监督检查、增强凝聚力共32项重点工作。（姚　涛）

【大商务管理体系建设】编制《中国中铁大商务管理体系建设指导意见》审议稿，明确全面提升企业经济效益和市场竞争能力的指导思想，在传统成本管理基础上强化经营开发、项目履约、成本管控、确权结算、考核激励各环节贯通穿透管理的基本理念，突出“市场竞争、价值创造、目标责任、风险防控”4个特点，强化“一把手”工程、大商务管理领导体系、商务管理机构、标前策划与报价管理、标前标后联动、项目管理策划、项目支出管控、项目收尾结算、项目考核兑现、总结分析提升10个方面重点工作。

（姚　涛）

【项目监管】2021年，中国中铁以股份公司为合同主体的境内投资和总承包在建项目共116个，总合同额（建安）8160亿元。生产监管中心年初对在建本级项目管理现状进行了系统梳理，按照“抓两头、带中间”，突出对重点难点项目监管的思路，制订了季度、年度监管计划，围绕突出“四个引导”和“四个强化”的工作思路，在日常把握工程管理动态信息的基础上，对80个重点难点项目实施了现场监管检查和帮扶，实现年度股份公司重点项目全覆盖，共发现各类问题1152个，下发监管通知及记录68份。项目监管过程中严格督导检查，帮助项目管理人员提升责任意识，同时研讨、交流好的管理经验，加强教育培训，助力项目建设。（雷思遥）

【项目履约管理】收到并处理本级项目业主13份诉求函，主要涉及工程进度、工程质量、合同履约、劳务纠纷、验工计价及资金拨付等方面问题，生产监管中心高度重视履约承诺，快速响应，积极联系相关单位，推动来函问题的处理，并对来函处理情况进行了跟踪督导，发挥了企业优势，保障了项目实施，赢得了业主认可，并收到业主发来的8份贺电或感谢信。（雷思遥）

【信息系统】推进采购电子商务平台（二期）、项目物资管理信息系统、商旅管理平台的建设与应用，组织完成成本、物资、设备、劳务二期信息系统需求的优化以及业务接口的贯通，进一步提升采购和物资设备管理信息化、数字化水平。截至2021年底，鲁班平台供应商档案库累计有各类供应商约21.01万家；全年各单位累计完成物资设备上网采购3672亿元，上网采购率达到98.5%；至12月底，系统中已准入分包企业40644家，基本覆盖中国中铁当前在用分包企业。（段永理）

法律合规部

【压实法治建设第一责任职责】制定了公司法治建设“十四五”规划。按照全国“八五”普法规划和国资委“八五”普法规划，制定公司“八五”普法规划。充分发挥党政主要领导法治建设组织者、推动者和实践者作用，整章建制，压实责任，带头学法、尊法、守法、用法，严格践行“决策先问法，违法违规不决策”原则，积极推进法商融合治理理念，不断开创企业法治工作新局面。优化二级单位业绩考核中依法合规专项考核指标。将业绩考核导向法商融合、合规内控体系建设、纠纷案件处理等重点工作和领域聚焦，充分发挥考核“指挥棒”作用。（余　爽）

【提升所属企业依法治理效能】在法治建设的过程中，始终坚持把党的领导和完善公司治理统一起来，明确党委在决策、执行、监督各环节的权责和工作方式，使党委发挥领导作用组织化、制度化、具体化，确保党委在法治建设上把方向、管大局、保落实的主体地位。分类完善子公司章程范本及修订工作，将国企改革三年行动重点要求纳入子公司章程，下发子公司章程模板，进一步落实董事会职权。（余　爽）

【合规管理体系建设】持续完善合规管理制度体系，加强在重点业务关键环节的制度建设，填补制度漏洞。全系统制定制度989项，修订制度4236项，其中股份公司新定制度19项，修订制度53项，废止制度12项。统筹推进风险、内控、法律、合规一体化建设。研究制定《全面风险管理办法》《重大经营风险事件报告管理规定》《开展内控风险法律合规一体化体系建设指导意见》，建立以风险管理为主线、内控管理为抓手、法律和合规管理为重点，严格、规范、全面、有效的内控体系和覆盖全员、全过程、全体系的风险防控机制。开展“大监督”管理体系研究。在风险内控法律合规一体化体系建设基础上，就公司纪检监督、审计监督、合规监督及其他业务部门监督等监督体系进行研究，推动合规管理体系与其他监管体系协同融合，探索形成信息共享、联合检查、线索移交、配合办案等共享共用机制。召开总部合规联席会议，深入总结分析各职能部门合规管理工作情况，对下一年工作进行了安排和部署。会议的召开对促进合规管理相关体系融合、增强体系运行有效性有重要意义。（余　爽）

【法治建设组织队伍体系建设】在总法律顾问配置方面，公司所属二级单位中配置总法律顾问的共有39家，其中重要子企业设置率达100%。所属三级公司中有266家设置了专职总法律顾问，分别较2020年增加了5%和18.75%。在法律合规机构设置方面，公司所属二级企业中有43家设置了独立的法律合规机构，独立设置比例达79.6%，其中，重要子企业设置独立的法律合规机构比例达100%；所属三级企业设置独立法律合规机构共计254户，合署办公共计57户，独立设置及合署办公总数比例达40%。在法律合规队伍建设方面，2021年底，法律顾问队伍总人数达到了1582人。积极推行公司律师制度，法律合规部为总部符合条件的13名人员向司法部申报了公司律师注册，并起草了公司律师管理制度，全系统已有206名法律顾问取得公司律师证书。（余　爽）

【开展案件压减创效】加强案件管理。组织召开了重点二级单位案件管理座谈会和全系统案件管理推进会，统一思想、部署任务。印发《开展防范和化解各类欠款风险专项行动工作方案》，要求各单位积极处置并切实预防各类欠款纠纷，进一步压实案件处置主体责任。印发《关于积极开展维权工作的通知》，鼓励和支持各单位通过法律途径追索债权。对重点单位和重大案件进行一对一约谈，督促二级企业加强案件管理。按照“公正、快速、高效”的原则，持续加强内部纠纷调裁，大力调裁内部经济纠纷，2021年共调裁内部经济纠纷23件，涉及金额5.97亿元，其中已结案18件，涉及金额5.21亿元，有效理顺了内部经济关系，维护了中国中铁整体利益和企业形象，避免了内部纠纷形成法律案件。部分重大案件取得突破。下发挂牌督办案件通知30份，中铁信托贵谷项目系列案件和中铁物贸九江银行案件取得了积极进展。各单位对于5000万元以上案件实施“一案一策”，每季度召开重大案件研讨会，分析案情、研究策略，维护企业合法权益。组建了外聘律师信息库。通过招募方式分专业建立了境内业务北京地区法律服务商信息库和涉外业务法律服务商信息库，共有81家律师事务所148个律师团队入围，为各单位选聘律师提供便利。（余　爽）

【法商融合】全年参与评审投资项目328个，其中，基础设施投资项目148个，其他投资项目180个，出具法律审核意见328份。对片区开发和城市更新项目法律合规风险防控进行研究，提出法律风险防控意见和建议。对高速公路项目运营的法律风险进行调研，出具31份法律风险调研报告。按照公司构建大商务体系思路，大力推进“法商融合”。印发《关于企业法律顾问提前介入重大经营、投资项目进一步促进法商融合的通知》，进一步加大法律合规工作支持服务重大投资经营项目力度。成立“投资项目合规支持临时工作组”，让法律服务靠前指导。加强新投资业务和商业模式研究，提高法理和政策理解把握水平。积极融入项目管理效益提升三年专项行动，提出六项定性指标。建立投资项目法律合规文件库，实现线上、线下全面共享。积极参与重大专项工作。对中铁装配重组、中铁文旅黑龙滩项目、中铁二院基金、中铁资源木里煤矿等专项事件提出合规性解决处置意见。配合做好房地产业务重组等重大项目法律服务工作。（余　爽）

【境外合规管理】组织召开全系统境外合规工作会议，对境外合规工作做出新部署、提出新要求。印发《海外合规负面清单》《规范多边开发银行融资项目业务模式合规风险的通知》，开展境外依法合规经营风险专项排查工作。建立涉外法律合规风险提示机制。定期梳理境外业务法律合规共性问题，发布2期涉外法律合规风险提示函。持续督导涉制裁单位妥善应对制。起草了《关于附条件警告有关问题的初步法律分析》。开展多边开发银行合规专项课题研究。完成世界银行已公开制裁案例的翻译和摘要编写工作，梳理多边开发银行项目投标合规风险点，提出合规模式建议。积极参与国家立法及多边体系政策制定。针对《对外援助管理办法》提出意见建议，针对CPTPP涉国企议题提出不符措施负面清单建议，参加国资委组织的《跨国公司与人权问题法律文书》第三版案文研讨，从企业实际提出谈判建议。（余　爽）

【数字化法治建设】中国中铁法律合规信息系统持续改造升级，与公司财务、营销、工程项目管理、投资等系统的互联互通，运用大数据、云计算深化合同管理、案件管理、合规管理等重点领域信息化、数字化，实现法律合规风险在线识别、分析、评估、防控，全力打造成全公司各层级法人单位的法律合规业务管理的公共平台。（余　爽）

【普法培训】股份公司把法治建设作为党委中心组学习的重要内容，全年各层级单位共组织含法律内容学习党委中心小组学习共518场次，其中开展宪法专题学习共计125场次。组织完成了评优评先工作，有1人获评中央企业优秀法律顾问，10人获得“中央企业法律事务先进工作者”称号。组织报送全国“七五”普法工作先进单位和先进个人推荐。持续与中交企协的沟通，组织二级单位参与全国交通运输企事业法律顾问十佳、先进评选。积极开展和推进法律合规系统业务培训，努力提升法务人员专业工作水平。全年组织总部及所属二级、三级公司参加国务院国资委5期法治讲堂，共2753余人参加。组织各类法律合规业务培训共计212场，累计参培达10442人次；组织的含法律合规内容的综合业务培训达346场，累计参培14691人次；法治宣传项目培训达311次，参培达13540人次。采用多种方式，开展法治宣教工作。组织开展“5·28”民法典系列宣传活动、“美好生活·民法典相伴”普法短视频评选和“12·4”全国宪法宣传系列活动，不断丰富宣传形式，扩大普法宣传活动的影响力和覆盖面，增强全员法治意识和法律素养。全系统编写普法书籍42册、期刊类共计127册，刊载法律类文章共计352篇，举办知识竞赛25次，优秀案例评选50次，二级公司组织课题研究成果达28项。（余　爽）

【召开中国中铁境外合规工作会议暨境外业务合规培训会】2021年4月29日，为了深入贯彻落实党中央、国务院关于加快涉外法治工作战略布局的决策部署，落实国资委加强中央企业境外合规经营的工作要求，中国中铁组织所属企业召开境外合规工作会议暨境外业务合规培训会。中国中铁总裁、党委副书记陈文健，党委常委、副总裁、总法律顾问于腾群，党委常委、副总裁任鸿鹏出席会议并讲话。会议对全系统境外合规工作做出新部署、提出新要求，为中国中铁境外合规工作提供了重要指导。会议邀请知名律师就当前境外合规管理热点问题开展专题培训。公司所属51家子公司的相关业务分管领导在主会场参会，设立47个视频分会场，共计5700余人参会。（余　爽）

审计部（监事会办公室）

【审计工作概况】2021年，中国中铁全面贯彻国资委、审计署对企业内部审计工作要求，围绕企业中心工作，健全审计体制机制、强化审计监督、提升审计质量，推动审计成果运用，切实发挥审计把脉企业经济运行状况、监督合规经营、保证国有资产保值增值的重要作用。各级审计机构共计完成审计项目3550项（含境外审计137项），为年度审计计划的108%，审计覆盖子企业856户。（于艳芹）

【审计管理体制机制建设】坚持和加强党对审计工作的集中统一领导。中国中铁各级单位成立了在公司党委领导下的审计工作领导小组，加强对审计工作的领导，充分发挥审计工作领导小组对审计工作的全面指导和对审计报告质量的全面把关作用，推动了审计工作的有效开展。坚持和发挥董事会对审计工作的指导与监督作用。中国中铁各单位年度审计计划报董事会审议批准后实施，定期向企业董事会全面汇报内部审计工作开展情况，有效发挥董事会对内部审计工作的管理和指导作用。坚持和把握全公司审计工作一盘棋。坚持审计工作统一协调制度，所属二级单位内部审计工作计划均由中国中铁总部审计部审定；所属单位审计部门负责人任用报上级审计机构批准。深化审计管理体系改革。加快构建公司“1+3+1”审

计管理体制，设立由审计部垂直管理的3个区域审计中心和1个境外审计中心，形成了审计部主“管”，审计中心主“审”的一体化审计管理体制。实施审计机构差异化考核。中国中铁建立并实施了内部审计机构差异化考核方案，其中，总部审计部以审计工作领导小组考核为主，各二级、三级单位内部审计机构由上级审计机构和本级审计工作领导小组共同考核。（于艳芹）

【内部审计制度体系建设及执行】2021年，中国中铁持续优化审计制度体系，结合国资委和审计署的有关要求，出台了《建立健全审计查出问题整改长效机制的实施意见》，推动审计查出问题整改；制定并实施《中国中铁股份有限公司审计约谈规定》，针对审计发现的重大管理问题、重大经营风险、共性管理问题等重大事项，对被审计单位有关人员进行告诫谈话，提出管理建议、责令整改追责；结合国资委《关于开展中央企业内部审计工作质量评估的通知》要求，修订《审计考评规定》，进一步优化公司考评指标体系。（于艳芹）

【审计团队建设】在调整充实审计队伍的基础上，按照建设信念坚定、业务精通、作风务实、清正廉洁的高素质专业化审计队伍的要求，通过多种方式加强审计人员的教育和培训，切实提升审计队伍能力素质。同时，积极推动审计人员的任职交流，2021年抽调357人次参与总部审计项目的实施；总部接受基层挂职锻炼人员3人，派往基层单位挂职锻炼1人次。（于艳芹）

【组织“2030”专项审计】总部审计部认真落实股份公司“抓基层、打基础、苦练基本功”工作要求，选取20家三级公司和30个工程项目进行专项审计。以公司基本经营单位为样本，聚焦三级工程公司、基层工程项目，总结20强企业成功管理经验，梳理并分析困难企业和亏损项目存在的主要问题，以及问题产生的原因，为筑牢企业发展根基作出应有的贡献。（于艳芹）

【经济责任审计】中国中铁始终把经济责任审计摆在突出位置，全面落实离任经济责任必审的要求，持续贯彻“促履职、保发展”理念，客观评价领导人员履职情况，充分揭示被审计单位存在的重大风险和主要管理问题，促进领导人员履职尽责。全年共计开展经济责任审计877项，覆盖子企业483户。（于艳芹）

【工程项目审计】2021年，中国中铁各级单位深入开展工程项目审计，并将亏损项目作为审计重点，公司共计实施工程项目审计1205项，覆盖资产总额1534.67亿元。（于艳芹）

【投资项目贯通审计】将投资项目评价和投资项目审计相结合，抓住投资决策程序、决策前提条件落实、项目开工手续、投融资管理、投资总额控制、施工利润偏差率、投资回报偏差率、投资资金回收、项目后期运营等关键环节，持续做好投资项目审计，推动防范和化解投资风险。2021年，共审计投资项目72项，覆盖子企业36户，覆盖资产总额765.77亿元。其中，公司审计部以成都机场高速公路投资项目为载

▲图11-10　2021年7月24日，中国中铁召开警示教育大会

股份公司总部工作

体，实施投资项目贯通审计，分别从项目公司、总包部、参建施工单位 3 个层面，揭示和分析了当前投资项目管理中存在的主要管理问题和经营风险。（于艳芹）

【参股企业审计】认真落实国资委加强参股企业审计和混改重点环节审计监督的要求，督导所属主要二级企业，以投资审计、经济责任审计、财务收支审计、专项审计等形式实施参股企业审计 51 项。（于艳芹）

【审计问题整改落实】积极完善审计查出问题整改长效机制，综合运用审计约谈、审计移交、监督追责等手段，压实整改责任，落实整改要求，推动审计查出问题整改工作取得了长足进步。2021 年，各级审计机构审计查出问题整改率首次突破 90%，对比 2020 年整改率 76% 提高了 20 个百分点，审计整改工作成效显著。（于艳芹）

【强化审计查出问题移交】2021 年，审计查出的问题均按要求向被审计单位和同级业务部门办理了移交手续，加强问题督导。对审计发现违纪违规事项，根据问题性质，分别移交给纪委和责任追究部门严肃追责问责。2021 年，各级审计机构累计移交违规违纪线索 320 项。（于艳芹）

【加大违规经营投资责任追究力度】中国中铁各级违规经营投资责任追究机构共受理问题线索 312 件，办结追责事项 294 件，责任追究 2374 人次，有效发挥了监督追责的震慑作用。审计部组织完成国资委内控体系抽查评价等 3 批 13 项督导追责问题的核查和追责工作，及时向国资委反馈阶段性追责结果。通过追责倒逼审计整改的有效开展。（于艳芹）

【审计警示教育】2021 年，中国中铁各单位共计召开审计警示教育大会 181 次，通报审计查处问题 2403 项，通过加大审计案例的内部曝光度，以案说法，发挥警示震慑作用，促使管理人员吸取教训，知敬畏、受警醒、守规矩，真正筑牢思想防线和行为底线。（于艳芹）

【共性问题专项整治】针对审计和责任追究过程中反映出来的管理缺失、监管失灵、违规决策和管理顽疾等典型性、普遍性、倾向性问题，加强问题原因分析，提出合理建议和解决方案。推动在全公司范围内组织开展工程项目“四工”“四超额”“四违规”问题专项治理。（于艳芹）

【审计信息化建设与应用】2021 年，中国中铁推进了审计信息化 2 期项目建设，推动审计信息系统与财务、物资、成本等信息系统的互联互通和数据交互，强化审计信息系统在线审计功能，拓展审计信息系统的智能审计功效。审计信息化 2 期项目以审计模型建设为重点内容，实现主要审计程序执行、审计疑点捕获、管理风险预警、数据分析自动化，大幅提高审计工作效率。（于艳芹）

【企审共建活动】2021 年，认真组织做好审计署铁路项目投资审计、港珠澳大桥审计等重大项目的迎审配合工作，加强与审计署主管司局以及相关特派办的沟通协调，较好地防范了重大审计风险，反映了企业合理诉求，维护了企业正当利益。以审代培、以学促审，推动审计人员业务水平的提升，中国中铁派往国资委综合监督局挂职锻炼 1 人，参与国资委重大违规经营投资事项核查 1 人次；参与审计署外勤审计 117 人次。（于艳芹）

【监事会工作概况】2021 年，监事会根据《公司法》《证券法》《上市公司监事会工作指引》《中国中铁股份有限公司章程》赋予的职责，努力克服新冠肺炎疫情不利影响，以客观公正、求真务实的态度，体现使命担当，主动作为，全面履行了监事会各项工作职能，充分发挥了监事会的监督作用。（卢国政）

【召开监事会会议】2021 年，共计召开 10 次监事会会议，会议坚持一事一议、逐一发言、一事一决、决议公告的程序，对公司依法规范运作情况、财务状况、内部控制和董事、高管履职情况进行监督并发表独立意见。全年共审议议案和报告事项 68 项，其中审议并表决议案 40 项，听取报告事项 28 项。会议的召集、召开程序均符合《公司章程》及《监事会议事规则》规定。（卢国政）

【信息披露】监事会以把好信息披露关口作为维护股东权益的重要抓手，做好法定披露和自愿性信息披露，监督财务信息真实、准确、完整，及时披露。每期末组织各位监事关注公司信息披露情况，及时登陆上海证券交易所网站和香港联交所网站，检查公司信息披露是否及时，内容是否真实、准确、完整，是否存在应披露未披露的情形。2021 年，监事会审议通过的财务决算报告等 9 项定期报告，以及利润分配方案等 7 项财务管理类信息均已按要求进行了信息披露。（卢国政）

【开展调研检查】2021 年，监事会组成调研组，围绕企业可持续、高质量发展，对公司基础设施投资项目开展了调研。调研组首先对公司投资管理中心进行了业务咨询，了解了公司基础设施投资项目的总体现状，又先后到中铁发展、中铁投资、中铁城投、中铁交通、中铁开投、中铁上投、中铁北方、中铁广投、中铁南方 9 家投资公司和 11 个典型项目进行了穿透式延伸调研，对其他涉及基础设施投资的单位采用调查问卷的形式进行调研。（卢国政）

【监事会体系建设】监事会认真贯彻落实国资委监管要求，督促加强二级企业监事会体系和监事队伍建设，提升监事会履职能力效果。针

对二级企业监事会成员缺员导致低于法定人数等情况，提示和督促有关部门加强监事配备，确保监事会正常运转，监事正常履职；针对相关二级单位线上提交的监事会议事规则制定、修订审批事项，线下先与相关单位沟通，结合股份公司监事会议事规则模板和相关单位实际，协助进行修订完善，提高工作效率；针对部分单位在监事会运作业务中存在的疑惑和问题，依据法律法规和监事会业务指引，结合工作实践，答疑解惑，必要时协调相关职能部门，上下协同解决问题。（卢国政）

【监事业务培训】在第五届监事会上，采用以会代培的形式，多次安排监事学习业务知识和监管重点，先后学习了《国务院关于进一步提高上市公司质量的意见》《上市公司重大违法强制退市实施办法》等多项学习内容。同时，克服新冠肺炎疫情影响，组织部分监事先后参加了由中国上市公司协会、国务院国资委干教中心、上交所、深交所举办的中央企业控股上市公司专题培训和北京上市公司协会举办的董监事专题培训班，提升了监事的履职能力。（卢国政）

【编报企业年报】2021 年，中国中铁总部各部门和所属各单位，认真落实审计署《工作报告》编报要求，压实工作责任，强化沟通联系，组织所属 81 家单位，按期高质量完成了2021年度《工作报告》编报任务，得到了审计署和国资委的高度认可。（卢国政）

安全质量环保监督部（应急管理办公室、安全质量稽查总队）

【疫情防控】2021 年中国中铁统筹安全生产和疫情防控，压实防控主体责任，坚持“四早”原则，采取会议、文件、简报、专报、速报、事记等方式迅速传递防控信息，坚决落实工作要求，全年未发生聚集性疫情传播。自 6 月以来，全国发生以广州、南京、郑州、莆田为暴发点的多轮新冠肺炎疫情蔓延，防控趋势多变。公司疫情防控领导小组办公室 8 月 4 日组织召开了专题视频会，对疫情防控工作进行了统一安排部署；8 月 6 日下发《中国中铁关于加强近期疫情防控工作的紧急通知》，要求各单位立即启动值班值守和报告，从严从紧开展防控；11 月 8 日下发《中国中铁关于响应政府号召配合属地政策抓好当前及今冬明春疫情防控工作的通知》，对全国疫情防控形势进行了总体分析，结合企业第四季度生产经营和冬季季节性特点、首都疫情防控的重要性等，对疫情防控工作作出安排部署，并提出了具体措施。（胡科敏）

【部署 2021 年安全质量环保重点工作】为进一步推动企业各层级贯彻落实安全生产“2468”管理要点，抓好安全生产系统工作，股份公司下发了《关于贯彻落实“2468”管理要点全力降低惯性事故频次、向本质安全型企业转变的通知》（中国中铁安监〔2021〕1 号），持续推动“2468”管理要点在各层级有效实施，层层压实“管”“监”责任，夯实管理基础。1 月 20 日，召开了全系统安全质量环保工作会，公司党委书记、董事长陈云，总裁陈文健出席会议并讲话，全面部署了 2021 年及“十四五”时期安全质量环保重点工作。制定下发《2021 年安全生产、工程质量、环保节能和职业健康监督管理工作要点》，明确了 2021 年工作思路和工作目标，提出了 10 项工作要求。在公司系列工作会议期间，公司主要领导与 18 家施工单位总经理签订了 2021 年《安全质量环保责任书》，进一步明确了责任目标。各单位按照工作部署，迅速响应，细化工作目标，明确工作内容，各项工作有序推进。（胡科敏）

【安全质量教育培训】2021 年 9 月 13 日至 18 日，由中国中铁安委办和国资委科创局、应急部协调司共同主办，各局分管安全领导、三级企业主要负责人、局指挥长等 128 人参加的第三期高级管理人员培训班在京举办。培训邀请了国内权威专家学者、国家部委领导授课。按照国资委部署，本期培训纳入“中央企业安全生产大讲堂”。11 月 30 日，在广东省区域安全生产工作专题视频会议上，安全总监李凤超进行了“新时期中国中铁安全生产工作”专题授课，中铁广投、中铁南方共计 1250 余人参培。年内组织注册安全工程师继续教育、“三类人员”继续

▲图 11–11　2021 年 10 月 18 日，中铁南方大岗项目开展安全文化学习

股份公司总部工作

教育培训班3期，1600余名专职人员参加培训；全公司企业各层级通过线上与线下相结合，共培训企业主要及分管领导、项目经理、安全质量专职人员及作业人员计36.5万余人次，持续提升了专职队伍和员工安全素质。（胡科敏）

【安全专职人员和稽查队伍建设】制定下发《中国中铁关于进一步加强和规范安全质量环保专职机构设置及有关专职人员配备的指导意见》，进一步明确了安全生产总监设置要求，将各二级单位安全生产总监纳入总助级管理，三级单位符合条件的安全生产总监纳入班子管理；根据企业生产经营规模，进一步规范了安全生产专职部门、稽查队伍设置和人员配备标准，推动了安全监管水平持续提升。（胡科敏）

【环保节能和职业健康】遴选上报的“大型盾构机关键核心部件国产化研究开发项目整合”项目，列入“推进央企攻坚工程，突破智能环保装备关键核心技术项目”，获得国有资本经营预算拨款2亿元。推荐中铁设计京张高铁、中铁大桥局平潭公铁大桥参评第十一届中华环境奖；组织京张高铁中铁五局八达岭长城站等项目参加中国施工企业管理协会（以下简称“中施企协”）绿色建造施工水平评价过程及终期验收；完成2021年度中国中铁绿色施工科技示范工程、节能低碳技术征集及抽验、评审工作。围绕健康中国建设总体要求，以宣传《职业病防治法》《基本医疗卫生与健康促进法》为主线，狠抓一线职业健康管理工作，杜绝了因工职业病发生，未发生急性、大范围、群体性职业中毒事件。（胡科敏）

党委巡视工作领导小组办公室（巡视组）

【组织机构建设】加强巡视机构建设，强化工作力量。2021年5月，公司党委成立3个常设巡视组，与党委巡视办合署办公。党委巡视办设主任1名，副主任1名，综合处处长1名，职员3名；各巡视组设常任组长1名，按部门正职管理。党委巡视办承担统筹协调、指导督导、服务保障巡视工作等职责，向领导小组负责并报告工作；党委常设巡视组具体承担巡视任务，向领导小组负责并报告工作。（荣　健）

【巡视巡察工作会议】首次召开全公司巡视巡察工作会议暨巡察机构负责人及骨干人员培训班。传达学习习近平总书记关于巡视工作的最新论述、全国巡视工作会议精神和国资委党委有关要求，把党中央、国资委党委及公司党委关于巡视巡察工作的重要要求一贯到底，积极推动形成上下思想统一、步调一致的良好局面。结合70名巡察工作骨干人员研讨情况，形成参训学员《研讨发言汇编》及《学习体会汇编》，为专职巡察干部提供有益参考。（荣　健）

【巡视工作信息交流】积极向国资委巡视办报送工作信息，《国资委巡视工作》“党委书记谈巡视”栏目刊发公司党委书记、董事长陈云同志署名文章《提高政治站位　抓实主体责任　推进新时代巡视巡察工作高质量发展》，在国资央企系统获得好评；报送的《上下联动推进，贯通融合发力，以专项巡视督导违规挂靠问题整治走深走实》《推进联动贯通，强化监督效能》两篇经验文章得到国资委党委巡视办和第三巡视组充分肯定；受邀参加国资委委管企业巡视办主任座谈会，交流企业巡视巡察工作经验。（荣　健）

【“组办一体化”建设】围绕巡视办、巡视组职能职责，探索建立“组办会商”工作机制，全面提升巡视机构的整体合力、工作效能。贯彻“以干代训”要求，先后选调4名基层优秀专职巡察干部挂职锻炼。动态更新巡视工作人才库，全年共抽调115名干部参加公司党委巡视。组织参加中央企业巡视组组长培训班、股份公司领导人员学习贯彻党的十九届六中全会精神网络培训班，提升政治素质、履职能力和业务水平。督导二级企业党委规范巡察机构设置，专兼职巡察干部增至92人，为实现巡视巡察上下联动提供坚强组织保证。按照公司党委要求，选调5名优秀年轻的三级公司主要领导担任巡视组副组长，有效发挥了巡视工作发现、培养、锻炼干部的重要平台作用。（荣　健）

【开展巡视巡察】2021年，对中海外、中铁华铁、中铁财务、中铁资本、中铁发展、中铁北方、中国铁工投资、中铁广投、中铁国资、集团公司党校10家二级企业党组织开展常规巡视。按照公司党委统一部署，组织5个巡视组采取“一托二”方式，在聚焦“四个落实”开展监督检查的基础上，把落实习近平总书记重要指示批示、加强对“一把手”的监督、开展民企挂靠国资问题综合整治、落实股份公司“勤俭办企业十不准”等问题纳入监督检查重点内容，紧盯责任和权力，聚焦重点人、重点事、重点问题，强化政治监督，发现各类问题274个，充分发挥了巡视震慑作用。按照国资委党委统一部署，在配合做好国资委党委第三巡视组对股份公司开展违规挂靠专项巡视的同时，首次采用三级上下联动、一体推进方式，对42家二级企业、471家三级企业开展专项巡视巡察，发现违规挂靠问题212个，既进一步摸清了违规挂靠问题底数，更推动解决了一批长期在抓、但成效不够大的管理问题，补齐了股权投资、字号管理等方面的制度短板，对促进防范国有资产流失和腐败问题起到了重要作用，得到国资委党委第三巡视组充分肯定。实现对境外机构巡视有效破题。认真落实公司党委和巡视工作领导小组要求，积极探索推进境外巡视方法路径，采取“线上+线下”方式，上下联动对中铁资源党委加强境外腐败专项治理进行专项巡视，对中老铁路指挥部建设“廉洁之路”情况进行提级巡视，对东方国际党委开展常规巡视。“一企一策”研究制定巡视监督重点，有针对性编制工作方案，境外机构境内巡，在较短时间内摸清了被巡视单位存在的突出问题，既为公司加强境外机构和业务管理提供了参考，也为下一步常态化开展境外机构巡视探索积累了经验。加强对二级企业巡察工作督导。全天候对二级企业巡察工作提供指导，及时协调解决相关问题。2021 年，有 37 家二级企业党组织开展内部巡察，共巡察单位 206 个，发现问题 3878 个，移交问题线索 157 件。自党的十九大以来，共有 45 家二级企业党委开展了内部巡察工作，先后对 637 个三级单位进行了巡察。（荣　健）

【巡视规范化建设】认真落实一体推进、上下联动、贯通融合要求，着力构建“大监督”格局。积极做好中央《关于加强巡视巡察上下联动的意见》和国资委党委“七条具体措施”要求的宣贯，推进“统一领导、分级负责”，一级抓一级、层层抓落实的巡视巡察良好局面形成。围绕巡视巡察准备、了解、报告、反馈、移交、整改等环节，系统梳理巡视巡察工作制度，规范工作程序，对 16 个工作模板进行修订，编印了 2021 年版《巡视工作手册》，为构建巡视巡察工作一体化工作格局提供重要制度保障。结合开展违规挂靠专项巡视巡察，从统筹谋划巡视巡察任务、统筹组织实施方案、统筹运用巡视巡察成果、统筹推进监督贯通融合 4 个方面，探索上下联动的工作模式。公司党委巡视组对二级企业党委巡察组进行现场指导，有力传导上级部署要求，共同会商解决问题，提升整体巡视巡察工作质量。结合以往巡视实践，探索研究巡视与其他监督贯通融合的实施办法，把贯通融合的要求具体化、制度化。以开展违规挂靠专项巡视巡察为契机，着力发挥纪检、规划、法律、财务、审计等部门的力量，成立联合工作专班，及时就巡视巡察发现问题会商甄别，探索积累了“1+N”式的工作经验，并对此有效做法进行总结，为今后上下联动开展巡视巡察提供参考。（荣　健）

【巡视整改工作】压紧压实整改责任。坚持整改从反馈抓起，反馈从问题抓起，公司党委巡视工作领导小组成员参加被巡视单位的反馈会议，就抓好巡视整改提出具体要求，全面压实被巡视党组织整改责任。把巡视问题整改作为党委书记抓基层党建述职、党建责任制考核的重要内容，全面压实党委整改主体责任和书记“第一责任人”责任。强化“一岗双责”，层层细化落实整改责任，形成上下协调、整体联动、齐抓共改、层层落实的整改工作格局，确保内部巡视整改完成率始终在 80% 以上。持续完善整改机制。以国资委党委开展巡视巡察年度考核为契机，针对工作弱项，推动建立了纪委和人事部门负责整改日常监督责任的工作机制。建立完善公司纪委、干部部、巡视办（巡视组）对整改报告的“三方会审”机制。持续健全完善内部巡视整改验收工作机制，对没有验收销号的巡视问题持续督促深化整改，推动遗留问题整改和长效机制建立。结合违规挂靠专项巡视反馈意见整改，探索建立了定期会议研究、定期汇报进展、开展调查研究、实施监督检查、及时沟通协调等五大系统整改工作机制，着力提高整改质量，国资委党委第三巡视组反馈的 3 个方面 7 个问题全部如期完成整改。不断深化成果运用。及时向分管领导和业务部门通报每批巡视重点问题，为深化改革、完善制度机制提供问题导向参考。先后印发 2020 年、2021 年巡视发现共性问题通报，从根本上防范共性、类似问题重复发生，突出震慑效果，强化成果运用，促进标本兼治。坚持把巡视问题整改与持续深化国资委党委巡视问题整改结合起来，与其他专项整改落实和企业当前重点工作融合推进，在集中解决巡视发现具体问题的同时，督促完善制度、堵塞漏洞，推动内部治理和改革发展。全年各层各级制定、修订管理制度 621 项，以巡视整改促进提升治理水平。（荣　健）

纪委

【政治监督】始终坚持党中央重大决策部署到哪里，监督检查就跟进到哪里。监督推动党史学习教育走深走实，认真贯彻党的十九届六中全会精神，深入学习领会习近平总书记“七一”重要讲话，督促各级党组织紧密结合企业实际制定工作方案，细化落实措施，赓续传承红色血脉，在实际工作中弘扬伟大建党精神。坚持把监督推动“三个转变”落实贯穿全年始终，开展了贯彻新发展理念、创新驱动发展战略落实情况专题调研，针对科技创新短板弱项，推动职能部门持续改进。深入开展“靠企吃企”问题整治，严肃查处 34 起违规违纪违法问题，挽回经济损失 12 亿元，给予党政纪重处分 57 人次。扎实推进民企挂靠国资问题整治工作，国资委巡视反馈问题逐项销号，两级党委同步成立 79 个巡视巡察组，对 507 家二级、三级单位同步开展专项巡视巡察，发现并督促整改问题 400 余个。严查“影子公司”“影子股东”等隐形变异腐败行为，持续巩固“化公为私”整治成果，规范了领导人员、关键岗位人员亲属经商办企业行为，明确总部人员与下属企业往来的“十五个不准”。不断加大境外腐败治理力度，梳理排查境外违规经营投资问题线索，挽回企业经济损失，降低经营风险；扎实推进未开展业务境外单位及“国内办”清理，对纳入清理范围的 59 户全部关停撤销；强力推进境外机构直派财务负责人制度，符合直派条件的单位全部直派到位；认真开展领导干部取得外国长期居留权以及加入外国国籍人员专项整治工作，全面启动境外党员回国集中轮训，不断规范境外佣金管理，切实加大境外无序竞争整治力度，推动境外业务监管体制更顺畅、制度更健全。公司纪委深入北京冬奥会项目施工现场进行专题调研，坚持每半个月了解一次工程进展情况，确保工程项目按期优质完成；面对新冠肺炎疫情“大考”，各级纪检组织紧盯疫苗接种、核酸检测、疫情应急处置等重点环节，开展监督检查400余次，及时消除风险隐患。（吕立良）

【日常监督】建立并认真落实党委纪委定期会商制度，2021年12月，公司纪委系统分析了全年监督执纪发现的主要问题，围绕15个方面提出工作建议55条，专题向公司党委进行报告并分别与班子成员进行了沟通，推动党委纪委在全面从严治党重大问题上进一步形成共识、同向发力；各级纪检组织根据日常监督执纪发现问题，通过印发监督建议书、纪律检查建议书等形式，向同级党委及职能部门提出监督建议527条，有力压实管理责任。认真贯彻中央部署和国资委党委、驻委纪检监察组工作要求，切实加强对“一把手”和领导班子的监督，出台了制度办法，明确28条具体措施，纪委主要领导约谈二级企业领导班子成员65人次，其中“一把手”35人次。持续加强对选人用人的监督，公司纪委书记全程参与重要人事安排初始酝酿，针对干部选拔任用、评先评优等出具廉政意见234人次，对4人亮了“红灯”，坚决防止领导干部带“病”提拔；坚持防患于未然，对新提拔重用领导干部开展任职前廉洁谈话117人次；不断规范公司党委管理领导干部廉政档案，日常监督发现问题、约谈函询等情况及时入卷归档。公司纪委参加指导10家二级企业民主生活会，对存在苗头性、倾向性问题开展了同志式谈心谈话，提出整改要求32条。积极探索研究对混改企业的监督，制定了《中国中铁纪检组织关于加强企业混合所有制改革监督的实施意见》。公司纪委牵头整合企业内部监督资源，制定了构建“大监督”工作格局实施办法。根据企业实际情况，与国铁集团纪检监察组、地方纪委监委等加强联系，开展联建共建活动13次，形成共同推进企业党风廉政建设的强大合力。（吕立良）

【制度建设】结合企业实际情况，进一步修订了《中国中铁反腐败工作协调小组工作规则》，坚持每季度召开一次反腐败协调小组工作例会，对中央和上级组织重要会议精神进行传达部署。根据日常监督执纪发现问题；切实加强党委纪委定期会商，制定了《中国中铁党委纪委落实全面从严治党“两个责任”沟通会商实施办法》；突出对“一把手”和领导班子的监督，制定了加强对“一把手”和领导班子监督的实施办法；修订了《中国中铁股份有限公司领导人员廉洁从业若干规定实施细则》，进一步规范领导干部的廉洁从业行为，划出红线；制定了《中国中铁股份有限公司纪检组织处理信访举报和案件监督管理工作实施办法》，完善了监督执纪工作文书模板，依规依纪依法处理信访举报和开展案件监督管理工作；不断加强境外腐败治理，印发了《中国中铁反腐败追逃追赃与防逃实施办法（暂行）》；积极探索研究对混改企业的监督，制定了《中国中铁纪检组织关于加强企业混合所有制改革监督的实施意见》；不断整合内部监督资源，制定了《中国中铁股份有限公司构建党风廉政建设和反腐败大监督工作格局实施办法》。（吕立良）

【亏损项目专项治理】公司纪委紧盯亏损项目，主动出击、精准监督、靶向施治，深入开展“亏损项目违规违纪与履职不力问题专项治理”，覆盖项目211个，收缴违纪所得1140.5万元，针对亏损项目中违规违纪与履职不力问题，给予党纪处分199人、政纪处分535人。根据专项治理发现的13个方面76个具体问题，建立了“亏损项目违规违纪问题和履职不力问题整改监督台账”，督促有关职能部门制定整改措施51项。同时，公司纪委对治理发现问题进行深入剖析，向公司党委提交了《关于对亏损项目违规违纪与履职不力问题的剖析及建议报告》，并以此为契机在全系统开展了“大检查、大反思、大整改、大提升”专项活动。（吕立良）

【作风建设】各级纪检组织针对“四风”问题紧盯不放，围绕违规公款吃喝、收受礼品礼金、接受分包队伍宴请、违规打麻将等顽症痼疾，露头就打、快查快办、严查严办，全年共查处违反中央八项规定精神问题16起，问责43人次，持续释放越往后执纪越严的强烈信号。深入开展“坚持不懈落实中央八项规定精神治‘四风’树新风，为‘十四五’开局起步提供有效保障”专项调研，掌握一手资料，强化靶向治疗，得到中央纪委调研组的高度肯定。紧盯中秋、春节等年节假期，聚焦通过快递物流收送礼品礼金、在内部场所违规公款吃喝等“节日病”，开展明察暗访、突击检查200余次，防止“四风”问题反弹回潮。深入开展“勤俭办企业十不准”落实情况监督检查，推动广大党员干部大力倡导勤俭节约、求真务实的优良作风。以庆祝建党百年为契机，弘扬伟大建党精神，筑牢宗旨意识，深入开展“我为群众办实事”实践活动，广大党员干部作风形象进一步好转。（吕立良）

【一体推进“三不腐”】各级纪检组织精准把握运用“四种形态”，始终坚持不敢腐、不能腐、不想腐一体推进。2021年，公司各级纪检组织共受理信访举报2165件次，处置问题线索1680件，立案612件，结案733件，给予党纪政纪处分1389人次，组织处理1210人次，被地方监委采取留置措施16人。全公司纪检组织运用监督执纪“四种形态”处理3613人次。其中：第一种形态2161人次，占比59.8%；第二种形态1210人次，占比33.5%；第三种形态206人次，占比5.7%；第四种形态36人次，占比1%。坚持严管与厚爱相结合，制定了《中国中铁股份有限公司经营投资免责事项清单及实施办法（试行）》，从制度层面为担当作为、干事创业的党员干部撑腰。积极发挥案件治本功能，监督推动各业务系统进一步完善物资采购、招标投标、验工计价、废旧物资处理等关键环节的管理制度。不断加强廉洁文化建设，严肃纪律规矩，修订了《中国中铁股份有限公司领导人员廉洁从业若干规定实施细则》，各级纪检组织召开警示教育大会73次，组织11余万人次参观警示教育基地，编印廉政教育读本11本，拍摄警示教育片11部，坚持用身边事教育身边人，促使干部因敬畏而“不敢”，因制度而“不能”，因觉悟而“不想”。（吕立良）

【纪检干部队伍建设】各级纪检干部坚持以习近平新时代中国特色社会主义思想为指导，持续深入学习党的十九届六中全会精神，坚持把党史学习教育作为贯穿全年的重大政治任务，认真组织召开专题组织生活会，纪检干部政治素养不断提高。修订、制定了《纪检组织处理信访举报和案件监督管理工作实施办法》等文件制度，不断规范业务流程、提升工作水平。进一步规范了二级企业纪委书记年度履职考核，首次将履职考核结果与考核对象个人薪酬、评先评优相挂钩。组织全公司60名纪检业务骨干参加了中央纪委、驻委纪检监察组等各级组织举办的业务培训班；坚持以案代训，抽调14名基层纪检干部参与公司纪委案件查处，有效提高实践能力。不断加强纪检干部自我监督，严肃查处纪检干部违规违纪问题19件，问责23人次，其中给予党政纪处分14人次，组织处理9人次。（吕立良）

工会

【组织机构】中国铁路工程集团有限公司工会隶属于中华全国铁路总工会和国务院国资委党建局群工处领导，下属56个工会（工委）组织，集团公司工会总部设：综合部（体协）、权益保障女工部。（邵颖妮）

【年度工作综述】2021年，中国中铁工会工作总体思路是：以习近平新时代中国特色社会主义思想为指导，深入学习贯彻党的十九届五中全会和全国劳模表彰大会的精神，以及习近平总书记关于工人阶级和工会工作的重要论述，认真落实上级工会和公司党委工作部署，立足新发展阶段，聚焦高质量发展，助力构建新发展格局，坚守初心情怀，主动履职担当，在强化思想政治引领、组织职工建功立业、维护职工合法权益、做实员工关爱工程、推进工会改革创新上持续发力，团结动员广大职工为“十四五”开好局起好步、建设世界一流企业作出新的贡献，以优异成绩迎接建党100周年。2021年，全公司各级工会认真贯彻党中央、上级工会和公司党委工作部署，紧紧围绕企业中心任务，抓思想政治引领、抓职工主力军作用发挥、抓职工合法权益维护、抓职工服务保障、抓工会组织自身改革创新，取得了丰硕的成果，各项工作始终走在央企前列，在铁路总工会考核评价中总分排第2名，评为优秀。（马　萌）

【企业民主管理】召开三届二次职代会，221个立项提案全部办复，1项提案申报全国优秀职工代表提案。升级开发“中国中铁民主议事厅”，搭建了网上职代会平台。规范基层民主管理，指导23家单位完成了职代会新建和换届工作。推进民主管理制度体系建设，研究起草《中国中铁企业民主管理办法》，梳理了民主管理104项责任清单。加强日常民主管理，职代会闭会期间召开5次代表团长联席会议，审议通过了职工工资支付保障、股票激励计划、工资总额管理等涉及职工切身利益的办法制度，选举了4名职工监事。积极参与制定《深化改革三年行动实施方案》，明确了混改、科改、深改、员工持股中的职工民主管理程序。（邵颖妮）

【组织建设】召开中国中铁工会第四次会员代表大会，会议安排部署了未来五年工会工作，选举产生了新一届工会委员会、经费审查委员会。指导23家单位完成工会组建、换届改选工作，推动20家单位完成工会班子调整补充，14家单位缺员的工会主席配备到位。推动基层工会组织“企地共建”工作，指导各二级工会完成地方工会组织关系对接。加强制度体系建设，研究制定《中国中铁工会常委会会议制度》《关于加强境外单位工会工作的指导意见》

▲图11-12　2021年9月27日，中国中铁工会第四次会员代表大会在京召开

等文件。加强工会干部队伍建设，举办了首届中国中铁工会保障和法律维权干部培训班。深化职工之家建设，评选表彰了20个“模范职工之家”、30个“模范职工小家”、100名“优秀工会工作者”。（邵颖妮）

▲图11-13 2021年6月10日，中国中铁召开劳模创新工作室联盟建设研讨会

【职工思想教育】深入开展党史学习教育，加强职工思想政治引领。以庆祝建党百年、弘扬开路先锋文化为主题主线，广泛开展“永远跟党走”群众性主题教育，组织开展“永远跟党走”职工文学、漫画、书画、摄影等系列比赛和“中国中铁杯”粤港澳大湾区书画摄影大赛，举办了“永远的开路先锋”职工文艺会演、“永远跟党走·奋进新征程”职工演讲比赛及巡回演讲、“开路先锋·光辉之路”职工书画摄影展。选送2名优秀选手参加全国铁路职工演讲比赛，分获一等奖、三等奖，其中“大柱山隧道建设故事”被选送国铁集团总部汇报演出。组织参加全国职工党史知识竞赛答题和“巾帼心向党·奋斗新征程”主题宣讲活动。（唐海军）

【竞赛】2021年，坚持围绕中心、服务发展，广泛开展建功立业活动，充分发挥职工主力军作用，评选表彰了2020年劳动竞赛10家优胜单位、200名先进个人和14家优秀组织单位、62名优秀组织者。转发《“建功‘十四五’ 奋进新征程”铁路建设劳动竞赛活动通知》，研究起草了《中国中铁川藏铁路劳动竞赛实施方案》，举行了川藏铁路“开路先锋杯”劳动竞赛启动仪式；承办了国铁集团“建功‘十四五’ 奋进新征程——铁路建设劳动竞赛现场推进会”。启动了“决战决胜”第四季度专项劳动竞赛，全面掀起生产经营攻坚热潮。围绕重点工程建设，指导开展了雄安新区“五比五创”，以及滇中引水、国道109、天津地铁4号线等重点工程劳动竞赛，有力促进了年度各项目标任务的完成。中国中铁玉磨铁路劳动竞赛、中铁二院川藏铁路劳动竞赛入选全国总工会“十三五”全国引领性劳动技能竞赛典型案例。（唐海军）

【职工队伍建设】制定印发《职工队伍建设“十四五”规划》，高质量推进全国第二批产业工人队伍建设改革试点工作——劳模创新工作室联盟建设，制定了试点工作实施方案，成立了桥梁、隧道、城轨、四电4个劳模创新工作室联盟，分别召开启动会并开展创新成果展和经验交流活动，初步取得了试点工作的制度、活动和经验成果。截至2021年末，全公司共有各类创新工作室690个，其中省部级以上91个。中铁六院贺维国、中铁隧道局刁国君劳模创新工作室2项成果分获第六届全国职工优秀技术创新成果二等奖、优秀奖。王汝运被授予“中华技能大奖”称号，王中美、母永奇、郝利斌被授予第十五届“全国技术能手”称号，有16名职工获“省部级工匠”称号。（唐海军）

【群众保安全】扎实开展群安工作，针对安全意识、安全技能、安全防护和安全监督，主动融入安全生产齐抓共管大格局，及时下发《关于深入开展群众保安全活动 坚决打赢安全生产攻坚战的通知》，评选表彰了40名优秀安全卫士。开展群安工作督导调研，制定下发了《群众保安全工作硬十条》。加强职工安全教育，组织开展安全微课网上视频展播、全国“安康杯”职工安全应急技能知识竞赛答题和“劳动安全大家谈”主题征文，表彰汇编了39篇优秀征文，有12篇被铁路总工会评为优秀成果。各单位结合安全生产月活动，广泛开展“隐患随手拍”、安全知识竞赛、群安员技能大赛、安全班组竞赛、安全卫士竞赛等活动，充分发挥了群众保安全作用。（唐海军）

【劳模管理】大力弘扬劳模精神，联合《中国中铁》报开展“身边榜样”有奖征文。举办“弘扬劳模精神·喜迎建党百年”劳模事迹巡回报告会，1000多名员工代表现场聆听。承办全国总工会劳模疗休养中国中铁行专场活动，210名全国劳模代表在公司总部聆听了“永远的开路先锋”专题报告，并参观“开路先锋”文化展览馆。通过超前谋划、统筹协调，加大先进典型选树力度，全年共获“全国五一劳动奖状”6个、“全国五一劳动奖章”19人、“工人先锋号”24个；“省级五一劳动奖状”22个、“五一劳动奖章”77人、“工人先锋号”72个；“火车头奖杯”16个、“火车头奖章”78人；“感动交通十大年度人物”1人；“新时代·铁路榜样”提名奖2人，获奖单位和人数均创历史新高。巨晓林、窦铁成入选全国百名劳模图片

▲图 11-14　2021 年 4 月 26 日，中国中铁庆祝建党 100 周年劳模事迹报告会暨卓越讲坛在股份公司总部举行

展，窦铁成、白芝勇、王中美、黄红、李育冰、王艳鸽 6 名劳模先进应邀参加庆祝建党 100 周年大会，全国劳模王中美作为冬奥会火炬手在长城上参与北京 2022 年冬奥会火炬接力传递活动，进一步扩大了劳模先进的影响力和带动力。

（唐海军）

【权益维护】积极参与涉及职工利益政策制度的制定，配合有关部门出台了《中国中铁保障职工工资支付管理规定》，并将其纳入公司“我为群众办实事”首批重点民生项目。抓好集体合同协商签订和检查考核，重点对劳动用工、劳动报酬、工作时间、休息休假、劳动安全卫生、社保福利等核心条款的履行情况进行合规性审查，对存在的问题提出整改意见。考核结果量化分值后，纳入企业年度业绩考核、优秀企业评选、“好班子”评比、企业经济责任审计、党建工作责任制考核 5 个体系，强化了集体合同的刚性约束。开展农民工工作专题调研，研究起草《关于进一步做好服务农民工工作的指导意见》。认真处理职工来信来访 10 件次，协调有关单位妥善解决职工反映的利益问题，保障了职工权益，维护了队伍稳定。（邵颖妮）

【精准帮扶工作】制定《精准帮困专项基金资助大病职工实施细则》，进一步扩大了困难救助范围，明确了对大病职工的救助标准、范围和程序。全年救助困难职工 389 户次，发放救助金 240.1 万元，为 45 名大病职工发放救助金 144.6 万元。全年获得全国铁路困难职工解困脱困工作先进集体 5 个、先进个人 8 人，中国中铁工会权益保障女工部获“先进集体”称号。做好消费帮扶工作，下发《关于继续做好消费扶贫工作的通知》，结合两节期间员工节日福利、走访慰问工作，组织采购对口帮扶地区农产品 1928.3 万元。在中铁惠园 App、中铁 e 通上设置“扶贫产品专区”，通过中铁鲁班网和联合京东商城为 3 个对口扶贫县搭建网上销售平台，把对口贫困县农产品销售推广至全国。（邵颖妮）

【普惠服务体系建设】开展“情暖一线，就地过年”迎新春慰问活动，邀请全国总工会陈刚书记到丰台火车站现场慰问。广泛开展“两节”送温暖、夏送清凉、金秋助学等活动，全公司共筹集发放送温暖和送清凉资金 1.95 亿元，走访慰问职（民）工 25 万人次；发放金秋助学款 661 万元，资助职（民）工子女 2358 人次。特别是郑州、山西发生汛情后，股份公司工会先后为受灾项目下拨专项救灾慰问款 400 万元，保障了受灾地区职工的正常生产生活，传递了党组织和企业的关怀与温暖。加强 EAP 队伍建设，举办了第五批健康委员督导提升培训班。发挥内外部 EAP 队伍作用，建立了 24 小时线上和网上心理咨询热线，全天候做好员工“三级心理防护”。积极主动落实党委“我为群众办实事”要求，及时召开“我为群众办实事”座谈会、推进会，制定下发《关于进一步推进“我为群众办实事”走深走实的指导意见》《工会干部常态化联系群众工作的指导意见》，落实责任清单及工会常委联系点，构建了为群众办实事长效机制。全公司二级工会干部共建立职工联系点 310 多个，广泛开展“工会进工地”调研走访慰问活动，聚焦“权益维护、因病致困、健康关爱、普惠服务”等 9 个方面，累计为职工办实事 700 余件，推动解决了一线职工的急难愁盼问题。

（邵颖妮）

【女职工管理】做好工会女工委换届工作，成立了第四届女职工委员会。进一步健全女职工、女干部、女工组织、先进女职工四大信息数据库，推动女工组织建设日益规范。开展了中国中铁“十大先进女工工作者”“十大先进女工组织”“巾帼学习标兵”评选。部署开展了庆祝“三八”节系列活动，组织参加了“情系女职工、法在你身边”全国职工线上法律知识竞赛，召开了在京女劳模女先进座谈会。开展“巾帼心向党·奋斗新征程”主题活动，共征集宣讲稿 47 篇、宣讲视频 16 部。组织开展书香读书活动，获第七届“书香铁路”读书活动 6 个一等奖、7 个二等奖、11 个三等奖，获全国第九届“书香三八”读书活动 77 个奖项，中国中铁工会再获特别组织奖，中国中铁严金秀、王中美、王杜娟入选全国第十届“书香三八”阅读书目《巾帼书香》。大力选树女职工先进典型，评选表彰了 25 个先进女职工集体、70 名先进女职工、23 个先进女职工组织、33 名先进女职工工作者。全公司共获省部级及以上先进女职工集体 29 个（含先进家庭 9 个）、先进女职工个人 39 个，其中国家级先进集体 9 个、先进个人 10 个，并在《人民铁道》《中国中铁》报、微信公众号等平台进行了集中宣传。积极推动将女干部培养纳入《中国中铁“十四五”人才发展规划》，为女职工成长发展搭建了平台。做好“三孩”政策下女职工权益保障工作，将女职工卫生费标准由 40 元 / 月提高至 80 元 / 月。深化女职工关爱行动，积极开展爱心托管班工作，有 4 个单位被授予全国总工会“爱心托管班”称号，28 个单位被授予铁路总工会“铁路爱心屋”称号。（邵颖妮）

【职工文体】围绕庆祝建党百年，广泛开展读书、征文、篮球、乒乓球、羽毛球、网络桥牌等喜闻乐见的文体活动，组织参加全国铁路第十四届运动会，取得羽毛球男双冠军、乒乓球女子单打冠亚军、篮球冠军和网球季军的历史最好成绩，获得全国群众体育先进单位 1 个，全国铁路体育先进单位 12 个、先进个人 18 人。组织参加全国和铁路总工会庆祝建党百年系列职工文化活动，荣获 3 个一等奖、8 个二等奖、19 个三等奖，10 个职工书屋荣获全国工会“职工书屋示范点”称号。

（唐海军）

【智慧工会建设】持续优化升级智慧工会平台，明确中铁信科作为智慧工会平台运维团队。根据公司信息贯通工程要求，研究智慧工会平台中铁惠园 App 与中铁 e 通链接相关工作并实现单点登录等功能。进一步优化“互联网 + 工会服务”功能，最大限度实现职工获取服务的便捷性，将中铁惠园 App 内“有声微刊”“网上商城”“理财专项”“重疾保险”“职工书屋”等应用类服务模块嵌入中铁 e 通，方便职工使用。对网上职代会等模块进一步研究改版，使各项流程更科学。2021 年，中铁智慧工会平台建设获中国中铁企业管理现代化创新成果一等奖。（马　萌）

【财务和经费审查】2021 年，规范工会财务管理，加强工会财务经审工作，认真组织做好财务预决算编制，做好新旧工会会计制度衔接工作，开展工会资金集中工作，促进工会财务规范管理。创新工会经费审计方式，聘请公司审计部门开展工会经费审计工作，完成了 18 家二级工会经费审计。中国中铁工会获 2020 年全总工会财务先进单位，2020 年度中华全国铁路总工会财务先进单位、经审工作规范化建设考核一等奖、2021 年优秀审计项目；中铁一局工会、中铁五局工会、中铁建工工会、中铁大桥院工会、中铁工业工会获中华全国铁路总工会授予的“2020 年度基层工会财务工作先进单位”称号。

（刘光华）

▲图 11–15　2021 年 6 月 27 日，中国中铁举办庆祝建党 100 周年职工文艺演出

【6 个集体获全国五一劳动奖状】

中铁一局集团第四工程有限公司

中铁三局集团有限公司桥隧工程分公司

中铁十局集团第三建设有限公司

中铁大桥局第七工程有限公司

中铁二院重庆勘察设计研究院有限责任公司

中铁科工集团有限公司

【19 人获全国五一劳动奖章】

王　力　中铁一局集团有限公司工会主席、副总经理，高级政工师

李学友　中铁二局第四工程有限公司科技部部长，高级工程师

张　毅　中铁四局集团第一工程有限公司张吉怀铁路项目经理部党群协理员，政工师

闫明赛　中铁四局集团第二工程有限公司玉磨铁路二分部项目经理，高级工程师

倪　派　中铁五局集团第四工程有限责任公司京张铁路三标项目部项目副总工程师，高级技师

保伍克的子　中铁八局集团有限公司城市轨道交通分公司物资设备管理中心盾构维保班班长，技师

李少辉　中铁八局集团昆明铁路建设有限公司云南省滇中引水工程楚雄段施工 1 标项目经理部生产副经理，工程师

朱贞平　中铁八局集团昆明铁路建设有限公司副总经理，工程师

舒均彪　中铁十局建筑公司领工员，高级技师

蒋　华　中铁大桥局集团第二工程有限公司作业队长，桥梁装吊工

周　伟　中铁大桥局集团第六工程有限公司钢筋班班组长
陈　明　中铁大桥局集团有限公司连镇铁路项目经理部副经理，高级经济师
宁朝新　中铁大桥局集团有限公司沪苏通长江公铁大桥HTQ-2标项目经理部副总工程师，高级工程师
鄢春艳　中铁隧道股份有限公司副总经理、工会主席，高级政工师
王艳鸽　中铁武汉电气化局集团第一工程有限公司信号女子突击队队长，高级技师
刘名君　中铁二院工程集团有限责任公司土木建筑设计研究二院院长，正高级工程师
陈德柱　中铁大桥勘测设计院集团有限公司副总经理，教授级高级工程师
严金秀　中铁科学研究院有限公司副总经理，正高级研究员
孙化文　中国中铁股份有限公司双洮项目第ST01合同段项目总经理部纪工委书记、工会工委主任，高级政工师

【24个集体获全国工人先锋号】

中铁一局集团有限公司大临铁路站后工程项目经理部
中铁二局集团新运工程有限公司玉磨铁路项目经理部梁场
中铁三局集团有限公司贵南客专贵州段工程项目经理部路基作业队
中铁三局集团有限公司南京地铁1号线北延工程土建施工D1N-TA01标项目经理部
中铁四局集团第四工程有限公司钢结构分公司
中铁四局集团市政工程有限公司荆门国际内陆港铁路作业区工程项目经理部
中铁五局集团机械化工程有限责任公司双龙项目经理部
中铁七局集团有限公司郑州航空港基础设施四标项目经理部
中铁七局集团有限公司云南省滇中引水工程楚雄段施工9标项目经理部
中铁十局集团有限公司杭州至海宁城际铁路工程第3标段邻既有线施工班组
中铁大桥局集团有限公司连镇铁路项目经理部南锚碇作业班组
中铁大桥局集团第五工程有限公司赤壁长江公路大桥项目部主桥4号墩班组
中铁隧道股份有限公司洛阳轨道交通1号线2标04工区项目经理部
中铁隧道股份有限公司武汉市轨道交通5号线土建工程第四标段项目经理部
中铁隧道局集团有限公司滇中引水工程大理Ⅰ段施工3标项目经理部
中铁建工集团京雄城际铁路雄安站房项目部
中铁上海工程局集团有限公司常益长铁路项目经理部益阳制板场
中铁二院工程集团有限责任公司玉磨铁路项目经理部
中铁二院贵阳勘察设计研究院有限责任公司隧道设计处
中铁工程设计咨询集团有限公司智能京张项目组
中铁大桥勘测设计院集团有限公司沪苏通长江公铁大桥设计项目部
中铁科工集团轨道交通装备有限公司生产制造中心
中铁宝桥集团有限公司港珠澳大桥项目部港珠澳大桥桥梁工程CB05-G2标项目经理部
中铁城市发展投资集团有限公司成都轨道交通工程指挥部

【22个集体获省部级五一劳动奖状】

安徽省五一劳动奖状
中铁四局集团市政公司
广东省五一劳动奖状
中铁隧道集团三处有限公司广州如意坊放射线系统工程（一期）施工总承包项目经理部
中铁广州工程局集团桥梁工程有限公司
贵州省五一劳动奖状
中铁五局贵州天怡大酒店有限公司
中铁五局集团有限责任公司
中铁开投贵阳轨道交通3号线一期工程指挥部
河北省五一劳动奖状
中铁建工集团有限公司北京2022年冬奥会奥运村及场馆群工程项目经理部
河南省五一劳动奖状
中铁隧道局集团机电工程有限公司
湖北省五一劳动奖状
中铁大桥局集团物资有限公司
江苏省五一劳动奖状
中铁电气化局集团北京建筑工程有限公司
中铁建工集团有限公司南京分公司
江西省五一劳动奖状
中铁大桥局集团有限公司九江船舶分公司
辽宁省五一劳动奖状
中铁九局集团有限公司
四川省五一劳动奖状
中铁八局集团有限公司
天津市五一劳动奖状
中铁建工集团北方工程有限公司
云南省五一劳动奖状
中铁三局集团第五工程有限公司
中铁五局集团电务城通公司轨道交通工程分公司
中铁十局集团第五工程有限公司
中铁隧道局集团建设有限公司
中铁隧道局集团有限公司大瑞铁路工程项目经理部
中铁上海工程局集团第六工程有限公司
重庆市五一劳动奖状
中铁一局集团新运工程有限公司

【77人获省级五一劳动奖章】

安徽省五一劳动奖章
李新生　中铁四局集团党委书记、董事长
方守春　中铁四局合安铁路HAZQ-1标项目经理部安质部部长
陈　航　中铁四局四公司钢结构分公司电焊工
广东省五一劳动奖章
王建平　中铁六局集团广州工程有限公司党委书记、执行董事
王申宇　中铁隧道集团三处有限公司项目常务副经理

冯金勇　中铁隧道局集团建设有限公司副总经理

赵冬冬　中铁广州工程局集团港航工程有限公司项目经理

贵州省五一劳动奖章

蒋瑞明　中铁一局集团广州分公司项目技术负责人、党支部书记

汪伟兵　中铁二局第一工程有限公司项目经理

冉海燕　中铁二局第一工程有限公司防护员

毕国云　中铁二局第一工程有限公司项目经理

罗　爽　中铁二局集团装饰装修工程有限公司总工程师

李　佳　中铁四局工程建设分公司贵阳地铁 3 号线项目项目书记兼工会主席

陈发亚　中铁五局集团贵州工程有限公司磨万铁路项目部总工程师

熊霜权　中铁五局集团建筑工程有限责任公司水电施工员

欧阳彬彬　中铁六局交通工程分公司贵阳地铁 3 号线项目部盾构队长

艾江临　中铁八局三公司贵阳轨道交通 3 号线一期工程土建八标段项目经理部项目经理

何　泉　中铁隧道集团一处有限公司项目经理

务玉龙　中铁隧道局集团建设有限公司盾构公司项目经理

蒲明松　中铁建工集团有限公司西南分公司商务经理

费富华　中铁开发投资集团有限公司贵阳轨道交通 3 号线一期工程指挥部指挥长

李海民　中铁开发投资集团有限公司贵阳轨道交通 3 号线一期工程指挥部党工委副书记、常务副指挥长

雷为民　中铁开发投资集团有限公司贵阳轨道交通 3 号线一期工程指挥部监事

昌　进　中铁开发投资集团有限公司贵阳轨道交通 3 号线一期工程建设管理有限公司副总工程师

海南省五一劳动奖章

朱桢华　中铁广州工程局集团深圳工程有限公司副总经理

河北省五一劳动奖章

周向东　中铁建工集团容东 E 组团安置房项目施工工长

河南省五一劳动奖章

姚　斌　中铁七局集团西安铁路工程有限公司水电分公司作业队长

宗广辉　中铁七局集团有限公司勘测设计研究院中级主管

王光辉　中铁隧道勘察设计研究院有限公司工程咨询公司经理

赵　娣　中铁隧道局集团有限公司副科长

赵云辉　中铁工业装备集团设计研究总院工程师

湖北省五一劳动奖章

曾　霖　中铁四局五公司黄黄一分部项目经理

刘润泽　中铁大桥局集团有限公司设计分公司副总工

刘玉峰　中铁大桥局集团第一工程有限公司副总经理兼工会主席

李鑫强　中铁大桥局集团武汉地产有限公司副总经理

李顺成　中铁电气化（武汉）设计研究院有限公司副总经理、总工程师

高　兴　中铁武汉电气化局集团有限公司北京分公司牡佳项目二分部电力变电自建架子队队长

马长河　中铁大桥勘测设计院监理公司总经理助理

胡辉跃　中铁大桥勘测设计院第二设计院所长

江苏省五一劳动奖章

方荣华　中铁三局南沿江城际铁路项目张家港制梁场模板班班长

宋会亮　中铁建工集团北方工程有限公司项目经理

江西省五一劳动奖章

姜胜义　中铁大桥局五公司项目经理

辽宁省五一劳动奖章

徐培培　中铁九局集团大连分公司秘鲁项目党支部书记

苏占伟　中铁九局集团第四工程有限公司项目部工班长

山东省五一劳动奖章

贾春良　中铁十局集团电务工程有限公司电气化第二项目部作业队长

陕西省五一劳动奖章

邵宏琴　中铁一局集团电务工程有限公司班组长

李玉龙　中铁七局集团第三工程有限公司韶关区域经理部项目经理

冯　毅　中铁工业宝桥集团高级工程师

首都劳动奖章

田丽文　中铁六局交通工程分公司深圳地铁 14 号线六中区间机电总工

王　磊　中铁六局集团丰桥桥梁有限公司宣城分公司项目经理

周启斌　中铁电气化局设计研究院研发中心主任

四川省五一劳动奖章

晁力杰　中铁一局集团第四工程有限公司安全员

王　帅　中铁二局集团电务工程有限公司项目经理

李青山　中铁二局第二工程有限公司项目部分部经理

程喜明　中铁五局集团第一工程有限责任公司队长

杨华超　中铁八局建筑公司黑龙滩国际生态旅游度假区项目部项目经理

李　东　中铁二院工程集团有限责任公司地勘岩土工程设计研究院副院长

天津市五一劳动奖章

杨建兴　中铁第六勘察设计院集团有限公司电气化设计院分公司副总经理、院智慧铁路项目总设计师

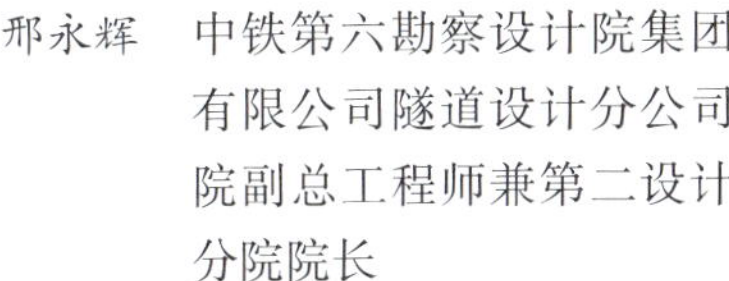

邢永辉　中铁第六勘察设计院集团有限公司隧道设计分公司院副总工程师兼第二设计分院院长

云南省五一劳动奖章

李雅君　中铁一局集团有限公司大临铁路站后工程项目经理部工区经理

王付根　中铁五局集团成都工程有限责任公司常务副经理

李少辉　中铁八局昆明公司滇中引水楚雄1标项目部副经理

赵红福　中铁八局集团有限公司弥蒙铁路站前1标项目经理部项目经理

李谷华　中铁八局集团有限公司大瑞铁路工程项目经理部项目经理

胡竹炉　中铁十局集团第五工程有限公司副总经理、云南滇中引水工程项目部项目经理

丁国鹏　中铁隧道局集团建设有限公司玉磨铁路景寨隧道项目经理部项目总工程师

刘　刚　中铁隧道局集团建设有限公司玉磨铁路景寨隧道项目经理部项目经理

刘　凯　中铁上海工程局集团有限公司玉磨铁路项目经理部项目经理兼党工委书记

汪海龙　中铁二院工程集团有限责任公司土建一院所副总工程师

汪海龙　中铁二院工程集团有限责任公司大瑞铁路配合施工项目部副经理

杜宇本　中铁二院工程集团有限责任公司地勘岩土工程设计研究院副总工程师

龚庆五　中铁二院工程集团有限责任公司玉磨铁路配合施工项目部总工程师、党支部书记

邓　平　中铁开发投资集团有限公司玉楚高速公路指挥部指挥长

陈先智　中铁开发投资集团有限公司昆明轨道交通4号线土建项目建设管理有限公司副总经理

重庆市五一劳动奖章

许　清　中铁八局一公司昌景黄项目部总工程师

何　军　中铁隧道集团一处有限公司党支部书记

姚向奎　中铁二院重庆勘察设计研究院有限责任公司项目总工程师

【71个集体获省级工人先锋号】

安徽省工人先锋号

中铁四局钢结构建筑公司江济淮钢渡槽项目部

中铁四局四公司休宁制梁场

中铁四局电气化公司合安客专三电迁改项目部

中铁四局市政公司芜湖市城区污水系统提质增效项目经理部

北京市工人先锋号

中铁北京工程局集团（天津）工程有限公司国道109高速公路工程项目经理部

福建省工人先锋号

中铁四局五公司福州市新店外环路西段道路工程第1标段项目经理部

中铁大桥局集团物资有限公司福平铁路FPZQ-3标物资供应分部

中铁大桥局九江船舶分公司福平铁路FPZQ-3标船舶管理分部

中铁大桥局集团第五工程有限公司新建福厦铁路1标项目经理部

广西壮族自治区工人先锋号

中铁上海工程局集团有限公司柳州凤凰岭大桥项目部

贵州省工人先锋号

中铁一局集团第三工程分公司盘兴铁路项目经理部

中铁一局集团广州分公司贵阳轨道交通3号线土建4标项目经理部

中铁二局第一工程有限公司贵南铁路一标第二作业队

中铁二局第一工程有限公司贵阳轨道交通3号线一标项目经理部

中铁二局第一工程有限公司贵州职工之家（安顺若飞宾馆）项目部

中铁五局集团贵州工程有限公司贵阳轨道交通3号线土建10标项目部

中铁五局集团第一工程有限责任公司兰天风电项目房建二班

中铁六局集团有限公司交通工程分公司贵阳轨道交通3号线土建14标段项目经理部

中铁八局三公司贵阳轨道交通3号线一期工程土建八标段项目经理部

中铁八局三公司赤水旅游新城商业综合体项目部

中铁隧道局建设有限公司贵阳轨道交通3号线7标项目部

中铁建工集团有限公司西南分公司贵阳枢纽西南环线工程项目经理部

中铁文旅集团贵州公司工程管理部

中铁开发投资集团有限公司瓮开高速公路工程指挥部

河南省工人先锋号

中铁七局集团第三工程有限公司盾构分公司

中铁隧道股份有限公司经营开发部

中铁工业装备集团盾构公司组装车间

中铁工业装备集团设备公司电气车间三臂凿岩台车班组

湖北省工人先锋号

中铁大桥局第七工程有限公司武大高速1标项目部工程部

中铁北京工程局集团有限公司机场工程分公司走马湖水系综合治理工程项目经理部工程部

中铁工业科工集团机械院公司预制构件智能生产线项目团队

湖南省工人先锋号

中铁三局集团桥隧工程有限公司常益长铁路项目经理部沅江特大桥跨沅江斜拉桥施工班组

中铁大桥局集团第五工程有限公司芙蓉镇站站前广场基础工程项目部高填方工程班组

江苏省工人先锋号

中铁四局二公司盐通铁路一分部

中铁四局八分公司连徐铁路站前1标项目部铺架分部

中铁电气化局集团北京建筑工程有限公司铁路物流园河西住宅项目部水电班组

中铁建工集团有限公司北方公司2019-56铁路物流园苏山河西地块——陆港大厦项目部

江西省工人先锋号

中铁四局五公司安九铁路（江西段）AJJXZQ标项目经理部

陕西省工人先锋号

中铁一局集团第三工程分公司宝鸡市联盟大桥项目经理部

中铁七局集团西安铁路工程有限公司西安地铁6号线项目部

中铁高铁电气装备股份有限公司铸造事业部低压铸造班

中铁上海工程局集团有限公司旬凤高速公路项目部

四川省工人先锋号

中铁一局集团第四工程有限公司汶马高速C16合同段项目部

中铁二局集团建筑有限公司西郡英华四期项目经理部

中铁五局集团成都工程有限责任公司成自铁路项目部

中铁八局二公司宜彝高速公路2标项目经理部

中铁隧道局集团有限公司成昆扩能峨米项目部

中铁上海工程局集团有限公司成资渝高速公路项目部

中铁北京工程局集团城市轨道交通工程有限公司成资渝高速公路TJ1项目经理部

中铁二院工程集团有限责任公司公路与市政设计研究院设计三处

天津市工人先锋号

中铁六局集团天津铁路建设有限公司天津地铁10号线项目部

云南省工人先锋号

中铁一局集团第五工程有限公司滇中引水工程大理Ⅱ段施工6标项目部

中铁五局集团成都工程有限责任公司大临铁路项目部

中铁七局集团第三工程有限公司云南省滇中引水工程楚雄段施工9标项目经理部

中铁七局集团武汉工程有限公司云南省滇中引水工程大理Ⅱ段施工5标项目经理部

中铁开发投资集团有限公司昆明市轨道交通4号线工程指挥部

重庆市工人先锋号

中铁一局集团第五工程有限公司滇中引水工程大理Ⅱ段施工6标项目部

中铁三局集团有限公司大瑞铁路工程项目经理部一分部

中铁五局集团成都工程有限责任公司大临铁路项目部

中铁七局集团第三工程有限公司云南省滇中引水工程楚雄段施工9标项目经理部

中铁七局集团武汉工程有限公司云南省滇中引水工程大理Ⅱ段施工5标项目经理部

中铁十局集团有限公司玉磨铁路项目经理部站前十一标

中铁大桥局集团有限公司丽香铁路项目经理部

中铁隧道局集团建设有限公司玉磨铁路项目经理部

中铁电气化局集团第一工程有限公司广大铁路改造工程项目部

中铁武汉电气化局集团有限公司新建大理至瑞丽铁路四电及相关工程DRSD-1标项目部

中铁武汉电气化局集团有限公司玉磨铁路站后一标项目经理部

中铁建工集团有限公司玉磨铁路站房工程YMZF1B项目经理部

中铁二院工程集团有限责任公司大理至临沧铁路配合施工项目部大临组

中铁二院工程集团有限责任公司玉溪至磨憨铁路配合施工项目部景洪配合施工组

中铁开发投资集团有限公司昆明市轨道交通4号线工程指挥部

【16个集体荣获火车头奖杯】

中铁一局玉磨铁路铺架制梁项目部

中铁一局集团有限公司太焦铁路TJZQ-5标项目经理部

中铁一局集团新运公司格库项目部

中铁二局集团中老铁路指挥部

中铁三局集团广东建设工程有限公司

中铁四局集团赣深铁路GSSG-11标工程指挥部

中铁五局集团第二工程有限责任公司

中铁大桥局五峰山长江大桥（连镇铁路）项目经理部

中铁大桥局集团有限公司福平铁路FPZQ-3标项目部

中铁隧道局建设公司玉磨铁路景寨项目部

中铁武汉电气化局集团有限公司新建大理至瑞丽铁路四电及相关工程DRSD-1标项目部

中铁建工集团丰台站改建工程站房工程一标段项目经理部

中铁二院集团川藏铁路勘察设计总指挥部

中铁二院集团地勘岩土工程设计研究院

中铁二院磨万铁路项目部

中铁大桥勘测设计院集团有限公司测绘院第一测绘所川藏铁路项目部

【78人荣获火车头奖章】

魏珍珍　中铁一局集团物资工贸有限公司项目经理

别红亮　中铁一局集团建筑安装工程有限公司项目经理

刘顺良　中铁一局玉磨铁路铺架制梁项目部副经理

李卫兵　中铁一局新运工程有限公司阿富准项目经理部副经理

魏　东　深圳中铁二局工程有限公司东莞水污染治理项目部项目经理

吴　红　中铁二局第六工程有限公司路面分公司常务副经理

胡　彬　中铁二局磨万铁路铺轨标项目部经理

杨　明　中铁二局集团有限公司拉林铁路工程指挥部常务副指挥长

董　浩　中铁三局运输分公司第二运输段副工长

王　熙　中铁三局桥隧公司印尼雅万高铁项目部项目经理

孔祥鹏　中铁三局集团线桥工程有限公司第四分公司铺架机组机长

朱延学　中铁三局集团有限公司太

焦铁路 TJZQ–1 标项目经理部工程部部长

刘继国　中铁三局新疆格库铁路 S5 标项目经理部高级工程师

张杰胜　中铁四局集团第一工程有限公司副总工程师

杨　曦　中铁四局集团第四工程有限公司连徐指挥部指挥长

李鹏程　中铁四局玉磨铁路项目部项目经理

刘长军　中铁四局牡佳客专一标项目经理部高级工程师

张晓娜　中铁四局集团有限公司涪秀二线铁路工程项目经理部总经济师

陈　亮　中铁四局集团有限公司新建福厦铁路 8 标项目经理部指挥长

罗　觉　中铁五局路桥公司广州地铁 11 号线兼中科合资广东炼化一体厂外通道、广佛高速项目经理部项目经理

龙东宏　中铁五局成都公司成兰铁路 6 标指挥部副总工程师兼项目指挥长

付　军　中铁五局玉磨铁路项目经理部项目经理

周小霞　中铁五局磨万铁路项目部经理

余祖斌　中铁五局大瑞铺架项目部项目经理

郝利斌　中铁六局华冠天诚检测认证有限公司检测一部部长

于广涛　中铁六局集团北京铁路建设有限公司京沈客专星火项目部高级工程师

高明星　中铁七局武汉公司铺架分公司盾构队长

朱建勇　中铁八局集团电务工程有限公司供电一项目部项目经理

张东升　中铁八局郑万铁路重庆段站房 1 标项目部项目经理

王志宝　中铁九局集团第七工程有限公司哈尔滨机场二通道项目部一分部项目经理

毕文胜　中铁十局集团第二工程有限公司莱荣一分部项目经理

全　斐　中铁十局集团有限公司大临铁路项目部副总工程师

李芳军　中铁大桥局集团第八工程有限公司党委书记、执行董事

王贵明　中铁大桥局集团有限公司高级工程师

李军堂　中铁大桥局集团有限公司沪通长江大桥项目部总工程师

张传军　中铁隧道局集团川藏铁路项目部常务副经理

王朋建　中铁电气化局集团北京电气化公司第一项目分公司京张高铁项目部工程部副部长

吴向阳　中铁电气化局集团第一工程有限公司生产技术管理部部长

胡鹏飞　中铁武汉电气化局集团机电分公司第一项目管理部项目经理

李　平　中铁建工集团上海分公司杭州西站项目一分部项目经理

吴亚东　中铁建工集团有限公司雄安站指挥部总工程师

薛海龙　中铁建工集团有限公司技术主任

路海勇　中铁建工集团玉磨铁路站房一标 YMZF1B 项目部项目经理

郁特立　中铁建工集团有限公司项目副经理

朱　健　中铁建工集团有限公司福平铁路站房项目部项目经理

许兆交　中铁广州局磨万铁路土建 2 标项目部经理

林定位　中铁广州工程局深圳工程有限公司中共海口市委党校新校区项目经理部项目经理

杨　京　中铁北京工程局走马湖水系综合治理工程项目经理部项目经理

左贤思　中铁上海工程局常益长铁路项目部益阳制板场场长

陈晓辉　中铁上海工程局集团有限公司郑济铁路（山东段）工程项目部项目经理

卫晓军　中铁国际集团亚洲分公司副总经理

文　武　中铁国际川铁公司磨万铁路项目部经理

林　刚　中铁二院集团地下铁道设计研究院地铁院副总工程师

毕　强　中铁二院集团土木建筑设计研究二院线路所副所长

冯树波　中铁二院集团测绘工程设计研究院测绘工程二处副处长

周学军　中铁二院集团地勘岩土工程设计研究院工程师

罗运武　中铁二院集团生态环境研究院高级工程师

陈锡武　中铁二院集团土木建筑设计研究一院高级工程师

赵亮亮　中铁二院集团 BIM 中心基础研究部部长

陆建利　中铁二院集团川藏铁路勘察设计总指挥部生产计划部部长

李　准　中铁二院工经院项目经理

张　强　中铁六院集团线站院项目总体室主任

李　鹏　中铁工程设计咨询集团有限公司线路所副所长

钱国玉　中铁设计地质路基勘察设计院院长助理

谢　猛　中铁设计地质路基勘察设计院所长

刘　波　中铁大桥勘测设计院集团有限公司武汉分公司副总工程师

苏　杨　中铁大桥勘测设计院城建院副院长

胡文军　中铁大桥勘测设计院第二设计院副所长

冯治国　中铁大桥勘测设计院勘察院主任工程师

刘志强　中铁科研院西南院隧道所总工程师

魏鲰鋆　中铁科研院西北院新疆分院勘察设计部主任

孙　强　中铁西南院磨万铁路检测 2 标项目部经理

高　波　中铁工业九桥公司桥梁技术研究院副院长
张　南　中铁置业集团贵州有限公司中铁阅山湖云著项目经理
廖启华　中铁资源集团华刚矿业公司设备动力厂厂长
秦　云　中铁开发投资集团有限公司滇中引水工程楚红指挥部工程部部长
曾　华　中铁城投集团西安地铁工程指挥部副指挥长
蒋全国　中铁物贸集团成都分公司经营开发部部长

【1 人获感动交通十大年度人物】

胡　彬　中铁二局新运公司中老铁路项目部经理

【1 人获中华技能大奖】

王汝运　中铁高新工业股份有限公司高级技师

【3 人获第十五届全国技术能手】

王中美　中铁高新工业股份有限公司电焊工、高级技师
母永奇　中铁隧道股份有限公司隧道工、高级技师
郝利斌　中铁六局集团太原铁路建设有限公司工程试验工、高级技师

【16 人获省级工匠】

河北大工匠年度人物

姜秀鹏　中铁建工集团北京 2022 年冬奥会张家口赛区奥运村及场馆群工程项目部项目经理

河北工匠年度人物

周向东　中铁建工集团雄安新区容东 E 组团安置房项目施工工长

荆楚工匠

王忠彬　中铁大桥勘测设计院集团有限公司第一设计院副总工程师、高级工程师
卢　聪　中铁工程机械研究设计院有限公司电气所电工、高级技师
李国强　中铁武汉电气化局集团上海电气有限公司皖赣项目部工程部部长、高级技师
杨启忠　中铁大桥局二公司机械租赁部负责人、特技技师

四川工匠

林　刚　中铁二院地铁院副总工程师
段文军　中铁工程服务有限公司科技分公司盾构维保工程师
裴安斌　中铁八局集团第七工程有限公司电工
王明胜　中铁城市发展投资集团有限公司四川分公司安质部部长

中原工匠

杜志刚　中铁隧道局工程测量总队队长、高级工程师
罗　浩　中铁七局三公司盾构分公司盾构机械操作工、技师

三秦工匠

杨　志　中铁一局集团第五工程有限公司工程测量工、高级技师
李国强　中铁七局集团西安铁路工程有限公司工程测量工、高级技师

安徽工匠

王明刚　中铁四局集团第五工程有限公司技术服务中心副主任
沈志强　中铁四局集团第一工程有限公司测算分公司经理

【2 项职工创新成果获第六届全国职工优秀技术创新成果奖】

中铁六院贺维国劳模创新工作室《内河沉管隧道建设关键技术研究与应用》获第六届全国职工优秀技术创新成果奖二等奖
中铁隧道局刁国君劳模创新工作室《移动式立面硬岩切槽机及工法》获第六届全国职工优秀技术创新成果优秀奖

【2 人获“新时代·铁路榜样”提名奖】

吕　刚　中铁设计集团城市轨道交通研究院总结构师
韩方瑾　中铁一局四公司大瑞铁路项目经理部工区经理

【1 个集体获全国群众体育先进单位】

中国铁路工会中铁四局集团有限公司委员会

【12 个集体获全国铁路体育先进单位】

中铁一局集团第三工程分公司
中铁二局集团第六工程有限公司
中铁四局集团第八工程分公司
中铁五局集团建筑工程有限公司
中铁六局集团有限公司
中铁十局集团有限公司
中铁大桥局集团有限公司
中铁建工集团有限公司
中铁北京工程局集团有限公司
中铁二院工程集团有限公司
中铁置业集团有限公司
中铁物贸集团有限公司

【18 人获全国铁路体育先进个人】

李一帆　中铁一局集团企业大学后勤部干事
林师月　中铁一局集团企业大学后勤部干事
曹　松　中铁二局集团工会生产宣教部副部长
王劲松　中铁三局集团工会综合部副部长、机关工会主席
李朋谦　中铁四局集团工会主席、副总经理
朱长路　中铁七局集团电务公司工会副主席兼工会工作部部长
唐　林　中铁八局集团工会工作部副部长，体协委员
吴洪洋　中铁九局集团电务公司工会副主席
刘　硕　中铁隧道局集团工会指导员
李盼龙　中铁电气化局集团工会综合部部长、体协秘书长
赵吉波　中铁武汉电气化局集团法律服务中心副总经理、总部机关工会体育委员
王　强　中铁建工集团群团工作部副部长
李煜恒　中铁建工集团北京分公司

机电安装事业部职员
张铭辰　中铁建工集团建安公司团委副书记（主持工作）
路甲申　中铁上海工程局集团工会体协负责人
古　鑫　中铁置业集团物业公司总经理、党委副书记
娇凯文　中铁置业集团山东公司青岛世博城国际会展公司综合部经理
李重霖　中国中铁董事会办公室市值管理处主管

【8个集体获国家级先进女职工集体】
全国三八红旗集体
中铁一局工会女职工委员会
全国五一巾帼奖状、全国五一巾帼标兵岗
中铁二院测绘院数字化所
全国巾帼文明岗
中铁六局电务公司太原通号项目部女工预配班
中铁大桥局六公司中心试验室技术管理部
中铁工业九桥公司桥梁施工研究所
中铁水利设计党群工作部
全国最美家庭
中铁一局城轨公司梁西军家庭
中铁二局二公司青岛地铁6号线项目部彭祥华家庭

【4个单位被授予“全国工会爱心托管班”】
中铁十局职工子女托管班
中铁置业“安心邦”小学堂
中铁一局建安公司“安心”暑期托管班
中铁置业“贵阳站”小学堂

【20个集体荣获省部级先进女职工集体】
陕西省三八红旗集体
中铁一局电务公司向阳花班组
四川省三八红旗集体
中铁二院国际公司翻译部
河南省五一巾帼标兵岗
中铁七局海外公司刚果（金）地区商务部
中铁七局三公司经营开发部报价组
中铁隧道局二处安全质量环保部质量室
中铁隧道局隧道股份成本部清算中心
四川省五一巾帼创新工作室创建工作优秀组织单位
中铁二局工会女职工委员会
四川省五一巾帼创新工作室
中铁二局五公司吴帮玉巾帼创新工作室
全国铁路先进女职工集体
中铁电气化局一公司一分公司女工班
中铁二院土建一院绿化景观所
中铁工业装备集团设计研究总院女职工创新工作室
全国铁路先进女职工组织
中铁十局工会女职工委员会
中铁设计工会女职工委员会
陕西省五好家庭标兵
中铁一局城轨公司梁西军家庭
天津市最美家庭
中铁六院电化院赵明家庭
四川省十佳最美职工家庭
中铁八局七公司混凝土制品项目部钟安珍家庭
四川省最美职工家庭
中铁二局四公司李学友家庭
中铁八局七公司混凝土制品项目部钟安珍家庭
中铁八局建筑公司检测中心邓国兵家庭
中铁科研院西南院孙强家庭

【6人获国家级女职工先进个人】
全国三八红旗手
赵建华　中铁四局七分公司孟加拉国帕德玛大桥连接线项目部总会计师
全国五一巾帼标兵
程会娥　中铁北京局渭南宏帆人和府项目党支部书记
李红侠　中铁设计电通院副总工程师
刘芸欣　中铁大桥院科研院软件所所长
全国巾帼建功标兵
黄　红　中铁电气化局三公司信号分公司副总工程师、信号专业特级技师
全国先进老干部工作者
杨云峰　中国中铁总部事务管理中心离退休人员管理处处长

【21人获省部级女职工先进个人】
安徽省三八红旗手
陈　娟　中铁四局材料公司技术中心副主任
黄金花　中铁四局钢结构公司制造分公司驾驶员
河南省五一巾帼标兵
宋素华　中铁七局郑州公司兰荷项目部工经部长
廖振芳　中铁隧道局路桥公司西安地铁9号线3标项目总经济师
张文艳　中铁工业装备集团设计研究院总院TBM分院三级工程师
贵州省五一巾帼标兵
马小卓　中铁电气化局西安电化公司西南分公司工会主席、纪检员、副经理
贵州省巾帼建功标兵
石　燕　中铁五局二公司副总工程师
上海市巾帼建功标兵
刘婵媛　中铁上海局华海公司经济稽查队队长
辽宁省五一劳动奖章、辽宁省巾帼建功标兵
徐培培　中铁九局大连分公司秘鲁项目部党支部书记
山东省女职工建功立业标兵
邵文静　中铁十局一公司阿富准项目部工经部工程师
王银东　中铁十局青岛公司工程技术服务中心工程师
首都最美巾帼奋斗者
柴淑颖　中铁电气化局电气工业公司保定铁道变压器分公司总工程师
全国铁路先进女职工
徐培培　中铁九局大连分公司秘鲁项目部党支部书记
卫立珩　DY项目部综合管理部部长、团工委书记
全国铁路先进女职工工作者
鹿　林　中铁六局太原公司工会主

席、女工委主任
胡　红　中铁八局工会女工委主任
王　闽　中铁文旅副总经理、工会主席

贵州省最美劳动者

佘　婷　中铁文旅贵州公司总经理助理、品牌运营部部长
程　倩　中铁文旅贵州公司产业发展部副部长（主持工作）
王　媛　中铁文旅贵州公司经营开发部部员
李桂勇　中铁文旅贵州公司客户服务部部员

【10 个单位获 2021 年全国工会职工书屋示范点】

中铁二局六公司
中铁二局地产集团物管公司
中铁四局福厦铁路 8 标项目
中铁七局
中铁八局一公司
中铁大桥局地产公司
中铁电气化局城铁公司广州分公司
中铁建工中国中铁·诺德丽湖半岛项目
中铁城投成都轨道指挥部
中铁物贸深圳公司

【5 个集体获全路困难职工解困脱困工作先进集体】

中铁一局建筑安装公司工会
中铁广州局工会
中铁北京局长治事业管理中心工会
中铁工业宝工公司工会
中国中铁工会权益保障女工部

【8 人获全路困难职工解困脱困工作先进个人】

田　英　中铁二局六公司工会副主席
杨　波　中铁三局工会调研员
智　华　中铁六局太原铁建公司工会副主席、工会工作部部长
高彦斌　中铁九局二公司沈吉项目党工委书记
祝阿妮　中铁隧道局工会权益保障女工部部长
王　浩　中铁北京局工会工作部主管
路甲申　中铁上海局工会权益保障部负责人
曹宁生　中铁工业宝工公司党群工作部副部长

【28 个单位被授予铁路总工会“铁路爱心屋”】

中铁三局二公司
中铁六局呼和公司西昭高速公路 SG7 标项目经理部
中铁六局电务公司呼和通号项目部
中铁六局电务公司太原通号项目部
中铁六局丰桥公司北京分公司
中铁六局广州公司贵州金仁桐高速公路八标项目经理部
中铁六局广州公司梅龙铁路（MLSG-3 标）项目经理部
中铁八局二公司
中铁大桥局科学研究院
中铁建工机关工会
中铁建工华北分公司成都整体建设工程项目
中铁北京局北京公司机关
中铁二院公路与市政设计研究院
中铁大桥院中铁时代建筑设计院有限公司
中铁科研院机关工会
中铁科研院四川铁科工会
中铁工业山桥技术质量中心
中铁置业物业公司海南分公司
中铁置业雄安公司
中铁置业机关本部
中铁置业东北公司长春公司
中铁资源总部机关
中铁信托总部机关
中铁南方机关本部
中铁城投成都轨道交通工程指挥部（贝家幸福健康小屋）
中铁物贸油品公司
中铁物贸上海公司
中铁物贸沈阳分公司

【1 个集体获全总工会财务先进单位】

中国铁路工会中国铁路工程集团有限公司委员会

【6 个集体获铁总工会财务先进单位】

中国铁路工会中国铁路工程集团有限公司委员会
中国铁路工会中铁一局集团有限公司委员会
中国铁路工会中铁五局集团有限公司委员会
中国铁路工会中铁建工集团有限公司委员会
中国铁路工会中铁大桥勘测设计院集团有限公司委员会
中国铁路工会中铁高新工业股份有限公司委员会

【1 个集体荣获铁总工会经审工作规范化建设考核一等奖】

中国铁路工会中国铁路工程集团有限公司委员会

总部事务管理中心（基建办公室、离退休人员管理部、保卫部、机关党委、机关纪委、机关工会）

【工作综述】围绕企业改革发展中心任务，坚持以服务为核心、以管理为根本、以保障为目标，对内创新理念、从严管理、挖掘潜力，对外集思广益、借鉴吸收、学习提高，攻坚克难、高效推进。坚持把融入中心、服务大局作为定位，在全年工作中始终做到“五个坚持”，即始终坚持“七位一体”大协同工作理念引领，始终坚持为广大员工服务，始终坚持把制度建设作为根本，始终坚持把统筹协调作为保障，始终坚持按公司党委、公司的决议决策办事、按制度办事、按程序办事、按职责办事。积极发挥总部事务与各部门和广大员工密切接触作用，有效助推机关党建、机关工会各项工作开展，为总部规范高效运行提供有力服务保障。

（韩　东　刘建锁　谢洋斌）

【制度建设】2021 年，总部事务管理中心（基建办公室、离退休人员管理部、保卫部）有效制度清单共 18 项，其中，根据职能调整，新增《中国中铁股份有限公司总部公务用车管理规定》1 项，包含《中国中铁

股份有限公司内部治安保卫工作规定》等二级制度7项，《中国中铁股份有限公司总部办公用房、办公设备、办公用品和办公电话管理细则》等三级制度11项。（王馈华）

【行政管理与服务工作】依据部门18项规章制度，优化行政管理事务12项业务流程，并在总部率先实现了部门全业务全流程的上线运行。积极开展向中建、中钢、中海、中化等单位对标学习调研活动，实现物业餐饮管理一体化管理。根据总部机构改革、部门调整和人员变化情况，抓好总部办公室调整、工位搬迁，全年调整及协助搬迁办公室127间次。加强电话网络安装及办公设备设施配置管理，规范总部电话号码使用、分配和信息更新管理，及时办理办公用房、保密会议室、会议室灯光、音频视频系统升级、C座一层和二层等装修改造。做好办公楼设备设施维护及美化、绿化、亮化工作，依法合规收回了C座部分对外出租用房，实施了总部办公楼围合院落改造工程，总部的面貌焕然一新。加强“健康总部”建设工作，以总部医务室的建设与服务为抓手，全年累计诊疗服务1.2万余人次。全力做好庆祝建党100周年、国资委党建工作展、中央企业品牌日等重大活动布展。持续督导总部物业全面提升服务质量，定期组织考核评比，查缺补漏，奖优罚劣。2021年完成会议保障2963次，服务4.1万余人次。着力抓好车队、总部车辆及停车场日常维护管理，实现安全行车26万余千米。配合完成国资委党委巡视及审计等重大任务的保障服务，加大与属地政府部门、友邻单位的协调沟通，主动参与各项社会事务，不断深化企地共建工作。

（任宝生　刘　刚　邵光存　王艳虎）

【企业内部治安保卫工作】强化业务培训，提高安保队伍素质，分季度先后对秩序维护员和保安员进行了4次系统培训；加强检查巡查，消除安全隐患，坚持落实“日例行巡查、周重点检查、月专项检查、季综合检查”制度，定期联合对办公楼施工改造、重点区域、外来人员和C座外租单位进行巡查检查。突出工作重点，完成了承办国资委重要会议、公司职代会、工作会等重大节日、重大活动期间安保任务。在建党100周年及“两节”期间，会同北京市公安局对所属在京4个重点项目进行了联合检查。加大总部施工文明监管力度，对施工人员进出、动火证、施工车辆出入进行严格审批监管，坚决禁止易燃易爆等危险品进入总部。全年完成了35次上级领导莅临、外宾来访以及大型活动的安保任务，妥善处置了45起486人次闹访、群体性上访秩序的维护，总部顺利实现了年度“三零”目标。（夏玉民）

【离退休人员管理与服务工作】在全公司离退休干部中开展“我看建党百年新成就”专题调研，共组织召开专题调研座谈会20余场，个别访谈200余人次，电话、微信等方式访谈300余人次。“两节”期间，公司领导及高管对总部“三老”人员进行了走访慰问。认真落实《中组部关于在建党100周年之际提高抗战时期参加革命工作的部分离休干部医疗待遇的通知》，申请办理提高享受副省（部）长级医疗费待遇的30人，已批复29人；申请办理提高享受按副省（部）长级标准报销医疗费待遇的58人，为总部11名老党员颁发了“光荣在党50年”纪念章。为在京提高医疗待遇人员办理医疗证及合同医院备案；为总部离休干部上门收取单据，办理住院费借支、医疗费报销，全年审核报销医药费用110余万元。完成总部离退休人员夏季补贴、国庆中秋慰问金、体检费的发放工作，2021年发放金额440余万元。逐步规范总部新增退休人员社会化管理常态化移交工作，及时办理党员组织关系、人事档案移交。做好退休人员实行社会化管理后的待遇保障工作，落实好各项待遇，确保退休人员队伍稳定。（杨云峰）

【疫情防控工作】严格落实“双控”“双查”全员管控、全面消杀，联合物业、餐厅及C座办公相关单位建立了“总部疫情防控信息日报”微信群，第一时间传达上级单位、总部防疫工作部署，及时报告员工动态健康监测情况，积极落实总部A座、B座、C座“联防联控一体化”制度。认真做好特殊时期员工就餐服务安排，确保食品安全，及时快速、多渠道积极筹备疫情防控物资和相关设备。开展10余次总部人员（含物业餐厅人员）防疫专项排查，跟踪处置疫情隐患及特殊情况的人员80余名，全年完成总部人员核酸检测1900余人次，上门核酸检测210余次，发送检测报告920余人次。组织3场新冠肺炎疫苗接种，6家二级企业共计820余人接种了新冠肺炎疫苗及加强针。2021年3月，中国中铁在海淀区万寿路地区冬奥测试活动外围保障疫情防控工作推进会上，作为唯一的单位代表在会上做典型经验交流。（谭坤朋）

【总部基建与后勤保障工作】督导推进顺义总部基地建设，定期召开专题协调会，报送工作简报56期。与国管局合作推进万寿路2号院项目开发，基本确定项目规划设计方案。多渠道为职工解决住宅问题，开展限竞房、长租房、集租房的需求调查、政策解读、报名申购、政策优惠，牵头为总部超过200名员工在大兴长租房项目成功申购，牵头组织总部及在京单位共计205名职工申购丰台区“金璟阳光苑”共有产权房，征集1300余名职工对门头沟永定镇2期集租房项目承租意向。修订《中国中铁总部公租房承租管理规定》，为总部178名人员发放租房补贴，累计向丰台区争取到了27套人才公租房。做好中铁四局万寿路16号院项目维稳及总部住房历史遗留问题的协调。（谭坤朋）

【深入开展总部党史学习教育】制定下发《党史学习教育工作方案》，学习习近平总书记最新重要讲话和指示批示精神，组织总部全体党员参加公司党委党史学习教育动员部署大会、专题党课等集中教育5次，1500余人（次）。中铁e通党史学习专栏发布70期，“每周一课”党史学习讲堂15期，2000余人次参加，为总部全体党员购买发放《论中国共产党历史》等学习材料2500余册。制定下发《庆祝建党100周年系列主题活动方案》，开展了“七个一”系列主题活动，组织总部全体员工认真收听收看中共中央庆祝中国共产党成立100周年大会，聆听习近平总书记重要讲话，隆重举行升国旗仪式，组织总部各党支部专题学习习近平总书记在庆祝大会上的重要讲话。制定下发《党史学习教育专题组织生活会方案》，国资委党史学习教育第六指导组参加了三位公司领导所在党支部专题组织生活会，机关党委全程参加以上3个支部和4个新任支部书记的支部专题组织生活会并进行点评。制定下发《党的十九届六中全会精神学习贯彻方案》，制作了学习宣传展板，为总部全体员工购买发放《决议督导读本》《决议辅导百问》等学习资料800余册，有效推进了党的十九届六中全会精神的贯彻落实。

（常金盛　郭凌云）

【总部党建工作科学化】制定下发《2021年总部党的工作要点》，明确总部党的建设和反腐倡廉工作19项年度重点任务。开展“强素质、作表率”读书活动，发放各类学习资料4000余册。持续做好《党支部工作手册》《党员学习工作笔记》的管理与使用，完成20个党支部、7个直属单位党工委的党内统计专项填报工作。2021年发展和转正党员5名，转接总部和公司所属直属单位党员组织关系300余人次。制定离退休人员庆祝建党100周年系列主题活动方案，在全公司开展了“我看建党百年新成就”专题调研，为11名老党员颁发了“光荣在党50年”纪念章。“七一”前夕走访慰问老干部、生活困难党员55人。制定《总部党支部建设晋位升级考评管理实施细则》，开展党支部建设督查指导工作。

（常金盛　郭凌云）

【总部党的组织建设】根据总部机构改革情况，撤销党支部5个，新成立党支部4个，调整完善党支部9个。总部现有党支部21个，其中在职党支部20个、离退休人员党支部1个。认真开展“双评”工作，原21个党支部全部召开了组织生活会，21位党支部书记本人或委托他人进行了述职，247名党员参加了民主评议，其中评定为优秀的党员80名。召开庆祝建党100周年暨“一标杆两标兵”表彰大会，表彰6个先进党支部标杆、10名优秀共产党员标兵、6名优秀党支部工作者标兵，推荐评选中国中铁先进基层党组织1个、红旗党支部1个、优秀共产党员3名、优秀党务工作者4名。按每名党员1000元的标准，向总部20个党支部下拨党建活动经费共计29.2万元。严格做好党费收缴工作，丰富主题党日活动形式，组织200名党员干部参观“不忘初心、牢记使命”中国共产党历史展览，各党支部开展爱党爱国红色主题教育23次。制发各类文件15项，编发《机关党建》39期，在《中国中铁简报》《中国中铁》报发表各类信息20余篇。

（常金盛　郭凌云）

【总部党风廉政建设】组织总部部门正职及以上人员参加了中国中铁党风廉政建设和反腐败工作会议暨警示教育大会。协助完成国资委党委关于落实中央八项规定、纠治“四风”有关工作的调研。制定下发《关于做好2021年中秋、国庆期间落实中央八项规定精神、紧盯“四风”问题的通知》，通报了中国中铁纪委通报的自2021年以来公司各级纪检组织查处的违反中央八项规定精神的典型案例，并向股份公司纪委上报了总部《关于紧盯中秋、国庆两节期间“四风”问题工作总体情况报告》。开展“亮身份、明职责、转作风、创佳绩”主题实践活动，贯彻落实习近平总书记对坚决制止餐饮浪费行为、切实培养节约习惯作出的重要指示精神。完成党员干部提拔任用廉洁从业情况审查19名。严格做好违规违纪党员处置工作，2021年总部给予开除党籍处分的2人、给予党内警告处分的2人。启动了总部党员廉洁从业风险管控制度建设和党员干部作风建设工作评价机制建设。

（常金盛　郭凌云）

【总部“家”文化建设】积极推动企业参政议政能力建设，总部事务管理中心总经理、机关党委书记韩东同志成功当选北京市海淀区人大代表。强化工会组织建设，召开了总部会员代表大会，完成机关工会委员和经费审查委员会委员、总部女职工委员会委员换届选举工作；结合总部机构改革和人员变化，撤销工会支会5个，成立工会支会4个，调整完善工会支会9个，总部20个工会支会全部配齐了支会主席。认真贯彻落实习近平总书记关于加强劳模创新工作的重要讲话精神，创建了李夏初劳模创新工作室；推荐评选中国中铁优秀工会工作者1名；结合“三八”妇女节，选树表彰先进女职工10名；结合“五四”青年节，评选表彰青年岗位能手、优秀专兼职团干部13名，青年文明号、优秀团支部2个。加强总部员工兴趣协会小组建设，党工团联合广泛开展健步走、篮球、乒乓球、羽毛球、台球等符合总部员工特点的系列健康向上、凝心聚力的文体活动。完成总部员工医务室改造，建立了总部员工心灵关爱室。将重大节日员工走访慰问活动与定点扶贫工作相结合，开展“庆祝建党100周年·情系党员、心暖职工”主题慰问活动，2021年走访慰问困难职工、党员30余人次。

（常金盛　郭凌云）

信息化中心

【制度体系建设】制定标准指南，全面统筹建设。围绕企业发展战略和年度制度修订计划，以保障企业信息化有效运行为目标，起草制定《中国中铁股份有限公司智慧建造管理办法》《中国中铁股份有限公司数据资产管理规定》《总部网络安全事件应急预案》《数智升级指导意见》《应用软件委托开发管理规定》《软件项目管理规定》6项规范标准、指南预案，编制完成《中国中铁工程信息模型总体标准》《智慧建造成果汇编》《城市轨道交通工程信息模型应用标准》《城市轨道交通工程管线综合信息模型设计标准》《城市轨道交通工程竣工模型设计与交付标准》《BIM应用推广管理规定》《BIM应用实施手册》《智慧工地通用建设标准》8本标准、制度办法、成果汇编、实施手册，为信息化体系正常运行提供制度保障。（谢学文）

【信息贯通工程】2021年，信息贯通工程实现了主线业务顺利贯通。一体化工作平台实现了二级单位全覆盖，核心OA系统和财务共享系统完成入驻，中铁e通激活人数超过31.8万人，上线各单位应用数量超过220个，每日在线人数18万人以上，月均处理在线流程70余万项，初步具备“一个平台入口，综合业务处理，高效沟通交流”的生态贯通能力。主数据系统发布组织机构、人员、工程项目、合同、供应商、物资六大类核心主数据标准，实现核心业务主线统一基础数据标准。数据归仓工作实现突破，完成28个核心业务系统累计29亿条主要数据全部入仓，为规划发展部、经营开发中心、生产监管中心、审计部、投资部、国际部、信息化中心等部门提供数据贯通服务。（谢学文）

【“数字施工与智慧建造”】2021年4月7日，中国中铁“数字施工与智慧建造”双轮驱动工作推进会暨专题培训会在上海组织召开，会议充分解读股份公司数智升级工程指导意见，宣贯数字化施工和智慧建造理念。2021年按照数智升级工程总体要求和计划，以“246”战略布局铸就“智慧中铁”品牌，依托“数字化施工”“智慧建造”双轮驱动，应用四大场景，打造六项升级，推进数字施工与智慧建造再提升、再发力，为生产前端提供数字化、智能化产品和服务。牵头成立智慧建造研发中心，整合优化科技资源，坚持创新驱动，坚持绿色转型，在智慧交通、智慧物流、“双碳”经济等领域全力推动课题研究；基于BIM探索开展智慧园区、智慧城轨、新基建等建设工作，打造BIM综合云服务平台，建设中铁BIM家园，收集整理38项示范类型，41家单位数智升级工程工作方案；推动北斗规模应用，启航央企时空未来，先后申报了《中央企业北斗时空数据服务应用示范工程》《北斗在重大基建工程数字化施工中的应用示范》2个北斗示范项目，均已通过工程可行性研究和经济可行性研究报告评审。（谢学文）

【全球组网】2021年，信息化中心完成数据中心、基础网络、云平台、系统及应用、视频会议、桌面运维6个方面的运维工作。在数据中心方面，完成了全年数据中心的巡检工作任务，保障基础环境及硬件的正常运行，处理主机故障31次，其他硬件故障10次。在云平台方面，保障了华三平台、hayper-V平台的正常运行，交付虚拟机373台，回收服务器89台，并保障系统方面的运维。在基础运维方面，处理网络问题事件92次，完成154次视频会议的保障。在系统及应用方面，新增域账号92615个，新增邮件账户51883个，处理桌面运维事件1706个。设计了基于星型组网和网状组网的双平面骨干网络，规划了7个海外网络汇聚中心，确定了以SD-WAN组网技术为核心的接入网建设方案。截至2021年末，已完成中国香港、巴黎、约翰内斯堡、里约热内卢4个海外网络汇聚中心建设，打造了高效、稳定的数据回传链路，提供了海外应用加速服务，大幅提升了业务系统访问效果。研发定制了组网一体机设备，开展设备的检查、测试、培训和试点工作。截至年末，已完成283家单位的组网对接，正在进行318家分支机构和项目部的接入实施。（谢学文）

【网络监管】按照信息安全体系建设规划，推进总部态势感知体系建设，实现中铁开投、中铁北方、中铁隧道局等11家二级单位接入总部平台。完成国资国企网络信息安全在线监管平台企业侧建设和互联网出口收敛任务。组织股份公司HW2021攻防演练、“七一”“十一”网络安全重保工作，圆满完成年度重保任务。积极筹备2022年冬奥会、冬残奥会网络安全重保工作。此外，信息化中心还安排中铁信科积极参与二级单位网络安全建设工作，在中国中铁统一的网络安全架构下，规范二级单位网络安全建设工作。（谢学文）

【信息化建设】信息化中心发挥优势强化信息化顶层设计，根据股份公司“十四五”信息化规划，借助“信息贯通工程”和“数智升级工程”，提升信息化平台全面服务能力，推进全球组网和基础建设，上线数智资源共享平台，推进股份公司数智资源的收集和展示工作，加速形成数智资源生态圈，推动示范项目建设工作。围绕公司中心工作确定信息化建设目标和方向，通过各板块各层级的分解落实，形成了科学有序的信息化工作局面。（谢学文）

世界著名海峡交通工程
桥梁工程
京沪高速铁路南京大胜关长江大桥技术
交通环境振动工程

CHAPTER 12

人　物

新闻人物

【王中美·全国优秀共产党员】王中美，女，汉族，中共党员，1981年10月出生，湖北省黄梅县人，毕业于武汉铁路桥梁技工学校桥梁专业，中铁工业旗下中铁九桥工匠技师。

自2001年参加工作以来，一直在生产一线从事特大型桥梁的焊接技术攻关及电焊作业工作，先后参与了武汉天兴洲长江大桥、孟加拉国帕德玛大桥等60多座世界一流桥梁的焊接和前期焊接试验任务，为中国桥梁战线首支“女子电焊突击队”——中铁九桥女子电焊突击队的领头人。她主动攻坚克难，参与建设的重点工程获得“国家优质工程奖”“中国建设工程鲁班奖”“全国优秀焊接工程奖”等奖项，并获得27项技术攻关、17项创新成果。在“一带一路”重点项目帕德玛大桥建设中，制定海上接桩横位自动化焊接专项工艺，填补国内空白；将厚度16~28毫米钢板的熔透焊接由传统的开双面坡口焊接工法改为开单面坡口焊接工法，有效控制杆件变形，工效提高50%，被命名为“王中美焊接工法”；在沪苏通长江大桥新钢种焊接中，攻克Q500qE钢材在钢桥上首次采用的焊接技术难关，解决重达1800吨的大型全焊整节段桁梁焊接难题，为推动中国铁路桥梁新钢种从Q370qE到Q420qE再到Q500qE的三大跨越作出重要贡献。通过“导师带徒”等方式，依托“王中美劳模创新工作室”为平台，带领工友相继开展30多项材质实验和焊接攻关任务，开展面向一线员工的技能培训、考试等活动3600多人次，培养出高级技师、技师、高级工多人。2020年3月，主动提出建立“习近平新时代中国特色社会主义思想王中美学习小组”，发挥典型引领作用，开展学习、研讨等活动。

2017年当选为党的十九大代表，2018年当选为中国工会十七大代表，先后获得“全国五一劳动奖章”“全国三八红旗手”“中国青年五四奖章”“全国劳动模范”“全国技术能手”等多项称号，入选庆祝中华人民共和国成立70周年“功勋工匠”名录，并获批享受国务院政府特殊津贴。2021年被评为“全国优秀共产党员”。（张妹妹）

【严金秀·全国五一劳动奖章获得者、最美铁道科技工作者、十大女性人物】严金秀，女，汉族，中共党员，1964年9月出生，四川三台人，研究生，研究员。自1984年7月参加工作，先后在铁科院西南研究所、铁科院西南分院、中铁西南科学研究院有限公司、中铁科学研究院有限公司工作，现任中国中铁隧道专家，中铁科学研究院有限公司副总经理，国际隧道协会主席，享受国务院政府特殊津贴专家。2000年被评为铁道部科技拔尖人才，2002年获第五届“詹天佑铁道科学技术人才奖”，2008年“获火车头奖章”，2012年荣获“中国经济女性年度创业人物”称号，2017年被授予“全国三八红旗手”称号，2018年被评为“年度时代女性榜样”，2019年入选中国妇女报“2019十大女性人物”，2020年被评为“最美铁道科技工作者”“成都最美科技工作者”，2021年被中华全国总工会授予“全国五一劳动奖章”荣誉称号、被国资委党委授予“中央企业优秀共产党员”称号。

长期从事隧道和地下工程技术研究，在长大山岭隧道、海底隧道设计和施工，隧道风险管理、硬岩单层衬砌、钢纤维混凝土管片、防排水技术，国内外隧道工程技术现状及发展方向等方面进行了深入研究，先后完成20余项结合重大隧道工程的科研项目，在国内外发表论文20余篇，研究成果获省部级特等奖1项、一等奖2项、二等奖3项、三等奖1项。主持完成的“野三关隧道风险评估和控制的研究”，是中国铁路第一个隧道风险管理研究项目，开了中国铁路隧道工程风险评估的先河；主持完成的“青岛胶州湾隧道防排水系统、防排水结构及其施工质量控制研究”，对提高胶州湾隧道防排水系统性能和质量发挥了重要作用。近年来，根据本专业国内外技术发展最新动态，提出并培育了硬岩隧道防水型单层衬砌和钢纤维混凝土管片两个创新点，科研成果在青岛地铁获得应用；担任中国工程院院刊Engineering（英文）隧道专题执行主编，参与国际第一部专门针对地下工程的FIDIC合同条件编制工作，担任《FIDIC地下工程合同条件》2019年第一版顾问和审阅人，担任交通运输部《公路隧道设计规范》英文版主审；在近30个国家发表近40篇主旨报告和大会报告，多次主持国际学术交流会议，积极宣传中国和中国中铁隧道技术成就，进一步提升了中国和中国中铁在国际隧道界的影响力和话语权。（冯　环）

【吴亚东·2020年最美铁路人】吴亚东，女，汉族，中共党员，1976年8月出生，北京市人，大学本科，高级工程师。现任中铁建工集团有限公司建筑工程研究院副院长，中铁建工专家库专家。

自1996年7月参加工作以来，始终扎根一线从事技术管理工作，先后担任中铁建工集团多个大型项目总工程师、中铁建工集团北京分公司技术部长、雄安工程建设指挥部总工程师等职务。任项目总工程师期间，先后参建北京铁路局文化宫、中水电对外办公楼等多个技术难度大的工程；担任北京分公司技术部部长期间，负责京沪高铁站、兰州西站、哈尔滨站、敦煌机场航站楼等重点工程技术方案、科技创新和工程创优工作，多个项目获得“中国建设工程鲁班奖”；担任京雄城际雄安站指挥部总工程师期间，切实强化科技驱动，成立创新工作室，领军技术攻关，深入研究大体量超长大体积混凝土“跳仓法”工艺，突破规范最大分仓尺寸限制，有效加快了工程建设进度；加大超大截面复杂造型清水混凝土成套施工技术研究力度，发明了钢筋顶弯机、新型清水模板体系等，完美呈现了“开花柱”设计效果；积极探索并在铁路客站站台首次应用装配式结构，发明了装配式站台吸声墙，有力推动了中国铁路客站降噪技术研究；组织巨型钢骨柱施工及78米跨度钢结构屋盖整体提升，助力雄安站获得中国钢结构金奖年度杰出工程大奖；担任建筑工程研究院副院长期间，带领16名专业研发人员成立技术攻关小组，在深圳朗峻广场项目开展“大跨度钢结构综合施工技术研究”。实现大跨度钢结构施工组织部署、提高精准拼装与高空焊接质量控制、临时支撑的安全与卸荷过程稳定提供了一套科学的、系统的施工技术，确保大跨度钢结构施工质量和安全。近年，吴亚东获得省级工法8项、发明及实用新型专利16项、股份公司及铁道学会等科技进步奖12项，以及其他科技进步奖共30项；获得2020年“最美铁路人”、2020年度“新时代铁路榜样”、2020年度北京市“优秀共产党员”、2019年度北京市“劳动模范”、中铁建工集团第一届技术比武十大技术能手、“岗位标兵”和“劳动模范”等称号。

（张邦旭）

【袁格兵·全国向上向善好青年】袁格兵，男，汉族，1990年5月出生，湖北省房县人。2021年7月30日，中铁一局将袁格兵从劳务工破格转录为正式职工，任职于中铁一局四公司郑州控制性工程11标安全管理岗位。

2021年7月20日，河南省郑州市遭遇特大暴雨侵袭，袁格兵不顾个人安危，跳进洪水中连续奋战16个小时勇救50余名群众的英雄事迹，被新华社、《人民日报》、中央广播电视总台等中央级媒体以及湖北省、河南省等省市级主流媒体争相报道，在微信视频号、抖音、微博等新媒体平台播放量逾2亿次，点赞量超1000万次。2021年8月25日，中央电视台新闻频道《24小时》栏目组制作并播放了10分57秒专题片，报道了平民英雄袁格兵的英勇义举。

袁格兵将好心人赠予的1万余元善款回馈社会，用于救人时帮助过他的诊所、商店，并向郑州市红十字会和安康市红十字会分别捐赠2200元、1000元，支援救灾和灾后重建。袁格兵获得“中国网事·感动2021”年度十大人物、十堰好人楷模、学雷锋最美志愿者及中国中铁“劳动模范”“开路先锋”卓越人物等荣誉；被授予“全国向上向善好青年”、湖北省2021“荆楚楷模”年度人物、郑州市“见义勇为模范”等称号。

（张　伟）

【刘小营·全国脱贫攻坚先进个人】刘小营，男，汉族，中共党员，1988年10月出生，河南辉县人，毕业于青海大学土木工程专业，本科学历，2011年7月参加工作，历任中铁三局六公司见习生、工程师、团委书记、经营开发部副部长。2018年8月9日，受中国中铁委派到山西省忻州市保德县韩家川乡猫窝村，任“驻村第一书记”。2019年4月，通过刘小营的积极努力，中铁三局中心医院的4名专家和10名医务人员组成的体检医疗队来到猫窝村，为全村常住的35户75人进行了免费全面健康体检。根据村里老年人居多的特点，刘小营手把手教村民使用智能手机，感受现代生活魅力。他还购置扶贫政策、疾病预防、紧急救治、生活小窍门、党组织建设、健康养生等方面图书累计300余册，构建村民学习交流园地，丰富村民精神文化生活。为让猫窝村快速脱贫，自2019年以来，通过网络渠道帮助村民销售各类农产品累计超过3万元，共惠及建档立卡贫困户12户。2020年6月，刘小营通过网络联系机制木炭设备制造厂家，个人出资带着村两委主干和村民代表到河南郑州进行实地考察，确定集体产业发展方向，该项目已正式投产，枣树为当地特有资源，利用每年修剪下的树枝，就地取材，变废为宝，每年产值10万元以上，可惠及30多个贫困户。

从事扶贫工作以来，刘小营把猫窝村当成了自己的家，把贫困户当成家人，用实际行动带领猫窝人一步步实现脱贫摘帽，用自己的言行诠释了新时代扶贫干部献爱于农村、服务于农民的奉献精神。2019—2020年，猫窝村党支部连续两年被评为全县“优秀基层党支部”，2020年获得保德县“红旗党支部”“脱贫红旗村”荣誉称号。2021年2月25日，刘小营获得全国脱贫攻坚先进个人。

（徐建军）

科技人物

【高宗余·中国工程院院士】高宗余，1964年1月出生，江苏省

人物

南京人，桥梁工程专家，中国工程院院士，全国工程勘察设计大师。1985年毕业于西南交通大学铁道桥梁专业，获工学学士学位，2007年毕业于华中科技大学桥梁与隧道工程专业，获工学博士学位。现任中国中铁股份有限公司首席科学家，中铁大桥勘测设计院集团有限公司首席专家，桥梁结构健康与安全国家重点实验室主任，第十三届全国政协委员。

高宗余院士长期致力于大型桥梁工程的设计、施工技术研究工作。系统构建了高铁大跨度桥梁建造成套技术，使得中国高铁桥梁的跨越能力、承载能力、行车速度等主要技术指标均处于世界领先地位；开创性地开展多塔缆索承重桥梁技术研究，攻克其刚度控制、关键结构与建造技术的世界性难题，使得千米级三塔悬索桥率先在中国得以建成；研发了复杂环境下跨海桥梁建造系列技术，推动了中国桥梁建设事业由内河走向海洋。主持设计了武汉天兴洲长江大桥、南京大胜关长江大桥、沪苏通长江大桥、东海大桥、杭州湾大桥、平潭海峡大桥、武汉二七长江大桥、武汉鹦鹉洲长江大桥等多座世界级桥梁工程。获国家科技进步奖特等奖1项、一等奖1项、二等奖4项，全国工程设计金、银奖各1项。主编参编国家和行业标准3项，出版学术专著2部，获授权发明专利40余项。个人获“劳动模范”“全国杰出专业技术人才”“全国创新争先奖章”“詹天佑铁道科学技术成就奖”“湖北省科学技术突出贡献奖”等荣誉，为中国桥梁技术走向世界前列作出了突出贡献。

（梅大鹏）

【张海波·全国工程勘察设计大师】张海波，男，汉族，1962年4月出生，云南通海人。现任中铁二院副总工程师，教授级高级工程师，中铁二院工会兼职副主席，全国第十批勘察设计大师，第三批全国示范性劳模和工匠人才创新工作室、中华全国铁路总工会“火车头劳模和工匠人才创新工作室”、中国中铁五星级劳模创新工作室、四川省“十佳”劳模创新工作室、四川省第三批劳模创新工作室——“张海波地铁创新工作室”牵头人。张海波从事轨道交通和隧道设计40年，主持完成40余项城轨项目，创新性地完成了国内首条跨座式单轨、国内首条一次性建成全自动无人驾驶城轨、国内首条时速140千米市域地铁快线等具有里程碑意义的大型综合项目，填补了城轨领域众多技术空白，在地铁国铁综合交通枢纽零换乘、富水大粒径砂卵石和膨胀土盾构法、极软土地层沉降控制、最大轴力桩基托换等重大关键技术方面，具有较高的学术造诣和深厚的技术积淀。他组织编制的《跨座式单轨设计规范》填补了国内空白，主编的《市域快速轨道交通设计标准》已成为极具影响力的行业标准。他主持的铁路、城市轨道交通项目先后荣获“全国十大建设科技成就奖”“中国土木工程詹天佑奖”“国家优质工程奖”“西部大开发首批十大重点工程”等40余项荣誉，个人先后荣获“全国劳动模范”“全国五一劳动奖章”“国务院政府特殊津贴”“中国地铁50年致敬人物”“第六批四川省学术和技术带头人”以及首届“四川工匠”等殊荣，为西南地区的交通建设作出了卓越贡献。

（毛学锋）

【喻渝·全国工程勘察设计大师】喻渝，男，汉族，中共党员，1967年9月出生，四川省成都市人，工学学士。现任中铁二院工程集团有限责任公司副总工程师，教授级高级工程师，四川省工程设计大师、四川省有突出贡献的优秀专家、第十三届詹天佑铁道科学技术成就奖获得者、天府万人计划天府创新领军人才、中国中铁科技创新优秀人才，中国铁道学会标准化专业技术委员会副秘书长、中国铁道学会桥隧委员会副秘书长、中国土木工程学会隧道及地下工程分会第十届理事会常务理事、2018年被批准享受国务院政府特殊津贴，2021年被授予“全国工程勘察设计大师”称号。自1988年7月毕业后一直在中铁二院工作，长期从事复杂艰险山区隧道勘察设计和研究工作，先后担任南昆、成昆、成贵、成兰、川藏线等共计20余条铁路分管隧道专业技术负责人，主持设计了世界上长度最长的高铁黄土隧道——郑西线张茅隧道，最高岩温铁路隧道——拉林线桑珠岭隧道；最强岩爆铁路隧道——拉林线巴玉隧道；“高铁第一溶洞”铁路隧道——成贵线玉京山隧道等具有国际先进水平的隧道工程。在高速铁路隧道修建技术、隧道空气动力学、长大隧道通风、特殊复杂地质隧道设计、计算机软件的研发及应用等方面具有较高的学术造诣和深厚的技术积淀。先后荣获国家科技进步奖二等奖1项，国际隧道协会（ITA）“克服挑战”大奖1项，国家优秀设计银奖2项、铜奖1项，省部级科技进步奖或优秀工程设计40余项，出版学术专著4部，编制铁路规范、标准10余部，论文40余篇，发明专利、实用新型专利50余项。

（毛学锋）

【贾连辉·第六批国家万人计划】贾连辉，男，汉族，中共党员，1981年6月出生，河北三河人，2004年7月毕业于河北工程大学机械设计制造及其自动化专业，大学本科学历，工程硕士学位，正高级工程师职称。历任中铁隧道装备制造有限公司设计研究总院液压所所长、院长助理、副院长，中铁工程装备集团有限公司设计研究总院副院长、党委书记，中铁工程装备集团有限公司设计研究总院党委书记、院长，现任中铁工程装备集团总工程师。

贾连辉长期从事隧道掘进设备的设计研发工作，先后主持或参与了国家“863”计划“复合盾构样机研制”、国家重点研发计划“大型掘进机关键部件及系统监测诊断关键技术示范应用”“钢拱架安装机器人机构研究”、河南省重大科技专项“超大断面矩形盾构顶管机（10×7米）研制”等10余项重大科研项目，完成低扰动多刀盘联合开挖技术等30多项科技攻关，带领技术团队完成了盾构机的系列化、标准化设计研发工作，推动中国在隧道掘进机装备及应用领域处于世界领先地位，为盾构装备的产业化、国产化作出了突出贡献。

作为中国盾构国产化研究的开拓者及产业化发展的见证人，以核心骨干技术人员身份，参与国家“863计划复合盾构样机研制”科研项目，打破国外技术封锁，团队完成国内首台具有自主产权盾构的研发，为盾构装备的国产化作出突出贡献。贾连辉研究开发的科技创新成果共获得国家科技进步奖二等奖、中国专利奖银奖、河南省科技进步一等奖等奖项10余项；授权国家发明专利44项、国际发明专利2项，出版专著8部，制定标准3项，发表高水平论文30余篇（其中SCI、EI收录9篇）。

贾连辉先后获得河南省第十一批优秀专家、第三批河南省政府特殊津贴专家、河南省优秀青年科技专家、中国中铁专家、2020年度交通运输青年科技英才、茅以升科学技术进步奖“铁道工程师奖”、第十四届詹天佑铁道科学技术奖（青年奖）、第十五届中国公路青年科技奖等荣誉称号及重要奖项，入选第六批国家“万人计划”科技创新领军人才。

（马鹏凛）

模范人物

【王力·全国五一劳动奖章获得者】王力，男，1964年出生，陕西周至人。中共党员，大学学历、高级政工师。中国铁路工会十七大代表，中国铁路工会十五大代表，陕西省总工会第十四届委员会常务委员会委员。

1987年7月参加工作，先后担任原中铁一局一公司工会主席，党委书记、副董事长，中铁一局副总经济师、沪杭客专项目部党工委书记、项目经理，现任中铁一局工会主席、副总经理。个人荣获“全国五一劳动奖章”，中华全国铁路总工会“火车头奖章”、中华全国铁路总工会优秀工作者、陕西省思想政治工作先进个人、上海铁路局优秀项目经理、中铁一局优秀管理者等荣誉，个人事迹被《人民铁道》刊登，入选中华全国总工会《新时代足迹》和《浓缩时空的决战——中铁一局沪杭高铁建设纪实》。

王力在担任中铁一局工会主席、副总经理期间，作为中铁一局扶贫工作分管领导，围绕扶贫点陕西省柞水县小岭镇金米村实际，充分利用各种资源，经过反复酝酿、对接，最终促成金米村木耳产业扶贫项目落地投产，习近平总书记点赞“小木耳，大产业”！因扶贫成效突出，中铁一局工会被中共中央、国务院授予“全国脱贫攻坚先进集体”称号，是受表彰的1501家先进集体中唯一的工会组织。金米村授予其“荣誉村民”称号。围绕重点工程项目亲自策划组织引领性劳动和技能竞赛，特别是定期到分管的西安站改扩建项目督导检查，指导开展“大干100天”劳动竞赛，终于将“不可能”变成了“可能”，创造了令人为之惊叹的“太华速度”。组建了中铁一局首家虚拟文艺工作站，指导创作出了一批职工喜爱的文艺作品，荣获中国中铁职工才艺大赛一等奖、二等奖各1项，陕西省总工会职工艺术节二等奖1项。担任中铁一局沪杭客专项目经理期间，在工期由四年压缩到一年半的情况下，带领参建员工创造了沪杭速度，铸就了中铁一局沪杭高铁“五种精神”，为沪杭高铁如期开通作出了重要贡献。个人作品多次荣获陕西省总工会优秀调研成果和理论文章一等奖、二等奖。撰写的《生活感悟》《有效成洞＝绩效》《新时代企业工会“吹拉弹唱”工作新内涵》等言论作品在《陕西工人报》《施工企业管理》《铁路建设报》等报刊发表。

（李兴中）

【李学友·全国五一劳动奖章获得者】李学友，男，1985年出生，重庆南川人。中共党员，大学学历、高级工程师，现任中铁二局四公司总工程师。曾获“四川省劳动模范”“四川省五一劳动奖章”“全国五一劳动奖章”等荣誉。参加工作以来，分别在胶济铁路、青岛北客站、北京磁浮等重要工程项目工作。

2010年，李学友担任青岛北客站项目部副总工程师兼工程部长期间，成功解决了海滩垃圾填埋场地基处理的世界性难题，主编的科研成果获中国施工企业管理协会科学技术奖科技创新成果二等奖、中国中铁股份有限公司科学技术奖二等奖等。2014年，李学友任唐山中低速磁浮试验线、北京市S1线项目部总工程师，主持技术工作，获国家知识产权局授权发明专利1项、实用新型专利5项，主持的QC活动成果获全国一等奖3项、全国二等奖2项、全国三等奖1项、四川省优秀奖1项，4个主要单体工程先后分别获北京市结构长城杯金奖，北京市重大办五小成果进步奖4项。2017年，李学友任中铁二局四公司科技部部长，2021年任中铁二局四公司总工程师，带领技术干部主动积极参与上级单位和四公司开展的各项技术管理活动，为推动施工生产，提高工程质量提供技术支持。近年来，中铁二局四公司科研成果获中国施工企业管理协会科技创新成果二等奖4项、中国公路学会科学技术进步三等奖3项、中国中铁科学技术奖二等奖4项，中铁二局四公司获授权发明专利8项、实用新型专利45项，获四川省省级工法16项。《以群众性创新创效促进基层自主创新能力提升》成果获得2020年度四川省企业管理现代化创新成果二等奖。2021年，获“全国五一劳动奖章”。

（朱春桥）

【张毅·全国五一劳动奖章获得者】张毅，男，汉族，中共党员。1978年5月出生，四川万县（现重庆万州区）人。大学本科学历，政工师。现任中铁四局一公司张吉怀铁路项目经理部党总支书记、党群协理员。他先后参加了宁西、合宁、向莆、黔张常等铁路项目的建设任务。

2015年至今，他扎根张家界，担任中铁四局黔张常铁路、张吉怀铁路两个项目部（一公司代局指）党总支书记。多年来，他带领团队风餐露宿、披荆斩棘，全身心地扑在自己热爱的铁路事业上。张毅始终坚守一线，以党建引领施工生产，立足岗位、开拓创新，用青春和热血践行筑路人的执着追求。

张吉怀铁路项目部地处湖南湘西武陵山区腹地，管段内隧道总长12千米，桥隧占比达92%，地质结构复杂，施工条件恶劣。他牵头成立了党员科技攻关工作室和光面爆破QC小组，向科学技术要生产力。通过岗位练兵，培养出一大批隧道施工技术骨干，逐一破解安全、质量和进度的瓶颈，实现了隧道施工生产安全和高产、稳产。

张毅积极与怀化铁路运输法院、怀化铁路运输检察院等单位开展法企共建、检企共建、争先创优、联创共建等活动，使项目在生产顺利推进、优化施工环境、预防职务犯罪、加强党风廉政建设等方面取得了良好的成效。

2020年初，新冠肺炎疫情肆虐，张毅以身作则，带领团队逆行出征，奋战在项目部疫情防控的最前线。通过科学防疫、精准施策，为项目迅速复工复产提供了可靠保证，为圆满完成年度任务打开了良好局面。安全、优质、高效完成了各项施工任务，并多次在红线检查、目标考核、信用评价中取得优异成绩，在全线发挥了引领示范作用，为当地经济建设和社会发展作出了突出贡献。

通过多年来的不懈努力，张吉怀铁路项目先后获湖南省总工会“湖南省铁路建设劳动竞赛优胜单位”“中铁四局先进基层党组织”“中铁四局项目思想政治工作示范线”“中铁四局幸福之家”“中铁四局‘三工’建设示范单位”等多项荣誉称号。张毅也先后获“中铁四局优秀党务工作者”“湖南省张家界市荣誉市民”“湖南省五一劳动奖章”“全国五一劳动奖章”等荣誉。

（孙丹丹）

【闫明赛·全国五一劳动奖章获得者】闫明赛，男，汉族，中共党员，1976年出生，本科学历，安徽省泗县人，高级工程师。现任中铁四局二公司副总工程师兼渝昆高铁川渝段项目经理部常务副经理。参加工作20年来，他先后参与青藏铁路、昌九城际铁路、宁波铁路枢纽北环线甬江特大桥、济齐黄河公路大桥、玉磨铁路等重大工程建设。闫明赛带领他的团队，坚持问题导向、任务导向和目标导向，在工艺、工法、工装等方面展开科技攻关，为强化现场管控、加快施工进度、提升管理效能、降低施工成本赋予新动能，为将工程铸造成精品工程奠定坚实基础。近年来，他先后获“中国交通运输科技进步奖”“安徽省科学技术一等奖”“云南省五一劳动奖状”、云南省总工会“建功玉磨铁路十大模范”等荣誉；所负责的工程项目斩获“中国建设工程鲁班奖”“中国土木工程詹天佑奖”“国家优质工程奖”“铁路优质工程一等奖”等奖项。

（班　丽）

【倪派·全国五一劳动奖章获得者】倪派，男，汉族，中共党员，1989年2月出生，江西九江人，工学学士，高级工程师/特级技师。现任中铁五局集团华南工程有限责任公司科技部副部长（主持工作）。自2011年参加工作以来，先后参加了二广高速、大思高速、成贵高铁、京张高铁、石港城际铁路等项目建设，历经见习生、测量员、技术主管、副部长、部长、副总工程师、总工程师等岗位，从一名基层的技术员逐渐成长为公司的技术骨干。他带领团队顺利完成了蒙华铁路、临岳高速等20多个项目的测量工作，参与完成玉京山隧道、新八达岭隧道等多个重点难点长大隧道工作。

在京张铁路项目，他作为专家型劳模创新工作室的带头人，主持和参与多项技术攻关，先后取得国家专利6项、行业科技奖1项、省部级工法4项科技论文等成果多项，为项目顺利安全下穿世界文化遗产八达岭长城打下坚实基础，被中华全国铁路总工会授予“火车头奖章”，交通运输部授予“全国交通技术能手”称号。个人荣获中铁五局和中国中铁测量技能大赛个人第一名，国资委工程测量技能大赛铜奖，被授予“全国青年岗位技术能手”“中央企业技术能手”“中铁五局劳动模范”“贵州省劳动模范”“中国中铁优秀工匠”“贵州工匠”“贵州省劳动模范”等荣誉称号，2021年获“全国五一劳动奖章”荣誉。

（赵　林）

【倮伍克的子·全国五一劳动奖章获得者】倮伍克的子，男，彝族，中共党员，1991年7月出生，四川省冕宁县人。现任中铁八局城通公司设备管理中心维保车间负责人。他先后参与成都、广州、郑州、合肥、大连、青岛等多个城市地铁修建，累计参与的地铁建设20余千米，解决了上千个设备故障难题。

2019年7月，在成都地铁9号线穿越既有4号线的关键时期，他解决了多项设备技术难题，实现了盾构隧道在富水砂卵石地层中下穿运营既有线轨行区及地面建筑，最大沉降仅0.4毫米的精准穿越。

2020年初，新冠肺炎疫情暴发。一年未回家的倮伍克的子，刚回家三天就毅然向公司申请提前返岗，并于2月24日护送公司首批劳务工抵达项目所在地，为成都地铁9号线、13号线的复工复产提供了重要支持。2020年5月，中国中铁“抗疫情、保增长，大干一百天”专项劳动竞赛正式拉开序幕，倮伍克的子带领维保团队主动承担起盾构机穿海的设备调试及维保工作。同年7月14日，大连地铁5号线虎虎区间右线盾构成功穿越国家AAAAA级景区，地表沉降最大值精准控制在1.5毫米；穿越老虎滩海湾，海底最大沉降精准控制在0.43毫米，实现了中铁八局首次盾构穿海施工。

10余年来，倮伍克的子在负责一线设备维保的同时，还积极投身技能竞赛、导师带徒和科技创新工作。他和他带领的团队在四川省“安康杯”劳动竞赛、中国技能大赛中都取得了良好成绩（全国技能大赛—盾构项目决赛获“团体第二”、个人排名第11）。他个人先后获得“全国五一劳动奖章”、第三届四川省“家庭工作先进个人”、首届“成都工匠”“中国中铁十大杰出青年”“中国中铁第七届劳动模范”“中铁八局工匠”（专家型工人）、“中国中铁青年岗位能手”“中国中铁技术能手”等荣誉称号。

作为成都市首届“成都工匠”和“中国中铁劳模”的倮伍克的子，已累计带徒弟50余人，其中已有20余人成为一线业务骨干，很大程度上缓解了企业维保技术人才紧缺的压力。同时，他还用自己的成长历程影响着家乡的青年，在他的引领下，家乡百余名彝家青年走出大山，投身于家乡四川的建设。（肖　潇）

【李少辉·全国五一劳动奖章获得者】李少辉，男，汉族，群众，1988年12月出生，山西壶关人，毕业于云南国土资源职业学院水文与工程地质专业，中铁八局滇中引水楚雄1标总经济师。

自参加工作以来，他始终坚守在隧道掘进第一线，担任过技术员、工程部长、副总工程师、项目总工程师、副经理、总经济师等职务。

李少辉在滇中引水建设过程中，为了实现“跑步进场，快速形成建设规模”的既定目标，2020年春节刚过，在新冠肺炎疫情期间克服进场道路不通、无房屋居住等困难，经过3个多月的努力，板凳山渡槽工区3个隧道顺利进洞，提前兑现业主制定的各项节点工期，为滇中引水工程关键线路的建设奠定了坚实的基础。面对大坡度斜井、大涌水及软弱岩层等问题，他带领项目部技术骨干研究隧洞大高差反坡排水施工技术、复杂地质条件大坡度小断面隧洞斜井施工关键技术和滇中红层软弱围岩隧洞综合施工技术等，创新性解决了隧洞大坡度斜井、复杂地质及滇中引水红层软弱围岩隧洞施工技术难题。

2021年，李少辉先后获得“云南省五一劳动奖章”“全国五一劳动奖章”荣誉。（张　毅）

【朱贞平·全国五一劳动奖章获得者】朱贞平，男，汉族，中共党员，1984年12月出生，云南宣威人，大学本科，毕业于重庆交通大学信息与计算机科学、桥梁与隧道工程专业，中铁八局昆明公司副总经理。

从业13年来，他凭借着对事业的热爱与执着，在平凡的工作岗位上默默耕耘，任劳任怨，历经安徽阜阳颍河大桥、安徽金寨红石嘴防汛交通桥工程、云南滇中新区呈黄路（机场至高速段）等重大工程的历练，从一名见习生、助理工程师、工程部长，到项目经理、公司副总经理，无论身居何职，他始终坚守一个信念：只有辛勤耕耘才会有丰硕收获，成功是用汗水一步步走出来的。他带领团队齐心协力，攻克了一个又一个的难题，参建的项目获得多项国家级、省级、市级优质工程，安全标准化示范工程等荣誉。

他以“朱贞平劳模创新工作室”为依托，带领项目部多名技术骨干联合进行项目攻关，在工地实验室，对溶蚀孔隙攻克方法进行反复实验，经周密分析、严格对比，决定选取“泥球”工艺为实施办法，将黏土与水泥混合，制作出直径约为1米的“泥球”，将它们冲填到岩溶孔隙内，经过多次复冲成型后，再开展钻孔桩作业，消除了漏浆、坍塌等问题。其中，“自制滤砂器”荣获中铁八局“五小成果”二等奖。由于成效显著，其带领的劳模工作室获得中铁八局“四星级劳模创新工作室”称号。

2015 年，朱贞平获中铁八局第六届“劳动模范”，2016 年，被评为中铁八局“优秀项目经理”，2016 年，获昆明市建筑企业工程质量管理“先进个人”，2020 年获“云南省五一劳动奖章”，2021 年获“全国五一劳动奖章”。（张　毅）

【舒均彪·全国五一劳动奖章获得者】舒均彪，男，苗族，1967 年 8 月出生，现任中铁十局建筑公司宜宾项目部焊工、高级技师（工人）。2016 年获“山东省富民兴鲁劳动奖章”。

自 1983 年参加工作以来，先后参建济南西站、兰新高铁、锡二铁路等 10 余项工程，累计制作安装油罐 3.6 万立方米，焊接工艺管道 50 千米，工程合格率 100%，多次参加技能比赛并获得优异成绩。在怀来钢厂钢结构施工中，无人能使用新型埋弧焊接设备，舒均彪主动担责，查阅大量资料，耐心钻研，快速掌握技术，在施工中不断进行小改小革，大大提高了施工效率。在潍坊火车站项目施工中，他仔细研究氩弧焊机性能，出色地完成了焊接任务。在山东轻工业学院工程建设中，面对十几米的高空作业，他提出利用车间行车搭建操作平台代替脚手架的建议，缩短了工期，提升了安全性，节省成本几十万元。在宁夏惠银二线工程建设期间，面对严寒、飞沙走石，他带领施工小组，一个多月内安装地角螺栓 80 多吨，为后续施工提供了有力的保证。凭借过硬的技术，舒均彪在熔接工技师考评中破例实作免考。他总结出的一系列焊接工艺和施工技术在企业得到广泛应用，带动其他焊工取得焊工技师操作合格证书、熔接工技师证书，为企业培养了一批技能人才。（韩志勇）

【蒋华·全国五一劳动奖章获得者】蒋华，男，汉族，1973 年 3 月出生，现任中铁大桥局集团第二工程有限公司作业队长、桥梁装吊工。1989 年 10 月参加工作，先后参加了九江长江大桥等 6 座铁路特大型桥梁和高速铁路综合工程的施工，以及 6 座公路特大型桥梁的建设工作，现为中铁大桥局二公司常泰长江大桥项目部作业队长，中国中铁桥梁装吊工特级技师。他多次获“中铁大桥局集团有限公司岗位能手”称号；被授予“中国中铁青年岗位能手”称号；获京九铁路黄河大桥建设三等功；湖北省“技术能手”等奖项。

2007 年，他利用业余时间完成了武汉理工大学的函授学习并取得大专文凭，在日常工作中，他通过不断探索和总结，积累了一整套桥梁装吊作业方面的知识和经验，被公司聘为职工技能大赛桥梁工程装吊类培训教师，武汉桥梁工程学院特聘导师，并被特邀参与了《中国中铁桥梁装吊工教材》的编撰工作。

在南京大胜关大桥建设中，他大胆采取防护捆栓加下方防护绳钩的方法，成功解决了钢梁架设中拱弦吊杆架设难点；在沪通长江大桥建设中，他积极参与沉井的浮运和定位方案制定，认真分析每个刃脚点和仓室底口的埋深量，科学控制沉井抽水量，严控沉井下沉姿态，使沉井平稳精准下沉到位；在高塔施工中，面对施工环境复杂，安全风险大等诸多不利因素，他紧盯现场，重视施工安全，合理安排施工作业，带领团队安全优质地完成施工工作；在常泰长江大桥钢沉井施工中，他努力学习国内桥梁深水施工技术，灵活掌握和运用水切割技术，使超大沉井平稳着床，也为这一技术在水下超大沉井施工总结出一套完整的现场施工经验。2018 年，获中华全国铁路总工会“火车头奖章”。2021 年，获“全国五一劳动奖章”。（王海芳）

【周伟·全国五一劳动奖章获得者】周伟，男，汉族，群众，1983 年 1 月出生，四川省成都人，钢筋班班组长。从农民工到技术能手，先后参与了杭州湾大桥、哈大客专、大西客专、贵广客专、京沈客专、福平铁路、马来西亚鲁巴跨海大桥等大型项目的建设。

2006 年，周伟成为杭州湾跨海大桥项目部一名钢筋工，两年的时间从钢筋工学徒成长为熟练工，练就了一手钢筋绑扎的绝活。工作之余，他自学研究图纸，学习钢筋规范和标准，通过勤奋和努力，实现自身能力的升华。2012 年，周伟在参与贵广客专项目建设中，根据穿丝机的原理，探索穿管机的应用，极大提高了工作效率，节约了人工成本。2016 年建设平潭海峡公铁大桥中，负责设计钢筋加工场地布置，通过对图纸的研究，他找出每种板型的共同点和不同点，改变以往在客运专线使用固定绑扎胎模具的模式，改用移动推拉组合式胎模具，通过一套胎模具绑扎六种型号的桥面板，减少施工场地的占用，节省劳动成本。

2015 年获“全国优秀农民工”称号；2018 年获“湖北省劳动模范”称号；2019 年获“湖北省最美职工”称号；2021 年获“全国五一劳动奖章”。（田　力）

【陈明·全国五一劳动奖章获得者】陈明，男，汉族，中共党员，1963年7月出生，江苏省南京市人，教授级高级经济师，一级建造师。现任中铁大桥局集团连镇铁路五峰山大桥项目经理。陈明参加工作以来，怀揣“建桥报国”的初心，先后参加中国17座桥梁与市政工程建设，以过硬的素质和本领在推动中国制造向中国创造、中国速度向中国质量、中国产品向中国品牌三大转变中作了应有的贡献。2020年12月11日，世界上最大的公铁两用悬索桥开通运营，五峰山大桥的“横空出世”将中国高铁带入“悬索桥新时代”。陈明是这座世界级桥梁的建造者，也是中国高铁桥梁快速提升的见证者。在公铁两用悬索桥国内外没有先例，只能自主创新的前提下，陈明带领他的团队迎难而上，开展了一系列技术攻关和科技创新，探索出在复杂岩层中钻孔桩、山区锚碇扩大基础、超大直径主缆、钢桁梁制造架设新技术等新参数、新规范，获得科技进步奖、发明专利、工法、论文达到105项，科研成果已延伸到川藏铁路等“十四五”重大工程。在工地上，陈明以“劳模创新工作室”领衔人的正能量来“传帮带”，通过各类竞赛导师带徒，以赛炼志，建桥育人，培养攻关能手，弘扬工匠精神，争做新时代“建桥报国追梦人”。先后获得“湖北省劳动模范”“中国中铁优秀共产党员”“湖北省优秀项目经理”“最美交通人”等荣誉称号。（马俊胜）

【宁朝新·全国五一劳动奖章获得者】宁朝新，男，汉族，中共党员，1974年1月出生，安徽黄山市人，高级工程师。现任中铁大桥局集团第四工程有限公司副总经理（主持工作）。宁朝新长期从事桥梁技术和施工管理工作，相继参加了芜湖长江大桥、东海大桥、嘉绍大桥、公安长江大桥、沪苏通长江大桥、黄茅海跨海通道等多个重点工程项目的建设，为中国的桥梁建设作出了突出贡献。在20余年的桥梁建设生涯中，宁朝新秉承精益求精的匠人精神，真抓实干、无私奉献，诠释了新时代桥梁人的优秀品质。

东海大桥建设中，他主持编制了箱梁运架操作细则，攻克了海上箱梁施工技术难关；嘉绍大桥建设中，他创新设计箱梁拼装，在单桩独柱桥墩上大规模采用连续刚构形式进行拼装，使这项技术达到了国际领先水平；浩吉铁路荆州长江大桥建设中，他带头攻关了大桥支架预压荷载大、大吨位起顶、钢梁起顶作业安全风险高等多个技术难题，九个半月时间完成了4万多吨钢梁架设。

沪苏通长江大桥是世界上最大跨度公铁两用斜拉桥，大桥主塔330米高，主桥墩基础相当于12个篮球场大小，面对这座全世界关注的超级工程，宁朝新不忘建桥报国初心，顶着巨大的工期压力，全身心投入工程建设中。他带头相继攻克了大桥巨型沉井施工、大体积混凝土灌注、高性能混凝土泵送、超高桥塔高性能混凝土抗裂等技术难题，创新性采用大节段钢桁梁整体制造、浮运、架设、“塔梁同步”施工等技术，创造了多项桥梁施工新纪录。（张璞）

【鄢春艳·全国五一劳动奖章获得者】鄢春艳，女，汉族，中共党员，1975年9月出生，高级政工师。现任中铁隧道股份有限公司副总经理。

从业24年，鄢春艳见证了隧道掘进机技术发展的全过程。作为女性工程项目管理者，她具有极高的政治觉悟和过硬的业务能力。在她的带领下，2003年，西安南京铁路磨沟岭隧道的后期收尾及交验工作获得了西安铁路分局、铁道部质检总站的好评。2004年，中国最长输水隧道辽宁大伙房TBM2标实现了第一家设备进场、组装、步进。2005年，广州地铁小新工地荣获“广州市安全管理样板工地”称号。2006—2007年，北京地铁4号线19标，大力推进管理工作的规范化、程序化、标准化，其带领团队二次刷新全国盾构月掘进最高纪录，在确保安全和质量的前提下，平均月进尺436米，最高月进尺634.8米，掘进班获“中央企业学习型红旗班组标杆”荣誉称号。2007—2009年，西安地铁19标多次在业主的信誉评价中获得第一名。2010—2012年，带领团队顺利完成北京地铁10号线12标这一集重、难、险于一体的重大工程。2013年，在郑州地铁1号线03标项目部实施文化和谐，培育全员企业团队意识；郑州地铁2号线02工区一分部全体员工团结一心，克服各方面压力，不等不靠、主动出击，管线迁改、交通导改、车站主体施工、盾构施工等工作有序开展。2015年3月，在她的带领下，盾构施工顺利通过了郑州地铁2号线1级风险源——花园路立交桥，标志着郑州地铁2号线盾构施工取得重大突破。2021年7月，郑州突降暴雨，她冲锋在一线，坚守现场48小时，为抢险队指引方向、树立表率，被救援群众点赞称“巾帼英雄”。

作为中铁隧道局第一个女项目经理，鄢春艳管理的项目被评为河南省“安全文明标准化工地”。她本人先后被中国中铁、中铁隧道集团授予“先进女职工”“郑州市五一劳动奖章”“河南省巾帼标兵”等荣誉称号。2021年6月，鄢春艳荣获“全国五一劳动奖章”。（王育飞）

【王艳鸽·全国五一劳动奖章获得者】王艳鸽，女，汉族，中共党员，1987年7月出生，河南鲁山县人，现任中铁武汉电气化局信号女子突击队队长，共青团湖北省委副书记（兼职）。

自2006年参加工作以来，坚持“创国优、建精品”的工作原则，先后参与了洛张线、茂湛线、湘渝线、湘桂线、京沪线、兰渝线、合芜线、哈尔滨站改、汉十高铁等20余条国家重点铁路信号专业建设，完成800余个箱盒配线、60余座信号楼施工，累计完成2000余个机柜和150000余条线缆上线，为企业在信号专业技术突破上作出重大贡献；2016年，在兰渝线施工中，她将以往传统的“信号机模拟试验盘”革新为“集成化信号机模拟试验箱”，该成果获“中国中铁十佳制片奖”“全国工程建设质量管理小组活动优秀成果一等奖”，应用一年创造经济价值75万元。2019年，她带领团队发布的QC成果——《提高计算机联锁驱动采集模拟试验效率》获“中国中铁十佳发布奖”“铁道工程建设一等奖”“全国建设二等奖”，并申请了国家专利。近年来，王艳鸽先后获“全国五一劳动奖章”“全国交通技术能手”“中央企业劳动模范”“湖北省企业团工委青年岗位能手”“湖北省五四青年奖章”等荣誉称号。

作为信号女子突击队第6任队长，王艳鸽带领信号女子突击队创新工作室发表QC成果9项，施工工法4项，获得国家实用新型专利4项，多次获全国工程建设一等奖；信号女子突击队先后获“湖北五一巾帼奖”“湖北省工人先锋号”“全国五一巾帼标兵岗”“中华全国铁路总工会火车头奖杯”“中国中铁先进女职工集体”“湖北省三八红旗集体”“全国巾帼文明岗”等荣誉称号；2019年10月，信号女子突击队创新工作室被命名为“湖北省示范性职工劳模（工匠）创新工作室”。

（张　强　邵梦颖　付　喆）

【刘名君·全国五一劳动奖章获得者】刘名君，男，汉族，中共党员，1965年5月生，湖南祁阳人，本科学历。现任中铁二院土木建筑设计研究二院党委副书记、院长，教授级高级工程师。

刘名君自1987年参加工作以来，长期从事桥梁勘察设计、科研、咨询工作，对山区大跨度、高墩桥梁、高速铁路桥梁、无碴轨道桥梁的设计、施工均有很深的研究，先后主持参与了南昆、内昆铁路，武广、京沪高铁，遂渝无砟轨道，川藏铁路等一大批国家重点工程的建设工作。拥有12项实用及发明专利，4项桥梁工程设计创造了中国企业新纪录，获得了国家科技进步奖一等奖2项，铁道部科技进步特等奖1项、一等奖2项；多次获国家优秀工程设计奖；在国家刊物及国际学术会上发表论文10余篇；参与编著了5部学术专著规范。现为中国土木工程学会会员，四川省及铁道部专家库成员，先后获得了1999年“四川省十大杰出青年岗位能手”、2005年“四川省有突出贡献的优秀专家”称号。

积极承担社会责任，参与抗震救灾及脱贫攻坚工作。“5·12”汶川大地震后，迅即赶赴重灾区，穿越滑坡、泥石流灾害的频发区域及各种危桥13千米进行震灾调查。10多个昼夜坚守在抢险工地上，为按期打通广岳铁路，将救灾物资设备运往灾区作出了贡献。参与泸定县庄子村的对口扶贫，助推驻村帮扶的深入开展，多次到现场调研并给贫困户送去温暖，参与通村道路提升改造方案的制定，助力村上因地制宜发展产业，为泸定县庄子村的脱贫贡献了自己的力量。投身“一带一路”建设，临危接受南美洲委内瑞拉铁路项目，面对完全陌生的政治经济、文化语言环境，从海关、劳工、税务、法律、合同、索赔、成本、设计标准、出图模式、后勤保障、外事联络等各方面进行探索，建立了一套较为完整的海外项目组织管理体系，为南美地区项目的顺利推进提供了保证。先后获得了中铁二院“海外先进个人”、国务院国资委“2008年抗震救灾先进个人”、四川省“抗震救灾模范”等荣誉称号。

担任土建二院院长以来，围绕生产经营，长期致力于土建二院的精细化管理体系及责权化管理体系建设，率领的团队高效、务实，产值规模、创新成果均名列前茅。同时，在全省示范性劳动和技能竞赛中，带领团队实干拼搏，确保了世纪性战略工程——川藏铁路以及成渝地区双城经济圈标志性工程——成渝中线铁路的顺利推进，为助推治蜀兴川再上新台阶、唱好成渝高质量发展双城记作出积极贡献。所带领的团队先后荣获“四川省五一劳动奖状”“全国青年安全生产示范岗”“全国五一劳动奖状”“四川省基层服务型党组织示范点”等荣誉称号；个人获“四川省五一劳动奖章”、中华全国铁路总工会“火车头奖章”等荣誉，2021年获“全国五一劳动奖章”。

（毛学锋）

【陈德柱·全国五一劳动奖章获得者】陈德柱，1972年2月出生，中共党员，教授级高级工程师，中铁大桥勘测设计院集团有限公司副总经理。他积极践行国家“一带一路”倡议，大力开拓国际工程市场，以设计咨询带动桥梁产业“走出去”，为把中国桥梁工程技术推向全世界作出了重大贡献。他带领科研团队在大跨

度桥梁设计建造技术、桥梁设计软件研发、BIM技术研究、信息化管理等多个方面填补国内空白，打破对国外软件的依赖并完成反超。

多年来，他一直奔波在海外项目一线，足迹遍布孟加拉国、加纳等10多个国家和地区。在他的带领下，中铁大桥院参与的中马友谊大桥、摩洛哥穆罕默德六世大桥、赞比亚芒古—卡拉博公路等工程在当地家喻户晓，陈德柱不遗余力地在全球范围内推广中国桥梁品牌。他带领科研团队经过五年的攻坚克难，成功研发出包含非线性分析、精细化设计及精细化建造三大板块的一系列创新成果，以填补中国在该领域的多项空白，其中非线性求解能力超过了ANSYS、ABAQUS等国际知名软件，达到国际最高水平。他从零开始自主研发大跨度缆索承重桥梁精细化分析平台，打破了对国外软件的依赖并实现超越，成果已成功应用于武汉杨泗港长江大桥、张家界大峡谷玻璃桥、五峰山长江大桥等30多座大型桥梁，并先后获得“2018年度中国铁路工程总公司科技进步特等奖”“2019年度中国工程建设科技进步一等奖”“2020年度中国铁道学会科技进步一等奖”“2020年度中国公路建设行业协会科技进步奖一等奖”。获得国家发明专利4项、软件著作权4项，发表论文15篇。2021年获“全国五一劳动奖章”。（许竞文）

【孙化文·全国五一劳动奖章获得者】孙化文，男，汉族，中共党员，1968年9月出生，山东淄博人。现任中铁（天津）轨道交通投资建设有限公司党委书记兼中国中铁股份有限公司天津地铁4号线PPP项目北段工程总承包部党工委书记。自1988年8月参加工作以来，他始终扎根施工生产一线，秉承着“勇于跨越、追求卓越”的开路先锋精神，先后参建了大同燕子山铁路扩能改造、集通铁路、武广客专、京沪高铁、神池南万吨站改、南港铁路、京新高速公路、天津地铁1号东延线、成兰客专、和邢铁路、天津地铁4号线、吉林双洮高速公路等国家和省市重点工程，历任工班长、团支部副书记、工区主任、车间党支部书记、项目党支部书记、项目经理、公司党委副书记、纪委书记、工会主席等职务。

2018年，临危受命参加脱贫攻坚重点项目“吉林双洮高速公路”建设；2020年春节，面对突如其来的新冠肺炎疫情，为保证项目施工进度，身为项目党工委副书记、纪工委书记、工会主席的他第一个请缨逆行返岗，并向吉林省交通行业提交了“复工复产倡议书”，带头做到“5+2”“白+黑”，秉承着“天寒人不闲，冬休不冬歇”的忘我工作精神，保证了项目比合同工期提前9个月建成通车，为助力国家级贫困县通榆、长岭两县早日精准脱贫，作出了突出贡献。在项目建设期间，孙化文时刻谨记习近平总书记提出的“绿水青山就是金山银山”的环保理念，全力打造“四个全面”，885万立方米水泥全部工厂化拌制创全国纪录。该项目累计荣获国家级荣誉7项、省部级荣誉40项、股份公司荣誉29项，获得“中国建设工程鲁班奖”，创造了吉林省高速公路建设的奇迹，并以99.11的高分创造了吉林省工程质量验收的最高纪录，兑现了中国中铁庄严承诺，实现了现场保市场、滚动发展的战略目标。孙化文先后获得“天津市五一劳动奖章”“山西省优秀工会工作者”“吉林省劳动模范”“中国中铁股份公司优秀党务工作者”“中国中铁优秀党务工作者标兵”等称号，2021年获“全国五一劳动奖章”。（郭培富）

人物

CHAPTER 13 所属单位

中铁一局集团有限公司

【简况】中铁一局集团有限公司（以下简称“中铁一局”）是中国中铁股份有限公司的全资子公司。中铁一局前身为铁道部西北铁路干线工程局，1950年5月始建于甘肃天水，后迁至兰州、乌鲁木齐，1970年由乌鲁木齐迁至西安，2000年改制为中铁一局集团有限公司。中铁一局具有铁路、公路、市政公用、建筑工程施工总承包特级资质；铁路铺轨架梁、桥梁、隧道、公路路面、公路路基、环保工程专业承包壹级资质等；同时还具有铁道甲（Ⅱ）级，市政、建筑行业甲级设计资质，工程造价咨询甲级、测绘甲级等多项资质。截至2021年底，中铁一局拥有资产总额597.88亿元，其中净资产126.35亿元；员工总量24832人，其中各类专业技术人员14407人，拥有高级职称2236人，其中正高级职称132人，享受国家级政府津贴4人；拥有各类机械设备7549台（不含公务用车），设备资产原值671737.24万元，净值252497.49万元，设备新度系数0.38，机械总功率12041118千瓦，技术装备率10.32万元/人，人均动力装备率54.22千瓦/人，主要施工机械实有完好率92.57%，利用率86.46%。2021年，中铁一局实现新签合同额2400亿元，企业营业额1126.06亿元。

作为共和国铁路建设的排头兵，中铁一局始终致力于国家基础设施建设。70多年来，参建干线、支线铁路140多条，铁路运营线路铺轨4.5万余千米，约占新中国铁路铺轨总量的七分之一；累计修建公路8300余千米；完成房屋建筑3700余万平方米。业务范围覆盖除台湾以外的全国各省、自治区、直辖市，并在新加坡、巴基斯坦、斐济、马来西亚等国家开展海外工程承包业务。

中铁一局始终坚持“百年大计，质量为本”的方针，截至2021年底，累计获得“中国建设工程鲁班奖”25项、“中国土木工程詹天佑奖”27项、“国家优质工程奖”93项（其中金质奖10项）。获国家级科技奖19项、省部级科技奖413项。被授予“新中国成立70周年‘功勋企业’”“全国守合同重信用企业”“中国施工管理优秀企业”“全国企业文化建设优秀单位”等上百项国家级荣誉。投资建设陕西柞水金米村智能连栋木耳大棚、智慧农业示范园等项目。习近平总书记点赞柞水木耳是“小木耳，大产业”。中国铁路工会中铁一局集团有限公司委员会荣获“全国脱贫攻坚先进集体”称号。

1998年，中铁一局通过了ISO 9002标准质量体系认证。2003年，通过了质量、环境和职业健康安全管理三位一体化认证。2010年12月，通过了新加坡SGS国际认证机构对企业质量管理体系运行的外部认证审核。2011年12月，通过了北京SGS国际认证机构的环境和职业健康安全管理体系运行外部认证审核。2016年，通过了新加坡建筑局（GGBS）的绿色优雅建筑商认证。

（舒明磊）

【主要指标】2021年，完成营业收入901.52亿元，较2020年的820.96亿元增加80.56亿元。实现净利润13.13亿元，较2020年的11.98亿元增加了1.15亿元。资产总额597.88亿元，同比增长6.89%。净资产收益率10.39%，较2020年增加0.08个百分点。总资产报酬率2.91%，与2020年的2.91%相比无变化。国有资本保值增值率114.81%，较2020年的111.29%增加3.52个百分点。

2021年，企业经营活动产生的现金净流入25.55亿元，较2020年23.09亿元增加了2.46亿元，增长10.65%。经营性现金净流入量较2020年同期有所增加，企业盈余现金保障倍数1.95倍，较2020年增长了0.02倍。 （张浩杰）

表13-1 2020—2021年中铁一局主要经济指标

项目	2020年	2021年	增长率/%
资产总额/亿元	559.32	597.88	6.89
所有者权益/亿元	116.27	126.35	8.67
营业收入/亿元	820.96	901.52	9.81
利润总额/亿元	13.94	15.27	9.54
净利润/亿元	11.98	13.13	9.60
归属于母公司所有者的净利润/亿元	11.76	12.99	10.46
技术开发投入/亿元	17.97	20.21	12.47
利税总额/亿元	28.58	29.01	1.50
应交税金总额/亿元	16.57	8.62	－47.98
全员劳动生产率/［万元/（人·年）］	29.96	36.33	21.26
净资产收益率/%	10.31	10.39	增加0.08个百分点
总资产报酬率/%	2.91	2.91	增加0个百分点
国有资本保值增值率/%	111.29	114.81	增加3.52个百分点

制表：张浩杰

【改革发展】截至2021年12月31日，中铁一局在国资委产权管理信息系统中登记企业合计141户，注销（含非公开协议转让）34户，现存107户。产权登记境外子企业9家。办理产权登记业务40笔。中铁一局制定发布《中铁一局集团有限公司境外产权管理办法》（中铁一财〔2021〕434号）、《中铁一局集团有限公司产权管理办法》（中铁一财〔2021〕435号），成立产权管理工作领导小组，明确产权登记责任单位，细化21种产权登记经济行为。举行经理层成员任期制和契约化管理签约仪式。各三级企业相继完成经理层成员任期制与契约化管理签约。制定发布《优秀年轻干部挂职锻炼工作的实施意见》。全年组织优秀年轻干部挂职11人，其中内部挂职4人、交流挂职7人，同时选派1名“85后”干部到山西省保德县挂职驻村第一书记。制定发布《中铁一局集团有限公司经理层成员薪酬管理办法》、修订完善《中铁一局集团有限公司子（分）公司负责人薪酬管理办法》，完善两级企业经理层成员薪酬管理工作，逐步建立短期激励与中长期激励相结合的薪酬制度，充分发挥薪酬分配的激励作用，进一步激发经理层成员的工作积极性。（尉明泽　吴　静　刘德利）

【重大项目】重大决策方面。开展深化改革三年行动工作。中铁一局成立“深化改革三年行动”领导小组和各专项改革组，制定发布《深化改革三年行动任务清单》和《深化改革三年行动任务台账》，明确企业在27个改革领域重点推进的162项改革事项及责任部门、完成标志和完成时间。建立深化改革三年行动会议机制、“军令状”机制、信息交流、考核评价等八项工作机制，三年行动取得阶段性成果。推进对标世界一流管理提升工作。中铁一局成立对标领导小组，制定对标世界一流管理提升行动实施方案，聘请德勤企业咨询（上海）有限公司进行管理诊断，针对诊断存在的问题，帮助策划对标方案，形成对标管理诊断报告、管理提升策略与实施路径方案和管理提升专项工作清单，分层级、全方位扎实开展管理提升行动。健全完善现代企业制度体系。修订印发《中铁一局“三重一大”决策制度办法》《中铁一局重大事项决策权责清单》《中铁一局各治理主体议事规则》，再次梳理确认了党委会、董事会、经理层等治理主体决策的权责边界，规范决策会议工作流程；深化落实董事会职权，围绕股份公司明确的落权事项清单，制定落实董事会职权实施方案，明确能力建设、配套制度、行权监督等方面的工作内容和要求，加强支撑服务，确保董事会职权依法落实、有效行权；依法保障经理层行权履职，全面建立董事会向经理层授权管理制度，充分发挥经理层经营管理作用，依法明确董事会对经理层的授权原则、管理机制、事项范围、权限条件等主要内容，并按照“授权不免责”的要求强化授权事前、事中、事后管理。强化战略引领管控。组织建立健全企业战略规划研究、编制、实施、评估的闭环管理体系，特别是战略规划的修订完善阶段，重点关注总体规划与国资委、股份公司上位规划架构的有效衔接，组织专班对比股份公司“十四五”战略及“123456”工作策略，对规划内容进行细致梳理和补充完善，有效保障企业总体发展战略在规划布局、发展方向、主要目标及重大任务等方面与股份公司总体战略衔接完整和上下贯通。加强财务和资金管理。进一步提升财务价值创造功能，适度开展金融产品创新，权益基金、永续债、资产证券化、反向保理业务有序开展。进行税收筹划，充分利用西部大开发、增值税增量留抵退税等政策红利，实现退税返还；持续强化资金链安全，建立健全亏损项目预警机制，通过项目过程经营结果、资金流入流出、债务欠款纠纷等情况的系统分析，尽早发现亏损项目、问题项目，及时采取有效措施，切实防范小亏变大亏。建立健全各层级现金流自平衡立体体系，通过现金流自平衡提高各层级的内生资金能力、倒逼各层级“抓双清”“降两金”、杜绝盲目营销行为；不断突出资源配置导向，逐步建立以投入产出效率为主、救助性为辅的财务资源配置体系，加大对“两利四率”及财务资源投入产出率的考核力度，强化全面预算、业绩考核的资源配置和激励约束作用，促使有限的财务资源流向产出效率高、效益好的单位；加大存量资产盘活力度，积极推动探索表内表外存量资产证券化业务以及投资项目的尽早退出机制，实现资产的“腾笼换鸟”、有序腾挪和投资项目资本金的提早回收，提高资本金的使用效率和周转速度。专项治理重点亏损子企业。根据股份公司2021年亏损企业专项治理计划要求，按照“一企一策”原则，制定《中铁一局亏损企业专项治理实施方案》，下达了治亏目标、治亏措施，建立了亏损治理责任制。截至2021年底，亏损企业数量从15家减为2家，亏损面缩减比例为86.7%；亏损金额从-14778.87万元减少至-90万元，减亏比例达99.4%，超额完成股份公司下达的年度治亏目标。剥离国有企业办社会职能、解决历史遗留问题。中铁一局按照剥离国有企业办社会职能相关要求严格落实退休人员社会化管理工作。全面建立第一议题制度。2021年5月，根据股份公司要求，制定印发《中铁一局党委深入贯彻落实习近平总书记重要指示批示工作办法》。建立贯彻落实习近平总书记重要指示批示工作台账，并组织开展贯彻落实习近平总书记重要指示批示“回头看”工作，向股份公司党委报告了有关情况。指导三级企业建立完善“第一议题”制度和重大决策部署的督导通报机制。中铁一局所属19家实体子（分）公司完成机制建立。各单位党委定期开展贯彻落实习近平总书记重要指示批示情况“回头看”，并向中铁一局党委专题报告。开展党建工作责任制考核情况。修订发布关于印发《中铁一局党建工作责任制考核评价办法》（中铁一党组〔2021〕123号）的通知。

重大项目方面。鲁南高铁、牡佳客专先行标、牡佳客专8标、拉林铁路、玉磨铁路、金台铁路、酒额铁路、宝成线K277工程、菏泽至兰考铁路、西安站改、厦门西通道、宝坪高速、白郧汉江大桥、若民高速、阿乌公路、那羊高速、京德高速、云茂高速、南宁轨道交通5号线、贵阳市轨道交通2号线、洛阳轨道交通1号线及2号线一期、无锡轨道交通4号线、杭州地铁6号线及9号线、宁波市轨道交通5号线一期、武汉市轨道交通5号线及8号线二期及16号线一期、北京轨道交通17号线、上海轨道交通14号线及15号线、青岛轨道交通1号线二期等项目，紧盯节点，倒排工期，顺利按期实现开通；南天高速2标、G205线河源市热水至埔前段改线工程、郑州市政控制性（地下交通）工程11标、临金高速TJ05标、潍烟高铁4标等项目工厂化施工，标准化管理，树立企业良好形象；长春市轨道交通5号线九工区、西安市长安区中医医院南院区建设项目、广州市轨道交通7号线二期二工区、香港大埔公路、天峨县四桥等公路、市政、房建项目，重视管理创新、突出技术攻关，赢得各方好评。

重大科研开发方面。主持的股份公司4项重大专项（重点）科研课题“多功能泥水平衡盾构机的研制及施工关键技术研究”“铁路有砟轨道智能铺轨关键技术及成套装备研发”“膨胀岩、石膏地层引水隧洞变形机理及施工控制技术研究”“富水地区浅埋暗挖隧道超大体积冻结关键技术研究”研究任务均进展顺利，取得阶段性成果。自主研发的“海域岩溶地层单洞双线地铁盾构隧道施工关键技术及盾构机研制”成果整体技术达到国际领先水平，获第七届国际隧协“年度工程奖”；“新型钢轨焊接成套设备及工艺研究”成果整体技术达到国际先进水平；参与研究的“轨道交通大型工程机械施工安全关键技术及应用”成果获国家科技进步奖二等奖。

（党　强　康建新　朱俊虎　苟耀辉　李增平）

【**走向海外**】2021年，中铁一局中标境外项目14个，实现新签合同额201.97亿元。在建重点项目有：哥伦比亚公路项目、孟加拉国帕德玛大桥铁路连接线项目、新加坡地铁T302项目、新加坡地铁T250A项目、新加坡南北高速（隧道）N108标段项目以及中国香港大埔公路（沙田段）扩阔及加建隔音屏障工程。2021年，海外业务管理体制机制以区域化经营为主导，实行“揽干分工”的管理体制，形成南太、南亚、拉美、非洲、东南亚、港澳六大区域总部，辐射20多个国家和地区。注册境外国别子（分）公司22家。斐济FHL大厦项目荣获斐济劳工部2021年度“安全生产奖”，香港大埔公路项目荣获“2021年度新工程合约奖”，中铁一局被评为“中国对外承包工程商会信用等级评价AAA企业”。（杨　萌）

【**重大创新**】技术创新方面。2021年制定发布《技术创新工作管理办法》《科技创新激励管理办法》《科技创新平台管理办法》《科技成果转化管理办法》《信息化工作管理办法》《计算机软硬件采购管理规定》6项管理办法，制定发布《三级公司信息化工作考核评价管理办法》《网络安全工作细则》2项管理办法。组织申报并获批“陕西省企业技术中心”“江苏省盾构设备再制造与施工工程研究中心”“江苏省博士后创新实践基地”“城市轨道交通新材料陕西省高校工程研究中心”等省部级创新平台，开展“中铁一局专业研究所”建设，规划布局12个专业研究方向。成功推荐34人入选中施企协科技专家、中国公路学会交通低碳化工作委员会专家、陕建协技术专家和中国中铁专家委员会。参与申报国家重点研发计划“交通基础设施”专项“严酷环境下桥隧结构混凝土延寿与修复一体化关键技术”课题并顺利获批，获国家财政资金支持98.5万元。制订中铁一局2021年度技术研发和实用技术课题计划，发布A类课题57项［重大（专项）课题6项，重点课题51项］，实用技术课题15项，其中1项实用技术课题获股份公司科研开发计划立项。中铁一局获评股份公司“十三五”科技创新先进企业、1人获评“十大科技创新标兵”、2人获“先进科技管理工作者”称号。完成中铁一局级科技成果结题验收70项，成果评审64项；通过省部级（含中国中铁）科技成果（鉴定）评审35项；获省部级以上科学技术奖25项；获中施企协首届工程建设行业高推广价值专利奖10项，中施企协微创新技术大赛奖28项；完成专利申报434项，取得专利授权352项，其中发明专利授权32项；在省部级以上学术刊物上发表论文156篇。“轨道工程运输管理智控平台”和“中国工程机械在线租赁平台”2项成果获股份公司实用技术创新大赛二等奖。制定年度《科技成果转化工作推进计划》《科技成果转化清单》，对自主研发的53项科技成果组织实施转化。通过住建部“绿色施工科技示范工程”验收项目2个，获评中施企协“工程建设项目绿色建造施工水平评价三星级项目”1个、中国中铁“绿色施工科技示范工程”10项、中国中铁“节能低碳技术”2项。

管理创新方面。中铁一局组织

实施2021年度管理创新课题及成果评审工作，评选出中铁一局级管理创新成果10项，其中一等奖3项，二等奖4项，三等奖3项；在此基础上，择优推荐参评中国中铁和各级协会管理创新成果奖，获中企联管理创新成果奖（国家级）二等奖；陕企联管理创新成果奖（省部级）一等奖1项，二等奖2项，三等奖4项；股份公司管理创新成果奖一等奖1项，三等奖2项。

（李海珍　李　鉴）

【工程创优】2021年，中铁一局获"国家级优质工程奖"14项："中国建设工程鲁班奖"2项、"中国土木工程詹天佑奖"3项、"国家优质工程金奖"1项、"国家优质工程银奖"7项、"全国建设工程项目施工安全生产标准化工地"1项。（张　锋）

【企业文化】制定发布《中铁一局"十四五"企业文化建设规划》，对今后五年的企业文化建设进行了精心部署。中铁一局特色文化案例被评为全国优秀诚信企业案例，编入由国务院国资委主管、中国企业联合会主办的中央级权威经济期刊《企业管理》中。形成了企业核心价值理念、具体工作理念、品牌宣传语以及员工行为准则和项目管理十二大理念为主要内容的企业文化理念体系。利用走基层、集中宣传报道的有利契机，加强基层文化建设，突出中国中铁"开路先锋"文化与中铁一局企业文化在基层的融合。按照年度企业文化建设任务分解，制订基层文化建设方案，全面建设文化室、文化墙和宣传栏，持续加强品牌宣传，统一规范使用企业标识，大力培育发掘选树各类先进典型人物和事迹等，制作中铁一局宣传册、新版员工文化手册以及企业六大文化建设宣贯PPT课件，重点突出项目文化建设的工作内容，使宣贯资料更接地气、更贴近基层实际，有利于基层员工学习和培训，提升项目文化建设水平。强力做好对外新闻宣传报道，持续推进重大典型深度报道，密切做好突发事件舆情防控，不断提升企业影响力和美誉度与品牌价值，降低企业经营风险，为企业完成年度目标任务提供了精神保证和文化支撑。

（杨　坤）

【党建工作】扎实开展落实全国国企党建工作会议精神"回头看"。深化理论研究，在省部级刊物发表论文20余篇，65项理论成果获表彰。加强党的领导，制定"发挥党委领导作用的若干意见"，修订"三重一大"决策制度。2021年召开党委会18次，研究议题268项，前置研究生产经营重大事项142项。深入开展党史学习教育，发放指定教材5000余册，指导各单位党委开展中心组学习70余次，举办专题讲座24场。开展"榜样的力量"故事会、"我为群众办实事'十百万'"行动等活动。深化制度治党，制定《关于加强集团公司基层党的基本组织基本队伍基本制度建设的实施意见》《中铁一局集团有限公司星级党支部晋位升级管理规定》等文件。指导5家单位召开党代会或党员大会；按要求改建中铁一局机关党委、纪委，并健全设立了境外党组织。广泛开展创先争优活动，评选表彰68个先进集体和177名先进个人，8个集体和21名个人受到国资委等上级表彰。推进"三项制度"改革，实现两级企业经理层任期制和契约化管理全覆盖。严格落实意识形态工作责任，加强重大典型宣传，策划大国工匠党史学习教育宣讲暨"永远跟党走"系列活动，窦铁成、白芝勇受邀在中国共产党成立100周年大会现场观礼。制定企业"十四五"企业文化建设规划。广泛开展集中宣传报道，先后在中央级媒体刊播新闻893篇，新媒体刊发各类信息1020条。全年妥善处置7起一般性舆情事件。强化压力传导，与所属单位全覆盖签订了《党风廉政建设责任书》，制定了关于加强"一把手"和领导班子监督有关制度。发挥巡察"利剑"作用，分两批完成对16家单位党组织的常规巡察，对13家单位进行了违规挂靠专项巡察。强化亏损项目治理监督，问责29个项目。深入开展"靠企吃企""影子公司""影子股东"问题专项整治。两级纪检组织全年受理群众举报147件，立案35件，给予党政纪处分82人次，组织处理55人次。坚持共享发展，职工收入与企业效益实现同步增长。加强对群团工作的领导，工会持续推进劳动竞赛、劳模选树和"工人先锋号"创建，广泛开展了"书香一局""艺术为人民服务进项目"等特色活动。团委在选树青年典型、加强新媒体建设的同时，积极开展了"青年大学习""青马工程"等活动。

全年研究干部279人次，其中提拔50人、调整154人次、试用期满转正43人，切实把经过重大工程、急难险重任务历练和基层经历丰富、实绩突出的优秀骨干选拔到领导岗位。大力推进年轻干部选拔培养，先后调训67名"85后"年轻干部，并选派12名优秀年轻干部进行企业上下、内外交流挂职锻炼。深入推进校企合作，启动优秀毕业生引进"启航计划"，全年引进高校毕业生950人。扎实推进人才管理，聚焦"素质提升"，持续提高办班培训质量，全年培训办班8658期，培训17.02万人次。（党　强　吴　静）

【信息化建设】按照股份公司信息贯通工作安排，中铁一局及所属各单位成立信息贯通领导小组和工作组，发布信息贯通阶段任务清单，完成机构用户数据治理和中铁e通安装激活；实现中铁一局OA平台、财务共享等6套系统入驻一体化平台；开展工程项目综合管理及国际业务管理等系统试点推广。制定中铁一局网络安全《工作细则》，发布年度

《网络安全工作要点计划》；完成海外 12 个分支机构全球组网设备的部署；完成“护网 2021”重保及重大活动期间网络安全保障工作；2021 年视频会议技术支持 252 场。按照股份公司数智升级实施方案，申报股份公司数智升级示范工程项目 3 项，督导实施中铁一局级示范项目 13 项。完成重点施工业务管理系统研发 8 项、应用 7 项。编制中铁一局智慧工地建设方案，组织开发“智慧工地综合管理平台”；完成“专家远程技术支持系统”研发和应用，截至 2021 年末，累计接入工程项目 116 个、危险且重大工程 198 个；完成“试验测量设备管理系统”的研发和测试，具备试点应用条件；组织开发“生产进度预警系统”，在 6 个试点项目部测试运行。组织住建部智能建造典型案例申报，2 项成果被列入第一批《智能建造新技术新产品创新服务典型案例》，这也是陕西省唯一入选的 2 项成果。完成国产 BIM 软件项目测试应用；举办 BIM 技术培训 7 次，取证培训两期，800 余人参训，120 人取证；组织无人机取证培训班，32 人取得“无人驾驶航空器系统操作手合格证（航拍一级）”。组织 6 项信息化成果参加“第三届中国工业互联网大赛”，1 项成果获得区域赛三等奖，并晋级全国总决赛。组织参加铁路 BIM 联盟第三届“联盟杯”大赛，获一等奖 2 项，三等奖 1 项。（李增平）

【履行社会责任】中铁一局按照陕西省定点帮扶工作统一部署要求，制定《陕西省中铁一局 2021 年定点帮扶计划书》，2021 年度实际投入驻村帮扶资金 20.85 万元。中铁一局向福建省大田县前坪乡上地村捐赠 110 万元，用于帮助当地建设冷库及采购运输车项目；向甘肃省陇南市康县长坝镇捐款帮扶资金 5 万元，用于帮助当地乡村振兴建设。2021 年 8 月，中铁一局在陕西省 2020 年度省级驻村联户扶贫参扶单位考核中获得“优秀等次”，在个人考核中，驻村第一书记袁帅、驻村工作队员兰天山获得“优秀等次”。中铁一局被授予“全国脱贫攻坚先进集体”称号。参与各类抢险救灾 15 次，在抢险救灾过程中，涌现出中铁一局四公司劳务工袁格兵式的英雄人物，其“救人故事”在央视新闻频道《24 小时》栏目播出，在《遇见你》栏目以用时 10 分 37 秒大篇幅进行报道。参与石家庄正定隔离公寓、厦门方舱医院建设。其中石家庄正定隔离公寓建设累计完成：隔离房墙板安装 432 间，门窗安装 387 间，四区一排、二排 196 间配电，306 间吊顶安装、门窗打胶 252 间，以及卫浴安装等工作。参与西安抗疫工作，开展志愿服务 1849 人次，捐款捐物约 330 万元。（史凯 张峰）

▲图 13-1　2021 年 2 月 25 日，中铁一局被授予“全国脱贫攻坚先进集体”

【领导人员】

马海民　党委书记、董事长
朱卫东　党委副书记、总经理
郭秀春　副董事长
王　力　工会主席、副总经理
汤　勇　副总经理
罗田郎　副总经理
王新年　党委副书记
王文吉　党委副书记、纪委书记（8 月免，调离）
鲁和友　副总经理
杨育林　总会计师
孔凡强　副总经理
尚武孝　副总经理
郗宜君　副总经理
张　林　副总经理
吴回获　总工程师（10 月任）

（吴静）

中铁二局集团有限公司

【简况】中铁二局集团有限公司（以下简称“中铁二局”）的前身是成立于 1950 年 6 月 12 日的西南铁路工程局，是邓小平、贺龙等老一辈革命家亲手缔造并授予“开路先锋”大旗的新中国第一批铁路施工企业，是第一家建立现代企业制度和股票上市的铁路施工企业，也是中国中铁旗下的核心成员企业。

70 多年来，中铁二局始终秉承“干一项工程，树一座丰碑”的理念，转战南北，东进西移，从修建新中国第一条铁路成渝铁路开始，先后参加了国家 330 余条重点铁路、260 多条高速公路、40 余项水利水电、20 余项机场港口、数千项市政和国内绝大部分城市轨道交通等工程建设。中铁二局积极响应党和国家号召，坚定不移实施“走出去”

战略，积极参与“一带一路”建设，近年来承揽了埃塞轻轨、埃塞国铁、中老铁路、尼泊尔巴瑞巴贝隧道引水工程、泰国M6和M81项目等一批极具国际影响力的项目，足迹遍布50多个国家和地区。

经过几代二局人的奋勇开拓，中铁二局已从单一的铁路施工劲旅发展成为拥有各类人才近2万人，全资及控股子公司26家，总资产近950亿元，年综合生产能力1000亿元以上，是集工程施工、基础设施建设管理、房地产开发、国际业务、勘察设计咨询、商贸物流、商业物业等业务于一体的大型现代产业集团。先后获得国家及省部级科技进步奖93项、国家及省部级工法431项。获国家级优质工程奖163项，其中，“中国建设工程鲁班奖”33项、“国家优质工程奖”53项、“中国土木工程詹天佑奖”27项、“中国建筑工程装饰奖”30项；获得省部级优质工程奖521项。授权国家专利848件，主编和参编国家、行业、地方、团体标准90余项，创建国家级和省部级企业技术中心、博士后创新实践基地等13个科技研发平台。中铁二局被授予“全国抗震救灾英雄集体”“全国五一劳动奖状”“全国优秀施工企业”“中国工程建设诚信典型企业”等称号。

截至2021年底，中铁二局共有设备6406台，固定资产原值44.57亿元，净值18.01亿元，设备新度系数0.404，设备完好率87.77%，利用率85.9%，机械设备总功率68.02万千瓦，其中海外设备739台（套），原值4.86亿元，净值1.32亿元，总功率10.85万千瓦，2021年公司共新投入施工生产设备原值4.58亿元。

（周治宏）

【主要指标】

表13-2　2020—2021年中铁二局主要经济指标

项目	2020年	2021年	增长率/%
资产总额/亿元	942.15	1044.97	10.91
所有者权益/亿元	171.92	145.26	−15.51
营业收入/亿元	732.58	702.78	−4.07
利润总额/亿元	1.74	−18.77	−1178.74
净利润/亿元	1.38	−19.78	−1533.33
归属于母公司所有者的净利润/亿元	−0.21	−20.74	−9776.19
技术开发投入/亿元	14.90	14.99	0.60
利税总额/亿元	16.22	−3.73	−123.00
应交税金总额/亿元	10.21	11.84	15.96
净资产收益率/%	1.05	−12.47	减少13.52个百分点
总资产报酬率/%	1.20	−1.04	减少2.24个百分点
国有资本保值增值率/%	86.47	86.37	减少0.10个百分点

制表：邓增谷

【重大项目】强化精细管理，生产管控能力不断增强。2021年实现产值736.9亿元，人均产值342万元，同比增加52.3万元。加强重点难点项目督导，开展项目策划“回头看”，新西成、渝昆、沈白等新项目实现高起点开局；玉磨、拉林、重庆地铁5号线、雄安K1快速路、天府机场等项目按期开通；贵南铁路5标、渝昆铁路2标等重点项目关键节点按期兑现。（石英前）

【走向海外】构建国际业务管理体系，紧跟中国中铁“双优”发展战略，积极融入“一体两翼N驱”格局。全力参与“大区+国别+项目”经营管理体系建设，推进海外业务管理机构和管理模式改革，构建海外营销生产一体化管理体系。调整国际业务经营布局，成立泰国分公司，筹备设立印度尼西亚分公司，东南亚市场开发取得新进展。深耕“一带一路”沿线重点区域，成功中标尼泊尔逊科西马林引水隧道TBM等9个项目，中标金额5.56亿美元，占股份公司下达指标的123.6%。累计完成经营成果58.88亿元，占中铁二局下达计划的130.8%。（陈　靖）

【重大创新】坚持创新驱动，企业改革纵深推进。以赋能、聚力、增效为努力方向，扎实开展国企改革三年行动和对标一流企业管理提升行动，超额完成股份公司下达的阶段

所属单位

目标。3项管理创新成果获得股份公司2021年度管理创新成果奖。围绕“两利四率”优化业绩考核指标，完善三级单位和直管单位领导薪酬分配制度。推行安全生产专项考核奖罚制度，与施工产值和项目诚信履约评价结果挂钩。稳步推动经理层任期制和契约化管理，制定“三法两书”，完成公司领导班子和16家子（分）公司129名经理层聘任协议和业绩责任书的签订。“两非”剥离专项治理顺利完成年度目标。常态化推进“瘦身健体”，2021年压减法人单位6户。坚持科技赋能，加快破解“卡脖子”难题，关键核心技术攻关有序推进，劳模和工匠人才创新、基层小改小革小创新成果丰硕。全年获“国家专利优秀奖”1项，“中国水力发电科学技术奖”1项，“中国交通运输协会科学技术奖”2项，“中施企协工程建设奖”2项，“中国建筑装饰行业科学技术二等奖”2项，“中国中铁科技进步一等奖”1项；新增2个四川省企业技术中心；主编和参与编制10多项企业和行业标准；推广应用中国中铁和公司科技成果70余项。（蔡以智）

【工程创优】中铁二局参与建设的世界首条高温超导高速磁浮工程化样车及试验线正式启用，世界首台超大断面硬岩复合地层矩形顶管机“天妃一号”成功投用，国内最大直径双模盾构机“紫瑞号”顺利始发。获得国家级优质工程奖11项，其中“中国建设工程鲁班奖”1项、“国家优质工程奖”3项、“中国土木工程詹天佑奖”2项、“中国建筑工程装饰奖”5项；“省（部）级优质工程奖”37项；“国家级绿色环保奖”1项、“省（部）级绿色环保奖”8项；“省（部）级安标工地”15项。获得“中施企协AAA级企业”和“7星信用企业”称号、获“四川省轨道交通产业生态圈头部企业”称号。（邱林）

【企业文化】强化宣传引领，品牌形象有力彰显。坚持“奋斗为本、价值为纲”鲜明导向，开展全员全覆盖读书活动，形成大学习、大思考的浓厚氛围。集中开展“改革进行时”“安全生产专项行动”系列主题宣传，编发专栏文章340余期次。聚焦“三重一外”主题，屡次登上央视《新闻联播》《信物百年》《国家记忆》等重要栏目，累计对外宣传报道16453篇。开展庆祝建党100周年系列活动。（魏潘）

【党建工作】深入学习贯彻习近平新时代中国特色社会主义思想和习近平总书记最新重要指示批示精神，落实“第一议题”机制，不断增强“四个意识”，坚定“四个自信”，做到“两个维护”。扎实推进党史学习教育，通过邀请专家辅导、开展专题研讨、组织专题党课、举办知识竞赛等丰富多样的形式，中铁二局党史学习教育推进情况受到国资委指导组肯定。2021年党委常委会前置研究讨论重大经营管理事项164个，学习“第一议题”14次、内容54项。“三基”建设不断夯实。推进党支部晋位升级，分企业、项目两个层面制定《党建工作标准化手册（2021版）》，落实“三会一课”、民主评议党员、主题党日等工作制度。构建符合本部、项目、区域、海外党建实际的党建工作机制，加强基层党建联系点工作，拓展党建特色品牌。强化作风引领，汇聚监督合力，紧盯重点领域和关键少数，处置问题线索131件，立案56件，给予党纪政纪处分244人。常态化开展化公为私、“影子公司”“影子股东”、违规挂靠等专项整治，组织4029名科职以上人员作出不违规插手和干预经济活动书面承诺，对14家单位开展违规挂靠综合整治专项巡察。对照中国中铁党委巡视组反馈的四个方面48个具体问题，制定整改措施138条，挽回经济损失721万元。强化共享引领，员工福祉不断增进。深入推进“我为群众办实事”实践活动，大力开展劳动竞赛、技术比武等活动，积极宣传先进典型事迹，共发放“三不让”资金1530万元、金秋助学款67万元，筹集“两节”送温暖资金1600万元。共青团聚焦企业改革发展，心系青年员工需求，选树“中铁二局十大杰出青年”10人，推出《无奋斗、不青春》《先锋青年》等原创视频歌曲。全年中铁二局党群系统获“中央企业先进党组织”等省部级以上集体荣誉73项、“全国五一劳动奖章”等省部级以上个人荣誉134人次。（刘姿颖）

【信息化建设】2021年，信息中心在技术贯通、业务贯通、数据贯通、网信安全、智慧工地等领域跟随总公司的部署，实现了以中国中铁一体化工作平台为应用标志的系统简易贯通、数智工地应用的良好开局。全面完成信息贯通年度目标，完成OA及财务共享平台在股份公司一体化平台及中铁e通的入驻；中铁e通安装率100%、日活率稳定在55%以上。完成川藏4标、川藏13A标、成达万铁路、渝昆2标及3标等重点项目信息化策划。按时完成《路基工程》6期编审出版和年度核验；配合公司科技成果推广与转化完成电子期刊《科技动态》10期编辑出版；推进期刊融媒体发展的XML一体化改造与建设，启动学术期刊精准传播推送服务，奠定了信息服务转型基础。OA系统全年完成节点任务513435人次，全年举办视频会议310场，同比增加10%，本部视频会议实现可覆盖全公司各层级和岗位移动场景。（陆明婕）

【履行社会责任】积极履行社会责任，加强乡村振兴投入与保障，主动投身抗疫抗涝、抢险救灾，昆明救援队从全国1263支安全生产应急救援队伍中脱颖而出，获得首届“全国应急管理系统先进集体”称号，在人民大会堂受到表彰，队长李影平作为先进集体的代表得到习近平总书记亲切接见。乡村振兴贡献力量，采购通江县农特产品72.21万元，协调社会力量购买6.8万元，帮助销售179万元；筹集内外部资金120万元，扩建通江县迎春村种植产业园，扶贫攻

坚成果持续巩固。（姜　帆）

【领导人员】

汪海旺　党委书记、董事长、法定代表人
张　威　党委副书记、总经理
张文杰　党委副书记、工会主席
刘长城　党委常委、纪委书记
刘剑斌　党委常委、副总经理
陈道圆　党委常委、副总经理
胡志勇　党委常委、副总经理
林　原　副总经理（8月免）
崔江利　副总经理（6月免）
刘恒书　总会计师（7月免）
张　兵　副总经理
王声扬　副总经理
李　峰　副总经理
赵　飞　总工程师
晏大武　副总经理（1月任）
陈　谦　副总经理（6月任）
王金吉　总会计师（10月任）

（夏　腾）

中铁三局集团有限公司

【简况】中铁三局集团有限公司（以下简称“中铁三局”）是中国中铁股份有限公司的全资子公司，主要从事新（改、扩）建铁路，电气化铁路、临管运营及公路、桥梁、隧道、市政、城市轻轨、地下铁道、水利水电、工业与民用建筑等土木工程的投资、施工及勘测设计，是全国首批工程总承包和首家取得铁路运输许可证的建筑企业。截至2021年底，中铁三局施工、设计、勘察、咨询、行政许可资质总计137项。其中，施工总承包资质52项（特级资质6项、施工总承包壹级资质20项、施工总承包贰级、叁级资质26项）；专业承包资质66项；勘察、设计资质10项，其中行业甲级6项，工程勘察专业（岩土工程、工程测量）乙级2项，建筑装饰工程设计专项甲级1项，轻钢设计专项乙级资质1项；其他资质及行政许可9项：铁路货物运输许可和爆破作业二级许可。单位驻地：山西省太原市迎泽区新建南路1号。

中铁三局的前身为铁道部库图段铁路工程处，成立于1952年4月1日。1972年，总部由哈尔滨搬迁至山西省太原市。2000年，改制成为中铁三局集团有限公司。2021年，中铁三局所属实体子（分）公司17家及财务共享中心、大企业事业部、大厦运营部、铁路工程报社、财务运营及项目财务管理中心、海外事业部、社会事业管理中心和九个区域指挥部。截至2021年底，在册员工总数21134人。其中，在岗员工20368人，非在岗员工766人；干部15200人，技术干部13705人，占比90.2%；工人5934人，技术工人4506人，占比75.9%。博士研究生1人，硕士研究生274人，本科9562人，专科4353人，中专及以下6944人。拥有正高级职称110人，副高级职称1793人，中级职称4712人，助理级职称4714人，员级职称1088人。特级技师21个，高级技师611人，技师988人，高级工1544人，中级工950人，初级工278人。保有机械设备8332台/套，设备原值33715.89万元，设备净值244512.89万元，总功率1555193.69千瓦，动力装备率63.8千瓦/人，技术装备率11.2万元/人，机械设备完好率91.47%，机械设备利用率90.44%，年施工生产能力600亿元。2021年，中铁三局新签合同额达到2003.26亿元，迈上了2000亿元的台阶，信用评价稳居A类靠前。顺利通过了三体系四标准复评审核。

2021年，中铁三局累计获得省部级及以上优质工程总计605项，其中，“中国建设工程鲁班奖”22项，“国家优质工程奖”45项，“省部级优质工程”538项。中铁三局创建山西省省级工程研究中心“铁路货物运输线路自然灾害防治及养护工程研究中心”，该中心是中铁三局创建的首个山西省省级工程研究中心。截至2021年末，中铁三局拥有国家级技术中心1家，省级技术中心10家，市级技术中心1家，省级研发中心3家，市级研发中心2家，省级工程研究中心，高新技术企业13家；国家知识产权优势企业3家；省级知识产权示范企业1家；市级知识产权优势企业。通过各级鉴定评审的科技成果300余项，获得股份公司及以上的科技进步奖36项，获得各类科技奖400余项，2021年新增授权专利269件。

70年来，中铁三局凭借雄厚的实力和优秀的企业文化，赢得了社会广泛赞誉，获得“全国质量效益型先进企业”“全国用户满意施工企业”“国家高新技术企业”“全国施工设备管理先进单位”“全国守合同重信用企业”“全国文明单位”“全国五一劳动奖状”“山西省企业文化建设优秀单位”“山西省优秀建筑企业”“全国优秀施工企业”“全国用户满意施工企业”“全国建筑技术创新先进企业”“全国工程建设质量管理优秀企业”“全国企业文化建设先进企业”“全国安康杯竞赛活动优胜企业”等诸多荣誉；连续15年被山西省评为AAA级资信等级企业。

（吕安萍　尚　丽　董　菁　李英杰）

【主要指标】中铁三局资产总额为385.90亿元，较年初374.35亿元增加11.55亿元，增长3.09%；2020年末所有者权益103.33亿元，较2021年初98.44亿元增加4.89亿元，增长4.97%。营业收入为701.48亿元，完成股份公司预算指标698.3亿元的100.46%，较2020年增长10.99%。实际净利润14.14亿元，较2020年12.15亿元增长16.38%，完成年度预算13.97亿元的101.22%。全民劳动生产率为32.66万元/（人·年），较2020年增加2.80万元/（人·年）。净资产收益率为13.68%，总资产报酬率为5.59%，国有资本保值增值率为104.97%。（李　帆）

所属单位

表 13-3　2020—2021 年中铁三局主要经济指标

项目	2020 年	2021 年	增长率 /%
资产总额 / 亿元	374.35	385.90	3.09
所有者权益 / 亿元	98.44	103.33	4.97
营业收入 / 亿元	632.01	701.48	10.99
利润总额 / 亿元	15.29	17.67	15.57
净利润 / 亿元	12.15	14.14	16.38
归属于母公司所有者的净利润 / 亿元	12.15	14.12	16.21
技术开发投入 / 亿元	18.07	22.63	25.24
利税总额 / 亿元	25.40	27.50	8.27
应交税金总额 / 亿元	8.51	8.24	3.17
全员劳动生产率 /［万元 /（人・年）］	29.86	32.66	9.38
净资产收益率 /%	12.34	13.68	增加 1.34 个百分点
总资产报酬率 /%	4.74	5.59	增加 0.85 个百分点
国有资本保值增值率 /%	109.49	104.97	减少 4.52 百分点

制表：李　帆

【改革发展】统筹推进深化改革三年行动，从加强领导、健全组织、明确任务、细化分工、压实责任五个方面，纵深推进各项改革工作走深走实。全面梳理体制机制上存在的问题，提出分业务系统的改革任务清单和完成时限，制定了《深化改革三年行动任务清单》和《深化改革三年行动任务台账》，涵盖 4 个改革领域，涉及 23 个改革方向，共计 117 项改革任务。17 家子（分）公司结合实际，梳理汇总改革任务及台账，报公司审核备案，并签订军令状，压实各级领导的责任。随着改革三年行动的不断深入，各项改革工作有序推进，重点难点任务明显提速。截至 12 月底，已完成改革任务 100 项，完成比例 85.4%。剥离企业办社会职能方面，中心医院顺利完成整建制移交，“三供一业”分离移交接近尾声，企业发展更具活力。（尚　丽）

【重大项目】重大决策方面。2021 年，中铁三局聚焦向价值链高端发力、向供应链上游冲刺、向发达城市市场进军，主要经济指标达到历史最高水平。召开中铁三局第五次党代会，确立了建设行业领先、国内一流企业的战略发展目标，为企业可持续、高质量发展迈出更加坚实的步伐。推动管理体系、组织机构、考核机制与市场接轨，强化对“盈亏、增量、责任、贡献”等核心指标的激励约束，健全董事会制度体系和外部董事工作机制，推行经理层任期制和契约化管理，企业高质量发展的管理基础不断得到夯实。

重大项目方面。2021 年，中铁三局开通（交付）项目93个，其中，铁路项目 23 个，公路项目 8 个，城轨项目 24 个，市政项目 11 个，房建项目 17 个，水利项目 10 个。玉磨、赣深、安九、杭绍台、G6 京藏高速公路按期交付开通；雅万 11 号隧道、乌鞘岭 9 号 ~10 号斜井、大瑞三台山隧道、济莱林家隧道和东北岭隧道、镇清大梁山隧道、静兴大万山隧道、常益长沅江特大桥、深圳地铁 14 号线盾构区间等控制工程和重点难点工程取得关键性突破；川藏、沈白、西延、渝昆、集大原等新开项目跑步进场，实现良好开局。参建的中老铁路、青岛地铁 1 号线、G6 京藏高速公路、遵余高速公路 4 项工程，位列中国中铁十大超级工程。实现投资营销额 103.59 亿元。包括宜昌市兴山县香溪河流域生态环境综合治理 PPP 项目、安阳至罗山高速公路豫冀省界至原阳（兰原高速）SG-1 标段项目、甘肃（天水）国际陆港市政基础设施工程 PPP 项目、汉江流域（天门）水污染治理和水资源保护利用第一期 PPP 项目、五台山风景名胜区综合管廊建设项目等。

重大科研开发方面。2021 年，中铁三局研发项目共计 226 项，其中，重大研发项目 15 项、重点研发项目 68 项。针对新乌鞘岭隧道高地应力软岩大变形隧道施工特点，开展了基于悬臂掘进机铣挖法施工技术的研究和应用。探索出铣挖法适用的范围、开挖台阶高度、开挖步距、台阶长度、三级大变形支护参数等关键核心参数，控制了围岩变形，保证了施工安全。双块式轨枕智能生产线不断迭代。智能牵引车、扣件螺栓紧固设备、钢轨打磨机、有砟道床断面扫描设备及系统、机养测量一体化平台等智能铺

轨装备已完成样机制作及现场测试。CRTS Ⅲ型轨道板智能精调设备和精调爪已多次优化，并进行了高程、横向及纵向的单项调整试验，单项的控制精度有了显著提高。渝昆宜宾东制梁场、郑济清丰制梁场及金建金华制梁场，箱梁预制智能制造升级取得新进展，研发了梁场智能钢筋加工车间及制梁工序智能化设备。（刘士波　龙晓东　李英杰）

【走向海外】2021年，中铁三局成功进驻非洲（埃塞俄比亚、乌干达、坦桑尼亚、尼日利亚、加纳、南苏丹）、亚洲（印度尼西亚、马来西亚、菲律宾、印度、巴基斯坦）等国别市场，形成了“国际业务部主管、其他相关部门负责各专业方面的管理、海外事业部牵头主揽（工程公司配合）、工程公司主干”的国际业务管理体系。重点开拓的亚洲市场业务增势明显，新签合同额达到历史新高；继续巩固发展非洲市场，业务总体平稳增长。中铁三局参与境外业务的子（分）公司（工程公司）有3家经股份公司、商务部审批，在亚洲、非洲等12个国家和地区设立了境外机构，在建项目16个，共计合同额约14.5亿美元；经营范围辐射至南苏丹、沙特阿拉伯、俄罗斯、哈萨克斯坦、亚美尼亚、泰国等国家和地区。涉外子（分）公司注册资本总额约为625万美元，境外机构资产总额为99460万美元。

2021年，累计参与境外投标项目10个，其中已开标未中标项目5个；已投标未开标或开标后未公示结果的项目5个，境外新签合同5个，分别为乌干达Moroto–Lokitanyala（ML）公路项目、乌干达Hima–Katunguluru phase 2（HK2）公路项目、印度尼西亚TAM煤矿表土剥离项目、巴基斯坦卡拉奇快速公交项目二标段、菲律宾南线铁路项目，完成境外新签合同额为52.65亿元人民币，完成年度营销额目标46.2亿元的114%。累计完成营业额24396万美元，营业收入折合人民币155883万元，完成股份公司年度下达境外项目营业额计划3亿美元的81%。（徐良昊）

【重大创新】科技创新方面。2021年，中铁三局取得科技成果48项，20项达到国际先进水平；获得股份公司及以上的科技进步奖36项，省部级工法78项；新增授权专利270件。其中，“高速铁路轨道板自动化预制技术研究”获“中国施工企业管理协会科技一等奖”；1人获“股份公司十大科技标兵”称号，1人获“工程建设科学技术杰出成就奖”；中铁三局被评为股份公司科技创新先进企业。

管理创新方面。2021年，中铁三局推荐的《创新驱动投资项目高质量发展的实践研究》获股份公司一等奖，《轨道交通企业小班组作业模式管理》《高寒地区铁路通信信号高质量设备安装及调试技术研究及创新管理》《城市轨道交通智慧化管理》获三等奖。申报的“创新驱动投资项目高质量发展的实践研究”课题被股份公司推荐参加全国企业管理现代化创新成果评选。从提高战略引领能力、资源整合能力、生产经营能力和前后台协调管控能力四个方面入手，加强三级公司建设，取得明显成效。《创新驱动投资项目高质量发展的实践研究》获股份公司“2021年管理创新成果一等奖”，中铁三局五公司获得“2021年度山西省优秀骨干建筑业企业”称号，中铁三局建安公司获“山西省10强骨干建筑业企业”称号。

（李英杰　尚　丽）

【工程创优】中铁三局牢固树立安全发展和“零事故”理念，坚持“铁腕治安全”的主基调，把“硬十条”作为一项安全管理经常性工作狠抓督促落实，全面开展安全风险隐患排查整治工作、安全生产“大反思、大排查、大整治、大提升”专项行动系列工作，不断加强安全生产管理体制与机制创新，以“八抓”“八查”为重点，强化安全生产源头预防预控，持续推进安全生产“管”“监”责任落实。2021年，获得省部级文明工地13项，1人获得“中国安全产业建筑行业安全生产标准化带头人”称号。

2021年，中铁三局参建的成都地铁7号线获得“中国建设工程鲁班奖”；参建的新建北京至张家口铁路（含崇礼铁路）工程、青岛市地铁2号线一期工程获得“国家优质工程金质奖”，主申报的广梅汕铁路龙湖南至汕头段增建第二线桥群工程、天津地铁1号线东延至国家会展中心项目土建施工第6合同段（双桥河车辆段及全线铺轨工程）获得“国家优质工程奖”，参建的呼和浩特市城市轨道交通1号线一期工程、武汉市轨道交通7号线工程获得“国家优质工程奖”，全年共获得省部级优质工程40项。（董云鹏）

【企业文化】2021年，中铁三局围绕“铸魂、育人、塑形”，坚定文化自信，深度拓展以“开路先锋”文化为引领，以“品质担当，知行合一，尚优至善，永争第一”为核心的知行文化体系，积极打造与“开路先锋”精神高度统一的三局精神图谱，推动企业文化建设纵深发展。2021年，组织开展了“七个一”活动，17个子（分）公司200多个工程项目、近8000名员工参与。“三局微视”庆祝建党百年《颂歌献给党》红歌MV作品及评选，累计阅读量13710次、参与投票量达705407个。编印了党史学习教育系列读本《红色印记》之一至之四。参与中国企业文化管理协会与中央重点新闻网站光明网共同发起的“新时代党建与企业文化共建项目”活动。2021年，中铁三局被中国文化管理协会评为“新时代企业宣传思想文化创新典范单位”；微电影《长大后成了你》获“最美形象之声”金奖代言作品；总经理李新远获得“企业文化杰出人物”称号。2021年，全公司在各类媒体刊发稿件累计1.4万篇，其中，在中央电视台刊发新闻47条；在中央、省部级以上平面媒体刊发稿件

700余篇。《赣深高铁江西段铺轨完成》《宜彝高速集体婚礼》《我们圆了非洲兄弟的铁路梦》在中央电视台等多家媒体报道亮相，累计获得超60万次点击浏览，引起热烈反响。（徐建军）

【党建工作】中铁三局党委深入学习贯彻习近平总书记“七一”重要讲话精神和党的十九届六中全会精神，扎实开展党史学习教育和庆祝建党100周年系列主题活动，积极推进全国国企党建工作会议精神的贯彻落实“回头看”工作，党建工作决策部署全面落实，开创了党建强企新局面。2021年，中铁三局党委对关系企业改革发展的130余项重大事项进行了前置研究和审议决策，召开党委常委会会议10次，中心组学习8次。认真贯彻习近平总书记关于抓好“三基”建设的重要指示，坚持党建工作融促生产经营，抓基层、打基础、强弱项、补短板，持续深化载体创新，基层党建工作实现提质升级。承担的“国企党建工作与生产经营深度融合研究”成功入选国资委党建子课题目录；坚持“四抓、四提升”的经验做法在《中铁党建》杂志公开发表；《“精工建善”党建新模式》获评2021年全国企业党建创新优秀案例；《多措并举搭建人才成长成才通道》被评为企业党建工作优秀案例，董事长、党委书记郝刚撰写的《赓续百年奋斗精神、谱写企业时代华章》获评新时代企业党建实践创新优秀成果。以晋鲁豫区域指挥部和集大原高铁项目部为试点，探索建立与地方党委、政府的共建、联建沟通机制，为项目施工生产的快速推进和“滚动经营”抢到了先机。

按照党管干部原则，坚持以“四个过硬”为标准，不断完善公开透明的干部选拔任用机制，2021年共调整干部176人次，干部队伍的年龄结构、梯次配置更加合理；出台《大力培养选拔使用优秀年轻干部实施方案》，进一步加大对政治可靠、能力突出、业绩优秀、作风优良的年轻干部的培养使用力度，为企业高质量发展提供了优质人才资源。以劳动合同和岗位需要为基础，完善选人用人新机制。公开招聘引进企业急需技术人才26名，转录优秀劳务技术、技能人才495名。加强“六支队伍”建设，3人被评为“全国技术能手”，1人被评为“全国交通技术能手”，1人被评为“山西省住房城乡建设系统劳动模范”，钢轨焊缝探伤班组获得“2021年度工程建设优秀质量信得过班组一等奖”。积极做好员工培训工作，全年举办各类培训班456期，有效提升干部人才队伍能力素质。

▲图13–2　中国共产党中铁三局集团有限公司第五次代表大会

坚持严肃党内政治规矩，严格执行重大事项请示报告制度；建立党委、纪委落实全面从严治党“两个责任”沟通会商机制，全面构建从严治党主体责任与监督责任两责并举、贯通联动、一体落实的工作格局。深入开展“影子公司”“影子股东”问题专项整治，完成对3900余名中层及以上领导干部和关键岗位管理人员的自查自纠工作。突出协调联动，推动党委巡察监督与业务监督贯穿融合。2021年，对中铁三局二公司等8家单位开展常规和专项巡察工作，完成了对所属三级单位巡察全覆盖。各级纪检组织共处理问题反映线索91件，给予55人党政纪处分。制定《构建党风廉政建设和反腐败大监督工作格局实施办法》，健全党内监督体系和内控体系，明确公司党委、纪委、职能部门的监督职责，全面加强对“一把手”和领导班子的监督，进一步完善党委统一领导、实现全覆盖的企业内部监督体系。

扎实开展“我为群众办实事”活动，梳理落实“实事清单”100余项，逐步解决薪酬社保、扶危济困、职工住房等群众关心的重点难点问题；开展“两保一创”“大干百天”劳动竞赛和项目“集体婚礼”等特色活动。有73个先进集体，126名先进个人荣获各层级荣誉和表彰。共青团广泛开展安全教育培训、安全卫士百日竞赛等活动，筑牢职工生命安全第一道屏障，引导团员青年争当生产经营的能手、提高效益的标兵、攻坚突击的骨干，2021年创建劳模创新工作室74个。（郝桂琴　纪　强　郝鹏程　赵钰涛　杨　文）

【信息化建设】加强信息化建设力度，利用科技手段促进管理提升，中铁三局网站连续6年被中国施工企业管理协会评定为全国工程建设行业“一级优秀网站”，公司视频会议效果在中国中铁稳居前列。全公司信息数据统一的交互基础平台、企业云视频会议平台、探索数字化工地试点建设工作稳步推进；持续加强5G、云计算、3D打印、移动互联、机器人、无人机、智慧建造等先进技术及信息化智能设备的推广应用，用先进技术手段助力企业工效指标提升。

成立“数字施工与智慧建造”双轮驱动工作组，制定工作目标、统筹工作计划、加快推进落实，保障OA、财务共享系统顺利入驻一体化工作平台、营销管理系统、成本管理系统（含物资系统）、安全质量隐患排查系统、财务共享平台、协同办公系统数据入仓工作基本完成、全球组网项目国内重点项目已经完成。17家子（分）公司根据各自实际，开展数字化协同设计、智能制造、数字施工、智慧运营等重点任务，数智升级工程积极推进部署。

（冯栋梁）

【履行社会责任】2021年初，河北省石家庄市在正定启动集中防疫隔离点（黄庄公寓）建设。中铁三局第一时间快速反应，组织200余人的抢险队、调集吊车等大型机械设备10余台，同时还配备了充足的发电机、切割机等小型机具投入建设。2021年10月，山西省遭遇大范围持续性强降雨，10月6日9时50分，受强降雨影响，南同蒲铁路祁县至东观间昌源河铁路桥桥台尾部路基被冲空、轨枕悬空，上下行线路均中断。接到中国铁路太原局集团的抢险通知后，中铁三局迅速调配人员、机械、料具等争分夺秒赶赴抢险指定位置投入抢险，与各方救援力量一道，加快修复受损线路。抢险过程中，中铁三局抢险队员充分发扬特别能吃苦、特别能战斗、特别能奉献的“铁军”精神，克服便道冲毁、洪水冲刷、原材料短缺、作业面狭窄、阴雨天气等不利因素，昼夜奋战，与时间赛跑，只为早一刻抢通线路。据统计，中铁三局共抽调抢险人员330多人，调停相关防洪物资和施工配套机具300多台套，搬运石砟、片石共计8000立方米。

2021年，中铁三局定点帮扶山西省忻州市神池县太平庄乡板井村、邵家窊村，全年捐赠扶贫资金30万元，引进政府帮扶资金15万元，完成了板井村自来水入户工程、邵家窊村小杂粮加工磨坊等民生工程，全年推销、购买农副产品97.12万元，中铁三局荣获“中国中铁脱贫攻坚先进集体”，刘小营被评为“全国脱贫攻坚先进个人”，板井村驻村工作队队长王国峰获“中国中铁脱贫攻坚先进个人”称号。

（徐建军　张　建）

【领导人员】

郝　刚　党委书记、董事长、法定代表人
李新远　党委副书记、总经理、董事
常乃超　党委副书记、工会主席、职工董事（9月任职工董事）
贺　庆　纪委书记（1月不再担任监事、监事会主席职务；12月不再担任党委副书记）
李　彪　党委常委、副总经理
张民栓　党委常委、副总经理（7月任党委常委）
陈　勇　党委常委、副总经理（7月任党委常委）
岳志军　党委常委、副总经理（7月任党委常委）
何　军　党委常委、总会计师（8月不再担任董事职务，12月任党委常委）
黄　林　副总经理
杨建滨　副总经理
赵三宝　副总经理
邓　飞　副总经理（7月任）
何永义　总工程师（7月任）
李建光　副总经理（3月免，调离）

（郝鹏程）

中铁四局集团有限公司

【简况】中铁四局集团有限公司（以下简称“中铁四局”）诞生于抗美援朝时期，前身是1950年11月成立的中国人民志愿军铁道工程总队。这支钢铁队伍在战火纷飞的朝鲜战场上，以血肉之躯铸造起了一条“打不垮，炸不断”的钢铁运输线，为夺取战争胜利谱写了光辉篇章。1953年，铁道工程总队顺利完成任务凯旋。此后，经过铁道部西北铁路工程局和华北铁路工程局两部分10余次较大规模的分立、组合的机构演变，于1966年正式更名为“交通部第四工程局”，随后，为响应党中央号召，积极参与“三线铁路建设”，局机关从北京市迁址到云南省富源县。1970年，铁四局机关迁址武汉市，与铁道部第四设计院合并，组建新建制的“交通部第四铁路工程局”。1977年，局、院分离，恢复原局院建制，局总部从武汉迁址到合肥市。1984年，中铁道部第四工程局更名为“铁道部第四工程公司”。1985年，复更名“铁道部第四工程局”。2000年6月，铁四局正式脱离铁道部，转企改制为“中铁四局集团有限公司”。

中铁四局是具有综合施工能力的大型建筑企业，是中国中铁股份有限公司的“标杆”成员企业。截至2021年底，中铁四局年生产能力超1300亿元、年经营能力超2000亿元。

中铁四局拥有24个实体性子（分）公司、5个直属单位、4个事业部制单位，以及10个国内区域指挥部和一大批国内外经营机构、工程指挥部（项目经理部）。局总部设有20个行政、党群职能部门。持有铁路、公路、房屋建筑、市政公用工程4项施工总承包特级资质和铁道、公路、建筑、市政、测绘5项行业甲级资质，是全国建筑行业为数不多、安徽省首家“四特五甲”施工企业。此外，中铁四局还在众多领域拥有总承包及专业承包资质100多项，并具有国外承包工程资质和对外经营权。业务范围涵盖建筑安装业绝大部分领域，以及新材料研发生产、工程设计与监理、物流贸易与服务业、房地产、基础设施BT和PPP等投资项目。目前，业务范围分布在全国近30个省（自治区、直辖市），以及海外安哥拉、埃塞俄比亚、蒙古、印度尼西亚、巴拿马、斯里兰卡、孟加拉国、哥斯达黎加、莫桑比克等近20个

国家。（孙丹丹）

【主要指标】2021年，中铁四局实现营业收入1130.68亿元，同比增长11.93%；实现净利润21.85亿元，利润总额26.23亿元，同期相比分别增长18.81%、16.94%；营业收入利润率2.32%，同比增加0.10个百分点；研发投入强度同比增加0.25个百分点；全员劳动生产率同比增长4.44%；资产负债率79.62%，同比减少约2个百分点，完成股份公司负债率管控目标；总资产963.47亿元，同比增长9.80%；净资产196.40亿元，同比增长21.80%。强力推进"双清"工作，开展已完工未计量专项治理，中铁四局收尾项目清收完成54.40亿元，专项清欠回收资金588亿元。强化项目现金流自平衡管理，经营现金净流入24亿元；资金集中度达80.2%，实现资金净收益3.30亿元。中铁四局一公司、二公司、四公司、五公司、八公司、建筑公司、电气化公司、市政公司年净利润超1亿元；17家子（分）公司营业收入实现同比增长。

（孙丹丹）

表13-4　2020—2021年中铁四局主要经济指标

项目	2020年	2021年	增长率/%
资产总额/亿元	877.44	963.47	9.80
所有者权益/亿元	161.23	196.35	21.78
营业收入/亿元	1010.13	1130.68	11.93
利润总额/亿元	22.43	26.23	16.94
净利润/亿元	18.39	21.85	18.81
归属母公司净利润/亿元	18.27	21.89	19.81
科技支出/亿元	17.55	22.52	28.32
本年应交税费总额/亿元	21.53	19.54	–9.24
全员劳动生产率/［万元/（人·年）］	46.43	48.49	4.44
净资产收益率/%	11.99	12.22	增加0.23个百分点
总资产报酬率/%	3.13	3.09	减少0.04个百分点
国有资产保值增值率/%	112.89	113.83	增加0.94个百分点

制表：孙丹丹

【职工队伍】截至2021年底，中铁四局在册员工23809人；管理人员及专业技术人员18506人，其中高级职称2110人（正高级职称145人）、中级职称6279人；各类技能人员5303人，其中工匠技师1人，特级技师67人，高级技师575人。研究生489人，拥有双师型人才1766人，局及以上各类专家120人（4人享受国务院政府特殊津贴），一级注册建造师1889人。（孙丹丹）

【生产能力】中铁四局2021年完成企业营业额1356亿元，继续位列股份公司系统内第一名。完成施工产值1320亿元，同比增长21.5%，参建的中老铁路、赣深高铁、嘉兴站改、韶新高速、太湖隧道等一大批重点工程在年内顺利开通运营；渝昆、湖杭及南沿江铁路等重点在建项目保持良好态势。其中，中铁四局七分公司莱荣铁路等14个项目年产值超10亿元。中铁四局所属二公司、五公司、四公司、一公司、建筑公司营业额突破百亿元。

（孙丹丹）

【市场经营】2021年，中铁四局完成新签合同额2166亿元，安徽、江苏、广东、浙江和山东5省作为中铁四局的"核心产区"和"重要粮仓"，省份新签合同额占年度总额的49%。其中，属地安徽市场首次突破300亿元。海外市场克服新冠肺炎疫情不利影响，承揽了几内亚马西铁路等工程32项，全年海外新签合同额23亿美元。持续做优投资业务，年度实际带动新签合同额贡献首超500亿元，基础设施类投资项目资金杠杆比达16∶1。国内市场通过承包、投资经营双向带动，开辟"第二增长曲线"：以房建和市政为主的城市建设市场新签合同额830亿元，占国内基建订单的39%。以安置房建设为切入点，积极探索类地产开发，获取合肥、西安三个地块154000平方米，房地产一级、二级开发年度新签合同额首超百亿元。运营维保市场达12亿元；生态环保市场承揽116亿元；水利水电市场首破10亿元，新市场开发均取得了新成效。战略性业务中标14项。经营要素建设取得进步，取得风景园林工程设计专项甲级资质，中铁四局房地产公司获取房地产开发一级资质，中铁四局一公司晋升公路工程总承包特级资质。骨干企业支撑作用更明显，中铁四局一公司、二公司、三公司、四公司、五公司、七公司、建筑公司、市政公司等8家单位步入新签百亿“俱乐部”，一公司、二公司、四公司3家公司首超300亿元。（孙丹丹）

【安全质量环保】坚持一切举措保安全、强质量，强力落实股份公司“铁腕治安全硬十条”，重新组建了中铁四局安全质量稽查队与试验检测管控中心，同步强化工程质量提升，在公路、房建、隧道等领域发布了《质量通病防治与解决手册》，促进了中铁四局安质环保稳定可控。（孙丹丹）

【成本管理】坚持“效益优先、链条外延、系统联动”三大原则，加快构建覆盖各层级的大商务管理体系，中铁四局特色的大商务管理建设实施方案基本成型。制定提质增效专项行动方案，列出六大类23项重点任务清单，宣传推广223个效益提升案例，并通过评比表彰“创效功臣”，召开经济活动分析会亮短揭丑，营造了“创效光荣、亏损可耻”的氛围；积极践行“全员、全过程、全要素”成本管理理念，探索三方“背靠背”成本测算，实行中标质量与考核奖惩挂钩，从严校准投资行为回归本位，全力杜绝项目“先天不足”；全面推进方案优化降本、技术创新增效，尤其是通过中铁四局设计院与子（分）公司合作，围绕中铁四局一公司滨湖花园等53个工程总承包类项目开展设计优化，实现共同创效4.5亿元；加快企业级供应链建设，全年实施钢材、水泥、钢绞线、商品砼和砂石料等战略集采154.6亿元，降本总额6.8亿元；从严纠治“四违规”“四超额”现象，持续压缩非生产性支出，深入开展亏损项目治理，对32个项目开展成本督查，对36个铁路项目进行减亏督办，对亏损超20%的项目进行责任追究，帮扶11个重点收尾项目创效，取得了明显的经济效益。（孙丹丹）

【科技进步与开发】推进科研体系建设和成果转化，28项科研成果获行业或省部级及以上奖项，新增37项省部级工法、247件国家授权专利、9件国际专利。中铁四局二公司太湖隧道获得全局首个国际授权专利，中铁四局钢结构公司桥梁施工装配式支架先后获德国和国家知识产权局实用新型专利授权。中铁四局八分公司研发国内首套无砟轨道智能铺轨机组。中铁四局物资公司开展了矿山绿色开发与洞砟绿色加工。（孙丹丹）

【企业改革与管理】2021年，中铁四局全面推进国企改革三年行动，任务清单完成120项，完成率84%，经理层成员任期制和契约化管理、混合所有制改革等重点事项进展有序。深化“三项制度”改革，不断加大子（分）公司绩效考核人均指标权重，将“盈利创效”导向与人才引进、收入增长相挂钩。企业组织管理架构与时俱进，成立了局总承包管理部，重新明确了管理研究院、设计院、人才发展院及试验检测分公司的发展定位，以及各投资公司实体化、专业化路径，全年压减法人企业3个，6家单位进入中国中铁三级公司20强。发布“十四五”战略规划，出台工程总承包指导意见、新基建若干意见、房建业务八条举措，与行业12家优秀企业开展正反向对标提升行动，形成对标清单53项。2021年，承办了股份公司17家工程局到中铁四局开展集中对标交流活动。首次向社会公开招募优秀劳务队伍，54家优秀劳务队伍完成准入办理。信息贯通工程实现11个系统贯通，在388个项目实现新老系统切换，55个数智工程示范项目顺利推进。推动项目管理模式变革，探索把市场相对成熟、在建规模相对稳定的区域经理部改组为区域分公司，践行“大经营”“大商务”“大施组”理念，提升项目集群管理能力。激发团队创效活力，17个项目试点模拟股权、现场经费承包等多元化考核模式。（孙丹丹）

【品牌信誉】2021年，中铁四局获“中国建设工程鲁班奖”5项、“中国土木工程詹天佑奖”3项、“李春奖”7项、“国家优质工程奖”13项，首获“大禹奖”1项。参建的中老铁路入选2021年度央企十大超级工程。铁路信用评价累计30次A类，首获水利建设“AAA级”信用评价认定。中铁四局在2021年“长三角百强企业”排名55位，较2020年提升8位，在入围的14家建筑企业中位列“长三角第七、安徽第一”。中铁四局在“2021安徽省百强企业”中名列第五，在建筑类企业中位居安徽省、合肥市“双第一”。成功入选国资委国有重点企业管理标杆创建行动“标杆企业”名单。全年获“全国五一劳动奖章”2个、“全国工人先锋号”2个、“火车头奖章”5个、“长三角重大工程劳动竞赛先进集体”2个、“安徽劳模工匠创新工作室”1个，2名员工当选首届“安徽工匠”，合安高铁铺架团队入选“安徽经济人物”。（孙丹丹）

【企业文化建设】深入开展党史学习教育，制定工作方案，成立组织机构，建立任务清单，在抓好专题学习等规定动作的同时，创新开展党史知识竞赛、百名党员干部讲党史故事、“学党史、强党性、争先锋、促发展”主题教育等活动，赢得了股份公司党委、安徽省委党史学教办、安徽主流媒体的相继点赞；深入开展思想政治工作，策划“提质创效，争先创优”形势任务教育，推进“理想信念情怀　爱党爱国爱企”主题活动，组织第十一届“四局好人”评选，持续开展“项目思想政治工作示范点（线）”创建，统一了干部员工思想；牢牢把握意识形态工作的领导权、主动权，统筹对内对外两个宣传阵地，累计在中央主流媒体亮相1500余次，玉磨铁路网红桥、扶贫干部郑加卫、中国好人赵建华等典型受到广泛赞誉，企业品牌宣传和四局传媒传播方式影响更加广泛；以“开路先锋”文化为主脉，召开文化建设专题会，提炼争先文化内涵，制定《争先文化建设实施方案》，设计中铁四局纪念章（盘），编印《100个抗美援朝老兵》《奋斗之路》书籍，命名基层文化建设示范点，切实加强争先文化建设。中铁四局先后获得中国文化管理协会“企业文化创新微党课实践教学站”“最美企业之声”“交通运输行业创新力文化品牌”等称号。（孙丹丹）

【幸福企业建设及履行社会责任】2021年，中铁四局推动发展成果惠及广大员工，制定幸福企业建设年度工作要点，明确了七大类19项重点工作。两批“我为群众办实事”清单基本完成；走访慰问职工农民工10.6万人次，救助困难员工914人次，支出“三不让”资金1845万元，助学款111.5万元；通过举办百对新人集体婚礼、开展“生日送祝福、退休送关怀”暖心活动，与陕铁院签署合作协议，以“送培+就业”的方式助力职工子女就学就业，提升员工幸福指数。中铁五号院、总部大院北区交付使用，中铁四局二公司科技大楼加快建设，员工生活办公环境持续改善。落实“四个不摘”要求，承建的中铁桂东振兴大道成功交付。选派了4名优秀干部赴阜阳颍上县洪单村、汪李村、滁州来安县大刘郢村等驻村帮扶，全年投入专项帮扶资金17万元，精准扶贫工作得到了安徽省委、省政府的高度认可，在年度考评中获评等级最高，中铁四局扶贫办被授予安徽省“脱贫攻坚先进集体”称号。投身河南抢险救灾第一线，身处零星新冠肺炎疫情抗击最前沿，以“逆行者”的姿态诠释了央企责任担当。（孙丹丹）

【领导人员】

李新生　党委书记、董事长（5月免，调离）
刘　勃　党委书记、董事长（5月任）
　　　　党委副书记、总经理（5月免）
韩永刚　党委副书记、总经理
袁　敏　党委副书记、工会主席
汪志成　副总经理
魏成富　总会计师兼董事会秘书
万　明　纪委书记（5月免，调离）
陈　伟　纪委书记（6月任）
朱晓勇　副总经理
王传越　副总经理
孙长希　副总经理
杨　辉　副总经理
梁　超　副总经理、总工程师
姜　喆　副总经理
许耀亮　副总经理

（孙丹丹）

中铁五局集团有限公司

【简况】中铁五局集团有限公司（以下简称“中铁五局”）是中国中铁的骨干成员企业，始建于1950年，原为铁道部第五工程局，2000年，改制为中铁五局集团有限公司，下辖18个子公司、8个区域总部、32个分公司、16个中国境外经营机构。拥有1个国家级企业技术中心，11个省级企业技术中心；1个高铁建造技术国家工程研究中心，3个省级工程研究中心；1支国家应急救援队，1个国家战备储备仓库；1个博士后科研工作站；2个国家级技能大师工作室，3个省部级技能大师工作室和1个设计院。公司注册资本金56.15亿元，总资产530亿元，在册员工2.1万人，享受国务院政府特殊津贴3人。机械设备8680台套，年施工生产能力1000亿元以上。公司主要从事国内外建筑工程投资、设计、施工及运营管理，经营范围涵盖铁路、公路、建筑、市政、城市轨道、水利水电、港口航道、机场、水环境治理、林业、房地产开发、文旅、酒店经营、机械制造、物资贸易等业务。中铁五局拥有中国铁路、建筑、公路、市政工程等施工总承包特级资质6项；水利、机电工程等施工总承包壹级资质15项，其他施工总承包资质15项；机场、桥梁、隧道、路基路面、铁路铺架、混凝土预拌等各类专业施工承包资质64项；铁道行业甲（Ⅱ）级、建筑、公路、市政行业等甲级设计资质6项。享有对外工程承包和进出口经营权，市场遍及28个国家和地区。先后参加中国境内160多条铁路，300多条公路，以及各地城市轨道、水利水电、市政公用、房屋建筑、机场码头、地下管廊等领域的建设，是中国基础设施建设的重要力量。公司施工技术实力雄厚，掌握铁路、公路、城市轨道、市政公用、水利水电、房屋建筑等工程关键前沿技术，特别是在长大复杂隧道施工等领域处于世界领先水平，并在磁悬浮、地下管廊、输油管道、水环境治理、土地治理等领域拥有丰富的施工经验。近年来，承建的京张高铁八达岭长城地下车站、川藏铁路拉林段桑珠岭隧道、成贵高铁玉京山隧道跨越巨型溶厅暗河工程、深圳地铁大运综合交通枢纽、银西铁路渭河四线特大桥、陕西省商洛市全域污水处理、大理洱海水环境治理、贵阳新庄污水处理厂、株机磁悬浮试运线、中缅输油管道等工程具有较强行业代表性。投资建设运营了高速公路、市政工程、城市轨道、水利工程、国储林、污水处理、流域综合治理、房地产及片区综合开发等项目。中铁五局先后获“国家科学技术进步奖特等奖”1项、一等奖2项，“中国建设工程鲁班奖”25项，“国家优质工程奖”50项，全国用户满意工程等国家级奖项41项，获“中国土木工程詹天佑奖”12项，“省部级科学技术奖”57项，“国际隧协（ITA）年度大奖”1项。公司始终秉承“勇于跨越、追求卓越”的企业精神，大力弘扬“开路先锋”文化，打造中国中铁“王牌工程局”，长期致力于企业品牌建设，以管理科学、技术精湛、装备优良，回馈社会享誉业界。公司是国务院表彰的全国14家先进企业和单位之一，先后获得中国建筑行业百强企业、全国优秀施工企业、中国建筑业科技进步与技术创新先

进企业、全国诚信典型企业、全国五一劳动奖状、全国文明单位、全国劳动关系和谐企业等国家级荣誉。（周高全）

【主要技术设备】截至2021年底，中铁五局共有机械设备7518台套，原值41.32亿元，净值13.84亿元。其中200万元以上大型设备212台套。自有设备总功率85.03万千瓦，动力装备率44.67千瓦/人，设备新度系数0.33。2021年，机械设备集中采购率98%，累计采购设备480台套，价值3.52亿元。审核报废机电设备333台套，原值1.96亿元。（程　锐）

【人才建设】2021年，中铁五局共引进各类人才1135人，其中高校毕业生929人，社会人才124人，技能人才82人。高校毕业生中，硕士研究生32人，本科生896人；工程类专业740人，“双一流”高校毕业生158人。新增正高级职称26人，其中正高级工程师21人，正高级经济师3人，正高级会计师2人；新增高级职称354人，其中高级工程师316人，高级经济师6人，高级会计师12人，高级政工师20人；新增工程师540人，政工师73人。截至2021年末，中铁五局拥有正高级职称123人，高级职称2364人，中级职称4822人，初级职称4728人。各类专家87人（109个专家称号），其中享受国务院政府特殊津贴3人、省级政府特殊津贴2人、“詹天佑奖青年奖”1人、行业协会专家17人（中施协科技专家15人）、“茅以升铁道工程师奖”3人、股份公司专家2人，局级专家81人（一级8人、二级29人、三级44人）。（熊　君）

【主要指标】2021年，中铁五局资产总额494.90亿元。货币资金56.88亿元，固定资产原值67.30亿元、净值23.14亿元。营业收入625.16亿元，其中主营业务收入620.04亿元，营业利润4.30亿元，利润总额4.44亿元。2021年，中铁五局完成自揽新签合同额1616亿元，其中基建建设（承包经营）板块1477.3亿元，房地产开发板块5.3亿元，基础设施投资板块126.9亿元，海外6.5亿元（折合1亿美元）。

（黄　灿　沈世祥）

表13–5　2020—2021年中铁五局主要经济指标

项目	2020年	2021年	增长率/%
资产总额/亿元	496.82	494.90	−0.39
所有者权益/亿元	103.35	100.97	2.30
营业收入/亿元	601.39	625.16	3.95
利润总额/亿元	6.57	4.44	−32.42
净利润/亿元	6.11	4.37	−28.48
归属于母公司所有者的净利润/亿元	6.10	4.37	−28.36
技术开发投入/亿元	11.07	11.91	7.59
利税总额/亿元	19.75	15.22	−22.94
应交税金总额/亿元	13.61	11.43	−16.02
全员劳动生产率/[万元/(人·年)]	29.07	30.99	6.60
净资产收益率/%	5.82	4.27	减少1.55个百分点
总资产报酬率/%	2.42	1.89	减少0.53个百分点
国有资本保值增值率/%	105.65	104.32	减少1.33个百分点

制表：沈世祥

【改革发展】中铁五局对机关本部部门职能进行优化调整：将董监办的企业年度工作报告编制职能划入审计部，将企业发展部的内控及全面风险管理职能划入法规部、企业资质建设管理职能划入经开部，将经开部的统计职能划入企业发展部，将人资部的员工总量调控与机构定员编制管理职能划入企业发展部、薪酬科更名为“考核分配科”，将财会部的业绩考核职能划入人资部。成立中铁五局集团华南工程有限责任公司、苏州分公司、揭阳分公司、长沙开福区分公司，注销贵州黔达建筑劳务有限责任公司、中铁贵阳投资发展有限公司。（师　强）

【重大项目】2021年，中铁五局完成企业营业额801.8亿元（其中，施工产值769.9亿元，附营产值31.9亿元），完成股份公司年度计划780亿元的103%。截至2021年底，在建项目共计610个。按工程专业类别划分：铁路工程40个、地铁工程68个、市政工程149个、公路工程89

个、房建工程188个、水利水电工程42个、机场码头7个、其他工程27个。合同造价共计3280.6亿元，其中铁路工程471亿元，占14.4%，路外工程2809.6亿元，占85.6%。截至2021年底，中铁五局在手施工任务总计为2089.4亿元，其中房建工程577.9亿元，占27.7%；公路工程517.3亿元，占24.8%；市政工程253.5亿元，占12.1%；地铁及城轨222.3亿元，占10.6%；铁路工程199.8亿元，占9.6%；水利水电工程104.3亿元，占5%；机场工程85亿元，占4.1%；其他类别工程129.3亿元，占6.2%。中铁五局在建隧道共277座，设计长度806千米，开累完成409千米，剩余397千米（49%）。全局共有桥梁844座，桥梁工程分别在铁路、公路、城轨、市政、水利五个主要领域，施工任务总长为350千米，开累完成213千米，剩余施工长度137千米。全年完成土石方8005万立方米、桥梁103千米、隧道156千米、铺轨380.5千米、房屋建筑518.4万平方米。重点项目全年完工、开通项目共计86个，含铁路项目17个、公路项目12个、城市轨道项目12个、市政工程14个、房建工程24个、水利水电项目5个、其他工程2个。铁路项目开通情况：拉林铁路3标、拉林铁路5标于6月25日开通，川南城际2标于6月28日开通，兴泉铁路3标、浦梅铁路4标于9月30日开通，磨万铁路ZLZQ-Ⅰ标、万象至万象南、玉磨铁路6标于12月3日开通，张吉怀铁路8标、牡佳铁路2标于12月6日开通，贵阳枢纽西南环2标于12月28日开通。（曾力锋）

【工程创优】2021年，中铁五局全年共获得“国家级优质工程奖”12项（“中国建设工程鲁班奖”5项，其中3项承建工程，2项参建工程；主申报国家优质工程金质奖1项；“国家优质工程奖”6项，其中4项主申报，2项参建），“全国实施用户满意工程奖”6项，省部级优质工程奖43项（“中国中铁杯”26项，其他省部级优质工程奖17项）；全国建设工程施工安全生产标准化工地（原AAA工地）2项，现场管理星级评价奖1项，省部级安标工地奖32项（股份公司安标工地10项，其他省部级安标工地22项）；国家级QC小组成果9项，班组成果3项，省部级QC小组成果64项，班组成果6项。（谈李茜）

【企业文化】中铁五局深入学习贯彻习近平新时代中国特色社会主义思想、党的十九大及历次全会精神和习近平总书记对宣传思想工作的重要指示，坚持“第一议题”机制，加强政治学习，强化创新理论武装。中铁五局下发《2021年中铁五局党委理论学习中心组重点学习内容安排》，组织理论学习中心组集中学习8次，中铁五局党委《国企党建工作与生产经营深度融合研究——基于中铁五局“勇强当”党建专题活动的实证分析》研究成果入选股份公司总成果，中铁五局获得中国文化管理协会新时代企业党建实践创新典范企业，《中铁五局“勇强当”党建专题活动助推党建工作与生产经营深度融合的实践与探索》获优秀成果。扎实开展党史学习教育，成立2个巡回指导组对所属18家单位党史学习教育进行指导，举办中铁五局党委学习贯彻习近平总书记“七一”重要讲话精神线上培训班，组织领导干部参加中国中铁党的十九届六中全会精神网络培训班。制定《中铁五局党委意识形态工作责任制实施规定》《关于进一步严格单位及个人网络社交媒体管理的通知》。结合“成本管控年”、庆祝建党100周年、党史学习教育等主题，抓好全局重大活动、重点工作、重点工程宣传报道，《人民日报》、新华社、央视等中央级媒体宣传报道中铁五局670余次，2021年共编辑《铁道开发》报50期，《中铁五局资讯》推送资讯537篇，被《国资小新》《学习强国》《中国中铁》等采用175条，选送的作品《三代人的铁路情》获“百年铸辉煌　央企谱华章”第四届中央企业优秀故事图文类二等奖。提炼企业精神谱系，拍摄制作成昆、衡广、引洱入宾、南昆、青藏、武广高铁、秀山隧道、京张高铁、中老铁路9部展示“开路先锋”精神系列纪录片，以“奋斗百年路、启航新征程”为主题，编辑第76期迎春《红色记忆——庆祝建党100周年文艺作品专辑》，开展微电影、微视频等融媒体宣传活动，推出《筑路人的歌》《追梦》等短视频作品，制作建局以来党建成果专题片《初心使命铸丰碑》，中铁五局文联获得2021年度贵州省文联系统先进集体。下发《关于贯彻落实中国中铁“开路先锋”企业文化建设的实施办法》《中铁五局集团有限公司网站管理办法》，深入开展中国中铁“开路先锋”文化宣贯，中铁五局获中国文化管理协会新时代企业文化实践创新典范企业。（谭文峰）

【党建工作】中铁五局党委紧密围绕庆祝中国共产党成立100周年和全国国有企业党的建设工作会召开5周年，扎实开展党史学习教育，深入开展“勇担当·强作为·当先锋”党建专题活动。按照股份公司党委党史学习教育统一部署，制定全局党史学习教育方案，组建两个指导督促三级公司开展党史学习教育，下发《关于充分发挥基层党组织战斗堡垒作用和党员先锋模范作用　进一步深化党史学习教育“我为群众办实事”实践活动的通知》。制定《中铁五局党委关于全国国有企业党的建设工作会议精神贯彻落实情况“回头看”实施方案》，撰写《中铁五局党委贯彻落实全国国有企业党的建设工作会议精神“回头看”情况报告》。中铁五局领导班子成员2021年6月底完成到基层联系点开展调研、讲党课等活动。组建华南公司党委、川藏指挥部党工委、桑龙指挥部党工委、陕西国储林党工委等8个局直属党组织，调整补充14个党组织成员。2021年初，对11个三级公司党委下发换届提醒通知，指导机械化公司、电务城通公司、路桥公司、测试中心、五公司、物资公司6家单位顺利换届。研究制定《中铁五局工程项目部党群工作协理员管理实施办法》，修订《中铁五局集团有限公司党建工作责任制考核评价办法》。在长沙和贵阳举办2期基层党组织书记培训班，举办1期组工干部培训班，培训基层党组织书记和组工干部152名，全部取得中国中铁基层党组织书记资格证书。选派66名基层党组织书记参加中国中铁、贵州省国资委党委举办的基层党组织书记培训班。在贵阳举办中铁五局2021年入党积极分子及党员发展对象培训班，91名入党积极分子、党员发展对象参加培训，选派12名入党积极分子参加贵州省国资委党委举办的培训班。全年共发展党员246名。“七一”期间，下拨145.1万元走访慰问老党员、生活困难党员和因公殉职、牺牲党员的家庭，下拨48万元专项党费，帮助基层开展新冠肺炎疫情防控工作。同时，为56名50年以上党龄的共产党员申报、颁发“光荣在党50年”纪念章。中铁五局积极做好机关本部新冠肺炎疫情防控，采购机关大楼热成像防疫设备，联系组织五批人员注射疫苗，五次组织机关大楼办公人员和天龙工作人员开展集中核酸检测，共检测1076人次。春节期间，对困难党员9人发放慰问金4万元；对困难员工11人、省部级劳模12人发放慰问费用5.8万元。组织开展“传承红色基因　勇当巾帼先锋”机关女职工庆祝建党100周年暨“三八妇女节”活动。对65名复退军人开展八一慰问，发放慰问款1.95万元。（冷国强）

【信息化建设】组织开展中铁五局网络安全周活动和护网工作。强化网络安全和信息化应用，稳步推进中铁五局局网络安全和信息化建设工作。参加股份公司组织的护网行动，按照护网行动的整改要求和国家计算机等级保护要求，联合计算机等级保护测评中心和网络安全公司，结合中铁五局网络架构、软件、硬件和应用系统的现状，制定中铁五局网络安全体系建设方案。针对中铁五局数据中心网络安全硬件设备缺乏、安全保障不足、防御能力较薄弱的现状，积极与网络安全公司沟通、联系，落实相关安全保障措施，确保不发生重大网络安全事件。按照国家有关要求，完成中铁五局crwj.cn域名备案工作。梳理并制定中铁五局业务贯通任务清单和工作计划，明确各项工作的业务主责人员和技术主责人员，制定各项工作的业务推广方案，全面推广信息贯通工程工作。完成中铁五局组织架构和所有员工统一身份认证数据治理，保障组织机构和人员信息与实际一致。中铁五局本部一体化工作平台开通，以及OA系统、财务共享系统入驻使用。完成核心统建业务系统数据归仓工作。全球组网二级单位节点打通工作，并率先协助股份公司工作组完成国内和海外组网路由节点测试以及中国中铁头条专栏入驻工作。软硬件功能部署、升级。中铁五局门户网站改版升级和网站对IPv6的支持，完成中铁五局项目监控系统的方案沟通、设计、设备选型、部署、测试和验收工作，确保如期达到重点项目可视化效果。增加并部署《中国中铁资金智能化分析平台》的两台服务器；完成协同办公平台等级保护的初测和复测工作。对机房监控系统所有摄像头及线路进行提质改造、更换升级。完成精密空调、UPS电池、宽带、多功能厅大屏、侧屏等各类软硬件和网络设备的续保工作。（伍设初）

【履行社会责任】2021年5月，中铁五局滇中引水大理救援队参加云南省大理州漾濞县地震救援。7月，中铁五局接到宜宾工电段救援抢险通知后，按照现场抢险指挥部的部署，在宜宾工电段规定时间内顺利完成抢险任务。7月，中铁五局参加河南省遭遇极端强降雨救援。8月，中铁五局接到关于支援郑州地铁2号线开元路站停车场至毛庄站清淤抢险的通知后，共投入748人次，获得郑州地铁集团公司和郑州市防汛抗旱指挥部的高度赞誉并发来感谢信。中铁五局根据贵州省委省政府乡村振兴工作要求，成立乡村振兴工作专班，把帮扶推进乡村振兴工作作为2021年的工作内容，抓实“一宣六帮”工作。多次组织扶贫工作，直接购买帮扶村的蔬菜、大米、菜油、肉蛋等农副产品合计27万余元，帮助销售农副产品70多万元，投资30万元修建硬化村机耕道建设，为13名孤儿学生捐款5.3万元。积极对接中国中铁所属有关单位和“鲁班商城”“中央企业消费扶贫平台”，通过大型会展大力推荐汝城特色农产品，促成2021年销售农产品500多万元。（冷国强　周厚李　曾力锋）

【领导人员】

徐中义	党委书记、董事长、法定代表人
刘晓辉	党委副书记、总经理、董事
陈广森	党委副书记、工会主席、职工董事
赵　昕	党委常委、纪委书记
陈佐林	党委常委、副总经理
刘少林	党委常委、副总经理
张连生	党委常委、副总经理
田　波	党委常委、副总经理
陈　彬	党委常委、副总经理 总工程师（3月免）
张　宇	副总经理
卢　平	副总经理
陈惠良	总会计师（1月任）
曹振兴	总工程师（3月任）
杨　荣	副总经理（10月任）
周　晨	副总经理（10月任）
梁承欢	副总经理、总经济师 （2月免，改任业务经理）

（熊　君）

中铁六局集团有限公司

【简况】中铁六局集团有限公司（以下简称“中铁六局”）是依据国资委、原铁道部和中国铁路工程总公司有关企业重组规划和部署，由原属北京铁路局的北京铁建集团、太

所属单位

原铁建集团，原属呼和铁路局的呼和铁建集团和原属中国铁路工程总公司的丰台桥梁工厂4家企业重组，于2004年1月6日正式挂牌成立，为中国中铁股份有限公司的全资子公司，注册所在地为北京市海淀区，注册资本金22亿元。中铁六局总部位于北京市海淀区万寿路2号，公司下设北京、太原、呼和、天津、石家庄、电务、丰桥、建安、路桥、广州、置业、信达、物贸、云南双百14个子公司，交通、海外、设计院3个分公司。拥有铁路工程、建筑工程、公路工程施工总承包特级资质，多领域施工总承包、专业承包壹级资质，以及工程勘察设计等资质共计99项。拥有国家计量认证资质（CMA）、爆破作业单位许可证书、公路工程试验检测综合乙级资质和对外承包工程资格证书。

截至2021年底，中铁六局共有员工14031人（正式员工12932人，市场化聘用1099人），干部与技术干部比例为1.05∶1（8501/8132），工人与技术工人比例为1.08∶1（4431/4114），资产总额227.07亿元（包括固定资产净值14.51亿元、流动资产166.32亿元、其他资产46.24亿元）。保有各类施工设备7065台（套），设备原值232801.1万元，设备净值82912.7万元，设备总功率41.8万千瓦，新度系数0.36。人均动力装备率31.66千瓦/人、技术装备率6.27万元/人，装备生产率41.1；主要设备的完好率94.7%、利用率86.3%。其中，保有大型施工机械160台，主要有能够适应多种衬砌直径、多种地质的地铁盾构机，铁路隧道施工的大直径盾构机，高速铁路1000吨级和900吨级提运架设备，多种规格的公路（含公铁两用）架桥机、铁路T梁架桥机，电气化接触网作业编组，铁路大机养护设备、移动式焊轨机，多功能钻机、湿喷台车、起重设备等具有竞争实力的设备。在专业化施工方面，设备涵盖了隧道、桥梁、铁路大机养、铺轨、焊轨、接触网作业等专业类别。整体上，机械化施工程度高，设备施工能力覆盖了高速铁路、既有线、公路、地铁、市政、房建等施工领域。

中铁六局自成立以来，先后获得“中国建设工程鲁班奖”“中国土木工程詹天佑奖”“国家优质工程奖”“全国用户满意工程奖”等国家级优质工程及优质专项工程奖74项，省部级优质工程奖246项；获国家和省部级科技进步奖137项，国家和省部级工法728项，专利1052项；参与或主编了铁路通信、信号、电力、电力牵引供电工程施工安全技术规程等30余项行业标准；承建的北京西站无站台柱雨棚改造工程等14项工程被载入“中国企业新纪录”名册。通过了质量、环境、职业健康安全管理体系认证。多次获得全国优秀施工企业、全国工程建设质量管理优秀企业、中国优秀诚信企业、全国建筑业诚信企业、中国公路建设行业先进企业、全国用户满意企业、AAA级信用等级单位、质量AAA级单位、守合同重信用企业、纳税信用A级企业等荣誉。

（张　华　齐　明　郑志敏　王　锋　刘小辉　胡云飞　宋大伟）

【主要指标】 截至2021年12月31日，中铁六局资产总额227.07亿元，较2020年增长3.28%；所有者权益50.04亿元，较2020年降低2.13%。全年实现营业收入315.60亿元，同比增长4.62%。实现利润总额0.69亿元，同比下降59.88%；归属于母公司所有者的净利润0.50亿元，同比下降66.89%。技术开发投入7.35亿元，同比下降8.81%；利税总额2.96亿元，同比下降44.78%；应交税金总额2.84亿元，同比下降37.31%；全员劳动生产率25.95万元/（人·年），同比下降1.85%；净资产收益率1.01%，与2020年相比减少1.94个百分点；总资产报酬率0.85%，与2020年相比减少0.23个百分点。国有资本保值增值率100.71%，与2020年相比减少1.99个百分点。（齐　明）

表13-6　2020—2021年中铁六局主要经济指标

项目	2020年	2021年	增长率/%
资产总额/亿元	219.86	227.07	3.28
所有者权益/亿元	51.13	50.04	-2.13
营业收入/亿元	301.67	315.60	4.62
利润总额/亿元	1.72	0.69	-59.88
净利润/亿元	1.51	0.51	-66.23
归属于母公司所有者的净利润/亿元	1.51	0.50	-66.89
技术开发投入/亿元	8.06	7.35	-8.81
利税总额/亿元	5.36	2.96	-44.78
应交税金总额/亿元	4.53	2.84	-37.31
全员劳动生产率/［万元/（人·年）］	26.44	25.95	-1.85
净资产收益率/%	2.95	1.01	减少1.94个百分点
总资产报酬率/%	1.08	0.85	减少0.23个百分点
国有资本保值增值率/%	102.70	100.71	减少1.99个百分点

制表：齐　明

【改革发展】扎实开展国企改革三年行动，研究制定了切实符合中铁六局自身实际的《深化改革三年行动任务清单》和《深化改革三年行动任务台账》，对130项重点改革任务挂牌推进。截至2021年底，共完成108项改革任务，完成率为83.08%，超过国资委下达的完成70%的任务目标。全面推进经理层成员任期制和契约化管理，健全完善了《中铁六局集团公司和子（分）公司经理层成员任期制和契约化管理办法》《中铁六局经营业绩考核和薪酬管理办法》，全面签订岗位聘任协议书、年度经营业绩责任书，覆盖率达100%。健全了市场化用工机制，通过以高校毕业生招聘与成熟人才市场化选聘相结合的人才引进方式，实现人才引进公开招聘100%；通过完善人员常态化退出通道，2021年员工市场化退出305人，三项制度改革市场化退出取得重大突破。出台了《中铁六局集团公司和子（分）公司经理层成员业绩考核和薪酬管理办法》，工资总额实现了能增能减。建立了"集团公司、子（分）公司、项目部"三级工资总额预算管理体系，突出各单位利润总额增幅和贡献度，考虑人工成本投入产出效率，依据效益、效率指标实现工资总额能增能减。针对各层级管理机构，分别明确绩效考核指标，依据绩效考核结果，合理拉开员工收入差距，实现员工个体收入能增能减。以工程项目为重点，深化项目员工薪酬分配。修订出台《项目薪酬管理实施意见》，推行项目全周期工资总额包干，并以此为基础推进现场经费包干实施，项目部用工数量自我调控意识明显增强，有力地促进了劳动效率提高；提高项目班子基本薪金和绩效薪金标准，加大绩效考核挂钩力度，缩短兑现周期，充分激发了项目班子成员立足项目、争创效益的积极性；推进项目一般员工绩效考核体系建设，以重点任务落实情况实施季度考核，以部门责任成本预算为基础实施年度绩效考核，真正把责任成本预算管理落到实处。同时加强项目前提策划，合理确定全周期人力资源投入，按照"两层次三阶段"人员配置思路，策划项目周期内各类人员配置数量，落实增人不增资、减人不减薪的管理思路，配套工资总额或现场经费包干落实。以超额利润为基础，模拟股权激励取得实效。项目部在超额利润分成基本激励方式下，选取短、频、快且预计能够实行目标利润的项目进行模拟股权试点活动，将员工个人利益与项目效益联动起来，促使项目人员关注项目的经营效果。
（裴　涛　王召辉　雷　辉　杨兰钧）

【重大项目】重大决策。强化战略引领，谋篇"十四五"发展。高质量完成中铁六局"十四五"战略规划编制。建立了以总体战略为统领，人才队伍、科技创新、企业文化、国际经营四个子战略延伸的"1+4"战略规划体系。形成了以"围绕一条主线、聚焦六大目标、实现八个突破"为基本框架的"168"总体战略。对标一流企业，推动管理提升。以国资委、股份公司开展对标世界一流管理提升行动为契机，以中铁四局、中铁上海局为标杆，开展全面对标学习，形成了完善翔实的《对标一流管理提升行动实施方案》与任务清单。"挂图作战"推进10个管理领域，34项具体管理提升任务。截至2021年底，各项任务完成比例达到87%，形成提升成果62项，超额完成股份公司下达的80%年度完成率指标。

重大项目。2021年，中铁六局企业营业额计划410亿元，全年营业额完成410.16亿元，完成企业年度计划的100%，同比增加44.07亿元，增长12%。全年完成主要实物

▲图13-3　2021年7月8日，中铁六局承建的静兴高速土建1标项目控制性难点工程——汾河大桥双幅贯通

所属单位

工作量：土石方 6903 万立方米；桥梁 124 千米，预制梁 4255 孔，架梁 3502 孔；隧道成洞 50 千米，贯通隧道 15 座；地铁盾构成洞 24 千米；铺轨 380 千米；公路 178 千米，路面 203 万平方米；房建 137 万平方米。全年营业线施工和邻近营业线施工共计 51536 次，其中Ⅰ级 1 次、Ⅱ级 108 次，正点完成率 100%。全年开通或完工项目共计 160 项，其中，铁路项目 69 项、公路项目 18 项、市政项目 43 项、地铁项目 7 项、房建项目 21 项、水利项目 1 项、海外项目 1 项；参建的赣深客专、南沙港铁路、玉磨铁路、太中银铁路开行动车组、宜彝高速公路、贵州瓮开高速公路、北京地铁 17 号线、北京磁浮 S1 线、武汉地铁 17 号线、洛阳地铁 2 号线、南宁地铁 5 号线、廊坊市交通中心、越南河内轻轨等一大批重点项目实现如期开通。

对外投资与经营。重庆南川至两江新区高速公路支线（南川西环线）工程项目。2021 年 1 月 28 日，中铁六局与重庆高速公路集团有限公司、重庆巨能建设（集团）有限公司、重庆中环建设有限公司、重庆通力高速公路养护工程有限公司、重庆首讯科技股份有限公司、重庆市交通规划勘察设计院有限公司组成的联合体中标重庆南川至两江新区高速公路支线（南川西环线）工程项目。中铁六局获得 5.9169 亿元新签合同额。该项目建设期 2 年，运营期 30 年。开平生活污水处理设施完善 PPP 项目。2021 年 9 月 9 日，中铁六局与广东粤海水务投资有限公司、哈尔滨工业大学水资源国家工程研究中心有限公司组成的联合体中标开平生活污水处理设施完善 PPP 项目。中铁六局获得 2.724 亿元新签合同额。该项目建设期 2 年，运营期 26 年。新建鄂托克前旗至上海庙铁路施工总承包项目。2021 年，中铁六局出资 1.3 亿元，持股约 1.42%，入股鄂尔多斯南部铁路有限责任公司，9 月 10 日中标新建鄂托克前旗至上海庙铁路施工总承包项目。中铁六局获得该项目 50% 的施工任务约 8.69 亿元，并将按合作协议承担鄂上铁路和陶鄂铁路（陶利庙至鄂托克前旗）合计约 201 千米的 18 年维管工作。

（李　亮　胡云飞　王义龙　于立荣）

【走向海外】 2021 年，中铁六局加快境外布局，不断创新海外经营体系，在菲律宾、巴基斯坦、几内亚、伊拉克、乌兹别克斯坦 5 个国家分别设立了办事处。深化与中铁设计、中铁三局、中铁大桥局、巴基斯坦 ML-1 项目筹备组、中海外、中铁四局、中铁九局，相关国家政府部门、大使馆、经商处的项目合作关系。截至 2021 年末，中铁六局境外业务网络覆盖了越南、蒙古、伊拉克、孟加拉国、巴基斯坦等 20 个国家。中铁六局建设的越南轻轨项目于 2021 年 11 月 6 日移交并投入商业运营，该项目的建成运营对完善河内城市路网功能、缓解交通压力、拓展城市发展空间以及促进区域经济发展具有十分重要的意义，在引导城市空间结构的合理发展上发挥巨大的辐射作用。（赵　京）

▲图 13-4　中铁六局承建越南河内轻轨（吉灵—河东）项目

【重大创新】 技术创新方面。开展实用技术创新，推动项目盈利创效，全面启动数智工程转型，促进企业高质量发展。全年新开科研项目 28 项，其中 A 类课题 17 项，B 类课题 11 项；完成中铁六局科研项目评审 32 项，其中 15 项通过股份公司的成果评审；获股份公司及以上科技进步奖 3 项，学会、协会科学技术奖 8 项；获授权专利 194 项，其中发明专利 27 项，海外专利 1 项；获省部级工法 48 项；开展实用技术推广 12 项；“BIM+”智慧工地示范项目 1 项；获中国施工企业管理协会首届工程建设行业高推广价值专利大赛一等奖 3 项、二等奖 1 项、优胜奖 5 项；获中国施工企业管理协会“首届工程建造微创新技术大赛”一等奖 2 项、优胜奖 7 项；中铁六局北京公司承建的京沈客专星火站枢纽站前工程，顺利通过住建部科技计划项目——绿色施工科技示范工程验收。

科技管理方面。持续加强科创体系两级三层体系，进一步完善企业技术创新体系，做实做强中铁六局技术中心，充分发挥技术中心在企业科技创新工作中的引领和主导作用，发挥在集团公司重点课题的主导作用，提升科研质量。研发创新工作及目标围绕创造价值转变。创新管理推动模式转变。集团统筹推动，以规划为重点，加强顶层设计，强力推动，改变现有的自下而上推动创新的模式。研发目标由点向面转变。细分各单位、专业研究室研究方向，组建课题群技术攻关。科研经费精准投入，集中力量办大事。督促各单位科研经费真正落地。加强对科研课题的过程检查。对以往年度结转和2021年立项的课题进行了梳理，认真了解科技研发过程中存在的问题，及时帮助课题组解决各种困难，充分调动了课题组人员的工作积极性。积极兑现科技成果奖励。对2020年度获得的工法、专利、股份公司级科技进步奖进行奖励，用以奖励成果的主要研发和编写人员，极大地调动了广大科技工作人员和技术人员的积极性与创造性。

攻关研究课题方面。结合G109工程、宣绩高速铁路工程、太原西北二环工程、西昭高速公路工程以及一大批既有站场线路改造等重点工程项目，经技术中心专家评定，共确定立项课题28项，工法开发107项，专利开发78项，内容广泛，涉及高速铁路、高速公路、市政工程、房建工程、四电工程、轨道交通工程等十大专业技术领域和企业管理领域。这些科研项目的开展，对进一步提高业务系统管理效率，确保工程的顺利实施起到了很好的引领和推动作用。

管理创新方面。2021年，中铁六局共有11项创新成果获国家级、省部级及股份公司级成果奖，其中中铁六局太原公司研创的《基于“模块化组织+网格化管理”的铁路既有线施工管理模式》获第二十八届全国企业管理现代化创新成果二等奖。另有省部级及股份公司级创新成果一等奖4项、二等奖3项、三等奖3项。（刘小辉　胡云飞）

【工程创优】全年获国家优质工程奖5项、省部级优质工程奖5项、中国中铁杯优质工程12项；2021年共计获得安标工地9项，其中国家级1项，省部级1项，中国中铁安标工地7项；“国家级优秀质量管理小组”称号18个，“省部级优秀质量管理小组”称号29个。（王　锋）

【企业文化】加强宣传思想工作，深入推进企业文化建设。中铁六局深入学习贯彻习近平新时代中国特色社会主义思想，严格落实“第一议题”制度，加强两级党委中心组学习，及时学习习近平总书记最新重要讲话精神。把学习宣贯党的十九届六中全会精神和庆祝建党100周年作为2021年重大政治任务，深入宣传解读全会精神，围绕中心工作开展多种形式的庆祝活动。多层次推动党史学习教育走深走实，研究确定了13个方面50项重点任务清单，组建了4个巡回指导组，深入开展了“我为群众办实事”主题实践活动，推进落实中铁六局18项重点民生项目清单。严格落实意识形态工作责任制，制定了意识形态工作责任制实施细则，严格各类网络社交媒体管理。深入开展“理想信念情怀　爱党爱国爱企”主题活动，推动基层思想政治工作与生产经营深度融合。编制了《中铁六局“十四五”企业文化建设规划》，发布了《中铁六局企业文化理念》，发布了新版企业宣传片和企业画册，系统推进“七大专业品牌”典型案例和品牌故事的宣传推广，高质量推进了中铁六局展馆建设，大力选树和宣传先进典型事迹。充分发挥“一报一网一微”内部宣传平台作用，持续推进对外宣传“片区包保”机制，组织策划的越南首条城市轻轨移交宣传报道，引发中越两国媒体广泛关注，全年对外刊发稿件6500余篇。加强舆情管控和应对，全年未发生因主观层面拖延、推诿、不及时处置负面舆情而对企业造成负面影响的事件。（曹　颖）

【党建工作】中铁六局党委以习近平新时代中国特色社会主义思想为指导，坚决贯彻落实党中央、国务院、国资委、股份公司一系列重大决策部署，围绕“168”总体战略，锁定“六大目标”，推进“七大任务”，确保了主要指标基本实现预期，切实把党的政治优势、组织优势、密切联系群众优势转化为企业高质量发展的强大政治优势，为保持企业生产经营平稳运行提供了坚强政治保证。

中铁六局全面落实“第一议题”制度，建立了《贯彻落实习近平总书记重要指示批示工作台账》，实施清单化、动态化的管理方法，组织所属各单位开展了贯彻落实习近平总书记重要指示批示“回头看”活动，收集到专题总结报告28份，查找问题54条，征集意见建议62条，持续完善贯彻落实总书记重要指示批示工作机制，持续压实基层责任，强化工作落实。深入贯彻“两个一以贯之”，修订了《中铁六局集团公司党委常委会议事规则》《中铁六局“三重一大”决策制度实施办法》及重大事项决策权责清单等相关制度办法。按照党委会“把方向、管大局、促落实”，董事会“定战略、作决策、防风险”，经理层“谋经营、抓落实、强管理”的权责定位，持续优化调整权责清单，党委支持董事会、经理层、监事会依法行使职权，参与董事会重大问题决策，监督董事会、经理层贯彻落实党和国家的方针政策。以前瞻开放的视野谋划战略，编制“十四五”发展规划，并同步构建了人才、科技、文化、国际业务等子战略。用科学务实的态度明晰战略，确立了“168”总体战略，“建设绿色智能交通，创造美好城市生活”的企业使命和“打造一流的交通与城市建设运营现代企业集团”的企业愿景。坚持党管干部原则，大力弘扬“讲政治、尚德品、重实绩、敢担当、守清廉”的用人标准和导向，选好、用好、管好各级干部，大力推进“80、90”工程，实施年轻干部专项培养“跨越计划”，选拔60名优秀年轻干部在人大商学院举办为期3个月的研修班。大力开展各类技能竞赛，组织开展了中铁六局集团公司工程测量、工程试验、盾构机械操作工、轨道车四个工种的技能大赛，达到以赛促学、以赛促训的目的；选派选手参加股份公司技能大赛，取得了工程测量大赛团体第二名，工程试验大赛团体第二名的好成绩。持续深化“三基”建设，推动党建与生产经营深度融合。深入落实国企改革三年行动有关要求，修订党建工作责任制考核评价办法，进一步细化考核指标，将考核结果与经营业绩考核结果相衔接，与企业领导人员薪酬奖惩紧密挂钩。开展“重温百年党史 汲取奋进能量”党史知识竞赛等庆祝建党百年系列活动，组织召开庆祝建党100周年暨“七一”表彰大会，1个集体被评为国资委“中央企业先进基层党组织”；3个集体被评为“北京市国资委先进基层党组织”，4人被评为“北京市国资委优秀共产党员”，2人被评为“北京市国资委优秀党务工作者”；4个集体被评为中国中铁“先进基层党组织标杆”，4人被评为“优秀共产党员标兵”，4人被评为“优秀党务工作者标兵”；3个工程项目被评为“中国中铁红旗项目部”。召开警示教育大会，开展“廉洁杯”知识竞赛、廉洁文化作品展、参观廉洁警示教育基地、廉洁项目标杆创建等主题活动，不断筑牢拒腐防变的廉洁防线。不断深化群安工作，召开群安工作现场推进会，统筹开展“安康杯”劳动竞赛，中铁六局集团公司获北京市“安康杯”竞赛优胜单位称号。扎实推进创新创效，不断加强职工创新工作室创建与管理，2个创新工作室被命名为“北京市市级职工创新工作室”，1项成果被评定为“首都职工自主创新成果二等奖”。深化推进“幸福之家”建设，实施项目部“幸福之家”建设保障计划。不断加强员工健康关爱，编印《员工健康关爱工作手册》《员工心理健康自助手册》。大力弘扬劳模精神，5人荣获“省部级劳动奖章”，1个集体荣获“省级工人先锋号”称号。（陈　勇）

【信息化建设】推进信息贯通工程，在全公司范围内推广中铁e通并进行全面应用，提升工作沟通效率；升级OA办公平台版本，提高了平台的稳定性、可靠性和处理能力；完成财务共享系统、法律合规系统、OA办公系统等核心业务系统对股份公司一体化工作平台的入驻，统一了多个系统的工作登录入口，提升用户使用体验，加快信息系统和日常工作融合进程；配合股份公司参与“护网2021”网络安全攻防演习专项行动，并在中铁六局范围内建设了网络安全态势感知平台，提升了网络安全防护能力，降低了网络安全风险。2021年，中铁六局积极开展BIM应用项目40个，参加各类社会BIM大赛43次，全年共获得“龙图杯”“优路杯”“联盟杯”“秦汉杯”等各类BIM奖项14项。（邵　军）

【履行社会责任】救援抢险方面。2021年5月22日，北京铁路局丰西京广上行联络线接触网意外停电，中铁六局电务公司投入人员170人，机械10台，历时29小时参与抢险。2021年7月13日，北京铁路局津山线K253+550—600处行车中断，中铁六局天津公司投入人员80人，大型机械11台，历时51小时参与抢险。2021年7月18日，北京铁路局京通线官高站至兴寿站多处发生险情，中铁六局太原公司、电务公司投入人员160人，大型机械14台，历时8小时参与抢险。2021年7月22日，北京铁路局京广线K471—K477处行车中断，中铁六局石家庄公司投入204人，大型机械5台，历时18小时参与抢险。2021年10月3日至6日，太原铁路局南同浦线因水患行车中断，中铁六局太原公司、电务公司投入人员354人，大型机械13台，历时251小时参与抢险。

捐赠方面。2021年2月3日，中铁六局向北京詹天佑土木工程科学技术发展基金会捐款3万元；8月18日，中铁六局向越南新冠疫苗管理基金会捐款1.41万元；8月31日，中铁六局向华东交通大学教育发展基金会捐款10万元。

帮扶方面。结合慰问工作，投入45.4万元从中国中铁定点帮扶县湖南汝城县、山西保德县购买农副产品，用于慰问职工。

（王义龙　齐　明　刘金虎）

【领导人员】

韦　国	党委书记、董事长、法定代表人
王　波	党委副书记、总经理
韩凤凯	党委副书记、纪委书记、工会主席
王朝义	副总经理
王东旭	副总经理、总工程师
熊守富	副总经理
柳百明	总会计师、总法律顾问
李永青	副总经理
马祥春	副总经理
杜　胜	副总经理
占有志	副总经理
高荣峰	副总经理（8月免）

（雷　辉）

中铁七局集团有限公司

【简况】中铁七局集团有限公司（以下简称“中铁七局”）是以工程施工总承包为主的大型综合性施工企业，注册所在地为河南省郑州市。2003年12月25日，按照铁路主辅分离的改革部署，中铁七局由原郑州铁路建设集团有限公司、武汉铁路建设集团有限公司、洛阳铁路工程有限公司、襄樊铁路工程有限公司、安康铁路工程有限公司、中铁一局集团第三工程有限公司6家单位重组成立；2014年8月，按照中国中铁股份有限公司深化企业改革总体安排，原中铁电气化局西安铁路工程公司整体并入中铁七局。中铁七局业务覆盖铁路、公路、市政、城市轨道、房建及房地产开发、物资贸易、投融资、勘察设计、水利水电等业务，足迹遍布全国各地及海外近20个国家；集团本部及其所属子公司拥有铁路、建筑、公路（两项）工程施工总承包四项特级资质，市政、机电安装工程施工总承包一级等130余项施工、设计资质及境外工程承包经营权；拥有各类机械设备8100余台套，资产原值超40亿元，施工技术及装备实力居行业领先地位。

截至2021年底，企业注册资本金26.1亿元，资产总额312.67亿元，其中流动资产253.7亿元，占资产总额的81.1%，非流动资产59亿元，占资产总额的18.9%；企业年营销额1100亿元以上、营业收入560亿元以上。下设12个全资子公司、3个分公司、1个国家级技术中心，主要分布在河南、湖北、陕西、辽宁、广州、江苏等地区；在册职工人数为16083人，其中，各类管理及专业技术人员11128人，占在册职工人数的69.2%。技能人员4955人，占在册职工人数的30.8%；现有各类专业技术人员10309人，其中，正高级职称82人，高级职称1693人，中级职称4196人，享受国务院政府特殊津贴3人。

中铁七局秉承“勇于跨越、追求卓越”的企业精神，持续推动项目管理升级和企业管理全面升级，全方位参与市场竞争，在铁路、公路、市政、房建施工和房地产开发等诸多领域取得辉煌业绩。先后参与了郑州至西安高速铁路、北京至广州高速铁路、郑州至徐州高速铁路、山西中南部通道、青海至西藏铁路、兰州至重庆铁路、贵阳至广州高速铁路、海南西环铁路、巴中至达州铁路、广通至大理铁路、娄底至邵阳铁路、呼和浩特至准格尔至鄂尔多斯铁路、昆明铁路枢纽工程、武汉至九江高速铁路、郑州至万州高速铁路、浩勒报吉至吉安铁路、武汉至十堰高速铁路、南京至西安铁路二线、阳平关至安康铁路二线、郑州至焦作城际铁路、太原至焦作高速铁路、郑州至济南高速铁路、敦化至白河高速铁路、中卫至兰州高速铁路、重庆至黔江高速铁路、菏泽至兰考高速铁路、广州至湛江高速铁路等多条高速铁路，沪渝蓉高铁、新建西安至十堰高速铁路、西安至安康高速铁路、新建兰州至合作铁路、合新高速铁路、珠海至肇庆高速铁路等多条高速铁路、重载铁路、重要铁路建设；参建了北京、上海等25个省份的地铁及城轨项目；实施了郑州航空港、广西桂钦高速公路、韶关曲江大道、巩义骨干路网、国道107线新乡境改建工程、武威雷台景区文化旅游综合体、江南中心绿道武九线综合管廊、新乡市平原城乡一体化示范区平原医院、德化红旗坊·文旅产业园和焦作中铁太行生态城等投融资项目。先后完成了一大批高速公路、地铁、市政、房建、通信、电力等重点工程施工，合同履约率、质量合格率均为100%，累计获得“中国土木工程詹天佑奖”“中国建设工程鲁班奖”“李春奖”“国家优质工程奖”85项，“省部级优质工程奖”239项，拥有国家专利授权849项、国家级工法8项，主编、参编国家行业标准和规范7项，省部级以上科技成果172项。多次获得“全国优秀施工企业”“全国最佳施工企业”“全国守合同重信用企业”“全国五一劳动奖状”“河南省省长质量奖”等荣誉，先后获评“中国500家最大经营规模建筑业企业”“铁路、公路、隧道、桥梁建筑业100家最大经营规模企业”“铁路建设项目施工企业信用评价A级”“公路综合信用评价AA级”等。（程梦申）

▲图13-5　2021年2月，中铁七局参建的国道207焦作至温县段改建工程架梁

所属单位

【主要指标】2021 年，中铁七局实现营业收入 531.86 亿元，同比增加 28.17 亿元，增幅 5.59%；实现利润总额 12.70 亿元，实现净利润 10.60 亿元，同比增加 0.48 亿元，增幅 4.74%。2021 年，中铁七局经营活动产生的现金流量净额 17.56 亿元，连续 9 年经营活动现金净流量 10 亿元以上；盈余现金保障倍数为 1.66 倍，盈利能力指标良好；现金流动负债比率 7.96%，偿债能力保持稳定。2021 年末，中铁七局资产总额 312.67 亿元，负债总额 235.76 亿元，所有者权益 76.91 亿元，资产负债率 75.40%，比年初下降 1.55 个百分点，控制在预算管控目标值 76.70% 以内。应收账款周转率 9.11 次；总资产周转率 1.79 次，与预算目标持平；"两金"余额为 106.1 亿元，有息负债总量为 24.1 亿元，均控制在预算管控目标值内。（张志良）

表 13–7 2020—2021 年中铁七局主要经济指标

项目	2020 年	2021 年	增长率 /%
资产总额 / 亿元	282.33	312.67	10.75
所有者权益 / 亿元	65.08	76.91	18.18
营业收入 / 亿元	503.69	531.86	5.59
利润总额 / 亿元	12.43	12.70	2.17
净利润 / 亿元	10.12	10.60	4.74
归属于母公司所有者的净利润 / 亿元	10.01	10.60	5.89
技术开发投入 / 亿元	9.55	9.84	3.04
利税总额 / 亿元	17.57	18.30	4.15
应交税金总额 / 亿元	6.08	7.97	31.09
全员劳动生产率 /［万元 /（人 · 年）］	31.47	34.34	9.12
净资产收益 /%	16.47	14.93	减少 1.54 个百分点
总资产报酬 /%	4.78	4.61	减少 0.17 个百分点
国有资本保值增值率 /%	116.70	116.48	减少 0.22 个百分点

制表：张志良

【改革发展】进一步推进机构改革，改革后中铁七局本部总定员 208 人，含公司领导班子及专属三总师副职 27 人；职能部门 20 个，其中党群部门7个，定员 32 人；行政部门13个，定员 149 人。设立清收清欠工作办公室（以下简称"双清办"），作为事业部制管理，实行独立的经费核算和运行。

2021 年，中铁七局完成营业额 560 亿元，超额完成中国中铁计划 550 亿元的 2%；完成新签合同额 1196 亿元，超额完成中国中铁计划 1050 亿元的 14%。出台《中铁七局领导人员管理办法》《中铁七局领导人员和本部一般员工综合考核评价办法》等 12 项制度，进一步健全了干部选拔任用、培训教育、考核评价、监督管理等体制机制。全年共提拔任用领导人员 50 人，轮岗交流 17 人，改任非领导职务 29 人，选任专职监事 3 人，平级调整交流 118 人次。提拔使用的领导人员中，40 岁以下 27 人，占总人数的 54%，较 2020 年上升 16%；三级公司领导班子中，40 岁以下 24 人，占比 18.05%，较 2020 年增长了 5%。实施领导人员经营管理、理想信念等培训项目，选派领导人员参加地方省委党校、中国中铁等培训班，累计培训 190 余人次。持续推进"双百工程"建设，完善两级优秀年轻干部人才库，举办优秀年轻干部暨项目经理培训班，选派 8 名本部基层经历不足的年轻干部到重点难点项目挂职锻炼。在中铁七局内部开展经营、财务等系统公开遴选，选拔了 4 名优秀年轻干部到领导岗位。完成中铁七局一公司、二公司、郑州公司、路桥公司 4 家单位领导班子建设暨领导人员日常履职情况考察工作，9 名领导人员离任审计，2 名领导人员试用期满考核，对 1 名不在状态领导人员予以提前改非，对 5 名领导人员进行了警示谈话并调整岗位，对 1 名领导人员给予诫勉谈话。全面推进经理层成员任期制和契约化管理，两级经理层成员已全部如期纳入任期制和契约化管理。组织开展两级"四好"领导班子创建工作，中铁七局获中国中铁 2020 年度"四好"领导班子称号，授予三公司等 3 个单位中铁七局 2020 年度"四好"领导班子称号。制定《中铁七局领导人员公开招聘管理办法》，修订《中铁七局人才引进管理办法》，开展党群、

纪检、国际事业部和财务等系统公开招聘和竞聘上岗；面向社会开展设计院院长、总工程师等关键岗位人才公开招聘；抓好高校毕业生公开招聘工作，加大“双一流”院校毕业生招聘力度。积极开展非在岗人员清理工作，通过转岗培训、岗位调整、劳动合同期满考核等措施，不断压减非在岗员工数量。利用新进人员试用期“窗口”，做好试用期考核，对表现不合格的人员及时终止劳动关系。

持续推进三能机制建设，聚焦管理人员能上能下、员工能进能出、收入能增能减的改革目标，修订两级公司负责人《业绩考核和薪酬管理办法》，分层分级健全“三法两书”体系，强化负责人薪酬与单位整体业绩、个人经营业绩联动挂钩的差异化分配机制。修订《中铁七局集团有限公司区域指挥部绩效考核与薪酬分配管理办法》《中铁七局集团有限公司经营开发部（投资管理部）绩效考核管理规定》，对区域指挥部经营人员、工程监管人员及党群人员分别实施以经营开发、工程监管、党建工作为主的绩效考核体系及薪酬挂钩方式。修订《中铁七局集团有限公司本部员工薪酬管理办法（试行）》，通过“宽带”薪酬设计，畅通员工待遇提高通道，实施差异化季度绩效分配。印发《中铁七局集团有限公司工程项目模拟股权管理办法》，高位推动项目模拟股权激励机制项目落地，促进项目有序实施，逐步使模拟股权成为项目管理的常态模式。修订《中铁七局集团有限公司工资总额管理办法》，持续完善工资效益联动、人工成本投入产出效率对标、工资水平宏观调控三个机制，进一步加强工资总额管理，形成集团公司管总额、所属单位管分配、分层分级考核的管控体系。

（孟　妍　郭明凯　王二卫　陈海燕）

【重大项目】2021 年，中铁七局召开董事会会议 7 次，审议各类议案 103 项，形成决议 103 项。决策事项中，涉及财务类 9 项、投资类 22 项、机构设置类 17 项、制度管理类 30 项、人事任免类 21 项、其他 4 项，对其中 21 项决议事项履行了上报股东审批或备案程序。决议事项中，已执行完毕或基本执行完毕且执行情况良好的共 85 项，为总决议数量的 82%，其中，77 项决议执行综合符合度为“优秀”，8 项决议执行综合符合度为“符合”；正在实施的决议 8 项，为总决议数量的 8%；因条件发生变化，中止执行的决议 10 项，为总决议数量的 10%。年度决议事项整体执行情况良好。全年召开监事会会议 5 次，其中，定期会议 2 次，对公司财务预决算、利润分配、重大投融资、内控风险管理、薪酬考核及涉及职工切身利益等重要事项进行审议。全年共对涉及企业重大投融资、内控风险管理及职工切身利益等 33 项重大事项开展审议决议，并作出决议 33 项，形成会议纪要 5 份。中铁七局监事会成员受邀列席董事会会议 6 次，参与审议董事会各类议案 76 项，对董事会决策过程的合规性、决议执行的有效性实现了全过程参与和监督。

2021 年，中铁七局参建的新建敦化至白河高速铁路 DBSG–1 标、新建洛阳动车组存车场工程 LYDCSG–01 标、国道 207 焦作至温县段改建工程项目、S21 阿勒泰至乌鲁木齐公路建设一期工程（黄花沟至乌鲁木齐段）第五合同段、东莞至番禺高速公路桥头至沙田段工程施工第 3 合同段、洛阳市轨道交通 1 号线工程土建施工 2 标、合肥市轨道交通 4 号线 4 标、北京地铁 19 号线一期工程土建施工 01 合同段、上海市轨道交通 14 号线土建 3 标、广东韶关市韶州大道、西宁市群众文化艺术活动交流中心等国内 117 个项目按期开通或完工。

截至 2021 年底，中铁七局国内在建项目 253 个，合同造价共计 1723 亿元，其中铁路项目 26 个，路外项目 227 个。重点项目有：郑济铁路Ⅷ标、中兰铁路 5 标和 7 标、新港江北铁路 3 标、渝黔铁路 8 标、广湛铁路 8 标、菏兰铁路河南段Ⅰ标、西康高铁 3 标、珠肇高铁 6 标、兰合铁路 1 标、西十铁路（陕西段）3 标、沪渝蓉铁路 7 标、合新铁路安徽段 4 标、郑州地铁 7 号线、大连地铁 5 号线 7 标、成都地铁 13 号线一期车辆段、北京地铁 12 号线、北京地铁 16 号线、杭州地铁 3 号线、南京地铁 7 号线 2 标、贵阳市轨道交通 3 号线 1 期 11 标、西安地铁 6 号线、8 号线、广州轨道交通 13 号线二期、武汉市轨道交通 12 号线、长春市城市轨道交通 5 号线一期工程、福州滨海快线 1 标、深圳妈湾跨海通道工程 2 标、杭州市环城北路—天目山路提升改造工程、广州市黄埔开放大道工程、江南中心绿道武九线综合管廊工程、武威雷台景区文化旅游综合体项目、濮新高速公路宁沈段Ⅵ标、长春至双阳公路项目、本溪至集安高速公路桓仁（省界）至集安段 PPP 项目、云南省勐醒至江城至绿春高速公路土建 4 标、定西至临洮高速公路 2 标和 3 标、沿黄高速武陟至济源段工程、郑东新区科学谷数字小镇建设项目、云南省滇中引水工程楚雄段至红河段引入社会资本建设项目楚雄段施工 9 标、云南省滇中引水工程大理Ⅰ段至楚雄段项目大理Ⅱ段施工 5 标等。

海外在建项目 114 个，分布在坦桑尼亚、赞比亚、刚果（金）、埃塞俄比亚、塞内加尔、塞拉利昂、利比里亚、乌干达、肯尼亚、纳米比亚、玻利维亚 11 个国家，全年完成产值 66511 万美元，完工项目 8 个。重点项目有：埃塞俄比亚莫乔—哈瓦撒公路项目、塞拉利昂弗—马高速公路项目、刚果（金）铜钴矿 D 坑剥离工程、塞内加尔方久尼大桥项目、埃塞俄比亚 90 千米道路项目、纳米比亚机场高速公路项目、刚果（金）庞比铜钴矿剥离项目、乌干达油区道路第五标段设计和施工（97 千米）、玻利维亚 Espino 公路项目、刚果（金）开赛市政道路 101.77 千米翻修工程。

2021 年，中铁七局中标长阳长江大保护 PPP 项目一期、南阳至邓州高速公路NDTJ-1标段、桂林至钦州港公路（永福三皇至柳州段）PPP项目3个投融资项目，自主投资新签合同额155.6亿元，占中铁七局新签合同额的13%。跟投中国中铁中标天津市轨道交通Z2线一期工程（滨海机场站—北塘站）PPP项目、沪昆国家高速公路安顺至盘州（黔滇界）段扩容工程及相关配套工程PPP项目、山东龙山创研智造新区项目、沧州市中心城区城市更新运河区（城西片区）城中村改造项目。截至2021年底，中铁七局共有投融资项目33个，总投资规模764.7亿元。

2021年，中铁七局科技开发计划课题共174项，其中新立课题68项，结转课题106项。“铁路常用跨度混凝土梁智能化钢筋绑扎技术研究”被列为中铁七局首个重大专项课题。（刘冰 黄鹏 商泉 潘全山 王彦霞 武进广）

【走向海外】2021年，中铁七局积极响应国家“一带一路”倡议，落实中国中铁海外“双优”发展战略、“一体两翼N驱”经营新格局要求，制定《中铁七局海外板块改革方案》，积极参与境外区域总部建设、贯彻中国中铁海外经营整体工作部署、快速推动中铁七局海外业务板块整体改革，形成了中铁七局国际事业部、海外分公司双轮驱动、相关三级工程公司协同参与的海外经营格局。持续在非洲传统市场、优势国别市场做大、做优、做深、做实，扩大矿业领域经营开发成果，进一步提高经营开发占比，不断增强海外可持续发展能力；积极参与上游项目和有影响力的大项目，促进规模化品质化发展；设置亚太、亚欧、拉美三个区域总部，选定孟加拉国、卡塔尔、乌兹别克斯坦、玻利维亚等重点国家作为新的经营突破口。全年签订合同70项，合同总额16.38亿美元。重大项目有赞比亚南方省煤矿采剥与运输项目第一阶段实施协议-25426矿区、塞拉利昂水产养殖和农业种植社区发展基建项目、刚果（金）利卡西—科卢韦奇道路养护及拓宽工程施工项目、坦桑尼亚鲁伍马省姆宾加区煤矿开采项目、几内亚福雷卡里亚碎石场生产供应项目。（赵红燕 王延延）

【重大创新】2021年，中铁七局向中企联申报了《施工企业基于“共创共享”的项目模拟股权激励机制建设》《施工企业以提升竞争力为导向的区域生产经营协同管理》优秀企业管理创新成果，获国家级成果二等奖；向中国中铁推荐了4项优秀企业管理创新成果，均获中国中铁管理创新奖，其中，《施工企业基于“共创共享”理念的项目模拟股权激励机制建设》获中国中铁一等奖，《施工企业以提质增效为目标的项目法律合规管理》《施工企业以降本增效为目标的区域化项目群管理》《施工企业以效益为核心的区域生产经营“一体化”管理》获中国中铁2021年度企业管理现代化创新优秀成果二等奖。组织开展2021年度企业管理现代化创新成果评选，共收到申报成果36项，涵盖信息技术、工程技术、安全质量、经营开发、人力资源、物资设备、党建管理等企业生产经营管理要求。经评审，《大型施工企业以集约化管理为核心的区域项目经理部建设》等4项成果获表彰，其中一等奖1项、二等奖2项、三等奖1项。

2021年，中铁七局完成省部级科技成果评审21项，其中，1项达到国际先进，10项达到国内领先，10项达到国内先进。获省部级科学技术奖11项，其中参与研发的“悬

▲图13-6 中铁七局刚果（金）利卡西—科洛维奇公路项目（185千米）获国家优质工程奖

索桥主缆施工驰振控制与覆冰吊索气动俘能发电关键技术及应用”成果获2021年度河南省科学技术二等奖；主持研发的“大型非开挖供水管线工程长大管道施工关键技术研究”成果获2021年度中国铁路工程集团有限公司科学技术一等奖，为中铁七局主持研发的土建类成果首获该奖项；“城市核心区域高架桥绿色智慧快速建造关键技术研究”等7项成果获中国铁路工程集团有限公司科学技术二等奖；“蒙华铁路黄土隧道511成套化机械设备和工法配合施工组织技术研究”获中国施工企业管理协会科学技术二等奖；“自行式整体膺架法在现浇梁施工中的研究与应用”成果获中国公路建设行业协会科学技术三等奖。

（邹栋佳　武进广）

【工程创优】2021年，中铁七局创建省部级以上优质工程57项，其中，国家级优质工程9项，国家行业优质工程11项，省部级优质工程37项；创建省部级及以上安标工地31项，其中，国家级安标工地1项、省级安标工地30项；获评国家级工程建设项目施工水平评价1项、设计水平评价1项，省部级绿色建造（施工）示范工程1项、建筑业新技术应用示范工程1项，中国中铁绿色施工科技示范工程4项。双辽至洮南高速公路建设项目、邕江综合整治和开发利用景观及亮化工程（北岸清川大桥至五象大桥段）获中国建设工程鲁班奖；山西中南部铁路通道、西安市地铁4号线工程获第十九届中国土木工程詹天佑奖；新建北京至张家口铁路（含崇礼铁路）工程获国家优质工程金质奖；苏州市轨道交通3号线工程等4项工程获国家优质工程奖；新建安六铁路站房Ⅰ标工程六枝南站等5项工程获全国优秀焊接工程奖；宁西铁路西安至合肥段增建二线新磨沟岭隧道等3项工程获铁路优质工程奖；长沙机场大道工程等3项工程为中铁七局获得的首个公路交通优质工程奖（“李春奖”）；西平县东环路（金凤路—柏苑大道）道路工程等15项工程获省部级优质工程奖；新建武汉至十堰铁路孝感至十堰段HSSG-3标等22项工程获中国中铁杯优质工程；武威雷台景区旅游综合体项目获国家级安全生产标准化学习交流项目；大连地铁5号线工程前盐车站建设项目等21个项目获省部级安标工地；金沙萨央行货币大楼扩建项目等9个项目获中国中铁安标工地；楚都大道工程（荆州纪南文旅区建设项目工程总承包5标段）获工程建设项目施工水平评价“二星项目”；刚果（金）利卡西—科洛维奇公路项目（185千米）获工程建设项目设计水平评价“三等成果”；洛阳市轨道交通1号线红山车辆段01标段03工区获工程建设绿色建造（施工）示范工程；郑州市轨道交通4号线工程土建施工08标段获建筑业新技术应用示范工程，郑东新区科学谷数字小镇建设项目（一期）EPC总承包第三标段等4个项目获中国中铁绿色施工科技示范工程。

（吴晓波）

【企业文化】中铁七局党委持续发挥企业网站、微信微博等自办媒体功效，在企业网站开辟党史学习教育、宣传贯彻党的十九届六中全会精神学习专栏，及时传达学习习近平总书记重要指示批示精神。编发《中铁七局2021年形势任务教育宣传提纲》，制作《危急时刻勇伸手　为企分忧显担当》——姜春平同志先进事迹视频宣传片、新闻通讯《挽救十六条生命的“超级英雄”姜春平》，引导各级党组织认真组织收

▲图13-7　7月9日，中铁七局甜永公路建成通车

看。制作《大战大考中的使命与担当——中铁七局防汛救灾纪实宣传片》，总结提炼具有鲜明企业特色的防汛救灾精神。围绕党的十九届六中全会精神，制作宣传视频、海报、展板、电子滚动图和标语，发布《关于迅速掀起学习宣贯党的十九届六中全会精神热潮的通知》，引导各级党组织抓紧抓实抓好党的十九届六中全会精神的学习宣贯工作。中铁七局党委书记、董事长王珂平就实现高质量发展接受郑州电视台专访；《以高质量党建引领保障企业做强做优做大》于河南省第十一届党代会召开之际在《河南日报》整版刊发；相继对接广东、吉林两省中央媒体，拓展媒体资源渠道；成功组织敦白铁路铺轨贯通、"7・20"防汛救灾、太焦铁路恢复通车等多个重点宣传项目，受到人民日报、中央电视台、新华社、工人日报等国家媒体多频次报道。围绕冲刺四季度，开辟"决战决胜四季度"系列报道，及时反映重点难点工程进展情况，不断激发广大员工干劲；坚持开展"理想信念情怀　爱党爱国爱企"主题活动专题报道，集中反映各单位及各项目部生动、鲜活的案例做法，推动党史学习教育走深走实。围绕郑州市文明单位测评体系要求，完成各项准备工作，力争如期获得"2021年郑州市文明单位"称号。（岳　琦）

【党建工作】截至2021年末，中铁七局共有党委14个、党总支45个、党支部405个，党员6558名。中铁七局党委深入学习贯彻习近平新时代中国特色社会主义思想和党的十九届六中全会精神，巩固深化落实国有企业党建工作会议精神"回头看"工作成果，认真落实"第一议题"机制，集中学习习近平总书记重要指示批示144篇。严格执行党委前置程序，研究重大生产经营事项207项。坚持党管干部，扎实开展党史学习教育，完成45项具体任务举措，为职工办实事122项。坚决扛起防汛救灾政治责任，党员干部主动参与河南、山西、陕西等地100多次应急抢险任务，创造了19天重建一座桥梁的奇迹，河南省委、省政府授予中铁七局锦旗并致感谢信。研究部署持续深化国企改革三年行动，明确128项重点任务和308项改革措施，开展71次对标活动，在中国中铁视频会上介绍"经纬党建"推动改革深化的经验做法。邀请河南省委组织部、河南省国资委党委、郑州市委组织部，在郑州地铁7号线龙门路站施工现场，举办"百年芳华铸辉煌　出彩河南建新功"主题实践活动。以集约明责高效理念推进管理创新，大力推行"大标段""项目群""处代局"模式，提升管理效能。打造"经纬党建"品牌，创建"六条经度线"与"五条纬度线"相互交织、有机统一的"经纬党建"工作体系，相关经验在人民日报社主管的《中国城市报》整版刊发。大力实施党支部晋位升级工程，评选出优秀党支部88个。积极融入地方政治生活，共有20人次进入各级政协、人大、青联或当选党代会代表，党委书记、董事长王珂平增补为河南省第十二届政协委员，总经理师建军当选河南省第十一次党代会代表。共有18个集体和43名个人受到中铁七局级以上党内表彰，中铁七局党委获河南省、中国中铁先进基层党组织荣誉，被评为中国中铁2020年度"四好"领导班子，连续两年党建考核位居中国中铁优秀行列。

中铁七局纪委精准监督执纪问责，党风廉政建设和反腐败工作取得较好成果。监督各级党委严格落实"第一议题"机制，配合上级党委完成违规挂靠专项巡视，同步联动完成14家三级公司的违规挂靠专项巡察工作，完成7家单位常规巡察，进一步促进巡察整改常态化、长效化。制定《贯彻落实〈中铁七局党委关于加强对"一把手"和领导班子监督的具体措施（试行）〉的实施办法》，加强对一把手和领导班子的监督；制定《中铁七局集团有限公司落实党风廉政建设有关谈话制度实施办法》，加强党内监督；制定《中铁七局集团有限公司构建党风廉政建设和反腐败大监督工作格局实施办法》，推动纪检监督与巡察监督、审计监督和职能业务部门监督相互贯通融合。开展廉洁文化月活动，加强廉洁文化建设；开展"2+3"改革落实专题调研、治"四风"树新风工作调研、"三项课题"专题调研及海外项目廉洁风险防控情况调研，召开座谈会深入研讨，将全面从严治党引向深入；开展"影子公司""影子股东"专项整治、工程项目"三重一大"决策、廉洁风险防控和员工休假问题专项整治，切实推动问题解决；开展工程项目防亏治亏和收尾销号专项监督、重点亏损项目违规违纪与履职不力专项治理、"一融入两经营"专项监督，深挖问题"痛点"，推动基础管理持续提升。通过纪检干部调动报备、举办纪检干部培训班、纪检干部"上挂下派"、"纪委书记每月一讲"、开展《审查调查课程讲义》集中培训等方式，强化集团公司纪检干部队伍建设。强化会风监督，监督落实会议召开报备审核和定期公示制度，不陪会、讲短话、守纪律。开展本部部门作风评价，通报考核排名，突出结果运用。强化"微腐败"纠治，增强防范"微腐败"行为的意识和自觉。（刘　磊　宋　玉）

【信息化建设】2021年，中铁七局在现有视频会议系统基础上，重新梳理会议系统各项管理及运行流程，充分预判各种风险，制定专项应急预案，视频会议系统运维能力和风险应对能力得到提升。进一步优化生产指挥中心视频图像传输速度和质量、摄像机安装位置与角度，增加盾构机运转参数实时监控、现场作业人员数据实时监控等功能模块，便于全面、精准掌握现场数据，提升现场管理水平。完成督查督办系统上线运行，全面提高督查督办工作质效，提高工作执行力，年内共运行督查督办任务100余项，各项任务办结速度和效果得到明显提升。

办公系统效率统计模块成功上线，加快公文流转，提升办文效率。积极参与中国中铁信息贯通工程，被选为项目综合管理系统和海外业务信息管理系统试点单位，开展重要业务系统试点工作。配合中国中铁做好业务需求分析、系统方案设计、系统开发测试、系统上线试运行等阶段各项工作，为中铁七局下一步全面推广应用打下良好基础。全面开展基础数据治理、中铁e通推广使用、一体化工作平台入驻、全球组网、态势感知平台应用等工作，组织三级单位成立信息贯通工程工作专班，制定中铁七局详细工作计划和考核方案，确保各项任务顺利完成。（齐国璞）

【履行社会责任】2021年，中铁七局万元营业收入综合能耗（可比价）为0.0321吨标煤/万元，同期相比下降3.31%，完成中国中铁年度考核目标，资源利用率进一步提高，全年无环境责任事故和节能减排违规违纪事件。

中铁七局多次在新冠肺炎疫情、山体滑坡、暴雨、洪灾等突发事件中参与抢险救援，履行社会责任。抗疫期间，中铁七局建立防疫信息报送长效机制，坚持日报告制度，动态发布疫控预警信息和管控要求，抓严抓实抓细常态化疫情防控各项工作，先后针对国内外疫情防控重点区域、重点人员进行专项提醒，发布疫情防控文件12个；所属各单位积极参与地方政府抗疫任务，其中中铁七局西安公司投入100余人，建设完成气膜方舱实验室12座，中铁七局三公司、中铁七局郑州公司、中铁七局电务公司等单位先后向西安和郑州市政府、区政府、街道办发出《请战书》，派出志愿服务队，捐助抗疫物资，主要领导带队慰问核酸检测医护人员，路桥公司组织志愿队伍助力南京市疫情防控，中铁七局收到各级政府及多家单位的锦旗和表扬信。面对非洲新冠肺炎疫情严峻形势，所属各驻外机构积极为当地捐赠防疫物资，主动帮助属地员工注射新冠疫苗，全力支持中国驻所在国大使馆组织的“春苗行动”，派出志愿者协助大使馆顺利完成疫苗接种工作，收到多封大使馆感谢信。

2021年7月20日，河南郑州及周边地区出现极端天气，特别是郑州市遭遇“7·20”特大暴雨灾害，市区发生严重内涝，城市地铁、交通、供电、供水等一度瘫痪，给人民生命财产安全和社会正常生活秩序带来严重威胁。中铁七局先后投入6300余人次，1000余台（套）机械设备，组织抢险80余项，出色完成了各项抢险任务，以实际行动彰显了央企担当，受到河南省委、省政府、中国铁路郑州局集团、郑州地铁集团、当地政府及业主等各方的一致好评和高度赞扬。7月28日，陇海铁路荥阳至黑石关段多处路基滑塌、隧道淤泥、涵洞堵塞，造成陇海铁路行车中断，中铁七局获悉险情后，迅速组织190人、挖掘机14台、装载机2台、渣土车32辆参与抢险，历时504小时，顺利完成抢险任务。8月3日，朝开线K13+060—264处路堤边坡溜坍，危及行车安全，中铁七局敦白铁路指挥部获悉险情后，迅速组织36人参与抢险，经过94小时连续奋战，线路抢修工作顺利完成。9月28日，西康线柞水至镇安间下行K138+400柏树坪隧道进口仰坡溜坍，掩埋线路20米，危及行车安全，中铁七局第一时间组织人员150名、挖掘机1台、装载机1台、吊车2台、车辆近30辆、照明设备若干参与抢险，经过9小时26分奋战，顺利完成抢险任务。10月5日，西延铁路甘钟线刘家沟至生芝渠间K98+490~+550处路堤垮塌，危及行车安全，线路封锁，中铁七局迅速组织104人、装载机2台、挖掘机3台、推土机1台赶赴现场，经过127小时47分奋战，完成抢险任务，确保线路恢复通行。9月8日，中铁七局工会开展“四个一”活动，为91名劳务人员子女助学圆梦。

（吴晓波　刘思恩　刘　冰　商　泉　慎秉恒）

【领导人员】

王珂平　党委书记、董事长
师建军　党委副书记、总经理、董事
何继中　党委副书记、工会主席（1月任）、职工董事（10月免任职工董事）
王　恺　总会计师
卢家友　副总经理
范中兵　纪委书记、监事（1月免任监事）
赵红新　副总经理
何　江　副总经理、董事（10月免任董事）
郭建群　总工程师（1月任）、副总经理、董事（10月免任董事）
黄树全　副总经理（5月免）
袁壮丽　副总经理
杜翔斌　副总经理（3月任）
詹浩伟　副总经理（1月任）
史　垚　副总经理（1月任）
孙胜峰　副总经理（1月任）

（邢　欣）

中铁八局集团有限公司

【简况】中铁八局集团有限公司（以下简称“中铁八局”），总部位于四川省成都市，是集建筑施工、工程勘察设计、投资及管理、工业设备制造、房地产开发、仓储物流、混凝土制品等业务于一体的国有特大型企业集团，注册资本59亿元。中铁八局持有建筑业企业资质124项，含铁路、公路、建筑总承包特级资质3项；含水利水电工程施工总承包、市政公用工程施工总承包、桥梁工程专业承包、隧道工程专业承包等壹级资质55项。中铁八局下辖9个全资子公司、3个分公司（含勘察设计研究院）、7个区域指挥部、1个国家级技术中心。现有员工近1.1万人，其中一级建造师900余人，正高级工程师、正高级经济师、正高级会计师70余人，拥有高级、中级专业技术及管理人员近7000人。中铁八局保有各类施工设备6000余台（套），年施工能力650亿元以上。在高速铁路、城市轨道交通、长大隧道、高等级公路、高层建筑、新型桥梁、深水基础、水利水电等方面居行业领先地位。中铁八局是高铁建设的领军企业，主建中国第一条高铁遂渝线无砟轨道综合试验段，参与创立中国高铁建设标准体系，主编或参编了多项高速铁路建设技术标准规范。主要技术成果“遂渝线无砟轨道关键技术及应用研究”获国家科技进步奖一等奖，完成了中国高铁“引进技术—中国制造—中国创造”的跨越式发展，形成了自主知识产权。（雷成宸）

【主要指标】2021 年，中铁八局完成新签合同额 940.74 亿元，为股份公司下达年度计划 900 亿元的 104.53%；完成营业收入 400.01 亿元，为股份公司年度计划 391 亿元的 102.30%，同比增长 7%；实现经营性净现金流 37.79 亿元，连续五年完成股份公司下达的奋斗目标。

（马春芝 许 迪）

表 13-8 2020—2021 年中铁八局主要经济指标

项目	2020 年	2021 年	增长率 /%
资产总额 / 亿元	346.08	388.12	12.15
所有者权益 / 亿元	85.43	88.84	4.00
营业收入 / 亿元	374.81	400.01	7.00
利润总额 / 亿元	10.22	8.82	13.70
净利润 / 亿元	8.41	6.97	–17.12
归属于母公司所有者的净利润 / 亿元	8.42	6.99	–17.00
技术开发投入 / 亿元	4.09	5.12	25.18
利税总额 / 亿元	18.53	17.65	–4.75
应交税金总额 / 亿元	8.31	8.82	6.14
全员劳动生产率 /［万元 /（人·年）］	—	—	—
净资产收益率 /%	10.00	7.85	减少 2.15 个百分点
总资产报酬率 /%	3.02	0.63	减少 2.39 个百分点
国有资本保值增值率 /%	103.18	103.98	增加 0.80 个百分点

制表：许 迪

【职工队伍】截至 2021 年 12 月底，中铁八局共有员工 10472 人，其中干部 6780 人，占员工总数的 64.7%，工人 3692 人，占员工总数的 35.3%。学历结构：博士研究生 1 人，硕士研究生 125 人，占员工总数的 1.2%；大学本科 5585 人，占员工总数的 53.3%；大学专科 1787 人，占员工总数的 17.1%；中专 700 人，占员工总数的 6.7%；高中及以下 2259 人，占员工总数的 21.6%。年龄结构：30 岁及以下 2812 人，占员工总数 26.9%；31~35 岁 1668 人，占员工总数的 15.9%；36~40 岁 1021 人，占员工总数的 9.7%；41~45 岁 917 人，占员工总数的 8.8%；46~50 岁 1799 人，占员工总数的 17.2%；51~55 岁 1259 人（其中女性 147 人），占员工总数的 12%；56 岁及以上 981 人，占员工总数的 9.4%。执业结构：一级注册建筑师 3 人，一级注册结构工程师 3 人，注册土木工程师（岩土）3 人，一级注册建造师 715 人，注册造价工程师 131 人，注册监理工程师 5 人，注册安全工程师 120 人，注册公用设备工程师 4 人，注册质量工程师 5 人，注册咨询工程师 4 人，注册测绘师 4 人，注册会计师 4 人，企业法律顾问 23 人。（徐 江）

【技术设备】截至 2021 年 12 月底，中铁八局施工设备保有量 4716 台（套），原值 219585.56 万元，净值 76177.47 万元，新度系数 0.35。2021 年，发生机械事故 0 件。计划大修 7 台，完成 3 台，大修金额 107 万元。特种设备定检计划 84 台，完成 84 台，在用设备定检完成率 100%。（樊春刚）

【工程施工】2021 年，中铁八局在建

项目364个，其中，铁路57个、市政97个、公路31个、房建128个、城轨45个，水利水电6个。国内项目343个，主要分布于四川省、贵州省、云南省、重庆市、河南省、广东省等地；国外项目16个，分布于刚果（金）、菲律宾、埃塞俄比亚、墨西哥4个国家。

2021年，中铁八局参与建设的磨万铁路、玉磨铁路、张吉怀铁路、贵阳西南环、川藏铁路拉萨至林芝段、川南城际内自泸段、杭州至海宁城际铁路、贵定南铁路物流基地、贵阳地铁2号线、苏州地铁5号线、芜湖轨道交通1号线、陕西延黄高速、四川宜彝高速13个项目如期开通。

为了铁路工程项目信用评价考核更贴合实际，中铁八局对考核办法《中铁八局集团有限公司铁路工程项目信用评价管理规定》进行了修订，考核基线由原来的"B+"调整为"B"，充分体现"激励为主、处罚为辅"，激励参评项目积极争取好名次。（林海波）

【改革发展】中铁八局拥有各类建筑业企业资质124项，拥有一级建造师851人（不含双专业或多专业，按人数统计）。2021年，中铁八局坚持战略为引领，编制完成了"十四五"战略规划；按照国企改革三年行动方案的要求，完成改革任务107项，完成率79%。通过改革进一步完善了制度，建立健全了激励机制，增强了企业发展活力；优化资源增实力，将中泰公司拓展为基建投资公司并入中铁八局房开公司，使其房地产业务与投资并驾齐驱，为其转型升级奠定了坚实的基础；将部分检验检测资源整合进入正成检测公司，并将其变更为中铁八局所属专业从事检测业务的全资法人企业；全年压减法人企业4户，达到了"瘦身健体"、提质增效的目的；2021年，纳入亏损企业治理范围的11户企业全部实现扭亏为盈或工商注销，且无新增的全级次亏损企业，亏损企业实现全部清零；分类实施民企挂靠国资问题的整改工作，完成4户挂靠企业的综合治理，防范了经营风险；获评"中国中铁企业管理现代化创新成果奖"2项、"四川省企业管理现代化创新成果奖"4项；首次获评"2021年度建筑业AAA级诚信企业""成都市轨道交通产业生态圈首批次头部企业"称号。（齐　亮）

【经营指标】2021年，中铁八局完成新签合同额940.74亿元，为股份公司下达年度计划900亿元的104.53%。其中，完成国内建筑工程新签合同额843.09亿元；完成海外业务新签合同额37196.55万美元；完成房地产业务新签合同额9.32亿元；完成勘察设计、物资贸易和其他经营共计63.78亿元。（马春芝）

【科技创新】2021年，中铁八局共完成局级科技成果18项，通过省部级科技成果评价及评审16项，其中，5项达到国际先进水平、7项达到国内领先水平、4项达到国内先进水平；获得省部级科技进步奖11项，其中，获中国岩石力学与工程学会科技进步一等奖1项、中国交通运输协会科技进步二等奖1项、中国施工企业管理协会技术发明一等奖1项、科技进步二等奖3项、中国铁路工程集团有限公司科技进步一等奖1项、二等奖4项；申请国家专利受理203项，其中发明专利受理48项，申请国际专利11项；获国家专利授权172项，其中发明专利授权21项，截至2021年末，累计获国家专利授权686项，其中发明专利112项；获国际专利授权8项，累计获国际专利授权8项；获软件著作权21项，累计获软件著作权75项；主编、参编国家行业标准规范2项，累计主编、参编国家行业标准规范49项；获中国施工企业管理协会首届工程建设行业高推广价值专利大赛二等奖2项、优胜奖4项；获中国施工企业管理协会首届工程建造微创新技术大赛一等奖1项、二等奖10项、优胜奖4项；获股份公司信息化成果一等奖1项、中国施工企业管理协会工程建设行业BIM大赛三等奖1项、中国铁道工程建设协会BIM技术应用大赛三等奖2项；获中国建筑业协会企业信息化建设二类案例1项、三类案例1项。

2021年，中铁八局获股份公司以上的省部级科技进步奖11项，其中《高速铁路路基变形控制关键技

▲图13-8　中铁八局承建贵阳都拉营国际陆海通物流港

▲图13-9　中铁八局三公司举办2021年新员工团建活动

术与应用》获中国岩石力学与工程学会科技进步一等奖及中国施工企业管理协会技术发明一等奖；《FBBR污水处理厂综合建造技术研究》《双线重载铁路大跨度简支钢桁梁无支墩架设关键技术研究》《复杂地质条件下城际铁路隧道施工关键技术研究》获中国施工企业管理协会科技创新成果二等奖；《高速铁路路基毫米级变形控制方法与技术》获中国交通运输协会科技进步二等奖；《地质缝合带复杂地应力软岩隧道大变形控制技术研究》获中国铁路工程集团有限公司科技进步一等奖，《极小净距下穿既有运营地铁暗挖区间隧道施工技术研究》《城市桥梁多幅变宽预制节段箱梁架拼施工关键技术研究》《临近既有线狭长地铁车站半盖挖法施工技术研究》《成都地铁9号线无人驾驶系统综合施工技术研究》获中国铁路工程集团有限公司科技进步二等奖。（赵代强）

【工程创优】2021年，中铁八局获市级及以上安全质量奖共90项。其中国家级奖3项：成都地铁7号线工程获评2020—2021年度“中国建设工程鲁班奖”；重庆轨道交通10号线一期（建新东路—王家庄）工程获第十八届“中国土木工程詹天佑奖”；重庆地铁4号线二期土建3标获“2021年建设工程项目施工工地安全生产标准化学习交流项目”称号。全年共获省级奖29项、市级奖29项、股份公司级奖29项，中铁八局获“中央在川企业安全生产先进单位”称号，企业品牌影响力持续提升。（胡芬蓉）

【党建工作】2021年，中铁八局党委围绕庆祝建党100周年、“十四五”开局起步的主题主线，深入贯彻落实习近平总书记重要指示批示精神和上级决策部署，把方向、管大局、促落实，推动各项工作迈出新步伐、开创新局面、取得新成绩，实现了“十四五”良好开局；着力完成党委重点工作部署，持续完善和严格执行“第一议题”制度，提升“第一议题”质量；扎实推进党史学习教育，大力开展“我为群众办实事”实践活动，修订“三重一大”决策制度，建立重大事项决策权责清单，严格合理控制党委前置研究事项；完善董事会对经理层授权制度，提升决策效率；制定落实关于加强对“一把手”和领导班子监督、构建党风廉政建设和反腐败大监督工作格局等制度办法，不断完善大监督格局；扎实开展微信泄密专项整顿工作。

组织工作方面。截至2021年12月底，中铁八局共有党员总数4489名，党组织共有364个，其中，党委13个，党总支18个，党支部333个。经统计，2021年，中铁八局党委党费账户共计收入4269950.77元。除按规定上缴上级党组织1527833元外，重点用于帮扶慰问生活困难党员及老党员、拨付一定数额的党建活动经费、开展党员教育等方面，累计支出3563192.62元，截至2021年底，累计结存党费11354479.7元。2021年，发放“光荣在党50周年纪念勋章”26枚，表彰先进个人和集体117个，其中省级表彰1个，为集团公司首例省级党内表彰。250余个党支部参加党支部建设晋位升级管理等次评定，88个党支部评定为优秀，优秀率超35%，有力推进党组织建设上水平。

新闻宣传工作方面。2021年，中铁八局紧扣学习宣贯习近平新时代中国特色社会主义思想和党的十九大、十九届历次全会精神主线，围绕“强化要素建设，持续深耕细作”工作主题，结合企业生产经营和改革发展实际，深入开展党史学习教育，牢牢把握意识形态的话语权和主动权，构建立体宣传网络。全年共在中央级媒体刊稿1237条，在地市级及以上媒体刊稿6900余条；在中铁八局官方网站上传新闻消息1029条，推送微信696条，编发《工程之声》报18期，发布抖音73条，制作各类展板70块，制作电视片9条；选送的两部作品荣获第四届中央企业优秀故事三等奖。

（王　良　蒋昌丽　雷成宸）

【企业文化】2021年，中铁八局共组织党委中心组理论学习11次，充分运用微信公众号平台、“学习强国”平台、“云听”平台等载体，有效提升自学效率；举办“巴炬大讲堂”3次，邀请专家对中央精神、党史学习教育进行授课；举办了庆祝建党100周年系列活动和“承红色基因，筑强局梦想，当开路先锋”主题企业文化节，大力开展党史学习教育，认真开展全国国有企业党的建设工作会议精神贯彻落实情况“回头看”，持续推动企业党的建设走深走实；大力开展“我为群众办实事”活动及匿名问卷调查活动，着力解决职工群众的“急难愁盼”问题；持续加强政治理论研究工作，深化实践和理论探索，加强企业党建思想政治工作理论研究，“高扬文化旗帜　凝聚思想伟力”案例入选《全国企业党建创新优秀案例》；中铁八局电务公司获评四川省国资委系统庆祝建党100周年“难忘百年路　奋进新征程”主题征文大赛三等奖；中铁八局退休职工孙贻荪获中宣部颁发的“2021年度基层理论宣讲先进个人”荣誉称号。（雷成宸）

【纪检监察工作】中铁八局纪委不断强化政治监督、抓实抓细日常监督、深化再监督，推动各级党组织逐级签订党风廉政建设责任书711份；监督推进新冠肺炎疫情防控、全国“两会”和建党100周年期间内部治安保卫、防汛救灾、安全生产等重点工作，监督推动违规挂靠、“影子公司”“影子股东”等问题专项整治，坚决做到“两个维护”；加大对选人用人、推优评先的监督力度，规范党风廉政建设回复，对11个集体和26名个人亮了“红灯”；加大对昌景黄、玉磨项目部有关问题的督促整改力度，挽回经济损失4782万元；统筹对8个亏损项目开展专项监督，挽回经济损失2507.95万元，给予37人经济处罚4.4万元。

推进作风建设，开展各类监督检查133次，发送廉洁信息3.2万余条，对关键场所开展明察暗访233

次；查处违反中央八项规定精神问题3起，处理4人。一体推进“三不”建设，立案审查51件，结案56件，给予党纪政纪处分80人次，深化运用“四种形态”处理170人次；发出纪律检查建议书28份、监督建议书62份，推动和协助制定修订完善制度办法19个；开展预防职务犯罪、廉洁文化专题讲座17场次，覆盖3140人次；组织党员干部职工到法纪教育基地接受教育11场次，覆盖279人次；通报内部典型案例361件次；收集并分系统梳理2021年典型案件35个，推动职能部门在系统内开展预防警示教育；深入三级单位和生产一线开展警示教育12场次，覆盖249个工程项目。推进纪检队伍建设，建立健全问题线索处理规定和制度，制定修订“走读式”谈话、纪委文件资料管理等制度办法9个；对各单位纪检组织及书记年度工作进行考核通报，首次开展业务能手评比，对纪检系统年度业绩突出的2个先进集体和10名业务能手进行表彰。（石　实）

【工会工作】2021年，中铁八局共计投入“三工”建设资金7670万元，实现了一线职工体面劳动、舒心工作、全面发展；筹集“送温暖”资金329.65万元，慰问了困难职工、劳模先进、老干部、离退休人员和一线职民工；筹集“送清凉”资金286万元，确保一线员工平安度夏。金秋时节，全局共计资助146名困难职工子女，发放助学金56.76万元；下拨“冬季项目送温暖”慰问金74.8万元，为高原寒冷地区项目职工添置保暖御寒物品。表彰了14个女职工先进集体（组织）、20名先进女职工工作者和10名三八红旗手，连续5年获得全国“书香三八”读书活动优秀组织奖及四川省“玫瑰书香”活动优秀组织奖；深入推进双争活动，中铁八局昆明公司工会获评云南省模范职工之家，4名个人获评中国中铁优秀工会工作者；表彰了一批中铁八局模范职工之家、模范职工小家、优秀工会工作者和工会积极分子。

2021年，中铁八局工会共计发表工会信息76条（省部级以上媒体31条）、新闻稿件412条（省部级以上媒体252条），发表调研文章14篇（省部级以上媒体4篇）。共有57名个人获得股份公司及以上先进表彰，50个集体获得股份公司及以上先进表彰。其中，1人获得“省级劳动模范”；3人获“全国五一劳动奖章”。（张兴才）

【共青团工作】截至2021年底，中铁八局团委下辖9个团委，2个团工委，210个团支部。共有团员4151人；共有团干部492人，其中专职团干部8人。

持续提高“号手岗队”创建水平：中铁八局二公司成兰铁路项目荣获全国“青年文明号”、中铁八局一公司庆盛项目获“中央企业五四红旗团支部”、中铁八局三公司物资设备管理中心获贵州省“青年文明号”称号。全集团共13个集体、33名个人分获股份公司先进表彰。

深入推进青年“双创”工作：1个青年攻坚团队凭借突出业务能力获得省部级表彰。全年组织青安岗开展安全质量隐患排查4批次，参与复工安全质量隐患排查276人次，各级团组织通过“青年讲堂”开展安全培训162场次，中铁八局二公司宜彝高速项目青安岗荣获“四川省青年安全示范岗”称号。（冯云骢）

【履行社会责任】中铁八局于2021年6月起，定点帮扶四川省乐山市马边县雪口山镇永兴村和拦马埂村，结合帮扶县“十四五”规划、专项规划及受扶村村情，中铁八局严格按照“四位一体”帮扶工作机制，对标“产业兴旺、生态宜居、乡风文明、治理有效、生活富裕”总要求，推动产业、人才、文化、生态和组织振兴，认真谋划了“十四五”期间巩固拓展脱贫攻坚成果与乡村振兴有效衔接工作，并制定了切实可行的工作方案、措施，取得了突出成效。落实住房安全要求：2021年7月，拦马埂村两户村民由于雨季塌方导致住房受损，通过积极争取政策和资金支持，分别帮助两户家庭获得政府3万元新建补助和1万元维修加固补助，以及中铁八局给予的5000元资金帮助。解决季节性缺水问题：拦马埂村3组原采取集中供水，但2021年3月至7月出现了水源干涸、季节性缺水现象，中铁八局带领村民沿着山坡重新寻找新的水源，逐级向镇和县报告季节性缺水问题，争取到县水务局立项安排，将在2022年完成项目建设。为村民落实低保兜底政策：对定点帮扶村开展深入测算和监测工作，为拦马埂村3户人均纯收入达不到监测线（6000元）的家庭申请了低保，通过低保兜底解决3户家庭当前面临的困难。开展防控保控工作：2021年，深入失学儿童家庭开展劝返工作，成功劝返3名失学儿童回到校园，做到定点帮扶村零失学率。（雷成宸）

【领导人员】

刘胜尧　党委书记、董事长
吴家兴　党委副书记、总经理（5月免，调离）
张　峰　党委副书记、总经理（7月任）
钟　俊　党委副书记、纪委书记、工会主席（8月任工会主席）
郭相武　副总经理、总工程师
董冲锋　副总经理
　　　　总法律顾问、董事会秘书（6月免）
陈守忠　副总经理、总经济师
栾宏源　副总经理
方开信　总会计师
夏发宝　副总经理（4月任）
张　飞　副总经理（4月任）

（徐　江）

所属单位

中铁九局集团有限公司

【简况】 中铁九局集团有限公司（以下简称“中铁九局”）是一家集工程设计、施工、科研、投资和海外工程于一体的多功能、大型中央建筑企业，是中国中铁股份有限公司的全资子公司，年施工能力500亿元以上。按照国务院部署，由原沈阳铁路局所属的沈阳铁路工程建设集团有限公司、锦州工程（集团）有限责任公司和吉林建设工程集团有限公司三家施工企业重组而成，于2003年12月26日正式挂牌成立。

中铁九局总部位于沈阳，下设6家全资子公司、3家分公司。此外，在马来西亚、沙特阿拉伯、刚果（金）、匈牙利、白俄罗斯、厄瓜多尔、委内瑞拉、玻利维亚、秘鲁和巴拿马等16个国家和地区设立了22个境外机构。现有员工8753人，其中，各类管理人员5867人，占在册职工人数的67%；作业人员2886人，占在册职工人数的33%。现有各类专业技术人员5827人，其中：正高级职称34人、副高级职称1000余人、中级职称2000余人、中级以下职称2500余人；取得国家各类执（职）业资格证书的有1200余人。

中铁九局具有国家住房和城乡建设部批准的铁路工程、公路工程、建筑工程、市政公用工程施工总承包特级资质，以及机电工程施工总承包等多项壹级资质，是东北地区唯一拥有四个特级资质的建筑施工企业。此外，还具有铁道行业甲（Ⅱ）级、公路行业甲级、建筑行业甲级、市政行业甲级工程设计等资质。拥有各类设备7607台（套），资产原值达到24亿元，总功率56万千瓦，其中大型专用施工设备共计109台（套），包含13台盾构机及多套客专箱梁、公路桥梁制运架设备等。境外保有各类机械设备1629台（套），主要集中在所属境外工程，以矿山剥离、公路施工等专业机械设备为主。

近年来，中铁九局承揽的工程项目分布全国31个省（自治区、直辖市），其中参建的京雄城际、川藏铁路、哈大客专、京新高速等多项工程创造了“世界第一”，高速铁路轨道板智能制造技术世界领先，参与了多项大型铁路营业线施工任务。同时，公司积极“走出去”，广泛参与“一带一路”建设，先后在24个国家和地区开展基础设施建设，其中参建的匈塞铁路（匈牙利段）实现了中国铁路首次进入欧盟市场。截至2021年末，中铁九局共获得“中国建设工程鲁班奖”11项、“中国土木工程詹天佑奖”3项、“国家优质工程奖”8项、“省部级优质工程奖”170项。主编国家行业标准2项、参编7项。获“国家和省部级科技进步奖”80项、省部级工法261项。国内有效发明及实用型专利309项（其中发明专利44项）。

（贾维强　张　艳　王利军　高鑫磊　张军美）

【主要指标】 2021年，完成新签合同额752亿元，其中自主经营657亿元，同比增长39%；完成营业额249亿元，同比增长14%。截至2021年末，资产总额207.45亿元，较2020年198.42亿元增长4.55%；所有者权益31.96亿元，较2020年31.38亿元增长1.85%；营业收入200.44亿元，较2020年195.48亿元增长2.54%；利润总额0.53亿元，较2020年–5.48亿元增长109.67%；净利润0.45亿元，较2020年–5.50亿元增长108.18%；归属于母公司所有者的净利润1.12亿元，较2020年–4.90亿元增长122.86%。

（徐明宇）

表13–9　2020—2021年中铁九局主要经济指标

项目	2020年	2021年	增长率/%
资产总额/亿元	198.42	207.45	4.55
所有者权益/亿元	31.38	31.96	1.85
营业收入/亿元	195.48	200.44	2.54
利润总额/亿元	–5.48	0.53	109.67
净利润/亿元	–5.50	0.45	108.18
归属于母公司所有者的净利润/亿元	–4.90	1.12	122.86
技术开发投入/亿元	6.60	7.10	7.58
利税总额/亿元	–1.18	2.42	305.08
应交税金总额/亿元	5.91	3.83	–35.19
全员劳动生产率/［万元/（人·年）］	27.17	25.62	–5.70

续表

项目	2020 年	2021 年	增长率 /%
净资产收益率 /%	−15.95	1.43	增加 17.38 个百分点
总资产报酬率 /%	−1.90	0.92	增加 2.82 个百分点
国有资本保值增值率 /%	86.86	103.40	增加 16.54 个百分点

制表：徐明宇

【改革发展】 深入贯彻党中央和国务院国资委“双百行动”综合改革战略部署，全面推进国企改革三年行动，实现完成 80% 以上清单任务目标。

2021 年，中铁九局成功将所属一公司总部从辽宁省沈阳市东迁至江苏省苏州市、三公司总部从辽宁省沈阳市南迁至广东省佛山市，不仅彻底解决了多年来困扰企业的三级公司区域布局不合理的历史性难题，而且全面构建了服务国家战略新格局，完成了在长三角、粤港澳大湾区和成渝地区的战略性布局。坚持以“三项制度”改革为主线，建立了以“全员绩效考核管理”为主体的“1+N”制度体系，总部季度考核、经营业绩考核和项目承包工作扎实推进，经理层成员任期制和契约化管理实现 100% 全覆盖。

（姚兴盛）

▲图 13-10　2021 年 6 月 28 日，中铁九局集团第一建设有限公司揭牌成立

【重大项目】 持续实施经营优先战略，推行高端经营、主责经营、属地经营、滚动经营，强化投资项目的运作能力，实现经营布局和经营能力双提升。2021 年，中铁九局在西南、华中区域新签合同额超过 100 亿元；不断巩固东北区域市场“首位度”，新签额度在股份公司北方区域排首位。在传统优势领域，中标了沈白客专 2 个标段、西康铁路、渝昆高铁、沈阳地铁 3 个标段等项目；在新兴市场领域，中标了长春新凯河流域综合治理一期工程、河南博爱县水系提升、云南永德县水库等项目，实现了“第二曲线”重要突破；在投资领域，坚持投资项目的高效率运作和高质量实施，提升投资项目运作能力，成功中标了方唐高速、仙居项目、吉林南部新城、单曹高速等项目，实现区位集中度、属地首位度和行业集中度稳步提升。

坚决打好项目管理攻坚战，连续开展“大干 120 天”和“大干 100 天”两次劳动竞赛，推动年度指标再创历史新高。圆满完成万人参加的“5·26”“秦沈”“朝凌”转线，刷新了国内封锁施工多项纪录。攻克了高原施工多项难题，完成了川藏铁路拉林段建设任务，该项工程入选 2021 年度央企十大超级工程；参建并如期完成了世界海拔最高的高速公路——那曲高速公路。坚决兑现履约承诺，成昆铁路、朝凌铁路和新伊高速全面竣工通车；内江师范学院、前海听海大道市政工程如期竣工；保障鸡西市委、市政府按期在市文化中心胜利召开“两会”；胜利大街揽军路工程顺利完成桥梁转体并按期开通。

（苗万佳）

【走向海外】 2021 年，中铁九局海外新签 50 个项目，完成新签合同额 7.91 亿美元；在建项目 32 项，分布在刚果（金）、马来西亚、沙特阿拉伯、俄罗斯、塞尔维亚、玻利维亚、秘鲁和匈牙利 8 个国家，完成营业额 3.06 亿美元，未发生质量一般及以上事故，未发生影响企业和国家形象的境外事件，员工队伍稳定。市场经营区域化，深耕亚洲、非洲、欧洲和南美洲既有四大区域，持续打造创建品牌；资源配置全球化，匈牙利、厄瓜多尔等项目与国际知名咨询顾问团队合作，刚果（金）等项目的设备资产全球购置，优势资源向境外一线倾斜；项目管理属地化，刚果（金）中方与外方员工比达到 1∶4，匈牙利外籍员工比例达到 46%；人才培养复合化，坚持“精准培养、重点引进、组织关怀和有效激励”的原则，举办为期 90 天的“中铁九局第一期驻外人员英语特训班”。面对海外严峻的新冠肺炎疫情，通过成立专班小组、制定专项方案和轮换方案、发应对疫情指引、储备充足药品、开展心理讲座等方式，保障海外员工健康安全。成功推动匈塞项目建筑许可设计提前82天获批，为2022年土建开工创造了有利条件，以实际行动助力共建“一带一路”高质量发展。（孙媛媛）

【重大创新】坚持技术创新引领，加大科技研发投入力度，2021年实现国内专利授权146件、课题立项111项、创新技术成果17项，三项数据均创历史新高。坚持科技自立自强，全年实现了五个首次，即首次获得中国中铁“卓越杯”BIM大赛唯一的一等奖；首次获评股份公司实用技术创新大赛特等奖；首次获得中国中铁科技进步特等奖；首次通过股份公司十大专项课题立项评审（中铁九局是十个通过单位中唯一的综合工程局）；首次获批辽宁省专业技术创新中心，为深度参与辽宁省建筑领域科技研发搭建了全新平台。

（马仲举）

【工程创优】积极创建安标工地，2021年获评省部级安全文明工地12项，苏州地铁S1线项目获评全国建设工程项目施工安全标准化工地。坚持“建造精品、创造价值”，成都地铁7号线和南宁地铁3号线获评“中国建设工程鲁班奖”，呼和浩特市地铁1号线工程获评“国家优质工程奖”。（高鑫磊）

【企业文化】立足建党百年华诞，开展了庆祝建党100周年“五个一”系列活动，组织开展了“永远跟党走奋进新征程”庆祝建党100周年文艺会演。全面推行企业理念、视觉和行为识别系统等标准，重点抓好中国中铁“开路先锋”文化的宣传落实，指导各单位通过公司驻地、项目驻地显著位置、重点设施、宣传展板等载体以及新员工入职培训，推动“开路先锋”文化在基层落地生根。结合中铁九局发展实际，编制《中铁九局“十四五”企业文化建设规划》，对未来五年中铁九局企业文化建设做好统筹规划。结合企业历史传承和红色文化，制作了庆祝建党百年MV《光》和《中铁九局前辈讲述抗美援朝故事》。中铁九局离退休干部田桂英被股份公司评为中国中铁“开路先锋”卓越人物。围绕企业生产经营，更新了企业画册，围绕“5·26”转线、揽军路高架桥转体等重点工程，制作了施工专题片、短视频，被各大主流媒体集中报道。（柳金海）

【党建工作】2021年3月18日至19日，中铁九局召开第四次党代会。会议全面总结了自第三次党代会以来的主要工作和基本经验，分析了今后一个时期企业面临的发展形势，明确了未来五年发展的战略规划，确定了党建思想政治工作的总体要求。认真贯彻“两个一以贯之”要求，把党的领导融入公司治理各环节，修订了《“三重一大”决策制度实施办法》《党委常委会议事规则》，建立了《重大事项决策权责清单》，理顺了党委和其他治理主体之间的权责边界。以“三基”建设为抓手，通过抓机制、强保障，抓衔接、强合力，抓考核、强效果，全面推进基层党建工作水平显著提高。注重发挥党建引领作用，开展“提质增效党旗红，共产党员当先锋”主题实践活动，建立攻关课题240个，创造效益2.55亿元。全面落实“两个责任”，完善党内监督体系。开展“影子公司”“影子股东”专项整治，共有548人填写了自查自纠情况表及承诺书。扎实推进中国中铁党委巡视和违规挂靠专项巡视反馈意见整改，截至2021年末，分别整改完成95%和92%。对9家三级公司开展了违规挂靠专项巡察，做好2020年第一批巡察问题整改验收工作，巡察“利剑”作用得到强化。

（柳金海）

【信息化建设】圆满完成股份公司“信息贯通工程”2021年度各项工作任务。按照股份公司统一部署，统筹建立中铁九局信息贯通工程组织保障体系，科学制定工作实施方案，构建了高效的体制机制。稳步有序推进“信息贯通工程”各项工作，完成虚拟专用网络细化部署和数据治理，利用超融合技术实现了服务器的冗余化、规模化与集群化，推动中铁九局总部协同办公平台与业财共享平台成功实现“双入驻”，如期完成中铁九局数据入仓，中铁e通得到全面推广应用，高质量完成阶段性任务。（梁海文）

【履行社会责任】践行初心使命，广泛开展“我为群众办实事”实践活动，为群众办理实事125项。聚焦员工“急难愁盼”问题，实施“三让三不让”关爱员工工程，落实海外员工“五欣慰六满意”、女职工关爱等工作。2021年投入78万元进行定点消费扶贫，为河南受灾地区投入20万元慰问金。

2021年7月8日，受强降雨影响，锦承线K211+330处边坡滑塌、K212+078涵洞积水浸泡路基。中铁九局接到锦州工程建设指挥部抢险通知后，立即组织69人、挖掘机2台进行抢险，7月9日3时25分，完成锦承线K211+330边坡滑塌加固，锦承线恢复行车。

2021年8月1日，受强降雨影响，长图线K292+480处约700米路基冲刷损毁，K7334、K215、K216、4343、4344次旅客列车停运。23时，中铁九局接到延吉工务段抢险通知后，立即组织26人、皮卡车6台以及相关救援工具物资投入抢险，历时18小时，加固风险点7处、整治修理道床近130米、补充道砟148立方米，顺利完成现场抢险任务。

2021年8月3日，受台风“烟花”影响，朝开线K13+060~K13+264路堤边坡溜坍（约2500立方米）。中铁九局接到延吉工务段抢险通知后，立即组织113人、挖掘机2台，历时94小时，卸块石27车、山皮土25车、石砟4车，并组织人员对道床及排水沟进行清理，圆满完成抢险任务。

2021年8月10日，受强降雨影

响，通霍线 K166+678 桥桥墩下沉倾斜，其中 4 号墩下沉约 0.8 米，导致下行线行车中断。中铁九局接到通辽工务段险情通知后，立即组织 200 人、挖掘机 5 台、破碎机 2 台、铲车 2 台、自卸车 6 台、压路机 1 台、汽车吊 1 台进行抢险。从 8 月 10 日 19 时 44 分至 9 月 19 日 16 时 36 分，历时共 40 天，完成拆除 5–10 旧桥 1 座、原位新建 3–20 桥梁 1 座、完成人工卸山皮石及石砟 160 车、清理河道及淤积树木等工作，为确保通霍线通车作出突出贡献。

（韩　冬）

【领导人员】

赵中华　党委书记、董事长
赵金祥　党委副书记、总经理
王学东　党委副书记、工会主席
沙首伟　党委常委、纪委书记
周文明　副总经理
刘海东　总工程师
王贺彩　总会计师、总法律顾问
金　耀　副总经理
彭　齐　副总经理
王志山　副总经理
王学军　副总经理（6 月免，调离）

（张　艳）

中铁十局集团有限公司

【简况】中铁十局集团有限公司（以下简称“中铁十局”）是以工程施工总承包为主的跨国跨行业经营的特大型企业集团，是中国中铁旗下骨干成员单位，总部设在山东省济南市。

2003 年 12 月 26 日，根据国资委、铁道部《关于将铁道部第二第三勘察设计院等 22 户企业划转中国铁路工程总公司有关问题的批复》（国资改革函〔2003〕373 号）以及中国铁路工程总公司《关于筹备成立中铁十局集团有限公司的通知》（中铁程劳〔2003〕385 号），在原济南铁路工程（集团）有限责任公司、中铁三局集团第三工程有限公司、中铁四局集团第三工程有限公司基础上重组成立中铁十局。

中铁十局下设 23 家子、分公司，主要分布在济南、南京、郑州、西安、合肥、广州、天津、青岛、苏州等经济发达城市，以及拉美、非洲、东南亚等地区。主要子企业有中铁十局一公司、中铁十局二公司、中铁十局三建公司、中铁十局四公司、中铁十局五公司、中铁十局七公司、中铁十局八公司、中铁十局青岛公司、中铁十局城轨公司、中铁十局城建公司、中铁十局电务公司、中铁十局投资公司、中铁十局物贸公司、中铁十局三公司、中铁十局拉美公司、中铁十局非洲公司、中铁十局亚太公司、中铁十局设计院、中铁十局铁工科技公司、中铁十局康养公司、中铁十局运管公司、中铁十局物业公司、中铁十局矿业公司。

中铁十局拥有各类资质 103 项，包括设计资质 5 项，勘察资质 2 项，总承包资质 43 项，专业承包资质 53 项。其中铁路工程、市政工程、建筑工程、公路工程（2 项）5 项工程总承包特级资质；铁路行业、市政行业、建筑行业、公路行业（2 项）5 项甲级工程设计资质。水利水电工程、机电工程总承包壹级，桥梁、隧道、铁路铺轨架梁、环保、钢结构、铁路电务、铁路电气化、路基、路面、建筑装饰装修、建筑机电安装、电子与智能化工程等专业承包壹级资质，机场场道工程专业承包贰级资质，拥有对外承包工程资格证书和对外援助成套项目 A 级资质。

截至 2021 年底，中铁十局注册资本金 38.36 亿元，资产总额 371 亿元，年施工能力 700 亿元以上。职工总数 14939 人，中级职称及以上专业技术人员 6317 人，高级专业技术人员 1664 人，其中，正高级职称 80 人，副高级职称 1584 人，一级建造师 1182 人，享受国务院政府特殊津贴 2 人。保有施工设备 4855 台（套），原值 23.92 亿元，净值 9.24 亿元，总功率 53.77 万千瓦，技术装备率 6.27 万元 / 人，动力装备率 36.48 千瓦 / 人，装备生产率 74.58。综合完好率 93%，利用率 82%。

中铁十局秉承“勇于跨越，追求卓越”的企业精神，先后参与京九铁路、青藏铁路、京沪高铁，沪杭、沪宁、胶济、宜万、温福、甬台温、合武、太中银、向莆、兰渝、大西、云桂、宝兰、连盐、石济、张呼、青连、济青、郑万、中南通道、蒙华等百余条国家大型高铁、客专、重载铁路工程建设，承建济南、济南西、青岛、徐州、烟台、沈阳南、哈尔滨西、泰州等新客站和铁路枢纽工程，参与济青、京沪、连霍、济广等百余条高速公路建设，参建北京、广州、深圳、重庆、武汉、西安、成都、济南、石家庄、合肥、昆明、福州、大连、青岛、苏州等多个城市的地铁和轻轨交通项目，完成多个城市千余项高层建筑、大型厂房、城市立交、电气化工程、汽车试验场、高尔夫球场、环保水务等工程项目。境外市场分布在委内瑞拉、乌干达、肯尼亚、斯里兰卡、东帝汶、泰国等 20 个国家，业务涵盖公路、铁路、房建、港口、矿产资源、石油炼化和国际贸易等领域。

中铁十局承建的项目先后获得“中国建设工程鲁班奖”“中国土木工程詹天佑奖”“国家优质工程奖”等国家级优质工程奖 34 项，“泰山杯”“扬子杯”“龙江杯”“黄山杯”等省部级优质工程奖 232 项。获得国家级工法 13 项、省部级工法 322 项、专利授权 884 项。中铁十局通过“质量管理体系”“环境管理体系”“职业健康安全管理体系”认证，先后被授予“全国优秀施工企业”“全国优秀诚信企业”“全国精神文明建设工作先进单位”“全国公路行业优秀施工企业”“全国质量效益型先进施工企业”“重合同守信用企业”“全国科技进步与技术创新先进企业”“山东省企业文化建设十佳单位”“山东省劳动关系和谐企业”“富民兴鲁劳动奖状”等多项荣誉称号，连续多年保持山东省“最佳信贷诚信企业”称号。

（刘连波　王　旭　张海霞　方正山　王成林）

所属单位

【主要指标】2021 年，中铁十局实现归属于母公司所有者的净利润 10.02 亿元，同比增长 17.33%；经营现金净流量 29.56 亿元，连续三年持续高位；资产负债率由年初的 79.91% 下降至 78.65%。（李　哲）

表 13-10　2020—2021 年中铁十局主要经济指标

项目	2020 年	2021 年	增长率 /%
资产总额 / 亿元	350.86	380.37	8.41
所有者权益 / 亿元	79.41	81.16	2.20
营业收入 / 亿元	540.00	564.00	4.44
利润总额 / 亿元	10.27	12.18	18.60
净利润 / 亿元	8.73	10.04	15.01
归属于母公司所有者的净利润 / 亿元	8.54	10.02	17.33
技术开发投入 / 亿元	13.11	12.41	-5.34
利税总额 / 亿元	27.43	30.93	12.76
应交税金总额 / 亿元	17.16	19.63	14.39
全员劳动生产率 /［万元 /（人・年）］	31.98	38.50	20.39
净资产收益率 /%	11.88	12.37	增加 0.49 个百分点
总资产报酬率 /%	2.57	2.64	增加 0.07 个百分点
国有资本保值增值率 /%	105.62	110.00	增加 4.38 个百分点

制表：李　哲

【改革发展】2021 年，中铁十局扎实推进深化改革三年行动，制定深化改革三年行动“任务清单”和“任务台账”，包含 5 大改革领域、22 个改革方向、157 项重点任务措施，以“三项制度改革”为突破口纵深推进改革，制定《加强董事会建设实施方案》《落实董事会职权实施方案》。截至 2021 年底，中铁十局 157 项重点任务完成占比超过 70%。深入开展对标管理提升，按照对标提升行动部署和要求，精准对标，成立以党政主要领导任组长的领导小组和 17 个专项工作组，制定实施方案，明确工作清单，组织到中铁四局集体现场对标及结合实际自行对标，截至 2021 年底，中铁十局 37 项对标任务完成 33 项，完成率 89.2%；开展企业管理现代化创新，2 项成果获“中国中铁优秀成果奖”，7 项成果获“第三十五届山东省企业管理现代化创新优秀成果奖”。积极推动产业结构优化调整，编制中铁十局“十四五”发展规划，明确业务板块发展策略，积极打造“第二曲线”，促进产业结构升级，针对工程公司结构布局不合理、主业优势不明显等问题，对 11 家工程公司进行现场调研，开展 22 场次座谈交流，收到 2573 份有效问卷，制定《工程公司差异化发展指导意见》，明确各工程公司发展定位与主营业务方向，对 3 家新业态公司进行帮扶调研，指导帮助健全完善管理体系，促进新业态产业做强做优做大，培育新的经济增长极。严格规范机构管理工作，开展违规挂靠专项整治专项行动，按时完成压减和“两非”剥离任务，理顺管理关系，明确物业、运管、康养公司由中铁十局直接管理，拓展新兴业态。修订《中铁十局工程指挥部管理办法》，明确项目组建方式、机构设置、责权利等，控制新设子（分）公司，新设山东铁工科技公司 1 家实体性子公司和矿业公司 1 家实体性分公司，哈尔滨、通化和科特迪瓦设 3 家经营性子公司，长春、广西、哥伦比亚和几内亚设 4 家经营性分公司。（刘连波）

【重大项目】2021 年，中铁十局完成施工产值 691 亿元，完成年度计划 680 亿元的 101%，较 2020 年同比增长 14%，产值创历史新高。2021 年，中铁十局在建项目 410 个。其中，铁路工程 41 个，公路工程 56 个，市政工程 115 个，城轨工程 35 个，房建工程 91 个，海外工程 62 个，水利工程 10 个。全年完成铁路架梁 1496 孔，正线铺轨 183 千米，站线铺轨 79 千米，隧道 33 千米，营业线施工折合完成 203 千米；公路工程完成架梁 2153 片，隧道 17 千米，路面 878 万平方米；水电工程隧洞及支洞完成 21 千米；城轨工程完成盾构 37 千米，车站 5 座；房建工程折合完成 501 万平方米。其中在建项目：新建济南枢纽胶济铁路至济青高铁联络线工程、郑州至济南铁路山东段 1 标、池州至黄山高速铁路站前工程 HCZQ-2 标、新建兴国至泉州铁路宁化至泉州段站

前工程施工总价承包XQNQ-3标段、城际铁路联络线一期工程站前5标、邹平铁路专用线工程2标、济南至莱芜高速铁路工程站前工程施工JLZQTJ-1标、龙岩至龙川铁路龙岩至武平段站前工程LLZQ-1标段、濮新高速公路、青岛地铁8号线土建6标、广州轨道交通13号线二期工程——石牌南站洗村站、广州地铁7号线二期、贵阳轨道交通3号线一期土建13标、苏州市轨道交通S1线13标、杭州机场轨道快线土建施工SGJC-6标段、成都地铁13号线一期工程土建8工区、淄博站客运设施改造工程、云南省中引水工程大理1段至楚雄段引入社会资本建设项目楚雄段施工6标工程、云南省滇中引水工程红河段施工1标2标。开通项目：大理至临沧铁路站前工程DLZQ-4标段、新建鲁南高速铁路菏泽至曲阜段QHTJ-4标、赣州至深圳铁路塘厦（不含）至深圳北（不含）段GSSG-10标段、鲁南高速铁路菏泽至兰考TJ—1标段、陕西省旬邑至凤翔高速公路TJ-1标。新开工项目：新建川藏铁路雅安至林芝段10标、雄安新区至北京大兴国际机场快线三标段、济南东站枢纽优化提升相关工程JNDSN-1标段、济南轨道交通6号线、新建济南至莱芜高速铁路工程站房工程及相关配套工程施工总价承包JLZFSG-1标段。（花　蓉）

【走向海外】2021年，中铁十局新中标海外施工项目31个，签订贸易类项目30个，实现新签合同金额28.93亿美元，同比增长57.2%，完成中国中铁下达指标的289%；在建境外施工项目73个，分布在委内瑞拉、肯尼亚、泰国近20个国家，业务涵盖公路、铁路、房建、港口、矿产资源、石油炼化和国际贸易等领域，累计完成年营业额10亿美元，同比增长96%，占中国中铁下达指标的200%。中铁十局扎实做好境外新冠肺炎疫情防控工作，全力保障人员生命健康安全，实现15个国别、73个在建项目、450余名中方员工“零感染”。在现有“国际部主管、外经公司主营、工程公司主建”的外经体系基础上，推动以国际部为主要载体组建国际事业部，进一步加强系统建设。2021年，在智利、哥伦比亚、科特迪瓦、几内亚、乌干达、斯里兰卡等7个新国别市场实现突破，新签合同金额17.59亿元。在拉美区域，提前两年实现在委内瑞拉、巴西、秘鲁、阿根廷、智利、哥伦比亚6个国别市场开展业务的工作目标；在非洲区域成功开拓几内亚市场，在亚太区域重启斯里兰卡市场。中铁十局大力推动产品产业转型升级，在投融资项目方面，中标肯尼亚卡卡梅加供水项目；在并购方面，启动收购UG21设计公司的相关工作，延伸产业链，进一步提高在拉美市场的占有率和影响力，实现多国别市场弯道超车。在矿产资源领域，新成立专业化的矿业公司，巩固和加强自身竞争优势，成功中标几内亚西芒杜铁矿的配套铁路项目，推动巴西洛阳钼业铌矿剥采及钻孔项目落地，实现巴西市场实体项目新突破；在国际贸易领域，重点推进工程换资源模式，打造全产业链，全年完成贸易合同额58.55亿元，实现规模和效益同步逆势增长。全力推动外经业务从传统的工程承包市场向投融资项目、收并购业务和矿产资源领域转型。

（刘广强）

【重大创新】2021年，中铁十局响应中国中铁“十四五”科技研发立项指南，有13个项目参与2021年度中国中铁科研项目“揭榜挂帅”竞争，1项课题列入中国中铁重大专项，2项课题列入重点计划。中铁十局以解决现场问题为导向，确定科研课题49项，为项目方案制定与实施提供技术支持。2021年获省部级工法85项、济南市优秀工法57项、企业级工法113项；获专利授权185项，其中发明专利14项。2021年通过中国中铁成果评审18项，组织局级科研课题验收与成果评审36项。拓展科技报奖领域和途径，科技奖项成绩显著。组织申报省部级科学技术奖、社会力量设奖84余项次，经审核最终推荐72项次，获奖34项次，其中詹天佑奖3项、浙江省科技进步奖1项、中施企协科技奖3项、中国公路建设协会科技奖1项。技术交流与成果推广取得新成绩，3项成果入围中国中铁首届实用技术推广名录，1项成果在中国中铁实用技术大赛上获奖。（张海霞）

【工程创优】2021年，中铁十局获国家级优质工程奖6项，获省部级优质工程奖30项。其中，双辽至洮南高速公路建设项目、环湖南路古城段景观及道路提升改造工程、成都地铁7号线等项目获“中国建设工程鲁班奖”；青岛地铁2号线获“国家优质工程金质奖”；安庆经开区“两区共建”和平西路等九路一沟道路排水工程、呼和浩特市轨道交通1号线一期工程获“国家优质工程奖”。安庆和平西路九路一沟道路排水工程、安庆和平东路道路工程、合肥市郎溪路高架包河大道立交工程项目郎溪路高架等项目获安徽省建设工程“黄山杯”奖。乐山至自贡高速项目、济南至东营高速第十五合同段、铜川至旬邑高速公路等项目获“李春奖”（公路交通优质工程奖）。新建蒙西至华中地区铁路煤运通道工程MHTJ-6标段刘坪隧道、南县至益阳高速公路TJ-3标段、繁华大道集贤路互通立交二期工程、新建合肥至安庆铁路站前工程HAZQ-5标段大沙河特大桥、合肥市轨道交通5号线土建TJ01标、昆明市轨道交通4号线土建7标、赣州市中心城区赣南大道快速路二标、新建连云港至镇江铁路站前工程LZZQ-1标新沂河特大桥、上合组织（连云港）国际物流园专用铁路工程EPC总承包烧香河特大桥、宁波至奉化城际铁路土建工程TJFH04标段、浙江乐清湾港区铁路SG03标红岩隧道、浙江乐清湾港区铁路SG03标楠溪江特大桥、新建上海至南通铁路（南通至安亭段）南通西站等6座站房生产生活房屋及

所属单位

▲图 13-11　中铁十局承建的铜旬高速公路获全国公路行业最高质量奖“李春奖”

相关工程 HTFJ-2 标段、呼和浩特市轨道交通 1 号线一期工程土建 1 标、新建太原至焦作铁路山西段站前工程 TJZQ-2 标太谷隧道、新建大理至临沧线站前工程 DLZQ-4 标段红豆山隧道、经开区纬二桥及附属工程、公主岭市地下综合管廊工程、新建青岛董家口港区疏港铁路工程 SGZH-1 标段周家村跨恒河双线特大桥、委内瑞拉 Palua 港口改扩建项目、杭州地铁 7 号线、西安市地铁临潼线（9 号线）一期工程 PPP 项目等项目获评“中国中铁杯优质工程”。S7 工程（S20—宝钱公路）获“上海市市政工程金奖”。（王　旭）

【企业文化】围绕建党百年、重点工程建设、疫情防控、抢险救灾等大事要事，策划系列具有影响力的新闻宣传报道，提升企业美誉度；大力宣贯中国中铁“开路先锋”文化理念，线上线下相结合，开展以“当先锋·创一流”为主题的第四届企业文化节，营造浓厚的争先创优氛围。参与企业形象宣传工作，策划莱荣高铁、三亚至乐东铁路、川藏铁路等项目前期形象宣传工作，池黄高铁党建现场会、张家口学院启用等活动的现场形象宣传策划，更新项目形象宣传标准，指导雄安到大兴机场快速路、济南地铁 6 号线等项目按照新标准做好形象宣传工作。做好“开路先锋”文化理念系统的学习宣贯，组织党委理论学习中心组专题学习，开展“五个结合”研讨，观看《永远的开路先锋》宣传片，发挥三级宣传网络功能和新媒体宣传阵地优势，多平台、全方位、不间断开展有声势、有深度的宣传教育活动，推进“开路先锋”理念系统、行为准则、司徽、司歌、司旗“五统一”，更新企业、项目形象宣传标准，使“开路先锋”文化理念广泛传播、深入人心。推进第四届企业文化节活动，对中铁十局总部企业文化展厅进行智慧升级，开展“颂党恩·守初心·展风采”党建主题摄影大赛、“美好新征程奋斗有我”征文活动、“党员风采”微视频征集展播，开展庆祝建党百年系列书籍征稿，编纂《初心如磐——中铁十局庆祝中国共产党百年华诞活动集锦》《群星璀璨——中铁十局优秀建设者风采录》《奋进之歌——中铁十局发展历程掠影》，制作中铁十局各领域重点工程建设业绩图集和折页画册，编

辑《中铁十局2020年新闻报道选编》《中铁十局2020年微信公众号作品汇编》。（范　凡）

【党建工作】截至2021年底，中铁十局有党委25个、党总支10个、党支部521个，党员6425名。2021年，中铁十局开展党史学习教育，组织领导干部研读《习近平谈治国理政》、“四史”等书目，开展专题理论研讨，召开专题民主生活会和组织生活会，开展党史微课大赛等系列活动。干部人才队伍优化提升，提拔46人年轻干部占比63%，调整交流93人次；引进高校毕业生737人，其中“双一流”院校毕业生112人，同比增长149%；新增中高级以上职称1055人，高级工、技师208人。开展“学党史、悟初心、守纪律、担使命”主题教育、庆祝中国共产党成立100周年系列活动，组织党支部建设晋位升级工作，6家单位获“中国中铁红旗项目部”“先进基层党组织标杆”称号，1人获“中央企业优秀共产党员”称号；开展“党旗在基层一线高高飘扬”主题实践活动，基层党组织战斗堡垒作用有效发挥。

中铁十局推进全面从严治党“两个责任”落实，建立沟通会商制度，构建两责并举、贯通联动、一体落实的工作格局，推进“四个专项整治”，开展违规挂靠、“影子公司”“影子股东”问题专项整治，开展亏损项目违规违纪专项治理。加强对“关键少数”的监督，重点加大对“一把手”和领导班子的监督力度，落实背靠背“画像”、廉洁档案、签字背书等制度，让习惯被监督、主动接受监督成为自觉。深化政治巡察，对3家外经公司和8个区域总部开展政治巡察。召开两次警示教育大会，组织党员干部参观警示教育基地，扎实开展“廉洁项目示范工程”创建工作，营造风清气正的环境。持续深化“大监督”格局，整合财务、审计等职能部门监督资源，建立上下联动、条块结合的监督网络，将监督力量转化为治理效能。一体推进不敢腐不能腐不想腐，2021年处置问题线索76件，立案34件，给予党纪政纪处分52人次。2021年，中铁十局对4家单位党委开展常规巡察，发现重点问题66个，移交立行立改问题99项；将巡察成果转化为企业治理效能，制定184条整改措施；抓好前两批10家单位反馈问题整改，完善各类规章制度157项，给予党纪政纪处分、组织处理97人次；对6家已被巡察单位党委及所属项目党组织进行巡察回访，梳理下发10个方面31类共性问题；修订完善9项巡察工作制度办法，编制《巡察工作手册》。

（岳守礼　杨春雷　刘保磊）

【信息化建设】全面推进信息贯通工程，完成组织架构和员工统一身份认证数据治理，梳理部门6427个、人员16335名，中铁e通安装率99%以上，日活率65%以上。完成营销管理系统、成本管理系统等七大系统数据入仓工作，完成一体化工作平台开通以及OA系统，大力推广使用视频会议系统。抓好网络安全建设，梳理暴露在互联网端的IT资产，采取对各信息系统进行安全加固、漏洞扫描、渗透测试、边界防护、清理僵尸系统等措施，提升信息系统的隐患排查、应急响应和系统恢复能力，建立中铁十局网络安全风险管控体系，在建党100周年等重大活动和网络安全攻防演习活动期间保障网络安全正常运行。开展数智工地试点建设，为双轮驱动探索出一条可行之路。BIM技术在第十届“龙图杯”、第十二届“创新杯”等多项大赛上获奖。

（张海霞）

【履行社会责任】2021年，中铁十局继续做好新冠肺炎疫情防控工作，一手抓防疫，一手抓生产经营，先后成立10余支“青年突击队”积极参与疫情防控工作。筹集资金467万元，走访慰问困难职工104户、劳动模范和离退休职工161人、一线职工民工8522人，为121人发放“金秋助学”款41.4万元，支出“三不让”帮扶救助资金184.32万元，帮扶救助困难职工1700多人次，为7户困难职工家庭申请中国中铁“精准帮困专项基金”12.3万元。参与股份公司团委“五彩梦想”接力计划，捐款1.4万元。

中铁十局注重绿色环保施工，2021年无环境责任事故和节能减排违规违纪事件。中铁十局新疆区域工程建设项目部优化环保施工方案，抓好环保措施落实，实施环保监测防控，守护南疆棉区灌溉水源喀拉喀什河，确保喀拉喀什河水质“原生态”，助力南疆棉区高质量发展。中铁十局滇中引水项目推进环水保治理，将环水保理念植入施工工艺、延伸至节能减排、融入防尘降尘、渗透进污水净化，将红河段的环水保打造成滇中引水工程整条线路的“样板工程”。中铁十局推进工业棕地生态系统修复，以唐山花海项目作为实践山水林田湖草一体化保护和修复要求的重要试点，统筹考虑自然生态各类要素，将各个要素修复工程串联成一个相对独立、互为依托的整体，通过点、线、面修复的叠加效应，致力于打造工业棕地生态系统修复的“示范样板间”。

中铁十局多次在新冠肺炎疫情防控、暴雨抢险等事件中参与救援，履行社会责任。2021年1月，河北省石家庄市突现疫情，中铁十局一公司连夜组织机械、设备、物资，集结150人奔赴石家庄，支援石家庄正定黄庄公寓集中隔离点建设，为石家庄正定黄庄公寓隔离点2区、3区、4区，1号物资营和2号工作营拼装主体框架672套，安装房屋内部隔板93套、安装门窗93套，吊顶93间，提前15小时完成黄庄公寓隔离点建设任务。7月，河南遭遇极端强降雨，郑州市遭遇历史极值暴雨，市区严重内涝，防汛应急响应提升至I级，中铁十局驻郑州的1家所属单位及3个在建项目全力参加郑州市抢险救援工作，郑州地铁7号线项目组织防汛抢险人员55人，调派4台挖掘机、2台装载机、2台发电机、26台抽水泵对严重内涝街道下水管道进行漂浮物清理，积极做好被困群众安置工作，保障人民群众生命财产安全。12月12日，中铁十局五公司筹集调拨50个集装箱，紧急驰援浙江省宁波市镇海区疫情防控工作。

（韩志勇　范　凡　郭方飞　冯华俊）

【领导人员】

李学民　党委书记、董事长
李海峰　党委副书记、总经理、董事
于科善　党委副书记、工会主席
　　　　职工董事
陈　伟　党委副书记
　　　　纪委书记（6月免）
　　　　监事会主席（1月免）
李景贵　党委常委、纪委书记（9月任）
高　峰　党委常委、副总经理
陆乃银　党委常委、总会计师
　　　　董事（8月免）
徐为民　副总经理
　　　　党委常委（1月任）
杨玉泉　党委委员、副总经理
周建明　副总经理
魏广造　副总经理
戚乐方　副总经理
陈　耕　副总经理（6月任）
张　勇　副总经理（6月任）
路大鹏　总工程师（6月任）

（方正山）

中铁大桥局集团有限公司

【简况】　中铁大桥局集团有限公司（以下简称“中铁大桥局”）是中国中铁股份有限公司的全资子公司，位于武汉市汉阳区四新大道6号，是中国唯一的集桥梁科学研究、工程设计、土建施工、装备研发四位于一体的承包商兼投资商，具备在各种江、河、湖、海及恶劣地质、水文等环境下修建各类型桥梁的能力。中铁大桥局具有铁路、公路、市政公用工程施工总承包特级资质，桥梁工程、隧道工程、港口与海岸工程、铁路铺轨架梁工程、公路路基工程专业承包壹级、房屋建筑工程施工总承包壹级及特种工程专业承包资质，公路路面工程、石油海洋工程、消防设施工程专业承包贰级资质，铁道行业甲（Ⅱ）级、公路行业甲级、市政行业甲级设计资质，测绘甲级资质。

1950年，经中央人民政府指示，铁道部开始武汉长江大桥的筹建工作，1953年4月成立“铁道部新建铁路总局武汉大桥工程局”。1958年3月，改称“铁道部大桥工程局”。1970年8月，铁道部与交通部合并，改称“交通部大桥工程局”。1975年3月，铁道部与交通部分设，仍属铁道部，名称恢复为“铁道部大桥工程局”。此前及此后，单位名称还有“桥梁与基础工程公司”等短期变更，但隶属关系及内部机构均无实质性变化。2000年10月，与铁道部脱钩，更名为“中铁大桥工程局”，属中国铁路工程总公司领导。2001年4月26日，改制为“中铁大桥局集团有限公司”。2004年10月28日，经国务院国有资产监督管理委员会批准，中铁大桥局股份有限公司依法成立。中铁大桥局股份有限公司是由中铁大桥局集团有限公司、武汉钢铁（集团）公司、中铁隧道集团有限公司、中铁山桥集团有限公司、铁道科学研究院共同发起，以中铁大桥局集团有限公司桥梁建设等土建施工资产改制重组设立的股份有限公司。2015年2月10日，中铁大桥局集团有限公司按照法定程序吸收合并中铁大桥局股份有限公司，中铁大桥局股份有限公司正式注销。

2021年，中铁大桥局下设三级子公司24家、四级子公司8家、分公司34家（其中备案类23家），直属项目部43个、授权项目部499个，片区指挥部9个。职工期末人数为12902人。其中，在岗职工12287人，非在岗职工615人；干部人数9586人，工人3316人；正高级职称238人，副高级职称1967人；特级技师20人，高级技师492人，技师613人。自有机械设备13945台（套），总原值50.94亿元，净值20.00亿元，总功率57.56万千瓦。技术装备率15.4万元/人，动力装备率44.31千瓦/人，主要设备完好率89.66%，利用率88.92%，机械化施工程度高。截至2021年底，中铁大桥局先后获“国家科学技术奖”33项，“国际乔治·里查德森大奖”8项、新中国成立60周年“百项经典暨精品工程”10项、“中国建设工程鲁班奖”45项、“中国土木工程詹天佑奖”31项、“国家优质工程奖”32项（其中金质奖9项）、拥有国内外专利1556项。从20世纪50年代援建越南河内铁路桥梁开始至今，先后在缅甸、孟加拉国、印度尼西亚、南非、坦桑尼亚、安哥拉、摩洛哥等20多个国家和地区建设了一大批精品工程；入选美国《工程新闻记录》（ENR）评选的世界最大225家国际承包商，跻身“国际十大桥梁承包商”。（李涵宁）

【主要指标】2021年，中铁大桥局完成新签合同额901.7亿元，企业营业额500.8亿元。2021年，资产总额449.59亿元，较2020年增长2.45%；所有者权益88.73亿元，较2020年增长2.24%；营业收入450.59亿元，较2020年增长12.50%；利润总额8.05亿元，较2020年增长45.31%，净利润6.36亿元，较2020年增长31.40%；归属母公司所有者的净利润5.78亿元，较2020年增长31.66%，技术开发投入8.49亿元，较2020年增长7.88%；利税总额20.36亿元，较2020年增长25.45%；应交税金总额4.86亿元，较2020年下降51.40%；全员劳动生产率351.86万元，较2020年增长14.2%；净资产收益率7.24%，较2020年增加1.39个百分点；总资产报酬率2.11%，较2020年增加0.33个百分点；国有资本增值保值率106.91%，较2020年增加1.33个百分点。（潘成兵）

表 13-11　2020—2021 年中铁大桥局主要经济指标

项目	2020 年	2021 年	增长率 /%
资产总额 / 亿元	438.84	449.59	2.45
所有者权益 / 亿元	86.79	88.73	2.24
营业收入 / 亿元	400.54	450.59	12.50
利润总额 / 亿元	5.54	8.05	45.31
净利润 / 亿元	4.84	6.36	31.40
归属于母公司所有者的净利润 / 亿元	4.39	5.78	31.66
技术开发投入 / 亿元	7.87	8.49	7.88
利税总额 / 亿元	16.23	20.36	25.45
应交税金总额 / 亿元	10.00	4.86	–51.40
全员劳动生产率 / [万元 / (人・年)]	308.11	351.86	14.20
净资产收益率 /%	5.85	7.24	增加 1.39 个百分点
总资产报酬率 /%	1.78	2.11	增加 0.33 个百分点
国有资本保值增值率 /%	105.58	106.91	增加 1.33 个百分点

制表：潘成兵

【改革发展】深入推进“深化改革三年行动”工作。召开“深化改革三年行动”工作推进会，编制落实 29 项重点改革任务分解清单，制定《中铁大桥局“深化改革三年行动”重点任务配套制度清单》。截至 2021 年末，中铁大桥局“深化改革三年行动”任务完成度达 85%。

持续开展对标世界一流管理提升行动。对标中铁四局学习优秀管理经验，3 篇管理实践入选《中国中铁优秀管理实践汇编》。细化 2021 年度对标事项清单（41 项），年度阶段性目标完成率达 85%。中铁大桥局入选国务院国资委国有重点企业管理标杆创建行动标杆企业。

深化“三项制度”改革。制定《中铁大桥局深化“三项制度”改革实施方案》和“三项制度”改革任务推进表。推进经理层任期制和契约化管理工作，制定《中铁大桥局经理层成员经营业绩考核及薪酬管理办法（试行）》《子（分）公司经理层成员任期制和契约化管理办法（试行）》《子（分）公司经理层成员经营业绩考核及薪酬管理办法（试行）》，完成 18 家单位 134 名经理层成员岗位聘任协议书、年度经营业绩责任书签订工作，实现应签尽签。建立健全职业项目经理制度，制定《职业项目经理管理办法》，完善职业项目经理选聘、任用、考核、薪酬、退出等体系，加快推进职业项

▲图 13-12　2021 年 12 月 21 日，中铁大桥局承建的郑济铁路郑州黄河特大桥主桥静载实验完成

目经理队伍建设步伐。开展科技型企业股权和分红激励试点工作。中铁大桥局特种公司、七公司、九公司、桥科院4家单位岗位分红方案获中国中铁批复通过。（李　倩）

【重大项目】2021年，中铁大桥局新开工项目137项，其中铁路工程5项，非铁路工程132项；年内在建工程累计347项，其中铁路工程26项，非铁路工程321项，分布在全国29个省（自治区、直辖市）；年内有113项工程完工或收尾。

中铁大桥局承建（参建）的武汉市汉江七桥、温州瓯江北口大桥工程BKTJ-O1标、新建郑州至济南铁路郑州至濮阳段站前工程施工ZPZQ-Ⅶ标段、宁波舟山港主通道（鱼山石化疏港公路）公路工程第DSSG05标、新建安九铁路AJZQ-3标、广东湛江调顺跨海大桥、新建和田至若羌铁路施工S3标段、新建铁路丽江至香格里拉金沙江特大桥站前工程LXZQ-3标、新建杭州经绍兴至台州铁路站前工程HSTZQ-6标段、湖北省赤壁长江公路大桥、新建湖州至杭州西至杭黄高铁连接线先期开工段站前工程HHLJXZQ-1标工程完工。

2021年，中铁大桥局中标甬舟高速公路复线金塘至大沙段工程1个投资项目，新签合同额54.5亿元，占中铁大桥局新签合同额比例5%。2021年，中铁大桥局既有26个基础设施投资项目，投资规模580亿元，项目全周期需出资71亿元，年内完成出资7亿元，开累完成出资50.1亿元，开累比重71%。（李涵宁）

【走向海外】2021年，成功中标澳门完善新口岸区污水截流管设计连建造承包工程、香港将军澳海水淡化厂第一阶段工程——外墙DfMA组件预制和运输分包合同工程等，实现新签合同额37.88亿元人民币（约5.94亿美元），完成股份公司下达的4亿美元新签指标的148.5%。

进一步做实境外“1+3”区域营销，明确了港澳、南亚、东南亚、非洲4个境外区域的营销范围，合理配备了区域工经、技术及商务人员。推进成立孟加拉国分公司，为进一步巩固孟加拉国及周边国家经营区域奠定了坚实基础。（杨　洋）

【重大创新】技术创新方面。6项外部科研课题完成研究工作并顺利通过结题验收，其中，国家重点研发计划课题1项、湖北省科技项目1项、国铁集团1项、中国中铁科技开发计划课题3项。组织开展验收中铁大桥局科研项目/课题40项。承担国家重点研发计划课题6项、湖北省科技项目2项、浙江省科技项目1项、国家铁路局课题1项、湖北省交通科技项目1项、中国中铁实用技术课题4项、中国中铁川藏铁路课题1项、中国中铁A类课题6项。新立项中铁大桥局科研项目/课题50项。新增授权专利538项，其中，发明专利121项，实用新型专利411项，外观设计专利1项，国际专利5项。2021年，获第二十二届中国专利优秀奖1项；获科技奖项66项，其中湖北省科学技术奖2项，重庆市科学技术奖1项，中国公路学会科学技术奖10项，中国施工企业管理协会工程建设科学

▲图13-13　2021年12月29日，中铁大桥局承建的宁波舟山港主通道舟岱大桥通车

技术奖10项，中国钢结构协会科学技术奖5项，中国公路建设行业协会科学技术奖9项，中国铁路工程集团有限公司科学技术奖17项，国资委第三届中央企业熠星创新创意大赛奖1项，国际桥梁大会铁路桥奖、乔治·理查德森奖各1项，国家认可的其他社会力量奖9项。

管理创新方面。中铁大桥局与中南财经政法大学共建校企协同创新研究生工作站并获得湖北省教育厅批准建设，实现企校资源共享、产学研用融合。全年有5项管理创新成果获“2021年度中国中铁企业管理现代化创新成果奖”，其中一等奖2项、二等奖2项、三等奖1项。

（舒海华　李　倩）

【工程创优】新建北京至张家口铁路（含崇礼铁路）工程获“2020—2021年度国家优质工程金质奖”；重庆寸滩长江大桥、广东省龙川至怀集公路（连平至怀集段）、杨泗港快速通道青菱段（八坦立交—丁字桥路）工程获“2020—2021年度国家优质工程奖”；武汉杨泗港长江大桥（鹦鹉堤—八铺街堤）正桥工程、川藏公路（西藏境）通麦至105道班段整治改建工程迫龙沟特大桥获“2020—2021年度中国建设工程鲁班奖”（国家优质工程）。

重庆至贵阳铁路扩能改造工程新白沙沱长江特大桥获“2019—2020年度铁路优质工程一等奖”；合福铁路铜陵长江公铁大桥公路接线项目获“2020—2021年度（第二批）公路交通优质工程奖”；新建连镇铁路五峰山长江大桥、商合杭铁路芜湖长江公铁大桥、黄石新港（物流）工业园区海洲大道北延段EPC项目获“2021年度优秀焊接工程一等奖”，汾东新区一十号线桥建设工程、珠海洪鹤大桥工程HHTJ2标段，洪都大道快速化改造工程获“优秀焊接工程奖”；东水门大桥工程获“2020年度巴渝杯优质工程奖”。

（付红艳）

【企业文化】围绕“庆祝党的百年华诞”主线，以“党史学习、办好实事、核心价值引领、传承创新、融媒发展”为抓手，承担起“举旗帜、聚民心、育新人、兴文化、展形象”五大使命任务，为服务公司高质量发展作出了应有贡献。2021年，中铁大桥局在《桥梁建设报》、官方微信公众号等阵地先后开设“建桥报国　我为党旗添光彩”“重走党史路　启航新征程”“建桥红色故事”“建桥初心代代传”等专题专栏，累计推出专题版面20余个，编发主题微信100余条。举办了“建桥报国——我为党旗添光彩”主题成就展，总结了大桥局桥梁建设创造的百项第一，策划推出了“大国顶梁柱、永远跟党走”微纪录片《传承血脉》和庆祝建党百年献礼片《建党百年路　辉煌中国桥》等影视作品，编辑出版了《我为党旗添光彩》《重走党史路》《建桥红色故事》等文化书籍。公司实施领导带学、党员比学、个人自学“三学联动”，组织开展好两级中心组学习、线上线下党史知识竞赛和红色观影、红歌联唱、红诗诵读等活动，提升了学习质效，公司2021年组织“红色践学”活动近300场；专题纪实《汲取党史伟力　续写“建桥报国”新

▲图13-14　中国首条民营资本控股的高铁——杭绍台铁路控制性工程椒江特大桥建成

所属单位

篇章》一文登上国务院国资委网站。系统谋划中铁大桥局党委“我为群众办实事”前后两批重点民生项目清单，推动形成了领导班子牵头、部门认领、逐项解决的闭环工作机制，确保清单问题全部解决。加强成果跟踪，有效总结经验、推广宣传，“党建进班组”“快剪进项目”“无人超市进驻地”“阳光晾衣棚进宿舍”“点餐服务进食堂”等亮点工作获得肯定。充分发挥先进典型的示范引领作用，通过积极申报，17人获评中国中铁“开路先锋”卓越人物；评选表彰了11名中铁大桥局第四届“建桥楷模”。完善文化体系，获评“新时代企业宣传思想文化创新典范”；制作影视作品45部、各类报奖片7部、投标及施工工程动画片24部，跟踪记录了12个大型工程项目建设过程。2项企业文化建设成果分获“新时代企业党建实践创新优秀成果”和“最美企业之声”代言作品奖；持续建优建强传媒公司，提升文化产业服务能力。发挥桥梁博物馆教育基地作用，2021年接待参观人数超过3.5万人次。2021年，中铁大桥局官方抖音账号粉丝超33万人，“中铁大桥局”官方微信获评“湖北十佳政务新媒体”，公司在中央级媒体刊发新闻报道1457条，其中中央电视台406条（《新闻联播》20条）、《人民日报》64条，继续在中国中铁新闻宣传工作考评中保持领先地位，同时荣获2021年中国中铁新媒体宣传第一名。

（孙　晨）

【党建工作】公司健全深入贯彻落实习近平总书记重要指示批示工作制度体系，严格落实“第一议题”机制，全年学习贯彻习近平总书记重要指示批示、重要讲话精神。修订《中铁大桥局集团有限公司“三重一大”决策制度实施办法》《中铁大桥局集团有限公司党委常委会议事规则》，梳理企业重大事项决策权责清单，进一步厘清各级治理主体权责边界，推进加强党的领导和完善公司治理相统一。围绕庆祝中国共产党成立100周年主题，开设“重走党史路，启航新征程”等专题专栏，举办“建桥报国——我为党旗添光彩”主题展，策划推出《大国顶梁柱　永远跟党走》微纪录片等影视作品，全方位、立体式展现中国共产党成立100年来中国桥梁建设的发展历程和取得的辉煌成就，进一步激发广大干部职工爱党爱国爱企情怀。推荐25人获评中国中铁“开路先锋”卓越人物，承办中国中铁“弘扬劳模精神，喜迎建党百年”劳模事迹报告会，在全公司广泛宣传全国劳模王吉连典型事迹，积极营造激励广大干部职工学习先进、崇尚先进、争当先进、赶超先进的良好氛围。依托红色教育基地、党校教育资源，分期分批开展领导干部理想信念班、青年党员精神传承班、支部委员素质提升班和优秀党员先锋模范班。深入开展党支部“晋位升级”，广泛开展创先争优工作，多个基层党组织和一批党务工作者、优秀共产党员受到国资委党委、湖北省委、湖北省国资委、中国中铁党委表彰。优化党建责任制考核指标体系，以服务保障经营管理的实际成效衡量基层党组织作用发挥情况，推进“双向融入、双向促进”，有效激发各级党组织防范“两张皮”的积极性和创造性。在中国中铁2020年度党建责任制考核中，中铁大桥局获评“优秀”等级。2021年共选拔领导干部33人次。持续推进三项制度改革，完善市场化用人机制，推进经理层成员任期制和契约化管理工作，实行职业项目经理制度，完成18家单位130余名经理层成员《岗位聘任协议》和《经营业责任书》签订工作。推进青年干部交流锻炼工作，修订完善《经理层成员经营业绩考核及薪酬管理办法》等制度，试点岗位分红激励、实行工效联动奖励、实施专项奖励，充分激发广大干部职工拼搏、奉献、提升的内生动力。

制定加强对“一把手”和领导班子监督实施办法。落实党委纪委沟通会商制度，推动党委纪委在全面从严治党上进一步凝聚共识、同向发力。参与重要人事安排初始酝酿，严把廉洁意见回复关，认真开展领导干部任职前廉洁谈话，加强选人用人监督。积极稳妥实施派驻监督，设立两个派驻纪检组，建立派驻监督工作机制，整合监督力量，不断加强对片区经营的监督。召开监督工作专题会议，促进职能部门履职尽责。深入开展亏损项目违规违纪和履职不力问题专项治理，选取10个项目，深挖亏损原因，精准界定责任，推动开展“大检查、大反思、大整改、大提升”活动，促进项目管理进一步规范。大力开展靠企吃企专项监督，扎实开展“影子公司”“影子股东”问题专项整治，公司4603名在职党员干部、149名离退休党员干部完成自查自纠、作出个人承诺，巩固整治成果。监督推动民企挂靠国资问题综合整治，督促相关单位针对排查问题加快清理，维护企业信誉形象，有效化解风险。一体推进“三不”。加强对信访举报的信息化管理和分类化处置，对重要问题线索提级查办、跟踪督办，实行“一案双查”，提升办案效率和效果。综合运用监督执纪“四种形态”，持续释放一严到底的强烈信号。稳妥配合地方纪委监委办案，为企业发展营造良好环境。积极落实“三个区分开来”要求，制定经营投资免责事项清单。推进以案促改，对典型违规违纪案件“解剖麻雀”，努力将办案成果转化为企业治理效能。组织召开警示教育大会，开展党风廉政建设宣教月活动，努力创建清廉企业。紧盯公款吃喝、私车公养、收受礼品礼金等易发问题，开展明察暗访、突击检查，从严从快查处收受劳务队伍礼品礼金等违规行为。教育引导各级党组织、全体党员干部严格贯彻执行中央八项规定精神和中国中铁“十五个严禁”，认真落实“勤俭办企业十不准”要求，组织开展专项监督检查，严格督促整改。大力纠治形式主义、官僚主义，加强对办文办会、检查考核等统筹管理，推动为基层减负。统筹推进两批次巡察"回头看"，针对物资采购、合同管理和临建工程同步开展专项检查，推动解决一批影响业发展的突出问题。在中国中铁系统内率先开展工程公司项目巡察，制定所属工程公司党委开展巡察工作实施意见，14 家单位成立巡察工作机构，对 17 个项目开展巡察，共发现问题 251 项，并积极进行整改，整改销号率 95%，基本形成了两级巡察上下联动的工作格局。按照国资委、中国中铁全级次同步开展违规挂靠专项巡视巡察的要求，所属 14 家子公司党委坚持标本兼治，抓紧补齐制度短板，专项巡察整改取得阶段性成果。对照股份公司党委巡视发现共性问题，结合中铁大桥局党委巡察发现共性问题，细化分解为 15 个主要事项和 41 个具体事项，全面对照整改提升，达到"巡视一个，带动一片"的效果。（张 琦 韦怡华）

【信息化建设】积极推进中国中铁"信息贯通工程"和"数智升级工程"，完成 OA 系统和财务共享的中铁 e 通入驻及全球组网接入工作，实现互联互通。中铁大桥局网站群系统正式在"大桥云"上线。组织开展信息化技术、BIM、数据运营官、网络安全技术培训和第二届网络安全攻防竞赛，参加武汉市网络安全职业技能大赛，获"武汉市十佳网络安全团队"称号。完成国内首个桥梁行业的工业互联网 Handle 标识解析二级节点建设。通过两化融合管理体系年度监督评审，入选工业和信息化部制造业与互联网融合发展试点示范名单、2 项成果入选武汉市数字经济应用场景名单，获政府专项资金奖励。"企业基础数据统一编码体系研究"通过中铁大桥局科研课题结题验收，实现多部门、多业务协同应用，获中国大数据产业生态大会"大数据金沙奖"（数据分析领域最佳产品）、中国信息协会科技创新优秀解决方案和科技创新自主产品。完善 BIM 管理平台功能，形成了 BIM 技术服务、智慧工地、智能监控监测、智慧梁场、智能化施工等一批核心应用，覆盖了桥梁建造全过程信息化服务范围，相关成果获中国交通企业管理协会"第十八届全国交通企业管理现代化创新成果"二等奖 1 项、铁路 BIM 联盟第三届"联盟杯"铁路工程 BIM 应用大赛施工组二等奖和软件组三等奖各 1 项、中国公路学会"交通 BIM 工程创新奖"特等奖和一等奖各 1 项、"第三届中国工业互联网大赛"建筑业（领军组）二等奖 1 项。（宋 军）

【履行社会责任】中铁大桥局在人才、资金、技术等方面加大投入力度，组建了乡村振兴工作队，第一时间驻扎到帮扶村湖北省宣恩县两河口村开展工作，捐赠 19.8 万元，主要用于两河口村党群服务中心智慧党建平台建设、村路亮化、乡村绿化等项目，展示两河口村形象，帮助村民办好事、解难题，开通了村级微信公众号"魅力两河口"，建立了宣恩县首个村级智慧党建服务平台，受到当地村民的欢迎。通过"832"平台采购山茶油、菜籽油、茶叶、大米等农特产品 4.3 万元，采购驻点村蔬菜、肉类等 1.74 万元，采购驻点村"贡水白柚"5.62 万元。中铁大桥局各子（分）公司及项目部组织志愿者投身抗疫一线，在上海、南京、江西、广东等项目成立"抗疫先锋"党员示范岗和志愿服务队，支援所在地的疫情防控工作，公司获得"中央企业抗击新冠肺炎疫情先进集体"，中铁大桥局七公司获武汉市建筑业抗击新冠肺炎疫情"标杆企业"。在郑州"7·20"特大洪灾暴发后，及时成立党员突击队，迅速投入抗洪抢险中，收到了当地交通运输局的感谢信及表彰。7 月 29 日，巢马城际铁路 1 标项目部与当地海事部门联合成功救援一艘动力失控船舶。8 月 4 日，项目部又成功救援一艘失火货船，宁安公司向巢马城际铁路项目部发来表扬信。中铁大桥局获湖北省"博爱企业"荣誉。（孙 晨）

【领导人员】

文武松　党委书记、董事长、法定代表人
李晓峰　党委副书记、总经理、董事
黄支金　党委副书记、职工董事
汪小平　党委副书记、纪委书记
李　宁　党委常委、总会计师
刘杰文　党委常委、副总经理
李富仓　副总经理
蔡登山　副总经理
罗　兵　副总经理
张红心　副总经理
刘建华　副总经理
毛伟琦　总工程师
赵志刚　副总经理（1 月任）
查道宏　副总经理（1 月任）

（杨迎冬）

中铁隧道局集团有限公司

【简况】中铁隧道局集团有限公司（以下简称"中铁隧道局"）是中国中铁的骨干成员企业，前身为 1978 年 10 月经国务院批准成立的铁道部隧道工程局。

40 余年来，一代代中铁隧道人始终传承"开路先锋"精神，铭记"忠诚担当"嘱托，践行"隧贯山河、道通天下"使命，引领中国隧道科技实现四次跨越。目前已成为集设计、科研、投资、施工、修造、运维六大功能于一体的全产业链服务商，业务涵盖全部基建领域。年隧道施工能力超过 500 千米，累计建设各类隧道突破 10000 千米，约占全国隧道总长的 10%，修建 20 千米以上铁路隧道数量占全国总数的 80%，30 千米以上铁路隧道全部参与建设。承建穿江越洋工程 112 项，居同业之首。创造了 11 次穿长江黄河，15 次穿黄海、东海、南海，19 次穿珠江，29 次穿钱塘江、湘江、赣江、闽江、邕江水下隧道施工纪录。参与了中国 42 座城市的地铁建设。拥有 TBM、盾构 130 台，是国内保有数量最多、门类最齐全的同类施工企业。正在施工的直径 16.28 米的深圳望海路快速化改造工程，是中国最大直径盾构隧道；独头掘

所属单位

进10.2千米的中俄管道长江穿越工程，被誉为“万里长江第一隧”，是目前世界油气领域单线盾构掘进距离最长、埋深最深、水压最高、口径最大、施工环境最复杂的油气管道穿江盾构工程。

中铁隧道局具有铁路、公路、市政施工总承包特级资质，铁道、公路、市政行业甲级设计资质，甲级测绘资质，获得了中国建筑业协会、中国水利工程协会AAA级信用评价。公司注册资本29.98亿元，在建工程300余项，遍布世界各地。员工总数14544人，拥有专业技术人员8079人。建局以来，共培育出中国工程院院士1名、全国工程勘察设计大师1名、全国劳模5名、国家级有突出贡献专家1名、“国家百千万人才工程”1名、“中国青年五四奖章”获得者1名、享受国务院政府特殊津贴25名等先进模范。

中铁隧道局在中亚、西亚、东南亚、南美、北欧、非洲等地区拥有在建工程24项。已建成的乌兹别克斯坦卡姆奇克隧道是该国“总统一号工程”，被公认为“一带一路”倡议先期成果，是中国企业“走出去”的一面旗帜，两国领导人共同见证隧道通车。施工设计总承包的以色列特拉维夫轻轨红线工程，以中国工程的“走出去”，带动中国设备、中国物资、中国技术“走出去”，是中国企业承建的首个海外高端市场轻轨项目。格鲁吉亚南北公路KK隧道刷新世界最大直径TBM施工纪录。以最高评级完成瑞典地铁，实现欧盟市场滚动发展。在秘鲁、智利形成集群效应，中国隧道享誉南美。

中铁隧道局累计有857项科研成果通过鉴定、评审或验收，其中国家科技进步奖17项（含特等奖1项、一等奖3项、二等奖10项、三等奖3项），省部级科技进步奖426项；拥有国家级工法27项，获得知识产权500余项；累计获“中国建设工程鲁班奖”23项，“中国土木工程詹天佑奖”42项，“国家优质工程奖”67项，国际项目管理银奖1项，特殊国际荣誉奖1项，国际工程项目优秀奖1项。拥有盾构及掘进技术国家重点实验室、国家级企业技术中心、博士后科研工作站、广东省重点实验室。中国土木工程学会隧道及地下工程分会挂设在企业。经中国工程机械工业协会、中国工程机械学会授权成立“全断面隧道掘进机状态监测与评估中心”。（王育飞）

【主要指标】2021年，中铁隧道局实现新签合同额956.15亿元，完成预算目标900亿元的106.24%；实现营业收入542.29亿元，完成年度预算542亿元的100.05%；实现净利润4.69亿元，完成年度预算4.66亿元的100.64%；实现经营性净现金流9.35亿元，完成年度预算4.66亿元的200.64%；年末有息负债14.78亿元；资产负债率79.27%，较2020年下降2个百分点。年末“两金”规模196.46亿元，超出预算目标187亿元。（王冉冉）

表13–12 2020—2021年中铁隧道局主要经济指标

项目	2020年	2021年	增长率/%
资产总额/亿元	399.61	451.61	13.01
所有者权益/亿元	74.77	93.62	25.21
营业收入/亿元	460.47	542.29	17.77
利润总额/亿元	5.13	5.38	4.87
净利润/亿元	4.38	4.69	7.08
归属于母公司所有者的净利润/亿元	4.23	4.57	8.04
技术开发投入/亿元	11.25	10.98	–2.40
利税总额/亿元	15.16	15.96	5.28
应交税金总额/亿元	13.63	12.02	–11.81
全员劳动生产率/［万元/（人·年）］	35.34	36.51	3.31
净资产收益率/%	6.48	5.57	减少0.91个百分点
总资产报酬率/%	1.57	1.47	减少0.10个百分点
国有资本保值增值率/%	107.28	107.11	减少0.17个百分点

制表：王冉冉

【改革发展】推进产业基础高级化、产业链条现代化为导向的产业机构调整，成立了技术与管理研究院和川藏铁路技术创新中心；调整片区指挥部区域营销机构设置及定员编制，构建形成覆盖国家级、省（市）级重大发展战略的业务拓展体系；成立中铁隧道局深圳地区、广州地区重点工程指挥部，强化重点地区项目管控；深化三项制度改革，健全完善“三法两书”管理体系，开展经理层成员任期制与契约化管理，发布《经理层成员薪酬管理办法》《经理层成员业绩考核评价实施办法》《所属子分公司经理层成员任期制和契约化管理办法》等系列管理制度；建立全员绩效考核管理体系，将全体员工分门别类纳入不同的绩效考核体系，实现领导人员能上能下，企业员工能进能出。深入推进国企改革三年行动和对标世界一流工作，健全完善新时代中国特色社会主义现代化企业管理体系，2021年共完成改革任务109项，累计完成改革任务132项。（蒋永强）

【重大项目】2021年，中铁隧道局共承建工程项目311个，其中，铁路项目27个、公路项目57个、市政项目110个、轨道交通项目63个、水电项目14个、房建项目13个、其他项目27个。以郑万高铁香炉坪隧道、玉磨铁路景寨隧道、重庆东环铁路箱子坡隧道、兰张铁路黑松驿隧道、昌景黄铁路平里隧道等为代表的重点难点项目全隧道贯通；以川藏铁路2标、深圳妈湾跨海通道项目、格鲁吉亚KK公路项目、成都轨道交通13号线5工区等为代表的多个盾构/TBM项目顺利始发掘进；以京沈铁路、金台铁路、玉磨铁路、张吉怀铁路等为代表的项目年内顺利开通运营；重点难点项目大瑞铁路高黎贡山隧道、成昆铁路、汕头苏埃通道、丽香铁路和成都地铁13号线等稳中向好。（孙祥惠）

▲图13-15　2021年11月25日，中铁隧道局隧道建设里程突破10000千米——深江铁路珠江口隧道大湾区号盾构机顺利始发

【走向海外】2021年，中铁隧道局海外市场全年完成新签合同额23.27亿元人民币（折合3.62亿美元），为中国中铁年度计划3.5亿美元的103.43%。中标智利圣地亚哥地铁2号线延长线车站土建工程项目，合同金额2.51亿元人民币；中标瑞典斯德哥尔摩地铁蓝线延长线8714项目，合同金额6.91亿元人民币；中标几内亚马西铁路试验检测及技术咨询服务项目，合同金额0.3亿元人民币；中标秘鲁圣玛利亚至马丘比丘水电桥公路改造项目，合同金额2.84亿元人民币；中标秘鲁万卡韦利卡至布卡班巴道路改造项目，合同金额2.66亿元人民币；中标以色列特拉维夫轻轨红线铺轨及四电工程项目补充合同，合同金额8.05亿元人民币。全年完成施工营业额18.75亿元人民币，为中国中铁年度计划19.35亿元人民币的96.87%。全年境外中方人员721人（员工150人、劳务510人、分包商61人），均无新冠肺炎感染情况发生。（马　力）

【重大创新】2021年，中铁隧道局共获各级科技进步奖56项，其中国家科技进步奖二等奖2项，分别为深部复合地层隧（巷）道TBM安全高效掘进控制关键技术和深水大断面盾构隧道结构/功能材料制备与工程应用成套技术；省部级政府科技奖11项，其中极端复杂地质TBM法深埋长大隧道施工关键技术及应用荣获河南省科技进步一等奖（主持），160千米/小时以下单线铁路隧道成套衬砌装备研制获广东省科技进步二等奖（主持）；中国中铁科技进步奖11项；学会（协会）科技进步奖32项。同时盾构TBM工程大数据平台与导航掘进、新型衬砌台车与智能控制系统获得中国中铁首届实用技术创新大赛特等奖、一等奖，极端复杂地质TBM法深埋长大隧道装备与施工关键技术及应用获中国中铁“十三五”十大优秀成果，中铁隧道局被评为中国中铁“十三五”十大科技创新先进企业。全年获发明专利45项，PCT国际专利1项，省部级工法46项，企业级工法36项。2021年，中铁隧道局成功召开第五届科技大会和“高原TBM隧道修建智能技术研讨会”，并获得2024年世界隧道大会承办权。（李沿宗）

【工程创优】2021年，中铁隧道局承建的成都地铁7号线获“中国建设工程鲁班奖”；青岛市地铁2号线一期工程、北京至张家口铁路（含崇礼铁路）工程、武汉地铁6号线、

深圳地铁9号线四项工程获得“国家优质工程金质奖”，雅康高速公路二郎山隧道、怀化至邵阳至衡阳铁路南雪峰山隧道、中铁隧道集团科技大厦、新建杭州至黄山铁路综合工程、广东省龙川至怀集公路（连平至怀集段）、武汉地铁7号线工程、长株潭城际铁路七项工程获得“国家优质工程奖”。2021年，中铁隧道局承建的兰渝铁路西秦岭隧道、宁波地铁3号线两项工程获“中国土木工程詹天佑奖”。

2021年，中铁隧道局承建的杭州至富阳城际铁路工程土建施工SGHF-2标、杭州市地铁7号线工程施工总承包土建7工区、杭州地铁6号线一期工程SG6-4标段、宁波市轨道交通5号线一期土建工程TJ5120标段施工、宁波市轨道交通4号线工程JDSG4001标段车站机电安装施工、嘉兴市域外配水工程（杭州方向）盾构段获评“2021年度浙江省建筑施工安全生产标准化管理优良工地”。杭州至富阳城际铁路工程土建施工SGHF-2标、宁波市轨道交通5号线一期土建工程TJ5120标段施工获评“2021年度浙江省市政公用工程施工安全生产标准化管理优良工地”。深圳市前海—南山排水深隧系统工程土建Ⅰ标获评“2021年上半年广东省房屋市政工程安全生产文明施工示范工地”。郑州机场至许昌市域铁路工程郑州段土建施工04标段获评“2021年度第一批河南省建设工程施工安全生产标准化工地”。重庆市曾家岩嘉陵江大桥隧道工程获评“2021年下半年度重庆市建筑安全文明工地”。洛阳市东环路向北打通工程（塔湾立交）获评“河南省建筑工程安全文明标准化示范工地”。珠江三角洲水资源配置工程土建施工A6标获评“2021年度广东省水利建设工程文明工地”。福州城区北向第二通道工程（晋安段）获评“2021年度公路水运工程‘平安工地’省级示范项目”。珠江三角洲水资源配置工程土建施工B3标九个项目获评“中国中铁2021年度安全标准工地”。（巩建军）

【企业文化】2021年，中铁隧道局以开展党史学习教育为契机，精心策划了“永远跟党走、勇做排头兵”和“百项工程同庆百年华诞　百米长卷献礼百年芳华”“寻根溯源　再启新程”文化主题活动；以隧道建设里程突破10000千米为契机，策划了“山河万里　隧越新程”文化主题活动，不断发掘提升企业文化建设的有效载体。量身打造了上海机场联络线、珠海隧道、妈湾隧道等一批富有特色的项目文化建设示范项目。开发了10余款精品文创产品，获12项国家专利，隧文创商城正式上线运营，进一步丰富了隧文化的传播渠道。拍摄制作了7部高品质影视作品，其中拍摄的短视频《“隧月”中的第一次》在国资委视频号上宣传展播，创“国资小新”视频号点击量新纪录。建成中铁隧道局集团展陈馆，分为隧月荣光、国之重器、初心来路、精神之树、追光的人、隧穿万里、隧月续集七大板块，以“图文并茂+珍贵历史物品展陈”形式再现了中铁隧道局的奋进历程。中铁隧道局获评2021年中国文化管理协会“新时代企业宣传思想文化创新典范单位”。（秦清海）

【党建工作】中铁隧道局党委持续砥砺“忠诚担当”精神做好新冠肺炎疫情防控工作，做到了全局干部职工“零感染”、境外“零输入”；印发《中铁隧道局党委深入贯彻落实习近平总书记重要指示批示工作办法》和《中铁隧道局党委深入贯彻落实习近平总书记重要指示批示督查办法》，建立了工作台账；专题学习研讨“七一”重要讲话和党的十九届六中全会精神，先后学习习近平总书记对行业、疫情防控等重要指示批示100余篇；高标准开展了党史学习教育，到洛阳开展了“寻根溯源、再启新程”实地践学活动，重回隧道局“4501”工程旧址寻觅初心，实地参观焦裕禄精神孕育形成地和习仲勋同志工作过的车间，汲取了推动发展的奋进力量；2021年内共组织8名二级企业经理层成员、119名三级企业经理层成员签订了《岗位聘任协议书》和《经营业绩责任书》，所有经理层成员均纳入任期制和契约化管理；扎实开展“影子公司”“影子股东”问题、民企挂靠国资问题专项整治，全面开展自查自纠和排查梳理，先后对25名党员领导干部给予党纪政纪处分或组织处理，挽回直接经济损失615.85万元；高质量举办了高原TBM隧道智能技术研讨会，承办了中国中铁大盾构建造与发展推进会，彰显了中铁隧道局在大盾构领域的品牌实力；在建党百年之际，实现了建设隧道总里程折合单线突破10000千米的历史性跨越，开启了隧道建设事业新征程；积极争创工会高端平台，成功召开以母永奇牵头的中国中铁隧道工程劳模创新工作室联盟成立大会。（包荣明）

【信息化建设】中铁隧道局作为中国中铁第一批入驻一体化平台单位，高质量完成了OA广讯通、财务共享平台在一体化平台入驻，实现了基于中铁e通一个平台处理日常收发文、财务报销等业务。完成了中铁隧道局集团公司数据中心云平台的三级等保，OA、业财共享、成本、安全隐患管理等系统的二级等保并顺利通过最终测评；通过了国家信息安全体系认证。为大瑞高黎贡山等重点项目配备了IPsec路由器，盾构及掘进国家重点实验室配备了组网一体机，实现了与中国中铁骨干网链接及内网访问业务系统，全面提升了业务系统的访问体验和数据安全。（李　岩）

【履行社会责任】2021年，中铁隧道局共计参加洪涝灾害抢险19起，投入设备267台（套），抢险人员1208人。其中市政、地铁排涝抢险8起，抽水129万立方米，装填沙袋65000个。山体滑坡道路抢通6起，清运土石方9500立方米，抢通公路41.4千米。铁路既有线抢通4起，清运土石方7600立方米。堤坝加固1起，装填沙袋28000个。（巩建军）

【领导人员】

于保林　党委书记、董事长、法定代表人
高　伟　党委副书记、总经理董事
娄靓涛　党委常委、纪委书记
洪开荣　总工程师
李献林　总会计师、总法律顾问
南晓宇　副总经理
赵全民　副总经理
易国良　副总经理
张学军　副总经理
胡景军　副总经理
朱建伟　副总经理
王国安　副总经理

（牛　帅）

中铁电气化局集团有限公司

【简况】中铁电气化局集团有限公司（以下简称“中铁电气化局”）成立于1958年，前身是铁道部电气化工程局，历经7次沿革变更，2001年更名为“中铁电气化局集团有限公司”，总部位于北京市丰台区万寿路南口金家村1号。中铁电气化局是集工程建设、勘察设计、科研开发、工业制造、试验检测、工程监理、物贸物流、运营维管、房地产开发、投融资“十位一体”的大型企业集团，主要管辖单位55家，下设一公司、北京电化公司、建筑公司、运管公司、工业公司等34个子公司，城铁公司、铁路公司、设计研究院、国际公司等20个分公司，保定党职校1个学校。

截至2021年末，中铁电气化局拥有施工资质64项，其中总承包资质28项，含特级资质2项，壹级资质8项，贰级、叁级资质18项；专业承包资质36项，含专业壹级资质18项，贰级、叁级资质18项；拥有铁道行业甲Ⅱ级、建筑行业甲级、铁道行业（电气化）专业甲级、建筑行业（建筑工程）专业甲级设计资质；拥有承装一级、承修一级、承试二级等电力设施许可12项；拥有测绘乙级资质；拥有铁路运输许可证：铁路货物运输资质；拥有安防工程企业设计施工维护能力证书一级资质。

中铁电气化局承建了国内70%以上的电气化铁路、60%以上的高速铁路和70%以上的城市轨道交通工程。截至2021年末，资产总额491.92万元，固定资产净值15.93万元，流动资产353.63万元，其他资产122.36万元。拥有机械设备类固定资产4284台（套），设备原值177330.5万元，设备净值56888.87万元，总功率404310.39千瓦，技术装备率4.44万元/人，动力装备率31.57千瓦/人，装备生产率84.74，设备新度系数32.08%。设备完好率93.87%，设备利用率88.16%。其中，大型设备盾构机8台（套），电气化轨行设备484台（套）。机械化施工程度87%，年施工生产能力为396亿元。

中铁电气化局先后获得多项中国建设工程鲁班奖、中国土木工程詹天佑奖、国家优质工程金质奖和国家科技进步奖，获得全国五一劳动奖状、全国文明单位、全国优秀企业、全国质量管理先进单位和火车头奖杯等荣誉。截至2021年末，共获得国家级优质工程奖143项，国家级安全标准化工地奖9项，省部级优质工程奖357项；获得科学技术奖励共计184项，其中国家级17项，省部级135项，市级及行业级32项；拥有国家级和省部级创新平台12个。《构建国有企业党建质量进阶管理系统研究》获得国务院国资委、北京市、股份公司等多个研究课题奖，并入选“庆祝建党百年全国企业党建创新优秀案例”和“工程建设企业党建工作百项最佳案例”。

截至2021年末，中铁电气化局员工总人数12194人，其中，管理、专业技术人员8817人，工人3377人，分别占职工总数的72.3%和27.7%。中级及以上专业技术职务4797人，其中正高级职称51人，高级技术职称1656人，中级技术职称3090人。员工的年龄结构：35岁及以下4803人，占39.4%；36~45岁3127人，占25.6%；46~55岁3167人，占26%；56岁及以上1097人，占9%。员工的文化结构：大专以上9420人，占77.3%；中专及高中2013人，占16.5%；高中以下761人，占6.2%。

（杨　兰　孙吉宁　王　悦　王　桢　孙震红　郭　佳　刘宏音）

【主要指标】2021年，中铁电气化局完成自揽新签合同额783.78亿元，是股份公司下达年度计划的104.50%；完成营业收入468.52亿元，较2020年增长5.96%；实现净利润14.52亿元，较2020年增长1.75%。（吴　疆　郑旭东）

所属单位

表13-13　2020—2021年中铁电气化局主要经济指标

项目	2020年	2021年	增长率/%
资产总额/亿元	456.60	491.92	7.74
所有者权益/亿元	101.13	117.97	16.65
营业收入/亿元	442.18	468.52	5.96
利润总额/亿元	17.01	16.81	-1.18
净利润/亿元	14.27	14.52	1.75

续表

项目	2020 年	2021 年	增长率 /%
归属于母公司所有者的净利润 / 亿元	14.21	14.29	0.56
技术开发投入 / 亿元	12.55	13.96	11.24
利税总额 / 亿元	24.17	26.38	9.14
应交税金总额 / 亿元	11.24	12.41	10.41
全员劳动生产率 /［万元 /（人・年）］	26.91	27.63	2.68
净资产收益率 /%	15.31	13.25	减少 2.06 个百分点
总资产报酬率 /%	4.10	4.04	减少 0.06 个百分点
国有资本保值增值率 /%	117.83	118.58	增加 0.75 个百分点

注：财政部 2021 年 12 月 31 日发布了《企业会计准则解释第 15 号》，对上年部分指标进行了追溯调整。

制表：郑旭东　陈海南

【改革发展】中铁电气化局持续深化改革三年行动，出台了《中铁电气化局集团有限公司三项制度改革评估管理办法（试行）》《中铁电气化局集团有限公司经理层成员业绩考核管理办法》《中铁电气化局集团有限公司中长期激励工作方案》等绩效考核、薪酬管理相关规章制度，进一步完善市场化薪酬分配机制，逐级强化、落实末等调整与不胜任退出制度。全面实行经理层任期制和契约化管理，各单位“两书”签订率达 100%；推动董事会应建尽建，应建范围内 6 家企业实现外部董事占多数；制定出台《中铁电气化局集团有限公司中长期激励工作方案》，探索超额利润分享、股权激励、岗位分红激励等多种激励方式。积极进行资本运作，高铁电气顺利在科创板上市；持续推进“瘦身健体”，注销法人企业 3 户，整合内部试验检测资源，设立中铁电气技术检测（北京）有限公司。2021 年完成改革任务 72 项，达到总任务 90 项的 80%。　（孙震红　刘宏音）

【重大项目】中铁电气化局党委修订印发了《中铁电气化局集团有限公司党委常委会议事规则》《中铁电气化局集团有限公司“三重一大”决策制度实施办法》《中铁电气化局重大决策事项权责清单》，2021 年召开党委常委会会议 27 次，对投资、预算、资本运作、改革管理等 94 个企业重大经营管理事项进行了前置研究；召开总经理办公会 20 次，决策事项 133 项；召开董事会会议 16 次，决策事项 104 项。全年投资项目 33 项，完成基础设施及房地产投资 20.7 亿元。

2021 年，中铁电气化局参与建设的大、中、小工程项目 302 项，其中已开通工程 65 项，在建工程 182 项，运维工程 50 项，国际主要工程 5 项。在建工程中，铁路工程 59 项，城市轨道交通工程 65 项，市政工程 27 项，公路工程 5 项，工民建房建工程 25 项，水利水电工程 1 项。建成开通电气化铁路 3122 千米，完成接触线架设 6078 条千米、变电所亭 50 座、变配电所 121 座、光电缆敷设 22979 条千米、铁路房建 40.2 万平方米，隧道 5680 折合洞米、桥梁 3774 折合延米；建成开通城市轨道交通 577 千米，完成接触网 1105 千米、铺轨 142 千米、铺设道岔 116 组、房建 23.1 万平方米；完成工民建房建 61 万平方米，市政隧道 1350 折合洞米、桥梁 3503 折合延米，水利水电隧道 1147 折合洞米。2021 年，中铁电气化局完成施工产值 395.97 亿元，为股份公司下达年度施工产值计划 390.14 亿元的 101.49%。

（郭　佳　杨　兰　张继成）

【走向海外】2021 年，中铁电气化局海外业务完成新签合同额 20.3 亿元（折合 3.18 亿美元），为股份公司下达计划 3 亿美元的 106%。编制了《中铁电气化局集团“十四五”规划海外业务子战略》，深入推进国企改革三年行动，制定了海外业务区域化经营、属地化发展等 5 项专项方案，修订发布了 26 项配套制度。2021 年新签合同 27 个，主要分布在东南亚（含港澳地区）、中亚、中东地区。主要中标了马来西亚—新加坡捷运系统车辆段维护设备和不间断电源以及港澳地区多个土建、通风空调及咨询服务项目。申请注册成立马来西亚公司和印度尼西亚代表处，进一步加快区域化发展进程；完成土耳其伊兹密尔轻轨、土耳其高铁等多个自主经营项目的投标、资审工作；入围英国高铁 HS2 接触网项目短名单，是唯一通过资格预审的中国企业。　（马永福）

【重大创新】2021 年，中铁电气化局新增科研立项 112 项，其中重大项目 12 项，重点项目 68 项；获得授权专利 105 项，其中发明专利 21 项；新增行业标准 3 项，完成股份公司级工法 20 项，其中优秀工法 3 项。获得省部级以上科技奖项 18 项，其中“高速铁路用高强高导接触网导线关键技术及应用”获国家科学技术进步奖二等奖。中铁电气化局结合体系运行的有效性和标准与业务

活动的相融性，通过了质量、环境、职业健康安全管理体系三体系认证，同时接受分级质量管理体系评价审核，继续保持卓越质量管理体系（AAA级）认证注册资格。2021年，企业管理创新成果获股份公司奖5项、北京市奖6项。借鉴行业内一流施工企业的先进管理经验，发布《对标世界一流管理提升行动工作方案及清单》，通过制定“一标一奖”管理办法、梳理国际公司的职能和定位、引入优秀的资本运作和融资模式、筹备上线经济运行监控分析预警系统等举措，补齐自身短板，助力“效能提升”。同时，积极组织内部对标，发布《优秀管理实践汇编》，形成对标提升管理实践经验文章11篇。（王　悦　刘宏音）

【工程创优】中铁电气化局在质量管理方面，交验工程质量达到了国家、行业质量验收标准，符合设计文件和有关技术规范要求。工程施工质量验收合格率达到100%，单位工程一次验收合格率100%，客运专线主体工程质量零缺陷。未发生工程质量事故。2021年，中铁电气化局获国家优质工程奖6项（金质奖2项）、第十八届中国土木工程詹天佑奖2项、第十九届中国土木工程詹天佑奖2项、中国建设工程鲁班奖3项（主申报1项）、安装之星2项、优秀焊接工程一等奖2项、中国钢结构金奖1项、中国建筑工程装饰奖1项；中国中铁杯优质工程奖17项、地方省部级优质工程奖17项；地方市级优质工程奖7项。安全标准工地建设方面，创建局级“安全标准工地”37个，7个项目获股份公司“安全标准工地”称号，9个项目获2021年地方省部级“安全标准工地”称号。生态环境保护与节能减排方面，4个项目被授予“中国中铁2021年度绿色施工科技示范工程”称号。（王　桢）

【企业文化】中铁电气化局组织举办了企业文化建设座谈研讨会，起草了中铁电气化“添翼”文化建设方案，梳理红色基因和电气化精神谱系，为全面启动“电化红雁”党建品牌创建工作打下坚实基础。通过微信公众号、工作群等平台大力宣贯“开路先锋”文化理念系统，《践行“开路先锋”精神，打造享誉全球的“中国电气化”品牌》等2个案例入选中国企业文化管理协会创新实践案例，巨晓林、林云志、何军、胡正伟等8名同志获中国中铁“开路先锋”卓越人物称号。组织拍摄《勇做中国电气化智能建造的开路先锋》专题片，《勇当“中国电气化”智能建造“开路先锋”》长篇通讯在《人民铁道》报刊发；与中国工人出版社合作出版发行《改革先锋、最美奋斗者巨晓林》宣传画册、参与中央新闻纪录电影制片厂录制的《誓言——我的故事》，展现了以巨晓林为代表的电气化人攻坚克难、砥砺奋进，推动中国电气化铁路实现跨越式发展的奋斗历程。中铁电气化局党建文化案例《以强“根”固“魂”引领保障企业高质量发展》在中外企业文化2021武汉峰会上被评为“企业党组织引领企业文化建设典型经验”。（张林强）

【党建工作】中铁电气化局坚决把党史学习教育作为贯穿全年的重大政治任务，成立巡回指导组8个，组织举办专题读书班8期、专题培训班1期、专家教授辅导报告会3次，两级班子带头讲授专题党课422场；组织各级骨干赴井冈山、延安等红

▲图13-16　2021年5月15日，在西藏首条电气化铁路——拉萨至林芝铁路（拉林铁路），夜空下中铁电气化局建设的牵引变电所

所属单位

色教育基地现场研学348次。制定“我为群众办实事”重点民生项目清单，明确工作任务，两级党组织累计为群众解难题、办实事近300件。党史学习教育特色亮点做法5次在《中国中铁党史学习教育简报》上刊登。

坚持党管干部、党管人才原则，修订领导人员管理制度，完善公开透明的干部选拔使用机制，制定加强对“一把手”和领导班子监督的制度办法，将领导班子履职情况考察常态化、制度化、规范化。积极做好高层次专家队伍建设，3人获评中施企协首批“工程建设科技创新人才万人计划”青年拔尖人才称号，7人入选中国中铁专家委员会。

召开中铁电气化局第五次党代会，明确“打造一大品牌、实施六强工程”的党建思想政治工作思路。指导6家单位完成换届选举，成立太原中铁文化传媒党支部，升格国际公司党总支为党委，设立太原中铁轨道公司、南昌中铁轨道公司纪委，实现“应换尽换”“应建尽建”。全面深化“达标晋级”工作，基层党支部达标率达100%。修订加强境外机构党建工作实施细则，制定加强混合所有制企业党建工作指导意见、党员活动室标准化建设指导意见；2021年举办党组织书记、党组织委员、党务干部培训班2期，党支部书记培训班2期，发展对象培训班4期。建立党群工作专家库，完成30名同志的入库工作；组建40名专家的党建工作讲师团，形成标准课件52个。

严格落实中央八项规定及其实施细则精神，建立党委、纪委定期会商制度，紧盯公车私用、公款吃喝、违规收送礼品礼金等环节，印发廉洁过节通知并加强监督检查；开展“影子公司”“影子股东”专项整治，对24家单位开展违规挂靠专项巡察工作，排查3949人。制定违规违纪典型问题通报曝光制度，大力开展物资采购专项监督检查，再监督做法在《中国中铁简报》专版刊登。

大力开展“永远的开路先锋——中铁电气化局群英谱”专项宣传，在《工人日报》连续发布12期人物专刊，宣传推介企业模范73名。“中铁电气化”微信公众号2021年刊稿1300余篇，累计浏览量265万人次。拉林铁路、中老铁路等重点项目新闻报道5次登上《人民日报》，4次在中央电视台《新闻联播》播出，全年中央级媒体刊稿1000余条，省部级媒体刊稿3500余条。

坚持党建带群建，深入开展“爱企立功”竞赛、群众性创新创效、“安康杯”竞赛等活动，深化“幸福之家十个一工程”，积极开展“找、亮、做”活动，全年支出“三不让”资金147.44万元、“两节”送温暖资金1441万元。全年2人获国家级先进个人，6人获省部级先进个人，4个集体获省部级先进个人。试点开展青年精神素养提升工作，全面推动“六比、两争”青年突击队竞赛等各类活动，1名青年获中央企业团工委表彰，18个团组织和43名青年获中国中铁团委表彰。

（郭　佳）

【信息化建设】中铁电气化局深入完善“信息贯通工程”组织机构及人员数据治理机制，通过一体化工作平台对机构、人员进行初始化操作，准确率达90%以上。作为中铁e通推广应用试点单位，全力推进数据互通，目前已实现中铁e通安装率达95%，日活率50%以上。2021年完成了OA系统、财务共享系统入驻实施工作。坚持在全集团范围内推广使用“管理三化”系统，优化流程表单，明确真实就源，推动各层级信息化有效贯通。2021年，初步建设了跟催考核体系，完善了数据编码平台，实现业务数据全面编码化；建设完成“管理三化工程经济系统”并全面推广应用，有效实现各层级数据垂直流转，提高工作效率和数据质量；着重研发了管理三化“智慧项目管理平台”，以建设工程项目为载体，以工程调度为核心，实现项目施工全流程数据的互联互通和共享。（区嘉亮）

【履行社会责任】2021年，中铁电气化局共有志愿服务队123支，开展志愿服务活动271场次，参加志愿服务5593人次。全年参与抗洪抢险、新冠肺炎疫情防控、铁路抢险救援等抢险救灾活动232次，累计投入抢险救灾人数13545人次，设备1881台（套），资金723.99万元。广泛参加社会公益活动，投入资金411.56万元，发挥了国有企业的社会责任。（张林强　朱　珠）

【领导人员】

李爱敏　党委书记、董事长（4月免）
豆保信　党委书记、董事长（4月任）
徐勇烈　党委副书记、总经理
周　绩　党委副书记
郭俊亮　总会计师
赵印军　副总经理、总工程师（2月免）
刘德海　副总经理（5月免）
宋连持　副总经理、工会主席
陈建明　副总经理
李争科　副总经理
陈光建　纪委书记
陈伟锋　副总经理
李　磊　副总经理
解德元　总经济师

（孙震红）

中铁武汉电气化局集团有限公司

【简况】中铁武汉电气化局集团有限公司（以下简称“中铁武汉电气化局”）于2014年8月18日在湖北省武汉市工商行政管理局注册成立，由中铁电气化局集团第二工程有限公司整体及中铁一局集团电务工程有限公司、中铁二局集团电务工程有限公司、中铁三局集团电务工程有限公司、中铁四局集团电气化工程有限公司、中铁五局集团电务城通工程有限公司部分人员和项目重组成立，中铁六局至十局集团电务公司分别以3000.06万元现金形式向中铁武汉电气化局增资入股，注册资本为9亿元。中铁武汉电气化局下设第一工程有限公司、上海电气、物贸、科工装备、设计院、中铁新基建6个子公司和北京、机电、城市建设、运营管理、城铁5个分公司。主要从事铁路电气化、电力、通信、信号和城市轨道交通、公路交通、机电设备、输变电、楼宇智能化、工业与民用建筑等工程建设，是集科研开发、设计咨询、工程施工、运营维护、产品制造和商务开发于一体的"四电"系统集成商和工程总承包商。目前拥有"6总14专"等20项建筑企业资质，3项工程设计专项乙级资质以及电力承装（修、试）资质，涵盖铁路、市政、房建、通信、机电、公路、铁路电务电气化工程、电力、输变电、环保、消防、电子智能化等设计施工领域。

中铁武汉电气化局现有员工4691人，干部2832人，占员工总数的60.37%，其中专业技术干部2421人，具有正高级专业技术资格21人、高级专业技术资格495人、中级专业技术资格836人，初级专业技术资格1069人；工人1859人，占员工总数的39.63%，其中技术工人1640人（技术工人中初级工41人，中级工167人，高级工667人，技师490人，高级技师266人，特级技师9人）。

截至2021年末，中铁武汉电气化局实收资本9.03亿元，全部为股份公司投资。资产总额77.53亿元，其中流动资产70.9亿元、非流动资产6.63亿元。

截至2021年末，保有机械设备1280台（套），总功率7.57万千瓦，总原值2.67亿元，净值0.63亿元。其中铁路电气化施工机械92台，原值1.41亿元，净值0.34亿元。设备平均新度系数0.24，人均动力装备率16.09千瓦/人，技术装备率1.34万元/人，设备完好率96.7%，利用率89.5%。

2021年，中铁武汉电气化局完成企业营业额121亿元，在建工程项目203个，其中铁路工程项目88个、公路项目1个、轨道交通项目57个、市政项目34个、房建项目7个、其他项目16个。安全优质开通了中老铁路全线、新建牡丹江至佳木斯铁路四电系统集成及房屋等施工总承包工程、新建张家界至吉首至怀化铁路"四电"及相关工程、新建贵阳枢纽小碧经清镇东至白云联络线站后"四电"集成工程、新建兴国至泉州铁路四电系统集成及相关工程兴宁段等铁路项目以及青岛地铁1号线、金义东市域轨道交通、常州地铁2号线、杭州至海宁城际、武汉地铁5号线等地铁项目共68个项目，开通铁路2039正线千米（高铁686正线千米，普铁1353正线千米），建成地铁233正线千米，开通铁路里程创历史新高。

（丁　芊　杨　成　刘　兵　张博宇　任美燕）

【主要指标】截至2021年末，中铁武汉电气化局完成营业收入105.14亿元，完成年度预算的90.1%；实现净利润2.51亿元，较2020年增长15.67%；资产负债率71.75%，与年度预算相比高出0.38%；经营性净现金流5.53亿元，现金盈余保障倍数2.2；实现经济增加值（EVA）3.74亿元，完成年度预算的103.31%。

（刘　兵）

表13-14　2020—2021年中铁武汉电气化局主要经济指标

项目	2020年	2021年	增长率/%
资产总额/亿元	71.45	77.53	8.51
所有者权益/亿元	20.46	21.90	7.04
营业收入/亿元	117.76	105.14	-10.72
利润总额/亿元	2.54	2.91	14.57
净利润/亿元	2.17	2.51	15.67
归属于母公司所有者的净利润/亿元	2.17	2.51	15.67
技术开发投入/亿元	4.01	3.45	-13.97
利税总额/亿元	3.90	4.32	10.77
应交税金总额/亿元	2.29	2.17	-5.24
全员劳动生产率/［万元/（人·年）］	30.86	32.61	5.67
净资产收益率/%	13.58	11.89	减少1.69个百分点
总资产报酬率/%	3.28	3.38	增加0.10个百分点
国有资本保值增值率/%	177.69	107.04	减少70.65个百分点

制表：刘　兵

【改革发展】深化国企改革三年行动。按照国资委和股份公司深化改革要求，建立深化改革三年行动各项工作机制，组织召开改革领导小组会议5次、专题会议13次，督导各专项组召开改革专题会议66次，制定《中铁武汉电气化局集团有限公司深化改革三年行动（2020—2022年）任务清单和台账》，共计21个改革领域、117项具体改革举措及完成标志，目前已完成改革任务的85%，达到2021年完成改革任务总量的70%的要求。深化三项制度改革。抓实任期制契约化改革“牛鼻子”工程，中铁武汉电气化局两级经理层成员共计67名已全部签订聘任协议和经营业绩责任书，专职党委副书记和纪委书记签订工作责任书，实现全覆盖签约、全级次落实责任、逐级负责和评价，推进经理层成员从传统“身份管理”向市场化的“岗位管理”转变。深化对标世界一流管理提升行动。坚持以对标世界一流为出发点和切入点，组织总部各部门对标行业先进单位，2021年完成了战略管理、生产管理、经营管理、风险管理等系统对标工作，并向股份公司提交了优秀管理实践提炼和提升行动阶段性总结报告。深化三级工程公司建设。对7家三级工程公司从战略管理、组织管理、施工生产等9个管理领域开展调研，查找出共性问题39个、个性问题17个，从集团公司、子（分）公司层面提出具体的解决建议意见119条，统筹推进专业化分公司建设、作业队（班组）标准化建设、核心劳务工管理、核心劳务企业培育等“四位一体”重点工作，确保提升三级工程公司能力。

（杨　成　张　强）

【重大项目】2021年实现新签合同额210.64亿元，其中铁路项目84.31亿元，占比40.03%；非铁路项目25.84亿元，占比12.27%；房建47.99亿元，占比22.78%。2021年新签合同额较2020年（126.73亿元）增长66.21%，全年新签合同额突破年初股份公司下达的年度计划，首创历年新高。

2021年，全路大中型站后项目总招标金额约261.79亿元，中铁武汉电气化局参投39项，中标9项，中标金额60.9亿元，占比23.26%。主要包括：新建珠海市区至珠海机场城际轨道交通横琴至珠海机场段“四电”集成和房屋建筑及相关工程、乌将铁路扩能改造工程甘泉堡至将军庙段、新建川藏铁路雅安至林芝段新都桥至波密段施工道路及施工供电工程、新建集宁经大同至原平铁路内蒙古段站后工程、新建汕头至汕尾铁路“四电”系统集成（含信息系统）及相关工程、新建潍坊至烟台铁路“四电”系统集成及相关工程、新建济南至莱芜高速铁路工程“四电”系统集成及相关工程等。

2021年，城市轨道交通及投融资项目实现新签合同额78.48亿元，其中城铁项目37.28亿元，占比47.50%；投融资项目31.15亿元，占比39.69%，其他项目10.06亿元，占比12.82%。新开拓了台州、郑州、长春、济南共4个城市。先后中标杭州机场轨道快线供电系统安装工程二标段、西安地铁16号线一期工程供电系统设备采购及施工安装工程、新建济南至莱芜高速铁路工程“四电”系统集成及相关工程施工总价承包等城轨项目。其中地铁维保市场新开拓了合肥市场。独立自主完成投融资项目2个，中标长治经开区屋顶分布式光伏发电及配套工程项目，为中铁武汉电气化局增加了新能源、新基建投融资项目业绩，扩展了在“三智一新”领域的市场份额，为进军新市场、新领域起到一定的示范作用。中标新建潍坊至烟台铁路“四电”系统集成及相关工程，为取得正线100千米及以上、时速350千米高速铁路站后“四电”集成独立业绩，对市场的滚动开发具有一定的战略意义，为后期在山东区域获取更多的合作机会和发展机遇打下了坚实基础。

（张小山　刘　方）

【走向海外】海外经营方面。优化老挝、孟加拉国等国以及中国香港地区优势市场重点布局，完成港澳地区中心、老泰缅国别中心、南亚国别中心3个中心的建设工作，逐步做实做优区域营销机构，注册成立了香港分公司；2021年成功中标海外项目7项，分布在孟加拉国、加纳等国家和中国香港地区，签约金额合计2.01亿美元。在施工生产方面，磨万项目部年累计完成产值7480.69万美元，开累完成产值13051.78万美元，占合同总金额13064.51万美元（含变更83.37万美元）的99.9%；万万段年累计完成产值1098.32万美元，开累完成1098.32万美元，占合同总金额1147.83万美元的95.7%；香港CCTV改造工程，年累完成产值145.7万美元，开累完成产值194.02万美元，占合同总金额1174.41万美元的16.52%，海外各在建工程已完成本年生产任务。

（韩　颖）

【重大创新】技术创新方面。2021年，中铁武汉电气化局在省部级工法、中施企协科技类奖项等方面实现了零的突破，“基坑支护橡胶气囊施工工法”获得铁道工程建设协会部级工法，“接触网整体吊弦自动预配技术”获中国施工企业管理协会微创新大赛一等奖，“一种变电所送电检验装置”“无人机牵引架设电力导线施工技术”“强风区接触网施工技术”获中国施工企业管理协会微创新大赛二等奖，“高寒地区既有铁路新建电气化施工技术”获优胜奖。“一种具有冷却系统的H型钢柱钻孔机”获中国施工企业管理协会工程建设行业高推广价值专利大赛二等奖，“一种具有冷却系统的型钢柱钻孔机”获中国施工企业管理协会工程建设行业高推广价值专利大赛优胜奖。在高铁“四电”施工领域，“接触网腕臂全自动预配技术”“接触网整体吊弦自动预配技术”“系列智能安全帽”3项成果进入股份公司实技术推广目录，通过股份公司组织的实用技术线上培训，向全股份

公司范围内推广应用。中铁武汉电气化局作为课题第一承担单位，主持了中国工程院咨询研究项目“川藏铁路供电设备可靠性保障技术研究”，并按期开展课题研究，截至2021年末，进展顺利。

管理创新方面。《轨道交通电气化施工企业项目精益管理能力建设》成果获得湖北省级企业管理现代化创新成果一等奖、《重组施工企业基于精益管理的项目管控能力建设》成果获得中国中铁企业管理现代化创新成果一等奖，首次实现了在省部级及股份公司级管理创新成果一等奖的突破。《铁路工程线施工安全管控体系的构建与实践》成果获得湖北省级企业管理现代化创新成果二等奖、中国中铁企业管理现代化创新成果三等奖；《提升广州城市轨道交通施工生产效能的无轨化建设管理》成果获得湖北省级企业管理现代化创新成果二等奖。

（陈珊珊　丁　芊）

【工程创优】2021年度获国家级奖项3项，省部级优质工程3项，地市级优质工程3项，股份公司优质工程、安标工地、绿色施工科技示范工程8项。其中参建的呼和浩特市轨道交通1号线一期工程获国家优质工程奖，成都地铁7号线工程获中国建设工程鲁班奖，重庆地铁10号线获中国土木工程詹天佑奖，哈尔滨至牡丹江铁路电气化改造工程获国铁集团铁路优质工程二等奖，合肥轨道交通3号线机电工程获安徽省安装之星奖。

（邹　婷）

【企业文化】2021年，中铁武汉电气化局在中央级媒体播发新闻报道189条，在省部级主流媒体及国内外各类新闻网站共计发布信息3000余条，在中国中铁媒体发布新闻信息119条，创历史新高。被中国文化管理协会授予“新时代企业文化”实践创新典范单位，《“合创”文化体系研究》获新时代企业文化实践创新优秀成果奖，依托中老铁路建设拍摄的《彩练当空锦路来》微电影获“2021年亚洲微电影大赛最佳影片金牛奖”。

（贺德波）

【党建工作】党的建设方面。2021年，胜利召开中铁武汉电气化局第二次党代会，明确了未来五年企业“4325”发展策略和“引领、融合、突破、求实”发展路径。坚持强化党的政治建设，充分发挥党委把方向、管大局、促落实的领导作用，严格执行“第一议题”制度，建立习近平总书记重要指示批示工作台账，围绕企业发展、生产经营等方面进行专题研讨，切实将理论学习转化为推动企业发展的硕果。不断严肃党内政治生活，修订《党委常委会议事规则》《“三重一大”决策制度实施办法》《重大决策事项权责清单》《总经理工作规则》等制度办法，进一步规范各治理主体权责，提高决策水平，防范决策风险，确保党对企业发展的正确领导。深入推荐党建工作与生产经营深度融合，初步形成了以“三个层级、三种角色、六大系统”为主要内容的“多维双向”融合机制。深化党建品牌创建，“‘双心行动、幸福企业’党建品牌工程创建实践”课题获第二届工业企业管理创新优秀成果奖；所属城市建设分公司《开展“五双”党建活动推动转型发展》党建成果在《国企》杂志专期刊发。扎实推进党史学习教育，隆重庆祝中国共产党成立100周年，广泛开展“我讲党史”专题党课活动，各级党组织负责人授课122讲；成立“百年初心、砥砺奋进”党史学习教育宣讲团，深入武汉、云南、成都、西安、上海、广州等片区进行党史宣讲。强化“三基”建设，制定《党支部建设晋位升级管理规定》，建立量化考评、分类定级、动态管理、晋位升级的党支部创优晋级管理机制，城铁分公司山东区域项目党支部和一公司通信分公司武汉项目党支部获评“中国中铁示范党支部”。持续发挥先进典型示范引领作用，中铁武汉电气化局工会获“全国模范职工之家”称号；1人获“全国五一劳动奖章”、2人获“湖北省五一劳动奖章”、1人获“荆楚工匠”；14个集体和32人获股份公司及中华全国铁路总工会表彰。

党风廉政建设和反腐败方面。落实政治责任。压实同级监督，继续推动“两个责任”落实，签订《党风廉政建设责任书》16份；通过党委办公会、定期会商等方式，及时提醒研究党风廉政建设重大事项及重大案件查办情况，对新提拔干部任前廉洁谈话60人次，收到《廉洁从业承诺书》60份。强化监督责任。持续推动国企改革三年行动、亏损企业和亏损项目治理、“影子公司”“影子股东”等9个专项工作的落实，对各单位开展专题民主生活会进行现场指导和检查，对7家三级公司进行综合调研摸底，与三级单位党委班子成员集体谈话32人次；集中力量对亏损项目违规违纪和履职不力问题进行核查督办，挽回直接经济损失829.41万元。

巡察工作方面。积极探索“巡纪审”联动机制，以构建“大监督”格局为立足点，统筹巡察、纪检、审计三大监督主体协同发力，持续在工作会商、信息共享、线索移交、统筹整改及成果运用等方面全面加强联动，打好监督“组合拳”，采取“一托N”的方式，对所属4家三级单位党组织开展常规巡察，对10家三级单位党组织全覆盖开展违规挂靠专项巡察。以巡视巡察整改“一调度五联动”工作机制为抓手，创新建立“2+N”整改监督体系，积极推动“巡前先改”“立行立改”“巡后整改”融会贯通。自2021年以来，高质量完成上级巡视、内部巡察各类问题整改共215项，修订完善相关规章制度59项，问责党组织2个、追责相关责任人22人。

（费　龙　张　艳　刘文洁　邵梦颖　张　强）

【信息化建设】积极推进信息贯通工程，完成中铁武汉电气化局全集团公司账号激活并组织各级公司梳理修正机构人员数据，实现公司一体化办公平台对OA办公、数据上报、法律合规等系统的兼容植入，并完成待办待阅、资讯公文等办公应用的迁移，信息贯通工程激活率达到98.59%，日活率50%以上。根据股份公司统筹规划，通过SD-WAN组网技术实现所属分支机构及项目部与股份公司骨干网络连接，强化内网访问，切实减少暴露面和风险点，全面提升业务系统的访问体验和访问安全，满足股份公司海内外员工日常办公需求。为完善信息化管理体制建设，制定并通过7项信息化建设管理规定，促使信息化建设更加规范、平稳、健康发展。全力推进智能化工装的研发和人工智能、大数据、物联网等信息技术在铁路四电工程建设中的应用研究，不断提升铁路四电工程智能建造水平。成立BIM中心负责集团公司BIM技术的推广与应用工作，成立专门工作组为施工现场提供BIM技术服务，解决施工过程中的诸多实际问题，实现BIM业务依赖外包到独立自主的蜕变，已为公司多个重点铁路四电项目提供BIM技术服务，编制《中铁武汉电气化局集团有限公司BIM技术应用管理办法》，研发企业级BIM应用平台，为规范BIM应用方案、梳理工作流程、统一建模标准、提高成果复用率、为管理层至作业层各级用户解决实际问题提供了统一的平台。（刘 洋 徐 灏 李逸群）

【履行社会责任】坚持常态化新冠肺炎疫情防控，积极投身于西安等地疫情防控中，开展了郑州抗洪抢险、大理漾濞救灾、昌福铁路供电抢修等救援抢险工作，切实履行了央企责任担当；同时密切关注国外项目，尤其是中老铁路磨万段疫情情况，科学谋划防疫体系，筑牢海外项目疫情“防火墙”，实现了境内外员工“零感染”，确保职工群众生命安全和身体健康。（张 强）

【领导人员】

豆保信　董事长、党委书记（4月免党委书记，调离）

毛明华　党委书记、总经理

吴国琦　党委副书记、工会主席
　　　　副总经理

马海军　党委常委、副总经理
　　　　总工程师

付宏平　党委常委、总会计师
　　　　总法律顾问

张万全　党委常委、副总经理

刘　刚　党委常委、副总经理

任世杰　党委常委、纪委书记

张立志　副总经理

夏永涛　副总经理

卢　睿　副总经理

冯小鹏　副总经理

（杨 成）

中铁建工集团有限公司

【简况】中铁建工集团有限公司（以下简称“中铁建工”）是中国中铁股份有限公司的全资子公司，前身是1953年成立的铁道部建厂公司和铁道部工厂设计事务所，1965年整编为铁道部第五设计院，1998年更名为“中铁建厂工程局”，2002年改制为中铁建工集团有限公司。中铁建工总部位于北京市丰台区南四环西路128号。中铁建工具有建筑、铁路、公路3项施工总承包特级资质，26项施工壹级资质，8项工程设计甲级资质，1项工程勘察甲级资质，1项城乡规划甲级资质，2项房地产开发一级资质，2项工程监理甲级资质。中铁建工立足于房建工程总承包、基础设施总承包、房地产、设计四大业务板块，统筹协调路内、路外、海外三大市场，形成了投资、设计、施工、安装装饰、物业管理一体化的全产业链发展优势。中铁建工下辖8家分公司、8家子公司，7个区域总部、6个事业部、1个社管后勤机构、8个直属项目指挥部等22个直属机构，业务范围遍及全国31个省（自治区、直辖市）和亚洲、非洲、大洋洲等29个国家和地区。

截至2021年底，中铁建工共有职工13832名。其中，在岗职工13631名，占职工总数的98.55%；非在岗职工201名，占职工总数的1.45%。干部13183名，占职工总数的95.31%，工人649名，占职工总数的4.69%。中铁建工共有各类专业技术人员12956名。其中，高级专业技术职务1542名，中级专业技术职务3425名，分别占技术人员总数的11.90%和26.44%。专业技术人员中，工程技术人员10739名，占技术人员总数的82.89%；会计人员1188名，占技术人员总数的9.17%；经济人员681名，占技术人员总数的5.26%；政工人员290名，占技术人员总数的2.24%。

2021年，中铁建工资产总额1057.99亿元，较2020年增加15.17亿元，同比增长1.45%。流动资产872.63亿元，较2020年增加10.38亿元，增长1.20%。非流动资产185.36亿元，较2020年增加4.79亿元，增长2.65%。其中债权投资10.40亿元，较2020年增加4.51亿元，增长76.57%；投资性房地产68.06亿元，较2020年增加0.69亿元，增长0.79%；固定资产净额22.26亿元，较2020年增加2.65亿元，增长13.51%；递延所得税资产15.02亿元，较2020年减少0.67亿元，降低4.27%；长期股权投资9.35亿元，较2020年减少8.56亿元，降低47.79%。

截至2021年底，中铁建工自有机械设备台数2834台，原值71397万元，净值28657万元，功率90984千瓦，技术装备率1.68万元/人，动力装备率5.36千瓦/人。

中铁建工先后获得了一系列重大荣誉。在工程创优方面，共获得省部级及以上优质工程880项，其中国家级奖208项，包括：中国建设工程鲁班奖48项、鲁班奖参建奖33项、国家优质工程奖48项、国优参建奖4项、中国土木工程詹天佑奖12项、詹天佑住宅小区奖4项、全国用户满意工程32项；省部级奖672项。在科技攻关方面，共获得省部级以上科技进步奖162项，发明专利38项，省部级以上施工工法183项。在科技攻关方面，共获得省部级以上科技进步奖176项，发明专利69项，省部级以上施工工法239项。在安全生产方面，中铁建工共获得省部级及其以上安全文明标准化工地566项，其中国家级40项、省部级526项。在党群工作方面，中铁建工总部连续四届获得“全国文明单位”称号，所属山东公司获得第六届“全国文明单位”称号、中宣部全国百优项目称号1项、全国五一劳动奖状7个、全国工人先锋号3个、中央企业先进集体4个、全国劳动模范1名、全国五一劳动奖章10人、共青团国家级奖项3个、央企团工委奖项3个等荣誉。

（马艳春　程本垚　史晓斌　刘振宇　黄富民　李玉琴　包玉琳　李帅帅）

【**主要指标**】2021年，中铁建工完成新签合同额2122亿元，同比增长5.7%，完成股份公司年度新签合同额计划的106%；完成企业营业额1008亿元，同比增长34%，完成股份公司年度企业营业额计划的133%。实现营业收入928.62亿元，同比增长31.19%；实现利润总额15.65亿元，同比增长1067.91%；实现净利润8.61亿元，同比增长605.74%，其中归属于母公司所有者的净利润9.94亿元，同比增长498.80%；年末所有者权益198.50亿元，同比增长4.00%。净资产收益率4.43%，总资产报酬率1.62%，国有资本保值增值率105.58%。

（朱晓燕　崔振国）

表13–15　2020—2021年中铁建工主要经济指标

项目	2020年	2021年	增长率/%
资产总额/亿元	1042.82	1057.99	1.45
所有者权益/亿元	190.86	198.50	4.00
营业收入/亿元	707.84	928.62	31.19
利润总额/亿元	1.34	15.65	1067.91
净利润/亿元	1.22	8.61	605.74
归属于母公司所有者的净利润/亿元	1.66	9.94	498.80
技术开发投入/亿元	23.07	27.06	17.30
利税总额/亿元	19.54	31.37	60.54
应交税金总额/亿元	24.20	22.09	-8.72
全员劳动生产率/[万元/(人·年)]	37.30	48.87	31.02
净资产收益率/%	0.74	4.43	增加3.69个百分点
总资产报酬率/%	0.33	1.62	增加1.29个百分点
国有资本保值增值率/%	100.95	105.58	增加4.63个百分点

注：2020年部分主要经济指标进行追溯调整。

制表：崔振国

【**改革发展**】中铁建工坚持高质量发展主题，企业深化改革和转型升级迈出坚定步伐。全面高质量完成“十四五”规划编制。国企改革三年行动超前推进，134项年度重点任务全部完成，完成总体任务的84%。完善组织架构体系，成立五大安全质量区域稽查队，优化投资管理部职能，组织管理效能稳步提升。持续深化国有资产监管，强化对产权登记、资产评估和产权交易相关程序管控监督，2021年完成产权登记业务32项，资产评估2项，对所属各单位产权登记工作开展核查，并就发现的问题督促其及时整改，加强参股国有股权管理，将有限合伙企业纳入登记范围，修订《产权管理暂行办法》《产权转让管理暂行办法》等产权制度，建立了防范违规挂靠、股权（资产）代持、虚假出资等长效机制。坚持国企“20字”好干部标准，突出讲政治、讲担当、重实干、重实绩导向，全年共计调整使用中层干部128人次（其中提拔43人次，交流75人次，改任非领导职务10人），进一步优化干部资源配置。推进两级经理层成员任期制和契约化管理，全面落实经理层谋经营、抓落实、强管理的主体责任。加强干部监督管理，促进干部正常履职。成立人才发展中心，推动干部、劳资、社保条块化运行。健全人才引进机制，打通急需紧缺人才通道。规范内部调动，打破人才交流壁垒。拓展招聘渠道，与第三方合作，打造企业雇主品牌。深化职称制度改革，全面规范职称评审和聘任管理。健全完善专家考核退出机制，做好专家梯队建设。健全员工管理和专业双通道全过程管理机制，加强系统人才梯队建设。差异化建立工资总额决定机制，监督指导分子公司落实工资总额管理要求和责任。持续加强工资总额执行过程监督管控，按月预警提醒，通报约谈。推进三项制度改革，创新人才激励方式。构建分级分类绩效管理体系，提升绩效考核有效性，推动全员、全过程绩效管理。搭建人才激励机制改革“互联”模式，通过岗位、薪酬、绩效、劳动合同管理协同，推动三项制度改革工作走深走实。

（崔振国　史晓斌　吕　森）

【重大项目】中铁建工在稳固传统市场的基础上，积极探索投资新模式，拓展投资新领域，董事会全年审议通过 25 项房地产和基础设施投资类议案。持续推进定向开发项目，审议通过了天津市津南区辛庄镇白万路定向安置房项目、济南市长清区安置房定向开发项目、西安市西咸新区沣东新城 FD4-5-8 地块安置房定向开发项目；大力开展棚改旧改、老旧小区、片区开发、城市更新类项目，审议通过太原市杏花岭区饮马河棚户区改造项目、济南市经开区文科新城城中村改造项目、西安曲江文化 CBD 项目；不断发挥投资带动作用，审议通过投资北京中关村中发投资建设基金项目、天津市轨道交通 Z2 线一期工程 PPP 项目；积极防范投资风险，调整优化保定市主城区城中村连片开发 ABO 项目（一标段）项目、国高网 G8012 玉楚至楚雄高速公路 PPP 项目、云南省勐醒至江城至绿春高速公路 PPP 项目、南京未来网络产业创新综合体 PPP 项目、天津市轨道交通 Z2 线一期工程 5 个项目的投融资方案，决策退出中铁银川丝路明珠塔项目、唐山东湖 PPP 项目、太原国际会展中心 PPP 项目。2021 年，中铁建工通过出资购股的方式顺利完成对长沙市规划设计院有限责任公司 74.998% 股权的收购工作，此次并购是中铁建工积极谋划深化企业改革，快速提升企业发展能力和活力的重大战略举措，实现了拓展经营领域，补齐专业短板，完善区域布局的战略目标。

（王　蒙　崔振国　马艳春　郄柳阳）

【走向海外】积极推进国际业务改革。新组建的国际事业部定位为中铁建工海外业务管理平台和经营实体，境外设立 1 个区域公司（东非公司），3 个区域总部（北非区域总部、东北非区域总部、南太区域总部），2 个区域指挥部（中亚区域指挥部、西非区域指挥部），2 个办事处（印度尼西亚办事处、马来西亚办事处）和 1 个派出机构（坦桑尼亚资产运营管理中心），组织机构设置更加科学合理。2021 年重点承揽了坦桑尼亚塔波拉高等法院改扩建项目、坦桑尼亚多多马科技学院项目、坦桑尼亚桑岛海洋天堂酒店项目、坦桑尼亚农村电网中低压输电项目、援坦桑尼亚卡盖拉职业技术学校项目检查验收任务、阿尔及利亚赫利赞省瓦迪吉乌 800 套租售房 EPC 项目、巴布亚新几内亚西塞皮克省瓦尼莫市教育局办公楼项目、巴布亚新几内亚海拉省政府办公楼项目、巴布亚新几内亚欧凯泰迪路面项目、加纳职教项目 7 所院校工程、加纳莫波霍地区医院项目等项目。2021 年，注册成立了中铁

▲图 13-17　中铁建工承建的甘肃敦煌机场扩建工程航站区工程获“中国建设工程鲁班奖”

▲图 13-18　中铁建工圆满完成长沙市规划设计院并购重组工作

建工集团乌兹别克斯坦代表处、阿尔及利亚有限公司。全年新签海外项目合同额6.17亿美元，完成股份公司年度计划6亿美元的102.77%。

（姬　婧）

【重大创新】加强管理创新工作的顶层设计和统筹策划，以经营生产为重点，以问题为导向，征集管理创新课题86项，全年形成管理创新成果45项。中铁建工获得股份公司级优秀成果3项，其中一等奖2项，二等奖1项；获得“北京市企业管理现代化创新优秀成果”12项，其中一等奖4项，二等奖8项；《建筑企业深度挖掘属地市场的经营战略实施》《冬奥赛事场馆的绿色施工管理》获“第二十八届全国企业管理现代化创新成果二等奖”，《以“家”文化引领企业扎根海外》获“2020—2021年度全国企业文化优秀成果一等奖”，实现中铁建工国家级管理创新成果和文化成果的双突破。

2021年，中铁建工围绕综合交通枢纽、高层建筑与地下空间利用、装配式建筑、建筑智能建造、绿色建筑建造、城市更新改造六大技术重点领域，依托重点工程项目开展各专业研发领域课题群研究和技术创新。承担中国中铁2021年科技研究开发计划重大课题2项、重点课题3项。承担中国中铁2021年实用技术科技研究开发计划重点课题2项。中铁建工不断深化产学研合作，成果质量显著提高，与清华大学合作研究国家级课题“跳台周边山体切削面及环境生态保护技术”；与北京交通大学、东南大学、石家庄铁道大学、山东建筑大学、青岛理工大学、中国石油大学、太原理工大学加强合作，进行课题深度研发。

中铁建工17项成果通过股份公司科技成果评审，其中“雄安站综合体建设施工关键技术研究”被鉴定为国际领先水平；“高铁站房工程装配式建筑设计与施工技术研究”“站房工程智慧建造技术的深入研究”“深基坑上顺下逆同步设计—施工技术研究”3项成果被鉴定为国际先进水平；“异型、多折面钢结构施工技术研究”等8项成果被鉴定为国内领先水平；“繁华街区地铁沿线深基坑施工技术研究”等5项成果被鉴定为国内先进水平。2021年，获中国铁路工程集团有限公司科学技术奖3项，其中“波音737完工及交付中心项目综合技术研究”获特等奖，“大型铁路、地铁综合交通枢纽一体化施工技术研究”获一等奖，“大型高铁站房钢结构施工综合技术研究与应用”获二等奖。2021年，获中国施工企业管理协会科学技术奖7项，其中“波音737完工及交付中心项目综合技术研究”获中施企协科技进步奖一等奖，其余6项成果获二等奖。获中国铁道学会科技奖2项，其中“青岛新机场综合交通中心高地铁站房施工综合技术研究”获中国铁道学会科技二等奖，“新建重庆北站站房及相关工程综合施工技术研究”获中国铁道学会科技三等奖。“波音737完工及交付中心项目综合技术研究”和“超大淤泥质软土深基坑新型双排PCMW+注浆锚杆复合挡土墙系统施工技术研究”获中国建筑学会科技进步奖三等奖。

2021年，中铁建工获发明专利31项，实用新型专利478项，获省部级工法56项。2021年内组织参加BIM技术等比赛，获奖139项，在中国建筑业协会举办的第六届建设工程BIM大赛中，中铁建工共获4项一类成果；“BIM+智能建造助力广州白云站精品工程建设”“新建北京至雄安新区城际铁路雄安站站房及相关工程”分获第三届“联盟杯”铁路工程BIM应用大赛施工组、多阶段应用组一等奖；“基于BIM技术的数字化建造在成都铁路科技创新中心工程中的应用”“基于BIM技术的智慧建造在信联天地项目的应用”“BIM+智能建造助力广州白云站精品工程建设”“基于BIM的预制装配技术在沈阳华晨宝马项目的研究与应用”获第四届“优路杯”全国BIM技术大赛金奖；“北京2022年冬奥会张家口赛区场馆群工程BIM技术综合应用与智慧建造”获第二届中施企协BIM大赛建筑工程综合应用类一等成果；“基于BIM的亚洲最大交通枢纽（北京副中心）智能建造技术创新及应用”获第二届“共创杯”智能建造技术创新大赛施工组特等奖；“基于BIM的中电科大型复杂钢结构工程智能建造关键技术及创新应用”获第十届“龙图杯”全国BIM大赛施工组一等奖；“成都自然博物馆项目BIM综合应用”获2021年信息技术服务业应用技能大赛BIM技术应用大赛一等奖；“BIM技术在雄安容东片区E组团安置房及配套设施项目设计、施工阶段的应用”获2021北京市工程建设BIM应用成果大赛综合一类成果。新建南昌至赣州铁路客运专线赣州西站站房及相关工程、新建福州至平潭铁路站房及相关工程、新建铁路格尔木至库尔勒（青海段）格尔木站站房雨棚及相关工程、新建北京至张家口铁路清河站站房雨棚及相关工程、新建长沙至昆明客运专线贵安站站房工程通过住建部组织的专家验收，被授予“住房和城乡建设部绿色施工科技示范工程”。

（马艳春　赵晓娜）

【工程创优】2021年，中铁建工获国家级优质工程16项：包括新建南昌至赣州铁路客运专线站房和生产生活用房及配套工程CGFJ-5标，甘肃敦煌机场扩建工程航站区等工程，成都地铁7号线工程（参建）获中国建设工程鲁班奖，新建北京至张家口铁路（含崇礼铁路）工程——清河站获国家优质工程金质奖，北京工业大学逸夫图书馆改扩建工程，江苏省妇幼保健院住院综合楼项目，连云港综合客运枢纽站前南广场配套、人民路及盐河路下穿工程地库及隧道工程，新建济南至青岛高速铁路淄博北站站房及相关工程施工总价承包JQGTFWSG-6标，昆明市地铁线网控制中心工程获国家优质

所属单位

工程奖，新建北京至雄安新区城际铁路雄安站站房及相关工程获中国钢结构金奖工程年度杰出工程大奖，新建武汉至十堰铁路孝感至十堰段随州南站站房及相关工程，中铁青岛世界博览城会议中心综合体项目，成都自然博物馆获中国钢结构金奖，格尔木市火车站站前广场及市政基础设施配套项目，依林家园（南区、北区）1~11 号住宅楼，23~26 号商业楼、32~33 号商业楼、34 号地下室、36 号门楼工程获全国用户满意工程。南京河西新城四小项目机电安装工程获中国安装优质工程（中国安装之星）。全年共获国家级 QC 小组奖 28 项，获全国建设工程项目施工安全生产标准化学习交流项目 7 项，获中国安全产业建筑行业安全生产标准化项目奖项 3 项。参与建设的工程获省部级优质工程奖67项，获省部级 QC 小组奖 146 项，获省部级安全文明工地奖项 48 项。

（李玉琴　包玉琳）

【企业文化】中铁建工加强企业品牌文化建设，持续推进企业文化建设和精神文明创建活动，统筹推进“理想信念情怀、爱党爱国爱企”活动，进一步增强了全体职工知企爱企、兴企强企的责任感和使命感。编制企业文化、品牌“十四五”发展战略。加强企业文化宣贯，结合中国中铁“开路先锋”企业文化理念体系，编制企业文化理念系统课件，成立 3 个工作组，对 21 家单位 61 个支部进行企业文化宣讲。所属各单位开展“文明单位”创建工作，6 家单位获评“首都文明单位”，获奖单位数量创新高。中铁建工上海分公司连续 10 年获评“上海市文明单位”。打造丰富多彩文化产品，推进《与共和国共成长——中铁建工集团发展纪实》编写工作。积极构建“微、网、屏、板”融媒体宣传体系，全年在人民日报等中央级媒体刊发新闻报道 122 篇，发布各类新媒体信息 1800 余条，全方位展示了企业改革发展和党建工作成效。联合央视拍摄《探秘“雪如意”》等纪录片和文艺节目，推出中老铁路《一路凯歌一路梦》、拉林铁路《归来》等微电影，制作“红色记忆”党史学习教育微视频 17 部，在讲好建工故事，传播建工文化中，凝聚了正能量、发出了最强音。

（李子锐）

【党建工作】中铁建工党委围绕庆祝中国共产党成立 100 周年和党史学习教育开展系列活动，推动全面从严治党向纵深发展、向基层延伸，为企业高质量发展提供坚强的组织保证。连续 3 年获股份公司党建工作责任制考核“优秀”等级，获中国施工企业管理协会“工程建设行业党建工作示范单位”称号。开展“达标创好争先”活动，对所属 21 家单位党委、党工委、党总支和 61 个党支部进行现场检查、验收抽查；召开庆祝中国共产党成立 100 周年暨“七一”表彰大会；创新开展“学党史、办实事、强基础、促提升”党建主题活动，以“京沪”“沪昆”两条干线为依托，以“十个一”系列活动为载体，有效覆盖了沿线 14 家单位、3 个指挥部的 45 个项目，各类宣讲覆盖子（分）公司、指挥部、项目党员干部 630 人次，组织座谈 153 人次，个别访谈 187 人次，慰问 1843 人次，发放慰问金 200 余万元；加强党的组织建设，适应企业改革变化，接管长沙市规划设计院党委，成立国际事业部党委，指导城投公司党委更名及换届选举；加强基层党组织书记培训，先后组织党史学习教育暨党组织书记学习研讨班、两期党群干部实地践学培训班，2021 年累计集中培训党组织书记、党务干部 144 人次，促进基层党群干部政治素质、业务能力、履职水平实现“三个提升”；加强党建研究工作，申报新时代国有企业党建工作探索创新研究子课题 4 项、工作案例 1 项，其中《国企党建品牌创新研究——深入开展“达标创好争先”活动　完善国企党建工作考评体系》课题收录《中国中铁国资委重大课题子课题汇编》，《建立健全“达标创好争先”活动考核评价体系》案例收录《中国中铁新时代国有企业党建工作探索创新研究典型案例汇编》，《以“达标创好争先”活动完善国有企业党建工作考核评价体系的创新与实践》获评中国施工企业管理协会“工程建设企业党建工作最佳案例”。围绕庆祝中国共产党成立 100 周年，以“永远跟党走”为主题，组织开展了主题座谈、红色教育、文艺会演、知识竞赛、演讲比赛、摄影书画作品展等系列活动，营造了浓厚的庆祝氛围。聚焦思想政治教育工作，广泛开展多种多样的形势任务教育。抓好党委理论学习中心组，落实好“第一议题”机制，制定党委理论学习中心组学习年度重点工作安排。抓好意识形态领域的工作，制定意识形态工作要点、意识形态工作责任制实施规定，进一步严格单位及个人网络社交媒体管理等制度。

坚决贯彻落实党中央的部署和习近平总书记重要指示批示精神，监督协调推进中老铁路廉洁之路建设，以及北京冬奥会和冬残奥会重点工程建设，监督创新驱动发展战略和国企改革三年行动落实情况，监督党史学习教育推进和境外腐败治理工作。持之以恒贯彻落实中央八项规定精神，严格监督落实股份公司“勤俭办企业十不准”规定。精准运用监督执纪“四种形态”，受理问题线索 100 件，党纪政纪处分 77 人次，组织处理 124 人次。组织开展“反思、整治、提升”主题活动及“影子公司”“影子股东”问题专项整治，开展亏损项目违规违纪与履职不力问题专项治理。围绕亏损项目治理、巡察巡检共性问题整改等开展再监督。深入 19 个项目开展警示教育和反腐败宣传。组建两个巡察组开展常规巡察，共发现 29 个主要问题、67 个具体问题，发现和移交问题线索 9 件。完成股份公司党委违规挂靠专项巡视巡察配合工作，同步开展对所属分子公司党委违规挂靠专项巡察工作。探索实

践项目巡检，按照“发现问题、督导整改、规范管理、提质增效”工作方针，推动巡视巡察工作向基层延伸。

组织召开中铁建工工会第四次会员代表大会及四届一次全委会。组织开展“五保一促”“决战决胜四季度”专项劳动竞赛。组织开展工程测量人员、工程试验员技能竞赛活动，命名表彰12个中铁建工级劳模（先进职工）创新工作室。举办首届健康委员督导培训班并出台了《暖心驿站视觉系统标准化手册（试行）》，制定“三工”建设考核实施办法。推动“我为群众办实事”实践活动走深走实，开展“送文化、送安康、送技能、送慰问”文艺宣讲活动，慰问2000余名基层职工，拨款1170万元；大力实施普惠关爱，共筹集“两节”送温暖资金515万元，走访慰问61个项目部、职民工2万余人次。组织开展“唱红歌·颂党恩”职工文艺演出、“永远跟党走·筑梦建工行”职工健步走活动、“党在我心中·永远跟党走”职工书画摄影比赛、“大国顶梁柱·永远跟党走”主题演讲竞赛活动。举办第十九届“建工杯”篮球赛。

（徐　灿　李子锐　巩海政　彭　雪　李帅帅　李　军）

【信息化建设】扎实做好中国中铁北京区域云计算平台管理运营工作，北京区域10个局的资金智能化分析平台实现上线运行。推进全球组网及IPV6建设工作，完成中铁建工官网IPV6改造，积极推动中铁建工国内、海外分支机构接入股份公司骨干网络，形成全球一张网。加快推进信息贯通工程，完成机构和人员等统一身份管理系统的数据治理，完成中铁建工OA优化升级，实现OA系统全员覆盖，完成中铁建工一体化工作平台暨中铁e通上线运行，建立OA系统、财务共享、大数据系统、安全质量管理系统等入驻一体化工作平台。加速推进大数据系统深化应用，开发完成经营要素管理系统、生产调度指挥系统。加强网络安全管理，完成公安部2021年护网、建党100周年、服贸会、全运会、国庆、党的十九届六中全会等重大活动期间网络安全防护工作，未发生网络安全事件。组织一体化工作平台、中铁e通、OA系统、邮件系统、BIM及网络安全技术应用培训。推进数智升级工程，开展中铁建工智慧工地标准体系制定，试点智慧工地系统，在中铁建工10个项目上推广应用。（赵晓娜）

【履行社会责任】中铁建工始终履行中央企业的使命和责任，在雄安新区建设、护航保障冬奥盛会、南极科考等一系列国家大事中勇挑重担，在疫情防控、抗洪救灾、地震抢险的大战大考中冲锋在前，以实际行动诠释了大国央企的担当与奉献。2021年1月14日，中铁建工迅速支援石家庄市黄庄公寓集中隔离点建设，驰援石家庄黄庄公寓隔离场所完成1500余套集成房建设。2021年5月21日至22日，云南省漾濞县10小时内连续发生地震398次，最大震级6.4级。大瑞铁路漾濞站项目距离震中仅有4.5千米，中铁建工临危不乱，在保障员工生命安全和工程建设安全的前提下，义不容辞扛起央企责任，奔赴一线开展抗震救灾工作，与灾区人民同呼吸、共命运、心连心，完成苍山西镇河西村安置点等援建任务。中铁建工山东公司连续6年开办“建设工地小候鸟驿站”爱心暑托班。2021年7月暑托班共有来自青岛23家建筑施工企业的141名“小候鸟”报名参加，活动规模与参与人数创历史新高，为农民工子女提供暑期关爱服务。2021年8月至10月，河南、陕西多地遭遇持续强降雨天气，出现地质灾害、洪水等险情，中铁建工所属各单位迅速行动组建抢险突击队冲锋在前，驰援抢险救灾，彰显央企担当，在险情面前筑起一条钢铁防线。中铁建工山东公司积极调集资源投入阻击战，与河南省新乡市政府取得联系后，第一时间筹备物资，捐赠发电机、抽水泵、担架、帐篷等救援物资，并组成突击队参与到抗洪抢险的行动中，架设管道启动抽水泵排抽积水协助清理路面；受汛情影响，郑州高铁基础设施段卫辉变电所站内大面积淤泥急需清理，深圳分公司郑州南站项目迅速支援开展灾后清淤重建工作，项目团队持续工作6小时，克服站内高温、密闭环境，协助郑州高铁基础设施段卫辉变电所完成汛后清淤重建；10月6日，受强降水影响，阳涉铁路发生边坡垮塌，铁路枕木和通电线路外露等险情，严重影响到当地人民群众的生命财产安全，中铁建工在接到抢险任务后火速驰援，路桥分公司第一时间参与到阳涉铁路和顺站至寒王站的抢险任务当中，组织抢险救灾人员160余人次；西南分公司火速集结在晋的长治宝佳瑞景花园、太原诺德松庄城改、太焦铁路站房1标、柳林南站4个项目，163名员工组成抢险先锋队，连夜赶往现场，冒雨投入抢险战斗。2021年11月5日，中铁建工29名南极建设队员正式随队出征，参与中国第38次南极考察任务，这也是中铁建工第18次参加南极建设。

（李子锐　李双伟　彭　雪）

【领导人员】

张建喜　党委书记、董事长
王玉生　党委副书记、总经理
邓银国　党委副书记、工会主席
陈文志　纪委书记
杨　煜　总工程师
黄振庭　副总经理
孟庆军　副总经理
贾国明　副总经理、总经济师
何晔庭　副总经理
严　峰　副总经理
侯国树　副总经理
王　坚　副总经理
单　云　副总经理
刘殿君　总会计师（4月任）

（史晓斌）

中铁广州工程局集团有限公司

【简况】中铁广州工程局集团有限公司（以下简称“中铁广州局”）原单位组建于1988年。1992年10月，注册为全民所有制企业，名称为“广东中海工程建设总局”。1999年，划归三九企业集团，后并入华润集团。2008年11月，整体划归中国铁路工程总公司管理。2009年4月，改制并更名为“中铁港航工程局有限公司”。2010年3月，资产整体注入中国中铁股份有限公司，注册地广东省广州市，注册资本金3.8994亿元。2010年11月，中国中铁股份有限公司对中铁港航工程局有限公司进行重组，注册资本金增至8亿元。2011年1月，设立企业集团，中铁港航工程局有限公司作为集团母公司，名称变更为“中铁港航局集团有限公司”。2012年11月，注册资本金增至11.87亿元。2013年8月，注册资本金增至12.37亿元。2016年11月，重组新设中铁广州工程局有限公司，将中铁港航局以及中铁建投下属企业深圳中铁观澜投资有限公司整合重组并入中铁广州工程局，注册资本金为13亿元。2017年3月10日，设立企业集团，中铁广州工程局有限公司作为母公司名称变更为“中铁广州工程局集团有限公司”，因生产经营需要，2017年进行企业内部重组，将中铁港航局旗下11个子公司和1个参股公司重组并入中铁广州局。中国中铁分别于2017年10月16日、12月29日增加注册资本1.30亿元、8.70亿元，截至2021年末，中铁广州局注册资本金为23亿元。下设16个子公司，5个工程指挥部，9个经营区域指挥部，2021年新设3个子公司和4个分公司，注销2个子公司。

中铁广州局拥有各类资质74项，其中施工资质69项，设计行业甲级资质5项。施工资质中施工总包特级资质5项，壹级资质6项，贰级、叁级资质20项；施工专业承包壹级资质23项，贰级、叁级资质21项。2021年新增资质10项，其中施工总承包资质8项，专业承包资质2项。

截至2021年末，资产总额217.5亿元，其中流动资产168.30亿元，固定资产13.45亿元。员工5627人，在岗员工5337人，占员工总数的94.85%；非在岗员工290人，占员工总数的5.15%。其中，研究生以上学历80人、本科学历3374人、专科学历1188人，大专以上学历占员工总数的82.50%，各类管理人才4756人，占员工总数的84.52%，各类专业技术人才4564人，占员工总数的80.47%，其中高级职称666人（正高级工程师36人）、中级职称1473人、初级职称1643人，分别占专业技术人才的14.59%、32.27%、35.99%。各类技能人才872人，其中高级技师141人、技师196人、高级工289人，高技能人才占工人总数的38.69%。拥有机械设备固定资产1487台套（不含测量、实验仪器及小车），原值17.82亿元，净值8.30亿元，新度系数0.47，总功率194393.09千瓦，人均技术装备率14.7万元/人，动力装备率34.5千瓦/人，新度系数0.46，自有设备完好率90.53%，自有设备利用率90.14%。

2021年，通过省部级科技成果鉴定（评审）24项、获股份公司及省部级工法39项、授权发明专利14项、实用新型专利75项；获省部级及国家行业协会科技奖6项，中施企协十大新技术成果1项、微创新成果10项。4项工程荣膺中国中铁年度十大超级工程，3个项目入选国家级安标工地学习交流名单，获国家级优质工程奖1项，省部级优质工程奖10项，省部级安标工地11个，国家级QC小组成果奖4项，省部级QC小组成果奖54项。获中施企协、中建协“2021年度建筑业AAA级信用企业”最高信用认定，获“广东省市政协会优秀企业”“广州市建筑业联合会创新发展优秀企业”称号。

（骆希干　殷正武　邹建华　海鹰飞　杜中超　刘　洁　缪晨辉）

【主要指标】截至2021年末，中铁广州局资产总额217.50亿元，较2020年增加9.07亿元，同比增长4.35%；负债总额179.78亿元，较2020年增加8.04亿元，同比增长4.68%；所有者权益37.72亿元，较2020年增加1.03亿元，同比增长2.81%。期末资产负债率82.66%。全年完成营业收入299.32亿元，同比增长23.29%；实现净利润1.21亿元，同比增长27.37%；实现经营活动现金净流入9.06亿元。（邹建华）

表13-16　2020—2021年中铁广州局主要经济指标

项目	2020年	2021年	增长率/%
资产总额/亿元	208.43	217.50	4.35
所有者权益/亿元	36.69	37.72	2.81
营业收入/亿元	242.78	299.32	23.29
利润总额/亿元	1.10	1.58	43.64
净利润/亿元	0.95	1.21	27.37
归属于母公司所有者的净利润/亿元	0.88	1.16	31.82

续表

项目	2020 年	2021 年	增长率 /%
技术开发投入 / 亿元	2.14	6.08	184.11
利税总额 / 亿元	3.82	5.95	55.76
应交税金总额 / 亿元	2.72	4.37	60.66
全员劳动生产率 / [万元 / (人·年)]	21.80	25.90	18.81
净资产收益率 /%	3.32	3.26	减少 0.06 个百分点
总资产报酬率 /%	1.14	0.97	减少 0.17 个百分点
国有资本保值增值率 /%	176.90	102.82	减少 74.08 个百分点

注：财政部 2021 年发布《企业会计准则解释第 15 号》，根据通知对 2020 年末归集至集团母公司账户的资金由“货币资金”调整至“其他应收款”，并按照公司统一会计政策计提减值准备，调整期初留存收益，因此 2020 年数据略有调整。

制表：邹建华

【改革发展】持续推进“深化改革 16 条”与国企改革三年行动相衔接，系统总结中铁广州局发展的“新八大优势”，提出中铁广州局“1+4+7”发展思路，规划中铁广州局的具体发展指标和各子公司的发展目标及定位，制定并发布《深化改革三年行动任务清单》和《深化改革三年行动任务台账》，截至 2021 年 12 月末，改革任务已完成 139 项，占 160 项总任务的 87%；7 家子公司 593 项改革任务，已完成 437 项，总体完成比例为 74%。加强对三级公司“十四五”规划编制工作督导，两级公司“十四五”规划立体架构基本搭建完成。构建“三法两书”体系，全力推行经理层成员任期制和契约化管理，完善一企一策考核和全员考核体系，推动薪酬考核正向激励机制不断健全；研究修订项目风险抵押、内部承包、指挥部薪酬绩效等管理制度，创新“小局指 + 三级公司”项目管控模式，激发项目管控活力。开展整体对标学习，形成 31 项成果借鉴。（向小亚）

【重大项目】2021 年，中铁广州局完成新签合同额 673.62 亿元，占股份公司计划 500 亿元的 134.7%。新开工项目 73 个，完工项目 61 个，全年在建项目 254 个，其中，铁路项目 17 个，公路项目 21 个，市政项目 112 个，城轨项目 22 个，房建项目 52 个，其他水工项目 30 个。2021 年实现开通的铁路项目 4 个。全年完成产值 331.18 亿元，占

▲图 13-19　2021 年 6 月 28 日，中铁广州局承建的川南城际铁路通车

所属单位

股份公司下达计划指标320亿元的103.5%，其中铁路完成63.5亿元，占全年完成产值的19.2%；公路完成48.2亿元，占全年完成产值的14.6%；市政完成85.2亿元，占全年完成产值的25.7%；城轨完成37.6亿元，占全年完成产值的11.4%；房建完成71.2亿元，占全年完成产值的21.5%；其他水工项目完成产值25.4亿元，占全年完成产值的7.7%。截至2021年末，基础设施投资项目28个，其中自主投资项目6个，总投资额72.03亿元，完成投资11.5亿元；参股投资项目22个，施工任务额284.06亿元。

2021年，广州海心桥高品质建成，惠来中石油码头项目克服恶劣海况影响提前完成钢桥制安工程，香港科技大学（广州校区）主体结构顺利封顶，中老、拉林、南沙港、川南城际铁路建成通车，遵余、延黄、威围高速开通，开州湖特大桥建成通车，南沙近洋港、广西防城港顺利通航，进一步彰显企业攻坚能力和技术实力。

（赵雪梅　王　霞）

【走向海外】2021年，中铁广州局完成海外新签合同额2.6亿美元，营业额901.07万美元，折合人民币8131万元，占营业额指标的14%。海外在建项目4个，分别为老挝磨万铁路Ⅱ标、马来西亚MRT2期工程、安提瓜与巴布达圣约翰港改扩建项目、援几内亚比绍板丁渔业码头项目，整体情况良好，安全、质量、环境、健康稳定可控，项目进展平稳有序。（谭礼忠）

【重大创新】截至2021年末，中铁广州局通过"广东省复杂大跨桥梁工程技术研究中心"认定，下属二公司通过省级企业技术中心认定、市政环保公司通过国家高新技术企业认定。主编的《水下爆破工程施工组织设计规范》和参编的《水下爆破工程技术设计规范》获中国爆破行业协会批准发布。主编的《川藏铁路拱桥施工技术指南》作为中国国家铁路集团有限公司内部资料已出版。

2021年向股份公司申报3项管理创新课题成果，其中《深化"两给两管"，推行"四建四提"，着力提升专业施工生产能力》获二等奖，《新时代项目党建与生产经营深度融合的实践探索》获三等奖；提交11篇优秀管理实践，其中《实事求是闯新路深化改革促发展》和《项目重要事项管理实践与探索》入选《中国中铁优秀管理实践汇编》。

（缪晨辉　骆希干）

【工程创优】2021年，中铁广州局呼和浩特市轨道交通1号线一期工程2标段工程获2020—2021年度国家级优质工程奖；华瀛石化项目惠州港燃料油调和配送中心码头工程获2020—2021年度水运交通优质工程奖；月亮湾立交—桂庙路跨线桥工程、深圳市城市轨道交通6号线工程主体工程6101标一工区工程、黄阁四期工程获2021年广东省建设工程优质结构奖；海口市委党校新校区工程获海南省建设工程优质结构奖；中老铁路、川藏铁路拉萨至林芝段、瓮开高速公路开州湖特大桥、贵州遵义至余庆高速公路4项工程获中国中铁年度十大超级工程；广东汕揭高速公路01标五联山隧道、海口市江东大道二期项目、南宁市轨道交通4号线2标土建9工区、昆明市轨道交通4号线土建2标、西安市地铁5号线一期土建施工项目D5TJSG-5标段等10项工程获中铁杯优质工程；新建南沿江城际铁路站前工程4标、广州市轨道交通7号线二期工程一分部土建工程、海口金融中心A/B区3个项目入选国家级安标工地学习交流名单。

（刘　洁）

【企业文化】2021年，持续践行"广通天下、州连百川"的文化理念，做好中铁广州局"大局"文化、中国中铁"开路先锋"企业精神谱系的宣贯工作，出色完成主要领导在华南理工大学、南沙区纪委"做永远的开路先锋"专题党课的组织和策划工作及"两会"、"七一"表彰等重大活动的宣传工作。更新企业宣传片、文化手册、标准化手册，制定企业塑形规范和要求。全年接待参观200余场，参观人员达1230人次。宣传片《中铁广州　开路先锋》被中国文化管理协会评为"最美企业之声"代言作品。

（郭爱华）

【党建工作】坚持以习近平新时代中国特色社会主义思想为指导，贯彻落实党的十九大及十九届历次全会精神、"七一"重要讲话精神，扎实开展党史学习教育，弘扬伟大建党精神。强化"第一议题"制度落实，重温全国国企党建会议精神，推进习近平新时代中国特色社会主义思想大学习大普及大落实，推动集团上下"永远跟党走"，树立"四个意识"，坚定"四个自信"，做到"两个维护"。全面推动落实"一切工作到支部、一切要求到项目"，制定新增或修订支部考核等4个办法，同步成立4家党工委。围绕"迎七一、庆百年"，制定党史学习教育和庆祝建党100周年系列活动方案。2021年在中央电视台、新华社、人民日报等媒体开展了22次集中新闻宣传报道，展现中铁广州局"硬核"实力。在畅通员工"出"的通道、干部"下"的渠道上，推行试用期、首签劳动合同、合同期满续签考核制，规范管理畅通出口；对业绩不突出、干部职工反应较大的领导干部进行处理。相继在古田干部学院举办青年干部"学党史、强党性"党性教育培训班、在中铁广州局机关举办理想信念专题培训班、在井冈山举办党史学习专题培训班、在肇庆培训基地举办党史学习教育暨宣传骨干和组工干部培训班。加强与地方的沟通交流和合作，主要领导先后2次参加广东省委举办的专题研讨班，选派领导干部参加南昌市委组织的县处级干部专题培训班。通过开展廉洁谈话提醒工作、任职前廉洁谈话、召开2次警示教育大

会、组织观看专题片《正风反腐就在身边》，在经营、物资机械、项目经理、党支部书记等5期培训班上，讲授廉洁教育专题，纠治不正之风。2021年7月23日至8月27日同步组织对所属8家单位开展违规挂靠专项巡察，对由被巡察单位代管的9家子公司进行监督检查，并于9月30日完成巡察情况反馈。持续打造劳动竞赛特色品牌，2021年1月召开“决胜2021”誓师大会，2月启动“南粤杯”劳动竞赛，10月举行“决战决胜四季度”劳动竞赛誓师大会，通过劳动竞赛，在新形势下创造新业绩。开展学党史知识竞赛活动，近1500名党员和团员青年踊跃参与，营造党史大学习、大宣贯、大普及的浓厚氛围。中铁广州局工会获“全路困难职工解困脱困先进集体”；中铁广州局桥梁公司获广东省“五一劳动奖状”；中铁广州局桥梁公司和中铁广州局城轨公司获广东省“模范职工之家”。（朱斯佳）

【信息化建设】稳步推进“信息贯通工程”。完成全集团组织、人员统一身份认证数据治理，完成OA系统、财务共享系统与中铁一体化平台、中铁e通的入驻对接，完成核心统建业务系统数据入仓工作，推广应用劳务管理信息系统、法律合规系统，实现账号统一、系统集成、数据集中。编制《数智升级工程工作方案》，对所属重点项目信息化、智能化建设组织制定方案及推动开展实施，加强信息化技术在项目、工程设备的应用，开展铁路搬提运架设备接入中铁广州局设备管理云平台工作，2021年完成多台设备的接入测试。完善网络安全防护体系建设，实现全年网络信息安全“零”事故目标。（李　毅）

【履行社会责任】持续推进脱贫地区基础设施建设和产业帮扶，选派1名干部赴湖南汝城任驻村第一书记，开展帮扶工作，安排3名干部与广东省国家安全厅组团结对到广东省潮州市饶平县建饶镇开展驻镇帮镇扶村对接工作。积极投身全民抗疫保卫战，中铁广州局各单位组织志愿者队伍600多人次，为全员核酸检测有序进行作出积极贡献；抽调200多名建设者，10天内完成河北正定黄庄隔离点建设任务。面对河南、旬阳等地发生的洪水肆虐，塌方、滑坡、泥石流等灾害，中铁广州局多个项目部组织现场施工人员、调派施工设备开展抢险救急工作。搭建“助考服务驿站”、开展“红心向党”无偿献血、开办“长者食堂”，用实际行动彰显央企担当。（郭爱华　曾雪莹）

【领导人员】

唐　云　党委书记、董事长
赵　斌　党委副书记、董事、总经理（5月免，调离）
李仲峰　党委副书记、董事、总经理（5月任）
田家勇　党委副书记、工会主席、副总经理、职工董事
谢季军　党委常委、副总经理
柯松林　党委常委、副总经理、总工程师
孙志斌　党委常委、副总经理
徐鹏程　党委常委、纪委书记（10月任）
李尚瑛　副总经理
兰国友　副总经理
郭清华　总会计师、总法律顾问
孙如幂　副总经理
冯朝军　副总经理

（海鹰飞）

中铁北京工程局集团有限公司

【简况】中铁北京工程局集团有限公司（以下简称“中铁北京局”）是中国中铁股份有限公司的全资子公司，总部位于北京市门头沟区。公司成立于1987年，成立之时名称为中国航空港建设总公司。1998年12月，整体移交地方并入三九企业集团。2008年1月4日，随三九企业集团整体并入中国华润总公司。2009年11月，经国资委批准整体划入中国铁路工程总公司。2010年10月，中铁一局一公司、中铁三局一公司、中铁建工北京公司整章建制并入，11月29日，改制更名为“中国航空港建设有限公司”，2021年12月28日，正式进入中国中铁股份有限公司。2011年1月31日，更名为“中国中铁航空港建设集团有限公司”，同年4月1日，启动子（分）公司重组，成立中铁航空港集团第二工程有限公司、北京机场工程分公司、深圳分公司，北京第五、第六、第七、第八分公司和辽宁工程有限公司。2012年，组建新中铁航空港集团三公司、中铁航空港集团重庆第四分公司和中铁航空港集团杭州分公司三个新公司。2015年6月，企业内部进行重组整合，深圳分公司与二公司合并为中铁航空港第二工程有限公司；八分公司与机场分公司合并为中铁航空港机场工程分公司；五分公司、六分公司、七分公司合并为中铁航空港北京建筑工程分公司，新设物贸公司。2016年，成立了华中、西北、华南、华东、东北、华北、西南7个区域指挥部。2017年3月，更名为“中铁北京工程局集团有限公司”，同年6月，成立雄安新区投资建设指挥部，10月，中铁天丰建筑工程有限公司重组至中铁北京局，12月，成立国际分公司。2018年8月，下属北京颐和监理公司重组至中铁华铁设计集团。2020年9月，成立晋鲁豫区域指挥部。2021年6月，设立检测公司。截至2021年末，下设9个区域指挥部，辖13个子（分）公司和16个直管项目部，总部拥有总承包特级资质3项、总承包壹级资质2项、专业承包壹级资质3项、设计资质4项、公路工程试验检测综合乙级资质和测绘乙级资质。企业注册资本32亿元，资产总额239.7亿元，其中固定资产净值9.87亿元、流动资产176.41亿元。拥有各类施工机械设备1680台/套，设备总原值10.76亿元，净值5.17亿元，设备新度系数为51.97%，技术装备率为6.73万元/人，设备总功率21.51万千瓦，动力装备率为25.89千瓦/人，主要施工机械完好率达94.53%，利用

所属单位

率达89.28%。截至2021年底，在册员工8262人，其中管理及专业技术人员6917人，占比83.7%，技能人员1345人，占比16.3%。非在岗员工454人，员工在岗率94.5%。

（蒋清怡　张秀娟　马增强　王怡楠）

【主要指标】截至2021年底，中铁北京局资产总额239.70亿元，所有者权益53.62亿元；全年完成营业收入301.26亿元，同比增长5.47%；实现净利润0.94亿元，同比增长141.03%；经营性现金流持续保持净流入。全年技术开发投入5.53亿元，同比增长2.22%；实现利税总额7.09亿元，应交税金总额5.98亿元，全员劳动生产率28.14万元/（人·年）；实现净资产收益率1.75%，总资产报酬率1.12%，国有资本保值增值率100.76%，实现国有资本保值增值。　（付烜昌）

表13-17　2020—2021年中铁北京局主要经济指标

项目	2020年	2021年	增长率/%
资产总额/亿元	240.23	239.70	−0.22
所有者权益/亿元	53.50	53.62	0.22
营业收入/亿元	285.63	301.26	5.47
利润总额/亿元	0.51	1.11	117.65
净利润/亿元	0.39	0.94	141.03
归属于母公司所有者的净利润/亿元	0.39	0.94	141.03
技术开发投入/亿元	5.41	5.53	2.22
利税总额/亿元	6.27	7.09	13.08
应交税金总额/亿元	5.76	5.98	3.82
全员劳动生产率/［万元/（人·年）］	23.01	28.14	22.29
净资产收益率/%	0.77	1.75	增加0.98个百分点
总资产报酬率/%	0.82	1.12	增加0.30个百分点
国有资本保值增值率/%	100.87	100.76	减少0.11个百分点

制表：张秀娟

【改革发展】新设中铁北京工程局集团（金华）工程有限公司、中铁北京工程局集团检测有限公司，向参股公司都江堰市绿产工程管理有限公司缴纳实收资本，优化了企业战略布局，增强了企业经营开发实力，推动企业高质量发展。

中铁北京局制定了《经理层成员经营业绩考核与薪酬管理办法》，进一步规范集团公司经理层成员、非经理层成员经营业绩考核与薪酬管理，强化业绩导向和绩效考核结果运用，明确经营业绩责任书签订与考核、退出与薪酬调整的动态管理机制。修订了《总部绩效考核与薪酬管理办法》《区域指挥部绩效考核与薪酬管理办法》《直管项目绩效考核与薪酬管理办法》《子分公司负责人经营业绩考核与薪酬管理办法》，落实管理人员能上能下、员工能进能出、薪酬能增能减机制建设，进一步强化中铁北京局集团公司总部、所属单位绩效考核与薪酬管理，强化绩效导向与绩效考核结果运用。制定了《子分公司经理层成员任期制和契约化管理办法（试行）》，明确了子（分）公司“两书”签订的人员范围、签订程序，规范了“两书”相关指标设置的原则和权重，明确了考核结果的应用和退出机制及考核管理监督及问责等内容。制定了《三项制度改革考核评价办法（试行）》，将区域指挥部纳入“三项制度改革”考核范围，并设定相关考核指标，明确了评估组织实施以及结果应用，并与业绩考核、领导人员职务任免以及评先评优挂钩。修订了《领导人员管理办法》，优化了领导人员选拔任用条件，增加了破格提拔可量化条件，实行领导人员任职承诺制度，细化了考察程序的描述，明确了签字背书的具体要求，补充了党纪政纪处分薪酬扣减的具体标准，完善了改任非领导人员的考核评价；将领导干部交流和任期制相关内容进行融合，废除了相应的制度。修订了《领导班子和领导人员综合考核评价办法》，修改了年度综合考核标准，扩大了考核范围，将区域指挥部、直管项目部纳入年度综合考核测评，并根据实际情况，设置相对应的考核指标，完善了任期考核的程序、方式及评价标准，明确了领导人员退出机制和方式，为落实管理人员“能上能下”提供制度依据。修订了《“四好”领导班子考核评比

办法》，增加了可量化评价条件，将员工权益保障列入否决条件，修改了评价标准，并根据子（分）公司、区域指挥部、直管项目部分别设置相对应的评价标准，提高了奖励标准，“四好”领导班子评价更加科学，更加具有激励性。修订了《人才引进与培养管理办法》，提高了成熟人才引进的基本条件，引进的成熟人才实行岗位试用期考核制度，进一步规范考核程序，明确考核结果应用，以提高人才引进和培养质量，实现员工“能进能出”，促进企业高质量发展。修订了《员工任用管理办法》，明确集团公司及所属子（分）公司应通过开展竞聘上岗和公开招聘的方式实现管理岗位人员选聘，对公司总部一般管理人员实行岗位任期制管理，推行末等调整和不胜任退出等机制，进一步深化干部人事制度改革，促进“管理人员能上能下，员工能进能出，薪酬能增能减”，构建公平、竞争、择优的选人用人机制和科学有效的激励约束机制。修订了《职业项目经理管理办法》，办法规定职业项目经理分为副处、正处两个层级，实行逐级认定，全面推进了项目经理职业化、专业化、市场化，开辟了项目经理职业发展新路径。制定了《主任工程师管理规定》，畅通了专业技术人才职业发展通道，为从事工程技术、试验、测量、物资、机械的专业技术人才提供了发展空间。制定了《“十四五”人才发展规划》，明确了“十四五”人才工作目标方向，分析了集团公司六支人才队伍现状，提出了“十四五”期间六支人才队伍发展目标和主要举措，为集团在创新人才培养机制、优化人才发展环境、激发人才活力动力、提升人才整体效能方面提供了强有力的保障，为集团公司实现“十四五”发展战略目标提供有力的人才支撑和智力支持。

先后多层级、大范围征求中铁北京局“十四五”规划意见6次，收集各类意见188项次，修订10个版本，通过外部专家评审和内部专题评审，经股份公司审议修订后形成终稿。配套制定了营销、成本、人力等8个职能专项规划，编制了各子（分）公司的专业化发展考核方案，增加对子（分）公司的战略绩效考核，促进规划实施落地。“十四五”规划的制定为集团公司开创高质量、有效益、可持续发展新局面指明了方向，也为“十四五”起步开局奠定了基础。

深入推进国企改革三年行动，成立了深化改革三年行动领导小组和五个专项工作组，建立了会议、指标报送、信息交流、考核评价等8项配套工作机制，编制了涵盖5个方面、24个改革方向、111项重点任务的改革任务清单和台账，并在重要领域和关键环节取得决定性进展。截至2021年末，中铁北京局累计完成改革任务96项，其中，按时完成2020年任务24项，2021年任务54项，提前完成2022年任务18项，总体完成111项改革任务的86.5%，已实现股份公司要求的本年度完成70%的目标。推进了现代企业治理和“三项制度改革”，构建了“三能”制度体系和工作机制。

结合“十四五”规划，大力推进子（分）公司建设，对标标杆企业的先进经验和做法，梳理分析了中铁北京局集团公司和子（分）公司的职能定位，制定了“一企一策”方案；为做强机场业务板块，协调指导机场分公司申请变更为子公司；为满足市场化经营和企业治亏的要求，协助办理设计分公司更名手续，拓展了经营范围，督导其制定了发展计划及配套的制度；推进检测公司向市场化法人实体转变，明确了检测公司的管理模式、机构设置及定编定员方案。进一步推动了部分

▲图13-20　2021年4月2日，中铁北京局参建的菏泽牡丹机场正式通航

所属单位

单位专业化市场化发展。

深化总部机构改革，按照“有利于对接股份公司职能、有利于系统建设及业务沟通、有利于发挥两级本部职能定位”的原则，开展了部门职能、科室职能及岗位职责的梳理工作。截至2021年末，已基本完成了梳理，为后续部门职能和员工岗位的优化调整打好基础。调整了中铁北京局集团公司财务机构设置及定编定员，财务与金融管理部更名为“财务部”，财务共享中心整合为“财务（金融）共享服务中心”，撤销资金中心，将相关职能分别并入上述财务机构，优化精简了内部科室。

积极推进对标世界一流企业行动，总部相关部门先后赴中铁四局、中建三局开展对标学习，从战略规划、资源配置、制度建设、机构调整、人才补强、手段创新等方面分析差距，制定措施，纳入2021年重点工作任务清单，有力促进了企业管理提升。

（付烜昌　王怡楠　蒋清怡）

【重大项目】 2021年，中铁北京局完成施工产值343.69亿元，同比增长12.9%。参建的连徐铁路、金台铁路、敦白客专、安九铁路、北京地铁17号线、旬凤高速公路、平天高速公路、若民高速公路、国道丹阿线园池至图们段9个项目按期开通运营。峨米铁路站前14标、和若铁路站前工程S1标、静兴高速公路5标、河源东站交通枢纽工程、贵州双龙航空港经济区市政基础设施项目、兰溪市基础设施与民生项目、南京地铁7号线2标、合肥市轨道交通3号线5标、合肥市轨道交通5号线6标、通州区东方厂周边棚户区改造安置房项目、湖北鄂州民用机场工程飞行区场道工程11个重点保完工项目全部按期完工，实现了项目管控目标。

全年完成新签合同额686.83亿元，同比增长2.23%，自主营销首次突破650亿元，其中国内基建板块635.27亿元，海外业务板块49.28亿元，房地产板块2.28亿元。共承揽济南轨道6号线、天津市轨道交通Z2线一期工程（滨海机场站—北塘站）PPP项目、山东龙山创研智造新区项目等8个投资项目，合同总额约127.24亿元，出资总额约1.46亿元。（包宇泽　牛　乐　林小燕）

【走向海外】 紧密围绕“聚焦海外经营生产，扩大企业海外业务规模，持续提升企业品牌海外影响力”的工作主线，在“十四五”开局之年打下了良好的基础。2021年完成新签合同额7.62亿美元，折合人民币49.28亿元，占股份公司年度计划3亿美元的254%，占中铁北京局集团公司年度计划40亿元的123.20%。完成中铁北京局集团海外营业额7.52亿元，占中铁北京局集团公司年度计划7亿元的107%。2021年重点参与了ML1铁路项目、尼日尔河综合治理项目、雷迪森酒店项目、菲律宾南部铁路项目经营投标，援巴基斯坦瓜达尔新国际机场、尼日利亚安南布拉洲机场等在建项目实现高效履约，企业海外机场建设品牌影响力持续扩大。同时，进一步加强与股份公司、两翼平台公司、系统内兄弟单位的沟通交流，开展对标学习，积极配合股份公司牵头的大型海外项目，充分发挥“一体两翼N驱”组织阵型驱动力。2021年在建海外项目共有5个：孟加拉国帕德玛大桥铁路连接线项目，援巴基斯坦瓜达尔新国际机场工程项目，马尔代夫维拉纳国际机场改扩

▲图13-21　2021年11月20日，中铁北京局承建的三岔湖马鞍山漂浮码头正式完工

建项目，赞比亚恩多拉机场项目，尼日利亚阿南布拉州机场航站楼项目。（闫　颖）

【工程创优】2021年，中铁北京局在建工程质量一次验收合格率100%，全年未发生工程质量事故。成都地铁7号线、双辽至洮南高速公路建设项目两项参建工程获“2020—2021年度中国建设工程鲁班奖”（国家优质工程奖）；承建的济南至青岛高速铁路工程潍坊特大桥、参建的呼和浩特市城市轨道交通1号线一期工程获“2020—2021年度国家优质工程奖”；昆明市轨道交通4号线TGSJ-5标被评为“全国市场信用满意AA级用户满意工程”，北京东站货场铁路职工住房项目D地块、E地块和F地块施工项目获评“全国建设工程项目施工安全生产标准化工地”，全年获省部级、股份公司级优质工程和安标工地27项。玉楚项目逸心QC小组、凯里万博广场“不负韶华”QC小组获得“全国优秀质量管理小组奖”，获省部级“QC小组成果奖”37项。（刘政美）

【重大创新】聚焦规模效益，主动适应市场发展变化，提出了转型升级“五步走”战略，从“小而全”向“专而精”转变，进一步推动高质量经营。创新推进三项制度改革，完善选人用人机制，推进领导干部“能上能下”；鼓励先行先试，让“实干敢干”者“有为有位”，激发企业全员内生动力。推进实施“80、90、00”培养工程，建立“近期使用”“轮岗锻炼”“蹲苗培养”的递进培养长效机制；开展了人才替补计划、“十百千”后备人才计划、竹林成长计划等多项人才专项工程，建立了青年人才库；制定了项目经理队伍建设相关制度，构建了“纵向分级、横向分类”的职业项目经理分级动态管理机制；修订了所属单位负责人、区域指挥部薪酬管理制度，强化高业绩高薪酬、低业绩低薪酬，考核不达标无绩效薪酬，拉开了绩效薪酬差异；加大了对各层级重点岗位、优秀人员的奖励力度，充分调动员工工作积极性。

探索符合中铁北京局特色的科技创新驱动模式，促进企业提质增效和转型升级。2021年科技研发课题131项，组织对45项进行了结题验收，其中32项课题通过验收，11项科技成果通过中铁北京局集团公司专家评审；5项科技成果通过股份公司或外部机构评审；组织评审中铁北京局集团公司级工法39项。2021年积极组织科技成果奖项申报，获得省部级工法27项，授权专利82项，其中授权发明专利6项；获得股份公司级及以上科学技术进步奖4项，参编标准2项，已颁布2项。2021年创新建立子（分）公司总工程师述职机制，实行施工方案编制审批和临时工程交底验收日报制，严格日管控。（蒋清怡　李慧慧）

【企业文化】中铁北京局大力践行“开路先锋”文化，印发了《关于进一步规范使用中国中铁司歌、司旗和企业文化核心理念的通知》，宣贯“开路先锋”文化理念；贯彻中国中铁“开路先锋”企业文化建设实施纲要，编制了中铁北京局集团公司“十四五”企业文化建设规划，从总体思路、文化目标、遵循原则、主要任务及保障机制五个方面对未来五年文化建设进行了规划。对企业展厅、宣传册、宣传片等产品进行了整体更新完善，搭建对外彰显品牌形象、对内宣传企业精神的文化桥梁，增强企业市场竞争软实力。制作了庆祝建党100周年专题视频片——《奋斗百年路　启航新征程》及办公楼区域庆祝建党100周年宣传标语和展板。制作了《一条复兴路、三代兰新魂》企业红色记忆视频片，该故事参加了国资委和央视网联合举办的“永远的开路先锋——红色故事会”宣讲活动，2021年7月1日在中央电视台新闻频道播出，激发了广大职工爱党爱国爱企热情。深入推进“道德讲堂”工程建设，6月连续举办了北京和合肥地区两期“道德讲堂之劳模精神讲堂”，大力弘扬劳模精神、劳动精神、工匠精神，传播正能量，唱响主旋律，凝聚推动高质量发展的磅礴力量。开展“美好新征程奋斗有我”征文、《大国顶梁柱、永远跟党走》微视频、“开路先锋”卓越人物、党建视频、“光辉之路”摄影展作品征集等活动，择优上报股份公司，编印了优秀征文汇编。加强精神文明创建，荣获“2018—2020年度首都文明单位”称号。积极参与中国企业文化促进会、中国企业联合会组织的企业优秀文化成果申报及首都精神文明建设工作优秀案例申报。（钟小良）

【党建工作】中铁北京局党委大力加强企业党的领导、党的建设，为企业改革发展提供了坚强的政治保证。抓好理论武装。坚持把政治建设摆在“第一位置”，认真落实“第一议题”制度，开展集中学习研讨6次，围绕党史学习教育组织开展主题党日活动210余次、红色教育130余次、专题学习班30期，覆盖党员干部2000余人次；修订《党委常委会议事规则》和前置事项清单，召开党委常委会会议11次，前置研究重大经营事项109项。抓好队伍建设。健全完善“一揽子”干部人才管理制度，2021年共任免干部138人，持续加快“六支人才队伍”建设，大力推进“80、90、00”培养工程，招聘高校应届毕业生417人，公开招聘成熟人才91人，举办各类培训班53期，培训员工4500人次。抓好基层基础。开展党支部晋位升级管理，集中培训基层党支部书记55人，新发展党员135名，组织开展庆祝建党100周年系列活动，为197名老党员发放“光荣在党50年”纪念章，探索实施“党建+”工作模式，持续深化党建工作责任制考核、党组织书记抓基层党建述职评议，促进了管党治党责任落实。抓好正风肃纪。召开党风廉政建设和反腐败工作会、警示教育大会，坚决落实“勤俭办企业十不准”要求，开展廉洁示范项目宣讲活动，推行项目挂牌监督试点，制定对“一把手”和领导班子监督实施办法、党风廉政建设正负面清单，开展专项整治、专项巡察和政治巡察，全年处置问题线索86件，给予纪律处分85人次，采取组织措施60人次，挽回经济损失1亿多元，扣缴违纪所得500多万元。抓好凝心聚力。全年举办劳模道德讲堂2期，在中央及省部级媒体发稿1600余篇，其中14次登上央视，大力宣传“开路先锋”精神，集团公司荣获“首都文明单位”称号。抓好共建共享。坚持党建带工建、带团建，大力开展劳动竞赛、“三让三不让”“青年干部讲廉洁、施工一线保安全”、青马工程理论学习等特色活动，充分发挥群团组织优势。（张京京）

【信息化建设】正式启动“信息贯通工程”，2021年实现了“中铁e通”安装率、使用率100%，实现了协同办公、财务共享、中铁头条、档案系统入驻中国中铁一体化平台，完成了营销、成本、安全质量隐患排查、财务共享、OA等核心系统数据归仓，为中铁北京局集团公司实现“横向贯通、纵向穿透、内外互联”的数字化新基建打下了坚实的基础。全面推进中铁北京局“十四五”信息化规划，强化战略引领，统筹统抓统管，上下联动创成效，有效提升管理效能，助理企业管理数字化初见成效。全面入驻中国中铁一体化工作平台，实现业务协同底座统一，实现“一个平台入口，高效沟通交流、业务一网通办”，把中铁e通作为推进贯通工程落地的关键举措，推动人与人、人与事、人与物的内外联通，彻底改变集团公司全员贯通连接模式。优化集团公司整体网络架构，实现13家子（分）公司专线组网接入，搭建态势感知平台，形成覆盖所有下属单位的网络安全资产态势图，形成上下联动、动态防御、纵深防御的“安全防护一张网”；同时强化网络安全考核机制，全面开展网络安全等级保护工作。优化集团公司合同全生命周期管理流程，确认合同数据唯一归口，开展数据治理，构建集团公司保障机制及支撑体系，强化面向大数据和云环境的数据服务能实现企业全量、全业务、全生命周期数据的资产化管理，支撑“数据+平台+应用”的信息化建设新模式，助力企业数字化转型。积极探索大数据、企业云、数据中台、人工智能等前沿技术在集团公司可应用场景，积极推进智能财务、智能印章、智能合同等新技术落地生根。（李慧慧）

【履行社会责任】2021年，中铁北京局所属天津公司、北京公司高质量、高标准加快推进石家庄黄庄公寓隔离场所建设，为打好新冠肺炎疫情防控歼灭战提供有力保障；所属天津公司国道109项目积极参与北京市门头沟区雁翅镇青白口村青杨路县道山体滑坡、塌方抢险救援；所属二公司玉楚高速项目第一时间启动应急预案，快速、有序参与云南省双柏县地震抢险救灾；所属一公司、北京公司、五公司全力以赴驰援河南、浙江等地防汛救灾；2021年多次向中国中铁对口扶贫县采购价值共计35.33万元的农产品，彰显央企社会责任和担当。

（申　阳　廖　涌）

【领导人员】

程志强　党委书记、董事长
张卫红　党委副书记、总经理、董事
张宝强　党委副书记、副总经理、工会主席
耿午阳　党委常委、副总经理（11月免）
王新忠　党委常委、副总经理　董事（3月免）
马立强　副总经理（4月免）
陈金亮　党委副书记、纪委书记
于庆涛　副总经理
王　朋　副总经理
张　涛　副总经理
许志忠　副总经理
徐林峰　总会计师
张文格　总工程师
熊勇军　副总经理（4月任）

（王怡楠）

中铁上海工程局集团有限公司

【简况】中铁上海工程局集团有限公司（以下简称“中铁上海局”）是中国中铁股份有限公司的全资子公司，2010年12月，由原中铁三局华海公司、中铁四局六公司、市政分公司、中国中铁上海分公司重组而成。总部位于上海市宝山区。2014年，中国中铁将中铁九局一公司整体并入中铁上海局。中铁上海局下辖11个子公司和2个分公司。其中，一公司（南京）、三公司（合肥）、四公司（天津）、五公司（南宁）、六公司（昆明）和七公司（西安）6家公司为综合型工程公司；市政环保公司、华海公司、建筑公司、华南市政公司、投资分公司、城轨分公司、物贸公司7家公司为专业化公司，华南市政公司位于广州，其余6家专业化公司设在上海。中铁上海局总部共设17个职能部门、3个附属机构、10个区域经营总部（不含马来西亚代表处、匈牙利代表处）和8个直管项目部。

公司注册资本金23亿元，企业总资产288.52亿元，净资产60.25亿元（不含少数股东权益），企业综合授信325亿元。2021年新签合同额1000亿元，年综合生产能力500亿元，拥有各类施工机械设备3432余台（套）。主营业务范围包括高速铁路、城市轨道交通、高速公路、市政水务环保、建筑安装、投融资业务和海外业务等。

中铁上海局坚持以加快发展、高质量发展为第一要务，抢抓机遇、接续奋斗，推动企业发展质量不断提升。近5年来，企业新签合同额复合增长率33.93%、营业收入复合增长率17.81%，净资产复合增长率32.65%、净利润复合增长率35.93%。始终坚持“现金为王”的资金管理理念，密切银企关系，共

获得10家银行综合授信总额313亿元；全集团平均资金集中度达85%，时点集中资金超100亿元；连续多年保持零有息负债。在中国中铁业绩考核中，连续7年排名"A级"。铁路信用评价累计9次进入A类企业，近5期铁路信用评价连续进入A类企业。位列上海市百强企业第42位，入选国务院国资委国有重点企业管理标杆创建行动标杆企业。

中铁上海局现有各类资质114项，包括铁路、建筑、公路、市政工程施工总承包特级资质4项，隧道、桥梁、机电安装、钢结构等一级资质33项，甲级设计资质4项。资质的等级和类别涵盖企业主营业务，具备参与各类建筑领域施工的能力。在建项目涵盖建筑行业各业务类别，项目遍布中国31个省（自治区、直辖市），以及马来西亚、匈牙利等国家。

中铁上海局以"筑时代精品，树历史丰碑"为己任，先后获国家级奖项114项、省部级奖项235项，其中，"中国建筑工程鲁班奖"22项、"中国土木工程詹天佑奖"23项、"国家优质工程奖"20项、"全国用户满意工程"13项、"全国市政金杯示范工程"21项、"全国优秀焊接工程"21项、"中国钢结构金奖"2项、"国家优质环保工程"3项。先后被评为"全国文明单位""全国五一劳动奖状""全国模范职工之家""国家级高新技术企业"以及上海市"合同信用等级AAA级、守合同重信用企业、用户满意施工企业、建筑施工安全生产先进企业、企业创新文化优秀品牌、上海市企业技术中心"等荣誉。拥有国家专利901项、国家级工法6项、省部级工法146项、省部级科技进步奖122项，参编国家及行业技术规范（规程）14项。（陈　昕）

【主要指标】2021年末，中铁上海局资产总额288.52亿元，负债总额227.64亿元，所有者权益60.88亿元，较2020年43.45亿元增加17.43亿元，其中资本公积增加1.37亿元，由2020年7.25亿元增加到8.62亿元。实现归属于母公司所有者的净利润2.11亿元。年末货币资金存量57.23亿元，经营性净现金流6.28亿元。

2021年完成营业收入472.57亿元，比2020年同期增长15.10%；利润总额2.33亿元，比2020年同期降低14.34%；报表净利润2.09亿元，比2020年同期降低11.81%；总资产报酬率0.77%，比2020年同期1.28%减少了0.51个百分点；净资产收益率4.00%，比2020年同期5.93%减少了1.93个百分点；国有资本保值增值率104.48%，比2020年同期106.13%减少1.65个百分点。（焦云飞）

表13-18　2020—2021年中铁上海局主要经济指标

项目	2020年	2021年	增长率/%
资产总额/亿元	251.61	288.52	14.67
所有者权益/亿元	43.45	60.88	40.12
营业收入/亿元	410.58	472.57	15.10
利润总额/亿元	2.72	2.33	-14.34
净利润/亿元	2.37	2.09	-11.81
归属于母公司所有者的净利润/亿元	2.37	2.11	-10.97
技术开发投入/亿元	8.18	8.20	0.24
利税总额/亿元	3.53	3.53	0.00
应交税金总额/亿元	0.79	0.55	-30.38
净资产收益率/%	5.93	4.00	减少1.93个百分点
总资产报酬率/%	1.28	0.77	减少0.51个百分点
国有资本保值增值率/%	106.13	104.48	减少1.65个百分点

制表：焦云飞

【改革发展】持续优化三级公司机关部门设置和职能定位，建立运行顺畅、高效有序的三级公司后台管控体系。将原8个区域经营总部、45个地区经营部优化调整为10个区域经营总部、35个地区经营部。根据两级企业2020年营业额完成情况及2021年度营业计划，对5家三级公司机关机构定员进行了调整；对投资分公司、华南市政建设公司、南京水务环保公司、天津滨海建设投资公司等新设立的机关机构和定员进行配置；坚持“独立核算、资源共享、降本增效、滚动发展”的原则，对于满足区域化管理的项目严格按照区域化项目标准下达机构定员，2021年共下达133个项目组织机构令。

提升干部选任精准度，创新探索干部选任“胜任力模型”，集中对中铁上海局本部及附属机构、三级公司副处职和正科职干部的能力、特质进行数据采集，依据胜任力测评指标绘制干部评价画像，创建了210名副处职、830名正科职干部的“干部能力特质档案”，为中铁上海局党委选人用人提供数据参考。强化关键岗位、重要人员监督管理，印发《关于加强子分公司有关重要职务任前备案规定》，明确备案的程序要求和职务任职程序。2021年对7家单位的人力资源部（党委干部部）部长人选进行延伸考察及批复；对三级公司总经理助理、财务部部长、审计部部长等15名重要岗位人员进行任前备案审核。严格执行选人用人程序，规范动议、推荐、考察等环节，充分听取纪委意见和建议，切实把好人选廉洁关，持续规范干部选拔任用工作程序。2021年提拔干部31人（40岁及以下16人，占比52%），调整71人次，试用期满继续任职17人，改任非领导职务6人，调出12人，提拔至股份公司任职4人。中铁上海局获得股份公司2020年度“四好班子”称号。（张　潇）

【重大项目】2021年，中铁上海局共中标项目197项，完成新签合同额自揽752.0595亿元，完成股份公司营销指标700亿元的107.437%。

坚持拓展区域市场，扩大营销规模；由“大市场、大业主、大项目”的营销策略向“好市场、好业主、好项目”转变，强化项目管理，提高盈利能力；推进技术创新，提升竞争实力；加强队伍建设，增强综合素质；打造专业优势、树立企业品牌形象。在创新发展模式上实现突破。进一步开拓创新，加快由综合发展向核心竞争力突出的转变，在转变体制机制上实现突破。努力把子（分）公司培育成为具有行业优势、产品优势和技术优势的综合性或专业性公司。改革创新、提升能力。提高经营能力，完善体制机制，加强经营系统管理，加大奖惩力度，提高区域经营能力；实现中铁上海局集团公司、子（分）公司和区域经营部协同推进，提高立体经营能力；推行经营项目经理负责制，提高重点项目经营能力；加强培训，提高经营人员业务能力。多措并举、拓宽产业。根据产品产业结构情况，拓宽产品产业链，优化产品产业结构。提高中铁上海局集团公司设计能力，获取EPC总承包资质，提高承揽EPC项目的能力；努力参股或并购优质水利水电企业，逐步进入河流湖泊整治等水利水电领域；努力介入建筑垃圾、生活垃圾处理领域，补齐产品产业短板。

开展三级公司建设系统管理提升专项工作，形成各三级公司系统管理提升指导意见。通过政策引导、要素倾斜、服务保证等措施，推进三级工程公司建设。按照三级公司“一对一”系统管理提升指导意见，组织相关部门，督促指导各单位落实相关举措，强化三级公司发展质量的跟踪监测。定期组织相关部门，开展实时调研检查，动态掌握相关情况、汇总相关问题，多措并举，提升三级公司管理能力和管理水平。组织对新设立华南市政公司开展调研，了解其经营发展现状，查找问题和不足，助力其尽早形成生产规模，提升其自主生存发展能力。加强示范企业建设，健全企业高质量发展台账。落实股份公司“不新增亏损企业”及亏损企业治理相关要求。根据实际需要，对中铁上海局一公司、七公司、华海公司三家百亿元企业开展调研，力促三家企业发展能力建设。

加强项目管控。加大奖惩考核力度，把项目管理各项工作成效与经营者考核、劳动竞赛相关联，高效推动施工生产。中铁上海局在2021年上半年开展的铁路信用评价中居第5位。

（何文涛　张　潇　李　飞）

【走向海外】聚焦“两大平台”，坚持“借船出海”原则，中铁上海局与中海外、万国国际矿业集团有限公司签署合同，以中海外—中铁上海局联营体的形式中标所罗门群岛金岭金矿项目，合同额5.27亿美元。这是中铁上海局首次进入南太区域和新的国别市场，首次进入矿业剥采和矿山建设领域，实现了海外经营领域的新突破。2021年，中铁上海局在建海外项目5个，累计完成营业额3916万美元。统筹推进海外项目新冠肺炎疫情防控和施工生产工作，深刻认识海外疫情防控的复杂性和严峻性，科学有序组织海外项目施工生产，未发生海外聚集性疫情，确保安全质量、工期进度、成本效益可控。（俞　敏）

【重大创新】2021年，中铁上海局获省部级以上科技奖21项，其中“上海市科学技术奖”1项，股份公司科学技术奖9项，其他社会力量奖11项，另获“中国专利奖”1项、“中国土木工程詹天佑奖”1项，评选出企业级科技进步奖11项。2021年下达两批工法开发计划，共18项，形成企业级工法14项；获省部级工法46项。通过深入挖掘、查新，共申请发明专利95项，PCT发明专利4项，实用新型专利167项，PCT实用新型专利23项；发明专利授权9项，实用新型专利授权154项，国际专利授权16项。深入开展节能减排工作，大力推进绿色施工模式，获“股份公司绿色施工科技示范工程”4项，中施企协绿色施工水平评价二星项目2个；获“中国中铁重点节能低碳技术”5项。

2021年，中铁上海局获甲级测绘资质。申报的《大型建筑央企区域项目一体化管理模式创建》《施工企业管理智能化平台的建设及应用》《施工企业党建工作与生产经营深度

融合管理》成果，分别获股份公司企业管理现代化创新成果一等奖、二等奖、三等奖。组织开展“万众创新”成果评选活动，征集各类成果71项。编发了“技术管理标准化丛书”以及《两铁静态验收问题库汇编》等。以问题为导向，通过制度修订优化、加强后台管控、培养基础业务能力、总工下基层等活动持续推进系统“三基”建设。

（李小虎）

【工程创优】2021年，中铁上海局共获“中国建设工程鲁班奖”2项、“国家优质工程奖”6项，获“省部级优质工程”38项。首次获“中国专利奖优秀奖”。CRTS轨道板QC小组、齐河制梁场乘风破浪QC小组等10个QC小组获国家级优秀质量管理小组奖；获省部级QC成果奖36项。以贯彻“红线”意识，牢固树立“零事故”理念，加强安全质量管理体系基础建设，突出问题管理，大力实施安全发展战略，开展安全生产各项管理工作。全年获国家级安标工地2项，省部级安标工地25项，股份公司级安标工地7项。（肖宏刚）

【企业文化】牢牢把握意识形态工作主动权，坚决落实意识形态工作责任制，加强阵地建设和管理。规范自办媒体运营，加强舆情监测及防范，维护了企业品牌形象。围绕企业年度目标、发展思路和工作重点，持续加强形势任务教育，广泛开展“爱国爱企爱岗”系列教育，统一了广大员工的思想。围绕重点工程、重大节点、重要成果，加大对外宣传力度，在中央级媒体刊发稿件6342篇，在中央电视台《新闻联播》等栏目播发新闻284条，擦亮了企业金字招牌。坚持员工思想动态分析制度，运用“四五六”现场思想政治工作法，及时解惑释疑、化解矛盾；加强舆情监测防范，2021年未发生舆情事件，维护了企业品牌形象。

（张笑铭）

【党建工作】制定了深入贯彻落实习近平总书记重要指示批示实施办法，认真落实“第一议题”机制，党委常委会、党委中心组开展集中学习研讨17次，增强“四个意识”，坚定“四个自信”，做到“两个维护”。坚持集体决策、民主决策，召开党委常委会会议11次，前置研究重大生产经营管理事项137项。坚持党的领导与完善公司治理有机统一，修订了“三重一大”决策、党委常委会议事规则、董事会提案管理规定等12项文件制度，党委会、董事会、经理层议事制度不断完善，议事决策程序更加规范。建立健全基层党组织，选优配强党组织书记和领导班子，扎实推进党建工作与生产经营深度融合，党组织的引领保障、战斗堡垒作用不断凸显。

召开两次党建深度融合工作推进会，正确处理了“四个关系”，避免了“四种倾向”，形成了五项推进机制；编发了《工程项目党组织管理监督融合工作手册》，有效解决了项目党组织不敢、不想、不会监督的问题，发现整改管理问题2992项，在堵塞管理漏洞、防范效益流失和干部廉洁风险方面发挥了重要作用，得到股份公司党委的充分肯定。深入开展全国国有企业党的建设工作会议精神贯彻落实情况“回头看”，制定了党委全委会工作规则等7项制度，完善了党建工作制度体系。举办了项目党组织书记、党员教育示范培训班，逐级开展了党建责任制考核、党组织书记述职评议、政治工作重点任务分解督办，层层压实党建工作责任。指导5家子（分）公司党委完成换届，对391个党支部开展了分类定级，54个党支部获评集团公司优秀党支部。

认真贯彻中央八项规定及其实施细则精神，下发了《关于严格执行作风建设规定落实勤俭办企业“十不准”的通知》，驰而不息纠治“四风”，推进作风建设常态化长效化。制定完善9项巡察制度，分两批对8家单位开展了新一轮政治巡察，认真落实巡察整改责任。按照上级要求，组织开展了违规挂靠问题综合整治，联动开展了违规挂靠专项巡察，防止不正之风滋生蔓延。综合运用纪委再监督、审计监督等手段，对31个项目开展了专项监督整治；以规章制度执行和管理体系运行为主线，对两个项目进行“切片”剖析，提出了68条优化建议，促进系统管理水平提升。组织召开了警示教育大会暨党风廉政建设和反腐败工作推进会，取得良好的警示与震慑效果，营造了风清气正的发展环境。（张笑铭　刘　琼）

【信息化建设】全面完成总部基地信息化建设，拥有了较高质量数据中心资源的基础上，持续优化、完善信息基础设施系统。优化业务云系统，提高了系统负载能力；优化了信息网络和会议系统，提高了工作稳定性、使用可靠性。本地化部署并应用业务信息系统20套，满足业务管理需求。普及云计算应用，部署并全面应用了企业私有业务云，主要业务信息系统全部上云，连同子（分）公司6个业务信息系统，已有25个本地业务信息系统和12个信息化管理系统在云上持续稳定运行，业务云的可分配资源利用已达到70%。桌面云在总部基地所有入驻单位进一步应用，日均活动用户达到220余个，基本满足了入驻单位用户的办公需求，并较好地支持了远程办公需求。2021年，中铁上海局视频会议系统覆盖全部14个下属子（分）公司（含原北方公司）、8个区域经营总部和5个直管铁路项目经理部。2021年共召开各类视频会议177次，所有视频会议连通率100%，会议效果良好，为在避免人员聚集、防止新冠肺炎疫情传播的同时，保障企业正常的生产经营管理，发挥了重要作用。桌面云系统达到安全、稳定、健康运行状态，并在总部基地所有入驻单位全面普及应用，实际交付桌面云用户终端Windows系统已超出500用户的设计目标，日均活动用户达到200个，基本满足了入驻单位的办公需求。

2021年，中铁上海局完成股份

公司规定的信息贯通工程二级单位工作阶段任务清单目标。统一身份基础数据治理达到常态化，切实保障了管理和应用需求；全面普及应用了中铁e通，实现激活率100%、日活率达到50%的要求；推广应用了一体化工作平台，按要求完成集团公司OA系统和财务共享系统平台入驻；按计划完成OA、财务共享、成本、营销、安全质量隐患排查等5个统推系统以及绩效管理、在线学习等2个自建系统数据颗粒归仓；全球组网工作按计划推进，完成不少于50%子分公司和10%重点项目部组网接入的第一阶段规定指标。（杨　波）

【履行社会责任】坚守强企富工初心，实现员工收入与企业效益同步增长，在岗职工年平均收入17万元，同比增长7%，居股份公司前列。每年为国家创造5万多个就业岗位。积极投身抢险救灾、结对援建、定点扶贫、捐资助学、志愿服务等公益事业，尤其是坚决贯彻落实习近平总书记重要指示批示精神，全力以赴抓好新冠肺炎疫情防控，有力有序推动复工复产，在大战大考中充分彰显了央企担当。安全、优质、高效地建成了以济青高铁、浩吉铁路为代表的一大批关乎国计民生的重点工程，参与了100多条城市轨道工程建设，铺轨总里程占全国1/5，承建的污水厂、净水厂全国受益人口达3亿，为全面建成小康社会作出了积极贡献。

积极落实党史学习教育安排部署，把“我为职工办实事”实践活动贯穿始终，广泛开展“学党史办实事，送关怀惠职工”活动。探索建立企地青年职工交友联谊机制，2021年举办青年交友活动37场次。在贵南高铁项目现场，联合广西壮族自治区总工会、云贵铁路公司等共同成功举办了“缘定新时代、情牵百年路”青年职工集体婚礼，64对新人喜结良缘，进一步提升了青年职工的幸福感、归属感。中央及地方媒体进行了深度报道，产生了广泛影响。制定下发中铁上海局职工兴趣协会管理办法，规范各类协会管理，开展活动134场次。举办首届EAP健康委员授课大赛。全年开展送EAP心理健康课程到一线23场次，积极引导职工保持良好心态，掌握心理疏导方法。开展抗疫一线职工、河南受灾职工、海外职工及家属专项慰问，下拨专项慰问经费53.5万元。加大帮扶工作力度，全力实施精准帮扶兜底政策，全年为16名精准帮扶对象发放帮扶款27.6万元；登门慰问因突发情况导致阶段性困难的职工51人次，发放慰问款12.73万元。积极办理年度“三不让”职工大病医疗救助事宜，发放救助款119.9万元。及时开展金秋助学活动，全年共资助18.35万元。广泛开展“两节”送温暖活动，共慰问546.87万元；夏送清凉慰问465.33万元。常态化落实“中铁上海局十惠工程”，全年职工生日慰问158.21万元、生育慰问59人5.08万元、退休职工慰问62人5.76万元、传统节日职工慰问619.45万元、购买地方大病互助医疗保障计划72.49万元。

（谢传甲）

【领导人员】

闫子才　党委书记、董事长
张　超　党委副书记、总经理
章胜华　党委副书记、工会主席
古继洪　总会计师、总法律顾问（11月改任股份公司专职外部董事）
李　亮　副总经理（6月免，调离）
田利锋　纪委书记
张庆远　副总经理
卢志良　副总经理
张立新　副总经理
黄　新　副总经理、总工程师
高　亮　副总经理
郑康海　副总经理
孙述灿　副总经理
张利军　副总经理
江　辉　副总经理（1月任）

（张　潇）

中铁投资集团有限公司（中国中铁京津冀区域总部）

【简况】中铁投资集团有限公司（以下简称“中铁投资”）成立于2014年8月，注册资本金50亿元，是中国中铁区域高端总承包经营平台、服务中国中铁成员企业的投融资平台、确保相关项目投资安全及顺利运营的管理平台，与中国中铁京津冀区域总部（以下简称“京津冀区域总部”）“一套机构，两块牌子”运作，代表中国中铁在北京市、天津市、河北省和雄安新区范围内开展高端总承包经营与投融资业务。

截至2021年末，中铁投资正式员工262人（含外派专职董监事2人），助勤员工17人，管理人员及专业技术人员共计279人。现有管理人员中，博士3人、硕士64人、本科207人、专科及以下5人，本科及以上学历占比98%；正高级职称26人、高级职称115人、中级职称90人、初级职称41人，中级及以上职称占比83%；35岁及以下93人、36~40岁61人、41~45岁37人、46~50岁47人、51~55岁24人，56岁及以上17人，年龄45岁及以下占比68%。

中铁投资在北京市、天津市、河北省设有省级区域经营指挥部，按照中国中铁企业发展战略，立足于地铁、城市轨道交通、高铁投资建设运营，积极开拓交通、市政基础设施开发、房地产开发、城市运营等领域，依托中国中铁央企品牌和实力，大力加强与政府、金融机构、社会各界的合作，形成了较强的投融资、建设、运营管理等核心优势，经营业绩逐年攀升，目前累计新签合同额突破7000亿元，营业收入突破1000亿元。

自成立以来，中铁投资先后投资建设了石家庄地铁1号线、2号线，郑州地铁2号线，呼和浩特地铁2号线，青岛地铁1号线、8号线，大连地铁5号线，沈阳城市四环路，京新高速公路，石家庄滹沱河生态修复等一批影响深远的市政民生工

程。其中，郑州地铁2号线获“国家优质工程奖”1项，青岛地铁1号线土建一标和呼和浩特市城市轨道交通1号线一期工程2个项目被授予“股份公司2018年节能减排标准化工地”称号。公司累计获得“中国建设工程鲁班奖”6项、“国家优质工程奖”9项、“省部级以上优质工程奖”27项。

中铁投资紧紧抓住国家致力于京津冀协同发展的历史机遇，凭借强大的资本运作和投资、融资、建管、运营一体化的全产业链服务能力，积极开展商业模式创新，探索形成“基础设施投资+配套土地开发”“基金+EPC”“股权投资+EPC”等多种商业模式，准确把握PPP、棚改、旧改、城市建设等市场态势，强力推进轨道交通、高铁、高速公路、产业园区、地下管廊、土地开发、水务环保、生态修复、地下空间等重点领域开发，为地方政府提供了定制化的中铁方案。

近年来，中铁投资担当大国央企使命，先后投资建设了服务于首都及雄安新区的京雄高速公路（北京段），北京市里程最长、工程规模最大、投资额最高的单体山区高速公路国道109新线高速公路，天津地铁4号线、Z2线及双口示范小镇，保定市主城区城中村连片开发ABO，廊坊市临空家园二期，承德市双滦区伊水创新产业新城、北京大兴狼垡长租房、沧州市园博园等项目，助力京津冀区域打造城市更新“窗口”名片，成为京津冀区域城市建设卓越的交通基础设施运营商、沿线商业资源开发商、运营管理服务咨询商。

（法明杰　周　凯）

【主要指标】2021年，中铁投资管理口径资产总额286.85亿元，较2020年116.13亿元同比增长147.01%。所有者权益90.49亿元，较2020年41.36亿元同比增长118.79%。2021年实现营业收入109.10亿元，完成股份公司预算101亿元的108.02%，较2020年34.58亿元同比增长215.50%。主要构成为中铁投资口径实现营业收入30.56亿元，占整体收入28.01%，建设分公司口径实现营业收入78.54亿元，占比整体收入71.99%。2021年实现净利润7.16亿元，归属于母公司所有者的净利润7.42亿元，较2020年1.94亿元同比增长282.47%。主要构成为中铁投资口径实现净利润1.31亿元，占比整体净利的18.3%，建设分公司口径实现净利润5.85亿元，占比整体归母净利的81.7%。

（雷晓林）

表13-19　2020—2021年中铁投资主要经济指标

项目	2020年	2021年	增长率/%
资产总额/亿元	116.13	286.85	147.01
所有者权益/亿元	41.36	90.49	118.79
营业收入/亿元	34.58	109.10	215.50
利润总额/亿元	2.09	7.66	266.51
净利润/亿元	1.94	7.16	269.07
归属于母公司所有者的净利润/亿元	1.94	7.42	282.47
技术开发投入/亿元	0.00	0.00	0.00
利税总额/亿元	2.85	1.10	-61.40
应交税金总额/亿元	0.76	1.10	44.74
全员劳动生产率/[万元/(人·年)]	87.67	261.11	197.83
净资产收益率/%	4.69	10.86	增加6.17个百分点
总资产报酬率/%	1.13	4.96	增加3.83个百分点
国有资本保值增值率/%	101.52	105.57	增加4.05个百分点

制表：雷晓林

【改革发展】2021年9月，根据中铁投资战略发展需要，成立经济合同部和产融结合部。设立新部门后，中铁投资总部设职能管理部门12个，经营分支机构3个，事业部4个。2021年中铁投资新成立4个项目公司、2个总包部。年内人力资源管理方面共修订《员工管理办法》《工资总额预算管理办法》《经理层成员业绩考核与薪酬管理办法》《所属单位经理层任期制和契约化管理办法》《所属单位经营业绩考核管理办法》《总部部门及员工绩效考核管理办法》《总部人员薪酬管理办法》《区域经营指挥部管理人员薪酬管理办法》《控股（或实际控制）项目公司（总包部）、独立项目总包部管理人员薪酬管理办法（建设期）（试行）》等40多项管理制度。（周　凯）

【重大项目】2021年，中铁投资参建的重大项目有8个，建安费总额637.22亿元，其中公路项目2个，建安费总额183.25亿元，分别是国道109新线高速公路PPP项目和京雄高速公路（北京段）PPP项目；地铁项目2个，建安费总额247.91亿元，分别是天津地铁4号线PPP项目和天津市轨道交通Z2线一期工程（滨海机场站—北塘站）PPP项目；市政项目1个，建安费总额15.23亿元，沧州市中心城区大运河文化带重点项目沧州市园博园项目；房建项目3个，建安费总额190.83亿元，分别是廊坊临空经济区29个村街回迁安置项目（广阳片区）设计施工总承包、廊坊临空经济区29个村街回迁安置项目（永清片区）设计施工总承包和保定市主城区城中村连片开发ABO项目（一标段）。

项目进展情况：国道109新线高速公路（西六环路至市界段）政府和社会资本合作PPP项目全线桥梁共计15座，其中12座桥正在进行施工。全线隧道共计10座均已进洞施工，其中西胡林隧道右线已贯通。京雄高速公路（北京段）PPP项目全线8个工区已全部开工，截至2021年末，桥梁工程开累完成13932米，完成设计总量的52%。京深路至市界段桥梁下部结构已全部完成，防撞护栏综合完成89%，桥面铺装综合完成93%，路面已开始摊铺。天津地铁4号线PPP项目全线土建8个标段16座车站及小街停车场已全部开工，其中4座车站正在进行围护结构及管线切改施工，2座车站正在进行土方开挖，4座车站正在进行主体结构施工，4座车站主体结构施工完成，3座车站一期主体结构施工完成；1条区间双线已贯通，3条区间正在盾构掘进施工。天津地铁Z2线工程于2021年12月11日实现开工建设，全线整体处于开工前准备阶段。廊坊临空经济区29个村街回迁安置项目（广阳片区）设计施工总承包项目于2021年2月24日开工建设，截至2021年末，广阳片区整体拆迁基本完成，正在进行土方开挖、基坑支护、CFG桩基施工。廊坊临空经济区29个村街回迁安置项目（永清片区）设计施工总承包项目于2021年2月24日开工建设，截至2021年末，项目有C/E/F/G/J，4个地块进行施工，其余地块受征地拆迁影响，暂未施工。保定市主城区城中村连片开发ABO项目于2021年3月20日实现全面开工，截至2021年末，地下车库主体结构已全部完成，16栋主楼结构封顶，二次结构各安置区均已开始施工。沧州市中心城区大运河文化带重点项目沧州市园博园项目于2021年10月4日开工建设，截至2021年末，全园4个区开始施工，主要进行清表、基层土方开挖、地形打造填筑、苗木移植。

对外投资与经营方面：中铁投资、中铁八局联合体中标河北省沧州市中心城区大运河文化带重点项目沧州市园博园项目，中标金额35.13亿元。按照合同约定，中铁投资资本金出资比例58%，总计约4.08亿元；中铁投资、中铁一局等7家单位联合体中标河北省沧州市中心城区城市更新项目二标段运河区城中村改造（城西片区）项目，中标金额223亿元。按照合同约定，中铁投资资本金出资比例53%，总计约7.95亿元；中铁投资、中铁四局等6家单位联合体中标河北省沧州市中心城区城市更新项目三标段运河区城中村改造（新华南片区）项目，中标金额192亿元。按照合同约定，中铁投资资本金出资比例63%，总计约9.45亿元；中铁投资所属单位中铁（天津）城乡建设发展有限公司与天津市北辰区双口小镇政府签订天津市北辰区双口示范小城镇项目投资合同，合同金额153.41亿元，按照约定，中铁投资资本金出资比例50%，总计约5亿元。（陆记霞　胡学志）

【重大创新】新立科研课题7项，分别是“高速公路数字化运维系管理平台研发”“柔性高墩狭窄墩顶转体曲线钢桁梁斜拉桥建造技术研究”“大跨度空间异形拱肋飞燕式钢箱提篮拱桥综合技术研究”“高承压水软土地区深埋盾构隧道高风险近接施工安全控制技术研究与应用”“高烈度区大跨度连续刚构桥大悬臂施工过程偶然荷载影响及控制关键技术研究”“预拌自密实水泥固化土应用于肥槽回填的施工技术研究”“现浇混凝土外贴矩形加强肋复合保温施工技术”。

新增实用新型专利授权2项，分别是“一种桥梁施工防落装置”（ZL202020945361.4）和“一种地铁车站底板排水明井的笼中笼装置”（ZL202020756821.9），新增发明专利1项“一种桥梁混凝土面自动拉毛覆膜机”（ZL201910378274.7），累计授权新型专利25项，发明专利1项。2021年，申报专利8项、省部级工法1项。京雄高速公路（北京段）PPP项目、天津地铁4号线PPP项目入选股份公司“数智升级工程”第一批示范项目。（陆记霞）

【企业文化】中铁投资切实把宣传工作优势转化为央企形象的支撑力。跟进企业改革形势，升级改造文化展厅，更新调整官网内容，倾情录制企业短片，精心设计宣传画册，全方位“亮点”中铁投资形象。强推“开路先锋”文化理念，积极承办中国中铁“永远的开路先锋——红色故事会”宣讲活动，央视网等央视新媒体矩阵，学习强国等新媒体平台现场直播，成为中铁投资乃至中国中铁传播“开路先锋”文化理念的重要载体和文化资源。提升党建品牌影响力，吸引主流媒体强势聚焦中铁投资党委“学党史　强党建　促发展”党建主题实践活动，产生较大声势和影响。关注重大在建工程，京雄高速公路北京段首墩浇筑、国道109高速公路谷山村隧道进展、保定城中村改造、天津地铁Z2线开工等重大节点被新华社、工人日报等媒体

集中报道，中铁投资身影频频出现在主流媒体。截至2021年末，对外宣传报道全网转发、转载3000余条，中央主流媒体用稿200多篇，在股份公司投资板块处于前列。（吕　勇）

【党建工作】中铁投资党委坚持以习近平新时代中国特色社会主义思想为指导，全面领会党的十九大和十九届二中、三中、四中、五中、六中全会精神，牢牢把握新时代党的建设总要求，贯彻落实党中央、国资委党委和股份公司党委各项决策部署，坚决扛起管党治党政治责任，为中铁投资高质量发展提供坚实保障。

抓主体责任落实，切实把党的全面领导转化为改革发展的总动力。中铁投资党委始终牢记“把方向、管大局、促落实”的职能定位，坚决贯彻国有企业党的建设工作会议精神，积极落实股份公司“做实投资公司、做优投资业务”要求，科学编制“十四五”发展规划，审时度势提出“13511”工作策略。压茬推进深化改革三年行动，通过完善制度和落实制度，推动党委领导核心和政治核心作用发挥，不断筑牢国有企业的“根”和“魂”。研究制定《党委落实全面从严治党“两个责任”实施办法》《关于进一步发挥党委领导作用的实施意见》《党风廉政建设责任制实施细则》等制度文件10余项，推动党的建设和企业管理走深走实。不断加强治理体系和治理能力建设，修订“三重一大”决策制度，提高决策议案审核质量，推动党组织融入公司治理的制度化、规范化，确保了党的路线方针政策在企业贯彻执行。截至2021年11月底，召开党委会21次，履行党委会前置程序议题136项。通过主体责任落实，不断推动党建与中心工作深度融合。

抓思想政治建设，切实把党的理论成果转化为知行合一的引领力。坚持“政治引领、思想先行”，着重把学习“习近平总书记庆祝建党百年重要讲话”和“党的十九届五中、六中全会”精神作为硬性指标。落实“第一议题”制度，把贯彻学习习近平总书记重要指示批示精神同贯彻股份公司、中铁投资重要会议精神结合起来。推进理论学习中心组学习，统筹重点学习内容，明确学习方向、学习思路、学习目标。截至2021年11月底，共组织学习9次，始终坚持把学习贯彻党中央、国资委党委和股份公司党委有关精神作为提高领导干部党性修养与领导水平的重要方式。

抓党史学习教育，切实把党的历史经验转化为砥砺奋进的原动力。坚持高起点谋划，高标准推进，高质量落实。制定党史学习教育工作方案，编印《党史学习教育知识手册》，先后参加或组织专题辅导5次，专题读书班2次，集中研讨2次，知识考试1次。以开展“学党史、强党建、促发展”主题活动为抓手，协同推进“理想信念情怀　爱党爱国爱企”“党旗在基层一线高高飘扬”“决战决胜四季度”等主题活动，引导和激励广大干部员工赓续红色血脉、坚定理想信念、端正价值取向。扎实开展“我为群众办实事”实践活动，确定重点项目清单25项。集中力量推进大兴狼垡职工长租房建设，开设暑期托管班，打造“舌尖上的食堂”。

抓“三基”建设质量，切实把党的组织优势转化为强基固本的持久力。抓好基本组织，结合“天津地铁Z2线”等新上项目，及时理顺和完善党组织机构设置，健全党的组织体系。认真开展党支部晋位升级工作，推动基层党建全面进步、全面过硬。抓好基本制度，制定下发《党建工作责任制实施办法》等10多项党建制度办法。抓好基本队伍，运用党组织书记抓基层党建现场述职评议持续加大组织考核力度，强化主动应对党建领域新情况、新问题、新挑战的综合能力。深度策划典型选树工作，稳步推进党员发展工作，切实把党支部打造成党员队伍建设的主阵地、攻坚克难的最前沿。

抓人才队伍建设，切实把党管干部优势转化为兴企强企的驱动力。注重管理制度体系建设，着眼“三项制度改革”，制定修订《员工管理办法》等15项市场化用工制度，全面落实员工公开招聘、竞争上岗和不胜任退出机制。坚持正确选人用人导向，进一步规范选拔任用干部的动议提名、组织考察、会议决定、任前谈话等工作程序，把党管干部原则和民主集中制贯穿选人用人的全过程。持续优化人才队伍结构，以发展战略为导向，紧紧围绕企业发展新业态，着重培育“投资融资、建设管理、企业运营”等重点领域管理人才，满足企业转型升级需要。畅通年轻干部成长成才渠道，优化调整各层级干部任职资格条件，破除年轻干部在成长过程中的“隐形台阶”。2021年，中铁投资提拔使用领导干部26人，引进管理人才66人，整体呈现年轻化、高学历的特点。

抓党风廉政建设，切实把全面从严优势转化为清风企业的保障力。加强教育，源头反腐。学习贯彻党的十九届中央纪委五次全会精神，持续开展“一月一案例”警示教育，有效运用“廉洁文化园地”、节日廉洁提醒等措施筑起立体式廉洁警示防火墙。任前廉政谈话52人次，从思想源头强力纠治“四风”问题。提高站位，抓实责任。严格落实从严治党“两个责任”，严肃签订年度《党风廉政建设责任书》，进一步压实两级纪检组织监督责任。紧盯“关键少数”，刚性执行“勤俭办企业十不准”规定。上下联动，强化监督。着力构建“大监督”格局，持续深化再监督，发现并整改问题72项，发出监督建议书6份。认真推进“影子公司”“影子股东”专项整治工作，综合整治“靠企吃企”问题。坚持导向，纠建并举。着力开展上下联动违规挂靠专项巡视巡察，提出整改意见12条。

抓共建共享共赢，切实把群团工作优势转化为和谐企业的凝聚力。时刻牢记党的依靠方针，着力构建企业和职工生存发展命运共同体，积极回应广大职工对美好生活的向往。着力推进党团活动室、职工书屋建设，进一步规范党团活动秩序，激发群团组织活力，得到股份领导高度认可。开展“大干实干60天，献礼建党100周年”“决战四季度，决胜保目标”中铁投资杯劳动竞赛，全面掀起经营和生产热潮。持续开展幸福之家“十个一工程”建设、“三工建设”“三让三不让”关爱员工行动，统筹做好新冠肺炎疫情防控和暑期汛期防汛救灾，严格落实防控责任。关注青年发展，召开青年干部交流座谈会，倾听青年心声，解决思想困惑，汇聚发展合力。组织开展“党的光辉照我心”青年演讲比赛，下沉一线开展青年学习交流，积极参与股份公司青年志愿服务，真心真情帮助青年解决生活困难，促使企业凝聚力吸引力向心力进一步增强。（吕　勇）

【信息化建设】深入推进信息贯通工程，全面推广应用中铁e通，顺利开通OA系统、财务共享系统入驻使用工作；配合股份公司完成灾备系统升级工作，实现数据快速挂载恢复和数据复用功能；积极开展专项护网工作，护网工作取得了较好的成绩；完成中铁投资总部广域网加速设备及所属四家单位全球组网一体机选型、采购及部署工作；门户网站进行全面改版升级，进一步展示良好的企业品牌形象。（法明杰）

【履行社会责任】2021年7月18日，受暴雨影响，北京市门头沟区军庄镇东山村因雨水侵蚀，导致山体滑坡，洪水夹杂大量泥沙、石头冲向村民居住区，造成排洪沟堵塞，房屋、车辆被淹。与此同时，北京市门头沟区龙泉镇中门寺生态园941公交车总站附近交通被岩石及泥土阻断，多辆机动车被困，交通基本瘫痪。面对两地的紧急灾情，国道109高速公路总包部一工区闻“汛”而动，迅速组织施工人员、机械设备，兵分两路投入抢险，为保护当地人民生命财产安全以及早日恢复生产生活秩序作出了积极贡献，彰显了央企责任担当，赢得了北京市门头沟区委、区政府，区国道109工程指挥部，军庄镇及龙泉镇党委、政府的“点赞”。（法明杰）

【领导人员】

陈　勇　党委书记、董事长、法定代表人
吴家兴　党委副书记、总经理、董事
吴华松　党委委员、副总经理
张永强　党委委员、副总经理、工会主席、董事
廖　斌　党委委员、副总经理
贾学斌　党委委员、总会计师
任立新　党委委员、纪委书记
彭建萍　党委委员、总工程师

（周　凯）

中铁南方投资集团有限公司（中国中铁华南区域总部）

【简况】中铁南方投资集团有限公司（以下简称“中铁南方”）是中国中铁股份有限公司在广东、福建及海南的投融资经营平台和建设运营管理主体，全权代表中国中铁开展区域内基础设施和产业新城的投资、建设、运营管理业务，总部设在深圳。公司前身是成立于2008年1月的中铁南方投资发展有限公司（深圳地铁5号线BT项目公司）。2013年3月25日，经国家工商总局核准，组建中铁建设投资集团有限公司（以下简称“中铁建投”）。2014年7月，根据股份公司战略部署，中铁海西投资发展有限公司整体并入中铁建投。2016年8月，中铁珠三角投资发展有限公司整体并入中铁建投。2017年9月29日，为整合华南地区市场，股份公司将中铁华南工程指挥部机构及人员并入中铁建投，实行“一套人马、两块牌子”管理模式，由中铁建投履行中国中铁华南工程指挥部相关职能。2018年4月8日，为传承“中铁南方”品牌和企业发展需要，企业更名为“中铁南方投资集团有限公司”。2018年12月，股份公司设立中铁海南投资建设有限公司，委托中铁南方组建和管理。2019年12月20日，股份公司设立中国中铁华南区域总部，与中铁南方合署办公，实行“一个机构、两块牌子”管理模式。2020年9月7日，股份公司将中铁珠三角城际工程建设指挥部划转中铁南方管理。2021年11月4日，股份公司批复同意将中铁南方全资子公司中铁（厦门）投资有限公司变更为“中铁东南投资有限公司”，并加挂中国中铁东南区域总部牌子，与中铁南方实行“一个机构、多块牌子”的管理模式。

中铁南方主要经营业务包括项目投资、项目管理、基础设施建设、房地产开发、土地一级开发整理、市政公用工程、设计咨询、工程咨询、机械设备租赁、房屋建筑工程、机电安装工程、铁路工程施工总承包、城市轨道交通工程专业承包、物业管理、自有物业租赁、房地产经纪与代理、股权投资等。截至2021年底，中铁南方具有市政公用工程施工总承包壹级、建筑工程施工总承包壹级、公路工程施工总承包壹级、机电工程施工总承包贰级、铁路工程施工总承包叁级5项资质，6个全资子公司具有市政公用工程施工总承包壹级资质，1个子公司具有环保工程专业承包壹级资质、城市及道路照明工程专业承包壹级资质。

中铁南方内设行政管理部门11个，附属机构4个，省级区域经营机构3个。下设集群指挥部4个、子公司3个、分公司1个。依托在建项目，成立各类项目公司、指挥部、项目经理部共计62个。公司在册职工527人，比2020年增加38人。年龄结构方面：35岁以下占比34.7%，35~45岁占比33.9%，45岁以上占比32.9%。学历结构方面：研究生占比12.1%，本科占比81.4%，大专占比5.5%。专业结构方面：工程管理系列占比54.1%，经济及政工管理系列占比33.6%，财务管理系列占比12.3%。职称结构方面：高级职称占比46%，中级职称占比37%，初级职称占比13%。

截至2021年末，中铁南方资

产总额276.24亿元，较2020年末231.11亿元同比增长19.53%；负债总额189.90亿元，较2020年末153.12亿元同比增长24.02%；资产负债率68.74%；所有者权益86.34亿元，较2020年末77.98亿元增长10.72%。流动资产合计166.27亿元，其中：货币资金55.10亿元，应收账款41.55亿元，预付账款14.59亿元，其他应收款21.65亿元，存货17.85亿元，合同资产8.40亿元，其他流动资产7.13亿元。非流动资产合计109.96亿元，其中：投资性房地产4.87亿元，长期股权投资21.95亿元，固定资产净值2.13亿元，无形资产2.63亿元，其他权益工具投资3.64亿元，使用权资产0.05亿元，递延所得税资产0.68亿元，其他非流动资产74.01亿元。

中铁南方自成立以来，始终坚持“百年大计，质量第一”的方针，打造了诸多精品工程。在工程创优、安全生产、科技攻关、质量认证、企业管理等方面共获省部级以上奖励87项，其中中国建设工程鲁班奖3项，中国土木工程詹天佑奖3项，国家优质工程奖3项；坚持科技创新工作为企业经营生产服务，累计有20多项科研成果达到国际先进或国内领先水平，拥有有效专利37项，其中发明专利13项，实用新型专利24项。

（刘　湘　苏　杭　伍　钟　王绍华）

【主要指标】2021年，中铁南方实现营业收入282.28亿元，较2020年增长了18.01%；利润总额9.10亿元，净利润6.98亿元（其中归属母公司所有者的净利润6.86亿元，归属小股东净利润0.12亿元），较2020年增长29.74%，完成股份公司批复年度预算5.71亿元的122.24%，实现收入、净利润的同步增长，且净利润增幅高于收入增幅。截至2021年末，所有者权益总额86.34亿元。剔除上缴利润等客观因素影响后，国有资本保值增值率115.09%。

（王绍华）

表13–20　2020—2021年中铁南方主要经济指标

项目	2020年	2021年	增长率/%
资产总额/亿元	231.11	276.24	19.53
所有者权益/亿元	77.98	86.34	10.72
营业收入/亿元	239.19	282.28	18.01
利润总额/亿元	7.00	9.10	30.00
净利润/亿元	5.38	6.98	29.74
归属于母公司所有者的净利润/亿元	5.25	6.86	30.67
技术开发投入/亿元	0.18	0.17	–5.56
利税总额/亿元	7.19	9.41	30.88
应交税金总额/亿元	1.56	4.49	187.82
全员劳动生产率/［万元/（人·年）］	145.56	232.48	59.71
净资产收益率/%	7.81	8.50	增加0.69个百分点
总资产报酬率/%	3.46	3.72	增加0.26个百分点
国有资本保值增值率/%	115.67	115.09	减少0.58个百分点

制表：王绍华

【改革发展】以国企深化改革三年行动、对标世界一流管理提升活动、深化三项制度改革、管理实验室活动等为契机，全面厘清企业人事管理、劳动用工、收入分配、内部治理等方面梗阻及症结，有针对性地改革，建立一套精干高效、科学合理、规范主要业务、契合企业发展需要的内部管理体系，助推企业实现高质量发展。

稳妥推进干部能上能下。落实落地经理层任期制和契约化管理，制定和发布了《中铁南方经理层成员经营业绩考核管理办法》《中铁南方经理层成员薪酬管理办法》《所属单位领导班子成员任期制和契约化管理办法》《所属单位负责人薪酬管理办法》，组织签订中铁南方经理层成员、项目集群指挥部班子成员《岗位聘任协议》《经营业绩责任书》，实行任期制和契约化的经理层成员人数占比100%，所属项目集群指挥部班子成员实行任期制和契约化管理的人数占比100%；完善干部任用和考核管理机制，修订《领导人员选拔任用管理办法》，完善《领导人员日常履职情况巡察办法》，优化《领导班子和领导人员综合考核评价办法》，把实绩作为干部职业发展、选拔任用、岗位调整的重要依据；

所属单位

推进干部能上能下的相关辅助机制，对“下”来的干部，坚持因人而异进行安置，依托管理实验室、重大科研项目、重点难点工程项目建设，调剂、补充一批专家人才队伍，充分发挥专职专家作用，畅通专业技术人才发展通道，较好地调动调整下来的干部的积极性，使他们的作用得以继续发挥；疏通完善干部“下”的渠道，干部“下”的渠道，主要包括调整不能任现职的干部、问责调整、到龄免职（退休）、任期届满离位、健康原因调整、解除劳动合同和违纪违法免职等，区分干部不同情形，分类施策，2021 年共研究调整干部 189 人次，提拔 18 人次，改任非领导职务 5 人，转岗安置 4 人，调离所属单位主要负责人 3 人，“下”的干部占中铁南方管理干部的 9.5%。

▲图 13-22　2021 年 7 月 15 日，国内最大水下盾构隧道——深圳市妈湾跨海通道盾构始发

扎实抓好员工能进能出。优化职能配置，理顺职能界面和内在关系，制定《员工管理办法》，规范员工管理，建立高效、精干的岗位任职资格体系，明确任职资格、胜任力模型和岗位序列；推动员工能力素质提升，加强人才队伍建设，以“提升干部党性和政治品德修养、增强专业能力、改善知识结构”为目标，引导干部丰富专业知识、提升专业能力、锤炼专业作风、培育专业精神，帮助干部完善履行岗位职责必备的基本知识储备，积极推动干部队伍综合能力素质提升；以“忠诚、担当、能力、思维”为重点，在“七种能力”建设上持续用力，实施“4035”工程计划，对年轻干部进行全方位培养；围绕员工专业技术、知识结构与企业发展的关系，强化员工岗位培训、技能培训、知识升级，树立“终身学习”理念，鼓励自学，不断夯实员工发展基础，2021 年组织各类培训班 73 场次，参加培训 2780 余人次；树立市场理念，建立更加积极开放有效的人才政策，完善“末等淘汰”工作机制，在通过考核结果强制分布辨析“末等人员”基础上，进一步完善末等淘汰的方式方法、比例、标准，全年全部市场化用工退出 13 人，为企业用工总量的 2%，多渠道精准引进急需紧缺人才，有计划地采用内部竞聘上岗、社会招聘、系统内推荐、内部储备人才库选用等多种招聘形式，面向社会和中铁系统内招纳了既有专业背景又有实战经验的企业战略研究、运营管理、投融资、工程技术方面的高素质专业人才 13 人，公开招聘比例占 100%。

切实落实收入能增能减。完善考核机制，引入科学考核工具构建符合企业实绩的考核模型，先后引入平衡计分卡和战略地图、绩效棱柱模型、冰山模型等考核管理工具，构建更加客观、公正、实用的考核体系，制定实施了 13 个考核制度，针对不同组织类型、不同业务板块、不同岗位实施分类考核，形成了以企业战略为导向的组织绩效管理循环和员工绩效管理循环，构建了以企业效益效率提升为目标的考核体系；下放考核权限，落实考核责任，在考核体系标准化建设的基础上，给予各级管理者考核自主权，完善对谁负责谁考核的考核机制，2021 年全员绩效考核覆盖率为 100%；对标市场重构分配秩序，强化效益效率对员工薪酬的决定作用，完善工资总额分配和监督机制，理顺工资总额管理关系，结合市场薪酬分配曲线和劳动力市场价位，改进薪酬组合模式，完善年薪制、岗位绩效工资制、建立期薪制薪酬分配机制，以“人才价值是基础、业绩贡献是依据”为主线，制定差异化的分配模型，提高薪酬分配的针对性和精准性，以岗定薪，按贡献决定报酬，探索奖励薪酬与企业增值效益增长挂钩，不断优化薪酬激励点与面的关系，推进薪酬投入与产出共振，中铁南方管理人员 2021 年收入差距倍数为 1.8 倍，员工浮动工资占比为 60%，全年 25% 的员工因考核结果优秀，薪酬较基准数有所增长；12% 的员工因考核结果不理想，薪酬较基准数有所下降。

有序推进改革三年行动。坚持问题导向、目标导向，研究制定可衡量、可考核、可检验的工作方案和任务清单，加强组织领导，压实责任链条，定期检查督导。截至 2021 年底，累计完成重点改革任务 75 项、完成率 80.6%，超额完成年度任务指标。

纵深推进组织机构改革。根据股份公司新的职能定位，结合公司既有机制运行情况和发展需要，重新对组织结构、岗位职责、定编定员等进行调整优化，进一步明晰各单位、各层级管理边界和工作机制，管理重心逐步向市场开发“开源”和大商务管理“节流”倾斜，全面提升内部管理效能和资源配置效率。

统筹推进管理提升行动。完成“十四五”发展规划编制，制定高质量发展行动方案、对标世界一流管理提升行动实施方案、内控风险合规一体化建设实施方案，分阶段分步骤实施推进管理升级。（伍　钟）

【重大项目】在重大项目投资建设、标段划分、资金筹措等事项决策上充分发挥公司经理层“谋经营、抓落实、强管理”、党委“把方向、管大局、促落实”、董事会“定战略、做决策、防风险”作用，2021年召开党委会17次、总经理办公会13次、董事会会议11次，研究讨论重大议题152项，进一步提高决策的严谨性、科学性、合规性，有效防范风险，有力推动了重大项目的落地。2021年，中铁南方新中标项目10个，合计金额500.64亿元。其中，投资类项目4个，合计金额300.19亿元，占比59.96%；施工总承包类项目6个，合计金额191.34亿元，占比38.22%；在建项目二次经营额9.15亿元，占比1.83%。在建项目共36个（广东地区25个、福建地区8个、海南地区3个），年度累计完成产值284.8亿元，占年度计划248亿元的115%，开累完成产值833.4亿元，占总额2128.5亿元的39%。其中，年内完工项目有7个，分别是翠苑花园城市更新项目、厦门地铁3号线过海通道项目、厦门地铁3号线2标、福州地铁6号线2标、海口市委党校项目、临空经济区二期路网工程、海口金融中心项目。

（梁　璞　刘宇峰　肖云飞）

【重大创新】开展关键核心技术攻关。为确保公司承建重大项目高品质履约，提升工程建设技术水平，解决施工难题、支撑项目创优报奖，中铁南方以承建的福州滨海快线、深圳地铁11号线二期、黄木岗枢纽、妈湾跨海通道等重点工程为载体，深入开展科研攻关，内容涉及滨海城际铁路微扰动技术研究、大型综合交通枢纽安全风险信息化管控技术、盾构长距离连续穿越施工技术、地铁纵长结构混凝土、大湾区复杂地层水泥土复合管桩地基处理等，为项目建设提供有力技术支撑。

推进绿色低碳技术应用。在公司承建的项目上积极推进工程施工标准化、机械化、工厂化、绿色化，争创绿色施工示范工地。深圳地铁14号线等项目，已大范围应用了工具式定型化临时设施、渣土筛分压滤、MBR污水处理系统、钢筋加工机器人焊接、隧道冷却系统、组合式钢模板、新型脚手架、激光三维扫描等设施设备和技术，节约了资源，保护了环境，提高了项目绿色建造施工水平。

加强在建项目信息化管控。基于行业信息化发展趋势，完成了基于“BIM+GIS”技术的中铁南方工程项目一体化管控平台、安全监测与重大风险管理系统、施工监控云平台、盾构大数据监控平台等信息化系统建设，在工程前端大力加强智慧工地建设，实现了多专业多维度的信息集成与数据协同，提升了企业工程项目管控效率与管控水平。

持续推动业务管理创新。围绕企业中心工作的热点、难点和管理短板，常态化推进管理实验室活动，管理创新活动稳步推进，企业管理

▲图13-23　2021年11月10日，中铁南方参建的汕头牛田洋特大桥首节钢桁梁成功架设

所属单位

整体上呈现高质量发展的良好局面。2021年，共形成2项管理创新成果，《"EPC+PPP"模式区块综合开发项目管理研究》《基础设施投资公司以转型升级为主线的战略管理》分别获得股份公司管理创新二等奖及三等奖。（苏 杭 肖云飞）

【工程创优】2021年，获省部级（含中国中铁）以上优质工程奖3项，分别是地铁汇通大厦BT项目获"中国中铁杯优质工程"、海口市委党校项目获"海南省建筑施工优质结构工程"、深圳市龙华新区现代有轨电车示范线工程BOT项目及同步实施工程获"詹天佑故乡杯"。（王丽平）

【党建工作】2021年，中铁南方党委持续加强党的建设和反腐倡廉工作。强化理论武装，组织"第一议题"学习研讨17次、党委理论学习中心组学习7次、专题研讨2次、读书班2期，深入学习习近平总书记最新重要指示批示精神，不断增强"四个意识"，坚定"四个自信"，坚决做到"两个维护"。扎实开展党史学习教育，购买必读教材2000余册，开展宣讲报告会30余次、专题讲座10余次。在延安和井冈山干部学院举办了两期专题培训班，培训近100名中层干部和优秀青年党员。持续夯实基层党建，对所属6家单位开展了年度党建工作责任制落实情况检查考核。2021年发展党员7名，预备党员转正7名，培养入党积极分子15名。与所属各单位党纪组织签订党风廉政建设责任书9份。组织各级领导班子、部门正副职及关键岗位管理人员131人填写《专项整治自查自纠情况表及承诺书》。对东莞集群指挥部党工委开展了常规巡察，对珠三角集群指挥部党工委开展了巡察"回头看"，对所属10家单位开展"违规挂靠"专项巡察。扎实开展党风廉政建设专题调研，组织开展"勤俭办企业十不准"自查自纠，开展重大节假日四风监督检查。全年协助派驻纪检二组处置问题线索2件，自处问题1件，诫勉谈话2人次，警示谈话2人次，谈话提醒2人次，批评教育1人次，持续营造风清气正的治企环境。（梁 璞 李小勇）

【信息化建设】不断强化顶层设计。认真落实股份公司"信息贯通工程"及"数智升级工程"相关文件精神，实地调研公司各层级信息贯通情况，结合实际情况，完成《信息贯通工程实施方案》《数智升级示范工程实施方案》《"十四五"信息化建设规划》的编制，为高质量推进信息化建设提供翔实指南。

持续优化平台建设。纵深推进"综合业务一体化平台""工程管控一体化平台""投建营一体化平台"建设。截至2021年末，公司30多个在建项目实现在线管控及监控图像共享、12个重大项目实现在线安全监测与风险管理、在建项目101台掘进盾构实现可视化管理、综合办公业务信息化80%以上。

加强网络安全保障。根据股份公司"护网2021"重保工作指南和"建党100周年网络安全保障"工作要求，对中铁南方IT基础设施进行了全面梳理和防护升级更新，对网络安全进行在线监测、分析研判的实时处理，在股份公司两次网络安全防护行动和测评考核中，中铁南方未出现任何网络安全事件和故障。

推广应用BIM、GIS技术。在望海路项目推进BIM正向设计、建立BIM协同设计云平台，加大对深圳地铁14号线安装工程、望海路、滨海大道等项目的BIM技术培训力度，全力推进基于BIM技术、智慧工地升级现场管控水平，参与深圳地铁和相关行业BIM标准编写。2021年，BIM技术应用成果先后获省部级以上荣誉20余项。（肖云飞）

【企业文化】2021年，中铁南方加强"永远的开路先锋"企业文化宣贯工作，深入落实《中国中铁"开路先锋"企业文化建设实施纲要》，将"永远的开路先锋"文化理念融入中心工作，立足企业文化落地落实，完善企业文化体系，加强文化阵地建设，制作完成公司"永远的开路先锋"企业文化理念形象手册及标识制作，推进"开路先锋"文化融合企业管理各个层面，实现企业文化内化于心、外化于行。做好重大主题宣传，持续提升中国中铁在区域的品牌影响力，开展了党史学习教育、"聚力重点项目建设、新线开通""决战决胜四季度劳动竞赛""广东地区抗击疫情""推进企业高质量发展"等系列主题宣传报道，2021年在中央和省级主要新闻媒体刊发重点稿件228篇。加强"道德讲堂"建设，全年开展道德讲堂活动30余场次，其中深圳滨海项目"道德讲堂"形式与内容不断创新，与业主单位共同开展"道德讲堂"活动，建设共同精神家园，收到了很好的效果。（梁 璞 李小勇）

【履行社会责任】积极践行央企社会责任，响应中国中铁扶贫帮困工作部署要求，2021年以消费助扶贫方式购买中国中铁定点扶贫县（湖南汝城）扶贫物资63.5万元，帮助农户增产增收。助力乡村振兴发展，肇庆产业项目积极参与属地乡村路网管网改造提升，用实际行动改善当地村民的人居环境，受到了当地村民的广泛赞誉。主动参与地方新冠肺炎疫情防控工作，向属地政府及医院捐赠防疫药品和防疫物资，成立中国中铁在区域疫情防控志愿者服务队，全力投身地方社区疫情防控志愿者服务工作，参与志愿服务人数约1000人，志愿者服务时长累计200小时以上；组建了中国中铁在区域的应急抢险救援队，圆满完成了深圳地铁、福州地铁多次应急抢险任务。打造安全文明标准化示范工地，加大安全生产投入力度，

严格把控各项安全标准和要求，工地统一采用新型围挡，设置围挡喷淋，竖井采用全封闭绿色防尘施工厂棚，降低噪声同时也可减少扬尘；推广应用泥浆净化装置和箱式压滤机进行泥浆处理，形成标准化泥浆循环系统，并对渣土进行了改良，节能减排成效显著，持续培育中国中铁在区域建设品牌。（梁璞 李小勇）

【领导人员】

赵　勇　党委书记、董事长、法定代表人
王　伟　党委副书记、总经理、董事
金德成　副总经理
韩　宁　纪委书记、党委委员
张国亮　副总经理、党委委员
张吉纯　副总经理、党委委员
刘继强　副总经理、总工程师、党委委员
肖铁贤　副总经理、总经济师、党委委员
彭声前　副总经理、党委委员
徐议成　总会计师、总法律顾问、党委委员
谌明朗　副总经理

（伍钟）

中铁交通投资集团有限公司（中国中铁中南区域总部）

【简况】中铁交通投资集团有限公司（以下简称“中铁交通”）前身是中铁工程广西项目管理中心和中国中铁西南投资管理有限公司，是中国中铁最早成立的专业投资建设、运营服务管理类全资子公司，是中国中铁实施企业发展战略和转型升级战略的杰出代表。拥有公路工程、市政公用施工总承包壹级资质，主营高速公路投资、建设、运营，交通、市政等基础设施项目投资、建设，房地产开发，是中国中铁高速公路板块投资、建设、运营的专业公司。2000年12月，成立广西兴六高速公路项目建设指挥部。2005年8月，中国铁路工程总公司成立中铁工程广西项目管理中心。2007年12月，中国中铁设立中铁西南投资管理有限公司（以下简称“西南公司”），并同时完成广西梧州岑梧高速公路有限公司的划入工作，岑梧公司成为西南公司的第一个（控股）子公司。2009年12月，中国中铁决定把河南平正、山东德商、云南富砚、重庆渝邻及广西岑兴、全兴等6个高速公路公司划归西南公司集中、统一管理。2014年9月，中国中铁决定把中铁二局所属重庆垫忠、四川绵遂、陕西榆神3个高速公路公司划归中铁交通统一管理，在建的陕西神佳米高速公路由中铁交通接继完成投资建设。中铁交通于当年底成功完成收购重庆垫忠高速80%股权，以及四川绵遂高速和陕西榆神高速100%股权。陕西神佳米高速公路于2015年11月建成投入运营。2017年7月，股份公司将中南投资公司由中铁投资划转中铁交通管理。2019年12月，中国中铁优化区域总部设置、新设投资公司，中铁中南区域总部与中铁交通实行“一个机构、两块牌子”管理模式，经营区域为广西、湖南、江西，保留中铁交通在其他经营区域已运营项目。2020年7月，成立中铁中南区域（广西）总部、中铁中南区域（湖南）总部、中铁中南区域（江西）总部，代表中铁中南区域总部（中铁交通）在区域范围内履行统筹、协调、高端经营、监管、服务五大职能。2021年12月，中国中铁对高速公路项目运营业务进行整合，明确中铁交通“三中心一基地”发展定位，全力建设国内领先、行业一流、具有较强市场竞争力的高速公路产业集团，打造中国中铁高速公路业务“投建营”一体化品牌。截至2021年末，中铁交通注册资本金80亿元，净资产172亿元，管理总资产超过542亿元，项目累计投资及新签合同额3500多亿元。

中铁交通内设行政管理部门10个，附属机构2个，省级区域经营机构3个。全集团现有子公司、指挥部、总包部、经理部等共34个，实际管理的项目15个。公司在册职工381人，比2020年减少40人。年龄结构方面：35岁以下占比26%，35~45岁占比38%，45岁以上占比36%。学历结构方面：研究生占比5.51%，本科占比52.49%，大专占比18.64%。专业结构方面：工程管理系列占比43.9%，经济及政工管理系列占比24.5%，财务管理系列占比24.5%。职称结构方面：高级职称占比45.9%，中级职称占比35.4%，初级职称占比14.2%。

中铁交通先后4次获中国中铁“四好”班子称号，投资建设项目获“中国建设工程鲁班奖”2项、“中国土木工程詹天佑奖”1项、“国家优质工程奖”2项、国家“AAA级安全文明标准化工地”3项，交通运输部公路交通优质工程奖（“李春奖”）2项，首届中国公路学会“交通BIM工程创新奖”三等奖1项，国家“AAA”级安全文明标准化工地3项。（李雷 杨敏军 刘思 彭林）

【主要指标】2021年资产总额541.79亿元，较2020年增长13.85%，所有者权益总额171.36亿元，较2020年增长24.98%，营业收入139.32亿元，较2020年下降24.86%，利润总额10.86亿元，较2020年下降34.22%，实现净利润8.65亿元，较2020年下降39.97%，归属于母公司所有者的净利润9.37亿元，较2020年下降35.78%，本年无技术开发投入，利税总额11.17亿元，较2020年下降37.35%，应交税金总额3.29亿元，较2020年下降49.62%，全员劳动生产率312.69万元/（人·年），较2020年下降33.21%，净资产收益率5.61%，较2020年减少4.66个百分点，总资产报酬率3.25%，较2020年减少1.52个百分点，国有资本保值增值率108.37%，较2020年减少3.37个百分点。（彭林）

表 13-21　2020—2021 年中铁交通主要经济指标

项目	2020 年	2021 年	增长率 /%
资产总额 / 亿元	475.87	541.79	13.85
所有者权益 / 亿元	137.11	171.36	24.98
营业收入 / 亿元	185.41	139.32	-24.86
利润总额 / 亿元	16.51	10.86	-34.22
净利润 / 亿元	14.41	8.65	-39.97
归属于母公司所有者的净利润 / 亿元	14.59	9.37	-35.78
技术开发投入 / 亿元	0.01	—	0.00
利税总额 / 亿元	17.83	11.17	-37.35
应交税金总额 / 亿元	6.53	3.29	-49.62
全员劳动生产率 /［万元 /（人·年）］	468.16	312.69	-33.21
净资产收益率 /%	10.27	5.61	减少 4.66 个百分点
总资产报酬率 /%	4.77	3.25	减少 1.52 个百分点
国有资本保值增值率 /%	111.74	108.37	减少 3.37 个百分点

制表：彭　林

【改革发展】深入实施深化改革三年行动，修订 30 项制度，新出台 26 项制度，编制 5 项工作方案，调研总结形成 20 余份研究报告，针对 5 个方面的工作提出指导意见，共计完成 81 项改革任务。开展对标世界一流管理提升行动，赴 3 家外部单位开展对标学习，共计完成 34 项对标任务，形成并运用一批对标成果。完成中铁交通“十四五”规划的编制工作，确定了企业定位和总体战略，明确了围绕“一大目标”，坚持“两条主线”，加快“三个转变”，推进“四项升级”，实现“五个突破”的发展策略。

推进干部能上能下机制。2021 年，通过民主推荐方式选拔了 2 名处级干部，通过公开招聘选拔 5 名处级干部，2021 年调整各级干部 177 余人次。在创建“四好”领导班子活动中，共有 2 家单位获得“四好”领导班子称号，领导班子凝聚力和战斗力明显增强。通过公开招聘共有 8 名年轻干部走上领导岗位，其中 40 岁以下 6 人，占比 75%。全年选送年轻干部参加各类培训班 262 人次，实施年轻干部轮岗交流、挂职锻炼 26 人次。2021 年，中铁交通党委对 6 家所属企业，28 名领导干部进行了日常履职情况考察，对年度考核结果排名靠后的领导人员进行了提醒谈话，对 3 名所属企业领导班子进行了岗位调整，全面交流调整所属企业领导班子人员 34 人次。

加强人才队伍建设。2021 年组织开展领导干部理想信念教育、基层党组织书记、高速公路运营管理、财务管理业务骨干、三项制度改革系列制度、基层党建及群团工作等培训班 18 期，培训人数 780 余人次，为中铁交通“六支人才”队伍建设奠定了扎实的理论基础。加强专业技术干部队伍建设，继续做好职称评审及执业资格管理工作，全年工程、经济、会计、政工系列参评人数 59 人。

推进收入差异化分配。出台了市场化薪酬指导意见，严格落实一岗一薪、易岗易薪，加大浮动工资比例力度，以岗位价值贡献差异化拉开薪酬差距，向贡献突出的人才和一线关键苦脏险累岗位倾斜，盘活薪酬存量，用好薪酬增量。完善奖励工资项目，下发了经营、生产、回购、运营四个方面奖励办法，积极推动多元化中长期激励机制，调动各方面积极性。

稳妥推进考核管理。推动中铁交通及所属的 6 家单位推行经理层任期制和契约化管理，建立“三法两书”体系，严格任期管理和目标考核，按契约刚性执行薪酬兑现和聘任管理。其他非法人机构领导班子成员及非经理层领导人员均拟定了年度考核目标任务，确保业绩考核指标全覆盖，让考核结果成为决定领导人员职位能上能下、薪酬能增能减的决定性依据之一。拟定了职业经理人制度，积极探索企业领导人员市场化选拔、考核和激励机制，加大市场化人才开发、建设与“选用育管”力度。　（林玮鹏　郭　飞）

【重大项目】在重大项目投资建设、标段划分、资金筹措等事项决策上充分发挥公司经理层“谋经营、抓落实、强管理”、党委“把方向、管大局、促落实”、董事会“定战略、做决策、防风险”作用，2021 年召开党委会 15 次、研究事项 249 项，召开董事会会议 3 次、审议议案 97 项，进一步提高决策的严谨性、科

学性、合规性，有效防范风险，有力推动了重大项目的落地。全年完成新签合同额2137亿元，其中自揽经营339亿元、协同经营1798亿元，超额完成指标。旬凤高速、南宁地铁5号线、南昌地铁4号线实现既定通车目标，南横、上横、炉慈桑龙项目掀起大干高潮，双龙、江西、成达公司剩余工程有序推进。聚焦高速公路运营主业，积极开展高速公路引流增收、差异化收费、全寿命周期养护工作，高质量做好运、营、养三篇文章。

（李　雷　岳玉洁　曹承福）

▲图 13-24　中铁交通投资集团新办公大楼搬迁入驻仪式

【重大创新】《高速公路项目“投建营”一体化管理》《推动三项制度市场化用工改革，实现高速公路运营专业化发展》《基于路网位置的高速公路项目投资风险管理》3项管理创新成果被评为2021年度中国中铁管理现代化创新优秀成果，“加强投资建设项目党风廉政建设探索创新”入选国资委2021年重大课题子课题，“本量利工具结合资金收支计划分析在高速公路运营管理上的应用”入选中国施工企业管理协会优秀典型案例。“桥梁检监测一体化平台关键技术研究”申报股份公司重点科研课题立项，“一种用于盾构拖车拼装与行走的平台及其施工方法”“一种明挖基坑处理偏压的施工方法”取得发明专利授权，“BIM技术在地铁项目机电施工过程中的应用研究”“地铁施工安全虚拟现实（VR）训练系统”取得软件著作权授权，实现零的突破。（李　雷）

【工程创优】2021年度，公司获广西壮族自治区建筑联合协会“2021年度优秀企业”称号，所属长沙机场大道工程获得“2020—2021年度公路交通优质工程奖”（“李春奖”），所属单位获“中国中铁杯”质量奖、“安全标准工地”“绿色施工科技示范工程”和“四川省建筑业绿色施工示范工程”等多项荣誉。中铁交通连续14年实现安全生产“零事故”目标。（李　雷　卿　红）

【党建工作】中铁交通聚焦新思想强化理论学习，全年组织召开党委中心组学习7次，落实“第一议题”35项，及时研究制定了学习宣贯“七一”重要讲话精神及党的十九届六中全会精神工作方案，要求全公司各级党组织开展大学习、大讨论、大提升活动，引导广大党员干部用实际行动增强“四个意识”、坚定“四个自信”、做到“两个维护”；聚焦庆华诞强化政治建设，围绕庆祝建党百年华诞，组织开展了“庆华诞、感党恩、聚合力、当先锋”为主题的“五个一”系列活动，制定13项举措，营造了浓厚的爱党爱国爱企氛围。部署推进党史学习教育，圆满完成34项规定动作，全公司两级组织按期办结“我为群众办实事”两批次共114项任务，有效提升了企业凝聚力；聚焦促融合强化顶层设计，认真贯彻落实中国中铁思想政治工作会精神，在加大新冠肺炎疫情防控力度的同时，持续推进党建与生产经营深度融合，大力开展“创岗建区组队”实践活动、“实干苦干勇担当，决战决胜保目标”攻坚行动及“决战决胜四季度”劳动竞赛，让党旗在基层一线高高飘扬，确保年度生产经营及国企改革三年行动任务达到预期，中铁交通成为中国中铁推进差异化专业化实体化发展改革的首家投资公司；聚焦提质量强化责任落实，通过到基层单位调研党建工作，利用党委会、党委办公会研究部署基层党建工作，修订完善党建责任体系，组织开展党组织书记抓基层党建述职评议、党建工作责任制考核评价，切实强化了党建工作督导及考核问责，推动党建责任全面落实；聚焦固根本强化问题整改，及时学习传达国资委有关要求，组织开展国企党的建设工作会议精神贯彻落实情况“回头看”，贯彻落实中国中铁基层党建推进会精神，持续开展党支部标准化建设，扎实开展基层党组织书记培训和党务干部队伍建设，实事求是对23个党支部进行了晋位升级档次评定，确保所有党支部达标，有效巩固“三基”建设成效。（杨敏军）

【信息化建设】积极推广中铁e通应用，督促机关各部门、所属单位全面使用中铁e通作为工作沟通通信工具，清理关闭微信、QQ工作群209个，公司中铁e通安装率达到100%。通过梳理分析本单位在用信息系统情况，完成核心应用系统（OA办公系统、财务共享系统等）入驻一体化工作平台，入驻率100%。同时，完成本单位核心系统数据入仓到中国中铁数据库，公司宣传入驻中铁头条专栏。持续做好信息贯通全球组网二级单位改造工作，并组织各三级单位采购部署信息贯通全球组网接入设备。在信息贯通工程年度工作中，公司除了通过宣贯、推广等方式推动信息贯

所属单位

通外，还将中铁 e 通日活率、全球组网接入等信息贯通事项纳入各单位年度业绩考核的专项考核指标，多方面推进信息贯通工程工作。（许　健）

【企业文化】中铁交通积极推进落实中国中铁“开路先锋”企业文化，深入实践“勇于跨越、追求卓越”企业精神，指导全公司规范使用中国中铁标识和“开路先锋”文化理念系统，并就修订中铁交通《企业文化手册》提出了基本思路，持续推进企业文化建设。（杨敏军）

【履行社会责任】中铁交通深入贯彻落实习近平总书记关于新一轮西部大开发、广西自贸区建设的重要指示批示精神，主动对接建设需求，紧盯重大项目，在服务国家重大战略展现作为、建功立业取得显著成效。2021 年，用南宁地铁 5 号线、南昌地铁 4 号线、陕西旬凤高速公路等重点工程先后如期竣工、按时通车的实绩，践行了央企责任担当。（杨敏军）

【领导人员】

谭世俊	党委书记、董事长、法定代表人
李建光	党委副书记、总经理、董事
龙　伟	党委委员、副总经理、总工程师
王建龙	党委委员、副总经理
陈　戈	党委委员、副总经理
李晓鹏	党委委员、总会计师、总法律顾问
李云峰	副总经理
党世伟	副总经理
刘进友	副总经理

（郭　飞）

中铁开发投资集团有限公司（中国中铁西南区域总部）

【简况】中铁开发投资集团有限公司（以下简称“中铁开投”）是中国中铁股份有限公司的全资子公司，成立于 2011 年 12 月 8 日，注册地为云南省昆明市，注册资本 50 亿元。拥有市政公用工程、公路工程、建筑工程三项施工总承包壹级资质。经营范围：投融资（不含互联网金融），各类工程建设活动，房地产开发经营，商业综合体管理服务，文化旅游项目开发经营（不含旅行社业务），物业管理，物业服务，城市公共交通运输，铁路及设施运营，公路管理与养护，陆地管道运输，市政设施管理，工程管理服务，教育、信息技术、工程造价、工程技术咨询服务，住宿服务，餐饮服务，机动车充电销售，铁路运输辅助活动，石油制品销售（不含危险化学品），金属结构制造，矿产资源（非煤矿山）开采，港口经营，土地整治服务，停车场服务，物流仓储服务，物资设备采购租赁。

中铁开投作为中国中铁股份有限公司独家发起设立的立足西南、面向南亚及东南亚的专业投资集团，与中国中铁西南区域总部实行“一个机构、两块牌子”的管理模式，负责主责区域内重大基础设施及城市建设项目的“投建营”一体化管理和综合型总承包项目承揽，是中国中铁股份有限公司在云贵渝鄂及澜湄五国投资建设领域的核心力量。

2011 年 4 月 8 日，中国中铁在昆明成立中国中铁昆明轨道交通工程指挥部和轨道交通 3 号线西标段项目经理部。2011 年 12 月 8 日，中国中铁以昆明轨道交通工程指挥部和 3 号线西标段工程项目经理部为班底，成立“中铁泛亚建设投资有限公司”。2012 年 3 月 2 日，中铁泛亚建设投资有限公司更名为“中铁昆明建设投资有限公司”。2016 年 12 月 8 日，中铁昆明建设投资有限公司更名为“中铁开发投资有限公司”。2017 年 12 月 26 日，昆明中铁总部大厦奠基。2018 年 1 月 16 日，“中铁开发投资集团有限公司”组建。2019 年 5 月，中铁开投第一次党代会胜利召开；11 月成功中标中国中铁云南滇中引水工程大理Ⅰ段至楚雄段、楚雄段至红河段引入社会资本建设项目；12 月，设立中国中铁西南区域总部，与中铁开投按照“一个机构、两块牌子”管理。2021 年，中铁开投开展庆祝建党 100 周年、建企 10 周年系列庆祝活动；相继中标重庆轨道交通 15 号线、27 号线；渝赤（水）叙（永）高速公路、沪昆国家高速公路安顺至盘州（黔滇界）段扩容工程及相关配套工程 PPP 项目、丽江至维西高速公路、四川稻城至丽江高速公路拉伯至大东段、云南省牟定至元谋、姚安至南华两条高速公路特许经营项目等项目，在高速公路、轨道交通等传统基建领域持续发力，占领了较大的市场份额。

截至 2021 年末，公司本部设置职能部门 13 个，下设事业部（中心）5 个、省级区域总部 4 个、子（分）公司 6 家、各类型项目指挥部 31 个、委管项目 1 个，公司管理或参股管理的各类型项目公司、合资公司 35 家。资产总额 845.91 亿元、公司共有全员制员工 440 人，其中公司领导 11 人、处级干部 107 人、科级干部 197 人、其他人员 125 人；研究生 54 人、本科 348 人、专科 35 人、大专以下 4 人；正高级职称 17 人、副高级职称 182 人、中级职称 172 人、初级及以下职称 70 人。

中铁开投先后获得云南省建筑业协会“优秀企业”、云南省“五一劳动奖状”、重庆市“五一劳动奖状”等多项荣誉；投资建设管理的多个重点工程项目先后获“中国建设工程鲁班奖”“中国土木工程詹天佑奖”“国家优质工程奖”“建设工程项目施工安全生产标准化工地”等国家级、省部级荣誉；承担了多项国家级课题研究，获得中国铁路工程总公司科学技术奖二等奖 2 项；获得发明专利授权 7 项、实用新型专利授权 11 项、软件著作权授权 3 项，获得云南省省级工程建设工法 10 项，参编云南省行业规程 3 项，获得股份公司绿色施工科技示范工程 3 项。

（杨臆蓉　董一初　左富生　曹　盈　欧　浩　张　铀）

【主要指标】2021年，中铁开投实现营业收入403.12亿元，较2020年增长16.71%；归属于母公司所有者的净利润26.21亿元，较2020年增长17.27%，各投资项目运行情况良好；开投管理口径年末资产负债率75.82%，较2020年减少2.08个百分点；两金余额36.54亿元，较年初余额增加45.81%。管理体系有效运转，安全质量平稳可控，圆满兑现了节点工期和年度目标，收入利润再创历史新高。（周丽红）

表13–22 2020—2021年中铁开投主要经济指标

项目	2020年	2021年	增长率/%
资产总额/亿元	759.94	845.91	11.31
所有者权益/亿元	167.96	204.56	21.79
营业收入/亿元	345.40	403.12	16.71
利润总额/亿元	27.73	32.60	17.56
净利润/亿元	22.35	26.21	17.27
归属于母公司所有者的净利润/亿元	22.35	26.21	17.27
技术开发投入/亿元	0.02	0.10	400.00
利税总额/亿元	30.49	35.60	16.76
应交税金总额/亿元	5.38	5.92	10.04
全员劳动生产率/[万元/(人·年)]	390.22	466.64	19.58
净资产收益率/%	13.31	12.81	减少0.50个百分点
总资产报酬率/%	4.58	4.44	减少0.14个百分点
国有资本保值增值率/%	139.06	127.17	减少11.89个百分点

制表：周丽红

【改革发展】2021年，中铁开投根据投资公司“差异化法人主体、专业化平台、市场化载体”职能定位和区域总部“统筹协调、监督落实、保障服务”职能定位，按照“投融建运”“职能管理”“监督保障”三个类别对公司本部职能管理机构进行了全面梳理改革，进一步提高了公司管理效能，激发企业内生活力和动力，为公司在新形势下实现高质量发展提供了组织保障；完成中铁湖北建设投资有限公司控股股东变更为股份公司；重新注册“中国中铁股份有限公司云南分公司”，推进了公司经营要素建设，满足了市场拓展需要。设立物资设备部和物资设备事业部，实行“一个机构、两块牌子”合署办公，统筹公司物资、设备管理，开展物资集采、资源开发、经营管理等业务。

在持续推进新冠肺炎疫情防控和经济社会发展中，中铁开投率先启动区域生产经营全面复工复产，明确目标，夯实责任，做好统筹服务，始终以“123456”工作思路为指引，以国有企业三年深改为契机，进一步优化调整经营管理体制机制，全面推进区域经营攻坚战和投资风险防范攻坚战，同时深入开展补短板专业经营开发模式研究工作，努力践行经营龙头作用。2021年，中铁西南区域总部累计完成新签合同额3810.69亿元，占股份公司下达确保目标3500亿元的108.88%，占奋斗目标3850亿元的98.98%，较2020年下降2.60%；其中，独立经营新签合同额累计完成413亿元，占股份公司下达确保目标400亿元的103.25%，占奋斗目标484亿元的85.33%，较2020年下降53.12%。

2021年，财务价值创效指标为营业收入2%，即7.98亿元。2021年实现财务价值创效8.70亿元。充分利用金融市场流动性充裕窗口期，取得低息流动资金贷款，完成无追保理融资30亿元，实现普高、勐绿项目两金压降，保障项目建设资金；通过金融创新、税务筹划，为投资项目设计出更科学、可行的交易结构和融资方案，以政策支持和风险管控为手段，保障各项指标的风控切实有效，积极研究ABN、ABS、REITs，对盘活资产、股权退出等设计路径，助力公司持续发展。

2021年，工程建设其他费创效3.25亿元，完成年度目标3.06亿元的106%。紧盯节资创效，助力防范投资风险。贯彻落实“效益提升、价值创造”的总体要求，坚持“节资创效、降本增效”管理理念，在为投资项目建设顺利实施做好服务的前提下，统筹优化工程建设其他费用，重点通过优化合同条款、公开招标“市场竞争”定价机制、费用不足委外实施、充分发挥资源共享等多举措科学合理降低费用支出，依法合规实现投资节约、管理创效，全面提升企业管理效益。

（曹　盈　左富生　周丽红　张　铀　薛　宇）

【重大项目】2021年，中铁开投重点项目控制性工程和形象进度多点突破，贵州遵余高速公路正式开通试运营，给遵义市“三县一区”范围内的百姓带来交通便捷；贵州瓮开高速开州湖特大桥钢桁梁顺利合拢，创下了多项世界及国内桥梁建设新纪录，彰显了中国制造向中国创造转变的又一突破。2021年12月31日，瓮开高速公路顺利通车，完善了贵州省6横7纵8联高速公路规划网，对促进黔中经济圈和黔南经济圈融合发展具有明显推动作用。瓮开高速开州湖特大桥与遵余高速公路项目均入选了“中国中铁2021年十大超级工程”名单。贵州威围高速公路顺利通车，助力威宁“90分钟经济圈”初步成型，对完善贵州省高速公路网，促进长江经济带高速公路网络互联互通，特别是助力乌蒙山地区乡村振兴具有明显推动作用；武汉轨道交通12号线环线穿江隧道“江城先锋号”（中铁隧道局、中铁装备共同研发）国产大直径盾构机完成制造，在武汉顺利下线，助力世界第二、国内最长的武汉首条地铁环线越江攻坚；高226米的中国中铁西南区域总部——昆明中国中铁大厦正式建成启用，进一步开创“央企入滇”新局面，为助力云南高质量发展再添新动力。云南滇中引水聚焦“五个关键”，打好建设攻坚战，在保持高标准建设的前提下，2021年9月15日，盛家塘隧洞顺利开挖完成，成为全线首条开挖贯通的主体隧洞。

持续推进国企深化改革三年行动和对标世界一流，及时与中建三局、中交西南区域（云南）总部、中铁建昆仑投资、俊发地产等标杆单位开展对标对表，助力深化改革达标。持续推进区域经营深化攻坚，对照攻坚方案完成了8个示范经营中心的打造和验收，推行经营和实施双项目经理责任制及经营周例会制度，确保了重点项目有序推进，出台的《区域经营考核管理规定》激发了区域经营活力，补短板研究不断推动商业模式的创新创效。持续推进投资风险防范攻坚，下达了22个项目的投资管控目标，成立了投资控制专项检查联合工作组，对照决策要求和投资管控目标完成了12个项目检查，列出了问题清单，制定了整改措施及计划，投资风险防控有效推进。

有效落实精准营销理念，通过“1+4+55+N”区域经营联动工作机制，牵头各省总部组织对涉及云贵渝鄂的国家战略、地方规划、行业规划、建设规划及省市政府工作报告进行分析研究，全面建立项目信息库，结合国家及地方政府“十四五”规划和两会情况，及时组织各区域分公司开展区域省市地州两会及规划调整项目梳理进一步跟踪推进。项目信息实行动态维护、及时补充调整和更新完善，为区域经营工作开展提供规划及项目资源支撑，为项目营销提供基础保障。精准制定营销方案，明确责任人及推进计划，确保重点项目有力推动，顺利落地。（曹　盈　董一初）

【实业投资】2021年完成投资162.12亿元，其中固定资产购置0.37亿元，无形资产支出0.03亿元，股权投资完成25.94亿元，基础设施投资完成132.06亿元，房地产完成投资3.72亿元。所属中铁惠信基金公司共参与公司投资项目8个，已成立6只基金产品，均已完成基金业协会备案，总认缴规模21.64亿元，实缴规模11.12亿元。与中铁四局合作成立云南中铁新材料科技有限公司，从事商品混凝土外加剂、防水材料等材料的研发、生产、销售。合资公司注册资本金为1000万元，其中公司投资400万元，中铁四局投资600万元，合资公司注册地址为云南省玉溪市澄江市九村镇东溪哨工业园区。

（刘　葵　周宇翔　张　铀）

【重大创新】依托云南玉楚高速、云南滇中引水项目、贵阳地铁3号线、贵州遵余高速、贵州瓮开高速、武汉武九管廊，开展科技攻关项目共11项，解决项目面临的一系列技术难题，取得了良好的效益。其中，依托贵州遵余高速对遵余高速全寿命周期综合监管平台研究，实现了遵余高速智慧化运维；依托云南玉楚高速对艰险山区单塔单跨钢箱梁悬索桥施工技术研究，解决了艰险山区单塔单跨钢箱梁悬索桥施工难题，确保玉楚高速绿汁江特大桥按期顺利架设；依托贵阳地铁3号线对贵阳喀斯特地貌岩溶发育区地铁隧道机械掘进成套技术研究，形成贵阳喀斯特地貌岩溶发育区地铁隧道机械掘进成套技术，实现贵阳地铁3号线地铁隧道安全、高效掘进。2021年共获得“股份公司科学技术奖二等奖”2项、“中国施工企业管理协会科学技术奖二等奖”2项，获得发明专利授权7项、实用新型专利授权11项、软件著作权授权3项，获得“云南省省级工程建设工法”10项，参编云南省行业规程3项，获评“股份公司绿色施工科技示范工程”3项，重庆轨道交通10号线一期（建新东路—王家庄段）工程获得第十八届“中国土木工程詹天佑奖”。（董一初）

【工程创优】中铁开投投资（参建）的中铁佳苑、昆明轨道交通4号线获“中国中铁杯优质工程奖”；昆明市轨道交通1号线西北延工程获评“2021年度云南省建筑施工安全生产标准化工地”、昆明市轨道交通4号线（A部分）获评“2021年度云南省工程质量管理标准化示范项目”；重庆轨道交通4号线四电工程获评“中国中铁安全标准工地”。

（欧　浩）

【企业文化】中铁开投始终坚持以习近平新时代中国特色社会主义思

想为指导，坚持中国特色社会主义道路，深入开展党史学习教育，认真学习贯彻习近平总书记在建党百年庆祝大会上的重要讲话精神和党的十九届六中全会精神；充分结合行业特点和发展战略，弘扬“开路先锋”文化，践行“勇于跨越 追求卓越”精神，积极融合、培育特色企业文化，不断增强中铁开投文化软实力，举办建党 100 周年、建企 10 周年系列庆祝活动，提高全体员工的凝聚力、创造力和战斗力，营造和谐奋进、拼搏奉献的企业文化；搭建企业文化展示中心，精心策划央企入滇、第三届西部洽谈博览会、第三届世界建筑科技博览会、云南省“创新引领时代·奋斗成就百年”职工创新成果展等外宣活动，全方位、多层次、立体化展示改革发展成果，提升企业品牌形象；牢牢把握意识形态工作的主导权和话语权，大力加强与社会媒体沟通合作，积极对先进单位、先进典型、重大工程和重大事项进行宣传推广，发挥先进的引领作用，凝聚奋斗的精神力量。（杨臆蓉）

▲图 13-25　2021 年 11 月 17 日，中铁开投高速公路运营服务业务比武

【党建工作】2021 年，中铁开投始终把政治建设摆在首位，坚持党建工作与经营生产工作同安排、同部署、同检查、同考核，扎实开展基层党建考核评比工作，评选表彰先进基层党组织 3 个，2 个集体获股份公司“先进基层党组织”称号，认真落实“三会一课”、谈心谈话、民主评议党员、双重组织生活等规定动作，全年召开党委会 20 次，前置讨论重大事项 254 项；坚持党管干部、党管人才原则，把企业发展的导向贯穿干部人才“选、育、管、用”全过程，全年选派 426 人次参加地方政府、行业协会及股份公司培训班，组织各类专业技术培训 257 场次，培训 5400 余人次。将干部培养植根主责区域，搭建平台，新进入地方人大、政协任职 4 人，交流挂职 5 人，送培参加属地省委党校厅处两级培训班 8 人次、股份公司中青班 2 人次。全年提拔处级干部 20 人，培养局级干部 2 人。公司领导班子连续三年被授予“四好”班子荣誉称号。开展警示教育 5 场次；发出监督建议书 2 份，督促修改文件制度 2 个；对落实公司重大决策部署不到位 3 人次给予追责；全年受理问题线索 1 件，运用第一种形态警示、约谈 2 人次；与公司党委沟通会商 1 次，对拟任纪工委书记任前考察 6 人次，所属单位党政负责人定期谈话 36 人次，出具拟提拔人员廉洁从业鉴定意见 41 人次；修订完善党委巡察工作要点，对 3 家单位党组织开展常规巡察并发现 29 项主要问题；对 25 家参股、控股项目公司开展违规挂靠专项巡察，未发现违规挂靠问题；开展了“影子公司”“影子股东”问题专项整治，未发现新的问题线索。

（卞文清　王秋林　左富生）

【信息化建设】围绕“14841”战略主线，结合股份公司《“十四五”信息化发展规划》的目标要求，坚持立足三省一市、辐射两亚，建设以“数字开投”为信息化发展主题，科学、合理规划公司信息化建设目标，完成基础设施建设和云计算平台的数据分析功能等建设任务。中铁开投信息化建设快步迈入新时代。

（李万里）

【履行社会责任】中铁开投积极响应党中央国务院关于巩固拓展脱贫攻坚成果的有关要求，主动参与地方疫情防控、捐资助学、抢险救灾，用实际行动贡献力量、回馈社会，彰显共和国长子的责任担当。2021 年，东格高速公路指挥部助力地方脱贫攻坚，获“中国红十字奉献奖章”。勐绿指挥部援建勐康口岸临时隔离用房，助力边境新冠肺炎疫情防控。滇中引水总指挥部组织应急救援队支援漾濞县抗震救灾工作。公司加强员工关爱，扎实做好社保管理，维护职工权益，员工收入与企业效益实现同步增长。落实新冠肺炎疫情防控措施，保障员工身体健康，实现“零感染”。（左富生）

【领导人员】

张润文	党委书记、董事长、法定代表人
陈安惠	党委副书记、总经理
李少利	滇中引水总指挥部党工委书记、指挥长（按股份公司二级单位正职管理），副总经理
张国华	党委委员、副总经理
宁　锐	党委委员、副总经理总工程师
汪志鹏	党委委员、总会计师
王　谊	党委委员、副总经理
刘庆丰	副总经理、总法律顾问兼法律合规部部长
王祥杰	党委委员、纪委书记

所属单位

陈　勇　副总经理
杨　帆　副总经理

（左富生）

中铁城市发展投资集团有限公司（中国中铁西部区域总部）

【简况】中铁城市发展投资集团有限公司（以下简称“中铁城投”），中国中铁西部区域总部是中国中铁的全资子公司，也是中国中铁在西部七省（自治区）的区域经营总部，代表中国中铁在四川、陕西、新疆、甘肃、宁夏、青海、西藏七省（自治区）开展基础设施项目的投资、建设、运营管理和总承包项目承揽。公司2013年在四川省成都市天府新区注册成立，注册资本金50亿元。中铁城投及所属单位拥有3个市政公用工程、2个公路工程、3个建筑工程和1个铁路工程共9个施工总承包壹级资质。本部设在成都市天府新区——中铁卓越中心，现有正式员工562人，其中具有中高级以上职称468人，占比83.3%。资产总额841.75亿元，其中流动资产267.85亿元，固定资产净值0.91亿元，其他资产572.99亿元。中铁城投依托中国中铁全产业链优势，积极拓展融资渠道，不断深化政企合作，优化整合中国中铁系统内各专业、各板块资源，发挥中国中铁的品牌、人才、资金、技术、管理等方面优势，以PPP、BOT、投融建、股权投资、EPC、施工总承包等合作模式，在城市轨道交通、公路、铁路、水利、市政基础设施、城市双修、生态环保、棚户区改造、土地综合开发等领域，以高性价比的优质服务，实施了一大批重点基础设施项目，在投融资、建设管理和运营管理等方面积累了丰富经验。中铁城投自2012年成立以来，累计新签合同额4334余亿元。在西部大开发和“一带一路”建设中，中国中铁、中铁城投与西部各地方政府和相关企业签署了战略合作协议。

公司2021年共获得荣誉20余项，其中国家级荣誉1项，省部级7项，主要包括“全国工人先锋号”1个、“全国铁路总工会火车头奖章”1名，“全国铁路模范职工小家”1个、“四川省五一劳动奖状”1个、“四川省交通运输系统先进集体”1个、“四川工匠”1名、“四川省建筑业先进个人”2名，以及“成都市五一劳动奖章”21名，充分展现中国中铁优秀的企业品牌和形象。

（杨　雪　赵艳芳　戴文博　严　鹏）

【主要指标】2021年，公司完成区域新签合同额4429亿元，自揽新签合同额415.35亿元；实现营业收入334.01亿元；实现净利润45.88亿元，为年度预算33.28亿元的137.86%；资产负债率73.50%，较预算控制目标82%低8.50个百分点。

（严　鹏）

表13-23　2020—2021年中铁城投主要经济指标

项目	2020年	2021年	增长率/%
资产总额/亿元	572.37	841.75	47.06
所有者权益/亿元	148.68	223.09	50.05
营业收入/亿元	344.89	334.01	-3.15
利润总额/亿元	47.63	53.93	13.23
净利润/亿元	41.14	45.88	11.52
归属于母公司所有者的净利润/亿元	41.12	45.79	11.36
技术开发投入/亿元	0.03	0.42	1300.00
利税总额/亿元	49.54	64.51	30.22
应交税金总额/亿元	8.40	18.63	121.79
全员劳动生产率/[万元/(人·年)]	754.78	768.29	1.79
净资产收益率/%	40.52	24.67	减少15.85个百分点
总资产报酬率/%	11.11	9.41	减少1.70个百分点
国有资本保值增值率/%	184.08	149.73	减少34.35个百分点

制表：严　鹏

【改革发展】2021年，中铁城投贯彻落实国企改革三年行动实施方案，不断优化企业治理体系，提升现代化治理能力，全年完成改革任务70项，占全部改革任务的78%，在改革中出真招、保质量，求实求细求严，把改革思路和措施固化到制度流程中，形成对企业实践的长期指导，推动加快构建市场化经营机制，激发企业内生动力。狠抓"三项制度改革"这个核心，完善配套制度建立，自上而下推进管理层任期制和契约化管理，构建"三法两书"框架体系，科学合理设置考核指标，实现两级领导班子和经理层全覆盖，签约81人。创新工资总额决定机制，综合考虑经营管理成效和人工成本投入产出效益，坚持工资总额向效率高、贡献大的单位倾斜，不同单位人均收入差距40%以上，实现员工收入"能增能减"。始终坚持"开工必优、一次成优"的建设理念，通过工程首件制、样板引路等措施明确工程标准，加强科技创新、QC攻关，成都地铁7号线工程获评"中国建设工程鲁班奖""天府杯优质工程金奖"，国道321泸州沱江二桥拓宽改造项目获评"天府杯优质工程金奖"，西安地铁9号线工程获评"中国中铁杯优质工程"，宜威高速公路、若民高速公路，西安总部项目获评股份公司"安标工地"，西安地铁10号线、宜彝高速获评股份公司"绿色施工科技示范工程"。中铁城投累计完成新签合同额4553.31亿元。2021年，中铁城投完成新签合同额415.35亿元，完成股东下达年度预算360亿元的115.38%；实现营业收入334.01亿元，完成年度考核目标；实现净利润45.88亿元，完成股东下达年度预算33.28亿元的137.86%。（罗　乐）

【重大项目】2021年，中铁城投新签合同额415.35亿元，新中标项目6个。新增项目2项是PPP项目，合同总额93.58亿元，占比22.53%；1项BOT项目，合同总额187.49亿元，占比45.14%；1项股权投资项目，合同总额75.00亿元，占比18.06%；2项总承包项目，合同总额41.57亿元，占比10.01%；另外，房屋销售合同额17.71亿元，占比4.26%。从项目类型来看，新增项目分为公路、铁路、市政、房屋建筑四类，其中公路项目3个，合同总额282.97亿元，占比71.16%；铁路项目1个，合同总额75.00亿元，占比18.86%；市政项目1个，合同总额1.97亿元，占比0.50%；房屋建筑项目1个，合同额37.70亿元，占比9.48%。从区域分布来看，新增项目主要集中在四川区域，其中四川项目共5个、合同总额322.64亿元，占比81.14%；甘肃项目1个、合同总额75.00亿元，占比18.86%。

2021年在建项目45个，建安合同额2128.94亿元，当年完成施工产值381.03亿元，其中轨道交通工程完成73.30亿元，市政工程完成6.98亿元，公路工程完成257.17亿元，房建工程34.77亿元，水环境治理工程8.81亿元。主要项目进展情况如下。

轨道交通工程在建项目4个，截至2021年末，成都地铁10号线三期及13号线一期完成产值56.09亿元，完成合同额的26.4%；成都地铁8号线二期完成产值11.96亿元，完成合同额的27.4%；西安地铁8号线3标完成产值20.08亿元，完成合同额的27.2%；西安地铁10号线3标完成产值5.57亿元，完成合同额的12.0%。

高速公路项目5个，截至2021年末，宜彝高速公路项目完成建安投资158.12亿元，完成建安总投资额的100%；若民高速公路项目完成建安投资105.41亿元，完成建安总投资额的95.8%；宜威高速公路项目完成建安投资54.46亿元，完成建安总投资额的55.4%；乐西高速公路项目完成建安投资17.92亿元，完成建安总投资额的16.9%；西昭高速公路项目完成建安投资9.04亿元，完成建安总投资额的3.9%。

公路工程项目3个，截至2021年末，国道109线那曲至羊八井公路改建工程完成施工产值54.78亿元，完成合同额的100%；青海西察公路项目（XC-1标段）完成施工产值27.24亿元，完成合同额的86.3%；伊犁G577线精伊公路项目完成建安投资1.02亿元，完成建安合同额的1.0%。

房建项目5个，截至2021年末，内江师范学院新建校区PPP项目完成建安投资额23.60亿元，完成总建安投资额的100%；西昌瑶山棚改项目完成建安投资额12.56亿元，完成总建安投资额的86.9%；西南总部及配套住宅项目完成建安投资额6.41亿元，完成总建安投资额的39.1%；西安中铁丝路总部及配套住宅项目完成建安投资额8.41亿元，完成总建安投资额的45.5%；宜宾蜀南总部及配套住宅项目完成建安投资额5.52亿元，完成建安投资额的21.5%。（安　乐　龙洪明）

【重大创新】围绕轨道交通区间道床病害处理技术、高速公路隧道快速施工技术、PPP项目运营管理模式等方面，从在建项目的需求、行业发展的趋势、客户的建议以及公司自身节约成本、减低能耗、提高项目质量等方面出发，开展了众多的研发活动。2021年中铁城投获股份公司科技进步二等奖2项，获实用新型专利授权8项、软件著作权授权3项。受理发明专利3项、实用新型专利5项、软件著作权1项。被四川省政府评为2021年度四川100户大企业大集团。（何彦君）

【工程创优】成都地铁7号线工程获"中国建设工程鲁班奖"，国道321泸州沱江二桥加宽改造工程获"四川省建设工程天府杯金奖"，西安市地铁9号线获"中国中铁杯优质工程奖"，宜威高速公路项目获评"中国中铁安全标准工地"，西安地铁10号线3标、成都轨道交通13号线土建7工区、宜彝高速公路SG4标获评"中国中铁绿色施工科技示范工程"。（钟维章）

【企业文化】围绕提升"中国中铁

所属单位

西部区域总部”品牌形象，中铁城投以更加灵活、更显特色、更有实效的方式开展网络宣传。针对京藏高速、成都地铁、内江师院等重点工程，组织不同形式的新闻策划，挖掘亮点，放大品牌传播效应，不断提升企业知名度和美誉度。通过“新闻策划挖掘亮点”“融合媒体聚焦热点”“搭建平台突出重点”三步走战略，在公司四省三区8个区域分部，找准切入点，多视角展开宣传，不断扩大企业在当地市场的影响力。公司组成新闻宣传小组，深入成都地铁、西安地铁、西昭高速、内江师院等重点工程，集中组织采访创作，多渠道疏通媒体关系，密集式地开展对外报道，产生了较好的社会反响。采取多项有效措施，对骨干通讯员队伍进行重点指导，结合集中培训、个别辅导、委外送培、“轮训代培”等多种形式，不断提高通讯员的写作技能和水平，为通讯员指明方向、激发灵感，搭建共同学习交流的互动平台，涌现出了一批高质量的新闻作品。2021年，中铁城投编写的12篇稿件入选中国中铁《抗疫担当》《共筑小康路》《奋进在路上》等特刊。“中铁城投”官方微信发布公司通讯员采写的各种新闻资讯、党群信息、学习资料等内容文章147篇，阅读量逾15万次，关注人数增至6281人。全年在中央级媒体刊发稿件20篇，在省部级媒体发表稿件31篇，在中国中铁系统内媒体刊发稿件91篇，创历年之最。

（石硕岩）

【党建工作】截至2021年12月，中铁城投及所属单位共设立党委、纪委各10个（含机关党委、纪委），党支部3个，全公司共有党支部43个，所属单位党组织机构实现独立设置全覆盖。公司本部设置了党委干部部、党委办公室、纪委综合室（党委巡察办）、党群工作部等4个党群部门。所属各单位设置综合办公室作为党群职能部门。公司机关本部现有专职党群干部12人（不含公司党委书记、纪委书记、工会主席）。在已成立党组织的12家直管三级单位中，共分别配备党委书记9名，党支部书记2名、纪工委书记7名，兼职党支部书记43名，配备专兼职党群工作人员51名。加强业务培训，以“线上+线下”模拟创新党务工作培训班，培训基层党组织书记、专兼职党务工作人员50人。选送17名入党积极分子参加中国中铁入党积极分子示范培训班。截至2021年12月，全公司正式员工共有党员4073名，其中正式党员4055名，预备党员18名。年内修订发布党建工作制度53项。实现了基本组织、制度、队伍的全覆盖，同时大力开展“一先两优”表彰评选、党支部晋位升级、创岗建区等工作，持续强化基层党组织建设。开展加强和规范党的基层组织建设的自查工作，结合巡视反馈问题整改，制定了6个方面44个小项的自查内容清单，要求各单位对标对表逐条自查，列出问题清单，制定整改措施，边查边改、立查立改。各单位共查找出42项问题，均整改销项。深入开展“创岗建区”活动，以党员公开承诺为基础，以党员积分制管理为手段，全面推进创“党员先锋岗”、建“红旗责任区”工作，推进基层党支部晋位升级工作。召开中铁城投庆祝中国共产党成立100周年大会，开展“两优一先”评选表彰工作。印发《中国中铁党委关于开展党史学习教育的工作方案》，扎实有效开展党史学习教育。围绕重大工程项目保开通目标，广泛开展党员先锋岗、党员突击队活动，确保新疆若民高速、宜彝高速按期开通。开展2020年度党建工作责任制考核评价工作，结合公司实际，评选1家优秀、3家良好，考核评价结果与领导班子成员绩效年薪进行挂钩。组织召开2020年度党组织书记抓基层党建工作述职评议会议，安排5家基层党组织书记述职评议和现场测评。出台领导班子成员党建工作联系点实施办法，班子成员全年深入联系点30余次，完成了讲党课、调研、职工座谈等工作。组织开展党委理论学习中心组学习6次。截至2021年12月，中铁城投所属单位共设立纪委10个（含机关纪委），配备纪委书记9名。召开公司2021年党风廉政建设及反腐败工作会，与所属单位签订《党风廉政建设责任书》，开展“四个一”活动提升纪检工作质量。常态化开展落实中央八项规定精神情况监督检查，驰而不息纠治“四风”，严格落实“勤俭办企十不准”等加强作风建设的规定。发挥党内监督主导作用，构建大监督工作格局，强化政治监督、抓实日常监督，推动纪检、巡察、审计、业务部门职能监督的贯通融合，形成全面覆盖、常态长效的监督合力。一体推进“三不腐”，2021年共处置或配合处置问题线索8件，其中初核后适当处理2件，立案调查1件，给予党内警告、行政记过1人，诫勉2人，警示谈话2人；组建“诚廉社”干部廉洁教育群，开展党风廉政集中教育，推进项目廉洁共建，着力构建全覆盖的廉洁教育体系。持续推进“靠企吃企”问题整治，同步联动开展违规挂靠专项巡察，推动发现问题全部整改到位，开展“影子公司”“影子股东”问题专项整治，组织363人开展自查排查。深入开展“决战决胜四季度”劳动竞赛，全面掀起四季度劳动竞赛大干热潮。全面推进“工会进工地”活动，深入基层督导推进劳动竞赛，切实把劳动竞赛各项要求落细落实落到位，组织动员全公司广大员工为实现全年各项任务目标而努力奋斗。

（赵艳芳　胡雪峰）

【信息化建设】组织开展“数智升级工程”。拟开发集投资管理、建设管理、运营管理、房地产管理等功能模块于一体的智能管理系统。制定了信息贯通工程实施方案。多维度协同，高标准、高质量地完成了各项工作：成立信息贯通工程工作领导小组；严格把关信息系统的开发申请；积极开展数据资产调查、统计；开展员工统一身份数据治理；开展数据库信息颗粒归仓行动；推

进全球组网网络架构搭建及各单位设备采购与安装；推进 OA 办公平台、财务共享平台入驻股份公司一体化工作平台工作。结合股份公司护网行动要求，主动作为，防范网络安全事故。成立网络安全保障工作作战指挥部，指导护网行动期间中铁城投网络安全工作，形成完善的护网行动组织领导架构及各部门职责分工。对公司网络设备开展了全面检查，对发现的漏洞进行了修复，对存在弱口令问题的账号进行了整改。在完成已发现问题整改工作的基础上，建立信息系统定期巡查、定时开放策略，尽量收敛暴露面，降低被攻击的可能性。引入专业机构，加强网络安全检查，对存在的问题及时发现、及时整改。组织中铁科研院对公司机房环境、硬件设备、系统漏洞等进行了全面检查，对发现的漏洞及时进行修复，对发现的问题及时进行整改，减少网络安全隐患，降低被攻击的可能性。加强网络安全宣传，提高公司职工对网络安全事故危害的认识以及对网络安全隐患的防范意识。组织公司职工线上参观 2021 年网络安全博览会，学习网络安全相关法律法规，了解国家网络安全态势及当前网络安全先进技术。在中铁城投官网开辟网络安全宣传周专栏，进一步宣传网络安全的重要性。（何彦君）

【履行社会责任】积极履行央企责任，支持乡村产业振兴，慰问当地红花村上千余名老人；积极投身脱贫攻坚战，通过自行购买和帮扶采购平台购买，全年采购凉山越西、宜宾筠连、陕西贫困地区农副产品 4.125 万元；京藏高速那曲至羊八井段三标项目累计使用当地农牧民机械设备 711 台，吸收当地农牧民就业 723 人，全年开展就业扶贫 93.2 万元。（赵艳芳）

【领导人员】

黄天德　党委书记、董事长、法定代表人
杨林浩　党委副书记、总经理
杨玉德　党委委员、副总经理
刘仁智　党委委员、副总经理
李家标　党委委员、财务总监
李　政　党委委员、副总经理
田　华　党委委员、纪委书记（1 月任）
赵爱军　副总经理、总工程师
李　超　副总经理
张　健　副总经理（4 月任）
黄　立　副总经理（4 月任）
万姜林　党委委员、副总经理（10 月免，改任非领导职务，业务经理）
吴国强　党委副书记、纪委书记（1 月免，调离）

（戴文博）

中铁（上海）投资集团有限公司（中国中铁华东区域总部）

【简况】中铁（上海）投资集团有限公司（以下简称“中铁上投”）是中国中铁股份有限公司的全资子公司，是中国中铁产融结合的专业平台，是集投融资、规划设计、建设管理及运营于一体的大型专业化公司。中铁上投成立于 2016 年 7 月 15 日，注册资本金 15 亿元，具有市政工程施工总承包壹级资质。2020 年中铁华东工程指挥部更名为“中国中铁华东区域总部”，是中国中铁股份有限公司在华东区域的经营平台，是总部区域经营战略布局和高端经营的延伸，与中铁上投合署，实行“一个机构、两块牌子”的管理模式。依托长三角一体化国家战略，华东区域总部（中铁上投）主要负责浙江、江苏、安徽、上海三省一市责任区域的投资、建设、运营管理和总承包项目承揽。

截至 2021 年 12 月 31 日，中铁华东区域总部（中铁上投）本部共设 10 个职能部门，1 个事业部（投资运营事业部），1 个中心（财务共享中心），下设区域经营机构 5 个，各类型子（分）公司 20 个、工程项目总包部（经理部）15 个。正式员工 262 人，平均年龄 43 岁，高级及以上专业技术职称 138 人，占员工总数的 53%；本科及以上学历 233 人，占员工总数的 89%。

（王蕙怡　刘茂乾　张汉东）

【主要指标】中铁华东区域总部（中铁上投）2021 年资产总额 116.4 亿元，较 2020 年增长 17.90%；所有者权益 49.42 亿元，较 2020 年增长 67.70%。（孟晓伟）

表 13-24　2020—2021 年中铁上投主要经济指标

项目	2020 年	2021 年	增长率 /%
资产总额 / 亿元	98.73	116.4	17.90
所有者权益 / 亿元	29.47	49.42	67.70
营业收入 / 亿元	102.85	52.68	-48.78
利润总额 / 亿元	2.84	1.14	-59.86
净利润 / 亿元	2.12	1.07	-49.53
归属于母公司所有者的净利润 / 亿元	2.06	1.32	-35.92
技术开发投入 / 亿元	0.00	0.00	0.00

续表

项目	2020 年	2021 年	增长率 /%
利税总额 / 亿元	4.05	2.12	-47.65
应交税金总额 / 亿元	1.21	1.05	-13.22
全员劳动生产率 /［万元 /（人·年）］	191.34	103.46	-45.93
净资产收益率 /%	7.92	2.16	减少 5.76 个百分点
总资产报酬率 /%	3.50	0.92	减少 2.58 个百分点
国有资本保值增值率 /%	110.89	107.99	减少 2.90 个百分点

制表：孟晓伟

【改革发展】厘清投资公司与区域总部的职能边界。按照《中国中铁关于进一步明确区域总部职能、完善机构编制管理、发挥区域总部作用的通知》（中国中铁规划〔2021〕153 号）的要求，明确了华东区域总部机构设置及定员，确定了华东区域总部、省级分支机构定位及主要职能。华东区域总部本部定员 5 人。设专职副总经理 1 人，协助区域总部主要领导专职负责区域总部日常管理工作。内设市场开发部、综合部，其中，市场开发部设部长 1 人、副部长 1 人、部员 2 人；综合部与中铁上投综合部合署办公。华东区域总部省级分支机构与中铁上投区域经营指挥部按照“一个机构、两块牌子”运行。华东区域总部是股份公司经营职能的延伸，省级分支机构是区域总部经营职能的延伸。按照“统筹协调、监督落实、保障服务”的功能定位，坚持“区域经营、立体经营、全产业链经营”理念，代表股份公司在区域内履行“统筹协调、高端经营、开发服务、监管维护”职能。

扎实推进对标世界一流提升行动。按照股份公司关于对标世界一流管理提升行动的要求，牵头制定对标管理提升行动方案和对标管理清单。组织各部门采取系统内对标与系统外对标、线上对标和线下对标等多种形式与优秀企业进行对标学习，结合“投资＋总包”业务特点及属性，先后与中交城市投资控股有限公司、中铁南方投资集团有限公司、中铁四局集团有限公司、中国建筑第五工程局有限公司、中国建筑第八工程局有限公司等单位进行了专项对标。通过对标提升，结合国有企业改革三年行动，各部门共完成专项规划 1 项、研究报告 4 项、相关机制 4 项、规章制度 30 项、项目总承包管理手册 1 项。建立了常态化开展对标管理机制，明确了对标指标体系，共涉及 9 项一级指标和 31 项二级指标。通过建立常态化对标机制，不断提升企业管理水平。

组建城市投资开发智库中铁城市研究院。中铁上投牵头，联合中铁大桥院、中铁六院、中国铁工投资等单位成立了中铁（上海）城市规划咨询有限公司。组织各股东单位召开了研究院发展研讨会，听取了《关于中国中铁城市发展研究院的思考及经营模式创新、务实创效》专题汇报，就城市更新、城市综合开发、智慧城市、数字化转型等方面开展了研讨交流。为更好地建立研究院的激励约束机制，制定了《中铁（上海）城市规划咨询有限公司业绩考核与负责人薪酬管理办法》。

实施经理层成员任期制和契约化管理。中铁上投出台了《经理层成员业绩考核办法》《非经理层成员业绩考核办法》，以及所属单位经理层成员《任期制管理和契约化管理办法》《薪酬管理办法》《业绩考核办法》，组织分解了经理层成员经营业绩指标，并在董事会审议通过后签订。两级经理层成员《经营业绩责任书》《聘任协议书》签订率均达到 100%。

建立完善了市场化的薪酬分配机制。中铁上投出台了《薪酬改革实施方案》，探索薪酬改革新思路，形成利益事业联合体，努力构建薪酬分配的铁三角。修订了区域经营指挥部、总包部员工薪酬管理办法，出台了《全员业绩考核指导意见》，通过调整固浮比、增加效益联动指标，形成了以业绩为基础的能高能低机制，并贯穿整个薪酬全过程。从而强化薪酬“能增能减”机制建设，进一步提高薪酬分配的科学性。

落实国务院、股份公司有关工资决定机制的要求。制定了区域经营指挥部、总包部的工资总额管理办法，将工资总额与单位关键经营业绩联动，每年据实考核清算。同时，在批复的总额内，授予所属单位薪酬自由分配权，切实实现薪酬向一线、向关键岗位倾斜。

推进用工市场化改革，实现员工能进能出。中铁上投完善了劳动用工管理制度，采取签订试用期协议、明确试用期目标任务等措施，确保新进人员工作有标准，考核有依据；实施市场化人才公开招聘工作，强化劳动合同管理，做实员工试用期考核、劳动期满考核，保证优秀员工“进的来”，不合格人员“出得去”。

探索新的学习模式，推动学习型组织建设。试点在合肥轨道交通 8 号线总承包部和张家港沪铁城市开发建设有限公司成立两个“学创行”

项目管理实验室，引导所属单位不断改进工作方式、创新工作思路，通过经验萃取、迭代促进组织绩效持续提升。联合清华大学于2021年组织开展清华“未来人才”学习成长营培训，对投融资板块中高层领导干部进行系统培训，进一步加强企业投融资、运营管理能力建设，适应现代投融资企业管理要求。培育内部促动师和复盘师，为公司创新注入一些全新的活力。

（刘茂乾　张汉东）

【重大项目】2021年，华东区域协同新签合同额4009.66亿元，根据区域市场公开招标数据，中国中铁在华东区域（江浙沪皖）新签合同额位于五大建筑央企之首。中铁上投区域自揽新签合同额556.37亿元。包含投资类项目新签合同额468.71亿元，其中台州市仙居县高铁新城市民中心区块城市有机更新项目新签合同额72.53亿元；南京至马鞍山城际铁路（马鞍山段）PPP项目新签合同额148.4亿元；博望产城融合发展示范区项目243亿元；淮海国际陆港核心区一期（中国中铁陆港城）项目及安庆宜海林语堂三期的二级项目销售额确认新签额为4.78亿元。总承包项目新签合同额87.66亿元，其中杭州至德清市域铁路工程土建施工Ⅰ标段（施工总承包）12月10日发布中标公示，中标价29.29亿元；南京至马鞍山市域（郊）铁路（南京段）工程施工总承包D.S02.X-TA01标12月23日中标公示，中标价为58.37亿元。

2021年，中铁华东区域总部（中铁上投）年度完成施工产值66.63亿元，占年度计划127亿元的52%（占在建项目年度计划63.49亿元的105%）；开累完成施工产值34.72亿元，占在建项目总额48.54亿元的72%。

通车运营情况。2021年6月28日，杭海城际铁路工程正式开通试运营，标志着海宁融入杭州“一小时通勤圈”，将进一步发挥杭州都市圈的同城效应，有助于加快推进长三角区域经济一体化发展。11月3日，芜湖市轨道交通1号线工程正式开通试运营；12月28日，芜湖市轨道交通2号线一期工程正式开通试运营，标志着芜湖轨道交通正式进入双线换乘时代，为全国首个以跨座式单轨交通系统为主干线路的城市轨道交通网，对芜湖加快打造省域副中心、建设人民城市具有重要意义。

重点工程情况。南京地铁6号线工程施工总承包D6-TA01标，2021年度完成施工产值12.04亿元，占年度计划10.98亿元的109.7%；开累完成19.18亿元，占合同额55亿元的34.8%。全线10座车站全部开工，钻孔灌注桩累计完成3512根，占总量3816根的92%；地下连续墙累计完成321幅，占总量459幅的69.9%。6座车站及出入场线明挖段进行基坑开挖，土方开挖累计完成69万立方米，占设计204万立方米的33.8%。2个区间4台盾构掘进施工，其中南夹区间右线盾构开累掘进1630环、左线盾构开累掘进936环；营万区间左线盾构开累掘进1025环、右线盾构开累掘进989环。

（熊　荣　任静雯　孟　朋）

▲图13-26　2021年6月28日，中铁上投参建的杭海城际铁路开通试运营

所属单位

【重大创新】加强基础设施投资课题研究。中铁上投组织相关单位向股份公司申报“参股PPP投资项目股权管理体系构建探索与实践”“新型城镇化综合开发PPP项目的风险管理研究”“实施党建大战略，引领企业高质量发展”3项课题，获得股份公司管理创新二等奖2项、三等奖1项。

加强科研课题研究。以具有代表性的工程项目为依托，开展和实施“基坑施工光纤技术创新应用”“盾构掘进气压辅助模式中在硬岩的应用”“复杂环境下地铁车站及区间隧道涉及高架桥梁保护措施研究”“地铁车站深基坑施工对周边建构筑物及管线影响控制研究”“BIM技术在地铁车站施工的应用研究”“地铁车站基坑异步开挖变形及对周边环境影响监测系统开发与智能预测”等科研项目。

（王春晖　孟　朋）

【工程创优】杭州地铁7号线工程获“中国中铁杯”优质工程奖。中铁上投以“质量优质　精品高效”为抓手，深入开展工程创优杯优质工程，荣登安徽电视台“致敬贡献者　我们的长三角”年度盛典；南通地铁1号线被评为“中国中铁绿色施工科技示范工程”；张家港东三环南段新建工程获“江苏省平安工地示范工程”；滁宁城际被评为“中国中铁安全标准工地”；南京地铁7号线总包部在股份公司安全生产“一先两优”评选中获“安全生产优秀集体”。

（王　一）

【企业文化】中铁上投党委发布了“让城市更美丽，让生活更美好”企业使命、“成为交通基础设施、城市建设全产业链领军企业”企业愿景和“担当、专业、创新、共赢”企业核心价值观。开展了“我身边的榜样”学习宣传活动。杭州地铁7号线总包部党工委被评为中央企业“先进基层党组织”，1家单位被评为中国中铁“先进基层党组织标杆”，1家单位被评为中国中铁“红旗项目部”，1个支部被评为中国中铁“示范党支部”，1人被评为中国中铁“优秀共产党员标兵”。杭州地铁7号线总包部管理团队荣耀加冕“‘致敬贡献者　我们的长三角’优秀企业家”称号。

中铁上投党委出台了《新闻宣传工作管理办法》，抓好外媒、微信公众号、网站、橱窗、网络等宣传阵地建设。2021年在人民日报、新华社等中央主流媒体发稿件99篇，在新华网、人民网等国内新闻网站发稿件105篇，省部级及行业媒体上稿215篇，各类新媒体（微信公众号、视频号）发稿件804篇。杭海城际开通运营、滁宁城际轨通、合肥地铁8号线四台盾构同日始发、南京地铁7号线下穿宁芜铁路等企业重大新闻受社会关注，芜湖轨道交通1号线出镜央视《新闻联播》。

（陈　坤）

【党建工作】开展党史学习教育。中铁上投党委制定了党史学习教育的工作方案和工作任务清单，成立了3个巡回指导组。召开了庆祝建党100周年暨“七一”表彰大会，举办党史学习专题读书班3期，中铁上投班子成员讲授专题党课12次。组织开展了学习习近平总书记在庆祝中国共产党成立100周年的重要讲话精神专题学习研讨。邀请高校、党校专家学者开展党史学习教育培训宣讲14场，参加学习1337人次。开展党史学习教育主题党日、主题团日活动26次，参加实地践学活动479人次。开设了“中共党史每周一讲”学习专栏，为200余名党员开设了喜马拉雅“轻学堂”学习平台。开展“理想信念情怀　爱党爱国爱企”主题教育，集中收看《开路先锋》纪录片，邀请中国中铁劳模、“开路先锋”卓越人物、总部基地项目生产经理罗煌勋作先进事迹报告。开展“我为群众办实事”实践活动，制定的19项“我为群众办实事”重点民生项目清单全部办理完成。所属各单位制定办实事清单131项，2021年底已完成123项，长期推进8项。

创建党建品牌。中铁上投党委制定了《中铁上投2020—2022年国企·党建大战略落地规划》，成立了党建品牌孵化中心，编制了《党建业务双融合　党建品牌创建指导手册》。召开了党建品牌升级动员会，发布了“长三角一体化发展·投资人”党委党建品牌及5个支部党建子品牌，形成了中国中铁首个党建业务双融合党建品牌矩阵。基于党建品牌创建实践开展的“实施党建大战略，引领企业高质量发展”研究课题申报立项为国资委重大课题子课题项目，并获中国中铁企业管理现代化创新成果三等奖。2021年开展4场项目部党建策划落地工作坊，勾画党建活动40余项，第二批共有5家单位形成党建品牌创建成果。各基层单位广泛开展各类党建联盟、党建联建、共建共创活动，共建立党员责任区37个、党员先锋岗58个。张家港沪铁城市开发建设有限公司携手各参建单位与地方各级党委开展企地共建，打造了长三角地区政府与央企党建业务双融合全新载体“先锋会客厅”，推进党建工作与生产经营深度融合。

落实党建工作责任制。中铁上投党委修订出台了《党建工作责任制考核评价办法》，完成了对所属14家单位2020年度党建工作责任制考核，其中考核结果评定为“优秀”2家，“良好”7家，“一般”5家。召开了2020年度党组织书记抓基层党建述职考核评议会议，4家单位书记现场述职，9家单位书记书面述职。

落实党风廉政建设责任制。2021年开展了进一步深化设租寻租专项整治、民企挂靠国资问题专项整治、“影子公司”“影子股东”专项整治等“靠企吃企”问题。落实纪委书记与领导班子成员定期沟通要求，开展定期沟通19人次。落实领导班子成员画像工作，开展画像评价9人次。组织开展新任职干部集体廉洁谈话2批，涉及11人次。严把选人用人廉洁意见回复关，回复意见函17人次。出台《中铁上投党委、纪委落实全面从严治党“两

个责任”沟通会商实施办法》，建立了党委、纪委定期沟通的会商机制，召开了沟通协商会议和反腐败领导小组会议。出台了《中铁上投反腐败工作协调小组工作规则》《构建大监督格局实施办法》，建立了纪检监督、巡察监督、审计监督、财务监督等各项监督的协调机制。做实做细日常监督，以安庆总包部为试点，建立了项目廉洁风险防控清单和廉洁风险防控责任矩阵表。制定出台了经营投资合规免责事项清单及实施办法。持续深化警示教育，组织召开了中铁上投第一次全集团警示教育大会。锲而不舍落实中央八项规定精神，针对节假日较为敏感的关键时点，搜集整理中央及各地纪委监委通报的典型问题，发布警示教育专刊6期。配合股份公司党委第五专项巡视组对上投开展了违规挂靠问题专项巡视。成立两个党委巡察组，按照同步联动开展巡视巡察的要求，对符合条件的所属单位开展了专项巡察。监督推动各职能部门对照《中国中铁党委关于2021年第一批巡视发现共性问题的通报》开展自查自纠，查找问题13个；通过联合干部部开展干部履职巡察收集问题8个；通过组织开展违规挂靠巡察发现问题22个。修订了巡察问题整改和验收工作规则等5项制度办法，推动巡察整改工作规范化。举办中铁上投首期兼职纪检员培训班。（陈　坤　张锐玺）

【履行社会责任】中铁上投工会购买中国中铁对口帮扶地区汝城县农产品8.64万元慰问员工。安徽区域经营指挥部在合肥市新冠肺炎疫情反弹之际，选派志愿者在办公楼工业园区发放抗疫宣传手册300余份，口罩100余只；组织青年员工开展清理大蜀山垃圾和“沿湖净走”保护巢湖湿地活动。南京地铁总包部组织党员和青年志愿者在高考期间，为考生和家长无偿提供防暑降温药品60余盒，矿泉水430余瓶，纸巾湿巾170余包，发放口罩300余个，扇子1000余把，并协助交警维持考场通道和交通秩序，清理考点周边环境。滁宁城际铁路一期工程总包部组织党员干部前往相官镇敬老院开展慰问活动，为敬老院65位五保孤寡老人们送去了米、面、油、苹果、牛奶、西瓜等物资。（陈　坤）

【领导人员】

王传霖	党委书记、董事长、法定代表人
吴阿勤	党委副书记、总经理、董事
叶　樵	党委副书记、工会主席、副总经理、职工董事（3月任党委副书记，5月任工会主席，8月免董事，9月任职工董事）
常　旭	党委委员、纪委书记（1月任）
谢大鹏	党委委员、副总经理
范喜德	党委委员、副总经理
王祥玉	副总经理
王耀辉	副总经理
李　茂	总会计师
吴明寿	副总经理（3月任）
李　川	副总经理（1月免，改任业务经理）

（张汉东）

▲图13-27　2021年2月，中铁上投召开党建业务双融合党建品牌升级动员会

中铁发展投资有限公司（中国中铁晋鲁豫区域总部）

【简况】中铁发展投资有限公司（以下简称“中铁发展”）是中国中铁的全资子公司，于2020年5月在青岛成立，注册资本金50亿元，致力于基础设施建设项目的投融资、建设和运营，以投资城市基础设施为主业，统筹中国中铁旗下金融、设计、施工、房地产、工业制造等板块共同发力，实施投融资、建设管理、施工总承包、运营管理上中下游产业链一体化，为地方政府城市基础设施和新型城镇化建设提供从投融资到总体规划、勘察设计、建设总承包、产业导入的“一站式”综合服务。

中铁发展与中国中铁晋鲁豫区域总部按照“一个机构、两块牌子”模式进行管理，代表中国中铁负责山东、山西、河南三省区域市场经营和项目监管。目前，在济南、郑州、太原设立三个省级总部，并依据城市经济体量、公共资源、营销能力等因素，设立15个重点城市分部和30个一般城市分部，均已有序运转，实现了区域经营网络全覆盖和统一管理；先后与山东省、山西省、河南省以及青岛市、济南市、郑州市、太原市等十几家省市级政府签署战略合作协议，与中国政企合作投资基金、中国工商银行、中国农业银行、中国建设银行等金融机构签订了战略合作协议。

中铁发展现有正式员工300人。其中研究生及以上52人、本科235人、大专及以下13人，本科及以上学历占比95.7%；正高级职称12人、高级职称151人、中级职称112人、初级职称25人，中级及以上职

所属单位

称占比 91.6%；35 岁及以下 83 人、36~40 岁 80 人、41~45 岁 62 人、46~50 岁 38 人、51~55 岁 23 人，56 岁及以上 14 人，年龄在 45 岁及以下占比 75%。

中铁发展先后投资建设了青岛地铁 6 号线、济南地铁 6 号线、上合示范区中央广场、潍坊高铁新片区、太原西北二环高速公路、徐民高速单曹段等 20 余个重大项目。投资建设的青岛市地铁 2 号线一期工程获“国家优质工程金奖”1 项；青岛市地铁 8 号线工程 PPP 项目土建 07 工区获“中国中铁 2020 年度安全标准工地”；青岛地铁 1 号线土建一标、青岛地铁 6 号线一期工程、青岛市地铁 8 号线工程 PPP 项目（B2 包）土建 01 工区、土建 04 工区、土建 05 工区、土建 07 工区、洛阳市轨道交通 1 号线红山车辆段 01 标段 01 工区、静乐丰润至兴县黑峪口高速公路获“中国中铁 2020 年度绿色施工科技示范工程”；青岛地铁 6 号线获“2021 年度中国中铁安全标准化工地”；青岛市地铁 8 号线工程 PPP 项目（B2 包）北段及胶州北车辆基地获“2021 年度中国中铁杯优质工程”；郑州地铁 7 号线获“2021 年度中国中铁绿色施工科技示范工程”。公司累计获国家级优质工程金奖 1 项，省部级以上优质工程奖 2 项。

（黄　河　王慧丽　黄建杰　柴连文）

【**主要指标**】2021 年，中铁发展管理口径资产总额 546.65 亿元，较 2020 年 337.40 亿元增长 62.02%。所有者权益 113.03 亿元，较 2020 年 76.22 亿元增长 48.29%。2021 年实现营业收入 209.83 亿元，完成中国中铁预算 146 亿元的 143.72%。2021 年实现净利润 15.96 亿元，完成中国中铁预算 8.76 亿元的 182.19%。

（陈　军）

表 13-25　2020—2021 年中铁发展主要经济指标

项目	2020 年	2021 年	增长率 /%
资产总额 / 亿元	337.40	546.65	62.02
所有者权益 / 亿元	76.22	113.03	48.29
营业收入 / 亿元	121.04	209.83	73.36
利润总额 / 亿元	12.34	20.83	68.80
净利润 / 亿元	6.89	15.96	131.64
归属于母公司所有者的净利润 / 亿元	6.91	15.98	131.26
技术开发投入 / 亿元	0.00	0.00	—
利税总额 / 亿元	12.39	21.06	69.98
应交税金总额 / 亿元	0.14	2.44	1642.86
全员劳动生产率 /［万元 /（人·年）］	362.85	432.34	19.15
净资产收益率 /%	—	17.50	—
总资产报酬率 /%	—	4.83	—
国有资本保值增值率 /%	—	162.79	—

制表：陈　军

【**改革发展**】中铁发展以改革促发展，先行先试，率先将区域总部和投资公司的机构与职能相对分开管理，进一步优化管理机构，同步调整了班子成员分工，区域总部和发展投资领导班子实行两套体系运行、相对独立分工。优化部门职能，新设规划发展部（与法律合规部合署）、审计部（监事会办公室）。强化经营管理力量，一名公司副总专职分管区域总部，新设区域总部市场开发部、市场监管部、综合部（与市场监管部合署）3 个部门，设立了 3 个省级总部和 41 个经营分部，有效完善了经营布局。理顺了与各二级单位的关系，初步建立晋鲁豫区域高质量营销平台；在“十四五”规划引领下，持续在轨道交通、高速公路、城市片区市场发力，在一专、两优领域硕果累累，初步建立了全产业链专业化投资平台。深入推进国企改革三年行动各项任务，共制定发布 87 项制度办法，提前完成 80.5% 的改革任务，企业在党的建设、董事会和经理层建设、投资经营和内控管理等关键领域均取得了突破，管理能力大幅提升。

（瞿舒杨　王一龙）

【**重大项目**】2021 年，中铁发展党委、董事会认真贯彻落实习近平总书记“两个一以贯之”的重要论述，坚持加强党的领导与完善公司治理

相统一，持续加强以公司章程为核心的公司治理制度体系和董事会授权决策体系建设，成立战略与投资委员会等四个董事会专门委员会并建立健全相应议事规则。结合企业实际，修订“三重一大”、党委会、董事会、总经理办公会议事制度及决策事项清单等重要管理制度，在合规可控的基础上将董事会职权范围内机构设立、设备购置、股权投资等事项部分决策权限授予经理层，进一步提高公司决策效率，推动公司治理从规范性向有效性转变，党委“把方向、管大局、促落实”的领导作用、董事会“定战略、作决策、防风险”职能、经理层“谋经营、抓落实、强管理”职能相得益彰。持续加强子公司治理能力建设，进一步规范董事会机构设置，在所属10家子公司中均建立了董事会，实现了子公司董事会应建尽建，向所属公司派出27名董监事，规范对子公司议案审查工作，提升母子公司治理的协同性和有效性；印发《加强子公司董事会工作指导意见》等一系列制度办法，促进子公司董事会把握功能定位、提高决策水平，初步建立起权责法定、权责透明、协调运转、有效制衡的现代化公司治理体系。

立足区域热点，引领各单位将优势资源投入晋鲁豫，经营规模创历史新高，新基建市场取得较大突破，2021年累计新签合同额超500亿元，成为区域经营新的经济增长点。城市轨道交通市场中标济南地铁6号线、青岛地铁5号线、7号线项目，共完成新签合同额370.44亿元，其中济南地铁6号线新签合同额达291.38亿元，是中国中铁在晋鲁豫区域最大地铁订单；公路市场中标徐民高速公路单曹段项目，完成新签合同额54.7亿元。城市更新市场中标山东龙山国际创新城、长治综合产业园项目，共完成新签合同额178.76亿元，其中山东龙山创新国际城项目总投资高达510.3亿元。

2021年，中铁发展参建的重大项目有26个，分别是：濮新高速公路菏泽段项目、潍坊高铁新片区综合开发PPP项目、新伊高速公路项目、濮新高速公路宁沈段项目、太原西北二环高速公路项目、兴县北山过境公路项目、静兴高速公路项目、临汾规划三街项目、青岛地铁1号线项目、青岛地铁2号线项目、青岛地铁6号线项目、青岛地铁8号线项目、上合示范区中央广场项目、徐民高速公路单曹段项目、郑州轨道交通7号线项目、黎霍高速公路项目、昔榆高速公路项目、长治经开区高端产业及综合配套项目、青岛地铁5号线项目、青岛地铁7号线项目、济南城市轨道6号线项目、郑州航空港项目、龙山国际创新城项目，以及洛阳地铁1号线、2号线和洛阳地铁1号线红山车辆段项目。其中洛阳市轨道交通1号线一期项目于3月28日按期实现开通运营，标志着千年古都洛阳进入“地铁时代”，成为中国中西部非省会城市中第一个开通地铁的城市，洛阳市轨道交通2号线一期于12月26日按期实现开通运营，标志着千年古都洛阳进入“换乘时代”，一年之内双线齐发；青岛地铁1号线土建一标于12月30日按期实现开通运营，形成全长60千米、贯通青岛市五城区、跨海连接东西两岸的城市主干线，在助力青岛更加充满活力、富有实力、独具魅力方面具有重要意义。（王金斌　胡　宽　史玉竹）

【重大创新】加强科技创新工作，完善科研管理体系并发布公司科研管理三项制度，充分发挥投资公司对在建项目科研管理主导作用。紧密结合中国中铁“十四五”科技攻关的主辅方向和公司“十四五”科技创新的目标，积极组织公司在建项目推进科技施工技术和科研创新能力，加大科研开发力度，积极推动科技创新工作。通过多渠道、多途径积极开展科研开发、专利等科技创新工作。青岛地铁8号线“高水压复杂地质海底隧道综合修建技术”获中国中铁科技进步一等奖；青岛地铁8号线“极小净距下穿既有运营地铁暗挖区间隧道施工技术研究”和“GIS+BIM数字化项目管控平台”获中国中铁科技进步二等奖；2021年获得专利12项，分别是“一种斜井送排与单横通道组合的公路隧道通风系统及方法”发明专利1项，“室内轮胎—路面噪声测试装置”“一种整体道床接触平台模板浇筑模具”“一种柱模加固装置”“一种桩间混凝土喷射的定位装置”“一种用于基坑防突涌的双模袋注浆装置”“一种可跨钢支撑拼装地铁车站的台车行走机构”“一种可跨钢支撑拼装地铁车站的台车中板拼装机构”“一种可跨钢支撑拼装地铁车站的台车底部拼装机架”“一种可跨钢支撑拼装地铁车站的台车顶板拼装机构”“适用于装配式车站中板侧墙连续支撑的预应力顶伸装置”“一种用于装配式车站地底板调平的精平条带”实用新型专利11项。

（井建荣）

【工程创优】2021年，中铁发展投资建设的青岛市地铁2号线一期工程获“国家优质工程金质奖”；青岛市地铁8号线工程PPP项目（B2包）土建07工区获评“中国中铁2020年度安全标准工地”；青岛地铁1号线土建一标、青岛地铁6号线一期工程、青岛市地铁8号线工程PPP项目（B2包）土建01工区、土建04工区、土建05工区、土建07工区、洛阳市轨道交通1号线红山车辆段01标段01工区、静乐丰润至兴县黑峪口高速公路获评“中国中铁2020年度绿色施工科技示范工程”；青岛地铁6号线获评“2021年度中国中铁安全标准化工地”；青岛市地铁8号线工程PPP项目（B2包）北段及胶州北车辆基地获评“2021年度中国中铁杯优质工程”；郑州地铁7号线获评“2021年度中国中铁绿色施工科技示范工程”。

（王海洋）

【党建及文化建设】2021年，中铁发展党委坚持以习近平新时代中国特

所属单位

色社会主义思想为指导，认真学习贯彻习近平总书记关于国企改革发展党建重要论述，全面贯彻党中央决策部署，细致落实中国中铁党委各项工作要求，不断增强“四个意识”，坚定“四个自信”，做到“两个维护”，党的建设各方面工作取得新的进步。

政治建设成效显著。制定贯彻落实习近平总书记重要指示批示的工作办法、督查办法，严格落实“第一议题”制度，召开党委会23次，研究审议重大事项191项，前置研究审议企业经营管理重大事项59项。持续完善党委会、董事会、经理层的议事规则和规章制度，印发《进一步发挥党委领导作用的若干意见》《加强对“一把手”和领导班子监督的实施办法》《贯彻落实“三重一大”决策制度实施办法》《督查督办工作实施办法》等，推动构建决策、执行、监督标准化运行体系。强力推进国企改革三年行动，完成改革任务66项，占总任务的80.5%。召开首次党建思想政治工作会议，明确“两引领、四保障、一创建”的党建工作总体思路。定期召开党风廉政建设和反腐败工作会、推进会，开展落实“两个责任”沟通会商，一级抓一级，层层抓落实，全面压实管党治党政治责任。一体推进中国中铁党委巡视问题整改、全国国有企业党的建设工作会议精神贯彻落实情况“回头看”、贯彻落实习近平总书记重要指示批示“回头看”，完成对所属青岛地铁8号线、濮新河南、临汾铁程3个单位党工委的政治巡察。

思想建设扎实深入。强化领导干部理论武装，开展公司党委中心组集中学习7次，举办领导班子读书班4期。落实开展党史学习教育实施方案和工作清单，组织深入学习贯彻习近平总书记“七一”重要讲话精神。积极开展建党100周年系列庆祝活动，召开庆祝建党100周年暨“七一”表彰大会，对5个党工委、34名党员、9名党务工作者进行集中表彰。组织公司党员干部赴党史学习教育基地实地践学、红色观影百余次。深入开展“我为群众办实事”实践活动，有序推进并如期完成承诺的两批民生项目11项。有序开展“开路先锋”文化宣讲活动，组织开展“中铁发展大发展·我该怎么办”大讨论活动，全面激活全员干事创业热情，汇聚起企业发展强大合力，在广泛征求意见建议的基础上，初步总结提炼形成公司“八大工作理念”。开辟党史学习教育、学习宣贯习近平总书记“七一”重要讲话、党的十九届六中全会精神专栏，在公司本部制作展板26块，累计在主流媒体刊发报道193篇。

组织建设更加坚实。出台加强“三基”建设实施意见，明确全公司党组织纪检组织和党群部门的设置原则、标准。落实“四同步、四对接”，5家新成立单位同步成立党组织纪检组织。坚持大抓基层，部署启动“建功中铁·发展先锋”公司党建品牌和所属单位子品牌的创建活动；修订党建工作责任制考评办法，听取所属单位6名党工委书记抓党建工作现场述职，对所属11个党工委开展2020年度党建工作责任制考核，并与经营业绩考核相互挂钩；编发《党支部建设标准化工作手册》，有序推进党支部晋位升级；加强和规范发展党员程序，2021年发展党员8名；加强党务干部培训，培训党组织纪检组织和党群部门负责人52人次。加强干部人才队伍建设，制定所属单位领导人员交流制实施办法，配齐配强党工委书记10人，调整公司党委管理领导干部47人，提拔任用44人；制定大力培养选拔使用优秀年轻干部实施方案，联合清华大学举办优秀年轻干部管理能力提升高级研修班，培训优秀年轻干部20人；编制发布公司“十四五”人才发展规划；制定人才引进管理办法，组织公开招聘1次，引进各类管理岗位优秀人才13人；制定加强员工能进能出市场化机制建设实施方案，修订员工管理办法，组织考核并有序转入26名对企业忠诚度高、业务素质好、业绩优异的助勤借调人员。

作风建设持续深化。一以贯之落实中央八项规定精神，持之以恒纠“四风”、树新风，大力营造风清气正发展环境。紧盯重大节日、重要时间节点，下发专项通知，强化警示预防和监督检查，廉洁过节氛围更加浓厚。坚决整治形式主义、官僚主义，监督推动公司本部有效减少文件会议和报表报告，切实为基层减负。积极落实“三个区分开来”要求，制定经营投资免责事项清单及实施办法，为担当者担当、为负责者负责、为干事者撑腰。

制度建设不断加强。认真落实习近平总书记关于依规治党的重要论述，加强对公司制度建设的统一领导。制定党委党内规范性文件联席会议以及审查和备案工作规则，修订公司规章制度管理办法。推动做好各类日常管理、监督检查、巡视巡察整改后半篇文章，发现制度漏洞，及时予以完善，形成长效机制，2021年公司审议完善各类制度87项，涉及党的建设、公司治理、业务管理等各方面。通过制度创新，公司及所属各单位均设置合规员，构建大合规管理体系，推动党建责任制考核和党风廉政建设责任制考核、有序启动巡察整改评价等，党内制度的内容更加科学、程序更加严密、配套更加完备、运行更加有效。

高质量党建切实引领保障公司实现高质量发展，全年新签合同额、营业收入、利润总额等主要经济指标，均创历史新高。以优异的业绩、良好的作风赢得上级充分肯定和兄弟单位的广泛赞誉，多次受到中国中铁、业主单位、各级地方党委及政府表扬，尤其是在河南、山西遭受暴雨灾害的第一时间组织抢险救灾，充分彰显了企业社会责任和央企担当。基层党组织先进代表不断涌现，太原西北二环党工委荣获“中国中铁示范党支部”，青岛地铁8号线项目总部党工委荣获“中国中铁先进基层党组织标杆”，青岛地铁

▲图 13-28　2021 年 5 月 31 日，中铁发展党委在青岛开展党史学习教育

6 号线项目经理部荣获“中国中铁红旗项目部”荣誉称号。

（方治国　黄红军）

【信息化建设】积极推进信息贯通及数智升级工程有序开展。编制公司信息贯通、数智升级工程具体实施方案，构建以高质量发展为主题，全面推进“信息贯通工程”，启动实施“数智转型工程”，企业“一体两翼”的总体架构。按照中国中铁统一部署，完成中铁 e 通应用推广，实现全公司 100% 安装率；完成全年各阶段重保工作任务，实现“护网 2021”工作目标；有序推进信息贯通工程各项工作，完成公司财务共享系统、OA 协同办公系统入驻一体化平台，持续推进全球组网工作进程，完成信息贯通阶段性目标。制定数智升级方案，利用各项目特点，依托项目试点，向中国中铁申报两个试点项目，分别为静兴项目设施智能管理及智能灾备系统，青岛地铁 6 号线明挖地铁车站全预制装配建造技术，推动“数字化 + 智能化”的现场施工。（王梦桐）

【履行社会责任】2021 年，中铁发展严格贯彻落实按照卫生健康委、中国中铁和属地防控要求，下发了《关于进一步加强冬春季新冠肺炎疫情防控工作的通知》及《关于做好春节期间疫情防控加强人员管理的通知》等相关文件。加强施工现场、办公场所等封闭管理，减少人员聚集和交叉流动，持续加强内部网格化管理，从严落实作业、办公等场所消杀，扎实做好各项防控措施，做到“守土有责、守土尽责”。8 月 6 日，公司召开疫情防控工作视频会，认真学习贯彻习近平总书记重要指示精神，按照国务院联防联控机制电视电话会议以及中央企业疫情防控工作视频会工作部署，动员全公司紧急行动起来，从严从紧落实各项防控措施，坚决遏制疫情扩散蔓延，守住企业和国家来之不易的防控成果。公司上下积极组织防疫抗疫工作，组织员工接种新冠疫苗。与属地医院建立日常联系机制，多次组织全体员工进行核酸检测，为员工日常出差提供核酸检测需求便利。做好疫情差异化防控和常态化管理。

2021 年 7 月 19 日至 20 日，河南省遭遇极端强降雨，大部分地区普降大到暴雨，郑州中西部局地特大暴雨。为确保郑州区域施工安全和人民生命财产安全，中铁发展主要领导亲自安排部署，郑州市地铁 7 号线项目经理部迅速启动防汛抢险预案，领导干部亲自上，靠前指挥，组织人力、物力，积极开展各项防汛抗洪救灾工作。中铁发展的青年志愿者深入青岛市市北区连云港路社区核酸检测点，协助医务人员开展第三轮核酸检测。他们身穿防护服、头戴隔离罩，在现场搬运沙袋、安装帐篷、维护秩序，为打赢青岛疫情防控阻击战贡献自己的一份力量。

全面深化群众性劳动竞赛活动，组织开展“决战决胜四季度”专项劳动竞赛和“中铁发展杯”建功立业劳动竞赛活动。积极推进劳模创新工作室创建，制定印发《劳模（专家型职工）创新工作室管理办法》，在青岛地铁 6 号线建立省部级劳模朱家稳创新工作室。建立企业年金制度，完善了职工补充养老保险制度。积极开展员工普惠服务，推动节日慰问与常态化帮扶机制相结合，慰问生活困难职工、生病住院职工、生育职工 26 人次，发放慰问金 5.6 万元，慰问劳模 4 人、发放慰问金 1.4 万元。分解压实帮扶解困任务，实施精准帮扶，为 1 名大病职工办理重疾保险理赔75万元。开展金秋助学活动，慰问生活困难员工子女和当年考入高校子女12人，发放金秋助学金3.5万元。选树申报“巾帼学习标兵”3名，申报市北区拔尖人才1名。

（王海洋　王晓宁）

【领导人员】

杨兰松　党委书记、董事长、法定代表人（5月免）、业务总监（5月任）
薛　健　党委书记、董事长、法定代表人（5月任）
舒　畅　党委副书记、总经理、董事
龙明华　党委委员、副总经理
杜强泽　党委委员、副总经理
唐　刚　党委委员、副总经理
王　兴　党委委员、副总经理
綦敦强　党委委员、总会计师、工会主席（1月任）
陈理平　总工程师
张晓东　党委委员、纪委书记（10月任）

（来瑞阳）

中铁北方投资有限公司（中国中铁北方区域总部）

【简况】中铁北方投资有限公司（以下简称“中铁北方”）成立于2020年4月，注册资本金50亿元，注册地黑龙江省哈尔滨市，中铁北方投资有限公司与中国中铁北方区域总部按照“两块牌子、一套人员”运行与管理。中铁北方本部设部门11个，省区事业部2个，全资子公司2个，项目公司和项目总经理部27个。截至2021年末，公司管理人员共计341人，其中正式职工236人、助勤人员98人、吉高集团挂职1人，系统内借调6人。中铁北方认真贯彻习近平总书记关于安全生产重要论述，按照党中央、国务院和股份公司关于安全生产工作系列工作要求，坚持生命至上、安全第一，树牢安全发展理念，强化红线意识和底线思维，严格落实新时期安全生产“2468”管理要点，认真执行“铁腕治安全硬十条”各项规定，深入组织开展安全生产专项整治三年行动，安全生产形势持续稳定可控，全面实现了股份公司下达的安全质量环保各项目标。自中铁北方成立以来，共获“中国建设工程鲁班奖”1项、“国家优质工程奖”1项、ITA“年度工程奖”1项、全国建设工程项目施工安全生产标准化工地1项。

（孟献宇　杜岩丰　朱晓旭　李大伟）

【主要指标】2021年中铁北方实现营业收入111.20亿元，占年度任务100亿元的111.20%；实现净利润8.12亿元，占年度任务5.13亿元的158.28%，超额完成了股份公司下达的各项预算指标。（刘建纯）

表13–26　2020—2021年中铁北方主要经济指标

项目	2020年	2021年	增长率/%
资产总额/亿元	231.65	324.81	40.22
所有者权益/亿元	77.61	124.83	60.84
营业收入/亿元	62.64	111.20	77.52
利润总额/亿元	6.65	8.44	26.92
净利润/亿元	6.66	8.12	21.92
归属于母公司所有者的净利润/亿元	3.85	5.45	41.56
技术开发投入/亿元	0.00	0.00	0.00
利税总额/亿元	6.03	10.26	70.15
应交税金总额/亿元	–0.62	1.82	393.55
全员劳动生产率/［万元/（人·年）］	245.43	336.43	37.08
净资产收益率/%	8.48	6.50	减少1.98个百分点
总资产报酬率/%	3.13	3.15	增加0.02个百分点
国有资本保值增值率/%	102.32	106.54	增加4.22个百分点

制表：刘建纯

【改革发展】中铁北方总体发展思路以习近平新时代中国特色社会主义思想为指导，完整、准确、全面贯彻新发展理念，按照股份公司“两化”“四自”“六方略”要求，坚持中铁北方“12345”总体发展思路，聚焦高质量发展，长期坚持“两个市场”“两个经营”，破解“四自”、开创“四自”，培育“两化”、实现“两化”，实现“两型”转变、“两端”培育、“三链”构建、“四大结构”调整，破解“五个关于”困局，创

新创业，久久为功。总体发展目标：做实做强中铁北方，本质高质发展北方，建设一流投资公司，争当中国中铁开路先锋。（孟献宇）

【重大项目】重大项目。公主岭市地下综合管廊PPP项目于2021年1月10日完成工程验收，2021年5月31日，达到运营条件；吉林高速公路项目于2021年3月25日全面复工，全力组织“攻坚克难鏖战年”的各项工作，全线6座隧道贯通，总投资额完成近60亿元，建安产值完成超55亿元，完成了吉林省交通运输厅下达的年度目标任务，获得吉林省委书记景俊海高度评价；2021年6月30日，长春物流港PPP项目完成了一期工程13条道路主线全部贯通的目标，完成了年初政府下达的年度建设计划；2021年11月30日，长春物流港城镇化项目较原定计划提前16天完成箱梁浇筑，实现了主线贯通，受到业主及北湖建委的来函表扬；2021年12月2日，大连地铁5号线海底隧道以“海域岩溶地层大直径盾构隧道工程”小组第一的优异成绩，获2021年第七届国际隧道协会（ITA）“年度工程奖”，摘得国际隧道行业最高殊荣，同时PPP项目管理、SPV公司管理“两个示范线”建设成果丰硕；2021年12月21日胜利大街快速路揽军路跨铁路转体桥正式通车，全面实现了沈阳市政府提出的“二环南移”的目标，获得沈阳市政府高度评价；长春地铁5号线项目2021年实现5座车站封顶，1个区间单线贯通，高质量、高标准完成长春轨道集团下发的年度各项任务指标；中德园项目2021年5月1日实现了沈阳西部规模最大的城市级生态公园（一期）的顺利竣工开园；2021年10月1日，沈阳大堤路快速路关键节点工程大彰线互通立交的顺利开通。

投资与经营。2021年，中铁北方完成新签合同额1699.39亿元，其中自主经营完成314.55亿元。全年中标了1个150亿元以上、2个50亿元以上、1个20亿元以上大额订单项目，其中总承包合同额占自主经营完成额23%，较2020年同类占比19.42%取得增长。2021年，中铁北方自主经营累计中标4个项目，完成新签合同额314.55亿元，其中中标投资类项目2个，分别为铁科高速公路延寿尚志界至五常段PPP项目、吉林市南部新城区域城市更新项目，实现新签合同额206.87亿元；中标施工总承包类项目2个，分别为长春新凯河流域综合治理一期工程、长春国家区域创新中心创新产业园二期基础设施项目，实现新签合同额94.94亿元。全年促成股份公司层面签订战略协议3个，分别是辽宁省人民政府战略合作框架协议、沈阳市人民政府战略合作框架协议、吉林市人民政府战略合作框架协议；区域总部层面签订战略协议6个，分别是乌兰察布市人民政府项目合作框架协议、包头市石拐区战略合作框架协议、吉林省水务投资集团有限公司战略合作框架协议、深圳市市政设计研究院有限公司、吉林电力股份有限公司战略合作框架协议、中国大唐集团内蒙古分公司战略合作框架协议。

重大科研。2021年，中铁北方牵头组织科研院所参加股份公司“揭榜挂帅”科研立项申请，“东北严寒区公路隧道冻害防治关键技术研究及新材料、新设备研发”立项为重大课题，“严寒区高速公路高性能路面新材料研发、应用及其产业化”立项为重点课题。大连地铁“海域岩溶地层单洞双线地铁盾构隧道施工关键技术及盾构机研制”评审为国际领先水平，为该项目甚至大连地铁全线申报高等级科技进步奖奠定了基础。

（张　旭　张新文　赵大昭）

【重大创新】完善科技创新体系建设，制定出台《中铁北方投资有限公司科技研究开发计划管理规定》等制度办法。2021年，中铁北方统筹谋划、统筹管理、统筹推进各项科技创新工作，多项成绩取得突破：专利申请57项，其中PCT专利8项，实用新型36项，发明13项；授权专利32项，其中PCT2项，实用新型29项、发明专利1项；公司召开首次科研立项会，东北严寒区公路隧道冻害防治关键技术研究及新材料、新设备研发等4项课题通过公司立项；各单位大力开展工艺研究，依托在建项目形成省部级工法2项，企业级工法5项。（赵大昭）

【工程创优】中铁北方参与建设的双洮高速公路项目获“中国建设工程鲁班奖”，呼和浩特市地铁1号线获“国家优质工程奖”，大连地铁5号线火梭大盾构工程摘得被誉为全球隧道行业“奥斯卡奖”的国际隧道与地下空间协会ITA“年度工程奖”；中德产业园项目获得“辽宁省‘世纪杯’优质工程奖”，公主岭地下管廊项目被评为“中国中铁杯优质工程”；大连地铁5号线10个项目、中德产业园2个项目被评为“2021年度辽宁省建筑施工安全生产标准化示范项目”，长春地铁5号线2个项目被授予“吉林省建筑施工安全生产标准化示范项目”，大连地铁1个项目被评为“中国中铁安全标准工地”；大连地铁5号线火车站站被评为“辽宁省优质结构工程”，梭鱼湾站、青泥洼桥站被评为“辽宁省绿色施工示范工程”，长春地铁5号线被评为股份公司“绿色施工科技示范工程”。（李大伟）

【党建工作】党的政治建设全面加强。制定下发《中铁北方学习贯彻落实习近平总书记重要指示批示工作办法》《中铁北方学习贯彻落实习近平总书记重要指示批示督查办法》，建立“第一议题”工作台账，确保“第一议题”有效闭环，取得实效。扎实推进党史学习教育开展，各级党员干部深入学习习近平总书记在党史学习教育动员大会、建党100周年庆祝大会上的重要讲话精神，促进了广大党员干部学史明理、学史增信、学史崇德、学史力行，实现了学党史、悟思想、办实事、开新局的目标。深入学习贯彻党的十九届六中全会精神，明确总体要求和安排部署，以专题召开党委会、中心组学习会、党委办公例会、开展线上网络培训以及邀请中共辽宁省委党校教授到公司做专题宣讲等形式加强对《决议》的学习，使广大党员干部充分认识“两个决议”的决定性意义。

党建与中心工作深度融合。建立党员责任区、党员示范岗，“三面旗帜”进班组，通过开展劳动竞赛掀起国高网吉林三条高速公路、中国中铁吉林总部基地、长春地铁5号线等重点项目大干热潮，实现2021年各项任务目标。

宣传思想文化工作作用凸显。持续加大宣传力度，在中央电视台，新华社、工人日报等中央媒体客户端以及新华网、人民网等主流新闻网站报道120余次，在股份公司微信公众号、学习强国号报道25次，企业品牌影响力逐步扩大。坚持把方向、抓导向、管阵地、强队伍，全面抓好意识形态工作，制定下发《中铁北方党委意识形态工作责任制实施规定》，强化意识形态工作责任制落实。认真学习践行股份公司“开路先锋”文化，制定《中铁北方贯彻落实〈中国中铁“开路先锋”企业文化建设实施纲要〉工作方案》，推动公司实心文化、创新文化、合作文化、廉洁文化“四种文化”与“开路先锋”文化深度融合，形成广大员工共同文化理念。

（厉玉鹏　梁佳静）

【信息化建设】围绕《中铁北方数智升级工程工作方案》和中国中铁数智升级工程“246”总体布局开展数智升级工程相关工作。积极推进企业及项目数字化、智能化升级工程，完善企业数字化管理平台系统。2021年，股份公司启动了数智升级工程的第一批示范项目工作，中铁北方4个项目入围数智升级工程示范项目，分别是大连地铁项目、吉高网项目、长春地铁项目和公主岭项目。大连地铁和长春地铁采用自主研发的安全质量管理系统和股份公司的盾构管理系统，加强了地铁施工信息化管理；吉高项目持续推进建设期信息化管理平台开发、工地可视化建设（视频监控）、“互联网＋物联网”、“BIM+GIS”电子沙盘，提升项目信息化管理水平，达到安全、进度和投资等各项管理目标；公主岭管廊利用“GIS+BIM”技术，以可视化监控与自动报警、设施设备精细化维护、运行能效监控与管理、应急处置管理、日常管理为核心，实现智慧运营管理。启动并完成中铁北方投建营一体化数字管控平台1.0版本研发，以大数据、云计算、物联网等前沿技术为依托，围绕公司投资经营、建设管理、安质环保监督、财务融资、合同成本及运营管理等业务，提升投建营项目管理效率与效益，为管理层快速、可靠、科学决策提供强有力支撑。

（张　旭）

【履行社会责任】2021年，中铁北方参与应急抢险5次，分别为吉林高速公路项目参与公主岭市隔离点建设1次，参与洪涝抢险2次，参与道路抢险1次，中德产业园项目参与沈阳市暴雪道路除雪1次。出动人员485人次，投入大型机械设备46台。

（李大伟）

【领导人员】

刘少魏	党委书记、董事长、法定代表人
薛　军	党委副书记、总经理
张立业	党委委员、副总经理
王衍海	党委委员、纪委书记
韩惊伟	副总经理
王天军	总会计师
袁　明	总工程师
杜　江	副总经理
刘新钢	副总经理
李德元	副总经理

（康　健　朱晓旭）

中国铁工投资建设集团有限公司

【简况】中国铁工投资建设集团有限公司（以下简称“中国铁工投资”）成立于2019年12月，注册资本金50亿元，总部设在北京，是中国中铁的全资子公司。中国铁工投资于2019年12月16日开始重组筹备，2020年2月24日正式转入公司化运转，2020年7月16日成功更名为“中国铁工投资建设集团有限公司”，2020年12月30日正式揭牌并入驻首都临空经济核心区。公司现有职工2775人；拥有资产总额310亿元；各种先进机械设备611台（套），总功率5898.9千瓦；拥有建筑工程施工总承包特级资质1项，建筑工程施工总承包壹级资质1项，市政公用工程施工总承包壹级资质2项；其他施工总承包和专业承包资质共21项；工程设计建筑行业甲级资质1项，其他设计类资质共5项。

2021年是中国铁工投资高标准重组起航第二年，也是开启“十四五”规划起步之年和“三年裂变”攻坚之年。公司全年完成新签合同额566亿元，完成营业额160亿元；荣获国家级工程奖4项，省部级优质工程奖4项，省部级安标工地8项，省部级环保示范工地9项，省部级科学技术奖1项，专利授权27项。中国铁工投资秉承“新领域、新业态、新模式、新思维、新组织、新气象”的“六新理念”，聚焦“生态环境＋城市空间”总体战略，全力打造国内一流的生态环境系统服务商和现代城市投资运营商，践行“生态合作，融合发展”的初心，充分发挥产业研究、规划设计、科技研发、投融资、建设管理、运营维护、咨询服务等一体化系统性优势，携手各地政府、企业、高校、科研机构等合作伙伴，共同为社会缔造美好空间、为人民创造幸福生活。

（肖春花　韩雅辉　任　明　高　龙　王婧玥　唐浩桓　宿　蕾　张　磊）

【主要指标】中国铁工投资2021年实现营业收入146.23亿元，完成预算确保目标160亿元的91.39%；实现利润总额5.52亿元；实现净利润5.25亿元，完成预算确保目标值4.92亿元的106.71%。

2021年，中国铁工投资经营活动产生的现金流量净额0.68亿元，完成预算确保目标4.92亿元的13.82%；盈余现金保障倍数0.13倍。2021年末，中国铁工投资资产总额310亿元，负债总额225.48亿元，所有者权益总额84.52亿元，资产负债率72.73%，控制在预算管控目标值73.51%以内。带息负债总量115.99亿元，较预算管控目标164亿元少48.01亿元。（李静江）

表13–27 2020—2021年中国铁工投资主要经济指标

项目	2020年	2021年	增长率/%
资产总额/亿元	273.90	310.00	13.18
所有者权益/亿元	80.87	84.52	4.51
营业收入/亿元	127.73	146.23	14.48
利润总额/亿元	5.93	5.52	–6.91
净利润/亿元	4.52	5.25	16.15
归属于母公司所有者的净利润/亿元	4.54	4.91	8.15
技术开发投入/亿元	1.14	2.83	148.25
利税总额/亿元	6.72	6.50	–3.27
应交税金总额/亿元	0.59	0.50	–15.25
全员劳动生产率/［万元/（人·年）］	42.84	58.05	35.50
净资产收益率/%	7.86	6.35	减少1.51个百分点
总资产报酬率/%	4.20	3.35	减少0.85个百分点
国有资本保值增值率/%	108.80	105.23	减少3.57个百分点

制表：李静江

【改革发展】全面推进深化改革三年行动走深走实，高质量推动各项改革任务的落地，截至2021年12月底，中国铁工投资25个深化改革领域已完成22个，正在推进中3个，完成比例为88%。108项重点任务举措已完成105项，正在推进中3项，完成比例为97.2%。以改革创新为中国铁工投资“十四五”期间打造国内一流的生态环境系统服务商和现代城市投资运营商汇聚发展力量。

坚持全链发展，融合投建营一体化管理体系，全方位推动中国铁工投资管理思维由“工程思维”向“投资思维”转变，管理重心由工程项目向项目公司转变。2021年，优化调整投资管理体系，成立了投资和运营管理部，所属子（分）公司分别组建投资管理部门，强化以投资合同管理为主线的投资项目全生命周期管理，筑牢投资管理和运营管理在集团管理体系中的基础性作用；优化调整了技术管理体系，推动科技信息部与城市空间研究院合署办公，聚焦投资项目与工程总承包项目的设计管理，守住项目效益源头。同时在建设管理事业部增设了技术管理部，聚焦项目施工组织和重大技术方案，把牢项目效益要害，在体系上确保项目过程可控、风险化解和价值实现；组建了安全质量环保稽查大队，构建安全质量环保稽查长效机制，筑牢投建营一体化发展的安全防线。（杨 昊）

【重大项目】企业重大决策方面。坚持把落实党中央重大决策部署作为践行“两个维护”的重要任务，以股份公司所提“六新理念”为指引，高标准起步对标行业标杆企业，加快培育企业裂变动能，高效推进“一年筑基、三年裂变、五年跨越”阶段发展目标，深入开展国企改革三年行动，科学编制中国铁工投资“十四五”发展规划，提出了全力打造行业一流生态环境系统服务商和现代城市投资运营商的发展愿景，确立了“生态环境＋城市空间”的总体战略，推动股份公司成立中国铁工投资重大战略部署的高质量落地。积极推进公司治理体系和治理能力现代化建设，按照党委“定”和“议”两条脉络梳理完成三会决策事项清单，党的领导融入公司治理更加规范化；高标准抓好董事会规范运作，全年召开董事会会议6次，审议通过议案及报告事项72项，作出决议64项，在战略规划、薪酬管理、深化改革、投资运营、机构设置等方面推进了一系列重大决策，为企业高质量发展奠定了坚实基础。

重大项目方面。截至2021年末，中国铁工投资在建项目45个，重大项目分别是南京六合区龙袍新城“四新”建设项目、济宁健康护理学院建设PPP项目、泰城水生态环境治理工程PPP项目、唐山市东湖片区生态修复和基础设施建设PPP项目、淮安区黑臭水体综合整治PPP项目、邳州市城乡供水一体化PPP项目、济宁市农村生活污水治理项目（第一阶段—第2期）EPC、都江堰市供排水系统提升PPP项目、魏县全域水网地表水灌溉项目、兰州市盐场污水处理厂扩建工程特许经营项目、武汉沙湖港及周边环境综合整治PPP项目、银川都市圈城乡西线供水水源工程石嘴山支线工程、肇东市城市供水工程特许经营项目等。实施的泰城水生态、石家庄滹沱河、唐山花海、银川西线供水、沣西大王污水厂、武汉黄家湖、上海百禧公园等重大项目相继建成投入运营，成为行业领域典型案例。

对外投资与经营方面。全面践行立体经营理念，充分发挥协同优势，主动融入中国中铁立体经营体系。积极与各地方政府、行业领军企业、工程局、投资公司、设计院、金融机构、咨询公司、科研机构等建立合作关系，构建中国铁工投资商务朋友圈，以投资带动施工、运营提供增值的方式，充分发挥各方专业优势，分进合击，资源互补，实现合作共赢。通过前移投资经营工作，深入市场调研，强化项目研判，系统策划方案，构建投资体系，实施动态管理，确保项目投资质量。2021年，完成新签合同额566亿元，其中投资类项目7个，新签合同额158.52亿元，具体项目为：银川市都市圈城乡西线供水水源工程石嘴山支线工程特许经营项目、汝州市供排水一体化项目、济宁健康护理学院项目、贵港市城区引用水泸湾江取水口迁移工程PPP项目、黑龙江肇东市城市供水工程特许经营项目、西咸新区沣西新城污泥处置项目A包、苏州市吴江高新区未来时尚城有机更新（一期）项目。

重大科研开发方面。2021年，中国铁工投资参加中国中铁科研“赛马”竞选，获得“十四五”期间“固废处理处置及资源化利用技术研究”研发方向牵头资格。主持的银川市2021年科技惠民专项科技创新项目“水源—调蓄水库—水厂科学调度模式及水质提升研究”，中国中铁重点子课题“基于‘双碳’背景的污泥处理处置运行效果评价体系及其碳排放核算研究”“基于垃圾分类背景的厨余垃圾干式厌氧发酵技术研究”“自来水厂余泥资源化为海绵土中试研究”“农村生活垃圾碳化技术研究及成套设备开发”等研究任务，均进展顺利，取得阶段性成

▲图13-29　中国铁工投资建设的山东省首批山水林田湖草沙生态修复治理试点工程——泰城水生态环境治理工程PPP项目

果。研发的"分布式固废化成品化装备"成功应用于农村垃圾处理试点工程，助力中国美丽乡村建设。（胡志华　张忆晨　赵震坤　宿　蕾　王婧玥　涂倩倩）

【重大创新】2021 年，中国铁工投资获准成立"北京市企业技术中心"，中铁市政环境成功认定"国家高新技术企业"。银川中铁水务主责的"宁夏智慧水务信息应用技术工程研究中心"通过宁夏回族自治区发改委审核，获准成立。2021 年有序开展科研立项工作，开展科技研究开发项目 21 项，申报并立项股份公司主研究方向 1 项、重点科研子课题 4 项。获中国铁路工程集团有限公司科学技术奖 1 项，日内瓦国际发明奖银奖 1 项。全年申请专利 30 项，其中发明专利 11 项；新增授权专利 27 项，其中发明专利 1 项；软件著作权 3 项。（王婧玥　涂倩倩）

【工程创优】2021 年度中国铁工投资构建整体运行有效的安全质量环保监管体系，开展各项安全质量管理及创优工作。全年无安全质量事故，获得国家级优质工程奖 2 项，国家级优秀焊机工程奖 1 项，国家级安全标准化学习交流项目 1 项，国家级工程建设质量管理小组活动成果大赛Ⅲ类成果 1 项，获省部级优质工程 4 项，省部级"QC 小组成果奖"13 项，省部级安全标准化工地 8 项，省级环保示范工地 9 项。（高　龙）

【企业文化】以"开路先锋"文化理念为纲领，初步构建企业文化体系的"四梁八柱"。提炼发布了具有中国铁工投资特色的企业使命、企业愿景、企业价值观、企业精神等企业文化核心理念，企业凝聚力进一步增强。企业使命：致力美丽中国建设服务人民美好生活。企业愿景：成为国内一流的生态环境系统服务商和现代城市投资运营商。企业价值观：绿色创新　共建共享　匠心品质　向善向美。企业精神：勇于跨越　追求卓越。聚焦宣传武汉黄家湖、泰城水生态环境治理、赤壁长江取水、银川供水运营、"花园式"污水处理厂、服务民生等重点项目及事项，在 CCTV、人民日报、新华社、工人日报等中央及地方主流媒体发稿 396 篇次，切实提高了企业知名度和美誉度。广泛开展各类文化主题活动，成功组织"启航筑基·同心同行"职工文艺会演，组织开展了"决战决胜四季度"劳动竞赛以及工人先锋号、青年突击队等特色品牌活动，选树表彰了首届中国铁工投资劳模，全面展示了广大职工的精神风貌，奏响了集团公司高质量跨越式发展的时代强音。（胡志华　吴凯文　马　瑶）

【党建工作】以政治建设为统领，同心同行，理论武装更"强"。始终坚持把习近平总书记系列重要讲话、重要指示批示精神作为头等大事和政治要件，建立了保障监督落实工作制度，形成党委会"第一议题"传达学习和落实举措"一本账"、贯彻督导"一条线"的工作机制，推进贯彻落实的制度化、标准化、信息化、闭环化。通过"第一议题"形式，2021 年紧扣"新发展

▲图 13-30　国家优秀焊接工程——巢湖三水厂取水头部及引水管工程

所属单位

理念”“黄河流域生态保护”“青藏高原生态保护”“党史学习教育”“总书记‘七一’重要讲话”“十九届六中全会”等重点内容开展学习研讨48篇次，研究制定贯彻落实措施34条，将习近平总书记重要指示批示转化为企业的顶层设计、治理架构、市场布局、生产经营、人才引进等多项实质性落实举措，确保始终沿着习近平总书记指引的正确方向前进。

以组织建设为抓手，突出特点，党建基础更“牢”。认真贯彻新时代党的组织路线，进一步增强各级党组织的政治功能，提升组织力。组织2021年度中国铁工投资党务干部培训班，不断提升党务干部业务能力与水平。积极发挥先进榜样感召力，结合“七一”表彰，规范开展了先进基层党组织、优秀共产党员、优秀党务工作者推荐评选工作，集中表彰了21名优秀共产党员、10名优秀党务工作者和8个先进基层党组织，2个项目部、1个党支部分别获评股份公司“红旗项目部”和“示范党支部”，中国铁工投资领导班子被股份公司评为年度“四好领导班子”。根据集团所属子（分）公司、项目公司、指挥部等各类治理主体的不同组织形态，科学设置党的组织机构，修订《党建责任制考核评价办法》，对不同类型的党组织实行差异化考核，避免“一刀切”的现象，切实发挥了考核指挥棒作用。

以深化改革为重点，善作善为，干部队伍更“优”。坚持党管干部、党管人才原则，把人才作为企业发展第一资源、第一资本、第一推动力。树立人才市场化理念，加大市场化选人用人力度，2021年共引进各类成熟型人才174人，补充了企业在产业研究、投融资管理、城市开发、运营管理等方面的人才，优化了人才队伍结构。依托中国铁工投资—清华大学学创共同体，面向公司中层领导干部，优化“智领计划”领导力高级研修班，不断提高领导干部综合能力素质。按照股份公司“1235”工作总要求，深入推进“三项制度改革”，落实经理层任期制契约化管理，顺利完成经理层成员的“两书”签订工作，加快了经理层成员从传统的“身份管理”向市场化“岗位管理”转变。突出“职位能上能下、收入能增能减”两大重点，夯实“推进三级企业班子建设、激活项目部班子活力、深化各级企业市场化用工改革”三项工作。

以党史学习教育为主线，内外联动，思想建设更“深”。念好“学、思、践、悟”“四字诀”扎实开展党史学习教育，举办了“知行合一，干出实绩”党史知识竞赛、“圣地回望·铭记初心”联建活动、“学党史、守初心、庆百年”党史学堂等一系列形式新颖、内涵丰富的学习教育；采取中心组学习、“三会一课”、主题党日、集中宣讲、党课辅导等多种形式抓好对习近平总书记“七一”重要讲话、党的十九届六中全会精神的学习宣贯，大力唱响时代主旋律，激励和动员全体干部职工从党史中汲取智慧和力量，为企业发展作出新贡献。

以狠抓整改为契机，从严从实，政治生态更“清”。坚持问题导向，将股份公司巡视作为正风肃纪、推动工作开展的重要抓手，督促全公司党员干部认真对待、积极配合、主动接受巡视组的政治体检。根据股份公司党委巡视组的反馈意见，深刻剖析、举一反三，以严的标准、高的要求、实的举措，逐条逐项完成了整改落实工作。组织梳理生产经营管理廉洁风险点，全面排查项目在决策管理、工程管理、投资管理、运营管理、财务管理等方面存在的薄弱环节和风险隐患，推动建立廉洁风险防控机制。认真贯彻中央八项规定精神，贯彻落实股份公司“勤俭办企业十不准”规定，营造了风清气正的发展环境，涵养了积极向上的政治生态。

（胡志华　刘嘉骥　韩锡沙）

【信息化建设】按照股份公司信息贯通工程工作要求，积极开展中铁e通应用推广工作，并率先完成第一轮核心业务系统（OA办公平台、财务共享平台）入驻一体化工作平台。以南京龙袍新城项目为试点，开展智慧工地建设，并制定智慧工地建设实施标准。积极推进“数智升级”工程，打造“智慧水务”示范项目，建立覆盖“取水—输水—制水—供水”全业务链的智慧水务平台，为水务运营提供支撑，提高供水质量和服务水平，提升水务信息化方面的决策、管理和服务能力。BIM技术深入应用，积极参与BIM应用大赛，获各协会BIM奖项6项，其中一等奖2项，二等奖3项，优秀奖1项。（张超凡）

【履行社会责任】打赢疫情阻击战。新冠肺炎疫情期间，呼和浩特市区域项目、大连地铁项目、大学生安居家园项目等第一时间成立“疫情防控党员先锋突击队”，带领广大党员干部投身到属地疫情防控战役中，捐款捐物、布置场地、志愿服务，获地方媒体和社会各方好评，履行了央企社会责任，树立了企业良好形象。关注社会民生。扎实开展“我为群众办实事”实践活动，推出了两批重点民生项目清单，聚焦小事、实事，推出“小井盖，大民生”等重点民生项目，对银川市永宁县可能存在重大安全隐患的9331处（座）井盖设施进行排查和整改维修，有力改善了居民居住环境，保障了居民用水。开展了“五彩梦想”青年接力捐款、助力高考和中考、慰问幼儿园等系列活动，坚守为民服务的初心。在运营惠民层面，针对银川市日供水量急剧攀升超过90万立方米的情况，统筹部署设备、管网、抢修、客服、应急等各方面保障工作，全力确保高峰供水。同时，在滹沱河生态修复项目和唐山花海项目等生态运营项目，提供开放参观、开耕踏青等惠民服务。（吴凯文　叶　爽）

【领导人员】

张建国　党委书记、董事长（1月任）
李　亮　党委副书记、总经理（7月任）
王　刚　纪委书记

年福兵　党委副书记、工会主席
肖　圣　总会计师兼总法律顾问（7月任）
杨　祯　副总经理
谢宝琎　副总经理
李　斌　副总经理
邓永驰　总工程师、副总经理
宫秀川　副总经理
王　青　副总经理

（谢勇强）

中铁世德铁路投资有限公司

【简况】中铁世德铁路投资有限公司（以下简称“中铁世德”）成立于2018年5月，注册地为陕西省西咸新区。系由中国中铁股份有限公司、山西世德能源集团有限公司、中铁一局集团有限公司依照《公司法》和其他有关规定，以发起方式设立的有限公司。注册资本金10亿元，其中中国中铁投资比例46%，山西世德投资比例45%，中铁一局投资比例9%。2019年9月，中铁世德不再委托中铁一局进行管理，由第一大股东中国中铁直接管理。2020年6月9日，公司注册地由陕西沣西新城迁转到北京市顺义区。

中铁世德已全面调整发展战略，立足“川陕渝”两省一市实现高端经营、立体经营、特色经营、创新经营、全产业链经营的管理体制和运营目标。追求以市场为导向，深入探索混合所有制企业运营模式和职能定位；实现以“1+6”经营模式为工作主线，明确了“一个核心、六大产业板块”齐头并进的发展方向（围绕铁路运营专线主业，全力发展新兴产业及资源优化、煤电运一体化、水环保、水利水电、土地一级管理及棚户区改造六大业务板块），持续顶层设计，树立企业品牌形象。

企业经营范围为工程建设及管理、投资煤运专线铁路及铁路专用线、集疏运系统和煤炭物流上下游产业链项目、投资及资产管理，主要开展业务遵守国家法律法规，以市场需求为导向，通过国家力推的国企、民企混合所有制形式，投资建设煤运专线铁路及铁路专用线、煤炭集疏运系统及煤炭物流上下游产业链等相关领域，以股权、资产并购方式进行投资，为投资方增值。

（张　伟）

【党建工作】2021年，中铁世德党工委根据中国中铁党委的安排部署，结合公司发展实际，积极开展党史学习教育工作。根据中国中铁党委党史学习教育工作要求，中铁世德党工委积极组织党员自学、党史学习教育专题学习会、理论学习中心组集中学习会、现场践学等多种形式，认真学习了党史学习教育各种指定学习材料和重要参考材料，及时学习了中国中铁党委关于党史学习教育的各类文件和会议精神。2021年，共组织党史学习教育相关学习会议13次，共有156人次参加了学习，组织公司机关党支部全体党员参观中国共产党历史展览1次，编制中铁世德党史学习教育情况简报6期。根据《中铁世德党工委关于开展党史学习教育的工作方案》规定，中铁世德党工委及时编制了“我为群众办实事”重点项目清单，组织了理论学习中心组集中学习会对习近平总书记“七一”重要讲话精神和党的十九届六中全会精神进行学习，组织领导班子成员按计划讲授了党史学习教育专题党课，召开了公司机关党支部党史学习教育专题组织生活会。及时开展党的建设工作会议精神贯彻落实情况“回头看”工作。根据中国中铁党委关于全国国有企业党的建设工作会议精神贯彻落实情况“回头看”实施方案要求，中铁世德党工委及时组织召开了理论学习中心组集中学习会，传达相关文件精神，制定了《中铁世德党工委关于全国国有企业党的建设工作会议精神贯彻落实情况“回头看”实施方案》，成立了由党工委书记任组长、总经理任副组长、党群工作部和综合管理部负责人为成员的专项工作领导小组，各项工作进展顺利。中铁世德党工委组织深入学习贯彻习近平总书记在全国国有企业党建会上的重要讲话精神，认真总结3年来抓党建强党建的经验成效，对标梳理工作落实中的差距不足，研究提出新发展阶段持续提升党建工作质量的思路措施，以更加坚决的态度、更加务实的举措开展了对标自查和全面梳理工作，推动高质量党建走深走实。认真开展违规挂靠综合整治工作。根据中国中铁下发的《中国中铁关于开展“挂靠”市场主体专项排查工作的紧急通知》文件相关要求，公司成立了以党工委书记、董事长、总经理为组长，综合管理部、党群工作部、投资开发部、法律合规部、财务管理部、建设运营部等相关部门负责人为组员的专项排查治理领导小组，开展民企挂靠国资自查工作，未发现股权代持、虚假合资、挂靠经营和假冒国企等情形。根据公司管理实际，中铁世德党工委积极履行纪委监督职能，财务管理部、投资开发部和综合管理部分别制定了《中铁世德铁路投资有限公司产权管理实施细则（暂行）》《中铁世德铁路投资有限公司投资开发管理办法》《中铁世德铁路投资有限公司参股公司管理办法》等管理办法，为公司健康快速发展打下基础。全面开展党工委各项管理工作。中铁世德党工委根据公司实际，认真学习党的十九大及十九届二中、三中、四中、五中、六中全会精神，全面开展了党工委的各项管理工作。2021年，共组织召开公司党工委（扩大）会议3次，党工委专题会议5次，专题组织生活会议1次，中心组学习会议4次，专题学习会议10次。通过积极开展各项工作，将党的方针政策和中国中铁重大工作安排落实到公司的日常工作中，为公司的持续稳定发展奠定基础。

（张　伟）

【领导人员】
尚武孝　党工委书记、董事长
王占宇　总经理

（张　伟）

所属单位

中铁站城融合发展投资有限公司

【简况】中铁站城融合发展投资有限公司（以下简称“中铁站城”）是中国中铁股份有限公司的全资二级子公司。中铁站城成立于 2020 年 9 月 29 日，注册地为云南省昆明市，注册资本 30 亿元。公司专注于城市轨道交通工程、铁路工程、公路工程站点及场地 TOD 综合开发，秉承“开放性融入城市生活、集约化融入城市功能、立体化融入城市空间”的理念，着力打造“TOD+绿色智慧城市”产业品牌，疏解“城市病”，努力实现公共交通与城市功能充分融合、土地高效节约利用，助力新型城镇化建设，引领新时代的城市发展格局。公司充分发挥中国中铁人才、技术、资金、装备、管理等方面的领先优势和丰富经验，立足“TOD 投资经营专业化、商业模式专业化、建设运营管理专业化”，着力构建 TOD 产业研究、规划设计、投融资、建设管理、运营维护、咨询服务等一体化全生命周期的系统发展优势，致力于成为世界一流的 TOD 综合开发运营商。（杨臆蓉）

【基础工作】针对地铁车辆段上盖项目可能存在的振动、噪声、排污、水土保持和绿化等问题，以及立体生态建筑、装配式建筑推广应用过程中存在的设计、成本费用和地方政策问题，先后到北京华通设计公司、清华大学建筑设计院、道尔道科技公司、北京住宅建筑设计院、成都万科西南区域总部以及系统内的中铁设计、中铁二院进行探讨，对解决上述问题和立体生态建筑、装配式建筑推广应用基本做到了心中有数。围绕摸清国内的 TOD 开发现状以及中国中铁系统内 TOD 开发规划设计资源，到杭州、无锡、上海、北京、武汉、成都、重庆、广州等 TOD 发达城市进行调研考察，了解行业政策和 TOD 开发情况，形成了《TOD 开发政策文件汇编》《站城公司主要知识点梳理汇编》《中铁轨道交通项目梳理汇编》等重要资料。（杨臆蓉）

【经营活动】加大高端经营、大客户经营力度，同南宁铁路局、武汉铁路局签署战略合作协议，同昆明轨道集团签署了成立合资公司的协议。着眼顶层布局，发挥规划设计的引领作用，同中国城市建设研究院、华东建筑集团、蓝绿双城科技集团、万科西南区域总部、中铁设计、北京百度网讯科技、龙采科技签署战略合作协议，储备产业链上游的 TOD 规划设计资源。（杨臆蓉）

【项目推进】招录项目拓展专班人员 8 人，充实到企业投拓一线。重点项目昆明花渔沟车辆段上盖、石咀车辆段上盖项目完成概念性方案编制及初步经济测算，并向昆明轨道集团进行专项汇报，得到总体认可；昆明站城公司呈贡项目明确了目标地块，地块的挂牌条件、挂牌时间与呈贡区政府商谈中；重庆东站动车所上盖开发项目的初步定位、概念方案设计、经济技术指标匡算等项目开发前期工作全部完成，相关成果得到了重庆巴南区政府、中国铁路成都局集团公司、重庆铁路投资集团公司的认可和支持。（杨臆蓉）

【领导人员】

张润文　党委书记、董事长、法定代表人

张超生　总经理、党委副书记

（杨臆蓉）

中铁（广州）投资发展有限公司

【简况】中铁（广州）投资发展有限公司（以下简称“中铁广投”）成立于 2020 年 9 月，是中国中铁的全资子公司、二级法人企业，注册地在广州市海珠区，注册资本金 30 亿元，是一家以城市投资建设、运营为主业的城市运营商，代表中国中铁履行广州区域总部“统筹协调、开发服务、监管维护、高端经营、立体经营、大项目经营、总承包经营、投资经营”的职能，负责对重大投资项目、总承包项目经营和管理。公司经营范围中，许可项目为：工程建设活动；房屋建筑和市政基础设施项目工程总承包；房地产开发经营；城市公共交通；公共铁路运输。一般项目为：资产管理服务；土地整治服务；土地使用权租赁；污水处理及其再生利用；水污染治理。中铁（广州）投资发展有限公司拥有各类高级管理人员近 300 人。公司投资建设了广州市中心城区地下综合管廊，广州地铁 11 号线、13 号线二期、7 号线二期、7 号线西延顺德段机电工程和棠溪站综合枢纽工程等一大批重点工程。中铁广投坚持立足广州、服务广州，聚焦轨道交通、综合管廊、城市更新、海绵城市、水环境治理、市政、交通、机场等投资建设领域，整合中国中铁在穗二级、三级公司等资源，集中资本、资产、资源、产业和技术优势，与广东省委、省政府，广州市委、市政府、各区区委、区政府和社会各界携手合作，竭诚为广州经济社会发展提供中铁方案、展现中铁担当、贡献中铁力量，实现与广州经济社会同步高质量发展，努力把中铁广投打造成为中国中铁一流区域总部、一流投资公司，助推广州市实现“老城市、新活力”和“四个出新出彩”目标。中铁广投将秉承中国中铁“勇于跨越，追求卓越”的企业精神，传承“开路先锋”企业文化，致力成为商业发展模式成熟、核心竞争能力突出，集投资商、总承包商、地产商、城市运营商于一体的大型企业集团。（肖熙涯）

【主要指标】2021 年末，中铁广投资产总额 62.43 亿元，较 2020 年末资产总额 50.70 亿元增长 23.14%；净资产 7.81 亿元，较 2020 年末 7.75 亿元增长 0.77%；2021 年营业收入 119.19 亿元，较 2020 年 72.50 亿元增长 64.40%；净利润 1400 万元，较 2020 年 81 万元增长 1650%。

（夏占良）

表 13-28　2020—2021 年中铁广投主要经济指标

项目	2020 年	2021 年	增长率 /%
资产总额 / 亿元	50.70	62.43	23.14
所有者权益 / 亿元	7.75	7.81	0.77
营业收入 / 亿元	72.50	119.19	64.40
利润总额 / 亿元	0.012	0.17	1316.67
净利润 / 亿元	0.008	0.14	1650.00
归属于母公司所有者的净利润 / 亿元	0.008	0.14	1650.00
技术开发投入 / 亿元	0.00	0.00	0.00
利税总额 / 亿元	0.088	0.18	104.55
应交税金总额 / 亿元	0.077	0.56	627.27
全员劳动生产率 /［万元 /（人・年）］	47.83	99.59	108.22
净资产收益率 /%	0.19	1.16	增加 0.97 个百分点
总资产报酬率 /%	0.11	0.27	增加 0.16 个百分点
国有资本保值增值率 /%	100.87	101.16	增加 0.29 个百分点

制表：张　媛

【改革发展】抓重点难点，深化“三项制度”改革。稳步推进企业经理层契约化和任期制改革，公司经理层全部签订岗位聘任书及年度经营业绩考核责任书。严格把控定员底线，严禁超编配备和使用人员。完成“三项制度”改革任务 25 项，完成率 86%。发布薪酬管理系列制度，推动绩效管理体系全覆盖。制定员工职务职级管理办法，完成工资套改。制定工资总额管理办法，完善薪酬报表管理。（朱灿华）

【重大项目】中铁广投积极融入国家粤港澳大湾区重大战略部署，明确发展定位，紧抓城市更新良机。履行区域总部职能，建立健全经营信息沟通机制，完善经营要素，充分发挥属地优势开展高端经营，牢固树立“公共关系就是竞争力”的理念，加强与市 / 区委、市 / 区政府及各平台公司等主要领导对接洽谈，签订战略合作协议，全面加强战略引领。紧密对接广州地铁集团，探讨实施模式与经济指标测试，提前介入项目设计、工可编制、合同条件设定等工作，积极参与白云机场T3 交通枢纽轨道交通预留工程施工总承包项目（62.14 亿元）、广州芳村至白云机场城际项目（185 亿元）、广州东至花都天贵城际项目（207 亿元）投标工作，顺利中标白云机场T3 交通枢纽轨道交通预留工程施工总承包项目，中标价 62.14 亿元。结合广州市计划投资建设项目清单，筛选重点跟踪项目 26 个，总投资约8490 亿元。（张政祺）

【重大创新】中铁广投掌握了装配式地铁车站、地铁车辆段施工关键技术，牵头自主研发的国内首台建筑构件装配机器人“赤沙号”应用于广州地铁 11 号线赤沙车辆段，填补了中国装配式建筑施工装备领域的一项空白。（郭桂喜）

【工程创优】2021 年，中铁广投获广州市“一线三排”治理能力“人气奖”；综合管廊项目获“广州市样板工地”和股份公司“绿色施工科技示范工程”。各总包部的多个工点获评国家级、省级、市级和中国中铁“文明施工示范工地”“安全生产标准化工地”，其中“国家级安全生产标准化工地”1 项，“广东省安全生产文明施工示范工地”4 项，“广州市安全文明绿色施工样板工地”4项，“中国中铁安标工地和绿色科技示范工程”2 项。（邓向东）

【企业文化】贯彻落实股份公司“开路先锋”文化培育宣贯年方案，编制《中铁广投企业文化手册》，建立企业文化体系，确立企业理念识别系统，提炼企业行为识别系统，形成企业视觉识别系统。对新上白云机场 T3 项目进行全过程策划指导。开通公司官方网站和微信公众号，在中央级媒体刊发稿件 42 篇、省部级媒体刊发稿件 200 余篇。（肖熙涯）

【党建工作】按照“四同步、四对接”要求，设置总包部本部党支部，成立城市综合开发事业部党工委，新建白云机场 T3 项目党支部，按时完成了年度组织生活会和民主评议党员工作。为各党工委、党支部选配书记、委员。指导党支部召开党员大会完成换届选举。研究制定 28 项党内规范性文件和规章制度。对

所属单位

▲图 13-31　中铁广投广州地铁 7 号线二期总包部大干现场

贯彻落实全国国有企业党的建设工作会议精神进行“回头看”，党建基础建设得到巩固深化。党建基础工作和基层党建工作进一步加强。规范“前置研究”程序，将议事目录清单重新梳理为 68 个细目。统一规范基层党组织工作台账，将工作台账统一为“一册五盒”。及时转接办理新调入党员组织关系，及时更新党员信息台账。建立公司党费专用账户，规范党费收支管理。严密发展党员步骤和细则，按时做好年度党内统计。下拨党费 1.6 万元慰问困难党员和老党员。对各党工委、党支部党建工作责任制年度开展全面调研考核评价，倒逼履行主体责任，规范基础工作。接受股份公司党建工作考评组的现场考核，获得高度评价。（亓百星）

【信息化建设】信息平台建设方面。全面推进信息贯通工程，完成公司业务信息系统平台的调研及梳理、一体化平台机构基础数据治理、中铁 e 通应用 100% 覆盖公司全员，同时 OA 协同办公系统、共享财务系统入驻股份公司一体化平台。广州地铁 11 号线、13 号线二期、7 号线二期、综合管廊项目全面应用中铁一局智能科技分公司研发的盾构集中监控平台，并按广州地铁公司要求，将盾构实时数据、视频监控数据接入盾研所管理平台，实现各监管方高效、直观、准确地掌控盾构施工实时情况和掘进过程中的各项参数，同时动态预警，全面提升盾构施工管控水平。持续迭代研发项目土建阶段的施工信息综合管理平台，并调研在建项目的机电阶段信息化建设需求，研发 BIM 机电工程信息模型管理平台，通过信息化管理、BIM 数据模型明确各种施工信息，完善人力安排，优化材料计划，提高施工管理效率。信息网络安全方面。组建网络安全防守队伍，参演股份公司的网络安全攻防演练，通过防守追踪溯源，向股份公司提交溯源报告 5 份，并成功追溯到攻击方的攻击方式及系统漏洞。结合当前国内网络安全日益复杂的态势，组织公司各部门及单位网络安全管理人员开展网络安全意识培训，讲解近年来网络安全状况、社会工程学攻击防范及日常网络安全使用规范，筑牢信息安全防线。（黄康明）

【履行社会责任】扎实推进“我为职工群众办实事”实践活动，办理首批人员落户和人才绿卡，成立篮球、乒羽、棋牌、足球 4 个职工兴趣协会，为职工统一购买团体意外保险，在当地医院为职工开通体检和看病的“绿色通道”。多次开展新冠肺炎疫情防控专题会，督导各单位在疫情防控、人员管理、核酸检测和疫苗接种等方面的责任落实，构筑起疫情防控的严密防线；对全公司 18092 名建设者进行疫苗接种，并进行每周一次的核酸检测，为项目建设和疫情防控提供有力保障。

（亓百星）

【领导人员】

徐坤甲	党委书记、董事长、法定代表人，指挥部党工委书记
李仲峰	指挥部指挥长
于天生	党委委员、工会主席、副总经理
王树伟	党委委员、副总经理，指挥部党工委委员、副指挥长
曹良华	党委委员、副总经理
李应战	党委委员、副总经理，指挥部党工委委员、副指挥长
郭建封	总会计师、总法律顾问

何晓春　总工程师
彭万平　指挥部党工委委员、副指挥长

（朱灿华）

中铁二院工程集团有限责任公司

【简况】中铁二院工程集团有限责任公司（以下简称“中铁二院”），成立于1952年，隶属于中国中铁股份有限公司，是国内最大型综合性勘察设计企业之一，曾两次获得国家科技进步奖。

中铁二院业务范围涵盖规划、勘察设计、咨询、监理、产品产业化、工程总承包等基本建设全过程服务，横跨铁路、城市轨道交通、公路、市政、港口码头、民航机场、生态环境等多个领域。

截至2021年末，公司员工近5700人，其中全国工程勘察设计大师7人，省级工程勘察设计大师21人，新世纪百千万人才工程国家级人选1人，国家有突出贡献中青年专家1人，享受国务院政府特殊津贴专家43人，各类省部级专家人才230余人次。公司下设19个全资子公司，5个控股子公司，21个生产院，33个国内经营机构，11个国外分支机构，5个区域指挥部。

中铁二院主持或参与建设的铁路通车里程超过36000千米，占全国铁路通车总里程的1/4，其中高速铁路超过12000千米，占全国高铁通车总里程的1/3；参与建设的城市轨道交通工程通车里程约2900千米，占全国已运营通车里程的1/3；先后参与设计了近7200千米的高速公路，以及一大批大型地标性市政工程。

2021年，中铁二院继续深化机构改革。成立总工程师办公室，与技术中心合署办公；成立“四川省新型轨道交通工程技术研究中心”，由科学技术研究院负责具体组建和管理；成立“中铁二院工程集团有限责任公司消防技术研究中心”，由建筑工程设计研究院牵头组建和管理，地下铁道设计研究院、生态环境研究院、土木建筑设计研究二院参与共建；成立“中铁二院工程集团有限责任公司党委统战部”，与党委宣传部合署办公；将中铁二院车辆商旅管理中心整体划入中铁二院社会事业管理中心。持续推进“瘦身健体”工作，整合产品产业化业务资源，由四川拓绘科技有限责任公司合并四川睿铁科技有限责任公司、四川铁创科技有限公司，并更名为“四川铁拓科技有限责任公司”。

（毛海蓉　罗泽辉）

【主要指标】中铁二院资产总额为112.73亿元，较2020年99.80亿元增加12.93亿元，增长12.96%；其中流动资产增加16.6亿元，主要是货币资金增加17.31亿元，应收票据增加0.49亿元，应收账款减少0.46亿元，预付款项增加1.14亿元，应收款项增加0.08亿元，其他应收款减少0.71亿元，存货减少0.02亿元，合同资产减少0.19亿元，一年内到期的非流动资产增加0.003亿元，其他流动资产减少1.04亿元。非流动资产减少3.67亿元，主要是债权投资减少1.6亿元，长期股权投资增加0.35亿元，其他权益工具投资增加1.02亿元，投资性房地产减少0.001亿元，固定资产减少0.74亿元，在建工程增加0.18亿元，使用权资产减少0.002亿元，无形资产减少0.009亿元，长期待摊费用增加0.09亿元，递延所得税资产增加0.12亿元，其他非流动资产减少3.08亿元。中铁二院负债总额95.78亿元，较2020年85.04亿元增加10.74亿元，增长12.63%；其中流动负债增加13.97亿元，主要是短期借款减少1亿元，应付票据增加2.31亿元，应付账款增加0.63亿元，合同负债增加14.3亿元，应付职工薪酬减少1.91亿元，应交税费减少0.48亿元，其他应付款减少1.71亿元，一年内到期的非流动负债增加1.79亿元，其他流动负债增加0.03亿元。非流动负债减少3.23亿元，主要是长期借款减少3.5亿元，租赁负债减少0.005亿元，长期应付款增加0.24亿元，长期应付职工薪酬减少0.03亿元，递延所得税负债增加0.07亿元。

2021年，中铁二院所有者权益总额16.95亿元，较2020年14.76亿元增加2.19亿元，增长14.84%。

2021年，营业收入102.87亿元，全年实现利润总额1.52亿元，净利润1.84亿元。截至2021年底，总资产112.73亿元，净资产16.95亿元。

（苏　剑）

所属单位

表13-29　2020—2021年中铁二院主要经济指标

项　目	2020年	2021年	增长率/%
资产总额/亿元	99.80	112.73	12.96
所有者权益/亿元	14.76	16.95	14.84
营业收入/亿元	99.58	102.87	3.30
利润总额/亿元	−12.20	1.52	112.46
净利润/亿元	−13.34	1.84	113.79
归属于母公司所有者的净利润/亿元	−13.35	1.83	113.71
技术开发投入/亿元	4.40	4.53	2.95

续表

项　目	2020 年	2021 年	增长率 /%
利税总额 / 亿元	−9.91	5.40	154.49
应交税金总额 / 亿元	5.31	5.76	8.47
全员劳动生产率 /［万元 /（人·年）］	25.30	41.29	63.20
净资产收益率 /%	−58.66	11.60	增加 70.26 个百分点
总资产报酬率 /%	−12.18	3.07	增加 15.25 个百分点
国有资本保值增值率 /%	58.06	115.08	增加 57.02 个百分点

制表：苏　剑

【改革发展】优化人才选拔方式。积极探索人才引进的新思路、新方法、新举措，引入第三方人才测评平台，通过实施“在线人才测评”，增加外语口语测试、总体人才汇报测试、笔试考试环节，提高人才引进质量。针对勘察设计行业人才需求特点，修订《人才引进管理办法》，提高人才引进标准。加大市场化选聘人才力度。科学编制年度人才引进计划，加大校园招聘、社会公开招聘等市场化选聘力度，2021 年公开招聘率为 100%。持续畅通员工退出渠道。修订《员工绩效考核管理办法》《劳动合同期满考核办法》，强化考核结果应用，全员绩效考核覆盖率达 100%。

紧密围绕责任成本考核评价主线，按照工资总额管理有关规定，牵头完成所属单位 2020 年工资总额清算，进一步突出工资总额与效益指标挂钩的导向。推进薪酬制度改革。印发《中铁二院经理层成员、中层领导人员薪酬管理办法》，健全任期制和契约化薪酬分配制度，确保薪酬激励与岗位特点、任期目标相匹配，与任期经营业绩考核结果紧密挂钩，合理拉开薪酬分配差距，充分体现业绩导向；修订完善《薪酬管理办法》，落实员工绩效考核与绩效薪酬分配挂钩，并向关键岗位和一线员工倾斜。建立中长期激励机制。选取符合条件的中铁二院旷谷公司、昆明公司、华东公司 3 家高新技术企业试点开展岗位分红激励，按照创新引领、成果共享、增量激励、考核约束的原则，指导 3 家单位编制分红激励方案并经股份公司批复实施。深入推进“双百行动”综合改革，按照《国企改革三年行动方案》和国务院国资委深化国有企业改革的总体要求，中铁二院以中国中铁《深化改革三年行动实施方案（2020—2022 年）》为指引，结合公司实际情况，制定了《深化改革三年行动任务清单》和《深化改革三年行动任务台账》。共梳理改革任务 64 项，涉及“完善中国特色现代企业制度”“推进企业产业布局优化和结构调整”“健全市场化经营机制”“双百行动改革专项工程”“加强党的领导和党的建设”五大改革领域 23 个重点改革方向，截至 2021 年底，59 项任务完成率达到 100%，整体完成率 92.2%，超额完成 2021 年底完成率达到 70% 的目标。（王彩霞　罗泽辉）

【重大科研开发】2021 年中铁二院持续围绕国家重大工程开展科技攻关，在国家重点专项方面取得了重大突破。在川藏铁路科技创新方面，获得第一批川藏铁路国家重点专项中承担 2 个项目、16 个课题，累计专项经费约 3.5 亿元，其中中铁二院集团公司获得国家专项经费约 1.14 亿元，牵头项目、课题的数量和财政专项经费在所有承担单位中仅次于铁科院，排名第 2，实现了中铁二院集团公司国家重点研发计划重点专项的历史性新突破；编制完成了《川藏铁路勘察设计暂行规范》（Q/CR 9529-2021）及川藏铁路系列专项标准的报批稿，已正式发布，在世纪工程川藏铁路的生产设计中得到广泛应用。在成渝中线科技创新方面，编制完成了《成渝中线高速铁路设计暂行规定》（报批稿）。（袁志刚）

【走向海外】2021 年，中铁二院海外业务完成新签合同额 1.522 亿美元，完成营业额 1.57 亿美元。参与建设的中老铁路与于 2021 年 12 月 3 日正式通车。年内签署孟加拉国帕德玛大桥铁路连接线项目工程勘察和设计分包合同补充协议二号，巴基斯坦既有 ML-1 线升级初步设计咨询服务合同 4 号补遗，埃及斋月十日城铁路项目一期工程物流运输、通风空调设备供货，巴布亚新几内亚莱城至纳扎布公路 2B2C 段施工图设计分包等合同。中标援尼日利亚太阳能交通信号灯二期项目，实现援外成套投标方式改革后的突破。推动中缅铁路曼德勒至皎漂 MOU 的正式签署。推进埃及斋月十日城铁路项目二期、三期项目取得阶段性成果。中铁二院获得秘鲁供应商资质、施工资质、交通工程环评资质和道路工程、港口工程最高级（D）设计咨询资质，成为在秘鲁唯一同时具备“四资质”的中资企业。举办线上“‘一带一路’国家铁路建设管理官员研修班”，共有来自埃塞俄比亚等 10 个“一带一路”沿线国家的 62 名学员参加培训。配合商务部研修学院完成“中国政府对外援助项目金融服务研修班”“发展中国家落实 2030 可持续发展议程研修班线上交流研讨”及“地市商务局长

能力建设培训班”三期培训项目。

（孟美辰）

【科技创新】持续完善“两级四层”科技创新体系建设，统筹推进科研立项、科技创新规章制度编制、重点科研项目、创新平台建设等工作。结合中铁二院生产经营过程中遇到的实际问题，根据《中铁二院科技开发项目管理和考核暂行办法》，组织2021年司控项目和引导项目的立项申报工作。申报项目经中铁二院集团公司总工程师组织的立项评审会推荐，形成《2021年司控项目立项建议方案》《2021年引导项目立项建议方案》。批准立项司控项目32项，经费2980万元；引导项目274项，总经费预算33194万元；共新增立项科技开发项目306项，总经费36174万元。

编制《中铁二院企业标准设计图成果共建共享实施指导意见》，对企业标准设计图成果共建共享具体实施等进行了规定。研究推进标准图纸的数字化、模块化工作，促进中铁二院整体技术水平和生产效率的提升，形成生产技术良性循环、持续发展的源动力。编制“中铁二院科技开发项目经费管理现状及存在问题”汇报材料。完善科技开发项目经费管理，提高科研经费使用效率，编制完成“中铁二院科技开发项目经费管理现状及存在问题”汇报材料。

组织川藏铁路国家重点专项的申报工作，多次组织相关专业专家，对申报的项目进行筛选，积极邀请多位院士、专家，对国家重点专项申报材料进行审查；针对中铁二院首个千万级川藏铁路科研项目——川藏铁路重大工程风险识别与对策研究，多次召开项目推进会，推进项目按时结题。组织成渝中线科技创新工作，关注国铁集团及股份公司科技创新动态，多次组织召开成渝中线高铁专题会，推进“时速400千米+高速铁路设计关键技术研究”11个重大专项的研究工作，并联合编制相关标准规范。

召开科技创新平台建设推进会，针对在建科技创新平台理事会成立、设备购置等内容研讨并制定时间表；与西南交通大学对接“陆地交通地质灾害防治技术国家工程实验室”共建事宜；按照主管部门要求，完成国家企业技术中心2020年度评价，组织完成“数字轨道交通技术研究与应用国家地方联合工程研究中心”和“四川省艰险山区轨道交通安全风险防控工程研究中心”以及中国中铁专业研发中心2020年度总结及运行评价数据填报。

2021年，组织申报国家级、省部级科学技术奖共计25项，获国家级奖1项（“高速铁路Ⅲ型板式无砟轨道系统技术及应用”获2020年国家科技进步奖二等奖），获省部级奖科技进步奖16项，获股份公司科技进步奖11项。组织国家铁路局成果入库11项。全年申报专利158项（其中发明专利112项，实用新型42项，海外专利4项）；获得国家知识产权局专利授权183项（其中发明专利54项，实用新型专利129项）；获得美国发明专利1项。获省部级工法4项，获股份公司实用技术奖3项。“一种路基底部膨胀土复合桩基的抗隆起设计方法”“一种带限位功能的盾构管片衬砌接头构造”获2021年度中施企协专利一等奖。

（袁志刚　庞应刚）

【工程创优】2021年，中铁二院获得全球FIDIC杰出工程项目奖1项，省部级优秀勘察设计奖60项，获全国优秀工程咨询成果奖1项。其中，中铁二院主持申报的“成都至贵阳高速铁路”获全球FIDIC杰出工程项目奖。

（王　昱）

【企业文化】扎实推进党史学习教育，以高质量党建引领企业高质量发展。深入学习贯彻习近平新时代中国特色社会主义思想和党的十九届历次全会精神，建立完善贯彻落实习近平总书记重要指示批示精神工作及督导机制，贯彻“第一议题”制度，不断丰富宣贯途径和手段，积极组织各种类型的学习教育。围绕建党100周年重大活动，先后开展了党史学习教育政治理论研究、主题征文以及党史故事、摄影图片征集等系列活动，上报的征文在省国资委庆祝建党100周年主题征文大赛中获奖；编撰发布了《中铁二院党史学习教育资料汇编》，充分利用橱窗、展板、内网等各类媒体平台积极宣传习近平总书记系列重要讲话精神和指示批示精神，以及国家、行业相关政策，在内网开设了“学党史、践初心”“主题活动展播”“二院青年学党史”等学习专栏，及时推送学习资料，发布党史学习教育简报，推出专题官微，开展的党史学习教育得到了“学习强国”学习平台、光明日报、人民网等央媒的转载报道。大力宣贯党的十九届六中全会精神，组织开展党的十九届六中全会精神专题学习读书班；同时组织各级党委、党工委参加了国务院国资委、省国资委、股份公司举办的多个党的十九届六中全会集中学习、辅导讲座及网络学习班，多措并举、形式多样地做好全会精神的学习宣贯工作。充分利用各类舆论平台，以官微、橱窗、横幅标语等方式，形成宣传贯彻全会精神全覆盖，范围覆盖全员，形式多样全面，效果走深走实，经验成果多次被学习强国、光明日报等主流媒体报道转载。

依托重大事件，全年在央视《新闻联播》栏目、新华社专题报道、《人民日报》头版等央级媒体顶级栏目刊稿11篇次，中老铁路勘察设计团队走进《焦点访谈》栏目，登上《开讲啦》舞台，向全国人民讲述“一带一路”先锋企业的辉煌业绩和感人故事。500余次亮相央视、新华社、人民日报等央级媒体，以配合中央广播电视总台、云南电视台、成都科技局等媒体和政府部门拍摄节目为契机，积极提升企业的知名度和美誉度，参与拍摄了《总师传奇》《国家记忆》《占芭盛开之路》《智造成都》《城轨建设50年讲述》等重要节目。中铁二院官微粉丝量增至2.5万人，多篇文章最高日点击量突破2万次，特别是以拉林铁路通车为主题的系列官微，累计点击近6万次，创下中铁二院运营官微以来，同一主题系列报道的点击量历史最高纪录。受国铁集团委托，牵头拍摄了拉林铁路汇报片和宣传片，牵头完成拉林铁路展陈工作，工作成果得到了国铁集团的充分肯定和表扬。

梳理企业发展史，赓续川藏精神、成昆精神，编发了中铁二院企业发展史系列官微《成渝印迹》《宝成通衢》《成昆奇迹》《南昆壮举》《走出西南》《迈向海外》，开展“世纪川藏　薪火相传—川藏精神三代人对话”活动，完成了成昆线K310纪念碑的设计，成立了成昆铁路（复线）精神提炼工作领导小组，积极开展成昆铁路精神的提炼总结工作等。

按照四川省创建精神文明单位的要求，成立了精神文明建设指导委员会，以创建省级精神文明单位为目标，编制了中铁二院创建省级文明单位的工作规划和年度实施方案，印发了《中铁二院关于深化新时代文明单位创建工作的意见》，持续深入开展创建活动。结合重大主题活动，树立先进典型。川藏铁路劳动竞赛入选全国总工会“十三五”全国引领性劳动技能竞赛典型案例，5人获评“中国中铁卓越人物”，32个集体、80名个人获评“全国五一劳动奖章”“全国工人先锋号”等省部级以上奖项。积极践行央企社会责任，积极推进乡村振兴工作，全年投入帮扶资金39万元，对泸定县咱里村深入开展了产业帮扶、金秋助学、以购代捐等帮扶工作，彰显了央企责任担当。（毛海蓉）

【党建工作】中铁二院党委以习近平新时代中国特色社会主义思想为指导，坚持强“根”固“魂”，履行企业责任担当，以高质量党建引领企业高质量发展。建立完善贯彻落实习近平总书记重要指示批示精神工作及督导机制，贯彻“第一议题”制度，高质量、高标准推动习近平总书记亲自谋划、亲自部署、亲自推动的川藏铁路、中老铁路等重大项目。召开建党百年庆祝大会，组织专题党课，评选“一先两优”，掀起了爱党爱国爱企热潮。深入推进党史学习教育，实现范围覆盖全员，形式多样全面，效果走深走实，经验成果多次被学习强国、光明日报等主流媒体报道转载。深入开展国有企业党建工作会议精神贯彻落实情况“回头看”工作。指导所属三家党委召开党代会，三家符合条件单位党支部改设为直属党总支，基层党组织得到有力夯实。压紧压实第一责任，开展述职评议，推行持证上岗，“述评考用”机制作用充分发挥，基层党组织书记队伍建设不断加强。修订完善党建工作考核办法，增加生产经营指标权重占比，破除“两张皮”，促进“深融合”，“党建+”工作模式不断深化。坚持党管干部，出台非领导职务管理办法，开展选人、用人专项检查，加快推动干部队伍年轻化进程，2021年新提拔中层干部77名，“80后”占56%，推动实现“重担当、重实干、重业绩”“能者上、庸者下、劣者汰”的“选用管”工作格局，真正把对党忠诚、“想干事、能干事、干成事”的干部选拔出来，给年轻干部提供更多机会、更大舞台，从而使所属单位班子结构更加优化，梯队建设进一步加强。在此基础上，所属单位班子进一步凝聚合力，成为领导企业发展的坚强集体。（郑馥璇）

【信息化建设】成立了中铁二院信息贯通工程领导小组和工作小组，规划并制订了中铁二院信息贯通工程的具体工作计划；对一体化工作平台中的组织机构、人员信息进行了核对和初始化，已在统一身份认证平台建立用户账号8459个；组织中铁二院各部门、各单位员工安装中铁e通软件并激活用户账号；完成办公系统、财务共享平台、中铁二院新闻、中铁二院万象、信息化动态、BIM学院等移动应用入驻中铁e通，完成了办公系统、财务共享平台、企业信息平台入驻一体化工作平台；完成了核心系统数据传输到中国中铁数据仓库的接口连通验证工作，营销管理系统、财务共享平台均已完成了数据入仓的配置工作；完成了中铁头条中铁二院专栏的入驻工作；将中铁二院在国内18个经营分院、项目部等分支机构的组网设备接入了中国中铁统一管理平台。

以推进生产过程信息化提升为目标，策划实施了协同设计平台V1.0的建设工作；完成了经营信息上报平台的研发并投入使用；以数据贯通、业务联通为目标，建设合同收款V2.0系统；对包括责任成本核算、人力资源管理、校园招聘等信息系统进行业务代码优化；开展数据治理实施规划工作，完成了中铁二院数据治理咨询成果文件《中铁二院数据治理实施规划方案》的编制，并对规划成果进行了验证。

2021年配合召开视频会议450场，普通音视频会议保障953场，企业形象展示厅接待保障44场。完成网络及应用系统维护工作2140项，完成桌面维护任务3350项，中铁二院网络系统正常运行率平均保持在99.9%，应用系统的正常运行率平均保持在99.7%。

2021年，立项开发软件项目24项，开发总费用2890.7万元。确定购买184项软件，总费用2466.498万元。新办理软件著作权数量29项，现有软件著作权数量增至183项。截至2021年末，已获得2019—2020年度国家铁路局铁路优质工程勘察设计优秀工程软件奖二等奖1项、三等奖3项；2020年度四川省勘协优秀工程计算机软件奖一等奖1项、二等奖4项、三等奖5项、表扬奖2项；2021年度四川省勘协优秀工程计算机软件奖一等奖1项、二等奖1项、三等奖4项。（洪晓燕）

【履行社会责任】2021年投入帮扶资金39万元，用于产业帮扶、金秋助学、关爱慰问等项目的落实，为定点帮扶村实现乡村振兴目标贡献中

铁二院力量。以现代化农业为基础，推动产业振兴。帮扶干部配合村两委带领村民转变思路，调整产业结构，先后发展了苹果、菊花、花椒等优势产业。组织开展了2021年乡村振兴“以购代捐”活动，共销售定点帮扶村糖心苹果、金丝皇菊、木耳等农特产品金额超过50万元，创中铁二院“以购代捐”消费帮扶活动纪录。以建强农村队伍为支撑，推动人才振兴。大力开展“金秋助学”活动，全年共发放助学资金4.4万元，对符合条件的家庭学生进行学费补助。投入资金2.6万元，用于对咱里村因患重大疾病、因伤致残而生活困难的村民，以及60岁以上、光荣在党50年的老党员按照1000元/户标准开展节日慰问活动。投入培训资金2.5万元，聘请中科院、地方农业局等师资力量，采用村民学堂、农民夜校等方式，开展乡村规划、农产品种植技术培训，促进乡村发展。以涵养乡风文明为重点，推动文化振兴。中铁二院以咱里村伞岗坪农旅融合示范点建设为契机，创新文化设计引领，投入帮扶资金5万元，帮助咱里村进行全村品牌形象设计打造，对村形象品牌进行定位升级，设计咱里村专属形象识别系统、旅游导视系统、乡风文化标识系统、特色农产品包装，实现从“送文化”到“种文化”的转变。相关形象设计稿已经完成，设计文稿将配合当地政府推进全村形象标识标牌的更新，塑造具有地域文化特色的咱里村川藏印象体验地旅游品牌形象。以改善农村环境为抓手，推动生态振兴。中铁二院以帮扶村环境治理整治为抓手，发挥企业技术优势，投入资金5万元，联合浙江援建及中科院成都山地所开展了统计—机理—智能融合驱动地质灾害预警模型体系搭建工作。该系统作为省内首个以村级为单位的数字系统平台，已完成系统建设方案实施等工作，并进入了实地先期试点运行阶段。地质灾害监测预警系统的成功建设不仅为帮扶村的地灾预警提供了解决方案，还对四川山地村落科技减灾等重大事件的风险评估、监测预警、应急处置起到良好的引领示范作用。以夯实党建基础为关键，推动组织振兴。中铁二院在建党百年之际，以红色美丽村庄为机，以开展党史学习教育为由，依托川藏铁路建设，由中铁二院牵头，乡村振兴办配合，投入帮扶资金1万元，深化在泸定县咱里村开展红色党建主题教育，通过建立党建活动室及村民书屋，建立企业与帮扶村党建共建点，购买党建读物、组织党建学习培训等形式，进一步夯实基层党建工作基础。（张　璞）

【领导人员】

张　敏　党委书记、董事长
扈　森　党委副书记、董事、总经理
王　刚　党委副书记、副总经理、职工董事、工会主席
周海辉　党委常委、总会计师
张雪才　党委常委、副总经理、总法律顾问
秦小林　党委常委、副总经理
吴国强　党委常委、纪委书记（1月任）
陈国栋　党委常委、副总经理（7月任党委常委）
杜建军　党委常委、副总经理（7月任党委常委）
梁春祥　副总经理
胡平方　副总经理
谢　毅　总工程师
陆建华　党委常委、董事、副总经理（3月免，改任业务经理）
王书龙　党委常委、纪委书记、监事会主席（5月免，改任业务经理）
魏德勇　党委常委、副总经理（6月免，改任业务经理）

（张　列）

中铁第六勘察设计院集团有限公司

【简况】中铁第六勘察设计院集团有限公司（以下简称“中铁六院”）成立于2014年8月26日，现注册地为天津自贸试验区（空港经济区）中环西路36号，隶属于中国中铁股份有限公司，是一家具有工程设计综合甲级资质的大型、综合性、国际化企业集团，主要业务涵盖勘察、设计、科研、咨询、监理、项目管理、工程总承包等领域。中铁六院2016年被认定为国家高新技术企业、2020年被认定为“天津市瞪羚企业”，设有“院士专家工作站”“中国中铁智慧城市研发中心”“中国中铁地下空间研发中心”“天津市轨道交通供电系统技术工程中心”“天津市企业技术中心”“天津市隧道设计及安全评估企业重点实验室”等科技创新平台。中铁六院下设中铁电化院、中铁隧道院、中铁通号院、中铁西安院、中铁合肥院、路安咨询公司、天津检测公司和天津审图公司8家子公司；电化分公司、隧道分公司、通号分公司、西安分公司、合肥分公司、广西分公司、广东分公司、淮北分公司、海南分公司、香港分公司、以色列分公司11家分公司；线站院、桥梁院、城建院、机环院、工经院、勘察院、测绘院、国际部、总包部9家直属生产单位；北部、南部、东部、西部、中部片区指挥部和滨海分院6家驻外机构。2021年，中铁六院持续加强分公司建设，成立了通号分公司、西安分公司、合肥分公司、海南分公司、香港分公司、以色列分公司。

2021年，中铁六院全年累计获得国家级科技进步奖1项；省部级科技进步奖10项、优秀勘察设计奖66项、优秀工程咨询成果奖17项、QC小组成果奖7项；中国中铁科技进步奖7项、QC小组成果奖13项；获得知识产权174项，其中发明专利23项、计算机软件著作权30项和海外实用新型专利5项；承担、参与外部科研课题8项、内部立项重大重点课题21项；主持编写规范标准26项。其中，由中铁六院作为联合主持单位首次主导编制国际标准《智慧城市运营中心》。

截至2021年12月31日，中铁六院共有职工1945人。其中中铁六院本部873人、各子（分）公司1072人，职工年龄结构较为合理（35岁及以下占比40%、40岁及以下占比66%），具备正高级专业技术职务181人，高级专业技术职务944人，中级专业技术职务564人，初级专业技术职务213人，技能人才49人（高级工6人、高级技师4人、技师9人、普通工人30人）。拥有新世纪百千万人才工程国家级人选1人，国家有突出贡献中青年专家1人，享受国务院政府特殊津贴人员7人，省部级工程勘察设计大师3人、有突出贡献中青年专家4人、青年科技拔尖人才3人，詹天佑成就奖2人、贡献奖1人、青年奖5人，茅以升铁道工程师奖8人，中国中铁专家8人；拥有各类注册执业资格人员497人（注册造价工程师38人、一级注册建筑师15人、二级注册建筑师6人、一级注册结构工程师41人、注册电气工程师24人、注册公用设备工程师31人、注册土木工程师46人、注册监理工程师85人、注册咨询工程师78人、注册测绘工程师25人、一级注册建造师65人、注册城乡规划师8人、注册安全工程师21人、注册设备监理工程师14人）。

（辛振省　冯子超　陈水英）

【主要指标】截至2021年末，中铁六院累计完成新签合同额58.53亿元，完成股份公司下达的年计划指标的102.68%；实现营业收入33.47亿元，较2020年同期的27.84亿元增长20.22%；实现净利润2.14亿元，较2020年同期的2.07亿元增长3.38%；应交税金总额1.04亿元，较2020年同期1.29亿元降低19.38%；实现利税总额3.32亿元，较2020年同期3.36亿元降低1.19%；技术开发投入1.14亿元，较2020年同期0.97亿元增长17.53%；全员劳动生产率68.50万元/（人·年），较2020年同期64.77万元/（人·年）增长5.76%；净资产收益率20.34%，较2020年同期22.40%减少2.06个百分点；总资产报酬率11.87%，较2020年同期12.88%减少1.01个百分点；国有资本保值增值率121.47%，较2020年同期124.34%减少2.87个百分点。2021年末，资产总额22.23亿元，较2020年同期19.83亿元增加12.10%；所有者权益总额11.16亿元，较2020年同期9.95亿元增加12.16%。2021年，企业货币资金存量增加，合同负债等优质资产也有所增加，“两金”较2020年略有增长，但明显低于营业收入增幅，资产质量逐渐提高，营业收入规模、盈利规模得到了很大的提升。（王海双）

表13–30　2020—2021年中铁六院主要经济指标

项目	2020年	2021年	增长率/%
资产总额/亿元	19.83	22.23	12.10
所有者权益/亿元	9.95	11.16	12.16
营业收入/亿元	27.84	33.47	20.22
利润总额/亿元	2.27	2.49	9.69
净利润/亿元	2.07	2.14	3.38
归属于母公司所有者的净利润/亿元	2.07	2.14	3.38
技术开发投入/亿元	0.97	1.14	17.53
利税总额/亿元	3.36	3.32	-1.19
应交税金总额/亿元	1.29	1.04	-19.38
全员劳动生产率/［万元/（人·年）］	64.77	68.50	5.76
净资产收益率/%	22.40	20.34	减少2.06个百分点
总资产报酬率/%	12.88	11.87	减少1.01个百分点
国有资本保值增值率/%	124.34	121.47	减少2.87个百分点

制表：王海双

【改革发展】推进“十四五”战略规划编制工作。开展“深化国企改革三年行动”，梳理深化改革工作任务清单和任务台账，明确了113项改革任务。2021年共完成深化改革任务103项，完成率91.15%。开展“对标世界一流管理提升行动”，确定49项对标工作任务，截至2021年末，完成对标任务47项，完成率

95.92%。推进了市场经营、生产管理、考核分配“三大机制”改革工作，组织修编完善了中铁六院《经营管理办法》《生产管理制度》《绩效考核管理办法》等一系列管理制度，实现了经营、生产主体的绩效工资与业绩指标挂钩，推动了经营生产的责任、权利、利益相统一。推进“三项制度改革”，发布了《经理层成员业绩考核办法》《非经理层领导人员绩效考核办法》《经理层成员薪酬管理办法（试行）》《所属单位经理层成员任期制和契约化管理办法（试行）》《所属单位经理层成员业绩考核管理办法》《所属单位负责人（经理层成员）薪酬管理办法（试行）》等系列管理办法，健全了经理层成员任期制和契约化管理、业绩考核、薪酬管理制度，优化了经理层成员业绩考核评价机制，完善了薪酬和业绩紧密挂钩的管理体系。截至 2021 年 12 月，中铁六院应纳入经理层任期制和契约化管理企业户数 10 户，实际完成 10 户；集团公司和所属单位经理层成员 50 人，签订岗位聘任协议和经营业绩责任书 50 人，完成企业户数和人数比例均为 100%。

（陈水英　冯子超）

【重大项目】中铁六院依托承担全国铁路专用线前期规划研究的有利条件，持续布局资源富集区大型工矿企业、物流园区的支线铁路和铁路专用线等集疏运系统建设，以及具有技术优势的既有线改造、三电迁改、5G 通信升级改造市场。2021 年承揽了浩吉铁路荆门北至子陵联络线工程总承包、陕煤集团榆林化学有限公司煤炭分质利用制化工新材料示范项目工程总承包、河南晋开化工投资控股集团铁路专用线项目 EPC 总承包、新建沈阳至白河高速铁路（白山市浑江区段、江源区段）电力、通信、有线电视线路迁改工程总承包、新建广州至湛江高速铁路佛山站（不含）至西江桥尾、新兴南站（不含）至湛江北站（含）施工监理等项目。积极应对城轨建设放缓的不良影响，重点布局经济发达地区城际轨道交通网建设，积极开拓新型城轨等第二曲线，先后承揽了佛山经广州至东莞城际前期深化研究、龙岗至大鹏支线城际铁路咨询、穗莞深城际铁路前海至皇岗口岸段勘察设计监理及全过程投资控制造价咨询、兴国永磁磁浮试验线 EPC 项目等重点城轨项目。依托股份公司经营平台，积极融入中国中铁区域经营、立体经营体系之中，通过提供技术支持及投资参股等方式，承揽了台州市仙居县高铁新城市民中心区块城市有机更新项目、沧州市中心城区城市更新项目（三标段新华区城中村改造）、山东龙山创研智造新区等项目。持续发展总承包业务，承揽了鹤壁经开区汽车主题公园及 107 国道等道路改造提升景观绿化 EPC、鹤壁经济技术开发八角社区（二期）村庄改造 EPC 项目。抢抓市场机遇，主动积极开拓 JR 领域，先后承揽了林业草原管理站项目联合勘察设计、开源矿区项目联合勘察设计等重点项目。

（杨华锋）

【走向海外】截至 2021 年 12 月 31 日，中铁六院新签澳门完善新口岸区污水截流管设计连建造承包工程、香港建朝房建唐楼改造工程、宁巴铁矿预可研项目铁路系统技术咨询项目等多个合同，实现新签合同额 750.3 万美元，完成营业额 604 万美元。2021 年 10 月 20 日，由中铁六院参建的中国中铁在发达国家第一个地铁项目特拉维夫红线项目进行全线联调联试，顺利进入收尾阶段。

（刘　毅）

【重大创新】坚持以创新驱动发展，集聚优势科研力量，着力推动重点领域自主创新，利用中国中铁智慧城市研发中心、地下空间研发中心等高层次创新平台，开展科研攻关，在智慧城市、地下空间、水下隧道等领域取得了新突破。自主研发的牵引供电仿真模拟软件，对标欧洲标准《EN50641—2020 轨道交通—地面装置—电力牵引供电系统设计模拟软件验证要求》，满足标准中所有定性要求和全部 102 项定量指标要求，获得 CMA 认证、CNAS 认证以及 ILAC-MRA 国际互认，是国内唯一取得上述认证的牵引供电仿真软件，标志着中铁六院城市轨道交通牵引供电模拟技术水平已经达到了世界先进水平；作为牵头单位，在国内首次完成了代表轨道交通行业技术发展方向的《广州地铁机械法建造技术综合研究》科研成果，创新性地提出三大类、共 18 种机械法车站构筑方案，初步形成了城市轨道交通机械法建造技术体系，并申请了 20 余项设计专利，筹划出版了技术专著。首次联合主导编制国际标准《智慧城市运营中心》，抢占了智慧业务领域标准的制高点，为后续业务发展打下良好基础。作为第一完成单位主持完成的“高铁用高强高导接触网导线关键技术及应用”科研课题，获得国家级科学技术进步二等奖。

（辛振省）

【工程创优】2021 年，中铁六院参建的北京轨道交通新机场线一期工程、青岛市地铁 2 号线一期工程、成都轨道交通 18 号线工程、新建济南至青岛高速铁路工程潍坊特大桥等项目获得“国家优质工程奖”。

（张　萍）

【企业文化】中铁六院党委深入宣传贯彻“开路先锋”精神，成立中铁六院“开路先锋”企业文化建设工作领导小组，印发了《关于深入宣传贯彻中国中铁“开路先锋”企业文化理念系统的通知》，充分利用内部简报、宣传栏、展板、网站、微信公众号等宣传阵地和新兴媒体，大力宣传“开路先锋”文化理念，营造浓厚氛围。组织广大干部员工观看微纪录片《信物百年》之《闪亮的“开路先锋”旗帜》与 CCTV-4《国家记忆》栏目五集纪录片《开路先锋》，进一步提升了广大干部员工对“开路先锋”精神的理解和认识。同时，组织各基层单位及一线项目部张贴“开路先锋”文化理念宣传海报，推动“开路先锋”文化理念进项目、进基层、进一线，确保学习宣贯“开路先锋”文化理念工作实现全覆盖。以“开路先锋”文化为统领，持续强化“五大认同”与“六心合一”理念的宣贯，加强员工对企业文化核心理念的理解与认同，利用党课、调研座谈、新员工培训等多种形式，宣贯“合和”理念，进一步推动了企业文化融合，增强了企业的凝聚力和向心力。规范企业标识使用，特别是加强了对新成立单位、项目部使用企业标识的指导，印发了《中铁六院党委关于进一步规范使用中国中铁司歌、司旗和企业文化核心理念的通知》，统一了各单位文化产品的制作样式，促进了企业文化的融合与落地。结合庆祝建党百年、党史学习教育及中铁六院重组成立七年，开展了演讲比赛、主题征文、职工摄影展、知识竞赛等一系列文化活动，极大地强化了员工对企业的认同感。（王　鑫）

【党建工作】党委工作。中铁六院党委将学习习近平新时代中国特色社会主义思想作为党委（常委）会“第一议题”，并在全集团大学习大普及大落实。高度重视对党的十九届五中、六中全会精神的学习贯彻，对所属各单位学习贯彻全会精神提出明确要求，将全会精神迅速传达贯彻到基层一线。围绕学习贯彻两次全会精神，召开了中心组专题学习研讨、开展了理论研究、讲授了专题讲课、邀请专家进行全面解读，切实将党的十九届五中、六中全会精神融会贯通落实到企业改革发展的实践之中，进一步树牢了“一盘棋”思想，推动了学习贯彻习近平新时代中国特色社会主义思想往实里走、往深里走、往心里走。充分利用橱窗、报纸、微信等媒体平台，开辟学习专栏，加大对党的十九届五中、六中全会精神的宣传力度，在中铁六院营造了浓厚氛围；完善贯彻落实习近平总书记重要指示批示工作机制，健全工作台账，加强对所属各单位党委贯彻落实习近平总书记重要指示批示工作情况的检查督办力度。修订完善了《中铁六院“三重一大”决策制度实施办法》《中铁六院党委常委会议事规则》以及议事目录清单，进一步规范了党委会前置程序，实现了加强党的领导和完善公司治理的统一，既确保董事会、经理层的高效运作和科学决策，又保障了党委意图在重大问题决策中得到充分体现。修订了《中铁六院党委办公会议规定》，规范了相关会议流程，加强了对党建工作的研究部署和跟踪推进；坚持把学习贯彻落实习近平总书记最新重要讲话、关于本行业本企业重要指示批示作为党委常委会和中心组学习研讨的“第一议题”，始终在政治上思想上行动上与以习近平同志为核心的党中央保持高度一致。根据中铁六院“稳定成长期”的发展需要，以及企业“十四五”战略规划编制工作的要求，及时开展学习研讨，为开启集团“十四五”发展新篇章奠定坚实的基础。坚持落实《中铁六院党委理论学习中心组学习规则》，严肃各项学习要求，规范了学习管理、考核与问责机制，确保了学习的质量和效果。2021 年开展党委中心组学习 9 次，发放学习资料 100 余册，有效发挥了党委中心组学习提高认识、交流思想、凝聚共识、服务决策的功能；围绕企业改革发展中心工作，以形势任务教育为抓手，扎实开展思想政治教育，统一思想、提高认识，保持员工思想和队伍稳定，增强了企业凝聚力。持续规范和改进党员领导干部党建联系点工作，推进党建调研不断深入、规范开展。中铁六院党委建立党建工作联系点 13 个，通过实地调研、面对面交流，为基层一线党员政策宣讲、答疑解惑的同时，帮助他们解决生产生活中问题和困难，进一步推动了党建工作与中心工作的融合。加强了理论研究，共收集各单位上报理论文章 12 篇并汇编成册。结合中铁六院重组成立七周年的发展历程，印发《成长》等宣传提纲，讲形势、讲任务、讲改革、讲发展，帮助广大干部员工认清企业发展形势，增强企业发展信心。召开了中铁六院第二次党代会，选举产生了集团公司第二届党委委员会和纪律检查委员会。同时指导督促机关党委和所属 6 家到届的子（分）公司党委开展换届选举工作，并根据子（分）公司班子成员调整情况，指导各单位完成了党委委员的增补工作；根据《中国中铁股份有限公司党支部建设晋位升级管理规定》，按照“基层党组织自评、党员群众测评、上级党委评定”等程序，指导所属各单位开展党组织分类定级工作。制定了《中铁第六勘察设计院集团有限公司党支部建设晋位升级实施规定》，建立了“量化考评、分类定级、动态管理、晋位升级”党支部创优晋级管理机制。2021 年 6 月，开展了首次党支部考评定级工作，中铁六院所属 70 个党（总）支部均考评合格，其中 21 个党支部考评定级为“优秀党支部”，1 个党支部被中国中铁考评定级为“中国中铁示范党支部”；印发了《全国国有企业党的建设工作会议精神贯彻落实情况“回头看”实施方案》，成立“回头看”工作领导小组，主要领导亲自挂帅，对标习近平总书记关于抓好基层党建基本组织、基本队伍、基本制度“三基”建设等重要指示要求，对本单位落实习近平总书记全国国企党建会重要讲话精神情况进行了自查自纠。中铁六院各级党组织认真总结 5 年来抓党建、强党建的经验成效，对标梳理工作落实中的差距不足，制定了整改方案，并与党史学习教育“我为群众办实事”实践活动统筹起来，切实解决一批问题、堵塞一批漏洞，为建设国内一流设计院提供了坚强组织保证；开展党建责任制考核评价和党委书记抓基层党建述职评议工作，党建考核结果直接与所属各单位领导班子薪酬挂钩，党委书记抓基层党建述职评议工作完成率为 100%。严格落实领导人员

参加双重组织生活制度和民主评议党员制度，各级党组织领导班子实现民主生活会、组织生活会的全覆盖，认真开展党员评议工作，在岗党员评议率100%。

纪委工作。2021年，中铁六院纪委紧紧围绕增强“四个意识”，坚定“四个自信”，做到“两个维护”，开展各项监督工作。强化政治监督，建立政治监督工作台账，形成了从发放监督通知书到监督检查、意见反馈、督促整改的完整闭环流程。2021年对党史学习教育、国企改革三年行动、创新驱动发展等事项开展政治监督。协助党委召开第二次党代会，换届选举产生了第二届党的纪律检查委员会，协助中铁六院党委召开党风廉政建设和反腐败工作会议，对全年党风廉政和反腐败工作进行安排部署。协助中铁六院党委召开了警示教育大会，对违规违纪违法典型案例和审计发现问题进行通报。召开了党风廉政建设领导小组会议、全面从严治党“两个责任”沟通会商会以及协调工作小组会，对党风廉政建设工作进行研究部署。2021年8月，协助党委开展违规挂靠专项巡视巡察工作，对违规挂靠专项巡视发现问题进行认真整改。协助党委开展内部巡察，完成了对中铁六院本部16个职能部门的巡察，形成了巡察情况报告。制定了“一把手”监督和同级班子监督的办法与措施。开展领导班子成员“画像”评价和企业政治生态分析。对同级班子成员落实领导干部民主生活会、双重组织生活会和参加支部会议活动等情况进行监督。2021年，纪委书记与同级领导班子成员开展党风廉政建设沟通24人次，与基层单位主要领导谈话38人次。2021年共受理信访举报18件，列为问题线索14件，其中谈话函询4件，初步核实8件，初核转立案2件，直接立案2件；目前已结13件，暂存待查1件。深化运用“四种形态”，2021年，两级纪检组织运用“四种形态”处理18人次，其中第一种形态11人次，第二种形态7人次。加强集团纪委力量，实现了集团公司纪委副书记专职化。会同干部部考察基层单位纪委书记人选2人次。整合基层纪检力量，成立了3个纪检组，出台了《纪检组工作细则》，修订了《所属单位纪委书记述职述廉暨履职履责考核评价实施办法》。开展纪委书记述职述廉评议，现场点评，强化结果运用。举办了互动式模拟纪律审查培训班开展全员培训，以真实问题线索处置“实战练兵”。采用子（分）公司纪检干部轮换助勤等方式，以案代培；选派纪检骨干参加中纪委、国资委组织的线上线下业务培训班。

工会工作。2021年，中铁六院1人获“2021年天津市新时代职工创新创业之星”、2人获“天津市五一劳动奖章”、1人获“火车头奖章”；命名了第五批劳模（专家型职工）创新工作室；工作室领衔人王立天作为第一完成人的创新项目获2020年度“国家科学技术进步奖二等奖”；工作室领衔人贺维国作为第一完成人的创新成果获“全国职工优秀技术创新成果二等奖”；1个创新工作室被评为天津市“示范性劳模和工匠人才创新工作室”，李力鹏、张金伟分别当选股份公司四电、隧道工程劳模创新工作室联盟副理事长；1个集体获“成都市五一劳动奖状”；1人获“中国中铁劳动竞赛优秀组织者”并授予“优秀工会工作者”称号；2人获“中国中铁劳动竞赛先进个人”称号；2篇作品在中国中铁“劳动安全大家谈”征文活动中获奖；3篇作品在中国中铁建党百年文化活动中获奖；1人获“天津港保税区五一劳动奖章”；1个集体获评股份公司“先进女职工集体”、1人获“先进女职工”、1人获“先进女职工工作者”，1个家庭获评“天津市最美家庭”；再挂牌1家“铁路爱心屋”。

共青团工作。中铁六院团委下辖7个团委，35个团支部。2021年5月召开中铁六院第二次团代会。中铁六院团委以“高举旗帜跟党走，聚力青春勇担当”为主题，以“三抓”思想引导、“四坚持”服务中心、“三加强”服务青年、“四强化”团的建设为工作主线，团结带领团员青年在企业建设国内一流设计院的新征程上积极主动作为。深入开展了“学党史、强信念、跟党走”主题教育，举办了主题团课、实践活动、宣讲会等4项活动。广泛开展青年形势任务教育，宣贯企业第二次党代会精神和年度系列会精神，开展了青年突击队竞赛、“讲一线故事，展青年风采”短视频大赛等4项活动。坚持密切联系服务青年，不断拓宽思路、延伸范围，举办了演讲比赛、毕业生迎新、摄影朗诵、青年交友等文化活动。筹备召开了第二次团代会并顺利完成换届；首次开展了团组织负责人述职评议和工作考核；指导2家任期到届单位完成团委换届；举办了2021年度团干部培训班，培训团干部27人；全年制作30版电子橱窗，编辑发布微信公众号66条，累计阅读浏览量5.84万余次。2021年获第七届“全国铁路青年科技创新奖”1项，获评“中央企业优秀共青团员”“中国中铁向上向善好青年”各1人，中国中铁“号手岗队”先进集体4个、先进个人9名，中铁六院团委首次获评“中国中铁红旗团委”。

（王　鑫　潘兆伟　陈　阳　王　晟）

【信息化建设】制定了《信息化工作绩效考核细则》，部署了安全态势感知系统，漏洞扫描和上网行为管理设备、先后3次参加了股份公司组织的网络安全重保及网络加固工作，夯实了网络安全防御体系基础，网络运行安全稳定无故障。配合股份公司推进“信息贯通工程”的相关工作，编制了各业务系统的工作计划与目标，组织召开信息贯通工程专题会，完成了全球组网落地、灾备系统升级、协同办公入驻一体化平台等工作，并开展了“中铁e通”数据治理与业务推广工作，超额完成了股份公司下达的任务指标。面对新冠肺炎疫情，积极运用信息化手段深入挖掘远程办公的网络资源与服务能力，充分发挥视频会议系统作用，完成了本部会议室视频会议改造方案，为大型视频会议的召开创造了条件，2021 年共组织召开各类视频会议 160 次，累计参会人数 9200 余人、累计调试时间 1100 余小时，实现了降本增效的目标。依托内外部信息化技术力量，完成了中国中铁机构职能管理系统、审计系统、投资管理系统的开发工作，开展了中国中铁基础设施投资管理系统项目（补充开发）、审计信息系统 2.0 项目及国有资产监督追责工作信息系统的合同签订工作，新签合同额 751 万元。（吕　晗　朱德敏）

【履行社会责任】按照常态化新冠肺炎疫情防控要求，切实做好中铁六院本部和驻外机构、工程项目的疫情防控工作，认真落实来访人员登记、“两码一卡”管理、体温测量、办公场所消毒、核酸检测等防控措施，备足备齐防疫物资，加强食堂管理，设置餐桌隔板、取餐间隔，合理控制就餐人员，严格落实防疫措施，维护员工健康安全，保障生产经营工作。按照新冠疫苗接种要求，积极联系属地政府和疫苗接种点，协调组织集团本部员工和后勤服务人员进行疫苗接种，“应接尽接”人员全部完成疫苗接种，达到既定目标。截至 2021 年底，全集团实现新冠肺炎疫情“零感染”。

广泛开展“两节”送温暖、夏送清凉、冬送温暖、金秋助学、海外员工及家属慰问、洪涝受灾项目慰问、就地过年专项慰问等活动，贯彻向一线倾斜的慰问原则，慰问了南京、河南、天津、重庆、西安、广州等区域的驻地项目部，覆盖职工 1400 余人，慰问支出 35.16 万元。陪同天津市总工会到滨海 B1 线现场开展夏送凉爽慰问，得到专项慰问金 3 万元。拨付夏送清凉专项慰问金 25 万元，冬送温暖专项慰问金 21.5 万元，常态化疫情防控专项资金 15.1 万元，西安疫情专项慰问金 7.1 万元。持续做好会员权益保障工作，已为天津地区的 771 名职工办理了天津市工会会员服务卡，为 1 名突发大病的青年职工申请到天津市重病关爱资金 5 万元，为有需求的重病职工申请到天津市住院慰问金。（张　倩　吴宗宇）

【领导人员】

姜春林　党委书记、董事长、法定代表人

张先锋　党委副书记、总经理（3 月免，改任业务总监）

辛　兵　总经理（4 月任）、党委副书记（3 月任）、董事（3 月任）

李永龙　党委副书记（4 月任）、职工董事（9 月任）、副总经理、工会主席（1 月任）

郭宏军　党委常委、总会计师、总法律顾问

韩鲁斌　党委常委、副总经理

王飞孟　党委常委、纪委书记

杜道龙　党委常委、副总经理

范建国　党委常委、副总经理、总工程师

胡　海　党委常委（2 月任）、副总经理

赵晋友　副总经理（6 月免，改任业务经理）

（陈水英）

中铁工程设计咨询集团有限公司

【简况】中铁工程设计咨询集团有限公司（以下简称“中铁设计”）始建于 1953 年 2 月，前身是铁道部专业设计院，2004 年 7 月 1 日改制重组，注册为现名，公司现位于北京市丰台区广安路 15 号。2017 年完成员工持股及同步混合所有制改革工作，注册资本为 73081.8286 万元，是集工程规划、勘察、设计、咨询、总承包、监理、产品和科研开发于一体的特大型综合勘察设计咨询企业，是北京市科学技术委员会认定的国家高新技术企业，建有中国中铁“中国单轨交通发展研究中心”、院士专家工作站、北京市设计创新中心和北京市企业技术中心 4 个科技创新平台，其中院士专家工作站获评“全国首批示范院士专家工作站”。

中铁设计持有工程设计综合资质甲级、工程勘察综合资质甲级、城乡规划编制甲级等 10 多项甲级资质，取得了 ISO9001 质量管理体系、ISO14001 环境管理体系和 ISO45001 职业健康安全管理体系认证证书。主要业务领域涵盖铁路、城市轨道交通、公路、市政道路、房屋建筑等。公司在铁路标准设计、航测遥感、铁路桥梁及道岔、城市轨道交通轨道系统、跨座式单轨交通系统等方面保持领先技术优势。

中铁设计在北京总部设有 12 个专业分公司，在济南、郑州、太原设有 3 个综合分公司，拥有从事工程监理、岩土工程、工程检测、工程咨询、建筑规划、智慧交通等业务的 7 个全资子公司和 4 个控股子公司。

截至 2021 年底，共有职工 3025 人，其中勘察大师 1 人，设计大师 1 人，正高级工程师 139 人，享受国务院政府津贴人员、省部级专家和拔尖人才等 100 人次，取得国家各类注册执业资格 802 人次。截至 2021 年底，资产总额 60.96 亿元（包括固定资产净值 4.84 亿元、流动资产 51.17 亿元、其他资产 4.95 亿元），机械运输设备总量 2.1 亿元、净值 0.56 亿元、设备完好率 100%、利用率 100%。

中铁设计成立以来全面贯彻国家创新驱动发展战略，科技攻关能力取得显著提高。桥梁、轨道、测绘等传统优势专业技术保持国内先进地位，“高速铁路标准梁桥技术与应用”获得国家科学技术进步奖二等奖；自主设计国内第一条时速 350 千米智能化高速铁路——京张高铁，形成了智能铁路成套设计体系；跨座式单轨交通系统取得技术、市场双引领地位，在系统集成创新技术、新型单轨道岔技术，悬挂式单轨关键技术等方面处于国内领先地位。截至 2021 年底，持有有效专利 401 项，其中发明专利 108 项、实用新型 282 项、外观 11 项；计算机软件著作权 55 项；累计主编和参编国家标准17项、行业标准130余项；累计编制铁路标准图占全路已完成的80%，其中道岔和桥梁专业近90%；所承担的勘察、设计、咨询、科研等项目获国家级奖153项，省部级奖1573项。

中铁设计党委以全国国有企业党的建设工作会议五周年为契机，以党史学习教育为重点，着力提升党建工作质量，充分发挥党委“把方向、管大局、促落实”作用，增强“四个意识”，坚定“四个自信”，做到“两个维护”，坚决贯彻党中央、国务院、国资委党委和中国中铁党委的各项决策部署，有力推进中铁设计高质量发展。中铁设计党委获得中国中铁党委2020年度党建责任制考核优秀单位，获中国中铁“十三五”科技创新先进企业、2020年度经营工作优秀单位、业绩考核结果A类（优秀）企业、“抗疫情、保增长，大干100天”专项劳动竞赛优胜单位，连续9年获中国中铁党委“四好”班子。2021年中铁设计再度获得“首都文明单位”称号。（孙程芳 高 威 陈佳宁 董 薇 代杰民 韩 晶）

【主要指标】中铁设计2021年生产经营稳步增长，盈利能力持续提高，实现了国有资产的保值增值，对股东回报和社会贡献不断增强，资产质量良好，财务状况稳定。截至2021年底，资产总额60.96亿元，较2020年增加8.42亿元，增长16.03%，主要是公司业务规模扩大，应收、预付等经营性资产增加所致；所有者权益28.92亿元，较2020年增加4.15亿元，增长16.75%，主要为生产经营积累。中铁设计2021年共实现营业收入62.75亿元，较2020年同期增加9.33亿元，增长17.47%；实现利润总额8.01亿元，较2020年增加1.02亿元，增长14.59%；实现归属于母公司所有者的净利润6.80亿元，较2020年增加0.83亿元，增长13.90%，主营业务的稳步发展是2021年营业收入和利润增长的主要动力。2021年技术开发投入2.04亿元，较2020年增长17.24%；利税总额9.69亿元，较2020年增加了0.68亿元，增长7.55%。2021年度应交税金总额2.89亿元，较2020年增加0.7亿元，增长31.96%；全员劳动生产率52.62万元/（人·年），较2020年增加6.73万元/（人·年），增长14.67%。2021年净资产收益率25.41%，较2020年减少0.2个百分点；总资产报酬率14.14%，较2020年减少0.72个百分点；国有资产保值增值率127.65%，较2020年减少0.07个百分点。（代杰民）

▲图13-32 2021年3月24日，中铁设计以EPC牵头方参与设计和建造管理的太子城高铁站客运枢纽开通运营

表 13-31　2020—2021 年中铁设计主要经济指标

项　目	2020 年	2021 年	增长率 /%
资产总额 / 亿元	52.54	60.96	16.03
所有者权益 / 亿元	24.77	28.92	16.75
营业收入 / 亿元	53.42	62.75	17.47
利润总额 / 亿元	6.99	8.01	14.59
净利润 / 亿元	5.97	6.82	14.24
归属于母公司所有者的净利润 / 亿元	5.97	6.80	13.90
技术开发投入 / 亿元	1.74	2.04	17.24
利税总额 / 亿元	9.01	9.69	7.55
应交税金总额 / 亿元	2.19	2.89	31.96
全员劳动生产率 /［万元 /（人·年）］	45.89	52.62	14.67
净资产收益率 /%	25.61	25.41	减少 0.20 个百分点
总资产报酬率 /%	14.86	14.14	减少 0.72 个百分点
国有资本保值增值率 /%	127.72	127.65	减少 0.07 个百分点

制表：代杰民

【改革发展】深入贯彻落实国资委和中国中铁改革三年行动的各项工作部署，中铁设计始终坚持以习近平新时代中国特色社会主义思想为指导，坚持市场化改革方向，以改革创新为根本动力，加强顶层设计、制定行动方案、完善机制建设、稳步推进改革，确保三年行动改革任务有序推进，取得实效。根据《中国中铁深化改革三年行动实施方案》要求，研究制定了《中铁设计党委中铁设计深化改革三年行动实施方案（2020—2022 年）任务清单及任务台账》，确定了 82 项改革任务；其中，2020 年改革任务 12 项，2021 年改革任务 47 项，2022 年改革任务 23 项。截至 2021 年底，已累计完成 64 项，占三年改革任务总数的 78%，符合中国中铁要求完成 70% 的进度要求。

按照《员工持股管理办法》《员工持股流转实施细则》相关规定，对 2021 年员工持股进行了动态调整，按股随岗变、以岗定股的原则，组织实施持股员工产生的名额分配、生产单位档位考核划分、拟持股员工的推荐、评选、考核认定工作以及员工持股的动态调整、股权流转过程中的相关工作，确定 2021 年员工持股计划持股员工 678 名。

2021 年 8 月 24 日，员工持股计划通过公开竞买方式成功竞买新华联持有的中铁设计 6% 股权。9 月 24 日，完成股权变更工商变更，员工持股计划持有集团公司股权变更为 26%，进一步发挥了员工持股的活力和约束激励作用。

（沈旭艳　陈佳宁）

【重大项目】铁路方面。2021 年底，太锡铁路太子城至崇礼段已具备开通条件；沪渝蓉高铁武汉至宜昌段（荆门至宜昌）、隆昌至叙永铁路扩能改造工程、鄂托克前旗至上海庙铁路、莞惠城际小金口至惠州北段、盐城疏港铁路滨海港支线、柳梧广铁路东乡至梧州段先开工段、深惠城际铁路深圳段先开工段、粤东城际铁路先开工点实现了年内开工建设的目标；按项目推进要求完成了通苏嘉甬、成达万万州至达州南段，平漯周、粤东城际东环、北延、柳梧铁路等初步设计及修改，并开展了沪渝蓉高铁武汉至宜昌段（荆门至宜昌）、成达万达州南至遂宁段、太锡铁路崇锡段、鄂托克前旗至上海庙铁路、铁伊铁路、粤东城际、深惠城际铁路深圳段、柳梧广铁路东乡至梧州段、隆昌至叙永铁路扩能改造工程等施工图及修改。

轨道交通方面。2021 年，中铁设计相继中标广州地铁 8 号线、青岛地铁 5 号线、7 号线、8 号线、9 号线轨道系统、青岛地铁 6 号线土建工点等设计。在新型轨道交通市场承揽了超高速低真空管道磁浮交通系统全尺寸试验线（一期）工程勘察设计，拓展了轨道交通市场。太原地铁 1 号线总体总包推进顺利，天津地铁 10 号线延伸线、深圳地铁 10 号线南延、东延工程，桂林地铁 1 号线、宜昌地铁 2 号线等项目 2021 年无实质性进展，其他工点、系统设计进展正常。继成都地铁 1 号线南延、成都地铁 1 号线三期、北京地铁房山线北延线开通后，2021 年中铁设计承担的长春轻轨 3 号线东延线、芜湖轨道交通 1 号线、2 号线相继建成通车。（刘　彪）

【走向海外】中铁设计紧跟股份公司

海外体制改革步伐，积极融入股份公司区域总部建设和市场开发工作。依托项目与“一体两翼”外经平台公司进行了深度对接，不间断地与平台公司相关部门进行不同形式的业务交流。加强与股份公司各工程局及系统外外经企业如中机、北方国际等公司的合作，与外经平台的合作更加紧密。进一步加大东南亚、陆地相邻等重点国家的经营追踪力度。夯实经营要素建设，成功入围国合署援外项目咨询企业服务名单。年内作为中国中铁联合体成员之一顺利中标了菲律宾南线铁路。重点项目有：巴基斯坦 ML-1 铁路项目、马来西亚大马城一期项目、乌兹别克斯坦塔什干—撒马尔罕收费高速公路项目、塞内加尔久拜尔—图巴铁路项目、肯尼亚—奔戈马供水和卫生设施工程项目、吉尔吉斯斯坦巴列克钦至卡拉刻赤铁路项目。

（张金超）

【重大创新】院士专家工作站在原有 3 位院士、6 名专家进站的基础上新引进 1 名污水治理院士，指导重大科研报奖、技术难题解疑，作用发挥有力提升。全年举办 4 次院士专家大讲堂系列活动。单轨中心新吸纳 2 名中心成员企业，目前共有成员企业 50 家。承办北京市科协院士专家工作站服务机制建设项目，获奖金 3 万元。获“丰台区创新十二条”奖励 30 万元。道岔关键技术研究获评“中城协评科技进步一等奖”。推进编制《智慧单轨建设蓝皮书》。举办中国新型轨道交通创新发展大会，协办北京国际城市轨道交通高峰论坛。全年承担各类标准编制 11 项，主编 6 项，其中主持编制国铁集团《铁路客运综合指挥中心工程技术规范》等 3 项标准；参编 5 项，其中参编的《成渝中线高速铁路设计暂行规范》对开展时速 400 千米标准梁设计具有重要的意义。全年申请各类专利 110 项，其中海外专利 2 项、发明专利 60 项；授权专利 56 项，其中发明专利 15 项。

（孙晓彤　董　薇　张　弛）

【工程创优】2021 年，中铁设计获得国家、省部级（包括股份公司）以上各类科技成果奖项 154 项，其中科学技术奖 13 项，国家铁路局重大科技创新成果入库 10 项；国家钢结构金奖 1 项［北京市轨道交通新机场线一期工程土建工点施工 03 合同段（总包）项目］，全国优秀工程咨询成果奖 1 项（乐凯大街南延线保定南站斜拉桥），优秀工程勘察设计奖 55 项，优秀工程标准设计奖 2 项，优秀工程计算机软件奖 2 项，优秀 BIM 技术应用 8 项，优秀工程咨询成果奖 16 项，优质工程奖 1 项，其他类奖 4 项（其中“面向铁路工程设计的数字孪生解决方案”获首届工业数字孪生大赛全国一等奖）；QC 成果奖 41 项。获得授权专利 56 项（其中发明 15 项）。

（董　薇）

【企业文化】中铁设计大力培育和弘扬“开路先锋”文化，围绕高质量发展主题，不断创新勘察设计文化，以提升文化管理水平，内强队伍素质，外树企业形象，推动改革创新，促进管理提升，增强企业凝聚力、竞争力、影响力，形成特色鲜明的勘察设计企业文化，成为中国中铁企业文化的重要内容。

以冬奥会场馆布局、京张高铁技术推广、全国首个全自动跨座式单轨芜湖 1 号线通车运营等项目为重点，把党的理论路线方针政策宣传在企业做到全覆盖，积极调动基层力量和群众积极性，为中心工作营造良好氛围。完善优化了企业公众号、网站平台、OA 即时通、中铁 e 通、板报、手机等媒体建设，通过建设自媒体、融媒体等手段，不断丰富网络媒体宣传的创新和成效。认真组织中铁设计“两优一先”宣传，动员和激励广大党员干部、职工群众学习先进、争当先进、扎实推动工作，形成学习先进典型浓厚的舆论氛围。

（韩　晶）

【党建工作】深入学习贯彻习近平新时代中国特色社会主义思想和党的十九大、十九届历次全会精神，切实增强“四个意识”，坚定“四个自信”，做到“两个维护”。落实“第一议题”制度，传达学习习近平总书记重要讲话指示批示精神 33 篇；建立《学习贯彻落实习近平总书记重要指示批示管理台账》，落实党委理论学习中心组学习制度，组织集中学习研讨 8 次，其中组织党史专题学习研讨 4 次，专题读书班 3 次，领导班子成员撰写学习体会和理论文章 27 篇。制定修订《党委常委会议事规则》《“三重一大”决策制度实施办法》《重大事项决策权责清单》，全年召开党委常委（扩大）会 25 次，前置研究讨论重大经营管理事项 115 项。深入贯彻落实中央人才工作会议精神和中国中铁人才队伍建设工作部署，召开首次人才队伍建设工作会议。修订《领导人员管理办法》，引进、提拔和交流中层干部 81 人次，“80 后”由 13 人增至 24 人。坚持把优秀人才引进来，招聘各类名校应届毕业生 99 人，评选“1551 人才工程”147 人。开展生产单位副总工程师岗位竞聘工作，116 人实现竞聘上岗。加强干部职工素质提升，组织各类培训 680 余次，参培 1.4 万余人次。全面贯彻落实新时代党的组织路线，制定修订《党支部建设晋位升级管理规定》《党建工作责任制考核评价办法》，推进基层党建工作规范化制度化，促进党建工作与生产经营深度融合。定期对党风廉政建设和反腐败工作进行研究部署，加强对践行“两个维护”、党史学习教育的监督，“清单化”政治监督台账，形成《领学、督学、促学，助推中铁设计党委党史学习教育走深走实》的经验材料。突出对“靠企吃企”问题整治的监督，做实做细日常监督，加强对“一把手”和同级领导班子的监督，聚焦关键少数、关键环节、关键领域监督，加强监督力量统筹，制定《中铁设计构建党风廉政建设和反腐败大监督工作格局实施办法》。坚持挺纪在前，开展“一案一剖析”。持之以恒纠治“四风”，加强廉洁警示教育，印发《党风廉政建设及反腐败20个典型案例》大力开展纪检干部业务培训，强化对所属单位纪委书记履职履责考核评价，选优配强纪检队伍。开展“理想信念情怀 爱党爱国爱企”主题活动，推动基层思想政治工作与生产经营深度融合。坚持和践行社会主义核心价值观，大力弘扬中国中铁“开路先锋”文化，践行“勇于跨越 追求卓越”企业精神；中铁设计荣获“首都文明单位”、中国文化管理协会“新时代企业管理实践创新典范”称号，企业宣传片《智慧筑就通途》获评“最美品牌之声”代言作品。

（朱 红 党艺欣 韩 晶）

【信息化建设】积极推进信息化建设工作，在信息化基础设施、管理信息化及生产数字化等方面均取得了显著的成绩。编制《中铁工程设计咨询集团有限公司“十四五”信息化建设规划》，对中铁设计未来五年的信息化工作进行了总体规划及顶层设计。全面开展中铁e通推广应用工作，安装率达100%，日活率90%以上，已全面使用中铁e通作为工作沟通和业务协同办公的平台。一体化平台开通，OA、财务共享系统及中国中铁头条专栏已按照股份通知要求的节点时间入驻。完成全球组网、数据颗粒归仓等工作。按照网络安全管控的整体要求，开展了网络安全改造工作，把既有混合网络改造为外部互联网区域、中间业务区域、内部办公区域三部分，改造后会极大地加强网络数据传输可控、网络客户端安全管控。自主开发协同设计平台，取得阶段性成果，在生产项目中进行了试点应用。发布了具有中铁设计自主知识产权的工程数字化产品，涵盖站前站后8个专业百余项功能，初步实现了多专业实时联动、参数化设计、实景预览等。（张 弛）

【履行社会责任】新冠肺炎疫情防控科学得当，统一指挥、全面部署。密切关注疫情新形势和疫情风险地区的变化，完善应急预案，确保职工生命安全和身体健康。加强对高风险工程项目管理，落实疫情防控和安全生产职责，坚决杜绝“以包代管”行为；加强工程项目安全稽查检查和隐患排查整改，确保生产安全状况持续稳定可控。深入开展“质量安全警示日”活动，深刻吸取“7·25”质量事件教训，强化全局意识、服务意识、责任意识、风险意识；严格落实中国中铁安全生产“2468”管理要点和“铁腕治安全硬十条”，深入开展安全生产专项整治三年行动，确保企业安全生产。2021年7月下旬，河南省郑州市遭遇历史罕见特大暴雨灾害，中铁设计郑州院各级党组织和党员干部带领广大人民群众积极参加防汛抢险救灾工作。在抢险救灾过程中，主动作为，有力保障京广线、陇海线、南同蒲铁路、太焦线、侯月线的恢复通车。“99公益日”，中铁设计团委组织广大团员青年捐款，支持中国中铁团委五彩梦想计划。12月5日国际志愿者日，走进大兴区龙海学校，通过为农民工子弟小学捐赠物资，爱心陪伴，向上向善好青年授课等方式，为在校学生送去冬日的温暖。响应股份公司号召，连续多年开展“地球站”公益工程，倡导勤俭节约、扶贫济困、低碳环保的公益理念，号召职工捐赠家庭和个人闲置物品，经分类整理、修缮消毒等措施后，全部用于捐赠贫困地区，不断践行央企助力脱贫攻坚的社会责任。（察楠楠 李 莉）

【领导人员】

王洪宇 党委书记、董事长
安国勇 总经理、党委副书记、董事
辛 兵 党委常委（3月免）、工会主席（1月任、3月免）、副总经理（3月免）、董事（3月免）
周 坤 党委常委、副总经理
石 山 党委常委、副总经理
郑晓辉 党委常委、副总经理（10月免）
　　党委副书记（10月任）
　　工会主席（10月任）
　　职工董事（9月任）
张亚旭 党委常委、总会计师
　　总法律顾问
王国卿 党委常委（1月任）
　　纪委书记（1月任）
巫伟军 副总经理、总工程师
毕成城 副总经理（11月任）
吴 军 副总经理（11月任）

（田 觅 张煜鲲）

中铁大桥勘测设计院集团有限公司

【简况】中铁大桥勘测设计院集团有限公司（以下简称“中铁大桥院”），始建于1950年8月。2003年，完成公司制改造，成立中铁大桥勘测设计院有限公司；2010年，中铁大桥勘测设计院有限公司升格为正局级单位，由中国中铁股份有限公司直接管理；2011年，成立中铁大桥勘测设计院集团，公司更名为“中铁大桥勘测设计院集团有限公司”。注册地址为湖北省武汉市汉阳区汉阳大道34号，注册资本14833.71万元人民币。

中铁大桥院是国内唯一以桥梁设计为特色的综合设计咨询企业，现已发展成以桥梁勘测设计为核心，集铁道工程、市政工程、公路工程、建筑设计、规划设计、轨道交通设计和咨询监理、桥隧诊治等多项业务于一体的国家高新技术企业集团。持有国家颁发的工程设计（综合类）、工程勘察（综合类）、工程测量、工程资信、市政公用工程监理、公路工程监理、铁路工程（铁路桥梁工程）监理、城乡规划编制等甲级资格证书；持有质量、环境、职业健康安全管理体系标准认证证书。

中铁大桥院下设7家子公司、8家分公司。子公司为中铁武汉大桥工程咨询监理有限公司、中铁桥隧技术有限公司、中铁城市规划设计研究院有限公司、中铁时代建筑设计院有限公司、中铁武汉勘察设计院有限公司、芜湖市建筑工程施工图设计文件审查中心有限公司、中

铁大桥勘测设计院集团武汉检测技术有限公司；分公司为华东分公司、武汉分公司、重庆分公司、郑州分公司、成都分公司、安徽分公司、加纳分公司、澳门分公司。

截至2021年底，中铁大桥院职工总数1243人，专业技术人才1141人，其中教授级高工156人，高级工程师457人，工程师223人。高级技工39人，技师29人。先后培养了4名中国工程院院士、7名全国工程勘察设计大师。获23项国家科技进步奖、21项国际桥梁大奖、200余项省部级以上奖励；取得有效授权专利461项，其中发明专利211项，实用新型专利242项；取得计算机软件著作权113项。

（许竞文）

【主要指标】2021年，中铁大桥院实现营业收入19.12亿元，同比增长4.08%，近3年平均增长率为13.86%；实现新签合同额34.03亿元，近3年平均增长率为13.30%。3年来，均超额完成股份公司下达的考核指标；全年实现净利润2.15亿元，同比增长19.44%，近3年平均增长率为34.30%；经营性净现金流3.17亿元，近3年平均增长率为0.78%。截至2021年末，资产总额36.65亿元，较2020年增长7.73%，近3年平均增长率为12.49%；负债结构合理，一直以来未发生任何融资行为，无财务支付风险。所有者权益总额8.99亿元，较2020年增长13.80%，近3年平均增长率为13.54%；国有资产保值增值率为115.50%。

（夏　威）

表13-32　2020—2021年中铁大桥院主要经济指标

项目	2020年	2021年	增长率/%
资产总额/亿元	34.02	36.65	7.73
所有者权益/亿元	7.90	8.99	13.80
营业收入/亿元	18.37	19.12	4.08
利润总额/亿元	2.06	2.51	21.84
净利润/亿元	1.80	2.15	19.44
归属于母公司所有者的净利润/亿元	1.76	2.11	19.89
技术开发投入/亿元	1.08	1.25	15.74
利税总额/亿元	3.10	3.45	11.29
应交税金总额/亿元	1.64	1.68	2.44
全员劳动生产率/［万元/（人·年）］	42.92	43.55	1.47
净资产收益率/%	22.77	23.92	增加1.15个百分点
总资产报酬率/%	6.56	7.11	减少0.55个百分点
国有资本保值增值率/%	114.32	115.50	增加1.18个百分点

制表：夏　威

【改革发展】开展深化改革三年行动，中铁大桥院完成了“以桥为主　多元竞进　综合发展”的发展战略的迭代升级，取得了工程设计综合甲级资质，进入国家工程设计最高等级企业行列；总工程师高宗余当选中国工程院院士，是公司继陈新、方秦汉、秦顺全之后当选的第四位中国工程院院士；建设高水平科技智库，选聘企业内外部行业知名专家186名，其中中国工程院院士14人、“国家高层次人才特殊支持计划”人才1人、国务院政府特殊津贴获得者35人。

坚持创新驱动发展，激发科技创新动能。对科技研发进行顶层设计，构建了以“技术领域—研究方向—研究任务”为基本架构的三级科技研发体系，设立了6个技术领域和50余个研究方向，更加聚焦国家重大工程和战略需求；着力构建企业为主的创新体系，寻找高校和科研院所研发资源、政府资源、科技中介与企业技术进行协同创新，2021年与中铁大桥局共同作为依托单位，对“桥梁结构健康与安全国家重点实验室”进行优化重组；实施科研和生产绩效分列，建立绩效考评体系，按照“每年一评估、三年一考核”的周期进行，考评结果与目标校正、动态管理、绩效预算等直接挂钩。

坚持市场化主方向，提升人才强企赋能。推动经理层成员任期制契约化，明确经理层成员岗位职权和分工，抓住关键岗位职责，实施“一人一表”差异化考核，分档制定了具有挑战性的考核目标并匹配相应的考核计分与薪酬分配机制，并

所属单位

在契约中明确业绩贡献与薪酬兑现的关联规则，严格按照契约约定，根据考核结果刚性兑现薪酬和严格退出，同时注重合理拉开薪酬差距。推动干部能上能下，坚持通过竞争机制选人用人，2021年，管理人员竞争上岗比例为55.88%，关键岗位竞争性选拔逐渐成为常态；强化考核结果在市场化退出上运用，推行业绩考核和综合考核评价“双达标”机制，2021年，管理人员退出比例为7.04%。推动员工能进能出，坚持以公开招聘的方式择优选聘人才，近年来，公开招聘比例保持在100%；坚持把推进员工市场化退出作为激发员工队伍活力的重要举措，健全完善以岗位考核为基础的全员绩效考核评价体系，严格考核结果运用，畅通员工退出渠道，2021年，员工市场化退出率为3.1%。推动收入能增能减，建立“一岗一薪、易岗易薪”的市场化薪酬体系，提高与实际贡献挂钩的浮动工资比重，同时采取差异化薪酬水平定位，重点向高绩效人员倾斜，合理拉大薪酬差距，2021年，中铁大桥院本级及各级子企业浮动工资占比为74.3%，收入差距倍数为2.82倍，有效提高了薪酬激励性；积极推行激励机制多元化，2021年选取符合条件的子企业实施岗位分红激励政策，为企业发展注入新动能。

坚持加强党的领导，完善公司法人治理。坚持把党的领导融入公司治理，完善党委会议事清单，明确列入第一议题制度，形成了较为完备的党委前置研究讨论制度体系；修订“三重一大”决策制度实施办法，形成重大事项决策权责清单。加强董事会建设，实现外部董事占多数，中铁大桥院7名董事会成员中有4人是来自企业管理等领域的外部专家，有效提升了董事会决策的专业性和科学性；建立、改组了提名委员会、战略委员会、审计与风险管理委员会、薪酬与考核委员会；制定《落实董事会职权实施方案》及配套制度，明确决策程序，提高决策质量，健全董事会向股东会、经理层向董事会报告机制，初步形成权责法定、权责透明、协调运转、有效制衡的董事会运行体系；加强外部董事监事管理，制定《委派的外部董事监事管理办法》等制度，对子企业董事会、监事会及委派董事、监事履职明确权责义务，提出工作要求，规范工作机制，截至2021年末，中铁大桥院外部董事人才库近30人。（粟　晓）

【重大项目】2021年，中铁大桥院与中国地方铁路协会、中国铁路投资有限公司、中铁第一勘察设计院集团有限公司、中铁二院工程集团有限责任公司、中国铁路设计集团有限公司、中铁第四勘察设计院集团有限公司、中铁第五勘察设计院集团有限公司、中铁工程设计咨询集团有限公司、中铁上海设计院集团有限公司、中铁第六勘察设计院集团有限公司共同出资，于2021年4月20日注册成立中铁协工程咨询有限公司，注册资本5000万元人民币，其中中铁大桥院股权占比5%，应出资250万元。中铁大桥院与中铁（上海）投资集团有限公司、中国铁工投资建设集团有限公司、中铁四局集团有限公司、中铁第六勘察设计院集团有限公司共同出资，于2021年6月9日注册成立中铁（上海）城市规划咨询有限公司，注册资本5000万元，其中中铁大桥院股权占比25%，应出资1250万元。（粟　晓）

【走向海外】2021年中铁大桥院完成海外新签合同额1405万美元，为股份公司下达任务指标（1000万美元）的140.5%，实现海外收款额718万美元，为股份公司任务指标（400万美元）的179.5%。

在海外新冠肺炎疫情防控方面，中铁大桥院成立了境外防疫专班和工作小组，组织编制了境外突发事件应急预案、境外新冠肺炎疫情应急预案、境外非生产性安全管理办法、项目现场疫情防控手册等制度文件；密切关注境外疫情发展动态，购置防疫物资，开展境外防疫大排查，消除风险隐患；同时组织慰问境外员工及家属，及时疏解负面情绪，认真部署落实员工回国事宜。通过科学防控措施，为海外业务开展提供了坚实保障。

在市场经营方面，中铁大桥院高度重视海外区域化经营，精准发力，由面向全球到紧盯中国澳门、加纳、孟加拉国三大核心市场，并依托重点项目稳步攻坚菲律宾市场。2021年参与跟踪和投标项目共计20余项，分布在亚洲、非洲、欧洲、南美洲等地区，主要包括菲律宾南线铁路、孟加拉国数字联通EDC办公大楼、俄罗斯勒拿河大桥、澳门新城AB海底隧道、中国香港青龙大桥（11号干线）、印度尼西亚巴淡—宾坦岛跨海桥、加纳阿克拉智能交通系统、加纳阿克拉23千米外环线、加纳西非康养中心、瑞典高铁、圭亚那德梅拉拉大桥等项目。

在项目生产方面，2021年海外在执行合同共有12个，其中加纳2个、孟加拉国5个、中国澳门地区5个。根据三年科改行动计划要求，中铁大桥院稳步推进境外机构布局，继加纳分公司后，澳门分公司已于2021年内完成注册工作，投入运营。另外，年内完成了设立孟加拉国办事处的可行性调研及相关报告。（周　杰）

【重大创新】中铁大桥院在公铁两用大桥、高速铁路大跨度桥梁、多塔缆索承重桥梁、组合桥梁、桥梁深水基础设计方面继续保持领先优势地位，同时结合川藏铁路、重大越江跨海通道桥梁工程设计工作，重点做好超大跨度铁路桥梁、高寒山区大跨度铁路桥梁、跨海大桥深水基础等关键领域核心技术的研发工作，并积极在新材料、新结构、新工艺等新技术领域开展了一系列卓有成效的研究。

2021年新承担国家级科研项目9项，中国中铁科研项目4项，自立科研项目37项；24项科研课题完成结题，19项成果通过中国中铁科技成果评审，其中8项成果达到国际领先水平，10项成果达到国际先进水平，1项达到国内领先水平。年内新申请专利160项，获得专利授权151项，其中授权发明专利59项，授权实用新型专利86项。由中铁大桥院参编的国家标准《组合结构通用规范》（GB55004—2021）于2021年4月9日发布，参编的团体标准《后浇清水混凝土技术规程》（T/CECS814—2021）于2021年1月21日发布。中铁大桥院“桥梁智能建造与维养国家重点实验室”方案已于2021年12月正式上报国资委审批，中铁大桥院“特殊复杂环境下长大桥梁建造技术铁路行业工程研究中心”揭牌仪式暨首届技术委员会第一次会议于2021年6月召开。

（刘　扬　李　明　黄小军）

【工程创优】2021年，中铁大桥院获得各类科技奖励48项，其中“超大跨度双层公路悬索桥设计施工关键技术”获“中国施工企业管理协会工程建设科学技术特等奖”，“钢结构工程疲劳性能研究与应用”获“中国钢结构协会科技进步特等奖”，“大桥梁多点支撑水平转体建造成套技术研究及应用”等5项成果获得公路学会二等奖、三等奖，“六线铁路桥梁双层双桁结构钢桁梁设计新技术”等3项成果获得省级科技进步奖一等奖、二等奖、三等奖，“重庆至贵阳铁路扩能改造工程新白沙沱长江大桥及相关工程站前工程”获“中国土木工程詹天佑奖”，“成都至贵阳高速铁路”获“菲迪克工程项目杰出奖”，全年共获国家优质工程奖7项。

（卫毓珊）

【企业文化】持续推进文化建设，不断丰富拓展企业文化内涵。结合生产经营与改革发展，精心组织参与了“武汉设计双年展”“中国智造品牌论坛”“中央企业高端装备制造创新成就展”等具有重大影响力社会活动；围绕武汉汉江湾桥通车、沪苏通长江公铁大桥荣获国际桥梁大会“乔治·理查德森奖”、赤壁长江公路大桥通车运营、五峰山长江大桥公路面通车、安九铁路鳊鱼洲长江大桥通车等项目节点，结合高宗余当选中国工程院院士并获央企楷模荣誉、中铁大桥院取得综合资质甲级等重要事件，全方位、多角度、深层次开展宣传报道。全年外宣报道在各级媒体转载量达千余篇。

献礼建党百年，参与中央电视台《国家记忆》栏目，中铁大桥院党委书记刘自明讲述了毛泽东主席见证武汉长江大桥建成通车的故事；参与中央电视台《大国建造》栏目，讲述由中铁大桥院副总工程师徐恭义设计的五峰山长江大桥在通车之际进行动载试验的故事；参与中央电视台《人物》栏目，讲述中铁大桥院副总工程师徐恭义与他所设计的桥梁故事；参与了国资委《中国品牌日》栏目拍摄，中铁大桥院董事长秦顺全就中国桥梁走出去和中国桥梁装备发展接受采访；参与制作了“信仰之路”“我为中国桥代言”等宣传片，举办中铁大桥院庆祝中国共产党建党100周年庆祝大会，进一步提升了企业社会影响力和公信力。

以精神文明创建工作为抓手，印发《关于进一步加强中铁大桥勘测设计院集团有限公司精神文明创建工作的通知》《中铁大桥勘测设计院集团有限公司2021年文明单位创建工作计划》等，统一规范，凝聚共识。注重统筹乡村振兴定点陶家河乡的帮扶，印发《关于中铁大桥院结对共建新时代文明实践中心的实施方案》，在保持已有的脱贫攻坚帮扶政策、资金支持、帮扶力量的基础上，全面实施乡村振兴战略。深化党史学习教育，持续深入开展“理想信念情怀　爱党爱国爱企”主题活动，印发《中铁大桥院党委“我为群众办实事”实践活动工作方案》，整理了“我为群众办实事”民生项目清单，逐项细化抓落实、见实效。

打造具有大桥院特色的文化品牌，在全院范围内积极宣贯中国中铁“开路先锋”文化，制定《关于规范中铁大桥院各单位使用企业标识的通知》，印发《关于贯彻落实〈中国中铁“开路先锋”企业文化建设实施纲要〉的通知》，为企业文化建设提供制度支撑。企业官方网站全面升级，各板块重新规划，增加党史学习教育和廉洁文化板块、持续更新企业简介、招聘信息、荣誉奖项等信息内容，对外展示形象进一步提升。精心打造“跨江越海　桥见未来”企业文化展厅，将企业文化展厅建成传播企业精神的阵地和展示优良传统作风的窗口，丰富了企业文化载体，为企业高质量发展提供精神动力和文化支撑。

（王梦宇）

【党建工作】2021年，中铁大桥院党委及所属各级党组织充分发挥党组织领导核心和政治核心作用，以提升组织力为重点，突出政治功能，以高质量党建引领企业高质量发展；切实加强党的政治建设，充分发挥党委领导作用；深入学习贯彻习近平新时代中国特色社会主义思想、党的十九大及历次全会精神，认真贯彻执行党中央重大决策部署，扎实开展党史学习教育工作；修订完善公司“三重一大”决策制度，党委会、党委办公会等会议制度，严格执行党委会“前置程序”要求，促进党建工作与现代企业治理有机结合；建立健全“两个责任”制度体系，把“两个责任”落实情况作为年度考核、监督检查和内部巡察的重点；分别与股份公司和二级单位签订《党风廉政建设责任书》，层层传导压力，压紧压实责任。

中铁大桥院党委持续健全基层组织体系。对党组织体系进行动态完善、及时调整，做好党内换届工作，推进基层党组织规范化设置。进一步健全完善党组织制度体系，调整修订《中铁大桥院党建工作责任制考核评价办法》，制定《中铁大桥勘测设计院集团有限公司党支部建设晋位升级管理办法》，推动党建制度与企业管理深度融合。加强党员队伍建设，严格党员发展程序，2021年新发展党员20名，引进新大学生党员31名。加强党员教育培训，开展基层党员集中教育、党员干部培训314人次。夯实基层党组织建设，深入项目一线开展“星火党建”活动，进一步破除党建壁垒。定期对基层党建工作进行监督检查，对存在问题及时下发工作提示单，促进各基层组织及党支部“三会一课”、民主评议党员等政治生活制度的常态化、规范化。2021年，中铁大桥院1人获评“湖北省优秀党务工作者”，2人获评“国有企业优秀共产党员”，1人获评“国有企业优秀党务工作者”，1个党组织获评“国有企业先进基层党组织”，3人获评“中国中铁优秀党务工作者标兵”，1人获评“中国中铁优秀共产党员标兵”。

中铁大桥院党委坚持党管干部、党管人才。系统谋划干部梯队建设，选优配强二级单位领导班子，全年新提拔中层干部22人，有效保证干部人才队伍活力。坚持市场化用人选才机制，全面推行任期制和契约化管理，推动传统身份管理向市场化岗位管理转变。坚持市场化选聘人才，全年公开招聘应届毕业生74人，其中硕士及以上学历人员占比达93%，双一流人员占比64%。积极建设高层次人才队伍，全年通过正高级职称30人、高级职称55人，高宗余当选中国工程院院士。

中铁大桥院党委坚持推进全面从严治党。召开党委会、党风廉政建设和反腐败工作会，将党风廉政建设和反腐败工作与生产经营工作同规划、同部署、同推进。持续加大监督力度，建立政治监督工作台账，推动政治监督工作标准化、清单化。扎实开展巡察工作，先后分两批对所属8家单位开展常规巡察，对6家子公司开展民企挂靠国资专项巡察工作，发现问题并强化整改。组织党风廉政建设“宣教月”系列活动，推动干部职工进一步增强纪法意识。（邹　茜）

【信息化建设】2021年，中铁大桥院在网络安全保障、新大楼信息化建设、信息贯通方面均取得较大成绩。关键信息化设施如各类服务器、视频、网络、软件加密狗及重要信息系统全年均正常平稳运行，有效确保了企业生产经营各项工作的平稳有序开展，特别是在“护网行动”“建党100周年网络重保行动”期间，全公司网络核心设施运作正常，未发生重大网络安全事故。2021年借助中铁大桥院总部新大楼建设的契机，大力推进新大楼信息化建设工作，提升信息化整体水平，并按高标准来开展新大楼的网络安全、智能化会议、综合布线、数据中心机房、桥梁监控中心等各项工作。在信息贯通工作方面，实现了项目管理系统、财务共享平台、协同办公平台的“统一身份、统一待办、统一认证”，实现了信息化建设的跨越式发展。（喻　祥）

【履行社会责任】全面贯彻落实党中央关于健全常态化驻村工作机制的决策部署，严格按照省委、省政府工作要求，加强工作对接，配强帮扶力量，准确把握新阶段帮扶村工作的新要求，在全面推进乡村振兴中作出新贡献。建强组织，成立乡村振兴工作领导小组，调整第一书记人选，吸纳2名新毕业大学生充实驻村工作队；制定《中铁大桥勘测设计院集团有限公司定点帮扶工作队工作制度（试行）》《中铁大桥院驻村工作队考核规定（试行）》，细化责任、强化管理、量化考核，充分调动定点帮扶工作队积极性、主动性、创造性。持续推动产业帮扶，做精做强猕猴桃产业示范园，邀请专家指导猕猴桃种植，完成园区大棚搭建、猕猴桃嫁接等工作，为帮扶村集体经济创收奠定基础。同时大力挖掘梨园、茶园等特色产业，探索发展红色旅游、文旅康养等特色产业，积极谋划增收渠道，打造美丽乡村。强化资金保障，2021年共投入资金35万元用于帮扶村建设。支持消费扶贫，2021年，内购外销农户产品8万余元，为23户群众解决产品滞销问题，累计购销农副产品不低于15万元，切实帮助驻点村增加产业收入。

筑牢抗疫防线，严格执行防疫规章制度。后勤安保人员每日查体温、扫健康码，对外来人员进行实名登记；每日对公共区域进行消杀，每月为员工发放防疫口罩，组织劳务派遣人员进行行程登记，确保疫情防控措施落实到位。

强化人文关怀，积极承担社会责任。持续开展四季关爱行动、“金秋助学”工作，实现帮扶送温暖常态化制度化。针对因病致困员工，实行“标准化”“精准化”帮扶，形成“一般困难及时帮、长期困难制度帮”的帮扶机制。深入开展“我为群众办实事”“我为基层办件事”活动，先后为项目一线增添文体设施、运动器材等，用真情为基层一线职工送去服务与关怀。（邹　茜）

【领导人员】

秦顺全　董事长
刘自明　党委书记、副董事长
田道明　党委副书记、总经理
高宗余　总工程师
庄　勇　副总经理
黄燕庆　党委副书记、副总经理
周传斌　副总经理
张　强　副总经理
夏永强　总会计师、总法律顾问
陈德柱　副总经理
杨书华　党委副书记、纪委书记
　　　　工会主席
查京屏　副总经理
胡　骏　副总经理

（粟　晓　童佩文）

中铁科学研究院有限公司

【简况】中铁科学研究院有限公司（以下简称“中铁科研院”）是中国

中铁旗下唯一的综合性科研企业，致力于铁路、公路、轨道交通、市政等国家基础设施建设的科研、设计、监理、检测、施工和配套产品研发。在隧道及地下工程、滑坡与高边坡、冻土与盐湖、黄土与地基基础、沙漠与环境工程地质、裂土（膨胀土）、环保与环评、工程地质与灾害防治、文物保护及建筑物纠偏、岩土工程检测、桥梁及结构工程等专业领域做出了突出贡献。中国中铁对中铁科研院的发展定位为：引领中国中铁乃至建筑行业科技进步和技术升级，建设成为中国中铁科技研究、科技研发、科技创新的领军企业。

中铁科研院源于1959年、1961年铁道部在成都、兰州分别成立的铁道部隧道科学技术研究所和铁科院西北研究所。中铁西南科学研究院有限公司前身是铁道部隧道科学技术研究所，为攻克修建成昆铁路、川藏铁路面临的复杂隧道和山区泥石流难题而建立；中铁西北科学研究院有限公司前身是铁科院西北研究所，为攻克修建青藏铁路面临的高海拔冻土、黄土以及滑坡灾害难题而建立。1992年，两院分别更名为“铁道部科学研究院西南分院”“铁道部科学研究院西北分院”。2000年，顺应国家科技体制改革，两院双双进入中国铁路工程总公司，由事业单位转制为企业，分别更名为“中铁西南科学研究院”和“中铁西北科学研究院”。2005年，改制为国有独资公司，分别更名为“中铁西南科学研究院有限公司”（以下简称“中铁西南院”）、“中铁西北科学研究院有限公司”（以下简称“中铁西北院”）。2014年8月，按照中国中铁全面深化改革的总体部署，中铁西南院、中铁西北院合并重组，成立中铁科学研究院有限公司，注册资本金6亿元，注册地成都。

中铁科研院下属中铁西南院、中铁西北院、四川铁科建设监理有限公司、甘肃铁科建设工程咨询有限公司、中铁成都科学技术研究院有限公司5家全资子公司和设计院、工程公司、成都分公司3家分公司。中铁科研院综合业绩连续5年获评中国中铁A（优秀）级，目前拥有职工人数1000余人，博士、硕士研究生占比40%，高级职称及以上占比47%，其中各类专家163人次，含国国家级突出贡献专家1人、国家级百千万人才1人，享受国务院政府特殊津贴专家29人，省部级专家43人次，茅以升、詹天佑等行业协会专家28人次，中国中铁专家30人次、特级专家2人。博士、硕士生导师29人；“80后”职工700余人，占比70%。拥有1个博士后科研工作站、1个国家级企业技术中心、5个省级重点实验室和1个工信部重点实验室分中心；主编了中文核心期刊、中国核心科技期刊《现代隧道技术》。现有资质包括工程设计铁道行业甲Ⅱ级、建筑工程乙级、市政行业（道路、桥梁、给水、排水专业）乙级等。资产总额19.16亿元，其中，固定资产净值2.64亿元、流动资产12.83亿元、其他资产3.69亿元。

中铁科研院多年来累计取得各类科技成果552余项，获得各类科技成果奖516项，其中国家级科技奖37项、省部级科技奖226项；拥有有效国家专利、软件著作权等564项，主持或参编各类技术规范（标准）103项，主编、参编、翻译著作74部，主持或参编国家、部委和行业规范（标准）89项。主编的《现代隧道技术》在2021年交通运输工程学科151种期刊影响力指数排名第10。自重组成立以来，累计取得各类科技成果130项，获得各类科技成果奖166项，其中国家级科技奖3项、省部级科技奖69项；拥有国家专利、软件著作权等488项，其中发明专利91项。（杨　媚）

【主要指标】2021年，中铁科研院年累计新签合同额33.95亿元，完成股份下达年度目标25.00亿元的135.8%，完成公司年度目标33.00亿元的102.9%；中标未签合同额4178万元，承揽合计34.37亿元。从各板块、行业完成情况来看，监理板块新签合同额较2020年同期增加3886万元，增幅7.7%；市政、城轨和房建类业务较2020年分别增长1.93亿元、1.39亿元和1.17亿元，分别增幅46.8%、32.2%和69.1%；实现营业收入17.42亿元，为中国中铁下达年度指标的101.87%；实现净利润3662万元，为中国中铁下达年度指标的104.63%；实现经济增加值（EVA）5020万元，为中国中铁下达年度指标的167.33%；全年经营性现金净流入6957万元，为中国中铁下达年度指标的198.77%；资产负债率53.56%，控制在股份公司下达指标53.87%以内；年末有息负债1.2亿元，控制在股份公司下达指标2亿元以内。中铁科研院不断加大科技投入力度，2021年研发投入8749万元，为中国中铁下达年度指标的101.74%。（何　宇　冯　波）

表13-33　2020—2021年中铁科研院主要经济指标

项　目	2020年	2021年	增长率/%
资产总额/亿元	17.39	19.16	10.18
所有者权益/亿元	8.63	8.90	3.13
营业收入/亿元	17.93	17.42	-2.84

续表

项 目	2020 年	2021 年	增长率 /%
利润总额 / 亿元	0.69	0.51	−26.09
净利润 / 亿元	0.54	0.37	−31.48
归属于母公司所有者的净利润 / 亿元	0.50	0.39	−22.00
技术开发投入 / 亿元	0.93	0.87	−6.45
利税总额 / 亿元	1.72	1.58	−8.14
应交税金总额 / 亿元	1.17	1.21	3.42
全员劳动生产率 /［万元 /（人 · 年）］	21.17	23.09	9.07
净资产收益率 /%	6.53	4.18	减少 2.35 个百分点
总资产报酬率 /%	4.62	3.20	减少 1.42 个百分点
国有资本保值增值率 /%	106.12	104.50	减少 1.62 个百分点

制表：冯 波

【改革发展】中铁科研院党委坚持以召开领导班子民主生活会为契机，狠抓民主集中制贯彻落实，同时注重加强班子成员日常交流沟通，增强了中铁科研院领导班子的团结与合力。持续健全干部管理制度体系，落实三项制度改革要求，修订《所属单位领导班子及领导人员管理办法》《改任非领导职务人员管理办法》《干部选拔任用工作责任追究办法》，制定《所属单位经理层成员任期制和契约化管理办法》《所属单位非经理层领导人员业绩考核办法》等系列制度，为激发干部干事创业活力、推动领导干部能上能下提供制度支撑。按照中铁科研院内部改革决策部署，以优化班子结构、强化整体功能、增强班子活力为重点，及时、严格选配三级企业班子成员及本部职能部门负责人，2021 年调整中铁科研院中层管理人员 29 人次，其中提拔 7 人（“80 后”3 人）、交流 10 人、改任非领导职务 7 人。

修订发布《中铁科学研究院有限公司所属单位经理层成员任期制和契约化管理办法（试行）》《中铁科学研究院有限公司经理层成员薪酬管理实施办法（试行）》《中铁科学研究院有限公司经理层成员业绩考核实施办法（试行）》《中铁科学研究院有限公司所属单位工资总额管理办法》《中铁科学研究院有限公司所属单位负责人薪酬管理办法》《中铁科学研究院有限公司非经理层领导人员业绩考核实施办法（试行）》《中铁科学研究院有限公司所属单位非经理层领导人员业绩考核实施办法（试行）》《中铁科学研究院有限公司部门及员工绩效评价管理规定（试行）》，推进领导人员任期制和契约化管理，全面组织“两书”签订，2021 年组织两级经理层成员共 40 人全部签订《岗位聘任协议》和《业绩责任书》，组织两级非经理层领导人员共 16 人全部签订《业绩责任书》；完善所属单位负责人的薪酬激励与约束机制，促进所属单位提升经营业绩，提高发展质量，确保实现中铁科研院发展战略目标；落实文保中心创新激励方案，定期对激励开展情况进行跟踪评价，确保方案落地落实，充分调动核心骨干人才积极性，推动企业高质量发展；加强工资总额预算管控，工资总额与企业经济效益和劳动生产率紧密挂钩，建立“存量调整”和“增量优化”双机制，引导薪酬资源向效率高、贡献大的单位倾斜；发挥绩效考核激励功能，建立完善基于企业经济效益和工作业绩的考核及分配机制，实现业绩与工资水平同向变化，收入差距进一步合理拉开，激发员工工作热情。采用信息化手段高效完成 2021 年中铁科研院本部绩效评价工作，并向部门负责人及个人反馈近 2 年评价结果，帮助部门和员工不断改进工作绩效，实现绩效评价全覆盖和工作闭环。

（胡 平）

【重大项目】2021 年，中铁科研院在研重大科研项目 29 项，其中新立项 12 项，已结题验收 4 项。目前在研重大科研项目分别为“红层地区典型地质灾害失稳机理与新型防治方法技术研究”“超大埋深极高地应力隧道大变形演化机理及变形主动控制技术”“极复杂地质条件下超前地质预报方法与关键技术”“基于热—流—力耦合的寒区岩质隧道耐冻支护机制与结构研究”“基于格宾石笼的隧道支护力学机理与承载特性研究”“基于相变蓄冷板的高地温隧道降温机制及设计方法研究”“缓倾层状软弱围岩高速铁路隧道底部变形机理及防控技术研究”“基于地层与土体参数变异性的深厚非均匀填土场地沉降特性研究”“川西隧道钻爆法施工设备全电化作业模式及关键技术研究”“智慧管廊运维任务逻辑与安全响应机制研究”“川西隧道安全运营保障关键设备—衬砌

开槽台车研制”“季节性岩溶富水隧道结构安全影响机制及灾变防控技术研究”“铁路风沙灾害监测设备及预警系统”“内蒙古特殊环境公路灾变机理及综合防控成套技术研究”“宁夏高速铁路荒漠化防治与生态修复技术研究”“四川境内砂岩石窟风化病害评估与保护技术研究”“甘肃省典型石窟岩体力学特性及开裂加固关键技术研究”“川渝地区露天石质文物浅表部岩体劣化动态评估方法及技术示范研究”“高烈度地震区隧道下穿滑坡的灾变演化机制研究”“地震作用下软弱夹层对基覆型边坡地震波传播的隔震机制研究”“城轨交通设计与服务示范项目”“滇中引水工程建造关键技术研究”等。

针对梅州松棚铁路物流基地工程施工总承包、昆玉铁路电气化扩能改造、深圳龙岗区建设国家级湿地公园、天水市乡村振兴南北两山片区基础设施建设项目、中铁文旅贵州纳雍生态修复、广东省梅州市平远县数字乡村等项目研究制订开发计划，协调解决遇到的困难和问题，指导督促投标编标工作，确保经营成果顺利落地。

（谷　婷　何　宇）

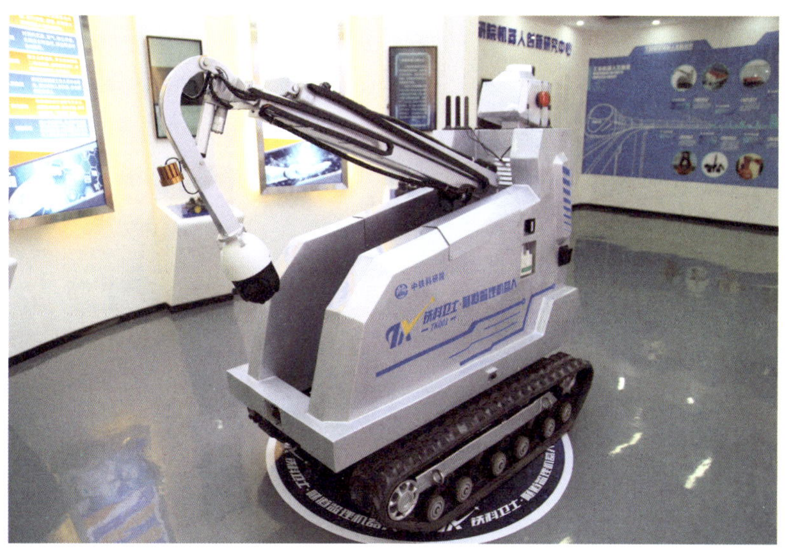

▲图 13-33　2021 年 12 月 15 日，中铁科研院研发制造的“第一代隧道监理机器人”样机在中铁科研院机器人创新研究中心（成都）正式亮相

【走向海外】 大力拓展海外新市场。2021 年度成功开辟了基里巴斯、刚果（金）、安哥拉等新国别市场，承揽了驻基里巴斯大使馆改建工程检测项目、基里巴斯青年公园修缮工程设计服务项目、刚果（金）政府行政大楼工程设计项目、安哥拉住宅病害楼体检测勘察设计项目。加强海外区域化经营，精耕细作现有格鲁吉亚与马来西亚市场，以期实现二次经营突破。截至 2021 年末，在格鲁吉亚承揽了公路隧道超前地质预报技术服务项目，在马来西亚吉隆坡积极跟进 SMART 隧道检测项目、MRT 三期监控量测项目，力争实现再次开发。深化系统内海外经营合作，利用区域公司与系统内单位的全产业链，开拓适合自己的业务板块。与中铁一局合作，进入基里巴斯市场；开展南苏丹钻井打水项目议标工作；与中铁二局合作，积极参与尼泊尔公路隧道设计项目投标，开展尼泊尔公路基桩检测议标工作，洽谈尼泊尔引水工程超前地质预报业务；与中铁八局合作，进入刚果（金）市场，积极跟进菲律宾市场；与中铁国际合作，积极参与香港沙田污水处理厂项目投标、伊拉克桥梁检测项目投标；发挥技术优势紧跟股份公司海外经营步伐，持续推动与股份公司国际部、各海外区域总部、外经平台公司的对接联络，展开密切合作，重点合作开发中西亚、北非、南非、东南亚等区域的重点项目，全力扩大海外经营规模。

2021 年，中铁科研院高度重视海外新冠肺炎疫情防控及安全生产，全面贯彻落实各级防疫要求，在抓好疫情防控的基础上，强化项目安全生产管理。通过网络视频连线方式，开展了境外项目安全风险隐患排查、境外安全生产专项行动，确保境外项目有序运行；针对当前境外疫情形势和境外人员轮换工作需求，及时成立了境外疫情防控专班、境外人员轮换工作专班，并调整了境外突发事件应急处置领导小组，积极开展境外回国人员登记备案、每日健康情况检测上报等专项工作；强化外事及境外非生产性安全管理，特别针对日益复杂的海外形势，重点加强了行前教育和涉外保密工作，严格落实涉外保密各项制度要求。通过上述举措，有效保障了海外人员健康安全以及海外项目有序实施。

（冯　环）

【重大创新】 充分发挥中铁科研院在隧道及地下工程、地质灾害工程领域的研究优势，积极与国内研发实力雄厚的相关单位联合，开展了先进结构与复合材料、文保国家重点专项计划任务，四川省、甘肃省 2021 年度科技计划任务申报工作，获得国家级项目 4 项，省部级 7 项，其中主持 2 项科技部重点研发计划子课题，参与 2 项国家自然科学基金面上项目；持续开展和申报滇中引水等重点工程科研项目，2021 年获得科研立项 2 项；强化科技创新平台建设，加强与属地主管部门的沟通交流，成效显著。中铁科研院西南院技术中心在 1094 家四川省技术中心省级考核中被评为优秀（仅 19 家）；“工业互联网安全技术试验与测评重点实验室中铁分中心”通过工业互联网安全评估测评机构能力认定，并获得认证证书，协助中铁科研院圆满完成年度信息贯通工程、专项 HW 行动等任务，为中铁科研院网络安全保驾护航；中铁科研院参与建设的“‘一带一路’澜湄铁路互联互通中心”在上海成立，该中心以中老、中泰、中缅铁路等“一带一路”建设项目为依托，致力于成为澜湄铁路科教之窗和共享交流载体，并已纳入第六次澜湄合作外长会议《中国相关省区市与湄公河国家地方政府合作意向清单》之中；建立了中铁科研院机器人创新研究中心，中心服务于工程建造领域的智能机器人的研究、装配、应用、定制、展示和教学等活动，是集产、学、研、用于一体的多功能创新中心。持续开展科技成果转化工作，依托传统业务，持续拓展科技成果转化新领域，多个项目成功推广得到应用，通过科技成果转化形成的专有技术或产品实现营业收入近亿元，积极开展产品产业化成果宣传。

（谷　婷）

▲图 13-34　2021 年 9 月 27 日，在中铁科研院参建的成都（双流）空铁国际联运港，全国首条“航空+”西部陆海新通道货运班列成功首发，驶向老挝万象

【工程创优】中铁科研院全年在研科研项目 196 项，其中新立科研项目 63 项，通过结题验收科研项目 32 项，通过评审（鉴定）的科技成果 22 项，其中，国际领先水平 4 项、国际先进水平 10 项；获科技成果奖励 19 项，其中国家级 1 项，省部级 8 项；获中国中铁股份有限公司 2020 年度、2021 年度优秀工程勘察设计奖和优秀工程咨询成果一等奖 2 项、二等奖 1 项、三等奖 5 项；获 2021 年度中国中铁股份有限公司优秀质量管理小组一等奖 1 项、二等奖 2 项，获 2021 年度铁路工程建设优秀 QC 小组一等奖 2 项，获铁路工程建设优秀 QC 小组二等奖 1 项；获得授权专利 99 项（含软件著作权），其中发明专利 17 项，主持或参编技术标准 39 项。

（何国东　谷　婷　李庆海　伍海艳）

【企业文化】充分结合科研企业实际，突出“专·家”文化特色，参加中国中铁党委与央视网联合举办的“永远的开路先锋——红色故事会”，作为全系统八家单位之一，现场讲述了《风火山上 60 年的守望》故事，并通过央视网、学习强国等直播，累计传播量超过 304.3 万次。参加四川省国资系统庆祝建党 100 周年“难忘百年路　奋进新征程”主题演讲比赛，成为中国中铁系统唯一进入决赛的，也是在川建筑央企唯一进入决赛的单位，获二等奖。选树“专·家”典型人物。开展中铁科研院“专·家”典型人物评选表彰活动，对企业改革发展历史上作出了突出贡献的 11 名典型人物进行隆重表彰，推荐 5 人获评中国中铁“开路先锋”卓越人物，大力宣传他们的先进事迹，激励广大员工学习榜样、传承精神、接续奋斗。

（张　莹）

【党建工作】全面学习贯彻落实党的十九届中央纪委五次全会精神和习近平总书记发表的重要讲话，引导各级党员干部从政治上学深悟透党中央关于党风廉政建设和反腐败斗争的精神，牢牢把握党中央关于全面从严治党的新形势、新任务和新要求，时刻保持清醒的政治头脑，坚定正确的政治立场，坚决做到“两个维护”，持续巩固中铁科研院海晏河清的政治生态。坚持把监督贯穿企业生产经营和党建工作全过程，统筹推进民企挂靠国资问题综合整治和“影子公司”“影子股东”问题专项整治，支持纪委聚焦习近平总书记重要指示批示、党中央决策部署、党史学习教育、国企改革三年行动、对标提升行动等重点做实政治监督，引领和保障了年度各项目标任务落到实处。严格执行《落实全面从严治党“两个责任”的实施细则》《党风廉政建设责任制实施细则》等制度办法，定期在党委会上研究部署全面从严治党以及党风廉政建设和反腐败工作，签订《党风廉政建设责任书》37 份，认真落实述职述廉、民主评议和民主测评、党风廉政建设谈话、定期报告等重要制度；中铁科研院纪委在干部选拔任用工作中回复党风廉政意见 5 人次，强化对“三重一大”决策事项全过程监督，不折不扣将“两个责任”清单任务落实到位。持续发力纠治“四风”，制定印发勤俭办企业“十二个不准”并对其贯彻落实情况开展监督检查 7 场次，针对重要节假日前发送廉政提醒短信 5000 余条，组织开展明察暗访活动 30 余场次，全年核查涉及中央八项规定精神问题信访案件 1 件、了结 1 件。强化巡视巡察利剑作用，扎实开展中国中铁 2020 年及 2021 年第一批巡视发现共性问题自查整改，督导中铁科研院成都公司党委从严从实抓好巡察整改工作；自7月下旬以来，全力配合股份公司党委专项巡视组对本单位违规挂靠专项巡视工作，针对中国中铁党委第三巡视组反馈的3个方面3项问题，认真制定了10条整改措施，狠抓责任落实，按期完成了所有问题的整改；同时，抽调中铁科研院相关职能部门骨干人员组成专项巡察组，同步对所属8家三级企业开展违规挂靠专项巡察工作，发现问题44项，加强督促整改，完成巡察“后评估”工作。坚持一体推进“三不”机制，中铁科研院两级纪检组织全年处置问题线索14件，给予党政纪处分13人次，组织处理31人次，精准运用四种形态处理44人次；制定印发了《中铁科研院党委加强对“一把手”和领导班子监督的实施细则》《中铁科研院经营投资免责事项清单及实施办法》等重要制度，进一步完善了权力运行监督制约机制；先后召开两次警示教育大会通报违规违纪典型案例及处理情况，强化了各级党员领导干部的红线意识和底线思维。积极推动监督与再监督的融合贯通，进一步巩固纪检监察体制改革成果，促进了监督合力和专责监督能力持续提升。（何富田）

【信息化建设】完成了股份公司信息贯通工程年度重点任务，完成了统一身份数据治理、OA和财务共享两个核心应用的一体化平台入驻，提前实现一体化工作平台及中铁e通的推广应用目标；加强了网络安全检查，顺利完成公安部HW及建党百年等重要时段的网络安全保障任务；加强了网络安全意识培训等系列工作，如开设网站专栏、云课堂和微信公众号专题等；加强“工业互联网安全技术试验与测评实验室”中铁分中心建设，重点开展了中国中铁范围内网络安全测评等工作。（徐辰丁）

【履行社会责任】参与了多地的事故抢险救援，赴四川达州市宣汉县、开江县等地区开展了农村公路建设质量“两服务一培训”志愿帮扶工作，参与郑州巩义水灾现场抢险、陇海铁路线路抢修工作。积极与扶贫企业共同签订农产品供销协议。全年共采购正宁县苹果、菜籽油、杂粮礼盒等750余件，为贫困村购买垃圾收纳箱20余个，用于垃圾运输，极大地方便了帮扶村垃圾清运与环境整治。

2021年，中铁科研院顺利完成全年每万元营业收入综合能耗（可比价）降低3.51%的目标。

（张　莹　李庆海）

【领导人员】

徐敦美	党委书记、董事长
李　林	党委副书记、总经理、董事
陈思贵	党委副书记、纪委书记
严金秀	中国中铁隧道专家，党委委员、副总经理、董事
李同杰	党委委员、总会计师、董事
王国昌	党委委员、副总经理、董事
王引生	党委委员、副总经理、董事会秘书、总法律顾问
高红兵	党委委员、副总经理、总工程师

（胡　平）

中铁华铁工程设计集团有限公司

【简况】中铁华铁工程设计集团有限公司（以下简称“中铁华铁”）是中国中铁股份有限公司的全资子公司，总部位于北京。2016年4月28日，由中铁工程设计院有限公司和华铁工程咨询有限责任公司重组成立。中铁华铁拥有近70年的历史渊源，其前身是1953年成立的铁道部设计总局工厂设计事务所。

中铁华铁作为高新技术企业、北京市设计创新中心、北京市设计领军企业、高速铁路建造技术国家工程实验室理事单位，拥有工程勘察综合甲级、建筑行业（建筑工程）设计甲级、机械行业（交通运输设备制造业工程）设计甲级、市政行业（轨道交通工程）设计甲级、工程监理综合资质、城乡规划编制甲级、工程造价咨询企业信用评价AAA级、工程咨询资信评价甲级等资质，以及工程设计等相关专业乙级资质；是以勘察设计、EPC总承包、监理咨询、设备集成、岩土工程、全过程工程咨询等于一体的综合性设计咨询企业，业务涵盖了建筑、铁路、机械、城市轨道交通、市政、公路等多个工程领域。1997年通过了质量管理体系认证，2005年通过了环境、职业健康安全管理体系认证。

中铁华铁下设13个单位，分别为工业设计院、北京设计院、轨道交通设计院、勘察设计院、上海设计院、苏州设计院、深圳设计院、铁路工程监理公司、城市轨道交通监理公司、上海华铁工程咨询有限公司（上海分公司）、广州分公司、北京颐和工程监理有限责任公司（海南分公司）、北京华铁燕丰物业管理有限公司。截至2021年底，中铁华铁员工总数1869人，各类专业技术人员1432人，其中享受国务院政府特殊津贴1人，正高级职称36人，高级职称432人，中级职称815人。各类国家注册人员760人，省部级注册人员1221人。

中铁华铁先后获国家科技进步奖7项，国家优秀工程设计金奖1项、银奖4项，行业优秀勘察设计奖2项，中国建设工程鲁班奖12项，国家优质工程奖39项，中国土木工程詹天佑奖16项，全国市政金杯示范工程奖8项，国家专利127项（现有效106项），国家优秀标准设计奖5项，国家优秀工程咨询成果奖8项，各类省部级奖项百余项。

（付文博）

【主要指标】2021年，中铁华铁资产总额11.71亿元，同比增长4.18%；全年完成营业收入11.65亿元，同比增长14.10%；技术开发投入0.4亿元，同比增长2.56%。（温　馨）

所属单位

表 13-34 2020—2021 年中铁华铁主要经济指标

项目	2020 年	2021 年	增长率 /%
资产总额 / 亿元	11.24	11.71	4.18
营业收入 / 亿元	10.21	11.65	14.10
技术开发投入 / 亿元	0.39	0.40	2.56
应交税金总额 / 亿元	0.89	1.04	16.85
全员劳动生产率 /［万元 /（人·年）］	19.93	24.78	24.34

制表：温　馨

【改革发展】加快推进国企改革三年行动和对标一流提升行动，2021 年成立了深化改革三年行动领导小组，召开了深化国企改革三年行动推进会、深化改革暨对标提升工作推进会，形成了有关任务台账，明确了 4 个改革领域、21 个改革方向和 83 项重点任务举措，签订了《改革任务“军令状”》；全年完成改革任务 66 项，完成率 79.5%，全面完成股份公司“全年完成任务清单占比超过 70%”的年度目标；统筹落实“瘦身健体”提质增效要求，加快燕丰饭店剥离注销，全面完成“两非”剥离工作。积极推进亏损企业治理，6 家亏损企业完成销号。落实民企挂靠国资问题综合整治要求，推动整治工作有序开展。中铁华铁成立领导小组积极开展三项制度改革。研究制定了有关集团公司经理层、所属单位经理层成员业绩考核及薪酬管理制度办法，建立健全了中铁华铁和所属单位经理层成员任期制和契约化管理、业绩考核、薪酬管理“三法两书”体系，全面启动经理层成员任期制和契约化管理。出台了公开招聘和竞争上岗、员工末等调整及不胜任退出、所属生产单位经营业绩考核等方面制度办法，突出“赛场选马”、末位调整、不胜任退出等机制，进一步推动落实管理人员能上能下、员工能进能出、收入能增能减等改革要求。积极开展管理创新活动，获股份公司 2021 年度企业管理现代化创新成果评选二等奖和三等奖。（王　硕）

【重大项目】中铁华铁充分发挥勘察设计企业先导优势以及自身专业特色技术优势，围绕中国中铁“设计先行、拓展基建”的理念，主动服务于中国中铁发展需要，顺应形势、顺势而为、顺势而转，成功中标川藏铁路雅安至林芝段监理项目，合同额 1.04 亿元，是中铁华铁中标金额最大的铁路监理项目。（李　冰）

【走向海外】积极参与“一带一路”建设，伴随国家“走出去”一系列项目，中铁华铁与中国中车、中国机械进出口（集团）、中铁哈萨克斯坦有限公司阿克纠宾分公司、中刚布桑加水电股份有限公司、绿纱矿业股份有限公司、中国极地研究中心等公司进行深化合作、互利共赢、抱团出海，通过集成优势资源，努力提升综合服务能力，加速中铁华铁走向国际市场。2021 年，中铁华铁在建海外重点项目进展情况良好，援缅甸滚弄大桥项目、柬埔寨暹粒吴哥国际机场工程施工监理项目、刚果（金）卢阿拉巴河布桑加水电站监理项目等处于施工阶段。（文　深）

【重大创新】2021 年，中铁华铁科技研发投入 3995 万元，开展各类科研项目 30 项。年内新增专利授权 24 项，其中发明专利授权 5 项。2021 年，中铁华铁获省部级优秀工程设计奖 10 项，省部级优秀工程咨询成果奖 1 项，国家优质工程奖 7 项（其中国家优质工程金质奖 1 项），中国钢结构金奖 1 项；获优秀 QC 小组成果奖 5 项（省部级 3 项，股份公司级 2 项）。（刘颖颖）

【工程创优】中铁华铁设计的“年产铁路专用设备 355759 套项目—华铁经纬智能工厂”等 4 个项目获“北京工程勘察设计协会优秀工程设计奖”（其中“年产铁路专用设备 355759 套项目—华铁经纬智能工厂”获优秀工程设计一等奖）；“苏州高新区实验幼儿园御园分园”项目获“上海市勘察设计行业协会优秀建筑工程设计一等奖”；“苏州科技城西渚实验小学”等 4 个项目获得“江苏省住房和城乡建设厅优秀勘察设计奖”（其中“苏州科技城西渚实验小学”获得优秀勘察设计一等奖）；“陕西省合阳县体育活动中心”等 2 个项目获“中国建材工程建设协会优秀工程设计奖”（其中“陕西省合阳县体育活动中心”获优秀工程设计一等奖）；“北京轨道交通燕房线（主线）工程阎村北停车场”等 7 个项目获股份公司级“优秀工程设计奖”；“上海轨道交通机场联络线申昆路停车场地下方案研究项目”获“北京市工程咨询协会优秀工程咨询成果三等奖”；“南昌轨道交通集团有限公司南昌轨道交通产业园项目可行性研究报告”等 2 个项目获“股份公司级优秀工程咨询成果奖”；中铁华铁承担设计的“中铁隧道集团科技大厦”以及承担监理的“北京轨道交通新机场线一期工程”等 7 项工程获得“中国施工企业管理协会评定的 2020—2021 年度国家优质工程奖”，其中中铁华铁承担监理的“北京轨道交通新机场线一期工程”获中国施工企业管理协会评定的“2020—2021 年度国家优质工程金奖”；承担设计的“新建太原至

焦作铁路 TJZF-2 工程长治东站站房及相关工程”获“中国建筑金属结构协会钢结构金奖”。（刘颖颖）

【企业文化】深入推进党史学习教育，举办庆祝建党 100 周年暨“七一”表彰大会、“光荣在党 50 年”纪念章颁发仪式、开展“我为群众办实事”“理想信念情怀、爱党爱国爱企”等系列主题活动；围绕中铁华铁重点工作，聚焦企业发展里程碑节点、参建的国家重点工程等方面，加大宣传力度，营造浓厚氛围。2021 年 5 月 14 日，央视用时 18 分钟先后对中铁华铁参建的河北京车智能化轨道车辆制造基地、国内首条时速 160 千米轨道交通——大兴机场线等四个重点项目进行报道；“中国品牌日”期间，中铁华铁设计、代建的中国中铁“开路先锋”文化展览馆亮相中央电视台《新闻联播》；针对中铁华铁科研成果获中国城市轨道交通技术创新推广项目，重点工程项目获勘察设计奖、中国钢结构金奖、中国建设工程鲁班奖、国家优质工程金质奖等积极开展宣传，打造企业品牌。截至2021年末，中铁华铁网站发布新闻 93 篇，新媒体平台共发布消息 145 篇，累计点击量 15 万次。深入贯彻落实“开路先锋”文化理念，弘扬“开路先锋”精神，通过组织企业文化宣讲、组织参观中国中铁开路先锋企业文化展览馆、组织广大职工收看央视大型纪录片“开路先锋”专题片、撰写观后感，在全公司范围内大力宣传贯彻“开路先锋”企业文化。（王振禄）

【党建工作】中铁华铁党委围绕中心工作和任务，充分发挥“把方向、管大局、促落实”作用，逐层逐级发挥党的各项根本优势，不断加强党的领导，不断推进党的建设与生产经营工作的深度有效融合，团结带领广大干部职工，认真贯彻新发展理念、积极融入新发展格局，为实现“十四五”良好开局提供了坚强保证。2021 年共召开党委会 23 次、党委理论学习中心组学习 8 次，各级党组织共讲授专题党课 70 余场，累计 1500 人次参加党课学习，持续学习贯彻“七一”重要讲话和党的十九届六中全会精神。年内调整优化了 6 个基层党组织，进一步完善了所属单位党群组织和机构设置，基层组织实现“应建尽建”。公司党委深入贯彻习近平总书记“把党建设得更加坚强有力”的讲话精神，按照新时代党的建设总要求、股份公司党委关于加强党的建设的重要工作部署，注重在党的建设质量上下功夫，持续完善和强化党的建设。持续强化政治建设，坚持把党的政治建设摆在首位，履行管党治党主体责任，在企业党的建设、思想政治、企业文化、工会和共青团以及意识形态、党风廉政建设与反腐败工作、国安保密等方面切实发挥政治引领作用，指导开展相关工作，收到良好成效。高度重视党史学习教育，根据党中央、国资委和中国中铁党委的工作安排部署，积极筹划开展中铁华铁党史学习教育，将党史学习教育与党委年度重点工作一体推进，贯穿全年。通过专题党课、中心组学习、专题研讨、主题党日等方式，学党史、悟思想、办实事、开新局，深入开展“我为群众办实事”。制定印发了《中铁华铁党委落实全面从严治党“两个责任”的实施办法》《中铁华铁党委关于加强对“一把手”和领导班子监督的通知》，强化全面从严治党“两个责任”的有效落实以及对“一把手”和领导班子“关键少数”的监督；修订了《关于进一步规范中层管理人员以及关键岗位人员配偶、子女及其配偶经商办企业行为的规定》，出台了《关于进一步加强中层管理人员兼职管理的通知》，持续加强领导干部日常监督工作。强化思想宣传文化建设，大力宣传贯彻中国中铁“开路先锋”文化理念系统，厚植文化根基，熔铸发展之魂，着力把意识形态、统一战线、时代主题、新闻宣传、企业文化等工作相融合，不断展现新时代“勇于跨越、追求卓越”的蓬勃气势。中铁华铁党委严格落实党建工作主体责任，扎实完成国企党建会精神五周年“回头看”，将巡视整改作为重大政治任务摆在首要位置，全力推进股份公司党委巡视问题整改工作，组织完成了中铁华铁违规挂靠专项巡察工作；配套修订了《中铁华铁“三重一大”决策制度实施办法》《中铁华铁党委会议事规则》《中铁华铁重大决策事项权责清单》，保障了“国企改革三年行动”2021 年度任务按时高效顺利完成。（赵海龙）

【信息化建设】扩容提速中铁华铁楼宇宽带，提高远程办公效率。完善视频会议系统，增加部署了云视频会议系统，实现一对一、一对多网络视频方式，全年举办了 80 多场会议、培训、讲座、研讨等，参加人员累计 4000 余人，节约了时间和往来出差的成本。开展网络及信息化安全专项检查，统一升级核心硬件至最新版本，重新规划网络结构并调整路由分配，加入中国中铁内网环境。完成中铁华铁组织架构和所有员工统一身份数据治理，保障组织机构和人员信息与实际一致，在中铁 e 通中录入 930 多人，中铁 e 通安装率 99% 以上。OA 协同办公平台系统、财务共享系统等核心业务系统入驻中铁华铁一体化平台，保障信息系统高效、安全运转。在重大节日期间强化网络安全监测，做好应急处置准备，中铁华铁 OA 协同办公系统、视频会议系统、财务共享系统、营销管理系统等实现了网络安全零事故。推进软件正版化，集中采购 SketchUp、Lunmion 等专业设计软件，PKPM、盈建科、绿建斯维尔等网络版软件完成节点升级。举办中铁华铁 BIM 技术培训，推进 BIM 技术在房建项目三维设计审查、三维综合管线施工、工程量计算、VR 应用等方面全面应用，实现全专业三维施工图设计。编制完成《中铁华铁工程设计集团有限公司“十四五”信息化发展规划》，明确了“十四五”期间信息化发展方向和目标任务。进一步深化和细化 OA 流程管控，持续完善网络基础设施，通过信息化手段规范管理流程、提高工作效率、降低管控风险，实现信息管理系统与生产经营的有效衔接，提升中铁华铁网络与信息安全管控能力。（张　晶）

【履行社会责任】结合企业实际积极履行社会责任，展现央企担当。组织中铁华铁在京职工334人，接种新冠疫苗。两节期间，通过购买湖南汝城县、山西保德县等定点扶贫地区农副产品的方式向贫困地区献爱心，确保巩固和拓展脱贫攻坚成果。开展“就地过年　同样温暖”新春活动，鼓励职工就地过年，给2400余名职工送去温暖，发放过年物资合计110万元。（路梅悦）

【领导人员】
彭晓华　党委书记、董事长、法定代表人
何建文　党委副书记、总经理、董事
刘治国　党委副书记、工会主席、职工董事（7月任）
孙继伟　党委委员、副总经理（6月免，任业务经理）
于晓东　党委委员、副总经理
张作义　党委委员、纪委书记
仝宝敏　党委委员、副总经理
徐洪球　党委委员、副总经理、总工程师、董事（4月免，任业务经理）
高海宏　党委委员、副总经理
门天民　党委委员、总会计师、总法律顾问
叶　娟　副总经理

（丁之慧）

中铁长江交通设计集团有限公司

【简况】中铁长江交通设计集团有限公司（以下简称“中铁长江设计”）成立于1984年10月，主要从事公路、桥梁、隧道、交通工程、水运港口、航道、通航建筑工程、市政公用交通及建筑工程的勘察设计、项目管理、工程总承包及其相关的综合规划研究咨询服务等业务。现有3个全资子公司和2个参股子公司。中铁长江设计共有职工633名，其中高级及以上职称人员244人（正高级职称人员90人），博士、硕士200人，专业技术人员占比近90%。具有工程勘察综合甲级资质，公路行业、水运行业、市政行业（道路）设计甲级资质，工程咨询公路、水运（含港口河海工程）甲级、工程检测公路工程综合甲级、公路工程桥梁隧道工程专项资质，是集公路、水运、市政、建筑等规划咨询、勘察设计、检测养护及工程总承包于一体的综合型设计咨询企业。

成立30多年来，中国长江设计始终以科技为先导，在公路、桥梁、隧道、水运、市政、建筑等专业的设计与理论研究、岩土工程勘察与应用、检测加固等领域具有雄厚的技术实力，尤其在地形地质复杂、生态环境脆弱、桥梁隧道密集的山区高速公路、特大桥梁、特长隧道以及大水位差的山区航道、港口勘察设计方面积累了丰富的实践经验。先后完成3000余千米高速公路，200余座特大桥（其中长江大桥8座），数十座特长隧道（其中10千米以上3座）的勘察设计工作；完成《中新（重庆）战略性互联互通示范项目交通物流发展战略规划》及成渝双城经济圈、重庆市、各区县综合交通运输相关规划编制工作，以及公路隧道单层衬砌结构关键技术研究、内河大水位差码头结构技术研究等数百项科研和咨询工作。近10年，先后获得国家级、部省级优秀工程勘察、设计、咨询、科技奖170余项。建立一套完整的企业管理标准和质量保证体系，2000年取得国家认证机构颁发的ISO9001认证证书，连续通过审核认证。先后获重庆市文明单位、全国交通运输行业文明单位称号，获国家工商总局国家级守合同重信用单位，获交通运输部公路建设领域（设计）守信典型企业荣誉称号。（黄昌顿）

【主要指标】中铁长江设计2021年实现营业收入9.35亿元，实现净利润0.37亿元。（罗琬窈）

表13-35　2020—2021年中铁长江设计主要经济指标

项目	2020年	2021年	增长率/%
资产总额/亿元	27.85	29.22	4.92
所有者权益/亿元	19.89	20.26	1.86
营业收入/亿元	5.46	9.35	71.25
利润总额/亿元	0.30	0.43	43.33
净利润/亿元	0.24	0.37	54.17
归属于母公司所有者的净利润/亿元	0.24	0.37	54.17
技术开发投入/亿元	0.15	0.30	100.00
利税总额/亿元	0.73	0.37	-49.32
应交税金总额/亿元	0.47	0.30	-36.17

续表

项目	2020 年	2021 年	增长率 /%
全员劳动生产率 / [万元 / (人 · 年)]	57.89	49.85	-13.89
净资产收益率 /%	3.89	1.84	减少 2.05 个百分点
总资产报酬率 /%	1.69	1.30	减少 0.39 个百分点
国有资本保值增值率 /%	104.07	101.85	减少 2.22 个百分点

制表：罗琬窈

【改革发展】2021 年是中铁长江设计启动国企改革三年行动的开局之年，是快速融入中国中铁的关键之年，也是中铁长江设计进一步完善制度体系的建设元年。中铁长江设计认真落实股份公司“123456”工作策略，抢抓国企改革三年行动机遇，加快融入中国中铁，积极发挥设计牵引协同作用。按照中国中铁组织机构优化调整的要求，结合公司实际情况，成立保密办、规划发展部、法规审计部、科技信息部等职能部门，以及南部、东部、西部、北部 4 个区域经营指挥部，进一步强化了与股份公司的归口衔接，切实提升了公司职能机构工作协同效应和管理效能。积极推进国企改革“三年行动”，完成重庆市综合交通运输研究所有限公司的改制更名，以及三个全资子公司法人总经理和监事的聘任工作；编制印发中铁长江设计“十四五”发展规划，力争在“十四五”末期成为综合交通领域“规划策划服务一流、勘察设计技术一流、提质增效管理一流”的行业领先工程咨询集团；制定签订 12 个生产部所、2 家子公司及西藏分院的业绩责任书，有力促进经营工作开展；出台下属知朗公司、检测公司亏损企业治理方案，指导两家亏损子公司在 2021 年度实现扭亏为盈。截至 2021 年底，自评全面完成与股份公司签订的 34 项军令状改革任务。（陈　怡　苏小军）

【重大项目】2021 年，中铁长江设计开展的公司内重大生产项目 78 项，其中规划咨询类项目 12 项、公路行业类项目 42 项、水运行业类项目 24 项。

《重庆市综合立体交通网规划纲要（2021—2035 年）》《重庆市综合交通运输“十四五”发展规划》通过重庆市政府常务会、市委常委会审议，《成渝地区双城经济圈重庆综合立体交通网规划》相关成果纳入国家发展改革委和交通运输部联合印发的《成渝地区双城经济圈综合交通运输发展规划》。《重庆水运史、水运工程建设实录》经过反复修改定稿报部审印，《重庆市长江上游航运中心总体规划》取得阶段性成果。

银昆高速重庆高新区至荣昌区（川渝界）段改扩建工程是重庆市第一条原路改扩建的高速公路，该项目建设对于贯彻落实“成渝地区双城经济圈”国家重大发展战略，优化完善国家高速公路网，培育成渝国家级城市群，彻底改善成渝高速通行压力，带动地方经济社会发展具有重要意义。中铁长江设计承担该项目一标段初步勘察设计。该段路线长 47.42 千米，起点至青杠段设计速度 80 千米 / 小时，双向八车道，路基宽度 40.5 米；青杠至本标段终点设计速度 100 千米 / 小时、双向八车道、路基宽度 41.0 米，该标段桥梁 4722 米 /28 座，隧道 2545 米 /1 座，桥隧比 15.3%，互通式立交 9 座（枢纽互通 3 座），服务区 2 座，总投资约 99.20 亿元。项目面临精确采集旧路数据、原路改扩建与城市发展统筹协调、大断面隧道改扩建、大交通流下交通组织保通等难题，该项目的勘察设计将为重庆市原路改扩建高速公路项目提供典型示范。

云阳复兴长江大桥为开州至云阳高速（江口—云阳—龙缸段）上的关键性工程，大桥按双向六车道布置，同时考虑两岸居民的出行，设置了人行道及观光电梯等。大桥主桥为长 1280 米单跨简支钢箱梁悬索桥，桥梁宽度 41.1 米，为长江上游桥梁跨径之最。该桥技术难度大，集成了多种先进技术，率先在重庆地区采用了 2000MPa 级高强钢丝，主缆防护系统采用了“S 型缠丝 + 缠包带 + 除湿系统”方案，为解决短吊索的横向位移及疲劳效应，在短吊索处设置了关节轴承，为加强桥梁的刚度及减小桥梁的纵向位移量在跨中设置中央扣，锚固系统采用组合式型钢锚固系统。云阳复兴长江大桥主桥建安费用 11.7 亿元。

恩施至广元国家高速公路（万州至开江段）是国家高速公路网规划 G5012 的一段，也是重庆市规划的“三环十八射多联线”主骨架高速公路网中的第三十联线，是响应《成渝经济区区域规划》“双核五带”的区域空间发展布局，打造双城经济圈的重要高速公路通道，中铁长江设计承担该项目两阶段勘察设计。项目双向四车道高速公路标准建设，设计速度 100 千米 / 小时，路基宽度 26 米，线路全长 50.765 千米，桥梁 10227 米 /21.5 座（特大桥 3076 米 /3 座），隧道 23013 米 /7 座（特长隧道 19297 米 /3 座），互通式立交 6 座（枢纽互通 4 座），桥隧比例达 65.4%，批复概算为 112.6133 亿元。项目穿越铁峰山、五福隧道岩溶发育且穿越煤层采空区，工程地质、水文地质条件非常复杂，勘察设计难度大。

重庆至赤水至叙永（重庆段）高速公路是《重庆市高速公路网规

划（2019—2035年）》“三环十八射多联线”中第十五射，中铁长江设计承担该项目两阶段勘察设计。项目起点至三环高速段采用设计速度为100千米/小时，双向六车道高速公路标准，路基宽度33.5米；三环高速至终点省界段采用设计速度为100千米/小时，双向四车道高速公路标准，路基宽度26米。线路全长65.011千米，桥梁12945米/37座，隧道10240米/6座，互通5座（其中枢纽互通3座），桥隧比例达42.2%，批复估算为108.9109亿元。项目与已建成的绕城高速、三环高速、江习高速交叉转换密集，且与东环线铁路（在建）、渝黔铁路、渝黔客专等铁路多次交叉，沿线还分布有高压、超高压电网和燃气管道等，受控因素多、路线布设难度大。项目将构建重庆至昆明新的省际射线通道，对优化重庆市南向通道具有重要意义。

武隆至两江新区高速公路是《重庆市高速公路规划2019—2035年》中的第十六联线，中铁长江设计承担该项目初步勘察设计。路线全长36.721千米，设计速度100千米/小时，双向四车道，路基宽度26米，桥梁4428.845米/1座，隧道9138米/3座，互通式立交5座，桥隧比41.32%，批复估算总造价66.7750亿元。该项目控制性工程风来特大桥主跨为580米上承式钢箱桁架拱桥，矢跨比为1∶5，为世界上最大跨径钢拱桥。该桥工程规模大，研究论证工作量大，技术复杂，实施难度大，可借鉴经验少。拱上立柱最高达100米，稳定性要求高，拱上立柱及桥面结构体系倾向采用钢排架或组合结构，减少大跨度拱桥的恒载重量，提高装配化和快速化建造水平；结合拱座处岩石原位试验，提出了特大拱桥软岩区拱座创新设计，结合桥梁特点进行了风洞试验、桥梁抗震、桥梁安装等专题研究，主桥建安费用4.58亿元。

双江航电枢纽工程是涪江干流重庆市境内的第一个梯级，位于原三块石下游500米处，上游接四川省遂宁市境内的三星梯级，下游为潼南梯级。船闸和航道等级为Ⅳ级（500吨级，兼顾1000吨级），单向年过闸货运量936万吨。项目总投资27亿元，其中船闸总投资3亿元。船闸有效尺度为150米×23米×4.2米（长×宽×门槛水深），电站装机容量4.8万千瓦，多年平均发电量1.89亿千瓦时。双江航电枢纽建成后不仅可满足涪江沿岸城市电力市场对电量的需求，更是川渝合作共同完成提高航道等级，促进航运发展，支撑涪江完成一体化发展，是成渝地区双城经济圈的重要项目。

开阳港是贵州贵阳市通过乌江进入长江的重要港口，是黔中经济区现代综合交通运输体系的重要组成部分。开阳港建成之后，会吸引贵阳及周边货物运输，包括生活用品，建材，化肥、粮食等各种农工业产品。开阳港共建设四个作业区，目前第一作业区已建成，第二作业区规划建设2个1000吨多用途泊位，年吞吐能力120万吨，预留2个1000吨级散货泊位，规划建设1个船舶工业基地（年造船能力2万载重吨）和1个物流园区；第三作业区规划建设1个40车位滚装泊位、2个1000吨级多用途泊位，年吞吐能力180万吨；第四作业区规划建设2个1000吨级散货泊位，年吞吐能力120万吨。项目总投资约13亿元。

新田作业区二期工程是重庆三大核心港之一的新田港的一部分，是重庆市推动“一带一路”和长江经济带发展、打造长江上游航运中心的铁公水联运三大枢纽型港口之一，是成渝地区双城经济圈的东向出海门户、川渝合作重点项目，是推进万州建设重庆第二大城市的重要基础平台、三峡库区最重要的物资集散中心和内外贸易集装箱中转中心的重点工程。新田港二期项目拟建设4个5000吨级散货泊位及配套设施，设计年吞吐量为1400万吨，项目总投资约17亿元，项目建成后，将进一步完善新田作业区货运功能，增强万州在沿江综合立体交通走廊中的节点功能，全面形成铁公水多式联运体系。

水运EPC总承包项目，在建项目9个，全年累计完成产值约48000万元。重庆港主城港区果园作业区重大件码头是九龙坡大件码头的环保搬迁项目，是ABB公司最重变压器（800吨）对外运输通道，是三峡库区30米大水位差、大件起重能力最大（1000吨）、直立框架墩式EPC总承包项目，是市级水运重点项目。项目成功建成了重庆市水运第一个智慧工地；重庆港主城港区果园作业区集装箱堆场扩能工程，是果园作业区为进一步拓展集装箱铁水联运功能的需要，满足外贸集装箱运输需要设置外贸集装箱查验场地需求而建设的集装箱堆场项目。项目总投资5.8亿元。

三峡库区重庆重要支流航道黛溪河、鳊鱼溪航道整治利用工程位于风景秀丽的奉节、巫山，是三峡蓄水后延伸和改善的主要支流航道，是重庆首个采用EPC总承包模式的航道项目，项目建成后对促进腹地社会经济发展具有重要意义。

中铁长江设计获中国铁路工程总公司科技二等奖1项；授权国家专利2项；参与省部级在研科研项目1项，主持企业自主研发项目4项；编制完成《重庆市环保及景观绿化标准化设计指南》《公路行业勘察设计咨询审查要点》标准2项。

（黄　皓）

【重大创新】2021年，中铁长江设计科研及标准项目成功立项33项（其中标准13项），在研项目81项（其中标准36项），完成验收结题项目33项（其中标准19项）；获专利4项，其中发明专利1项，实用新型专利3项。全年组织完成科技创新奖项申报10项，获科技奖7项。“钢—混凝土组合桥梁先进建造新技术研发与应用”获“重庆市科技进步一等奖”，“山地环境车—路信息感知及交通状态评估关键技术”获“重庆市科技进步二等奖”，“开州至云阳高速公路（江龙—云阳—龙缸

段）SJ-3 标段勘察设计 BIM 综合应用”获“中国公路学会交通 BIM 工程创新一等奖”，重庆市交通科学技术奖 4 项。（唐热情）

【工程创优】2021 年，中铁长江设计全年共组织完成勘察设计奖申报 46 项，已公布获奖 25 项。其中《重庆港主城港区果园作业区重大件码头工程谦码头》获“中国水运建设行业协会优秀咨询成果二等奖”，《重庆港万州港区新田作业区一期工程》获“中国水运建设行业协会水运交通优秀设计奖二等奖”，《潼南涪江大桥改造工程》《重庆万州至湖北利川高速公路（重庆段）》《重庆港万州港区新田作业区一期工程》获“重庆市勘察设计协会优秀工程设计一等奖”，《武隆龙溪乌江大桥》《重庆江顺储运有限公司大吉脑码头改扩建工程》《重庆市地质灾害应急专用码头工程》获“重庆市勘察设计协会优秀工程设计二等奖”，《重庆港主城港区佛耳岩作业区二期工程地质详细勘察》《潼南涪江大桥改造工程地质详细勘察》获“重庆市勘察设计协会优秀勘察三等奖”，《重庆市化龙桥应急救援码头工程》《重庆九龙坡至永川高速公路缙云山隧道》获“重庆市勘察设计协会优秀工程设计三等奖”，《重庆港万州港区新田作业区一期工程》《重庆江津至贵州习水高速公路（重庆境）笋溪河特大桥》获“重庆市交通路港杯优秀设计一等奖”，《重庆九龙坡至永川高速公路（成渝高速公路扩能）工程地质详细勘察》获“重庆市交通路港杯优秀勘察二等奖”，“重庆梁平至忠县高速公路”“重庆九龙坡至永川高速公路”获“重庆市交通路港杯优秀设计二等奖”，《重庆市化龙桥应急救援码头工程》《重庆南川至涪陵高速公路》获“重庆市交通路港杯优秀设计三等奖”，《重庆南川至贵州道真高速公路（重庆段）》获“中国中铁股份有限公司优秀勘察设计一等奖”，《武隆龙溪乌江大桥》《潼南涪江大桥改造工程》获“中国中铁股份有限公司优秀勘察设计三等奖”，《重庆市高速公路网规划（2019—2035 年）》获“中国中铁股份有限公司优秀咨询成果一等奖”，《大水位差码头船用岸电系统关键技术研究》获“中国铁路工程集团有限公司科学技术奖一等奖”，《重庆万州长江公路大桥防撞设施工程施工及养护关键技术研究》获“中国铁路工程集团有限公司科学技术奖二等奖”。（唐热情）

【企业文化】中铁长江设计坚持以习近平新时代中国特色社会主义思想为指导，认真学习贯彻党的十九大和十九届历次全会精神，持续推动党史学习教育，坚持企业文化、精神文明和企业发展“两融合、两促进”的方针，把精神文明建设贯穿于生产经营、企业管理的各个方面，以创建文明单位活动为载体，

▲图 13-35　2021 年 10 月，中铁长江设计《江龙高速设计 BIM 综合应用》获“中国公路学会 2021 年度交通 BIM 工程创新奖一等奖”

所属单位

持续推动相关工作落地，狠抓职工队伍的思想道德建设和素质教育，加强作风建设，努力营造团结一心，积极进取的和谐氛围，增强了凝聚力，为企业高质量发展提供了有力保障。中铁长江设计党委把企业文化及精神文明建设作为党的建设重要内容，在职工队伍中形成了“有精神、在状态、讲方法、求实效”的精神文明新面貌。贯彻落实了企业文化核心价值理念体系，大力弘扬开路先锋精神，积极倡导“快乐工作，健康生活”的理念，广泛开展具有群众基础的各类活动，丰富了职工的文化生活，面对生活中存在困难的职工，积极开展帮扶工作，解决燃眉之急，提升职工幸福感。大力开展形势教育及道德讲堂活动，充分利用网站、宣传展板、宣传栏、微信公众平台、报刊等文化阵地，学习中央文件精神，宣传“开路先锋”精神，传达上级部署，向职工传输新知识，传播正能量，同时利用知识问答、党史学习教育知识竞赛及各类培训等方式巩固员工对企业文化的认知。（刘芃吾）

【党建工作】深学笃用习近平新时代中国特色社会主义思想，以及党的十九大和十九届历次全会精神，健全并落实“第一议题”制度，出台贯彻落实习近平总书记重要指示批示工作办法和督查办法，有效保障加快建设交通强国、防范化解重大风险等决策部署在企业落实落地。扎实开展党史学习教育，围绕“学党史，悟思想，办实事，开新局”目标，精心制订方案、周密组织实施，举办“传承百年之志　争当开路先锋”系列活动为党的百岁生日献礼，指导基层党支部开展专题学习、实地践学等活动184次，19项民生实事全部办结，为企业“十四五”开门红凝聚了磅礴力量。认真开展全国国企党建会精神“回头看”，形成《突出六个重点，聚焦七个方面，深入推动全国国企党建工作会议精神落实落地》调研成果，明确20项整改提升举措，以“钉钉子”精神持续抓好贯彻落实。坚持“两个一以贯之”，把加强党的领导和完善公司治理有机统一，明确股东大会、董事会、经理层和党组织的权责关系，规范议事程序，党委把关定向成为常态。全面深化“三基”建设，出台“三基”建设实施细则，配套建立巩固深化“不忘初心、牢记使命”主题教育成果、党支部晋位升级等工作制度，完成所属党支部首次定级，中铁长江设计第一支部获评中国中铁“示范党支部”。压紧压实党建责任，出台《党建工作责任制考核评价办法》，以制度形式量化考核指标并与部所业绩考核挂钩，促进党建和生产经营责任有机融合。着力构建“大监督”格局，制定《关于加强对“一把手”和领导班子监督的具体措施》与纪检组织再监督实施细则，推动纪检监督与财务监督、审计监督、干部监督、部门业务监督等力量统筹衔接、贯通融合。常态化开展警示教育以及主体责任、廉政谈话，节假日发送廉洁提醒短信1800余条，全力营造风清气正干事创业氛围。认真贯彻落实中央八项规定精神，深入开展纠治“四风”专项调研，严格按照股份公司“勤俭办企业十不准”要求，牢固树立“过紧日子”思想，严防享乐主义、奢靡之风问题。

（刘家敏）

【信息化建设】按照股份公司统一要求，完成中铁长江设计网络IP重新规划配置、网络专线及视频会议与网络会议系统的建设，按要求融入中国中铁统一网络系统，保障高频度视频会议、网络会议等应用。按照信息贯通工程要求，建设部署上线统一身份认证、域控系统、广联达OA系统、一体化工作平台、中铁e通移动工作平台、营销管理系统等系统。作为中国中铁二级单位首批试点用户，完成OA系统主要功能入驻一体化工作平台和中铁e通；完成WAF、IPS等网络安全完善性建设部署工作，完成态势感知平台、数据灾备系统的建设部署。2021年底完成财务共享平台及相关项目核算管理系统的建设工作。根据生产业务需要，通过升级更新、项目合作、项目试用等手段，完成MIDAS、桥梁博士、桥梁方案设计师、桥梁智绘、旷达智能选线、同豪公路工程BIM系统等专业软件采购、升级工作。持续完善公司网络安全设施及网络信息安全运维机制，完成加密系统采购、部署，并与企业网盘系统、其他信息系统实现集成，已在中铁长江设计本部全面推广部署，为公司的协同办公、协同生产提供安全可靠的信息化基础环境。（唐热情）

【领导人员】

钟　芸	党委书记、董事长
罗立翔	党委副书记、总经理、董事
阎　勇	党委委员、监事会主席
冯中永	总会计师（3月任）
徐生明	党委委员、副总经理 工会主席、职工董事
蒋江松	党委委员、董事 副总经理
廖　勇	党委委员、副总经理
刘小辉	党委委员、副总经理 总工程师
徐　新	党委委员、副总经理 总经济师

（刘家敏）

中铁水利水电规划设计集团有限公司

【简况】中铁水利水电规划设计集团有限公司（以下简称“中铁水利设计”）是全国水利行业甲级勘测设计单位、国家高新技术企业、中国水利水电勘测设计行业“AAA+”信用等级单位，持有国家颁发的各类甲级资质资信10项，包括水利行业设计甲级、电力行业水力发电（含抽水蓄能、潮汐）设计甲级、工程勘察综合类甲级、工程测绘甲级、工程咨询甲级、工程造价咨询甲级、水土保持方案四星级、水土保持监测四星级、水文水资源调查评价甲

级、建设项目水资源论证甲级。各类乙级资质4项，包括：建筑行业（建筑工程）乙级，市政行业（给水工程、排水工程、道路工程）乙级，地质灾害治理工程勘查乙级、地质灾害治理工程设计乙级，土地规划乙级、土地整治乙级。拥有中国中铁水利水电技术研发中心、中国中铁水利水电工程造价中心、江西省水工结构工程技术研究中心等研发平台。业务范围涵盖水利、水电、市政、建筑、岩土、水生态、环境保护等领域的规划、设计、勘察、咨询、工程总承包等。

中铁水利设计前身是成立于1958年8月的江西省水利电力勘测设计院，此后经历几番归属更迭，于1981年经过合并成立江西省水利规划设计院，2015年更名为“江西省水利规划设计研究院”，2020年完成转企改制进入中国中铁股份有限公司，2021年3月更名为“中铁水利水电规划设计集团有限公司”，同年5月正式揭牌。

中铁水利设计下设4家子公司，分别为江西武大扬帆科技有限公司、江西省建洪水利咨询有限公司、江西省赣鄱岩土工程建设有限公司及江西润泽检测有限公司。

截至2021年末，公司共有职工575人。其中，研究生及以上学历195人、本科学历318人、专科学历41人，大专及以上学历占员工总数的96.35%。专业技术人才518人，占员工总数的90.09%，其中，高级职称183人（含正高级工程师25人）、中级职称129人、初级职称103人，分别占专业技术人才总数的35.33%、24.90%、19.88%。具有各类执业资格共计256人次；公司现有省级高层次人才6人。

中铁水利设计于1997年开始致力于质量管理体系贯标认证工作，2001年通过质量管理体系认证，2014年获得质量、环境、职业健康安全三标一体化管理体系认证证书。

中铁水利设计完成了2000多项国内外规划、勘测、设计和总承包项目，足迹遍及国内10余个省市和非洲、东南亚近20个国家，建成了以峡江水利枢纽为代表的一批精品工程。2021年，公司获评“第十六届江西省文明单位”称号，公司党群工作部（原政治处）获得“全国巾帼文明岗”；同时获“中国土木工程詹天佑奖”“中国产学研合作创新与促进奖产学研合作创新成果奖”“中国铁路工程集团有限公司科学技术奖”等省部级以上奖项。2021年度授权发明专利8项，实用新型专利14项，软件著作权4项，形成了一批具有自主知识产权的优势技术和创新技术；成立江西省省级企业技术中心1个；承担了江西省科技课题2项，股份公司实用技术课题1项，省水利厅重大课题2项。（邹昕 张毅 黄瑞霆）

【主要指标】2021年，中铁水利设计实现营业收入9.50亿元；资产总额21.50亿元、负债总额7.80亿元、所有者权益总额13.70亿元，资产负债率36.28%；全年实现利润总额0.37亿元，实现净利润0.34亿元。（谢莹）

表13-36　2020—2021年中铁水利设计主要经济指标

项目	2020年	2021年	增长率/%
资产总额/亿元	21.00	21.50	2.38
所有者权益/亿元	13.36	13.70	2.54
营业收入/亿元	6.75	9.50	40.74
利润总额/亿元	0.38	0.37	-2.63
净利润/亿元	0.34	0.34	—
归属于母公司所有者的净利润/亿元	0.31	0.34	9.68
技术开发投入/亿元	0.25	0.33	32.00
利税总额/亿元	—	—	19.39
应交税金总额/亿元	0.60	0.80	33.33
全员劳动生产率/[万元/(人·年)]	45.95	39.63	-13.75
净资产收益率/%	2.59	2.51	减少0.08个百分点
总资产报酬率/%	2.04	1.75	减少0.29个百分点
国有资本保值增值率/%	101.97	102.54	增加0.57个百分点

制表：谢莹

所属单位

【改革发展】2021 年 3 月，公司名称由“江西省水利规划设计研究院有限公司”变更为“中铁水利水电规划设计集团有限公司”。2021 年 5 月，中铁水利设计正式揭牌，标志着公司顺利完成了转企改制工作。

聚焦改革三年行动，成立领导小组及工作专班，科学制定改革任务清单、层层压实工作责任，建立了月报管理制度，确保改革落实落地；聚焦三项制度改革，积极推行任期制契约化管理，编制完成经理层成员任期制和契约化管理办法、业绩考核、薪酬管理等制度，完成了三法两书的制定和签订工作；完成涉改人员事业编下编手续，统筹抓好养保、医保、年金转移衔接，完成组织机构调整、编制设置及职责分工；推动公司薪酬体系设计，优化公司薪酬体系和岗位体系，建立以岗定基薪、以考核业绩定绩效的薪酬机制，着力把人事制度改革进行到底，推动“员工能进能出、干部能上能下、薪酬能增能减”；聚焦健全现代企业制度，在章程中明确党委在公司的地位、职能和履职路径，建立了权责明晰的“三会一层”法人治理结构，完善股东会、党委会、董事会、监事会、经理层决策制度，并建立配套议事规则，有效划分和厘清各主体的权责边界。

（黄瑞霆　张　毅）

▲图 13-36　2021 年 5 月 17 日，中铁水利水电规划设计集团有限公司揭牌仪式在南昌举行

▲图 13-37　中铁水利设计江西省赣抚平原水利工程现场

【重大项目】成功中标江西省鄱阳湖康山蓄滞洪区安全建设工程勘察设计项目。康山蓄滞洪区位于江西省鄱阳湖东南岸，是国家级蓄滞洪区，也是长江中下游防洪体系的重要组成部分，其安全建设是保障鄱阳湖区重点圩堤安全、减轻长江洪水灾害的一项重要工程措施。工程总投资 12 亿元。

中铁水利设计通过前期论证和方案比选，2021 年度成功中标江西省安福县南溪水库工程勘察设计项目。南溪水库工程位于江西省安福县彭坊乡，是一座以供水、灌溉为主，兼有防洪、发电等综合效益的（Ⅱ）型水库。工程总投资 23.5 亿元。（吴伟恒）

【走向海外】中铁水利设计 2021 年承揽了秘鲁邦沟铁矿水文地质勘查项目，该铁矿是目前国内企业在境外独立拥有的超大型矽卡岩型磁铁矿床，投产后该区域实际年产能达 4500 万吨，远期预计达到 8000 万吨，项目全部达产后，将跻身全球矿产资源供应商前列，为国家经济建设提供资源支撑，并对中国获得铁矿石资源定价权产生积极的战略影响。（吴伟恒）

【重大创新】围绕业务转型发展的工作重点和主攻方向，不断提高科技研发能力和技术水平，增强科技创新对业务发展的支撑和引领作用，2021 年 12 月，获高新技术企业认定（GR202136001105），中铁水利设计自 2012 年首次获得高新技术企业认定以来，已经连续第 3 次获“高新企业”称号。2021 年，新成立江西省省级企业技术中心 1 个。注重产学研结合，与外部科研院所、出版社、高校、企业交流合作，共同开展重大科研课题研究工作，在科技制度建设、平台创建、科技课题研究、成果转化、科技成果获奖等方面取得了一定的成效，科技工作水平和创新能力取得了明显的推动和进步。建立了以高校、科研院所为技术依托，产学研紧密结合的科技创新体系，取得了一批具有较高使用价值的科技成果，为企业发展作出了积极贡献。

2021 年，中铁水利设计共开展自主研发项目 46 项，承担了国家、省部级及水利厅等上级科技课题项

目12项，其中省部级课题2项，股份公司实用技术课题1项，省水利厅重大课题2项，一般课题2项，技术推广课题1项，厅地方标准研制课题2项，厅工程带科研课题2项。

公司在研发创新工作中形成了多项核心成果，2021年获发明专利授权8项，实用新型专利授权14项、软件著作权授权4项，主编地方标准1项、团体标准2项，发表专著1本，发表学术论文36篇。开展的《鄱阳湖流域赣抚下游尾闾水系综合整治关键技术及实践》项目揭示了鄱阳湖流域水文季节性节律和植物生长节律协同驱动下的氮磷输移规律，系统研发了赣抚下游尾闾地区基于自然水系与人工水网二元连通的水量水质统一调度技术，研发了基于江湖关系变化下的赣抚尾闾水量—水位—水质的三维动态演变规律及其归因解析，以控制性枢纽、洲头控导工程和优化河道分流比为核心的水量—水位—水质联合调控技术；研发了地表水和地下水交互影响下的赣抚尾闾地区鄱阳湖湖汊健康状况评估技术。该成果已在江西省山江湖开发治理委员会、江西省防汛抗旱指挥部、江西省鄱阳湖水利枢纽建设办公室、江西省水利投资集团、江西省高等级航道事务中心和都昌县候鸟自然保护区管理局等单位得到了成功应用，部分成果得到了南昌市的采纳，在赣抚尾闾下游地区抗旱、供水、航运、生态保护等方面发挥了重要作用，产生显著的经济效益、社会效益和生态环境效益，对推动流域生态保护和高质量发展起到重要作用。该项研究成果填补了鄱阳湖尾闾地区生态环境保护和水土资源开发利用研究方面的空白。

公司高度重视科研成果的市场转化，依靠科研带动生产，依靠创新驱动发展，加强科技项目管理，推进课题结题和成果总结应用。《鄱湖安澜百姓安居专项工程蓄滞洪区调度方案研究》项目研究成果为中铁水利设计成功承揽江西省鄱阳湖康山蓄滞洪区安全建设可行性研究报告等五个项目打下坚实基础；《不同移民安置区选择的移民生计可持续性评价及安置方案优化研究》项目研究成果已应用于康山蓄滞洪区安全建设工程建设征地移民安置规划等十一个项目；《变化环境下城市洪水演变驱动成因分析——以南昌市乌沙河为例》项目研究成果为中铁水利设计承担相关洪涝治理工程打下一定的理论基础；《综合物探方法探测堤防隐患的应用》项目研究成果为防汛抗洪救灾提供技术支撑并应用于修水县石嘴水库除险加固工程等项目；《透水夹层地基渗流触发机制及堤防快速加固》项目研究成果为中铁水利设计系列灾后重建加固的合同签订提供了保障。

（邹　昕）

【工程创优】2021年，中铁水利设计获“中国土木工程詹天佑奖”1项、“中国产学研合作创新与促进奖产学研合作创新成果奖”1项、“中国铁路工程集团有限公司科学技术奖”1项，“赣鄱水利科学技术进步奖”2项，江西省“优秀测绘地理信息工程奖”2项，江西省工程勘察、建筑设计行业和市政公用工程“优秀勘察设计奖”6项，中国中铁股份有限公司“优秀工程勘察设计”获奖项目4项，中国中铁股份有限公司优秀工程咨询成果获奖项目12项，江西省“水利工程优质（赣鄱）奖”7项，“智水杯”全国水利工程BIM应用大赛2项，第三届“共创杯”智能建造技术创新大赛5项，第四届“优路杯”全国BIM技术大赛3项等各类奖项，其中江西省峡江水利枢纽工程获“中国土木工程詹天佑奖”、江西省峡江水利枢纽建设关键技术研究与实践获“中国产学研合作创新与促进奖产学研合作创新成果奖”、基于“BIM+”的峡江水利枢纽工程三维管理系统研究获“中国铁路工程集团有限公司科学技术奖”一等奖；乌沙河泵闸枢纽工程设计BIM应用获“全国水利工程BIM应用大赛金奖”等重大奖项。

（邹　昕）

【企业文化】紧密融合“开路先锋”文化和“家”文化，将“勇于跨越、追求卓越”的精神融入公司发展实践，单位凝聚力、向心力得到极大提升。2021年，中铁水利设计开展“开路先锋”文化专题宣讲活动2场，组织职工观看《永远的开路先锋》等系列宣传片，传承与江西水利的“家人”情谊，承办江西水利系统首届集体婚礼暨青年职工联谊活动，以精神文明建设为抓手，组织开展并参与各类文体活动百余项，围绕诚信经营优质服务开展设计回访，关心关注职工个人成长和工作生活情况，开展各类岗位培训，在重大节日和生产攻坚期间慰问职工及家属，努力协调解决职工面临的各种切身难题，不断丰富和夯实“家”文化内涵，2021年公司获评“第十六届江西省文明单位”称号，公司党群工作部（原政治处）获得全国“巾帼文明岗”。

（黎喻辉）

【党建工作】2021年，中铁水利设计深入贯彻习近平总书记指示批示精神，扎实开展党史学习教育，举办“十二个一”纪念庆祝活动，“我为群众办实事”主题实践活动解决群众急难愁盼问题20余个，相关经验做法被人民网党史学习教育官网和股份公司官网报道。推进党的领导与公司治理相统一，完善规章制度80余项；推动党建与中心工作深度融合，开展“劳动竞赛”“党建进工地”等特色党建活动；党的宣传工作迈上新台阶，2021年公司在中央级媒体上发稿12篇，其中，中央电视台《新闻频道》2次，《人民日报》头版头条1次。公司三个集体获评“江西省青年文明号”“江西省直机关青年文明号”称号，付典龙同志获股份公司“优秀共产党员”荣誉称号。

（黎喻辉）

【信息化建设】围绕“创一流科技水平，建百年优质工程”目标，依托股份公司、中铁水利设计信息化技术力量，全面布局智慧水利、智慧工地、智慧运维、智慧灌区、智慧水务、乡村振兴等平台的开发，智慧工地在中铁水利设计总承包事业部广泛使用并取得良好成效，通过运用BIM（建筑信息模型）、虚拟现实、大数据等先进技术，汇聚整理水利枢纽工程在建设期、运行期、运维期的完整信息，构建水利工程大数据中心、综合数字信息平台和三维虚拟模型，并进行集中管理与分析、应用和展现，实现工程从前期规划、中期建设、后期运行全过程的大数据监管和安全智慧防控，加大水利工程智能监管力度。积极探索数字孪生流域和数字孪生工程前期工作。以寒山水库为例，初步建成了以数字化场景、智慧化模拟、精准化决策为路径，以算据、算法、算力建设为支撑的具有预报、预警、预演、预案功能的数字孪生系统；注入数字经济“加速剂”，完成《小型水库工程管理信息系统建设规范》《堤防工程管理信息系统建设规范》编制，上线智慧工地建设管理平台，并在近40个项目中推广使用，参与的渝水区、丰城市小型水库标准化项目，获评2021年第二批全国深化小型水库管理体制改革样板县。创新平台加快建设。与南京水利科学研究院、水利部大坝安全管理中心、河海大学、南昌工程学院等高校和科研院所开展多层次、多模式交流合作，加快江西省省级企业技术中心、南昌市水利安全监测与预测预警工程技术研究中心平台建设，通过国家高新技术企业、省级企业技术中心、省级“专精特新”中小企业认定。创新生态持续优化。获得专利授权14项，10个项目取得优路杯全国BIM大赛、第二届“智建杯”智慧建造创新应用大奖赛、第三届“共创杯”智能建造技术创新大赛等省部级奖项；入选2021年江西省第三批VR产业创新创业优秀人才团队。（梁思思）

【履行社会责任】坚持常态化新冠肺炎疫情防控，多次召开会议对疫情防控工作进行再部署、再落实，严格执行属地政策，多次组织职工接种疫苗，严格出差审批流程，实行人防、物防、技防“同防同控”，确保疫情防控与生产经营“两手抓、两不误”。2021年3月，在第三十四届“中国水周”到来之际，中铁水利设计承办中国中铁团委“河小青”志愿服务活动，让河湖保护的理念深入人心。2021年5月，公司在江西省启动防汛Ⅳ级应急响应的第一时间派出防汛专家分赴黎川、湾里等地处置险情，协助地方做好防汛技术支撑，公司和许韵木个人被中共江西省委、江西省人民政府分别授予“江西省防汛救灾先进集体”“江西省防汛救灾先进个人”称号。2021年9月，公司携手腾讯公益开展爱心募款活动为193个困难家庭送出五彩梦想。助力巩固脱贫攻坚成果，出技术、出人力、协调资金帮助赣州市南康区上垅村浏坑组整治山塘沟渠，完善农村水利基础设施建设，组织慰问贫困户；2021年5月，为革命老区宁都县义务编制《宁都县“十四五”水安全保障规划》；2021年12月，向崇仁县许坊乡许坊村捐款5万元用于乡村振兴；多次组织开展消费扶贫。

（黎喻辉　黄瑞霆）

【领导人员】

江　凌　党委书记、董事长、法定代表人
邹军贤　总经理
陈家湖　党委副书记、工会主席
夏建雄　党委委员、总会计师
柯劲松　党委委员、副总经理
郑澍明　党委委员、纪委书记
张建华　党委委员、副总经理、总工程师
丁维馨　党委委员、副总经理（8月免，调离）
梁必玦　党委委员、副总经理

（张　毅）

中铁国际集团有限公司

【简况】中铁国际集团有限公司（以下简称“中铁国际”）是中国中铁为实施“大海外”战略、加快“走出去”步伐而设立的海外平台公司，于2013年11月由原中铁国际经济合作有限公司、中国中铁委内瑞拉分公司、东方国际分公司、老挝分公司4家单位重组设立。2020年4月，按照中国中铁海外体制机制改革，积极构建“一体两翼N驱”的海外发展新格局，中国中铁将中国海外工程有限责任公司（以下简称“中海外”）从中铁国际分离。

中铁国际下辖施工总承包、EPC总承包、专业承包、投资及投资管理等领域54家子（分）公司、代表处，业务遍及亚洲、非洲、欧洲、南太平洋、拉丁美洲五大区域，在39个国别和地区设有经营及办事机构。

中铁国际持有5个壹级资质证书，分别为建筑工程施工总承包壹级、铁路工程施工总承包壹级、市政公用工程施工总承包壹级、钢结构工程专业承包壹级、建筑装修装饰工程专业承包壹级。

中铁国际职工总数为647人，包括各类专业技术人员580人，无技术工人。其中，具有正高级专业技术职称人员10人，高中级专业技术职称人员398人。

截至2021年底，中铁国际资产总额为71.51亿元，其中流动资产35.58亿元，占资产总额的49.76%，非流动资产35.94亿元，占资产总额的50.26%。

中铁国际共1839台（套）设备，原值6.85亿元，净值2.57亿元，设备完好率59.01%，设备利用率62.48%。

（项　婉　徐木青　孟　昕　崔　烨）

【主要指标】中铁国际2021年末资产总额为71.51亿元，较2020年68.11亿元增长4.99%；负债总额为45.86亿元，较2020年43.73亿元增长4.87%；所有者权益25.65亿元，较2020年的24.38亿元增长5.21%。中铁国际2021年度实现营业收入43.57亿元，较2020年36.96亿元增长17.88%；实现净利润1.24亿元，较2020年1.05亿元增长18.10%。

（崔　烨）

表 13-37　2020—2021 年中铁国际主要经济指标

项目	2020 年	2021 年	增长率 /%
资产总额 / 亿元	68.11	71.51	4.99
所有者权益 / 亿元	24.38	25.65	5.21
营业收入 / 亿元	36.96	43.57	17.88
利润总额 / 亿元	1.93	1.70	-11.92
净利润 / 亿元	1.05	1.24	18.10
归属于母公司所有者的净利润 / 亿元	1.16	1.18	1.72
技术开发投入 / 亿元	0.0003	0.00	-100.00
利税总额 / 亿元	2.01	1.75	-12.94
应交税金总额 / 亿元	1.41	0.74	-47.52
全员劳动生产率 /［万元 /（人·年）］	27.57	42.71	54.91
净资产收益率 /%	4.31	4.84	增加 0.53 个百分点
总资产报酬率 /%	2.70	3.86	增加 1.16 个百分点
国有资本保值增值率 /%	100.51	100.50	减少 0.01 个百分点

制表人：崔　烨

【改革发展】编制“十四五”战略规划。中铁国际贯彻落实党的十九届历次全会精神，根据中国中铁海外体制机制改革的有关要求和海外工作专项规划，结合中铁国际发展需求，完成中铁国际“十四五”战略规划。进一步明确发展方向，把实施好“十四五”企业发展规划与深化企业改革有机结合起来，把加快布局结构优化调整的着力点放在区域总部建设上，推动中铁国际由“承包商”向“承包商＋投资商”转变，打造“国际化经营的商务引领平台、海外重大项目综合策划平台和高质量发展的示范平台”，开创高质量发展新局面。

推进国企深化改革三年行动。中铁国际坚决落实党中央、国务院以及股份公司部署要求，持续加大改革政策创新、统筹协调、督促督办、宣传引导工作力度，建立深化改革三年行动领导小组和 8 个专项改革组以及八大推进工作机制，形成了上下贯通、纵深推进的改革的新局面。通过建立“一把手”挂帅领导机制加强组织领导，逐级压实责任，建立完善党组会议作决策、领导小组作安排、月度例会促推进、协调会议抓落实的工作体系。2021 年，中铁国际总计 109 项改革任务，已完成 88 项，整体完成率 81%，超额完成国资委和股份公司要求的 70% 以上任务目标。

开展海外体制机制改革，推进区域总部建设。中铁国际深入推进中国中铁海外体制机制改革、落实海外“双优”发展战略、加快战略重组、区域总部建设等工作要求。完成剥离中海外重组工作，严格落实股份公司关于中海外剥离方案，在重叠区域市场移交事宜上与中海外达成共识并签订分离重组移交方案。全面完成九大区域总部建设布局。结合各区域内实际情况分期分批设立九大区域总部，并逐步推进其实质化运营，先期组建的区域总部已整章建制进入经营序列，主要国别市场深耕扎根形成支撑，重大项目经营取得突破进入建设期，中铁国际已构建起“大区＋国别＋项目”的经营体系，实现了海外经营点线面立体推进。

推进机构改革，进一步优化机构管理。按照企业治理能力和治理体系现代化的要求，围绕中铁国际本部定位，着力提升中铁国际本部“监管、服务”功能，提高中铁国际本部运行管理效能，中铁国际进一步机构进行优化调整。将中铁国际本部投资管理部与中铁国际香港有限公司整合成立中铁国际投资管理中心，着力提升中铁国际投融资开发和管理水平，加强中铁国际投资业务管控，归口管理中铁国际境内外投资业务，促进“EPC 承包商”向“EPC 承包商＋投资商”的转型升级，打造境外投融资平台积极推进“投建营一体化”。（项　婉）

【重大项目】2021 年，中铁国际完成新签合同 62 项，新签合同额 348.98 亿元人民币（54.46 亿美元），超额完成年度计划 330 亿元的 5.75%。其中海外新签合同总额 50.93 亿美元，占新签合同总额的 93.52%。中铁国际在非洲区域新签合同额 4.63 亿美元，亚洲区域 41.73 亿美元，欧洲区域 1.16 亿美元，拉丁美洲区域 3.41 亿美元。6 月 15 日，中铁国际与中国香港特别行政区政府土木工程拓展署签署香港东涌新市镇扩展—东涌谷工地平整及基础设施工程第一期项目合同，合同额1.47亿美元；11月24日，中铁国际与玻利维亚卫生和体育部签署玻利维亚科恰班巴四级肿瘤综合医院项目，合同总额3.41亿美元；11月25日，中铁国际与Al Qudra Holding PJSC签署阿布扎比Barary Ain Al Fayda—二期基础设施工程合同，合同额2.86亿美元；12月6日，中铁国际牵头的联营体中标菲律宾南部长距离铁路设计施工项目，合同额28.43亿美元。

（徐木青）

【走向海外】以中国中铁海外体制机制改革为契机，推进中铁国际境外区域总部建设，按照股份公司统一部署，发挥平台公司“两翼”商务引领作用，构建“大区+国别+项目”经营管理体系，实现海外经营点线面立体推进。以新成立的9个区域总部为依托，秉持“共商共建共享”“合作共赢”的理念，主动融入对接东道国发展规划，深入对接东道国政府、多边金融机构、属地和行业优势企业等政商各界，充分调动区域市场内N驱的力量，加快培育和发挥区域总部高端经营能力步伐，构建境外立体经营格局，深耕区域市场经营。同时，根据市场开发需要，先后申请设立中国中铁英国分公司、中铁国际集团柬埔寨分公司、中铁国际集团墨西哥有限责任公司、中铁国际集团南非外部公司。

中铁国际积极践行“走出去”倡议，2021年5月19日至21日，中铁国际总经理郭炜出席第二届“一带一路”基础设施与工程装备商务峰会和2021国际工程优秀项目与营地建设论坛，并于商务峰会上作题为“聚焦重大项目、重视前期策划、持之以恒推进中老铁路项目建设”的主题演讲。7月22日至23日，中铁国际党委书记、董事长毕彦春一行赴澳门出席第十二届国际基础设施投资与建设高峰论坛并开展商务活动，与中国澳门特别行政区运输工务司司长罗立文举行会谈。9月23日至27日，中铁国际代表中国中铁牵头组织系统内7家单位参展第十三届中国—东北亚博览会开幕式暨第十一届东北亚合作高层论坛。

海外项目进展情况：中铁国际签署并参与承建的新建铁路磨丁至万象线Ⅱ标段，线路全长68.89千米，合同额27亿元人民币，于2021年12月3日全线开通运营。12月6日，中铁国际牵头的联营体中标菲律宾南部长距离铁路设计施工项目，项目金额约28亿美元，线路全长380千米。巴基斯坦ML1铁路升级改造项目，线路全长约1872千米，中铁国际与巴方持续沟通推进项目。中缅铁路通道项目（木姐—曼德勒段），线路全长约410千米，中铁国际与缅方继续保持沟通合作。LION跨境并购项目通过中铁国际立项评审，经过决策程序向卖方递交非约束性报价，项目已正式进入第二轮。2021年7月，中铁国际香港公司与股权受让方签订了《孟加拉国贾马勒布尔100MW光伏并网发电项目合作框架协议》，标志着新能源公司股权转让进入实质性阶段。

（项　婉　徐木青）

【重大创新】2021年3月，中铁国际发明专利“一种低回弹早高强湿喷混凝土及其应用”获得授权。2021年5月，中铁国际发明专利“一种自密实高性能混凝土及其制备方法”获得授权。9月，中铁国际组织参加中国施工企业管理协会举办的首届工程建造微创新技术大赛，中铁国际川铁公司《自流平高性能混凝土在隧道二次衬砌施工中的应用研究》项目获得大赛二等奖，《高强超微外加剂关键技术研究及在隧道初支中的运用》《新型隧道带模注浆材料在隧道中的运用》项目分别获得大赛优胜奖。2021年12月，中铁国际修订《中铁国际集团有限公司科技研究开发计划管理规定》《中铁国际集团有限公司科学技术成果评审规定》。

（王林琳）

【工程创优】2021年，中铁国际分别获省部级工程奖6项，地级市奖2项。元朗净水设施项目部获得共青团中国中铁委员会颁发的“中国中铁青年文明号”；香港大埔公路（沙田段）扩阔道路及加装隔音屏障项目获得香港特别行政区政府发展局和英国土木工程师协会辖下的新工程合约组织颁发的2021年新工程合约“年度最佳交通项目”；玻利维亚Espino公路项目部获得中国对外承包工程商会颁发的中国对外承包工程商会2021年度海外工程“优秀营地”奖；东光县第一中学迁建项目实验楼获河北省住房和城乡建设厅颁发的“河北省结构优质工程”；航空产业片区棚户区改造横溪安置房（经济适用房）二期项目B地块B-01#-B-14#楼、B-B地块地下室项目获江苏省住房和城乡建设厅颁发的“江苏省建筑施工标准化星级工地（2020年度省级绿色智慧示范片区项目）”；航空产业片区棚户区改造横溪安置房（经济适用房）二期项目B地块B-01#-B-15#楼、B-B地块地下室项目获南京市城乡建设委员会颁发的“南京市建筑施工市级标准化文明示范工地奖”。

航空产业片区棚户区改造横溪安置房（经济适用房）二期项目B地块B-01#-B-16#楼、B-B地块地下室项目获得南京江宁经济技术开发区国土规划建设局颁发的“2021年度安全文明示范工地奖”；东光县第一中学迁建项目二标段（高一、高二、高三教学楼及实验楼）项目获得任丘市东光县教育局颁发的“突出贡献奖”。

（李慧琴）

【企业文化】中铁国际充分发挥国有企业党建思想政治工作优势，不断凝聚改革发展蓬勃力量。筑牢意识形态主阵地。牢记习近平总书记嘱托，切实增强国际传播力建设，讲好中国故事，唱响央企“一带一路”主旋律，努力营造利国利企的良好舆论态势。加强企业文化建设。践行中国中铁“开路先锋”文化理念，积极探索新时代文化建设、跨文化管理、文化融合的新思

▲图 13-38　中铁国际承建的安哥拉 SOYO Ⅰ联合循环电厂建设与安装项目获“中国建设工程鲁班奖”（境外工程）

路新途径新方法。深度融入“领先优先、担当担责、合作合规、融入融合、品质品牌、共建共享”等海外文化元素，循序形成以海外为先、海外为重、引领海外发展的文化认同和价值认可，持续锻造海外“双优”发展品牌，企业品牌形象更加彰显。

中铁国际党委书记、董事长毕彦春带队参加 2021 年中国品牌发展国际论坛活动并发表主旨演讲；《“一带一路”上的民心相通》典型案例入围国资委《2021 中国企业国际形象建设优秀案例集》；短视频《信号》获第三届“一带一路”百国印记短视频大赛“最美共建奖”；增强国际传播力理论研究文章《讲好中国故事，助力“走出去”企业行稳致远》刊发在《中国中铁简报》，不断提升企业品牌的知名度和美誉度。（谢萌萌）

【党建工作】2021 年，中铁国际党委坚持以习近平新时代中国特色社会主义思想为指导，认真落实股份公司党委决策部署，紧密围绕企业核心任务，扎实开展党建思想政治工作，以高质量党建引领企业高质量发展。

持续强化政治建设。认真学习贯彻习近平总书记“七一”重要讲话和党的十九届六中全会精神，全年开展党委中心组专题学习 8 次，专题培训 2 期，实现中层及以上人员学习全覆盖；严格贯彻“第一议题”制度，建立贯彻落实习近平总书记重要指示批示精神的“知、督、促”工作机制，全年学习习近平总书记重要指示批示精神 48 项；扎实开展贯彻落实全国国有企业党建工作会精神“回头看”工作，系统梳理五年来的企业党建工作成果，经验材料刊发在《中铁党建》上。

扎实开展党史学习教育。坚持把庆祝建党 100 周年和党史学习教育作为全年政治工作的重中之重，统筹策划，一体推进。丰富形式，组织专题学习培训，邀请专家讲座，开展领导班子宣讲，相关经验做法刊发在中国中铁“学习强国”号上；丰富载体，开展“百年中铁　奋进国际”庆祝建党 100 周年“五个一”活动，营造了创先争优、奉献海外的浓厚氛围；注重实效，聚焦企业改革发展和职工切身利益的重点难点，确定 10 余项调研课题，开创企业发展生动局面；惠及民生，聚焦职工群众“急难愁盼”，完成为民办实事清单 16 项，切实增强职工群众幸福感、获得感、安全感。

不断加强党的全面领导。坚持民主集中制，严格履行重大经营管理事项党委会前置研究程序，全年共召开 14 次党委会，党委前置研究讨论重大事项 140 项；修订完善“三重一大”决策相关制度办法，各治理主体权责边界更加清晰；系统推进董事会制度体系建设，认真落实董事会“六项”职权，实现外部董事占多数；深化国企改革三年行动改革完成率 81%，超额完成股份公司下达的 70% 目标要求，开展对标世界一流管理活动。

统筹推进“六支队伍”建设。健全领导人员管理制度，出台《领导人员管理办法》《关于领导人员选拔任用工作“一报告两评议”实施办法》等制度办法，进一步建立健全领导人员全过程管理机制；严格开展选人用人工作，加强领导人员、特定范围工作人员、涉密人员因私出国（境）管理工作，畅通市场化选聘渠道；举办不同各类专业培训班，领导干部累计参培 280 余人次，与商务部国际商务官员研修学院签订战略合作协议，健全完善“三法两书”，全面实施经理层成员任期制和契约化管理。

持续夯实“三基建设”。压实党建工作责任，修订党建工作责任制考核评价办法，结合驻在国特点和境外差异性，实现党建考核与业绩评定相挂钩，完成对 10 家所属单位党组织书记抓党建述职评议，实现全覆盖。夯实党建基础，制定境外单位党建工作实施细则，坚持境外优先导向、突出外经公司特征，循序构建有境外特色的党建工作制度体系。同步成立 9 家境外区域总部党工委、纪工委，实现“应建尽建”，指导机关党委完成换届，对中铁国际川铁公司等单位党委提出换届要求，确保“应换尽换”。召开党建思想政治工作现场会，围绕创建示范党支部、境外区域总部建设、境外人才培养等方面开展经验交流，开展“建设标准化阵地，争创示范党支部”活动，扎实推进支部晋位升级，提升党支部的组织力和战斗力；高度重视境外党建理论研究，积极申报股份公司承接的国资委重大课题，党建论文《建好国际项目，讲好中国故事》刊发在《国资报告》上；切实提升基层党组织书记能力素养，在延安举办基层党组织书记培训班，实行党支部书记持证上岗，不断提升基层党组织书记履职能力。

把握宣传思想工作生命线。筑牢意识形态主阵地，增强国际传播力建设，理论研究文章《讲好中国故事，助力“走出去”企业行稳致远》刊发在《中国中铁简报》上；加强企业文化建设，积极践行“开路先锋”文化理念，循序形成以海外为先、海外为重、引领海外发展的文化认同和价值认可，持续锻造海外“双优”发展品牌。

纵深推进全面从严治党。建立党委与纪委定期会商制度，构建全面从严治党两责并举、贯通联动、一体落实的工作格局，2021 年落实党风廉政建设重点工作 49 项；对选人用人实行全过程监督，聚焦境外工程项目腐败易发多发的重点领域和关键环节，一体推进民企挂靠国资、“影子公司”“影子股东”、境外腐败等专项整治；制定经营投资免责事项清单，建立健全容错纠错机制，鼓励企业经营管理人员担当作为、干事创业；持续抓好作风建设，驰而不息纠“四风”，推进作风建设常态化、长效化；开展对中老铁路建设指挥部、中铁国际川铁公司磨万铁路项目“廉洁之路”建设年度督导检查，完善境外项目廉洁风险防控体系。压实巡视整改责任，完善巡视整改评价机制。针对中国中铁巡视反馈 15 个问题，制定整改措施 73 项，已全部通过验收；针对违规挂靠专项巡视反馈问题，制定 9 项整改措施，整改完成率 100%；配合股份公司巡视组完成了对中老铁路指挥部的巡视；组织对所属 4 家单位开展常规巡察，对所属 3 家单位开展违规挂靠专项巡察，注重把巡视巡察整改作为改进和推动工作的重要契机，以整改促改革、强管理。积极构建大监督格局，整合各方监督资源，形成监督合力。

持续推进和谐企业建设。深化企业民主管理，推进厂务公开。落细权益保障措施，组织召开《集体合同》平等协商会议并对履行情况进行检查监督。广泛搭建建功立业平台，组织开展“决战决胜四季度”劳动竞赛，细化、量化竞赛考核指标，定期通报各单位指标完成情况。持续加强群安员工作，不断巩固企业安全防线。加强劳模先进和青年典型选树，中铁国际川铁公司卫晓军荣获“火车头奖章”，磨万铁路项目获评中华全国铁路总工会“全路模范职工小家”等荣誉称号，中铁国际亚洲分公司李景彪、中铁国际南美分公司马春生分别获“中央企业青年岗位能手”“中国中铁首届向上向善好青年”称号。持续开展员工关爱工程，完善职工关爱服务体系，深入开展走访慰问活动，全年慰问境外员工家属 345 人，发放慰问金 13.8 万余元，拨付境外职工书屋专项经费补助 4 万元，提升了境内外员工获得感、幸福感、安全感。

（谢萌萌）

【信息化建设】2021 年，中铁国际完成信息贯通工程阶段任务，大力推广中铁 e 通、一体化工作平台，实现了核心应用系统（协同办公平台、财务共享平台等）的入驻，提升了中铁国际信息化整体信息化水平；完成全球组网 10 台设备的购置和安装，推动海外分支机构接入全球骨干网络；统筹推进信息化改革，积极开展了对标世界一流、三年改革、数据入仓等一系列专项行动；继续深化信息化管理，完成信息化资产的梳理；完善了信息化系统体系建设，实现了全公司组织人员的实时更新；推动了纪委大监督信息平台的建设，进一步加强了信息化系统在企业中的应用。

（石明杰）

【履行社会责任】2021 年，中铁国际在老挝、孟加拉国等国家，通过公益慈善、抢险救灾、人才培训等多种方式履行社会责任，获得驻在国政府和项目沿线民众的广泛好评。积极践行构建人类命运共同体理念，中铁国际向印度尼西亚、玻利维亚等国家合作方捐赠数十万只口罩以及其他急需防疫物资，为全球战“疫”积极贡献中铁国际力量。中铁国际南亚区域总部等多家境外单位积极参与“春苗行动”，获得中国驻巴基斯坦、玻利维亚、孟加拉国使馆通报表扬，切实做到了“建好国际工程，讲好中国故事”。

（谢萌萌）

【领导人员】

毕彦春	党委书记、董事长、法人代表
郭　炜	党委副书记、总经理
赵艳杰	纪委书记
吴继邦	党委副书记、副总经理、工会主席（1 月任）
方晓乾	副总经理
梁恩广	副总经理
黄功华	总会计师
王应良	总工程师
乔　勇	副总经理（1 月任）
黄　宏	副总经理（不参与领导班子分工）

（孟　昕）

中铁东方国际集团有限公司

【简况】中铁东方国际集团有限公司（以下简称“东方国际”）是中国中铁股份有限公司为实施国际化经营战略在境外设立的二级子公司。东方国际成立于 2016 年 9 月 13 日（完成注册手续），注册资本金 5 亿马来西亚林吉特，注册地马来西亚吉隆坡。东方国际设立后，中铁国际集团有限公司将所持有的中国铁路工程（马来西亚）有限公司（以下简称“中铁马来公司”）100% 股权向中铁东方国际集团有限公司转让，中铁马来公司作为东方国际子公司管理，代管中国铁路工程总公司新加坡分公司。主要从事境外基础设施开发投融资业务和境外城市综合体投融资开发业务，具备为业主提供一站式综合服务的能力，在城市基础设施、地产开发等领域具有强大的核心竞争实力。

东方国际主营业务为境外基建建设和境外综合开发。先后承揽了印尼苏门答腊煤炭运输项目、马来西亚沙巴铁路升级改造项目、马来西亚吉隆坡新捷运工程（MRT）一期项目、马来西亚吉隆坡雅益轩地产开发项目、马来西亚吉隆坡新捷运工程（MRT）二期项目、马来西亚金马士至新山双轨电气化铁路项目及马来西亚吉隆坡安邦第三大道项目等多个重大项目，积极推进马来西亚大马城项目。

截至2021年12月底，东方国际在册职工118人，其中工程技术人员91人，经济人员7人，会计人员9人，政工11人；其他人员169人，包括属地外籍员工127人。公司共保有机械设备213台（套），较2020年增加3台（套），总功率13502.1千瓦，人均动力装备率47.05千瓦，机械设备固定资产原值9883.43万马来西亚林吉特，净值3679.73万马来西亚林吉特，技术装备率12.82万马来西亚林吉特/人。机械设备管理能够遵守工程项目所在国法律法规和股份公司有关规定，以适应海外市场发展为导向，持续健全完善设备管理体系内容，根据工程项目实际实施综合和区域管理，为公司经济效益最大化服务，达到资产的保值增值。在2021年度机械设备使用过程中，大中型设备运行状况稳定，保养状况良好，机械设备综合完好率82.98%以上，无设备责任事故发生。

2021年，东方国际未发生任何安全生产责任事故，实现“零事故、零伤亡”年度安全质量目标；未发生新冠肺炎疫情聚集性感染事件，保障了员工生命健康安全。公司所属马来西亚吉隆坡安邦第三大道项目（一期）获得股份公司“2021年度安全标准工地”称号。

（肖　燕　丛　颖　闫文静）

【主要指标】 截至2021年12月31日，东方国际资产总额16亿元，相比2020年29.81亿元下降46.33%；所有者权益-4.58亿元，相比2020年0.7亿元下降754.29%；2021年发生营业收入17.66亿元，相比2020年18.54亿元下降4.75%；2021年利润总额-4.58亿元，相比2020年0.46亿元下降1095.65%；净利润为-4.56亿元，相比2020年0.4亿元下降1240%；归属于母公司所有者的净利润-4.51亿元，相比2020年0.37亿元下降1318.92%；应交税金总额0.75亿元，相比2020年0.9亿元下降16.67%；全员劳动生产率-118.17万元/（人·年），相比2020年38.05万元下降410.57%；净资产收益率0，较2020年78.85%减少78.85个百分点；总资产报酬率由4.33%下降到-15.72%；减少20.05个百分点，国有资本保值增值率较2020年度减少230.11个百分点。

（潘薛亮）

表13-38　2020—2021年东方国际主要经济指标

项目	2020年	2021年	增长率/%
资产总额/亿元	29.81	16.00	-46.33
所有者权益/亿元	0.70	-4.58	-754.29
营业收入/亿元	18.54	17.66	-4.75
利润总额/亿元	0.46	-4.58	-1095.65
净利润/亿元	0.40	-4.56	-1240.00
归属于母公司所有者的净利润/亿元	0.37	-4.51	-1318.92
技术开发投入/亿元	0.00	0.00	0.00
利税总额/亿元	0.46	-4.58	-1095.65
应交税金总额/亿元	0.90	0.75	-16.67
全员劳动生产率/［万元/（人·年）］	38.05	-118.17	-410.57
净资产收益率/%	78.85	0.00	减少78.85个百分点
总资产报酬率/%	4.33	-15.72	减少20.05个百分点
国有资本保值增值率/%	230.11	0.00	减少230.11个百分点

制表：潘薛亮

【改革发展】2021年，东方国际学习贯彻习近平总书记关于“选人用人”工作系列重要讲话精神，落实股份公司党委干部管理相关制度规定，坚持正确的选人用人导向，落实“党管干部”“党管人才”原则，深化“三项制度”改革，不断健全干部选拔任用工作机制。根据“三项制度”改革工作部署，制定出台了《东方国际负责人副职绩效考核管理办法》《东方国际子（分）公司、直属项目公司（部）经营业绩考核办法（试行）》《东方国际总部员工绩效考核管理办法》3项干部管理方面相关制度。持续开展“调结构、压总量”工作。自2020年7月推行“三项制度”改革，人员整体核减79人（系统内单位分流40多人）基础上，2021年退休、调出、解聘、辞职共30人，进一步压缩了人员总量，在册员工缩减近一半。截至2021年末，东方国际现有领导班子5人，2021年退休1人、调出1人、改非1人。正式员工总数118人，本科及以上学历112人，中级以上职称90人，40岁以下员工占78.99%。（丛　颖）

【重大项目】截至2021年12月底，东方国际共有17个在建项目。其中11个在施阶段，4个项目已经完工移交业主（马来西亚东海岸铁路六分部二工点桩基项目、马来西亚吉隆坡TRX地铁车站项目、马来西亚碧桂园缤湖城货量区一期桩基工程、马来西亚沙巴穆斯林法庭项目）；1个在缺陷责任期（马来西亚雅益轩项目）；1个暂停施工（马来西亚KKCC项目）。

项目均分布在马来西亚，在建项目合同额共计16.53亿美元（不含变更），剩余未完合同额4.15亿美元。其中重大项目2个，分别为马来西亚吉隆坡新捷运工程（MRT）二期地下C标段，合同额3.75亿美元，已完合同额3.15亿美元，剩余未完合同额0.6亿美元；马来西亚金马士至新山双轨电气化铁路项目，合同额6.75亿美元，已完合同额5.04亿美元，剩余未完合同额1.7亿美元；重大项目合同额共计10.5亿美元，占比在建项目合同额约63.5%。重大项目剩余未完合同额共计2.3亿美元，占比在建项目剩余未完合同额约55%。重大项目累计完成合同额共计8.19亿美元，占比完成总合同额的49.5%。

2021年，东方国际完成新签合同额16.2亿元人民币，成功中标马来西亚新山至新加坡RTS轻轨项目系统标、马来西亚玖龙纸厂第1标段及第6标段、马来西亚Shah Alam城市中心、马来西亚沙巴泛婆罗大道WP08标段、马来西亚东海岸铁路四分部75-80号桥桩基、马来西亚东部铁路01B号桥结构施工等项目。马来西亚吉隆坡地铁MRT三期、马新高铁、马来西亚吉兰丹能吉利水电站、马来西亚SPNB保障房项目、马来西亚沙巴泛婆罗大道等重点营销项目稳步推进。

马来西亚大马城项目：2021年4月28日，中铁—依海联营体公司（ICSB）完成首笔SUKUK债券款项支付，但由于相关各方均未能按时完成项目先决条件，2021年7月14日，各方共同决定《大马城公司股权买卖恢复及修订协议》失效，协议失效后，东方国际积极推进新商业模式谈判，完成了大马城总规划深化设计、宣传视频制作和新商业模式实施方案。2021年11月，东方国际全额收回前期所缴纳的所有款项，并与依海共同启动对ICSB的清算注销工作。
（肖　陶　方　杰　王　丹　丁远见）

【走向海外】对外投资情况：2022年暂无计划投资。截至2021年12月底，年累完成股权投资3648万美元，占总投资计划的4.4%；开累完成股权投资18656万美元，占项目总投资计划的23.89%。《大马城公司股权买卖恢复及修订协议》失效，2019年至2021年所缴纳的定金、预付款和首笔SUKUK款项等全部投资款项共计18656万美元（约合7.705亿马来西亚林吉特）均已退回至账户。截至2021年12月底，大马城项目累计完成实际股权投资额为零。

区域市场经营情况：为深入贯彻股份公司海外“双优”发展战略，落实股份公司境外区域总部划分方案和区域总部管理办法等文件要求，东方国际于2021年8月上报区域总部实施方案并获股份公司批准。2021年12月2日，马来西亚区域总部正式揭牌成立。东方国际作为股份公司委托的马来西亚区域总部管理单位，分管马来西亚、文莱、柬埔寨三个国别市场，履行“统领统筹、组织协调、商务引领、经营开发、履约管理、合规风险管控”职能，建立健全区域总部制度管理体系，发挥“两翼补充”带飞优势；组织协调区域内各单位发挥专长配合投标，打造前后联动的强劲驱动引擎；锚定重大项目，准确把握运作先机，聚焦中小型项目，稳步提升新签份额；构筑巩固公共关系网络，完善属地政商关系布局；在深耕马来西亚市场的同时，实现柬埔寨市场的成功入驻。

海外项目追踪情况：2021年，东方国际在马来西亚、柬埔寨境内共追踪投议标类项目约51项，范围涵盖公路、桥梁、房建、市政、水利、厂房和港口等，东方国际紧抓中国产能转移东南亚的有利契机，基于传统建筑行业领域经验积累，依托中国中铁全产业链优势，成功中标了马来西亚玖龙纸厂、新山新加坡RTS等项目，顺利进军马来西亚工业厂房领域，持续巩固轨道交通领域内行业地位。
（丁远见　方　杰　王　丹）

【工程创优】东方国际所属中铁马来公司马来西亚玖龙纸厂项目部获得中国中铁2020—2021年度安全生产“一先两优”优秀集体奖。
（肖　陶）

【企业文化】在马来西亚新冠肺炎疫情持续蔓延、政局频繁变动等严峻形势下，东方国际各级党政、群团组织始终团结一致，坚定理想信念，积极履职担当，带领广大党员干部群众坚守海外、迎难而上，努力推动企业改革发展、生产经营各项工作开展，积极传承中国中铁“开路先锋”企业文化，树立企业品牌形象。秉持“生命至上，安全第一”理念，深入贯彻落实“2468”管理要点，推进开展“安全生产万里行”和“安全生产专项整治三年行动计划”等活动，狠抓项目安全质量环保管理，坚决遏制生产安全事故发生。推动民主管理，保障职工合法权益，成功召开了东方国际二届一次职工代表大会和第一次工会会员代表大会，强化职工群众主体地位，充分发挥职工代表在企业改革发展和职工群众切身利益的重大事项上的参政议政作用，推动了企业民主管理科学发展。创建和谐劳动关系，扎实开展“我为群众办实事”活动，在全公司范围内开展问卷调查，各级工会干部深入基层一线了解职工意愿、反映职工诉求、帮助解决困难。健全完善劳动争议预警机制，积极参与劳动争议调处，加强工会组织援助和监督，对可能引发群体性事件的劳动关系隐患，做到发现在早、防范在先、处置在小。在国庆、党庆、农历新年等重大节日组织员工开展慰问关爱、精神文化建设等活动，激发员工的爱国、爱企情怀。积极做好疫情防控期间专项慰问，将在马职工进行疫苗接种列入“我为群众办实事”重点事项清单，积极协调借助外交部的“春苗行动”完成中方员工疫苗全覆盖，定期发放防疫物资、慰问品、慰问金，切实加大对职工身心健康的关爱力度，营造和谐企业文化氛围。（付　锋）

【**党建工作**】公司党委将学习贯彻习近平新时代中国特色社会主义思想作为首要政治任务，学习和落实习近平总书记关于共建“一带一路”、构建人类命运共同体重要论述。落实“第一议题”要求，出台贯彻落实习近平总书记重要指示批示工作办法和督查办法，组织学习了习近平总书记在庆祝中国共产党成立100周年大会上的讲话及《中国共产党第十九届中央委员会第六次全体会议公报》等共计14项内容，通过落实“第一议题”制度推进新冠肺炎疫情防控、国企改革三年行动、安全生产等各项重点工作。推动党史学习教育走深走实。根据股份公司党委党史学习教育的总体部署，制定党史学习教育方案，领导班子成员给公司全体党员讲党课7次，邀请外部专家讲党课1次，编辑发布党史学习廉洁专刊9期，派员参加股份公司组织的党史学习教育现场培训、网络培训班11人次，在落实海外党建“五不公开、五个到位”前提下，通过“网络党史学习平台”组织开展全体党员自学活动，落实“我为群众办实事”任务4项，参观长辛店二七纪念馆，举办4期党史知识竞赛，推动党史学习教育走深走实，真正做到“学史明理、学史增信、学史崇德、学史力行”，增强“四个意识”，坚定“四个自信”，做到“两个维护”，担当作为，锐意进取，推动东方国际高质量发展。组织参与庆祝建党100周年活动。通过党委理论学习中心组和党委会“第一议题”学习落实，重点学习习近平总书记在庆祝中国共产党成立100周年大会上的重要讲话精神，并以此为指导，不断深化对党的历史的系统把握，明确继承传统、立足当前、开创未来的实践要求。组织召开庆祝建党100周年暨“两优一先”表彰大会，授予中铁马来西亚东方隧道有限公司党工委先进基层党组织，授予赵晓平等8人“优秀共产党员”荣誉称号，授予陈宇宏、李俊卿“优秀党务工作者荣誉”称号。（付　锋）

【**信息化建设**】2021年，东方国际信息化建设以“全面推进信息贯通工程落地实施”为主线，在遵循“层级管理，下管一级”原则的基础上，进一步强化网络安全与信息化组织机构建设，明确各级单位、项目部的信息化管理主责部门及机构职责，编制并发布东方国际“十四五”信息化发展规划，规范了东方国际视频会议系统、OA系统管理，先后发布了《中铁东方国际集团有限公司视频会议系统管理细则》《中铁东方国际集团协同工作平台（OA系统）管理实施细则》2项管理办法，成立东方国际信息贯通工程领导小组和工作组，完成组织保障、专业人才保障、贯通实施方案保障、专项资金保障、基础调研、基础数据治理（数据准确率可达95%以上）、中铁e通推广应用（安装激活率100%，日活率50%以上）、重要业务系统（OA系统、财务共享系统、法律合规系统）入驻一体化平台、核心统建业务系统数据入仓及中铁头条入驻等信息贯通工程重点任务，积极开展网络信息安全活动，参与和配合股份公司2021年“护网行动”活动、建党百年网络安全重保活动及党的十九届六中全会网络安全重保活动，组织开展集团公司2021网络信息安全宣传活动等。（徐朝坤）

【**履行社会责任**】东方国际认真贯彻落实国资委、股份公司、大使馆和马来西亚政府新冠肺炎疫情防控有关规定，提高政治站位，坚守“不发生聚集性疫情”的底线，逐级压实主体责任，强化现场防疫措施，全年召开疫情防控专题会议7次，组织项目疫情防控工作检查8次，修订《境外突发事件应急处置预案》和《疫情防控工作手册》等文件，编制并发布了《新冠肺炎疫情防控物资采购管理细则》，从自有党费中划拨10万元专项资金用于支持国内外新冠肺炎疫情防控工作，加强疫情防控期间防疫物资采购供应储备工作，积极拓展各种渠道落实境外员工疫苗接种工作，2021年，公司境外员工接种率达到100%，最大限度地保护了职工生命安全和身体健康，避免出现聚集性感染事件，将“两稳两争两保”的要求落到实处。（付　锋）

【**领导人员**】

陈海鹏　党委委员、副总经理（主

持全面工作）、董事、法定代表人、股东代表
汪　洋　党委委员、纪委书记
汪佑平　党委委员、副总经理、工会主席
宋上明　总工程师
刘小勇　总会计师

（丛　颖）

中国海外工程有限责任公司

【简况】中国海外工程有限责任公司（以下简称“中海外”）是中国中铁股份有限公司旗下全资子公司，作为中国中铁专业商务平台，在海外“一体两翼N驱”发展格局中肩负着“两翼”带飞重要使命，拥有建筑工程、铁路工程、市政公用工程施工总承包壹级资质，公路路面工程、建筑装修装饰工程专业承包壹级资质，业务范围涵盖国际工程承包、境外实业投资、国际贸易、劳务输出等多个领域。

中海外于1987年10月在北京成立，是最早代表国家走出国门的四家外经企业之一，1991年10月更名为“中国海外工程总公司”，先后隶属于外经贸部、国资委；2003年12月经国资委批准，与中国中铁进行战略重组，成为其全资子公司；2006年整体改制，更名为“中国海外工程有限责任公司”；2015年4月，重组并入中铁国际集团有限公司，成为其全资子公司；2020年8月，应中国中铁海外业务改革重组需要，从中铁国际集团有限公司分离，再次成为中国中铁全资子公司。历经30余年的发展，中海外在全球陆续承建大、中型项目逾千个，涵盖交通市政、房屋建筑、机场港口、农田水利、能源电力、矿产资源等领域，累计合同额160.22亿美元，营业额89亿美元，进出口贸易额10亿美元，派出各类劳务人员5万余人次。

中海外现有区域公司8个、直属国别公司1个，所属子（分）公司22家，遍布非洲、亚洲、大洋洲、欧洲、南美洲。根据中国中铁海外体制机制改革总体方案，受中国中铁委托设立并管理中国中铁境外区域总部9个，管理国别市场88个，除北美区域总部暂未成立，由南美北部区域总部代管外，其余8个区域总部已全部设立并履行管理职责。中海外现有员工253人（含内退人员14人），在岗员工239人，其中国内员工91人（含人才中心4人），国外员工148人（含经商处2人）；具有正高级专业技术职称6人、高中级专业技术职称166人。截至2021年底，资产总额25.28亿元，其中固定资产0.9亿元，占资产总额的3.56%，流动资产21.25亿元，占资产总额的84.06%，其他资产3.12亿元，占资产总额的12.36%。

自20世纪90年代以来，中海外连年入选美国《工程新闻记录》（ENR）全球最大225家国际工程承包商行列，在国际工程承包市场中树立了良好的企业信誉和知名度，先后获“全国建筑业企业工程总承包先进企业”“中国对外承包工程企业市场开拓奖”“项目管理体系建设优胜奖”等奖项。2019年7月，中海外承揽的尼泊尔巴瑞巴贝引水隧道工程荣获美国《工程新闻纪录》（ENR）第七届“全球最佳工程项目”水资源类优秀奖的殊荣，填补了中国中铁在该奖项上的空白。中海外承揽的博茨瓦纳大学综合教学楼项目和摩洛哥拉巴特斜拉桥先后获2011年度及2020年度“中国建设工程鲁班奖”（境外工程）。

（景瑞琪）

【主要指标】2021年末，中海外资产总额为25.28亿元，较2020年21.53亿元增长17.42%；负债总额为11.55亿元，较2020年10.73亿元增长7.64%；资产负债率为45.69%，较2020年49.85%下降4.16个百分点；2021年所有者权益13.73亿元，较2020年10.80亿元增长27.13%。中海外2021年度实现营业收入10.69亿元，较2020年的7.57亿元增长41.22%；归属于母公司所有者的净利润–0.47亿元。　（孙　丽）

表13–39　2020—2021年中海外主要经济指标

项　目	2020年	2021年	增长率/%
资产总额/亿元	21.53	25.28	17.42
所有者权益/亿元	10.80	13.73	27.13
营业收入/亿元	7.57	10.69	41.22
利润总额/亿元	0.07	–0.51	–828.57
净利润/亿元	0.04	–0.51	–1375.00
归属于母公司所有者的净利润/亿元	0.05	–0.47	–1040.00
技术开发投入/亿元	0.00	0.00	0.00
利税总额/亿元	0.24	–0.51	–312.50

续表

项　目	2020 年	2021 年	增长率 /%
应交税金总额 / 亿元	0.17	0.13	–23.53
全员劳动生产率 /［万元 /（人·年）］	6.35	12.88	102.83
净资产收益率 /%	0.68	–4.15	减少 4.83 个百分点
总资产报酬率 /%	0.30	–2.15	减少 2.45 个百分点
国有资本保值增值率 /%	104.76	91.30	减少 13.46 个百分点

制表：孙　丽

【改革发展】2021 年，中海外积极推进落实国企改革三年行动，根据股份公司要求，制定中海外深化改革三年行动工作方案，并按照工作方案把党的领导融入公司治理各个环节，进一步加强董事会建设并落实董事会职权，保障经理层依法行权履职。根据股份公司海外体制机制改革要求，完成中国中铁境外 8 个区域总部的建设，在加强境外经营开发同时，大力推进境外工程项目管理体系和管控能力建设，推动企业高质量发展。在深化改革工作中，为解决企业发展基础和深层次问题，调动广大员工干事创业工作热情，在企业产权、人事、分配、考核、薪酬等方面进行了深入改革：一是健全企业产权管理机制，制定《中国海外工程有限责任公司产权管理办法》，明确了产权管理工作的机构职责、产权管理内容、具体事项办理流程和监督管理要求，进一步规范产权登记、资产评估和日常监督工作；二是推动经理层任期制和契约化管理，在公司本级和所属区域公司两个层级全面推进，经理层全员纳入，通过规范经理层成员的任期管理，科学确定契约目标，刚性兑现薪酬，严格考核退出，实现经理层人员能上能下；三是公司员工招聘实现 100% 公开化、市场化，并建立了员工市场化退出机制，实现人员能进能出；四是在考核及薪酬分配方面，制定科学合理的管理制度，全员纳入绩效考核，增加浮动薪酬比例，根据人员业绩情况和考评结果确定薪酬分配，实现薪酬能增能减。（高　翔）

【重大项目】2021 年，中海外新签对外工程承包项目 16 个，新签合同额 26.97 亿美元，完成中国中铁下达的年度计划经营指标。其中，中西亚区域新签合同额 8.04 亿美元，南太区域新签合同额 6.36 亿美元，西非区域新签合同额 4.48 亿美元，东非区域新签合同额 2.67 亿美元，中非区域新签合同额 2.45 亿美元，南美北区域新签合同额 1.97 亿美元，尼泊尔新签合同额 0.96 亿美元，西南欧区域新签合同额 0.04 亿美元。3 月 19 日，中海外和尼泊尔水资源与灌溉局签署了尼泊尔逊科西马林引水隧道项目，合同额 0.96 亿美

▲图 13–39　中海外承建的摩洛哥拉巴特斜拉桥获“中国建设工程鲁班奖”（境外工程）

所属单位

元；3月24日，中海外——中铁上海局联营体中标所罗门群岛GOLD RIDGE MINE施工总承包项目，合同金额5.26亿美元；9月30日，签署了马里萨赫勒共同行动—农田整治青年培训项目（2标段）商务合同，合同额1.75亿美元；10月13日，分别签署了合同额4.53亿美元的土耳其安塔利亚省KEPEZ旧城改造项目商务合同和合同额2.93亿美元的乌兹别克斯坦重晶石矿销售合同；11月12日，中标了巴新纳札布公路项目（2B&2C）项目，合同额1.08亿美元；11月19日，签署了坦桑尼亚达累斯萨拉姆自由城项目一期（3000套住宅房）工程商务合同，合同额2.67亿美元；11月27日，签署了刚果（金）金沙萨现代健康城建设项目商务合同，合同额2.45亿美元；11月29日，签署了秘鲁Minka商业综合体配套项目商务合同，合同额1.97亿美元；12月6日，签署了科特迪瓦布罗夸（BROKOUA）和马夸（MAKUA）地区钶钽铁矿采剥工程商务合同，合同额2.71亿美元。（楚　丹）

【走向海外】2021年，中海外克服新冠肺炎疫情影响，完成产值1.536亿美元，相比2020年同期（1.29亿美元）增长19.0%。公司年内共有海外工程项目38个，在手任务总额11.28亿美元，分布在巴布亚新几内亚、东帝汶、所罗门、尼泊尔、马里、科特迪瓦、摩洛哥、刚果（金）、赞比亚、博茨瓦纳、肯尼亚11个国家。2021年，中海外共完成项目开工10个，开工项目合同额10.28亿美元，其中，所罗门金岭金矿项目在前期航班熔断、国内人员无法到位的情况下，创新性地利用属地化用工高质量完成各项工作；尼泊尔逊科西马林引水隧道项目积极推进项目建设，于2021年8月底逆行而上，包机前往尼泊尔，迅速开展建设，获业主书面赞誉。全年共有3个项目顺利竣工，竣工项目合同额0.85亿美元。（吴　珣）

【重大创新】2021年，中海外以股份公司海外体制机制改革为契机，为改善公司项目盈利不足现状，本着优势互补、合作共赢的原则，对项目合作实施和盈利模式进行了创新，制定了全新的项目实施合同模板，从经营源头控制项目风险，创造效益。（吴　珣）

【工程创优】2021年4月15日，中海外所承建的摩洛哥拉巴特斜拉桥获2020年度“中国建设工程鲁班奖”（境外工程）。（高　翔）

【企业文化】坚持以中国中铁“开路先锋”文化为引领，企业形象、员工面貌日新月异。为区域总部员工举办“铁肩担当、逆行出征”履职送行仪式，邀请获得中国中铁“开路先锋”卓越人物表彰的老同志以“扎根海外、践行使命”为题宣讲感悟，组织员工参观中国中铁“开路先锋”文化展览馆和中国中铁“光辉之路”——庆祝建党百年书画摄影展，不断坚定员工对企业发展的信心和决心。针对境外复杂多变环境，强化正向舆论引导，完善保密工作要求，提升保密意识，稳妥应对突发事件。积极支持员工乒乓球、羽毛球、台球等兴趣小组开展活动，举办“赏春联·迎牛年”联欢活动、“迎国庆奋勇争先”趣味运动会以及健康科普面诊咨询等文体活动，举办“海外青年看世界”国别市场调研大赛，鼓励和组织青年员工参加各层级知识技能大赛，多方面、多角度丰富职工精神文化生活，提升广大职工的获得感、幸福感。（孙　静）

【党建工作】2021年，中海外党委深入学习领会习近平总书记“七一”重要讲话和党的十九届六中全会精神，牢牢把握新时代党的建设总要求，坚决做到“两个维护”，团结带领公司境内外全体党员，以热烈庆祝中国共产党成立100周年为主线，深入开展党史学习教育，以党的政治建设为统领，紧密围绕深化国企改革三年行动和生产经营中心工作，为实现企业高质量发展做好可靠引领。坚持党委会“第一议题”制度和党委理论学习中心组学习，不折不扣执行党中央和上级党委关于国企三年改革、管理效益年、党史学习教育、安全生产、巡视整改、新冠肺炎疫情防控等重大重要工作安排部署；严格履行“三重一大”决策制度和党委会前置程序，召开党委（扩大）会议15次，研究审议企业重大事项181项。深入开展党史学习教育，坚持“线上+线下”“党课+宣讲”“服务+实践”“宣传+引导”四个结合到位，通过理论学习中心组、专题读书班、专题党课宣讲、网络培训班、微信学习专栏等多种形式组织境内外党员干部职工学习党史，受众450余人次；境外各级党组织充分结合实际，与区域内兄弟单位开展联学联建，互通优势经验，分享工作举措，积极营造良好向上的党史学习氛围；关注职工急难盼问题，解决重点民生问题11项。坚持党管干部原则，严守选人用人规程，年内选拔任用干部84人次，引进干部2人，完成各类培训300余人次。坚持抓好“三基”建设，落实“四同步、四对接”要求，所属9家境外单位党（工）委以及所属基层党支部均已建立，夯实党建基础；开展境内外各级党务干部参培37人次，党员干部参加线上线下教育培训118人次，境内外各级党组织书记主讲党课59场次、开展主题党日活动47次，修订完善党建系列制度53项；推进基层党组织标准化规范化建设，做好国内党支部建设晋位升级工作，机关第二党支部获评股份公司优秀基层党支部称号。坚持落实全面从严治党要求，强化巡视整改出成效。积极主动配合巡视组开展工作，同时对照查摆出的问题和不足，查漏补缺，细化整改措施68项，其中48项已完成；开展各类专项整治工作16频次，制定修订企业规章制度44项，对所属三级单位进行常规巡，开展各类专项调

研（督导、检查等）12次，开展违规挂靠与境外机构清理专项巡察，巡察发现问题4项，提出整改建议7条，推进作风建设实现常态化长效化，全面从严治党成效不断引向深入。（孙 静）

【信息化建设】编制出台《中海外信息化建设规划报告》，为企业后续信息化建设指明了发展方向和目标。先后成立了中海外信息贯通工程领导小组、中海外重保网络安全领导小组和中海外网络安全和信息化领导小组，稳步推进各项工作。按期完成协同办公系统入驻一体化工作平台，中铁e通激活率和日活率排名均在中铁系统内保持前列；完成了10家境外机构组网设备和总部广域网加速设备的预定工作，并做好与中铁信息的技术对接；在数据贯通和业务贯通层面均按期完成股份公司相关要求，同时利用中铁e通开发用印申请、党政双签、保函开立、资信授信、保险等业务审批流程，极大提高了公司运转效率。高度重视重大节日网络安全重保工作，认真落实股份公司各项工作要求，全面部署行动，在护网行动和重大节日等重保期间圆满完成“零事件”的防守目标。（金 路）

【履行社会责任】2021年，新冠肺炎疫情在全球不断蔓延，中海外所属中非公司、南太公司、西南欧公司等多家单位积极履行央企责任，助力中国驻当地使领馆“春苗行动”，获得大使馆的高度称赞；境外各单位积极响应使馆安排，及时为全体驻外中方员工在当地接种新冠肺炎灭活疫苗，以实际行动为驻外员工打造疫情防控“防火墙”；认真落实上级疫情防控政策，积极为中外双方职工储备防疫物资和药品，帮助当地员工强化防疫防护培训意识，为受疫情影响长期无法回国的中方职工排忧解难。南太公司与驻巴新经商处共同启动健康驿站筹建工作，为中资企业员工出入境提供安全、舒适的隔离环境，大幅度提升隔离防疫效果。土耳其遭遇大火，中西亚公司组织员工为当地受灾民众捐款，并以当地商会副会长单位名义发起倡议，为在土因灾受困华人捐款；为进一步提升境外员工自我防护意识，中西亚公司组织员工参加了中国驻土耳其使馆和在土中资企业商会组织的“一带一路”建设安全保障线上培训班防暴恐专题培训，系统学习有关营地防护以及突遇抢劫、枪击等突发情况下紧急避险逃生等专业防暴恐知识。（孙 静）

【领导人员】

甘百先	党委书记、董事长、法定代表人
李 红	党委副书记、总经理、董事
邵 刚	党委副书记、职工监事、工会主席
宋国栋	党委委员、总会计师、总法律顾问
张振兴	党委委员、副总经理
吴东正	党委委员、副总经理、总工程师
杨德佳	党委委员、纪委书记
胡 波	副总经理
王宏铭	副总经理

（张晓燕）

中国中铁股份有限公司国际工程分公司

【简况】2019年10月31日，中国中铁股份有限公司国际工程分公司（以下简称“国际工程分公司”）在北京注册成立。作为非法人二级单位，国际工程分公司设党委和经理层，党委会和总经理办公会是国际工程分公司的决策机构。分公司本部设置12个部（处）室和一个特设机构，并授权管理匈牙利、以色列、孟加拉国、印度尼西亚4个境外区域总部。截至2021年底，现有员工70人，其中常驻海外26人。（余 翔）

【改革发展】根据海外体制机制改革方案和2021年5月发布的《中国中铁党委 中国中铁关于总部机构与职能优化调整的通知》（中国中铁规划〔2021〕51号），国际工程分公司、国际部和外事办公室按照“三个机构、一套人马、合署办公”的管理模式运行，代表中国中铁履行国际业务“一体”的统领统筹职能，重点聚焦国际业务大型项目经营开发、投资并购以及通过投资并购带动基础设施项目建设等核心任务，全力推动匈牙利、以色列、孟加拉国和印度尼西亚4个境外区域总部实体化、属地化、专业化和品牌化发展，年内完成4个区域总部派员驻点。2021年，国际工程分公司积极推动制度创新，建立健全公司管理体系，制定《中国中铁国际工程分公司（国际部、外事办公室）部门职责》《中国中铁国际工程分公司员工调配管理办法》《中国中铁国际工程分公司保密工作管理办法（试行）》等管理制度。完善境外重大项目经营开发机制，发布《中国中铁国际工程分公司市场开发管理办法》。完善境外合规管理和风险防控体系，健全境外绩效考核评价制度体系，逐步建立起科学化、精细化的企业管理体系。（余 翔）

【企业文化】国际工程分公司作为初创企业，以“抓经营、强管理”为中心任务，坚定实施海外“双优”发展工程，不断推进海外体制机制改革走向纵深，运用好品牌、资源、政策、平台、信息等优势，重点围绕政府间合作重大项目、高精尖、产业链一体化以及境外投资和跨境并购业务，履行“一体”职能，推动中国中铁“十四五”时期国际业务高质量发展，助力中国中铁早日建成具有全球竞争力的世界一流综合型建筑产业集团的企业发展目标。（余 翔）

【党建工作】认真落实2021年股份公司党委党的建设工作会议等系列会议部署要求，围绕分公司实体化运作重大改革，贯彻“两个一以贯之”要求，将党的领导融入分公司

所属单位

治理结构，在推进企业改革、生产经营管理、境外新冠肺炎疫情防控等中心工作中，充分发挥党委“把方向、管大局、促落实”作用，为股份公司国际业务高质量发展和分公司高标准起步提供了坚强的政治保障。修订党委会议事规则、重大事项决策权责清单，召开党委会14次，研究“三重一大”事项48个，组织党委理论学习中心组学习7次，开展研讨交流4次。建立《深入贯彻落实习近平总书记重要指示批示工作办法》和相关督查办法，建立台账事项12项，研究制定34项落实措施。党史学习教育高起点谋划、高标准推进，收集整理中国中铁“十三五”期间海外业务重大成果和典型项目资料，组织开展参观中国共产党历史展览馆等活动，重点推进“我为群众办实事”8件。健全境外区域总部党组织，成立4个区域党工委，健全境外党支部，做到党员有效覆盖，按照“五个到位 五不公开要求”开展党建活动。第四季度部署开展作风建设专项整治活动，本部员工“五个意识”明显增强。落实海外员工关爱工程，加大员工普惠服务力度，提升员工的获得感、幸福感、安全感。 （张海新）

【信息化建设】推动国际工程分公司信息化建设，分别完成了国际工程分公司中铁e通入驻、无纸化会议、OA管理分级应用、固定资产管理、会议室管理、车辆管理、印章使用管理等信息化分类模块建设。

（张　佳）

【领导人员】

卢　勃　党委书记、总经理（5月免总经理职务）
张永康　党委委员、总经理（5月任）
　　执行总经理（5月免）
张　伟　执行总经理（11月免，任业务总监）
史　渊　执行总经理（11月任）
王　坤　执行总经理（5月任）
王学军　执行总经理（7月任）
王西明　党委委员、副总经理（5月任）
　　副总经理（11月免，12月退休）
　　党委委员（12月免）
李建平　党委委员、副总经理（5月任）
杨新平　党委委员、副总经理（5月任）
　　副总经理（9月免，退休）
　　党委委员（9月免）
任彩晖　党委委员、纪委书记（5月任）
王建军　党委委员、副总经理（5月任）
陈海鹏　副总经理（11月任）
汪佑平　副总经理（11月任）

（王　臻）

中铁高新工业股份有限公司

【简况】中铁高新工业股份有限公司（以下简称“中铁工业”）是中国中铁股份有限公司旗下的A股上市公司（SH.600528），业务范围涵盖隧道掘进设备、铁路道岔、钢桥梁、铁路施工机械、桥梁施工机械、新型轨道交通车辆、高端环保装备的研发设计、生产制造、技术服务和项目投资等，主营业务的市场占有率和综合实力居世界前列。

中铁工业前身是1894年成立的山海关造桥厂，至2021年已有127年的历史。中国中铁为深入贯彻党中央、国务院深化国企改革战略，践行习近平总书记“三个转变”重要指示，推动产业聚集和转型升级，重组整合旗下中铁山桥、中铁宝桥、中铁科工和中铁装备，通过与中铁二局开展资产置换，成立了中铁工业，并于2017年3月在上海证券交易所更名上市。

中铁工业业务范围涵盖隧道施工装备设计与制造、道岔设计与制造、钢梁钢结构制造与安装、工程机械产品设计与制造以及新型轨道交通装备制造、环境保护等领域，主营业务的市场占有率和综合实力位居“国内第一”乃至“世界第一”。截至2021年底，公司拥有住建部施工资质94项，其中总承包29项，专业承包62项；其他资质3项。

中铁工业是“中国品牌日”的发源地，也是“三个转变”的诞生地。2014年5月10日，习近平总书记视察了中铁工业成员企业中铁装备，提出了“推动中国制造向中国创造转变、中国速度向中国质量转变、中国产品向中国品牌转变”的重要指示，为中国的工业发展指明了新方向。

截至2021年末，中铁工业下设子公司、分公司共12家，分别是中铁山桥、中铁宝桥、中铁科工、中铁装备、中铁九桥、中铁工服、中铁环境、中铁钢构、中铁重工9家全资子公司和中铁新型交通1家控股子公司及北京分公司、西南分公司。全公司共有职工12278人，其中专业技术人才6449人，技能人才5829人。按照学历层次划分，博士研究生10人，硕士研究生1028人，本科4591人，专科2286人，中专及以下4363人。专业技术人才中具有初级及以上职称5632人，其中正高级职称93人，副高级职称1129人，中级职称2386人，初级职称2024人；拥有国家突出贡献中青年专家2人，国家专项计划专家1人，享受国务院政府津贴人才14人，中国中铁专家9人，“茅以升科学技术奖获得者”13人，“詹天佑科学技术奖获得者”5人。技能人才中技术工人5348人，其中工匠技师3人，特级技师29人，高级技师160人，技师507人，高级工1935人，中级工1004人，初级工1710人；获“中华技能大奖”1人，获“全国技术能手”3人。 （蒲林茂　梁　康）

【主要指标】中铁工业2021年实现营业总收入271.57亿元，同比增长11.79%，完成年度预算267亿元的101.71%；完成归属母公司所有者的净利润18.56亿元，同比增长1.64%。

（刘忠伟）

表 13-40　2020—2021 年中铁工业主要经济指标

项目	2020 年	2021 年	增长率 /%
资产总额 / 亿元	441.90	491.77	11.29
所有者权益 / 亿元	218.89	232.61	6.27
营业收入 / 亿元	242.92	271.57	11.79
利润总额 / 亿元	20.31	20.80	2.41
净利润 / 亿元	18.25	18.59	1.86
归属于母公司所有者的净利润 / 亿元	18.26	18.56	1.64
技术开发投入 / 亿元	12.28	13.97	13.76
利税总额 / 亿元	21.83	22.53	3.21
应交税金总额 / 亿元	8.88	7.37	−17.00
全员劳动生产率 /［万元 /（人・年）］	38.68	42.80	10.65
净资产收益率 /%	8.95	7.89	减少 1.06 个百分点
总资产报酬率 /%	4.95	4.50	减少 0.45 个百分点
国有资本保值增值率 /%	110.35	108.96	减少 1.39 个百分点

制表：刘忠伟

【改革发展】2021 年，中铁工业深化改革赋能，企业治理不断优化。以规划制定指明发展方向，完成“十四五”规划制定，明确了未来五年发展的基本思路、主要目标和重点举措，统筹谋划了“1265”战略导向的引领作用和重要领域的持续改革，为实现世界一流“三型三商”高新工业企业进行了务实规划。以国企改革激发内生动力，围绕国企改革三年行动建立了专题会议、“军令状”、工作督导等六项工作机制，确保了进度与质量双控。全部任务完成率 83%，中铁装备入选国资委 21 家“科改示范企业”标杆企业，中铁工服“混改”稳步推进，围绕中长期激励和市场化薪酬分配改革在股份公司做了经验交流，企业内生动力增强明显。以机构改革强化系统管理，落实企业治理能力和治理体系现代化要求，对本部机构进行了设置调整和职能优化，进一步理顺了机构职能发挥和业务接口管理，提升了管理效能。以压减治亏加快“瘦身健体”。完成 3 户企业治亏工作、3 户企业压减工作，主动撤销中铁九桥 4 户分公司、中铁科工成套分公司及中铁工业欧洲代表处等机构，优化了资源配置。（王海波）

【重大项目】2021 年，中铁工业紧盯国家“特大难新”项目，中铁山桥、中铁宝桥联手以 38.54 亿元成功中标常泰长江大桥，创下中铁工业单体合同额最大以及重组上市以来最大中标额的历史纪录。在钢结构方面，成功中标黄茅海跨海通道，龙潭过江通道、南京仙新路过江通道等多个桥梁钢结构市场优质项目。在道岔方面，中铁宝桥通过“国铁联采”成功中标 1503 组道岔，中铁山桥成功中标江苏南沿江城际铁路道岔、北黑铁路道岔等。在隧道施工设备方面，成功中标武汉两湖南湖隧道、都江堰四姑娘山等项目，持续保持国内市场占有率的领先地位。在川藏铁路建设上，公司“雪域先锋号”“忠诚担当号”两台盾构机已经成功始发；隧道污水处理设备应用于中铁十二局康定项目，成功打入中国铁建市场；“机制砂石料”“康养方舱”等设备设施已在中铁二局、中铁四局施工现场正式使用。（张飞羽）

【走向海外】中铁工业坚持防疫和经营工作两手抓两手硬，2021 年海外经营规模稳步提升。大力推进中铁装备日本研究院、韩国分公司、意大利分公司的设立工作，推进中铁山桥埃及合资建厂工作，进一步提升公司属地化经营能力。中铁装备完成海外新签盾构 14 台，并首次进入韩国、德国、奥地利、葡萄牙、土耳其等高端国际市场，进一步彰显了相关产品的高端影响。钢结构产品成功中标摩洛哥钢桥梁、加拿大桥钢结构等。道岔产品成功中标澳大利亚、巴基斯坦、美国等铁路道岔项目。（栗　博）

【重大创新】管理创新方面。中铁工业积极开展企业管理创新现代化创新成果活动，2021 年获中国中铁企业管理现代化创新优秀成果 6 项，其中一等成果、二等成果各 1 项，三等成果 4 项；《重组企业以“守正创新、六廉兴企”文化为引领的管理整合》获第二十八届全国企业管理现代化创新二等成果。

科技创新方面。中铁工业深入贯彻落实习近平总书记“三个转变”

▲图 13-40　中铁工业参建的武汉雄楚大道（楚平路立交—三环线立交）快速化改造工程获国家优质工程奖

▲图 13-41　2021 年 8 月 2 日，国内首台建筑构件装配机器人“赤沙号”在中铁工业成功下线

重要指示，充分发挥企业科技创新主体作用，自主创新能力进一步提升。公司建筑构件装配机器人“赤沙号”、悬挂式永磁磁浮车辆“兴国号”等创新产品成功下线，“雪域先锋号”TBM、高原型三臂台车等高新装备在 CZ 线应用良好；“1025”攻关顺利完成里程碑节点，竖井掘进机出渣和无人值守、时速 600 千米磁浮道岔整套设计制造、U 肋全熔透焊接、悬挂式永磁磁浮轨道交通悬浮架结构等关键新技术顺利攻克；“一种桥梁用 Q345qDNH 耐候钢的焊接方法”“铁路轨道用高锰钢抗超高应力疲劳和磨损技术及应用”分获中国专利金奖、国家技术发明二等奖，“轨道交通大型工程机械施工安全关键技术及应用”获国家科技进步奖二等奖。　（张大永　李瑞雨）

【企业文化】 2021 年，中铁工业突出“百年建党、工业报国”特色，扎实推进党史学习教育，查证了中共一大代表、党的创始人之——王尽美于 1922 年在中铁山桥建立的冀东地区第一个党组织为中央企业最早的党组织，丰富了中央企业党史研究内容。策划庆祝建党百年系列重大活动，承办了中国中铁“5·10”、2021 年“中国品牌日”活动和中国智造品牌论坛暨中央企业高端装备制造创新成就展参展工作，在北京、上海、郑州、宝鸡多地同步开展品牌活动；紧扣“建党百年、工业报国”主题，承办了中国中铁党委在中铁山桥开展的党史学习教育实地践学和纪念中共一大代表王尽美相关活动；2021 年 6 月，中铁工业党委在中铁山桥举办了庆祝中国共产党成立 100 周年大会暨基层党建现场会。大力宣贯中国中铁“开路先锋”文化理念，不断发展、丰富了“传承超越、创新发展”发展理念、“中铁工业　世界品牌”品牌理念，以及“成就美好出行梦想”“穿山掘地　跨海越江　中铁工业　通达四方”等企业文化宣传语。总结提炼中铁工业文化理念体系，推动公司视觉、理念识别系统落实落地，编制了《中铁工业项目文化管理手册》，通过企业展板、电子屏、微信公众号等平台向员工传播中铁工业核心价值理念。中铁装备盾构总装车间被授予“全国爱国主义教育示范基地”称号，中铁宝桥保留“全国文明单位”称号，实现从 2005 年到 2020 年连续 15 年保留“全国文明单位”称号。2021 年，根据中国品牌建设促进会发布的品牌价值评价，中铁工业品牌价值达到 99.73 亿元、品牌强度为 927，再创新高。中铁工业“隧道深处咖啡香”入选国资委评选的“2020 年度 100 个国有企业品牌建设典型案例”；中铁工业“瑞典‘金桥’擦亮中国制造品牌”案例成功入选国资委、中国外文出版发行事业局主办的“2021 中国企业国际形象建设——国际传播案例”。　（刘万野）

【党建工作】 坚持以习近平新时代中国特色社会主义思想为指导，认真贯彻落实党的十九大和十九届历次全会精神，传承红色基因，弘扬伟大建党精神，充分发挥党委“把方向、管大局、促落实”领导作用，为把中铁工业打造成世界一流高端装备领导品牌提供了坚强政治保证。

加强党的政治建设，在做到“两个维护”上见实效。中铁工业党委持续推动习近平新时代中国特色社会主义思想大学习大普及大落实，建立了落实习近平总书记重要

指示批示工作机制，提升“第一议题”学习质量，优化学习流程，完善落实台账，纳入党委巡视、党建考核重要内容，持续加强跟踪督促，做到条条有方案、层层有督导、件件有落实。贯彻“两个一以贯之”，在推动科学治理上见实效。中铁工业党委认真落实《关于中央企业在完善公司治理中加强党的领导的意见》，以建立中国特色现代国有企业制度为目标，在方向性、组织性、全局性上重点着力，推动党的领导有机融入公司治理各环节，以党的建设统领企业高质量发展。抓牢党的思想建设，在深化“强根铸魂”上见实效。中铁工业党委突出传承红色基因的政治要求，突出大国重器的政治担当，以深学党史为主线，以办好实事为抓手，推动党史学习教育走深走实。提升基层党建质量，在抓实“三基”建设上见实效。中铁工业党委以开展全国国企党建会重点任务落实情况“回头看”为抓手，坚持抓实“三基”建设，基层组织战斗堡垒作用、党员先锋模范作用充分发挥。加强党的队伍建设，在提供人才保障上见实效。中铁工业党委深入贯彻新时代党的组织路线，坚持国有企业领导人员“20字”标准，坚持党管干部、党管人才原则，着力锻造忠诚干净担当的干部队伍和矢志爱国奋斗、勇于创新创造的优秀人才队伍。加强党的纪律建设，在全面从严治党上见实效。中铁工业党委始终保持全面从严治党的使命感和紧迫感，坚决扛起管党治党政治责任，把纪律和规矩挺在前面，持续营造风清气正的良好氛围。（金　帅）

【信息化建设】全面推进信息化建设工作，启动数智升级工程，开展盾构产业（中铁装备产业园）、焊接机器人产业（中铁科工本部）、道岔产业（中铁宝桥本部）、钢桥梁产业（中铁山桥南通、中铁九桥本部、中铁重工本部）、隧道配套产业（西安中铁装备）5个产业领域7家单位的智能制造信息系统实施工作，已完成各单位的需求分析方案和管理建议书的评审，并按计划稳步推进。同时，公司参与的工信部2019年工业互联网创新发展工程——工业互联网安全开发测试基础共性服务平台项目、工信部2020年融合应用软件——高端ERP（企业资源管理计划）项目，已通过工信部评审验收。大力开展信息化项目申报工作，中标工信部2021年数控机床安全增强防护设备开发项目和工信部2021年三维CAPP工艺软件项目，获得国拨专项资金；中铁工业TBM智能辅助驾驶系统（TBM-SMART）被国资委评为中央企业“十三五”网络安全和信息化优秀案例；“智能化、信息化湿喷台车研制”案例，被国家工业信息安全发展研究中心评为2020年人工智能优秀产品和应用解决方案；“多业态大型装备制造企业的数据池应用”项目，被2021中国国际大数据博览会评为领先科技成果优秀项目；“中铁工业：打造面向场景的新制造模式案例”获得2020年度中国智能生产杰出应用奖；中铁工业作为首批重点推进单位，加入国家工业互联网安全“领航”计划技术标准推进组、垂直行业推进组，作为副组长单位，参与标准编制及行业技术推广。（单仲喜）

【履行社会责任】中铁工业坚持“创新、协调、绿色、开放、共享”的新发展理念和以人民为中心的发展思想，引领基建工业化进程，履行社会责任，为建设美丽中国、成就美好出行梦想贡献力量。2021年，中铁工业旗下中铁山桥累计投入防疫费用180多万元；中铁工业旗下中铁科工向张家界防疫指挥部捐赠了包括酒精、医用外科口罩、KN95医用口罩、医用防护手套及饮用水等防疫物资。2021年7月20日至21日，河南省郑州市、新乡市出现罕见强降雨天气，中铁工业旗下中铁装备13名受训队员组成的“穿山甲救援队”应召参与抢险救灾任务，前往郑州市第八大街与陇海路左侧涵洞救援现场转移被困车辆20余辆，转移被困人员数千名。

中铁工业旗下中铁山桥在中国中铁扶贫联系点山西保德县采购农副产品价值50余万元，助力当地新农村建设；中铁工业旗下中铁宝桥全年投入消费帮扶资金90余万元，支出“三不让”住院补助资金58万元、各类职工互助帮扶资金20余万元；中铁工业旗下中铁环境通过消费扶贫，助力革命老区经济发展，采购湖南省郴州市汝城县、桂东县扶贫农产品6.17万元，发动员工自行对接购买农产品，获得了当地政府的肯定与感谢。

为缓解地方血站用血告急，中铁工业旗下中铁山桥组织300余名职工参加无偿献血，献血量达67200毫升。中铁工业旗下中铁科工联合武汉市新世纪社区党委开展“学雷锋”主题实践活动，组织多名党员和团员到青电小区开展志愿服务活动、慰问困难群众。中铁工业旗下中铁环境组织党员及青年志愿者队伍开展“为地球添绿，环保工作者在行动”的雷锋月主题党日活动。党的十九大代表、全国劳动模范王中美参加“九江市总工会劳模志愿服务队走访幸福里养老中心空巢老人”活动。

中铁工业严格执行国家、行业和地方环境保护法律、法规，将环保投入纳入年度安全费用计划，落实污染防护措施。2021年，公司所属多个生产基地完成燃气锅炉的节能低氮改造、砂房除尘系统升级维修、新建“活性炭吸附+催化燃烧”伸缩移动喷漆整备厂房，配备焊烟净化器、购置自动清洁车辆等升级改造，并成功得以应用，取得了良好效果，公司各主要废气污染物均实现达标排放。（刘万野）

【领导人员】

易铁军　党委书记、董事长

李建斌　党委副书记、总经理、董事（3月免，调离）

卓普周　党委副书记、总经理、董事（3月任）

余　赞　党委副书记、工会主席、董事、董事会秘书（5月免，调离）
唐智奋　党委委员、副总经理、总工程师
陈立峰　党委委员、纪委书记
谭顺辉　党委委员、副总经理
刘　娟　党委委员、总会计师、总法律顾问
曹登敬　党委委员、副总经理（5月改任非领导职务）
王建喜　党委委员、副总经理
石庆鹏　副总经理（11月任）

（黄亚开）

中铁装配式建筑股份有限公司

【简况】中铁装配式建筑股份有限公司（以下简称“中铁装配”）成立于2006年8月31日，前身是民营上市企业——北京恒通创新赛木科技股份有限公司（以下简称“恒通科技”）。2020年7月，中国中铁股份有限公司收购恒通科技26.51%的股份，成为中铁装配第二大股东，通过中铁装配第一大股东放弃表决权的方式，取得了中铁装配控制权。2021年12月，中国中铁与中铁建工及民企股东达成一致意向，中国中铁与其全资子公司中铁建工集团有限公司签署《股份转让协议》，将持有中铁装配26.51%的股份及控制权转让给中铁建工。股份转让手续计划2022年3月底完成。

中铁装配（股票代码：300374）注册资本24591万元，是集技术咨询、产品研发、建筑设计、智能制造、装配施工、一体装修、信息管理于一体，中国中铁旗下唯一的高科技创新型装配式建筑业务平台，拥有专利86项，其中发明专利12项，90%以上专利转化为生产力。具有住房和城乡建设部批准的建筑工程施工总承包、钢结构工程专业承包、市政公用工程施工总承包等资质。中铁装配现拥有各类装配式工厂生产设备684台（套），设备净值2.34亿元，设备完好率90%，2021年全年设备利用率25%。

中铁装配是集装配式建筑部品部件生产、销售、组装于一体的高新技术企业，住建部批准的第一批装配式产业示范基地，下辖7个子公司、5个装配式工厂、1个设计研发中心、10个区域经营中心。截至2021年底，共有正式员工477人，其中干部319人、工人158人。男员工385人、女员工92人。博士研究生学历1人、硕士研究生学历24人、大学本科学历136人、大学专科及以下学历316人。正高级职称4人、高级职称37人、中级职称63人、初级职称72人。30岁及以下58人、31~40岁154人、41~50岁161人、51岁及以上104人。

中铁装配的诸多产品及集成房屋体系得到了国家相关部门的认可，先后入选的推广目录有：“轻钢木塑板材村镇住宅建设技术”入选2010年住建部《村镇宜居型住宅技术推广目录》；“建筑用无机集料阻燃木塑复合墙板”入选2012年北京市发改委《北京市节能低碳技术产品推荐目录》；“轻型节能环保整体房屋技术”入选北京市2016年《绿色建筑适用技术目录》；“低层钢框架木塑板装配式建筑体系”入选北京市2018年《装配式建筑适用技术目录》；“木塑集成房屋结构体系”入选2016年《北京市农宅建设新体系及新技术应用示范图册》。公司参编装配式建筑相关国家标准2项，行业标准4项。2021年7月，中铁装配5款装配式建筑部品部件被北京科技金融发展服务中心文旅与乡村振兴科技新品专业委员会评为第一批文旅与乡村振兴科技新品。

中铁装配坚决贯彻落实习近平总书记关于安全生产工作重要指示，大力开展安全生产专项治理工作，2021年顺利通过“三标一体”体系认证工作，确保企业安全质量等各项工作有序可控，助力公司高标准起步、高质量发展。

近年来，中铁装配获得“低碳环保推广标杆企业”“两化融合试点单位”“北京市智能制造标杆企业”“北京市高新技术企业”“北京市企业技术中心”“中关村高新技术企业”“全国工人先锋号”“北京市工人先锋号”“北京市诚信创建企业”等称号。

（杨　征　杜　蕊　张东梅　张　曼　肖　晨　汪　洋　盛秀梅　郑　芬）

【主要指标】2021年，中铁装配资产总额31.18亿元，公司实现归属于母公司所有者的净利润-3.61亿元。

（卜鹏飞）

表13-41　2020—2021年中铁装配主要经济指标

项目	2020年	2021年	增长率/%
资产总额/亿元	32.26	31.18	-3.35
所有者权益/亿元	15.35	11.72	-23.65
营业收入/亿元	9.91	4.22	-57.42
利润总额/亿元	0.16	-4.70	-3037.50
净利润/亿元	0.14	-3.61	-2678.57
归属于母公司所有者的净利润/亿元	0.14	-3.61	-2678.57

续表

项目	2020 年	2021 年	增长率 /%
技术开发投入 / 亿元	0.21	0.09	-57.14
利税总额 / 亿元	0.74	-4.37	-690.54
应交税金总额 / 亿元	0.07	0.03	-57.14
全员劳动生产率 /［万元 /（人・年）］	33.50	-53.94	-261.01
净资产收益率 /%	0.92	-26.68	减少 27.60 个百分点
总资产报酬率 /%	1.97	-13.26	减少 15.23 个百分点
国有资本保值增值率 /%	455.05	73.36	减少 381.69 个百分点

制表：郑庆胜

【改革发展】按照相关法律法规、公司章程及公司实际情况，健全董事会决策机构和监事会监督机构，结合公司实际情况及股份公司提名工作安排，合理确定董事会、监事会规模，组织董事会、监事会顺利完成换届工作。公司董事会遵循外部董事占多数原则，积极落实“双向进入、交叉任职”的领导体制，符合条件的党委班子成员通过法定程序进入董事会。强化股东动态管理，完善股东大会机制，适应上市公司管理要求。完善经理层配置，明确岗位、职责、任职条件并完善聘用机制，确保经理层正常运作，同时优化公司职能部门、各区域机构、下属公司机构设置，形成以总部为中枢、施工安装和生产制造为两翼的装配式建筑全产业链布局，助力公司业务开展。召开公司工会一届一次会员代表大会、一届一次职工代表大会，落实民主协商管理机制，保障职工行使民主管理权力。

积极稳妥推进和落实“深化改革三年行动”“对标世界一流管理提升行动”。截至 2021 年 12 月底，中铁装配完成改革任务 90 项，占总体任务 107 项的 84.11%，完成对标任务 48 项，占总体任务 55 项的 88.27%。

深入贯彻落实中国中铁“瘦身健体”、提质增效工作部署和常态化压减工作要求，积极开展“压减”工作，于 2021 年完成了对所属山东恒通赛木建筑材料有限责任公司、宿迁鑫诚昌隆进出口贸易有限公司的工商注销。

坚持“人才兴企”策略，优化机制提升素质，激发人才队伍活力。拓宽人才选拔渠道，完善人才引进流程，充实高素质人才队伍；积极构建有针对性的分层培训体系，为干部员工搭建了成长和成才的平台。通过加强试用期考核、推行末等调整和不胜任退出制度，全年退出管理人员 2 人。根据各子公司实际重新梳理人员情况，开展不胜任岗位和冗余岗位员工退出工作。按照劳动合同法有关规定办理企业单方面解除劳动关系手续，有效地推进了员工“能出”机制。全年主动解除员工劳动合同人数 22 人。中铁装配通过有针对性地制定发布一系列人事管理、考核相关制度和办法，进一步规范企业人才引进程序，初步建立选人用人管理制度，建立企业管理人员“能上能下”的市场化机制。（张东梅　肖　晨　杨　征）

【重大项目】2021 年，中铁装配实现新签合同额 5.07 亿元。装配式集装箱房业绩稳步增长。公司主动发挥自身在装配式建筑领域的技术优势，承接中铁建工及中铁建工集团山东有限公司装配式集装箱房供应项目、雄安郊野公园酒店员工临时生活区集装箱房采购及搭建项目，与中铁五局、中铁广州局、中铁大桥局、中铁二局、中铁隧道局、中铁四局、中铁十二局等单位签订了装配式集装箱房采购合同，为川藏铁路建设贡献了“中铁力量”。PC 装配式构件取得较大突破。积极开拓成都、山东、广州等地区装配式建筑部品部件产品市场，先后承接了中铁置业成都青白江 PC 构件供应项目、中铁建工及中铁建工集团山东有限公司 2021—2022 年山东地区装配式预制构件集中招标采购项目、中铁五局路桥公司广州南沙 2020NJY-18 地块项目勘察设计施工总承包项目经理部 PC 物资采购等 PC 构件供应项目。装配式工程施工取得初步进展。公司先后承建了顺义中铁党校项目装修工程、年产 5 亿米高档织物面料项目工业建筑主体承包（四标段）、京昆高速镇江营临时检查站等工程项目。

（刘长春　杨　征）

【重大创新】2021 年，中铁装配向国家知识产权局申请了预制外墙板的连接结构等 4 项发明专利，涉及装配式建筑中的连接、房屋框架、集成房屋等多个领域，持续推进技术创新，促进中铁装配科技成果转化。与中铁建工合作完成“高铁站房工程装配式建筑设计与施工技术”课题，其中装配式装饰外墙挂板作为新型绿色环保建材已实现了规模化、专业化生产，以粉煤灰等工业废料替代部分胶凝材料，实现了循环经济和工业废料的再利用，大幅降低产品成本，促进循环经济发展。

（张　曼　杨　征）

【工程创优】中铁装配所属单位中铁装配式建筑股份有限公司承建的“年产150万平方米装配式建筑材料项目第一标段（城投远大项目）”项目获2021年度宿迁市“项羽杯”优质工程奖。（盛秀梅）

【企业文化】结合混合所有制企业特点，中铁装配构建了全新的企业文化体系，以“国内一流的智能建筑科创集团”为企业目标，积极践行“崇德精业　至善唯勤”的核心价值观和“勇闯天下　使命必达”的企业作风，明确企业使命和企业追求，塑造科技、管理、经营、市场、品质、安全、绩效、执行力、内部沟通、选人用人、员工成长等文化理念，以精神纽带和文化力量凝聚员工力量，不断增强企业文化的感召力、执行力和凝聚力。创新企业内部宣传工作，通过OA平台打造《中铁装配资讯》《理论文章》《党史微课堂》《普法微课堂》等内部宣传栏目，并借助各种活动契机深入贯彻企业文化理念，统一思想认识，凝聚奋进共识。利用官方网站、官方微信、中铁装配自媒体矩阵平台以及外部媒体等，加强企业品牌宣传，全年合计发文356篇，累计阅读量达到29.32万人次，进一步扩大了企业知名度，提高了行业影响力。（郑　芬）

【党建工作】中铁装配党委持续加强政治理论学习，聚焦政治能力提升，把学习贯彻习近平总书记最新重要讲话、重要指示批示精神作为党委会、党委理论学习中心组、“三会一课”学习的重点内容。全面落实“第一议题”制度，全年组织中心组集体学习6次、党委会专题学习12次；组织领导干部在机关、联系点、红色教育基地讲专题党课5次；狠抓党史学习教育，通过结合实际，指导公司所属各党支部采用集中研讨、知识竞赛、宣讲员讲解、读书自学以及微信公众号推送、微信群交流、云端自学等“线下＋线上”融合式学习方式，积极推动党史学习教育和党的十九届六中全会精神进企业、进车间、进班组、进职工，切实把学习成果转化为引领高质量发展的强劲动能。

中铁装配党委不断强化党建工作意识，发挥党建引领作用，2021年组织召开党委会12次，前置研究讨论企业重大经营管理事项117项。结合公司实际，2021年制定了《中铁装配党委关于加强混合所有制企业党建工作的指导意见（试行）》《中铁装配进一步发挥党委领导作用的若干意见》《中铁装配基层党支部工作实施细则》等34项制度办法，努力构建公司在新形势下党建工作的新机制，为混合所有制改革企业党组织的健康发展提供坚强的政治保证和制度保证。

结合公司实际情况，中铁装配党委建立7个基层党支部并完成首届支部委员会的选举工作；坚持党管干部原则，2021年共引进人才89人，其中包含中共党员57人；紧紧围绕“转变思想”“混改落地”“管理提升”等工作重点，深入开展“党建＋生产”经营活动；建立《党员干部联系和服务群众工作制度》，开展“永远跟党走”群众性主题宣传教育活动，密切党同人民群众的血肉联系；从职工休假、就餐、健康以及女职工特殊权益、关心关怀特殊群体和一线职工等方面，多措并举扎实推进“我为群众办实事”实践活动，不断提升广大职工的获得感、安全感和幸福感。

中铁装配党委落实全面从严治党“两个责任”工作的部署要求，党政第一责任人带头严格按照“一岗双责”要求，认真履行党风廉政建设第一责任人责任。围绕党风廉政建设和反腐败工作，制定印发了《党风廉政建设和反腐败工作领导小组工作规则》等一系列制度办法；开展“影子公司”“影子股东”问题专项整治工作和“违规挂靠”专项巡视工作，制定整改措施，明确整改责任人，确保条条改到位、件件有落实；对中铁装配全体领导班子成员、本部各部门及所属单位负责人等特定关系人187人经商办企业情况进行逐一排查，切实做到横向到边、纵向到底，经认真排查，无经商办企业情况。组织开展廉洁从业风险点排查，梳理廉洁风险点，制定防控措施，形成《中铁装配式建筑股份有限公司领导人员廉洁从业若干规定实施细则（试行）》《中铁装配式建筑股份有限公司资金支付管理规定（暂行）》等制度办法16项。线上线下开展党风廉政常态化教育，加强关键节点监督，节日期间组织所属各单位开展监督检查5

▲图13-42　2021年12月21日，中铁装配党委组织在京单位党员干部职工代表，集体参观“中央企业永远跟党走——全国国有企业党的建设工作会议召开五年来国资委党委中央企业党的建设工作展”

次，努力营造风清气正的工作环境。（郑　芬　王晓云）

【信息化建设】中铁装配推进信息化工作，积极搭建数据中心机房，为全公司信息化发展夯实基础并提供坚实保障。通过与中铁信科在数据中心机房、办公网络系统、视频会议系统建设等方面的积极对接，完成了网络升级改造，有力地保障了日常办公及视频会议通信传输；优化了视频会议音频和视频线路，升级视频会议LED屏幕，提升了视频会议质量与效率。在丰富的实践基础上，中铁装配与中铁信科共同编制了《中铁装配式建筑股份有限公司信息化集成建设方案》与《中铁装配式建筑股份有限公司信息化集成机房前期加固改造方案》。

中铁装配从公司实际业务需求出发，成立网络安全和信息化领导小组，加强对公司网络安全和信息化工作的组织领导；编制并印发《中铁装配式建筑股份有限公司软件系统开发与推广管理规定》等8项信息化管理制度，发布了《关于全面推广信息贯通工程一体化工作平台移动应用的通知》等7项信息化相关通知，逐步理顺信息化业务流程，推动信息化工作规范化、制度化、专业化。

全面开展一体化工作平台移动端应用系统（“中铁e通”）推广工作，梳理完善本部及所属各单位人员身份信息纳入中铁统一身份认证系统，实现人员、机构信息与“中铁e通”全同步，于两周内快速实现了“中铁e通”安装率达到100%的目标。印发《关于全面推广信息贯通工程一体化工作平台移动的通知》，编制一体化平台入驻方案和计划，为全面实现贯通工程做好全方位统筹规划。（张　曼　杨　征）

【履行社会责任】持续深耕乡村市场，助力乡村振兴，用绿色环保的装配式部品部件和快速安全的装配式建造方式不断升级改造乡村住宅，优化改善人居环境，拉动建筑产业发展。

中铁装配严格落实股份公司和属地新冠肺炎疫情防控要求，及时根据疫情形势变化，调整疫情防控策略，健全常态化精准防控机制，有效应对北京、新疆、江苏等局部地区聚集性疫情，最大限度保护了员工的生命安全和身体健康。全年累计投入防疫费用6.5万元，员工疫苗接种率达到96%，有效确保了全公司“零确诊、零疑似”目标的实现。（郑　芬　杨　征　张振奎）

【领导人员】

孙志强　董事长
孙宝良　党委书记、总经理（5月免，调离）
安振山　党委书记、总经理、法定代表人（7月任）
王秋艳　党委副书记、副董事长（1月任）
苏晓堃　副总经理、工会主席
李　宏　总会计师
王玉莲　副总经理
汤荣伟　总工程师
谭黎明　董事会秘书（7月免）

（肖　晨）

中铁置业集团有限公司

【简况】中铁置业集团有限公司（以下简称“中铁置业”），是中国中铁股份有限公司的全资子公司，是中国中铁房地产板块唯一品牌和旗舰企业。2005年，国资委将房地产业确定为中国中铁的主营业务，为公司全面进军房地产业提供了“准入证”。为做强做大房地产板块，中铁置业于2007年成立，公司注册资本金65亿元人民币。中铁置业具有房地产开发一级资质和物业服务一级资质，拥有北京、上海、广州、中南、西北、西南、东北、山东8家区域公司，以及会展、投资管理、建设管理、造价咨询、城市运营、物业服务6家专业公司。总部位于北京市丰台区汽车博物馆南路3号院北京中铁大厦A座。

中铁置业依托中国中铁央企品牌和实力，充分发挥产业链协同、城市综合开发、资金融通、生态环境治理等核心优势，致力于特色地产开发、打造国内一流城市综合开发运营商。公司实施全国性开发战略，重点布局京津冀、粤港澳大湾区、长三角、成渝经济圈以及九大中心城市，资产规模达1500亿元。公司业务涵盖城市产业、城市生活、城市更新、城市服务等领域，在会展、住宅、文旅、康养、片区开发、代建代开发等业态领域内打造了一系列成熟产品。2021年，排行中国房地产企业品牌价值第26位。截至2021年末，中铁置业共有员工2382人。

中铁置业本着“信任源自责任”和“优势互补、共同发展”的理念，在发展自我的同时，造福社会大众，促进城市发展。公司开发的青岛中铁世博城、贵阳中铁阅山湖、北京诺德阅墅、长春中铁城等大型项目，在促进地方经济发展、提升城市形象、改善居民生活、增加劳动就业等方面发挥了积极作用。

2021年，中铁置业开发的贵阳中铁云湾项目获评绿色施工示范工程、第六届REARD全球地产设计大奖和德国国家设计奖，武汉中铁诺德逸园、诺德逸都两个项目获得第九届（2019—2020年度）武汉市广厦奖“规划设计奖”和“户型设计奖”双奖项，中铁青岛世界博览城会议中心综合体项目获得中国钢结构最高奖项——“中国钢结构金奖”，中铁长春博览城示范区公园获柏林设计奖SHORTLIST奖，中铁阅山湖•云著入选第十届“广厦奖”。（杨　成）

【主要指标】2021年，中铁置业实现资产总额1526.76亿元，较2020年1306.58亿元增长了16.85%；所有者权益总额157.13亿元，较2020年92.05亿元增长70.70%，主要是由于当年发行60亿元私募永续债造成；实现营业收入227.39亿元，较2020年的204.64亿元增长了11.12%；实现利润总额6.38亿元，较2020年

所属单位

的 -9.61 亿元增长 166.39%；实现净利润 1.25 亿元，较 2020 年的 -17.31 亿元增长 107.22%；实现归属于母公司所有者的净利润 0.21 亿元，较 2020 年的 -8.03 亿元增长 102.62%，三个利润指标的大幅度增长主要是由于 2020 年济南中铁城和厦门诺德计提 31 亿元减值造成 2020 年利润指标较低影响；实现利税总额 30.23 亿元，较 2020 年的 12.14 亿元增长 148.88%，主要是由于 2020 年利润总额为负数导致 2020 年利税总额较低所致；实现应交税金总额 23.85 亿元，较 2020 年的 21.75 亿元增长 9.66%；实现全员劳动生产率 104.97 万元 /（人 · 年），较 2020 年的 40.43 万元 /（人 · 年）增长 159.63%，主要是由于 2020 年亏损造成 2020 年全员劳动生产率较低所致；实现净资产收益率 1.00%，较 2020 年的 -15.16% 增加了 16.16 个百分点；实现总资产报酬率 0.59%，较 2020 年的 -0.22% 增加了 0.81 个百分点；实现国有资本保值增值率 100.29%，较 2020 年的 90.72% 增加了 9.57 个百分点，三个比率的增加都是由于集团公司 2020 年计提大额资产减值造成亏损，三项指标较低所致。（王瑞喜）

表 13-42　2020—2021 年中铁置业主要经济指标

项目	2020 年	2021 年	增长率 /%
资产总额 / 亿元	1306.58	1526.76	16.85
所有者权益 / 亿元	92.05	157.13	70.70
营业收入 / 亿元	204.64	227.39	11.12
利润总额 / 亿元	-9.61	6.38	166.39
净利润 / 亿元	-17.31	1.25	107.22
归属于母公司所有者的净利润 / 亿元	-8.03	0.21	102.62
技术开发投入 / 亿元	—	—	—
利税总额 / 亿元（利润总额 + 应交税金总额）	12.14	30.23	149.01
应交税金总额 / 亿元	21.75	23.85	9.66
全员劳动生产率 /［万元 /（人 · 年）］	40.43	104.97	159.63
净资产收益率 /%	-15.16	1.00	增加 16.16 个百分点
总资产报酬率 /%	-0.22	0.59	增加 0.81 个百分点
国有资本保值增值率 /%	90.72	100.29	增加 9.57 个百分点

制表：王瑞喜

【改革发展】中铁置业坚持战略引领，勇于自我变革，坚定不移地向改革要动力、要活力、要效益。认真落实国企改革三年行动。成立“深化改革三年行动”领导小组，与中铁置业本部 15 个部门、3 个事业部（中心），13 家所属企业签订改革“军令状”，将改革推进情况纳入年度绩效考核，明确 4 个改革领域、23 个改革方向，129 项改革措施，完善 60 余项改革重点任务配套制度建设，覆盖 1/3 以上改革任务。纵深推进三项制度改革。完成经理层任期制和契约化管理“三法两书”制定，实现经理层成员任期制和契约化管理全覆盖，推进传统“身份管理”向市场化“岗位管理”转变，压紧压实经理层经营责任。制度化、常态化推行中层管理人员竞争上岗、末等调整和不胜任退出等市场化用工制度。修订完善业绩考核、薪酬管理、项目跟投办法，构建基于工资总额管理的岗位体系和业绩考核评价体系的薪酬决定机制。推进三级管理体系优化。扎实推进“8+6+3”管理体系优化，组建成立中铁会展、中铁慧生活、中铁城市运营三家专业公司，加快核心专业能力建设，提升专业支撑水平。中铁置业北京公司、西安公司成功获得房地产开发一级资质，为中铁置业扩大经营规模，提升品牌影响力、经济效益及市场竞争力提供了坚实的基础和保障。（白俊华）

【重大项目】聚焦京津冀、长三角、长江中游、粤港澳大湾区、成渝五大城市群、都市圈，积极调整战略布局，加大核心区域投资经营力度。2021 年，中铁置业在五大城市群获取项目 8 个，开拓南京市场，重返上海市场，深耕北京市场，成功获取了 12 宗二级房地产开发项目，建设用地面积 345.62 万平方米，权益土地面积 334.88 万平方米，地上建筑面积 633.50 万平方米，权益地上计容建筑面积 604.61 万平方米，土地投资总额 333.64 亿元，权益成交

价 254.56 亿元，完成年度土地投资任务 275 亿元的 92.6%，土地权益占比 79%。（刘　瑜）

【重大创新】中铁置业坚持把“重创新”作为推动发展的动力，大力推进投资创新，“会展 + 地产”模式在长春世博城再升级，合作开发项目、土地投资权益占比得到新优化；大力推进设计创新，建立了“云系”高端产品线，迭代升级了阅系、逸系、彩系产品线，推广应用 9 项新工艺新技术，获 15 个国内国际奖项；大力推进客服创新，中铁慧生活客户满意度超过行业标杆水平；推进营销创新，自销团队销售占比达到 86%，宝山项目以信托合作模式销售 1.73 亿元；推进改革创新，人才引进、绩效考核、薪酬管理等市场化取得突破，企业高质量发展活力更足。（高　昕）

【工程创优】2021 年，中铁置业开发项目共有 8 项工程获省部级质量安全奖项，其中贵阳中铁阅山湖 C 组团一期（一标段）获评 2021 年度“中国中铁杯优质工程”，滕州高铁新区六合社区（安置区）A 区工程项目获评“2021 年度中国中铁杯优质工程”，南通时光漫城项目获评“江苏省建筑施工标准化星级工地”，南通 R20032 地块房地产开发项目（中铁逸都）获评 2021 年度中国中铁“绿色施工科技示范工程”，长春中铁逸境项目二标段获评 2021 年度中国中铁“绿色施工科技示范工程”，长春中铁城沃尔夫小镇获评“吉林省建设工程施工标准化管理示范工地”，北京诺德逸府获评 2021—2022 年度“北京市结构长城杯银质奖工程”，雄安新区容东 E 组团安置房及配套设施项目获评“河北省结构优质工程”。（沈振武）

【企业文化】传承中国中铁“开路先锋”精神，持续宣贯中铁置业文化理念，铸魂育人、塑形创誉、助推发展。认真梳理中铁置业企业文化理念体系，在落实中国中铁“开路先锋”文化“六统一”的前提下，结合中铁置业近年来企业文化建设实践，积极开展文化理念梳理工作，着力构建符合企业实际、体现时代特征、具有中铁置业特色的企业文化体系。加强有形文化建设，制作完成了新的企业宣传册、宣传片和企业文化手册，完成了企业展厅建设。大力弘扬中铁置业优秀文化，举办了新员工入职企业文化专题讲座，开展了“一标杆两标兵”先进模范事迹采写宣传，广泛传播中铁置业优秀文化理念。加强品牌管理，活跃品牌活动，举办了“中铁置业产品品牌发布会暨中铁会展有限公司揭牌仪式”，成功向外界展示了中铁置业全新的品牌形象。（杨　成）

【党建工作】2021 年，中铁置业党委加强党的全面领导，推进全面从严治党，把方向、管大局、促落实，为推进高质量发展提供了坚强保证。突出政治建设统领地位，第一时间传达习近平总书记重要讲话和重要指示批示精神，建立 2 个专项台账，组织 41 次集中学习，制定 17 项落实举措并进行督办，坚决以实际行动践行“国之大者”“两个维护”。坚持把党史学习教育贯穿始终，组织 21 次专题研讨和党课辅导，制定并落实 127 项重点民生项目清单，解决 122 项员工“急难愁盼”问题，策划开展“学党史、保目标、开新局”主题实践活动，开展系列活动庆祝中国共产党成立 100 周年，广大干部员工“四个意识”更加牢固、“四个自信”更加坚定。突出党的全面领导，优化前置研究讨论程序，细化“三重一大”权责清单，全年召开党委常委会会议 21 次，研究重大经营管理事项 198 项，深化改革三年行动 109 项阶段性任务高质量完成，完善中铁置业“十四五”规划，党委把关定向实现常态化。深化与联合国教科文组织的合作，增进了友谊、促进了信任、实现了共赢。突出党建责任制落实，深入开展全国国企党建工作会议精神贯彻落实情况“回头看”，研究提出新发展阶段党建质量提升思路。落实意识形态责任制，强化思想引导和舆情管理，完成“两册一片一厅”，凝聚了思想共识。强化基层党组织建设，开展党支部建设晋位升级，17 个“优秀党支部”脱颖而出，上海南通项目党支部等 4 个基层党组织被股份公司授予“先进基层党组织标杆、红旗项目部和示范党支部”称号。加强企业品牌建设，发布“云阅逸彩”4 个产品品牌。坚持融入中心不偏离，开展“决战决胜四季度”“岗位大练兵、技术大比武”劳动竞赛，确保雄安项目 9147 套安置房具备交验条件。突出市场化专业化，推进经理层任期制和契约化管理，两级 78 名经理层成员签订“两书”，经理层个人业绩指标实现差异化。加大年轻干部培养选拔力度，选派 5 名优秀年轻干部交流挂职，选拔 13 名 40 岁以下中层干部，压缩一般员工管理层级和晋升年限。优化薪酬管理体系和激励约束机制，将所属企业负责人薪酬与项目全周期考核结果挂钩，积极推动保证金制度、跟投机制。突出监督资源整合，构建“大监督”格局和对“一把手”监督制度，扎实开展党委巡察、违规挂靠、靠企吃企、“影子公司”“影子股东”专项整治。贯彻中央八项规定精神，落实“勤俭办企业十不准”，非生产性支出压降 25%。（袁小敏）

【信息化建设】以信息化赋能企业高质量发展，围绕企业数字化转型扎实推进信息贯通工程。完成了 OA 系统升级对接一体化平台、中铁 e 通的全面应用、主数据标准的制定、销售系统和成本系统升级、投资测算系统、数据中台一期项目和智能决策分析平台项目的建设等工作，形成横向到边、纵向到底、全面覆盖、上下联动的工作机制。中铁置业信息贯通工作作为股份公司信息贯通工程试点优秀单位在股份公司信息贯通工程推进会上进行经验分享，得到股份公司主要领导的认可。智能决策分析系统打通投资、销售、成本和财务等业务系统，实现业务

指标预警对比，数据联动查询，业务月度分析和业务系统数据之间共享，有效破解业务系统之间的数据孤岛问题。（余　雷）

【履行社会责任】充分发挥国民经济"压舱石""顶梁柱"的作用，积极践行"营造美好空间，造福社会大众"的企业使命，把履行社会责任作为企业高质量发展的驱动力，贯彻绿色发展理念，高标准打造绿色精工适需产品，积极参与公益事业，关心关爱员工群众，持续为社会创造最大化价值。落实新冠肺炎疫情防控措施，全力做好疫情防控工作，实现了全体员工零感染。以党史学习教育为抓手，聚焦实事实效积极开展"我为群众办实事"，全年共制定127项重点民生项目清单，着力解决员工"急难愁盼"问题。积极投身重点民生工程，在承接的雄安新区安置房及配套设施项目设计、管理及运营服务中，克服交叉作业、疫情防控、冬期施工等诸多困难，圆满完成各关键节点目标，中国雄安集团多次向中铁置业发来感谢信。努力筑造精品工程，为客户提供高品质的产品和优质的服务，完成了住宅产品线迭代升级。坚持绿色发展，联合国教科文组织对贵阳中铁云湾项目结合老马河天然资源优势，在生态湿地系统修复、湿地保护研究与非遗文化传承等领域作出的贡献表示认可。积极参加志愿服务，建立30余支青年志愿服务队，在城市文明建设、公益环保、植树造林、孝老爱幼、扶贫助困、抗议防疫等方面积极担当作为。（杨　成）

【领导人员】

杨智艳　党委书记、董事长
王建营　党委副书记、总经理
张春胜　党委副书记、工会主席
朱长清　副总经理、总工程师（11月免）
王夙君　纪委书记（8月免）
牛光辉　总会计师
陈荣国　副总经理
孙玉国　副总经理（1月任）
刘喆宁　副总经理
刘　可　副总经理（10月任）

（刘少钦）

中铁文化旅游投资集团有限公司

【简况】中铁文化旅游投资集团有限公司（以下简称"中铁文旅"）是中国中铁股份有限公司全资子公司，是中国中铁旗下唯一的文旅产业融合一体化发展的综合性城市运营平台。2010年12月，中铁文旅以中铁国际生态城项目为起点开始创业，2016年3月，根据中国中铁整体战略部署，中铁文旅重组整合为集团企业，公司注册地在贵州省双龙航空港经济区，注册资本金为15亿元。

中铁文旅业务涵盖土地一级整理、二级房地产开发以及文化旅游、康复养生、体育运动、酒店运营、教育培训、矿山修复治理等众多产业投资和运营。截至2021年底，设有中铁贵州旅游文化发展有限公司、中铁四川生态城投资有限公司、中铁文化旅游投资集团（成都）产业发展有限公司、中铁文化旅游投资集团（成都）健康产业有限公司、济南中铁诺德文旅投资有限公司5家子公司，代管中国中铁股份有限公司贵州生态城分公司、中国中铁股份有限公司四川仁寿分公司。主导开发了贵阳中铁国际生态城、眉山中铁黑龙滩国际生态城、成都"国宾上城"、郫都区"天府逸城"、成都中铁春台文化旅游度假中心、济南中铁诺德生态城等项目。其中，贵阳中铁国际生态城先后获得"住建部首个授牌健康养生养老设施规划建设国家标准示范项目""第十六届精瑞人居奖""2019年中国最佳文旅地产项目"等荣誉，成功举办两届市州级旅游发展大会、两届国家级木球赛事，并作为经典案例被纳入首本全国高校房地产专业案例教材；眉山黑龙滩国际生态城被纳入四川省百大重点项目，获得眉山市最高奖项——"东坡文旅奖"。

截至2021年末，中铁文旅总资产为238.47亿元，其中营业收入为94.81亿元，利润总额为13.69亿元，净利润为11.53亿元。公司共有在册员工646人，中层及以上管理人员70人，占比为10.80%；研究生及以上学历80人，大学本科学历324人，大专及以上学历人员占88.6%；正高级职称8人，高级职称91人，中级职称222人，中级及以上职称人员占49.60%。（周昱凤）

【主要指标】2021年，中铁文旅实现营业收入94.81亿元，实现净利润11.53亿元，实现归属于母公司所有者的净利润8.95亿元，经营性净现金流为5.74亿元；年末"两金"余额102.25亿元，有息负债40.9亿元，资金集中度为85.78%。

（霍兴东）

表13–43　2020—2021年中铁文旅主要经济指标

项　目	2020年	2021年	增长率/%
资产总额/亿元	207.40	238.47	14.98
所有者权益/亿元	40.90	48.38	18.29
营业收入/亿元	106.97	94.81	–11.37
利润总额/亿元	18.96	13.69	–27.80

续表

项　目	2020 年	2021 年	增长率 /%
净利润 / 亿元	18.26	11.53	–36.86
归属于母公司所有者的净利润 / 亿元	14.20	8.95	–36.97
技术开发投入 / 亿元	—	—	—
利税总额 / 亿元	19.70	19.84	0.71
应交税金总额 / 亿元	2.03	0.97	–52.22
全员劳动生产率 /［万元 /（人・年）］	234.21	253.73	8.33
净资产收益率 /%	47.79	26.31	减少 21.48 个百分点
总资产报酬率 /%	9.57	7.00	减少 2.57 个百分点
国有资本保值增值率 /%	117.00	122.45	增加 5.45 个百分点

制表：霍兴东

【改革发展】深化以业绩为导向的刚性考核原则，不断深入推进目标管理机制。推行实施以“人均创效、人均创利”为主的目标倒逼管理机制，把人均产值、人均利润两项指标作为控制底线，与企业生产经营各项工作紧密结合。根据股份公司对中铁文旅的新定位和所赋予的发展使命目标，以及对总部的新职能定位，通过两次对总部机构进行改革调整，构建了更加适应新形势、新任务、新需要的组织架构和管理模式。通过减少管理层级、优化管理环节、科学分解业务职能、合理赋能授权职能部门，有效调动职能部门主观能动性。试点实施项目跟投工作，将员工与企业风险、收益有效关联起来，员工积极性得以充分调动，实现了员工共享企业改革发展成果，构建了更为科学合理、更加接轨市场、更具竞争力的薪酬与奖惩机制。（余　刚）

【工程创优】2021 年，贵州国际旅游休闲度假中心白晶谷 3 组团一期酒店（安纳塔拉酒店）获 2020—2021 年度第一批国家优质工程奖；贵州国际旅游体育休闲度假中心悦龙国际城—悦龙东郡一组团（二期）、贵州国际旅游体育休闲度假中心悦龙国际城二组团 2 标段（六期）、贵州国际旅游体育休闲度假中心悦龙国际城—悦龙东郡一组团（二期）、贵州国际旅游体育休闲度假中心悦龙国际城—悦龙东郡一组团（三期）、贵州国际旅游体育休闲度假中心太阳谷 30 组团 A 区、贵州国际旅游体育休闲度假中心太阳谷 30 组团 B 区项目获评 2020 年贵州省“安全文明施工样板工地”。（廖竞颖）

【纪检工作】在中铁文旅党委的统一部署下，中铁文旅纪委履行“两个责任”监督职责，强化政治监督，重点围绕贯彻落实党中央决策部署和习近平总书记重要指示批示情况、贯彻落实党中央对新冠肺炎疫情防控的总体要求落实情况，贯彻落实中央八项规定情况，以及严肃党的政治纪律和党内政治生活等方面情况开展监督工作。一体推进“不敢腐、不能腐、不想腐”体制机制建设，保持高压态势，紧盯关键少数、重点领域、重要岗位人员，强化廉洁从业警示教育，对职能部门履行监督情况进行“再监督”。（何　焱）

【信息化建设】2021 年，中铁文旅根据股份公司有关要求，积极推进信息贯通工程及相关信息化建设，对现有员工的统一身份认证完成统一身份管理，部分系统已启用并开展培训保证员工能正常使用，对防火墙策略进行升级，确保网络安全。（王　诚）

【履行社会责任】充分发挥组织优势，根据股份公司工会消费扶贫文件精神，因新冠肺炎疫情影响，通过购买和消费来自贫困地区滞销农副产品的方式，向贫困地区献爱心。累计投入近 22 万元，用于向项目所在村组、村民开展爱心义诊、就业帮扶、负困助学等活动。（董英豪）

【领导人员】

穆亦龙　党委书记、董事长
申凌云　党委副书记、总经理
王　阅　副总经理、工会主席
吴　杨　副总经理
刘大春　纪委书记
曹少卫　总工程师

（周昱凤）

中铁资源集团有限公司

【简况】中铁资源集团有限公司（以下简称“中铁资源”）是中国中铁股份有限公司从事矿产资源开发的全资子公司，注册资本 54.27 亿元，总部设在北京。2007 年 1 月 18 日，经中国铁路工程总公司第一届董事会第二次会议研究，决定设立“中国铁路工程总公司资源开发分公司”，主要负责国际、国内资源项目的开发工作。中国中铁股份有限公司成立后，分公司于 2007 年 9 月 19 日更名为“中国中铁股份有限公司资源开发分公司”。2008 年 5 月 12 日，经中国中铁股份有限公司第一届董事会第九次会议审议通过，在资源开发分公司基础上改制组建成立“中铁资源有限公司”，作为股份公司的资源开发专业化子公司。2009 年 4 月 28 日，中国中铁股份有限公司第一届董事会第十九次会议决议：中铁资源有限公司更名为“中铁资源集团有限公司”。

历经 10 余年发展，中铁资源已成长为集矿山开发、商贸物流、矿山建设服务于一体的国际化企业集团。海外市场主要分布在刚果（金）、蒙古等国家，国内市场主要分布在黑龙江、内蒙古、青海等地。

公司主要经营范围涉及贵金属、有色金属、黑色金属、非金属等资源开采、加工和销售；国内外自然资源开发的技术研究和咨询、地质勘探及设计；进出口贸易；施工总承包；项目投资等领域。主要资源品种为铜、钴、钼、铅、锌、银等有色金属。截至 2021 年底，保有铜金属量 819.50 万吨、钴金属量 60.92 万吨、钼金属量 65.53 万吨、铅金属量 45.16 万吨、锌金属量 86.55 万吨、银金属量 2460 吨。

中铁资源拥有实际经营业务的企业 13 家，其中全资公司 6 家，控股公司 6 家，参股公司 1 家；境内企业 7 家，境外企业 6 家。核心矿山 5 座，分别是刚果（金）华刚、绿纱、MKM 铜钴矿，蒙古国乌兰铅锌矿，黑龙江伊春鹿鸣钼矿。铜金属产能 30.7 万吨 / 年（其中华刚矿业一期 12.5 万吨 / 年、华刚矿业二期 12.5 万吨 / 年、MKM 矿业 2.2 万吨 / 年、绿纱矿业 3.5 万吨 / 年），钴金属产能 7800 吨 / 年，钼金属产能 1.15 万吨 / 年，铅锌金属产能 2.6 万吨 / 年。

截至 2021 年底，中铁资源总部设置 15 个部门（不含财务共享中心、社会事业管理中心、压减清理工作领导小组办公室），现员 114 人。全公司共有中方员工 1139 人，其中管理和专业技术人员 830 人，技能人员 309 人；研究生及以上学历 109 人，本科学历 595 人；正高级职称 11 人，高级职称 186 人，中级职称 279 人。外方员工 2130 人。

（姬秋忆　宋名功）

【主要指标】2021 年，中铁资源实现营业收入 194.59 亿元，同比增长 50.07%；实现净利润 34.22 亿元，同比增长 51.08%；实现经营性净现金流 34.85 亿元，同比增长 61.64%；资产负债率 58.85%，较年初下降 6.88 个百分点；有息负债余额 79.95 亿元，较年初下降 5.44 亿元。截至 2021 年末，资产总额 254.36 亿元，其中固定资产净值 36.27 亿元，流动资产 93.83 亿元，其他资产 124.26 亿元。（任运年　宋名功）

表 13–44　2020—2021 年中铁资源主要经济指标

项　目	2020 年	2021 年	增长率 /%
资产总额 / 亿元	215.84	254.36	17.85
所有者权益 / 亿元	73.97	104.68	41.52
营业收入 / 亿元	129.67	194.59	50.07
利润总额 / 亿元	25.59	40.03	56.43
净利润 / 亿元	22.65	34.22	51.08
归属于母公司所有者的净利润 / 亿元	20.95	30.12	43.77
技术开发投入 / 亿元	0.39	0.92	135.90
利税总额 / 亿元	9.88	11.33	14.68
应交税金总额 / 亿元	9.61	15.13	57.44
全员劳动生产率 /［万元 /（人 · 年）］	128.97	223.94	73.64
净资产收益率 /%	36.76	42.74	增加 5.98 个百分点
总资产报酬率 /%	10.74	14.56	增加 3.82 个百分点
国有资本保值增值率 /%	132.01	142.97	增加 10.96 个百分点

制表：任运年

【矿山生产】2021 年，中铁资源通过强化现场生产组织、统筹物资设备保供、加大沟通协调力度，克服电力供应短缺等不利因素，矿山生产保持高产稳产态势，全集团金属总产量达到 29.29 万吨，同比增长 13.55%。其中，阴极铜 16.33 万吨，同比增长 14.74%；硫化铜精矿含铜 7.88 万吨，同比增长 12.95%；钴金属量 3207.84 吨，同比增长 24.99%；钼金属量 1.50 万吨、铅金属量 1.09 万吨、锌金属量 2.11 万吨、银金属

▲图 13-43　中铁资源华刚矿业二期选矿三投料试车

量 38.70 吨，保持稳产态势。（宋名功）

【项目建设】中铁资源克服新冠肺炎疫情带来的物流运输不畅、人员出入境受阻等困难，锚定目标，攻坚冲刺，重点项目陆续建成投产。华刚矿业二期项目于 2021 年 6 月底产出首批阴极铜，8 月底产出首批氢氧化钴，9 月底全面进入试生产调试阶段，二期项目达产后，华刚矿业阴极铜年产量将达到 25 万吨，钴金属年产量将超过 5000 吨。2021 年 5 月，布桑加水电站实现下闸蓄水，9 月初，首台机组带水调试，11 月初，4 台机组全部并网发电，圆满实现投产目标，水电站的建成运营，将对中铁资源在刚企业的电力保障带来根本性改变。绿纱"填平补齐"项目全面完成并投产运行，氧化矿年处理能力提高了 65 万吨；新鑫公司充填系统建设施工进入收尾阶段，825 米中段基建及采矿工程加快实施。中刚基建"一揽子"项目稳步实施，截至 2021 年底，31 个基建项目中完工 23 个、在建项目 8 个，完工项目中 14 个通过最终验收、9 个通过临时验收。（宋名功）

【改革管理】全面推进董事会建设，完成公司董事会、监事会换届，实现外部董事占多数，聘任经理层实行契约化管理，设立 4 个董事会专门委员会。推进国企改革三年行动，以三项制度改革为核心，制定出台了一系列"四梁八柱"支撑性制度文件，截至 2021 年底，110 项改革任务已完成 96 项，完成进度 87%，超额完成目标任务。推进对标管理提升工作，制定实施方案，确定 12 个领域的 50 项对标工作，专人专责推进落实，截至 2021 年底，已完成 46 项，完成率 92%。持续推进企业压减治亏工作，实现 4 户企业压减，完成股份公司下达的年度目标任务；完成 3 户亏损企业治理，亏损额减少 87%。（宋名功）

【信息化建设】推进信息贯通工程，作为股份公司第一批试点单位全面启动中铁 e 通推广应用，中铁资源集团公司层面所有应用系统全部实现与中铁 e 通的对接。强化网络安全防护，积极参加"护网 2021"专项行动，在实战对抗中有效阻击网络攻击 1000 余次，全面检验和提升了网络安全防护能力、应急响应与处置能力；圆满完成建党 100 周年及国庆重保服务工作。加强信息化基础设施建设，完成中铁资源集团总部局域网升级改造，在中心机房部署 IPV6 设备，做好中心机房服务器、网络设备等日常维护，确保了设备、网络和数据资产安全。推动矿山生产现场视频监控系统建设，通过部署海康 ISC 云平台将矿山的生产现场监控视频接回中铁资源集团总部，并与总部生产信息管理系统集成，做到生产信息和生产监控同平台浏览。（宋名功）

【党建工作】截至 2021 年底，中铁资源党委会由 6 名委员组成，其中党委书记 1 名、副书记 1 名；下设 5 个基层党委，5 个党工委，4 个独立党支部，40 个基层党支部，共有党员 559 人。认真落实"第一议题"制度，累计组织学习习近平总书记重要讲话、重要指示批示精神46项。严格前置程序要求，对 86 项涉及企业改革、重大融资安排等方面的议题履行了党委会前置程序。加强基层组织建设，对照"六好"标准，开展了 40 个基层党支部的达标创建活动；承担国资委 3 项党建子课题研究工作，其中"紧抓思想建党理论强党　锻造世界一流矿业企业"获中国企业改革发展优秀成果二等奖。加大对年轻干部、技术骨干的提拔使用力度，全年累计提任 40 岁以下干部 6 人，占提拔人数的 67%，激发了干部队伍干事创业的活力。强力推进党风廉政建设，创新工作方法，采取"交叉式巡察 + 视频巡察"方式，对 6 家境外单位和中铁资源集团公司总部开展了专项巡察工作，实现巡察全覆盖。坚持境内外同步，深入开展党史学习教育，累计组织开展集中学习、教育实践、辅导讲座等活动 60 余场次。广泛开展"我为群众办实事"活动，累计解决民生事项 108 项，受到广大员工普遍点赞。（李　康　宋名功）

【企业文化】高度重视员工身心健康，全力做好新冠肺炎疫苗接种工作，境内外人员疫苗接种实现全覆盖；坚持以人为本，全力做好境外员工轮换，全年累计组织人员出入境 1300 余人次，有力地稳定了人心和队伍。深入开展"开路先锋"文化宣贯，加快培育具有中铁资源特色的矿业文化理念体系，提升员工

所属单位

文化认同。全面提升宣传报道能力，全年在各类媒体刊发稿件2400余篇，其中中央主流媒体83篇次。积极开展“抗击疫情　关爱员工”“两节送温暖”“金秋助学”等活动，尤其对在岗时间长、无法回国轮休的75名境外员工和家属开展专项慰问，累计筹集资金共计282万元。广泛开展劳动竞赛、技能比武等活动，为员工搭建成长成才的舞台。

（宋名功）

【履行社会责任】积极推进属地化管理，促进人员交融，新鑫公司2021年新招聘蒙古员工36人，通过中蒙员工“导师带徒”活动提升蒙方员工管理和技能水平；华刚矿业定期召开工会季度会议，协调处理劳资矛盾，妥善解决刚方员工合理诉求。积极改善外方员工福利待遇，MKM矿业对刚方员工基本工资进行了调整，并为刚方员工统一开办美元账户；新鑫公司建立蒙方技术工人技能等级及技能津贴制度，鼓励技术工人通过提高技术水平和工作质量来争取更高薪酬待遇；华刚矿业组织1370名刚方员工进行了年度体检，对新入职的1100余名刚方员工进行了入职体检，同时增加了员工就医院点。积极帮助当地居民改善生活环境，华刚矿业为毗邻矿区的社区修缮了供水系统，并与矿区周边社区签署《社会责任书》，承诺未来五年内投资近1160万美元用于当地社区道路、供电、教育、医疗、环境、供水、农业等项目建设，投入15台套设备、50名施工人员对雨季期间冲毁的当地主要道路进行了抢修加固；中刚建设为库区移民提供专项补偿，并无偿修建移民新村以及学校、医院、菜市场等公共基础设施。积极加强生态环境保护，各矿山企业加大安全环保投入力度，开展复垦、植树等活动，共建良好生态环境。大力彰显央企责任担当，积极协助中国驻刚果（金）大使馆开展“春苗行动”，中刚基建荣获刚果（金）“春苗行动”杰出贡献奖；积极响应“工装援疆”行动，助力新疆社会经济社会发展。（宋名功）

【领导人员】

蒲青松　党委书记、董事长
张瑞刚　党委副书记、总经理
梁宝岭　党委委员、纪委书记（3月任）
罗晓春　党委委员、副总经理（12月免）
彭立军　党委委员、副总经理、工会主席（3月任党委委员、副总经理，8月任工会主席）
陈元海　党委委员、总会计师
钟长汀　党委委员、总地质师
彭小林　党委委员、副总经理（6月免）
李　圣　副总经理（11月任）
赵文光　副总经理（11月任）
李宋江　总工程师（11月任）

（姬秋忆）

中铁信托有限责任公司

【简况】中铁信托有限责任公司（以下简称“中铁信托”）原名为衡平信托有限责任公司，是经中国银行保险监督管理委员会批准，以金融信托为主营业务的非银行金融机构，注册资本50亿元，2021年资产总额188.53亿元，驻地四川省成都市。2002年12月，由原成都工商信托投资有限责任公司和成都金通信托投资公司合并新设立衡平信托。2005年10月，中国铁路工程总公司和其下属的中铁二局集团有限公司收购了衡平信托72.39%的股权。2007年7月，按照中国银保监会《信托公司管理办法》换发了新的金融许可证，成为全国首批换发金融许可证的信托公司之一。2008年12月，经批准，正式更名为“中铁信托有限责任公司”。中铁信托业务范围涵盖资金信托、动产信托、不动产信托、有价证券信托、投资基金、证券承销、投资银行业务等；办理居间、咨询、资信调查等业务；以存放同业、拆放同业、贷款、租赁、投资方式运用固有财产；以固有财产为他人提供担保，从事同业拆借以及法律法规规定或中国银保监会批准的其他业务。2008年9月，中国银保监会核准中铁信托特定目的的信托受托机构资格；2009年11月，经四川银保监局批准，中铁信托获得以固有资产从事股权投资的创新业务资格；2012年12月，经中国银行间市场交易商协会批准，中铁信托获得银行间市场交易商协会会员资格；2016年8月，中铁信托获得银登中心信贷资产收益权转让相关业务资格。

中铁信托控股子公司宝盈基金管理有限公司成立于2001年5月18日，注册资本1亿元，注册地深圳。宝盈基金主要经营业务包括发起设立证券投资基金、基金管理、特定客户资产管理以及证监会批准的其他业务。

截至2021年12月31日，中铁信托在岗员工共466人，其中中铁信托本部291人、宝盈基金175人；其中本部硕士及以上143人，占比49.14%；宝盈基金硕士以上105人，占比60%；评聘有110名中级职称、28名高级专业技术职称人员以及61名项目经理。

中铁信托先后获得中华全国总工会授予的“全国模范职工之家”称号，连续9年获得中国中铁“四好班子”，连续6年行业评级保持最高A级，获得2021年“信登杯——优秀会员机构奖”，获得“锦绣青羊建设突出贡献奖”“成都服务业100强”“地方税收贡献100强企业”等奖项，获第六届中国西部财经论坛“2021年度产融结合高质量发展贡献奖”、《上海证券报》第十四届“诚信托—最佳慈善信托产品奖”、《中国银行保险报》“十佳社会责任机构”称号、第五届四川金融新锐榜“年度金融文化影响力”大奖、《上海证券报》第十四届“诚信托—行业文化奖”、第五届财经领秀榜“影响力品牌”和第五届四川金融新锐榜“年度品牌影响力”大奖。（钱思澈）

【主要指标】截至2021年12月31

日，中铁信托资产管理总规模为3550亿元，其中中铁信托本部2483亿元、宝盈基金1067亿元。按合并口径，中铁信托全年实现营业收入23.31亿元，完成预算目标的137.10%；实现净利润8.39亿元。企业资产总额188.53亿元，所有者权益112.07亿元，净资产收益率7.68%。（王　宇）

表 13-45　2020—2021 年中铁信托主要经济指标

项目	2020 年	2021 年	增长率 /%
资产总额 / 亿元	198.27	188.53	–4.91
所有者权益 / 亿元	106.39	112.07	5.34
营业收入 / 亿元	21.64	23.31	7.72
利润总额 / 亿元	14.95	10.69	–28.49
净利润 / 亿元	11.34	8.39	–26.01
归属于母公司所有者的净利润 / 亿元	11.03	8.04	–27.11
技术开发投入 / 亿元	0.03	0.05	66.67
利税总额 / 亿元	16.42	12.01	–26.86
应交税金总额 / 亿元	12.75	10.33	–18.98
全员劳动生产率 /［万元 /（人・年）］	555.26	539.88	–2.77
净资产收益率 /%	11.12	7.68	减少 3.44 个百分点
总资产报酬率 /%	7.80	5.53	减少 2.27 个百分点
国有资本保值增值率 /%	111.57	107.74	减少 3.83 个百分点

制表：王　宇

【改革发展】深入落实国企改革三年行动，推行经理层任期制和契约化管理，全年新建并完善制度46项，完成68项改革任务，完成率82.93%，超进度完成全年改革任务。实施营销管理二次改革，撤销营销管理部，重构财富管理总部，完善全国销售网点布局，实现线上销售规模从零到100亿元的突破。设立规划发展部，强化战略管控、系统管理和内控建设，完成异地部门机构设置调整，做大上海业务总部，大力发展深圳、重庆业务团队，异地业务占比提升。持续推进人员和薪酬市场化改革，优化财富、固收、资产处置等条线专项激励机制，劝退2个绩效考核不合格的团队，市场化用人取酬进一步提升。业务结构持续优化。成立资产证券化中心，充实证券投资团队，拓展资产证券化、现金产品等新兴业务，丰富固收类产品线，探索出新的央国企基础设施业务合作模式，首次融入平安、万科等优质客户生态圈，北京首单长租房服务信托正式落地，传统业务升级和创新业务协同发展持续走向深入，业务转型成效显著。（朱晓林）

【重大项目】抓好顶层设计，积极构建大研发平台，做好专题研究和咨询服务，为业务发展、风险防控提供高质量的智力支持。创新独立研究、联合研究、委托研究研发机制，创建研报发布和共享频道，形成既能够持续系统研究，又能够敏捷反应的房地产信托、基础产业与产融结合、标品信托、资产证券化及REITs、服务信托五大研究群，2021年共撰写专题报告50多篇，收集推荐优秀研报、文章300多篇，为经营决策提供了可行性的科学依据。开展房地产信托、基础产业信托业务专题研究，对10多个省市的财政政策、区域准入、城投公司、业务模式等进行深度分析，准确把握国家政策、监管新规、宏观经济形势及行业动态，编写月度快评和动态分析报告31份，为业务开展、项目评审提供了重要参考。（钱思澈）

【重大创新】坚持以风险管理为主线，运营、行政、人力资源、信息技术、研究创新管理各司其职，构建更加完备的横向联通、纵向高效的管理体系。做专资产证券化、慈善信托、股权管理、固收等分部职能，提升管理的协同性和效能；因地制宜，区别对待一线、二线城市团队薪酬考核，根据市场供求关系及时调整融资成本、筹资成本、收费标准；以制度管事，按流程管人，减少一事一议、特事特办的情形，内部资源分配力求公平，外部市场竞争力求效率；强化预算管理、引入目标管理、建立定期报告，加强调研学习、引入外部专家，提升标准化要求、探索定量化管理；遵循监管导向，紧盯市场需求，发挥3

所属单位

个专委会及5个创新业务小组指导效能，促进有组织、有计划开展经营活动；进一步明确项目后管规范化、舆情智能化、现场定期化、发现（问题）早期化、预警即时化、化解精准化等要求，让目标更具体；发挥运营稽核、资产管理、合规风控联合职能，强化纪检与内审大监督功能，严明公司纪律。（钱思澈）

【企业文化】坚持党建引领文化兴企，以全新的中国中铁“开路先锋”理念为指引，以中铁信托文化建设为抓手，不断激发企业创新创造活力。发挥党建引领作用，以“党章党规党纪”为准则，打造“三优企业、四好团队、五德员工”的行为文化体系；以“不忘初心、牢记使命”为核心，打造“忠诚担当、创新创造”的精神文化体系；以“公平公正、协作奋进”为原则，打造“价值同向、管理规范”的制度文化体系；以“攻坚克难、奋发有为”为主调，打造“转型升级、高质量发展”的责任文化体系，形成企业的精神支柱和动力源泉，中铁信托获第五届四川金融新锐榜“年度金融文化影响力”大奖。弘扬中国中铁“开路先锋”的企业精神，坚持“守正创新、行稳致远、向上向善、勇争一流”的企业核心价值观，在转型升级中积极践行“守正创新”，在高质量发展中推崇“行稳致远”，在队伍建设中奉行“向上向善”，在担当作为中坚持“勇争一流”，在党风廉政建设中营造“风清气正”。通过不断融入、实践、升华，形成具有金融特质的企业文化体系，努力成长为助力中国中铁发展壮大的有生力量。将“守正、忠实、专业”的受托人文化嵌入经营管理之中，培育员工遵规守纪、埋头实干、勤勉尽责的习惯，切实维护受益人权益；融入教育传播，走进成都武侯祠，联合中国信托业协会、中国信托登记公司完成新华财经《信托大家谈》首期栏目录制播发工作，在微信公众号开辟“信托文化”专栏，营造良好的信托文化普及教育氛围；融入研究创新，联合中国信托业协会、西南财经大学成功举办首届“中国信托业高质量发展论坛”，发布《信托文化建设概论》新书，为行业开展信托文化建设、转型升级创新提出了创新方式、行动方向和建设意见，获得广泛好评，塑造“允执其中、守信如铁”“让财富健康生长”的好品牌，获《上海证券报》第十四届“诚信托—行业文化奖”。（钱思澈）

【党建工作】党的建设方面。高标准开展党史学习教育，列出工作任务60项，先后印发通知、指引20余份，开展中心组专题学习9次、主题读书班1次，邀请延安精神研究中心等专家教授开展主题宣讲，举办各类专题学习培训10余次，开展现场红色教育等特色工作20余项，立项开展“我为群众办实事”10件，党史学习教育做到学用相长，得到国资委指导组高度评价。深化“三基”建设，完成13个支部换届，首次开展党支部晋位升级考评，编写党群制度汇编，形成“一手册两清单”党建工作体系，不断提升党建工作标准化水平。开展庆祝建党100周年系列活动，抓好全国国企党建会精神贯彻落实情况“回头看”专项整改提升，创新推出“4+N”党建联建，与20多家外部单位建立联建关系，持续深化“三亮一做”“两岗两队”，多项做法刊载于《中铁党建》。

反腐倡廉方面。从严抓实主体责任，抓好巡视发现问题整改，完成党委巡察，推进违规挂靠、“影子股东”专项治理工作，认真落实勤俭办企业“十不准”要求，制定为基层减负15条具体措施，形成纠治“四风”长效机制。一体推进“三不腐”体制机制，新建或修订制度10余项，进一步把权力关进制度的笼子。构建企业内部大监督机制，通过建立问题库、项目立项、跟踪督办等方式抓紧抓实日常监督，2021年对16项工作进行再监督。常态化开展每日一题、廉洁合规课堂、廉洁家书等活动，组织党员干部和关键岗位人员进行现场警示教育，强化干部职工自觉自律意识。

（钱思澈）

【信息化建设】持续推进公司理财App相关的系统建设，对预约、双录、签约等客户线上服务功能进行了优化升级，通过系统的持续建设和财富管理总部的推广使用，理财App注册用户近2万人，其中实名认证客户近万人，理财App成为公司最大的“直销网点”。在业务创新方面，在公司向标品信托业务转型升级的过程中，同步实现了标品信托业务系统的“从无到有”，年内新建了标品估值系统、投资交易系统、资金清算系统，陆续完成了理财App、TA系统、CRM系统等已有系统的适应性改造，满足公司当前标品信托业务在销售、投资、风控、估值、运营等方面的实际需要。完成了非标资管系统的开发工作，陆续投入使用，通过系统建设对公司非标信托业务中，约89个管理流程及1400个字段进行了系统性梳理，将项目管理的全流程嵌入了系统中，实现项目过程管控及全流程风险管理的信息化；通过管理驾驶舱，逐步实现了经营决策分析的信息化、数字化和可视化。截至2021年末，已实现了主要财务数据和销售数据的展示，后续还将根据公司实际需要不断优化更新。（余　冀）

【履行社会责任】2021年，中铁信托根据新冠肺炎疫情防控动态，出台9期指引，及时通过工作群报播最新疫情信息，组织上门核酸检测10次，集中组织疫苗接种率超过90%，采购发放超过15万元疫情防控物资，按时向上级、政府及监管报送疫情防控情况。

积极响应国家和银保监会关于对口帮扶乡村振兴号召，2021年11月到四川省甘孜藏族自治州得荣县调研乡村振兴，双方举行座谈会并签订乡村振兴合作协议，双方将以农业高质高效、乡村宜居宜业、农民富裕富足为出发点，全力构建地方政府与金融机构携手并行的工作体系，在人才帮扶、招商帮扶、慈善信托、基建帮扶、消费帮扶等方面积极开展帮扶工作，不断巩固拓展脱贫攻坚成果，推进乡村全面振兴，2021 年度累计采购得荣县扶贫产品共计 31.7 万元。大力开展慈善信托，加强与省市 10 余家慈善组织及企业合作，举办慈善活动及业务培训 7 场次，落地 5 单总规模 100 万元的慈善信托，涵盖乡村振兴、文化传承等领域；协助股份公司制定捐赠资金设立慈善信托实施方案；主动融入国家乡村振兴战略，被选为四川省乡村振兴促进会副会长单位，获《上海证券报》第十四届“诚信托——最佳慈善信托产品奖”，获评《中国银行保险报》“十佳社会责任机构”称号。（钱思澈）

【领导人员】

马永红　党委书记（5 月免）、董事长
余　赟　党委副书记（5 月任，主持党委工作）、党委书记（6 月任）
陈　赤　党委副书记、总经理
解义才　党委副书记、副总经理、工会主席
魏红霞　党委委员、纪委书记
王　兴　党委委员、副总经理
舒军华　党委委员、副总经理、董事会秘书
李正斌　党委委员、总会计师
严　震　党委委员、副总经理
王云飞　副总经理

（巩路遥）

中铁财务有限责任公司

【简况】中铁财务有限责任公司（以下简称“中铁财务”）于 2013 年 7 月 4 日由银监会批准筹建（银监复〔2013〕330 号），2014 年 2 月 27 日取得开业批复（京银监复〔2014〕98 号），3 月 16 日正式开业运营。2018 年注册资本金增至 90 亿元，其中中国铁路工程集团有限公司出资 4.5 亿元，占比 5%；中国中铁股份有限公司出资 85.5 亿元，占比 95%。截至 2021 年 12 月 31 日，公司资产总额 900.23 亿元，较 2020 年增长 5.93%，超额完成全年各项经济预算指标。中铁财务现有员工 82 人，其中研究生以上学历 36 人，占员工总数的 44%；中级职称以上人员 52 人，占员工总数的 63%；具有海外留学经历人员 16 人，占员工总数的 20%。2021 年 12 月，在全国建筑业财税管理优秀论文和典型案例征集评选活动中，中铁财务获得优秀论文一等奖 2 项、二等奖 1 项；中铁财务供稿《新形势下建筑央企基础设施投融资现状及复杂投融资模式创新研究与应用》获得中国中铁企业管理现代化创新成果三等奖。中铁财务党建与生产经营深度融合取得实效，以“办金融事实　解资金难题”为抓手，全力及时为成员单位提供良好金融服务和保障，相关做法形成经验材料在国资委网站党史学习教育专栏刊发；持续推进“一支部一特色”“党建 + 金融服务”特色党建活动，初步构建了“五彩党建”品牌，促进了党建与金融业务的深度融合，相关经验做法受邀在央企财务公司党建创新研讨会上做交流。

（李笑漾　梁纪元　任　祥）

【主要指标】2021 年，中铁财务实现营业收入 18.95 亿元，同比增长 14.43%，完成年度预算的 113.47%；净利润 7.85 亿元，完成年度预算的 113.77%。

年内为 30 家成员企业发放流动资金贷款 105 笔，发放固定资产贷款 1 笔，金额合计 454.66 亿元，同比增幅 43.92%。以联合保理、资产收购业务促成出表资产金额 31.65 亿元。办理票据承兑 96.80 亿元，办理票据贴现总金额 5.08 亿元，开出各类保函金额 59.97 亿元。截至 2021 年 12 月 31 日，中铁财务流动资金贷款余额 398.76 亿元，贴现余额 2.04 亿元，保理余额 5.08 亿元，融资租赁余额 1.69 亿元，承兑汇票余额 64.23 亿元，保函 56.13 亿元。（曹　敷）

表 13-46　2020—2021 年中铁财务主要经济指标

项　目	2020 年	2021 年	增长率 /%
资产总额 / 亿元	849.8	900.23	5.93
所有者权益 / 亿元	118.02	122.23	3.57
营业收入 / 亿元	16.56	18.95	14.43
利润总额 / 亿元	8.83	10.17	15.18
净利润 / 亿元	6.78	7.85	15.78
归属于母公司所有者的净利润 / 亿元	6.78	7.85	15.78
技术开发投入 / 亿元	0.01	0.10	900.00
利税总额 / 亿元	9.53	11.09	16.37
应交税金总额 / 亿元	2.83	3.31	16.96

续表

项　目	2020 年	2021 年	增长率 /%
全员劳动生产率 /［万元 /（人·年）］	1295.21	1524.42	17.70
净资产收益率 /%	5.84	6.54	增加 0.70 个百分点
总资产报酬率 /%	1.08	1.16	增加 0.08 个百分点
国有资本保值增值率 /%	105.93	106.65	增加 0.72 个百分点

制表：曹　敷

【改革发展】通过深入开展“深化改革三年行动”，共制定或修订了涉及党的领导、公司治理、董事会建设、经理层行权履职、用工市场化、市场化薪酬分配机制、激励领导人员担当作为等领域的各项制度、规定和方案共计 30 余项，推进公司各项工作不断迈向新台阶。着力推进上下一体营销服务架构，公司领导班子成员按区域实行分片包保；成立了客户服务部和专家工作室，创新完善营销、客服模式，加强金融管理与产品创新研究。着力拓展业务范围，进一步加强对项目贷款、银团贷款等新业务的研究及探索实践，积极拓展票据业务客户，取消承兑汇票保证金，减免承兑、保函业务手续费，创新推出联合资产收购 + 互投信托模式，解决投资项目资本金出资难、出资贵的问题；服务中国中铁存量项目资产盘活，扎实提供财务顾问服务。制定了《岗位轮换管理办法》，根据公司实际情况，2021 年已有 22 人次进行了岗位轮换，涵盖了前中后台 11 个部门或机构。修订印发了《薪酬管理办法》，先后解决职工的租房、交通、通信、供暖、值班等补贴问题；设定了证书津贴，有效促进公司员工综合能力素质提升；设立特别奖励，年内累计对信息技术部护网行动、金融业务部课题研究等进行了特别奖励。

（吴松涛）

【信贷业务】2021 年为 42 家成员企业办理综合授信 1519 亿元，自营信贷业务规模峰值达 486.86 亿元，较 2020 年 325.34 亿元增长 49.65%。全年总计开展各项自营信贷业务 120 笔，总金额 458.19 亿元。首笔固定资产贷款业务落地，为股份公司重大项目建设提供资金支持，进一步提升了服务集团主业能力。截至 2021 年 12 月 31 日，自营信贷业务余额 407.72 亿元，保持零不良贷款率，未发生信用风险事件。全年共开展 38 笔委托贷款，年末余额为 79.36 亿元，为成员单位间的资金融通提供平台服务。努力扩大公司金融信用使用范围，公司保函认可度大幅提升，办理各类保函 280 笔，合计金额 64.91 亿元，其中外部保函 144 笔 40.98 亿元，占保函金额的 63.13%。

（郑亚菲）

【资金业务】根据 2020 年资金管理的情况，首先，对各项流动性风险进行了分析识别，为 2021 年资金管理提供指导，并统筹安排资金调度，在满足日常结算和信贷需求的基础上，不断加强资产配置，提高收益水平。其次，在流动性压力测试方面做了完善，采用定量和定性的方

▲图 13-44　2021 年 9 月，中铁财务有限责任公司担任财务顾问，助力中铁一局肇庆国道 321 二期 PPP 项目资产证券成功发行，为中国中铁及成员单位提供更专业、更多元化的金融服务

法分析，综合考虑流动性风险影响因素，有针对性地完善管理措施。完善中长期和短期管理相结合的流动性预测防控措施。以年度预算、经济活动分析会、资金周会、成员单位头寸预约管理系统等为载体，对资金备付进行动态管理，按照不同等级对风险进行预警，持续完善和优化兼顾风险与收益的资金预测、监控、处置体系。（韩　超）

【投资业务】2021年，公司有价证券投资业务严格按照投资配置方案中投资标的控制比例以及止盈止损原则执行，投资范围、预算、规模和品种控制在方案的范围内。在优先保证成员单位结算需求以及公司流动性管理的前提下，适时分散投资、择时配置，做到投前沟通调研、投中审慎合规、投后定期管理。截至2021年12月31日，公司开展货币市场基金投资，共获得投资收益8999万元，年化收益率2.35%，税前收益率3.13%。（刘　佳）

【票据业务】2021年，中铁财务推出票据承兑简化手续、免收保证金、零手续费、贴现利率优惠等多重便利政策，进一步提升票据业务办理效率、降低成员单位融资成本。票据业务规模达到历史峰值，累计办理票据承兑合同2177份，承兑汇票10504张，总金额96.8亿元，同比增长211.76%，余额64.24亿元，同比增长222.29%；累计办理票据贴现256张，总金额共计5.08亿元，同比上涨604.93%，票据贴现余额2.06亿元，同比上涨216.63%。成立票据课题专家工作室，研究制定中铁财务票据业务发展实施方案，进一步强化了服务主业能力。（郑亚菲）

【外汇业务】深度优化中铁财务跨境资金集中运营业务，为中国中铁各级成员单位提供多币种资金跨境融通服务，2021年开展6笔境外放款共计1.9亿美元，开展2笔外债引入共计0.15亿美元，进一步提升了中铁财务外汇业务服务能力，年内新增中国农业银行为合作银行，为成员单位提供多币种经常项目资金集中收付、经常项目资金轧差净额结算业务。（刘　洋）

【资金集中】按照“开户促集中、结算促集中、创新促集中”工作思路持续加大资金集中力度，年内累计新增客户3381户，同比增幅28%；年底账面吸收存款776.26亿元，同比增幅6.3%；全年日均吸收存款528.76亿元，同比增幅19.7%；全年结算交易笔数652万笔，同比增幅36%；全年结算交易金额9.79万亿元，同比增幅22%。主要资金集中指标同比均大幅提升并创历史最高水平，充分发挥中铁财务作为集团资金归集平台、集团资金结算平台作用。全力服务中国中铁工会资金集中工作，及时宣传公司为中国中铁工会量身定制的各项优惠政策，深入推进工会资金集中工作，提升工会资金的收益和使用效率，截至2021年底，累计开立工会账户439个，归集工会资金8.53亿元。（张　妍）

【重大创新】持续提升投行业务能力，助力成员单位债券发行，充分发挥持牌金融机构的专业优势、资金优势和信息优势，进一步拓宽成员单位融资渠道。灵活运用金融产品，推动主业存量资产盘活，由中铁财务担任财务顾问，联合外部金融机构，引入长期限、低成本险资，推动成员单位PPP项目资产证券化成功发行，打通了投融资管理“投资、融资、建设、运营和退出”全链条中“最后一千米”的“退出”环节，实现投融资全链条管理，是中国中铁基础设施投融资项目在资产盘活阶段的创新尝试。积极研究公募REITs政策、跟踪市场发行案例、主动摸排主业存量资产运营现状，探索中国中铁基础设施公募REITs可行性路径。2021年，公司联合保理业务持续发力，全年实现31.65亿元应收账款出表，较2020年29.93亿元增加5.75%，为成员企业有效压降两金、降低资产负债率。2021年12月，《中铁财务公司在跨境资金管理的创新与应用》被《中国企业集团财务公司行业发展报告（2021）》采用；中铁财务公司理论文章《中铁财务公司：办金融实事解资金难题》在国资委网站刊发，《中铁财务公司：固守本源深化创新提升金融与产业协同共进的“新常态”》在中国金融思想政治工作研究会、中国中铁“学习强国”号刊发。（李雨纯　郑亚菲　张　妍　李笑漾）

【风险管理和内部控制】坚持“全面性、制度性、融合性、独立性”原则，坚持问题导向，严格落实全面风险管理和内部控制要求，持续提升风险管理的能力和水平。推进内控管理信息化，法律合规系统上线运行，提升了合规管理的刚性控制。开展各类监管政策和法律法规解读，编制重点法规汇编、提前介入新业务政策研究，前移合规风险防范关口。提升风险管控能力，开展了新业务风险评估、合规咨询、审批权限完善、重点问题研究等各项工作，将风险管理嵌入公司生产经营管理各个环节。健全党委、董事会直接领导下的审计工作领导体制，修订《内部审计管理办法》《违规经营投资责任追究实施办法》等制度；全力配合股份公司经济责任审计，落实审计整改任务；坚持“经济体检”职责定位，开展审计工作，全年完成业务稽核、金融业务专项审计、印章管理审计、香港财资公司内控审计和2021年度内控评价等审计项目，超额完成年度审计计划，持续发挥内部审计强监督、促管理和控风险的作用。（许敏锐　蒋双蔚）

【人力资源管理】推动“人才强企”战略，不断完善人才队伍管理体制机制。健全机构设置，修订了《机构编制及定员方案》，成立了客户服务部，人力资源部（党委干部部）独立办公；抓牢制度建设，制定修订《职级管理办法》《薪酬管理办法》《业绩考核管理办法》等10余项制度办法，持续完善干部管理体系。增强能力建设，突出政治素质，举办为期3天的政治理论与综合能力素质培训班，制定《岗位轮换交流管理办法》，2021年对3名部门负责人、16名员工进行了轮岗，不断培育复合型人才；优化干部管理，提拔任用9名中层干部，对9名员工进行了职级晋升，从系统内和金融机构引进了15名复合型人才，制定《员工综合考评管理规定》，不断完善激励约束以及员工末等调整和不胜任退出机制，以高质量的人才队伍建设保障公司高质量发展。（任　祥）

【信息化建设】中铁财务深入开展信息科技治理、业务系统建设和信息安全保障等工作，积极推动公司主业发展。不断完善项目过程管理，提升信息系统建设质量。加强科技外包管理，明确外包人员工作要求，完善外包商准入和评价机制。核心业务系统新增智慧结算、建行代理收付、贷前评级、贷后五级分类、项目贷、转贴现、再贴现等业务能力。优化提升银企直联接口吞吐量和稳定性，业务高峰日付款指令突破16.6万笔，业务线上化进一步得到提升。开展数字化管控专项工作，依据监管金融数据标准，建设公司数据仓库，自动生成人行利率报备、人行金融基础数据、银保监EAST三类报送主题监管报送数据。信息贯通工程主要任务，OA办公系统、财务共享系统等入驻一体化平台。建立私有云平台，对各类IT资源进行集中管理，实现业务扩容不停机、系统监控实时化。认真贯彻落实科技风险监管要求，持续开展信息安全等保测评和安全加固，在公安部组织的网络安全演练中成功完成关键系统防守任务。（王晓晋）

【企业文化建设】中铁财务以建党100周年、党史学习教育、党的十九届六中全会精神学习宣传为主线，专题专栏解读宣贯。2021年共发布微信公众号140篇，制作电子展板28期，在新华网、财协等主流和行业媒体刊稿30篇，在《中国中铁》报、《中国中铁简报》、中国中铁微信公众号等内部媒体刊稿14篇。注重做好舆论监管与引导工作，未出现负面舆情情况。公司通讯员获财协优秀通讯员和《中国中铁》报2020年度优秀通讯员称号。开展中国中铁“开路先锋”文化体系宣贯活动，促进“开路先锋”文化在员工中入脑入心，并以此为契机，同步启动了具有金融行业特色的企业文化建设工作。（付　蓉）

【党建工作】中铁财务党委坚持以习近平新时代中国特色社会主义思想为指导，认真贯彻落实新时代党的建设总要求和党的十九大、十九届历次全会精神，持续推进“一支部一特色”“党建＋金融服务”特色党建活动，初步构建了“五彩党建”品牌，不断巩固“四级联动”工作机制，做强“上情下达、下情上传、责任明确、齐抓共管、有序高效”的工作体系。公司党委着力抓学习、强理论，提升政治力；抓班子、强队伍，提升发展力；抓治理、强融入，提升引领力；抓宣传、强引导，提升影响力；抓监督、强执纪，提升廉洁力；抓群团、强和谐，提升凝聚力；抓巡视、强机制，提升战斗力；抓党史、强思悟，提升感召力，将党的政治优势、组织优势转化为企业的治理优势、发展优势，引领保障多项经济指标同比较大幅度增长，实现了“十四五”良好开局。（梁纪元）

【领导人员】

王国明	党委书记、董事长
孙宝良	党委副书记、总经理（5月任）
李　静	党委副书记、纪委书记
肖　尧	副总经理、工会主席、董事会秘书
陶立新	副总经理、总法律顾问
樊亚波	总会计师

（任　祥）

中铁资本有限公司

【简况】中铁资本有限公司（以下简称“中铁资本”）成立于2016年8月，注册资本金20亿元，公司设在北京，是中国中铁的全资子公司，涵盖产业基金、资产证券化、融资租赁、保险经纪、商业保理、供应链金融、国际投融资、创新创投八大业务板块。截至2021年12月31日，中铁资本下辖控股公司4家，分别是中铁金控融资租赁有限公司、中铁汇达保险经纪有限公司、中国中铁香港投资有限公司和中铁商业保理有限公司；参股公司12家，分别是中铁建信（北京）投资基金管理有限公司、中铁平安投资有限公司、中铁聚信资产管理有限公司、中铁民通（北京）投资有限公司、中铁光大股权投资基金管理（上海）有限公司、宁夏金融资产管理有限公司、中铁融信（天津）投资管理有限公司、天津闳实股权投资基金管理有限公司、恒邦财产保险股份有限公司、国改双百发展基金管理有限公司、天津恒通基业股权投资有限责任公司、中国国有企业结构调整基金二期股份有限公司。中铁资本在岗职工214人，其中公司本部63人，区域营销中心17人，中铁金控37人，中铁汇达44人，中铁保理35人，中铁香港18人。

中铁资本努力打造中国中铁金融资源整合平台、综合金融服务平台、产融结合协同平台、创新孵化发展平台、境外资本运营平台，致力于为中国中铁主业和社会各界提供全方位金融服务为主，鼎立构筑链接金融市场与工程承包、地产开发、设计咨询、装备制造等产业融合发展的纽带和桥梁。2021年，中铁资本实现新签合同额20.16亿元，完成股份公司下达预算指标12亿元的168%。（李双双）

【主要指标】2021年中铁资本资产总额146.94亿元，实现营业收入13.03亿元，利润总额3.78亿元，净利润2.91亿元。（张翘楚）

表 13-47　2020—2021 年中铁资本主要经济指标

项目	2020 年	2021 年	增长率 /%
资产总额 / 亿元	125.80	146.94	16.80
所有者权益 / 亿元	47.13	49.38	4.77
营业收入 / 亿元	10.21	13.03	27.62
利润总额 / 亿元	3.04	3.78	24.34
净利润 / 亿元	2.33	2.91	24.89
归属于母公司所有者的净利润 / 亿元	1.68	2.48	47.62
利税总额 / 亿元	3.07	3.82	24.43
应交税金总额 / 亿元	3.16	1.76	-44.30
全员劳动生产率 /［万元 /（人・年）］	352.07	408.26	15.96
净资产收益率 /%	4.95	6.02	增加 1.07 个百分点
总资产报酬率 /%	3.29	3.37	增加 0.08 个百分点
国有资本保值增值率 /%	100.00	104.77	增加 4.77 个百分点

制表人：张翘楚

【产业基金业务】2021 年，中铁资本产业基金业务全年经营跟踪项目 36 个，项目总投资 2966 亿元，包括基础设施 PPP、城市更新、片区 ABO 开发等多种项目类型。全年中标项目 9 个，中标项目总投资 758 亿元，预计产业基金应出资 115 亿元。截至 2021 年 12 月末，全年产业基金实现放款项目 23 个，投放金额 77.36 亿元。产业基金业务在与保险、信托、政企基金及其他央企基金公司建立广泛合作对接的基础上，进一步加深了合作深度，拓宽了合作广度。2021 年，实现与中国人寿合作的认缴规模 300 亿元中铁国寿基础设施投资基金签约，并发布股份公司上市公司公告；实现引入中诚信托，完成萍乡五陂海绵小镇建设 PPP 项目基金份额置换，盘活存量资产；实现山东省滨州市邹平市货运铁路专用线 PPP 项目完成签约及全部投放、沈阳中德园基础及公共设施建设 PPP 项目完成首笔投放，同时，向中国 PPP 基金全年推荐项目 6 个，合计总投资 483 亿元，预计产业基金应出资金额 30 亿元。

（李路通）

【证券化业务】中铁资本证券化业务通过扩大资产范围、拓宽融资渠道、优化发行模式等方式破解成员单位的融资难题。经过不断产品创新升级，设计并发行了系列资产证券化和永续产品，成功为主业募集资金 317 亿元。为中国中铁完成国资委优化企业财务结构的任务作出了重要贡献，有效地发挥了金融服务平台和资产管理平台的作用。2021 年代理模式应收账款资产证券化产品再升级，发行了中国中铁首单包含工程尾款的资产证券化产品，落地了交易所首单续发模式的应收账款 ABS，获得上交所"资产证券化业务优秀发起人"称号。通过广泛对接投资机构，为工程局引入险资，利用永续权益融资产品实现了成员单位"降负 + 融资"的双重目标。

（郭牧涵）

【融资业务】中铁资本所属中铁金控融资租赁有限公司是 2015 年 8 月在天津东疆保税区注册成立的外商融资租赁公司。公司坚持立足主业、以融促产，充分发挥融资租赁在节税创效、盘活存量资产和降低流动性风险等方面优势，围绕中铁内部成员单位和产业链上下游企业的中长期资产融资需求提供特色金融服务。公司基于直接租赁、售后回租、经营租赁三大基础业务模式，构建"一体两翼 N 驱"的业务布局，积极创新推动厂商租赁、转租赁和项目租赁等产融结合模式；在新购设备、施工项目、流动性资金保障等重点领域的关键时期和关键环节，为主业单位提供直接资金支持。

2021 年，中铁金控累计完成资金投放 161.92 亿元，累计节税创效超 1.14 亿元，其中租赁公司获税收返还超过 6415 万元，为主业单位累计节税超过 4405 万元。重点服务于主业单位大额设备采购，并通过租赁业务为主业开拓市场提供支持，其中参与盾构机租赁 85 台，实现以租促销 34 亿元，为中铁工业扩大销售规模发挥了积极作用。2021 年，中铁金控推进实施国企改革三年行动，完成改革任务 90%。公司的创新产品和经营成果得到业界肯定，获得"西湖论坛杯"租赁企业管理奖、全球租赁业竞争力论坛"最佳集团产业链租赁企业奖"及天津租赁行业协会"2021 年度优秀融资租赁企业"。

（杨　斌）

【保险经纪业务】中铁资本所属中铁汇达保险经纪有限公司经纪业务涉及国内外铁路、公路、地铁、市政、房建、物流、装备、车辆等资产类型，产品覆盖建筑工程一切险及附加第三者责任险、建筑施工人员团体意外险、出国人员团体意外伤害险、企业财产险、机器设备损失险、船舶险、货运险、车险等传统的主流险种，以及首台套保险、诉讼保全保险、保险保函、保证保险等新型保险业务。公司机关设有党群工作部（人力资源部）、综合管理部（董监办）、财务管理部3个后台部门，经营开发部、索赔管理部、风险管理部和技术管理部（法律合规部）4个中台部门，以及国际业务部（再保险部）1个前台部门，同时在北京、上海、广州、成都和西安设有5个服务中心，履行展业及保险期内服务等业务职能。

2021年，中铁汇达实现确认投保项目共1005笔，投保金额6297.48亿元，签单保费11.42亿元。全年完成了乐西高速、西昭高速、国高网、勐绿高速、京雄高速等重大项目投保；完成了109国道和沪通铁路张家港站客运枢纽配套设施PPP项目两个大型市场化业务，实现新签佣金近250万元。加强海外业务拓展，为中铁海外员工设计专属新冠肺炎疫情保险方案，涉及出国员工达5000余人次；成功安排中铁十局泰国露天电缆系统改造项目、柬埔寨4号国道加固及维护工程（2标段）工程险，完成了新加坡—新山（马来西亚）捷运线DESV标和UPS标设计责任险，秘鲁钱凯隧道项目民事责任险以及一系列保险保函业务。协助中铁建工顺利完成第一笔南极地区货物运输保险，这是中铁汇达第一笔南极地区货物运输保险项目。中铁汇达参与的保险项目全年累计报案5384笔，较2020年增长14.9%。全年累计结案4126笔，较2020年同期增长14.7%。（陈　浩）

【保理业务】中铁资本所属中铁商业保理有限公司是2018年2月7日在广州市南沙保税港区注册成立的提供市场化、产业化、线上化融资服务的供应链金融服务公司。中铁资本积极践行科技赋能服务实体互利共赢的发展理念，通过“反向保理”“中铁E信”“反向保理+基金”“中铁E信+基金”“供应商联合保理”“核心企业确权类联合保理”等产品，为中国中铁产业链上下游企业提供一站式供应链金融解决方案。

2021年，中铁保理自主研发的保理核心业务系统和中铁供应链金融平台，已累计入驻中铁二级单位34家，覆盖率达到90%，三级单位186家，有效客户覆盖率达到60%左右，外部供应商23297家。中铁E信累计开具金额突破116亿元，累计融资金额95亿元，实现了多项业务新突破，以“反向保理”和“中铁E信”为重点，实现“应付端”资产的全周期覆盖，确保核心企业在项目经营投标、过程施工和项目尾款结算等各个环节的融资诉求。针对FEPC、PPP项目资金需求，总结提炼了“反向保理+基金”“中铁E信+基金”等业务模式，凸显了保理业务的多场景、多领域和多功能特性。利用“额度流转”，给投资公司类企业所属项目提供资金支持，通过中铁供应链金融平台（中铁E信）打通了多主体、多层级的流转通道，盘活了中铁供应链条，助力解决融资难题。为贯彻中国中铁压降融资余额、打通资金路径的方针和要求，中铁保理将中铁供应链金融平台由1.0（自融）模式向2.0（平台）模式转型，开辟自融和直融两大场景服务，全年完成6家银行直连，并实现4家银行直融业务落地，在有效开辟融资路径释放头寸的同时，为服务主业的功能延展和普惠金融的业务施展提供了场景平台。（刘　炜）

【跨境投融资业务】中铁资本积极贯彻“国内国际双循环”发展格局，充分发挥公司境外综合金融业务优势，服务股份公司“海外双优”和“一体两翼N驱”发展战略。积极服务股份公司重点项目，提供有效资金支持，协助化解大马城项目合同风险，追回前期投入；积极服务主业单位境外投资项目，协助开展项目开发与跟踪研判，依托中铁资本在资产证券化、租赁、保理、保险等多维度的综合金融服务优势，设计优化境外投融资方案及境内外资金融通方案，并提供相应金融产品服务；积极拓展境外并购项目资源，紧抓国际优质资产抛售、基建项目准入条件放宽机遇，配合中铁十局、中铁国际等多家单位推进境外并购项目，广泛对接市场机构及投资人。

2021年，中铁资本坚守海内外业务协同发展的初心使命，紧抓后疫情时代机遇，实现境外投融资业务新的突破。在跨境投资方面，以五大营销中心为境内经营触角，储备外资引入项目近20个，提供贴合工程局和业主需求的投融资方案，其中4个项目通过股份公司审议，作为联合体成员中标2个项目，完成台州仙居片区开发项目和济宁济曲、济邹公路系列联合经营项目投放约3.25亿元，形成新签合同额近7200万元，有望带动主业施工近135亿元。境外权益类融资方面，依托中铁十局烟台八角PPP项目，联合山东财金集团，建瓴资本等机构筹备设立“山东基建发展基金”，筹备设立“中铁环球基建基金”，已获得合计45亿美元出资意向函，陆续与全球多支主权基金开展投资者路演与募集。（郭　灏）

【创新创投】持续推动企业发展改革和创新创投工作。完成“十四五”发展规划编制工作，夯实了战略发展及保障体系；开展国企改革三年行动攻坚，制定行动任务清单和台账，落实八大工作机制，出台改革行动考核评价实施细则，完成82%的改革攻坚任务，破解了企业改革的弊病顽疾；组织开展对标管理提升行动，先后多次对标中航资本等先进企业，完成94%的对标提升任务，将对标成果融入规划编制、制度建设和工作方案，进一步增强治理体系和能力建设；加大企业创新创投力度，3项管理现代化创新课题分获股份公司二等奖、三等奖，与中国诚通一揽子（三支）基金合作实质性落地，其中投资国调基金二期10亿元，协调国调基金二期股权投资中国中铁三级工程公司20强——中铁七局武汉公司和中铁十局一公司共10亿元；成立创投基金公司筹备组，筹备组建基金管理公司并发起设立中铁科创基金，旨在推动企业核心技术转型升级、实现企业技术市场化应用、打造企业原创技术策源地，促进相关产业链资源优化配置与产业体系现代化发展。（黄荣虹　顾培钊）

【风险管理与合规管理】认真学习贯彻习近平法治思想、全面依法治国依法治企战略和防范化解金融风险等重要指示精神，围绕公司党代会部署、“十四五”规划和“12358”发展战略，高质量落实公司各项决策和股份公司专业管理要求，防风险、优内控、强法治、促合规，为公司做强、做优、做大贡献专业力量。坚持业务分类分级管理、严把项目入口关的基础上，重点聚焦项目持续期管理，严守业务风险底线。优化风险管理体制机制，细化项目风险审查流程，为业务实质风险管控建立保障。着力推进公司法治建设，规范章程管理，奠定依法治企基础。强化机构队伍建设，公司合规管理能力不断提升。（汪　莹）

【协同经营】努力践行“12358”发展战略，注重业务协同联动，实现市场经营开发规模和业务的双跨越。围绕“三层保障”，构建“五个区域”，夯实“八大板块”，经营体系建设贴合金融业务特性、服务运转高效。出台《协同经营管理办法》，改革经营例会机制，完善《经营计划统计管理办法》，各阶段经营重点更加明确。加强经营人员的培训培养，完善激励机制，营造“比学赶帮超”的浓厚氛围。主要领导带队先后与15家成员企业进行高层对接，分管领导实现区域内二级企业走访全覆盖，与4家单位新建战略合作关系，公司各板块产品服务的认知度、接受度、美誉度持续提升。自营销中心正式运行以来，贴近主业、贴近市场成效明显，营销中心“桥头堡”的作用更加凸显，客户体验感和合作黏性进一步增强。各业务板块创新特色产品、丰富融资渠道、强化风险管理，证券化业务、供应链金融、保险经纪等板块以专业团队、金融科技、服务质效等硬核实力，赢得尊重，广获赞誉，融资租赁、产业基金、跨境投融资等板块夯实基础、拓宽渠道、创新突围，在中铁系统内的影响力不断增强。各单位经营一盘棋的大局意识进一步树牢，“一个客户一个资本，一个资本一个经营”理念深入人心，“一站式一揽子”金融服务能力持续提升。（周文博）

【人才队伍建设】全面加强干部人才队伍建设，坚持党管干部、党管人才，充分发挥党委在选人用人中的领导和把关作用，切实做到从严选拔、教育、培养、管理和监督，逐步建立、培养了一支与业务发展相适应的结构合理、素质优良的干部人才队伍，人才基础不断夯实。把好选人用人关口。突出政治标准，鲜明树立重实干重实绩的用人导向和国有企业“好干部”20字标准。综合运用内部推选、外部交流、公开遴选、竞聘上岗、公开招聘等方式选拔任用干部和人才。2021年调整领导干部72人次，引进“双一流”高校毕业生5人，系统内调入8人，社会化招聘引进7人，人才队伍进一步充实、增强；激发人才要素活力。深入推进“三项制度”改革，以任期制和契约化管理为突破口，制定经理层成员薪酬与业绩考核管理办法，构建刚性考核、延期支付和退出机制，坚持业绩导向，设置差异化考核指标，完善“岗变薪变”“能增能减”的动态薪酬体系，保障分配向绩优者倾斜；加强干部素质建设。统筹抓好职工培训教育工作，组织开展2021年度领导人员、业务骨干和新员工培训累计136人次。着力提高青年干部培训质量，高质量推动“导师带徒”工作，充分发挥“传帮带”作用，完善青年业务骨干挂职交流机制，选派5名青年业务骨干挂职交流，厚植企业发展再生力量；强化履职监督环节。在领导人员契约化、交流制管理基础上，修订领导人员日常履职情况考察办法、领导班子和领导人员综合考核评价办法，以有形制度评价丈量领导人员履职能力和综合素质，为所属单位选好能干事、干成事的“领头雁”。在深化“三项制度”改革中，加强管理人员能上能下、员工能进能出市场化机制建设，建立多渠道、多维度的管理人员“下”的认定方式，对年度考核结果为不称职的和年度考核结果为称职且位于末位的，将进行岗位调整或不胜任退出；优化激励机制建设。推进收入能增能减市场化机制建设，大力推行差异化薪酬策略，优化调整薪酬结构和固浮比，解决收入能增能减问题，落实高端紧缺人才协议薪酬，推行核心人才薪酬优先战略，对关键岗位高端紧缺人才实行市场化薪酬激励约束机制；完善福利保障建设。在现有补充医疗保障体系的基础上，为员工购买团体长期重大疾病补充医疗保险，进一步完善中铁资本多层次医疗保障体系，建立在职缴费保障终身的补充医疗保障，把职工的全生命周期健康保障真正落实到位。（陈云超）

【企业文化建设】积极宣贯中国中铁“开路先锋”文化，精心培育中铁资本企业文化，践行“发挥资本功能，助力主业发展”企业使命，引导干部职工传承中铁精神、共谋资本事业、服务主业发展。以宣传主流舆论、凝聚合力作为重点，紧紧围绕公司经营发展和党的建设，聚焦工作成效、典型经验，策划开展多个主题宣传，在各大媒体刊稿206篇，《中铁资本：坚持党建引领，向一流产融结合平台奋进》等多篇文章于主流媒体平台刊发。持续加强幸福企业建设，积极推动构建和谐劳动关系，发挥群团工作桥梁纽带作用，逐级规范基层工会组织建设，组建文艺、球类等5个兴趣协会，举办演讲比赛、摄影讲座等文体活动；策划开展幸福企业创建、巾帼建功、决战决胜四季度劳动竞赛等系列活动，不断丰富幸福企业内涵。坚持和发扬民主管理，组织签订集体合同和女职工权益保护专项合同，有序公开公司涉及职工权益的重大事项，动态更新厂务公开台账，为职工董事监事依法履职提供支持，充分保障职工合法权益。（王文彦）

【党建工作】持续强化政治建设，全面加强党的领导。把准政治方向，认真学习习近平新时代中国特色社会主义思想，深入宣传贯彻党的十九大及历次全会精神，多种方式开展常态化学习，内容涵盖党史学习教育、意识形态、法治建设等。严格落实“第一议题”机制，形成具体落实举措39条，推动党中央重大决策部署和习近平总书记重要指示批示精神在公司落地生根。修订完善了《中铁资本“三重一大”决策制度实施办法》等制度，进一步厘清各决策主体的权责边界，推动加强党的领导和完善公司治理的有机统一。胜利召开了公司首次党代会，确立了建设行业领先一流产融结合平台的目标，明确了“13456”党建机制与“12358”工作策略互融互促，为加快企业高质量发展提供了强有力的政治保证。

全面深化“三基”建设，党建工作质量显著提升。高质量开展党史学习教育，成立领导小组，结合金融企业特点，制定工作方案，明确重点任务、完成时间、落地标志。公司领导带头深入基层讲专题党课9次，邀请中央党校专家开展理论辅导5场，先后到北大红楼、香山革命纪念馆等红色基地实地践学，赓续传承红色血脉。积极开展“我为群众办实事”实践活动，确立两批65件实事，2021年全部如期完成。以晋位升级为抓手规范党支部工作，有效提升基层党组织标准化建设水平，第一党支部获评中国中铁第一批“示范党支部”。督促党员过好组织生活，坚持严和实的标准，围绕党建引领、深化改革、创新发展等内容，强化理想信念、党风廉政等党员日常教育，开展“庆祝建党100周年”“理想信念情怀，爱党爱国爱企”等系列活动，不断提升党员队伍的专业化能力。

全面加强干部队伍建设，人才基础不断夯实。坚持党管干部、党管人才，充分发挥党委在选人用人中的领导和把关作用，坚持国有企业“好干部”20字标准，牢固树立正确的选人用人导向，全年调整领导干部72人次，引进“双一流”高校毕业生5人，人才队伍进一步充实。深入推进“三项制度”改革，以任期制和契约化管理为突破口，制定经理层成员薪酬与业绩考核管理办法，设置差异化考核指标，完善“岗变薪变”“能增能减”的动态薪酬体系，保障分配向绩优者倾斜。加强员工培训教育工作，组织开展2021年度领导人员、业务骨干和新员工培训累计136人次；深入推进“导师带徒”，完善青年业务骨干挂职交流机制。

持续加强党风廉政建设，全面从严治党纵深推进。贯彻落实党中央和中国中铁党委关于全面从严治党的工作部署，认真履行党委主体责任、纪委监督责任。严格执行中央八项规定精神、“勤俭办企业十不准”规定，统筹谋划，动态推进，匹配建立定期通报制、逐级负责制、奖罚问责制等落实保障机制，深化推进作风建设。坚持把中国中铁党委巡视问题整改作为重大政治任务有序推进，形成问题整改清单，实行逐一落实销号，制定整改落实措施64条，明确责任部门及整改时限，切实将巡视整改成果转化为推动企业健康发展的强大动力。（王文彦）

【履行社会责任】中铁资本党委坚决贯彻落实党中央、国务院国资委及中国中铁关于常态化疫情防控工作的有关要求，严格配合属地新冠肺炎疫情防控政策，采取科学有效的防控措施，在常态化做好疫情防控工作的同时，主动贴近主业、贴近市场，深入推进企业经营管理工作，做到疫情防控与经营管理“两手抓、两不误”，连续5年超额完成年度各项任务。积极履行央企社会责任，全力支持中国中铁定点扶贫县湖南汝城，全年累计扶贫9.96万元，用实际行动助力乡村振兴。

（王文彦）

【领导人员】

方文胜　党委书记、董事长
王建军　党委副书记、总经理（1月任）
彭德宏　党委副书记、纪委书记、监事会主席、总法律顾问（1月免监事会主席）
汪　涛　党委委员、副总经理、工会主席
梅家周　党委委员、副总经理
秦永虎　党委委员、副总经理
何　川　党委委员、总会计师

（陈云超）

中铁物贸集团有限公司

【简况】中铁物贸集团有限公司（以下简称“中铁物贸”）是中国中铁股份有限公司全资子公司，前身是中国中铁物贸分公司，于2007年2月成立，2010年12月18日改制为中铁物贸有限责任公司，2017年2月组建企业集团，注册资本金30亿元。中铁物贸是中国中铁唯一指定专业从事物资集中采购和物资贸易的大型企业集团，在国内物流与物资采购、贸易领域拥有较高的影响力和美誉度，是中国物流与采购联合会副会长单位，北京企业（诚信创建）评价协会副理事长单位，全国首批94家供应链创新与应用示范企业，中国企业联合会信用评价最优评级AAA企业，2018—2019年度全国企业文化优秀成果一等奖单位，2019

年全国公共采购“优秀集中采购机构”，先后获得“2020中国物流杰出企业奖”“2020中国物流创新奖”“全国铁路体育先进单位”称号，被授予中国中铁2019年度“四好班子”称号。

中铁物贸在全国各主要城市及区域设有子（分）公司、事业部、物供中心，组建了北京、上海、深圳、昆明、武汉、成都、西安、沈阳八大集采中心，拥有物资贸易专业高级管理人员近千人，本科及以上学历90%以上。公司主要开展钢材、水泥、钢轨、道岔、油品化工、系统设备集成、有色金属、木材、建筑材料、橡胶制品、机械设备等建筑业全品类物资贸易服务，并提供经济信息咨询、仓储服务、设备租赁、项目投资、资产管理、货物进出口、技术进出口、代理进出口等高附加值服务产品。逐渐形成了以项目物资供应、区域集中采购、战略采购、部管物资代理服务、招标代理服务、国际国内贸易、电子商务及投资业务八大业务为主的经营格局。

成立10多年来，中铁物贸先后承担了国内外数千项铁路、公路、市政、水利、房建和城轨等工程的物资集采服务，提供了数千亿元的工程建设物资。依托中国中铁系统内部强大的终端需求市场和资源优势，中铁物贸大力开展与上下游客户的战略合作，与国内外主要大型资源厂家、建筑央企、知名互联网企业建立了良好的战略合作关系，拥有丰富、优质的建筑业产业链战略资源，有效提升了市场竞争力和客户体验度。

中铁物贸主动拥抱“互联网+”，持续推进“数字中铁，智慧物贸”战略。由公司自主开发建设的鲁班采购电子商务平台，是中国中铁官方唯一采购电子商务平台，为中国中铁全系统提供采购管理全流程信息化集成服务，同时面向建筑行业内企业提供采购电子商务产品及信息技术服务，年交易额突破3200亿元，注册供应商超130000家，是中国建筑行业开展电子商务业务的重大创新典范，在中国建筑业电子商务领域处于领先地位。负责平台建设开发的鲁班公司被授予“全国青年文明号单位”，是国家高新技术企业，公司获得中央企业电子商务联盟“十大电商品牌”“电商十大创新项目”“电商十大新锐产品”等奖项。以“连接、协同、共享”为理念，开发的业务协同平台（BCP）和财务共享系统，实现了业、财、资、税一体化目标，通过上下游客户互联互通，构筑了开放立体的全方位供应链生态圈，引领建筑业供应链集成服务管理变革。（何　佳）

【主要指标】2021年，中铁物贸完成营业收入433.65亿元，完成股份公司下达年度预算331亿元的131.01%，较2020年全年营业收入311.92亿元增加121.73亿元，增长39.03%，实现净利润6.46亿元，完成股份公司下达年度预算5.07亿元的127.42%，较2020年度增加1.11亿元，增长20.75%。应收账款周转率从3.6次增加到4.31次，资产负债率从2020年末的90.01%下降至89.21%。（聂宗仁）

表13-48　2020—2021年中铁物贸主要经济指标

项目	2020年	2021年	增长率/%
资产总额/亿元	217.48	260.26	19.67
所有者权益/亿元	21.73	28.09	29.27
营业收入/亿元	311.92	433.65	39.03
利润总额/亿元	6.44	7.76	20.50
净利润/亿元	5.35	6.46	20.75
归属于母公司所有者的净利润/亿元	4.82	5.97	23.86
技术开发投入/亿元	0.61	1.03	68.85
利税总额/亿元	8.84	10.75	21.61
应交税金总额/亿元	3.68	4.51	22.55
全员劳动生产率/[万元/(人·年)]	128.36	141.08	9.91
净资产收益率/%	27.71	25.94	减少1.77个百分点
总资产报酬率/%	3.68	3.54	减少0.14个百分点
国有资本保值增值率/%	116.95	118.39	增加1.44个百分点

制表：聂宗仁

所属单位

【改革发展】2021年，中铁物贸科学统筹，全面推进两级企业改革进程，治理体系进一步优化，治理能力持续提升。完成“十四五”战略规划编制发布工作，确立了打造“千人千亿”建筑业供应链集成服务领军企业的总目标，明确了“构建一个生态、实现双轮驱动、践行三个转变、打造四化链条、培育五种能力”的发展策略，实现高质量发展的路径更加清晰。全力推进国企改革三年行动，完成全面改革任务的91%。认真贯彻三项制度改革工作部署，大力推进“能进能出、能上能下、能增能减”市场化人才管理体制机制构建，持续激发组织活力。坚持“自上而下”，牵牢深化企业改革的“牛鼻子”和“先手棋”，在两级企业经理层成员全面推行任期制和契约化管理，明确聘任期限、建立经营契约、严格考核兑现，压紧压实经营责任，增强经理层成员责任感和使命感。聚焦能下问题，修订《所属单位领导班子和领导人员综合考核评价办法》《改任非领导职务人员管理规定》，不断加大各类考核结果运用力度，持续完善领导人员退出机制；建立《职业经理人市场化选聘办法与薪酬管理办法》，实行职业经理人改革试点，增加经理层成员市场化选聘比例。聚焦能出问题，修订《本部部门及员工绩效考核管理规定》，建立不胜任退出、末等淘汰机制；出台《人才开发交流中心管理规定》，全面推进两级企业人才开发交流中心机制，形成员工“能进能出”退出通道，促进人员流动和人才成长。聚焦能减问题，全面推进各层级薪酬差异化，子（分）公司领导收入差异最高达2.6倍；突出绩效导向，改任非领导职务人员统一实行岗位绩效工资制，项目总监、项目经理年度收入占公司部门正副职的比例从90.8%、90.69%分别降至79.83%和79.55%；进一步调整关键岗位收入与岗位贡献度的匹配程度，不同岗位、同一岗位不同考核结果的管理人员，年收入差距从不足15%增至30%左右。（赵方茹）

【物资供应服务】中铁物贸全年累计为161个中国中铁直管、投资及大型项目提供工程物资供应服务，累计供应金额达到497.76亿元。其中：供应钢材543.22万吨、供应金额289.29亿元，供应水泥1330.01万吨、供应金额63.75亿元，其他类物资金额68.4亿元。2021年，新增石化产品集采项目612个（历史累计集采项目达到4130个），年累供应石化产品75.42万吨，供应金额50.47亿元，同比下降13%，相较市场价格累计节约成本3.14亿元。其中：成品油55.25万吨，降低2.79亿元；沥青17.14万吨，降低1630万元；润滑油脂7314吨，降低1364万元，在有力保障项目物资供应的基础上，实现了降本增效。（廉晓阳）

【区域集中采购】2021年，中铁物贸纳入区域集中采购模式的项目共计520个，年内区域集采模式下累计供应总额69.6亿元，其中供应钢材122.26万吨、供应金额64.25亿元，供应水泥103.8万吨、供应金额5.3亿元，与市场价格相比，钢材、水泥累计降低成本约2.97亿元。在配合股份公司发布29个省市区域集采定价的基础上，大力推进与施工单位“总对总”合作，2021年与18家二级公司、44家三级公司、139个工程项目开展集团公司层面和三级公司层面总对总区域集采合作，有力促进了与施工单位的两级集采融合和项目降本增效。（廉晓阳）

【战略采购】2021年，中铁物贸在进一步加强与鞍钢集团、攀钢集团、宝武钢铁和中石油、京东、阿里巴巴等大型资源厂商及知名互联网企业合作的基础上，全年新增战略合作厂商资源15家，已与78家合作供应商签署战略采购协议。其中钢材类厂家签署战略采购协议42家；水泥类厂家签署战略采购协议23家；润滑油脂类厂家签署战略采购协议2家；桥梁钢板类厂家签署战略采购协议2家；钢绞线、锚具类厂家签署战略采购协议8家，声屏障类厂家签署战略采购协议2家。（廉晓阳）

【市场开发】2021年，中铁物贸完成系统外新签合同额232亿元，完成股份公司年度预算目标的116%，同比增长84.12%，首次突破200亿元；实现系统外部营业收入47.26亿元，同比增长156%，营占比首次突破10%。修订并发布《国内物资贸易管理办法》《物资投标管理规定》《经营开发专项考核管理实施细则》《市场业务客户管理规定》《经营开发奖励办法》等制度办法。2021年内，中铁物贸与云南建投、江西城投等单位签署战略合作协议，积极组织与中国建筑、中国安能等大型建筑央企进行交流，力推“总对总”沟通机制落地。中铁物贸深圳公司与上海公司共同参与沪苏湖铁路钢材招标采购项目、沈阳分公司与上海公司参与安徽路桥合肥南二环桥梁钢板招标采购项目、招标代理事业部与沈阳分公司参与北黑铁路甲供物资代理服务项目，不断助推各单位协同经营能力快速提升。2021年，中铁物贸深圳公司参与中建交通地铁13号线、珠海市横琴杧洲隧道工程钢材采购，北京公司参与中国中材进出口公司中厚板、中国电建雄安至大兴机场钢材采购，上海公司参与江苏铁发钢材采购，昆明公司参与中铁十一局渝昆高铁、中水电滇中引水大理Ⅱ段4标钢材采购等，一系列重点项目取得了实质性突破。（耿瑞琦）

【走向海外】2021年，面对复杂严峻的国际形势和诸多风险挑战，中铁物贸以习近平新时代中国特色社会主义思想为指导，全面融入股份公司“一体两翼N驱”海外经营格局，稳步推进海外项目物资设备集采工作，完成海外业务新签合同额约1.4

亿元，完成营业额约8068万元，供应品种涵盖钢轨、油品、钢材、工程机械、电气材料等。积极配合股份公司孟加拉国帕德玛大桥铁路连接线项目钢轨集采工作，成功推进北方国际蒙古TKT重载公路钢材供应项目，完成中铁物贸第一笔系统外海外业务。（肖旭鹏）

【重大创新】成立大宗商品交易平台工作组，孵化和构建大宗商品的智能供应链一体化集成服务平台，通过专业的运营和组织，提升集中、集约、阳光、精准的采购能力，实现与内外部相关信息系统的集成，支持物资采购全流程信息化，从而加速推动中铁物贸数字化转型过程，带动业务管理方式变革、营利模式创新和供应链体系重构，使企业具备为内外部用户提供供应链数字化解决方案和产品服务的能力，最终构建供应链生态运营体系。

（刘　磊）

【企业创优】2021年，中铁物贸成为全国首批94家供应链创新与应用示范企业之一；供应链服务生态平台获得2021年宝供物流奖一等奖；中铁鲁班采购电子商务平台、智慧物流与供应链协同平台分获中施企协2021年供应链创新应用优秀成果一等奖、二等奖；中铁鲁班电子采购云平台、中铁鲁班数据服务平台分获中国中铁科技成果认定的国际先进、国内领先；中铁物贸获“全国交通运输企业法治先进单位”。2021年，中铁物贸所属单位、优秀员工多次斩获行业和中国中铁重要荣誉，深圳公司被全国总工会授予“全国工会职工书屋示范点”称号；油品公司获“全国工人先锋号”，深圳公司、武汉公司、西安公司、成都分公司、中铁物贸机关被授牌“全国铁路爱心屋”，鲁班公司、昆明公司、成都分公司3家工会特色工作在中国中铁第四次会员代表大会上得到宣传；成都分公司蒋全国获全国铁路总工会“火车头奖章”，采购管理部齐智获2021年全国供应链管理师职工组一等奖，北京公司王若珊获“第一届中国中铁向上向善好青年”，昆明公司滇西区域物供中心获2021年度中国中铁“模范职工小家”、2名工会干部获得“中国中铁优秀工会工作者”称号，两级企业共10家集体、20位优秀员工荣获“中国中铁先进集体”和“先进个人”表彰。（唐　镠）

【企业文化】制定印发《中铁物贸“开路先锋”文化理念宣贯手册》，推动形成“上下统一联建、全员共同参与”的企业文化建设工作格局。以“开路先锋”文化理念为指导，制定印发《中铁物贸“十四五”企业文化建设规划》，编制《“十四五”企业文化宣传手册》，与时俱进优化企业文化“十大理念”，推动以文化人、以文育人、以文塑形、以文铸魂，打造与供应链集成服务领军企业相匹配的文化软实力。

（李冶国）

【党建工作】中铁物贸党委认真学习“七一”重要讲话和党的十九届六中全会精神，严格落实“第一议题”制度，扎实开展国企党建工作会议五周年“回头看”工作，坚持用习近平新时代中国特色社会主义思想武装干部员工头脑，不断增强“四个意识”，坚定“四个自信”，做到“两个维护”。中铁物贸党委把党史学习教育作为全年工作的重中之重，一体推进学党史、悟思想、办实事、开新局，研究制定工作方案，坚持主题主线，广泛开展“永远跟党走”群众性主题教育，引导广大干部员工坚定不移听党话、跟党走。扎实开展“我为群众办实事”活动，聚焦职工群众切身利益的突出问题和亟待解决的难点问题，集中解决了办理工作居住证、子女就近入学、建立补充医疗保险等一批员工“急难愁盼”的问题。加强领导班子建设，优化班子结构，突出政治标准；加强年轻干部培养，积极组织开展中层正职后备干部推荐选拔、副职后备干部公开选拔工作；加强队伍素质提升，组织参加股份公司政治理想信念培训班、中国中铁青年干部培训班，全年开展各类培训班20期，达2172人次；加强干部监督管理，修订领导人员管理办法、改任非领导人员管理规定等，指导所属单位开展干部选拔任用“一报告两评议”工作，加强考核结果运用，进一步促进领导人员依规履职尽责。不断深化政治监督，开展了对中铁物贸机关党委、海外事业部、招标代理事业部、本部各部门的政治巡察工作，实现了公司党委本届任期党组织巡察全覆盖；扎实推进党风廉政建设，建立党委与纪委定期会商制度，构建了全面从严治党“两责并举、一体落实”的工作格局，组织召开警示教育大会，通报典型案例，以案为鉴、以案明纪，严肃内部问责，强化了惩戒震慑效果；统筹推进专项巡视巡察和专项整治工作，积极配合股份公司同步联动开展违规挂靠专项巡视巡察，针对巡视巡察提出的整改意见，成立专项巡视巡察整改领导小组，切实推进问题整改，认真开展“影子公司”“影子股东”问题专项整治；从严从实作风建设，严格执行作风建设规定，坚决落实“勤俭办企业十不准”要求，加强重要节假日“四风”问题监督检查，紧盯重点部位、重点环节、关键人员，有效防范了违反中央八项规定精神问题的发生，持续加强“三基建设”。不断优化党组织设置，加强所属单位党群部门党务干部配置，选优配强基层党支部书记，全面开展党支部晋位升级工作；压实党建工作责任，修订党建工作责任制考核评价办法，推进党建考核与业绩考核有效对接，完成对12家子（分）公司的考评，实现三级单位党组织书记述职全覆盖；广泛开展建功立业活动，深入推进“我是党员我做表率”“五型机关”创建以及“物供党旗红，岗位争先锋”主题实践等活动，开展“建功

‘十四五’、奋进新征程”劳动竞赛，进一步营造干事创业的浓厚氛围。（何 佳）

【信息化建设】加快从传统业务模式向平台化运营转型步伐，数平化战略加速落地。持续完善BCP和财务共享平台三期建设，实现了与中铁智链协同平台、电采平台二期、中铁e通、法律合规管理等系统的全面对接，主营合同实现全流程线上化审核，平台功能更加完善，合规运营和风险防控能力持续提升。全新开发的电采平台二期在股份公司范围实现全面上线。搭建数据中台，打造物贸数字化服务核心能力，解决数据不互通、数据标准不一致、数据质量不高等诸多现存问题，实现从数据采集接入、数据存储汇聚，到数据的规范开发、标准设计、资产管理、主题连接、模型开发、质量管理和开放服务等端到端的全生命周期数据管理和数据服务能力。截至2021年末，鲁班平台认证通过供应商210132家，与2020年132628家相比增加77504家，增长58.44%，开通平台服务的供应商60127家。（刘 磊）

【履行社会责任】认真落实党中央、中国中铁的各项决策部署，严格落实常态化新冠肺炎疫情防控各项工作，中铁物贸工会多次下拨疫情防控慰问专项资金，助力基层单位开展疫情防控工作，确保了广大员工的安全。2021年，中铁物贸不断深化员工关爱工程，职工工资和“五险一金”按时足额发放。持续开展夏送清凉、秋送学子、冬送温暖、常年大病送救助、特殊时期送关怀“六送”活动，扎实推进物供中心“幸福之家十个一工程”。全年共投入“幸福之家”建设资金300余万元；支出“三不让”资金2万元；筹集发放“两节”送温暖资金49万元，“夏送清凉”慰问金额约39万元，下拨疫情防控慰问资金28万元。以“我为群众办实事”为抓手，加强关爱服务，通过走访、座谈、调查问卷等形式倾听员工的意见建议，紧盯时间节点，采取有力措施，切实解决员工的操心事、烦心事、揪心事，全年为员工解决各类急难愁盼问题近200件；积极开展员工心理健康关爱活动，已建立心灵驿站38个，全年开展心理团辅活动39场次。认真落实员工健康体检和女职工专项体检，员工体检率达100%。为进一步提升员工获得感、幸福感、安全感，公司工会开展了“幸福企业指标体系研究课题”项目，通过线下访谈、线上问卷等多种形式，对所属7个单位19个物供、研发中心员工进行了满意度调研，与专业管理咨询公司合作研究制定企业幸福指标，并形成了符合物贸特色的“幸福物贸三一六”模型，进一步推动了企业发展与员工发展的和谐统一。为积极做好消费帮扶工作，助力巩固拓展脱贫攻坚成果，中铁物贸本部及下属单位按照重点购买物流较近帮扶县农产品的原则，共计投入23.56万元购买了湖南桂东、湖南汝城、山西保德、江苏涟水等帮扶县的助农产品。（唐 镠）

【领导人员】

马元林	党委书记、董事长、法定代表人
黄怀朋	党委副书记、总经理、董事
钱誉庆	党委副书记、纪委书记
杨 泰	党委委员、工会主席（12月改任非领导职务）
李玉侠	党委委员、总会计师（11月改任非领导职务）
王勇周	党委委员、副总经理
昌 选	党委委员、副总经理、董事会秘书、总法律顾问
占小锁	党委委员、副总经理

（刘 炜）

中铁云网信息科技有限公司

【简况】中铁云网信息科技有限公司（以下简称“中铁信科”）是中国中铁股份有限公司的全资子公司，是中国中铁信息化建设的专业团队，落实股份公司信息化发展战略，统筹信息化整体架构，形成总规、总集、总控的信息化建设布局，引领中国中铁信息化、数字化、智能化应用协同发展，公司依托中国中铁的全产业链优势，构建高水平的数字经济产业平台，旨在做中国中铁数字化转型推动者、智能化升级引领者、改革创新先行者。2020年1月3日，根据中国中铁《关于成立中国中铁信息技术公司的通知》（中国中铁劳社〔2019〕235号），完成国家市场监督管理总局注册核名“中铁云网信息科技有限公司”，2020年3月16日完成注册，2020年12月31日正式揭牌，本部设在北京市顺义区。

中铁信科注册资本金2亿元，本部由7个部门组成，其中职能部门3个，党群工作部（人力资源部、巡察办、保密办）、综合管理部［董（监）事会办公室、审计部］、财务金融部（法律合规部）；业务部门4个，软件部、基础网络部、安全合规与数据流程部、智慧建造业务部。

2021年，公司在岗员工85人（含领导班子8人），在岗员工中，男职工64人，女职工21人，员工平均年龄35岁；硕士研究生以上学历38人（含博士研究生6人），占全员人数的44.7%；管理序列人员30人（含领导班子），平均年龄34岁，占全员人数的25.88%；技术序列人员55人，平均年龄33.4岁，占全员人数的64.7%；中级职称及以上专业技术人员35人，高级专业技术人员25人，其中，正高级职称4人，副高级职称21人。

（袁 野 刘秋实）

【主要指标】2021年中铁信科实现新签合同额2.09亿元，营业收入2.13亿元，净利润0.07亿元，经营性净现金流0.54亿元，资产总额3.41亿元，所有者权益2.07亿元，企业负债率39.40%。（关祺瀚）

表 13-49　2020—2021 年中铁信科主要经济指标

项目	2020 年	2021 年	增长率 /%
资产总额 / 亿元	2.77	3.41	23.10
所有者权益 / 亿元	2.01	2.07	2.99
营业收入 / 亿元	0.34	2.13	526.47
利润总额 / 亿元	0.01	0.08	700.00
净利润 / 亿元	0.01	0.07	600.00
归属于母公司所有者的净利润 / 亿元	0.01	0.07	600.00
技术开发投入 / 亿元	0	0.15	—
利税总额 / 亿元	0.02	0.11	450.00
应交税金总额 / 亿元	0.06	0.07	16.67
全员劳动生产率 /［万元 /（人·年）］	33.47	68.48	104.60
净资产收益率 /%	0.82	3.41	增加 2.59 个百分点
总资产报酬率 /%	0.09	2.07	增加 1.98 个百分点
国有资本保值增值率 /%	100.41	103.53	增加 3.12 个百分点

制表：关祺瀚

【改革发展】中铁信科自成立以来高度重视国企改革，始终把改革作为推动公司高质量发展的重要动力。公司领导、各部门积极主动，超前谋划，全面推进深化改革三年行动、对标世界一流、提质增效系列改革工作。在落实国企改革要求方面，改革工作取得了积极进展，深化改革三年行动超额完成 2021 年度阶段性目标完成率 70% 的要求、对标世界一流超额完成 2021 年度阶段性目标完成率 80% 的要求。中铁信科始终坚持“两个一以贯之”，完善公司治理体系，把加强党的政治引领与公司治理紧密结合，制定印发《“三重一大”决策实施办法》及权责清单，严格合理控制党委前置研究事项，提升决策效率。公司实现外部董事占多数，进一步落实董事会职权，明确职权实施方案和事项清单；健全董事会专门委员会工作机制，成立 4 个专门委员会并确定人员构成，不断提高董事会规范运作水平。结合深化改革三年行动，狠抓顶层设计，各系统各部门积极谋划重点任务和工作思路，全力推进制度体系建设、财务规范建设、风险防控能力建设，促进内控、合规、贯标认证等管理体系本质融合，立梁架柱工作取得显著成效。

初步建立治理结构和现代企业制度，主体职责边界逐渐清晰，全面推行经理层任期制和契约化，“三项制度”改革落地扎根，公司活力不减，效率持续提升，实现了国资委国企改革三年行动、激活体制机制的工作目标。中铁信科以“系统化选聘、契约化管理、差异化考核、立体化考核、全面化激励”为抓手积极推进职业经理人制度改革，为中国中铁内部第一家建立职业经理人制度的二级单位。在职业经理人制度建立过程中，中铁信科以中国中铁《选聘管理办法》和《薪酬管理办法》为基本遵循，制定了适用于中铁信科的《职业经理人聘任协议》《职业经理人年度经营业绩合同》《职业经理人任期经营业绩合同》。（王大为　袁　野）

【信息贯通工程】推进中国中铁信息化“一号工程”，对中国中铁总部 13 个业务部门和京津地区 9 家二级、三级单位、项目部开展调研，收集资料 1000 余份，汇总各类问题 491 项，完成《中国中铁信息贯通工程调研报告》；组织编写《贯通工程总体实施方案》，经第二次贯通工程领导小组会审议通过发布实施；对“信息贯通工程”年度工作任务进行逐项分解，明确 41 套统建系统“通改废”清单，制定下发中国中铁各部门、各单位工作任务清单；全力开展贯通建设，推动“中铁 e 通”上线应用、研发一体化工作平台、开展数据治理，“信息贯通工程”成效显著。（谢学文）

【数智升级工程】中铁信科紧抓新基建和数字经济等国家战略机遇，聚焦建筑行业数字化施工和智慧建造，在数字化、智能化等关键领域开展技术突破和集成创新，承办中国中铁“数字施工与智慧建造”双轮驱动工作会，开展数字化、智能化转型升级顶层规划，编制并配合发布《中国中铁数智升级工程的指导意见》，开展相关标准、规范、管理办法等 6 本资料编制工作，发布《中国中铁 BIM 应用实施手册》，下发通知并推动第一批 25 个中国中铁数

智升级工程示范项目建设。（谢学文）

【“安全中国”战略】全面落实党和国家战略要求，抓好国家重要时期网络安全保障工作，积极组织各级公司开展“HW2021”攻防演练、“七一”“十一”、冬奥会、冬残奥会等网络安全重保工作，编制中国中铁信息安全体系建设标准，推进网络安全态势感知体系建设，为股份公司网络安全指挥决策提供技术支撑，筑牢全公司安全防线，2021年共发现整改安全隐患5859项，部署优化设备和策略1600余项，网络安全体系进一步健全。（谢学文）

【全球组网项目】聚焦建设全球数字高速公路网，支撑中国中铁海外项目数据安全回传，海外项目动态监管，完成股份公司全球组网一期建设，部署巴黎、约翰内斯堡、里约热内卢3个海外网络汇聚中心以及对香港数据中心的改造，积极推进国内骨干网络优化工作，提升了45家二级单位组网汇聚能力，定制研发多功能组网一体机，已完成240套部署实施，为股份公司全球数据信息稳定传输、资产集中管控提供了基础保障，通过CDN加速，大大提升海外项目人员网上办公的体验，为形成国内国外一盘棋，齐抓共管奠定了基础，有力服务了“一带一路”海外战略实施。（谢学文）

【北斗系统应用】2021年9月，中铁信科代表建筑业央企参加首届北斗规模应用国际峰会，受邀参加了中央企业北斗时空数据服务平台启动仪式，并做了《北斗赋能建筑业数字化转型》专题报告。年底完成了“北斗在重大基建工程数字化施工中的应用示范项目”等2个国家级专项示范工程的申报工作。同时，中铁信科探索北斗系统在智慧矿山的应用，研制桥梁转体施工监管系统，并成功在廊坊转体桥项目进行场景化应用，推动中国中铁在北斗应用领域的规模化、产业化、国际化，开启北斗赋能数字化转型的新起点。（谢学文）

【研发管控平台项目】为贯彻落实国家重要战略自主可控，实现“严控开发规范，力推底层贯通”的目标，遵循国家和行业建设标准，制定符合公司特点的信息技术标准体系，建设中国中铁基于微服务架构的研发技术管控平台，指导总部业务系统及各下属单位业务系统的研发、升级，实现业务系统研发设计、升级、维护的全生命周期管理。现阶段完成7套应用模板及200余个前端组件与工具包，减少70%的前端开发工作量；完成10个平台统一服务，减少65%的后端开发工作量；完成了数字化生产线体系的基础建设，提升6倍的软件交付效率；完成代码技术归仓15余万行代码，系统接口数量3681个，监控服务及中间件57个。目前，平台已为国内营销系统、中铁北方投建营一体化数字管控平台、中国中铁国际业务统一管理平台等10余个重点项目提供了平台支撑。（谢学文）

【“闪耀中铁”主题活动】在中秋、国庆双节前夕，中铁信科与股份公司工会、团委联合举办历时27天的“闪耀中铁”主题活动，活动参与共计53个单位，5781个项目部和基层机关共计21.9万人次参与活动，平均日活达到15万人，28万余人安装激活中铁e通，随手拍4.7万人次，覆盖海外50多个国家，132个项目部，496名海外员工。活动开展深度贯彻信息贯通工程政策和成效，加速推进中国中铁数字化转型，弘扬“开路先锋文化”企业文化精神，提升企业核心凝聚力。（谢学文）

【企业文化】中铁信科以塑造企业核心价值观为着力点，培育特色企业文化，既传承了中国中铁文化基因，又吸收了网信企业创新文化。坚持把宣传思想文化工作同企业中心工作、党史学习教育相结合，围绕庆祝中国共产党成立100周年，深入开展“理想信念情怀　爱党爱国爱企”主题活动，推动基层思想政治工作与生产经营有机融合。落实意识形态工作责任制。借助微信公众号、中铁e通等线上平台做好企业正面网络宣传与舆论引导工作，2021年微信公众号推文215篇。开展“开路先锋”企业文化月宣传活动、“闪耀中铁”主题活动。认真落实以职代会为基本形式的民主管理制度，落实厂务公开，保障广大员工的知情权、参与权、表达权、监督权。围绕企业重点工作、重大项目，开展“决战决胜四季度”劳动竞赛、创岗建区活动。抓好“我为群众办实事”实践活动，先后报送两批11项办结实施清单措施。成立信科小栈，先后开展了心理减压沙盘模拟、健步走系列活动、情系一线送关怀、下午茶活动、女职工瑜伽等10余项形式各异的特色减压活动。（鲁淑敏）

【党建工作】以党建引领全局工作，围绕塑魂铸型，着力夯实基层党建阵地，多渠道、多载体、多形式宣传党的理论路线方针政策、组织广大党员干部职工认真开展学习。2021年，中铁信科坚持以习近平新时代中国特色社会主义思想武装职工头脑、指导实践，持续深入学习贯彻习近平总书记重要讲话及党的十九届历次全会精神，制定《深入贯彻落实习近平总书记重要指示批示工作办法》及督查办法2项，制定督办“第一议题”事项17件，构建起“第一议题”的会议传达、研究部署、推进落实、督查督办的工作闭环。强化党委“把方向、管大局、促落实”的领导作用，修订《党委会议事规则》和前置事项决策研究清单，召开党委会17次，研究议题191个，包括履行前置程序议题87项。

公司按照中国中铁党委党建工作部署，积极打造“两个维护”先锋阵地，认真学习贯彻习近平总书记在庆祝中国共产党成立100周年大会上的重要讲话精神和党的十九届六中全会精神，第一时间组织全

体职工收听收看建党百年庆祝大会。全年开展党委理论学习中心组集中学习8次，通过专题读书班、宣讲报告会、专题党课、交流研讨等多种形式开展学习，持续提高党员干部的政治判断力、政治领悟力、政治执行力。公司坚持“党建带工建”“党建带团建”，一同策划、一体实施；六个党支部按照党内制度规定，有序开展“三会一课”、谈心谈话、民主评议党员、组织生活会、党员过政治生日等支部组织生活，不断锤炼党员党性；积极推动发展党员相关工作；班子成员累计讲授专题讲课11次；组织开展主题党日活动10余次、专题学习班6期，覆盖党员干部百余人次，推动“两个维护”内化于心、外化于行。

紧紧抓住党建工作责任制“牛鼻子”，制定了公司《党建工作责任制实施办法》《党支部考评晋级管理办法》，推动建立党建考核与业绩考核、绩效考核的联动机制。结合“党建创新拓展年”要求，开展“创岗建区”活动，在公司重点项目、关键岗位建立党员先锋岗6个、红旗责任区6个、重点项目党员突击队6个，重点项目安全岗3个，急难险重任务攻关组1个。评选表彰2021年度优秀共产党员6名。为适应公司信息化特点，着眼织密建强党的组织体系，依托中铁e通搭建了智慧党建平台，上线党史学习、党费收缴等应用。编印支部标准化建设手册，推动数十余项标准化流程和标准化表单落地运用，发放党史学习教育书籍共计200余册，各党支部累计学习72次，3名党支部书记参加中国中铁基层组织书记培训，实现党支部书记持证上岗，提升党支部书记政治素质和履职能力。

中铁信科压实全面从严治党主体责任，成立了反腐败工作领导小组，明确公司党委、纪委、部门的监督职责；组织召开警示教育大会，通报典型案例，以案为鉴、以案明纪，开展年度政治生态分析。严格执行作风建设规定，制定“勤俭办企业十不准”具体贯彻落实方案并开展检查，推进作风建设常态化长效化。加强重要节假日廉洁提醒，紧盯重点部位、重点环节、关键人员，制定了领导干部人员及配偶子女经商办企业、管理人员违规干预和插手企业重要事项记录报告有关规定等制度，在公司范围内组织开展了领导干部配偶及子女移居境外等情况自查、部门廉洁风险点岗位自查。（鲁淑敏）

【信息化建设】牵头编制《中国中铁股份有限公司“十四五”信息化规划》，以中国中铁“十四五”发展战略为指引，开展了现状梳理、形势分析等重点工作的研究，规划了统一基础架构、三大支撑体系、五种核心能力和八大项目群的“1358”总体布局，明确了今后五年的信息化主要方向和重点任务，形成了指引信息化工作的纲领性文件。

聚力数字经济，打造中国中铁一体化平台和中铁e通等，支撑中国中铁落实“双碳”目标。一体化工作平台基础能力建设已取得显著成效，中铁e通实现了30万人全覆盖，安装率达97.4%，实现了2021年阅读处理文件300万次，相当于减少1万吨的碳排放。推进视频会议、年度和统建网上办公、审批、报销等系统的应用，在保障股份公司各级单位抗击新冠肺炎疫情、保障公司正常运转方面发挥作用。深化应用信息化手段开展疫情防控，上线“疫情打卡”小程序，做到员工防疫数据实时掌握，通过“中铁e通”公布全国中高风险地区信息、返京人员政策、防疫重点要点，为疫情防控提供数据化、智慧化的防疫措施，努力实现生产、防疫两不误，展现央企使命担当。积极促进中国中铁灾备系统升级扩容。全面梳理中国中铁灾备系统应用现状和存在问题，编制灾备升级扩容方案，完成中国中铁灾备升级扩容及实施运维服务的采购响应工作，有序推进灾备升级扩容工作，保障中国中铁系统的数据安全和业务连续。

积极推进数智升级工程场景应用。通过搭建数智资源共享平台和BIM云平台基本构筑了数智升级技术底座，汇聚了二级单位560余项资源和“BIM+GIS”虚拟化服务能力，逐步形成数智升级工程共建共享的服务平台。在推进数智化场景应用上，依托川藏铁路、天津地铁4号线、京雄高速公路、顺义总部基地和开投总部大厦等重点项目形成智慧地铁、智慧公路、智慧楼宇、智慧园区等综合解决方案，构建“智慧+”应用解决能力，完成工信部“127”等重大项目，实现了数智升级工程平稳推进。（谢学文）

【履行社会责任】面对新冠肺炎疫情频发的复杂形势，中铁信科积极响应北京市、中国中铁疫情防控要求，成立疫情防控机构，建立防控体系，多次组织召开疫情防控专题会议，统筹购买发放防疫物资，组织全员（含合作伙伴）进行核酸检测。2021年，通过科学、有力的疫情防控措施和组织保障，中铁信科确保了内外防疫安全，全年全员零感染。（刘　佳）

【领导人员】

于兴义	党委书记、董事长、法定代表人
高　峰	党委副书记、总经理
孙　亮	党委副书记、纪律检查委员、工会主席
杨向歌	党委委员、总会计师
房灵国	党委委员、副总经理（职业经理人）
黄从治	党委委员、副总经理（职业经理人）
曹雅春	党委委员、副总经理
任建新	总工程师（职业经理人）

（鲁淑敏）

中国中铁雄安新区投资建设总指挥部

【简况】中国中铁雄安新区投资建设总指挥部（以下简称“雄安指挥部”）是中国中铁积极响应中共中央、国务院关于设立雄安新区的战略决策部署，积极参与雄安新区投资建设，充分发挥中国中铁在基建建设领域的专业优势设立的总指挥部。2021年11月8日，中国中铁下发《关于成立中国中铁雄安新区区域总部的通知》（中国中铁规划〔2021〕147号），成立中国中铁雄安新区区域总部（以下简称“雄安区域总部”），同时保留雄安指挥部，雄安指挥部采用与雄安区域总部“一个机构、两块牌子”的管理模式运行。雄安区域总部作为股份公司经营职能的延伸，按照“统筹协调、监督落实、保障服务”的功能定位，坚持“区域经营、立体经营、全产业链经营”理念，代表股份公司在雄安新区履行“高端经营、大客户经营、协同经营”职能。雄安指挥部作为股份公司派出机构，侧重于发挥在建项目施工生产、安质环保监督及企业品牌、信誉维护工作的职能作用。

雄安区域总部（雄安指挥部）现有7人，其中领导班子成员2人（书记、指挥长1人；副指挥长1人），其他管理人员6人；拥有教授级高级工程师2人，高级工程师1人、高级政工师1人、工程师1人、助理工程师1人、助理会计师1人。

（范丙文　郭跃峰）

【统筹经营】中国中铁在雄安新区切实发挥经营工作的先导作用、在建任务的支点作用，持续深化区域经营、立体经营、专业经营、协同经营、重点经营，推动营销能力上台阶，助力中国中铁在新区品牌化跃升，努力为中国中铁在雄安新区实现战略布局当好开路先锋。全年新中标工程43项，完成新签合同额165.65亿元，雄安集团2021年招标768.32亿元，央企中标691.2亿元，中国中铁中标总金额占雄安集团招标总额的21.56%，在新区各大企业中排名第二。中铁电气化局成功中标新区管廊运维第一标；中铁二院中标雄安新区至北京大兴国际机场快线项目工程监理2标，是中国中铁在雄安新区首次进入工程监理领域；中铁建工、中铁一局、中铁二局水厂项目和中铁三局大清河治理工程（雄县段）施工总承包项目，实现了年内突破“蓝板块”的目标。中国中铁整体推进非首都疏解功能，年内重点推进中国电信雄安科创园项目、中国华能住宅开发、北京交通大学和北京科技大学等雄安疏解搬迁建设项目。（范丙文　郭跃峰）

【营销质量】中国中铁在雄安新区积极培育发展新动能，聚焦传统领域、聚积轨道品牌、紧盯投资业务、深耕蓝绿板块，积极主动组织系统经营，聚焦重点领域，聚焦重大项目开展协同经营提升营销质量，并对低价项目引导各集团公司主动放弃投标。通过股份公司领导高层对接，在重大领域安置房招标中，实现了容东安置房中铁建工“一枝独秀”到容西安置房“独中三元”的跨越式转变，扩大了房建市场占有率，为更多集团公司进入房建领域树立了榜样。启动区管廊从竞争走向竞合，实现了10个标段中标4个标段的历史性突破。容西安置房3个标段平均降造全部控制在2%以内、新中标8个机电安装项目效益可观、新中标5个管廊项目利润可期、小市政项目收益平稳，实现了自上而下各司其职、协同作战经营战果最大化。中国中铁积极主张以合理价中标，使同行从竞争走向竞合，在竞合中有序竞争。（范丙文　郭跃峰）

【协同能力】在雄安新区，中国中铁以“把专业的事交给专业的人去做”为原则，以具有专业优势的“集团公司+企业联盟”为牵头单位，以“专业集团+投资集团”为依托，以工程集团公司为辅助，以上中下游产业集聚配套为纽带，以完善的基础设施项目为载体，从信息的追踪到项目的竣工移交，相互补台而不拆台、相互补位而不越位、相互取长而不取短，进一步提升了协同营销能力。（范丙文　郭跃峰）

【投资带动】雄安指挥部协助中铁置业与华润集团、雄安集团合作，深度研究了昝岗4号地块开发实施方案；支持中铁置业多维度研究了航站楼及周边配套商业综合开发。支持中铁电气化局充分发挥“站后四电”全产业链优势，针对R1线B包从中铁电气化局品牌准备、技术准备、产品准备、运营维管准备、投资准备进行了全方位研究与跟进，特别是向业主单位做了“同相供电”技术专题报告，使中国中铁的优势与品牌口碑得到了雄安集团和雄安轨道公司的全面认可。为积极准备参与新区管廊投资项目，以中铁四局为牵头单位，组织中铁一局、中铁四局、中铁隧道局、中铁设计、中铁工业及中铁工业旗下中铁装备等单位，积极适应新发展阶段“中国制造2025”和“双碳”国家战略以及雄安新区绿色、智慧、低碳、装配式发展趋势，探索研究绿色装配式综合管廊施工成套技术，实现了“高效经济+绿色低碳”，经与放坡开挖施工工法对比，工期缩短20%、人工减少70%、施工占地减少60%、碳排放减少95%、污染减少50%，形成了一整套可推广的先进施工关键技术，为进一步提高综合管廊、地下空间施工技术水平，为参与新区管廊PPP投资项目奠定了坚实基础。（范丙文　郭跃峰）

【项目监管】中铁一局雄安郊野公园、环淀路（一期）工程、容东机电安装项目和中铁二局K1快速路被雄安集团评为“十月突破”活动、“突出贡献施工单位”称号。中铁建工起步区1号供水厂工程提前40天试供水，并成为雄安新区首座“花园式”厂区，成就了“生态雄安”的典范之作。中铁三局、中铁四局、中铁七局参建的悦容公园，成为中国园林艺术的典范、东方世界园林客厅和国际化文化交往的礼宾空间。雄安指挥部持续开展“五比五创”劳动竞赛，提出了“1、3、5、10”工作策略暨“1个月快起步、3个月再提速、5个月见效果、10个月求突破”的工作思路，号召各参建单

▲图 13-45　中国中铁积极开展重点片区工程项目擂台赛

位“勇当突击连，敢啃硬骨头”。以节点目标为主线、以安全零事故为前提、以雄安质量为保障、以特色党建活动为动力、以“五比五创”劳动竞赛为手段，开足工程项目巡查车马力，不断加大监督监管力度，全面提升竞赛水平，全方位多维度落实“现场保市场”的理念。各在建项目“以节点工期保里程碑工期、以里程碑工期保十月突破”，各单位持续优化“劳动竞赛＋擂台赛”“小竞赛＋大竞赛”，强化闭环管理，努力推动了“五比五创”劳动竞赛顺利实施。首批参与劳动竞赛的12个工程项目上下联动，全面推动了“十月突破”大会战局面，后期中标参加劳动竞赛的12个工程项目横向追赶，迅速形成了决战决胜大干高潮，实现了“十月突破”活动从“量变到质变”的华丽蜕变，参与竞赛的24个项目在“十月突破”期间累计完成产值82.41亿元，8个项目如期实现了竣工验收目标，所有项目完成了“十月突破”节点目标。中铁北京局容东2号地块项目各施工阶段均领先同片区中建二局、中建八局。“十月突破”活动，中国中铁获得雄安集团“安全文明施工流动红旗”9项（其中中铁一局3项、中铁二局2项、中铁三局1项、中铁北京局2项、中铁隧道局1项），获得“投资进度流动红旗”3项（其中中铁置业2项、中铁建工1项）。

（范丙文　郭跃峰）

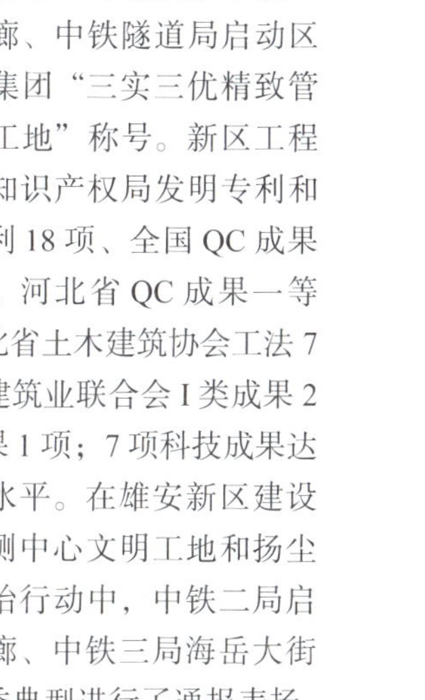

【安全质量】中国中铁在雄安新区工程项目获得“燕赵杯优秀奖”1项、“河北省智慧示范工程”1项、三星智慧工地1项；获河北省住房和城乡建设厅“绿色施工示范工程”3项、河北省建筑业协会“新技术应用示范工程”1项、中铁建工雄安站已完成“河北省安全文明工地”申报。中铁隧道局容东AF社区管廊结构内实外美，达到了清水混凝土效果，采用水泥浆注浆工艺，减少了道路沉降风险，提升了管廊的防水性能，是容东片区唯一没有渗漏的标段，与容东E组团4栋住宅楼被河北省住房和城乡建设厅授予“2020年度河北省结构优质工程奖”。中铁北京局容东2号地块、中铁一局启动区管廊、中铁隧道局启动区管廊获雄安集团“三实三优精致管理示范样板工地”称号。新区工程项目获国家知识产权局发明专利和实用新型专利18项、全国QC成果二等奖2项、河北省QC成果一等奖2项、河北省土木建筑协会工法7项、北京市建筑业联合会Ⅰ类成果2项、Ⅱ类成果1项；7项科技成果达到国内领先水平。在雄安新区建设工程质量检测中心文明工地和扬尘治理专项整治行动中，中铁二局启动区E组管廊、中铁三局海岳大街管廊作为优秀典型进行了通报表扬，中国中铁占通报表扬总数量的2/3。中铁一局代表队获新区2021年“一

所属单位

▲图 13-46　中铁一局连续11个季度获得园林生态类施工企业信誉评价最高等级

路向前”全民应急知识大赛决胜优胜奖；中铁一局雄东管廊获雄安集团“2021年安全质量制度应知应会擂台赛”二等奖；中铁一局启动区C组团，班前教育视频获生态公司“优秀班前教育视频”。自雄安集团信誉评价开展以来，累计有39家单位获得A级，其中央企业36次、地方企业3次，中国中铁累计获得10次，占央企总数的27.78%，是获得A级次数最多的企业；特别是“十月突破”收官时，雄安集团信誉评价中，中铁一局、中铁三局、中铁北京局、中铁隧道局4家单位被评为A类，占A类企业总数的50%，取得了信誉评价最好成绩，实现了竞赛的完美收官。雄安集团公园绿化信誉评价最高等级为B级，中国中铁7个参建单位均获得此项荣誉，其中，中铁一局创造了连续11个季度获得最高等级B级的纪录。2021年第三季度，新区管委会开展了信誉评价，中国中铁2家企业获得新区信誉评价A级，占所获A级荣誉的28.57%。中铁隧道局容东道路管廊AF社区RDSG-1标“多舱双层共构管廊施工关键技术及机械化模架研究与应用”科研课题，形成国家专利10项，其中“多舱管廊新型复合模板移动模架施工技术”荣获河北省建筑业“燕赵（新点）杯”高推广价值专利大赛一等奖。

（范丙文　郭跃峰）

【特色活动】结合共创“雄安质量”要求，雄安指挥部牵头与各房建项目部签订了“军令状”，开展了房建项目网格化管理专项培训、房建项目现场管理擂台赛（5个在建项目和具有房建资质的10个集团公司均参加了擂台赛），广泛开展了6S精细管理暨“三实三优”精致管理样板创建活动、“工匠亮牌、工匠带徒”活动、举办了路基填筑施工工艺现场观摩会、路基填筑工程理论考试和土方试验技术比武、砌筑工技能大赛等，通过开展基础特色活动，各在建项目塑造了文明施工环境，杜绝了安全质量事故，培养了建设者良好的生产工作习惯，有效提升了中铁雄安建设队伍技能和综合素质，为各项目管理受控进一步打牢了坚实基础。

（范丙文　郭跃峰）

【疫情防控】2021年1月2日，石家庄市发生新冠肺炎聚集性疫情。雄安指挥部在接到河北省请求驰援的通知后，组织中铁一局、中铁二局、中铁三局、中铁十局、中铁建工、中铁隧道局、中铁上海局360人，在向雄安集团报备后，分批次乘坐专车迅速投入正定黄庄隔离公寓建设任务，加入中国中铁6000余名驰援建设者中，按期完成了各项援建任务，在援建过程中涌现出了中铁隧道局容东项目部优秀共产党员杨美强、中铁一局雄东管廊项目部职工罗长安、罗言东应急工地父子兵等一批先进典型代表，新华网、中新网、河北日报等多家媒体进行了报道，充分彰显了中国中铁积极履行社会责任。

（范丙文　郭跃峰）

【防汛防洪】2021年7月，雄安新区防汛防洪进入极端防守阶段。7月19日，大清河流域南拒马河和白沟河上游地区突降暴雨，导致白沟引河水位迅猛上涨。中铁一局、中铁隧道局立即组织党员先锋队、青年突击队78人、工程机械设备7台，对白沟引河平王闸临时围堰进行加高加固。7月29日，新盖房北堤108米位置，公路底部呈现由东向西横向发生洪水突涌，中铁二局雄白项目部组织人员、设备和材料，采取抛沙袋和混凝土构件加压方式堵塞洪水突涌口，减小了洪害对公路的影响。

（范丙文　郭跃峰）

【党建工作】结合党史学习教育开展“雄安·最美建设者的故事”活动，11位来自中国中铁雄安新区基层建设者讲述建设者的故事，他们的事迹展现了中国中铁人用顽强拼搏的意志品格，激励着每一位新区建设者，树立了中国中铁建设者在雄安新区的形象。开展大国工匠党史学习教育宣讲暨永远跟党走主题活动走进雄安新区，通过交流、党史宣讲、工匠带徒、高质量建设雄安新区倡议等形式，倡导传承红色基因，坚定跟党走信念，以劳模事迹、榜样力量、工匠精神，不断激发中国中铁新区建设者们的热情，提升中国中铁建设者们追求卓越的工作态度，努力打造先进典型引领雄安新区高质量建设发展的局面，共创“雄安质量”。通过对工匠建档立卡、动态管理，考核评优、张榜上墙、发放补贴等形式，初步形成了工匠精神传承常态化、标准化运行机制；通过设置工匠工作室、工匠培训中心，组织工匠和徒弟切磋技艺、交流技术、展示技能、同场竞技，加快了建设知识型、技能型、创新型建设者大军步伐。围绕“学史明理、学史增信、学史崇德、学史力行”，相继开展红色党史主题教育、“我为项目解难题”“争做新时代劳模精神的传承者”故事宣讲会、“硬骨精神雄安传承、开路先锋建功雄安”主题活动、知识竞赛、文艺会演、专题党课、党史大讲堂、演讲比赛、慰问演出等活动。

（范丙文　郭跃峰）

【领导人员】

孙永刚　党工委书记、指挥长

王树旺　副指挥长

（范丙文　郭跃峰）

中国中铁股份有限公司孟加拉国帕德玛大桥铁路连接线项目经理部

【工程简介】孟加拉国帕德玛大桥铁路连接线项目是“一带一路”建设的重点工程，由中国中铁股份有限公司以EPC方式承建，业主为孟加拉国铁道部，85%资金来源于中国进出口银行，其余来自孟加拉国自有资金，是目前中国对孟加拉国基础设施类最大的“两优”贷款项目。该铁路线是连接孟加拉国东西部客货运输的一条重要通道，线路起于孟加拉国首都达卡，经帕德玛公铁两用大桥（中铁大桥局在建）至终

点杰索尔，全长近170千米，其中，新建路基132千米，铺设181千米有砟轨道和32千米无砟轨道，各类大中小桥62座，全长30.316千米（高架铁路桥全长21.806千米），构筑各类涵洞272座，新建车站14座，改建车站6座。建成后的铁路客运将采用中国制造的宽轨车厢，车辆速度提高、运量提升，大幅节省孟加拉国人民的交通出行时间，可持续拉动线路周边经济发展，优化产业结构，直接受益人口将达7200万人，预计拉动孟加拉国经济增长1.5%，是孟加拉国人民的“梦想之路”“希望之路”，也中孟两国的友谊之路。（李　林）

【简况】2018年7月3日，中国中铁股份有限公司孟加拉国帕德玛大桥铁路连接线项目经理部（以下简称“孟铁项目经理部”）成立，是中国中铁股份有限公司直属项目经理部。孟铁项目经理部下设7个部门，分别为综合管理部、财务部、设计技术部、工程管理部、商务合同部、采购管理部、安全质量环保部，截至2021年12月31日，共有正式职工21人，劳务派遣员工2人，孟加拉国籍员工27人，办公驻地位于孟加拉国达卡市使馆区12号路21号。

中国中铁股份有限公司内部7家参建单位，分别是中铁大桥局（一分部）、中铁一局（二分部）、中铁四局（三分部）、中铁工业（五分部）、中铁北京局（六分部）、中铁二院（设计分部）、中铁武汉电气化局。截至2021年末，全线在场共有中方员工632人，孟籍员工4809人。

2021年末，孟铁项目经理部资产合计19.46亿元，项目拥有机械设备1208台套，净值28211.18万元，总功率98899千瓦，人均动力装备率326.6千瓦/人，技术装备率92.89万元/人，设备完好率98.1%，设备利用率91%，机械化施工程度76.6%左右。受限于征拆等多种因素，项目平均年实际施工生产能力为4.5亿美元。2021年，项目安全生产形势比较稳定，项目施工实现安全生产无事故，工程产品质量获得稳步提高，获得了业主的高度赞扬。

（李　林　卢燕君　官　军　路　森　纪坤尚）

【主要指标】

表13-50　2020—2021年孟铁项目经理部主要经济指标

项目	2020年	2021年	增长率/%
资产总额/亿元	18.86	19.46	3.18
所有者权益/亿元	-0.078	0.002	102.56
营业收入/亿元	34.62	32.34	-6.59
利润总额/亿元	1.70	1.22	-28.24
净利润/亿元	1.70	1.22	-28.24
归属于母公司所有者的净利润/亿元	1.70	1.22	-28.24
技术开发投入/亿元	0	0	0
利税总额/亿元	1.70	1.22	-28.24
应交税金总额/亿元	0	0	0
全员劳动生产率/[万元/(人·年)]	626.89	452.01	-27.90
净资产收益率/%	—	—	—
总资产报酬率/%	6.95	6.37	减少0.58个百分点
国有资本保值增值率/%	—	—	—

制表：卢燕君

【项目进展】截至2021年12月底，孟加拉国帕德玛铁路连接线项目完成46.86%。项目勘察测量、水文报告、线路设计、站场设计、区间路基设计、桥梁设计、有砟轨道和河道整治设计工作均已完成，涵洞无砟轨道设计完成90%以上，车站建筑设计完成52%，通信信号先通段完成100%，通信信号后通段设计完成18.81%。项目开累完成路基本体填筑1971万立方米，占比84.79%；预制节段梁8018片，占比97.88%；节段梁架设442孔，占比64.62%；涵洞完成155座，占比60%。铺设无砟轨道0.71千米，占比15.32%，车站已完成2座车站主体结构，通信工作已开始施工。（路　森）

【质量管理】以路基本体填筑、路基底基层和包边土施工，桥涵施工的桩基、承台、墩身、节段梁预制架设、钢桁梁和钢板梁架设、涵身及侧墙等结构物为质量控制重点；加强砂石料、钢筋、水泥、土工材料等原材料检测，严把原材料质量关；严格混凝土出场及浇筑过程质量控制；组织技术质量专题会，开展质量培训及技术交底；对施工过程中存在的不规范行为及施工风险予以纠正，确保现场施工质量受控；对监理签发的NCN进行及时回复与整改，及时闭合NCN；对于难度极大以及历史积留的NCN函件等，制定专门措施并采取专人盯控，确保质量问题能够得到有序推进。重点对无砟轨道施工，桥梁工程钻孔桩、承台、墩身、节段梁预制架设、钢桁梁和钢板梁架设和涵洞结构，路基工程的底基层及过渡段施工等主要工作进行了质量检查与监督，尤其加强对路基材料砖质量控制，对业主和监理提出的质量问题函件进行及时回复并积极进行整改，确保严格按照雇主需求和施工方案要求进行施工，以满足质量控制体系要求。（刘小林）

【安全生产】深入贯彻安全生产“2468”管理要点以及“铁腕治安全硬十条”规定，落实“管”“监”责任，坚持“铁腕治安全”主基调，把“硬十条”作为一项经常性工作狠抓督促落实，全面提升项目安全保障能力，树立“零事故、零容忍”“视隐患为事故”理念，通过以下健全制度建设，完善安全管理体系；落实“管”“监”责任，确保管理体系正常运转；加大督导力度，持续开展现场隐患排查；强化教育培训，提高全员安全意识；加强分包企业和专职队伍建设，夯实安全管理基础；加强风险分级管控，提升风险防控能力；加强隐患排查整治，消除事故隐患根源；加强安全培训交底，提升全员安全素质；加强应急能力建设，提升应急救援能力。2021年度，孟铁项目安全生产平稳可控，全年未发生一般及以上安全责任事故。（纪坤尚）

【疫情防控】在国资委、中国驻孟使馆、股份公司总部的坚强领导与支持下，孟铁项目经理部始终根据国家关于中央企业境外项目新冠肺炎疫情防控工作与复工复产的决策部署及统一安排，将全体员工的生命安全和身体健康放在首位，筑牢疫情防线，不断修订完善疫情防控方案和应急预案，加大防疫物资、药品的采购储备力度，全面落实联防联控措施，构建“网格化”管控体系，定期开展应急处置教育和心理疏导，常态化防控机制稳健运行，达到“两稳两争两保”目标。截至2021年末，全线中方员工已完成第三针新冠疫苗接种，并采取鼓励措施推动孟籍员工接种新冠疫苗。全年全线未发生聚集性感染事件，未发生因感染新冠肺炎病毒而造成的死亡事件。（秦　红）

【重大创新】技术创新方面。“孟加拉国铁路建设关键技术研究”为股份公司引导课题，该课题包含5个子课题，随工程进展逐步完成各类课题研究工作。其中“深厚饱和粉细砂层桩侧摩阻特性及桩基设计研究”已完成国内外相关技术资料调研及收集、研究区域及重点研究对象的遴选；完成研究区域及重点研究对象的现场踏勘、现场试验、室内试验、数值模拟等具体调查、测试，正在进行试桩试验数据分析工作；“路基软基处理关键技术”已完成采用PVD塑料排水板进行深厚软基处理的高填方路基填筑施工的工艺探索相关技术研究分析与实施，总结完成了“孟加拉国铁路浸水路基吹填法软基处理技术研究”；“曲线混凝土梁节段预制拼装技术”和“多跨简支钢桁梁桥顶推施工技术”两个课题项目的研究工作进展顺利，方案的研究已经取得了阶段性成果，并应用到施工过程中；“宽轨轨道施工关键技术”已联合西南交通大学、中国铁建高新装备配合进行相关课题的研究开发，总结完成了“南亚地区宽枕预制技术研究”“KGPG32型宽轨距铺轨机改造研究报告”。“一种墩顶支座预埋孔位置的检测装置及检测方法”于2021年7月21日获得国家知识产权局授权；“一种节段箱梁墩顶块定位施工方法”“一种钻孔桩成桩施工方法”分别于2021年3月、11月提交国家知识产权局申请专利，正在审核中。公开发表《基于欧标的埋入式无砟轨枕强度试验研究》《基于极限状态法的帕德玛大桥上无砟轨道设计》《基于印标的无砟轨道曲线超高设计》等7篇论文。

管理创新方面。孟铁项目经理部总结了以往总承包管理的经验教训，在分部尝试承包管理扁平化，分部减少了管理层次，提高了管理效率，优化了管理链条，同时对管理人员进行了加强以适应扁平化管理的要求。（易南福　路　森）

【企业文化】重视中国中铁企业品牌形象塑造，主动与孟加拉国当地主流媒体建立联系机制，围绕各项重要工程节点、重大活动、先进典型，多维拓展宣传渠道，传播“开路先锋”企业文化，讲好中国故事，传播好中国声音。2021年，在孟加拉国当地纸媒、网媒、电视等媒体累计刊发播报涉及项目新闻信息251篇。V2高架桥最后一跨梁架设仪式特邀请孟加拉国主流媒体记者40余人参加，据统计，仅5月5日一天累计刊发播报新闻信息119余篇/次，引起了社会各界的高度关注。通过对外宣传，有效地促进了中国中铁国际化经营发展，提升了企业国际形象，推动“一带一路”建设走入孟加拉国的人心。

结合孟加拉国新冠肺炎疫情形势，因时因势开展多种形式的职工文娱活动、节日慰问和评优表彰活动，2021年先后组织了“庆五一、迎五四”主题团建活动、庆建党百年华诞观影活动、“掀起旱季攻势，大干210天，决战Day1目标”专项劳动竞赛，开展“夏送清凉，冬送温暖”“两节”送温暖等关怀职工活动，把以人民为中心的发展思想落到实处。

以尊重为前提，以共赢为目的，

坚持包容心态，把握文化差异，积极开展中孟跨文化融合交流，先后组织了“病毒无情，中铁有爱”“疫情下的开斋节”“孟籍员工宰牲节专项慰问”等活动，因地制宜推进属地化管理，推动企业文化与当地文化相融合。（秦　红）

【党建工作】孟铁项目经理部党工委始终坚持在中国驻孟加拉国大使馆党委和股份公司党委的双重领导下，按照“五不公开、五个到位”的原则切实开展境外党建工作，党建与业务工作深度融合，充分落实国企党组织“两个一以贯之”的指示要求。持续加强习近平新时代中国特色社会主义思想学习教育，抓好经常性学习，把学习贯彻党的十九届历次全会精神引向深入，引导项目党员干部不断增强“四个意识”、坚定“四个自信”、做到“两个维护”，自觉捍卫“两个确立”。持之以恒推进党史总结、学习、教育、宣传，巩固拓展党史学习教育成果。持续强化政治建设，加强党的自身建设。完善各项制度，印发《中国中铁孟加拉国帕德玛大桥铁路连接线项目经理部党工委深入贯彻落实习近平总书记重要指示批示工作办法》等。深入推进基层党组织建设标准化。建立健全党组织及党内活动的规定，督促基层党支部严格落实“三会一课”等制度。落实全面从严治党，切实加强党风廉政建设，继续压实“两个责任”，打造海外廉洁工程。紧盯项目关键领域和环节，开展成本管理专项效能监察，对项目劳务队伍的选用、合同签订和执行、劳务结算、资金管理、分包质量管理等方面进行重点检查；2021年累计组织观看廉洁警示教育片4次，观看人数550余人次；开展基本法律知识培训累计达到9次，培训人数1200余人次；组织开展了党风廉政建设宣传月活动，在孟加拉国努力营造风清气正的政治生态。

（秦　红）

【信息化建设】2018年12月22日，完成OA系统搭建工作，是首个上线OA系统的海外直属项目部，项目经理部与各分部使用OA系统高效、无纸化办公。截至2021年，根据股份公司《关于启用中铁e通职能账号的通知》等文件要求，项目经理部已完成中铁e通使用全覆盖。同时，按照股份公司统一标准，实施重要数据本地异地备份；搭建完成硬件防火墙；应用股份公司云会议系统等，大力推进远程网络高效办公。（李　林）

【履行社会责任】孟铁项目经理部秉承建好“梦想之路”，造福孟加拉国人民的理念，积极主动开展社会公益活动、促进中孟友谊。解决当地就业，培养技工人才。持续深入推进属地化建设，高峰期间雇用孟籍员工6000人，为沿线民众提供了大量就业岗位，极大带动了当地社会经济发展。在日常管理中，通过中孟结对帮扶、技能比武、专题教育、技术研讨等方式，培养专业技术人员，由于各个工种的不断轮换，截至2021年末，累计培养技术工达20000人。帮助当地抗疫，捐献防疫物资。密切关注着孟加拉国疫情的发展，积极支持当地防疫。全线各单位向管段周边村民、警察局等捐献的医用口罩、检测试剂、防护服、护目镜等防疫物资金额累计达3000万塔卡，仅2021年累计捐献的医用口罩达89万只，得到了孟加拉国社会各界的广泛好评。为当地排忧解难，助力民心相通。在进行驻地、场站设施、施工便道修筑时，充分考虑当地规划、民众需求，为沿线当地村民修建便道、栈桥、打井、救灾等100余处/次，以实际行动给当地民众带来实实在在的获得感和幸福感。（秦　红）

【领导人员】

王　坤　党工委书记、经理（11月免）
史　渊　党工委书记、经理（11月任）
崔文勇　党工委委员、副经理
黄福波　党工委委员、副经理、纪工委书记、工会工委主任
李永毅　党工委委员、副经理、总工程师
胡广明　财务总监（7月任）

（李　林）

中国中铁股份有限公司印尼雅万高铁项目经理部

【工程简介】雅万高铁项目是中国和印度尼西亚两国政府间倡导的，由两国国有企业通过企业对企业商业模式合作开发的重要交通基础设施项目，是中国“一带一路”“21世纪海上丝绸之路”倡议与印度尼西亚“全球海洋支点”构想框架内对接的重要成果，也是中国高铁第一次全系统、全要素、全生产链走出国门的重要实践，更是中国标准、中国技术、中国装备实现国际化的一次深度探索，对于中国高铁“走出去”具有重要的推动和示范效应。该项目是中国和印度尼西亚两国政府间合作的重要交通基础设施项目，由两国政府间合作共同推动的“一带一路”建设标志性工程。雅万高铁项目始于印度尼西亚首都雅加达，止于万隆，规划线路全长142.3千米，共设4座车站，桥隧比约70%，双线，电力牵引，采用中国标准，1435毫米标准轨距，设计速度为350千米/小时。项目内容包括投融资、建设、运营以及TOD开发。项目建设期3年，运营期50年，总投资60.71亿美元，其中股东投资额占25%，剩余75%资金由国家开发银行提供贷款，额度为45.53亿美元，贷款期限40年。（尚　彬）

【简况】中国中铁负责（万隆方向）DK85+043–DK142+100段约57.1千米的部分土建工程、万隆动车段及相关工程、全线142千米电力和电气化工程，合同额约13.65亿美元，约占EPC合同总价29.04%。

中国中铁股份有限公司印尼雅万高铁项目经理部（以下简称“印尼雅万项目经理部”）是代表中国中铁股份有限公司全面履行印尼雅万高铁项目合同、代表股份公司负责

印尼国别市场开发及区域经营活动的二级直属机构。印尼雅万项目经理部总部设在印尼西爪哇省万隆市Padalarang新城区。

2016年6月2日，股份公司正式成立印尼雅万项目经理部，并由中铁国际代为管理。为进一步有序推动印尼雅万高铁项目，2018年7月3日，股份公司将印尼雅万项目经理部管理关系调整为股份公司总部直接管理。

印尼雅万项目经理部作为全面履行印尼雅万高铁项目合同的主体，内设"六部一室"，分别为综合部、财务部、工程管理部、安全质量环保部、工程经济部、物资设备部和中心试验室。下设三个分部，分别是中铁三局组建的第一分部、中铁四局组建的第二分部、中铁电气化局组建的第三分部。印尼雅万项目经理部同时代为管理设立在印尼首都雅加达的中国中铁印尼代表处。

截至2021年底，经理部共有中国中铁员工209人，其中管理人员164人，技术工人45人。中级职称专业技术人员57人，高级专业技术人员26人，其中正高级工程师5人，高级工程师18人，高级会计师2人，高级经济师1人。

截至2021年末，印尼雅万项目经理部各分部在印尼合计有各类施工机械设备437余台（套），其中拌和站12套、挖掘机57台、装载机40台、混凝土搅拌运输车84台、自卸汽车74台、发电机组51套、轮胎式提梁机1台、架桥机2台、运梁车2台，以及其他施工钢筋加工设备、混凝土施工机械设备等施工机械设备合计114台，均已列入项目经理部各参建单位的固定资产，总值约合人民币2.86亿元。（尚　彬）

【**获奖情况**】2021年5月23日，中国中铁印尼雅万高铁项目经理部、中国中铁印尼雅万高铁项目经理部一分部、中国中铁印尼雅万高铁项目经理部一分部桥隧工区、中国中铁印尼雅万高铁项目经理部二分部桥梁工区获雅万高铁中方联合体2020年度及2021年上半年雅万高铁建设优秀团队；胡启升、尚彬、石峰、梁国臣、王熙、薛模正、李振奎、曾卫贤、孙吉获雅万高铁中方联合体2020年度及2021年上半年雅万高铁建设先进个人。6月28日，中国中铁印尼雅万项目经理部获"中国中铁先进基层党组织标杆"。（尚　彬）

【**主要指标**】雅万高铁项目是股份公司直属项目，其间无所有者权益，每年期末均将利润上转至股份公司，期末无利润。2021年，资产总额为16.97亿元，较2020年增加70.21%；完成营业收入16.34亿元，较2020年下降34.95%，原因为项目已进入施工中后期，产值减少，营业收入降低；利润总额、净利润、归属于母公司所有者的净利润：2021年分别完成0.11亿元，较2020年下降8.33%。利润变动属于项目经营正常范围内，受新冠肺炎疫情影响，防疫费用支出略有增加；利税总额：当期不反映税金，故此项与利润相同；2021年应交税金：0.40亿元，较2020年下降83.74%，主要原因为2021年全年业主分批计价减少，业主代扣代缴的预扣税减少，导致应交税金总额下降；2021年全员劳动生产率173.32万元/（人·年），较2020年下降71.37%，主要原因为：项目进入施工中后期，产值减少；2021年总资产报酬率0.83%，比2020年减少0.85个百分点。（段志强）

表13-51　2020—2021年印尼雅万高铁主要经济指标

项目	2020年	2021年	增长率/%
资产总额/亿元	9.97	16.97	70.21
所有者权益/亿元	—	—	—
营业收入/亿元	25.12	16.34	-34.95
利润总额/亿元	0.12	0.11	-8.33
净利润/亿元	0.12	0.11	-8.33
归属于母公司所有者的净利润/亿元	0.12	0.11	-8.33
技术开发投入/亿元	—	—	—
利税总额/亿元	0.12	0.11	-8.33
应交税金总额/亿元	2.46	0.40	-83.74
全员劳动生产率/[万元/（人·年）]	605.29	173.32	-71.37
净资产收益率/%	—	—	—
总资产报酬率/%	1.68	0.83	减少0.85个百分点
国有资本保值增值率/%	—	—	—

制表：段志强

【项目进展】2021年，印尼雅万项目经理部合理组织施工，现场各项建设工作取得一系列重大进展。中国中铁管段内已基本完成全部线下工程。其中隧道工程正洞开挖开累完成99.8%，斜井开挖全部完成；桥梁工程下部工程已全部完成；路基工程全部完成；站房工程方面，德卡鲁尔车站站房主体已封顶（设计15268平方米），其他生产生活房屋主体已完成（设计3250平方米）。德卡鲁尔动车所的房建主体工程完成64340平方米，占总量76280平方米的84.3%，设计14栋房屋，主体完成13栋；箱梁预制累计完成774孔/设计981孔。架梁完成650孔/设计981孔；四电工程方面站后工程电气化接触网第一杆于2021年6月16日在德卡鲁尔车站正式启动。

（阳　雪）

【里程碑事件】2021年4月30日，印尼雅万高铁德卡鲁尔车站站房主体结构顺利封顶，成为雅万高全线首座主体结构封顶的车站。2021年5月16日，雅万高铁11号隧道全隧实现精准、顺利贯通，成为中铁雅万高铁项目贯通的第二座千米以上隧道。2021年6月16日，中国中铁印尼雅万高铁项目经理部在印尼万隆德卡鲁尔车站成功组立接触网第一杆，标志着雅万高铁站后工程正式进入施工阶段。2021年8月6日，10号隧道顺利实现整体贯通。2021年8月8日，8号隧道顺利实现整体贯通。2021年11月11日，雅万高铁唯一的84米钢桁梁拖拉架设完成。

（尚　彬）

【党建工作】印尼雅万项目经理部党工委坚持以习近平新时代中国特色社会主义思想为指导，增强“四个意识”，坚定“四个自信”，做到“两个维护”。深入贯彻习近平总书记关于印尼雅万高铁项目重要指示批示精神，落实“干好项目就是最大的政治担当”，克服新冠肺炎疫情影响，全面推进项目各项工作。在股份公司党委的正确领导下，充分发挥印尼雅万项目经理部的领导核心和政治核心作用，以求真务实的作风把党中央和上级党委各项部署落到实处，通过狠抓境外党建各项工作，全面加强理论学习和政治思想教育，着力加强党建工作自身建设，全面加强党风廉政建设，加强项目文化建设和精神文明建设与扎实开展群团活动，落实全面从严治党主体责任，切实把加强党的领导和项目各项工作统一起来，建立健全了党风廉政建设、基层党支部建设、海外干部人才队伍建设、党员教育管理等海外党建工作机制，确保在复杂环境和艰苦条件下组织管理有力，把党的领导转化为发展优势、品牌优势、文化优势，为经理部各项工作指引方向、保驾护航。印尼雅万项目经理部在职党员17名，入党积极分子1名。

（尚　彬）

【信息化建设】打造印尼雅万项目4号梁场为智慧梁场，雅万高铁4号梁场自主开发“中国中铁印尼雅万高铁项目信息化综合管理平台”，该平台以BIM+GIS技术为核心、以物联网感知技术为基础、以施工现场信息化为载体，将施工现场信息化和施工管理信息化整合在一起，实现信息汇聚、信息共享和可视化呈现。基于信息化系统各模块功能的联动，各模块信息和数据关联，数据自动提取和共享，实现梁场生产全过程的智能化、信息化管理。将股份公司开发的安全质量隐患排查系统、物资管理7.0系统、施工进度管理系统、生产技术管理系统以及信息化监控系统通过平台进行集成。

（阳　雪）

【履行社会责任】坚持“建好雅万高铁、造福印尼人民”的项目宗旨，立足印尼国情实际，尊重当地文化，关注当地民生，通过真诚交流，融入当地社会，积极履行社会责任，修建便民道，救援急抢险。携手抗击疫情，受疫情影响，印尼失业率急剧攀升，印尼雅万项目经理部秉持“属地经营，服务社会”的理念，积极融入印尼当地社区，关心弱势群体，为当地政府和居民提供力所能及的帮助。2021年斋月期间，向中国中铁雅万高铁项目周边村民、教堂捐赠12吨大米、12头羊；印尼古尔邦节，向中国中铁雅万高铁项目周边村民、学校捐赠12头牛；在施工建设过程中秉承为民众造福、便利村民出行、升级原有道路、保护沿线环境的设计理念，在充分考虑原有道路、居民点、施工工点的空间等关系后，对每一条施工便道进行合理优化，并结合当地路网规划，连接好沿线的居民点，有的便道直接修到村口，既完善当地公路网，又为居民在附近工点开展商业活动提供了方便。施工便道成为沿线群众的便民路、致富路。2021年，印尼雅加达万隆地区大范围降雨，导致多地区严重受灾。受暴雨影响，排水不畅，导致村庄被淹，多间房屋进水，村民受灾。接到灾情报告后，印尼雅万项目经理部立即启动应急预案，紧急调动挖机、装载机等大型设备前往洪灾地点，连夜开展救灾泄洪工作。灾情过后，印尼雅万项目经理部心系沿线村民，员工自发组织捐款向受灾村民和生活困难的家庭赠送生活用品，鼓励大家尽快恢复生产。同时，雅万高铁项目建设者们以及受灾村民携手灾后恢复重建，河道清淤，河口泄洪。

（田文翰）

【走向海外】全面深入贯彻股份公司海外体制机制改革方案，印尼雅万项目经理部承担印尼国别经营开发职能，按照境外区域总部建设系列文件精神，积极开展经营开发工作，响应股份公司区域总部建设规划并筹备区域内管理规划。履行印尼国别市场经营职能，将项目建设优势转化为经营拓展资源，保持与国家部委、国铁集团、中国驻印尼使馆经参处，印尼海统部、公共工程部、交通部、国企部、劳工部，移民局、警察局等政府部门，有关金融机构，业主、联合体、当地合作企业、华侨领袖等各方密切沟通，与总统府

所属单位

幕僚长、交通部长、国家铁路局董事长等政府高层会晤，开展高端经营，通过项目现场形象展示、履行社会责任、企业品牌及经营理念宣传等方式，在印尼当地树立了良好的企业品牌形象。根据股份公司区域总部建设要求，成功举办中国中铁印尼区域总部揭牌仪式。（田文翰）

【跨文化融合】依托项目建设，整合国内外资源，全力开展跨文化融合工作。运营13个海外社媒账号，播报项目建设的同时，注重人文交流，立足打造优质海外社媒账号。深化智库合作，成立中印尼智库联盟，发布《基础设施行业在印度尼西亚投资风险机遇月度分析报告》，合作撰写《企业本土化传播策略白皮书》，为中国企业在印尼发展提供战略参考。与印尼主流平面媒体、视觉媒体保持沟通，有效引导舆论风向。以印尼区域总部成立为契机，策划新闻报道活动，打造中国中铁最美逆行者形象。利用“中国书架”助力文化传播，打造中国文化学习氛围，培养喜爱中国文化的优秀当地员工。举办开放日活动，通过车站主体封顶、隧道贯通、安全生产月主题宣誓、成功组立接触网等开展现场观摩活动。协助使馆开展“春苗行动”，为项目中印尼员工提供疫苗接种，体现企业的人文关怀和保障员工生命安全的决心。（田文翰）

【防疫抗疫】坚决贯彻习近平总书记关于防疫抗疫的重要讲话精神，落实国资委、股份公司有关工作要求，坚持“实现一个目标，紧抓二级防控，严控三道防线，落实十项措施”工作原则，重点做好防疫物资、医疗物资、生活物资的配置和更新，提高突发新冠肺炎疫情的应急处置能力和现场救治能力，完善现场医务室医疗条件，最大限度避免在当地医疗机构就诊的交叉感染风险。开展思想工作消除员工恐慌情绪和恐惧心理，疏导中方滞留员工心理压力。配合使馆推动“春苗行动”，组织项目中印尼员工进行疫苗接种，截至2021年末，中国中铁印尼雅万项目经理部全体中方人员实现了100%疫苗接种。中方员工保持“零感染”。2021年2月8日，国资委境外办发来表扬信，对印尼雅万项目部践行习近平总书记“人民至上、生命至上”重要理念，在保利集团印尼项目发生疫情时发挥兄弟央企互助精神，紧急驰援药品等防疫物资的行为予以表扬。

（尚　彬）

【领导人员】

王　坤　党工委书记、总经理
胡启升　党工委副书记、纪工委书记、副总经理
王外存　党工委委员、副总经理、总工程师
梁　良　党工委委员、财务总监、工会工委主任

（尚　彬）

中国中铁股份有限公司匈塞铁路项目经理部

【工程概况】中铁九局集团匈牙利有限责任公司、中铁电气化局集团（匈牙利）有限公司、RM International.Zrt组成的CRE联合体与业主正式签订EPC承包合同，匈塞铁路项目（匈牙利段）位于匈牙利布达佩斯，合同总价20.786亿美元，项目合同工期60个月，2020年7月6日开工（含设计），2025年7月6日竣工通车。匈塞铁路项目为既有线提速改造并增建二线工程，该项目的升级改造范围为匈牙利铁路150号铁路线肖罗克莎尔站（含）至克莱比奥（国境），施工里程为HK75+00至HK1593+88，线路正线全长约151.888千米。设计标准：平纵断面预留200千米/小时，其他均采用160千米/小时。全线的平交道口大部分保留。主要技术标准按照欧洲标准和匈牙利规范执行。施工采用中匈合作模式，其中中方负责小里程方向段（靠近布达佩斯段）50%的施工任务。

【项目主要内容】该标段施工内容主要包括路基工程、桥涵工程、轨道工程、公共设施工程、“四电”工程、其他运营生产设备及构筑物以及大型临时设施和过渡工程。

土建工程主要工程量。路基工程：挖土方839587立方米，稳定层270120立方米，保护层297393立方米，声屏障及鸟类保护设计尚未稳定。轨道工程：拆除正线轨道72.997千米，拆除站线轨道46.631千米，新铺正线轨道145.164千米，新铺站线轨道22.181千米，新铺道岔124组（含变更新增5组），新铺道砟434096立方米。

结构物工程：涵洞28座（1123平方米），桥梁7座（1051平方米），旅客通道及地下通道9座。房建工程：M20版设计文件中房建工程、站台雨棚设计文方案尚未稳定。公共设施工程：（P+R）170个，（B+R）220个，道口42处，公共设施迁改1项。其他工程：临时设施等“一般项目”1项。

“四电”工程主要工程量。牵引变电：中方段落内既有变电所改造2座，分别位于Nepliget、Szabadszallas；车站接触网开关站10座，分别位于无牵引所亭的各车站内；既有牵引供电调度所改造1处，位于布达佩斯。接触网：接触网新建及改建范围为肖罗克莎尔站至菲利普萨拉什（含菲勒普萨拉什至琴格德区间）全部进行电气化改造，包括所有正线、站线及相关联络线。中方段落内10个车站及区间的所有股道全部为电气化区段。线路正线长约75千米，从Soroksar站（含）至Csengőd站（不含）。

信号。中方段落内信号系统的构成：10个车站和区间的调度指挥系统CTC、欧洲列车运行控制系统ETCS–L2（含无线闭塞中心RBC、应答器）、联锁系统、电源系统等；与本线衔接的相关线路的信号设备、调度指挥方式及维护管理模式均维持既有标准不变，随着本线的修建，相应配合修改。

通信及信息专业。中方段落内

通信系统包括：10座车站和区间的传输系统、数据网系统、电话交换系统、调度通信系统、无线通信系统、综合视频监控系统、时钟及时间同步系统、电源及防雷系统、综合布线、通信线路、旅客服务信息系统等和相关视频监控系统、火灾报警系统、入侵报警系统、门禁系统、客票系统、旅客服务信息系统、办公管理信息系统、货运管理信息系统、机房环境电源监控系统、边检站信息系统、火灾自动报警系统等。

电气化其他专业。该线电气化其他专业包含：道岔融雪10处、预加热1处、FET系统10处和调度所1处、户外照明12处。

【里程碑事件】2021年5月16日，《匈塞铁路（匈牙利段）项目环境评估报告》正式通过审批，并获得环评许可，实现了2021年第一个节点工期目标，加快了匈塞铁路项目的建设步伐。这是合同要求的重大里程碑节点，也是满足中国进出口银行融资放款的最重要的条款之一。

2021年6月18日，匈塞铁路（匈牙利段）项目许可设计获得运营商批准，较计划工期提前18天，推进了匈塞铁路项目施工图的设计工作进度。

2021年10月15日，匈塞铁路项目匈牙利段建筑许可设计提前82天获得匈牙利政府的批准。同日，匈塞铁路项目匈牙利段奠基仪式在匈牙利基什孔豪洛什站举行，标志着匈塞铁路项目取得阶段性的重要进展。匈牙利创新与科技部长帕尔科维奇，塞尔维亚建设、交通和基础设施部长莫米罗维茨，中国驻匈牙利大使齐大愚现场参加仪式。

（刘玉强）

【领导人员】

卢　勃　国际工程分公司党委书记、匈塞铁路项目经理部党工委书记

王学军　国际工程分公司执行总经理、匈塞铁路项目经理部党工委副书记、总经理

胡志华　匈塞铁路项目经理部总工程师

（刘玉强）

中铁国资资产管理有限公司

【简况】中铁国资资产管理有限公司（以下简称“中铁国资”）的前身是2007年5月9日成立的中铁宏达资产管理中心（简称中铁宏达），是在国家工商行政管理总局登记注册的全民所有制企业，是中国铁路工程总公司国有独资的重要成员企业。2017年12月28日，中国铁路工程总公司完成公司制改制工商变更，改制后公司名称变更为“中国铁路工程集团有限公司”。2017年12月29日，经中国铁路工程集团有限公司批准，中铁宏达由全民所有制企业改制为一人有限责任公司，中国铁路工程集团有限公司持有100%股权，改制后中铁宏达名称变更为“中铁国资资产管理有限公司”。中铁宏达的全部债权债务和资质证照等由改制后的中铁国资资产管理有限公司承继。中铁国资注册资本金1亿元人民币。经营范围包括资产经营管理、投资及相关咨询服务；对教育、卫生、健康养老服务机构的投资与管理；物业管理。

中铁国资本部机关共设13个部门，分别为公司办公室、战略规划部（法律合规部）、人力资源部（党委干部部）、财务部、经营开发部、 职教培训部、行政管理部（保卫部）、审计部、股权投资管理部、党委工作部（董监办、党委办公室、企业文化部）、纪委综合室、工会工作部（机关党委、机关工会）、团委。有分支机构22个（与中国中铁有关二级企业合署办公），人员204人；直管职教院校9所（高职2所、中职6所、培训学院1所），在册职工1387人，其中干部1202人，技术干部1094人，占干部总数的91.01%，全日制在校生4.3万余人；参股医管公司5个（中铁国资占49%股份）。

（刘颖林　吕新平　张　伟）

【主要指标】2021年中铁国资营业总收入4.99亿元，完成预算目标的106%，归属集团公司净利润0.29亿元，完成预算目标的107%，管理费用率、业务招待费和资本性投资控制在批复预算之内。2021年12月31日，资产总计53.22亿元，负债合计13.16亿元，所有者权益40.06亿元，资产负债率25%。（王佳琪）

表13-52　2020—2021年中铁国资主要经济指标

项目	2020年	2021年	增长率/%
资产总额/亿元	49.77	53.22	6.93
所有者权益/亿元	39.78	40.06	0.70
营业收入/亿元	4.59	4.99	8.71
利润总额/亿元	0.17	0.41	141.18
净利润/亿元	0.14	0.29	107.14
归属于母公司所有者的净利润/亿元	0.14	0.29	107.14
技术开发投入/亿元	—	—	—

续表

项目	2020 年	2021 年	增长率 /%
利税总额 / 亿元	0.28	0.74	164.29
应交税金总额 / 亿元	0.11	0.33	200.00
全员劳动生产率 /［万元 /（人・年）］	16.62	24.91	49.88
净资产收益率 /%	0.40	0.72	增加 0.32 个百分点
总资产报酬率 /%	0.37	0.79	增加 0.42 个百分点
国有资本保值增值率 /%	100.47	100.71	增加 0.24 个百分点

制表：王佳琪

【改革发展】2021 年，中铁国资坚持以习近平新时代中国特色社会主义思想为指导，深入贯彻落实党的十九大和十九届历次全会精神，全面贯彻中国中铁党委、中国中铁总体部署，坚持党的领导，加强党的建设，以迈向高质量发展为主题，以改革创新为动力，优化职业教育布局，构建职业培训产业体系，搭建资产处置平台，盘活非上市土地房产，探索资产管理体制机制，做实医疗股权管理，开拓新型相关多元领域，提升资本运作效率，打造央企职业教育和资产管理优质企业，助力中国中铁建设具有全球竞争力的世界一流企业。

中铁国资成立了“深化改革三年行动领导小组”和工作专班，制定了《深化改革三年行动任务清单》，明确了 61 项改革任务，召开 13 次“深化改革三年行动”专题会议，集中研究解决改革遇到的重难点问题，有力推动了各项改革任务的顺利开展，促进了公司加快建立中国特色现代企业制度和市场化经营机制、理顺管理关系、提升资源配置效率，增强了可持续发展能力。2021 年，完成了“深化改革三年行动”军令状任务清单工作的 75% 目标。

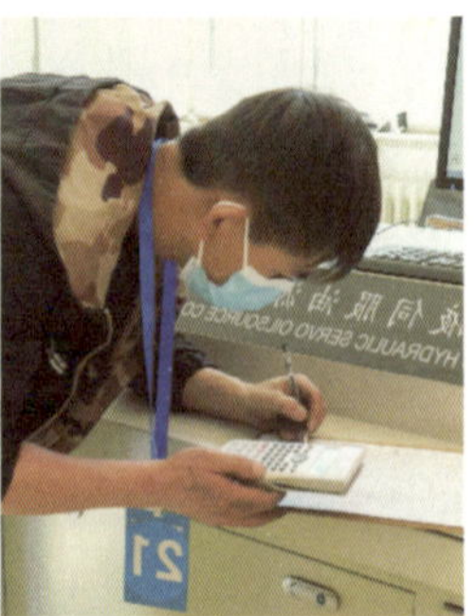

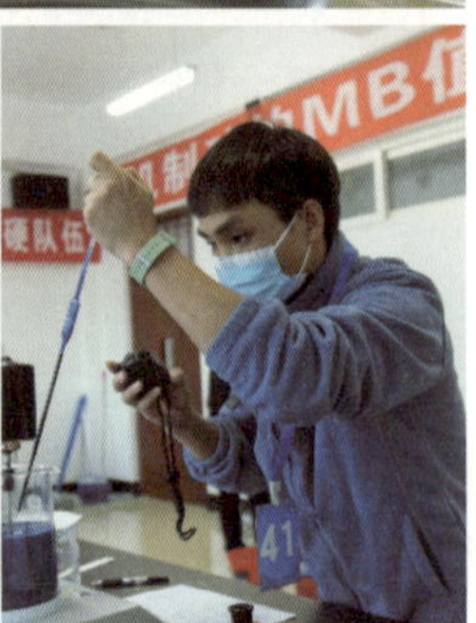

▲图 13-47　中国中铁第四届职业技能竞赛

牵头组织编制了中国中铁职业教育“十四五”规划，进一步明确了“十四五”期间中国中铁职业教育发展目标、主要任务和实现路径；发布了中铁国资“十四五”规划，明确了未来五年工作主线。推进管理体系和管理能力现代化，组织公司及职教院校开展对标学习，为管理提升找参考寻标杆，提升了管理水平。2021 年，中铁国资主要目标任务获得圆满完成，标志着企业取得了“十四五”规划良好开局。

（赵飞宇）

【职业教育和职业培训】2021 年，中铁国资所属院校共计招生 19934 人，同比增长 8.7%；毕业 12742 人，平均就业率达 98.3%，走到了同行业前列。新增“1+X”等级证书 13 个，组织申报国家级课题 3 项，省级课题 170 项，发表论文 235 篇，编制教材 29 部，教学成果 42 项；所属

院校学生在各类职业技能竞赛中荣获国家级二等奖4项、三等奖5项，获省级一等奖31项、二等奖69项、三等奖51项；校企共建教师实践基地122个、共建共享实训中心20个、共建省级技能大师工作室15个、校外实训基地425个，校企合作单位达225家。承办了人力资源和社会保障部国家二类大赛试验、测量工比赛。2021年完成培训总人数58406人次，培训工种（专业）233个，培训业务实现收入6666万元，同比增长2%。（谷有志）

【资产经营】按照《中国铁路工程集团有限公司关于开展非上市资产清查工作的通知》（中铁程办〔2021〕85号）文件精神，2021年11月12日，中铁国资召开了非上市资产清查视频会议，部署对中国中铁各二级公司及所属单位的资产清查工作。中铁国资成立五个区域资产核查工作组，历时一个多月，对涉及中国中铁二级、三级单位的非上市资产，展开大规模土地及房产核查工作，基本做到了应查尽查，能查尽查，基本摸清了非上市资产底数，取得了资产清查阶段性成果。清查统计，中国中铁共有非上市资产有土地1305宗、面积共1614万平方米，房产4803项、面积共315954万平方米，遍布全国28个省（自治区、直辖市）的144个市（县），涉及集团公司所属23个二级单位和171个三级单位。其中“三供一业”移交资产（含待移交）约占非上市土地面积42%，房产约占非上市面积55%；有账无物资产约占非上市土地面积17%，房产约占10%；医院剥离资产约占非上市土地面积1%，房产约占3%。现存土地约占非上市土地面积40%，房产约占33%；有开发价值土地680666.7平方米；经营性房产72.09万平方米。重点完成中铁大桥局回购武汉非上市资产项目；完成全年房屋租赁协议签订2300万元；批复哈尔滨铁道职业技术学院高铁城轨产教融合实训大楼建设项目。（徐光男）

【医管公司】2021年，按照做实医疗参股股权管理，保障中铁国资股东权益的总体工作部署，围绕以追求高质量发展为核心，以资本为纽带，以股权管理为基础，以外派人员管理为重点，推动“管人、管事、管股权”相结合，从治理结构、组织架构、人员管理、绩效考核及“三会”议案审查等方面加强管理，推进医疗机构深化改革全面收尾，坚决防止国有资产流失，保证中铁国资股东权益真正落到实处。在中铁国资本部成立股权投资管理部，明确相关部门协同管理职能，实现股权管理责任清晰，协调配合到位；健全医管公司法人治理结构，完善医管公司章程，制定“三会”议事规则，定期召开医管公司“三会”，充分发挥董事会的决策作用、监事会的监督作用、经理层的经营管理作用，为医管公司实体化运作构建基本框架；制定参股公司管理暂行办法，研究拟订外派人员履职管理、薪酬与绩效考核办法，完善了对委派人员的任职资格、工作要求和考核评价体系，提高公司知情权、话语权、决策权。（赵飞宇）

【党建工作】中铁国资设立党委11个、党总支8个、党支部72个，共有党员1869名，其中学生党员835名。中铁国资党委认真学习贯彻习近平总书记“七一”重要讲话和党的十九届六中全会精神，深入开展提高政治能力专题研讨，严格执行“第一议题”制度，定期完善学习贯彻工作台账，一体推进党史学习教育、庆祝建党100周年等系列活动，积极举办党史专题读书班、理想信念班、“青马班”等主题培训，全面对标检视5年来的党建工作，扎实开展落实国企党建会议精神“回头看”，做到坚决捍卫“两个确立”，增强“四个意识”，做到“两个维护”。

坚持“两个一以贯之”，充分发挥党委“把方向、管大局、促落实”领导作用，系统修订“三重一大”决策议事规则和权责清单等65项规章制度办法，围绕中心抓党建、抓好党建促业务，以党建工作责任制考核、政治巡察、领导班子和领导人员年度考核、日常履职考察为抓手，扎实推动做强职业教育、做好资产经营、做实股权管理等重点工作。

坚持抓基层、打基础，强弱项、补短板，认真贯彻习近平总书记关于抓好“三基”建设的重要指示精神，抓基层、打基础，强弱项、补短板，修订党建工作责任制考核评价办法，明确党建考核与业绩考核有效对接，制定印发《党支部工作手册》，开展党支部建设晋位升级工作，考核定级命名12个优秀党支部，评选表彰10个先进基层党组织标杆、10名优秀共产党员标兵、10名优秀党务工作者标兵。

完善干部选拔使用机制，强化年轻干部队伍建设，提高领导人员选聘质量，全年共调整任免领导人员22人次，岗位交流3人、挂职锻炼5人、改非3人，调整选派3家参股公司董监事人选，干部队伍的年龄结构、梯次配置更加合理，加强对领导干部的日常监督，持续推动领导班子履职情况考察常态化、制度化、规范化。

认真履行全面从严治党主体责任，建立领导人员选拔任用纪实工作实施办法、廉洁从业结论性评价办法等制度，开展医管公司法人治理、“影子公司”“影子股东”、设租寻租、民企挂靠国资等问题专项整治，对2家院校开展内部巡察和巡察后评价，推动巡察监督与业务监督贯通融合，制定构建党风廉政建设和反腐败大监督工作格局实施办法，明确公司党委、纪委、职能部门的监督职责。

抓好舆论宣传引导，加强群团组织领导，在《中国中铁》报刊登通讯11篇，中国中铁微信公众号刊登消息6篇，中国中铁青年微信公众号刊登报道及消息6篇，央媒《工人日报》客户端刊登稿件1篇；评选表彰10个先进集体、56名先进个人，1人被评为“中国中铁向上向善

所属单位

好青年”。深入开展“理想信念情怀爱党爱国爱企”主题活动，举办庆祝建党100周年“永远跟党走”主题文化作品展，大力宣贯“开路先锋”文化理念，广泛开展劳动竞赛、职业技能大赛、青年岗位建功等活动。（刘姝媛）

【领导人员】

林　鑫　党委书记、董事长（1月任）
井国彬　党委副书记、副总经理（主持经理层工作）、董事（8月任）
　　　　党委副书记、总经理、董事（10月任）
王利强　党委副书记、纪委书记（8月任）
于连泉　党委委员、副总经理，工会主席（1月任工会主席）
王彦飞　党委委员、副总经理（兼任哈尔滨铁道职业技术学院党委书记）
汪玉强　党委委员、总会计师（1月任）
何梦通　党委书记、董事长（1月改任非领导）
罗育桂　党委副书记、总经理（8月改任非领导）

（张　伟）

中国铁路工程集团有限公司党校

【简况】中国铁路工程集团公司党校（以下简称“集团公司党校”）成立于1984年7月，位于河北省石家庄市，主要承担中国中铁系统领导干部的教育培训任务。根据《中国共产党党校工作条例》有关规定，党校实行校务委员会领导体制，校委会全面领导学校工作，校委会工作由常务副校长主持。党校现有内设部门7个，现有职工54人（含内退职工1人），其中，具有全日制研究生学历18人，本科学历30人，大专及以下学历6人；高级职称11人，中级职称17人，初级职称3人；在职党员40人。1984年10月，党校成功举办青工政治教育师资培训班，正式开启了干部教育培训事业；1985年9月，举办首届大专班，开启了系统内干部学历教育培训事业。2008年，中国中铁对党校实施整体开发，2010年6月，党校回迁新大厦，办学、办公、餐饮、住宿自成体系。2013年7月，党校跨入中央党校国资委分校管理序列。目前，逐步形成了领导人员培训、基层党建培训、岗位提升培训、重大专题培训四大培训项目体系。构建理论教育、党性教育和基层党建课程，领导力进阶课程，企业特色课程四大培训内容体系。采用讲授式、案例式、体验式、行动学习等多种教学方法。在教学安排中设置党性教育课程，把习近平新时代中国特色社会主义思想作为第一课，依托西柏坡红色教育资源打造出“中国梦·赶考行”大型实践教学活动，依托习近平总书记从政起步的正定县，探寻总书记“治郡县”“谋发展”的坚定信念、政治智慧和实践探索，开发出“知之深·爱之切”实践教学项目，逐步确立了高端教育培训品牌。2018年4月，由中国铁路工程总公司党校更名为“中国铁路工程集团有限公司党校”。自2020年以来，党校先后与公司系统内单位合作，建立了广州、武汉、成都和西安4个校外培训基地。（王宏图）

【主要指标】2021年，集团公司党校营业收入包括教育培训收入及房屋租赁收入，全年营业收入0.32亿元，比2020年增长3.23%。其中，全年培训收入为2247万元，与2020年基本持平；房屋租赁收入为560万元，较2020年增加13.59%。（王　珊）

表13-53　2020—2021年集团公司党校主要经济指标

项　目	2020年	2021年	增长率/%
资产总额/亿元	1.34	1.70	26.87
所有者权益/亿元	1.12	1.10	-1.79
营业收入/亿元	0.31	0.32	3.23
利润总额/亿元	-0.03	-0.02	—
净利润/亿元	-0.03	-0.02	—
归属于母公司所有者的净利润/亿元	-0.03	-0.02	—
技术开发投入/亿元	—	—	—
利税总额/亿元	—	—	—
应交税金总额/亿元	—	—	—
全员劳动生产率/[万元/(人·年)]	34.73	36.26	—
净资产收益率/%	-2.62	-1.49	增加1.13个百分点
总资产报酬率/%	-2.19	-1.47	增加0.72个百分点
国有资本保值增值率/%	97.44	98.54	增加1.10个百分点

制表：王　珊

【改革发展】2021年，集团公司党校向股份公司党委呈报了办学治校思路报告，得到了股份公司党委高度重视，党委书记、董事长陈云，总裁、党委副书记陈文健亲自批示明确要求，党校要专注主责主业，加快体制变革。股份公司党委副书记、工会主席、执行董事、党校校长王士奇在亲自推动新校区建设的同时，多次深入党校听取情况，反复研究、组织研讨，围绕规范和加强党校工作形成系列方案。11月17日，公司党委常委会进行专题研究。12月10日，公司党委专门印发文件，明确规范和加强党校工作，实行新的管理模式、职能定位和保障措施。股份公司党委干部部、党建工作部、办公室、规划发展部、财务与金融管理部、总部事务管理中心等部门与党校密切对接，给予大力支持，落实主体班次、经费拨付、员工转接、政策保障等具体事项，全力推动落实落地。按照“三项制度”改革和公司党委要求，集团公司党校12月30日顺利完成了全员考评竞聘和两地人员就位工作。有30名员工进京，10名员工驻石，平稳解除12名派遣制员工劳务关系并推荐再就业。

（王宏图）

【教育培训】2021年，集团公司党校共举办培训班89期，培训学员9094人次，39889人天。开发“政治力、战略力、领导力、执行力、创新力”五力模型，改进教学框架，优化课程体系，提升互动教学，做到理论性、互动性、实践性并重。服务于“三懂三会三过硬”党组织书记队伍建设，有1200多名基层党组织书记参加了培训。举办了10多期党群干部培训、入党积极分子培训、境外党员回国轮训、党员教育培训等班次。聚焦企业主营业务，承接了经营开发、安全生产、会计审计等业务人员的政治教育和能力提升，丰富专业知识、增强党性锻炼。聚焦时事热点、重大专题，举办了党的十九届五中六中全会精神、“七一”重要讲话精神解读班，党史学习教育专题培训班。

（王宏图）

【理论研究】2021年，集团公司党校紧跟中央重大活动和企业重要部署，开展课题研究。理论文章紧扣热点，相继推出一系列以党史学习教育、建党百年、党的十九届六中全会精神为主题的理论文章，取得积极反响，特别是《重大的理论创新　庄严的时代宣示　鲜明的执政取向》《把党校建设成为强“根”铸“魂”的坚强阵地》《全面提升国有企业治理效能》在《国企》和《企业文明》杂志刊发，并被评选为2021年度“国企党建理论研究”优秀作品。课题研究聚焦企业，结合企业党史学习教育，深入中铁山桥、李大钊干部学院等地开展专题调研，研究完成了“王尽美精神内涵及在中国中铁的传承研究”“百年党史中的中铁传承与奋发”等课题，被编入《企业文化峰会文集》。《中国中铁“开路先锋”文化体系研究》获央企政研会三等奖。著作出版积极推进，特色实践教学配套教材《中国梦·赶考行》经过数轮修改已付印。以讲述企业百年历史、传承“开路先锋”文化理念为主要内容的《中铁百年》即将公开出版。结合中青班等重点班次组织学员研究完成涉及企业改革、项目管理、基层党建等课题20多项。

（王宏图）

【党建工作】2021年，集团公司党校坚持党建工作与业务工作目标同向、部署同步、工作同力，着力以高质量党建引领高质量发展。不断夯实党建基础。2021年初召开党建工作推进会明确目标任务，每月召开行政例会和党建例会研究推动工作，2021年底开展支部书记述职和支部工作年度考核，学校党建工作显著提升，支部党务工作全面加强。认真做好巡视审计整改工作，积极配合公司党委巡视和审计组审计，坚持立查立改、即知即改，新问题与老难题一体整改；坚持上下同步、统分有序，校委会研究推动、各部门分工落实整改。截至2021年底，巡视反馈问题除了房产证办理外，其余完成整改销号，审计问题整改也基本到位。持续加强党风廉政建设，认真落实中央精神和公司党委纪委要求，正风肃纪，擦亮政治学校本色。适应全公司纪检监察体制改革需要，深入研究纪检组作用发挥机制，做实做细政治监督、日常监督、关键少数监督、选人用人监督，推动纪检组“探头”作用发挥上台阶、上水平。大力支持群团工作，持续发挥群团组织独特优势，创造条件、提供舞台。校工会冬送温暖、夏送清凉，维护职工权益、开展特色活动，建设幸福之家，校团委围绕学校中心工作组织青年、引导青年、服务青年，青年工作有声有色。

（王宏图）

【领导人员】

史柏生　常务副校长（1月免，任业务总监）

黄建忠　副校长（主持工作）（1月任），常务副校长（3月任）

李庆安　副校长

（王宏图）

所属单位

中铁山桥
中国中铁

CHAPTER 14

统计资料

表 14-1　中国铁路工程集团有限公司 2021 年新签合同额（一）

单位：万元

项目	机构																	
	中铁一局	中铁二局	中铁三局	中铁四局	中铁五局	中铁六局	中铁七局	中铁八局	中铁九局	中铁十局	中铁大桥局	中铁隧道局	中铁电气化局	中铁武汉电气化局	中铁建工	中铁广州局	中铁北京局	中铁上海局
总计	21155066	13177578	16414611	21664126	16162036	9007277	11966144	9407361	6569000	12202074	9016651	9561463	7837841	2106381	21218126	5099980	6868285	7520595
一、境内	20035348	12829012	15888158	20179248	16096504	8807388	10911648	9161864	6047128	10336453	8649249	9328791	7632567	1978015	20819841	4930980	6375455	7177452
（一）基建建设	18081678	11845239	14711552	17180818	14165408	8276369	9135017	8064750	5469483	8750687	7244901	7115984	4162381	1640443	19117838	4783991	6352679	6561529
1. 铁路工程	2864592	2837008	3671980	3772468	1919040	1377560	2149892	1012830	1053680	1656190	2684973	2545628	1649283	585698	1396740	798140	335167	1999383
2. 公路工程	1498980	31342	1697063	2300872	1619401	431642	842601	177559	127914	855339	2144853	818430	37218	2021	1619	170520	14701	201905
3. 市政工程	2799464	557474	2644113	4207675	2570553	1062715	930640	2620850	570969	1670928	1315659	1313432	909902	293656	840583	1112625	205675	1306165
4. 房建工程	6799700	6419869	5214407	4338898	5555438	3858334	4418842	3708993	1939121	3973432	713993	895657	580771	330876	16277742	1870977	5396085	2421826
5. 水利电力工程	135768	160024	116827	93333	431168	3985	66982	44610	642220	174521	0	411701	0	0	17546	38266	0	128481
6. 港口与航道工程	0	0	0	64648	0	0	0	0	0	71	62086	0	0	0	0	583349	0	0
7. 机场工程	0	702418	0	0	1059900	169702	0	0	0	0	0	0	0	0	410360	0	359982	0
8. 城市轨道交通工程	1936509	608743	1139505	2267165	760682	66415	252079	149793	137422	359686	80314	316962	984470	258786	166038	174079	10039	503770
9. 其他工程	2046665	528362	227658	135759	249227	1306016	473980	350114	998156	60521	243024	814175	737	169407	7211	36036	31030	0
（二）勘察设计	15887	7943	4423	17208	256	2190	0	6515	4035	3035	1069	1410	1017	1410	46147	0	0	0
1. 铁路工程	348	424	2149	7	0	2025	0	5775	2749	46	48	111	425	0	20	0	0	0
2. 公路工程	0	0	116	45	0	0	0	0	43	0	320	497	0	0	0	0	0	0
3. 市政工程	10405	14	504	7269	0	0	0	31	985	82	702	254	0	0	26558	0	0	0
4. 房建工程	5134	7416	1654	9888	256	165	0	709	259	0	0	0	562	0	17417	0	0	0
5. 水利电力工程	0	0	0	0	0	0	0	0	0	0	0	0	0	0	0	0	0	0
6. 港口与航道工程	0	0	0	0	0	0	0	0	0	0	0	0	0	0	0	0	0	0
7. 机场工程	0	0	0	0	0	0	0	0	0	0	0	0	0	0	0	0	0	0
8. 城市轨道交通工程	0	75	0	0	0	0	0	0	0	0	0	426	30	0	0	0	0	0
9. 其他工程	0	14	0	0	0	0	0	0	0	2907	0	122	0	1410	2153	0	0	0
（三）工业	114821	0	87875	62957	0	44192	0	16062	397364	0	5955	53441	622072	11288	24866	0	0	0
（四）房地产	3711	289675	0	817442	210032	10505	124446	93157	1416	178254	197522	1460000	51939	0	1630578	312	22775	0
（五）基础设施投资业务	1329456	463687	1035855	1574789	1269102	232511	1556259	321507	168800	1268551	676113	680100	1231375	311458	0	146677	0	540891
1. 铁路工程	176209	0	272102	424952	0	86933	0	0	0	0	0	0	0	250474	0	0	0	169046
2. 公路工程	134442	393287	240000	1003346	957878	118338	1525639	0	168800	503614	550402	0	0	0	0	0	0	0
3. 市政工程	1018805	70400	523753	146491	147142	27240	30620	321507	0	627030	125712	680100	1231375	60984	0	18417	0	371845

续表

项目	机构																	
	中铁一局	中铁二局	中铁三局	中铁四局	中铁五局	中铁六局	中铁七局	中铁八局	中铁九局	中铁十局	中铁大桥局	中铁隧道局	中铁电气化局	中铁武汉电气化局	中铁建工	中铁广州局	中铁北京局	中铁上海局
4. 房建工程	0	0	0	0	0	0	0	0	0	0	0	0	0	0	0	128260	0	0
5. 水利电力工程	0	0	0	0	0	0	0	0	0	0	0	0	0	0	0	0	0	0
6. 港口与航道工程	0	0	0	0	0	0	0	0	0	0	0	0	0	0	0	0	0	0
7. 机场工程	0	0	0	0	0	0	0	0	0	0	0	0	0	0	0	0	0	0
8. 城市轨道交通工程	0	0	0	0	0	0	0	0	0	0	0	0	0	0	0	0	0	0
9. 其他工程	0	0	0	0	164082	0	0	0	0	137907	0	0	0	0	0	0	0	0
（六）矿产资源	0	0	0	0	0	0	0	0	0	0	0	0	0	0	0	0	0	0
（七）技术咨询	3037	2711	417	4719	1468	0	0	0	4010	18	23878	8054	7065	0	412	0	0	0
（八）工程监理	9693	0	0	5622	0	0	0	0	0	0	7471	0	3949	0	0	0	0	0
（九）批发零售贸易	410140	154294	7079	474650	313377	219016	88261	512193	0	98094	481761	0	0	13408	0	0	0	75032
（十）机械租赁	9206	0	1336	0	0	2054	0	773	1985	0	9543	2759	382	8	0	0	0	0
（十一）其他	57719	65463	39622	41043	136861	20551	7665	146907	35	37814	1035	7044	1552388	0	0	0	0	0
二、境外	1119718	348566	526453	1484878	65532	199889	1054496	245497	521872	1865621	367402	232672	205274	128366	398285	169000	492830	343143
（一）基建建设	951723	348566	526453	1296994	65532	198569	971939	245497	521872	1006077	142346	229667	202878	127875	398285	169000	492830	343143
1. 铁路工程	404605	1921	369113	675602	0	0	0	0	0	136624	0	0	79360	3709	0	0	0	0
2. 公路工程	3307	117665	59216	85784	59612	0	312638	6893	0	197282	25902	55036	0	30696	0	0	0	0
3. 市政工程	273734	0	66271	46051	5920	0	0	14171	0	12042	16509	0	0	61568	1800	0	0	0
4. 房建工程	270077	0	0	473848	0	185969	69552	11180	0	397822	98148	0	0	31902	391996	0	0	0
5. 水利电力工程	0	228980	0	0	0	0	524	0	0	236358	0	0	0	0	0	0	0	0
6. 港口与航道工程	0	0	0	0	0	0	25698	0	0	0	0	0	0	0	0	169000	0	0
7. 机场工程	0	0	0	0	0	0	0	0	0	0	0	0	0	0	4490	0	0	0
8. 城市轨道交通工程	0	0	0	0	0	0	0	0	0	0	0	174631	119456	0	0	0	0	0
9. 其他工程	0	0	31853	15708	0	12600	563527	213248	521872	25951	1787	0	4062	0	0	0	492830	343143
（二）勘察设计	0	0	0	0	0	0	0	0	0	0	0	0	0	0	0	0	0	0
（三）工业	0	0	0	0	0	0	0	0	0	0	0	0	1786	491	0	0	0	0
（四）矿产资源	0	0	0	187884	0	1320	82557	0	0	46679	224228	0	0	0	0	0	0	0
（五）对外劳务合作	0	0	0	0	0	0	0	0	0	0	0	0	0	0	0	0	0	0
（六）其他	167995	0	0	0	0	0	0	0	0	812865	828	3005	610	0	0	0	0	0

制表：肖艳敏

统计资料

表 14-2　中国铁路工程集团有限公司 2021 年新签合同额（二）

单位：万元

项目	机构														
	中铁国际	中海外	东方国际	中铁二院	中铁六院	中铁设计	中铁大桥院	中铁华铁	中铁长江设计	中铁水利设计	中铁科研院	中铁置业	中铁文旅	中铁工业	中铁装配
总计	3489846	1739027	166536	1651217	585394	1010944	340304	561523	150036	161789	265933	4058395	2615213	4680518	50728
一、境内	232829	70	0	1550732	579694	989746	331620	559174	150036	161789	264695	4058395	2615213	4469098	50728
（一）基建建设	0	0	0	680742	194393	685517	117137	433312	115917	100236	118549	0	768504	0	20549
1. 铁路工程	0	0	0	247430	87059	557329	21111	0	0	0	68559	0	0	0	0
2. 公路工程	0	0	0	0	40753	49706	20233	0	0	0	0	0	0	0	0
3. 市政工程	0	0	0	360898	48839	62322	75247	0	0	0	18402	0	10980	0	0
4. 房建工程	0	0	0	1164	0	3666	0	433312	0	0	3951	0	757524	0	20549
5. 水利电力工程	0	0	0	0	0	0	0	0	0	100236	0	0	0	0	0
6. 港口与航道工程	0	0	0	0	0	0	0	0	115917	0	0	0	0	0	0
7. 机场工程	0	0	0	0	0	0	0	0	0	0	0	0	0	0	0
8. 城市轨道交通工程	0	0	0	51047	17742	12388	0	0	0	0	4195	0	0	0	0
9. 其他工程	0	0	0	20203	0	105	546	0	0	0	23442	0	0	0	0
（二）勘察设计	0	0	0	530818	264332	197412	172152	51045	34119	45954	15785	0	0	0	0
1. 铁路工程	0	0	0	299639	30350	126397	37390	6801	0	0	1751	0	0	0	0
2. 公路工程	0	0	0	55565	5207	7703	43588	0	26334	0	405	0	0	0	0
3. 市政工程	0	0	0	57606	29562	28160	47991	111	0	0	1327	0	0	0	0
4. 房建工程	0	0	0	2242	31114	7089	15834	28954	0	0	335	0	0	0	0
5. 水利电力工程	0	0	0	1965	0	0	0	0	0	45954	0	0	0	0	0
6. 港口与航道工程	0	0	0	0	0	0	0	0	7785	0	0	0	0	0	0
7. 机场工程	0	0	0	2	0	0	0	0	0	0	65	0	0	0	0
8. 城市轨道交通工程	0	0	0	111752	168006	28063	22559	15180	0	0	8400	0	0	0	0
9. 其他工程	0	0	0	2047	93	0	4789	0	0	0	3502	0	0	0	0
（三）工业	0	0	0	0	0	0	0	360	0	0	9018	0	0	4469098	0
（四）房地产	0	0	0	48691	0	0	0	0	0	0	0	3966396	1846709	0	0
（五）基础设施投资业务	0	0	0	0	0	0	0	0	0	0	0	0	0	0	0
1. 铁路工程	0	0	0	0	0	0	0	0	0	0	0	0	0	0	0
2. 公路工程	0	0	0	0	0	0	0	0	0	0	0	0	0	0	0
3. 市政工程	0	0	0	0	0	0	0	0	0	0	0	0	0	0	0

续表

项目	机构														
	中铁国际	中海外	东方国际	中铁二院	中铁六院	中铁设计	中铁大桥院	中铁华铁	中铁长江设计	中铁水利设计	中铁科研院	中铁置业	中铁文旅	中铁工业	中铁装配
4. 房建工程	0	0	0	0	0	0	0	0	0	0	0	0	0	0	0
5. 水利电力工程	0	0	0	0	0	0	0	0	0	0	0	0	0	0	0
6. 港口与航道工程	0	0	0	0	0	0	0	0	0	0	0	0	0	0	0
7. 机场工程	0	0	0	0	0	0	0	0	0	0	0	0	0	0	0
8. 城市轨道交通工程	0	0	0	0	0	0	0	0	0	0	0	0	0	0	0
9. 其他工程	0	0	0	0	0	0	0	0	0	0	0	0	0	0	0
（六）矿产资源	0	0	0	0	0	0	0	0	0	0	0	0	0	0	0
（七）技术咨询	0	0	0	101266	44535	64922	15397	10	0	0	66479	0	0	0	0
（八）工程监理	0	0	0	48431	27642	41818	26483	74446	0	0	52648	0	0	0	0
（九）批发零售贸易	232829	0	0	0	0	0	0	0	0	0	869	0	0	0	30179
（十）机械租赁	0	0	0	0	0	0	0	0	0	0	152	0	0	0	0
（十一）其他	0	70	0	140784	48792	78	451	0	0	15599	1194	91999	0	0	0
二、境外	3257017	1738957	166536	100485	5700	21198	8684	2349	0	0	1238	0	0	211420	0
（一）基建建设	3257017	882081	161809	2938	0	0	0	0	0	0	842	0	0	0	0
1. 铁路工程	1268068	0	1051	2938	0	0	0	0	0	0	0	0	0	0	0
2. 公路工程	8594	70433	4138	0	0	0	0	0	0	0	0	0	0	0	0
3. 市政工程	0	0	0	0	0	0	0	0	0	0	0	0	0	0	0
4. 房建工程	1949834	749076	0	0	0	0	0	0	0	0	842	0	0	0	0
5. 水利电力工程	0	62572	0	0	0	0	0	0	0	0	0	0	0	0	0
6. 港口与航道工程	0	0	0	0	0	0	0	0	0	0	0	0	0	0	0
7. 机场工程	0	0	0	0	0	0	0	0	0	0	0	0	0	0	0
8. 城市轨道交通工程	0	0	17550	0	0	0	0	0	0	0	0	0	0	0	0
9. 其他工程	30521	0	139070	0	0	0	0	0	0	0	0	0	0	0	0
（二）勘察设计	0	0	0	71515	4186	21143	7306	2349	0	0	363	0	0	0	0
（三）工业	0	0	4728	0	0	0	0	0	0	0	0	0	0	211420	0
（四）矿产资源	0	552729	0	0	0	0	0	0	0	0	0	0	0	0	0
（五）对外劳务合作	0	0	0	0	0	0	0	0	0	0	0	0	0	0	0
（六）其他	0	304147	0	26032	1514	55	1378	0	0	0	33	0	0	0	0

制表：肖艳敏

统计资料

表 14-3　中国铁路工程集团有限公司 2021 年新签合同额（三）

单位：万元

项目	机构															
	中铁资源	中铁物贸	中铁信托	中铁财务	中铁资本	中铁投资	中铁南方	中铁交通	中铁开投	中铁城投	中铁上投	中铁发展	中铁北方	中铁广投	中国铁工投资	中铁信科
总计	1902880	2328276	234000	265000	201637	5311140	5006367	3402037	4130033	4153465	5563703	6038949	3145513	621417	5658358	20800
一、境内	394169	2328276	234000	265000	193631	5311140	5006367	3402037	4130033	4153465	5563703	6038949	3145513	621417	5658358	20800
（一）基建建设	0	0	0	0	0	0	2004511	356587	2422029	415704	876567	790602	721734	621417	888457	0
1. 铁路工程	0	0	0	0	0	0	0	0	0	0	0	0	0	0	0	0
2. 公路工程	0	0	0	0	0	0	54790	322215	1245000	38704	0	0	0	0	0	0
3. 市政工程	0	0	0	0	0	0	67541	34372	0	0	0	0	721734	0	775946	0
4. 房建工程	0	0	0	0	0	0	155743	0	0	376999	0	0	0	0	112510	0
5. 水利电力工程	0	0	0	0	0	0	0	0	0	0	0	0	0	0	0	0
6. 港口与航道工程	0	0	0	0	0	0	0	0	0	0	0	0	0	0	0	0
7. 机场工程	0	0	0	0	0	0	0	0	0	0	0	0	0	0	0	0
8. 城市轨道交通工程	0	0	0	0	0	0	1128438	0	1177029	0	876567	790602	0	621417	0	0
9. 其他工程	0	0	0	0	0	0	598000	0	0	0	0	0	0	0	0	0
（二）勘察设计	0	0	0	0	0	0	0	0	0	0	0	0	0	0	0	0
1. 铁路工程	0	0	0	0	0	0	0	0	0	0	0	0	0	0	0	0
2. 公路工程	0	0	0	0	0	0	0	0	0	0	0	0	0	0	0	0
3. 市政工程	0	0	0	0	0	0	0	0	0	0	0	0	0	0	0	0
4. 房建工程	0	0	0	0	0	0	0	0	0	0	0	0	0	0	0	0
5. 水利电力工程	0	0	0	0	0	0	0	0	0	0	0	0	0	0	0	0
6. 港口与航道工程	0	0	0	0	0	0	0	0	0	0	0	0	0	0	0	0
7. 机场工程	0	0	0	0	0	0	0	0	0	0	0	0	0	0	0	0
8. 城市轨道交通工程	0	0	0	0	0	0	0	0	0	0	0	0	0	0	0	0
9. 其他工程	0	0	0	0	0	0	0	0	0	0	0	0	0	0	0	0
（三）工业	0	0	0	0	0	0	0	0	0	0	0	0	0	0	0	0
（四）房地产	0	0	0	0	0	2230000	555000	804609	0	177103	3203127	980000	1536130	0	625500	0
（五）基础设施投资业务	0	0	0	0	0	3081140	2446856	2240841	1708004	3560658	1484009	4268347	887648	0	959711	0
1. 铁路工程	0	0	0	0	0	0	1914881	0	0	749968	1484009	0	0	0	0	0
2. 公路工程	0	0	0	0	0	0	186975	2200521	1674632	2791015	0	546965	748248	0	0	0
3. 市政工程	0	0	0	0	0	3081140	0	40320	33372	19675	0	2913800	19300	0	798796	0

续表

项目	机构															
	中铁资源	中铁物贸	中铁信托	中铁财务	中铁资本	中铁投资	中铁南方	中铁交通	中铁开投	中铁城投	中铁上投	中铁发展	中铁北方	中铁广投	中国铁工投资	中铁信科
4. 房建工程	0	0	0	0	0	0	0	0	0	0	0	0	0	0	0	0
5. 水利电力工程	0	0	0	0	0	0	0	0	0	0	0	0	0	0	0	0
6. 港口与航道工程	0	0	0	0	0	0	0	0	0	0	0	0	0	0	0	0
7. 机场工程	0	0	0	0	0	0	0	0	0	0	0	0	0	0	0	0
8. 城市轨道交通工程	0	0	0	0	0	0	0	0	0	0	0	0	0	0	0	0
9. 其他工程	0	0	0	0	0	0	345000	0	0	0	0	807582	120100	0	160914	0
（六）矿产资源	394169	0	0	0	0	0	0	0	0	0	0	0	0	0	0	0
（七）技术咨询	0	0	0	0	0	0	0	0	0	0	0	0	0	0	0	0
（八）工程监理	0	0	0	0	0	0	0	0	0	0	0	0	0	0	0	0
（九）批发零售贸易	0	2328276	0	0	0	0	0	0	0	0	0	0	0	0	0	0
（十）机械租赁	0	0	0	0	0	0	0	0	0	0	0	0	0	0	0	0
（十一）其他	0	0	234000	265000	193631	0	0	0	0	0	0	0	0	0	3184691	20800
二、境外	1508711	0	0	0	8006	0	0	0	0	0	0	0	0	0	0	0
（一）基建建设	0	0	0	0	0	0	0	0	0	0	0	0	0	0	0	0
1. 铁路工程	0	0	0	0	0	0	0	0	0	0	0	0	0	0	0	0
2. 公路工程	0	0	0	0	0	0	0	0	0	0	0	0	0	0	0	0
3. 市政工程	0	0	0	0	0	0	0	0	0	0	0	0	0	0	0	0
4. 房建工程	0	0	0	0	0	0	0	0	0	0	0	0	0	0	0	0
5. 水利电力工程	0	0	0	0	0	0	0	0	0	0	0	0	0	0	0	0
6. 港口与航道工程	0	0	0	0	0	0	0	0	0	0	0	0	0	0	0	0
7. 机场工程	0	0	0	0	0	0	0	0	0	0	0	0	0	0	0	0
8. 城市轨道交通工程	0	0	0	0	0	0	0	0	0	0	0	0	0	0	0	0
9. 其他工程	0	0	0	0	0	0	0	0	0	0	0	0	0	0	0	0
（二）勘察设计	0	0	0	0	0	0	0	0	0	0	0	0	0	0	0	0
（三）工业	0	0	0	0	0	0	0	0	0	0	0	0	0	0	0	0
（四）矿产资源	1508711	0	0	0	0	0	0	0	0	0	0	0	0	0	0	0
（五）对外劳务合作	0	0	0	0	0	0	0	0	0	0	0	0	0	0	0	0
（六）其他	0	0	0	0	8006	0	0	0	0	0	0	0	0	0	0	0

制表：肖艳敏

表 14-4　2021 年中国中铁股份有限公司所属单位新签合同额排名

排名	单位名称	2021 年新签合同额 / 亿元	2020 年完成额 / 亿元	同比增长率 /%
一、区域总部（投资公司）				
1	西部区域总部	4428.8	3445.1	28.6
	中铁城投	415.3	484.5	-14.3
2	华东区域总部	4008.7	3854.9	4.0
	中铁上投	556.4	163.2	240.9
3	晋鲁豫区域总部	3955.2	3386.0	16.8
	中铁发展	603.9	330.7	82.6
4	西南区域总部	3809.6	3936.8	-3.2
	中铁开投	413.0	881.4	-53.1
5	华南区域总部	3018.6	3032.3	-0.5
	中铁南方	500.6	658.0	-23.9
6	中南区域总部	2101.1	1749.1	20.1
	中铁交通	340.2	578.8	-41.2
7	北方区域总部	1690.6	1435.9	17.7
	中铁北方	314.6	429.0	-26.7
8	京津冀区域总部	1657.5	2045.9	-19.0
	中铁投资	531.1	809.3	-34.4
9	中国铁工投资	565.8	314.1	80.1
10	中铁广投（区域）	280.2	—	—
	中铁广投	62.1	—	—
11	雄安指挥部	165.7	—	—
二、工程局集团公司				
1	中铁四局	2166.4	2095.9	3.4
2	中铁建工	2121.8	2007.5	5.7
3	中铁一局	2115.5	2001.0	5.7
4	中铁三局	1641.5	1851.4	-11.3
5	中铁五局	1616.2	1707.9	-5.4
6	中铁二局	1317.8	1053.7	25.1
7	中铁十局	1220.2	1205.5	1.2
8	中铁七局	1196.6	1186.4	0.9
9	中铁隧道局	956.1	1068.1	-10.5
10	中铁八局	940.7	1030.0	-8.7
11	中铁大桥局	901.7	1063.3	-15.2

续表

排名	单位名称	2021 年新签合同额 / 亿元	2020 年完成额 / 亿元	同比增长率 /%
12	中铁六局	900.7	865.7	4.0
13	中铁电气化局	783.8	903.3	-13.2
14	中铁上海局	752.1	1001.0	-24.9
15	中铁北京局	686.8	671.8	2.2
16	中铁九局	656.9	757.7	-13.3
17	中铁广州局	510.0	529.9	-3.8
18	中铁国际	349.0	363.9	-4.1
19	中铁武汉电气化局	210.6	126.7	66.2
20	中海外	173.9	123.3	41.0
21	东方国际	16.7	11.4	46.5
三、勘察设计咨询公司				
1	中铁二院	165.1	290.8	-43.2
2	中铁设计	101.1	150.2	-32.7
3	中铁六院	58.5	82.7	-29.3
4	中铁华铁	56.2	41.6	35.1
5	中铁大桥院	34.0	39.8	-14.6
6	中铁科研院	26.6	40.6	-34.5
7	中铁水利设计	16.2	—	—
8	中铁长江设计	15.0	—	—
四、房地产集团公司				
1	中铁置业	405.8	589.8	-31.2
2	中铁文旅	261.5	498.6	-47.6
五、金融公司				
1	中铁财务	26.5	16.6	59.6
2	中铁信托	23.4	21.7	7.8
3	中铁资本	20.2	17.0	18.8
六、其他板块公司				
1	中铁工业	468.1	418.4	11.9
2	中铁物贸	232.8	716.0	-67.5
3	中铁资源	190.3	122.3	55.6
4	中铁装配	5.1	—	—
5	中铁信科	2.1	—	—

制表人：肖艳敏

表 14-5　2021 年中国铁路工程集团有限公司营业额完成情况一览（一）

单位：万元

项目	机构																	
	中铁一局	中铁二局	中铁三局	中铁四局	中铁五局	中铁六局	中铁七局	中铁八局	中铁九局	中铁十局	中铁大桥局	中铁隧道局	中铁电气化局	中铁武汉电气化局	中铁建工	中铁广州局	中铁北京局	中铁上海局
总计	11260608	8005189	7653592	13561818	8018304	4101646	5605705	4260420	2486845	7128870	5008188	5661413	4896456	1212549	10080255	3311839	3310579	4745362
一、境内	10968775	7937924	7497709	13279929	7777573	4072464	5081519	4216158	2284614	6472758	4772525	5449169	4841110	1153223	9850786	3303705	3256657	4720389
（一）基建建设	10534443	7571769	7373700	12926873	7458465	3947882	4925269	3737712	2276605	6288414	4284131	5375526	3934012	1127023	8199763	3298669	3219383	4720309
1. 铁路工程	1566086	1343422	2544761	2513956	1688400	1261564	577682	946177	434301	1583518	832688	881207	1836167	590877	1742764	632373	556021	1050471
2. 公路工程	1939814	1232603	1379568	2392860	1521009	935686	1433303	621641	510052	1246410	1746284	880123	27537	2041	217904	482011	715430	617182
3. 市政工程	2269181	996459	881000	3711831	1549554	610710	1015268	546019	466426	1150591	936316	1357781	161502	37530	522323	852941	328529	1140279
4. 房建工程	1880323	1853604	1115412	1765916	1620014	541335	968119	1096904	522277	1268853	195529	221828	286426	67992	5313449	712894	1242920	1184591
5. 水利电力工程	107443	178754	154601	35069	462232	6678	154404	103388	18754	121953	393533	259035	7298	345	1730	25619	0	0
6. 港口与航道工程	0	0	0	1026	0	0	0	0	0	0	44967	0	0	0	0	213927	0	0
7. 机场工程	0	48459	5542	0	0	0	0	0	0	0	0	0	0	0	29604	0	105803	0
8. 城市轨道交通工程	2455006	1813047	1253002	2204619	590881	581407	670611	421346	268900	565890	119429	1548532	1613262	396314	289981	376519	251603	727786
9. 其他工程	316590	105421	39814	301596	26375	10502	105882	2237	55895	351199	15385	227020	1820	31924	82008	2385	19077	0
（二）勘察设计	9590	7878	17081	17730	0	2037	0	4123	3184	0	0	2205	3253	0	49332	0	0	0
1. 铁路工程	1150	0	10617	4056	0	0	0	3834	3184	0	0	0	1909	0	0	0	0	0
2. 公路工程	38	0	715	0	0	0	0	0	0	0	0	0	0	0	306	0	0	0
3. 市政工程	7265	0	0	6558	0	0	0	217	0	0	0	2205	0	0	22604	0	0	0
4. 房建工程	1137	7878	0	7116	0	0	0	72	0	0	0	0	1253	0	17237	0	0	0
5. 水利电力工程	0	0	0	0	0	0	0	0	0	0	0	0	0	0	0	0	0	0
6. 港口与航道工程	0	0	0	0	0	0	0	0	0	0	0	0	0	0	0	0	0	0
7. 机场工程	0	0	0	0	0	0	0	0	0	0	0	0	0	0	0	0	0	0
8. 城市轨道交通工程	0	0	889	0	0	0	0	0	0	0	0	0	91	0	0	0	0	0
9. 其他工程	0	0	4860	0	0	2037	0	0	0	0	0	0	0	0	9185	0	0	0
（三）工业	63730	23792	21210	89326	25074	33579	0	77418	0	0	10857	40910	407745	16507	18466	0	0	0
（四）房地产	5875	186543	0	94900	3500	11243	25211	154560	4825	14200	246484	0	51609	0	1580177	0	17057	0
（五）基础设施投资业务	0	0	0	0	0	0	0	0	0	57074	0	19840	0	0	0	0	20217	80

续表

项目	机构																	
	中铁一局	中铁二局	中铁三局	中铁四局	中铁五局	中铁六局	中铁七局	中铁八局	中铁九局	中铁十局	中铁大桥局	中铁隧道局	中铁电气化局	中铁武汉电气化局	中铁建工	中铁广州局	中铁北京局	中铁上海局
（六）矿产资源	0	0	0	0	0	0	0	0	0	0	0	0	0	0	0	0	0	0
（七）技术咨询	66	0	0	0	0	2909	0	0	0	0	42418	7930	23732	0	0	0	0	0
（八）工程监理	6103	0	0	4570	0	0	0	0	0	0	11044	0	6030	0	0	0	0	0
（九）批发零售贸易	231477	106139	0	100000	242550	69062	131039	173518	0	3200	150486	0	68161	9693	0	0	0	0
（十）机械租赁	11854	0	0	0	0	612	0	2270	0	0	6800	75	11292	0	0	0	0	0
（十一）其他	105637	41803	85718	46530	47984	5140	0	66557	0	109870	20305	2683	335276	0	3048	5036	0	0
二、境外	291833	67265	155883	281889	240731	29182	524186	44262	202231	656112	235663	212244	55346	59326	229469	8134	53922	24973
（一）基建建设	291833	57143	155883	281889	240731	29182	443641	44262	202231	229511	235663	212244	54328	59326	229469	8134	53922	19857
1. 铁路工程	49760	49569	45819	186470	106618	0	0	10590	12005	8402	199268	0	17740	58231	26990	5728	28492	0
2. 公路工程	158834	5474	40527	35715	104389	0	210732	0	4905	103536	31686	33096	0	0	5058	0	0	0
3. 市政工程	30917	0	0	45181	8692	6175	58443	6063	1638	1674	4709	0	857	0	19413	0	0	0
4. 房建工程	8218	0	14033	8970	685	23007	8801	6410	47662	50512	0	0	136	0	152966	0	0	15619
5. 水利电力工程	0	2100	0	0	1128	0	0	28	0	5226	0	0	719	0	0	0	0	0
6. 港口与航道工程	1074	0	0	0	9730	0	0	0	0	0	0	0	0	0	2768	2406	0	0
7. 机场工程	0	0	0	0	7809	0	0	0	0	0	0	0	1538	0	22274	0	25430	0
8. 城市轨道交通工程	37514	0	55504	0	1680	0	0	0	3427	0	0	160748	29927	1095	0	0	0	4238
9. 其他工程	5516	0	0	5553	0	0	165665	21171	132594	60161	0	18400	3411	0	0	0	0	0
（二）勘察设计	0	0	0	0	0	0	0	0	0	0	0	0	0	0	0	0	0	0
（三）产品销售	0	0	0	0	0	0	0	0	0	0	0	0	759	0	0	0	0	0
（四）矿产资源	0	0	0	0	0	0	0	0	0	0	0	0	0	0	0	0	0	5116
（五）对外劳务合作	0	0	0	0	0	0	0	0	0	0	0	0	0	0	0	0	0	0
（六）其他	0	10122	0	0	0	0	80545	0	0	426601	0	0	259	0	0	0	0	0

制表人：肖艳敏

表 14-6　2021 年中国铁路工程集团有限公司营业额完成情况一览（二）

单位：万元

项目	机构														
	中铁国际	中海外	东方国际	中铁二院	中铁六院	中铁设计	中铁大桥院	中铁华铁	中铁长江设计	中铁水利设计	中铁科研院	中铁置业	中铁文旅	中铁工业	中铁装配
总计	681736	97860	204276	994000	352817	601661	205082	130100	90134	90788	178316	2266631	812776	2751655	45001
一、境内	481159	0	0	886519	350827	599004	200617	128772	90134	90788	176220	2266631	812776	2646203	45001
（一）基建建设	72042	0	0	143019	101135	280231	26880	1357	48010	55780	59827	0	351491	0	39133
1. 铁路工程	0	0	0	39556	52507	184563	18285	0	0	0	23068	0	0	0	0
2. 公路工程	0	0	0	5240	0	33170	1688	0	0	0	2150	0	1371	0	0
3. 市政工程	33766	0	0	89035	16842	44757	2705	0	0	0	14207	0	112612	0	0
4. 房建工程	38276	0	0	0	22445	13740	4202	1357	0	0	2290	0	237508	0	38984
5. 水利电力工程	0	0	0	0	0	0	0	0	0	55780	0	0	0	0	0
6. 港口与航道工程	0	0	0	0	0	0	0	0	48010	0	0	0	0	0	0
7. 机场工程	0	0	0	0	0	0	0	0	0	0	0	0	0	0	0
8. 城市轨道交通工程	0	0	0	9188	9341	3606	0	0	0	0	0	0	0	0	0
9. 其他工程	0	0	0	0	0	395	0	0	0	0	18112	0	0	0	149
（二）勘察设计	0	0	0	552890	189159	241754	147659	68387	42124	25108	10700	0	0	0	0
1. 铁路工程	0	0	0	382452	26760	180274	69880	10816	0	0	1722	0	0	0	0
2. 公路工程	0	0	0	36679	5512	8583	20429	0	38611	0	1238	0	0	0	0
3. 市政工程	0	0	0	37263	14774	26146	33102	0	0	0	41	0	0	0	0
4. 房建工程	0	0	0	0	22677	6370	10995	37514	0	0	58	0	0	0	0
5. 水利电力工程	0	0	0	0	0	0	0	0	0	25108	29	0	0	0	0
6. 港口与航道工程	0	0	0	0	0	0	0	0	3513	0	0	0	0	0	0
7. 机场工程	0	0	0	0	0	0	0	0	0	0	22	0	0	0	0
8.、城市轨道交通工程	0	0	0	89302	117899	20196	11095	20057	0	0	4758	0	0	0	0
9. 其他工程	0	0	0	7194	1537	185	2158	0	0	0	2832	0	0	0	0
（三）工业	0	0	0	0	0	0	0	0	0	0	5590	0	0	2476799	0

续表

项目	机构														
	中铁国际	中海外	东方国际	中铁二院	中铁六院	中铁设计	中铁大桥院	中铁华铁	中铁长江设计	中铁水利设计	中铁科研院	中铁置业	中铁文旅	中铁工业	中铁装配
（四）房地产	0	0	0	69	0	0	0	0	0	0	0	2224169	453478	0	0
（五）基础设施投资业务	0	0	0	0	0	0	0	0	0	0	0	0	0	0	0
（六）矿产资源	0	0	0	0	0	0	0	0	0	0	0	0	0	0	0
（七）技术咨询	0	0	0	46842	16085	32321	10562	0	0	0	63949	0	0	0	0
（八）工程监理	0	0	0	37979	24014	40907	15516	59028	0	0	33156	0	0	0	0
（九）批发零售贸易	409117	0	0		0	0	0	0	0	0	0	0	0	0	0
（十）机械租赁	0	0	0		0	0	0	0	0	0	0	0	0	70939	0
（十一）其他	0	0	0	105720	20434	3791	0	0	0	9900	2998	42462	7807	98465	5868
二、境外	200577	97860	204276	107481	1990	2657	4465	1328	0	0	2096	0	0	105452	0
（一）基建建设	200399	96368	204276	75518	108	0	0	0	0	0	0	0	0	0	0
1. 铁路工程	3361	0	168996	75518	108	0	0	0	0	0	0	0	0	0	0
2. 公路工程	78586	70530	844	0	0	0	0	0	0	0	0	0	0	0	0
3. 市政工程	42257	7568	19994	0	0	0	0	0	0	0	0	0	0	0	0
4. 房建工程	13708	11326	13462	0	0	0	0	0	0	0	0	0	0	0	0
5. 水利电力工程	53063	3281	0	0	0	0	0	0	0	0	0	0	0	0	0
6. 港口与航道工程	5519	0	0	0	0	0	0	0	0	0	0	0	0	0	0
7. 机场工程	0	0	0	0	0	0	0	0	0	0	0	0	0	0	0
8. 城市轨道交通工程	0	0	980	0	0	0	0	0	0	0	0	0	0	0	0
9. 其他工程	3905	3663	0	0	0	0	0	0	0	0	0	0	0	0	0
（二）勘察设计	0	0	0	31963	1882	2657	4465	0	0	0	745	0	0	0	0
（三）产品销售	0	1231	0	0	0	0	0	0	0	0	0	0	0	105452	0
（四）矿产资源	0	0	0	0	0	0	0	0	0	0	0	0	0	0	0
（五）对外劳务合作	178	261	0	0	0	0	0	0	0	0	0	0	0	0	0
（六）其他	0	0	0	0	0	0	0	1328	0	0	1351	0	0	0	0

制表人：肖艳敏

统计资料

表 14-7　2021 年中国铁路工程集团有限公司营业额完成情况一览（三）

单位：万元

项目	机构															
	中铁资源	中铁物贸	中铁信托	中铁财务	中铁资本	中铁投资	中铁南方	中铁交通	中铁开投	中铁城投	中铁上投	中铁发展	中铁北方	中铁广投	中国铁工投资	中铁信科
总计	1902533	4323240	234000	189493	128762	1446794	2848853	1414073	4186273	4040871	666348	2133734	1210374	1383032	1600847	21476
一、境内	394168	4323240	234000	189493	123167	1446794	2848853	1414073	4186273	4040871	666348	2133734	1210374	1383032	1600847	21476
（一）基建建设	0	0	0	0	0	1446794	2848853	1405942	4186273	3871760	666348	2133734	1210374	1383032	1447809	0
1. 铁路工程	0	0	0	0	0	0	6524	0	3866	0	60207	0	0	0	0	0
2. 公路工程	0	0	0	0	0	754930	232277	1020662	2278438	2740217	0	1546077	585640	0	14662	0
3. 市政工程	0	0	0	0	0	0	925940	161982	108670	93851	40151	117498	209773	0	1156254	0
4. 房建工程	0	0	0	0	0	451830	145049	0	80759	252846	0	0	0	0	260441	0
5. 水利电力工程	0	0	0	0	0	0	0	0	489685	82405	0	0	0	0	434	0
6. 港口与航道工程	0	0	0	0	0	0	0	0	0	0	0	0	0	0	0	0
7. 机场工程	0	0	0	0	0	0	0	0	0	0	0	0	0	0	0	0
8. 城市轨道交通工程	0	0	0	0	0	240034	1516349	223298	1224855	702441	553472	470159	414961	1383032	16018	0
9. 其他工程	0	0	0	0	0	0	22714	0	0	0	12518	0	0	0	0	0
（二）勘察设计	0	0	0	0	0	0	0	0	0	0	0	0	0	0	0	0
1. 铁路工程	0	0	0	0	0	0	0	0	0	0	0	0	0	0	0	0
2. 公路工程	0	0	0	0	0	0	0	0	0	0	0	0	0	0	0	0
3. 市政工程	0	0	0	0	0	0	0	0	0	0	0	0	0	0	0	0
4. 房建工程	0	0	0	0	0	0	0	0	0	0	0	0	0	0	0	0
5. 水利电力工程	0	0	0	0	0	0	0	0	0	0	0	0	0	0	0	0
6. 港口与航道工程	0	0	0	0	0	0	0	0	0	0	0	0	0	0	0	0
7. 机场工程	0	0	0	0	0	0	0	0	0	0	0	0	0	0	0	0
8. 城市轨道交通工程	0	0	0	0	0	0	0	0	0	0	0	0	0	0	0	0
9. 其他工程	0	0	0	0	0	0	0	0	0	0	0	0	0	0	0	0
（三）工业	0	0	0	0	0	0	0	0	0	0	0	0	0	0	0	0
（四）房地产	0	0	0	0	0	0	0	7163	0	88470	0	0	0	0	0	0

续表

项目	机构															
	中铁资源	中铁物贸	中铁信托	中铁财务	中铁资本	中铁投资	中铁南方	中铁交通	中铁开投	中铁城投	中铁上投	中铁发展	中铁北方	中铁广投	中国铁工投资	中铁信科
（五）基础设施投资业务	0	0	0	0	0	0	0	968	0	80641	0	0	0	0	153038	0
（六）矿产资源	394168	0	0	0	0	0	0	0	0	0	0	0	0	0	0	0
（七）技术咨询	0	0	0	0	0	0	0	0	0	0	0	0	0	0	0	0
（八）工程监理	0	0	0	0	0	0	0	0	0	0	0	0	0	0	0	0
（九）批发零售贸易	0	4323240	0	0	0	0	0	0	0	0	0	0	0	0	0	0
（十）机械租赁	0	0	0	0	35825	0	0	0	0	0	0	0	0	0	0	0
（十一）其他	0	0	234000	189493	87342	0	0	0	0	0	0	0	0	0	0	21476
二、境外	1508365	0	0	0	5595	0	0	0	0	0	0	0	0	0	0	0
（一）基建建设	0	0	0	0	0	0	0	0	0	0	0	0	0	0	0	0
1. 铁路工程	0	0	0	0	0	0	0	0	0	0	0	0	0	0	0	0
2. 公路工程	0	0	0	0	0	0	0	0	0	0	0	0	0	0	0	0
3. 市政工程	0	0	0	0	0	0	0	0	0	0	0	0	0	0	0	0
4. 房建工程	0	0	0	0	0	0	0	0	0	0	0	0	0	0	0	0
5. 水利电力工程	0	0	0	0	0	0	0	0	0	0	0	0	0	0	0	0
6. 港口与航道工程	0	0	0	0	0	0	0	0	0	0	0	0	0	0	0	0
7. 机场工程	0	0	0	0	0	0	0	0	0	0	0	0	0	0	0	
8. 城市轨道交通工程	0	0	0	0	0	0	0	0	0	0	0	0	0	0	0	0
9. 其他工程	0	0	0	0	0	0	0	0	0	0	0	0	0	0	0	0
（二）勘察设计	0	0	0	0	0	0	0	0	0	0	0	0	0	0	0	0
（三）产品销售	0	0	0	0	0	0	0	0	0	0	0	0	0	0	0	0
（四）矿产资源	1508365	0	0	0	0	0	0	0	0	0	0	0	0	0	0	0
（五）对外劳务合作	0	0	0	0	0	0	0	0	0	0	0	0	0	0	0	0
（六）其他	0	0	0	0	5595	0	0	0	0	0	0	0	0	0	0	0

制表人：肖艳敏

表 14-8　2021 年中国中铁各二级公司营业额同比完成情况统计

单位	总体情况			国内			海外		
	本年累计完成 / 万元	上年实际完成 / 万元	同比增减 /%	本年累计完成 / 万元	上年实际完成 / 万元	同比增减 /%	本年累计完成 / 万元	上年实际完成 / 万元	同比增减 /%
中铁一局	11260608	10029646	12.3	10968775	9792657	12.0	291833	236989	23.1
中铁二局	8005189	7388489	8.3	7937924	7253318	9.4	67265	135171	-50.2
中铁三局	7653592	6892081	11.0	7497709	6663649	12.5	155883	228432	-31.8
中铁四局	13561818	11301558	20.0	13279929	10996319	20.8	281889	305239	-7.6
中铁五局	8018304	7109203	12.8	7777573	6865373	13.3	240731	243830	-1.3
中铁六局	4101646	3660924	12.0	4072464	3658101	11.3	29182	2823	933.7
中铁七局	5605705	5164585	8.5	5081519	4605242	10.3	524186	559343	-6.3
中铁八局	4260420	4078947	4.4	4216158	4006914	5.2	44262	72033	-38.6
中铁九局	2486845	2182587	13.9	2284614	1969149	16.0	202231	213438	-5.3
中铁十局	7128870	6027073	18.3	6472758	5675435	14.0	656112	351638	86.6
中铁大桥局	5008188	4560185	9.8	4772525	4318749	10.5	235663	241436	-2.4
中铁隧道局	5661413	5232886	8.2	5449169	4974155	9.5	212244	258731	-18.0
中铁电气化局	4896456	4244072	15.4	4841110	4163203	16.3	55346	80869	-31.6
中铁武汉电气化局	1212549	1250476	-3.0	1153223	1211236	-4.8	59326	39240	51.2
中铁建工	10080255	7495008	34.5	9850786	7248696	35.9	229469	246312	-6.8
中铁广州局	3311839	3016419	9.8	3303705	2986186	10.6	8134	30233	-73.1
中铁北京局	3310579	3034759	9.1	3256657	2991489	8.9	53922	43270	24.6
中铁上海局	4745362	3884868	22.1	4720389	3851159	22.6	24973	33709	-25.9
中铁国际	681736	304482	123.9	481159	173394	177.5	200577	131088	53.0
中海外	97860	85629	14.3	0	0	—	97860	85629	14.3
东方国际	204276	161903	26.2	0	0	—	204276	161903	26.2
中铁二院	994000	988772	0.5	886519	888706	-0.2	107481	100066	7.4
中铁六院	352817	319759	10.3	350827	316732	10.8	1990	3027	-34.3
中铁设计	601661	533328	12.8	599004	531560	12.7	2657	1768	50.3
中铁大桥院	205082	190818	7.5	200617	186638	7.5	4465	4180	6.8

续表

单位	总体情况			国内			海外		
	本年累计完成 / 万元	上年实际完成 / 万元	同比增减 /%	本年累计完成 / 万元	上年实际完成 / 万元	同比增减 /%	本年累计完成 / 万元	上年实际完成 / 万元	同比增减 /%
中铁华铁	130100	128810	1.0	128772	127461	1.0	1328	1349	-1.6
中铁长江设计	90134	—	—	90134	—	—	0	—	—
中铁水利设计	90788	19200	372.9	90788	19200	372.9	0	0	—
中铁科研院	178316	178136	0.1	176220	173845	1.4	2096	4291	-51.2
中铁置业	2266631	2039839	11.1	2266631	2039839	11.1	0	0	—
中铁文旅	812776	941124	-13.6	812776	941124	-13.6	0	0	—
中铁工业	2751655	2643877	4.1	2646203	2511342	5.4	105452	132535	-20.4
中铁装配	45001	57540	-21.8	45001	57540	-21.8	0	0	—
中铁资源	1902533	1218109	56.2	394168	280083	40.7	1508365	938026	60.8
中铁物贸	4323240	3115666	38.8	4323240	3115666	38.8	0	0	—
中铁信托	234000	217300	7.7	234000	217300	7.7	0	0	—
中铁财务	189493	165654	14.4	189493	165654	14.4	0	0	—
中铁资本	128762	104783	22.9	123167	103751	18.7	5595	1032	442.2
中铁投资	1446794	357691	304.5	1446794	357691	304.5	0	0	—
中铁南方	2848853	2537076	12.3	2848853	2537076	12.3	0	0	—
中铁交通	1414073	1686087	-16.1	1414073	1686087	-16.1	0	0	—
中铁开投	4186273	3742962	11.8	4186273	3742962	11.8	0	0	—
中铁城投	4040871	3716106	8.7	4040871	3716106	8.7	0	0	—
中铁上投	666348	1084810	-38.6	666348	1084810	-38.6	0	0	—
中铁发展	2133734	1503801	41.9	2133734	1503801	41.9	0	0	—
中铁北方	1210374	710169	70.4	1210374	710169	70.4	0	0	—
中铁广投	1383032	—	—	1383032	—	—	0	—	—
中国铁工投资	1600847	1327715	20.6	1600847	1327715	20.6	0	0	—
中国信科	21476	—	—	21476	—	—	0	—	—

制表：肖艳敏

统计资料

表 14-9　2021 年中国铁路工程集团有限公司劳动工资统计（一）

	项目	机构													
		中铁一局	中铁二局	中铁三局	中铁四局	中铁五局	中铁六局	中铁七局	中铁八局	中铁九局	中铁十局	中铁大桥局	中铁隧道局	中铁电气化局	中铁武汉电气化局
在岗	1. 期末人数 / 人	22579	18193	20323	22717	18418	12531	14297	10010	8539	13301	12288	13617	11907	4578
	2. 平均人数 / 人	22599	17729	20345	22130	18517	12664	14275	9965	8632	13292	12199	13499	11771	4506
	3. 工资总额 / 元	3557814589	2599795261	2975791698	4020711620	2477572760	1853445777	2177357924	1615615638	1161806305	1872034041	1901931740	1961048398	2186497645	565425926
	其中，奖金及效益工资 / 元	1862304608	0	651744897	908548857	815995998	935625804	0	972944206	557665404	392177057	823477698	833971250	1068762981	221037820
	4. 平均工资 / 元	157432	146641	146266	181686	133800	146355	152529	162129	134593	140839	155909	145274	185753	125483
其他从业	1. 期末人数 / 人	2	0	0	185	41	42	0	14	0	0	373	0	6569	2
	2. 平均人数 / 人	5	0	0	236	57	45	0	24	0	32	441	0	6610	2
	3. 劳动报酬 / 元	801154	0	0	11518720	3888843	4723600	0	1301265	0	4938698	39732052	0	599582262	210000
	4. 平均劳动报酬 / 元	160231	0	0	48808	68225	104969	0	54219	0	154334	90095	0	90708	105000
非在岗	1. 期末人数 / 人	2295	1214	823	1335	1603	1124	1786	550	214	1340	622	1050	319	114
	2. 平均人数 / 人	2311	1655	969	1252	2211	1129	1885	554	291	1349	657	1105	323	124
	3. 生活费 / 元	50757913	46574934	22913901	73293475	72892564	58093426	48337816	24706533	2366846	34363623	10927741	29255833	17399422	4504074
	4. 平均生活费 / 元	21964	28142	23647	58541	32968	51456	25643	44597	8133	25473	16633	26476	53868	36323
	其中，（1）内部退养职工人数 / 人	709	391	217	683	878	257	383	240	13	353	105	517	283	17
	（2）内部下岗职工人数 / 人	990	761	512	536	578	735	1120	160	116	943	512	468	5	33
	其中，一年以上 / 人	0	570	366	82	293	429	316	0	9	559	449	161	0	25
	（3）长期病、休假人数 / 人	277	62	20	84	147	108	144	150	66	41	5	57	30	63
	（4）长期学习职工人数 / 人	0	0	0	1	0	0	0	0	0	0	0	0	0	0
	（5）集体外出劳务人数 / 人	28	0	31	0	0	0	0	0	0	0	0	6	0	0
	（6）个人外出劳务人数 / 人	291	0	43	31	0	24	139	0	19	3	0	2	1	1

制表：肖艳敏

表 14-10　2021 年中国铁路工程集团有限公司劳动工资统计（二）

	项目	机构														
		中铁建工	中铁广州局	中铁北京局	中铁上海局	中铁国际	中海外	东方国际	中铁二院	中铁六院	中铁设计	中铁大桥院	中铁华铁	中铁长江设计	中铁水利设计	中铁科研院
在岗	1. 期末人数 / 人	16678	5738	7723	9466	655	239	189	5784	1937	3004	1232	758	633	575	1030
	2. 平均人数 / 人	16004	5764	7759	9404	653	239	192	5857	1911	2937	1184	754	597	551	1022
	3. 工资总额 / 元	3417264759	835323856	1192840978	1608968476	257374549	95435192	56347800	2110402152	615091060	1089179236	424914442	188830000	197101100	145526700	262440094
	其中，奖金及效益工资 / 元	1225375207	121763547	322818713	390390915	25484987	0	11269560	1612856195	435176525	814516005	234789266	87600000	0	0	159421016
	4. 平均工资 / 元	213526	144921	153736	171094	394142	399310	293478	360321	321869	370848	358880	250438	330153	264114	256791
其他从业	1. 期末人数 / 人	28	193	20	8	69	823	138	19	0	8	952	1096	2	12	418
	2. 平均人数 / 人	34	202	16	8	70	823	118	19	0	8	961	1051	2	10	422
	3. 劳动报酬 / 元	4200385	13242277	1818171	683418	14319200	32982178	12875300	2046875	0	2918600	154286197	99600000	458200	2125600	59770921
	4. 平均劳动报酬 / 元	123541	65556	113636	85427	204560	40076	109113	107730	0	364825	160548	94767	229100	212560	141637
非在岗	1. 期末人数 / 人	295	261	454	549	6	14	0	20	8	21	10	15	0	0	3
	2. 平均人数 / 人	303	265	525	578	6	14	0	20	10	21	16	16	0	0	4
	3. 生活费 / 元	7912341	7013411	11627323	14275976	214909	1338097	0	851972	316800	214604	380002	120000	0	0	199704
	4. 平均生活费 / 元	26113	26466	22147	24699	35818	95578	0	42599	31680	10219	23750	7500	0	0	49926
	其中，（1）内部退养职工人数 / 人	143	130	54	178	5	14	0	10	4	4	10	0	0	0	1
	（2）内部下岗职工人数 / 人	101	122	332	274	0	0	0	0	2	10	0	0	0	0	0
	其中，一年以上 / 人	67	19	322	33	0	0	0	0	2	5	0	0	0	0	0
	（3）长期病、休假人数 / 人	24	1	57	55	1	0	0	5	0	3	0	1	0	0	2
	（4）长期学习职工人数 / 人	0	0	0	0	0	0	0	0	2	0	0	0	0	0	0
	（5）集体外出劳务人数 / 人	0	0	0	0	0	0	0	0	0	0	0	0	0	0	0
	（6）个人外出劳务人数 / 人	27	8	11	42	0	0	0	5	0	4	0	14	0	0	0

制表：肖艳敏

统计资料

表 14-11　2021 年中国铁路工程集团有限公司劳动工资统计（三）

项目		机构																					
		中铁置业	中铁文旅	中铁工业	中铁装配	中铁资源	中铁物贸	中铁信托	中铁财务	中铁资本	中铁投资	中铁南方	中铁交通	中铁开投	中铁城投	中铁上投	中铁发展	中铁北方	中铁广投	中国铁工投资	中铁信科	中铁国资	中铁党校	总部机关
在岗	1. 期末人数 / 人	2320	535	12265	480	1142	1006	466	82	214	271	524	354	441	682	233	277	251	198	2761	110	1398	40	369
	2. 平均人数 / 人	2432	495	12012	526	1123	953	457	76	210	252	514	351	422	662	219	242	255	180	2587	107	1421	40	310
	3. 工资总额 / 元	628885666	137250000	1714462580	66103938	345330000	295607839	267349400	29646200	91179622	107514434	207402697	118933629	167844500	243110000	82398124	114795074	82900577	75118260	529390000	37523888	196341570	10162862	165587979
	其中，奖金及效益工资 / 元	230805855	38000000	1024742924	0	0	32705063	0	1029000	25525032	50592128	136898785	26165399	100716712	68147983	5637310	51657783	43937306	7420000	322958457	13764312	51540782	1206971	59710269
	4. 平均工资 / 元	258588	277273	142729	125673	307507	310187	585010	390082	434189	426645	403507	338842	397736	367236	376247	474360	325100	417324	204635	350691	138171	254072	534155
其他从业	1. 期末人数 / 人	1	0	3	18	0	62	0	4	1	84	120	116	262	0	67	168	55	0	0	0	322	12	7
	2. 平均人数 / 人	23	0	3	18	0	64	0	3	1	72	120	113	246	0	78	182	71	0	0	0	302	14	7
	3. 劳动报酬 / 元	3441479	0	5623236	1736243	0	11824471	0	415965	324000	21977258	29905902	10658234	46529400	0	16697815	38405303	12720642	0	0	0	19289723	2182460	1594967
	4. 平均劳动报酬 / 元	149630	0	1874412	96458	0	184757	0	138655	324000	305240	249216	94321	189144	0	214075	211018	179164	0	0	0	63873	155890	227852

续表

	项目	机构																					
		中铁置业	中铁文旅	中铁工业	中铁装配	中铁资源	中铁物贸	中铁信托	中铁财务	中铁资本	中铁投资	中铁南方	中铁交通	中铁开投	中铁城投	中铁上投	中铁发展	中铁北方	中铁广投	中国铁工投资	中铁信科	中铁国资	中铁党校	总部机关
非在岗	1. 期末人数/人	10	0	311	18	26	3	0	0	0	0	0	0	0	0	0	0	0	0	14	0	59	1	1
	2. 平均人数/人	10	0	351	18	26	3	0	0	0	0	0	0	0	0	0	0	0	0	16	0	59	1	1
	3. 生活费/元	1178335	0	3329164	505404	3040000	385477	0	0	0	0	0	0	0	0	0	0	0	0	610000	0	1839405	80184	32273
	4. 平均生活费/元	117834	0	9485	28078	116923	128492	0	0	0	0	0	0	0	0	0	0	0	0	38125	0	31176	80184	32273
	其中，（1）内部退养职工人数/人	10	0	105	0	26	3	0	0	0	0	0	0	0	0	0	0	0	0	10	0	28	1	0
	（2）内部下岗职工人数/人	0	0	96	0	0	0	0	0	0	0	0	0	0	0	0	0	0	0	4	0	9	0	1
	其中，一年以上/人	0	0	96	0	0	0	0	0	0	0	0	0	0	0	0	0	0	0	3	0	9	0	0
	（3）长期病、休假人数/人	0	0	9	18	0	0	0	0	0	0	0	0	0	0	0	0	0	0	0	0	3	0	0
	（4）长期学习职工人数/人	0	0	0	0	0	0	0	0	0	0	0	0	0	0	0	0	0	0	0	0	0	0	0
	（5）集体外出劳务人数/人	0	0	2	0	0	0	0	0	0	0	0	0	0	0	0	0	0	0	0	0	0	0	0
	（6）个人外出劳务人数/人	0	0	99	0	0	0	0	0	0	0	0	0	0	0	0	0	0	0	0	0	19	0	0

制表：肖艳敏

统计资料

表 14-12　2021 年中国中铁股份有限公司技术动力装备情况年报

序号	单位名称	境内 / 外	统计期内自有机械设备				统计期全部职工实有数 / 人	技术装备率 /（万元 / 人）（净值）	动力装备率 /（千瓦 / 人）	统计期施工产值 / 万元	装备生产率	设备新度系数
			数量 / 台	原值 / 万元	净值 / 万元	总功率 / 千瓦						
1	中铁一局	境内	6392	618040.94	227403.71	1148154.82	24146	47.55	47.55	11705998.60	51.48	0.37
		境外	771	37979.76	14380.56	106069.78	311	341.06	341.06	222001.40	15.44	0.38
2	中铁二局	境内	5667	397270.87	166847.71	571704.13	19455	9.26	34.96	7315281.00	43.84	0.42
		境外	739	48598.14	13244.03	108512.90				53632.00	4.05	0.27
3	中铁三局	境内	6439	577287.97	230242.10	1288186.81	21146	11.20	63.80	7380000.00	32.05	0.40
		境外	335	17130.01	6488.31	61031.58				150000.00	23.12	0.38
4	中铁四局	境内	4773	506928.12	209810.14	803736.29	23790	9.10	36.90	14383100.00	68.55	0.41
		境外	516	26141.27	6730.21	74161.75				267000.00	39.67	0.26
5	中铁五局	境内	6023	344874.79	124918.22	608934.17	19035	7.27	44.67	7417795.00	59.38	0.36
		境外	1495	68294.41	13432.10	241335.70				246096.00	18.32	0.20
6	中铁六局	境内	7027	232461.76	82912.76	417602.70	13219	6.27	31.66	3947882.00	47.61	0.36
		境外	38	339.36	0.00	934.50				29182.00	8.32	0.00
7	中铁七局	境内	4870	239963.60	82278.28	362077.83	12963	6.35	27.93	5051158.00	61.39	0.34
		境外	3318	167592.15	42978.71	510309.00	3187	13.49	160.12	419619.00	9.76	0.26
8	中铁八局	境内	3893	185155.58	68797.73	337429.02	10610	7.18	41.83	3728275.00	54.19	0.37
		境外	823	34429.98	7379.74	106411.04				44961.00	6.09	0.21
9	中铁九局	境内	5978	162001.40	51201.73	383617.84	9427	8.39	59.48	2280000.00	44.53	0.32
		境外	1629	77714.78	27893.43	177105.41				195000.00	6.99	0.36
10	中铁十局	境内	4367	205698.00	88165.00	455634.70	14480	6.09	31.47	6326175.00	71.75	0.43
		境外	488	33451.00	4271.00	82058.90	260	16.43	315.61	267252.00	62.57	0.13
11	中铁大桥局	境内	12172	460235.30	176781.55	458750.00	12990	15.40	44.31	4100000.00	23.19	0.38
		境外	1773	49170.03	23232.96	116803.31				230000.00	9.90	0.47
12	中铁隧道局	境内	20743	847054.97	289815.74	1196110.75	14466	22.04	85.05	5629647.00	19.42	0.34
		境外	435	62690.74	28987.58	34288.51				167650.00	5.78	0.46

续表

序号	单位名称	境内/外	统计期内自有机械设备				统计期全部职工实有数/人	技术装备率/（万元/人）（净值）	动力装备率/（千瓦/人）	统计期施工产值/万元	装备生产率	设备新度系数
			数量/台	原值/万元	净值/万元	总功率/千瓦						
13	中铁电气化局	境内	4284	177730.40	56888.87	404310.39	12805	4.44	31.57	4820831.53	84.74	0.32
		境外	0	0.00	0.00	0.00	0	0.00	0.00	0.00	0.00	0.00
14	中铁建工	境内	940	48642.31	22093.48	50354.14	16967	1.68	5.36	6971448.00	315.54	0.45
		境外	1894	22754.88	6563.47	40630.00				21262.00	3.24	0.29
15	中铁国际	境内	2	77.16	10.40	319.00	225.00	53.03	600.88	0.00	0.00	0.13
		境外	1060	43211.05	11921.80	134879.80				22546.32	1.89	0.28
16	中海外	境内	0	0.00	0.00	0.00	0	0.00	0.00	0.00	0.00	0.00
		境外	1288	52221.53	9564.69	61466.27	264.00	36.23	232.83	93459.00	9.77	0.18
17	中铁广州局	境内	1461	176422.21	82125.19	189212.59	5598	14.67	33.80	3492272.00	42.52	0.47
		境外	26	1775.05	895.27	5180.50	34	26.33	152.37	5728.00	6.40	0.50
18	中铁北京局	境内	1580	104384.08	53750.68	200915.25	8162	6.59	24.62	3219400.00	59.90	0.51
		境外	100	3216.07	2173.09	14233.60	147	14.78	96.83	53900.00	24.80	0.68
19	中铁上海局	境内	3180	214253.43	113862.86	248884.41	10076	11.30	24.70	4713000.00	41.39	0.53
		境外	17	333.65	209.02	915.50	40	5.23	22.89	27000.00	129.17	0.63
20	中铁资源	境内	919	90069.00	32820.00	108028.00	353	92.97	306.03	253458.44	7.72	0.36
		境外	4515	419734.00	229885.00	184472.00	4536	50.68	40.67	1458726.80	6.35	0.55
21	中铁武汉电气化局	境内	1268	25649.20	6163.20	74420.00	4546	1.36	16.37	1005420.00	163.13	0.24
		境外	10	881.10	525.40	1124.00	162	3.24	6.94	46719.00	88.92	0.60
合计		境内小计	101978	5614201.09	2166889.36	9308382.82	—	—	—	—	—	0.39
		境外小计	21270	1167658.96	450756.37	2061924.05	—	—	—	—	—	0.39
		总计	123248	6781860.05	2617645.74	11370306.87	263400	9.94	43.17	107762876	41.17	0.39

说明：1. 技术装备率 = 统计期自有机械设备净值 / 全部职工人数；
2. 动力装备率=统计期机械设备总功率 / 全部职工人数；
3. 装备生产率 = 年施工产值（万元）/ 统计期全部设备净值（万元）；
4. 设备新度系数 = 设备净值 / 设备原值；
5. 统计周期：2021 年 1 月 1 日至 12 月 31 日。

制表：姚道雄

表 14-13　2021 年中国中铁股份公司施工机械设备资产变动情况

序号	单位名称	境内 / 外	上年末机械		本年新增固资机械			本年报废机械			本年处置机械			本年末机械	
			数量 / 台	原值 / 万元	数量 / 台	原值 / 万元	功率 / 千瓦	数量 / 台	原值 / 万元	功率 / 千瓦	数量 / 台	原值 / 万元	功率 / 千瓦	数量 / 台	原值 / 万元
1	中铁一局	境内	6754	628711.18	240	16393.40	17759.00	602	27063.64	37025.30	602	27063.64	37025.30	6392	618040.94
		境外	922	45213.36	73	3647.86	6556.00	224	10881.46	15904.00	224	10881.46	15904.00	771	37979.76
2	中铁二局	境内	5846	376210.58	551	59749.74	57335.03	730	30407.14	38101.20	200	10276.43	19512.90	5667	397270.87
		境外	757	49803.32	0	0.00	0.00	18	1205.17	0.00	0	0.00	0.00	739	48598.14
3	中铁三局	境内	5569	527732.00	1013	59182.86	170607.00	143	9626.89	11125.10	127	5370.00	14161.00	6439	577287.97
		境外	321	14790.00	14	2340.01	6746.00	0	0.00	0.00	0	0.00	0.00	335	17130.01
4	中铁四局	境内	4933	500685.97	423	58662.43	113981.51	583	52420.28	68737.10	227	6218.90	10647.05	4773	506928.12
		境外	536	23734.93	15	3644.21	2752.60	35	1237.87	4462.00	0	0.00	0.00	516	26141.27
5	中铁五局	境内	6600	361289.48	452	18746.40	26163.56	1029	35161.09	123120.30	123	3418.03	32420.00	6023	344874.79
		境外	1621	71419.85	47	2446.71	10997.00	173	5572.15	33716.00	63	2000.18	0.00	1495	68294.41
6	中铁六局	境内	7222	227982.13	297	6257.84	29565.35	492	4009.60	11538.84	243	2845.36	7123.71	7027	232461.76
		境外	38	339.36	0	0.00	0.00	0	0.00	0.00	0	0.00	0.00	38	339.36
7	中铁七局	境内	4824	232444.08	321	13948.80	38281.34	277	6574.28	11246.94	128	4557.44	6855.09	4870	239963.60
		境外	3368	163228.49	260	16388.84	348645.75	310	12025.19	40062.05	28	1009.03	4636.00	3318	167592.15
8	中铁八局	境内	3808	179595.88	479	11302.89	29933.00	394	5743.19	20369.00	297	2123.16	14871.00	3893	185155.58
		境外	790	31454.29	62	3602.15	8689.00	29	626.46	4462.00	0	0.00	0.00	823	34429.98
9	中铁九局	境内	5791	184059.62	678	17710.24	64786.59	498	40129.45	49423.58	498	40129.45	49423.58	5971	161640.40
		境外	1491	67859.95	167	10316.71	28049.85	22	100.89	649.50	22	100.89	649.50	1636	78075.77
10	中铁十局	境内	5266	202876.00	345	12372.49	29763.70	1132	6038.20	22273.80	112	3512.20	15448.90	4367	205698.00
		境外	493	33802.00	0	0.00	0.00	5	351.00	573.00	0	0.00	0.00	488	33451.00
11	中铁大桥局	境内	12058	442103.56	1210	29415.52	40256.26	1096	11283.78	25774.62	710	7251.08	16499.56	12172	460235.30
		境外	1559	47784.55	214	1385.48	2895.48	0	0.00	0.00	0	0.00	0.00	1773	49170.03
12	中铁隧道局	境内	21631	837075.38	1478	33524.74	61582.78	2366	23545.14	93598.95	976	20633.01	71316.65	20743	847054.97
		境外	398	69767.03	39	3228.70	3854.00	2	10304.98	3773.00	13	8429.57	3445.00	435	62690.74

续表

序号	单位名称	境内 / 外	上年末机械		本年新增固资机械			本年报废机械			本年处置机械			本年末机械	
			数量 / 台	原值 / 万元	数量 / 台	原值 / 万元	功率 / 千瓦	数量 / 台	原值 / 万元	功率 / 千瓦	数量 / 台	原值 / 万元	功率 / 千瓦	数量 / 台	原值 / 万元
13	中铁电气化局	境内	4245	184461.20	321	8068.30	33323.70	282	14799.10	29291.50	144	4046.74	11427.90	4284	177730.40
		境外	0	0.00	0	0.00	0.00	0	0.00	0.00	0	0.00	0.00	0	0.00
14	中铁建工	境内	958	47148.18	149	5142.82	5304.10	167	3648.69	7030.68	0	0.00	0.00	940	48642.31
		境外	1860	21870.72	54	954.47	2489.70	20	70.31	180.00	20	74.28	180.00	1894	22754.88
15	中铁国际	境内	2	77.16	0	0.00	0.00	0	0.00	0.00	0	0.00	0.00	2	77.16
		境外	1060	43211.05	0	0.00	0.00	0	0.00	0.00	34.00	784.75	1222.60	1060	43211.05
16	中海外	境内	0	0.00	0	0.00	0.00	0	0.00	0.00	0	0.00	0.00	0	0.00
		境外	1310	53881.97	3	126.78	310.00	25	1787.22	3106.40	0	0.00	0.00	1288	52221.53
17	中铁广州局	境内	1377	173120.96	147	7179.78	17571.10	63 00	3878.52	8513.00	43.00	2826.13	5196.00	1461	176422.21
		境外	58	3434.70	-30	-1557.30	-5360.00	2	102.35	480.00	1	50.00	240.00	26	1775.05
18	中铁北京局	境内	1497	100508.26	137	4950.66	8305.40	54	1074.84	4611.70	21	276.73	340.00	1580	104384.08
		境外	88	3174.14	28	462.80	3345.70	16	420.87	2614.00	16	420.87	2614.00	100	3216.07
19	中铁上海局	境内	2967	199809.80	217	14451.11	5100.00	4	7.47	230.00	0	0.00	0.00	3180	214253.43
		境外	17	333.65	0	0.00	0.00	0	0.00	0.00	0	0.00	0.00	17	333.65
20	中铁资源	境内	881	88826.30	38	1243.00	0.00	0	0.00	0.00	0	0.00	0.00	919	90069.00
		境外	4517	416276.00	34	4305.00	0.00	36	847.00	0.00	0	0.00	0.00	4515	419734.00
21	中铁武汉电气化局	境内	1260	24528.00	19	336.50	2115.00	17	333.40	1771.00	17	3915.26	2686.00	1268	25649.20
		境外	15	1990.00	0	0.00	0.00	0	0.00	0.00	0	0.00	0.00	10	881.10
合计		境内小计	103489	5519245.72	8515	378639.52	751734.42	9929	275744.71	563782.61	4468	144463.57	314954.64	101971	5613840.10
		境外小计	21219	1163369.35	980	51292.42	419971.08	917	45532.93	109981.95	421	23751.03	28891.10	21277	1168019.95
		总计	124708	6682615.07	9495	429931.93	1171705.50	10846	321277.64	673764.56	4889	168214.60	343845.74	123248	6781860.05

说明：1. 报废机械：统指已履行报废程序，从账目上已拆除固资的机械设备；
2. 处置机械：指实物已转让或变卖的机械设备；
3. 统计周期：2021 年 1 月 1 日至 12 月 31 日。

制表：姚道雄

表 14–14　2021 年中国中铁股份公司主要施工机械设备实有、完好情况统计

序号	机械名称	能力		质量状况			运用情况				
		单位	数量 / 台	日历台日数	完好台日数	完好率 /%	定额台班	实作台班	利用率 /%	闲置数量 / 台	闲置率 /%
1	履带（或轮胎）挖掘机（≥ 1.0m^3）	m^3	1015	342855	284609	83.01	356534	277936	77.95	93.0	9.16
2	推土机（≥ 132kW）	kW	224	74628	62557	83.82	82576	57972	70.20	24.0	10.71
3	轮胎装载机（≥ 2m^3）	m^3	2625	919925	818666	88.99	704368	613076	87.04	228.0	8.69
4	震动（或静压）压路机（≥ 14t）	t	539	180584	148728	82.36	157472	126363	80.24	42.0	7.79
5	平地机（≥ 118kW）	kW	262	87890	69050	78.56	98926	64362	65.06	27.0	10.31
6	凿岩台车（二臂及以上）	台	84	29873	26640	89.18	18168	12525	68.94	11.0	13.10
7	露天钻机（进口各型）	台	47	15288	13602	88.97	12626	10752	85.16	8.0	17.02
8	盾构机	台	370	100768	90781	90.09	104821	93199	88.91	59.0	15.95
9	TBM	台	16	1401	1389	99.14	675	755	111.85	7.0	43.75
10	汽车起重机（≥ 8t）	t	621	181580	159387	87.78	146142	126243	86.38	36.0	5.80
11	轮式起重机（≥ 20t）	t	28	10218	8226	80.50	30238	16119	53.31	6.1	21.79
12	履带起重机（≥ 25t）	t	82	29284	25762	87.97	19679	17452	88.68	7.1	8.66
13	塔式起重机（≥ 100t.m）	t.m	588	208947	187927	89.94	176452	157242	89.11	79.0	13.44
14	载重汽车（≥ 5t）	t	468	126881	110025	86.71	144923	130205	89.84	26.0	5.56
15	自卸汽车（≥ 8t）	t	2296	795298	667168	83.89	1041175	858753	82.48	262.0	11.41
16	混凝土搅拌站（≥ 60m^3/h）	m^3/h	3214	1107276	1002192	90.51	695566	640666	92.11	237.2	7.38
17	混凝土搅拌输送车（≥ 6m^3）	m^3	1650	586249	535917	91.41	490692	438858	89.44	76.0	4.61
18	混凝土输送泵（≥ 60m^3）	m^3/h	800	275626	240378	87.21	131835	103796	78.73	133.0	16.63
19	混凝土泵车（各型）	台	200	70040	60903	86.95	43189	36003	83.36	12.0	6.00
20	混凝土喷射机械手（≥ 15m^3）	台	331	120024	99430	82.84	53411	44693	83.68	83.0	25.08
21	打桩机	台	36	13142	10947	83.30	11433	4254	37.21	2.30	6.39
22	钻机（含回转、冲击、地质、反循环、水平、多功能）	台	356	124887	106575	85.34	96712	71464	73.89	61.1	17.16
23	长钢轨焊接生产设备	套	79	28185	25938	92.03	14560	12107	83.15	9.0	11.39

续表

序号	机械名称	能力		质量状况			运用情况				
		单位	数量 / 台	日历台日数	完好台日数	完好率 /%	定额台班	实作台班	利用率 /%	闲置数量 / 台	闲置率 /%
24	铺轨机（各型）	台	95	33756	30999	91.83	17806	12828	72.04	19.0	20.00
25	架桥机（≥ 900t）	台	100	35921	32070	89.28	17690	12406	70.13	27.0	27.00
26	运梁车（≥ 900t）	台	87	30816	27725	89.97	16264	11835	72.77	18.0	20.69
27	提梁机（≥ 900t）	台	99	35386	32533	91.94	22595	15098	66.82	27.0	27.27
28	搬运机（≥ 900t）	台	69	22442	20771	92.55	10797	9040	83.73	6.0	8.70
29	轮轨式 T 梁架桥机	台	23	8247	7045	85.43	4130	1104	26.73	15.0	65.22
30	公铁两用架桥机（≥ 160t）	台	72	25117	22726	90.48	15440	8308	53.81	28.0	38.89
31	其他架桥机	台	89	30202	26274	86.99	16756	10150	60.58	32.0	35.96
32	造桥机（各型）	台	20	7300	6439	88.21	3225	1965	60.93	15.0	75.00
33	铁路机车（各型）	台	400	144229	136721	94.79	268527	250830	93.41	36.0	9.00
34	轨道车（各型）	台	587	198384	186357	93.94	215716	195562	90.66	25.0	4.26
35	大型机械化养路设备	套	83	27295	25021	91.67	17635	12985	73.63	8.0	9.64
36	接触网恒张力放线车、作业车	台	915	322172	305422	94.80	257935	220022	85.30	43.0	4.70
37	稳定土厂拌设备（或拌和站）（各型）	台	227	81428	73676	90.48	63633	49706	78.11	38.0	16.74
38	稳定土摊铺机（各型）	台	16	5100	4656	91.29	3617	2480	68.57	4.0	25.00
39	混凝土摊铺机（各型）	台	9	3102	2622	84.51	1419	728	51.30	3.2	35.56
40	沥青搅拌站（各型）	台	71	24238	20628	85.11	23335	12754	54.66	10.3	14.51
41	沥青摊铺机（各型）	台	74	26982	22744	84.29	30227	13403	44.34	9.5	12.84
42	船舶（各型）	艘	61	22235	21559	96.96	14273	10881	76.23	4.0	6.56
43	其他	台	13395	4210973	3606016	85.63	2544768	2206874	86.72	1102.0	8.23
合计			32423	10726173.5	9368799	87.35	8197960	6973752	85.07	2998.8	9.25

表 14-15　2021 年中国中铁股份公司外租设备统计

序号	设备名称	设备租赁数量 / 台			应结算金额 / 万元			
		总数量	境内数量	境外数量	总金额 / 万元	境内金额 / 万元	境外金额 / 万元	金额占比 /%
1	挖掘机	20621	20213	408	235486.63	229898.80	5587.83	12.60
2	推土机	704	670	34	6506.57	6155.17	351.40	0.30
3	装载机	5249	5179	70	44873.78	44229.65	644.14	2.40
4	压路机	1238	1179	59	8867.16	8238.47	628.69	0.50
5	平地机	276	244	32	2538.39	2078.66	459.74	0.10
6	凿岩台车（两臂及以上）	35	29	6	2208.19	1110.83	1097.36	0.10
7	露天钻机（管棚钻机、多功能钻机、水平钻机等）	74	74	0	2918.13	2918.13	0	0.20
8	TBM 或盾构机	259	259	0	204100.85	204100.85	0	11.00
9	汽车起重机	20437	20270	167	229858.33	227345.53	2512.79	12.30
10	履带起重机	816	806	10	27954.35	25506.28	2448.07	1.50
11	塔式起重机	5535	5401	134	177275.39	172271.18	5004.21	9.50
12	桥门式起重机（含搬运机、提梁机）	1191	1185	6	29682.77	29656.76	26.01	1.60
13	载重汽车	5991	5942	49	43255.67	42677.79	577.88	2.30
14	自卸汽车	7732	7216	516	68909.09	63912.66	4996.44	3.70
15	混凝土搅拌站	164	161	3	24111.30	23687.48	423.82	1.30
16	混凝土输送车	8778	8720	58	155362.09	154440.42	921.67	8.30
17	混凝土输送泵	1011	1002	9	18395.86	18217.83	178.04	1.00
18	混凝土泵车	4423	4411	12	81818.64	81518.07	300.57	4.40
19	混凝土机械手	129	126	3	7537.37	7285.64	251.73	0.40
20	打桩机（各型）	226	223	3	9784.26	9721.71	62.55	0.50

续表

序号	设备名称	设备租赁数量 / 台			应结算金额 / 万元			
		总数量	境内数量	境外数量	总金额 / 万元	境内金额 / 万元	境外金额 / 万元	金额占比 /%
21	桩孔钻机（含回转、冲击、地质、反循环）	229	229	0	19565.86	19565.86	0	1.00
22	长钢轨焊接设备（套）	5	5	0	743.74	743.74	0	0.00
23	铺轨机（各型）	27	27	0	771.54	771.54	0	0.00
24	运架梁设备（各型）	120	120	0	12591.83	12591.83	0	0.70
25	造桥机（各型）	3	3	0	109.77	109.77	0	0.00
26	大型机械化养路设备	33	33	0	1555.42	1555.42	0	0.10
27	铁路机车	52	52	0	4473.85	4473.85	0	0.20
28	轨道车	98	98	0	1791.74	1791.74	0	0.10
29	接触网放线车、作业车（各型）	23	23	0	674.37	674.37	0	0.00
30	稳定土拌和站（各型）	20	17	3	1184.79	1085.78	99.01	0.10
31	稳定土摊铺机	6	6	0	887.97	887.97	0	0.00
32	混凝土摊铺机	7	7	0	119.19	119.19	0	0.00
33	沥青搅拌站	103	103	0	8062.73	8062.73	0	0.40
34	沥青摊铺机	43	42	1	1405.42	1402.86	2.56	0.10
35	船舶	500	431	69	164482.02	163255.68	1226.34	8.85
36	其他	31357	30350	507	263904.28	259710.34	4193.94	14.45
合计		117515	115356	2159	1863769.35	1831774.57	31994.78	100

说明：统计日期为 2021 年 1 月 1 日至 12 月 31 日。

制表：姚道雄

CHAPTER 15

附 录

CHINA RAILWAY ENGINEERING CORPORATION YEARBOOK

文件辑要

表 15-1　2021 年中国铁路工程集团有限公司党委文件目录

发文字号	文件标题
中铁程党干〔2021〕1 号	中国铁路工程集团有限公司党委关于中国中铁股份有限公司第五届董事会组成人选的请示
中铁程党干〔2021〕2 号	中国铁路工程集团有限公司党委关于王士奇、刘建媛职务任免的请示
中铁程党干〔2021〕3 号	中国铁路工程集团有限公司党委关于中国中铁股份有限公司监事会主席人选的请示
中铁程党办〔2021〕4 号	中国中铁贯彻落实习近平总书记重要指示批示“回头看”工作情况的报告
中铁程党办〔2021〕5 号	中国中铁党委关于 2020 年贯彻落实中央八项规定精神情况的报告
中铁程党宣〔2021〕6 号	中国铁路工程集团有限公司党委关于 2020 年理论学习中心组学习情况的报告
中铁程党组〔2021〕7 号	关于中国铁路工程集团有限公司 2020 年度领导班子民主生活会情况的报告
中铁程党组〔2021〕8 号	中国中铁党委关于 2020 年党建工作责任制考核评价自评情况的报告
中铁程党办〔2021〕9 号	中国中铁关于驰援石家庄抗疫隔离场所建设任务情况的报告
中铁程党干〔2021〕10 号	中国铁路工程集团有限公司党委关于中国中铁股份有限公司有关领导人员任职的请示
中铁程党组〔2021〕11 号	中国中铁党委关于报送庆祝建党 100 周年系列活动方案的报告
中铁程党干〔2021〕12 号	中国铁路工程集团有限公司党委关于提名中国中铁股份有限公司党委常委、副总裁人选的请示
中铁程党组〔2021〕13 号	关于表彰中国中铁先进基层党组织标杆、优秀共产党员标兵、优秀党务工作者标兵的决定
中铁程党组〔2021〕14 号	中国中铁党委、中国中铁关于命名表彰“红旗项目部”“示范党支部”的决定
中铁程党办〔2021〕15 号	中国中铁党委关于 2021 年上半年贯彻落实中央八项规定精神情况的报告
中铁程党办〔2021〕17 号	中国中铁党委贯彻落实中央《关于加强对“一把手”和领导班子监督的意见》有关情况的报告
中铁程党办〔2021〕19 号	中国中铁党委关于 2021 年上半年落实全面从严治党主体责任、推进党风廉政建设和反腐败工作情况的报告
中铁程党干〔2021〕26 号	中国铁路工程集团有限公司党委关于印发《规范领导干部配偶、子女及其配偶经商办企业行为规定（试行）》的通知
中铁程党干〔2021〕27 号	关于规范和加强党校工作的通知
中铁程党办〔2021〕30 号	中国中铁党委关于 2021 年深入学习贯彻落实习近平总书记重要指示批示精神情况的报告
中铁程党办〔2021〕31 号	中国中铁党委关于 2021 年贯彻落实中央八项规定精神情况的报告
中铁程党宣〔2021〕32 号	中国铁路工程集团有限公司党委关于报送党史学习教育情况的总结报告

制表：徐朵

表 15-2　2021 年中国铁路工程集团有限公司文件目录

发文字号	文件标题
中铁程董〔2021〕1 号	中国铁路工程集团有限公司关于豁免陈文健担任总经理兼任中国中铁股份有限公司高级管理人员限制事宜的请示
中铁程办〔2021〕2 号	中国铁路工程集团有限公司关于报送 2020 年压减工作总结的报告
中铁程财〔2021〕3 号	中国铁路工程集团有限公司关于 2020 年度资产评估管理工作总结的报告
中铁程办〔2021〕4 号	中国铁路工程集团有限公司关于中铁二局瑞隆公司与成都澳鑫隆公司等买卖合同纠纷案有关情况的报告

续表

发文字号	文件标题
中铁程办〔2021〕5号	中国铁路工程集团有限公司2020年度完善中国特色现代企业制度工作报告
中铁程办〔2021〕6号	中国铁路工程集团有限公司关于报送2020年度“两非”剥离工作情况的报告
中铁程财〔2021〕7号	关于中国铁路工程集团有限公司2020年度国有资本经营预算绩效自评情况的报告
中铁程办〔2021〕8号	中国铁路工程集团有限公司关于报送2020年完善中国特色现代企业制度工作情况的报告
中铁程董〔2021〕9号	中国铁路工程集团有限公司关于《中国中铁董事会2020年度工作报告》的报告
中铁程办〔2021〕10号	中国铁路工程集团有限公司关于《2021年度重大风险评估报告》的报告
中铁程办〔2021〕11号	中国铁路工程集团有限公司关于2020年投资完成情况的报告
中铁程办〔2021〕12号	中国铁路工程集团有限公司关于2020年度员工持股工作情况的报告
中铁程办〔2021〕13号	中国铁路工程集团有限公司关于2020年度违规经营投资责任追究工作情况的报告
中铁程财〔2021〕14号	中国铁路工程集团有限公司关于产权登记数据核查整改情况的报告
中铁程财〔2021〕15号	中国铁路工程集团有限公司关于公布2021年度集团公司总部经费预算的通知
中铁程办〔2021〕16号	中国铁路工程集团有限公司关于投资马来西亚大马城恢复性综合开发项目的请示
中铁程财〔2021〕17号	中国铁路工程集团有限公司关于2021年度预算有关情况的请示
中铁程办〔2021〕18号	中国铁路工程集团有限公司关于挂靠问题有关事项的报告
中铁程办〔2021〕19号	中国铁路工程集团有限公司关于房地产业务有关情况的报告
中铁程财〔2021〕20号	中国铁路工程集团有限公司关于2021年度经营业绩考核目标和职工工资总额预算有关事宜的请示
中铁程办〔2021〕21号	关于表彰2020年度中国铁路工程集团有限公司科学技术奖获奖成果的决定
中铁程财〔2021〕22号	中国铁路工程集团有限公司关于2020年度境外产权管理状况的报告
中铁程办〔2021〕23号	中国铁路工程集团有限公司关于2020年法律纠纷案件情况的报告
中铁程财〔2021〕24号	中国铁路工程集团有限公司关于2020年度产权登记数据汇总分析情况的报告
中铁程办〔2021〕25号	中国铁路工程集团有限公司关于报送2020年重点亏损企业治理工作总结的报告
中铁程财〔2021〕26号	中国铁路工程集团有限公司关于报送2021年度投资计划的报告
中铁程财〔2021〕27号	中国铁路工程集团有限公司关于2021年度非主业投资控制比例的请示
中铁程办〔2021〕28号	中国铁路工程集团有限公司关于收购上市公司项目有关进展情况的报告
中铁程办〔2021〕29号	中国铁路工程集团有限公司关于企业负责人履职待遇、业务支出2020年度管理情况及2021年度预算方案的报告
中铁程财〔2021〕30号	中国铁路工程集团有限公司关于中国中铁内保外贷业务专项报告
中铁程董〔2021〕32号	中国铁路工程集团有限公司关于报送《中国中铁外部董事履职保障方案》的报告
中铁程财〔2021〕33号	中国铁路工程集团有限公司关于2020年度国有资本保值增值情况的报告
中铁程财〔2021〕34号	中国铁路工程集团有限公司关于审核2020年度企业财务会计决算报表的请示
中铁程财〔2021〕35号	中国铁路工程集团有限公司关于报送《2020年度境外子企业财务决算报表》的报告
中铁程财〔2021〕36号	中国铁路工程集团有限公司关于报送《2020年应收款项和存货分类统计报表》的报告
中铁程财〔2021〕37号	中国铁路工程集团有限公司关于2020年度财务决算备案情况的报告
中铁程财〔2021〕38号	中国铁路工程集团有限公司关于2020年度资产减值准备财务核销管理工作情况的报告

附录

续表

发文字号	文件标题
中铁程财〔2021〕39 号	中国铁路工程集团有限公司关于 2020 年度账销案存资产管理情况的报告
中铁程财〔2021〕40 号	中国铁路工程集团有限公司关于 2020 年度金融衍生业务开展情况的专项报告
中铁程办〔2021〕41 号	关于印发《中国铁路工程集团有限公司 2021 年定点帮扶工作计划》的通知
中铁程财〔2021〕42 号	中国铁路工程集团有限公司关于 2020 年度业绩考核目标完成情况的报告
中铁程财〔2021〕43 号	中国铁路工程集团有限公司关于基金业务开展有关情况的报告
中铁程办〔2021〕44 号	中国铁路工程集团有限公司关于 2020 年度内控体系工作情况的报告
中铁程办〔2021〕45 号	关于报送《中国中铁 2021 年提质增效专项行动方案》的报告
中铁程财〔2021〕46 号	中国铁路工程集团有限公司关于所属子公司参与南昌市南昌轨道交通基金有关事宜的报告
中铁程办〔2021〕47 号	关于中国铁路工程集团有限公司总部机构与职能优化调整的通知
中铁程办〔2021〕48 号	中国铁路工程集团有限公司关于申报国有重点企业管理提升标杆的报告
中铁程办〔2021〕49 号	中国铁路工程集团有限公司关于中铁二局瑞隆公司与成都澳鑫隆公司等买卖合同纠纷结案情况的报告
中铁程办〔2021〕50 号	关于中国铁路工程集团有限公司扶贫开发工作领导小组更名及成员调整的通知
中铁程财〔2021〕51 号	中国铁路工程集团有限公司关于申报 2020 年度国有资本收益的报告
中铁程董〔2021〕52 号	中国铁路工程集团有限公司关于 2020 年年度业绩说明会总结及 2021 年投资者沟通专项工作方案的报告
中铁程办〔2021〕53 号	中国铁路工程集团有限公司关于开展民企挂靠国资问题综合整治专项行动工作总结报告
中铁程办〔2021〕54 号	中国铁路工程集团有限公司 2020 年国有企业改革重点工作任务整改落实情况报告
中铁程财〔2021〕55 号	中国铁路工程集团有限公司关于申报 2022 年中央企业离休干部医药费国有资本经营预算资金事宜的请示
中铁程财〔2021〕56 号	中国铁路工程集团有限公司关于 2022 年国有资本经营预算申报的报告
中铁程财〔2021〕57 号	中国铁路工程集团有限公司基金业务 2020 年度报告
中铁程办〔2021〕58 号	中国铁路工程集团有限公司关于 2021 年度上半年经营业绩考核目标执行情况的报告
中铁程办〔2021〕59 号	关于成立驻马里人员遭劫持突发事件处置专项工作组的通知
中铁程财〔2021〕60 号	中国中铁关于协助所属企业车辆转籍的请示
中铁程办〔2021〕61 号	关于报送马来西亚大马城恢复性综合开发项目协议失效情况的报告
中铁程财〔2021〕62 号	中国铁路工程集团有限公司关于国有资产评估管理工作自查情况的报告
中铁程办〔2021〕63 号	中国铁路工程集团有限公司关于《2020 年度工资总额清算方案》的报告
中铁程办〔2021〕64 号	关于中铁二局兴业快线石景山隧道“7·15”重大透水事故情况的报告
中铁程办〔2021〕65 号	中国中铁关于青海省木里矿区聚乎更八、九号井生态环境损害相关事宜的报告
中铁程办〔2021〕66 号	中国铁路工程集团有限公司关于内控体系有效性抽查评价问题整改工作报告
中铁程办〔2021〕67 号	关于印发《中国铁路工程集团有限公司经济系列高级经济师任职资格评审管理规定》的通知
中铁程办〔2021〕68 号	关于印发《中国铁路工程集团有限公司经济系列正高级经济师任职资格评审管理规定》的通知
中铁程办〔2021〕69 号	关于印发《中国铁路工程集团有限公司工程系列正高级工程师任职资格评审管理规定》的通知
中铁程办〔2021〕70 号	关于印发《中国铁路工程集团有限公司思想政治工作人员专业职务任职资格评定管理规定》的通知

续表

发文字号	文件标题
中铁程办〔2021〕71号	关于印发《中国铁路工程集团有限公司会计系列高级会计师任职资格评审管理规定》的通知
中铁程办〔2021〕72号	关于印发《中国铁路工程集团有限公司专业技术职务任职资格评审管理规定》的通知
中铁程办〔2021〕73号	中国铁路工程集团有限公司关于2020年度外部董事报酬管理工作情况的报告
中铁程办〔2021〕74号	关于印发《中国铁路工程集团有限公司工程系列高级工程师任职资格评审管理规定》的通知
中铁程办〔2021〕75号	关于印发《中国铁路工程集团有限公司会计系列正高级会计师任职资格评审管理规定》的通知
中铁程办〔2021〕76号	关于成立中国铁路工程集团有限公司投资管理中心的通知
中铁程办〔2021〕78号	中国铁路工程集团有限公司关于报送《中国中铁加强子企业董事会建设工作方案》的报告
中铁程办〔2021〕79号	中国铁路工程集团有限公司关于报送《中国中铁落实子企业董事会职权工作方案》的报告
中铁程办〔2021〕80号	中国铁路工程集团有限公司关于下达所属各单位工资总额2020年度清算结果和2021年度预算的通知
中铁程办〔2021〕81号	关于申请授予中国铁路工程集团有限公司外事办公室一定的出访来访外事审批权的请示
中铁程办〔2021〕84号	中国铁路工程集团有限公司关于驻京办专项清理“回头看”工作开展情况的报告
中铁程办〔2021〕85号	中国铁路工程集团有限公司关于开展非上市资产清查工作的通知
中铁程办〔2021〕86号	中国铁路工程集团有限公司关于报送《中国中铁应建董事会企业清单》和《中国中铁落实子企业董事会职权“重要子企业”清单》的报告
中铁程办〔2021〕87号	中国铁路工程集团有限公司关于企业负责人2020年度薪酬兑现情况的报告
中铁程办〔2021〕88号	中国铁路工程集团有限公司关于中国中铁股份有限公司实施限制性股票激励计划的请示
中铁程办〔2021〕89号	关于调整中国铁路工程集团有限公司外事工作领导小组的通知
中铁程办〔2021〕90号	中国铁路工程集团有限公司关于2021年度考核分配工作情况的报告
中铁程财〔2021〕91号	中国铁路工程集团有限公司关于呈报2022年度主要指标预算预报表的报告
中铁程办〔2021〕93号	中国铁路工程集团有限公司关于报批《北斗在重大基建工程数字化施工中的应用示范项目工程可行性研究报告》的请示
中铁程财〔2021〕94号	关于中国铁路工程集团有限公司上报不适宜公开企业情况的报告
中铁程办〔2021〕96号	中国中铁关于成都中铁海达股权投资基金管理有限公司发行基金产品无法按期兑付风险情况的报告
中铁程办〔2021〕97号	关于报送《中国中铁“十四五”发展规划》的报告
中铁程董〔2021〕98号	关于印发《董事会授权董事长、总经理行使公司有关职权方案》的通知
中铁程财〔2021〕101号	中国铁路工程集团有限公司关于2021年度财务决算备案情况的报告
中铁程办〔2021〕102号	中国铁路工程集团有限公司关于中国中铁股份有限公司收购上市公司项目有关进展情况的报告

制表：徐朵

表15-3　2021年中国中铁股份有限公司党委文件目录

发文字号	文件标题
中国中铁党巡〔2021〕1号	中国中铁党委关于2020年第一批巡视发现共性问题的通报
中国中铁党组〔2021〕2号	中国中铁党委关于印发《中国中铁股份有限公司党建工作责任制考核评价办法》的通知
中国中铁党组〔2021〕3号	中国中铁党委关于表彰2020年度党建理论研究课题优秀成果的通知
中国中铁党办〔2021〕4号	关于严格执行作风建设规定落实“勤俭办企业十不准”的通知

续表

发文字号	文件标题
中国中铁党干〔2021〕5 号	关于印发《中国中铁股份有限公司关于进一步规范领导人员以及关键岗位人员配偶、子女及其配偶经商办企业行为的规定》的通知
中国中铁党宣〔2021〕6 号	中国中铁党委 2021 年宣传思想文化工作要点
中国中铁党宣〔2021〕7 号	关于印发《中国中铁党委关于开展党史学习教育的工作方案》的通知
中国中铁党宣〔2021〕8 号	关于印发《2021 年中国中铁党委理论学习中心组重点学习内容安排》的通知
中国中铁党团〔2021〕9 号	关于印发《中国中铁党委关于进一步加强党建带团建工作的实施意见》的通知
中国中铁党组〔2021〕10 号	关于印发《中国中铁党委 2021 年组织工作要点》的通知
中国中铁党干〔2021〕11 号	关于印发《中国中铁人才队伍建设工作会议及相关重要会议工作任务分解清单》的通知
中国中铁党宣〔2021〕14 号	关于印发《中国中铁党委“我为群众办实事”实践活动工作方案》的通知
中国中铁党组〔2021〕15 号	关于印发《中国中铁党委关于开展庆祝建党 100 周年系列活动方案》的通知
中国中铁党宣〔2021〕16 号	关于印发《中国中铁党史学习教育重点任务清单》的通知
中国中铁党宣〔2021〕17 号	中国中铁党委关于开展“永远跟党走”群众性主题宣传教育活动的通知
中国中铁党办〔2021〕18 号	关于印发《中国中铁党委深入贯彻落实习近平总书记重要指示批示工作办法》的通知
中国中铁党组〔2021〕19 号	中国中铁党委　中国中铁关于表彰奖励姜春平同志的决定
中国中铁党办〔2021〕20 号	关于印发《中国中铁股份有限公司荣誉表彰管理办法》的通知
中国中铁党宣〔2021〕21 号	关于开展“理想信念情怀　爱党爱国爱企”主题活动的通知
中国中铁党干〔2021〕22 号	关于印发《中国中铁股份有限公司“四好”领导班子考核评比办法》的通知
中国中铁党干〔2021〕23 号	关于印发《中国中铁股份有限公司二级企业经理层成员任期制和契约化管理办法（试行）》的通知
中国中铁党宣〔2021〕24 号	关于表彰中国中铁“开路先锋”卓越人物的决定
中国中铁党宣〔2021〕25 号	关于印发《中国中铁“开路先锋”企业文化建设实施纲要》的通知
中国中铁党办〔2021〕26 号	关于中国中铁股份有限公司领导班子成员和高管工作分工的通知
中国中铁党纪〔2021〕27 号	关于成立中国中铁整治“靠企吃企”问题工作领导小组的通知
中国中铁党干〔2021〕28 号	关于印发《中国中铁股份有限公司委派的外部董事监事管理办法》的通知
中国中铁党办〔2021〕29 号	关于启动《新时代国有企业党建工作探索创新研究》子课题研究工作的通知
中国中铁党组〔2021〕30 号	中国中铁党委关于召开党史学习教育专题组织生活会的通知
中国中铁党宣〔2021〕31 号	中国中铁党委关于转发《国资委党委关于深入开展向彭士禄同志学习活动的决定》的通知
中国中铁党宣〔2021〕32 号	中国中铁党委关于认真学习贯彻《习近平总书记在庆祝中国共产党成立 100 周年大会上的讲话》的通知
中国中铁党巡〔2021〕33 号	中国中铁党委关于配合国资委党委巡视组同步联动开展违规挂靠专项巡视巡察的通知
中国中铁党宣〔2021〕34 号	关于 2021 年第一季度新闻宣传工作情况的通报
中国中铁党办〔2021〕35 号	关于印发《中国中铁党委关于加强对“一把手”和领导班子监督的通知（试行）》的通知
中国中铁党纪〔2021〕36 号	关于印发《中国中铁党委、纪委落实全面从严治党“两个责任”沟通会商实施办法》的通知
中国中铁党纪〔2021〕37 号	关于调整公司境外腐败治理工作领导小组的通知
中国中铁党纪〔2021〕38 号	关于印发《中国中铁纪委关于贯彻落实〈中国中铁党委关于加强对“一把手”和领导班子监督的通知（试行）〉的实施办法》的通知

续表

发文字号	文件标题
中国中铁党办〔2021〕40 号	中国中铁党委关于所属各单位贯彻落实习近平总书记重要指示批示“回头看”情况的通报
中国中铁党组〔2021〕41 号	关于印发《中国中铁党委关于全国国有企业党的建设工作会议精神贯彻落实情况“回头看”实施方案》的通知
中国中铁党干〔2021〕42 号	中国中铁党委关于表彰中国中铁脱贫攻坚先进个人和先进集体的决定
中国中铁党巡〔2021〕43 号	中国中铁党委关于 2021 年第一批巡视发现共性问题的通报
中国中铁党宣〔2021〕44 号	关于 2021 年第二季度新闻宣传工作情况的通报
中国中铁党组〔2021〕46 号	关于印发《中国中铁党委关于加强混合所有制企业党建工作的指导意见（试行）》的通知
中国中铁党宣〔2021〕48 号	关于认真学习贯彻郝鹏同志在习近平总书记全国国有企业党的建设工作会议重要讲话发表五周年学习座谈会上讲话的通知
中国中铁党干〔2021〕49 号	关于印发《中国中铁股份有限公司所属国（境）外机构领导人员述职工作细则》的通知
中国中铁党纪〔2021〕50 号	关于印发《中国中铁股份有限公司经营投资尽职合规免责事项清单及实施办法（试行）》的通知
中国中铁党干〔2021〕51 号	中国中铁党委关于表彰 2020 年度四好领导班子的通知
中国中铁党纪〔2021〕54 号	关于印发《中国中铁股份有限公司构建党风廉政建设和反腐败大监督工作格局实施办法》的通知
中国中铁党团〔2021〕55 号	关于表彰首届“向上向善好青年”的决定
中国中铁党干〔2021〕57 号	关于做好中国中铁 2021 年度党组织书记抓基层党建述职评议考核工作的通知
中国中铁党宣〔2021〕58 号	关于公布《中国中铁》报 2020 年优秀投稿组织单位、优秀通讯员、优秀作品和第十届“中国中铁杯”摄影大赛评选结果的通知
中国中铁党干〔2021〕59 号	关于印发《中国中铁股份有限公司董事会和董事测评办法》的通知
中国中铁党组〔2021〕61 号	关于修订印发《中国中铁股份有限公司党建工作责任制考核评价办法》的通知
中国中铁党纪〔2021〕62 号	关于印发《中国中铁股份有限公司领导人员廉洁从业若干规定实施细则》的通知
中国中铁党办〔2021〕63 号	关于调整中国中铁股份有限公司维稳信访工作领导小组的通知
中国中铁党办〔2021〕64 号	关于印发《中国中铁股份有限公司突发群体性事件应对工作预案》的通知
中国中铁党办〔2021〕65 号	关于印发《中国中铁“三重一大”决策制度实施办法》的通知
中国中铁党办〔2021〕66 号	关于印发《中国中铁股份有限公司党委常委会议事规则》的通知
中国中铁党办〔2021〕67 号	关于印发《中国中铁重大事项决策权责清单》的通知
中国中铁党团〔2021〕68 号	关于印发《中国中铁青年精神素养提升试点工作方案》的通知

制表：徐　朵

表 15-4　2021 年中国中铁股份有限公司文件目录

发文字号	文件标题
中国中铁安监〔2021〕1 号	中国中铁党委　中国中铁　中国中铁工会　中国中铁团委关于贯彻落实“2468”管理要点全力降低惯性事故频次、向本质安全型企业转变的通知
中国中铁海外〔2021〕2 号	关于印发《中国中铁股份有限公司境外区域总部管理办法》的通知
中国中铁安监〔2021〕3 号	关于表彰 2020 年度中国中铁安全标准工地的决定
中国中铁规划〔2021〕4 号	关于成立中国中铁石家庄黄庄公寓隔离用房建设指挥部的通知

续表

发文字号	文件标题
中国中铁安监〔2021〕5号	关于公布中国中铁2020年度节能低碳技术的决定
中国中铁人资〔2021〕6号	关于印发《中国中铁股份有限公司中长期激励推进方案（2021—2022年）》的通知
中国中铁海外〔2021〕7号	关于中老铁路项目土建标段成本情况的报告
中国中铁规划〔2021〕8号	关于成立中国中铁“深化改革三年行动”领导小组、各专项改革组及工作专班的通知
中国中铁安监〔2021〕9号	关于印发《中国中铁股份有限公司2021年安全生产、工程质量、环保节能和职业健康监督管理工作要点》的通知
中国中铁人资〔2021〕10号	关于印发《中国中铁股份有限公司青年导师带徒工作实施细则》的通知
中国中铁安监〔2021〕11号	关于表彰2020年度中国中铁杯优质工程项目及获奖单位的决定
中国中铁安监〔2021〕12号	中国中铁关于表彰2020年度绿色施工科技示范工程的决定
中国中铁经营〔2021〕13号	关于下达中国中铁股份有限公司2021年生产经营计划的通知
中国中铁规划〔2021〕14号	中国中铁党委　中国中铁关于公布中铁长江交通设计集团有限公司法人治理结构、党组织设置和本部机构编制及定员标准等事项的通知
中国中铁财金〔2021〕15号	关于印发《中国中铁股份有限公司境外机构派出财务人员管理规定》的通知
中国中铁财金〔2021〕16号	关于印发《中国中铁股份有限公司境外财务资金监管规定》的通知
中国中铁财金〔2021〕17号	关于印发《中国中铁股份有限公司财务共享业务稽核管理规定》的通知
中国中铁财金〔2021〕18号	关于公布2021年度股份公司总部经费和资本性支出预算的通知
中国中铁规划〔2021〕19号	关于印发《中国中铁股份有限公司资质建设管理规定》的通知
中国中铁规划〔2021〕20号	中国中铁关于成立对标世界一流管理提升行动领导小组和专项工作组的通知
中国中铁法规〔2021〕21号	关于做好建设企业聘用第三方服务机构管理系统及组织填报相关信息工作的通知
中国中铁安监〔2021〕22号	关于印发《中国中铁股份有限公司青年安全质量监督岗活动实施细则》的通知
中国中铁海外〔2021〕23号	中国中铁关于通报表扬印尼雅万高铁项目经理部的通知
中国中铁科创〔2021〕24号	关于调整股份公司关键核心技术攻关工作领导小组成员的通知
中国中铁科创〔2021〕25号	关于调整股份公司科技创新工作领导小组成员的通知
中国中铁规划〔2021〕26号	中国中铁党委　中国中铁关于公布中铁水利水电规划设计集团有限公司法人治理结构、党组织设置和本部机构编制及定员标准、管理层级等事项的通知
中国中铁规划〔2021〕27号	关于发布《中国中铁对标世界一流管理提升行动工作清单》的通知
中国中铁审计〔2021〕28号	关于印发《中国中铁2021年审计工作要点》的通知
中国中铁生产〔2021〕29号	关于印发《中国中铁股份有限公司2021年生产管理工作要点》的通知
中国中铁规划〔2021〕30号	中国中铁关于印发2021年度企业管理现代化创新课题计划的通知
中国中铁人资〔2021〕31号	关于印发《中国中铁股份有限公司2021年培训计划》的通知
中国中铁规划〔2021〕32号	关于印发《中国中铁党委　中国中铁深化改革三年行动2021年重点任务》的通知
中国中铁人资〔2021〕33号	中国中铁党委　中国中铁关于印发《2021年度人力资源管理工作要点》的通知
中国中铁科创〔2021〕34号	中国中铁关于下达股份公司2021年度工法开发计划和专利申请计划的通知
中国中铁科创〔2021〕35号	关于印发《中国中铁股份有限公司2021年科技创新工作要点》的通知
中国中铁经营〔2021〕36号	关于表彰中国中铁2020年度经营工作先进（优秀）单位、先进个人和工程局区域经营指挥部二十强的决定

续表

发文字号	文件标题
中国中铁安监〔2021〕37号	中国中铁党委　中国中铁关于印发《中国中铁股份有限公司全面开展安全风险隐患排查整治工作实施方案》的通知
中国中铁规划〔2021〕39号	关于印发《中国中铁关于开展民企挂靠国资问题综合整治专项行动的工作方案》的通知
中国中铁监办〔2021〕40号	关于印发《中国中铁股份有限公司监事会2021年工作要点》的通知
中国中铁规划〔2021〕41号	关于进一步贯彻落实改革三年行动工作任务确保各项改革工作机制有效运转的通知
中国中铁审计〔2021〕42号	中国中铁关于表彰2019年度《企业年度工作报告》编报优秀单位的通报
中国中铁人资〔2021〕43号	中国中铁股份有限公司　中国就业培训技术指导中心关于举办2021年全国行业职业技能竞赛——中国中铁股份有限公司第四届职业技能竞赛的通知
中国中铁信息〔2021〕44号	中国中铁党委　中国中铁　中国中铁工会　中国中铁团委关于第二届“卓越杯”BIM大赛成果表彰的决定
中国中铁法规〔2021〕45号	关于印发《中国中铁股份有限公司2021年法律合规工作要点》的通知
中国中铁生产〔2021〕46号	关于印发《中国中铁高起点高标准高质量推进川藏铁路工程建设指导意见》的通知
中国中铁安监〔2021〕47号	关于进一步加强安全培训管理工作的通知
中国中铁规划〔2021〕48号	关于印发《中国中铁2021年提质增效专项行动方案》的通知
中国中铁规划〔2021〕49号	关于印发《中国中铁2020年度内控体系工作报告》的通知
中国中铁法规〔2021〕50号	关于发布《中国中铁股份有限公司2021年规章制度建设计划》的通知
中国中铁规划〔2021〕51号	中国中铁党委　中国中铁关于总部机构与职能优化调整的通知
中国中铁财金〔2021〕52号	关于印发《中国中铁股份有限公司工程项目现金流自平衡管理暂行办法》的通知
中国中铁财金〔2021〕53号	关于印发《中国中铁股份有限公司记账汇率管理细则》的通知
中国中铁办发〔2021〕54号	关于印发《中国中铁股份有限公司档案检查工作细则》的通知
中国中铁规划〔2021〕55号	中国中铁关于表彰2021年度优秀质量管理小组的通知
中国中铁财金〔2021〕56号	关于印发《中国中铁股份有限公司财务共享中心数据管理规定》的通知
中国中铁考分〔2021〕57号	关于印发《中国中铁2021年考核分配暨履职待遇和业务支出管理工作要点》的通知
中国中铁安监〔2021〕58号	中国中铁党委　中国中铁　中国中铁工会　中国中铁团委关于开展2021年“安全生产月”活动的通知
中国中铁海外〔2021〕59号	关于公布中国中铁孟加拉国等7个区域总部试点设立方案的通知
中国中铁考分〔2021〕61号	关于印发《中国中铁股份有限公司经营业绩考核管理办法（试行）》的通知
中国中铁审计〔2021〕62号	关于印发《中国中铁股份有限公司审计约谈规定》的通知
中国中铁董办〔2021〕63号	关于印发《中国中铁股份有限公司董事会向经理层授权管理办法（2021年6月版）》的通知
中国中铁董办〔2021〕64号	关于印发《中国中铁股份有限公司董事会向经理层授权权限清单（2021年6月版）》的通知
中国中铁科创〔2021〕65号	关于印发《中国中铁股份有限公司2021年度科技研究开发计划（实用技术课题）》的通知
中国中铁投资〔2021〕67号	中国中铁关于加快完成参股经营投资问题整改工作的通知
中国中铁海外〔2021〕68号	关于成立中国中铁境外项目安全防范专项工作组的通知
中国中铁规划〔2021〕69号	中国中铁党委　中国中铁关于表彰2020年度“三级综合工程公司20强”“三级专业工程公司20强”的决定
中国中铁安监〔2021〕70号	关于印发《中国中铁股份有限公司全面开展安全生产专项行动工作实施方案》的通知
中国中铁法规〔2021〕71号	关于印发《中国中铁关于内控体系有效性抽查问题整改工作方案》的通知

附录

续表

发文字号	文件标题
中国中铁规划〔2021〕72 号	中国中铁关于下达 2021 年度亏损企业治理计划的通知
中国中铁财金〔2021〕73 号	中国中铁关于中铁资本拟与中国诚通一揽子（三支）基金合作相关事宜的批复
中国中铁投资〔2021〕74 号	关于鼓励投资开发建筑用砂石料和矿山生态治理项目的通知
中国中铁考分〔2021〕75 号	关于印发《中国中铁股份有限公司保障职工工资支付管理规定》的通知
中国中铁规划〔2021〕76 号	关于公布中国中铁股份有限公司总部部门及内设处室职责的通知
中国中铁董办〔2021〕78 号	关于成立 ZHP 工作组的通知
中国中铁办发〔2021〕79 号	中国中铁 2021 年上半年关于治理重复信访、化解信访积案专项工作进展情况的通报
中国中铁规划〔2021〕80 号	关于公布中国中铁出资企业法人治理结构编制及定员标准通知
中国中铁科创〔2021〕81 号	中国中铁关于调整股份公司 2021 年度工法开发计划和专利申请计划的通知
中国中铁办发〔2021〕82 号	中国中铁关于认真学习贯彻习近平总书记对档案工作重要批示的通知
中国中铁科创〔2021〕83 号	关于专设中国中铁股份有限公司智能建造生态产业化推进工作组的通知
中国中铁办发〔2021〕84 号	关于印发《中国中铁确保广州地铁在建项目安全生产实施方案》的通知
中国中铁法规〔2021〕85 号	关于做好防范国际多边开发银行合规制裁风险的紧急通知
中国中铁海外〔2021〕86 号	关于公布中国中铁匈牙利等 12 个境外区域总部设立方案的通知
中国中铁财金〔2021〕88 号	关于成立中国中铁防控金融风险领导小组的通知
中国中铁科创〔2021〕89 号	关于表彰中国中铁股份有限公司“十三五”先进科技管理工作者的决定
中国中铁人资〔2021〕90 号	关于加强川藏铁路工程人才队伍与考核分配机制建设的实施意见
中国中铁安监〔2021〕91 号	中国中铁关于开展 2021 年全国“质量月”活动的通知
中国中铁安监〔2021〕92 号	中国中铁关于印发《铁腕治安全硬十条》的通知
中国中铁人资〔2021〕93 号	中国中铁党委　中国中铁关于组建中国中铁股份有限公司新一届专家委员会的通知
中国中铁科创〔2021〕94 号	关于表彰中国中铁股份有限公司“十三五”科技创新先进企业的决定
中国中铁科创〔2021〕95 号	关于表彰中国中铁股份有限公司“十三五”十大优秀科技成果的决定
中国中铁科创〔2021〕96 号	中国中铁股份有限公司关于公布 2021 年度工法关键技术评审成果的通知
中国中铁人资〔2021〕97 号	关于表彰“十三五”十大科技标兵的决定
中国中铁考分〔2021〕98 号	关于印发《中国中铁股份有限公司二级单位负责人薪酬管理办法》的通知
中国中铁科创〔2021〕99 号	关于表彰中国中铁首届实用技术创新大赛获奖成果的决定
中国中铁考分〔2021〕100 号	关于印发《中国中铁股份有限公司工程项目经理部业绩考核与薪酬分配操作指引》的通知
中国中铁科创〔2021〕101 号	关于印发《中国中铁股份有限公司“十四五”科技研究开发计划立项指南》的通知
中国中铁规划〔2021〕102 号	关于印发《中国中铁股份有限公司生产经营计划统计管理办法》的通知
中国中铁规划〔2021〕103 号	关于印发《中国中铁股份有限公司加强子企业董事会建设工作方案》的通知
中国中铁规划〔2021〕104 号	关于印发《中国中铁股份有限公司落实子企业董事会职权工作方案》的通知
中国中铁经营〔2021〕105 号	关于印发《中国中铁股份有限公司高端经营活动指导手册》的通知
中国中铁董办〔2021〕106 号	中国中铁关于发布股份公司 2021 年关联法人名单的通知
中国中铁董办〔2021〕107 号	关于印发《中国中铁股份有限公司董事会向经理层授权权限清单（2021 年 8 月版）》的通知
中国中铁规划〔2021〕108 号	关于调整中铁京津冀区域总部等单位新签合同额计划的通知

续表

发文字号	文件标题
中国中铁审计〔2021〕109号	关于印发《中国中铁股份有限公司2021年度内部控制评价工作方案》的通知
中国中铁规划〔2021〕110号	关于印发《中国中铁股份有限公司战略规划管理办法》的通知
中国中铁规划〔2021〕111号	关于成立中国中铁股份有限公司天津市轨道交通Z2线一期工程PPP项目总承包项目经理部的通知
中国中铁投资〔2021〕112号	关于印发《中国中铁境内基础设施投资项目负面清单（2021年版）》的通知
中国中铁法规〔2021〕113号	关于严格遵守中国政府制裁及反制裁有关合规要求的通知
中国中铁法规〔2021〕115号	关于印发《中国中铁开展防范和化解各类欠款风险专项行动工作方案》的通知
中国中铁生产〔2021〕116号	关于调整中国中铁采购与物资贸易管理领导小组成员的通知
中国中铁法规〔2021〕117号	关于发布《涉外法律合规风险提示》的通知
中国中铁科创〔2021〕118号	关于公布2021年度中国中铁股份有限公司级工法的通知
中国中铁规划〔2021〕119号	关于贯彻落实中国中铁深化改革三年行动工作推进视频会议精神的通知
中国中铁投资〔2021〕120号	关于印发《中国中铁股份有限公司境内基础设施投资项目授权决策方案（2021年版）》的通知
中国中铁考分〔2021〕121号	中国中铁关于下达二级单位2021年度工资总额预算的通知
中国中铁考分〔2021〕122号	中国中铁关于下达二级单位2020年度工资总额清算评价结果的通知
中国中铁考分〔2021〕123号	中国中铁关于公布二级单位2020年度业绩考核结果的通知
中国中铁法规〔2021〕124号	关于印发《中国中铁关于开展风险内控法律合规一体化建设的指导意见》的通知
中国中铁规划〔2021〕125号	中国中铁关于进一步加强和规范安全质量环保专职机构设置及有关专职人员配备的指导意见
中国中铁科创〔2021〕126号	中国中铁关于加强实用技术成果推广应用的通知
中国中铁信息〔2021〕127号	关于印发《中国中铁BIM应用实施手册》的通知
中国中铁安监〔2021〕132号	关于调整中国中铁股份有限公司安全生产（质量）委员会的通知
中国中铁科创〔2021〕133号	中国中铁关于公布2021年度通过股份公司结题验收科研计划课题的通知
中国中铁财金〔2021〕135号	关于成立中国中铁金融工作协调小组的通知
中国中铁财金〔2021〕136号	中国中铁关于二级单位2020—2021年度财务决算考核评比情况的通报
中国中铁科创〔2021〕137号	关于下达中国中铁智能建造生态产业化推进工作分工及推进计划的通知
中国中铁董办〔2021〕138号	关于印发《中国中铁股份有限公司委派的外部董事监事履职管理与支持服务工作规定》的通知
中国中铁投资〔2021〕139号	中国中铁关于提高片区开发项目质量的通知
中国中铁董办〔2021〕140号	关于印发《中国中铁股份有限公司董事会决议执行跟踪检查与评价办法》的通知
中国中铁董办〔2021〕141号	关于印发《中国中铁关于进一步加强二级子公司董事会工作的指导意见》的通知
中国中铁规划〔2021〕142号	关于发布中国中铁2021年度企业管理现代化创新优秀成果的通知
中国中铁海外〔2021〕143号	关于成立中国中铁境外人员轮换专班小组的通知
中国中铁人资〔2021〕144号	关于表彰第四届中国中铁员工　职业技能竞赛暨第二十届青年职业技能竞赛先进个人和先进集体的决定
中国中铁法规〔2021〕145号	关于成立中国中铁应对处置涉HD集团债务违约风险事件工作专班的通知
中国中铁人资〔2021〕146号	关于印发《中国中铁股份有限公司二级企业三项制度改革评估管理规定（试行）》的通知
中国中铁规划〔2021〕147号	关于成立中国中铁雄安新区区域总部的通知

续表

发文字号	文件标题
中国中铁审计〔2021〕148 号	关于印发《中国中铁股份有限公司审计工作考核评比规定》的通知
中国中铁审计〔2021〕149 号	中国中铁党委　中国中铁关于建立健全审计查出问题整改长效机制的实施意见
中国中铁规划〔2021〕150 号	关于印发《中国中铁“深化改革三年行动”重点任务配套制度清单》的通知
中国中铁规划〔2021〕151 号	中国中铁关于明确“应建董事会企业”范围和落实子企业董事会职权“重要子企业”范围的通知
中国中铁安监〔2021〕152 号	中国中铁关于加强冬期施工质量安全监督检查工作的通知
中国中铁规划〔2021〕153 号	中国中铁关于进一步明确区域总部职能、完善机构编制管理、发挥区域总部作用的通知
中国中铁安监〔2021〕154 号	关于印发《中国中铁股份有限公司施工现场弃土车辆防坠防溜卡控红线》的通知
中国中铁生产〔2021〕155 号	关于成立中国中铁项目管理效益提升三年行动领导小组的通知
中国中铁法规〔2021〕156 号	关于印发《中国中铁股份有限公司重大经营风险事件报告管理规定》的通知
中国中铁法规〔2021〕157 号	关于印发《中国中铁股份有限公司商标字号管理规定》的通知
中国中铁规划〔2021〕158 号	关于贯彻落实中国中铁深化改革三年行动工作推进视频会议精神的通知
中国中铁海外〔2021〕159 号	关于调整中国中铁股份有限公司境外突发事件应急处置领导小组的通知
中国中铁规划〔2021〕160 号	关于印发《中国中铁关于整合高速公路项目运营业务推进中铁交通差异化专业化实体化发展的改革方案》的通知
中国中铁经营〔2021〕161 号	关于印发《中国中铁股份有限公司区域经营工作管理规定》的通知
中国中铁经营〔2021〕162 号	关于印发《中国中铁股份有限公司国内经营项目信息管理规定（试行）》的通知
中国中铁经营〔2021〕163 号	关于印发《中国中铁股份有限公司资质管理规定》的通知
中国中铁经营〔2021〕164 号	关于印发《中国中铁股份有限公司经营要素建设管理规定》的通知
中国中铁经营〔2021〕165 号	关于印发《中国中铁股份有限公司大企业市场合作经营指导意见》的通知
中国中铁安监〔2021〕166 号	中国中铁关于进一步规范和加强施工现场领导带班的通知
中国中铁科创〔2021〕167 号	中国中铁关于公布 2021 年度股份公司科技成果评审结果的通知
中国中铁海外〔2021〕169 号	关于成立前海深港现代服务业合作区工作小组的通知
中国中铁海外〔2021〕170 号	关于调整中国中铁澳门轻轨东线项目工作小组职责的通知
中国中铁海外〔2021〕171 号	关于公布中国中铁南亚区域总部等 3 个境外区域总部设立方案的通知
中国中铁投资〔2021〕172 号	关于进一步加强中国中铁房地产品牌建设的通知
中国中铁考分〔2021〕173 号	关于调整二级企业领导人员改任非领导职务薪酬及履职待遇标准的通知
中国中铁安监〔2021〕174 号	关于开展 2020—2021 年度安全生产“一先两优”评选工作的通知
中国中铁董办〔2021〕175 号	关于印发《中国中铁股份有限公司二级子公司董事会议事规则模板》的通知
中国中铁人资〔2021〕177 号	中国中铁关于公布 2021 年高级技师、特级技师和工匠技师任职资格的通知
中国中铁财金〔2021〕178 号	关于印发《中国中铁股份有限公司业财共享平台系统管理规定》的通知
中国中铁投资〔2021〕179 号	中国中铁关于施行重大投资项目专家评审的通知
中国中铁投资〔2021〕180 号	关于进一步严格办公用房和项目临时办公用房管理的通知
中国中铁法规〔2021〕181 号	关于印发《中国中铁股份有限公司二级子公司章程模板》的通知
中国中铁法规〔2021〕182 号	关于印发《中国中铁股份有限公司全面风险管理办法（试行）》的通知

续表

发文字号	文件标题
中国中铁生产〔2021〕183 号	关于印发中国中铁供应链管理“十四五”规划的通知
中国中铁考分〔2021〕184 号	关于印发《中国中铁股份有限公司二级企业工资总额管理办法》的通知
中国中铁考分〔2021〕185 号	关于印发《中国中铁股份有限公司中长期激励管理办法》的通知
中国中铁考分〔2021〕186 号	关于印发《中国中铁股份有限公司上市公司股权激励管理规定》的通知
中国中铁考分〔2021〕187 号	关于印发《中国中铁股份有限公司实施跟投管理规定》的通知
中国中铁考分〔2021〕188 号	关于印发《中国中铁股份有限公司超额利润分享管理规定》的通知
中国中铁考分〔2021〕189 号	关于调整股份公司委派外部董事监事薪酬及履职待遇、业务支出标准的通知
中国中铁规划〔2021〕190 号	关于印发《中国中铁“深化改革三年行动”考核评价实施细则》的通知
中国中铁人资〔2021〕191 号	关于成立中国中铁川藏铁路技术专家组的通知
中国中铁经营〔2021〕192 号	关于印发《中国中铁股份有限公司区域总部经营工作管理规定》的通知
中国中铁规划〔2021〕193 号	关于印发《中国中铁股份有限公司自揽新签合同额统计认定标准》的通知
中国中铁经营〔2021〕194 号	关于印发《中国中铁股份有限公司经营开发管理办法》的通知
中国中铁规划〔2021〕195 号	关于成立中国中铁股份有限公司工程经济研究院及调整生产监管中心编制定员有关事项的通知
中国中铁规划〔2021〕196 号	关于成立中国中铁股份有限公司融媒体中心及调整党建工作部编制定员有关事项的通知
中国中铁规划〔2021〕197 号	关于印发《中国中铁股份有限公司落实子企业董事会职权管理规定》的通知
中国中铁办发〔2021〕198 号	关于印发《中国中铁股份有限公司总裁工作规则》的通知
中国中铁办发〔2021〕199 号	关于印发《中国中铁股份有限公司总裁办公会议规则》的通知
中国中铁办发〔2021〕200 号	关于印发《中国中铁股份有限公司经理层研究决策事项清单》的通知
中国中铁投资〔2021〕201 号	关于印发《中国中铁股份有限公司境内参股投资管理规定》的通知
中国中铁考分〔2021〕202 号	关于印发《中国中铁股份有限公司考核分配监督检查实施细则》的通知
中国中铁海外〔2021〕203 号	关于印发《中国中铁股份有限公司境外工程项目参建单位评选规定》的通知
中国中铁海外〔2021〕204 号	关于印发《中国中铁股份有限公司涉外保密工作管理规定》的通知
中国中铁海外〔2021〕205 号	关于印发《中国中铁股份有限公司境外重大项目保密管理规定》的通知
中国中铁海外〔2021〕206 号	关于印发《中国中铁股份有限公司境外评先表彰管理规定》的通知
中国中铁投资〔2021〕207 号	关于印发《中国中铁股份有限公司矿产资源项目投资管理办法》的通知
中国中铁财金〔2021〕208 号	中国中铁关于清退部分子公司所持金融机构股权的通知
中国中铁考分〔2021〕209 号	关于公布二级单位主要负责人 2022 年度基本薪酬标准的通知
中国中铁规划〔2021〕210 号	关于印发《中国中铁“十四五”发展规划》的通知
中国中铁财金〔2021〕211 号	中国中铁关于进一步深化产融结合机制改革、促进企业高质量发展的指导意见
中国中铁考分〔2021〕212 号	关于印发《中国中铁股份有限公司关于加强关键人才薪酬分配的指导意见》的通知
中国中铁考分〔2021〕213 号	关于印发《中国中铁股份有限公司关于进一步加强市场化薪酬管理的指导意见》的通知
中国中铁办发〔2021〕214 号	关于印发《中国中铁 2021—2025 年档案工作规划》的通知
中国中铁生产〔2021〕215 号	关于印发《中国中铁股份有限公司各层级项目管理责任制指引》的通知

制表：徐　朵

中国中铁总部部门职能

董事会办公室

主要职能：

主要承担公司治理政策研究和制度体系建设；股东大会、董事会及其专门委员会日常工作；投资者关系管理；资本市场信息披露；市值管理；关联人管理；三会议案审查与反馈；产权代表日常履职管理和支持服务等工作。

具体职责：

（一）负责公司治理政策研究、公司治理制度体系的建立和完善。

（二）负责股份公司股东大会、董事会及其专门委员会的日常工作及其他相关工作；负责董事和董事会秘书的履职支持服务。

（三）负责股份公司信息披露工作。

（四）负责股份公司投资者关系管理工作。

（五）负责牵头股份公司市值管理相关工作。

（六）负责股份公司股东事务相关管理工作。

（七）负责证券监管机构规定的董事、监事和高级管理人员的信息申报、服务支持及培训组织工作。

（八）负责指导、监督、检查所属子公司建立、规范公司治理工作，指导子公司董事会日常工作。

（九）负责牵头组织对股份公司全资（如需）、控股、参股企业股东（大）会（如有）、董事会、监事会议案的审查与反馈。

（十）负责产权代表（股东代表、专兼职董事监事）日常履职管理和支持服务。

（十一）负责编制董事会经费预算和董事会经费管理。

（十二）负责对接国家有关部委、上级主管部门及资本市场各相关主体，并完成领导交办的其他工作。

办公室（党委办公室、信访办公室、保密办公室）

主要职能：

主要承担党中央、国务院和上级组织重大决策部署及股份公司党委和公司各项工作要求的贯彻落实和督查督办；公文管理；保密管理；档案管理；印信管理；对外联络；信访维稳；会议管理；重要会议筹备与材料撰写及会务接待；对外公共关系协调等工作。

具体职责：

（一）负责协助公司党委和公司贯彻党的路线方针政策、党中央重大决策部署和习近平总书记重要指示批示及上级组织指示，及时了解和掌握各项重点工作的进展情况，为领导决策提出工作建议和方案。

（二）负责协助公司党委和公司加强生产经营、企业管理、改革发展、党的建设等工作的督导落实，协助领导统筹安排日常工作，做好总部部门协调工作。

（三）负责建立健全并落实“三重一大”集体决策和党委常委会会议、党委办公会、党委书记专题会、总裁办公会、行政工作例会、经理层专题会议等有关制度要求。

（四）负责组织起草公司党委和公司全局性综合性会议的工作报告、领导讲话、工作总结、工作安排、向上级单位的报告请示，以及领导交办的其他文字材料。

（五）负责对党中央、国务院重大决策部署和上级组织工作安排、公司党委和公司重要决策、重要工作部署的贯彻落实情况进行督查督办。

（六）负责协助公司党委履行全面从严治党主体责任，健全完善相关制度体系，履行督促检查责任，落实定期报告制度。

（七）负责党和国家以及公司关于保密工作的方针、政策、决定和指示的落实，承担公司保密委员会办公室和国家安全人民防线建设小组办公室具体工作。

（八）负责公司党委和公司重要会议和重要活动的组织协调，做好会议管理、业务招待工作。

（九）负责公司对外公共关系的协调、维护。

（十）负责落实向上级单位请示报告重大事项有关工作，协调作好企业党务公开、信息公开。

（十一）负责信息调研工作，围绕公司重大决策、重点工作，组织开展调研活动；撰写有关报告，编发信息简报。

（十二）负责收发文件和审核公文文稿；负责印鉴、证照的管理使用。

（十三）负责协调指导公司信访维稳工作，建立信访工作制度体系，处理职工群众来信来访，督办重要信访事件。

（十四）负责公司档案管理、培训和督导，管理各项重要会议的记录，组织编写史志、年鉴和大事记等工作。

（十五）负责公司值班工作，做好总部日常值班和节假日值班带班工作。

（十六）负责公司公务用车制度改革方案和相关制度的制定实施，审核公司总部和二级公司本部公务用车购置报告。

（十七）负责协助做好办公用房的使用管理。

（十八）负责对接国家有关部委和上级主管部门，并完成领导交办的其他工作。

规划发展部（全面深化改革领导小组办公室、企业管理实验室）

主要职能：

主要承担战略规划与管理；产业研究与管理；企业改革；并购重组；企业管理提升与高质量发展；机构及编制定员管理；计划统计与分析；管理体系认证；商誉与品牌建设管理等工作。

具体职责：

（一）负责组织研究和编制公司中长期发展战略及滚动发展规划，指导各业务和职能战略、二级公司中长期及滚动规划的编制。

（二）负责股份公司战略管理工作，牵头组织推进股份公司战略规划有效实施，并对子企业战略规划有效实施进行监督指导。

（三）负责股份公司二级公司功

能定位的界定管理工作和主业非主业管理工作。

（四）负责股份公司产业政策研究与规划，牵头组织产业结构调整。

（五）负责股份公司全面深化改革领导小组办公室日常工作。

（六）负责股份公司改革、重组、结构调整及境内并购重组工作；配合境外并购工作。

（七）负责组织企业办社会职能深化改革、移交工作。

（八）负责组织对标管理提升和世界一流企业创建工作。

（九）负责组织股份公司亏损企业治理、提质增效和高质量发展工作。

（十）负责指导股份公司三级工程公司建设及组织评优评先工作。

（十一）负责股份公司管理实验室的日常工作；负责管理创新及成果、优秀管理制度、各类QC质量管理成果的审核、评选以及应用推广工作。

（十二）负责牵头组织股份公司质量、环境、职业健康安全管理体系等认证管理工作。

（十三）负责股份公司总部及二级企业本部的机构及编制定员的归口管理；负责二级企业法人治理结构编制定员的管理。

（十四）负责股份公司各层级企业的设立、变更、注销等归口管理和授权管理。

（十五）负责股份公司员工总量的归口管理。

（十六）负责股份公司计划统计相关管理工作，组织编制股份公司年度和中长期生产经营计划。

（十七）负责股份公司商誉和品牌建设的归口管理工作。

（十八）负责股份公司战略合作协议归口管理工作。

（十九）负责行业协会和企业管理协会归口管理工作。

（二十）负责股份公司董事会战略委员会赋予的工作。

（二十一）负责对接国家有关部委和上级主管部门，并完成领导交办的其他工作。

财务与金融管理部（北京财务共享服务中心）

主要职能：

主要负责财务管理；金融管理；全面预算管理；会计核算与信息管理；资金集中及融资管理；授信和信贷管理；担保管理；两金管控；对外捐赠管理；产权管理；税务管理；财务监察；关联交易；总部费用预算及报销管理；财务共享中心建设及管理等工作。

具体职责：

（一）负责建立、健全公司境内外财务、会计制度和选择会计政策。

（二）负责建立、健全财务经营工作体制、机制、办法；负责管理“产融结合”业务；负责由股份公司决策投资项目融资方案的审核及监管，统筹协调与各金融机构总部的合作关系。

（三）负责指导金融板块企业制定发展规划；负责“外汇、股票、基金、理财、套期保值、金融衍生品”等单纯金融投资及其风险管理。

（四）负责全面预算管理、公司年度预算的编制和披露及上报；审核和批复（下达）二级公司（单位）年度预算和组织机构管理成本预算并监督执行。

（五）负责牵头组织、协调国有资本经营预算的编制及申领。

（六）负责财务报表（季、年）及月度财务快报的编制、披露、上报及因股权关系产生的关联交易事项管理；负责报表审计机构（中介机构）的遴选。

（七）负责经济运行情况分析、对二级公司（单位）经济运行和财务状况进行监控与预警。

（八）负责财务会计业务系统信息化的规划、建设、运行、维护；负责股份公司本部及直属机构财务会计业务的上线运行。

（九）负责“货币资金、信用担保、保险经纪业务”集中管理和开展融通调剂（货币资金）；负责公司内部“资金、中间业务”市场产品的定价。

（十）负责金融机构授信资源的获取、使用、再生；负责管理权益性、债务性融资以及资产证券化、供应链金融业务；负责总部银行账户管理和相关资金拨付；负责担保管理工作。

（十一）负责管理、组织“双清”及民企清欠工作；督查、考核二级公司（单位）的“双清”及民企清欠工作；负责对外捐赠管理工作。

（十二）负责管理产权登记、产权进场交易、资产评估；协同、配合办理“兼并、收购、重组”中的产权事项；负责管理二级公司（单位）利润分配和“净资产”配置。

（十三）负责建立完善税务管理制度体系、制定税务信息化平台建设方案，办理公司汇算清缴、关联申报、同期资料准备及日常税务申报、发票管理等税务事项；负责指导所属企业（单位）涉税事务管理及协调、管控所属企业间税务事项；负责规划企业所得税、增值税、综合费税。

（十四）承办国资委对公司财务监督工作；负责财务监察工作，管理内部单位间经济关系和秩序、确定性债权债务清算。

（十五）负责办理公司总部财务会计业务、“补充医保”报销事项。

（十六）负责股份公司财务共享服务中心建设、发展、升级的规划、报批及组织实施；负责对所属单位各级财务共享中心业务指导、协调、统筹、业务纠纷的仲裁和日常运行管理，并开展业务稽核。

（十七）负责股份公司财务数据资产规范管理，建设财务数据中心，研究、应用和推广财务数据分析成果。

（十八）负责财务会计从业人员的培训；负责管理中国中铁财会学会。

（十九）比照上述职能管理关联表外企业。

（二十）配合国际部境外投资工作。

（二十一）负责对接国家有关部

委和上级主管部门，并完成领导交办的其他工作。

人力资源部（党委干部部）

主要职能：

主要承担人力资源管理体系建设；领导干部与产权代表管理；人才队伍建设；人才引进管理、员工培训管理；劳动用工管理；社保管理；总部员工管理；助力乡村振兴，援疆、援藏；军转干部、退伍军人安置管理；出国（境）审核审批管理等工作。

具体职责：

（一）负责贯彻执行党的干部、人才工作路线、方针、政策及上级有关规定，建立健全股份公司人力资源管理体系；负责制定实施股份公司中长期人才发展规划和各项人力资源管理制度。

（二）负责牵头推进“三项制度改革”；负责组织推进股份公司所属二级单位经理层成员任期制和契约化管理工作；负责组织股份公司所属二级单位职业经理人选聘工作；负责健全规范劳动合同管理工作。

（三）负责股份公司所属二级单位领导班子管理，“四好班子”创建、评比，日常履职考察，选人用人专项检查等工作；负责股份公司党委、股份公司任命干部和产权代表的考察任用、调整任免和监督管理等工作；负责董事会提名委员会赋予的工作；负责优秀年轻干部的选拔、培养等工作。

（四）负责办理股份公司所属二级企业任前备案人员审核批复工作。

（五）负责牵头推进股份公司人才队伍建设工作；负责专业技术人才、技能人才队伍的建设及管理工作。

（六）负责股份公司员工培训的管理工作；负责总部员工培训工作。

（七）负责股份公司基本社会保险、企业年金和补充医疗保险的系统管理工作；负责在京单位社会保险的管理和稽核等工作；承担北京市社会保险基金管理中心直属代办机构的相关工作。

（八）负责股份公司职称评审工作，技能人才等级评定；负责公司各类执（职）业资格统筹管理和总部机关相关执业资格人员的注册登记工作。

（九）负责股份公司人力资源管理信息系统建设、运营、维护等工作。

（十）负责股份公司党委管理的干部及总部员工的档案管理工作；负责对股份公司所属二级单位人事档案管理指导等工作。

（十一）负责职幼教师移交地方等分离企业办社会的相关遗留问题及有关待遇的调整及清算等工作。

（十二）负责股份公司总部员工的管理工作；负责总部员工与基层单位、外部单位挂职锻炼、轮岗交流等工作。

（十三）负责助力乡村振兴，援疆、援藏，军转干部、退伍军人安置管理等工作。

（十四）负责有关人员因公和因私出国（境）人员审查、审批工作。

（十五）受国家人社部委托，履行中国铁路工程集团有限公司技能鉴定指导中心对所属鉴定站、考评员、管理员的管理职能。

（十六）负责中铁人才交流咨询有限责任公司日常工作。

（十七）负责对接国家有关部委和上级主管部门，并完成领导交办的其他工作。

考核分配部

主要职能：

对上承接国务院国有资产监督管理委员会（以下简称“国资委”）有关“考核、收入（薪酬）分配、履职待遇和业务支出”的工作部署、要求；统筹管理公司内部“考核、收入（薪酬）分配、履职待遇和业务支出管理”等工作。

具体职责：

（一）负责学习、研究、贯彻落实党中央、国务院及国资委对国有企业及国有控制企业“业绩考核、收入（薪酬）分配、履职待遇和业务支出管理”的方针、政策、制度和要求。

（二）负责对接国资委履行“业绩考核、收入（薪酬）分配、履职待遇和业务支出”管理的职能部门，承接所布置、要求的相应工作。

（三）负责公司“业绩考核、收入（薪酬）分配、履职待遇和业务支出管理”的信息化建设；负责相关工作人员的培训。

（四）负责国资委对中央企业负责人年度、任期及其他经营业绩考核指标目标值的上报；负责公司整体考核指标体系的设计、目标值的确定。

（五）负责公司总部部门及二级公司（单位，下同）业绩考核、评价机制等制度的建立、健全、实施及监督运行；统筹组织、研究、审定业绩考核指标体系的设计、目标值的确定（下达）及实际完成情况的统计、分析、评价、预警、发布或通报；指导、监管、服务二级公司以下单位的业绩考核工作。

（六）负责承接与中央企业经营业绩考核挂钩的专项考核工作；负责组织开展与总部部门和二级公司业绩考核挂钩的专项考核工作。

（七）负责公司收入（薪酬）分配机制、制度、办法的建设、实施并监督执行；负责管理“公司领导及高管、监事、公司总部部门人员、二级公司领导班子、派驻二级公司董监事”薪酬事项；指导、监管、服务二级公司以下单位的收入（薪酬）分配管理工作。

（八）负责公司工资总额预算的报批、清算；负责对二级公司工资总额的审批、清算及过程监管。

（九）负责公司中长期激励机制的制定和实施工作；负责管理“专项、一次性”奖励及津补贴目录和标准。

（十）负责牵头公司内部履职待遇和业务支出管理制度、办法的制定和执行情况的监督。

（十一）负责企业劳动定额和工时假期管理工作。

（十二）负责对接国家有关部委和上级主管部门，并完成领导交办的其他工作。

科技创新与数字化部（技术中心、专家办公室、网信办）

主要职能：

主要承担科技创新管理；科研项目管理；科研成果、成果转化与专利管理；科技学会学术管理；信息化建设管理与数字化转型管理；技术攻关和技术中心建设管理；技术专家管理；网络信息安全管理等工作。

具体职责：

（一）负责制定和落实股份公司科技创新和信息化建设与数字化转型战略规划；负责制定相关管理规章制度和标准。

（二）负责股份公司科技创新管理，组织股份公司科技成果转化。

（三）负责组织股份公司重大科研课题的攻关工作。

（四）负责股份公司科技成果评审、验收、奖励和工法、专利管理工作。

（五）负责股份公司信息化建设和数字化转型归口管理工作，监督指导信息化项目实施。

（六）负责企业标准管理工作。

（七）负责股份公司科学技术类团体和科普的归口管理工作。

（八）负责组织实施国家自然科学基金项目、国家科技重大专项项目、国家重点研发计划项目、重大技术装备及关键核心技术攻关、国资委专项项目及股份公司重大科技项目研发和攻关。

（九）负责组织先进技术的引进、消化、吸收和再创新，以及“四新”技术的推广应用管理工作；负责组织绿色、智能建造技术的研发和推广应用。

（十）负责对科研项目攻关和专项方案进行技术咨询服务。

（十一）负责股份公司网络信息安全管理工作，组织信息化经费归集和预算管理。

（十二）负责股份公司信息化考核评价、软件正版化推进和软件知识产权管理工作。

（十三）承担中国铁道学会工程分会秘书处工作。

（十四）负责股份公司科技创新平台建设管理工作。

（十五）负责股份公司各类科技专家委员会工作；负责联系外部科技专家。

（十六）承担科技人员的培训工作，组织股份公司技术交流与技术合作。

（十七）负责国内外科技信息收集以及研究行业发展动态等工作，负责股份公司科技情报管理工作。

（十八）负责对接国家有关部委和上级主管部门，并完成领导交办的其他工作。

国际部（外事办公室）

主要职能：

主要承担国际业务政策研究、战略规划与实施、经营体系建设；海外市场与业务布局；海外市场统筹协调、调度指挥；牵头海外业务监管、支持与服务；外事管理；国际交流与合作；统筹对接涉外部委等工作。

具体职责：

（一）负责国际业务政策研究，组织制定股份公司国际化经营子战略、发展规划并开展实施与评价工作。

（二）负责依据部门职能制定国际业务相关规章制度，并组织实施和监督。

（三）负责股份公司国际业务全球布局和资源配置，履行国际业务总体调度、协调和指挥职能；负责境外区域总部整体规划、授权和监管。

（四）负责统筹协调政府间重大合作项目、境外重大或特殊项目，重点负责国家发展改革委、商务部、国家铁路局、国铁集团等牵头的中国铁路“走出去”重大项目的经营开发。

（五）配合做好股份公司国际业务年度生产经营计划的编制、下达和调整，督导股份公司国际业务生产经营指标的落实，承担国际业务考核评价相关工作。

（六）负责国际业务生产经营数据统计、分析和报送工作；配合做好国际业务信息披露工作。

（七）负责境外股份公司品牌使用和维护管理；负责以股份公司为主体经营项目的授权、服务和监管；组织重大或特殊投（议）标项目的评审工作。

（八）负责境外实施项目生产的分类分级管理。

（九）负责境外项目安全、质量、环保及职业健康的管理。

（十）负责股份公司境外投资（矿产资源类除外）和跨境并购业务管理。

（十一）负责办理国际业务相关的政府补贴资金的申报工作；配合做好涉外保函相关管理工作。

（十二）负责组织实施境外专项业务培训。

（十三）负责本系统业务月度统计和专业分析工作。

（十四）配合做好境外机构的设立、变更、注销相关工作。

（十五）牵头对接海关关务相关工作。

（十六）配合做好境外合规、内控和风险管理相关工作。

（十七）负责集团（股份）公司党委管理干部及总部特定人员因私出国（境）证照保管。

（十八）负责与国家相关部委、驻外使领馆、金融机构、行业协会以及外国相关政府部门等对接联络；负责涉外重大活动的统筹、协调和组织安排；完成领导交办的其他工作。

外事办公室

主要职能：

主要承担集团公司外事管理工作。

具体职责：

（一）负责公司外事工作制度建设、实施及对外事管理工作的监督和检查。

（二）负责统筹、协调重大涉外活动；负责因公证照申办和管理；负责审核、申办因公出国（境）及邀请外国人来华访问事项。

（三）负责与国家有关部委和北京市国家安全局等部门以及各驻华使（领）馆的外事业务对接。

（四）负责公司境外国家安全相关管理工作以及境外机构和人员非生产性安全管理、境外突发事件应急处置。

（五）负责因公出国（境）交通、差旅、住宿等履职待遇、业务支出管理的相关工作。

（六）负责外事管理系统信息化建设和维护，负责因公出访报告管理及相关外事信息统计工作。

（七）协同公司保密办建立和完善境外业务保密工作体系，配合开展境外舆情管理相关工作。

党建工作部（党委组织部、党委宣传部、企业文化部、统战部、跨文化融合办、团委、融媒体中心）

主要职能：

主要承担党建工作；宣传与新闻工作；共青团工作；企业文化建设管理；统战工作；履行社会责任管理；意识形态管理；舆情管理；跨文化融合管理等工作。

具体职责：

（一）负责贯彻党中央关于加强党的领导、党的建设的各项部署，落实“两个一以贯之”要求，指导全公司党组织、宣传系统、团组织建设。

（二）负责宣传党和国家路线、方针、政策以及公司重大决策部署，抓好全公司思想政治工作、意识形态工作和党委理论学习中心组学习。

（三）负责党建工作长期规划、企业文化长期规划、青年发展长期规划等的研究制定。

（四）负责召集组织股份公司党的代表大会、党委全委会、团的代表大会、团委全委会等会议；负责检查指导全公司各级党委贯彻执行党代会（党员大会）、团代会（团员大会）、民主生活会、党内生活等制度情况。

（五）负责做好所属企业党委、团委换届选举和增补委员的指导、审批工作；负责协调所属单位与地方党组织、团组织建立党的双重领导关系有关工作。

（六）负责了解掌握所属企业领导班子政治思想和班子建设情况；组织召开党员领导干部民主生活会，做好领导班子成员报告职责范围内党风廉政建设情况和落实“一岗双责”情况的相关工作。

（七）负责指导全公司各级党委贯彻落实党建工作责任制和意识形态工作责任制，组织开展所属单位党建工作考核和党委书记抓党建工作述职评议考核工作。

（八）负责公司新闻宣传工作，组织实施重大宣传报道。

（九）负责编辑出版《中国中铁党建》杂志、《中国中铁》报。

（十）负责舆情管理工作，及时监测、分析、引导及处置有关舆情。

（十一）负责公司“开路先锋”企业文化建设、精神文明建设。

（十二）负责组织开展党内集中教育实践活动和专项活动，推进学习教育常态化制度化。

（十三）负责卓越人物、先进基层党组织、红旗项目部、团的“两红两优”、十佳杰出青年、优秀共产党员、优秀党务工作者、优秀通讯员等先进典型的评选表彰，做好先进典型的选树宣传工作。

（十四）负责管理和指导全公司党员党籍、团员团籍、组织关系工作；负责公司党委留用党费的收缴、使用和管理，并检查指导所属企业党费、团费的收缴、使用和管理工作；负责直属单位的党内统计、党费收缴、党员发展和党组织关系转接工作。

（十五）负责提出党群机构编制建议方案，落实党群机构设置和干部编制有关要求。

（十六）负责共青团工作。代表和维护青年的具体权益，代表青年参与企业的民主管理和有关决策，建立健全为青年办实事的工作机制，开展青年素质工程及主题建功，丰富团员青年的业余文化生活。

（十七）负责公司统战工作，贯彻落实党中央和国资委统战工作的重大决策部署；负责防范和处理邪教等工作。

（十八）负责公司社会责任管理工作，编制发布公司社会责任报告。

（十九）负责跨文化融合办公室日常工作。

（二十）负责对接国家有关部委、上级主管部门、新闻媒体及其他有关组织机构，并完成领导交办的其他工作。

经营开发中心

主要职能：

主要承担国内市场研究与经营开发策略制定；经营体系建设与市场布局；国内经营开发管理；资质管理；区域总部业务管理等工作。

具体职责：

（一）负责国内基础设施建设市场相关政策、市场形势、商业模式的分析研究，制定经营开发策略。

（二）统筹管理股份公司国内经营工作，指导各单位开展国内经营业务。

（三）负责指导完善股份公司国内经营工作管理体系及管理制度。

（四）负责国内经营开发业务战略合作协议的业务管理。

（五）负责统筹国内经营开发业务的高端拜访。

（六）负责组织建立高端客户资源，联系大客户，培育大市场，追踪大项目，深度参与重大项目经营。加强与大企业的联系，推动企业间战略合作及成果转化。

（七）负责统筹指导推进新兴市场业务开发，培育新兴产业，促进产品结构调整，推动开启企业发展的“第二曲线”。

（八）负责股份公司区域总部的业务管理工作。服务、指导、监督、引领区域总部发展，指导协助区域总部重大项目的经营策划、组织协调和督促落实。

（九）负责股份公司重点市场、重大项目的投标组织和统筹协调指导工作。

（十）指导协助二级公司重大

项目的经营策划、组织协调和督促落实。

（十一）负责股份公司各类企业资质的管理工作；负责股份公司经营要素的统筹规划；负责国内承包类项目股份公司资质证书使用的审核工作。

（十二）负责以股份公司资质参与的国内承包类项目的信息收集、经营策划、投标组织、合同评审、合同签订、移交及备案管理工作。

（十三）负责股份公司营销管理系统的建设和运行，定期对公司整体经营情况进行大数据分析。

（十四）负责经营工作评优评先和专项激励等相关制度的制定完善。

（十五）负责本系统业务月度统计和专业分析工作。

（十六）负责对接国家有关部委、上级主管部门、行业协会及研究机构，并完成领导交办的其他工作。

投资管理中心

主要职能：

主要承担基础设施项目（境内，下同）、房地产项目（境内，下同）和矿产资源项目（境内外，下同）投资业务管理；生产性（工业）厂房投资业务管理；非控股企业股权管理；办公用房管理；房屋和土地资产管理及开发利用；指导非上市土地和房产的盘活与处置等工作。

具体职责：

（一）负责组织研究国家及部委有关基础设施、房地产和矿产资源投资领域的法律、法规和政策。

（二）负责制定基础设施、房地产和矿产资源投资的发展规划、管理制度和年度投资计划。

（三）负责制定基础设施、房地产和矿产资源投资项目负面清单并指导所属单位执行。

（四）负责指导协调基础设施、房地产和矿产资源重大项目的投资前期开发工作。

（五）负责牵头组织由公司履行决策权的基础设施、房地产和矿产资源投资项目可行性研究报告的评审，负责提交上会议案，并办理批复相关事项。

（六）负责牵头组织股份公司全资、控股或参股的基础设施和房地产投资项目的合同评审，以及上述基础设施投资项目开工报告审批；负责核准矿产资源投资项目立项，牵头组织矿产资源投资项目的合同评审，核准后续开工报告。

（七）负责指导协调推进重大基础设施、房地产和矿产资源投资项目，并指导监督所属单位履行投资建设管理责任。

（八）负责基础设施投资项目形成资产的经营与盘活业务的监督管理。

（九）负责指导监督所属单位履行基础设施、房地产和矿产资源投资项目的运营管理责任。

（十）负责指导所属单位建立基础设施、房地产和矿产资源项目投资及投资回收风险管理体系、过程监控和预警机制，并指导所属单位落实相应的风险防范和风险预控措施。

（十一）负责股份公司基础设施、房地产和矿产资源投资业务的统计分析、运营状况分析和总结报告，并提出改进和完善建议。

（十二）负责生产性（工业）厂房投资的管理和监督，建立管理制度并监督执行。

（十三）负责对外参股投资及非控股企业股权投资全生命周期管理，建立管理制度并监督执行。

（十四）负责办公用房的管理和监督，建立管理制度并监督执行。

（十五）负责指导监督房屋和土地资产管理及开发利用工作。

（十六）负责房地产决策委员会办公室日常工作，负责指导监督所属单位落实房地产品牌管理相关工作。

（十七）负责配合境外基础设施和房地产项目的投资业务工作。

（十八）负责指导非上市土地和房产的盘活与处置工作。

（十九）负责本系统业务月度统计和专业分析工作。

（二十）负责对接国家有关部委和上级主管部门，并完成领导交办的其他工作。

生产监管中心（采购管理中心、战备办公室）

主要职能：

主要承担生产监管；生产调度管理；项目成本管理；工程经济管理；采购管理；物资管理；机械设备管理；劳务管理及物资贸易业务管理；交通战备管理、人防管理等工作。

具体职责：

（一）负责股份公司各业务板块企业生产活动的指导、协调、服务、监督等工作。

（二）负责制定股份公司生产管理、项目成本管理、二次经营管理、采购管理、物资和机械设备管理、物资贸易业务管理、劳务（专业）分包采购及管理、劳务用工管理制度，并监督执行。

（三）负责指导、监管股份公司重大工程项目管理策划；负责组织、指导本级重大工程项目总体施工组织设计及重大专项方案的审查核备；负责本级重大工程项目施工组织监管与协调、设计优化指导与协调、安全质量环保及收尾项目监管等工作；监管、指导所属单位重大工程项目的组织实施。

（四）负责统计、分析、发布股份公司生产监管信息，下达生产调度指令并督导执行。

（五）负责指导和监管股份公司所属单位国内工程项目信用评价工作。

（六）负责办理与生产相关的行政许可等事项，协调并参与行业自律、标准和政策制定等相关工作。

（七）负责股份公司技术标准管理工作；负责指导、监督所属单位施工技术管理及相关培训工作；负责组织、指导开展施工管理、施工技术有关交流、推先评优活动。

（八）负责设计咨询管理和行业创优评先，承担股份公司设计咨询分公司工作。

（九）负责指导、监管所属单位工程项目成本管理工作；负责推进工程项目成本管理信息化建设工作；负责指导、督导亏损项目治理相关工作。

（十）负责组织、指导所属单位工程经济管理工作；负责组织、指导所属单位二次经营管理工作，组织、指导、协调重大项目概算清理；负责本级项目的成本监管工作。

（十一）负责工程概（预）算定额、行业工程造价标准制（修）订管理等工作，指导所属单位建立完善内部定额及分包价格体系。

（十二）负责股份公司采购管理工作。负责对总部各类产品和服务采购进行业务指导与监督。

（十三）负责股份公司物资管理工作。

（十四）负责股份公司机械设备管理工作。

（十五）负责组织构建、推广应用股份公司采购电子商务平台、商旅管理平台及物资、设备管理信息系统。

（十六）负责指导、监督所属单位劳务（专业）分包采购及管理、劳务用工管理工作，以及劳务管理信息系统的应用。

（十七）负责发布不合格劳务分包商名录和A级分包企业名录。

（十八）负责监督、指导或协助办理与劳务工工资发放有关的舆情处置工作。

（十九）负责项目施工合同签订后的施工生产监管工作，监督、指导、协助办理科技研发、竣工交验、工程评优等工作。

（二十）履行战备办公室、人防委办公室职能。负责股份公司国防交通战备和人防管理工作。

（二十一）负责指导股份公司所属单位的铁路运输工作，组织办理路用车使用计划，协助办理路用车审批、自轮运转设备过轨运输手续等事宜，组织、指导铁路运输设备驾驶员培训、考试及取证等相关工作。

（二十二）负责指导、协调、检查试验和测量工作。

（二十三）负责对接国家有关部委和上级主管部门，并完成领导交办的其他工作。

法律合规部

主要职能：

主要承担公司法治建设；法律事务管理；合规管理；全面风险管理；内部控制管理；合同管理；权益保障（含商标字号管理、纠纷案件管理）；规章制度管理；控股和参股企业公司章程管理；法人授权管理等工作。

具体职责：

（一）负责推动贯彻落实党中央国务院和国资委有关法治建设的决策部署，建立和完善公司法律合规管理体系，对其实施情况进行跟踪和监督。

（二）负责为公司改革发展、经营管理中心工作做好法律合规支持和保障。

（三）负责为企业改制重组、并购上市、产权转让、破产重整、和解、清算及重大投资、资本运作、资产处置等重大事项提出法律意见，组织实施法律尽职调查、法律论证等工作。

（四）负责为企业重要经营决策议案、规章制度、合同进行法律合规审核。

（五）负责公司内控、风险、境内外合规综合管理，履行公司“513”专项工作领导小组办公室职责，推动构建和完善大合规管理体系。

（六）负责公司规章制度、商标字号综合管理工作，检查和指导所属各单位规章制度与商标字号综合管理工作。

（七）负责合同综合管理工作，建立健全合同管理体系，组织重大合同履行过程检查、监督和评价。

（八）负责公司控股和参股企业的公司章程管理工作，负责股份公司法定代表人授权管理工作，负责办理股份公司国内外工商及事业单位登记、信息公示事务，指导各子、分公司办理工商注册登记及企业信息公示。

（九）负责公司合法权益维护工作，指导所属单位重大法律案件的处理，负责股份公司争议解决委员会的日常工作，负责境内外外聘法律服务机构的选聘、评价、考核等管理工作。

（十）负责组织公司普法宣传，推进法治文化建设。

（十一）负责国家立法、政策制定征求意见的收集、论证和反馈。

（十二）负责法律合规人才队伍建设与管理。

（十三）负责其他法律合规相关事务。

（十四）负责对接国家部委和上级主管部门，并完成领导交办的其他工作。

审计部（监事会办公室）

主要职能：

主要承担内部审计监督管理；审计工作体系建设；审计工作组织与实施；违规经营投资责任追究；投资项目经济评价；内部控制评价；监事会日常工作等工作。

具体职责：

（一）负责贯彻落实党中央、国务院及国家部委关于加强国有企业和国有资本审计监督精神，落实股份公司党委、董事会及经理层关于内部审计工作的要求，定期报告内部审计工作；负责开展董事会审计与风险管理委员会赋予的工作。

（二）负责股份公司监事会制度建设及落实、监督工作；负责监事会办公室日常工作。

（三）负责组织研究审计业务相关法律、法规和制度，规范和完善公司监事会工作、内部审计和违规经营投资责任追究制度体系；负责监督、指导所属企业完善审计监督机制、有效开展内部审计工作，建立健全违规经营投资责任追究工作体系。

（四）负责制定审计工作规划，推进审计工作改革与创新，加强外派审计中心管理，提高审计工作信

息化水平。

（五）负责对所属二级公司（单位）主要负责人的经济责任审计；负责对所属二级公司的财务收支与内部控制审计；负责对经营管理活动中存在突出问题的投资和企业的专项审计；负责重点建设项目审计；负责组织对亏损企业和重大亏损项目开展专项审计；负责对所属二级公司年度经营绩效的审计工作。

（六）负责股份公司各类投资项目的过程经济评价和后评价。

（七）负责组织实施公司内部控制评价工作。

（八）负责督促、检查审计建议的整改落实工作，加强审计成果应用。

（九）负责研究和改进审计工作评价体系，构建有效激励约束机制。

（十）负责国资委、审计署及派出机构、地方审计机关对企业审计（检查）的迎审配合工作，指导二级公司做好迎审配合工作；接受审计署、国资委对企业审计工作的指导和监督，督促指导所属企业做好企审共建工作。

（十一）负责与公司外聘审计机构的沟通与联系，针对外聘审计机构发现的重大问题和风险，督促相关部门和单位落实整改。

（十二）负责承担违规经营投资责任追究工作办公室职责，组织开展股份公司违规经营投资责任追究工作。

（十三）负责审计署企业年度报告编制工作。

（十四）负责对所属公司审计力量的综合调配。

（十五）负责对接国家有关部委和上级主管部门，并完成领导交办的其他工作。

安全质量环保监督部（应急管理办公室、安全质量稽查总队）

主要职能：

主要承担安全生产监管；工程质量监管；环保节能监管；职业健康监管；应急管理；生产安全事故处置等工作。

具体职责：

（一）贯彻落实国家、行业关于安全生产、工程质量、环保节能、职业健康，生产安全事故、公共卫生事件应急管理相关政策与法律法规。

（二）负责制定和推动实施股份公司安全生产、工程质量、环保节能、职业健康、应急管理等规划、规章制度的建立与落实；负责股份公司安全质量环保等级事故（事件）总体应急预案的编制、控制和应急响应及救援工作；负责牵头制定公共卫生事件应对方案（预案）并组织实施。

（三）负责股份公司所属企业与公司本级项目安全生产、工程质量、环保节能、职业健康、应急管理保障体系运行的监督、检查与考核。

（四）负责推进全公司安全质量信息化建设、环保节能技术开发工作，提出引进、学习借鉴、推广应用安全质量信息化、环保节能新技术建设成果，并将应用纳入监督检查、稽查范围。

（五）负责股份公司安全质量、节能环保、安全惯性事故防范、工程质量通病整治、生产过程安全质量环保纠偏与监督工作；参与股份公司安全质量、环境保护等级事故、职业病危害调查工作，对典型事故进行内部调查，依规提出问责处理建议，督办所属企业内部问责的落实并核备；根据国家有关部委监管要求，归口上报安全质量、环境保护等级事故及事故处理信息。

（六）负责股份公司安全质量环保委员会办公室的日常业务工作；完成股份公司董事会安全健康环保委员会赋予的工作；根据在建工程项目安全风险预控信息，适时组织开展安全、质量、环保节能监督检查活动。

（七）负责承担股份公司安全、质量、环保应急专职队伍日常建设管理工作；指导各层级专职队伍开展安全、质量、环保等监管工作。

（八）负责股份公司所属单位安全质量、环保节能工作的评优评先事宜；负责协调鲁班奖、国家优质工程奖、其他省（部）级优质工程奖、全国建设工程项目施工安全生产标准化工地、国家级节能减排工地、绿色施工科技示范工程、国家级重点节能低碳技术的指标申领、上报审核、复查组织协调工作；负责组织股份公司安全标准化工地、环保节能工地、优质工程、绿色施工科技示范工程、节能低碳技术的策划、监督实施、复查评审等工作。

（九）负责全公司安全质量、环保节能教育培训监管工作；负责组织、监督和指导所属企业及项目开展安全质量环保专职人员、其他三类人员、注安师的培训教育工作，积极推动各层级开展针对惯性事故和质量通病预防警示、安全质量法规宣贯、安全质量体系建设、安全措施的落实等培训教育工作。

（十）负责股份公司安全生产许可证申领和续期工作。

（十一）负责对接国家有关部委和上级主管部门，并完成领导交办的其他工作。

党委巡视领导小组办公室（巡视组）

主要职能：

主要承担党委巡视巡察工作的统筹协调、组织实施、指导督导、整改落实和服务保障等工作。

具体职责：

（一）负责传达贯彻公司党委、巡视工作领导小组的决策、部署，向公司党委、巡视工作领导小组报告工作情况，研究落实并督办公司党委、巡视工作领导小组的决定事项。

（二）负责统筹推进公司党委巡视全覆盖工作，制定巡视工作规划、年度计划和阶段任务安排。

（三）负责巡视工作政策研究，健全完善巡视工作制度体系。

（四）负责组织协调指导党委巡视组开展巡视，会同有关部门对巡视组成员进行调配、培训、管理和考核，对巡视组执行组长负责制情况进行了解和监督。

（五）负责督促指导二级公司党委开展巡察工作，强化巡视巡察上下联动。

（六）负责会同巡视组及公司纪委、党委干部部、党建工作部等职能部门，对被巡视党组织整改落实情况进行监督检查，加强整改成效检查和评估。

（七）负责巡视巡察发现问题的收集梳理分析，配合公司纪委开展政治生态分析评价工作。

（八）负责加强与总部相关职能部门的沟通协作，建立统筹衔接、贯通融合机制，为领导小组和巡视组开展工作提供服务保障。

（九）负责按要求向国资委党委巡视工作领导小组办公室报告公司党委巡视巡察工作情况。

（十）负责常设巡视组及人员的日常工作安排及协调管理工作。

（十一）负责对接国家有关部委和上级主管部门，并完成领导交办的其他工作。

巡视组

主要职能：

主要承担执行巡视任务；实施巡视回访；落实巡视整改督查等工作。

具体职责：

（一）负责按照公司党委统一部署，开展常规巡视、专项巡视、机动式巡视及巡视“回头看”。

（二）负责对被巡视党组织开展巡视回访。

（三）负责开展巡视整改督察工作。

（四）负责根据公司党委安排开展专项检查工作。

（五）负责配合巡视办，加强上下联动，落实国资委巡视办交办事项，强化对下级党委巡察机构工作的督促指导，相应组织开展专题调研、指导督导、教育培训等工作。

纪委

主要职能：

协助党委落实全面从严治党主体责任、加强党风廉政建设和反腐败工作，聚焦监督执纪问责主责主业，强化政治监督，抓实日常监督，一体推进“不敢腐、不能腐、不想腐”体制机制建设，充分发挥监督保障执行、促进完善发展作用。

具体职责：

（一）负责维护党的章程和其他党内法规，监督推动党的路线方针政策、决议和中央重大工作部署在公司党委和公司的贯彻落实。

（二）负责协助党委落实全面从严治党主体责任，加强党风廉政建设和反腐败工作；参与起草制定公司党委全面从严治党规范性文件，开展企业政治生态分析评估，经常性对党员进行遵守纪律的教育。

（三）负责监督检查公司党委、二级公司党委推进全面从严治党、落实管党治党主体责任情况，监督检查公司党委领导班子成员、公司党委管理的领导人员履行“一岗双责”情况，对总部职能部门履行业务监督管理职责进行再监督。

（四）负责监督检查二级公司领导班子及公司党委管理的领导人员遵守和执行党的章程和其他党内法规，遵守和执行党的路线方针政策与决议，廉洁从业以及道德操守等方面的情况。

（五）负责信访举报登记管理，按规定做好呈批和上报工作。

（六）负责对公司党委管理的领导人员违反党章党规党纪问题的审查，提出处理建议；监督检查二级公司纪检组织执纪审查工作。

（七）负责对违反党章党规党纪、失职失责的二级公司党委、公司党委工作部门、公司党委管理的领导人员进行问责或者提出责任追究的建议；协调公司有关部门做好政纪处理工作。

（八）负责受理党员的控告和申诉；保障党员权利。

（九）负责按照公司党委巡视领导小组安排部署，协助配合企业巡视工作，加强对巡视问题整改监督。

（十）负责监督全公司选人用人管理工作。

（十一）加强对总部纪委、所属二级公司纪委的领导、落实“三为主”要求，督促落实监督责任。

（十二）负责纪检工作调查研究，制定修改纪检工作制度。

（十三）负责组织与地方执纪执法机关的配合协调，维护企业合法权益。

（十四）负责加强纪检组织自身建设，负责纪检干部的日常教育和监督管理。

（十五）负责完成中央纪委国家监委驻国资委纪检监察组、公司党委交办、督办工作。

（十六）负责对接国家有关部委和上级主管部门，并完成领导交办的其他工作。

工会

主要职能：

主要承担工会组织建设；企业民主管理；职工思想政治教育；职工文化与素质建设；职工之家建设；职工权益保障；职工劳动竞赛等工作。

具体职责：

（一）贯彻落实党的路线、方针、政策和工会工作方针，按照公司党委和上级工会的总体要求，研究制定全公司工会工作目标和任务。

（二）负责协助党组织加强各级工会组织建设；指导所属企业工会组建和换届选举工作；协助党委管理工会干部，抓好工会干部队伍建设。

（三）负责职工宣传教育和职工文化建设，抓好职工思想政治、职业道德、科学文化技术教育，开展健康向上的群众性文化体育活动，不断提升职工队伍综合素质。

（四）负责指导所属企业工会组织围绕企业生产经营的实际，开展群众安全生产监督、劳动竞赛、经济技术创新、合理化建议等活动；做好劳动模范和各类先进典型的评选、表彰和管理工作。

（五）负责指导和落实企业民主管理厂务公开工作，加强职代会建设，做好民主参与、民主管理和民

主监督工作，组织开展职代会民主评议和民主测评工作。

（六）负责职工权益维护工作，监督劳动法律法规的执行，指导所属企业工会组织做好签订集体合同、协调劳动关系和调处劳动争议、农民工管理服务工作，推动劳动关系和谐企业建设。

（七）负责职工普惠服务工作，指导所属企业工会建立健全职工生活保障体系，开展员工关爱、困难帮扶、送温暖、助学助医、互助保障、“三工”建设、“幸福之家”建设等活动，帮助解决职工实际困难，改善职工生产生活条件。

（八）负责监督企业贯彻执行劳动安全卫生法律法规；参与公司安全生产规章制度的制定和安全管理工作；参与重大工伤事故的调查处理。

（九）负责公司女职工委员会工作，加强各级女职工组织建设，指导开展特色活动，维护女职工的合法权益。

（十）负责网上工会建设，构建网上网下融合的工会工作体系。

（十一）负责公司工会经费的收缴、使用、管理，以及年度经费预算、决算工作；加强工会经费审查监督，指导所属企业工会组织依法管理和使用工会财产，确保工会经费和财产合理使用及安全运行。

（十二）负责对接国家有关部委和上级主管部门，并完成领导交办的其他工作。

总部事务管理中心（基建办公室、离退休人员管理部、保卫部、机关党委、机关纪委、机关工会）

主要职能：

主要承担总部办公房间、办公家具、办公设备、办公耗材、办公用品、员工餐厅、总部车队、停车场、会议室及办公楼秩序维护、会议服务、保洁绿化等总部事务管理和后勤保障；总部职工履职待遇管理（通信费用、租住用房）；健康管理（劳动保护和福利发放）；履行基建办公室职责；企业离退休人员管理；治安保卫；机关党委；机关纪委；机关工会等工作。

具体职责：

离退休人员管理部、保卫部

（一）负责公司总部办公用品、办公电话以及低值易耗品、印刷品的管理，非网络类固定资产的实物管理。

（二）负责公司总部办公楼的物业管理公司选用、合同签订和履行及日常监督管理。

（三）负责落实公司领导及高管履职待遇中的办公用房维修改造、办公家具配备等日常管理工作和通信费用、租住用房管理，总部员工通信费用标准制定工作，以及公司所出资企业负责人履职待遇中通信费用、租住用房标准制定工作。

（四）负责公司领导及高管、员工餐厅工作用餐管理、劳动保护用品及员工健康体检、计划生育工作，做好总部办公房间、办公家具、会议室和医务室的监督与管理。

（五）负责总部车队和停车场的管理工作。

（六）负责公司所属企业离退休人员工作的指导和总部离退休人员的管理工作。

（七）负责公司总部住房委员会、在京存量土地开发领导小组办公室的日常工作，做好总部员工租房补贴与人才公租房的管理工作。

（八）负责公司注册地租赁、总部办公大楼的租赁和合同执行等工作。

（九）负责公司所属企业内部治安保卫工作指导和总部内部治安保卫、防恐反恐、消防、卫生防疫、绿化管理、重要来宾和重大活动安保等，做好“门前三包”及社会治安综合治理等工作。

（十）负责制定总部员工出差报告制度，总部电子考勤系统维护，总部出差、考勤、请假登记督查工作。

（十一）负责对接国家有关部委和上级主管部门，并完成领导交办的其他工作。

基建办公室

（一）负责总部范围内基本建设总体规划、年度计划编制工作。

（二）负责新建、扩建和改建工程项目的申报、立项、招标、审批手续办理、建设管理、竣工决算等工作。

（三）负责代表股份公司履行总部投资建设的办公用房及职工住房项目的业主职能。

（四）负责协调指导总部在京老旧小区综合整治工作。

（五）负责协调指导总部职工住房历史遗留问题处理工作。

（六）负责指导所属单位做好在京职工住宅开发建设工作。

（七）负责协调在京单位依据相关规定向国管局申报集资建房的相关事宜。

（八）负责组织协调在京单位与国管局、北京市有关区（委）办局以及股份公司总部有关部门的沟通洽商和审核审批工作；并完成领导交办的其他工作。

机关党委

（一）负责党的路线、方针、政策以及公司党委的决定、决议的宣传、贯彻和落实工作。

（二）负责做好总部党员教育、管理和服务，督促党员履行义务，保障党员的权利。

（三）负责总部党员监督，督促党员干部和其他员工严格遵守法律和公司规章制度；加强党风廉政建设，严格执行党的纪律，完善总部惩防体系和党风廉政建设责任制及有关规定的落实；做好对违纪党员的教育和处理工作。

（四）负责总部精神文明建设，做好员工思想政治理论学习，提升员工思想政治素养。

（五）负责总部党建标准化建设，抓好党组织“三会一课”制度的落实；组织开展党内建设活动，做好评选表彰先进党组织和优秀共产党员、优秀党务工作者。

（六）负责总部党内统计、组织

关系转递和党费收缴、使用、管理工作。

（七）负责做好总部发展党员工作，指导所属党组织做好对预备党员和积极分子的培养教育与考察工作。

（八）负责协助做好总部干部提拔任用考核和员工年度业绩考核工作。

（九）负责对机关工会、机关团委的政治领导，支持其独立负责地开展工作。

机关纪委

（一）负责贯彻落实上级党组织、纪检组织有关党风廉政建设精神与要求，监督检查总部各党支部和党员贯彻执行党的路线方针政策与决议的情况。

（二）负责监督总部各支部开展党建、遵规守纪、党风廉政建设、作风建设等情况，按照权限对总部党员干部进行监督，协助上级纪委审查支部和党员干部违纪问题，监督各支部和党员党纪处分决定的执行，对受处分人员进行回访教育。

（三）负责受理总部党员、群众的涉纪来信来访，按有关规定做好处理。

（四）负责按照有关规定和权限，对总部各支部和党员违反党纪问题，决定或者取消对这些案件中的党员的处分，进行问责或者提出责任追究的建议。

（五）负责受理总部党员控告和申诉，保障党员权利。

（六）负责完成上级纪检组织交办的其他工作。

机关工会

（一）负责贯彻落实机关党委、上级工会有关指示、决定，依照工会章程履行职责和义务，加强民主管理，维护职工权益，发挥维护、建设、参与和教育职能，动员组织总部员工围绕公司中心工作，立足本职，建功立业。

（二）负责总部各支会的组织建设，组织总部员工开展合理化建议和文化体育活动，支持兴趣协会、小组积极开展活动，开展职业责任、职业道德、职业纪律和职业素质教育，关注总部员工身心健康，做好福利慰问、扶贫帮困、有关假期管理工作。

（三）负责机关工会经费使用和管理、会员关系转接、职工民主联席会工作，做好总部劳动模范、优秀工会工作者、积极分子和优秀会员之家的评选、表彰工作。

（四）负责指导支持总部女工委做好总部女工工作，维护女职工特殊权益。

信息化中心

主要职能：

主要承担股份公司信息化、数字化、智能化项目建设的实施和运维工作；落实企业数字化转型；运营企业数据资产等工作。

具体职责：

（一）负责执行公司信息化战略规划和制度规范，落实公司各层级数字化转型要求。

（二）负责股份公司信息化、数字化、智能化项目建设的实施和运维工作。

（三）负责按照总集总控信息化技术路线，落实自主可控研发平台建设工作，配合论证评审项目架构和技术合规性，落实信息贯通工程和数智升级工程。

（四）负责运营企业数据资产，保障数据中心、基础网络和信息系统运转，落实数字产业化发展要求，建设数字经济新业态。

（五）负责统筹推进业务数字化转型能力，组织技术交流和研讨培训。

（六）负责对接国家有关部委和上级主管部门，并完成领导交办的其他工作。

企业名录

表 15-5　中国中铁所属单位名录

单位名称	地址	邮编	电话
一			
中铁一局集团有限公司	**陕西省西安市雁塔北路 1 号**	**710054**	**029-87864150**
第二工程有限公司	河北省唐山市国防道 49 号	063004	0315-2596002
第三工程分公司	陕西省宝鸡市滨河大道 60 号	721006	0917-2862831
第四工程有限公司	陕西省咸阳市玉泉西路 8 号中铁大厦	712000	029-33777651
第五工程有限公司	陕西省宝鸡市渭滨区滨河路 106 号	721013	0917-3836240
桥梁工程有限公司	重庆市渝北区人和大道 11 号	401121	023-67649669
新运工程有限公司	陕西省咸阳市渭城区人民东路 111 号	712000	029-33777751

续表

单位名称	地址	邮编	电话
建筑安装工程有限公司	陕西省西安市雁塔区公园南路 89 号	710043	029-87865262
电务工程有限公司	陕西省西安市灞桥区灞柳 1 路 1111 号	710038	029-87868355
市政环保工程有限公司	甘肃省兰州市七里河区任家庄 168 号	730050	0931-2923226
城市轨道交通工程有限公司	江苏省无锡市锡山区安镇街道山河路 50-6 号	214105	0510-68580011
天津建设工程有限公司	天津市河北区革新道 5 号	300250	—
厦门建设工程有限公司	福建省厦门市翔安区马巷镇莲亭路 819 号	361100	0592-7762829
广州分公司	广东省广州市番禺区东环街东艺路金山谷创意产业园一期 A6 栋	511492	020-37758800
物资工贸有限公司	陕西省西安市雁塔北路 1 号	710054	029-87864228
陕西中铁一局正方天域置业有限公司	陕西省西安市雁塔北路 1 号	710054	029-87864100
工业贸易有限公司	陕西省西安市雁塔北路 1 号	710054	029-87864230
设计咨询公司	陕西省西安市雁塔北路 9 号中铁第壹国际 A 座 8 层	710054	029-82283560
铁路建设有限公司	陕西省咸阳市秦都区吴家堡四段路 10 号	712000	029-32870693
陕西卓信工程检测有限公司	陕西省西安市雁塔区太白南路 189 号	710065	029-87301212
海外事业部	陕西省西安市雁塔北路 1 号	710054	029-87864750
投融资事业部	陕西省西安市雁塔北路 1 号	710054	029-87864313
大企业事业部	陕西省西安市雁塔北路 1 号	710054	029-87864392
研培中心	陕西省西安市雁塔区太白南路 189 号	710065	—
二			
中铁二局集团有限公司	**四川省成都市金牛区马家花园路 10 号**	**610031**	**028-86442050**
第一工程有限公司	贵州省贵阳市四通街 5 号金鹏大厦	550007	0851-5745779
第二工程有限公司	四川省成都市青羊区青羊工业园总部广富路 218 号 G11 栋	610091	028-62058627
第四工程有限公司	四川省成都市青白江区新河路 8 号	610306	028-83663555
第五工程有限公司	四川省成都市青羊区腾飞大道 99 号	610091	028-61679070
第六工程有限公司	四川省成都市金牛区金凤凰大道 666 号中铁产业园 2-B 栋大楼	610000	028-66768831
建筑工程有限公司	四川省成都市一环路北一段 432 号	610031	028-87649959
新运工程有限公司	四川省成都市金牛区长福街 1 号	610031	028-87695809
电务工程有限公司	四川省成都市通锦路 9 号	610031	028-86442656
城通公司	四川省成都市金牛区金凤凰大道 666 号中铁产业园 A11 栋 1 单元	610000	028-69592581
深圳工程有限公司	深圳市南山区中心路 3333 号中铁南方总部大厦 11 楼	518034	0755-83190059
物资公司	四川省成都市马家花园路 10 号附楼	610031	028-87669796
房地产公司	四川省成都市马家花园路 2 号通锦大厦 6 层	610031	028-86443932

附录

续表

单位名称	地址	邮编	电话
装饰装修有限公司	四川省成都市金牛区金凤凰大道 666 号中铁产业园 A10	610000	028-69986510
中铁成都规划设计院有限责任公司	四川省成都市马家花园路 10 号中铁二局大厦 5 层	610031	028-86443293
瑞隆物流有限公司	四川省成都市金牛区马家花园路 2 号通锦大厦	610031	028-86444135
昆明应急救援队（昆明工程公司）	云南省昆明市西山区车家壁碧源路 6 号	650111	0871-8413216
西安工程有限公司	陕西省西安市雁塔区丈八沟街道锦业一路 58 号嘉昱大厦	710000	029-81150975
上海建设有限公司	上海市松江区塔汇路 609 号	201617	021-33550672
广州工程有限公司	广东省广州市天河区黄埔大道西 108 号奥园大厦 13A	510627	0755-38209755
四川诚正工程检测技术有限公司	四川省成都市金牛区蓉都大道天回路 917 号 2 楼	610083	—
三			
中铁三局集团有限公司	**山西省太原市迎泽区新建南路 1 号**	**030001**	**0351-4038637**
第二工程有限公司	河北省石家庄市翟营南大街 9 号中铁大厦 11 层	050031	0311-87670320
第三工程有限公司	山西省太原市坞城东街南巷 14 号	030006	0351-8785620
第四工程有限公司	北京市门头沟区三家店新建路 25 号	102300	010-61818146
第五工程有限公司	山西省晋中市榆次区顺城东街 1 号	030600	0354-2028713
第六工程有限公司	山西省晋中市榆次区桥东街 128 号	030600	0354-3102836
电务工程有限公司	山西省晋中市榆次区文苑街 280 号	030600	0354-3111345
建筑安装工程有限公司	山西省太原市坞城东街南巷 41 号	030006	0351-8728638
桥隧工程有限公司	四川省成都市金牛区天回镇中铁产业园 A10 栋 1 单元	056036	0310-4040040
线桥工程有限公司	河北省三河市燕郊镇燕郊开发区	065201	0316-3332841
运输工程分公司	山西省晋中市榆次区迎宾街 209 号	030600	0354-3029413
勘测设计分公司	山西省太原市迎泽大街 269 号	030001	0351-8951767
社会事业管理中心	山西省太原市迎泽大街 269 号	030001	0351-8950223
测绘检测工程有限公司	山西省太原市迎泽大街 269 号	030001	0351-8951546
投资公司	山西省太原市迎泽大街 269 号	030001	0351-8951168
物资供应有限公司	山西省太原市迎泽大街 269 号	030006	0351-8951596
天津建设工程有限公司	天津市津南区双港镇上海街 58 号	300350	022-88826366
华东建设工程有限公司	江苏省南京市江宁区麒麟社区靶厂路 8 号	211135	025-52397958
广东建设工程有限公司	广东省广州市番禺区东环街番禺大道北 555 号天安总部中心 28 号楼	510630	020-38023006
四			
中铁四局集团有限公司	**安徽省合肥市包河区望江东路 96 号**	**230023**	**0551-82574114**
第一工程有限公司	安徽省合肥市阜阳北路 434 号	230041	0551-65531544
第二工程有限公司	江苏省苏州市相城经济开发区蠡塘河路 9 号	215131	0512-85888868

续表

单位名称	地址	邮编	电话
第三建设有限公司	天津市东丽区矽谷港湾 D2 区 4 号楼	300011	022-24413299
第四工程有限公司	安徽省合肥市新蚌埠路 106 号	230041	0551-64228000
第五工程有限公司	江西省九江市濂溪区青年路 369 号	332000	0792-7025630
第七工程分公司	安徽省合肥市蜀山区南二环 488 号	230022	0551-63742262
第八工程分公司	安徽省合肥市阜阳北路 365 号	230041	0551-65242870
电气化工程有限公司	安徽省蚌埠市蚌山区迎湖路 9 号	233040	0552-3889220
建筑工程有限公司	安徽省合肥市东流路西段	230022	0551-63742062
钢结构有限公司	安徽省合肥市环湖东路 388 号	200023	0551-63741971
机电设备安装有限公司	江西省南昌市县东新乡千亿产业园内	330209	0791-85810366
路桥工程有限公司	吉林省长春市宽城区新月路 416 号	130052	0431-86036028
市政工程分公司	安徽省合肥市宿松南路 1188 号中铁科技大楼	230022	0551-65249987
城市轨道交通工程分公司	安徽省合肥市宿松南路 1188 号中铁科技大楼	230022	0551-65249001
上海工程公司	上海市静安区中山北路 901 号屹申商务大厦 B 楼	200083	021-65423104
南京工程分公司	江苏省南京市浦口区浦口大道 1 号新城总部大厦 A 座 1602 室	210000	025-58779617 025-58806814
工程建设分公司	陕西省西安市大庆路 3 号蔚蓝国际 A 座 18 层	710082	029-87618478
物资工贸有限公司	安徽省合肥市望江东路 96 号	230023	0551-65244137
安徽中铁工程材料科技有限公司	安徽省合肥市宿松南路 1188 号中铁科技大楼	230022	0551-65249601
设计研究院	安徽省合肥市望江东路 96 号	230023	0551-65244043
房地产开发有限公司	安徽省合肥市包河区宿松路 1188 号中铁科技大楼	230023	0551-65249296
中铁健康服务有限公司	安徽省黄山市屯溪区稽灵山路 32 号	245041	0559-2572588
投资运营有限公司	安徽省合肥市包河区宿松路 1188 号中铁科技大楼	230022	0551-65249165
试验检测与测量分公司	安徽省合肥市包河区宿松路 1188 号中铁科技大楼	230022	0551-65244213
	五		
中铁五局集团有限公司	**湖南省长沙市雨花区韶山北路 309 号**	**410007**	**0731-88891888**
第一工程有限责任公司	湖南省长沙市中意一路 646 号	410117	0731-82833432
第二工程有限责任公司	湖南省衡阳市珠晖区龙家坪 45 号	421002	0734-8398150
第四工程有限责任公司	广东省韶关市十里亭	512031	0751-8853459
华南工程有限责任公司	广东省东莞市洪梅镇中兴路 6 号	523160	0769-87222026
第五工程有限责任公司	湖南省长沙市长沙县东六路南段 100 号有色地勘大厦	410129	0731-85157009
第六工程有限责任公司	重庆市北部新区高新园天宫殿街道锦橙路 26 号	401121	023-67895175
机械化工程有限责任公司	湖南省衡阳市珠晖区洪塘冲 32 号	421002	0734-8312459
电务城通工程有限责任公司	湖南省长沙市麓谷咸嘉湖西路 475 号	410205	0731-88992599
建筑工程有限责任公司	贵州省贵阳市八达巷 15 号	550002	0851-85797277
路桥工程有限责任公司	广东省广州市南沙区大涌工业五路 5 号	511458	020-28652686

续表

单位名称	地址	邮编	电话
物资实业有限责任公司	湖南省长沙市洞井铺	410117	
贵州工程有限公司	贵州省贵阳市枣山路 23 号	550003	0851-88270829
成都工程公司	四川省成都市青羊区工业总部基地腾飞大道 51 号青羊工业总部基地 E2	610031	028-69086189
海外分公司	贵州省贵阳市枣山路 23 号	550001	0851-88180961
置业有限责任公司	贵州省贵阳市北京路 241 号天华大厦 5 层	550003	0851-86866149
天怡大酒店	贵州省贵阳市枣山路 29 号	550008	0851-86518888
天龙大酒店	湖南省长沙市韶山北路 299 号	410007	0731-84188888
测绘试验中心	贵州省贵阳市云岩区后坝路 1 号兴隆·枫丹白露城市花园商业 2 栋负 1 层 1 号贵州铁建	550008	0851-888173134
多元经济管理中心	贵州省贵阳市南明区玉溪巷 89 号	550003	0851-85778958 转 8305
六			
中铁六局集团有限公司	**北京市海淀区万寿路 2 号**	**100036**	**010-68155051**
北京铁路建设有限公司	北京市海淀区万寿路 2 号	100036	010-51825187
太原铁路建设有限公司	山西省太原市杏花岭区建设北路 182 号	030013	0351-2666168
呼和浩特铁路建设有限公司	内蒙古自治区呼和浩特市新城区车站西街 11 号	010050	0471-2242057
天津铁路建设有限公司	天津市河北区律纬路与五马路交口西北角诺德中心 10 号楼	300143	022-60720926
石家庄铁路建设有限公司	河北省石家庄市平安北大街 18 号乐模大厦	050000	0311-87911903
路桥建设有限公司	湖南省长沙市雨花区金海路 128 号国际研创中心 A7 栋	410007	0731-85921024
建筑安装工程有限公司	北京市昌平区马池口镇下念头村昌流路 17 号	102299	010-89790900
中铁信达经贸有限公司	北京市海淀区万寿路 2 号	100036	010-83896219
中铁丰桥桥梁有限公司	北京市丰台区葛村西里 1 号	100070	010-63717563
电务工程有限公司	北京市丰台区南四环西路 188 号 15 区 10 号	100070	010-52226646
海外工程分公司	北京市丰台区南四环西路 188 号总部基地 10 区 5 号楼	100070	010-52256619
物资工贸有限公司	北京市海淀区万寿路 2 号	100036	010-52733281
广州工程有限公司	广东省广州市番禺区番禺大道北 555 号天安科技园 18 号楼	511400	020-34883990
交通工程分公司	北京市丰台区南四环西路 188 号 10 区 16 号楼	100070	010-50916290
北京置业有限公司	北京市海淀区万寿路 2 号中铁六局大厦 506 室	100036	010-52733362
工程设计院	北京市海淀区万寿路 2 号	100036	010-52733537
云南中铁双百建材有限公司	云南省昆明市呈贡区联大街中国中铁大厦 26 层	650504	0871-64214321
七			
中铁七局集团有限公司	**河南省郑州市航海东路 1225 号**	**450016**	**0371-67723150 0371-67723109**
第一工程有限公司	广东省广州市黄埔区瑞和路 39 号纳金科技产业园 H6 座 841-850 号	510700	—

续表

单位名称	地址	邮编	电话
第二工程有限公司	辽宁省沈阳市和平区南京南街中土大厦	110000	—
第三工程有限公司	陕西省西安市浐灞生态区广安路 2899 号	710043	029-86366628 029-86366626
第四工程有限公司	湖北省武汉市东湖新技术开发区茅店山西路 2 号	430074	027-51130813
第五工程有限公司	河南省郑州市航海东路 1225 号	450016	0371-68285511
郑州工程有限公司	河南省郑州市二七区陇海中路 3 号	450000	0371-68325317 0371-68324527
武汉工程有限公司	湖北省武汉市东湖新技术开发区茅店山西路 2 号	430074	027-51130731 027-51130700
西安铁路工程有限公司	陕西省西安市新城区金花北路 205 号西铁工程大厦	710032	029-82356002 029-82356025
电务工程有限公司	河南省郑州市金水路 226 号楷林国际 17 层	450008	0371-68361491 0371-67265517
路桥工程有限公司	江苏省南京市雨花台区三鸿路 6 号数字大厦	210012	025-83560023
海外分公司	河南省郑州市航海东路 1225 号	450016	0371-68283650 0371-68283682
中产置业有限公司	河南省郑州市陇海中路 11 号	450000	0371-86063875 0371-86063975
物资贸易有限公司	河南省郑州市航海东路 1225 号	450016	0371-67727238
投资分公司	河南省郑州市航海东路 1225 号	450016	0371-61773211
勘测设计研究院	河南省郑州市航海东路 1225 号	450016	0371- 67727657
	八		
中铁八局集团有限公司	**四川省成都市金科东路 68 号**	**610000**	**028-87517570**
第一工程有限公司	重庆市九龙坡区黄桷坪铁路三村 3 号	400053	023-61215888
第二工程有限公司	四川省成都市犀浦国宁东路 1188 号中铁塔米亚	610097	028-69986263
第三工程有限公司	贵州省贵阳市南明区朝阳洞路建材巷 1 号	550007	0851-85761991
建筑工程有限公司	四川省成都市高新区西部园区西区大道 461 号	611731	028-86106131
电务工程有限公司	四川省成都市郫都区犀浦金樽三街 316 号	610097	028-87876787
昆明铁路建设有限公司	云南省昆明市春城路 321 号	650200	0871-66164827
成都同新房地产开发有限公司（中铁八局集团投资发展有限公司）	四川省成都市一环路北二段 100 号	610081	028-83180177
第七工程有限公司	四川省成都市青白江区青华东路 173 号	610300	028-83605223
现代物流有限公司	四川省成都市成华区站北路 38 号	610086	028-86329800
海外工程分公司	四川省成都市金牛区荷花池街道西北桥东街 4 号附 1 号	610081	—
勘察设计研究院	四川省成都市金牛区荷花池街道西北桥东街 4 号附 1 号	610081	028-83225980
城市轨道交通分公司	四川省成都市金牛区天龙南三路中铁轨道交通产业园	610081	—

续表

单位名称	地址	邮编	电话
	九		
中铁九局集团有限公司	**辽宁省沈阳市和平区胜利南街 46 号**	**110051**	**024-23942635**
第一建设有限公司	江苏省苏州市吴江区运东大道 997 号	215200	0512-88812789
第三建设有限公司	广东省佛山市南海区桂城街道疏港路 7 号凤鸣广场	528251	0757-83680716
第四工程有限公司	辽宁省沈阳市沈河区敬宾街 3-1 号	110000	024-88555223
第五工程有限公司	四川省成都市郫都区古城镇蜀汉西路 68 号	611741	028-64594884
第七工程有限公司	辽宁省沈阳市大东区工农路 337 号	110041	024-62046167
大连分公司	大连市开发区海滨旅游路 35 号	116001	0411-62493079
电务工程有限公司	辽宁省沈阳市和平区胜利北街 36-5 号	110001	024-62024235
工程检测试验有限公司	辽宁省沈阳市铁西区北一东路 36 号（6 门）	110025	024-62042007
勘察设计院	辽宁省沈阳市和平区胜利南街 46 号	110051	024-23840997
	十		
中铁十局集团有限公司	**山东省济南市高新区舜泰广场 7 号楼**	**250101**	**0531-82461286**
第一工程有限公司	山东省济南市天桥区车站街 167 号	250001	0531-82424547
第二工程有限公司	河南省郑州市金水区金水路 226 号楷林国际 19 层	450000	0371-86155690
第三建设有限公司	安徽省合肥市经济技术开发区繁华大道 12666 号	230601	0551-63547600
第四工程有限公司	江苏省南京市栖霞区紫东路 2 号紫东创意园 A6 栋	210046	025-85831505
第五工程有限公司	江苏省苏州市高新区金枫路金庄街 9 号	215011	0512-68075098
第七工程有限公司	陕西省西安市高新区锦业二路 69 号	710065	029-88882182
第八工程有限公司	天津市西青区张家窝镇天安创新科技产业园三区 2 号楼	300380	022-59565959
青岛工程有限公司	山东省青岛市市北区抚顺路 19 号	266011	0532-55526597
城市轨道交通工程有限公司	广东省广州市番禺区番禺大道北 555 号天安科技园总部 14 号楼 9 层	511400	020-33102331
城建工程有限公司	山东省烟台市开发区正海大厦 22 层	264000	—
电务工程有限公司	山东省济南市高新区工业南路 59 号中铁汇展国际 8 号楼 10-13 层	250101	0531-82461535
投资开发有限公司	山东省济南市高新区工业南路 59 号中铁汇展国际 8 号楼 17-18 层	250101	0531-58995850
物资工贸有限公司	山东省济南市高新区工业南路 59 号中铁汇展国际 8 号楼 4-5 层	250101	0531-55565365
第三工程有限公司	福建省厦门市湖里区东渡路 258 号银龙大厦 7 层	361013	0592-2638159
拉美分公司	山东省济南市高新区舜泰广场 7 号楼 10 层	250101	—
非洲分公司	山东省济南市高新区舜泰广场 7 号楼 10 层	250101	—
亚太分公司	山东省济南市高新区舜泰广场 7 号楼 10 层	250101	—
济南勘察设计院	山东省济南市高新区舜泰广场 7 号楼 8 层	250101	0531-82461788
山东铁工科技有限公司	山东省济南市历下区经十路山东大学千佛山校区北院创新大厦 9 层	250012	—

续表

单位名称	地址	邮编	电话
中铁康养产业投资运营（云南）有限公司	重庆市璧山区三担湖康养小镇湖滨路 1 号	402772	023-41556916
运营管理分公司	山东省济南市高新区工业南路 59 号中铁汇展国际 8 号楼 15 层	250101	—
物业管理有限公司	山东省济南市高新区工业南路 59 号中铁汇展国际 8 号楼 15 层	250101	—
矿业工程分公司	北京市丰台区北京中铁大厦 D 座 2 层 201 室	100071	—
	十一		
中铁大桥局集团有限公司	**湖北省武汉市四新大道 6 号**	**430050**	**027-84596511**
第一工程有限公司	河南省郑州市金水区丰乐路 67 号	450053	0371-63674990
第二工程有限公司	江苏省南京市鼓楼区燕江路 66 号	210015	025-58781038
第四工程有限公司	江苏省南京市浦口区迎江路 40 号	210031	025-86966112
第五工程有限公司	江西省九江市浔阳区白水湖路 20 号	332001	0792-8586229
第六工程有限公司	湖北省武汉市蔡甸区新天大道 525 号	430100	027-69603168
第七工程有限公司	湖北省武汉市经济技术开发区春晓路 8 号	430050	027-84588875
第八工程有限公司	重庆市江北区港城东环路 6 号 1 幢	400000	023-67013223
第九工程有限公司	广东省中山市火炬开发区会展东路投资大厦 5 层	528437	0760-23759860
中铁大桥科学研究院有限公司	湖北省武汉市硚口区建设大道 103 号	430034	027-83532982
物资有限公司	湖北省武汉市汉阳区莲花湖路特 1 号	430050	027-84825008
武汉桥梁特种技术有限公司	湖北省武汉市东湖新技术开发区高新六路 97 号	430205	027-81925128
武汉桥梁传媒有限公司	湖北省武汉市汉阳区四新大道 6 号	430050	027-84596449
武汉置业发展有限公司	湖北省武汉市经济开发区东风大道 67 号金桥太子湖 1 号 A 座	430056	027-84597087
武汉地产有限公司	湖北省武汉市武昌区宝通寺路 8 号	430070	027-87655001
上海工程有限公司	上海市奉贤区南桥镇航南公路 7198 号	200071	021-66540718
福船海洋工程有限责任公司	福建省福州市马尾区镇冰路 9 号中铁福船大厦	350015	0591-38133316
中铁大桥局武汉商业运营管理有限公司	湖北省武汉市武昌区宝通寺路 8 号	430070	027-87655001
西藏工程有限公司	西藏自治区拉萨市经济技术开发区阳光新城 B 区 5 栋 1 单元 5-1	540100	0891-6168460
海外工程分公司	湖北省武汉市四新大道 6 号	430050	027-84596635
设计分公司	湖北省武汉市汉阳大道 38 号	430050	027-84596901
投资分公司	湖北省武汉市四新大道 6 号	430050	027-84663719
机械化施工分公司	湖北省武汉市汉阳区汉阳大道 54-2 号	430050	027-84511566
九江船舶分公司	江西省九江市浔阳区滨江东路 148 号	332004	0792-8615001
长沙分公司	湖南省长沙市开福区三一大道 303 号	410003	0731-82564106

续表

单位名称	地址	邮编	电话
东北分公司	辽宁省沈阳市浑南区世纪路 5-2 号	110179	024-31692476
十二			
中铁隧道局集团有限公司	**广东省广州市南沙区工业四路**	**511000**	**020-32268902**
中铁隧道股份有限公司	河南省郑州市高新技术产业区科学大道 99 号	450001	0371-67896508
一处有限公司	重庆市渝北区天山大道西段 32 号 2 幢	401123	023-65933555
二处有限公司	河北省三河市燕郊开发区学院路 410 号	065201	0316-3362127
三处有限公司	广东省深圳市南山区建工村 33 号	518060	0755-61385049
建设有限公司	广西壮族自治区南宁市科园大道 29 号	530003	0771-2315299
路桥工程有限公司	天津市空港经济区中环西路 86 号	300308	022-84958707
市政工程公司	浙江省杭州市西湖区三墩镇振华路—紫宣路 158 号西城博司 4 幢	310030	0571-28167046
机电工程有限公司	河南省洛阳市老城区状元红路	471009	0379-62632893
勘察设计研究院	广东省广州市南沙区工业四路	511000	020-32268975
投资事业部	广东省广州市南沙区工业四路	511000	020-32268820
国际事业部	广东省广州市南沙区工业四路	511000	020-32268633
设备分公司	河南省洛阳市老城区状元红路	471009	0379-62633024
物资分公司	河南省洛阳市老城区状元红路	471009	0379-62632578
测量试验分公司	河南省洛阳市老城区状元红路	471009	0379-62632133
盾构及掘进技术国家重点实验室	河南省郑州市高新技术产业区科学大道 99 号	450001	0371-67283856
职工大学	河南省洛阳市老城区状元红路	471009	0379-62632655
十三			
中铁电气化局集团有限公司	**北京市丰台区万寿路南口金家村 1 号**	**100036**	**010-51846560**
第一工程有限公司	北京市丰台区南四环西路 188 号总部基地 7 区 10 号楼	100070	010-51859399
第二工程分公司	广东省广州市番禺区东环街东艺路 139 号 5 栋 1 号	510000	020-37674131
第三工程有限公司	河南省郑州市二七区小赵砦东街 33 号	450052	0371-60655600
北京电气化工程有限公司	北京市石景山区京原路 19 号院 1 号楼	100043	010-51872090
西安电气化工程有限公司	陕西省西安市新城区金花北路 205 号西铁工程大厦	710032	029-82356611
上海电气化工程分公司	上海市静安区江场路 1377 弄绿地中央广场 1 号楼 5 层	200000	021-61397678
沈阳电气化工程分公司	辽宁省沈阳市浑南区国际软件园 E19 座	110000	024-88013796
城铁公司	北京市丰台区万寿路南口金家村 1 号	100036	010-51848190
北京建筑工程有限公司	北京市丰台区靛厂路甲 121 号	100039	010-88245508
铁路工程公司	北京市丰台区卢沟桥小屯兴源路 8 号院 B 座	100036	010-85160212
中铁电气工业有限公司	河北省保定市北三环 6255 号中铁电气工业有限公司轨道交通产业园	071000	0312-8639300
物资贸易有限公司	北京市海淀区莲花池西路 16 号金鑫大厦	100036	010-63978586

续表

单位名称	地址	邮编	电话
中铁电气化铁路运营管理有限公司	北京市丰台区公益西桥西北京市轨道交通建设管理有限公司C座6层、7层、8层	100068	010-51872285
京沪高铁维管公司	北京市丰台区莲花池东路106号汇融大厦A座26层2602室	100055	010-51862475
北京景旭房地产开发有限公司	北京市丰台区六里桥1号奈伦大厦12层	100161	010-63885155
国际工程公司	北京市丰台区万寿路南口金家村1号	100036	010-51872002
北京通达监理有限公司	北京市丰台区丰台路口139号202室	100071	010-83820515
智慧交通技术分公司	北京市丰台区万寿路南口金家村1号	100036	010-51846396
设计研究院	北京市丰台区双林东路郭庄子365号	100036	010-52263601
基础设施投资分公司	北京市石景山区八角街道京原路19号中储粮油脂大厦9层	100043	010-68632749
石家庄机械装备分公司	河北省石家庄市新华区和平西路686号	050000	0311-87638207
上海富欣智能交通控制有限公司	上海市浦东新区亮秀路112号Y2座4层	201203	021-31337800
太原中铁轨道交通建设运营有限公司	山西省太原市小店区贾家寨车辆段	030001	0351-7037299
南昌中铁穗城轨道交通建设运营有限公司	江西省南昌市南昌县向塘北大道东50米地铁3号线莲塘车辆段	330000	0791-82726688
北京《电气化铁道》编辑部有限公司	北京市丰台区万寿路南口金家村1号	100036	010 51842632
保定党职校	河北省保定市竞秀区百花东路263号	071051	0312-3036007
十四			
中铁武汉电气化局集团有限公司	**湖北省武汉市东湖新技术开发区光谷创业街71号**	**430074**	**027-51172222**
第一工程有限公司	湖北省武汉市东湖新技术开发区武大园路2号湖北徽商大厦A座7-9层	430223	027-51780009
上海电气有限公司	上海市青浦区北青公路10688弄张江云立方30号楼	201700	021-59221209
中铁电气化（武汉）设计研究院有限公司	湖北省武汉市东湖新技术开发区光谷创业街71号	430074	027-51172272
科工装备有限公司	湖北省襄阳市襄城区岘山路656号	441021	0710-3544396
物资贸易有限公司	湖北省武汉市东湖新技术开发区佳园路9号同亨大厦综合楼4层	430074	027-65527692
北京分公司	北京市丰台区南四环西路188号丰台科技园总部基地10区15栋	100070	010-52268953
城市建设分公司	广东省广州市黄埔区九龙大道海丝知识中心T1栋11-12层	510700	020-37106131
机电分公司	陕西省西安市碑林区南二环东段39号8-11层	710102	029-61103166
运营管理分公司	四川省成都市金牛区中铁轨道高科技产业园金凤凰大道666号12栋3单元	610036	028-65718555
城铁分公司	湖北省武汉市东湖新技术开发区光谷创业街66号海达创新广场2201	430070	027-87002588

续表

单位名称	地址	邮编	电话
十五			
中铁建工集团有限公司	**北京市丰台区南四环西路128号诺德中心1号楼**	**100070**	**010-51136666**
北京分公司	北京市丰台区造甲村111号	100070	010-63791630
上海分公司	上海市普陀区交通路4621弄李子园商务区10号12F-18F	200331	021-36361116
设计院	北京市丰台区诺德中心1号楼东配楼3层、4层	100070	010-53500920
华北分公司	北京市丰台区南四环西路128号诺德中心3号楼23层	100070	010-87576610
西南分公司	四川省成都市金牛区站西桥西街345号府河路苑9栋13层	610081	028-64202933
深圳分公司	广东省深圳市南山区南山大道建工村建厂路34号	518052	0755-26974720
西北分公司	陕西省西安市高新区西部大道企业壹号公园25栋	710119	029-62817200
北京路桥分公司	北京市丰台区南四环西路188号10区11号楼	100070	010-52220876
山东有限公司	山东省青岛市城阳区上马街道前程社区807号	266112	0532-80991501
北方工程有限公司	天津市滨海新区塘沽福建北路69号	300451	022-60616623
广东有限公司	广东省广州市番禺大道北555号番禺节能科技园天安总部中心29号楼	511400	020-31109880-880
诺德城市投资有限公司	广东省深圳市福田区民田路178号华融大厦305室	518048	0755-82772952
北京中铁诺德房地产开发有限公司	北京市丰台区汽车博物馆西路诺德中心1号院11号楼42层	100070	010-511855603
长沙市规划设计院有限责任公司	湖南省长沙市芙蓉区东岸街道人民东路469号长房东云台花园商业S2栋	410000	0731-84134010
建筑安装有限公司	北京市丰台区南四环西路188号总部基地10区18栋、19栋	100070	010-52221107
北京机械制造有限公司	北京市房山区阎村镇南梨园村南临30号	102412	010-51116721
国际事业部	北京市丰台区南四环西路188号总部基地12区45号楼	100070	010-52238611-8054
十六			
中铁广州工程局集团有限公司	**广东省广州市南沙区进港大道582号**	**511754**	**020-61996670**
港航工程有限公司	广东省广州市黄埔区香山路11号	510660	020-62223808
第二工程有限公司	广东省广州市花都区新华街建设路34号	510800	020-36858099
第三工程有限公司	广东省肇庆市站北路46号	526020	0758-2909155
深圳工程有限公司	广东省深圳市光明区马田街道马山头社区电达谷源产业园7号楼中铁广州工程局深圳总部大厦12层	518103	—
城轨工程有限公司	广东省广州市南沙区进港大道582号	511457	020-66230940
桥梁工程有限公司	广东省广州市花都区新华街松园大道26号	510800	020-37760109
市政环保工程有限公司	陕西省西安市西咸新区沣西新城康定路16号中铁港沣国际23层	712000	029-33133519
惠州置业有限公司	广东省惠州市大亚湾澳头中兴中路1号东方新天地大厦1栋1单元2507号	516081	—

续表

单位名称	地址	邮编	电话
广西中铁广通工程有限公司	中国（广西）自由贸易试验区南宁片区凯旋路 15 号南宁绿地中心 8 号楼 37 层 3712 室	530221	—
西咸新区粤铁建筑工程有限公司	陕西省西安市西咸新区秦汉新城窑店街道办秦汉创新中心 67 号楼 202 室	712000	—
吉林白云工程有限公司	吉林省吉林市桦甸市夹皮沟镇老金厂社区	550014	—
中铁穗新（江门）工程建设有限公司	广东省江门市新会区会城朱紫路 6 号 5 层	529000	—
山东省粤铁建筑工程有限公司	山东省烟台市芝罘区卧龙北路 3 号	264000	—
十七			
中铁北京工程局集团有限公司	**北京市门头沟区永定镇玉带东二街 161 号**	**102308**	**010-62720600**
第一工程有限公司	陕西省西安市国家民用航天产业基地航创路 259 号	710100	029-62625200
第二工程有限公司	湖南省长沙市雨花区环保中路 188 号四期 11 栋	410014	0731-89961124
（天津）工程有限公司	天津市红桥区咸阳北路 48 号银泰科工贸大厦 A 幢 12 层	300131	022-88978778
北京有限公司	北京市延庆区八达岭经济开发区康西路 26 号	100070	010-51169528
第五工程有限公司	浙江省杭州市萧山区经济技术开发区通惠北路 2 号 5 层	310000	0571-83580281
第六工程有限公司	辽宁省沈阳市沈北新区蒲河大道 888 号西六区 6 号、7 号	110127	024-66801020
中铁天丰建筑工程有限公司	北京市门头沟区石龙经济开发区永安路 20 号 3 号楼 3 层 304 室	102308	010-61828500
城市轨道交通工程有限公司	安徽省合肥市高新区天达路 20 号	401147	0551-62857527
检测有限公司	北京市海淀区北四环西路 87 号	100195	010-88448540
物资工贸有限公司	北京市门头沟区永定镇玉带东二街 161 号 11 层	102308	010-61828708
机场工程分公司	北京市门头沟区石龙经济开发区永安路 20 号 3 号楼 A-7942 室	102308	010-61828697
建筑工程分公司	北京市密云区经济开发区科技路 25 号 1 号楼	100195	010-88853881
国际工程分公司	北京市门头沟区永定镇玉带东二街 161 号 501 室、502 室、503 室	102308	010-61828774
十八			
中铁上海工程局集团有限公司	**上海市宝山区富联路 777 号**	**201906**	**021-80277675**
第一工程有限公司	安徽省芜湖市鸠江区卜家店	200436	0553-2821220
市政环保工程有限公司	上海市宝山区富联路 777 号	201906	021-80277333
第三工程有限公司	安徽省合肥市包河区山西路 123 号	230088	0551-63736546
第四工程有限公司	天津市滨海新区中新生态城安兴路 26 号	300486	022-59665712
第五工程有限公司	广西壮族自治区南宁市良庆区凯旋路绿地中心 8 号楼 35-36 层	530000	0771-2236728
第六工程有限公司	云南省昆明市经开区顺通大道国际银座 C3 座 22-23 层	650217	0871-64620998
第七工程有限公司	陕西省西安市未央区太元路 379 号保亿大明宫国际 3-0101 室	710032	029-61185021

附录

续表

单位名称	地址	邮编	电话
华海工程有限公司	上海市闵行区中春路 7500 号	201101	021-64193984
建筑工程有限公司	上海市宝山区富联路 777 号	201906	021-80277062
物资工贸有限公司	上海市宝山区富联路 777 号	201906	021-80277057
华南市政建设有限公司	广东省广州市黄埔区萝岗东区街道办瑞发路 12 号	510700	020-31420213
南京水务环保发展有限公司	江苏省南京市雨花台区雨花东路 47 号	210000	025-52312006
滨海建设投资项目管理有限公司	天津市滨海新区经济技术开发区二大街 42 号	300457	022-66222930
城市轨道交通工程分公司	上海市宝山区富联路 777 号	201906	021-80277205
投资分公司	上海市宝山区富联路 777 号	201906	021-80277907
十九			
中铁投资集团有限公司	**北京市丰台区汽车博物馆南路 3 号院北京中铁大厦西侧 5-11 层**	**100160**	**010-83920866**
北京指挥部	北京市丰台区汽车博物馆南路 3 号院北京中铁大厦西侧 4 层	100160	—
天津指挥部	天津市河西区解放南路 376 号富裕中心 1 栋 24 层	300202	022-23238600
河北指挥部	河北省石家庄市桥西区裕华东路 56 号中铁商务广场 B 座 15 层	050000	0311-66179001
石家庄地铁 2 号线指挥部	河北省石家庄市桥西区裕华东路 56 号中铁商务广场 B 座 14 层	050000	0311-67660567
中铁京西（北京）高速公路发展有限公司	北京市门头沟区莲石湖西路 98 号石龙阳光大厦 3 层	102300	010-60808299
中国中铁股份有限公司国道 109 高速公路工程总承包部	北京市门头沟区军庄镇宝宜合影视基地院内 1-3 层	102399	—
中铁河北投资开发建设有限公司	河北省廊坊市广阳区银河北路 181 号中国农业银行培训中心北楼 3 层	065000	—
中铁京雄（北京）高速公路发展有限公司	北京市房山区晨光东路 18 号院 1 号楼 1-3 层	102400	010-58251000
中铁承德建设开发有限公司	河北省承德市双滦区智能科技园 16 层	067001	—
中铁保定开发建设有限公司	河北省保定市莲池区锦湖北大街 1111 号东湖云端 D 座 7-8 层	071000	0312-737980
中铁（天津）轨道交通投资建设有限公司	天津市红桥区小辛庄大街 19 号	300132	022-26550138
中铁（天津）城乡建设发展有限公司	天津市北辰区双口镇联东 U 谷北方耀谷售楼处 2 层	300401	—
中铁滨海（天津）轨道交通投资发展有限公司	天津市滨海新区海洋高新区金江路 335 号（天津光电集团院内东楼 1-4 层）	300480	—
天津同兴房地产开发有限公司	天津市滨海新区第一大街 79 号泰达 MSD-C3 23 层	300457	—
二十			
中铁南方投资集团有限公司	**广东省深圳市南山区中心路 3333 号中铁南方总部大厦 20-24 层**	**518045**	**0755-33952180**

续表

单位名称	地址	邮编	电话
中铁珠三角投资发展有限公司	广东省广州市南沙区港航二街1号6-9层	511440	020-39011829
中铁（江西）投资有限公司	江西省南昌市红谷中大道1669号华尔街商业中心写字楼16层	330038	0791-82212759
中铁（厦门）投资有限公司	福建省厦门市湖里区泗水道619号2001室	361006	0592-2967279
中铁（福州）投资有限公司	福建省福州市台江区八一七中路165号	350004	—
中铁海西投资有限公司	福建省厦门市湖里区五缘湾道湖里大厦20-21层	361000	0592-2967229
中铁南方遵义投资有限公司	贵州省遵义市汇川区南京路城上城801室	563000	0852-8759719
深圳中铁朗侨峰居有限责任公司	广东省深圳市南山区中心路3333号中铁大厦3层	518054	0755-33957850
中铁南方（东莞）投资有限公司	广东省东莞市南城街道鸿福路106号南峰商务中心1栋905室	523000	—
中铁（江门）城镇化建设投资发展有限公司	广东省广州市南沙区港航二街1号6-9	511440	—
中铁（莆田）投资有限公司	福建省莆田市湄洲湾北岸经济开发区经济城688号	351100	—
云浮市佛云中铁投资发展有限公司	广东省云浮市云城区思劳镇云浮国际石材城C区东南角（氢能科技企业孵化器内）	527300	—
深圳中铁佳兴投资发展有限公司	广东省深圳市南山区粤海街道中心路3333号中铁大厦22层	518045	0755-33957724
城市开发分公司	广东省深圳市南山区中心路3333号中铁大厦22层	518045	—
二十一			
中铁交通投资集团有限公司	**广西壮族自治区南宁市良庆区凯旋路15号中铁交通大厦4517室**	**530021**	**0771-5561630**
广东韶新高速公路有限公司	广东省韶关市武江区沐阳东路卓越雅苑5号楼10层	512026	0751-8880271
广东汕湛高速公路东段发展有限公司（中铁交通投资集团有限公司广东汕揭高速公路项目工程指挥部）	广东省汕头市濠江区玉新街道河浦大道308号滨海管理中心办公楼	515098	0754-88052888
广西南宁铁程投资有限公司（中铁南宁龙岗新区项目工程指挥部、中铁南宁“两桥三路”项目工程指挥部）	广西壮族自治区南宁市良庆区凯旋路15号南宁市绿地中心8号楼42层4208室	530021	—
衡阳铁程投资有限公司（中铁衡阳滨江区项目工程指挥部）	湖南省衡阳市蒸湘区祝融路3号雁能领秀天地14栋3单元1001室	421099	—
昆明铁程投资有限公司（中铁昆明草海项目工程指挥部）	云南省昆明市西山区积善北路62号2号楼203室	650100	—
中国中铁股份有限公司南宁轨道交通3号线02标工程指挥部	广西壮族自治区南宁市良庆区凯旋路15号绿地中心8号楼41层	530021	—
中国中铁股份有限公司南宁轨道交通4号线02标工程指挥部	广西壮族自治区南宁市良庆区凯旋路15号绿地中心8号楼41层	530021	—
中国中铁股份有限公司南宁轨道交通5号线02标工程指挥部	广西壮族自治区南宁市良庆区凯旋路15号绿地中心8号楼41层	530021	—

附录

续表

单位名称	地址	邮编	电话
广西中铁交通天地置业有限公司	广西壮族自治区南宁市良庆区凯旋路15号中铁交通大厦4213室	530200	0771-3395960
贵州中铁交通双龙投资建设有限公司（中铁交通贵州双龙航空港项目建设指挥部）	贵州省贵阳市南明区机场路9号太升国际A1栋408室	553009	—
陕西旬凤韩黄高速公路有限公司	陕西省宝鸡市凤翔区柳林镇亭子头村裴公路3号	721400	0917-7280310
中铁中南投资发展有限公司	湖南省长沙市长沙县星沙街道特立路48号	410100	—
四川中铁交通成达建设投资有限公司	四川省宜宾市叙州区清音路6号城交建投集团10层	644000	0831-8358528
陕西榆林绥延高速公路有限公司	陕西省榆林市绥德县张家砭镇柳家庄村沙窑湾9号	718000	0912-3700509
中国中铁中南区域（广西）总部	广西壮族自治区南宁市良庆区凯旋路15号绿地中心8号楼41层	530021	—
中国中铁中南区域（湖南）总部	湖南省长沙市长沙县星沙街道特立路48号	410100	—
中国中铁中南区域（江西）总部	江西省南昌市红谷滩区红谷中大道1402号浦发大厦8层	330038	0791-86753230
广西中铁南横高速公路有限公司	广西壮族自治区南宁市横县南乡镇板路乡三替村	530300	—
中铁交通广西上横高速公路设计施工总承包指挥部	广西壮族自治区南宁市宾阳县黎塘镇高铁总部基地5号楼	530409	—
湖南中铁炉慈桑龙高速公路有限公司（中铁交通投资集团有限公司湖南中铁桑龙工程指挥部、湖南中铁炉慈工程指挥部）	湖南省张家界市永定区阳湖坪办事处经开区C区101室	427000	—
中铁（江西）投资有限公司	江西省南昌市红谷滩新区红谷中大道1669号华尔街广场16层	330038	0791-82212760
招商中铁控股有限公司	广西壮族自治区南宁市良庆区凯旋路15号绿地中心8号楼40层	530021	—
二十二			
中铁开发投资集团有限公司	**云南省昆明市呈贡区联大街中铁昆明大厦**	**650501**	**0871-64871889**
中国中铁滇中引水总指挥部	云南省昆明市呈贡区联大街中铁昆明大厦	650501	—
中铁重庆投资发展有限公司	重庆市渝北区回兴街道服装城大道绣峰B8栋19层	401120	—
中铁湖北建设投资有限公司	湖北省武汉市洪山区宝通寺路8号百瑞景五期东区7号楼2层	430070	027-87775876
中铁云南建设投资有限公司	云南省昆明市呈贡区联大街中铁昆明大厦33层	650501	—
中铁惠信股权投资基金管理有限公司	云南省昆明市呈贡区联大街中铁昆明大厦	650118	—
昆明中铁总部大厦项目建设管理有限公司	云南省昆明市呈贡区联大街中铁昆明大厦	650501	—
云南分公司	云南省昆明市呈贡区联大街中铁昆明大厦	650217	—
贵州分公司	贵州省贵阳市观山湖区潭坝路迈德国际A2-408	550022	—

续表

单位名称	地址	邮编	电话
湖北分公司	湖北省武汉市武昌区徐东大街6号汇通新长江中心A座19层	430070	—
重庆分公司	重庆市渝北区回兴街道服装城大道绣峰B8栋19层	401120	—
昆明东格高速公路开发投资有限公司	云南省昆明市东川区铜都街道新建村汤丹收费站管理中心	654100	—
昆明轨道交通经理部	云南省昆明市呈贡区联大街中铁昆明大厦	650501	—
昆明寻沾高速公路发展有限公司	云南省昆明市寻甸回族彝族自治县仁德街道办月秀路	655200	—
昆明轨道交通四号线土建项目建设管理有限公司	云南省昆明市云景路中段电子信息产业园10栋	650500	—
贵州瓮开高速公路发展有限公司	贵州省瓮安县银盏镇平安路46号	550400	—
贵州遵余高速公路发展有限公司	贵州省遵义市播州区团溪镇长安运营中心	563100	—
武汉中铁武九北综合管廊建设运营有限公司	湖北省武汉市武昌区徐东大街6号汇通新长江A座19层	430061	—
贵州威围高速公路发展有限公司	贵州省毕节市威宁县金斗镇金斗收费站	553100	—
中铁重庆轨道交通投资发展有限公司	重庆市渝北区回兴服装城大道48号绣峰写字楼B8栋18层	401120	—
中铁重庆地铁投资发展有限公司	重庆市渝北区回兴服装城大道48号绣峰写字楼B8栋18层	401120	—
中铁重庆地铁投资发展有限公司	重庆市渝北区回兴服装城大道48号绣峰写字楼B8栋18层	401120	—
昆倘高速公路发展有限公司	云南省昆明市五华区园博园2栋号物业楼	650032	—
贵阳轨道交通三号线开发建设有限公司	贵州省贵阳市观山湖区龙滩坝路迈德国际A2栋17-19层	550009	—
贵阳市城市综合管廊建设管理有限公司	贵州省贵阳市观山湖区二铺十三公里中铁二局项目部	550009	—
云南普高指挥部	云南省红河哈尼族彝族自治州蒙自市吉庆路68号	661100	—
贵州金仁桐高速公路工程指挥部	贵州省遵义市新蒲新区奥体路88号千禧大酒店创元写字楼19层	563000	—
贵州桐新高速公路工程指挥部	贵州省遵义市新蒲新区奥体路88号千禧大酒店创元写字楼19层	563000	—
贵州贵安高速公路有限公司	贵州省贵阳市观山湖区宾阳大道碧桂园西南上城碧乐坊1号楼7层	550081	—
二十三			
中铁城市发展投资集团有限公司	**四川省成都市天府新区宁波路东段377号中铁卓越中心32层**	610000	028-80518289 028-80518200
成都轨道交通指挥部	四川省成都市天府新区宁波路东段377号中铁卓越中心9层	610000	028-82366102
成都分公司	四川省成都市天府新区宁波路东段377号中铁卓越中心4-6层	610000	028-80518676
成都中铁天圆房地产有限公司	四川省成都市天府新区宁波路东段377号中铁卓越中心裙楼5层	610218	028-80256153

附录

续表

单位名称	地址	邮编	电话
四川分公司	四川省成都市天府新区宁波路东段377号中铁卓越中心4层	610000	028-63022015
中铁新丝路建设投资管理有限公司	陕西省西安市未央区浐灞商务中心三期16层	710000	029-83539285
甘肃分公司	甘肃省兰州市城关区皋兰路35-1号	730070	0931-8175830
宁夏分公司	宁夏回族自治区银川市金凤区新丝路8号烟草大厦17层	750001	—
青海分公司	青海省西宁市城东金汇路33号2号楼111室、112室	810000	0971-8140798
新疆分公司	新疆维吾尔自治区乌鲁木齐市新市区石油新村街道西环北路2219号石油新村小区中铁城投办公楼	830011	0991-5263206
西藏分公司	西藏自治区拉萨市堆龙德庆区柳梧新区国际总部城5栋3单元5层1号	850000	0891-6571538
中铁宜宾投资建设有限公司	四川省宜宾市叙州区南岸龙湾路4号金沙江宾馆贵宾楼	644000	0831-3691702
川西南分公司	四川省凉山彝族自治州西昌市航天大道五段高枧家园61栋15-16层	615000	—
	二十四		
中铁（上海）投资集团有限公司	**上海市浦东新区世博馆路52号鲁能国际中心B座15楼**	**200126**	**021-60898504**
浙江区域经营指挥部中铁浙江投资发展有限公司	浙江省杭州市萧山区宁围镇江宁大厦A座12层	311215	—
安徽区域经营指挥部中铁安徽投资发展有限公司	安徽省合肥市包河区金谷产业园B52栋	230051	—
江苏区域经营指挥部中铁投江苏分公司	江苏省南京市秦淮区江宁路5号南京无为文化创意园A座	210000	—
淮海区域经营指挥部	江苏省徐州市泉山区苏山街道苏丁路A-2号淮海国际路港	221000	—
上海区域经营指挥部	上海市普陀区丹巴路99号苏宁天御C1栋	200333	—
上海联铁置业发展有限公司	上海市普陀区丹巴路99号苏宁天御C1栋	200333	—
中铁（上海）城市规划咨询有限公司	上海市浦东新区国耀路209号鲁能国际中心C座5层	200126	—
安徽省中海外投资建设有限公司	安徽省安庆市皖江大道161号	246000	—
中铁上投北京分公司	北京市丰台区广安路15号中铁咨询大厦	100073	—
中国中铁股份有限公司上海工程指挥部	上海市普陀区丹巴路99号苏宁天御C1栋	200333	—
	二十五		
中铁发展投资有限公司（中国中铁晋鲁豫区域总部）	**山东省青岛市市北区镇海路32号凯景广场7号楼**	**266000**	**0532-85666670**
中国中铁晋鲁豫区域山东总部	山东省济南市历下区化纤厂路祥泰森林河湾2-3号	250000	—
中国中铁晋鲁豫区域河南总部	河南省郑州市经开区朝凤路与十八里河南路交叉口经开投发大厦2层	450016	0371-53610034

续表

单位名称	地址	邮编	电话
中国中铁晋鲁豫区域山西总部	山西省太原市小店区龙城大街 93 号	030000	—
中铁濮新（菏泽）高速公路有限公司（中国中铁股份有限公司濮新高速公路工程指挥部、中铁发展投资有限公司濮新高速公路工程指挥部）	山东省菏泽市牡丹区牡丹南路滨河新 A4 裙楼 2 层（万客隆超市旁）	274000	—
中铁（潍坊）城市开发投资有限公司（中铁发展投资有限公司潍坊高铁新片区综合开发 PPP 项目工程指挥部）	山东省潍坊市寒亭区民主街 292 号	261100	—
青岛上合中创产业投资发展有限公司	山东省青岛市胶州经济技术开发区长江路 1 号上合服务中心 321 房间	266300	—
中铁发展投资有限公司上合示范区中央广场项目总包部	山东省青岛市胶州市上合示范区九龙街道东软载波 5 层	266300	—
菏泽徐民高速公路有限公司（中铁发展投资有限公司徐民高速单曹段工程项目总包部）	山东省菏泽市牡丹区济南路与钱塘江路交口南 100 米菏泽新世纪科技城 64 号东凡装饰楼西楼	274000	—
中铁（河南）新川高速公路有限公司（中国中铁股份有限公司河南省新伊高速公路工程指挥部、中铁发展投资有限公司新伊高速公路工程指挥部）	河南省洛阳市洛龙区开元大道 275 号	471000	—
郑州公用坤城地下空间综合开发有限公司	河南省郑州市经开区朝凤路与十八里河南路交叉口经开投发大厦 2 层	450016	0371-53610025
中铁濮新（商丘）高速公路有限责任公司、中铁濮新（周口）高速公路有限公司、中铁濮新（鹿邑）高速公路有限公司	河南省商丘市梁园区 平原路小学东侧新区社区党群服务中心	476002	—
中国中铁股份有限公司濮新高速公路宁沈段工程指挥部 中铁发展投资有限公司濮新高速公路宁沈段工程指挥部	河南省商丘市梁园区 平原路小学东侧新区社区党群服务中心	476002	—
太原西北二环高速公路发展有限公司（中国中铁股份有限公司山西太原西北二环高速公路工程指挥部、中铁发展投资有限公司山西太原西北二环高速公路工程指挥部）	山西省太原市迎泽区永祚西街 2 号太原西北二环高速公路公司大楼	030045	0351-2793978
山西静兴高速公路有限公司（中铁发展投资有限公司山西静兴高速公路项目工程指挥部）	山西省吕梁市岚县东村镇赵朝舍村	033500	—
兴县北山过境公路建设有限公司（中铁发展投资有限公司兴县北山过境公路工程指挥部）	山西省吕梁市岚县东村镇赵朝舍村	033500	—
临汾铁程建设工程有限公司（中铁发展投资有限公司临汾规划三街项目工程指挥部）	山西省临汾市尧都区滨河西路西荣阁 A 区展示中心	041004	—

附录

续表

单位名称	地址	邮编	电话
山西铁工经开投资建设有限公司［中铁发展投资有限公司长治经开区高端产业及综合配套项（一期）工程指挥部］	山西省长治市潞州区延安财路 98 号能源革命双创基地	046000	—
山西黎霍高速公路有限公司（中铁发展投资有限公司青兰高速黎城至霍州段项目工程指挥部）	山西省临汾市古县岳阳镇岳阳路初扬教育黎霍高速指挥部	042400	—
山西昔榆高速公路有限公司（中铁发展投资有限公司昔阳至榆次高速公路项目工程指挥部）	山西省晋中市榆次区蕴华街与中都路交叉口	030600	—
中国中铁郑州地铁工程指挥部	河南省郑州市惠济区英才街花园北路 213 号环艺大厦	450000	—
中国中铁股份有限公司郑州市轨道交通 7 号线一期工程土建施工项目经理部	河南省郑州市惠济区英才街花园北路 213 号环艺大厦	450000	—
中国中铁股份有限公司青岛地铁工程建设指挥部（中国中铁股份有限公司青岛分公司）	山东省青岛市市北区吴兴路 139 号中铁青岛广场 A 座 1703	266011	—
中国中铁股份有限公司青岛地铁 1 号线土建一标项目总部	山东省青岛市黄岛区灵山卫街道胶州湾东路 79 号	266400	—
中国中铁青岛地铁 1 号线瓦贵区间隧道工程 01 标项目经理部	山东省青岛市黄岛区灵山卫街道胶州湾东路 79 号	266400	—
中国中铁股份有限公司青岛市地铁 2 号线一期工程土建一标项目总部	山东省青岛市黄岛区灵山卫街道胶州湾东路 79 号	266400	—
中铁发展投资有限公司青岛市地铁 5 号线土建二标段项目经理部	山东省青岛市李沧区沧安路 8 号	266000	—
中国中铁股份有限公司青岛市地铁 6 号线一期工程土建施工项目经理部	山东省青岛市黄岛区灵山卫街道胶州湾东路 79 号	266400	—
中国中铁股份有限公司青岛市地铁 7 号线二期土建一标段项目经理部	山东省青岛市李沧区新华路 29 号（永平路与兴华路交叉路口西北侧）	266011	—
中国中铁股份有限公司青岛市地铁 8 号线项目总部	山东省青岛市李沧区沧安路 8 号	266000	—
中铁发展投资有限公司济南城市轨道交通 6 号线工程施工总承包项目经理部	山东省济南市历城区洪翔路 298 号 7 号院中国中铁总包部	250100	0531–55518099
中国中铁股份有限公司洛阳市轨道交通 1 号线土建 02 标段工程指挥部	河南省洛阳市洛龙区香山路盛世新天地 3 号楼 1 单元 502 室	471023	—
中国中铁股份有限公司洛阳市轨道交通 2 号线土建 02 标工程指挥部	河南省洛阳市洛龙区香山路盛世新天地 3 号楼 1 单元 502 室	471023	—
中国中铁股份有限公司洛阳市轨道交通 1 号线红山车辆段 01 标段工程指挥部	河南省洛阳市洛龙区香山路盛世新天地 3 号楼 1 单元 502 室	471023	—

续表

单位名称	地址	邮编	电话
二十六			
中铁北方投资有限公司	**辽宁省沈阳市浑南区三义街28-4号瑞宝东方大厦22层**	**110101**	**024-23700088**
中铁东北投资发展有限公司（中国中铁辽宁指挥部）	辽宁省沈阳市浑南区彩霞街1-11号	110101	024-23608019
中铁北方吉林投资建设有限公司（中国中铁吉林指挥部）	吉林省长春市南关区东北亚国际金融中心3-521	130000	—
中铁北方投资有限公司龙江事业部（中国中铁黑龙江指挥部）	黑龙江省哈尔滨市道里区群力新区群力大道3517号星光耀广场二期办公B座15层	150001	0451-51135558
中铁北方投资有限公司蒙兴事业部（中国中铁内蒙古指挥部）	内蒙古自治区呼和浩特市新城区腾飞北路名都和景52号楼4层	010050	0471-3593510
中铁北方（辽宁）房地产开发有限公司	辽宁省沈阳市皇姑区陵东街135号405室	110101	—
中铁北方吉林房地产开发有限公司	吉林省长春市南关区东北亚国际金融中心3-549	130000	—
吉林中铁高速公路有限公司	吉林省吉林市磐石市磐石大街1111白云国际酒店	132300	0432-65666977
中国中铁延长高速蒲烟段烟长段及本集高速桓集段PPP项目总经理部	吉林省吉林市磐石市磐石大街1111白云国际酒店	132300	0432-65666977
中铁大连地铁5号线有限公司	辽宁省大连市西岗区沈阳路5号	116011	—
中国中铁股份有限公司大连地铁5号线总承包管理部	辽宁省大连市西岗区沈阳路5号	116011	—
呼和浩特市地铁1号线建设管理有限公司	内蒙古自治区呼和浩特市赛罕区机场辅路地铁控制中心7层	010000	—
中国中铁股份有限公司呼和浩特市轨道交通1号线一期工程建设指挥部	内蒙古自治区呼和浩特市新城区腾飞北路名都和景52号楼3层	010050	0471-3593510
中国中铁股份有限公司长春市轨道交通5号线一期工程建设项目经理部	吉林省长春市高新技术产业开发区硅谷大街1118号	130012	—
中国中铁股份有限公司长春地铁6号线02标段总包部	吉林省长春市高新技术产业开发区硅谷大街1118号	130012	—
沈阳快速路建设投资有限公司	辽宁省沈阳市浑南区彩霞街1-11号	110101	024-23608019
中国中铁股份有限公司沈阳快速路项目部	辽宁省沈阳市浑南区三义街28-4号瑞宝东方大厦11层	110101	—
沈阳西部投资建设有限公司	辽宁省沈阳经济技术开发区中德大街6号甲1中德公馆1号楼	110000	024-25671870
中国中铁股份有限公司中德产业园项目总包部	辽宁省沈阳经济技术开发区中德大街6号甲1中德公馆1号楼	110000	024-25671870
中铁东北亚长春物流港发展有限公司	吉林省长春市宽城区龙湖大路与102国道交会处北行150米路左侧	130000	—

附录

续表

单位名称	地址	邮编	电话
中国中铁股份有限公司长春新区东北亚国际物流港项目总包部	吉林省长春市宽城区龙湖大路与102国道交会处北行150米路左侧	130000	—
中铁北方吉林投资建设有限公司长春创新产业园二期工程项目总经理部	吉林省长春市朝阳区（高新区）超群南街与锦湖大路交汇南150米	130103	—
公主岭市中财铁投城市综合管廊管理有限公司	吉林省长春市公主岭市岭东路与南环城路交汇管廊监控中心	136100	—
中国中铁股份有限公司公主岭市地下综合管廊项目部	吉林省长春市公主岭市工业大街征达驾校对面中国中铁	136100	—
内蒙古甘其毛都至乌拉山高速公路建设管理有限公司	内蒙古自治区巴彦淖尔市临河区河套大街兴盛国际花园综合楼四楼4010室	015000	—
中国中铁股份有限公司双辽至洮南公路建设项目第ST01合同段项目总经理部	吉林省长春市南关区东北亚国际金融中心3-306	130000	—
二十七			
中国铁工投资建设集团有限公司	**北京市顺义区正元大街2号院4号楼**	**101300**	**010-21722127**
中铁水务集团有限公司	陕西省西安市长安区东长安街420号陕铁大厦16层	710199	029-85876871
中铁市政环境建设有限公司	上海市普陀区武威路88弄3号楼A区	200331	021-66118132
中国铁工投资建设集团有限公司城市建设分公司	北京市丰台区南四环西路188号10区7号楼	100070	010-83326338
中铁铁工城市建设有限公司	山东省济南市高新区草山岭南路975号A座306-308室	250022	0531-58256998
石家庄云际生态保护管理服务有限公司	河北省石家庄市藁城区金五路与金滩路交叉口东行300米	052160	—
中铁（泰安）环境治理有限公司	山东省泰安市岱岳区天平街道青龙山路17号	271000	—
二十八			
中铁世德铁路投资有限公司	**陕西省西安市碑林区99号建科大厦901室**	**710000**	—
二十九			
中铁站城融合发展投资有限公司	**云南省昆明市呈贡区联大街中铁大厦**	**650118**	**0871-68107718**
三十			
中铁（广州）投资发展有限公司	**广东省广州市海珠区阅江路832号保利天幕广场5-6层**	**510320**	**020-89449220**
三十一			
中铁二院工程集团有限责任公司	**四川省成都市通锦路3号**	**610031**	**028-87668866**
成都勘察设计研究院有限责任公司	四川省成都市火车北站西二巷4号	610081	028-86437317
昆明勘察设计研究院有限责任公司	云南省昆明市官渡区春城路福德立交桥西北角	650200	0871-3538675
重庆勘察设计研究院有限责任公司	重庆市北部新区昆仑大道46号	400023	023-88319088

续表

单位名称	地址	邮编	电话
贵阳勘察设计研究院有限责任公司	贵州省贵阳市宝山南路 268 号	550002	0851-5930387
华东勘察设计有限责任公司	浙江省杭州市江干区三里亭路 57 号	310004	0571-87249976
中铁二院（成都）建设发展有限责任公司	四川省成都市沙湾东一路新 2 号	610031	028-87700060
中铁二院（成都）置业开发有限责任公司	四川省成都市通锦路 3 号	610031	028-87664929
中铁二院（成都）工程咨询有限责任公司	四川省成都市通锦路 3 号	610031	028-86445807
中铁二院（成都）咨询监理有限责任公司	四川省成都市金牛区天回镇金凤凰大道 666 号中铁轨道产业园	610083	028-68937195
中铁二院成都工程检测有限责任公司	四川省成都市通锦路 3 号	610031	028-86446477
四川中铁二院环保科技有限公司	四川省成都市金牛区万石路中铁产业园	610083	028-86445251
四川旷谷信息工程有限公司	四川省成都市通锦路 3 号	610031	028-68937037
四川迈铁龙科技有限公司	四川省成都市通锦路 3 号	610031	028-86446512
四川艾德瑞电气有限公司	四川省成都市通锦路 3 号	610031	028-86446707
四川铁拓科技有限公司	四川省成都市天回镇金凤凰大道 666 号中铁产业园	610083	028-69665820
海南勘察设计有限公司	海南省海口市金贸中路一号半山花园海天商务楼 2878 室	570125	0898 68508316
成都物业服务有限公司	四川省成都市天回镇金凤凰大道 666 号中铁产业园	610083	028-68937079
南宁勘察设计研究院	广西壮族自治区南宁市民族大道 88-1 号铭湖经典大厦 21 层	530022	0771-2264040
北方勘察设计有限责任公司	山东省济南市市中区顺河东街 66 号	250012	0531-66686168
四川瑞云信通科技有限公司	四川省成都市金牛区金凤凰大道 99 号	610081	028-86446386
北京分院	北京市丰台区吴家村路甲 2 号	100040	010-51885404
上海分院	上海市打浦路 88 号海丽大厦 24 楼	200023	021-53964848
新疆分院	新疆维吾尔自治区乌鲁木齐市新市区北京中路 147 号西部豪庭 5 栋 702 室	830011	0991-6633153
深圳分院	广东省深圳市南山区后海大道瑞铧苑	518054	0755-26479788
广州分院	广东省广州市天河区潭村路 344 号跑马地花园凯榕居	510627	020-85271985
福州分院	福建省福州市北环路沁园新村 1 号楼 102 室	350013	0592-5052237
海南分院	海南省海口市金贸中路 1 号半山花园海天商务楼 2878 室	570125	0898-68598005
厦门分院	福建省厦门市槟榔西里 42 号	361004	0592-5052237
南京分院	江苏省南京市珠江路 88 号新世界中心 B 座 2602 室	210018	025-84716220
珠海分院	广东省珠海市拱北侨岭街 84 号 5 幢 501 室、502 室	519020	—
南昌分院	江西省南昌市站前路 96 号天集大厦 2301 室	610031	0791-87027599

续表

单位名称	地址	邮编	电话
郑州分院	河南省郑州市中州大道 1188 号建业置地广场 B 座 19 层	450004	0371-53360658
拉萨分院	西藏自治区拉萨市城关区色拉北路 87 号雪域明珠园 57-1	850000	0891-6408743
沈阳分院	辽宁省沈阳市沈河区市府大路 256 号东森商务广场 8 号楼 2801 室	110002	024-22527598
太原分院	山西省太原市小店区许坦西街 109 号开元小区北区 C2 栋 1 单元 602 室	030001	—
合肥分院	安徽省合肥市蜀山区潜山路绿地蓝海国际大厦 C 座 21 层	230071	—
青岛分院	山东省青岛市市北区太清路 30 号 C 座	266022	0532-66028709
长沙分院	湖南省长沙市雨花区古曲路 188 号中隆国际御玺 3B1501 室	410007	0731-85510856
武汉分院	湖北省武汉市武昌区明主路 616 号和璟国际大厦 9 层	430060	027-87308266
西安分院	陕西省西安市经济技术开发区明光路 86 号 20 幢联益中心 1208 室	710032	—
雄安新区分院	河北省雄安新区容城县奥威路领秀城 21 栋 2 单元 2103 号	071000	—
德宏分院	云南省德宏傣族景颇族自治州芒市城北小区 76 号	678400	0692-2901668
西宁分院	青海省西宁市城西区文景街 7 号 6 号楼 2 单元 2061 室	810001	—
三十二			
中铁第六勘察设计院集团有限公司	**天津市空港经济区中环西路 36 号**	**300308**	**022-58670629**
天津中铁电气化设计研究院有限公司	天津市河东区江都路 33 号	300250	022-24340602
中铁隧道勘测设计院有限公司	天津市红桥区河北大街 1 号	300133	022-27353577
中铁通信信号勘测设计院有限公司	北京市丰台区金家村 1 号院 13 号楼 312 室	100036	010-51872123
中铁西安勘察设计研究院有限责任公司	陕西省西安市碑林区友谊东路 30 号	710054	029-82321727
中铁合肥建筑市政工程设计研究院有限公司	安徽省合肥市濉溪东路 8 号	230041	0551-65602501
天津路安工程咨询有限公司	天津市河东区江都路 33 号	300250	022-58583528
中铁第六勘察设计院集团（天津）检测试验技术有限公司	天津市自贸试验区（空港经济区）中环西路 36 号 306 室	300133	022-27330560
中铁六院集团（天津）工程设计审查咨询有限公司	天津市自贸试验区（空港经济区）中环西路 36 号 114 室	300308	022-58670582
三十三			
中铁工程设计咨询集团有限公司	**北京市丰台区广安路 15 号**	**100055**	**010-51835097**
北京中铁诚业工程建设监理有限公司	北京市丰台区航丰路 13 号崇新大厦 2 号楼 4056 室	100070	010-51835210
中铁济南工程建设监理有限公司	山东省济南市槐荫区经十路 25666 号	250022	0531-82439793

续表

单位名称	地址	邮编	电话
中铁济南工程技术有限公司	山东省济南市槐荫区经十路 25666 号	250022	0531–82420756
中铁山西建设工程有限公司	山西省太原市杏花岭区建设北路 262 号	030013	0351–2622885
中铁咨询集团北京工程检测有限公司	北京市丰台区广安路 15 号	100055	010–51832177
北京铁专院工程咨询有限公司	北京市丰台区广安路 15 号	100055	010–52696363
中铁设计集团渤海交通设计研究有限公司	山东省潍坊市奎文区健康东街 13600 号世博国际 22 层	261043	—
中铁咨询集团北京建筑规划设计有限公司	北京市丰台区莲花池南里 26 号中铁国资大厦 A 座 8 层	100055	010–52686538
中铁轨道交通设计研究有限公司	安徽省芜湖市芜湖经济技术开发区汽经一路 5 号 3–023	241000	0553–7527920
中铁旸谷（北京）智慧科技产业有限公司	北京市丰台区外环西路 26 号院 20 号楼 1–4 层	100071	010–52696333
国铁建设管理有限公司	北京市海淀区西三环北路 100 号 2 层 1–5–226	100048	010– 52177928
中铁设计济南设计院	山东省济南市槐荫区经十路 25666 号	250022	0531–82420756
中铁设计郑州设计院	河南省郑州市高新区莲花街 60 号	450000	0371–68327267
中铁设计太原设计院	山西省太原市杏花岭区建设北路 262 号	030013	0351–2622885
三十四			
中铁大桥勘测设计院集团有限公司	**湖北省武汉市经济技术开发区博学路 8 号**	**430101**	**027–84846738**
中铁武汉大桥工程咨询监理有限公司	湖北省武汉市汉阳区汉阳大道 34 号	430050	027–84836754
中铁武汉勘察设计院有限公司	湖北省武汉市东湖新技术开发区光谷软件园 E5 栋	430074	027–51161672
中铁桥隧技术有限公司	江苏省南京市江北新区磐能路 8 号	210031	025–58744609
中铁时代建筑设计院有限公司	安徽省芜湖市鸠江区国泰路 8 号	241060	0553–5855620
中铁城市规划设计研究院有限公司	安徽省芜湖市鸠江区国泰路 8 号	241060	0553–3833832
芜湖市建筑工程施工图设计文件审查中心有限公司	安徽省芜湖市联盛广场 2 号楼 14 层 6422 室	241000	0553–3112723
武汉检测技术有限公司	湖北省武汉市汉阳区汉阳大道 34 号第 5 栋	430050	—
武汉分公司	湖北省武汉市东湖新技术开发区光谷软件园 E5 栋	430074	—
华东分公司	江苏省南京市浦口区浦东北路 5 号总部商务广场 10 栋	210031	—
郑州分公司	河南省郑州市康复前街 55 号	450052	—
安徽分公司	安徽省芜湖市鸠江区北京中路芜湖广告产业园内酒店公寓楼 11 层 1102 室	241001	—
重庆分公司	重庆市江北区港城东环路 6 号 1 幢 5–1	408409	—
成都分公司	四川省成都市青羊区金瓯路 79 号 1 层	610074	—
加纳分公司	—	—	—

续表

单位名称	地址	邮编	电话
澳门分公司	澳门南湾大马路 619 号时代商业中心 1211 室	999078	—
三十五			
中铁科学研究院有限公司	**四川省成都市金牛区西月城街 118 号**	**610031**	**028-86119790**
中铁西南科学研究院有限公司	四川省成都市高新西区古楠街 97 号	611731	028-67582907
中铁西北科学研究院有限公司	甘肃省兰州市城关区民主东路 365 号	730030	0931-4934554
四川铁科建设监理有限公司	四川省成都市高新西区古楠街 97 号	611731	028-67580070
甘肃铁科建设工程咨询有限公司	甘肃省兰州市城关区民主东路 365 号	730030	0931-4934594
中铁成都科学技术研究院有限公司	四川省成都市天府新区万安街道万安路西段 191 号	610000	028-67580083
中铁科学研究院有限公司设计院	四川省成都市高新西区古楠街 97 号	611731	028-67580096
中铁科学研究院有限公司工程公司	四川省成都市高新西区古楠街 97 号	611731	028-67580189
中铁科学研究院有限公司成都分公司	四川省成都市高新西区古楠街 97 号	611731	028-67580030
三十六			
中铁华铁工程设计集团有限公司	**北京市丰台区丰台北路 36 号 中铁华铁大厦**	**100071**	**010-63319661**
工业设计院	北京市丰台区丰台北路 36 号 中铁华铁大厦	100071	010-83802294
北京设计院	北京市丰台区丰台北路 36 号 中铁华铁大厦	100071	010-83897506
轨道交通设计院	北京市丰台区丰台北路 36 号 中铁华铁大厦	100071	010-83897377
勘察设计院	北京市朝阳区青年路姚家园甲 110 号	100038	010-85520503
上海设计院	上海市宝山区环镇南路 522 号 A 座 3 层	200436	021-56551210
苏州设计院	江苏省苏州市高新区狮山路 28 号高新广场 28F	215011	0512-68415880
深圳设计院	广东省深圳市福田区泰然八路 25 号水松大厦 12A-B	518042	0755-83812325
铁路工程监理公司	北京市丰台区丰台北路 36 号 中铁华铁大厦	100071	010-83897531
城市轨道交通监理公司	北京市丰台区丰台北路 36 号 中铁华铁大厦	100071	010-83897615
上海华铁工程咨询有限公司（上海分公司）	上海市静安区延长中路 625 号 3 号楼 203 室	200072	021-56972292
广州分公司	广东省广州市番禺区迎宾路五洲城 C 座 3010 室	511430	020-34112255
北京颐和工程监理有限责任公司	北京市海淀区北四环西路 87 号院	100195	010-88856175
北京华铁燕丰物业管理有限公司	北京市丰台区丰台北路 36 号中铁华铁大厦	100071	010-83897650
三十七			
中铁长江交通设计集团有限公司	**重庆市渝北区财富大道 17 号财富 2 号 C 栋**	**401121**	**023-63084666**
重庆市综合交通运输研究所有限公司	重庆市渝北区财富大道 17 号财富 2 号 C 栋 6 层	401121	023-63080076
重庆市交通工程质量检测有限公司	重庆市北碚区瑞和路 61 号	400700	023-86318880
重庆市知朗咨询有限责任公司	重庆市渝北区财富大道 17 号财富 2 号 A 栋 8 层	401121	023-63073278

续表

单位名称	地址	邮编	电话
三十八			
中铁水利水电规划设计集团有限公司	**江西省南昌市青山湖区北京东路 1038 号博士后楼 9-17 层**	**330029**	**0791-87357100**
江西武大扬帆科技有限公司	江西省南昌市北京东路 1038 号设计 5 号楼	330029	0791-88165335
江西省赣鄱岩土工程建设有限公司	江西省南昌市北京东路 1038 号设计 2 号楼 2 层	330029	0791-87356135
江西润泽检测有限公司	江西省南昌市青山湖区北京东路 1038 号设计 1 号楼 4 层	330029	0791-87357147
江西省建洪水利咨询有限公司	江西省南昌市北京东路 1038 号设计 2 号楼 3 层	330029	0791-87357112
三十九			
中铁国际集团有限公司	**北京市海淀区复兴路 69 号华熙 Live 中心 C 座 2-5 层**	**100039**	**010-51880888**
川铁国际经济技术合作有限公司	四川省成都市金牛区金府路 88 号万通金融广场 15-18 层	610036	028-68761001
南美分公司	Avenida Montenegro esquina Calle 22 Barrio Cala Coto, “Edificio Centro Empresarial” Nº 8232-Piso 3 Oficina 301 La Paz Bolivia	999158	591-2-2795791
南部非洲公司	Ground Floor, Greystone Building, Fourways Golf Park, Roos Street, Fourways, Sandton, Johannesburg, South Africa, 2191 PO Box1507, Cramerview 2060, South Africa	2191	0027-117068991
亚洲分公司	12th Floor, Concord Bilkis Tower, 40/6, North Avenue (Madani Road), Gulshan-2, Dhaka-1212, Bangladesh.	1212	—
安哥拉分公司	Rua S/N, Bairro Kinguela Norte (próximo ao Instituto Superior de Ciências Policiais), Benfica, Luanda	999104	028-68761611 00244-943066033
中国中铁印尼有限责任公司	Menara Sunlife Lantai 21 Unit E&G, Jl. Dr. Ide Anak Agung Gde Agung, Mega Kuningan, Kuningan Timur, Jakarta Selatan	12950	62-2125981554
香港有限公司	Unit 1201-1203, 12/F, APEC Plaza, 49 Hoi Yuen Rd, Kwun Tong, KL, Hong Kong SAR	—	852-21913800 852-21913553
北京建设分公司	北京市丰台区莲花池南里 26 号中铁工程大厦 A 座 4 层	100055	010-63387100
商贸有限公司	北京市门头沟区石龙东路 3 号兵器大厦 5 层	102308	010-69804238
中东分公司	Villa18a, street20b, 332c, Jumeirah1, Dubai, UAE	413696	00971-6-5550808
南非投资有限公司	First Floor Greystone Building, Fourways Golf Park, Roos Street, Fourways, Johannesburg, 2191, PO Box 2862, Rivonia, 2128	2191	00270-114674077
中老铁路项目指挥部	老挝万象官邸别墅 20 栋	01000	020-55679388
巴基斯坦 ML1 铁路项目筹备组	北京市海淀区万寿路 2 号中铁六局大厦 309 室	100089	—
中铁国际集团缅甸代表处	No.2101, Block 5, Golden City, Yankin Township, Yangon, Myanmar	11181	—
四十			
中国海外工程有限责任公司	**北京市海淀区紫竹院路 1 号 7 号楼中海外大厦**	**100048**	**010-88566601**
中成博茨瓦纳有限责任公司	Plot 1385, Mogoditshane. Gaborone	999106	267-3902918

续表

单位名称	地址	邮编	电话
中国海外工程赞比亚公司	20B LEOPARDS HILL RD，LUSAKA，Zambia	999134	260-972700679
中国海外工程有限责任公司南非有限责任公司	Curzon Place，Turnberry Office Park，48 Grosvenor Road，Bryanston，Johannesburg，South Africa	999136	—
中国海外工程东帝汶有限责任公司	RUA，PRESIDENTE NICOLAU LOBATO AITARAK LARAN，CAMPO ALOR，DILI，TIMOR-LESTER	—	670-73368566
中国海外工程巴布亚新几内亚公司	Section 9，Lot 12，Boroko，NCD，Port Moresby，Papua New Guinea	999031	675-72977413
中海外工程有限责任公司东帝汶分公司	RUA，PRESIDENTE NICOLAU LOBATO AITARAK LARAN，CAMPO ALOR，DILI，TIMOR-LESTER	—	670-73368566 670-74232727
马里纺织股份有限公司	Route de Markala BP52-Segou	999053	—
中海外—中铁上海局所罗门联营体公司	Gold Ridge Mine Site，Central Guadalcanal，Solomon Island	999179	—
中国海外工程马里股份公司	BPE2991，Badalabougou，Bamako，Mali	999053	223-66757471
科中制药公司	13 Bis，Zone Industrielle Yopougon-08 B.P.49 CIDEX 2 Abidjan 08- CÔTE D'IVOIRE	999063	225-69261677
中国海外工程科特迪瓦股份公司	06 B.P.347 ABIDJAN 06，ZONE INDUSTRIELLE YOPOUGON ABIDJAN COTE D'IVOIRE	999063	225-87723159
中国海外工程有限责任公司毛里塔尼亚分公司	COVEC-MAURITANIE，LOT95，ZONE INDUSTRIELLE DU KSAR，BP7789，NOUAKCHOTT，REPUBLIQUE ISLAMIQUE DE MAURITANIE	999121	222-47790002
中国海外工程有限责任公司刚果（金）分公司	NO.213 AVENUE DREY PONT，COMMUNENGANIEMA，KINSHASA/RDC	999059	243-854598204
中国海外工程有限责任公司波兰分公司	ul.Rotmistrzowska 41/6 02-951 Warszawa	999038	48-731376808
中国海外工程有限责任公司肯尼亚分公司	No.1 Kwarara Rd（off Ndege Road），Karen，Nairobi	999070	—
中国海外工程有限责任公司摩洛哥分公司	Lotissement la colline. N°94，Sidi maarouf，Casablanca Maroc	999055	—
中国海外工程有限责任公司斯里兰卡分公司	No.15/1&15/1A，Alfred House Gardens，Colombo 3 / No.10，Gregory's Road，Colombo 7	999011	—
中国海外工程有限责任公司尼泊尔分公司	House No.7，Saraswoti Tole，Panchakanya，Baluwatar-4，Kathmandu Nepal	999098	977-9860669097
中国海外工程有限责任公司莫桑比克分公司	Mozambique，Maputo Cidade DISTRITO URBANO 1，Bairro de Sommerschield，Rua Joseph K-Zembo，No. 109	999068	254-715221050
北京富晨海经贸集运有限责任公司	北京市海淀区紫竹院路 1 号 7 号楼 511 室	100048	010-88566767
四十一			
中铁东方国际集团有限公司	**吉隆坡总部：**Lot 705&708，7th floor，Menara 2，Faber Towers，Jalan Desa Bahagia，Taman Desa，58100，Kuala Lumpur，Malaysia **北京总部：北京市海淀区复兴路 69 号中国中铁大厦 C 座 203 室**	58100 100036	603-79717842 603-79818194 —
中国铁路工程（马来西亚）有限公司	总部：Lot 805&806，8th floor，Menara 2，Faber Towers，Jalan Desa Bahagia，Taman Desa，58100，Kuala Lumpur，Malaysia	58100	603-79811616 603-79818194

续表

单位名称	地址	邮编	电话
四十二			
中国中铁股份有限公司国际工程分公司	**北京市海淀区复兴路 69 号中铁广场 C 座 3-4 层**	**100039**	**010-51877624**
四十三			
中铁高新工业股份有限公司	**北京市丰台区南四环西路诺德中心 11 号楼**	**100070**	**010-63726706**
中铁山桥集团有限公司	河北省秦皇岛市山海关区南海西路 35 号	066200	0335-7940032
中铁宝桥集团有限公司	陕西省宝鸡市清姜路 80 号	721006	0917-3351818
中铁科工集团有限公司	湖北省武汉市武昌区徐东大街 55 号中铁科技大厦	430070	027-88772985
中铁工程装备集团有限公司	河南省郑州市经济技术开发区第六大街 99 号	450016	0371-60608800
中铁九桥工程有限公司	江西省九江市滨江东路 148 号	332000	0792-7028519
中铁工程服务有限公司	四川省成都市金牛区高科技产业园金凤凰大道 666 号 11 栋 2 单元	610083	028-83325371
中铁环境科技工程有限公司	湖南省长沙市岳麓区先导路湘江时代 A1 栋 20 层	410006	0731-85456888
中铁重工有限公司	湖北省武汉市洪山区铁机路 98 号	430063	027-51150820
中铁钢结构有限公司	江苏省南京市六合区金牛湖街道长山社区段庄 500 号	211521	025-57560593
中铁合肥新型交通产业投资有限公司	安徽省合肥市肥东县店埠镇瑶岗路与北张路交叉口深燃大厦 9 层	231699	—
中铁高新工业股份有限公司北京分公司	北京市丰台区南四环西路诺德中心 11 号楼	100070	—
中铁高新工业股份有限公司西南分公司	四川省成都市天府新区宁波路 377 号中铁卓越中心 1 栋裙楼 3 层 307 室	610213	—
四十四			
中铁装配式建筑股份有限公司	**北京市房山区长阳镇万兴路 86-5 号**	**102444**	**010- 57961660**
中铁装配式建筑科技有限公司	北京市房山区长阳镇万兴路 86-5 号	102444	—
中铁装配科技（吐鲁番）有限公司	新疆维吾尔自治区吐鲁番市高昌区港城衡山路 350 号	838000	0995-7602209
中铁装配科技（乌苏）有限公司	新疆维吾尔自治区塔城地区乌苏市八十四户乡工业园区社区塔里木河东路 235 号	833000	0992-2967279
中铁装配科技（喀什）有限公司	新疆维吾尔自治区喀什地区喀什市亚瓦格街道中亚南亚工业园区中亚北二路 256 号	844000	0998-2666038
中铁装配科技（宿迁）有限公司	江苏省宿迁市宿城区洋北镇洋北街道七里村委会对面	223803	0527-80600227
中铁装配窦店云工厂	北京市房山区窦店镇普安路 87 号	102402	—
设计研发中心	北京市房山区长阳镇万兴路 86-5 号	102444	—
财务共享中心	北京市房山区长阳镇万兴路 86-5 号	102444	—
四十五			
中铁置业集团有限公司	**北京市丰台区汽车博物馆南路 3 号院北京中铁大厦 A 座**	**100160**	**010-83925798**
沈阳中铁盛丰置业有限公司	辽宁省沈阳市于洪区松山西路 160-1 号	110148	024-62525500

续表

单位名称	地址	邮编	电话
沈阳中铁万科祥盟置地有限公司	辽宁省沈阳市于洪区松山西路160-1号	110148	024-62525500
沈阳中铁阅湖置业有限公司	辽宁省沈阳市于洪区松山西路160-1号	110148	024-62525500
中铁置业集团长春房地产开发有限公司	吉林省长春市汽车经济技术开发区富民大街中铁城	130000	0431-81273666
中铁长春东北亚博览房地产开发有限公司	吉林省长春市朝阳区永春镇永春街6888号	130012	0431-88689999
中铁置业集团北京有限公司	北京市门头沟区永定镇玉带东二街163号中铁西城大厦19层	102300	010-61828582
北京中铁润丰房地产有限公司	北京市顺义区马坡镇聚源西路26号院1幢2层2205室	101300	010-61828582
北京中铁东兴房地产开发有限公司	北京市门头沟区永定镇玉带东二街163号中铁西城大厦	102308	010-61828582
北京中铁华兴房地产开发有限公司	北京市大兴区旧忠路中铁华侨城和园售楼处	100076	010-67938752
北京中铁永兴房地产开发有限公司	北京市海淀区新材料创业大厦A座309	100094	010-61828582
北京中铁顺兴房地产开发有限公司	北京市顺义区天北路闫家营段	101318	010-80414255
北京中铁诺德东兴置业有限公司	北京市门头沟区永定镇玉带东二街163号中铁西城大厦16层	102300	010-61828584
北京中铁诺德盛兴置业有限公司	北京市丰台区汽车博物馆南路3号院D座201室	100160	010-53356666
北京中铁诺德顺兴置业有限公司	北京市顺义区空港街道天竺房地产开发有限公司院内7号楼	101312	010-61828582
北京中铁诺德隆兴置业有限公司	北京市顺义区后沙峪镇裕园路西中铁诺德阅墅售楼处3层	101318	010-82058888
北京中铁诺德晨兴房地产开发有限公司	北京市顺义区空港街道天竺房地产开发有限公司院内7号楼	101304	010-61828582
北京建邦中铁房地产开发有限公司	北京市海淀区西北旺镇永靓家园项目部	100094	010-62442660
北京兴翃置业有限公司	北京市大兴区宏福路8号2层201-1	100076	010-61828582
北京诺德兴创置业有限公司	北京市大兴区黄村镇观音寺街南口4幢平房	100076	010-61828582
北京诺德兴昌置业有限公司	北京市昌平区城北街道府学路9号建安大东海百货市场（地下一层一通道B5号）	102206	010-61828582
中铁置业集团山东有限公司	山东省青岛市市南区香港中路8号中铁·青岛中心大厦47层	266071	0532-66759999
青岛中金渝能置业有限公司	山东省青岛市市南区香港中路8号	266071	0532-81635871
青岛中铁祥丰置业有限公司	山东省青岛市城阳区湘潭路9号	266071	0532-68009636
烟台中铁置业有限公司	山东省烟台市莱山区山海路111号中铁逸都售楼处	264000	0535-6865006
济南中铁置业有限公司	山东省济南市历城区经十东路中铁城售楼处2层	250101	0531-86517295
中铁置业集团菏泽有限公司	山东省菏泽市牡丹区中华西路中铁牡丹城营销示范区综合办公楼	274000	0530-5880609

续表

单位名称	地址	邮编	电话
中铁置业集团济南有限公司	山东省济南市历城区经十东路中铁城售楼处 2 层	250101	0531-86517268
青岛中铁西海岸投资发展有限公司	山东省青岛市西海岸新区滨海大道 7777 号世博城展示中心	266000	0532-85196369
青岛世博城国际会议展览有限公司	山东省青岛市西海岸新区滨海大道 7977 号国际会议中心	266404	0532-85196327
中铁置业集团济南有限公司	山东省济南市历城区经十东路中铁城售楼处 2 层	250101	0531-86517268
中铁置业集团西安有限公司	陕西省西安市高新区丈八一路 10 号	710075	029-88199798
西安中铁瑞丰置业有限公司	陕西省西安市灞桥区灞桥湿地公园	710000	029-89517629
西安茂丰置业有限公司	陕西省西安市高新区丈八一路 10 号	710075	029-89840813
中铁置业集团西安有限公司太原项目指挥部	山西省太原市迎泽区新建南路 1 号中铁三局科技研发中心 21 层	030002	0351-8209281
中铁置业集团上海有限公司	上海市静安区江场西路 299 弄 22 号	200436	021-56651118
上海中铁市北投资发展有限公司	上海市静安区江场西路 299 弄 22 号	200436	021-56651118
上海中铁宝丰置业有限公司	上海市宝山区友谊路 1588 弄	201901	021-66680533
中铁诺德（杭州）置业有限公司	浙江省杭州市萧山区宁围街道民和路 600 号	311215	0571-89175552
杭州中铁和丰置业有限公司	浙江省杭州市余杭区北沙西路 28 号	311100	0571-89175552
中铁诺德南通置业有限公司	江苏省南通市苏通科技产业园区江成路 1088 号内 3 幢（ZC）3831 室	226000	0513-80561600
南通协创置业有限公司	江苏省南通市崇川区中央路 52 号	226000	0513-859628209
亳州中铁置业有限公司	安徽省亳州市谯城区花戏楼路与元参路交叉口西北角中铁诺德逸都	236800	0558-5581116
中铁置业集团中南有限公司	湖北省武汉市洪山区徐东大街中铁科技大厦 11 层	430070	027-88735559
湖南青竹湖置业有限公司	湖南省长沙市岳麓区潇湘北路 668 号中铁西江悦售楼部	410000	0731-85099797
湖南百鑫达投资置业有限公司	湖南省长沙市岳麓区潇湘北路 668 号中铁西江悦售楼部	410000	0731-85099798
武汉中铁置业有限公司	湖北省武汉市新洲区阳逻之心翔飞路往东 200 米中铁诺德逸都营销中心	430415	027-88921888
武汉中铁锦兴房地开发有限公司	湖北省武汉市黄陂区横店街环后湖北路与飞虹街交会处武汉诺德逸园营销中心	430000	027-83930888
深圳中铁诺德置业有限公司	广东省深圳市福田区福中三路 1006 号	518026	0755-88267777
深圳市中铁永丰投资发展有限公司	广东省深圳市福田区福中三路 1006 号	518026	0755-88267777
中铁置业（广州）有限公司	广东省广州市白云区机场路 31 号 2003 室	510450	0755-88267777
三亚中铁置业有限公司	海南省三亚市河东区迎宾路 165 号	572000	0898-88676159
三亚中铁保丰置业有限公司	海南省三亚市吉阳区迎宾路 179-1 号中环广场 1 号楼 29A 层	572000	0898-88890048
海南鸿安农场有限公司	海南省海口市金盘开发区金华花园连体别墅（丁）型 15 号	570102	—

续表

单位名称	地址	邮编	电话
海南胜安农场有限公司	海南省海口市金盘开发区金华花园连体别墅（丁）型15号	570102	—
中铁置业集团贵州有限公司	贵州省贵阳市观山湖区观山西路200号	550081	0851-87991111
贵阳中铁置业有限公司	贵州省贵阳市观山湖区观山西路200号	550081	0851-87991111
贵阳金丰置业有限公司	贵州省贵阳市观山湖区观山西路200号	550081	0851-87991111
遵义源丰置业有限公司	贵州省遵义县龙坑镇中铁共青湖	563000	—
贵州中铁诺德地铁置业有限公司	贵州省贵阳市清镇市清州大道新气象站旁数据湖城	551400	0851-87991111
贵阳中铁澄丰置业有限公司	贵州省贵阳市花溪区溪北社区亨特翰林A1栋层商用房	550025	0851-87991111
四川新锐实业投资有限公司	四川省成都市都江堰市中兴镇中兴大道24–28号	611843	028-89716597
中铁置业集团有限公司成都分公司	四川省成都市青羊区光华东三路486号1栋7层1–6号	610000	028-86283909
重庆中铁安居文化旅游发展有限公司	重庆市铜梁区东城街道办事处中兴东路613号潜能燃气大厦9层	402560	023-45671999
成都中铁蓉丰置业有限公司	四川省成都市青羊区光华东三路486号1栋7层1–6号	610000	028-86263909
成都市蓉欧亨泰置业有限公司	四川省成都市青白江区同济大道739号1栋509号	610300	028-61764841
成都骏鼎置业有限公司	四川省成都市青白江区红阳华金大道二段562号1栋4层	610300	028-61764841
厦门市中铁诺德置业有限公司	福建省厦门市湖里区五缘湾木浦路103号恒安国际中心1501–1503单元	361000	0592-3781970
中铁置业集团上海投资发展有限公司	上海市静安区永和路318弄5号	200072	021-36562888
蚌埠中铁置业投资发展有限公司	安徽省蚌埠市东海大道2595号大学科技园1号楼西栋16层	233000	0552-2151872
中铁置业亳州投资发展有限公司	安徽省亳州市药都路6号	236800	—
中铁置业滕州投资发展有限公司	山东省滕州市高铁客运换乘中心	277500	0632-5051509
中铁置业无锡投资发展有限公司	江苏省无锡市梁溪区凤宾路100号联东U谷25号楼	214000	0510-88583669
无锡中铁置业有限公司	江苏省无锡市梁溪区凤宾路100号联东U谷25号楼	214000	0510-88583669
中铁置业集团河北雄安有限公司	河北省保定市容城县容信路2号茂丰产业园内A座3层	071700	0312-5626506
秦皇岛中铁置业房地产开发有限责任公司	河北省秦皇岛市海港区河北大街西段中铁秦皇半岛售楼处	066000	0335-7093960
北京市安丰工程项目管理有限公司	北京市丰台区汽车博物馆南路3号院 北京中铁大厦D座8–9层	100160	010-59080588
北京中铁第一太平物业服务有限公司	北京市丰台区汽车博物馆南路3号院北京中铁大厦东配楼2层、4层	100160	010-21722060
北京中铁慧生活科技服务有限公司	北京市丰台区汽车博物馆南路3号院北京中铁大厦东配楼2层、4层	100160	010-21722060
中铁城市运营管理有限公司	北京市丰台区汽车博物馆南路3号院北京中铁大厦A座4层	100160	010-83925790

续表

单位名称	地址	邮编	电话
中铁会展有限公司	北京市丰台区汽车博物馆南路 3 号院北京中铁大厦 A 座 4 层	100160	010-83925786
四十六			
中铁文化旅游投资集团有限公司	**贵州省龙里县中铁国际生态城白晶谷 5 组团**	**551200**	**0851-85195888**
中铁贵州旅游文化发展有限公司	贵州省黔南州龙里县冠山街道体育路	551200	0851-85195859
中铁四川生态城投资有限公司	四川省眉山市仁寿县黑龙滩镇四海社区商业街 13 栋	620561	028-36011119
中铁五局集团成都投资发展有限责任公司	四川省成都市金科南路 1 号黑格中心 C5	610036	028-87503400
中铁五局集团郫县投资发展有限公司	四川省成都市郫都区郫筒镇滨河路 16 号	610000	028-87504800
济南中铁诺德文旅投资有限公司	山东省济南市章丘区绣惠街道中心大街诺德生态城营销中心 3 层	250200	0531-83690611
四十七			
中铁资源集团有限公司	**北京市海淀区西四环中路 16 号院中铁资源大厦**	**100039**	**010-88213080**
华刚矿业股份有限公司	刚果（金）总部：Quartier Kapata，Commune Dilala，Ville de Kolwezi，Province du Lualaba，RDCongo 刚果（金）卢阿拉巴省科卢韦齐市迪拉拉区卡巴达社区 北京代表处：北京市海淀区西四环中路 16 号院中铁资源大厦 6-7 层	100039	010-88612000
MKM 矿业简化股份有限公司	Kalumbwe Myunga，Territoire de Lubudi，Ville de Kolwezi，Province du Lualaba，RDCongo 刚果（金）卢阿拉巴省科卢韦齐市城乡区噶隆布维·姆雍嘎	—	243-811739891
绿纱矿业简化股份有限公司	N°70/68 de L'Avenue Tshiniama au Quartier Golf，Commune de Lubumbashi à Lubumbashi，Province de Haut-Katanga，RDCongo 刚果（金）上加丹加省卢本巴希市卢本巴希区高尔夫小区 Tshiniama 街 70/68 号	—	243-840948267
中刚基础设施建设股份有限公司	N°38612，Avenue UTEX，Quartier Basoko（CONCESSION UTEXAFRICA），Ngaliema，Kinshasa，RDCongo 刚果（金）金沙萨恩加利埃马区 BASOKO 居住区（UTEXAFRICA 租界）UTEX 街 38612 号	—	243-0904433837
中刚工程建设股份有限公司	N°2，Avenue Femme Congolaise，Quartier Mutoshi，Commune Manika，Ville de Kolwezi，Province du Lualaba，RDCongo 刚果（金）卢阿拉巴省科卢韦齐市玛尼卡区姆投希街区刚果妇女大街 2 号	—	243-822520773
新鑫有限责任公司	Монгол улсын Дорнод аймагийн Дашбалбар сум 1-р баг Шинь Шинь XXK нь Улааны Орд 蒙古国东方省达西县第一村中铁资源新鑫公司乌兰矿	—	976-86685556
伊春鹿鸣矿业有限公司	黑龙江省铁力市铁力林业局鹿鸣林场	152500	0458-6189065
中铁资源集团有限公司商贸分公司北京兴源诚经贸发展有限公司	北京市丰台区汽车博物馆南路 3 号北京中铁大厦 B 座 9-11 层	100161	010-83773001

附录

续表

单位名称	地址	邮编	电话
廊坊市中铁物探勘察有限公司	河北省廊坊市广阳区廊万路 9 号	065000	0316-5212305
中铁资源集团金港矿业管理有限公司	北京市海淀区西四环中路 16 号院中铁资源大厦 11 层	100039	010-88212973
中铁资源集团北京技术咨询分公司	北京市丰台区汽车博物馆南路 3 号院北京中铁大厦 B 座 8 层	100070	010-63725586
青海热贡文化保护与开发有限公司	青海省黄南州尖扎县坎布拉镇	811999	0973-7702105
四十八			
中铁信托有限责任公司	**四川省成都市武侯区航空路 1 号国航世纪中心 B 座**	**610041**	**028-82570957**
宝盈基金管理有限公司	广东省深圳市福田区福华一路 115 号投行大厦	518048	0755-83276688
四十九			
中铁财务有限责任公司	**北京市海淀区复兴路 69 号中国中铁大厦 C 座 5 层**	**100039**	**010-51952345 010-51952323**
五十			
中铁资本有限公司	**北京市海淀区复兴路 69 号华熙 LIVE 中心 C 座 6 层、8-9 层**	**100039**	**010-59898500**
中铁金控融资租赁有限公司	北京市海淀区西翠路 17 号院 24 号楼 2 层	100039	010-88213303
中铁汇达保险经纪有限公司	北京市海淀区西翠路 17 号院 24 号楼 5 层 502 室	100039	010—51191512
中铁商业保理有限公司	北京市海淀区复兴路 69 号华熙 LIVE 中心 C 座 7 层	100039	010-59871699
中国中铁香港投资有限公司	北京市海淀区复兴路 69 号华熙 LIVE 中心 C 座 6 层	100039	010-59898626
五十一			
中铁物贸集团有限公司	**北京市门头沟区永定镇玉带东二街 163 号**	**102308**	**010-61829816**
深圳有限公司	广东省深圳市南山区中心路 3333 号中铁南方总部大厦 19 层	518000	0755-36658162
昆明有限公司	云南省昆明市西山区日新中路润城第一大道 4 栋 21 层	650100	0871-67152358
上海有限公司	上海市普陀区丹巴路 99 号 C1 座	200062	021-32514872
武汉有限公司	湖北省武汉市武昌区徐东大街 6 号汇通天地 A 座 18 层	430000	027-88225009
西安有限公司	陕西省西安市碑林区雁塔路北段 9 号中铁第一国际 A 座 19 层	710000	029-83211586
北京有限公司	北京市丰台区汽车博物馆南路 3 号院北京中铁大厦西配楼 10-11 层	100160	010-83770567
海南有限公司	广东省深圳市南山区中心路 3333 号中铁南方总部大厦 19 层	518000	—
鲁班（北京）电子商务科技有限公司	北京市门头沟区永定镇玉带东二街 163 号中铁西城大厦 3-4 层、11 层	102308	010-61829501
中石油铁工油品销售有限公司	北京市门头沟区平安路 7 号	102308	010-59089109
天津有限公司	天津市滨海新区泰达 MSDC2-24 层	300450	022-58808979
上海亚太国际商品交易服务有限公司	上海市浦东新区世纪大道 201 号渣打银行 9 层	200120	—

续表

单位名称	地址	邮编	电话
成都分公司	四川省成都市金牛区金凤凰大道 99 号中铁产业园 A5 栋 7 层	610083	028-83357960
沈阳分公司	辽宁省沈阳市和平区南堤西路 901 号中海国际中心 B 座 17 层	110000	024-22552858
轨道集成分公司	北京市丰台区汽车博物馆南路 3 号院北京中铁大厦东配楼 3 层、5–6 层	100160	010—63386193
能源有限公司	北京市密云区密三路 1 号	—	—
五十二			
中铁云网信息科技有限公司	北京市海淀区复兴路 69 号中铁广场 C 座 8 层	100039	010-51836500
五十三			
中国中铁雄安新区区域总部 中国中铁股份有限公司雄安新区投资建设总指挥部	河北省保定市容城县白洋淀大道茂丰鞋业 4 层	071000	—
五十四			
中国中铁股份有限公司孟加拉国帕德玛大桥铁路连接线项目经理部	孟加拉国达卡市巴利达拉小区 12 号路 21 号楼	1212	—
五十五			
中国中铁股份有限公司印尼雅万高铁项目经理部	印度尼西亚万隆市帕达拉朗镇新城区床具用品专卖场－中国中铁股份有限公司印尼雅万高铁项目经理部	40553	—
五十六			
中国中铁股份有限公司匈塞铁路项目经理部	北京市复兴路 69 号 C 座 416 室	100039	—
五十七			
中铁国资资产管理有限公司	北京市丰台区西客站南广场西区 4 号	100055	010-51843870
五十八			
中国铁路工程集团有限公司党校	河北省石家庄市裕华东路 56 号中铁商务广场 A 座	050011	0311-67660609 0311-67660610

制表：所属单位相关工作人员

附录

CHAPTER 16

索 引

CHINA RAILWAY ENGINEERING CORPORATION YEARBOOK

使用说明

1. 本索引采用内容分析索引法编制。除大事记外，年鉴中有实质检索意义的内容均予以标引，以便检索使用。

2. 本索引基本上按汉语拼音音序排列。具体排列方法如下：以数字开头的，排在最前面；英文字母打头的，列于其后；汉字标目则按首字的音序、音调依次排列，首字相同时则以第二个字排序，并依此类推。

3. 索引标目后的数字，表示检索内容所在的年鉴正文页码；数字后面的字母 a、b、c，表示年鉴正文中的栏别，合在一起即指该页码及左、中、右三个版面区域。年鉴中用图表反映的内容，则在索引标目后面用括号注明（图）（表）字，以区别于文字标目。

4. 为反映索引款目间的隶属关系，对于二级标目，采取在上一级标目下缩二格的形式编排，之下再按汉语拼音音序、音调排列。

0~9（数字）

A~Z（英文）

A

D

E～F

G

索引

H

索引

K

L

M

N

P~Q

R~S

T

W

X

Y

Z

（王彦祥、张若舒、毋栋 编制）